उत्तर प्रदेश

पॉलिटेक्निक

ग्रुप 'के' संयुक्त प्रवेश परीक्षा
Lateral Entry

मैकेनिकल
इंजीनियरिंग

उत्तर प्रदेश
पॉलिटेक्निक
ग्रुप 'के' संयुक्त प्रवेश परीक्षा
Lateral Entry

मैकेनिकल इंजीनियरिंग

- गणित
- भौतिकी
- रसायन

लेखकगण
डॉ. अजय कुमार
निर्मल पाण्डेय
संजीव दीक्षित

अरिहन्त पब्लिकेशन्स (इण्डिया) लिमिटेड

卐 रजि. कार्यालय

'रामछाया' 4577/15, अग्रवाल रोड, दरिया गंज, नई दिल्ली- 110002
फोन: 011-47630600, 43518550

मुख्य कार्यालय

कालिन्दी, टी०पी० नगर, मेरठ (यूपी)– 250002
फोन: 0121-7156203, 7156204

卐 शाखा कार्यालय

आगरा, अहमदाबाद, बरेली, बंगलुरु, चेन्नई, दिल्ली, गुवाहाटी, हैदराबाद, जयपुर, झाँसी, कोलकाता, लखनऊ, नागपुर तथा पुणे

卐 मूल्य ₹ 395.00

卐 **PO No. :** TXT-59-T055582-9-23

PUBLISHED BY ARIHANT PUBLICATIONS (INDIA) LTD.

'अरिहन्त' की पुस्तकों के बारे में अधिक जानकारी के लिए हमारी वेबसाइट **www.arihantbooks.com** पर लॉग इन करें या **info@arihantbooks.com** पर सम्पर्क करें।

Follow us on...

विषय–सूची

गणित

भौतिक विज्ञान

रसायन विज्ञान

मैकेनिकल

गणित

1

वर्गमूल एवं घनमूल

Square Root and Cube Root

वर्गमूल (Square Root)

किसी दी गई संख्या का वर्गमूल वह संख्या है जिसका वर्ग करने पर मूल संख्या (दी हुई संख्या) प्राप्त होती है, इसे चिन्ह '$\sqrt{\ }$' से प्रकट करते हैं।

उदाहरणार्थ संख्या 16 का वर्गमूल $= \sqrt{16} = 4$

[यहाँ दी हुई संख्या 16 है तथा इसका वर्गमूल $\Rightarrow \sqrt{16} = 4$; अब इसका वर्ग करें तो $(4)^2 = 16$ (मूल संख्या) ही प्राप्त होगी।]

वर्गमूल ज्ञात करने की विधियाँ

(Methods of Finding Square Root)

वर्गमूल दो विधियों से ज्ञात किया जाता है

1. गुणनखण्ड विधि
2. भाग विधि

गुणनखण्ड विधि (Factor Method)

इस विधि द्वारा वर्गमूल ज्ञात करने के लिए निम्न चरणों का पालन किया जाता है

1. सर्वप्रथम दी गई संख्या के अभाज्य गुणनखण्ड करते हैं।
2. समान गुणनखण्डों के जोड़े बनाते हैं।
3. प्रत्येक जोड़े से एक-एक गुणनखण्ड लेकर उनका गुणनफल ज्ञात करते हैं। प्राप्त गुणनफल ही दी गई संख्या का वर्गमूल होता है।

जैसे—$\sqrt{18225} = \sqrt{\underline{5 \times 5} \times \underline{3 \times 3} \times \underline{3 \times 3} \times \underline{3 \times 3}}$

(अभाज्य गुणनखण्ड)

$= 5 \times 3 \times 3 \times 3 = 135$

(प्रत्येक जोड़े की एक-एक संख्या का गुणनफल)

भाग विधि (Division Method)

1. दी गई संख्या के इकाई के अंक की ओर से दो-दो अंकों के जोड़े बनाये जाते हैं।
2. बाईं ओर के सबसे पहले जोड़े या अंक में ऐसी संख्या से भाग देते हैं जिसका वर्ग उस जोड़े या अंक के बराबर हो या उससे कम। इसी संख्या को भाजक तथा भागफल के स्थान पर लिख देते हैं।
3. शेषफल ज्ञात करके अगले जोड़े को शेषफल के दाईं ओर लिखते हैं।
4. भागफल का दुगुना करके प्राप्त संख्या को भाजक के स्थान पर रखते हैं। भाजक में रखी गई संख्या के दाईं ओर एक ऐसा अंक लिखते हैं जिससे बने भाजक को गुणा करने पर प्राप्त गुणनफल भाज्य के बराबर या उससे कम हो।
5. प्राप्त गुणनफल को भाज्य के नीचे लिखकर शेषफल ज्ञात करते हैं तथा भाजक में रखे गए अंक को भागफल में लिख देते हैं।
6. यह क्रिया तब तक करते हैं जब तक कि सब जोड़े समाप्त नहीं हो जाते। प्राप्त भागफल ही दी गई संख्या का अभीष्ट वर्गमूल है।

जैसे—संख्या 190096 का वर्गमूल भाग विधि से इस प्रकार ज्ञात किया जाता है

	436
4	$\overline{19}\ \overline{00}\ \overline{96}$
	16
83	300
	249
866	5196
	5196
	0

$\therefore \quad \sqrt{190096} = 436$

घनमूल (Cube Root)

किसी दी गई संख्या का घनमूल वह संख्या है जो उसी संख्या को तीन बार गुणा करने पर पुनः दी गई संख्या प्राप्त होती है। किसी संख्या का घनमूल दी गई संख्या की तीसरी घात के बराबर होता है।

किसी संख्या r के घनमूल को $\sqrt[3]{r}$ द्वारा निरुपित किया जाता है।

यदि $q = p^3$ हो, तो $p = q^{1/3}$ होता है, अर्थात् p, q का घनमूल है।

घनमूल ज्ञात करने की विधि

(Method of Finding Cube Root)

किसी दी गई संख्या का घनमूल ज्ञात करने के लिए अभाज्य गुणनखण्ड विधि का प्रयोग करते हैं। सर्वप्रथम दी गई संख्या के अभाज्य गुणनखण्ड ज्ञात करते हैं। इन गुणनखण्डों के तीन-तीन के समूह बनाते हैं। घनमूल के लिए इन तीन-तीन के प्रत्येक समूह में से एक-एक गुणनखण्ड लेते हैं। इनकी गुणा करने पर प्राप्त गुणनफल दी गई संख्या का घनमूल होता है।

उदाहरणार्थ संख्या 0.000216 का घनमूल इस प्रकार निकालेंगे

$$\Rightarrow \quad \sqrt[3]{0.000216} = \sqrt[3]{\frac{216}{1000000}}$$

$$\Rightarrow \quad \sqrt[3]{\frac{6 \times 6 \times 6}{100 \times 100 \times 100}} = \frac{6}{100} = 0.06$$

4 वर्गमूल एवं घनमूल

स्मरणीय बिन्दु

1.1 सम संख्या का वर्गमूल सम संख्या तथा विषम संख्या का वर्गमूल विषम संख्या होता है।

1.2 $\sqrt{x\sqrt{x\sqrt{x\sqrt{x.....n \text{ बार}}}}} = x^{(2^n-1)/2^n}$

1.3 $\sqrt{x+\sqrt{x+\sqrt{x+\sqrt{x+.....\infty}}}} = x$

1.4 जिस संख्या के अन्त में इकाई का अंक 2, 3 या 7 हो, तो वह संख्या पूर्ण वर्ग नहीं होगी।

साधित उदाहरण

■ **उदाहरण 1** $\dfrac{\sqrt{32}+\sqrt{48}}{\sqrt{8}+\sqrt{12}}$ *का मान क्या होगा?*

हल $\dfrac{\sqrt{32}+\sqrt{48}}{\sqrt{8}+\sqrt{12}} = \dfrac{4\sqrt{2}+4\sqrt{3}}{2\sqrt{2}+2\sqrt{3}} = \dfrac{4(\sqrt{2}+\sqrt{3})}{2(\sqrt{2}+\sqrt{3})} = 2$

■ **उदाहरण 2** 74684160 *में छोटी-से-छोटी क्या संख्या जोड़ी जाए, कि योगफल एक पूर्ण वर्ग हो?*

हल

	8642
8	74 68 41 60
	64
166	1068
	996
1724	7241
	6896
17282	34560
	34564
	−4

अत: दी गई संख्या में 4 जोड़ने पर योगफल पूर्ण वर्ग बन जाएगा।

■ **उदाहरण 3** $\sqrt[3]{\dfrac{72.9}{0.4096}}$ *का मान क्या होगा?*

हल $\sqrt[3]{\dfrac{72.9}{0.4096}} = \sqrt[3]{\dfrac{729\times1000}{4096}} = \sqrt[3]{\dfrac{9\times9\times9\times10\times10\times10}{16\times16\times16}}$

$= \dfrac{9\times10}{16} = 5.625$

■ **उदाहरण 4** 3600 *को किस छोटी-से-छोटी संख्या से भाग किया जाए, कि भागफल पूर्ण घन हो?*

हल $\because$ $3600 = 3\times3\times\underline{2\times2\times2}\times2\times5\times5$ उपरोक्त से स्पष्ट है, कि 3600 को 450 से भाग देने पर भागफल पूर्ण घन बन जाएगा।

■ **उदाहरण 5** $\sqrt[3]{1+\sqrt[3]{343}}$ *का मान क्या होगा?*

हल $\sqrt[3]{1+\sqrt[3]{343}} = \sqrt[3]{1+\sqrt[3]{7\times7\times7}} = \sqrt[3]{1+7} = \sqrt[3]{8} = \sqrt[3]{2\times2\times2} = 2$

■ **उदाहरण 6** $\left[\dfrac{1\cdot2\cdot4+2\cdot4\cdot8+3\cdot6\cdot12+......}{1\cdot3\cdot9+2\cdot6\cdot18+3\cdot9\cdot27+.....}\right]^{1/3}$ *का मान ज्ञात कीजिए।*

हल $\left[\dfrac{1\cdot2\cdot4+2\cdot4\cdot8+3\cdot6\cdot12+\ldots}{1\cdot3\cdot9+2\cdot6\cdot18+3\cdot9\cdot27+\ldots}\right]^{1/3}$

$= \left[\dfrac{1\cdot2\cdot4\,(1+2+3+4+\ldots)}{1\cdot3\cdot9\,(1+2+3+4+\ldots)}\right]^{1/3} = \sqrt[3]{\left(\dfrac{1\times2\times4}{1\times3\times9}\right)} = \sqrt[3]{\dfrac{2\times2\times2}{3\times3\times3}} = \dfrac{2}{3}$

अभ्यास प्रश्न

1. यदि $\sqrt{1+\dfrac{25}{144}} = 1+\dfrac{x}{12}$ हो, तो x का मान बराबर है

(a) 1 (b) 2 (c) 5 (d) 9

2. यदि $\sqrt{x}+238 = 360$ का $\dfrac{4}{5}$ हो, तो x का मान है

(a) 2500 (b) 3025 (c) 3600 (d) 6400

3. यदि $\dfrac{\sqrt{32.4}}{\sqrt{x}} = 2$ हो, तो x का मान है

(a) 9 (b) 0.9
(c) 0.09 (d) इनमें से कोई नहीं

4. $\sqrt{\dfrac{36.1}{102.4}}$ बराबर है

(a) $\dfrac{29}{32}$ (b) $\dfrac{19}{72}$ (c) $\dfrac{19}{32}$ (d) $\dfrac{29}{62}$

5. निम्नलिखित में से कौन-सा कथन सत्य है?

(a) 6083 एक पूर्ण वर्ग संख्या नहीं है
(b) 62500 का वर्गमूल एक विषम संख्या है
(c) $\dfrac{72.9}{0.4096}$ का घनमूल एक परिमेय संख्या नहीं है
(d) उपरोक्त सभी कथन असत्य हैं

6. निम्नांकित का मान है

$$\sqrt{\left[\sqrt[3]{\dfrac{592704}{64}}\right]^2 \div 9}$$

(a) 4 (b) 0 (c) 7 (d) 1

7. यदि $\sqrt{75.24+x} = 8.71$ हो, तो x का मान है

(a) 0.6241 (b) 6.241
(c) 62.41 (d) इनमें से कोई नहीं

8. किस संख्या का वर्ग 7396 है?

(a) 85 (b) 84
(c) 83 (d) 86

9. $\sqrt{5\sqrt{5\sqrt{5\sqrt{5\sqrt{5\sqrt{5}}}}}}$ का मान क्या होगा?

(a) $2^{63/64}$ (b) 5 (c) $5^{63/64}$ (d) $5^{64/63}$

10. $\sqrt{10+\sqrt{25+\sqrt{108+\sqrt{154+\sqrt{225}}}}}$ का मान है

(a) 10 (b) 8 (c) 6 (d) 4

11. 294 को छोटी-से-छोटी किस संख्या से गुणा किया जाए, कि इस प्रकार प्राप्त संख्या एक पूर्ण वर्ग हो?

(a) 2 (b) 3 (c) 6 (d) 24

12. 2205 को छोटी-से-छोटी किस संख्या से भाग दिया जाए, कि प्राप्त भागफल एक पूर्ण वर्ग हो?

(a) 6 (b) 5 (c) 15 (d) 20

13. 5 अंकों की बड़ी-से-बड़ी वह कौन-सी संख्या है, जो एक पूर्ण वर्ग हो?

(a) 99999 (b) 99764 (c) 99976 (d) 99856

14. $\sqrt[3]{\sqrt{0.000064}}$ का मान है

(a) 0.02 (b) 0.2
(c) 2 (d) इनमें से कोई नहीं

15. $\sqrt[3]{4\frac{12}{125}}$ का मान है

(a) $1\frac{3}{5}$ (b) $1\frac{2}{5}$ (c) $1\frac{4}{5}$ (d) $2\frac{2}{5}$

16. 0.000001 का घनमूल होगा

(a) 0.1 (b) 0.01 (c) 0.001 (d) 0.0001

17. $8^{2/3}$ का मान है

(a) 3 (b) 4 (c) 2 (d) 1

18. $\sqrt{2^4}+\sqrt[3]{64}+\sqrt[4]{2^8}$ का मान है

(a) 12 (b) 16 (c) 18 (d) 24

19. $2\sqrt[3]{32}-3\sqrt[3]{4}+\sqrt[3]{500}$ बराबर है

(a) $4\sqrt[3]{6}$ (b) $3\sqrt{24}$ (c) $6\sqrt[3]{4}$ (d) 9/6

20. $\frac{\sqrt[3]{8}}{\sqrt{16}}\div\sqrt{\frac{100}{49}}\times\sqrt[3]{125}$ बराबर है

(a) 7/4 (b) 3/4 (c) – 2 (d) 1

उत्तरमाला

1. (a)	**2.** (a)	**3.** (d)	**4.** (c)	**5.** (a)	**6.** (c)	**7.** (a)	**8.** (d)	**9.** (c)	**10.** (d)
11. (c)	**12.** (b)	**13.** (d)	**14.** (b)	**15.** (a)	**16.** (b)	**17.** (b)	**18.** (a)	**19.** (c)	**20.** (a)

संकेत एवं हल

1. $\sqrt{1+\frac{25}{144}}=1+\frac{x}{12}\Rightarrow\sqrt{\frac{144+25}{144}}=1+\frac{x}{12}\Rightarrow\sqrt{\frac{169}{144}}=1+\frac{x}{12}$

$\Rightarrow \quad \frac{13}{12}-1=\frac{x}{12}\Rightarrow\frac{13-12}{12}=\frac{x}{12}\Rightarrow x=1$

2. $\sqrt{x}+238=360\times\frac{4}{5}\Rightarrow\sqrt{x}+238=288$

$\Rightarrow \quad \sqrt{x}=50\Rightarrow x=2500$

3. $\frac{\sqrt{32.4}}{\sqrt{x}}=2\Rightarrow\frac{32.4}{x}=4\Rightarrow x=\frac{32.4}{4}=8.1$

5. विकल्प (a) तथा (b) के लिए (देखें→ 1.4 व 1.1)

विकल्प (c) में दी गई संख्या का मान निकालने पर,

$\sqrt[3]{\frac{72.9}{0.4096}}=\frac{9\times10}{16}=\frac{90}{16}=\frac{45}{8}$ (जो एक परिमेय संख्या है)

अत: विकल्प (a) सही है।

6. $\sqrt{\left[\sqrt[3]{\frac{592704}{64}}\right]^2\div9}=\sqrt{\left[\frac{\sqrt[3]{\frac{592704}{64}}}{3}\right]^2}=\frac{\sqrt[3]{9261}}{3}=\frac{21}{3}=7$

7. $\sqrt{75.24+x}=8.71\Rightarrow75.24+x=75.8641$

$\Rightarrow \quad x=75.8641-75.24\Rightarrow x=0.6241$

9. $\sqrt{5\sqrt{5\sqrt{5\sqrt{5\sqrt{5\sqrt{5}}}}}}=5^{(2^6-1)/2^6}=5^{(64-1)/64}=5^{63/64}$ (देखें→ 1.2)

11. $\because 294=7\times7\times3\times2$

उपरोक्त से स्पष्ट है, कि 294 में 6 से गुणा करने पर गुणनफल पूर्ण वर्ग बन जाएगा।

14. $\sqrt[3]{\sqrt{0.000064}}=\sqrt[3]{0.008}=0.2$

15. $\sqrt[3]{4\frac{12}{125}}=\sqrt[3]{\frac{512}{125}}=\sqrt[3]{\frac{8\times8\times8}{5\times5\times5}}=\frac{8}{5}=1\frac{3}{5}$

16. $\sqrt[3]{0.000001}=\sqrt[3]{\frac{1}{1000000}}=\sqrt[3]{\frac{1}{100\times100\times100}}=\frac{1}{100}=0.01$

17. $8^{2/3}=(2^3)^{2/3}=2^2=4$

18. $\sqrt{2^4}+\sqrt[3]{64}+\sqrt[4]{2^8}=(2^4)^{1/2}+(4^3)^{1/3}+(2^8)^{1/4}$

$=2^2+4+2^2=4+4+4=12$

19. $2\sqrt[3]{32}-3\sqrt[3]{4}+\sqrt[3]{500}=4\sqrt[3]{4}-3\sqrt[3]{4}+5\sqrt[3]{4}=6\sqrt[3]{4}$

20. $\frac{\sqrt[3]{8}}{\sqrt{16}}\div\sqrt{\frac{100}{49}}\times\sqrt[3]{125}=\frac{2}{4}\times\frac{7}{10}\times5=\frac{7}{4}$

घातांक और करणी

Indices and Surds

घातांक (Indices)

यदि a जो एक वास्तविक संख्या है, को m बार गुणा किया जाए, जहाँ m धनात्मक पूर्णांक है, तब $a \times a \times ......m$ बार $= a^m$
a को आधार तथा m को घातांक कहते हैं।

घातांक के नियम (Laws of Indices)

1. $a^m \times a^n \times a^r \times .... = a^{m+n+r+....}$
2. $a^m \div a^n = a^{m-n}$
3. $(a^m)^n = a^{m \times n}$
4. $a^{-m} = \dfrac{1}{a^m}$
5. $\left(\dfrac{a}{b}\right)^m = \dfrac{a^m}{b^m} = \left(\dfrac{b}{a}\right)^{-m}$
6. $a^m \times b^m = (a \times b)^m$
7. $a^0 = 1$

करणी (Surds)

यदि किसी संख्या का मूल (root) पूर्णतः ज्ञात नहीं किया जा सकता हो, तो उस मूल को करणी कहते हैं।
संख्या—$\sqrt[5]{32}$ में 5वें मूल को करणी, 32 को करणीगत तथा '$\sqrt{\ }$' को करणी चिह्न कहते हैं।

करणी के नियम (Laws of Surds)

1. $(\sqrt[m]{a})^n = a$ 2. $\sqrt[m]{ab} = \sqrt[m]{a} \times \sqrt[m]{b}$ 3. $\sqrt[m]{\dfrac{a}{b}} = \dfrac{\sqrt[m]{a}}{\sqrt[m]{b}}$ 4. $\sqrt[n]{\sqrt[m]{a}} = \sqrt[mn]{a}$
5. $(\sqrt[m]{a})^n = \sqrt[m]{a^n}$

स्मरणीय बिन्दु

2.1 वे समीकरण जिनमें अज्ञात राशियाँ घातों के रूप में हों, को घातांकीय समीकरण कहते हैं। जैसे–$3^m + 3^{m+1} = 50$
2.2 यदि $a^x = a^m$, तब $x = m$
या $a^m = b^m$,
तब $a = b$
2.3 समान घात की करणियों का ही योग व अन्तर ज्ञात किया जा सकता है।

साधित उदाहरण

■ **उदाहरण 1** $3^{m-1} + 3^{m+1} = 810$ *हो, तो* m *का मान ज्ञात कीजिए।*

हल $3^m \cdot \dfrac{1}{3} + 3^m \cdot 3 = 810 \Rightarrow 3^m\left(\dfrac{1}{3} + 3\right) = 810$

$$3^m\left(\frac{10}{3}\right) = 810$$

या $$3^m = \frac{810 \times 3}{10}$$

$$3^m = 81 \times 3$$
$$3^m = 3 \times 3 \times 3 \times 3 \times 3$$
$$3^m = (3)^5$$

$\therefore$ $$m = 5$$

■ **उदाहरण 2** *यदि* $x^m = m^x$ *तो* $\left(\dfrac{x}{m}\right)^{x/m}$ *का मान क्या होगा?*

हल दोनों ओर $\dfrac{1}{m}$ की घात लेने पर,

$$(m)^{x/m} = x$$

दोनों ओर $x^{x/m}$ से भाग देने पर,

$$\frac{m^{x/m}}{x^{x/m}} = \frac{x}{x^{x/m}}$$

$\Rightarrow$ $$\left(\frac{m}{x}\right)^{x/m} = x^{1-\frac{x}{m}}$$

या $$\left(\frac{x}{m}\right)^{x/m} = x^{\left(\frac{x}{m}\right)-1}$$

■ **उदाहरण 3** *युगपत समीकरण $2^{x+y}=1$ तथा $2^{x-y}=4$ का हल ज्ञात कीजिए।*

हल दिया है, $2^{x+y}=1=2^0$

या $x+y=0$ ...(i)

तथा $2^{x-y}=2^2$

या $x-y=2$ ...(ii)

समी (i) व (ii) को जोड़ने पर,

$$\begin{array}{r} x+y=0 \\ \underline{x-y=2} \\ 2x=2 \end{array}$$

या $x=1$

x का मान समी (i) में रखने पर,

$$1+y=0$$
$$y=0-1$$
$$y=-1$$

अत: $x=1$ तथा $y=-1$

■ **उदाहरण 4** $\dfrac{1}{\sqrt{7}-\sqrt{5}}, \dfrac{1}{\sqrt{5}-\sqrt{3}}, \dfrac{1}{\sqrt{9}-\sqrt{7}}, \dfrac{1}{\sqrt{11}-\sqrt{9}}$ में सबसे छोटी संख्या कौन-सी है?

हल $\dfrac{1}{\sqrt{7}-\sqrt{5}} \times \dfrac{\sqrt{7}+\sqrt{5}}{\sqrt{7}+\sqrt{5}}$ (संयुग्मी की गुणा करने पर)

$$=\frac{\sqrt{7}+\sqrt{5}}{7-5}=\frac{\sqrt{7}+\sqrt{5}}{2}$$

इसी प्रकार, $\dfrac{1}{\sqrt{5}-\sqrt{3}}=\dfrac{\sqrt{5}+\sqrt{3}}{2}$

$$\frac{1}{\sqrt{9}-\sqrt{7}}=\frac{\sqrt{9}+\sqrt{7}}{2}$$

तथा $\dfrac{1}{\sqrt{11}-\sqrt{9}}=\dfrac{\sqrt{11}+\sqrt{9}}{2}$

उपरोक्त से स्पष्टत: $\dfrac{\sqrt{5}+\sqrt{3}}{2}$ सबसे छोटा है।

अत: $\dfrac{1}{\sqrt{5}-\sqrt{3}}$ सबसे छोटी संख्या है।

अभ्यास प्रश्न

1. $\sqrt[3]{[(32)^{3/5}\times(243)^{-3/5}]}$ का मान होगा

(a) $\frac{1}{3}$ (b) $\frac{2}{3}$
(c) $\frac{1}{4}$ (d) $\frac{3}{4}$

2. $\sqrt{x^4\left\{\sqrt{x^4\sqrt{(x^4)}}\right\}}$ का मान होगा

(a) x^7 (b) $x^{6/2}$
(c) $x^{7/2}$ (d) x^4

3. $\dfrac{2^x+2^{x-1}}{2^{x+1}-2^x}$ में, यदि $x=0$ हो, तो मान होगा

(a) 1 (b) $\frac{3}{2}$ (c) 2 (d) $\frac{4}{3}$

4. $[(81)^6]^{1/24}$ का मान है

(a) 81 (b) 27
(c) 9 (d) 3

5. $2^{3^{2^3}} \div [(2^3)^2]^3$ का मान है

(a) 1 (b) 2^{711}
(c) 2^{6543} (d) इनमें से कोई नहीं

6. $\dfrac{2^{x-1}\,3^{2x+1}5^{x+y}\,6^{y-2}}{3^y6^{x+1}10^{y+2}15^{x-1}}$ का मान होगा

(a) $\frac{1}{960}$ (b) $\frac{1}{36}$
(c) $\frac{1}{15}$ (d) इनमें से कोई नहीं

7. $\sqrt{\left(\frac{3}{7}\right)^{x+1}}=\dfrac{343}{27}$ में x का मान है

(a) –7 (b) 2
(c) –4 (d) 5

8. यदि $\sqrt{\frac{x}{y}}+\sqrt{\frac{y}{x}}=\frac{10}{3}$ तथा $x+y=10$, तो xy का मान होगा

(a) 9 (b) 24 (c) 3 (d) 36

9. समीकरण $3^{x+5}=27^{2x-5}$ में x का मान होगा

(a) 4 (b) 7 (c) 3 (d) 2

10. यदि $2^{x-1}+2^{x+1}=320$ हो, तो x का मान होगा

(a) 6 (b) 8 (c) 5 (d) 7

11. $(125)^{-2/3}$ का मान होगा

(a) $\frac{1}{50}$ (b) $\frac{1}{25}$
(c) $\frac{1}{20}$ (d) $\frac{1}{15}$

12. $\dfrac{x+y+z}{x^{-1}y^{-1}+y^{-1}z^{-1}+z^{-1}x^{-1}}$ का मान होगा

(a) xyz (b) $\frac{1}{xyz}$
(c) $xy+yz+zx$ (d) $\frac{1}{xy+yz+zx}$

13. समीकरणों $2^{x+1}=4^{y+2}$ तथा $3^{x-2}=9^{2y-x}$ में x तथा y का मान होगा

(a) $4, \frac{7}{2}$ (b) 1, –1
(c) 2, 1 (d) $-4, -\frac{7}{2}$

8 घातांक और करणी

14. समीकरणों $3^{2x} \div 9^y = 27$ तथा $4^{x+1} = 8^{y+1}$ में x का मान होगा

(a) 3 (b) 7 (c) $\frac{7}{2}$ (d) 4

15. $\sqrt{(x^4 y^2)} \times \sqrt[4]{x^8 y^{-16}}$ का मान है

(a) x^4y^{-3} (b) x^2y^{-3} (c) xy^{-3} (d) y^{-3}

16. $\sqrt[3]{x^7} \times (x^{-6}) \div x^{3^2}$ का सरलीकरण है

(a) $x^{-29/3}$ (b) $x^{-38/3}$

(c) x^{-23} (d) इनमें से कोई नहीं

17. यदि $a^x \div a^{x-3} = 27$ हो, तो a का मान होगा

(a) 5 (b) 3 (c) 4 (d) 6

18. यदि $2^x = 3^y = 36^z$, तो z बराबर है

(a) $\frac{x+y}{8}$ (b) $\frac{x+y}{4}$

(c) $\frac{x-y}{4}$ (d) इनमें से कोई नहीं

19. व्यंजक $\sqrt[3]{x^4} \div (\sqrt[6]{x})^{-1}$ का सरल रूप है

(a) $x^{3/2}$ (b) $x^{2/3}$

(c) $x^{7/6}$ (d) $x^{6/7}$

20. $(x^n y^{-m})^3 \times (x^3 y^2)^{-n}$ का मान है

(a) x^{-3m-2n} (b) y^{-3m-2n}

(c) $(xy)^{mn}$ (d) y^m

उत्तरमाला

1. (b)	**2.** (c)	**3.** (b)	**4.** (d)	**5.** (c)	**6.** (a)	**7.** (a)	**8.** (a)	**9.** (a)	**10.** (d)
11. (b)	**12.** (a)	**13.** (d)	**14.** (c)	**15.** (a)	**16.** (b)	**17.** (b)	**18.** (a)	**19.** (a)	**20.** (b)

संकेत एवं हल

1. $[(32)^{3/5} \times (243)^{-3/5}]^{\frac{1}{3}} = [2^5]^{\frac{3}{5}\times\frac{1}{3}} \times [3^5]^{-\frac{3}{5}\times\frac{1}{3}} = 2 \times 3^{-1} = \frac{2}{3}$

2. $\sqrt{x^4\left\{\sqrt{x^4(\sqrt{x^4})}\right\}} = \sqrt{x^4 \cdot \sqrt{x^4 \cdot x^2}} = \sqrt{x^4 \cdot \sqrt{x^6}} = \sqrt{x^4 \times x^3}$

$= \sqrt{x^7} = x^{7/2}$

3. $\frac{2^x + 2^{x-1}}{2^{x+1} - 2^x} = \frac{2^0 + 2^{-1}}{2^1 - 2^0} = \frac{1+\frac{1}{2}}{1} = \frac{3}{2}$

5. $2^{3^{2^3}} \div [(2^3)^2]^3 = 2^{3^8} \div 2^{18} = 2^{6561} \div 2^{18} = 2^{6543}$

8. दिया है, $\sqrt{\frac{x}{y}} + \sqrt{\frac{y}{x}} = \frac{10}{3}$

$\therefore \quad \frac{x+y}{\sqrt{xy}} = \frac{10}{3}$

$\Rightarrow \quad \sqrt{xy} = 3$ $\quad (\because x+y=10$, दिया है)

$\Rightarrow \quad xy = 9$

9. $3^{x+5} = 27^{2x-5}$

$\Rightarrow \quad 3^{x+5} = [(3)^3]^{2x-5}$

$\Rightarrow \quad 3^{x+5} = 3^{6x-15}$

$\Rightarrow \quad x + 5 = 6x - 15$ [देखें → 2.2]

$\Rightarrow \quad 5x = 20$

$\Rightarrow \quad x = 4$

10. दिया है, $2^{x-1} + 2^{x+1} = 320$

$\therefore \quad 2^x \cdot \frac{1}{2} + 2 \cdot 2^x = 320 \Rightarrow 2^x \cdot \frac{5}{2} = 320$

$\Rightarrow \quad 2^x = 128 = 2^7 \Rightarrow x = 7$

12. $\frac{x+y+z}{\frac{1}{xy}+\frac{1}{yz}+\frac{1}{zx}} = \frac{x+y+z}{\frac{z+x+y}{xyz}} = xyz$

13. $2^{x+1} = (2)^{2(y+2)}$ से,

$x + 1 = 2(y+2)$

$\Rightarrow \quad x - 2y = 3$ ...(i)

तथा $3^{x-2} = 3^{2(2y-x)}$ से,

$x - 2 = 4y - 2x$

$\Rightarrow \quad 3x - 4y = 2$ ...(ii)

समी (i) व (ii) को हल करने पर, $x = -4$, $y = -\frac{7}{2}$

14. $3^{2x} \div 9^y = 27$ से,

$\Rightarrow \quad \frac{3^{2x}}{3^{2y}} = 3^3$

$\therefore \quad 2x - 2y = 3$ ...(i)

तथा $4^{x+1} = 8^{y+1}$ से,

$2^{2(x+1)} = 2^{3(y+1)}$

$\therefore \quad 2(x+1) = 3(y+1)$

$\Rightarrow \quad 2x - 3y = 1$ ...(ii)

समी (i) व (ii) को हल करने पर,

$x = \frac{7}{2}, y = 2$

16. $x^{7\times\frac{1}{3}} \times x^{-6} \div x^9 \Rightarrow x^{\frac{7}{3}-6-9} = x^{-\frac{38}{3}}$

18. $2^x = 3^y = 36^z$

$\Rightarrow \quad 2^x 3^y = (36^z)(36^z)$

$\Rightarrow \quad 2^x 3^y = 36^{2z} = (6)^{4z} \Rightarrow 2^x 3^y = 2^{4z} \times 3^{4z}$

$\Rightarrow \quad 4z = x$ और $4z = y \Rightarrow z = \frac{x}{4}, z = \frac{y}{4}$

$\Rightarrow \quad 2z = \frac{x+y}{4} \Rightarrow z = \frac{x+y}{8}$

19. $x^{4\times\frac{1}{3}} \div x^{-1\times\frac{1}{6}} \Rightarrow x^{\frac{4}{3}-\left(\frac{-1}{6}\right)} = x^{\frac{4}{3}+\frac{1}{6}} = x^{\frac{9}{6}} = x^{\frac{3}{2}}$

3

सरलीकरण

Simplification

किसी व्यंजक अथवा लम्बी जटिल भिन्न को साधारण भिन्न अथवा संख्या में बदलने की क्रिया को सरलीकरण (Simplification) कहते हैं।

BODMAS का नियम

रेखा कोष्ठक (Bar Bracket)	—	
छोटा कोष्ठक (Small Bracket)	()	
मझला कोष्ठक (Middle Bracket)	{}	B
बड़ा कोष्ठक (Large Bracket)	[]	
का (Of)	का	— O
भाग (Division)	÷	— D
गुणा (Multiplication)	×	— M
योग (Addition)	+	— A
घटाव (Subtraction)	–	— S

नोट *यह आवश्यक नहीं है कि किसी प्रश्न में समस्त संकेत (का, ÷, ×, +, –) दी हुई हो, कोई भी संक्रिया अनुपस्थित रह सकती है। किन्तु क्रम वही बना रहेगा। जैसे-किसी प्रश्न में 'का' दिया हो पुनः '÷' अनुपस्थित हो, तो उसी क्रम में आगे (×, +, –) की संक्रिया करते हैं।*

अर्थात् यदि किसी प्रश्न में उपरोक्त सभी प्रक्रियाएँ हों, तो सबसे पहले कोष्ठकों की संख्याओं को हल करते हैं, तत्पश्चात् 'का' की क्रिया, अर्थात् गुणा (of) इन सभी के बाद भाग, गुणा, जोड़ तथा घटाव की क्रिया करते हैं। अन्त में हल करके जो मान आता है, वही सरलीकरण का सबसे सरल (संक्षिप्त) रूप होता है; जैसे—

$1\frac{3}{4}-\left[3\frac{1}{8}\div\left\{6-\left(2\frac{3}{4}-\frac{11}{12}\right)\right\}\right]$ का सरलतम रूप निम्न प्रकार से चरणबद्ध प्राप्त करेंगे

$$1\frac{3}{4}-\left[3\frac{1}{8}\div\left\{6-\left(\frac{11}{4}-\frac{11}{12}\right)\right\}\right]$$

$$=\frac{7}{4}-\left[\frac{25}{8}\div\left\{6-\left(\frac{33-11}{12}\right)\right\}\right]$$

$$=\frac{7}{4}-\left[\frac{25}{8}\div\left\{\frac{72-22}{12}\right\}\right]=\frac{7}{4}-\left[\frac{25}{8}\times\frac{12}{50}\right]$$

$$=\frac{7}{4}-\left[\frac{6}{8}\right]=\frac{14-6}{8}$$

$$=\frac{8}{8}=1$$

सरलीकरण के व्यंजक निम्नलिखित विषयों पर आधारित हो सकते हैं

(i) सामान्य गणना (General Calculation)

(ii) बीजगणितीय विधि से गणना (Calculation by Algebraic Method)

(iii) साधारण एवं दशमलव भिन्न पर आधारित गणना (Calculation based on Simple and Decimal Fractions)

1. सामान्य गणना (General Calculation) सामान्य गणना के अन्तर्गत जोड़, घटाव, गुणा, भाग आदि की संक्रियाएँ आती हैं; जैसे—

$$3\times[4+63\times7-6\div3]$$

$$=\left[4+441-\frac{6}{3}\right]\times3$$

$$=[445-2]\times3$$

$$=[443]\times3=1329$$

2. बीजगणितीय विधि से गणना (Calculation by Algebraic Method) कुछ गणनाएँ बीजगणितीय सूत्रों का सहारा लेकर की जाती हैं; इन सूत्रों की सहायता से व्यंजक को सरल करने में काफी कम समय लगता है; जैसे—

$$\frac{(0.5)^3+(0.6)^3}{(0.5)^2-(0.3)+(0.6)^2}$$

माना $0.5=a$ तथा $0.6=b$

तब $$\frac{a^3+b^3}{a^2-ab+b^2}=\frac{(a+b)(a^2-ab+b^2)}{(a^2-ab+b^2)}$$

$$=a+b$$

इस प्रकार, $a+b=0.5+0.6=1.1$

3. साधारण एवं दशमलव भिन्न पर आधारित गणना (Calculation Based on Simple and Decimal Fractions) इस प्रकार के व्यंजक साधारण एवं दशमलव भिन्न के रूप में होते हैं, जो सामान्य गुणा-भाग की क्रियाओं से हल किए जा सकते हैं; जैसे—

$$\frac{36}{10}\div\frac{24}{25}\div\frac{1}{x}=\frac{15}{32}\times\frac{48}{25}\Rightarrow\frac{36}{10}\times\frac{25}{24}\times\frac{x}{1}=\frac{15}{32}\times\frac{48}{25}$$

$$x=\frac{15}{32}\times\frac{48}{25}\times\frac{10}{36}\times\frac{24}{25}=\frac{6}{25}$$

10 सरलीकरण

स्मरणीय बिन्दु

3.1 $\dfrac{a^3+b^3}{a^2-ab+b^2}=a+b$

3.2 $\dfrac{a^2-b^2}{a-b}=a+b$

3.3 $(a+b)(a-b)=a^2-b^2$

3.4 $(a+b)^2=a^2+2ab+b^2$

3.5 $(a-b)^2=a^2-2ab+b^2$

साधित उदाहरण

■ **उदाहरण 1** $\left(1+\frac{1}{3}\right)\left(1-\frac{1}{3}\right)\left(1+\frac{1}{4}\right)\left(1-\frac{1}{4}\right)\left(1+\frac{1}{5}\right)\left(1-\frac{1}{5}\right)$ का मान क्या होगा?

हल $\left(1+\frac{1}{3}\right)\left(1-\frac{1}{3}\right)\left(1+\frac{1}{4}\right)\left(1-\frac{1}{4}\right)\left(1+\frac{1}{5}\right)\left(1-\frac{1}{5}\right)$

$$=\left(\frac{3+1}{3}\right)\left(\frac{3-1}{3}\right)\left(\frac{4+1}{4}\right)\left(\frac{4-1}{4}\right)\left(\frac{5+1}{5}\right)\left(\frac{5-1}{5}\right)$$

$$=\frac{4}{3}\times\frac{2}{3}\times\frac{5}{4}\times\frac{3}{4}\times\frac{6}{5}\times\frac{4}{5}=\frac{4}{5}$$

■ **उदाहरण 2** $\dfrac{(0.53)^3+(0.47)^3}{(0.53)^2-(0.2491)+(0.47)^2}$ को सरल कीजिए।

हल माना $0.53=a$ तथा $0.47=b$

तब $\dfrac{(a)^3+(b)^3}{a^2-ab+b^2}=\dfrac{(a+b)(a^2-ab+b^2)}{a^2-ab+b^2}=a+b$

इस प्रकार, $a+b=0.53+0.47=1$

■ **उदाहरण 3** $\dfrac{1}{3-\dfrac{1}{2-\dfrac{1}{7}}}$ का मान क्या होगा?

हल $\dfrac{1}{3-\dfrac{1}{2-\dfrac{1}{7}}}=\dfrac{1}{3-\dfrac{1}{\frac{13}{7}}}=\dfrac{1}{3-\dfrac{7}{13}}=\dfrac{1}{\frac{39-7}{13}}=\dfrac{13}{32}=\dfrac{13}{32}$

अभ्यास प्रश्न

1. $4+4+4\div 4$ का मान क्या होगा?
(a) 8 (b) 9
(c) 7 (d) 3

2. $(4+4+4)\div 4$ का मान क्या होगा?
(a) 4 (b) 2
(c) 3 (d) 6

3. $5\times 3+4\div 2$ का मान क्या होगा?
(a) 16 (b) 17
(c) 15 (d) 13

4. $5\times(3+4\div 2)$ का मान क्या होगा?
(a) 25 (b) 24
(c) 23 (d) 20

5. $25\times 63\div 7+27-2$ का मान क्या होगा?
(a) 230 (b) 210
(c) 240 (d) 250

6. $2-\{3-(4-\overline{3-2})\}$ का मान क्या होगा?
(a) 2 (b) 3
(c) 1 (d) 4

7. $|2\times 2-3\times 2-4\times 2|$ का मान क्या होगा?
(a) 11 (b) 10
(c) 9 (d) 8

8. $5-|-10|+|15|-|-20|+|25|$ का मान क्या होगा ?
(a) 12 (b) 13 (c) 11 (d) 15

9. $(-13)+(-6)\div 2+(-5)(-4)$ का मान क्या होगा?
(a) 3 (b) 4 (c) 5 (d) 6

10. $\frac{1}{3}\div\frac{2}{3}+\frac{4}{3}\times\frac{5}{3}-\frac{6}{3}$ का $\frac{7}{3}$ का मान क्या होगा?
(a) $-1\frac{17}{18}$ (b) $-\frac{17}{18}$
(c) $-\frac{11}{18}$ (d) $-\frac{13}{18}$

11. $5\frac{1}{4}+3\frac{1}{8}\div 1\frac{1}{4}-1\frac{1}{4}$ का सरलतम रूप क्या होगा?
(a) $5\frac{1}{2}$ (b) $6\frac{1}{2}$
(c) $4\frac{2}{3}$ (d) $6\frac{1}{3}$

12. $5\times 10+3^2\times 10+4$ से किस संख्या का बोध होता है?
(a) 144 (b) 145 (c) 155 (d) 140

13. $5\frac{1}{7}\div 1\frac{5}{7}$ का $2\frac{1}{3}$ का सरलतम रूप है
(a) $1\frac{3}{7}$ (b) $2\frac{3}{7}$ (c) $1\frac{2}{7}$ (d) $1\frac{3}{7}$

14. $\dfrac{1}{3-\dfrac{1}{2-\dfrac{1}{7}}}$ का सरलतम रूप है

(a) $\dfrac{13}{32}$ (b) $\dfrac{16}{32}$ (c) $\dfrac{15}{32}$ (d) $\dfrac{17}{32}$

15. $\dfrac{1}{6\times\dfrac{1}{8\div\dfrac{1}{1-\dfrac{7}{8}}}}+\dfrac{5}{6}$ का सरलतम रूप क्या है?

(a) 1 (b) 2
(c) 3 (d) 4

16. $6\frac{1}{2}-\left[5\frac{1}{2}-\left\{4\frac{1}{2}-\left(3\frac{1}{2}-2\frac{1}{2}\right)\right\}\right]$ का मान क्या होगा?

(a) $5\frac{1}{2}$ (b) $4\frac{1}{2}$ (c) $6\frac{1}{2}$ (d) $7\frac{1}{2}$

17. $\dfrac{\frac{1}{2}\div\frac{3}{4}\div\frac{2}{3}}{\frac{1}{2}}\div\dfrac{3}{4}$ का $\dfrac{2}{3}$ का मान क्या है?

(a) 3 (b) 4
(c) 5 (d) 6

18. $\left(1-\frac{1}{2}\right)\left(1-\frac{1}{3}\right)\left(1-\frac{1}{4}\right)\left(1-\frac{1}{5}\right)\times\ldots\times\left(1-\frac{1}{10}\right)$ का मान क्या है?

(a) $\dfrac{1}{10}$
(b) $\dfrac{1}{13}$
(c) $\dfrac{2}{5}$
(d) $\dfrac{3}{7}$

19. $\left(1+\frac{1}{2}\right)\left(1-\frac{1}{2}\right)\left(1+\frac{1}{3}\right)\left(1-\frac{1}{3}\right)\left(1+\frac{1}{4}\right)\left(1-\frac{1}{4}\right)$ का मान क्या होगा?

(a) $\dfrac{3}{8}$ (b) $\dfrac{5}{8}$
(c) $\dfrac{4}{7}$ (d) $\dfrac{5}{7}$

20. $1+\dfrac{1}{1\times2}+\dfrac{1}{1\times2\times4}+\dfrac{1}{1\times2\times4\times8}+\dfrac{1}{1\times2\times4\times8\times16}$ का सरलतम रूप क्या है?

(a) $1\dfrac{657}{1024}$ (b) $1\dfrac{650}{1333}$
(c) $2\dfrac{3}{7}$ (d) $3\dfrac{2}{7}$

उत्तरमाला

1. (b)	2. (c)	3. (b)	4. (a)	5. (d)	6. (a)	7. (b)	8. (d)	9. (b)	10. (a)
11. (b)	12. (a)	13. (c)	14. (a)	15. (a)	16. (b)	17. (b)	18. (a)	19. (b)	20. (a)

संकेत एवं हल

1. $4+4+4\div4=4+4+4\times\frac{1}{4}=4+4+1=9$

2. $(4+4+4)\div4=12\div4=12\times\frac{1}{4}=3$

3. $5\times3+4\div2=5\times3+2=15+2=17$

4. $5\times(3+4\div2)=5\times\left(3+4\times\frac{1}{2}\right)=5\times(3+2)=5\times5=25$

5. $25\times63\div7+27-2=25\times63\times\frac{1}{7}+27-2$
$=25\times9+27-2=225+27-2$
$=252-2=250$

6. $2-\{3-(4-\overline{3-2})\}=2-\{3-(4-1)\}$
$=2-\{3-(3)\}=2-\{3-3\}$
$=2-\{0\}=2-0=2$

7. $|2\times2-3\times2-4\times2|=|4-6-8|$
$=|4-14|=|-10|=10$

8. $5-|-10|+|15|-|-20|+|25|$
$=5-10+15-20+25$
$=5+15+25-10-20$
$=45-30=15$

9. $(-13)+(-6)\div2+(-5)(-4)=-13+\frac{-6}{2}+20$
$=-13-3+20$
$=-16+20=4$

10. $\frac{1}{3}\div\frac{2}{3}+\frac{4}{3}\times\frac{5}{3}-\frac{6}{3}$ का $\frac{7}{3}=\frac{1}{3}\div\frac{2}{3}+\frac{4}{3}\times\frac{5}{3}-\frac{14}{3}$
$=\frac{1}{3}\times\frac{3}{2}+\frac{4}{3}\times\frac{5}{3}-\frac{14}{3}$
$=\frac{1}{2}+\frac{20}{9}-\frac{14}{3}$
$=\frac{9+40-84}{18}=\frac{49-84}{18}$
$=-\frac{35}{18}=-1\frac{17}{18}$

12 सरलीकरण

11. $5\frac{1}{4}+3\frac{1}{8}\div1\frac{1}{4}-1\frac{1}{4}=\frac{21}{4}+\frac{25}{8}\div\frac{5}{4}-\frac{5}{4}=\frac{21}{4}+\frac{25}{8}\times\frac{4}{5}-\frac{5}{4}$

$=\frac{21}{4}+\frac{5}{2}-\frac{5}{4}=\frac{21+10-5}{4}$

$=\frac{31-5}{4}=\frac{26}{4}=\frac{13}{2}=6\frac{1}{2}$

12. $5\times10+3^2\times10+4=5\times10+3\times3\times10+4$

$=50+90+4=144$

13. $5\frac{1}{7}\div1\frac{5}{7}$ का $2\frac{1}{3}=\frac{36}{7}\div\frac{12}{7}$ का $\frac{7}{3}$

$=\frac{36}{7}\div\frac{4}{1}=\frac{36}{7}\times\frac{1}{4}=\frac{9}{7}=1\frac{2}{7}$

14. $\frac{1}{3-\frac{1}{2-\frac{1}{7}}}=\frac{1}{3-\frac{1}{\frac{14-1}{7}}}=\frac{1}{3-\frac{1}{\frac{13}{7}}}=\frac{1}{3-\frac{7}{13}}=\frac{1}{\frac{39-7}{13}}$

$=\frac{1}{\frac{32}{13}}=\frac{13}{32}$

15. $\frac{1}{6\times\frac{1}{8\div\frac{1}{1-\frac{7}{8}}}}+\frac{5}{6}=\frac{1}{6\times\frac{1}{8\div\frac{1}{\frac{1}{8}}}}+\frac{5}{6}$

$=\frac{1}{6\times\frac{1}{8\div8}}+\frac{5}{6}$

$=\frac{1}{6\times\frac{1}{1}}+\frac{5}{6}=\frac{1}{6}+\frac{5}{6}$

$=\frac{1+5}{6}=\frac{6}{6}=1$

16. $6\frac{1}{2}-\left[5\frac{1}{2}-\left\{4\frac{1}{2}-\left(3\frac{1}{2}-2\frac{1}{2}\right)\right\}\right]$

$=\frac{13}{2}-\left[\frac{11}{2}-\left\{\frac{9}{2}-\left(\frac{7}{2}-\frac{5}{2}\right)\right\}\right]$

$=\frac{13}{2}-\left[\frac{11}{2}-\left\{\frac{9}{2}-\left(\frac{7-5}{2}\right)\right\}\right]$

$=\frac{13}{2}-\left[\frac{11}{2}-\left\{\frac{9}{2}-\left(\frac{2}{2}\right)\right\}\right]$

$=\frac{13}{2}-\left[\frac{11}{2}-\left\{\frac{9}{2}-1\right\}\right]$

$=\frac{13}{2}-\left[\frac{11}{2}-\left\{\frac{9-2}{2}\right\}\right]=\frac{13}{2}-\left[\frac{11}{2}-\left\{\frac{7}{2}\right\}\right]$

$=\frac{13}{2}-\left[\frac{11}{2}-\frac{7}{2}\right]=\frac{13}{2}-\left[\frac{11-7}{2}\right]$

$=\frac{13}{2}-\left[\frac{4}{2}\right]$

$=\frac{13}{2}-\frac{4}{2}$

$=\frac{13-4}{2}$

$=\frac{9}{2}=4\frac{1}{2}$

17. $\frac{\frac{1}{2}\div\frac{3}{4}\div\frac{2}{3}}{\frac{1}{2}}\div\frac{3}{4}$ का $\frac{2}{3}=\frac{\frac{1}{2}\times\frac{4}{3}\times\frac{3}{2}}{\frac{1}{2}}\div\frac{1}{2}=\frac{\frac{1}{1}}{\frac{1}{2}}\div\frac{1}{2}$

$=\frac{2}{1}\div\frac{1}{2}=\frac{2}{1}\times\frac{2}{1}=4$

18. $\left(1-\frac{1}{2}\right)\left(1-\frac{1}{3}\right)\left(1-\frac{1}{4}\right)\left(1-\frac{1}{5}\right)\times....\times\left(1-\frac{1}{10}\right)$

$=\left(\frac{2-1}{2}\right)\left(\frac{3-1}{3}\right)\left(\frac{4-1}{4}\right)\left(\frac{5-1}{5}\right)\times....\times\left(\frac{10-1}{10}\right)$

$=\frac{1}{2}\times\frac{2}{3}\times\frac{3}{4}\times\frac{4}{5}\times....\times\frac{9}{10}=\frac{1}{10}$

19. $\left(1+\frac{1}{2}\right)\left(1-\frac{1}{2}\right)\left(1+\frac{1}{3}\right)\left(1-\frac{1}{3}\right)\left(1+\frac{1}{4}\right)\left(1-\frac{1}{4}\right)$

$=\left(\frac{2+1}{2}\right)\left(\frac{2-1}{2}\right)\left(\frac{3+1}{3}\right)\left(\frac{3-1}{3}\right)\left(\frac{4+1}{4}\right)\left(\frac{4-1}{4}\right)$

$=\frac{3}{2}\times\frac{1}{2}\times\frac{4}{3}\times\frac{2}{3}\times\frac{5}{4}\times\frac{3}{4}=\frac{5}{8}$

20. $1+\frac{4\times8\times16+8\times16+16+1}{1\times2\times4\times8\times16}$

$=1+\frac{512+128+16+1}{1024}$

$=1+\frac{657}{1024}=1\frac{657}{1024}$

गुणनखण्ड
Factors

बहुपद (Polynomials)

एक चर वाले व्यंजक को बहुपद कहते हैं तथा इनकी घातें पूर्णांक में होती हैं। *घातों के आधार पर ये तीन प्रकार के होते हैं*

1. रैखिक (1 घात वाले)
2. द्विघात बहुपद (2 घात वाले)
3. त्रिघात बहुपद (3 घात वाले)।
जैसे—$x + 2y, x^2 + 2x + 3, x^3 + 3x^2 + 5x + 9$

गुणनखण्ड (Factors)

दिए हुए व्यंजक को दो या अधिक सरलतम व्यंजकों अथवा खण्डों के गुणनफल के रूप में व्यक्त कर दिया जाए, तो प्रत्येक व्यंजक अथवा खण्ड को मूल व्यंजक का गुणनखण्ड कहते हैं तथा इस क्रिया को गुणनखण्डन (Factorisation) कहते हैं। जैसे—$x^3 = x \times x \times x$; $9x^3 = 3 \times 3 \times x \times x \times x$

जिस तरह 8 का गुणनखण्ड $2 \times 2 \times 2$ एवं 6 का गुणनखण्ड 2×3 है, उसी प्रकार बहुपदों को भी न्यूनतम सरल व्यंजकों के गुणनफल के रूप में व्यक्त करते हैं जिसे बहुपदों का गुणनखण्ड कहते हैं। यह अध्याय बहुपदों के गुणनखण्ड पर आधारित है।

स्मरणीय बिन्दु

4.1 समूहन विधि में व्यंजक को दो या अधिक ऐसे समूहों में बाँटते हैं जिनमें कोई राशि या संख्या उभयनिष्ठ हो।

4.2 द्विघातीय त्रिपद व्यंजक में मध्य पद को इस प्रकार विभाजित करते हैं, कि वह प्रथम तथा तृतीय पद के गुणनफल के गुणनखण्डों के योग अथवा अन्तर के बराबर हो।

नोट *यदि तृतीय पद (अचर पद) धनात्मक है, तो योगफल तथा यदि ऋणात्मक है तो अन्तर लेते हैं।*

4.3 यदि $x = p$ रखने पर $ax^2 + bx + c$ का शेषफल शून्य के बराबर हो, तो $(x - p)$ इसका एक गुणनखण्ड होगा।

4.4 यदि व्यंजक को $(x + p)$ से भाग किया जाए, तो व्यंजक में $x = -p$ रखने पर शेषफल प्राप्त होगा।

4.5 $a^2 - b^2 = (a + b)(a - b)$
4.6 $(a + b)^2 = a^2 + b^2 + 2ab$
4.7 $(a - b)^2 = a^2 + b^2 - 2ab$
4.8 $(a + b)^3 = a^3 + b^3 + 3ab(a + b)$
4.9 $(a - b)^3 = a^3 - b^3 - 3ab(a - b)$
4.10 $a^3 + b^3 = (a + b)(a^2 - ab + b^2)$
4.11 $a^3 - b^3 = (a - b)(a^2 + ab + b^2)$
4.12 $(a + b + c)^2 = a^2 + b^2 + c^2 + 2ab + 2bc + 2ca$
4.13 $a^3 + b^3 + c^3 - 3abc = (a + b + c)(a^2 + b^2 + c^2 - ab - bc - ca)$
4.14 यदि $a + b + c = 0$, तब $a^3 + b^3 + c^3 = 3abc$

साधित उदाहरण

■ **उदाहरण 1** *k के किस मान के लिए $(m - 2)$ व्यंजक $m^2 - 5m + k$ का एक गुणनखण्ड है?*

हल क्योंकि $m - 2$, व्यंजक $m^2 - 5m + k$ का एक गुणनखण्ड है, अतः व्यंजक में $m = 2$ रखने पर व्यंजक संतुष्ट होगा।

अर्थात् $(2)^2 - 5(2) + k = 0$ या $4 - 10 + k = 0$

$\Rightarrow$ $k = 10 - 4$

$\Rightarrow$ $k = 6$

अतः $k = 6$ के लिए $(m - 2)$, दिए गए व्यंजक का एक गुणनखण्ड है।

■ **उदाहरण 2** $x^3 + \frac{1}{x^3} - 5x - \frac{5}{x}$ *के गुणनखण्ड ज्ञात कीजिए।*

हल $x^3 + \frac{1}{x^3} - 5x - \frac{5}{x}$

$$= \left(x + \frac{1}{x}\right)\left(x^2 + \frac{1}{x^2} - 1\right) - 5\left(x + \frac{1}{x}\right)$$

$$= \left(x + \frac{1}{x}\right)\left(x^2 + \frac{1}{x^2} - 5 - 1\right)$$

$$= \left(x + \frac{1}{x}\right)\left(x^2 + \frac{1}{x^2} - 2 - 4\right) \quad (\because -2-4=-6)$$

$$= \left(x + \frac{1}{x}\right)\left[\left(x - \frac{1}{x}\right)^2 - 2^2\right]$$

$$= \left(x + \frac{1}{x}\right)\left(x - \frac{1}{x} + 2\right)\left(x - \frac{1}{x} - 2\right)$$

■ **उदाहरण 3** *यदि $(y+3)$ से व्यंजक $5y^3 + 5y^2 - 6y - 9$ पूर्णतः विभाजित है, तो शेषफल क्या होगा?*

हल भाग विधि से

$$\begin{array}{r|l} & 5y^2 - 10y + 24 \\ \hline y+3 & 5y^3 + 5y^2 - 6y - 9 \\ & 5y^3 + 15y^2 \\ & - \quad - \\ \hline & -10y^2 - 6y - 9 \\ & -10y^2 - 30y \\ & + \quad + \\ \hline & 24y - 9 \\ & 24y + 72 \\ & - \quad - \\ \hline \end{array}$$

शेषफल $= -81$

अभ्यास प्रश्न

1. $(x-y)^3 + (y-z)^3 + (z-x)^3$ का मान होगा
(a) 0 (b) $3(x-y)(y-z)(z-x)$
(c) $xyz(xy+yz+zx)$ (d) $3xyz$

2. $x^4 + xy^3 + xz^3 + x^3y + y^4 + yz^3$ के गुणनखण्ड होंगे
(a) $(x+y+z)(x^2+y^2+z^2)(x-y)$
(b) $(x^2+y^2)(x-y+z)(x-y-z)$
(c) $(x+y)(x^3+y^3+z^3)$
(d) $(x-y)(x^3-y^3+z^3)$

3. यदि $x^4 - px^2 + q$ का गुणनखण्ड $x^2 - 3x + 2$ हो, तो p तथा q के मान होंगे
(a) $p=1, q=2$ (b) $p=3, q=4$
(c) $p=5, q=4$ (d) $p=5, q=1$

4. यदि $2x^2 + 5xy + 3y^2 + x + ky - 10 = (2x+3y+m)(x+y-2)$, तो k तथा m के मान होंगे
(a) 1 तथा – 5 (b) – 1 तथा – 5
(c) – 1 तथा 5 (d) 2 तथा – 2

5. $p^2x^2 + c^2x^2 - ac^2 - ap^2$ के गुणनखण्ड होंगे
(a) $(p+a)(c+x)$ (b) $(p^2-c^2)(x^2-a)$
(c) $(p^2+c^2)(x^2-a)$ (d) $(p^2+c^2)(x^2+a)$

6. $x^4 - 13x^2 + 36$ के गुणनखण्ड होंगे
(a) $(x+2)(x-2)(x+3)(x-3)$
(b) $(x+2)(x-3)$
(c) $(x+3)(x-2)$
(d) उपरोक्त में से कोई नहीं

7. व्यंजक $3y^3 + y^2 - 19y + 6$ को $y-3$ से विभाजित करने पर शेषफल है
(a) 39 (b) – 39 (c) 72 (d) – 72

8. p के किस मान के लिए $(a-2)$ व्यंजक $a^2 - 5a + p$ का गुणनखण्ड है
(a) 2 (b) 5 (c) 3 (d) 6

9. $(a^2-b^2)(x^2+y^2) + 2(a+b^2)xy$ के गुणनखण्ड होंगे
(a) $(a+b)(a-b)(x+y)^2$
(b) $[a(x+y) - b(x-y)] \times [a(x+y) + b(x-y)]$
(c) $[a(x-y) - b(x+y)] \times [a(x-y) + b(x+y)]$
(d) $[b(x+y) - a(x-y)] \times [b(x+y) + a(x-y)]$

10. $4a^2 + 12ab + 9b^2 - 8a - 12b$ के गुणनखण्ड हैं
(a) $(2a-3b)(2a-3b-4)$ (b) $(2a-3b)(2a-3b+4)$
(c) $(2a+3b)(2a-3b+4)$ (d) $(2a+3b)(2a+3b-4)$

11. $x^2 - y^2 - z^2 + 2yz + x + y - z$ के गुणनखण्ड हैं
(a) $(x+y+z)(x-y-z-1)$ (b) $(x+y-z)(x-y+z+1)$
(c) $(x-y+z)(x+y-z+1)$ (d) $(x+y-z)(x-y+z-1)$

12. $(2x^2-3x-2)(2x^2-3x) - 63$ के गुणनखण्ड हैं
(a) $(x-3)(2x+3)(x-1)(x-7)$
(b) $(x+3)(2x-3)(x-1)(x-7)$
(c) $(x-3)(2x+3)(x^2-8x+7)$
(d) $(x-3)(2x+3)(2x^2-3x+7)$

13. $125x^5y^2 - 64x^2y^5$ के गुणनखण्ड होंगे
(a) $x^2y^2(5x-4y)(25x^2+16y^2+20xy)$
(b) $xy(5x+4y)(25x^2+16y^2-20xy)$
(c) $xy(5x+4y)(25x^2+16y^2+20xy)$
(d) $xy(5x-4y)(25x^2+16y^2-20xy)$

14. $x(x+2)(x+3)(x+5) - 72$ के गुणनखण्ड हैं
(a) $x(x+3)(x+4)(x-6)$
(b) $(x-1)(x+6)(x^2-2x+12)$
(c) $(x-1)(x+6)(x^2+5x+12)$
(d) $(x+1)(x-6)(x^2-5x+12)$

15. $x(y^2-z^2) + y(z^2-x^2) + z(x^2-y^2)$ के गुणनखण्ड हैं
(a) $(x+y)(y+z)(z+x)$ (b) $(x-y)(x-z)(z-y)$
(c) $(x+y)(z-y)(x-z)$ (d) $(y-x)(z-y)(x-z)$

16. $4x^8 + 16x^4y^4 + 25y^8$ के गुणनखण्ड हैं
(a) $(2x^4+5y^4+2x^2y^2)(2x^4+5y^4-2x^2y^2)$
(b) $(2x^4-5y^4+2x^2y^2)(2x^4+5y^4-2x^2y^2)$
(c) $(2x^4+5y^4+2x^2y^2)(2x^4-16y^4-20xy)$
(d) $(2x^4+5y^4+2x^2y^2)(2x^4+16y^4-20xy)$

17. $x^4 - 3x^2 + 1$ के गुणनखण्ड हैं

(a) $(x^2 - x - 1)(x^2 - x + 1)$ (b) $(x^2 - x - 1)(x^2 + x + 1)$
(c) $(x^2 - x + 1)(x^2 + x + 1)$ (d) $(x^2 - x - 1)(x^2 + x - 1)$

18. $343x^6 + 27y^6$ के गुणनखण्ड हैं

(a) $(7x^2 + 3y^2)(49x^4 - 21x^2y^2 + 9y^4)$
(b) $(7x^2 - 3y^2)(49x^4 - 21x^2y^2 + 9y^4)$
(c) $(7x^2 + 3y^2)(49x^4 + 21x^2y^2 + 9y^4)$
(d) $(7x^2 - 3y^2)(49x^4 + 21x^2y^2 + 9y^4)$

19. $x^3 + \frac{1}{x^3} - 2$ के गुणनखण्ड हैं

(a) $\left(x + \frac{1}{x} - 1\right)\left(x^2 + \frac{1}{x^2} - 1 - \frac{1}{x}\right)$
(b) $\left(x + \frac{1}{x} + 1\right)\left(x^2 + \frac{1}{x^2} + x + \frac{1}{x}\right)$
(c) $\left(x + \frac{1}{x} + 1\right)\left(x^2 + \frac{1}{x^2} - x - \frac{1}{x}\right)$
(d) $\left(x + \frac{1}{x}\right)\left(x^2 + \frac{1}{x^2} - 2\right)$

20. बहुपदों $8(x^3 - 2x^2 + x)$; $28(x^3 - 1)$ के युग्म का उच्चतम उभयनिष्ठ घटक है

(a) $4(x - 1)$ (b) $4(x^2 + x + 1)$
(c) $4(x^2 - x + 1)$ (d) इनमें से कोई नहीं

उत्तरमाला

1. (b)	2. (c)	3. (c)	4. (c)	5. (c)	6. (a)	7. (a)	8. (d)	9. (b)	10. (d)
11. (b)	12. (d)	13. (a)	14. (c)	15. (d)	16. (a)	17. (d)	18. (a)	19. (c)	20. (a)

संकेत एवं हल

1. $\because x - y + y - z + z - x = 0$

$\therefore \quad (x - y)^3 + (y - z)^3 + (z - x)^3 = 3(x - y)(y - z)(z - x)$

[$\because$ यदि $a + b + c = 0$ तो $a^3 + b^3 + c^3 = 3abc$]

2. $x^4 + x^3y + xy^3 + y^4 + xz^3 + yz^3$

$= x^3(x + y) + y^3(x + y) + z^3(x + y)$

$= (x + y)(x^3 + y^3 + z^3)$

3. चूँकि $x^2 - 3x + 2$, $x^4 - px^2 + q$ का गुणनखण्ड है, अत: $(x - 2)(x - 1)$, $x^4 - px^2 + q$ के गुणनखण्ड होंगे।

अब, $(2)^4 - p(2)^2 + q = 0 \Rightarrow 4p - q = 16$ ...(i)

और $(1)^4 - p(1)^2 + q = 0 \Rightarrow p - q = 1$ ...(ii)

समी (i) और (ii) को हल करने पर, $p = 5$ और $q = 4$

4. $2x^2 + 5xy + 3y^2 + x + ky - 10$

$= 2x^2 + 5xy + (-4 + m)x + (-6 + m)y + 3y^2 - 2m$

दोनों ओर के अचर पदों की तुलना करने पर, $-10 = -2m \Rightarrow m = 5$

अब y के गुणांकों की तुलना करने पर, $k = -6 + m$

$\Rightarrow \quad k = -6 + 5 = -1$

6. $x^4 - 13x^2 + 36 = x^4 - 9x^2 - 4x^2 + 36$

$= x^2(x^2 - 9) - 4(x^2 - 9) = (x^2 - 9)(x^2 - 4)$

$= (x + 3)(x - 3)(x + 2)(x - 2)$

7. $y = 3$ रखने पर, शेषफल $= 3(3)^3 + (3)^2 - 19(3) + 6$

$= 3 \times 27 + 9 - 57 + 6$ [देखें $\rightarrow$ 4.3]

$= 96 - 57 = 39$

8. $a^2 - 5a + p$ का एक गुणनखण्ड $(a - 2)$ है अत: दिए गए व्यंजक में $a = 2$ रखने पर, [देखें $\rightarrow$ 4.3]

शेषफल $= 4 - 10 + p = 0 \Rightarrow p = 6$

11. $x^2 - y^2 - z^2 + 2yz + x + y - z$

$= x^2 - (y^2 + z^2 - 2yz) + x + y - z$

$= x^2 - (y - z)^2 + x + y - z$

$= (x + y - z)(x - y + z) + (x + y - z)$

$= (x + y - z)(x - y + z + 1)$

12. माना $2x^2 - 3x = y$

$\therefore \quad (2x^2 - 3x - 2)(2x^2 - 3x) - 63$

$= (y - 2)y - 63 = y^2 - 2y - 63 = (y - 9)(y + 7)$

$= (2x^2 - 3x - 9)(2x^2 - 3x + 7)$

$= (2x + 3)(x - 3)(2x^2 - 3x + 7)$

16. $4x^8 + 16x^4y^4 + 25y^8$

$= (2x^4)^2 + (5y^4)^2 + 2 \times 2x^4 \times 5y^4 - 2 \times 2x^4 \times 5y^4 + 16x^4y^4$

$= (2x^4 + 5y^4)^2 - 4x^4y^4$

$= (2x^4 + 5y^4 + 2x^2y^2)(2x^4 + 5y^4 - 2x^2y^2)$

17. $x^4 - 3x^2 + 1 = (x^2)^2 + (1)^2 - 2x^2 + 2x^2 - 3x^2$

$= (x^2 - 1)^2 - x^2 = (x^2 - 1 + x)(x^2 - 1 - x)$

19. $1 + x^3 + \frac{1}{x^3} - 3 = 1^3 + x^3 + \frac{1}{x^3} - 3 \times 1 \times x \times \frac{1}{x}$

(यह $a^3 + b^3 + c^3 - 3abc$ के रूप का है)

$= \left(1 + x + \frac{1}{x}\right)\left(1 + x^2 + \frac{1}{x^2} - x - 1 - \frac{1}{x}\right)$

$= \left(1 + x + \frac{1}{x}\right)\left(x^2 + \frac{1}{x^2} - x - \frac{1}{x}\right)$

20. $8(x^3 - 2x^2 + x) = 8x(x^2 - 2x + 1) = 8x(x - 1)(x - 1)$

और $28(x^3 - 1) = 28(x - 1)(x^2 + 2x + 1)$

अत: बहुपदों का उच्चतम उभयनिष्ठ घटक $4(x - 1)$ है।

5
लघुत्तम समापवर्त्य तथा महत्तम समापवर्तक
LCM and HCF

लघुत्तम समापवर्त्य (LCM)

दो या दो से अधिक संख्याओं अथवा व्यंजकों का लघुत्तम समापवर्त्य (ल.स.) वह छोटी-से-छोटी संख्या अथवा न्यूनतम घात वाला व्यंजक है, जो दी गई संख्याओं अथवा व्यंजकों से पूर्णत: विभाजित हो जाता है।

उदाहरण 6, 8, 12 तीन संख्याओं का ल.स. ज्ञात करना।

6 से विभाजित होने वाली संख्याएँ 6, 12, 18, <u>24</u>, 30, 36, ...

8 से विभाजित होने वाली संख्याएँ 8, 16, <u>24</u>, 32, 40, ...

12 से विभाजित होने वाली संख्याएँ 12, <u>24</u>, 36, ...

इन तीनों संख्याओं से विभाजित होने वाली संख्याओं में 24 न्यूनतम सर्वनिष्ठ संख्या है अत: इन संख्याओं का ल. स. 24 है।

इसी तरह, x^3, x^2, x^5, x^4 का ल.स. x^5 है।

x^3 के गुणज $= x^4, \underline{x^5}, x^6, ...$

x^2 के गुणज $= x^2, x^3, x^4, \underline{x^5}, x^6, ...$

x^5 के गुणज $= \underline{x^5}, x^6, x^7, ...$

x^4 के गुणज $= x^4, \underline{x^5}, x^6, x^7, ...$

न्यूनतम घात वाला सर्वनिष्ठ व्यंजक $= x^5$ अत: ल.स. $= x^5$

लघुत्तम समापवर्त्य निकालने की विधियाँ

(Methods of Finding LCM)

1. **गुणनखण्ड विधि** (Factor Method) इस विधि में सबसे पहले संख्याओं या बहुपदों के अभाज्य गुणनखण्ड करते हैं, फिर अधिकतम घातों के प्रत्येक गुणनखण्ड के गुणनफल प्राप्त करते हैं यही अभीष्ट ल.स. होता है।

उदाहरण (i) 6, 8, 12 का ल.स. ज्ञात करना।

$$6 = 2 \times 3$$
$$8 = 2 \times 2 \times 2$$
$$12 = 2 \times 2 \times 3$$

6, 8, 12 का ल.स. $= 2^3 \times 3^1 = 24$

(ii) xy, x^2y, xy^2 का ल.स. ज्ञात करना।

$$xy = x \times y$$
$$x^2y = x \times x \times y$$
$$xy^2 = x \times y \times y$$

xy, x^2y एवं xy^2 का ल.स. $= x^2 \times y^2 = x^2y^2$

2. **भाग विधि** (Division Method) इस विधि में अभाज्य संख्याओं से भाग देकर ल.स. निकालते हैं।

उदाहरण भाग विधि से 6, 8, 12 का ल.स. ज्ञात करना।

2	6, 8, 12
2	3, 4, 6
3	3, 2, 3
	1, 2, 1

6, 8, 12 का ल.स. $= 2 \times 2 \times 3 \times 1 \times 2 \times 1 = 24$

महत्तम समापवर्तक (HCF)

बड़ी-से-बड़ी वह संख्या अथवा उच्चतम घात वाला वह व्यंजक जो दी गयी संख्याओं अथवा व्यंजकों में से प्रत्येक को पूर्णत: विभाजित कर दे, उन संख्याओं अथवा व्यंजकों का म.स. कहलाता है।

उदाहरण 6, 8, 12 का म.स. ज्ञात करना।

6 को विभाजित करने वाली संख्याएँ = 1, 2, 3, 6

8 को विभाजित करने वाली संख्याएँ = 1, 2, 4, 8

12 को विभाजित करने वाली संख्याएँ = 1, 2, 3, 4, 6, 12

स्पष्ट है कि 6, 18, 12 को विभाजित करने वाली संख्याओं में महत्तम सर्वनिष्ठ संख्या 2 है अत: इनका म.स. 2 है।

x^2, x^5, x^6 का म.स.

x^2 को विभाजित करने वाले व्यंजक $= x, x^2$

x^5 को विभाजित करने वाले व्यंजक $= x, x^2, x^3, x^4, x^5$

x^6 को विभाजित करने वाले व्यंजक $= x, x^2, x^3, x^4, x^5, x^6$

स्पष्टत: x^2 अधिकतम घात वाला महत्तम व्यंजक है। अत: इनका म.स. x^2 है।

महत्तम समापवर्तक निकालने की विधियाँ

(Methods of Finding HCF)

1. **गुणनखण्ड विधि** (Factor Method) इस विधि में दी संख्याओं अथवा व्यंजकों का अभाज्य गुणनखण्ड निकाला जाता है, सर्वनिष्ठ गुणनखण्डों का गुणनफल ही म.स. होता है।

उदाहरण (i) 6, 8, 12 का म.स. ज्ञात करना

$$6 = \underline{2} \times 3$$
$$8 = \underline{2} \times 2 \times 2$$
$$12 = \underline{2} \times 2 \times 3$$

म.स. = 2

(ii) x^3, x^2, x^5 का म.स. ज्ञात करना।

$$x^3 = \underline{x \times x} \times x$$
$$x^2 = \underline{x \times x}$$
$$x^5 = \underline{x \times x} \times x \times x \times x$$

x^3, x^2 एवं x^5 का म.स. $= x \times x = x^2$

2. **भाग विधि** (Division Method) इस विधि में सबसे पहले छोटी संख्या से बड़ी संख्या को भाग देते हैं, इस क्रिया को तब तक दोहराते हैं, जब तक कि शेषफल शून्य न हो जाए। इसमें अन्तिम भाजक संख्याओं का म.स. होता है।

उदाहरण 6, 8, 12 का म.स. ज्ञात करना।

```
6)12(2          6)8(1
  12              6
  ×              2)6(3
                   6
                   ×
```

यहाँ अन्तिम भाजक का मान 2 है।
अत: म.स. = 2

स्मरणीय बिन्दु

5.1 म.स. × ल.स. = संख्याओं का गुणनफल

5.2 (i) भिन्नों का ल.स. $= \dfrac{\text{अंशों का ल.स.}}{\text{हरों का म.स.}}$

(ii) भिन्नों का म.स. $= \dfrac{\text{अंशों का म.स.}}{\text{हरों का ल.स.}}$

5.3 यदि दिए गए व्यंजकों में कोई उभयनिष्ठ गुणनखण्ड न हो, तो उनका म.स. 1 तथा ल.स. उनका गुणनफल होता है।

साधित उदाहरण

■ **उदाहरण 1** *यदि $x^2 + x - 12$ और $2x^2 - kx - 9$ का म.स. $x - k$ हो, तो k का मान क्या होगा?*

हल यदि $x - k$, व्यंजक $2x^2 - kx - 9$ का म.स. है, तब $x = k$ रखने पर व्यंजक का मान शून्य होगा।

अर्थात् $2(k)^2 - k(k) - 9 = 0$

$2k^2 - k^2 - 9 = 0$

या $k^2 - 9 = 0$

$k^2 = 9$

या $k = \pm 3$

अत: $k = 3$

व्यंजक $x^2 + x - 12$ में यदि k का मान रखा जाए तो पूरे व्यंजक का मान शून्य होगा।

$$(k)^2 + k - 12 = 0$$
$$9 + 3 - 12 = 0$$

■ **उदाहरण 2** *बहुपदों $P(x)$ और $Q(x)$ के ल.स. तथा म.स. क्रमश: $56(x^4 + x)$ तथा $4(x^2 - x + 1)$ हैं। यदि $P(x) = 28(x^3 + 1)$ हो, तो $Q(x)$ का मान क्या होगा?*

हल $P(x) \times Q(x) =$ म.स. × ल.स. **[देखें → 5.1]**

$$28(x^3 + 1) \cdot Q(x) = 4(x^2 - x + 1) \cdot 56(x^4 + x)$$
$$28(x^3 + 1) \cdot Q(x) = 4(x^2 - x + 1) \cdot 56 \cdot x(x^3 + 1)$$
$$Q(x) = \frac{4(x^2 - x + 1) \cdot 56 \cdot x(x^3 + 1)}{28(x^3 + 1)}$$
$$= 4 \cdot (x^2 - x + 1) \cdot 2 \cdot x$$
$$= 8x(x^2 - x + 1)$$

■ **उदाहरण 3** $\dfrac{4}{7}, \dfrac{5}{35}, \dfrac{9}{21}$ *का म.स. ज्ञात कीजिए।*

हल अभीष्ट म.स. $= \dfrac{\text{4, 5, 9 का म.स.}}{\text{7, 35, 21 का ल.स.}} = \dfrac{1}{105}$ **[देखें → 5.2 (ii)]**

अभ्यास प्रश्न

1. व्यंजकों $(x^2 - 1)$, $(x^3 + 1)$ तथा $(x^3 - 1)$ का लघुत्तम समापवर्त्य है
(a) $x^6 - 1$ (b) $x^6 + 1$
(c) $x^3 + 1$ (d) $x^3 - 1$

2. यदि व्यंजकों $(x^2 + 5x + 6)$ तथा $(x^2 - x - a)$ का महत्तम समापवर्तक $(x + 2)$ है, तो a का मान होगा
(a) 1 (b) 6
(c) 2 (d) 3

3. $(x^3 - 1)$ तथा $(x^4 + x^2 + 1)$ का म.स. होगा
(a) $x - 1$ (b) $x^2 + 1$
(c) $x^2 + x + 1$ (d) $x^2 - x + 1$

4. दो व्यंजकों का लघुत्तम समापवर्त्य $x(x + 1)(x + 2)(x + 3)$ तथा महत्तम समापवर्तक $(x + 2)(x + 3)$ है। यदि एक व्यंजक $(x^3 + 5x^2 + 6x)$ हो, तो दूसरा व्यंजक होगा **(पॉलिटेक्निक 2008)**
(a) $x(x + 1)(x + 2)$ (b) $(x + 1)(x + 2)(x + 3)$
(c) $x(x + 2)(x + 3)$ (d) $x(x + 2)(x + 4)$

5. $\dfrac{3}{4}, \dfrac{5}{6}$ तथा $\dfrac{5}{8}$ का म.स. क्या होगा?
(a) $\dfrac{1}{25}$ (b) $\dfrac{1}{12}$
(c) $\dfrac{1}{24}$ (d) $\dfrac{2}{25}$

6. वह बड़ी-से-बड़ी संख्या ज्ञात करें, जिससे 23, 35 तथा 41 में भाग देने पर प्रत्येक दशा में 5 शेष बचें।
(a) 4 (b) 5
(c) 6 (d) 7

7. वह बड़ी-से-बड़ी संख्या ज्ञात करें, जिससे 63, 138 और 228 में भाग देने पर प्रत्येक दशा में समान शेष बचें।
(a) 12 (b) 17 (c) 16 (d) 15

8. छः घण्टियाँ एकसाथ बजनी आरम्भ हुईं। यदि ये घण्टियाँ क्रमशः 2, 4, 6, 8, 10 तथा 12 सेकण्ड के अन्तराल से बजें, तो 30 मिनट में वे कितनी बार एकसाथ बजेंगी?
(a) 14 (b) 16 (c) 15 (d) 18

9. वह छोटी-से-छोटी संख्या ज्ञात करें, जिसको 10, 20, 30, 40 तथा 50 से भाग देने पर प्रत्येक अवस्था में 7 शेष बचें।
(a) 507 (b) 607
(c) 707 (d) 807

10. वह छोटी-से-छोटी संख्या ज्ञात करें, जिसको 15, 25, 35 तथा 45 से भाग देने पर क्रमशः 7, 17, 27 तथा 37 शेष बचें।
(a) 1667 (b) 767
(c) 1607 (d) 1567

11. चार अंकों की सबसे छोटी संख्या ज्ञात करें, जो 2, 3, 4, 5, 6 और 7 से पूरी तरह भाज्य हो।
(a) 1260 (b) 1266
(c) 1350 (d) 1255

12. दो संख्याओं का योग 150 और उनका म.स. 25 हो, तो संख्याएँ ज्ञात करें।
(a) 10 एवं 150 (b) 20 एवं 120
(c) 25 एवं 125 (d) 25 एवं 100

13. दो संख्याओं का ल.स. उनके म.स. का 65 गुना है। ल.स. तथा म.स. का योग 1650 है तथा उसमें से एक संख्या 125 है। दूसरी संख्या ज्ञात करें।
(a) 300 (b) 325 (c) 315 (d) 425

14. तीन संख्याओं का म.स. 12 है तथा उनका ल.स. 720 है। उनमें से दो संख्याएँ 35 तथा 48 हैं। तीसरी संख्या ज्ञात करें।
(a) 60 (b) 50 (c) 55 (d) 48

15. 144, 126 तथा 162 का महत्तम समापवर्तक क्या होगा?
(a) 12 (b) 16 (c) 18 (d) 24

16. 42, 70, 98 तथा 126 का महत्तम समापवर्तक क्या होगा?
(a) 11 (b) 12 (c) 13 (d) 14

17. $5 \times 7 \times 9 \times 11 \times 13$ और $9 \times 11 \times 13 \times 17$ का महत्तम समापवर्तक क्या होगा?
(a) $5 \times 7 \times 9 \times 11 \times 13 \times 17$ (b) $9 \times 11 \times 13$
(c) $5 \times 7 \times 17$ (d) 9×11

18. $2 \times 3 \times 7 \times 9$, $2 \times 3 \times 9 \times 11$ तथा $2 \times 3 \times 4 \times 5$ का महत्तम समापवर्तक क्या होगा?
(a) 2×3 (b) $2 \times 3 \times 7 \times 9$
(c) $2 \times 3 \times 4 \times 5 \times 7$ (d) $2 \times 3 \times 4 \times 5 \times 7 \times 9 \times 11$

19. $\frac{3}{4}, \frac{5}{6}$ तथा $\frac{5}{8}$ का महत्तम समापवर्तक क्या होगा?
(a) $\frac{1}{24}$ (b) $\frac{2}{25}$ (c) $\frac{1}{32}$ (d) $\frac{1}{12}$

20. $\frac{3}{4}, \frac{3}{2}$ तथा $\frac{6}{5}$ का महत्तम समापवर्तक क्या होगा?
(a) $\frac{1}{20}$ (b) $\frac{2}{20}$ (c) $\frac{3}{20}$ (d) $\frac{4}{20}$

उत्तरमाला

1. (a)	**2.** (b)	**3.** (c)	**4.** (b)	**5.** (c)	**6.** (c)	**7.** (d)	**8.** (b)	**9.** (b)	**10.** (d)
11. (a)	**12.** (c)	**13.** (b)	**14.** (a)	**15.** (c)	**16.** (d)	**17.** (b)	**18.** (a)	**19.** (a)	**20.** (c)

संकेत एवं हल

1.
$$x^2 - 1 = (x+1)(x-1)$$
$$x^3 + 1 = (x+1)(x^2 - x + 1)$$
$$x^3 - 1 = (x-1)(x^2 + x + 1)$$
$\therefore$ लघुत्तम समापवर्त्य
$$= (x+1)(x^2 - x + 1)(x-1)(x^2 + x + 1)$$
$$= (x^3 + 1)(x^3 - 1) = x^6 - 1$$

2. $\because (x+2)$ दिए गए व्यंजकों का म.स. है।
अतः $(x+2)$ व्यंजक $x^2 - x - a$ का एक गुणनखण्ड है।
$\therefore x = -2$ रखने पर, शेषफल = शून्य
$$\Rightarrow \quad (-2)^2 - (-2) - a = 0$$
$$\Rightarrow \quad a = 6$$

3. $x^3 - 1 = (x-1)(x^2 + x + 1)$
$$x^4 + x^2 + 1 = (x^2)^2 + 2x^2 + 1 - 2x^2 + x^2$$
$$= (x^2 + 1)^2 - (x)^2 = (x^2 + x + 1)(x^2 - x + 1)$$
$\therefore$ म.स. $= (x^2 + x + 1)$

4. म.स. $\times$ ल.स. = प्रथम व्यंजक $\times$ द्वितीय व्यंजक [देखें → 5.1]
$$\Rightarrow \quad (x+2)(x+3) \times x(x+1)(x+2)(x+3)$$
$$= (x^3 + 5x^2 + 6x) \times \text{द्वितीय व्यंजक}$$
$$\Rightarrow \quad x(x+1)(x+2)^2(x+3)^2$$
$$= x(x^2 + 5x + 6) \times \text{द्वितीय व्यंजक}$$
$$\Rightarrow \quad (x+1)(x+2)^2(x+3)^2$$
$$= (x+3)(x+2) \times \text{द्वितीय व्यंजक}$$
$$\Rightarrow \quad \text{द्वितीय व्यंजक} = (x+1)(x+2)(x+3)$$

5. भिन्नों का म.स. $= \dfrac{\text{अंशों का म.स.}}{\text{हरों का ल.स.}}$ [देखें → 5.2 (ii)]

$= \dfrac{3, 5, 5 \text{ का म.स.}}{4, 6, 8 \text{ का ल.स.}} = \dfrac{1}{24}$

6. अभीष्ट संख्या = 23 − 5 = 18, 35 − 5 = 30 तथा 41 − 5 = 36 का म.स.

```
18 ) 30 (1              6 ) 36 (6
     18                     36
     12 ) 18 (1             ×
          12
          6 ) 12 (2
              12
              ×
```

अत: अभीष्ट संख्या = 6

7. वह बड़ी-से-बड़ी संख्या = 138 − 63 = 75, 228 − 138 = 90 तथा 228 − 63 = 165 का म.स.

```
75 ) 90 (1              15 ) 165 (11
     75                      15
     15 ) 75 (5               15
          75                  15
          ×                   ×
```

अत: अभीष्ट संख्या = 15

8. सबसे पहले 2, 4, 6, 8, 10 तथा 12 का ल.स. निकाला जाएगा

2	2, 4, 6, 8, 10, 12
2	1, 2, 3, 4, 5, 6
3	1, 1, 3, 2, 5, 3
	1, 1, 1, 2, 5, 1

ल.स. $= 2 \times 2 \times 3 \times 2 \times 5 = 120$

अत: प्रत्येक 120 सेकण्ड अर्थात् 2 मिनट बाद इकट्ठी बजेंगी।

अत: 30 मिनट में वे एक साथ बजेंगी $= \dfrac{30}{2} + 1 = 16$ बार

9. अभीष्ट संख्या = 10, 20, 30, 40 तथा 50 का ल.स. + 7

2	10, 20, 30, 40, 50
2	5, 10, 15, 20, 25
5	5, 5, 15, 10, 25
	1, 1, 3, 2, 5

ल.स. $= 2 \times 2 \times 5 \times 3 \times 2 \times 5 = 600$

अत: अभीष्ट संख्या = 600 + 7 = 607

10. भाजक तथा शेषफल का अन्तर = 15 − 7 = 25 − 17 = 35 − 27 = 45 − 37 = 8

अभीष्ट संख्या = 15, 25, 35 तथा 45 का ल.स. − 8

3	15, 25, 35, 45
5	5, 25, 35, 15
	1, 5, 7, 3

ल.स. $= 3 \times 5 \times 5 \times 7 \times 3 = 1575$

अत: अभीष्ट संख्या = 1575 − 8 = 1567

11. सबसे पहले 2, 3, 4, 5, 6 तथा 7 का ल.स. निकालेंगे।

2	2, 3, 4, 5, 6, 7
3	1, 3, 2, 5, 3, 7
	1, 1, 2, 5, 1, 7

ल.स. $= 2 \times 3 \times 2 \times 5 \times 7 = 420$

चार अंकों की सबसे छोटी संख्या जो 2, 3, 4, 5, 6 तथा 7 से भाज्य हो, उसे 420 का गुणक होना चाहिए। इसलिए $420 \times 3 = 1260$

12. माना संख्याएँ a तथा b हैं तथा परस्पर अभाज्य संख्याएँ x तथा y हैं, तो $a = 25x$ तथा $b = 25y$

प्रश्नानुसार, $a + b = 150$

$\Rightarrow \quad 25x + 25y = 150$

$\Rightarrow \quad 25(x + y) = 150$

$\therefore \quad x + y = \dfrac{150}{25} = 6$

ऐसी संख्याओं के जोड़े, जिनका योग 6 हो, निम्नलिखित होंगे (1, 5), (2, 4), (3, 3)। इसमें (2, 4) तथा (3, 3) ऐसी संख्याओं से बने हैं, जो परस्पर अभाज्य नहीं हैं। अत: अभीष्ट जोड़ा = (1, 5) है।

अर्थात् $x = 1$ तथा $y = 5$

∴ अभीष्ट संख्याएँ $= a = 25x = 25 \times 1 = 25$

$b = 25y = 25 \times 5 = 125$

अत: अभीष्ट संख्याएँ 25 तथा 125 होंगी।

13. माना ल.स. L तथा म.स. H हैं।

तो प्रश्नानुसार, $L = 65 \times H$ ...(i)

तथा $L + H = 1650$ ...(ii)

सरल करने पर, $65H + H = 1650$

या $66H = 1650$

$\therefore \quad H = \dfrac{1650}{66} = 25$

$L = 65 \times 25 = 1625$

$\therefore$ दूसरी संख्या $= \dfrac{\text{म.स.} \times \text{ल.स.}}{\text{पहली संख्या}} = \dfrac{25 \times 1625}{125} = 325$

14. माना तीसरी संख्या $= 12x$

तो प्रश्नानुसार, 36, 48 तथा $12x$ का ल.स. = 720

या $144x = 720 \quad \therefore \quad x = \dfrac{720}{144} = 5$

अत: तीसरी संख्या $= 12x = 12 \times 5 = 60$

6

बीजगणितीय सूत्रों पर आधारित प्रश्न

Questions Based on Algebraic Formulae

संख्याएँ दो प्रकार की होती हैं

1. चर (Variable) **2.** अचर (Constant)

चर संख्याएँ, वे होती हैं, जिनका मान अस्थिर रहता है; **जैसे**—$a, b, x, y, \ldots$ इत्यादि। अचर संख्याएँ, वे होती हैं, जिनका मान स्थिर रहता है; जैसे—2, 3, 4, ... इत्यादि। प्राय: चर संख्याओं का उपयोग कर विभिन्न गणितीय प्रश्नों को हल करने की विधियाँ गणित की शाखा (बीजगणित) के अन्तर्गत आती हैं। बीजगणित के इन्हीं सूत्रों के आधार पर विभिन्न प्रश्नों को हल किया जा सकता है।

स्मरणीय बिन्दु

6.1 जब दो धनराशियों को जोड़ा जाता है, तो जोड़ या योगफल भी एक धनराशि होती है।

$$(+a)+(+b)=+(a+b)$$

या $$(a)+(b)=(a+b)$$

6.2 दो ऋण राशियों का योगफल एक ऋण राशि होती है।

$$(-a)+(-b)=-(a+b)$$

6.3 एक ऋण राशि और दूसरी धनराशि का योगफल

$(+a)+(-b)=+(a-b)$; यदि $a>b$

$=-(b-a)$, यदि $b>a$

6.4 दो राशियों का घटाव

$$a-b=a+(-b)$$
$$a-(-b)=a+b$$
$$a-(b+c)=a-b-c$$

या $$a-(b-c)=a-b+c$$

6.5 दो राशियों का गुणनफल

$$(+a)\times(+b)=+(ab)$$
$$(-a)\times(-b)=+(ab)$$
$$(+a)\times(-b)=-(ab)$$
$$(-a)\times(+b)=-(ab)$$

6.6 अन्य गुणनफल

$$(-a)\times(-a)=+(a^2)$$
$$(+a)\times(+a)=+(a^2)$$
$$(+a)\times(+b)=(+b)\times(+a)$$
$$(-a)\times(-b)=(-b)\times(-a)$$
$$(ab)\times c=a\times(bc)$$
$$(ab)\times c=b\times(ac)$$
$$a(b+c)=ab+ac$$
$$a(b-c)=ab-ac$$
$$a(b+c+d+\ldots)=ab+ac+ad+\ldots$$

6.7 भाग

$$a\div b\times b=a$$
$$a\div b\div c=a\div bc=\frac{a}{b\times c}$$
$$a\div b=a\times\frac{1}{b}$$
$$(-ab)\div a=-b$$
$$(-ab)\div(-b)=a$$
$$(ab)\div(-a)=-b$$
$$(ab)\div(-b)=-a$$

प्रमुख सूत्र

6.8 $(a+b)^2=a^2+2ab+b^2$

6.9 $(a-b)^2=a^2-2ab+b^2$

6.10 $a^2+b^2=(a+b)^2-2ab$

6.11 $a^2+b^2=(a-b)^2+2ab$

6.12 $a^2-b^2=(a+b)(a-b)$

6.13 $a^3-b^3=(a-b)(a^2+ab+b^2)$

6.14 $a^4-b^4=(a-b)(a^3+a^2b+ab^2+b^3)$

6.15 $a^5-b^5=(a-b)(a^4+a^3b+a^2b^2+ab^3+b^4)$

6.16 $(a+b)^3=a^3+3a^2b+3ab^2+b^3$

6.17 $(a+b)^3=a^3+b^3+3ab(a+b)$

6.18 $(a-b)^3=a^3-3a^2b+3ab^2-b^3$

6.19 $(a-b)^3=a^3-b^3-3ab(a-b)$

6.20 $a^3+b^3=(a+b)(a^2-ab+b^2)$

6.21 $(a+b)(c+d)=ac+ad+bc+bd$

6.22 $(a+b+c)(a+b+c)=a^2+b^2+c^2+2(ab+bc+ca)$

6.23 $(a+b+c+d+\ldots)(m+n+o+p+\ldots.)$

$=a(m+n+o+p+\ldots)+b(m+n+o+p+\ldots)$

$+c(m+n+o+p+\ldots)+d(m+n+o+p+\ldots)$

6.24 $(a+b+c)^2=a^2+b^2+c^2+2(ab+bc+ca)$

6.25 $a^3+b^3+c^3-3abc=(a+b+c)(a^2+b^2+c^2-ab-bc-ca)$

$= \frac{1}{2}(a+b+c)[(a-b)^2+(b-c)^2+(c-a)^2]$

6.26 यदि $a+b+c=0$ तब $a^3+b^3+c^3=3abc$

व्युत्पन्न सूत्र

6.27 $(a+b)^2=(a-b)^2+4ab$

6.28 $x^2+\frac{1}{x^2}=\left(x+\frac{1}{x}\right)^2-2=\left(x-\frac{1}{x}\right)^2+2$

6.29 $x^3+\frac{1}{x^3}=\left(x+\frac{1}{3}\right)^3-3\left(x+\frac{1}{x}\right)$

6.30 $x^3-\frac{1}{x^3}=\left(x-\frac{1}{3}\right)^3-3\left(x-\frac{1}{x}\right)$

नोट 6.27 से 6.30 तक के सूत्र महत्त्वपूर्ण सूत्रों से व्युत्पन्न सूत्र हैं। छात्रों को चाहिए कि महत्त्वपूर्ण सूत्रों के साथ-साथ व्युत्पन्न सूत्रों को भी कण्ठस्थ कर लें ताकि परीक्षा में कम समयावधि में तेजी से प्रश्न हल कर सकें।

साधित उदाहरण

■ **उदाहरण 1** *यदि $x=2^{1/3}+2^{2/3}+2$, तब x^3-6x^2+6x का मान क्या होगा?*

हल $x=2^{1/3}+2^{2/3}+2$

$\Rightarrow (x-2)^3=(2^{1/3}+2^{2/3})^3$

$\Rightarrow x^3-6x^2+12x-8=2+4+6(x-2)$

$\Rightarrow x^3-6x^2+12x-8=6+6x-12$

$\Rightarrow x^3-6x^2+6x=2$

■ **उदाहरण 2** *यदि $a+b+c=8$ एवं $a^2+b^2+c^2=24$ हो, तो $a^3+b^3+c^3-3abc=?$*

हल $a+b+c=8$

या $(a+b+c)^2=64$

या $a^2+b^2+c^2+2(ab+bc+ca)=64$

$24+2(ab+bc+ca)=64$

$2(ab+bc+ca)=64-24$

$ab+bc+ca=\frac{40}{2}=20$

पुनः $a^3+b^3+c^3-3abc=(a+b+c)\{a^2+b^2+c^2-ab-bc-ca\}$

$=8\{24-20\}=8\times 4=32$

अभ्यास प्रश्न

1. यदि a, b, c वास्तविक संख्याएँ ऐसी हैं कि $a+b+c=0$, तब $a^3+b^3+c^3$ का मान है
(a) 1 (b) $ab^2+bc^2+ca^2$
(c) 0 (d) $3abc$

2. यदि $x+y=5, x+z=7$ और $y+z=12$, तब $x+y+z=?$
(a) 12 (b) 2
(c) 5 (d) 24

3. यदि $x=2+\sqrt{2}$, तब $x^2+\frac{4}{x^2}=?$
(a) 12 (b) $20\sqrt{2}$ (c) $15\sqrt{2}$ (d) 16

4. यदि $a^4+\frac{1}{a^4}=119$, तब $a^3-\frac{1}{a^3}$ है
(a) 27 (b) 36 (c) 45 (d) 54

5. यदि $x+\frac{1}{x}=4, x^4+\frac{1}{x^4}$ का मान है
(a) 156 (b) 194
(c) 256 (d) 360

6. $x=\sqrt{3}-\sqrt{2}, y=\sqrt{5}-\sqrt{3}, z=\sqrt{5}-\sqrt{2}$, तब $x^2+y^2-z^2=?$
(a) $20-2(\sqrt{6}+\sqrt{10}+\sqrt{15})$ (b) $6-2\sqrt{6}-2\sqrt{15}+2\sqrt{10}$
(c) $4-2\sqrt{6}+2\sqrt{15}$ (d) $20-2\sqrt{6}-2\sqrt{15}$

7. यदि $x-y=1$ और $x^2+y^2=41$, तब $x+y$ का मान होगा
(a) ± 9 (b) ± 1
(c) 5 या 4 (d) -5 या -4

8. यदि $a+b+c=11$ और $ab+bc+ca=20$, तब $a^3+b^3+c^3-3abc$ का मान होगा
(a) 121 (b) 341
(c) 671 (d) 781

9. यदि $x+\frac{1}{x}=2$, तब $x^3+\frac{1}{x^3}$ का मान होगा
(a) 8 (b) 6
(c) 4 (d) 2

10. यदि $x^3-\frac{1}{x^3}=14$, तब $x-\frac{1}{x}$ का मान होगा
(a) 2 (b) 3
(c) 4 (d) 5

11. यदि $x=7-4\sqrt{3}$, तब $\left(x+\frac{1}{x}\right)$ बराबर है
(a) $3\sqrt{3}$ (b) $8\sqrt{3}$
(c) $14+8\sqrt{3}$ (d) 14

12. यदि $x=3^{1/3}+3^{-1/3}$, तब $3x^3-10$ का मान है
(a) $-3x$ (b) $3x$
(c) $-9x$ (d) $9x$

13. यदि $2^{x-1}+2^{x+1}=320$, तब x का मान है
(a) 5 (b) 6
(c) 7 (d) 8

14. यदि $a^2 = by + cz, b^2 = cz + ax, c^2 = ax + by$, तब $\frac{x}{a+x} + \frac{y}{b+y} + \frac{z}{c+z}$ का मान होगा

(a) $a + b + c$ (b) $\frac{1}{a} + \frac{1}{b} + \frac{1}{c}$

(c) 1 (d) 0

15. यदि $a^3 = 117 + b^3$ और $a = 3 + b$, तब $a + b$ का मान है

(a) ± 7 (b) 49 (c) 0 (d) ± 13

16. यदि $x = 2^{1/3} + 2^{-1/3}$, तब $2x^3 - 6x$ का मान होगा

(a) 5 (b) 6

(c) 8 (d) 10

17. यदि $x = 3^{1/3} + 3^{-1/3}$, तब $3x^3 - 9x$ का मान होगा

(a) -10 (b) -1

(c) 1 (d) 0

18. यदि $\frac{1}{a} + \frac{1}{b} + \frac{1}{c} = \frac{1}{a+b+c}$, तब $\frac{1}{a^5} + \frac{1}{b^5} + \frac{1}{c^5}$ के बराबर है

(a) $\frac{1}{a^5 + b^5 + c^5}$ (b) $\frac{1}{(a+b+c)^5}$

(c) 1 (d) 0

19. यदि $a^{1/3} + b^{1/3} + c^{1/3} = 0$, तब $(a + b + c)^3$ का मान होगा

(a) $9a^2 b^2 c^2$ (b) $3abc$

(c) $6abc$ (d) $27abc$

20. यदि $a - b = \sqrt{2}$ एवं $a + b = \sqrt{3}$ हो, तो $4ab(a^2 + b^2)$ होगा

(a) $\frac{5}{2}$ (b) $\sqrt{\frac{2}{3}}$ (c) $\sqrt{\frac{3}{2}}$ (d) $\frac{3}{2}$

21. यदि $x + \frac{1}{x} = 3$ हो, तो $x^8 + \frac{1}{x^8}$ का मान है

(a) 2027 (b) 2207

(c) 2072 (d) इनमें से कोई नहीं

22. यदि दो संख्याओं का अन्तर 5 तथा उनका गुणनफल 13 है, तो उनके वर्गों का जोड़ है

(a) 51 (b) 50 (c) 55 (d) 65

23. यदि $x + 2y = 8$ तथा $xy = 6$ हो, तो $x^3 + 8y^3$ का मान है

(a) 512 (b) 288

(c) 224 (d) इनमें से कोई नहीं

24. $\frac{1}{x-1} - \frac{1}{x+1} - \frac{2}{x^2+1} - \frac{4}{x^4+1} - \frac{8}{x^8+1}$ का मान है

(a) $\frac{4}{x^4 - 1}$ (b) $\frac{6}{x^6 - 1}$ (c) $\frac{8}{x^8 - 1}$ (d) $\frac{16}{x^{16} - 1}$

25. $\frac{x^3 + y^3 + z^3 - 3xyz}{a^3 + b^3 + c^3 - 3abc}$ तथा $\frac{a^2 + b^2 + c^2 - ab - bc - ca}{x^2 + y^2 + z^2 - xy - yz - zx}$ के गुणन से मिलता है

(a) 1 (b) $\frac{x+y+z}{a+b+c}$ (c) $ax + by + cz$ (d) $\frac{1}{a+b+c}$

उत्तरमाला

1. (d)	**2.** (a)	**3.** (a)	**4.** (b)	**5.** (b)	**6.** (b)	**7.** (a)	**8.** (c)	**9.** (d)	**10.** (a)
11. (d)	**12.** (d)	**13.** (c)	**14.** (c)	**15.** (a)	**16.** (a)	**17.** (d)	**18.** (b)	**19.** (d)	**20.** (a)
21. (b)	**22.** (a)	**23.** (c)	**24.** (d)	**25.** (b)					

संकेत एवं हल

1. यदि $a + b + c = 0$

तो $a^3 + b^3 + c^3 = 3abc$

2. $x + y = 5$ ...(i)

$x + z = 7$ ...(ii)

$y + z = 12$ ...(iii)

तीनों समीकरणों को जोड़ने पर,

$$2(x + y + z) = 24$$

$$\Rightarrow \quad x + y + z = 12$$

3. $x = 2 + \sqrt{2}, \frac{1}{x} = \frac{1}{2+\sqrt{2}} = \frac{2-\sqrt{2}}{(2)^2 - (\sqrt{2})^2}$

$$= \frac{2-\sqrt{2}}{4-2} = \frac{2-\sqrt{2}}{2}$$

$$x^2 + \frac{4}{x^2} = (2+\sqrt{2})^2 + 4\left(\frac{2-\sqrt{2}}{2}\right)^2$$

$$= 4 + 2 + 4\sqrt{2} + 4 + 2 - 4\sqrt{2}$$

$$= 12$$

4. $a^4 + \frac{1}{a^4} = 119$

$$\Rightarrow \quad (a^2)^2 + \left(\frac{1}{a^2}\right)^2 + 2 = 121 = (11)^2$$

$$\Rightarrow \quad \left(a^2 + \frac{1}{a^2}\right)^2 = (11)^2$$

$$\Rightarrow \quad a^2 + \frac{1}{a^2} = 11$$

$$\Rightarrow \quad a^2 + \frac{1}{a^2} - 2 = 9$$

$$\Rightarrow \quad \left(a - \frac{1}{a}\right)^2 = (3)^2$$

$\Rightarrow \quad a - \frac{1}{a} = 3$

$\Rightarrow \quad \left(a - \frac{1}{a}\right)^3 = 27$

$\Rightarrow \quad a^3 - \frac{1}{a^3} - 3\left(a - \frac{1}{a}\right) = 27$

$\Rightarrow \quad a^3 - \frac{1}{a^3} = 27 + 3 \times 3 = 36$

5. $x + \frac{1}{x} = 4 \Rightarrow \left(x + \frac{1}{x}\right)^2 = 4^2$

$\Rightarrow \quad x^2 + \frac{1}{x^2} + 2 = 16$

$\Rightarrow \quad \left(x^2 + \frac{1}{x^2}\right)^2 = (14)^2$

$\Rightarrow \quad x^4 + \frac{1}{x^4} + 2 = 196 \Rightarrow x^4 + \frac{1}{x^4} = 194$

6. $x^2 + y^2 - z^2 = (\sqrt{3} - \sqrt{2})^2 + (\sqrt{5} - \sqrt{3})^2 - (\sqrt{5} - \sqrt{2})^2$

$= 3 + 2 - 2\sqrt{6} + 5 + 3 - 2\sqrt{15} - 5 - 2 + 2\sqrt{10}$

$= 6 - 2(\sqrt{6} + \sqrt{15} - \sqrt{10})$

8. $(a + b + c)^2 = (a^2 + b^2 + c^2) + 2(ab + bc + ca)$

$\Rightarrow \quad a^2 + b^2 + c^2 = 11^2 - 2 \times 20 = 81 \quad \ldots(i)$

$\therefore \quad a^3 + b^3 + c^3 - 3abc$

$= (a+b+c)[a^2 + b^2 + c^2 - ab - bc - ca]$

$= 11[81 - 20] = 11 \times 61 = 671$

10. $x - \frac{1}{x} = y$ रखने पर,

$y^3 + 3y - 14 = 0$

y के स्थान पर 2 रखने पर, $y^3 + 3y - 14 = 0$

$\Rightarrow \quad 8 + 3 \times 2 - 14 = 0$

$\Rightarrow \quad 14 - 14 = 0 \therefore x - \frac{1}{x} = 2$

नोट *इस तरह विकल्पों की सहायता से कम समय में प्रश्नों को हल किया जा सकता है।*

11. $x = 7 - 4\sqrt{3} \quad \Rightarrow \frac{1}{x} = \frac{1}{7 - 4\sqrt{3}} = \frac{7 + 4\sqrt{3}}{49 - 48} = 7 + 4\sqrt{3}$

$\therefore \quad x + \frac{1}{x} = (7 - 4\sqrt{3}) + (7 + 4\sqrt{3}) = 14$

12. $x = 3^{1/3} + 3^{-1/3}$

$\Rightarrow \quad x^3 = (3^{1/3} + 3^{-1/3})^3$

$\Rightarrow \quad x^3 = 3 + 3^{-1} + 3 \cdot 3^{1/3} \cdot 3^{-1/3}(3^{1/3} + 3^{-1/3})$

$\Rightarrow \quad x^3 = 3 + \frac{1}{3} + 3 \times (1)[x]$

$\Rightarrow \quad x^3 - 3x = \frac{10}{3} \Rightarrow 3x^3 - 9x = 10$

$\Rightarrow \quad 3x^3 - 10 = 9x$

14. $a^2 = by + cz$

$\Rightarrow \quad a^2 + ax = ax + by + cz$

$\Rightarrow \quad a(a + x) = (ax + by + cz) \quad \ldots(i)$

$\Rightarrow \quad b^2 + by = ax + by + cz$

$\Rightarrow \quad b(b + y) = ax + by + cz \quad \ldots(ii)$

और $\quad c^2 + cz = ax + by + cz$

$\Rightarrow \quad c(c + z) = ax + by + cz \quad \ldots(iii)$

तब, $\frac{x}{a + x} + \frac{y}{b + y} + \frac{z}{c + z}$

$= \frac{a \cdot x}{ax + by + cz} + \frac{b \cdot y}{ax + by + cz} + \frac{c \cdot z}{ax + by + cz}$

[समी (i), (ii) और (iii) से]

$= \frac{ax + by + cz}{ax + by + cz} = 1$

15. $a^3 = 117 + b^3$ और $a = 3 + b$

$\Rightarrow \quad a^3 - b^3 = 117$

और $\quad a - b = 3$

$(a - b)^3 = a^3 - b^3 - 3ab(a - b)$

$\Rightarrow \quad 27 = 117 - 3ab(3) \Rightarrow ab = 10$

$(a + b)^2 - (a - b)^2 = 4ab$

$\Rightarrow \quad (a + b)^2 = 4 \times 10 + (3)^2 = 49$

$\Rightarrow \quad a + b = \pm 7$

19. $a^{1/3} + b^{1/3} + c^{1/3} = 0$

$\Rightarrow \quad (a^{1/3})^3 + (b^{1/3})^3 + (c^{1/3})^3 = 3a^{1/3} \cdot b^{1/3} \cdot c^{1/3}$

$\Rightarrow \quad a + b + c = 3(abc)^{1/3}$

$\Rightarrow \quad (a + b + c)^3 = 27abc$

22. $\because a - b = 5$ तथा $ab = 13$

$\therefore \quad a^2 + b^2 = (a - b)^2 + 2ab$

$= 5^2 + 2 \times 13 = 25 + 26 = 51$

23. $(x + 2y)^3 = x^3 + (2y)^2 + 3(x)(2y)(x + 2y)$

$= x^3 + 8y^3 + 6xy(x + 2y)$

$\therefore \quad x^3 + 8y^3 = (x + 2y)^3 - 6xy(x + 2y)$

$= (8)^3 - 6 \cdot (6)(8) = 512 - 288 = 224$

24. $\frac{1}{x - 1} - \frac{1}{x + 1} = \frac{x + 1 - x + 1}{x^2 - 1} = \frac{2}{x^2 - 1}$

$\frac{2}{x^2 - 1} - \frac{2}{x^2 + 1} = 2\left(\frac{x^2 + 1 - x^2 + 1}{x^4 - 1}\right) = \frac{4}{x^4 - 1}$

इसी प्रकार, $\quad \frac{4}{x^4 - 1} - \frac{4}{x^4 + 1} = \frac{8}{x^8 - 1}$

तथा $\quad \frac{8}{x^8 - 1} - \frac{8}{x^8 + 1} = \frac{16}{x^{16} - 1}$

7
रैखिक तथा द्विघात समीकरण
Linear and Quadratic Equations

रैखिक समीकरण (Linear Equation)

ऐसे रैखिक बहुपद जिनमें अज्ञात चरों की संख्या एक हो, उसे एक चर वाली रैखिक समीकरण तथा दो अज्ञात चरों की समीकरण को दो चर वाली रैखिक समीकरण कहते हैं।

रैखिक समीकरणों को हल करने की विधियाँ
(Methods of Solving Linear Equations)

रैखिक समीकरणों को हल करने के लिए निम्नलिखित विधियों का प्रयोग किया जाता है

1. प्रतिस्थापन विधि (Substitution Method) इस विधि में किसी एक समीकरण से एक अज्ञात राशि का मान दूसरी अज्ञात राशि के पदों में ज्ञात करके दूसरी समीकरण में प्रतिस्थापित करते हैं। इस प्रकार प्राप्त एक अज्ञात राशि की समीकरण को हल करके उस मान को दूसरी समीकरण में प्रतिस्थापित करके दूसरी अज्ञात राशि का मान प्राप्त करते हैं।

उदाहरणार्थ हम निम्न समीकरण-निकाय पर विचार करते हैं

$$2x - y = 3 \quad \ldots(i)$$
$$4x - y = 5 \quad \ldots(ii)$$

x को अचर मानते हुए समी (i) को y के लिए हल करने पर

$$y = 2x - 3 \quad \ldots(iii)$$

प्राप्त होता है। अब समी (iii) से प्राप्त y के मान को समी (ii) में प्रतिस्थापित करने पर,

$$4x - (2x - 3) = 5 \quad \ldots(iv)$$

अब समी (ii) में से y का निराकरण हो गया है। परिणाम में प्राप्त समी (iv) अकेले x में समीकरण है।

समी (iv) को सरल करने पर,

$$2x + 3 = 5$$
$$x = 1$$

x का मान समी (i) में रखने पर,

$$2 - y = 3$$
$$y = -1$$

इस प्रकार दिए गए समीकरण निकाय का हल है

$$x = 1,\ y = -1$$

2. विलोपन विधि (Elimination Method) इस विधि मे दी गई दोनों समीकरणों में किसी एक अज्ञात राशि के गुणांक को बराबर करके दोनों समीकरणों को जोड़ते अथवा घटाते हैं जिससे समान गुणांक वाले पद कट जाएँ। प्राप्त एक अज्ञात राशि की समीकरण को हल करने पर प्राप्त राशि के मान को दी गई किंसी एक समीकरण में रखकर दूसरी अज्ञात राशि का मान प्राप्त कर लेते हैं।

उदाहरणार्थ

समीकरण $\quad 11x - 5y + 61 = 0 \quad \ldots(i)$

तथा $\quad 3x - 20y - 2 = 0 \quad \ldots(ii)$

का विलोपन अथवा निराकरण विधि से हल करने के लिए सर्वप्रथम x के गुणांकों को समान करने हेतु समी (i) को 3 से तथा समी (ii) को 11 से गुणा करने पर,

$$3 \times (11x - 5y + 61) = 0$$
$$\Rightarrow \quad 33x - 15y = -183 \quad \ldots(iii)$$

तथा $\quad 11 \times (3x - 20y - 2) = 0$

$$\Rightarrow \quad 33x - 220y = 22 \quad \ldots(iv)$$

समी (iv) को समी (iii) में से घटाने पर,

$$205y + 205 = 0$$

या $\quad y = -1$

y का मान समी (ii) में प्रतिस्थापित करने पर,

$$3x - 20 \times (-1) - 2 = 0$$
$$3x = -18 \text{ या } x = -6$$

अत: समीकरण का हल $x = -6,\ y = -1$ है।

3. वज्रगुणन विधि (Cross Multiplication Method) *माना दी गई समीकरणें निम्न हैं*

$$a_1x + b_1y + c_1 = 0$$

तथा $\quad a_2x + b_2y + c_2 = 0$

तब वज्रगुणन विधि से,

$$\frac{x}{b_1c_2 - b_2c_1} = \frac{y}{c_1a_2 - c_2a_1} = \frac{1}{a_1b_2 - a_2b_1}$$

$$\Rightarrow \quad x = \frac{b_1c_2 - b_2c_1}{a_1b_2 - a_2b_1} \quad \text{तथा} \quad y = \frac{c_1a_2 - c_2a_1}{a_1b_2 - a_2b_1}$$

द्विघात समीकरण (Quadratic Equation)

माना $a_0, a_1, a_2, \ldots, a_n$ वास्तविक संख्याएँ हैं, तब $f(x) = a_0 + a_1x + a_2x^2 + \ldots + a_nx^n$ को बहुपद कहते हैं जिसकी घात n है तथा $f(x) = 0$ को बहुपद समीकरण कहते हैं। यदि बहुपद समीकरण की घात 2 है, तो इसे द्विघात समीकरण कहते हैं।

1. इसका व्यापक समीकरण $ax^2 + bx + c = 0$ है। इसके दो मूल $\frac{-b \pm \sqrt{b^2 - 4ac}}{2a}$ हैं, जहाँ $b^2 - 4ac$ को विविक्तकर (D) कहते हैं।
2. माना समीकरण $ax^2 + bx + c = 0$ के मूल α तथा β हैं तब मूलों का योग, $\alpha + \beta = -\frac{b}{a}$ अर्थात् $\frac{-x \text{ का गुणांक}}{x^2 \text{ का गुणांक}}$

   तथा मूलों का गुणन, $\alpha\beta = \frac{c}{a}$ अर्थात् $\frac{\text{अचर पद}}{x^2 \text{ का गुणांक}}$

मूलों की प्रकृति (Nature of Roots)

1. यदि $D = b^2 - 4ac > 0$ हो, तो दोनों मूल वास्तविक व असमान होंगे।
2. यदि $D = b^2 - 4ac = 0$ हों, तो दोनों मूल वास्तविक व समान होंगे।
3. यदि $D = b^2 - 4ac < 0$ हो, तो मूल काल्पनिक होंगे।
4. यदि $D = b^2 - 4ac > 0$ तथा पूर्ण वर्ग हो, तो मूल परिमेय होंगे।
5. यदि $D = b^2 - 4ac > 0$ तथा पूर्ण वर्ग न हो, तो मूल अपरिमेय होंगे।

स्मरणीय बिन्दु

7.1 समीकरण निकाय $a_1x + b_1y + c_1 = 0$ तथा $a_2x + b_2y + c_2 = 0$ के/का

(i) एक अद्वितीय (unique) हल होगा, यदि $\frac{a_1}{a_2} \neq \frac{b_1}{b_2}$

(ii) कोई हल नहीं होगा, यदि $\frac{a_1}{a_2} = \frac{b_1}{b_2} \neq \frac{c_1}{c_2}$

(iii) अनेक हल होंगे, यदि $\frac{a_1}{a_2} = \frac{b_1}{b_2} = \frac{c_1}{c_2}$

7.2 यदि किसी द्विघात समीकरण के मूल ज्ञात हों, तो वह समीकरण होगी x^2 – (मूलों का योगफल) x + मूलों का गुणनफल = 0

7.3 किसी समीकरण के मूलों की संख्या उसकी घात के बराबर होती है।

7.4 यदि द्विघात समीकरण का एक मूल $a + \sqrt{b}$ है, तब दूसरा मूल $a - \sqrt{b}$ होगा।

साधित उदाहरण

■ **उदाहरण 1** *यदि $x^2 - 16x + k = 0$ के मूल बराबर हैं, तो k का मान क्या होगा?*

हल यदि मूल बराबर हैं, तो

$$b^2 = 4ac$$

दी गई समीकरण $x^2 - 16x + k = 0$ से,
(समीकरण $ax^2 + bx + c = 0$ की तुलना करने पर)

$$a = 1, b = -16, c = k$$

तब $b^2 = 4\,ac$

$\Rightarrow$ $(-16)^2 = 4 \times 1 \times k$

$\Rightarrow$ $256 = 4k$

$\Rightarrow$ $k = \frac{256}{4}$

$\Rightarrow$ $k = 64$

■ **उदाहरण 2** *यदि दो संख्याओं का योग 25 एवं उनका गुणनफल 144 है, तो उन संख्याओं का अन्तर क्या होगा?*

हल माना संख्याएँ क्रमशः x और y हैं

$$x + y = 25 \quad \ldots\text{(i)}$$
$$xy = 144 \quad \ldots\text{(ii)}$$
$$(x + y)^2 = x^2 + y^2 + 2xy$$
$$(25)^2 = (x^2 + y^2) + 2\,(144)$$
$$x^2 + y^2 = 625 - 2 \times 144$$
$$x^2 + y^2 = 625 - 288$$
$$x^2 + y^2 = 337$$
$$(x - y)^2 = x^2 + y^2 - 2xy$$
$$= 337 - 2 \times (144)$$
$$= 337 - 288 = 49$$

$\therefore$ $x - y = 7$

■ **उदाहरण 3** *5 वर्ष पूर्व A की आयु B की आयु की 3 गुनी थी तथा 10 वर्ष बाद A की आयु B की आयु की 2 गुनी होगी। A तथा B की वर्तमान आयु क्या है?*

हल माना A की वर्तमान आयु x वर्ष तथा B की y वर्ष है

प्रश्नानुसार, $(x - 5) = 3\,(y - 5)$

$$x - 3y = -10 \quad \ldots\text{(i)}$$
$$(x + 10) = 2\,(y + 10)$$
$$x - 2y = 10 \quad \ldots\text{(ii)}$$

समी (i) व (ii) से,

$$x = 50 \text{ तथा } y = 20$$

अत: A की वर्तमान आयु 50 वर्ष तथा B की वर्तमान आयु 20 वर्ष है।

अभ्यास प्रश्न

1. समीकरणों $x + y = 13$ और $2x + 3y = 32$ का हल है
(a) $x = 5, y = 8$ (b) $x = 4, y = 9$
(c) $x = 3, y = 10$ (d) $x = 7, y = 6$

2. समीकरणों $2x + y + 4 = 0$ और $x + 3y + 7 = 0$ का वज्रगुणन से हल हेतु प्राप्त समीकरण है
(a) $\frac{x}{7-12} = \frac{y}{14-4} = \frac{1}{6-1}$ (b) $\frac{x}{7-12} = \frac{y}{4-14} = \frac{1}{1-6}$
(c) $\frac{x}{7-12} = \frac{y}{4-14} = \frac{1}{6-1}$ (d) $\frac{x}{12-7} = \frac{y}{4-14} = \frac{1}{6-1}$

3. समीकरणों $6x - 5y = 11$ और $2x + y = 17$ से y का विलोपन करने पर x में प्राप्त समीकरण है
(a) $4x = -6$ (b) $8x = 28$ (c) $-4x = -74$ (d) $16x = 96$

4. दो संख्याओं का योगफल 15 है। पहली संख्या का दोगुना दूसरी संख्या के तीन गुने से 5 अधिक है। संख्याएँ होंगी
(a) 6, 9 (b) 10, 5 (c) 7, 8 (d) 9, 6

5. समीकरणों $2x + 3y + z = 11$, $3x + y + 4z = 17$ तथा $x + 2y + 3z = 14$ का हल है
(a) $x = 1, y = 2, z = 3$ (b) $x = 2, y = 1, z = 3$
(c) $x = 3\ y = 2, z = 1$ (d) $x = 3, y = 1, z = 2$

6. समीकरण $2x^2 - 11x + 5 = 0$ में मूलों का योगफल होगा
(a) $\frac{5}{2}$ (b) $\frac{11}{2}$
(c) $\frac{2}{5}$ (d) इनमें से कोई नहीं

7. वह समीकरण, जिसके मूल 5 व 3 हैं, होगी
(a) $x^2 - 8x + 15 = 0$ (b) $x^2 + 8x + 15 = 0$
(c) $x^2 + 8x - 15 = 0$ (d) $x^2 - 8x - 15 = 0$

8. यदि $x^2 - 16x + k = 0$ के मूल बराबर हैं, तो k का मान होगा
(a) $7\frac{1}{9}$ (b) $8\frac{2}{9}$
(c) $1\frac{7}{9}$ (d) इनमें से कोई नहीं

9. $x^2 - 5x + 6 = 0$ के मूल होंगे
(a) वास्तविक और समान (b) वास्तविक और असमान
(c) परिमेय और असमान (d) अधिकल्पित (काल्पनिक)

10. k के निश्चित मान के लिए $a^2 - 3ka + 3k^2 - 1 = 0$ के मूलों का गुणनफल 26 है, तो मूल होंगे
(a) धनात्मक एवं पूर्णांक (b) ऋणात्मक एवं पूर्णांक
(c) अधिकल्पित (d) वास्तविक एवं असमान

11. यदि $x + y + z = 6, xy + yz + zx = 11$ हो, तो $x^2 + y^2 + z^2$ का मान होगा
(a) 25 (b) 36 (c) 14 (d) 58

12. यदि समीकरण $x^2 + ax + b = 0$ और $x^2 + bx + a = 0$ का एक मूल उभयनिष्ठ हो, तो $(a + b)$ का मान होगा
(a) 1 (b) 1/2 (c) -1 (d) 2

13. यदि समीकरण $cx^2 + ax + b = 0$ के मूल α, β हैं, तो वह समीकरण, जिसमें मूल α^{-1} तथा β^{-1} हैं, होगी
(a) $ax^2 + cx + b = 0$ (b) $bx^2 - ax + c = 0$
(c) $bx^2 + ax + c = 0$ (d) $cx^2 + bx + c = 0$

14. यदि $x^2 - px + q = 0$ के मूल, α, β हैं, तो $\alpha^2 + \beta^2$ का मान होगा
(a) $p + q$ (b) $p^2 + q^2$ (c) $p^2 - 2q$ (d) $p^2 + 2q^2$

15. एक दिन में राम की आमदनी, रवि की आमदनी से ₹ 3 ज्यादा है। यदि उनकी प्रतिदिन की आमदनी का गुणनफल ₹ 460 हो, तो राम की प्रतिदिन की आमदनी होगी
(a) ₹ 17 (b) ₹ 20 (c) ₹ 23 (d) ₹ 26

16. समीकरण $(a^2 - bc)x^2 + 2(b^2 - ac)x + (c^2 - ab) = 0$ के मूल बराबर होंगे यदि
(a) $a + b + c = 0$ (b) $a + b + c = abc$
(c) $a^3 + b^3 + c^3 = 3abc$ (d) $a^2 + b^2 + c^2 = 2abc$

17. यदि $x = \sqrt{[12 + \sqrt{12 + \sqrt{\{(12 + \dots \infty)\}}}]}$, तो x का एक मूल होगा
(a) -3 (b) 3 (c) -4 (d) 12

18. यदि समीकरण $px^2 + qx + r = 0$ के मूल a, b हों, तो समीकरण, जिसके मूल $\frac{1}{a}, \frac{1}{b}$ हैं, होगी
(a) $rx^2 + qx + p = 0$ (b) $qx^2 - px - r = 0$
(c) $\frac{x^2}{p} + \frac{x}{q} + \frac{1}{r} = 0$ (d) $rx^2 - qx + p = 0$

19. यदि $6 = \sqrt{[x + \sqrt{\{x + \sqrt{(x + \dots \infty)}\}}]}$, तो x का मान होगा
(a) 36 (b) 30 (c) 25 (d) 20

20. यदि $\frac{x}{a-b} = \frac{y}{b-c} = \frac{z}{c-a}$, तो $x + y + z$ का मान होगा
(a) $a + b + c$ (b) $2a + b - 3c$
(c) 0 (d) $4a + 3b$

21. A और B की मासिक आय $5 : 6$ के अनुपात में है तथा उनके मासिक व्यय का अनुपात $3 : 4$ है। यदि वे प्रति माह क्रमश: ₹ 1800 और ₹ 1600 की बचत करते हैं, तो B की मासिक आय है
(a) ₹ 3400 (b) ₹ 2700 (c) ₹ 1720 (d) ₹ 7200

22. दो अंकों की एक संख्या जिनका योग 9 है, अंकों को बदल देने से बनी नई संख्या से 27 अधिक है, तो संख्या है
(a) 36 (b) 63
(c) 18 (d) इनमें से कोई नहीं

23. एक कक्षा में 65 विद्यार्थी हैं। उनमें ₹ 3900 इस प्रकार वितरित किए जाते हैं कि प्रत्येक लड़के को ₹ 80 प्राप्त हों तथा प्रत्येक लड़की को ₹ 30 प्राप्त हों। उस कक्षा में लड़कियों की संख्या है
(a) 24 (b) 26
(c) 27 (d) इनमें से कोई नहीं

24. यदि समीकरण $3x^2 - (2k + 1)x - k - 5 = 0$ के मूलों का योग, उसके मूलों के गुणनफल के बराबर है, तो k बराबर है
(a) -2 (b) $\frac{1}{2}$
(c) 4 (d) इनमें से कोई नहीं

25. 8 वर्ष पूर्व माता की आयु अपने पुत्र की आयु से तीन गुनी थी। 16 वर्ष पूर्व पिता की आयु माता और पुत्र की आयु के योग के बराबर थी। पिता की वर्तमान आयु माता की वर्तमान आयु से 2 वर्ष अधिक है। पिता, माता व पुत्र की वर्तमान आयु होगी
(a) 40 वर्ष, 38 वर्ष, 18 वर्ष (b) 30 वर्ष, 28 वर्ष, 18 वर्ष
(c) 30 वर्ष, 35 वर्ष, 12 वर्ष (d) इनमें से कोई नहीं

उत्तरमाला

1. (d)	**2.** (c)	**3.** (d)	**4.** (b)	**5.** (a)	**6.** (b)	**7.** (a)	**8.** (d)	**9.** (b)	**10.** (c)
11. (c)	**12.** (c)	**13.** (c)	**14.** (c)	**15.** (c)	**16.** (c)	**17.** (a)	**18.** (a)	**19.** (b)	**20.** (c)
21. (d)	**22.** (b)	**23.** (b)	**24.** (a)	**25.** (a)					

संकेत एवं हल

1. ज्ञात समीकरणें निम्न हैं

$$2x + 3y = 32 \qquad ...(i)$$

तथा $$x + y = 13 \qquad ...(ii)$$

समी (ii) में 2 से गुणा करके समी (i) में से घटाने पर,

$$y = 6$$

समी (ii) से, $x = 13 - y \Rightarrow x = 13 - 6 = 7$

3. ज्ञात समीकरणें निम्न हैं

$$6x - 5y = 11 \qquad ...(i)$$

तथा $$2x + y = 17 \qquad ...(ii)$$

समी (ii) की 5 से गुणा करके समी (i) में जोड़ने पर,

$$16x = 96$$

5. ज्ञात समीकरणें निम्न हैं

$$2x + 3y + z = 11 \qquad ...(i)$$

$$3x + y + 4z = 17 \qquad ...(ii)$$

तथा $$x + 2y + 3z = 14 \qquad ...(iii)$$

समी (i) व (ii) से z का मान बराबर रखने पर,

$$11 - 2x - 3y = \frac{1}{4}(17 - 3x - y)$$

$$\Rightarrow \quad 5x + 11y = 27 \qquad ...(iv)$$

इसी प्रकार, समी (i) व (iii) से z का मान बराबर रखने पर,

$$11 - 2x - 3y = \frac{1}{3}(14 - x - 2y)$$

$$\Rightarrow \quad 5x + 7y = 19 \qquad ...(v)$$

समी (iv) से (v) को घटाने पर,

$$4y = 8 \Rightarrow y = 2$$

समी (iv) से, $5x = 27 - 22 \Rightarrow x = 1$

समी (i) से, $z = 11 - 2 - 6 = 3$

6. दी गई समीकरण $2x^2 - 11x + 5 = 0$ है

$$\text{मूलों का योगफल} = \frac{-x \text{ का गुणांक}}{x^2 \text{ का गुणांक}} = \frac{11}{2}$$

8. हम जानते हैं, कि $ax^2 + bx + c = 0$ के मूल बराबर होते हैं, यदि

$$b^2 = 4ac$$

यहाँ $a = 1, b = -16, c = k$

$$\therefore \quad -16 \times -16 = 4k$$

$$\Rightarrow \quad k = 64$$

10. दी गई समीकरण $a^2 - 3k(a) + (3k^2 - 1) = 0$ है।

मूलों का गुणनफल $= 3k^2 - 1 = 26$

$$\Rightarrow \quad k = \pm 3$$

माना $k = 3$

तब समीकरण $a^2 - 9a + 26 = 0$ है

अब, $b^2 - 4ac = 81 - 4 \times 26 < 0$

अत: मूल अधिकल्पित होगे।

11. $(x + y + z)^2 = x^2 + y^2 + z^2 + 2(xy + yz + zx)$

$$\Rightarrow \quad (6)^2 = x^2 + y^2 + z^2 + 2(11)$$

$$\Rightarrow \quad x^2 + y^2 + z^2 = 14$$

12. माना दोनों का उभयनिष्ठ मूल α है।

तब,

$$\alpha^2 + a\alpha + b = 0$$

$$\alpha^2 + b\alpha + a = 0$$

वज्रगुणन विधि द्वारा तथा हल करने पर,

$$\frac{\alpha^2}{a^2 - b^2} = \frac{\alpha}{b - a} = \frac{1}{b - a}$$

$$\therefore \quad \frac{\alpha}{b - a} = \frac{1}{b - a}$$

$$\Rightarrow \quad \alpha = 1 \qquad ...(i)$$

तथा $$\frac{\alpha^2}{a^2 - b^2} = \frac{\alpha}{b - a}$$

$$\Rightarrow \quad \alpha = \frac{a^2 - b^2}{b - a} = -(a + b) \qquad ...(ii)$$

समी (i) और (ii) से,

$$1 = -(a + b)$$

$$\Rightarrow \quad a + b = -1$$

13. यहाँ $\alpha + \beta = -\frac{a}{c}$

और $\alpha \cdot \beta = \frac{b}{c}$

$$\Rightarrow \quad \alpha^{-1}\beta^{-1} = \frac{c}{b}$$

अब, $$\alpha^{-1} + \beta^{-1} = \frac{1}{\alpha} + \frac{1}{\beta} = \frac{\alpha + \beta}{\alpha\beta}$$

$$= \frac{-\frac{a}{c}}{\frac{b}{c}} = \frac{-a}{b}$$

अत: वह समीकरण, जिसके मूल α^{-1} और β^{-1} हैं, निम्न हैं

$$x^2 - (\alpha^{-1} + \beta^{-1})x + (\alpha^{-1})(\beta^{-1}) = 0$$

$$\Rightarrow \quad x^2 - \left(\frac{-a}{b}\right)x + \frac{c}{b} = 0$$

$$\Rightarrow \quad bx^2 + ax + c = 0$$

14. $x^2 - px + q = 0$

$\therefore \quad \alpha + \beta = p, \alpha\beta = q$

अब, $\quad (\alpha + \beta)^2 = \alpha^2 + \beta^2 + 2\alpha\beta$

$\Rightarrow \quad p^2 = \alpha^2 + \beta^2 + 2q$

$\Rightarrow \quad \alpha^2 + \beta^2 = p^2 - 2q$

15. माना रवि की आमदनी = ₹ x

राम की आमदनी = ₹ $(x + 3)$

$\therefore \quad x(x + 3) = 460$

$\Rightarrow \quad x^2 + 3x - 460 = 0$

$\Rightarrow \quad (x + 23)(x - 20) = 0$

$\Rightarrow \quad x = 20$

$\therefore$ राम की आमदनी = 20 + 3 = ₹ 23

16. $\because$ मूल बराबर हैं

$\therefore \quad [2(b^2 - ac)]^2 - 4(a^2 - bc)(c^2 - ab) = 0$

$\Rightarrow \quad (b^2 - ac)^2 - (a^2 - bc)(c^2 - ab) = 0$

$\Rightarrow \quad b^4 + a^2c^2 - 2b^2ac - a^2c^2 + a^3b + bc^3 - b^2ac = 0$

$\Rightarrow \quad b^4 - 3b^2ac + a^3b + bc^3 = 0$

$\Rightarrow \quad b[b^3 - 3abc + a^3 + c^3] = 0$

$\Rightarrow \quad a^3 + b^3 + c^3 - 3abc = 0$

$\Rightarrow \quad a^3 + b^3 + c^3 = 3abc$

17. $x = \sqrt{12 + \sqrt{12 + \sqrt{12 + \ldots \infty}}}$

$\Rightarrow \quad x = \sqrt{12 + x}$

दोनों पक्षों का वर्ग करने पर,

$x^2 = 12 + x$

$\Rightarrow \quad x^2 - x - 12 = 0$

$\Rightarrow \quad (x - 4)(x + 3) = 0$

$\Rightarrow \quad x = 4, -3$

18. समीकरण के सूत्र [देखें → 7.2]

x^2 − (मूलों का योग) x + मूलों का गुणनफल = 0

मूलों का योग $= \frac{1}{a} + \frac{1}{b} = \frac{a+b}{ab}$

मूलों का गुणनफल $= \frac{1}{a} \times \frac{1}{b} = \frac{1}{ab}$

a व b के मूल की दी गई समीकरण $px^2 + qx + r = 0$ से

मूलों का योग, $a + b = \frac{-q}{p}$ $\quad \left(-\frac{b}{a} \text{ से}\right)$

मूलों का गुणनफल, $ab = \frac{r}{p}$ $\quad \left(\frac{c}{a} \text{ से}\right)$

$$\frac{a+b}{ab} = \frac{\frac{-q}{p}}{\frac{r}{p}}$$

$$= \frac{-q}{p} \times \frac{p}{r} = \left(\frac{-q}{r}\right)$$

जबकि $\quad \frac{1}{ab} = \frac{1}{\frac{r}{p}} = \frac{p}{r}$

अभीष्ट समीकरण $\Rightarrow x^2 - \left(\frac{-q}{r}\right)x + \frac{p}{r} = 0$

या $\quad x^2 + \frac{q}{r}x + \frac{p}{r} = 0$

$rx^2 + qx + p = 0$

21. माना A तथा B की मासिक आय क्रमशः ₹ $5x$ तथा ₹ $6x$ हैं तथा मासिक व्यय क्रमशः ₹ $3y$ तथा ₹ $4y$ हैं

$\therefore$ प्रश्नानुसार,

$5x - 3y = 1800 \quad$ ...(i)

तथा $\quad 6x - 4y = 1600 \quad$ ...(ii)

समी (i) तथा (ii) को हल करने पर, x = ₹1200

$\therefore \quad B$ की मासिक आय = ₹ 7200

22. माना संख्या $10x + y$ है। तब

$x + y = 9$

अंकों को बदल देने पर संख्या $10y + x$ है।

प्रश्नानुसार, $\quad 10x + y = 10y + x + 27$

$\Rightarrow \quad 9x - 9y - 27 = 0$

$\Rightarrow \quad x - y = 3$

समी (i) व (ii) को हल करने पर,

$x = 6, y = 3$

अतः संख्या $10 \times 6 + 3 = 63$ है।

23. माना लड़के और लड़कियों की संख्या क्रमशः x और y हैं।

$\therefore \quad x + y = 65 \quad$ ...(i)

और $\quad 80x + 30y = 3900 \quad$ ...(ii)

समी (i) व (ii) को हल करने पर

$x = 39, \quad y = 26$

$\therefore$ कक्षा में लड़कियों की संख्या = 26

24. दी गई समीकरण निम्न है $3x^2 - (2k + 1)x - k - 5 = 0$

$\therefore \quad$ मूलों का योग $= \frac{2k+1}{3}$

तथा मूलों का गुणनफल $= -\frac{k+5}{3}$

अब प्रश्नानुसार, $\frac{2k+1}{3} = -\frac{k+5}{3}$

$\Rightarrow \quad 2k + 1 = -(k + 5) \Rightarrow 3k = -6 \Rightarrow k = -2$

लघुगणक

Logarithms

लघुगणक (Logarithm)

यदि a कोई धनात्मक वास्तविक संख्या इस प्रकार है कि $a^m = x$ तथा m आधार a पर x का लघुगणक है तब इसे $\log_a x = m$ के रूप में लिखा जाता है।

उदाहरणार्थ $2^3 = 8$ को हम log (लॉग) की भाषा में इस प्रकार लिखेंगे

$$\log_2 8 = 3$$

लघुगणक के नियम (Laws of Logarithm)

1. $\log_a (mn) = \log_a m + \log_a n$
2. $\log_a \left(\frac{m}{n}\right) = \log_a m - \log_a n$
3. $\log_a m^n = n \cdot \log_a m$
4. $\log_a m = \log_b m \times \log_a b = \frac{\log_b m}{\log_b a}$
5. $\log_a b = \frac{1}{\log_b a}$
6. $\log_a a = 1, \log 1 = 0$
7. $\log_{a^m} b^n = \frac{n}{m} \log_a b$

साधारण लघुगणक (Simple Logarithm)

किसी संख्या के लघुगणक का आधार 10 हो, तो उसे साधारण लघुगणक कहते हैं। लघुगणक के पूर्णांक भाग को पूर्णांश तथा भिन्नात्मक भाग (या दशमलव भाग) को अपूर्णांश कहते हैं।

पूर्णांश तथा अपूर्णांश (Characteristics and Mantissa)

संख्या में दशमलव बिन्दु के बाईं ओर (left side) जितने अंक होते हैं उससे एक कम पूर्णांश होता है और यदि दशमलव बिन्दु के बाईं ओर कोई अंक नहीं है, तब दशमलव बिन्दु तथा उसके दाईं ओर (right side) के प्रथम अंक के बीच जितने शून्य होते हैं उससे एक अधिक, परन्तु ऋणात्मक पूर्णांश होता है। अपूर्णांश सभी संख्याओं का धनात्मक होता है तथा लघुगणक सारणी की सहायता से ज्ञात किया जाता है।

किसी संख्या के दशमलव बिन्दु का स्थान बदलने से केवल पूर्णांश का मान बदलता है, अपूर्णांश के मान में कोई अन्तर नहीं आता। जैसे

$$\log 751.3 = 2.8758$$
$$\log 0.07513 = \bar{2}.8758$$

स्मरणीय बिन्दु

8.1 लघुगणक सदैव धनात्मक संख्याओं का ही लिया जाता है।

8.2 संख्यात्मक गणनाओं में log का आधार 10 होता है जिसे साधारणतया लिखा नहीं जाता।

8.3 पूर्णांक संख्या के लघुगणक का पूर्णांश, संख्या के अंकों की संख्या से 1 कम होता है अर्थात् पूर्णांश से अंकों की संख्या 1 अधिक होती है।

साधित उदाहरण

■ **उदाहरण 1** $\log_{10} 0.000001$ *का मान क्या होगा?*

हल $\log_{10} 0.000001 = \log_{10} 10^{-6} = -6 \log_{10} 10$

$= -6$ $\quad [\because \log_a a = 1]$

■ **उदाहरण 2** $2\log\frac{15}{2} - \log\frac{25}{81} + 3\log\frac{2}{9}$ *का सरलतम रूप क्या है?*

हल $2\log\frac{15}{2} - \log\frac{25}{81} + 3\log\frac{2}{9}$

$= 2[\log 15 - \log 2] - [\log 25 - \log 81] + 3[\log 2 - 2\log 3]$

$= 2[\log(5 \times 3) - \log 2] - [\log 5^2 - \log 3^4] + 3[\log 2 - 2\log 3]$

$= 2[\log 5 + \log 3 - \log 2] - [2\log 5 - 4\log 3] + 3[\log 2 - 2\log 3]$

$= 2\log 5 + 2\log 3 - 2\log 2 - 2\log 5 + 4\log 3 + 3\log 2 - 6\log 3$

$= 3\log 2 - 2\log 2 = \log 2$

■ **उदाहरण 3** $\log\frac{bc}{a^2} + \log a\frac{ac}{b^2} + \log\frac{ab}{c^2}$ *का मान क्या होगा?*

हल $\log\frac{bc}{a^2} + \log\frac{ac}{b^2} + \log\frac{ab}{c^2}$

$$= \log\left[\frac{bc}{a^2} \times \frac{ac}{b^2} \times \frac{ab}{c^2}\right]$$

$$= \log\left[\frac{a^2b^2c^2}{a^2b^2c^2}\right] = \log 1 = 0$$

■ **उदाहरण 4** यदि $\log_2 a = 4 - \log_2 4$ *हो, तो a का मान क्या है?*

हल $\log_2 a = 4 - \log_2 4$

$\Rightarrow \quad \log_2 a + \log_2 4 = 4$

$\Rightarrow \quad \log_2 4a = 4$

$\Rightarrow \quad 4a = (2)^4$

$\Rightarrow \quad 4a = 16$

$\Rightarrow \quad a = 4$

अभ्यास प्रश्न

1. यदि $\log 2 = 0.30103$, तो $\log 200$ का मान होगा
(a) 13.0103 (b) 0.30103 (c) 1.30103 (d) 2.30103

2. $\log 2^{(x+2)} = \log 16$, तो x का मान होगा
(a) 3 (b) 2 (c) 5 (d) 6

3. यदि $3 \log_8 x = 2$ हो, तो x का मान है
(a) 4 (b) 8
(c) 3 (d) इनमें से कोई नहीं

4. यदि $\log_5 (x + y) = 1$ तथा $\log_3 4 + \log_3 x + \log_3 y = 2$ हो, तो x एवं y का मान क्रमश: है
(a) (1/2, 9/2) अथवा (– 1/2, –9/2)
(b) (9/2, 1/2) अथवा (1/2, 9/2)
(c) (9/2, 1/2)
(d) (3/4, 5/7)

5. यदि $\log_4 (x^2 + 2x) - \log_4 (x + 2) = 2$, तो
(a) $x = 18$ (b) $x = 24$
(c) $x = 16$ (d) इनमें से कोई नहीं

6. यदि $a^2 + b^2 = 7ab$ हो, तो $\log\frac{a+b}{3}$ का मान है
(a) $\frac{1}{2}(\log a - \log b)$ (b) $\frac{1}{2}(\log a + \log b)$
(c) $\log a - \log b$ (d) $\log a + \log b$

7. $\log_2 a = 4 - \log_2 4$, तो a का मान होगा
(a) 2 (b) 4 (c) 1 (d) 0

8. यदि $a^x c^{-2x} = b^{3x+1}$ हो, तो x का मान होगा
(a) $\frac{\log a}{\log a - 2\log c - 3\log b}$ (b) $\frac{\log a}{\log a - 2\log c + 3\log b}$
(c) $\frac{\log b}{\log a - 2\log c - 3\log b}$ (d) $\frac{\log b}{\log a - 2\log c + 3\log b}$

9. यदि $\log (x^3 - 1) - \log (x^2 + x + 1) = 0$ हो, तो x का मान होगा
(a) 0 (b) 1 (c) 2 (d) 3

10. यदि $a^2 \log_2 x = \frac{b}{2} \log_4 x$, तो
(a) $a^2 = b$ (b) $2a^2 = b^2$
(c) $4a^2 = b$ (d) $2a^2 = b$

11. यदि $\log_{20} xy = 1$; $\log_3 (x + y) = 2$ हो, तो $\log_{10} (x^2 y)$ है
(a) 2.1 (b) 1.9
(c) 2 (d) 2.2

12. यदि $(\log_k x)(\log_3 k) = \log_x x^3$ हो, तो x का मान होगा
(a) $3k^3$ (b) 27 (c) k^3 (d) 28

13. $\log x + \log 2y = \log (x + 2y)$ केवल तभी होगा जबकि
(a) $x = \frac{3y}{3y-1}$ (b) $x = \frac{2y}{2y-1}$
(c) $x = \frac{y}{y-1}$ (d) $x = y = 2$

14. निम्नलिखित में से कौन-सा व्यंजक गलत है?
(a) $\log(1 \times 2 \times 3) = \log 1 + \log 2 + \log 3$
(b) $\log\frac{a^n}{b^n} + \log\frac{b^n}{c^n} + \log\frac{c^n}{a^n} = 1$
(c) $(\log p)^2 - (\log q)^2 = (\log pq)\log(p/q)$
(d) $\log_3 81 + \log_2 64 = 10$

15. यदि $\log_{10} 2 = 0.30103$ हो, तो 2^{30} में अंकों की संख्या होगी
(a) 30 (b) 31
(c) 9 (d) 10

16. $7\log_{10}\left(\frac{16}{15}\right) + 5\log_{10}\left(\frac{25}{24}\right) + 3\log_{10}\left(\frac{81}{400}\right)$ का मान होगा
(a) $\log_{10}\left(\frac{3}{125}\right)$ (b) $\log_{10}\left(\frac{2}{125}\right)$
(c) $\log_{10} 2$ (d) $\log_{10} 20$

17. यदि $\log_1 [\log_3 (\log_4 x)] = 1$ हो, तो x का मान होगा
(a) 81 (b) 1 (c) 12 (d) 64

18. $\log_b (1^b)$ का मान होगा
(a) 0 (b) b
(c) b^2 (d) इनमें से कोई नहीं

19. $\log_3\left(1+\frac{1}{3}\right) + \log_3\left(1+\frac{1}{4}\right) + \log_3\left(1+\frac{1}{5}\right) + \ldots + \log_3\left(1+\frac{1}{24}\right)$ का मान है
(a) $-1 + 2\log_3 5$ (b) $2 + 2\log_3 5$
(c) 3 (d) 4

20. यदि $\log e^x + \log e^{1+x} = 0$ हो, तो x का मान होगा
(a) $-\frac{1}{2}$ (b) 0
(c) 1/2 (d) 1

उत्तरमाला

1. (d)	2. (b)	3. (a)	4. (b)	5. (c)	6. (b)	7. (b)	8. (c)	9. (c)	10. (c)
11. (c)	12. (b)	13. (b)	14. (b)	15. (d)	16. (b)	17. (d)	18. (a)	19. (a)	20. (a)

संकेत एवं हल

नोट *प्रश्नों के हल हेतु दिए गए 'प्रमुख नियमों' का अध्ययन करें।*

3. $\log_8 x = \frac{2}{3}$

$\Rightarrow \quad x = (8)^{2/3} = 4$

4. $\log_5 (x + y) = 1$

$\Rightarrow \quad (x + y) = 5 \quad \text{...(i)}$

और $\quad \log_3 4 + \log_3 x + \log_3 y = 2$

$\Rightarrow \quad \log_3 4xy = 2$

$\Rightarrow \quad 4xy = 3^2$

$\Rightarrow \quad 4xy = 9 \quad \text{...(ii)}$

अब, $\quad (x - y) = \pm \sqrt{(x + y)^2 - 4xy}$

$x - y = \pm \sqrt{25 - 9} = \pm 4 \quad \text{...(iii)}$

समी (i) और (iii) को हल करने पर,

$x = \frac{9}{2}$ और $y = \frac{1}{2}$

या $\quad x = \frac{1}{2}$ और $y = \frac{9}{2}$

5. $\log_4 (x^2 + 2x) - \log_4 (x + 2) = 2$

$\Rightarrow \quad \log_4 \left(\frac{x^2 + 2x}{x + 2}\right) = 2$

$\Rightarrow \quad \log_4 (x) = 2$

$\Rightarrow \quad x = 4^2 = 16$

6. $a^2 + b^2 = 7ab$

$\Rightarrow \quad a^2 + b^2 + 2ab = 7ab + 2ab$

$\Rightarrow \quad (a + b)^2 = 9ab$

$\Rightarrow \quad a + b = 3\sqrt{ab}$

$$\log\left(\frac{a + b}{3}\right) = \log \sqrt{ab} = \log (ab)^{1/2}$$

$$= \frac{1}{2} [\log a + \log b]$$

7. $\log_2 a = 4 - \log_2 4$

$\Rightarrow \quad \log_2 a = 4 - 2 \quad [\because 2 \log_2 2 = 2 \times 1]$

$\Rightarrow \quad \log_2 a = 2$

या $\quad a = 2^2 = 4$

8. $a^x c^{-2x} = b^{3x + 1}$

$$\log a^x + \log c^{-2x} = \log b^{3x + 1}$$

$\Rightarrow \quad x \log a + (-2x) \log c = (3x + 1) \log b$

$\Rightarrow \quad x \log a - 2x \log c - 3x \log b = \log b$

$\Rightarrow \quad x = \frac{\log b}{\log a - 3 \log b - 2 \log c}$

9. $\log (x^3 - 1) - \log (x^2 + x + 1) = 0$

$\Rightarrow \quad \log \frac{x^3 - 1}{x^2 + x + 1} = \log 1$

$\Rightarrow \quad x - 1 = 1 \Rightarrow x = 1 + 1 = 2$

10. $a^2 \log_2 x = \frac{b}{2} \log_4 x \Rightarrow \frac{a^2 \log x}{\log 2} = \frac{b \log x}{2 \log 4}$

$\Rightarrow \quad \frac{a^2}{\log 2} = \frac{b}{2 \log (2)^2}$

$\Rightarrow \quad \frac{a^2}{\log 2} = \frac{b}{4 \log 2} \Rightarrow 4 a^2 = b$

11. $\log_{20} xy = 1$

या $\quad xy = 20 \quad \text{...(i)}$

$\log_3 (x + y) = 2$

$\log_3 (x + y) = \log_3 3^2$

$x + y = 9 \quad \text{...(ii)}$

समी (i) व (ii) को हल करने पर,

$x = 5, \ y = 4$

$\therefore \quad \log_{10} x^2 y = \log_{10} (5^2 \times 4)$

$= \log_{10} (10)^2$

$= 2\log_{10} 10 = 2$

12. $(\log_k x) (\log_3 k) = \log_x x^3$

$\Rightarrow \quad \log_3 x = 3 \log_x x = 3$

$\Rightarrow \quad x = 3^3 = 27$

13. $\log x + \log 2y = \log (x + 2y)$

$\Rightarrow \quad \log 2xy = \log (x + 2y)$

$\Rightarrow \quad x + 2y = 2xy$

$\Rightarrow \quad x - 2xy = -2y \Rightarrow x = \frac{2y}{2y - 1}$

14. विकल्प (a) से,

$\log(1 \times 2 \times 3) = \log 1 + \log 2 + \log 3$ (सत्य)

विकल्प (b) से,

$$\log\frac{a^n}{b^n} + \log\frac{b^n}{c^n} + \log\frac{c^n}{a^n}$$

$$= \log\left(\frac{a}{b}\right)^n + \log\left(\frac{b}{c}\right)^n + \log\left(\frac{c}{a}\right)^n$$

$$= n\left[\log\left(\frac{a}{b}\right) + \log\left(\frac{b}{c}\right) + \log\left(\frac{c}{a}\right)\right]$$

$$= n[\log a - \log b + \log b - \log c + \log c - \log a]$$

$= n \times 1$ (असत्य)

$= n$

अत: विकल्प (b) गलत है।

15. $\log 2^{30} = 30 \log 2 = 30 \times 0.30103 = 9.0309$

$\because$ लघुगणक में पूर्णांश $= 9$ **[देखें $\rightarrow$ 8.3]**

$\therefore 2^{30}$ में अंकों की संख्या $= 9 + 1 = 10$

17. $\log_1 [\log_3 (\log_4 x)] = 1$

$\Rightarrow \quad \log_3 (\log_4 x) = 1^1 = 1$

$\Rightarrow \quad \log_4 x = 3^1 = 3 \Rightarrow x = 4^3 = 64$

19. $\log_3\left(\frac{4}{3}\right) + \log_3\left(\frac{5}{4}\right) + \log_3\left(\frac{6}{5}\right) + \ldots\ldots + \log_3\left(\frac{25}{24}\right)$

$$= \log_3\left(\frac{4}{3} \times \frac{5}{4} \times \frac{6}{5} \times \ldots. \times \frac{25}{24}\right)$$

$$= \log_3 \frac{25}{3} = 2\log_3 5 - 1$$

20. $\log(e^{x+1+x}) = \log 1 \Rightarrow e^{2x+1} = 1 = e^0$

$\therefore \quad 2x + 1 = 0 \Rightarrow x = -\frac{1}{2}$

9

संख्या पद्धति

Number System

प्राकृतिक संख्याएँ (Natural Numbers) जिन संख्याओं से वस्तुओं की गणना की जाती है, उन्हें प्राकृतिक संख्याएँ कहते हैं।

$$N = \{1, 2, 3, ... \infty\}$$

पूर्ण संख्याएँ (Whole Numbers) यदि प्राकृतिक संख्याओं के साथ शून्य को भी सम्मिलित कर लिया जाए तो, वे संख्याएँ पूर्ण संख्याएँ कहलाती हैं।

पूर्णांक (Integers) सभी पूर्ण संख्याएँ तथा ऋणात्मक संख्याएँ पूर्णांक कहलाती हैं। सभी प्राकृतिक संख्याएँ धन पूर्णांक (I^+) कहलाती हैं तथा सभी ऋणात्मक संख्याएँ ऋण पूर्णांक (I^-) कहलाती हैं।

$$I^+ = \{1, 2, 3, \ldots\}, I^- = \{-1, -2, -3, \ldots\}$$

सम संख्याएँ (Even Numbers) जो संख्याएँ 2 से विभाज्य हैं, सम संख्याएँ कहलाती हैं जैसे—2, 4, 6, ...

विषम संख्याएँ (Odd Numbers) जो संख्याएँ 2 से विभाज्य नहीं हैं, विषम संख्याएँ कहलाती हैं जैसे—3, 5, 7, ...

परिमेय संख्याएँ (Rational Numbers) वे सभी संख्याएँ जिन्हें p/q, जहाँ $q \neq 0$ के रूप में व्यक्त किया जा सके, परिमेय संख्याएँ कहलाती हैं।

अपरिमेय संख्याएँ (Irrational Numbers) वे सभी संख्याएँ जिन्हें p/q के रूप में व्यक्त न किया जा सके, अपरिमेय संख्याएँ कहलाती हैं।

वास्तविक संख्याएँ (Real Numbers) परिमेय अथवा अपरिमेय संख्याएँ वास्तविक संख्याएँ कहलाती हैं।

अभाज्य संख्याएँ (Prime Numbers) वे संख्याएँ जो 1 और स्वयं के अतिरिक्त किसी अन्य संख्या से भाज्य न हों, अभाज्य संख्याएँ कहलाती हैं।

भाज्य संख्याएँ (Composite Numbers) वे संख्याएँ जो 1 और स्वयं के अतिरिक्त एक या अधिक अन्य संख्याओं से विभाजित हों, भाज्य संख्याएँ कहलाती हैं।

संख्या का इकाई का अंक ज्ञात करना

(Determining the One's Place of a Number)

हम जानते हैं कि इकाई के अंक की पुनरावृत्ति प्रत्येक चार चरण (steps) बाद होती है चाहे उसकी घात कुछ भी क्यों न हो।

जैसे—$(....7)^1$ का इकाई अंक = 7 चरण I

$(....7)^2$ का इकाई अंक = 9 चरण II

$(....7)^3$ का इकाई अंक = 3 चरण III

$(....7)^4$ का इकाई अंक = 1 चरण IV

$(....7)^5$ का इकाई अंक = 7 चरण V या I

$(....7)^6$ का इकाई अंक = 9 चरण VI या II

$(....7)^7$ का इकाई अंक = 3 चरण VII या III

$(....7)^8$ का इकाई अंक = 1 चरण VIII या IV

अन्य संख्याओं में भी इसी प्रकार की पुनरावृति होती है। किन्तु ध्यान रहे संख्या की घात यदि 4 से पूर्णत: विभाजित नहीं है अर्थात् कुछ शेष है तो वह शेषफल ही वास्तविक घात मानी जाती है। यदि शेषफल शून्य है तो इकाई का अंक परिवर्तित नहीं होता।

जैसे—307^{2569} में इकाई का अंक ज्ञात करने के लिए सर्वप्रथम घात 2569 को 4 से भाग देंगे $\Rightarrow 2569 \div 4$, शेष = 1 अत: वास्तविक घात 1 है तथा संख्या 7^1 में जो इकाई का अंक है वही अभीष्ट इकाई का अंक होगा, अर्थात् $7 \times 1 = 7$

4 से भाग देकर घात ज्ञात करना

(Determining the Power by Dividing 4)

यदि दी गई संख्याओं की घात में 4 से भाग देकर शेषफल क्रमश: 1, 2, 3, 4, 5, 6, 7, 8, 9 आए तो उनकी घात का कुल मान भी क्रमश: 1, 2, 3, 4, 5, 6, 7, 8 व 9 होगा।

इकाई के अंक की संक्षिप्त सारणी

चरण	I	II	III	IV	I	II	III	IV	I
घात → / संख्या ↓	1	2	3	4	5	6	7	8	9
1	1	1	1	1	1	1	1	1	1
2	2	4	8	6	2	4	8	6	2
3	3	9	7	1	3	9	7	1	3
4	4	6	4	6	4	6	4	6	4
5	5	5	5	5	5	5	5	5	5
6	6	6	6	6	6	6	6	6	6
7	7	9	3	1	7	9	3	1	7
8	8	4	2	6	8	4	2	6	8
9	9	1	9	1	9	1	9	1	9

नोट *यदि किसी संख्या का इकाई अंक 0, 1, 5, 6 में से कोई भी एक हो तो इकाई का अंक अपरिवर्तित रहता है।*

स्मरणीय बिन्दु

9.1 $1+2+3+\ldots+n=\frac{n(n+1)}{2}$

9.2 $1^2+2^2+3^2+\ldots+n^2=\frac{n(n+1)(2n+1)}{6}$

9.3 $1^3+2^3+3^3+\ldots+n^3=\left[\frac{n(n+1)}{2}\right]^2$

9.4 $a, a+d, a+2d, \ldots$ का nवाँ पद $= a+(n-1)d$

9.5 $a, a+d, a+2d, \ldots$ के n पदों का योग $=\frac{n}{2}[2a+(n-1)d]$

9.6 भाज्य = भागफल × भाजक + शेषफल

9.7 इकाई के अंक की पुनरावृत्ति प्रत्येक 4 स्टेप बाद होती है चाहे वह संख्या तथा उसकी घात कितनी भी क्यों न हो? (**संक्षिप्त सारणी देखें**)

साधित उदाहरण

■ **उदाहरण 1** *गुणनफल $(25903)^{267}$ का इकाई अंक क्या होगा?*

हल गुणनफल की वास्तविक घात $=\frac{267}{4}$, शेषफल = 3

अत: संख्या $(25903)^{267}$ में इकाई अंक
$=(25903)^3$ में इकाई का अंक अर्थात् 3^3 में इकाई का अंक $= 27 = 7$
अभीष्ट इकाई अंक = 7 **[देखें → 9.7]**

■ **उदाहरण 2** *दो संख्याओं का योगफल 11 तथा गुणनफल 30 है, तो संख्याएँ क्या होंगी?*

हल

$$a+b=11 \quad \ldots(i)$$
$$ab=30 \quad \ldots(ii)$$
$$(a+b)^2=a^2+b^2+2ab$$
$$(11)^2=M+2\times 30$$
$$121-60=M$$
$$M=61$$
$$(a-b)^2=a^2+b^2-2ab$$
$$(a-b)^2=M-2\times 30$$
$$(a-b)^2=61-60$$
$$a-b=1 \quad \ldots(iii)$$

समी (i) व (iii) को हल करने पर,

$$a+b=11 \quad \ldots(i)$$
$$a-b=1 \quad \ldots(iii)$$
$$2a=12$$
$$\Rightarrow \quad a=6, b=5$$

■ **उदाहरण 3** *1 से 50 तक की सभी प्राकृत संख्याओं का योगफल क्या होगा?*

हल सूत्र $\frac{n\cdot(n+1)}{2}$ से, **[देखें → 9.1]**

$$=\frac{50\,(50+1)}{2}$$
$$=\frac{50\times 51}{2}$$
$$=25\times 51=1275$$

■ **उदाहरण 4** $\frac{1}{1\cdot 2}+\frac{1}{2\cdot 3}+\frac{1}{3\cdot 4}+\ldots.\frac{1}{n\,(n+1)}$ *का मान होगा।*

हल अभीष्ट मान $=\frac{2-1}{1\cdot 2}+\frac{3-2}{2\cdot 3}+\frac{4-3}{3\cdot 4}+\ldots.+\frac{(n+1)-n}{n\,(n+1)}$

$$=\left(1-\frac{1}{2}\right)+\left(\frac{1}{2}-\frac{1}{3}\right)+\left(\frac{1}{3}-\frac{1}{4}\right)+\ldots+\left(\frac{1}{n}-\frac{1}{n+1}\right)$$
$$=1-\frac{1}{n+1}$$
$$=\frac{n+1-1}{n+1}=\frac{n}{n+1}$$

अभ्यास प्रश्न

1. निम्नलिखित संख्याओं में से कौन-सी संख्या अपरिमेय संख्या है?
(a) $\sqrt{25}$ (b) $\sqrt{16}$
(c) $\sqrt{\frac{36}{49}}$ (d) $\sqrt{3}$

2. संख्या $\frac{3}{5-5}$ की प्रकृति है
(a) परिमेय (b) अपरिमेय
(c) अनन्त (d) इनमें से कोई नहीं

3. निम्नलिखित संख्या में पूर्णांक छाँटिए
(a) $\sqrt{3}$ (b) $\sqrt{\frac{5}{7}}$ (c) $\frac{16}{25}$ (d) $\sqrt{\frac{64}{16}}$

4. संख्या 0.45 का परिमेय संख्या में परिवर्तित मान है
(a) $\frac{9}{20}$ (b) $\sqrt{\frac{9}{20}}$
(c) $\frac{3}{10}$ (d) $\frac{6}{10}$

5. एक भिन्न का हर अंश से 5 अधिक है। यदि भिन्न के अंश में 7 जोड़ दिया जाए, तो भिन्न का मान $\frac{8}{7}$ हो जाता है। मूल भिन्न है
(a) $\frac{9}{14}$ (b) $\frac{8}{15}$
(c) $\frac{4}{5}$ (d) $\frac{9}{13}$

6. 300 से 1900 के बीच में ऐसी कितनी संख्याएँ हैं, जो 8 से पूर्णतया विभाजित हैं?
(a) 300 (b) 200
(c) 250 (d) 350

7. 100 से 1000 के बीच 5 से विभाज्य सभी संख्याओं का योग है
(a) 98450 (b) 96480
(c) 99540 (d) 92210

8. जब किसी संख्या को 56 से भाग देते हैं, तो शेष 29 प्राप्त होता है, यदि इसी संख्या को 8 से भाग दें, तो शेष बचेगा
(a) 4 (b) 5
(c) 3 (d) 7

9. यदि $1^2 + 2^2 + 3^2 + \ldots + x^2 = \frac{x(x+1)(2x+1)}{6}$ हो, तो $1^2 + 3^2 + 5^2 + \ldots + 19^2$ बराबर है
(a) 1330 (b) 2100
(c) 2485 (d) 2500

10. गुणनफल $(2153)^{167}$ का इकाई का अंक क्या होगा?
(a) 3 (b) 7
(c) 1 (d) 9

11. एक संख्या को x से भाग देने पर 8 शेष बचता है। जब इस संख्या के 1/3 को x से भाग दिया जाता है, तो 29 शेष बचता है। 1000 से अधिक ऐसी न्यूनतम संख्या है
(a) 1027 (b) 1075
(c) 1083 (d) 1035

12. 80 का अभाज्य गुणनखण्ड क्या होगा?
(a) $2 \times 2 \times 2 \times 2 \times 5$ (b) $2 \times 2 \times 2 \times 5 \times 5$
(c) $2 \times 2 \times 2 \times 5$ (d) $2 \times 2 \times 5 \times 5$

13. यदि दो संख्याओं का अन्तर 5 तथा उनका गुणनफल 13 है, तो उनके वर्गों का योग है
(a) 79 (b) 66
(c) 51 (d) इनमें से कोई नहीं

14. 11 से भाज्य संख्या है
(a) 179212 (b) 179221
(c) 169274 (d) इनमें से कोई नहीं

15. यदि $\frac{4+3\sqrt{5}}{\sqrt{5}} = a + b\sqrt{5}$ है, तो b का मान है
(a) $\frac{3}{5}$ (b) $\frac{4}{5}$
(c) $\frac{3\sqrt{5}}{5}$ (d) $\frac{2}{5}$

16. 0, 3, 4, 5 और 8 अंकों से बनने वाली 5 अंकों की बड़ी-से-बड़ी संख्या तथा छोटी-से-छोटी संख्या का अन्तर क्या होगा?
(a) 54972 (b) 54922
(c) 59952 (d) 59942

17. किसी दो अंकों की संख्या के अंकों का योग 10 है। यदि संख्या में 18 घटा दिया जाता है, तो संख्या में इकाई तथा दहाई के अंक उलट जाते हैं, तो संख्या क्या है?
(a) 64 (b) 46
(c) 48 (d) 56

18. 1 से 100 तक की प्राकृत संख्याओं का योगफल क्या होगा?
(a) 4500 (b) 5000
(c) 5050 (d) 6500

19. 1 से 20 तक की सभी सम संख्याओं का योगफल क्या होगा?
(a) 100 (b) 105
(c) 120 (d) 110

20. प्रथम 20 सम संख्याओं का योगफल क्या होगा?
(a) 420 (b) 400
(c) 110 (d) 200

21. 1 से 21 तक की सभी विषम संख्याओं का योगफल क्या होगा?
(a) 120 (b) 121
(c) 441 (d) 210

22. प्रथम 21 विषम संख्याओं का योगफल क्या होगा?
(a) 441 (b) 121
(c) 421 (d) 210

23. 12 हजार + 13 सौ + 2 दहाई बराबर है
(a) 12132 (b) 1213200
(c) 120132 (d) इनमें से कोई नहीं

24. तीन अंकों की सबसे बड़ी और सबसे छोटी संख्या का योगफल क्या होगा?
(a) 999 (b) 100
(c) 1099 (d) 899

25. दो लगातार सम या विषम संख्याओं का अन्तर कितना होगा?
(a) 0 (b) 1
(c) 2 (d) 3

26. संख्या 5555 * 5, 3, 7, 11 तथा 13 से पूर्णत: विभाजित हो, तो * के स्थान पर कौन-सा अंक होगा?
(a) 5 (b) 4 (c) 3 (d) 2

27. यदि भागफल, भाज्य और शेष क्रमश: 547, 171282 और 71 हो, तो भाजक कितना होगा?
(a) 333 (b) 323
(c) 313 (d) 303

28. 400 एवं 500 के बीच की वह संख्या ज्ञात करें, जो 7 एवं 13 से पूर्णत: विभाजित हैं?
(a) 445 (b) 455
(c) 465 (d) 475

29. वह कौन-सी संख्या है, जिसे 27 से भाग देने पर भागफल 25 एवं शेष 13 आता है?
(a) 588 (b) 598
(c) 688 (d) 788

30. 1 से 100 के बीच ऐसी कितनी संख्या हैं, जो 15 से पूर्णत: विभाजित होती हैं?
(a) 2 (b) 3 (c) 5 (d) 6

उत्तरमाला

1. (d)	**2.** (c)	**3.** (d)	**4.** (b)	**5.** (a)	**6.** (b)	**7.** (a)	**8.** (b)	**9.** (a)	**10.** (b)
11. (d)	**12.** (a)	**13.** (c)	**14.** (a)	**15.** (b)	**16.** (a)	**17.** (a)	**18.** (c)	**19.** (d)	**20.** (a)
21. (b)	**22.** (a)	**23.** (d)	**24.** (c)	**25.** (c)	**26.** (a)	**27.** (c)	**28.** (b)	**29.** (c)	**30.** (d)

संकेत एवं हल

3. $\sqrt{\frac{64}{16}} = \sqrt{4} = 2$

5. माना अंश $= x, \therefore$ हर $= x + 5$ तथा भिन्न $= \frac{x}{x+5}$

प्रश्नानुसार,
$$\frac{x+7}{x+5} = \frac{8}{7} \Rightarrow 7x + 49 = 8x + 40$$
$$\Rightarrow \quad x = 9$$
$$\therefore \quad \text{भिन्न} = \frac{9}{14}$$

6. 300 से 1900 के बीच 8 से विभाजित पहली संख्या $a = 304$ तथा अन्तिम संख्या = 1896 तथा $d = 8$
माना संख्याओं की संख्या n है। तब
$$1896 = 304 + (n-1)8$$
$$\Rightarrow \quad n - 1 = \frac{1896 - 304}{8} = 199 \Rightarrow n = 200$$

8. माना संख्या $= x$
$$\therefore \quad x = 56 \times y + 29$$
$$\Rightarrow \quad x = 8(7y + 3) + 5$$
$\therefore$ उपरोक्त से स्पष्ट है कि संख्या को 8 से भाग देने पर शेषफल 5 बचेगा।

9. $1^2 + 3^2 + 5^2 + \ldots + 19^2$
$$= (1^2 + 2^2 + 3^3 + 4^2 + \ldots + 18^2 + 19^2) - (2^2 + 4^2 + \ldots + 18^2)$$
$$= \frac{19(19+1)(38+1)}{6} - 4(1^2 + 2^2 + 3^2 + \ldots + 9^2)$$
$$= \frac{19 \times 20 \times 39}{6} - \frac{4 \times 9 \times 10 \times 19}{6}$$
$$= 2470 - 1140 = 1330$$

10. $(2153)^{167}$ में इकाई का अंक
$= 3^{167}$ में इकाई का अंक
$= 3^{4 \times 41 + 3}$ में इकाई का अंक
$= 3^3$ में इकाई का अंक
$= 27$ में इकाई का अंक $= 7$ [देखें $\rightarrow$ 9.7]

11. चारों में से केवल 1083 और 1035 ही 3 से भाज्य है $1083 - 8 = 1075$ और
$$\frac{1083}{3} - 29 = 332$$
परन्तु, 1075 और 332 किसी भी एक संख्या से भाज्य नहीं हैं,
अब $\quad 1035 - 8 = 1027$
और $\quad \frac{1035}{3} - 29 = 316$
यहाँ 1027 और 316 एक संख्या 79 से भाज्य है।
अत: वह संख्या 1035 है और $x = 79$

12. गुणनखण्ड
$$80 = 2 \times 2 \times 2 \times 2 \times 5$$

13. माना संख्याएँ x व y हैं।
$$x - y = 5$$
$$xy = 13$$
$$\because \quad x^2 + y^2 = (x - y)^2 + 2xy$$
$$= (5)^2 + 2(13) = 25 + 26 = 51$$

15. $\frac{4 + 3\sqrt{5}}{\sqrt{5}} = a + b\sqrt{5}$
$$\Rightarrow \quad \frac{4}{\sqrt{5}} \times \frac{\sqrt{5}}{\sqrt{5}} + 3 = a + b\sqrt{5}$$
$$\Rightarrow \quad \frac{4}{5}\sqrt{5} + 3 = a + b\sqrt{5}$$
$$\therefore \quad a = 3, b = \frac{4}{5}$$

16. 0, 3, 4, 5 और 8 अंकों से बनने वाली 5 अंकों की बड़ी-से-बड़ी संख्या = 85430
0, 3, 4, 5 और 8 अंकों से बनने वाली 5 अंकों की छोटी-से-छोटी संख्या = 30458
अत: इनका अन्तर = 85430 − 30458 = 54972

17. माना संख्या $= 10x + y$
प्रश्न से, $x + y = 10$ ...(i)
पुनः प्रश्न से, $10x + y - 18 = 10y + x$
$$10x - x + y - 10y = 18$$
$$9x - 9y = 18$$
$$x - y = 2 \quad \text{...(ii)}$$
समी (i) और (ii) को जोड़ने पर,
$$2x = 12$$
$$x = 6$$
x का मान समी (i) में रखने पर,
$$x + y = 10$$
$$6 + y = 10$$
$$y = 10 - 6 = 4$$
$\therefore$ अभीष्ट संख्या $= 10x + y = 10 \times 6 + 4 = 64$ **[देखें→9.1]**

18. 1 से 100 तक की प्राकृत संख्याओं का योगफल
$$= \frac{100\,(100+1)}{2} = \frac{100 \times 101}{2} = 5050$$

19. 1 से 20 तक की सभी सम संख्याओं का योगफल
$$= \frac{20}{2}\left(\frac{20}{2} + 1\right) = 10 \times 11 = 110$$

सूत्र 1 से n तक की सभी सम संख्याओं का योग $= \frac{n}{2}\left(\frac{n}{2} + 1\right)$

20. प्रथम 20 सम संख्याओं का योगफल $= 20 \times (20 + 1) = 20 \times 21 = 420$
सूत्र प्रथम n सम संख्याओं का योगफल $= n(n+1)$

21. 1 से 21 तक सभी विषम संख्याओं का योग $= \left(\frac{21+1}{2}\right)^2 = (11)^2 = 121$

सूत्र 1 से n तक की सभी विषम संख्याओं का योग $= \left(\frac{n+1}{2}\right)^2$

22. प्रथम 21 विषम संख्याओं का योगफल $= (21)^2 = 441$
सूत्र प्रथम n विषम संख्याओं का योग $= n^2$

24. तीन अंकों की सबसे बड़ी संख्या $= 999$
तीन अंकों की सबसे छोटी संख्या $= 100$
$\therefore$ इनका योगफल $= 1099$

27. भाज्य = भाजक × भागफल + शेष
$$\therefore \quad \text{भाजक} = \frac{\text{भाज्य} - \text{शेष}}{\text{भागफल}} = \frac{171282 - 71}{547}$$
$$= \frac{171211}{547} = 313$$

28. 7 एवं 13 का ल.स. $= 91$
91 के गुणज $= 91, 182, 273, 364, 455, 546, \ldots$
इसमें सिर्फ 455 एक ऐसी संख्या है जो 400 एवं 500 के बीच स्थित है
अत: अभीष्ट संख्या $= 455$

29. भाज्य = भाजक × भागफल + शेष $= 27 \times 25 + 13 = 688$

30. 15 के गुणज जो 1 से 100 के बीच हैं
15, 30, 45, 60, 75, 90
अत: ऐसी 6 संख्याएँ हैं।

10
प्रतिशतता
Percentage

प्रतिशत का शाब्दिक अर्थ प्रति सैकड़ा या शतांश या सौवाँ है। दूसरे शब्दों में कहा जा सकता है कि प्रतिशत एक भिन्न है, जिसका हर 100 होता है। भिन्न का अंश, प्रतिशत की दर कहलाता है। इसे प्रायः % चिन्ह द्वारा दर्शाया जाता है। जैसे—10% का अर्थ है 100 भाग में से 10 भाग।

यदि कोई व्यक्ति अपनी आय का 75% खर्च करता है, तो इसका अर्थ है कि वह ₹ 100 में से ₹ 75 खर्च कर देता है। यदि किसी दूसरे व्यक्ति की आय ₹ 500 है और वह भी 75% खर्च करता है, तो वह $500 \times \frac{75}{100} =$ ₹ 375 खर्च करता है, इसका अर्थ यह नहीं है कि वह केवल ₹ 75 खर्च करता है।

स्मरणीय बिन्दु

10.1 किसी साधारण भिन्न को प्रतिशत में बदलने के लिए दिए गए भिन्न को 100 से गुणा करके प्राप्त राशि में प्रतिशत का संकेत लगा दिया जाता है।

10.2 किसी प्रतिशत को भिन्न में बदलने के लिए उसे 100 से भाग दिया जाता है तथा प्रतिशत का संकेत (%) हटा दिया जाता है।

10.3 दशमलव भिन्न को प्रतिशत में बदलने के लिए सबसे पहले दशमलव भिन्न को साधारण भिन्न में बदल दिया जाता है। साधारण भिन्न को 100 से गुणा करके प्राप्त राशि में प्रतिशत का संकेत (%) लगा दिया जाता है।

10.4 यदि x का मान y से r% अधिक हो, तो y का मान x से कम है

$$= \left\{\frac{r}{100 + r} \times 100\right\} \%$$

10.5 यदि x का मान y से r% कम हो, तो y का मान x से अधिक है

$$= \left\{\frac{r}{100 - r} \times 100\right\} \%$$

10.6 यदि किसी वस्तु की कीमत में r% की वृद्धि हो, तो खर्च में वृद्धि न होने के लिए वस्तु की खपत में कमी

$$= \left\{\frac{r}{100 + r} \times 100\right\} \%$$

10.7 यदि किसी वस्तु की कीमत में r% की कमी हो, तो ख़र्च में कमी न होने के लिए वस्तु की खपत में वृद्धि

$$= \left\{\frac{r}{100 - r} \times 100\right\} \%$$

साधित उदाहरण

■ **उदाहरण 1** *यदि A का वेतन B से 25% अधिक हो, तो B का वेतन A से कितने प्रतिशत कम है?*

हल माना B का वेतन ₹ 100 प्रति माह है। तब A का वेतन ₹ 125 प्रति माह होगा।

अब चूँकि जब A का वेतन 125 है तो B, 25 कम है।

$\therefore$ जब A का वेतन 100 हो, तो B, $\frac{25}{125} \times 100$ कम है। या, ₹ 20 कम है।

अर्थात् B का वेतन A से 20% कम है।

संक्षिप्त विधि अभीष्ट उत्तर $= \frac{25}{100 + 25} \times 100\%$ **[देखें → 10.4]**

$= 20\%$

■ **उदाहरण 2** *यदि A का वेतन B के वेतन से 30% कम हो, तो B का वेतन A से कितना अधिक होगा?*

हल अभीष्ट उत्तर $= \frac{30}{100 - 30} \times 100 = 42\frac{6}{7}\%$ **[देखें → 10.5]**

■ **उदाहरण 3** *चीनी के दाम 25% घट जाने पर एक व्यक्ति ₹ 360 में $7\frac{1}{2}$ किग्रा चीनी अधिक खरीदता है। चीनी का वास्तविक मूल्य प्रति किलोग्राम में है।*

हल माना 1 किग्रा चीनी का वास्तविक मूल्य ₹ x है।

$$\therefore \quad \frac{360}{x} \sim \frac{360 \times 4}{3x} = \frac{15}{2} \quad \therefore \quad \frac{360}{3x} = \frac{15}{2}$$

$$x = \frac{360 \times 2}{3 \times 15}$$

$x =$ ₹ 16

अतः चीनी का वास्तविक मूल्य ₹ 16 प्रति किग्रा है।

■ **उदाहरण 4** *एक टी.वी. सैट पर 10% की कटौती करने पर उसके दाम ₹ 1650 गिर जाते हैं। टी.वी. का वास्तविक मूल्य (₹ में) है*

हल टी.वी. का वास्तविक मूल्य $= \frac{100 \times 1650}{10} =$ ₹ 16500

अभ्यास प्रश्न

1. 35 का कितने प्रतिशत 14 होगा?
(a) 20 (b) 25 (c) 30 (d) 40

2. 3 का 10% बराबर है
(a) 0.03 (b) 0.3 (c) 3 (d) 30

3. दशमलव में व्यक्त करने पर 200% बराबर है
(a) 2.00 (b) 20.00 (c) 200.00 (d) 0.20

4. निम्नलिखित में से 0.635 के बराबर है
(a) 6.35 (b) 63.5
(c) 635.0 (d) 0.635

5. 20 का 40% क्या होगा?
(a) 8 (b) 20 (c) 60 (d) 80

6. 25, 75 का कितने प्रतिशत है?
(a) 33.33 (b) 33 (c) 20 (d) 25

7. यदि राम की आय, श्याम की आय से 25% अधिक है, तो श्याम की आय राम की आय से कितने प्रतिशत कम है?
(a) 25 (b) 20 (c) 24 (d) 30

8. यदि राम की आय, श्याम की आय से 20% कम है, तो श्याम की आय राम की आय से कितने प्रतिशत अधिक है?
(a) 25 (b) 20 (c) 24 (d) 30

9. यदि वस्तुनिष्ठ अंकगणित दिग्दर्शन का मूल्य द्वितीय संस्करण में 10% तथा तृतीय संस्करण में 20% बढ़ाया जाता है, तो कुल बढ़ोत्तरी क्या होगी?
(a) 24% (b) 15%
(c) 32% (d) 30%

10. यदि चीनी का मूल्य ₹ 15 प्रति किलोग्राम है, पहले चीनी के मूल्य में 20% वृद्धि की जाती है तथा फिर 20% घटा दी जाती है, तो चीनी के मूल्य में कितने प्रतिशत की कमी या वृद्धि हुई?
(a) 6 (b) 4 (c) 5 (d) 10

11. यदि चाय के मूल्य में 20% की बढ़ोत्तरी करने पर बिक्री में 25% की कमी हो जाती है, तो आय में प्रतिशत वृद्धि या कमी क्या होगी?
(a) 10 (b) 15 (c) 20 (d) 25

12. यदि चीनी के मूल्य में 25% की वृद्धि हो जाए, तो खपत में कितने प्रतिशत कमी की जाए कि जिससे खर्च अपरिवर्तित रहे?
(a) 10 (b) 0 (c) 15 (d) 20

13. चाय के मूल्य में 25% की कमी होने पर खर्च में कितने प्रतिशत वृद्धि की जाए कि खर्च अपरिवर्तित रहे?
(a) 30 (b) $33\frac{1}{3}$ (c) 15 (d) 20

14. एक चुनाव में दो उम्मीदवार थे, जिसमें कुल मतदाताओं में से 5% ने अपना मत प्रयोग नहीं किया। सफल उम्मीदवार 50% मत लेकर 2000 मतों से विजयी रहा। पराजित उम्मीदवार को कितने मत मिले?
(a) 18000 (b) 19000 (c) 20000 (d) 15000

15. एक परीक्षा में उत्तीर्ण होने के लिए 45% अंक प्राप्त करने पड़ते हैं। राम ने 30% अंक प्राप्त किए तथा वह 60 अंकों से अनुत्तीर्ण घोषित कर दिया गया। कुल पूर्णांक कितना था?
(a) 300 (b) 400
(c) 315 (d) 415

16. एक परीक्षा में सीता ने 30% अंक प्राप्त किए तथा 50 अंकों से अनुत्तीर्ण रही। इसी परीक्षा में राम ने 40% अंक प्राप्त किए तथा उत्तीर्ण होने के न्यूनतम अंकों से 20 अंक अधिक प्राप्त किए। कुल पूर्णांक एवं उत्तीर्ण होने के लिए न्यूनतम अंक ज्ञात कीजिए।
(a) 350 (b) 250
(c) 360 (d) 260

17. एक परीक्षा में 45% विद्यार्थी हिन्दी में तथा 35% अंग्रेजी में अनुत्तीर्ण रहे। यदि दोनों विषयों में 25% विद्यार्थी अनुत्तीर्ण रहे, तो दोनों विषयों में उत्तीर्ण होने वाले विद्यार्थियों का प्रतिशत ज्ञात कीजिए।
(a) 45 (b) 40
(c) 44 (d) 35

18. किसी कारणवश दर्जिलिंग में नारंगियों के मूल्य में 20% की कमी हो जाने से कोई व्यक्ति ₹ 10 में 48 नारंगियाँ अधिक खरीद सकता है। नारंगियों का नया तथा पुराना मूल्य बताएँ।
(a) 62 पैसे/दर्जन (b) 62.5 पैसे/दर्जन
(c) 63 पैसे/दर्जन (d) 60 पैसे/दर्जन

19. किसी त्रिभुज के आधार में 10% की वृद्धि की जाए तथा क्षेत्रफल में कोई परिवर्तन न हो, तो उसकी ऊँचाई में कितने प्रतिशत की कमी करनी होगी?
(a) $10\frac{1}{11}$ (b) $9\frac{1}{11}$
(c) $7\frac{1}{11}$ (d) $8\frac{1}{11}$

20. यदि किसी वर्ग की भुजा को 20% घटा दिया जाए तो उसके क्षेत्रफल में कितने प्रतिशत की कमी होगी?
(a) 36 (b) 33
(c) 35 (d) 25

21. एक आयत की लम्बाई में 10% वृद्धि करने तथा चौड़ाई में 20% कमी करने पर क्षेत्रफल में कितने प्रतिशत वृद्धि अथवा कमी होगी?
(a) 10 (b) 12
(c) 15 (d) 14

22. किसी वृत्त का व्यास यदि 20% बढ़ा दिया जाए, तब उसके क्षेत्रफल में कितने प्रतिशत की वृद्धि होगी?
(a) 45 (b) 40
(c) 44 (d) 39

23. किसी विद्यालय में कुल 600 विद्यार्थी हैं, जिनमें से 72% हिन्दू, 16% मुसलमान, 3% सिख और शेष ईसाई हैं। ईसाइयों की संख्या बताएँ।
(a) 54 (b) 55
(c) 60 (d) 53

24. किसी शहर में 60% हिन्दू, 15% मुसलमान और शेष ईसाई हैं। यदि मुसलमानों की जनसंख्या 3000 है, तो ईसाइयों की जनसंख्या कितनी है?
(a) 1000 (b) 2000
(c) 5000 (d) 4000

उत्तरमाला

1. (d)	2. (b)	3. (a)	4. (b)	5. (a)	6. (a)	7. (b)	8. (a)	9. (c)	10. (b)
11. (a)	12. (d)	13. (b)	14. (a)	15. (b)	16. (d)	17. (a)	18. (b)	19. (b)	20. (a)
21. (b)	22. (c)	23. (a)	24. (c)						

संकेत एवं हल

1. माना 35 का $x\% = 14$

$$x = \frac{14 \times 100}{35} = 40$$

2. 3 का 10% $= 3 \times \frac{10}{100} = 0.3$

3. $200\% = \frac{200}{100} = 2.00$

4. $0.635 = \frac{63.5}{100} = 63.5\%$

5. 20 का 40% $= 20 \times \frac{40}{100} = 8$

6. अभीष्ट प्रतिशत $= \frac{25}{75} \times 100 = \frac{100}{3} = 33.33\%$

7. माना कि श्याम की आय = ₹ 100 है,
तो राम की आय = 100 + 25 = ₹ 125
राम को प्राप्त अधिक आय = 125 − 100 = ₹ 25
= श्याम को प्राप्त कम आय
∵ राम की आय ₹ 125 है, तो श्याम की आय राम से ₹ 25 कम है।
∴ राम की आय ₹ 1 है, तो श्याम की आय राम से ₹ $\frac{25}{125}$ कम है।
∴ राम की आय ₹ 100 है, तो श्याम की आय राम से $\frac{25}{125} \times 100 =$ ₹ 20
अर्थात् 20% कम है।

संक्षिप्त विधि
अभीष्ट प्रतिशत $= \frac{25 \times 100}{25 + 100} = \frac{25 \times 100}{125} = 20\%$ कम [देखें → 10.4]

8. माना कि श्याम की आय ₹ 100 है, तो राम की आय = 100 − 20 = ₹ 80
राम को प्राप्त कम आय = 100 − 80 = ₹ 20 = श्याम को प्राप्त अधिक आय
∵ राम की आय ₹ 80 है, तो श्याम की आय राम से ₹ 20 अधिक है।
∴ राम की आय ₹ 1 है, तो श्याम की आय राम से ₹ $\frac{20}{80}$ अधिक है।
∴ राम की आय ₹ 100 है, तो श्याम की आय राम से $\frac{20}{80} \times 100 =$ ₹ 25
अर्थात् 25% अधिक है।

9. माना कि पुस्तक का मूल्य प्रथम संस्करण में ₹ 100 था।
द्वितीय संस्करण में मूल्य = 100 + 100 का 10%
$= 100 + 100 \times \frac{10}{100} = 100 + 10 =$ ₹ 110
पुनः तृतीय संस्करण में मूल्य = 110 + 110 का 20%
$= 110 + 110 \times \frac{20}{100}$
$= 110 + 22 =$ ₹ 132
कुल बढ़ोत्तरी = 132 − 100 = ₹ 32 अर्थात् 32%

10. चीनी का वर्तमान मूल्य = ₹ 15 प्रति किग्रा
चीनी के मूल्य में 20% की वृद्धि होने के बाद मूल्य
= 15 + 15 का 20%
$= 15 + \frac{15 \times 20}{100}$
= 15 + 3 = ₹ 18
चीनी के मूल्य में 20% की कमी होने के बाद मूल्य
= 18 − 18 का 20%
$= 18 - \frac{18 \times 20}{100} = 18 - 3.60 =$ ₹ 14.40
चीनी के मूल्य में कमी = 15.00 − 14.40 = 0.60
चीनी के मूल्य में प्रतिशत कमी $= \frac{0.60}{15.00} \times 100 = 4\%$

11. माना कि चाय का मूल्य = ₹ 100 प्रति किलोग्राम है।
20% बढ़ाने पर मूल्य = 100 + 100 का 20%
$= 100 + 100 \times \frac{20}{100}$
= 100 + 20
= ₹ 120
पुनः 25% घटाने पर मूल्य = 120 − 120 का 25%
$= 120 - 120 \times \frac{25}{100}$
= 120 − 30
= ₹ 90
कुल कमी = 100 − 90 = ₹ 10 अर्थात् 10%

12. माना कि चीनी पर कुल खर्च = ₹ 100
अब मूल्य 25% बढ़ जाने पर खर्च = 100 + 100 का 25%
$= 100 + \frac{100 \times 25}{100}$
= 100 + 25 = ₹ 125
खर्च में कमी = वर्तमान मूल्य − प्रारम्भिक मूल्य
= 125 − 100 = ₹ 25
अभीष्ट प्रतिशत कमी $= \frac{25}{125} \times 100 = 20\%$

संक्षिप्त विधि
अभीष्ट प्रतिशत कमी $= \frac{100 \times 25}{100 + 25} = \frac{100 \times 25}{125} = 20\%$ [देखें → 10.6]

13. अभीष्ट प्रतिशत वृद्धि $= \frac{100 \times 25}{100 - 25} = \frac{100 \times 25}{75}$
$= \frac{100}{3} = 33\frac{1}{3}\%$ [देखें → 10.7]

14. माना कि कुल मतों की संख्या = 100 है, तो न डाले गए मतों की संख्या = 5
तथा डाले गए मतों की संख्या = 100 − 5 = 95

सफल या विजयी उम्मीदवार को प्राप्त मतों की संख्या = 50

असफल या पराजित उम्मीदवार को प्राप्त मतों की संख्या = 95 − 50 = 45

सफल तथा असफल उम्मीदवार के प्राप्त मतों का अन्तर = 50 − 45 = 5

∵ मतों का अन्तर 5 है, तो विजयी उम्मीदवार को 50 मत मिले।

∴ मतों का अन्तर 1 है, तो विजयी उम्मीदवार को $\frac{50}{5}$ मत मिले।

∴ मतों का अन्तर 2000 है, तो विजयी उम्मीदवार को $\frac{2000 \times 50}{5}$

= 20000 मत मिले।

पराजित उम्मीदवार को प्राप्त मत = 20000 − 2000 = 18000 मत

15. माना कि कुल पूर्णांक 100 है, तो सफल होने के लिए न्यूनतम प्राप्त अंक = 45

कुल प्राप्त अंक = 30

45 − 30 = 15 अंकों से अनुत्तीर्ण घोषित होता है।

∵ 15 अंकों से अनुत्तीर्ण घोषित होता है, जब पूर्णांक 100 है।

∴ 1 अंक से अनुत्तीर्ण घोषित होता है, जब पूर्णांक $\frac{100}{15}$ है।

∴ 60 अंकों से अनुत्तीर्ण घोषित होता है, जब पूर्णांक $\frac{100}{15} \times 60 = 400$ है।

16. माना कि कुल पूर्णांक x है, तो

x का 30% + 50 = x का 40% − 20 = उत्तीर्ण होने के लिए न्यूनतम अंक

या, x का 10% = 50 + 20 = 70

∴ $x = \frac{70 \times 100}{10} = 700$

उत्तीर्ण होने के लिए न्यूनतम अंक = 700 का 30% + 50

= 210 + 50 = 260

17. माना कि कुल विद्यार्थियों की संख्या = 100 है।

हिन्दी में अनुत्तीर्ण विद्यार्थियों की संख्या = 45 तथा अंग्रेजी में अनुत्तीर्ण विद्यार्थियों की संख्या = 35 एवं दोनों विषयों में अनुत्तीर्ण विद्यार्थियों की संख्या = 25

केवल हिन्दी में अनुत्तीर्ण विद्यार्थियों की संख्या = 45 − 25 = 20

केवल अंग्रेजी में अनुत्तीर्ण विद्यार्थियों की संख्या = 35 − 25 = 10

एक या दोनों विषयों में अनुत्तीर्ण विद्यार्थियों की संख्या = 20 + 10 + 25 = 55

दोनों विषयों में उत्तीर्ण विद्यार्थियों की संख्या = 100 − 55 = 45%

18. ∵ ₹ 100 पर ₹ 20 बचते हैं।

∴ ₹ 1 पर ₹ $\frac{20}{100}$ बचते है।

∴ ₹ 10 पर $\frac{20 \times 10}{100}$ = ₹ 2 बचेंगे।

∵ ₹ 2 में घटी दर से 48 नारंगियाँ अधिक खरीद सकते हैं।

∴ 48 नारंगियों का घटा मूल्य ₹ 2 है।

∴ 1 नारंगी का घटा मूल्य ₹ $\frac{2}{48}$

∴ 12 नारंगियों का घटा मूल्य = $\frac{2}{48} \times 12$ = ₹ $\frac{1}{2}$

अतः नया भाव = ₹ $\frac{1}{2}$ अर्थात् 50 पैसे प्रति दर्जन

∵ यदि नया भाव 100 − 20 = ₹ 80 प्रति दर्जन हो,

तो पुराना भाव ₹ 100 प्रति दर्जन है।

∴ यदि नया भाव ₹ $\frac{1}{2}$ प्रति दर्जन हो, तो पुराना भाव

= $\frac{100}{80} \times \frac{1}{2}$ = ₹ $\frac{5}{8}$ = 62.5 पैसे प्रति दर्जन

19. माना कि त्रिभुज का क्षेत्रफल = 100 वर्ग मी है।

∴ आधार में 10% वृद्धि होने पर क्षेत्रफल = 100 + 100 का 10%

= 100 + 10 = 110 वर्ग मी

वृद्धि नहीं होने के लिए प्रतिशत कमी = $\frac{10}{110} \times 100 = \frac{100}{11} = 9\frac{1}{11}\%$

20. माना कि वर्ग की प्रत्येक भुजा 10 मी है, तो क्षेत्रफल = 10^2 = 100 वर्ग मी

वर्ग की भुजा में 20% की कमी करने पर भुजा की लम्बाई

= 10 − 10 का 20%

$= 10 - \frac{10 \times 20}{100} = 8$ मी

∴ वर्ग का क्षेत्रफल = 8^2 = 64 वर्ग मी

∴ क्षेत्रफल में कमी = 100 − 64 = 36 वर्ग मी

∴ प्रतिशत कमी = $\frac{36}{100} \times 100 = 36\%$

21. माना कि आयत की लम्बाई 100 मी तथा चौड़ाई 100 मी है, तो

क्षेत्रफल = लम्बाई × चौड़ाई = 100 × 100 = 10000 वर्ग मी

10% वृद्धि करने पर लम्बाई = 100 + 100 का 10%

= 100 + 10 = 110 मी

तथा 20% कमी करने पर चौड़ाई = 100 − 100 का 20%

= 100 − 20 = 80 मी

नये आयत का क्षेत्रफल = 110 × 80 = 8800 वर्ग मी

क्षेत्रफल में कमी = 10000 − 8800 = 1200 वर्ग मी

क्षेत्रफल में प्रतिशत कमी = $\frac{1200}{10000} \times 100 = 12\%$

22. माना कि वृत्त का व्यास = 100 मी है, तो त्रिज्या = 50 मी।

वृत्त का क्षेत्रफल = $\pi r^2 = \pi (50)^2 = 2500\pi$ वर्ग मी

20% बढ़ाने पर व्यास = 100 + 100 का 20% = 100 + 20 = 120 मी

∴ त्रिज्या = $\frac{120}{2}$ = 60 मी

वृत्त का क्षेत्रफल = $\pi r^2 = \pi (60)^2 = 3600\pi$ वर्ग मी

क्षेत्रफल में वृद्धि = $3600\pi - 2500\pi = 1100\pi$ वर्ग मी

क्षेत्रफल में प्रतिशत वृद्धि = $\frac{1100\pi}{2500\pi} \times 100 = 44\%$

23. ईसाइयों का प्रतिशत = 100 − (72 + 16 + 3) = 100 − 91 = 9%

ईसाई विद्यार्थियों की संख्या = 600 का 9% = $600 \times \frac{9}{100} = 54$

24. ईसाइयों का प्रतिशत = 100 − (60 + 15) = 100 − 75 = 25%

∵ 15% = 3000

∴ $25\% = \frac{3000 \times 25}{15} = 5000$

= ईसाइयों की जनसंख्या

11

लाभ तथा हानि

Profit and Loss

परिचय

किसी वस्तु की खरीद-बिक्री से लाभ प्राप्त करना मनुष्य की स्वाभाविक प्रकृति है। प्रत्येक व्यक्ति लाभ प्राप्त करना चाहता है, परन्तु लाभ प्राप्त करने के प्रयास में कभी-कभी हानि भी हो जाती है। यह अध्याय इसी लाभ एवं हानि की गणना से सम्बन्धित है।

1. **क्रय मूल्य** (Cost Price or Purchase Price) जिस मूल्य पर कोई वस्तु खरीदी जाती है, उस मूल्य को उस वस्तु का क्रय मूल्य कहते हैं।
2. **विक्रय मूल्य** (Selling Price) जिस मूल्य पर कोई वस्तु बेची जाती है, उस मूल्य को उस वस्तु का विक्रय मूल्य कहते हैं।
3. **लाभ** (Profit) यदि किसी वस्तु का विक्रय मूल्य उसके क्रय मूल्य से अधिक हो, तो अधिक की रकम को लाभ कहते हैं। अर्थात्

   लाभ = विक्रय मूल्य – क्रय मूल्य
4. **हानि** (Loss) यदि किसी वस्तु का विक्रय मूल्य उसके क्रय मूल्य से कम हो, तो कम की रकम को हानि कहते हैं। अर्थात्

   हानि = क्रय मूल्य – विक्रय मूल्य
5. **प्रतिशत लाभ या हानि** (Percentage Profit or Loss) एक सौ रुपये पर जितनी लाभ अथवा हानि होती है, उसे प्रतिशत लाभ अथवा हानि कहते हैं। लाभ अथवा हानि का प्रतिशत हमेशा क्रय मूल्य पर ही ज्ञात किया जाता है। अर्थात्

$$\text{प्रतिशत लाभ} = \frac{\text{लाभ} \times 100}{\text{क्रय मूल्य}} = \frac{(\text{विक्रय मूल्य} - \text{क्रय मूल्य}) \times 100}{\text{क्रय मूल्य}}$$

$$\text{प्रतिशत हानि} = \frac{\text{हानि} \times 100}{\text{क्रय मूल्य}} = \frac{(\text{क्रय मूल्य} - \text{विक्रय मूल्य}) \times 100}{\text{क्रय मूल्य}}$$

6. **उपरिव्यय** (Overhead) किसी वस्तु को खरीदने में दिया गया टैक्स (Tax) तथा लाने में किया गया खर्च आदि को उपरिव्यय कहते हैं। जब तक प्रश्न में अन्यथा न कहा जाए, उपरिव्यय को वस्तु के क्रय मूल्य में सम्मिलित कर लिया जाता है।

स्मरणीय बिन्दु

11.1 यदि किसी वस्तु का क्रय मूल्य ₹ x तथा लाभ y% हो, तो उस बस्तु का विक्रय मूल्य = ₹ $\frac{x\,(100 + y)}{100}$ होगा।

11.2 यदि किसी वस्तु का विक्रय मूल्य ₹ x तथा लाभ y% हो, तो उस वस्तु का क्रय मूल्य = ₹ $\frac{100 \times x}{100 + y}$ होगा।

11.3 यदि किसी वस्तु को ₹ x में बेचने पर y% की हानि होती है, तथा उसे z% लाभ पर बेचना हो तो उस वस्तु का विक्रय मूल्य = ₹ $\frac{(100 + z)\,x}{100 - y}$ होगा।

11.4 यदि x वस्तुओं का क्रय मूल्य y वस्तुओं के विक्रय मूल्य के बराबर हो, तो प्रतिशत लाभ/हानि = $\left[\frac{x - y}{y} \times 100\%\right]$ यहाँ '+' लाभ व '–' हानि दर्शाता है।

11.5 किसी वस्तु को ₹ x में बेचने पर z% की हानि होती है। उस वस्तु को ₹ y में बेचने पर $\frac{y \times (100 - z)}{x} - 100$ प्रतिशत का लाभ होगा।

11.6 कोई व्यक्ति ₹ x में दो वस्तुओं को समान मूल्य पर खरीदता है और उसमें से एक को y% लाभ पर तथा दूसरे को y% हानि पर बेचता है, तो प्रतिशत लाभ या प्रतिशत हानि 0 होती है।

11.7 जब कोई व्यक्ति दो वस्तुओं को समान मूल्य पर बेचता है और उनमें से एक को x% लाभ पर तथा दूसरे को x% हानि पर बेचता है, तो उसे हमेशा $\frac{x^2}{100}$% की हानि होती है।

11.8 यदि x वस्तुओं का क्रय मूल्य y वस्तुओं के विक्रय मूल्य के बराबर हो, तो प्रतिशत लाभ या हानि $\frac{x - y}{y} \times 100\%$ होगी।

नोट *यदि निष्कर्ष '+' हो तो लाभ तथा '–' हो तो हानि होगी।*

11.9 यदि कोई व्यक्ति ₹ x में y वस्तुओं को खरीदता है और उन्हें ₹ y में x वस्तुओं की दर से बेचता है, तो

(i) जहाँ $x > y$ हो, वहाँ प्रतिशत हानि = $\frac{(x^2 - y^2)}{x^2} \times 100$ तथा

(ii) जहाँ $x < y$ हो, वहाँ प्रतिशत लाभ = $\frac{y^2 - x^2}{x^2} \times 100$ होगा।

साधित उदाहरण

■ **उदाहरण 1** *यदि 4 वस्तुओं का क्रय मूल्य, 3 वस्तुओं के विक्रय मूल्य के बराबर हो, तो लाभ प्रतिशत कितना होगा?*

हल माना प्रत्येक वस्तु का क्रय मूल्य = ₹ 1

4 वस्तुओं का क्रय मूल्य = ₹4

3 वस्तुओं का विक्रय मूल्य = 4 वस्तुओं का क्रय मूल्य = ₹4

लाभ = (4 − 3) = ₹1

तथा लाभ प्रतिशतता $= \frac{1}{3} \times 100 = \frac{100}{3} = 33\frac{1}{3}\%$

संक्षिप्त विधि

लाभ प्रतिशतता $= \frac{\text{वस्तुओं का अन्तर}}{\text{विक्रय मूल्य की वस्तुएँ}} \times 100$

$= \frac{4-3}{3} \times 100$

$= \frac{1}{3} \times 100$

$= \frac{100}{3} = 33\frac{1}{3}\%$

■ **उदाहरण 2** *एक रेडियो के अंकित मूल्य से ₹32 कम कर देने के बाद भी दुकानदार को 15% लाभ होता है, यदि इसका क्रय मूल्य ₹320 हो तो अंकित मूल्य पर इसे बेचने से कितने प्रतिशत लाभ होगा?*

हल क्रय मूल्य = ₹320 , लाभ = 15%

∴ विक्रय मूल्य $= \left(\frac{115}{100} \times 320\right) =$ ₹368

अंकित मूल्य = (368 + 32) = ₹400

अब, क्रय मूल्य = ₹320, विक्रय मूल्य = ₹400

लाभ $= \left(\frac{80}{32} \times 100\right) = 25\%$

■ **उदाहरण 3** *कोई वस्तु 20% लाभ पर बेची जाती है। यदि क्रय मूल्य तथा विक्रय मूल्य दोनों ही ₹20 कम होते तो लाभ 10% अधिक होता है उस वस्तु का विक्रय मूल्य बताइए।*

हल माना आरम्भ में क्रय मूल्य = ₹x तथा विक्रय मूल्य = ₹ y

तब, $y =$ ₹x का 120% $= \left(x \times \frac{120}{100}\right) =$ ₹$\frac{6x}{5}$

नया क्रय मूल्य = ₹$(x-20)$ नया विक्रय मूल्य = ₹$(y-20)$

∴ $(y-20) = (x-20)$ का $\frac{130}{100}$ (∵ लाभ 30%)

$y - 20 = \frac{13(x-20)}{10}$

⇒ $(10y - 200) = 13x - 260$

$13x - 10y = 60 \Rightarrow 13x - 10 \times \frac{6x}{5} = 60 \Rightarrow x = 60$

अतः उस वस्तु का क्रय मूल्य = ₹ 60

अभ्यास प्रश्न

1. विजय ने एक किताब ₹ 50 में खरीदी और उसे ₹ 55 में बेच दी। उसे कितने प्रतिशत का लाभ हुआ?

(a) 20% (b) 15%
(c) 10% (d) 8%

2. रमेश ₹ 900 में अपनी गाय बेचकर ₹ 100 की हानि सहता है। उसे कितने प्रतिशत की हानि हुई?

(a) 10% (b) 7%
(c) 12% (d) 11%

3. कृष्ण बल्लभ ने एक घोड़ा ₹ 250 में खरीदकर 4% लाभ पर बेचा। घोड़े का विक्रय मूल्य क्या था?

(a) ₹ 270 (b) ₹ 260
(c) ₹ 280 (d) ₹ 290

4. सुधा ने एक गुड़िया ₹ 500 में खरीद कर 15% की हानि पर बेच दी। गुड़िया का विक्रय मूल्य क्या था?

(a) ₹ 475 (b) ₹ 450
(c) ₹ 430 (d) ₹ 425

5. एक कुर्सी को ₹ 165 में बेचने से 10% का लाभ होता है। कुर्सी का क्रय मूल्य क्या है?

(a) ₹ 152 (b) ₹ 148
(c) ₹ 150 (d) ₹ 163

6. एक मेज को ₹ 255 में बेचने से 15% की हानि होती है। मेज का क्रय मूल्य क्या है?

(a) ₹ 200 (b) ₹ 320
(c) ₹ 275 (d) ₹ 300

7. किसी वस्तु को ₹ 320 में बेचने पर 20% की हानि होती है। उसे कितने में बेचा जाए ताकि 25% का लाभ हो?

(a) ₹ 520 (b) ₹ 500
(c) ₹ 525 (d) ₹ 535

8. किसी वस्तु को ₹ 500 में बेचने पर 25% का लाभ होता है, उसे कितने में बेचा जाए, ताकि 10% की हानि हो?

(a) ₹ 400 (b) ₹ 380
(c) ₹ 360 (d) ₹ 390

9. एक रेडियो को ₹ 2750 में बेचने से एक व्यक्ति को 10% का लाभ होता है। वह इसे कितने रुपये में बेचे कि उसे 15% का लाभ हो?

(a) ₹ 2875 (b) ₹ 2800
(c) ₹ 2750 (d) ₹ 2775

10. किसी वस्तु को ₹ 900 में बेचने से किसी व्यक्ति को 25% की हानि होती है। इस वस्तु को ₹ 1600 में बेचने से कितने प्रतिशत का लाभ होगा?

(a) $30\frac{1}{3}\%$ (b) $33\frac{1}{3}\%$
(c) 35% (d) 40%

11. विजय ने एक रेडियो विनय को 10% लाभ पर बेचा, विनय ने इसे विमल को 20% हानि पर बेच दिया तथा विमल ने विनोद को 25% लाभ पर बेच दिया। तो बताओ कि यदि विनोद ने ₹ 2750 इसका मूल्य दिया, तो विजय ने रेडियो कितने में खरीदा था?
(a) ₹ 2400 (b) ₹ 2300 (c) ₹ 2200 (d) ₹ 2500

12. कोई व्यक्ति ₹ 2000 में दो वस्तुओं को समान मूल्य पर खरीदता है और उनमें से एक को 20% लाभ पर तथा दूसरे को 20% की हानि पर बेचता है, तो उसे कितने प्रतिशत लाभ अथवा हानि हुई?
(a) 0% (b) 10% (c) 2% (d) 3%

13. कोई व्यक्ति दो घोड़े, प्रत्येक को ₹ 600 में बेचता है। एक पर उसे 20% का लाभ होता है तथा दूसरे पर 20% की हानि होती है। उसे कुल लेन-देन पर कितने प्रतिशत का लाभ या हानि हुई?
(a) 5% (b) 4% (c) 3% (d) 2%

14. दो वस्तुओं का क्रय मूल्य ₹ 2050 तथा विक्रय मूल्य समान हैं। उनमें से एक को 25% लाभ पर तथा दूसरे को 20% हानि पर बेचा गया। दोनों का क्रय मूल्य अलग-अलग क्या होगा?
(a) ₹ 500, ₹ 1200 (b) ₹ 600, ₹ 1250
(c) ₹ 800, ₹ 1250 (d) ₹ 800, ₹ 1200

15. यदि 26 वस्तुओं का क्रय मूल्य 25 वस्तुओं के विक्रय मूल्य के बराबर हो, तो प्रतिशत लाभ या हानि क्या है?
(a) 4% (b) 5% (c) 3% (d) 6%

16. कोई व्यापारी ₹ 11 में 10 कलम खरीदता है और किसी कारणवश ₹ 10 में 11 की दर से बेच देता है, प्रतिशत हानि क्या है?
(a) $7\frac{1}{7}$% (b) $17\frac{43}{121}$% (c) $6\frac{43}{121}$% (d) $5\frac{43}{121}$%

17. एक कलम विक्रेता ने ₹ 5 के 6 की दर से कलम खरीदकर ₹ 3 के 4 की दर से बेच दिए। उसका प्रतिशत लाभ या हानि क्या है?
(a) 15% (b) 14% (c) 13% (d) 10%

18. एक सौदागर ने कुछ गेंदें ₹ 3 के 4 के भाव से खरीदकर ₹ 4 के 5 के भाव से बेची। इस प्रकार उसे ₹ 16 का लाभ हुआ। बताइए सौदागर ने कुल कितनी गेंदें खरीदीं और कितने प्रतिशत का लाभ हुआ?
(a) 340 गेंद, 4% (b) 320 गेंद, $6\frac{2}{3}$%
(c) 380 गेंद, $2\frac{1}{2}$% (d) 330 गेंद, 5%

19. एक फल विक्रेता ने ₹ 1 में 5 की दर से सन्तरे खरीदे। इन पर 25% लाभ कमाने के लिए उसे ₹ 1 के कितने सन्तरे की दर से बेचना होगा?
(a) 4 (b) 5 (c) 3 (d) 6

20. एक विक्रेता अपना माल क्रय मूल्य पर बेचने का दावा करता है, किन्तु 1 किग्रा बाँट के स्थान पर 900 ग्राम के झूठे बाँट का प्रयोग करता है। उसका प्रतिशत लाभ क्या है?
(a) $11\frac{1}{9}$% (b) $10\frac{1}{9}$% (c) $12\frac{1}{9}$% (d) $13\frac{1}{9}$%

उत्तरमाला

1. (c)	**2.** (a)	**3.** (b)	**4.** (d)	**5.** (c)	**6.** (d)	**7.** (b)	**8.** (c)	**9.** (a)	**10.** (b)
11. (d)	**12.** (a)	**13.** (b)	**14.** (c)	**15.** (a)	**16.** (b)	**17.** (d)	**18.** (b)	**19.** (a)	**20.** (a)

संकेत एवं हल

1. प्रतिशत लाभ $= \frac{(\text{विक्रय मूल्य} - \text{क्रय मूल्य}) \times 100}{\text{क्रय मूल्य}}$

$$= \frac{(55-50) \times 100}{50} = \frac{5 \times 100}{50} = 10\%$$

2. प्रतिशत हानि $= \frac{\text{हानि} \times 100}{\text{क्रय मूल्य}} = \frac{\text{हानि} \times 100}{\text{विक्रय मूल्य} + \text{हानि}}$

$$= \frac{100 \times 100}{900 + 100} = \frac{100 \times 100}{1000} = 10\%$$

3. क्रय मूल्य = ₹250

लाभ = 4%

विक्रय मूल्य = क्रय मूल्य + लाभ

$= 250 + 250$ का $4\% = 250 + \frac{250 \times 4}{100}$

$= 250 + 10 =$ ₹260

4. क्रय मूल्य = ₹500

हानि = 15%

विक्रय मूल्य = क्रय मूल्य – हानि

$= 500 - 500$ का $15\% = 500 - \frac{500 \times 15}{100}$

$= 500 - 75 =$ ₹425

5. माना क्रय मूल्य ₹x है, तब $165 = x$ का 110%

$\Rightarrow \quad 165 = \frac{x \times 110}{100} \Rightarrow 165 = \frac{11x}{10} \Rightarrow x = \frac{165 \times 10}{11}$

$\Rightarrow \quad x =$ ₹150

6. माना मेज का क्रय मूल्य ₹x है, तब

प्रश्नानुसार,

$\Rightarrow \quad 255 = x - x$ का 15%

$= x - \frac{x \times 15}{100} = x - \frac{3x}{20} = \frac{20x - 3x}{20}$

$\Rightarrow \quad 255 = \frac{17x}{20} \Rightarrow x = \frac{255 \times 20}{17}$

$= 15 \times 20 =$ ₹300

7. माना वस्तु का क्रय मूल्य ₹x है। तब

$320 = x$ का $80\% \Rightarrow 320 = \frac{x \times 80}{100}$

$\Rightarrow \quad x = \frac{5 \times 320}{4} = ₹400$

25% लाभ लेने के लिए वस्तु का विक्रय मूल्य = 400 का 125%

$= 400 \times \frac{125}{100} = ₹\,500$

8. माना वस्तु का क्रय मूल्य ₹ x है, तब

$500 = x$ का 125% $\Rightarrow 500 = \frac{x \times 125}{100}$

$\Rightarrow \quad x = \frac{4 \times 500}{5} = ₹400$

10% हानि पर बेचने पर वस्तु का मूल्य = 400 का 90%

$= \frac{400 \times 90}{100} = 90 \times 4 = ₹360$

9. माना रेडियो का क्रय मूल्य = ₹x, तब

$2750 = x$ का 110%

$\Rightarrow \quad 2750 = \frac{x \times 110}{100} \Rightarrow 2750 = \frac{11x}{10}$

$\Rightarrow \quad x = \frac{2750 \times 10}{11} = ₹2500$

15% का लाभ लेने पर रेडियो का मूल्य = 2500 का 115%

$= \frac{2500 \times 115}{100} = 25 \times 115$

$= ₹2875$

10. अभीष्ट प्रतिशत लाभ $= \frac{1600 \times (100 - 25)}{900} - 100$ [देखें → 11.5]

$= \frac{1600 \times 75}{900} - 100 = \frac{400}{3} - 100$

$= \frac{100}{3} = 33\frac{1}{3}\%$

11. माना कि विजय ने रेडियो ₹ 100 में खरीदी।

तो विजय का विक्रय मूल्य $= \frac{100 \times (100 + 10)}{100} = \frac{100 \times 110}{100}$

= ₹110 = विनय का क्रय मूल्य

पुनः विनय का विक्रय मूल्य $= \frac{110 \times (100 - 20)}{100} = \frac{110 \times 80}{100}$

= ₹88 = विमल का क्रय मूल्य

पुनः विमल का विक्रय मूल्य $= \frac{88 \times (100 + 25)}{100} = \frac{88 \times 125}{100}$

= ₹110 = विनोद का क्रय मूल्य

$\because$ विनोद ने रेडियो ₹110 में खरीदा तो विजय ने रेडियो ₹ 100 में खरीदा था।

$\therefore$ विनोद ने रेडियो ₹ 1 में खरीदा तो विजय ने रेडियो ₹$\frac{100}{110}$ में खरीदा था।

$\therefore$ विनोद ने रेडियो ₹2750 में खरीदा तो विजय ने रेडियो

$\frac{100 \times 2750}{110} = ₹2500$ में खरीदा था।

12. अभीष्ट प्रतिशत लाभ या हानि = 0 [देखें → 11.6]

13. अभीष्ट प्रतिशत हानि

$= \frac{(20)^2}{100}\% = \frac{400}{100}\% = 4\%$ [देखें → 11.7]

15. अभीष्ट प्रतिशत लाभ या हानि [देखें → 11.8]

$= \frac{26 - 25}{25} \times 100 = \frac{1}{25} \times 100 = 4\%$

अर्थात् प्रतिशत लाभ = 4%

16. अभीष्ट प्रतिशत हानि $= \frac{11^2 - 10^2}{11^2} \times 100$ [देखें → 11.9]

$= \frac{121 - 100}{121} \times 100$

$= \frac{21}{121} \times 100 = \frac{2100}{121}$

$= 17\frac{43}{121}\%$

17. माना कि खरीदे गए कलमों की संख्या = 60 है, (5, 6, 3, 4 का ल.स. = 60)

$\therefore$ 60 कलमों का क्रय मूल्य $= 60 \times \frac{5}{6} = ₹50$

तथा 60 कलमों का विक्रय मूल्य $= 60 \times \frac{3}{4} = ₹45$

हानि = क्रय मूल्य − विक्रय मूल्य = 50 − 45 = ₹5

प्रतिशत हानि $= \frac{\text{हानि} \times 100}{\text{क्रय मूल्य}} = \frac{5 \times 100}{50} = 10\%$

18. माना कि सौदागर द्वारा खरीदी गई गेंदों की संख्या = 20 है।
(4 तथा 5 का ल.स. = 20)

$\therefore$ 20 गेंदों का क्रय मूल्य $= 20 \times \frac{3}{4} = ₹\,15$

तथा 20 गेंदों का विक्रय मूल्य $= 20 \times \frac{4}{5} = ₹\,16$

लाभ = विक्रय मूल्य − क्रय मूल्य = 16 − 15 = ₹1

प्रतिशत लाभ $= \frac{\text{लाभ} \times 100}{\text{क्रय मूल्य}} = \frac{1 \times 100}{15} = \frac{20}{3} = 6\frac{2}{3}\%$

$\because$ ₹1 लाभ होता है तब जब गेंदों की कुल संख्या 20 है।

$\therefore$ ₹16 लाभ होता है तब जब गेंदों की कुल संख्या $20 \times 16 = 320$ गेंद हैं।

19. 5 सन्तरे का क्रय मूल्य = ₹1 है।

$\therefore$ 5 सन्तरे का विक्रय मूल्य $= \frac{\text{क्रय मूल्य} \times (100 + \text{प्रतिशत लाभ})}{100}$

$= \frac{1 \times (100 + 25)}{100} = \frac{125}{100} = ₹1.25$

$\because$ ₹1.25 में फल विक्रेता 5 सन्तरों को बेचेगा।

$\therefore$ ₹1 में फल विक्रेता $\frac{5 \times 1}{1.25} = 4$ सन्तरे बेचेगा।

20. माना कि 1 किग्रा (1000 ग्राम) माल का क्रय मूल्य ₹100 है।

$\therefore$ 900 ग्राम माल का क्रय मूल्य $= \frac{100 \times 900}{1000} = ₹90$

900 ग्राम माल का विक्रय मूल्य = 1000 ग्राम माल का क्रय मूल्य = ₹100

लाभ = विक्रय मूल्य − क्रय मूल्य = 100 − 90 = ₹10

प्रतिशत लाभ $= \frac{\text{लाभ} \times 100}{\text{क्रय मूल्य}} = \frac{10 \times 100}{90} = \frac{100}{9} = 11\frac{1}{9}\%$

12

साधारण तथा चक्रवृद्धि ब्याज

Simple and Compound Interest

मूलधन (Principal)

यह वह राशि है जिसे कोई व्यक्ति किसी से उधार के रूप में लेता है या किसी को देता है। इसे P से व्यक्त करते हैं।

समय (Time)

वह अवधि या समय जिसके बाद उधार के रूप में ली गई राशि ब्याज के साथ वापस की जाती है।

साधारण ब्याज में इसे t से तथा चक्रवृद्धि ब्याज में इसे n से व्यक्त करते हैं।

दर (Rate)

उधार ली गई राशि पर ब्याज की गणना के लिए प्रयुक्त दर को ब्याज की दर कहते हैं। इसे $r\%$ से व्यक्त करते हैं।

साधारण ब्याज (Simple Interest)

जब किसी राशि को किसी निश्चित दर से किसी निश्चित समय के लिए उधार लिया जाता है, तब समय समाप्ति पर मूलधन के साथ अतिरिक्त राशि वापस की जाती है। इस अतिरिक्त राशि को ब्याज कहते हैं।

$$\text{साधारण ब्याज (SI)} = \frac{\text{मूलधन} \times \text{दर} \times \text{समय}}{100} = \frac{P \times r \times t}{100}$$

मिश्रधन (Amount)

मूलधन व ब्याज के योग को मिश्रधन कहते हैं।

$$\text{मिश्रधन} = \text{मूलधन}\ (P) + \text{साधारण ब्याज (SI)}$$
$$= P\left(1 + \frac{rt}{100}\right)$$

चक्रवृद्धि ब्याज (Compound Interest)

जब एक निश्चित समय बाद मूलधन के साथ-साथ साधारण ब्याज पर भी ब्याज की गणना की जाती है तो इस प्रकार प्राप्त ब्याज को चक्रवृद्धि ब्याज कहते हैं।

$$\text{चक्रवृद्धि मिश्रधन}, (A) = \text{मूलधन}\left(1 + \frac{\text{दर}}{100}\right)^{\text{समय}}$$
$$= P\left(1 + \frac{r}{100}\right)^n$$

चक्रवृद्धि ब्याज = चक्रवृद्धि मिश्रधन – मूलधन

स्मरणीय बिन्दु

12.1 जब ब्याज छमाही देय हो, तब $r = \frac{r}{2}\%$ प्रति छमाही तथा $n = 2n$ छमाही

12.2 जब ब्याज तिमाही देय हो, तब $r = \frac{r}{4}\%$ प्रति तिमाही तथा $n = 4n$ तिमाही

12.3 जब ब्याज की दर पहले वर्ष $r_1\%$, दूसरे वर्ष $r_2\%$ तथा तीसरे वर्ष $r_3\%$ हो, तब

$$A = P \times \left(1 + \frac{r_1}{100}\right)\left(1 + \frac{r_2}{100}\right)\left(1 + \frac{r_3}{100}\right)$$

12.4 साधारण ब्याज की दर से कोई धन t_1 वर्ष में m_1 गुना हो जाता है, तो m_2 गुना होने में लगा समय $t_2 = \frac{(m_2 - 1)\, t_1}{(m_1 - 1)}$ वर्ष

12.5 चक्रवृद्धि ब्याज की दर से कोई धन किसी निश्चित समय n में x गुना हो जाता है, तो x^y गुना होने में $y \times n$ समय लगेगा।

12.6 यदि जनसंख्या घट रही है, तब n वर्ष बाद

$$\text{जनसंख्या} = \text{वर्तमान जनसंख्या}\left(1 - \frac{\text{दर}}{100}\right)^n$$

साधित उदाहरण

■ **उदाहरण 1** *यदि ब्याज छमाही देय हो, तो ₹ 8000 का 10% वार्षिक ब्याज की दर से $1\frac{1}{2}$ वर्ष का चक्रवृद्धि एवं साधारण ब्याज का अन्तर है।*

हल साधारण ब्याज $= \frac{8000 \times 5 \times 3}{100} = ₹\,1200$ ($\because$ छमाही देय है)

चक्रवृद्धि मिश्रधन $= 8000\left(1+\frac{5}{100}\right)^3$ [देखें → 12.3]

$$= 8000 \times \frac{21}{20} \times \frac{21}{20} \times \frac{21}{20} = 9261$$

चक्रवृद्धि ब्याज $= 9261 - 8000 = ₹1261$

साधारण एवं चक्रवृद्धि ब्याज में अन्तर $= 1261 - 1200 = ₹61$

■ **उदाहरण 2** *कोई धन P चक्रवृद्धि ब्याज की दर से 4 वर्ष में 3P हो जाता है, तो वह 9P कितने वर्षों में हो जाएगा?*

हल प्रश्नानुसार, धन 4 वर्ष में 3P हो जाता है।

$$P\left(1+\frac{r}{100}\right)^4 = 3P$$

$$\Rightarrow \left(1+\frac{r}{100}\right)^4 = 3 \quad \ldots(i)$$

माना वह धन t वर्ष में 9P हो जाएगा, तब

$$P\left(1+\frac{r}{100}\right)^t = 9P$$

$$\Rightarrow \left(1+\frac{r}{100}\right)^t = (3)^2 \Rightarrow \left(1+\frac{r}{100}\right)^{t/2} = 3 \ldots(ii)$$

समी (i) व (ii) की तुलना करने पर,

$$\left(1+\frac{r}{100}\right)^{t/2} = \left(1+\frac{r}{100}\right)^4 \Rightarrow \frac{t}{2} = 4$$

या $t = 8$ वर्ष

अत: वह धन 8 वर्ष में 9P हो जाएगा।

■ **उदाहरण 3** *3 वर्ष बाद देय ₹ 1092 को बराबर वार्षिक किस्तों में चुकाना है। यदि साधारण ब्याज की दर 12% वार्षिक हो, तो प्रत्येक किस्त का मान ज्ञात कीजिए।*

हल माना वार्षिक किस्त का मान $= ₹x$

तब, ₹x का 2 वर्ष का मिश्रधन + ₹x का 1 वर्ष का मिश्रधन + ₹x = 1092

$$x + \left(x \times \frac{12}{100} \times 2\right) + x + \left(x \times \frac{12}{100} \times 1\right) + x = 1092$$

$$3x + \frac{6x}{25} + \frac{3x}{25} = 1092$$

$$\Rightarrow 84x = (1092 \times 25)$$

$$\Rightarrow x = \frac{1092 \times 25}{84} = 325$$

अत: प्रत्येक किस्त का मान = ₹325

■ **उदाहरण 4** *यदि किसी शहर की जनसंख्या 4% प्रतिवर्ष की दर से बढ़ रही हो तथा लोगों की वर्तमान संख्या 15625 हो, तो 3 वर्ष बाद जनसंख्या क्या होगी?*

हल अभीष्ट जनसंख्या $= 15625\left(1+\frac{4}{100}\right)^3$

$$= 15625 \times \frac{26}{25} \times \frac{26}{25} \times \frac{26}{25} = 17576$$

■ **उदाहरण 5** *यदि किसी शहर की जनसंख्या 4% प्रतिवर्ष की दर से बढ़ रही हो तथा इस समय जनसंख्या 17576 हो, तो 3 वर्ष पूर्व जनसंख्या कितनी थी?*

हल 3 वर्ष पूर्व की जनसंख्या $\times \left(1+\frac{4}{100}\right)^3$ या $\left(\frac{26}{25}\right)^3$ = वर्तमान जनसंख्या

$\therefore$ 3 वर्ष पूर्व जनसंख्या $= \frac{17576 \times 25 \times 25 \times 25}{26 \times 26 \times 26} = 15625$

नोट *उदाहरण 4 व 5 एक-दूसरे के विलोम है। दोनों उदाहरण आपको 'पूर्व' और 'पश्चात्' जनसंख्या वाले प्रश्नों को हल करने में काफी मदद करेंगे।*

अभ्यास प्रश्न

1. यदि ब्याज प्रतिवर्ष संयोजित होता हो, तो ₹ 800 का 5% वार्षिक ब्याज की दर से $2\frac{1}{2}$ वर्ष का चक्रवृद्धि ब्याज होगा

(a) ₹ 347 (b) ₹ 322
(c) ₹ 104.05 (d) इनमें से कोई नहीं

2. राम मनोहर ने भारतीय स्टेट बैंक में 2 वर्ष के लिए ₹4000 जमा किए। 10% प्रतिवर्ष की दर से अर्द्धवार्षिक चक्रवृद्धि ब्याज से मिश्रधन होगा

(a) ₹ 4840 (b) ₹ 4410
(c) ₹ 4585 (d) ₹ 4862.025

3. कोई धन 'm' चक्रवृद्धि ब्याज की दर से 4 वर्ष में '3 m' हो जाता है, तो वह 9m हो जाएगा

(a) 16 वर्ष में (b) 12 वर्ष में
(c) 8 वर्ष में (d) 18 वर्ष में

4. यदि कोई धन 2 वर्ष में चक्रवृद्धि ब्याज से चार गुना हो जाता है, तो ब्याज की दर होगी

(a) 10% (b) 20%
(c) 50% (d) 100%

5. कोई धन 5% चक्रवृद्धि ब्याज की दर से 3 वर्ष के लिए उधार लिया गया। यदि तीसरे वर्ष का ब्याज ₹ 441 हो, तो वह धन है

(a) ₹ 10000 (b) ₹ 8000
(c) ₹ 12000 (d) ₹ 15000

6. कोई धन चक्रवृद्धि ब्याज की दर से 6 वर्ष में तीन गुना हो जाता है, तो वह उसी दर से कितने वर्ष में 27 गुना हो जाएगा?

(a) 18 वर्ष में (b) 12 वर्ष में
(c) 27 वर्ष में (d) 54 वर्ष में

7. यदि ब्याज छमाही हो, तो ₹ 400 का 10% वार्षिक ब्याज की दर से $1\frac{1}{2}$ वर्ष में मिश्रधन मिलेगा
(a) ₹ 463 (b) ₹ 460.50
(c) ₹ 463.05 (d) ₹ 465

8. यदि कोई धन 3 वर्ष में चक्रवृद्धि ब्याज से $3\frac{3}{8}$ गुना हो जाता है, तो ब्याज की दर होगी
(a) 10% (b) 20%
(c) 100% (d) 50%

9. मूलधन, जिस पर 3 वर्ष का 10% प्रतिवर्ष की दर से सरल ब्याज एवं चक्रवृद्धि ब्याज, जो प्रतिवर्ष देय है, का अन्तर ₹ 31 है, होगा
(a) ₹ 300 (b) ₹ $\frac{310}{3}$
(c) ₹ 3100 (d) ₹ 1000

10. ₹ 6305 को ऐसे तीन भागों में बाँटों कि उनका मिश्रधन क्रमश: 2 वर्ष 3 वर्ष तथा 4 वर्ष पश्चात् बराबर हो जबकि चक्रवृद्धि ब्याज की दर 5% वार्षिक है
(a) ₹ 2100, ₹ 2205, ₹ 2000 (b) ₹ 2200, ₹ 2105, ₹ 2000
(c) ₹ 2205, ₹ 2100, ₹ 2000 (d) ₹ 2000, ₹ 2105, ₹ 2200

11. ₹ 1750 की एक राशि दो भागों में इस प्रकार विभाजित की जाती है कि पहले भाग पर 8% की दर से वार्षिक साधारण ब्याज तथा दूसरे भाग पर 6% की दर से वार्षिक साधारण ब्याज बराबर है। तब प्रत्येक भाग पर ब्याज है
(a) ₹ 60 (b) ₹ 65 (c) ₹ 70 (d) ₹ 40

12. एक नगर की जनसंख्या 10% प्रतिवर्ष बढ़ जाती है। यदि इस समय वहाँ की जनसंख्या 10000 हो, तो 3 वर्ष बाद वहाँ की जनसंख्या होगी
(a) 13000 (b) 13310 (c) 12500 (d) 12150

13. किसी धन पर 5% वार्षिक ब्याज की दर से तीन वर्ष के चक्रवृद्धि तथा साधारण ब्याज का अन्तर ₹ 122 है। धन है
(a) ₹ 20000 (b) ₹ 16000
(c) ₹ 18000 (d) ₹ 24000

14. किसी धन पर 2 वर्ष का चक्रवृद्धि ब्याज ₹ 205 और उसी धन का उतने ही समय के लिए उसी दर से साधारण ब्याज ₹ 200 है। मूलधन है
(a) ₹ 1500 (b) ₹ 2500
(c) ₹ 2000 (d) ₹ 3000

15. एक व्यक्ति बराबर धन दो बैंकों में $4\frac{1}{2}$% तथा 5% वार्षिक दर पर जमा कराता है। यदि 2 वर्ष बाद कुल ब्याज ₹ 247 मिला हो, तो प्रत्येक बैंक में जमा किया धन है
(a) ₹ 800 (b) ₹ 2400 (c) ₹ 1300 (d) ₹ 1500

16. ₹ 25000 का 3 वर्ष का चक्रवृद्धि ब्याज क्या होगा, जबकि ब्याज की दर पहले वर्ष 8%, दूसरे वर्ष 9% तथा तीसरे वर्ष 10% हो?
(a) ₹ 7373 (b) ₹ 7200 (c) ₹ 6650 (d) ₹ 6000

17. किसी धन को 2 वर्ष के लिए किसी विशेष दर पर उधार दिया गया। यदि ब्याज की दर 3% अधिक होती, तो ब्याज ₹ 72 अधिक मिलता। यह मूलधन है
(a) ₹ 1000 (b) ₹ 1200
(c) ₹ 1360 (d) ₹ 1410

18. किसी धन पर साधारण ब्याज मूलधन का $\frac{2}{9}$ है। यदि वर्षों की संख्या दर प्रतिशत की दोगुनी हो, तो समय होगा
(a) $6\frac{1}{4}$ वर्ष (b) $6\frac{2}{3}$ वर्ष
(c) $5\frac{1}{2}$ वर्ष (d) $5\frac{2}{3}$ वर्ष

19. कोई धन साधारण ब्याज की दर से 4 वर्ष में ₹ 924 तथा 7 वर्ष में ₹ 1092 हो जाता है। ब्याज की दर है
(a) 6% (b) 5%
(c) 8% (d) 9%

20. यदि कोई निश्चित धन 3 वर्षों में ₹ 575 तथा 5 वर्षों में ₹ 625 हो जाता है, तो ब्याज की दर है
(a) 3% (b) 5% (c) 4% (d) 7%

उत्तरमाला

1. (c)	**2.** (d)	**3.** (c)	**4.** (d)	**5.** (b)	**6.** (a)	**7.** (c)	**8.** (d)	**9.** (d)	**10.** (c)
11. (a)	**12.** (b)	**13.** (b)	**14.** (c)	**15.** (c)	**16.** (a)	**17.** (b)	**18.** (b)	**19.** (c)	**20.** (b)

संकेत एवं हल

1. चूँकि समय परिमेय संख्या है।

$\therefore$ चक्रवृद्धि मिश्रधन $= 800 \times \left(1 + \frac{5}{100}\right)^2 \left(1 + \frac{\frac{1}{2} \times 5}{100}\right)$

$= 800 \times \left(\frac{21}{20}\right)^2 \times \left(\frac{41}{40}\right) =$ ₹ 904.05

$\therefore$ कुल चक्रवृद्धि ब्याज $= 904.05 - 800$

$=$ ₹104.05

2. $P =$ ₹4000, $r = \frac{10}{2} = 5\%$, $n = 2 \times 2 = 4$ वर्ष

$\therefore$ चक्रवृद्धि मिश्रधन $= 4000 \left(1 + \frac{5}{100}\right)^4$

$= 4000 \times \frac{21}{20} \times \frac{21}{20} \times \frac{21}{20} \times \frac{21}{20}$

$= \frac{194481}{40}$

$=$ ₹4862.025

3. 4 वर्ष में, $m \left(1 + \frac{r}{100}\right)^4 = 3m$

या $\left(1 + \frac{r}{100}\right)^4 = 3$ ...(i)

माना वह n वर्ष में $9m$ हो जाता है। [देखें $\rightarrow$ 12.5]

$\therefore$ $m \left(1 + \frac{r}{100}\right)^n = 9m$

या $\left(1 + \frac{r}{100}\right)^n = 9 = (3)^2$

या $\left(1 + \frac{r}{100}\right)^{n/2} = 3$ ...(ii)

समी (i) व (ii) की तुलना करने पर,

$\left(1 + \frac{r}{100}\right)^{n/2} = \left(1 + \frac{r}{100}\right)^4$

$\Rightarrow$ $\frac{n}{2} = 4 \Rightarrow n = 4 \times 2 = 8$ वर्ष

5. माना मूलधन = ₹P, $r = 5\%$, $n = 3$ वर्ष

तथा ब्याज = ₹441

2 वर्ष बाद, मिश्रधन $= P \left(1 + \frac{5}{100}\right)^2 = \frac{P \times 441}{400}$

यह तीसरे वर्ष के लिए मूलधन है।

$\therefore$ $441 = \left(\frac{P \times 441}{400}\right) \times \frac{5 \times 1}{100}$

$\Rightarrow$ $P = \frac{441 \times 400 \times 100}{5 \times 441} =$ ₹8000

7. $\because$ ब्याज छमाही देय है।

$\therefore$ $r = \frac{10}{2} = 5\%$, $t = \frac{3}{2} \times 2 = 3$ छमाही [देखें $\rightarrow$ 12.1]

$A = 400 \left(1 + \frac{5}{100}\right)^3 = 400 \times \left(\frac{21}{20}\right)^3 =$ ₹463.05

8. $P \left(1 + \frac{r}{100}\right)^3 = P \times \frac{27}{8}$

$\Rightarrow$ $\left(1 + \frac{r}{100}\right)^3 = \left(\frac{3}{2}\right)^3$

$\Rightarrow$ $1 + \frac{r}{100} = \frac{3}{2} \Rightarrow r = \frac{1}{2} \times 100 = 50\%$

9. माना मूलधन = ₹100

3 वर्ष का चक्रवृद्धि ब्याज $= 100 \left[\left(1 + \frac{10}{100}\right)^3 - 1\right]$

$= 100 \left(\frac{1331}{1000} - 1\right) = \frac{331}{10} =$ ₹33.10

साधारण ब्याज $= \frac{100 \times 10 \times 3}{100} =$ ₹30

दोनों ब्याजों का अन्तर $= 33.10 - 30 =$ ₹3.10

$\because$ ₹3.10 अन्तर है, तो मूलधन = ₹100

$\therefore$ ₹31 अन्तर है, तो मूलधन $= \frac{100}{3.10} \times 31 =$ ₹1000

10. माना अभीष्ट भाग x, y, z हैं।

$\therefore$ $x \left(1 + \frac{5}{100}\right)^2 = y \left(1 + \frac{5}{100}\right)^3 = z \left(1 + \frac{5}{100}\right)^4$

$\Rightarrow$ $x = y \left(1 + \frac{5}{100}\right) = z \left(1 + \frac{5}{100}\right)^2$

$\Rightarrow$ $x = \frac{21y}{20} = \frac{441z}{400}$

$\Rightarrow$ $400x = 420y = 441z$

$\Rightarrow$ $x : y : z = 441 : 420 : 400$

अनुपातिक योग = 1261

$\therefore$ $x = \frac{441}{1261} \times 6305 =$ ₹ 2205

$y = \frac{420}{1261} \times 6305 =$ ₹ 2100

$z = \frac{400}{1261} \times 6305 =$ ₹ 2000

11. माना पहला भाग = ₹x

तथा दूसरा भाग = ₹$(1750 - x)$

दिया है, $r_1 = 8\%$, $r_2 = 6\%$

प्रश्नानुसार,

$\frac{x \times 8 \times 1}{100} = \frac{(1750 - x) \times 6 \times 1}{100}$

$\Rightarrow \quad 8x = 1750 \times 6 - 6x \Rightarrow x = \frac{1750 \times 6}{14}$

$\Rightarrow \quad x = ₹750$

$\therefore$ अभीष्ट ब्याज $= \frac{750 \times 8 \times 1}{100} = ₹60$

14. पहले वर्ष का ब्याज $= ₹100$

दूसरे वर्ष का साधारण ब्याज $= ₹100$

दूसरे वर्ष का चक्रवृद्धि ब्याज $= ₹105$

₹ 5 का जो अधिक ब्याज है वह पहले वर्ष के ब्याज ₹100 पर ब्याज है।

अत: ब्याज की दर = 5%

अब, $200 = \frac{P \times 5 \times 2}{100}$

$\Rightarrow \quad P = ₹2000$

15. ब्याज $4\frac{1}{2} : 5$ या $9 : 10$ के अनुपात में बाँटने पर, $4\frac{1}{2}\%$ वाले धन का साधारण ब्याज $= \frac{9}{9+10} \times 247 = ₹117$

$\therefore$ मूलधन $= \frac{117 \times 100}{2 \times \frac{9}{2}} = ₹1300$

16. मिश्रधन $= 25000\left(1 + \frac{8}{100}\right)\left(1 + \frac{9}{100}\right)\left(1 + \frac{10}{100}\right)$

$= 25000 \times \frac{54}{50} \times \frac{109}{100} \times \frac{11}{10}$

$= 27 \times 109 \times 11 = ₹\ 32373$

$\therefore$ चक्रवृद्धि ब्याज $= 32373 - 25000 = ₹\ 7373$

17. मूलधन $= \frac{72 \times 100}{2 \times 3} = ₹1200$

18. माना मूलधन $= ₹100$, ब्याज $= ₹\frac{200}{9}$

दर $= r$, समय $= 2r$

$\therefore$ समय $= \frac{\text{ब्याज} \times 100}{\text{दर} \times \text{मूलधन}}$

$\Rightarrow \quad 2r = \frac{200 \times 100}{9 \times r \times 100} \Rightarrow r^2 = \frac{100}{9}$ या $r = \frac{10}{3}$

$\therefore$ समय $= \frac{20}{3}$ वर्ष या $6\frac{2}{3}$ वर्ष

19. 3 वर्ष का ब्याज $= 1092 - 924 = ₹168$

$\therefore$ 1 वर्ष का ब्याज $= \frac{168}{3} = ₹56$

4 वर्ष का ब्याज $= 4 \times 56 = ₹224$

$\therefore$ मूलधन $= 924 - 224 = ₹700$

$\therefore$ दर $= \frac{224 \times 100}{700 \times 4} = 8\%$

20. माना मूलधन $= ₹x$ तथा ब्याज की दर $= r\%$

दो वर्षों का ब्याज $= (625 - 575) = ₹50$

मूलधन $= 575 - 3 \times 25 = ₹500$

$\therefore \quad r = \frac{100 \times 75}{500 \times 3} = 5\%$

13

बैंक जमा-पूँजी तथा किश्तों में भुगतान

Bank Deposits and Payment in Instalments

बैंक वह संस्था है जहाँ कोई व्यक्ति अथवा संस्थान अपने बचत के रुपयों को, विभिन्न खातों में निश्चित ब्याज दरों पर जमा करता है। साथ ही बैंक उद्योगों तथा व्यापारिक संस्थाओं को उत्पादन कार्यों के लिए ब्याज पर धन देता है जिसकी दर जमा धनराशि पर दिए गए ब्याज से अधिक होती है।

विभिन्न बैंकों की अपने यहाँ के विभिन्न खातों हेतु विभिन्न नियम व शर्तें होती हैं, जिनके अनुसार वे खाताधारियों को जमा धन पर ब्याज देते हैं एवं दिए गए ऋण पर ब्याज की वसूली करते हैं। इनके विभिन्न नियमों एवं शर्तों पर आधारित विविध प्रश्नों को हल करने के लिए विभिन्न प्रकार के बैंक खातों एवं भुगतान के तरीकों को समझना आवश्यक है।

बैंक खातों के प्रकार (Types of Bank Accounts)

1. **बचत खाता** (Saving Account) यह सबसे अधिक प्रचलित खाता है। बैंक इस खाते में जमा धनराशि पर समय-समय पर निर्धारित ब्याज दर के अनुसार ब्याज देता है।
2. **चालू खाता** (Current Account) इस खाते में धनराशि जमा करने या निकालने में कोई प्रतिबन्ध नहीं है और न ही कोई ब्याज देय है।
3. **सावधि जमा खाता** (Fixed Deposit Account) इस योजना में ब्याज की दर अन्य योजनाओं से अपेक्षाकृत अधिक तथा भिन्न-भिन्न अवधि के लिए अलग-अलग होती हैं।
4. **आवर्ती जमा खाता** (Recurring Deposit Account) इस योजना में एक निश्चित राशि प्रतिमाह किसी निश्चित अवधि के लिए जमा की जाती है। अवधि के पूरा हो जाने पर ब्याज सहित धनराशि मिलती है।

बैंक से रुपयों का भुगतान (Payment of Rupees from Bank)

बचत खाते से रुपयों को निम्न दो विधियों द्वारा निकाला जाता है

1. निकासी-फार्म द्वारा भुगतान **2.** चैक द्वारा भुगतान

1. **निकासी-फार्म द्वारा भुगतान** रुपये निकालने के लिए बैंक द्वारा निःशुल्क प्रदत्त निकासी फार्म को उचित रूप से भरकर बचत खाते की पास-बुक के साथ बैंक को देना होता है। खाताधारी को निकासी-फार्म पर, खाता खोलने के साथ किए गए नमूने के हस्ताक्षर के अनुरूप ही हस्ताक्षर करने होते हैं। सही हस्ताक्षर मिलने पर ही बैंक भुगतान करता है।
2. **चैक द्वारा भुगतान** चैक द्वारा भुगतान में बैंक द्वारा ग्राहक को एक चैक बुक प्रदान की जाती है। इसमें से आवश्यकतानुसार चैक निकालकर उसे भरकर बैंक में जमा कर देते हैं तथा रुपये निकालते हैं। खाताधारी को चैक पर, खाता खोलने के साथ किए गए नमूने के हस्ताक्षर के अनुरूप ही हस्ताक्षर करने होते हैं।

   चैक तीन प्रकार के होते हैं

   (i) वाहक चैक (Bearer Cheque)
   (ii) आज्ञा धनादेश चैक (Order Cheque)
   (iii) रेखांकित चैक (Crossed Cheque)

   (i) **वाहक चैक** (Bearer Cheque) यदि चैक पर छपा वाहक अथवा बियरर (Bearer) शब्द न काटा गया हो तो उसे वाहक धनादेश या बियरर चैक (Bearer Cheque) कहते हैं। इसको कोई भी व्यक्ति भुना सकता है चाहे चैक पर किसी का भी नाम क्यों न हो।

   (ii) **आज्ञा धनादेश चैक** (Order Cheque) जब चैक से बियरर शब्द को काट दिया जाता है तब वह आज्ञा धनादेश चैक बन जाता है जिसका भुगतान केवल उस चैक पर लिखे गए नामित व्यक्ति को ही किया जाता है।

   (iii) **रेखांकित चैक** (Crossed Cheque) जिसका भुगतान केवल प्राप्तकर्ता के खाते में किया जाता है, वह रेखांकित चैक कहलाता है।

प्रचलन के अनुसार चैक के ऊपरी बाएँ कोने पर दो समान्तर तिरछी रेखाओं के बीच '& CO' Not Negotiable अथवा A/C Payee Only भी लिखा जाता है। ऐसा चैक रेखांकित चैक (Crossed Cheque) कहलाता है।

किश्तों में भुगतान (Payment in Instalments)

बैंक या व्यापारी जो रुपया ऋण के रूप में लोगों को देते हैं उसका भुगतान प्रायः किश्तों अर्थात् निर्धारित शर्तों के अन्तर्गत निश्चित समय अन्तराल पर कराते हैं।

स्मरणीय बिन्दु

13.1 बचत खाते पर ब्याज की गणना निम्न नियमों से की जाती है

(i) ब्याज न्यूनतम मासिक शेष पर अभिकलित किया जाता है।

(ii) प्रत्येक माह की 10 तारीख तक जमा की गई राशि ही पूरे महीने के ब्याज के भुगतान में भाग लेती है।

13.2 किश्तों में भुगतान निम्नलिखित नियमों से किया जाता है

(i) कुल धन को समान किश्तों में विभाजित करके प्रत्येक किश्त के साथ उस समय का ब्याज भी जोड़ दिया जाता है।

(ii) पूरे धन व ब्याज को जोड़कर समान किश्तों में विभाजित किया जाता है।

(iii) कुछ नकद राशि देकर शेष राशि को ब्याज सहित किश्तों में दिया जाता है।

13.3 यदि मूलधन, समय व दर दिए गए हों तो,

$$\text{साधारण ब्याज} = \frac{\text{मूलधन} \times \text{दर} \times \text{समय}}{100}$$

$$\text{एवं चक्रवृद्धि ब्याज} = \text{मूलधन}\left\{\left(1+\frac{\text{दर}}{100}\right)^{\text{समय}} - 1\right\}$$

13.4 मिश्रधन = मूलधन + ब्याज

13.5 उधार ली गई राशि (मूलधन) $P = \dfrac{x}{\left(1+\dfrac{\text{दर}}{100}\right)^{\text{समय}}}$,

जहाँ x = समान वार्षिक किश्त की राशि

साधित उदाहरण

■ **उदाहरण 1** *श्रीमती अमिता की बचत बैंक खाता की पास बुक का एक पृष्ठ निम्नलिखित है*

तिथि	विवरण	निकाली गई राशि ₹ पै.	जमा की गई राशि ₹ पै.	शेष ₹ पै.
1 जनवरी 93	पिछले पृष्ठ से			2630.50
20 फरवरी	नकद		1050.00	3680.50
25 फरवरी	स्वयं	200.00		3480.50
14 मई	नकद		2000.00	5480.50
7 जून	नकद		1700.00	7180.50
21 जून	चैक क्रमांक 312	5102.00		2078.50

यह मानते हुए कि ब्याज का संयोजन प्रतिवर्ष जून और दिसंबर के अन्त में 5% प्रति वर्ष की दर से होता है, जून 1993 के अन्त में पास बुक के ब्याज का परिकलन कीजिए।

हल जनवरी के माह में न्यूनतम शेष राशि = ₹2630.50

फरवरी के माह में न्यूनतम शेष राशि = ₹2630.50

मार्च के माह में न्यूनतम शेष राशि = ₹3480.50

अप्रैल के माह में न्यूनतम शेष राशि = ₹3480.50

मई के माह में न्यूनतम शेष राशि = ₹3480.50

जून के माह में न्यूनतम शेष राशि = ₹2078.50

योग = ₹17781.00

अब ब्याज के परिकलन के लिए एक माह का मूलधन = ₹17781 मान लेते हैं।

इसलिए, ब्याज $= 17781 \times \frac{5}{100} \times \frac{1}{12}$ (1 माह $= \frac{1}{12}$ वर्ष)

= ₹74.09 (निकटतम)

अत: ब्याज की प्रविष्टि ₹74.09 है।

■ **उदाहरण 2** *किसी खाताधारी के बचत बैंक खाते की पास बुक में निम्न प्रविष्टियाँ हैं*

तिथि	विवरण	निकाली गई राशि ₹ पै.	जमा की गई राशि ₹ पै.	शेष ₹ पै.
1 जनवरी, 1998	नकद		600.00	600.00
8 जनवरी	स्वयं	100.00		500.00
10 जनवरी	चैक द्वारा		300.00	800.00
29 जनवरी	स्वयं निकाला	50.00		750.00
1 फरवरी	वेतन द्वारा		2450.00	3200.00
5 फरवरी	चैक क्रमांक 825	700.00		2500.00
15 फरवरी	चैक क्रमाक 826	500.00		2000.00
28 फरवरी	चैक क्रमांक 827	150.00		1850.00
1 मार्च	वेतन द्वारा		2450.00	4300.00
6 मार्च	स्वयं	1750.00		2550.00
18 मार्च	चैक द्वारा		100.00	2650.00
21 मार्च	चैक क्रमांक 828	1200.00		1450.00

यदि ब्याज की दर 4.5% प्रतिवर्ष हो और ब्याज का संयोजन प्रत्येक वर्ष मार्च और सितम्बर के अन्त में होता हो तो खाताधारी के उपर्युक्त खाते में मार्च 1998 के अन्त में अर्जित ब्याज ज्ञात कीजिए।

हल जनवरी 1998 में न्यूनतम शेष राशि = ₹ 750.00

फरवरी 1998 में न्यूनतम शेष राशि = ₹1850.00

मार्च 1998 में न्यूनतम शेष राशि = ₹1450.00

योग = ₹4050.00

अब ब्याज के परिकलन के लिए ₹ 4050 को एक माह का मूलधन मान लेते हैं।

अत: ब्याज $= ₹\frac{4050 \times 4.5 \times 1}{100 \times 12} = ₹15.19$ (लगभग)

अत: मार्च 1998 के अन्त में अर्जित ब्याज ₹ 15.19 है।

■ **उदाहरण 3** *निशा के नाम से बचत बैंक खाता है। वर्ष 2000 में उसकी पास बुक में निम्न प्रविष्टियाँ हैं*

तिथि	विवरण	निकाली गई राशि ₹ पै.	जमा की गई राशि ₹ पै.	शेष ₹ पै.
1 जनवरी, 2000	पुराना शेष			2300.00
8 जनवरी	नकद		600.00	2900.00
6 फरवरी	चैक क्र. 313 से	300.00		2600.00
18 फरवरी	चैक से		800.00	3400.00
3 मार्च	चैक क्र. 314 से	500.00		2900.00
21 मई	नकद		800.00	3700.00
9 जून	नकद		300.00	4000.00
4 जुलाई	चैक क्र. 315 से	300.00		3700.00
11 अगस्त	नकद		500.00	4200.00
8 सितम्बर	नकद		400.00	4600.00
16 नवम्बर	चैक क्र. 316 से	800.00		3800.00
5 दिसम्बर	नकद		500.00	4300.00
23 दिसम्बर	चैक क्र. 317 से	200.00		4100.00

यह मानते हुए कि ब्याज का संयोजन वर्ष में एक बार दिसम्बर के अन्त में 5% प्रतिवर्ष की दर से होता है। उपरोक्त वर्ष में निशा के द्वारा अर्जित ब्याज का परिकलन कीजिए।

हल भिन्न महीनों के 10वें दिन और अन्तिम दिन के बीच में न्यूनतम शेष राशि निम्नानुसार है

जनवरी	₹2900.00
फरवरी	₹2600.00
मार्च	₹2900.00
अप्रैल	₹2900.00
मई	₹2900.00
जून	₹4000.00
जुलाई	₹3700.00
अगस्त	₹3700.00
सितम्बर	₹4600.00
अक्टूबर	₹4600.00
नवम्बर	₹3800.00
दिसम्बर	₹4100.00
योग	₹42700.00

अतः ब्याज $= 42700 \times \frac{5}{100} \times \frac{1}{12} = 177.92$ (लगभग)

इस प्रकार, दिसम्बर के अन्त में अर्जित ब्याज ₹ 177.92 है।

अभ्यास प्रश्न

1. एक व्यक्ति के बचत खाते में 31 दिसम्बर को अवशेष राशि ₹ 650 थी। खाते में 1 जनवरी को वेतन के ₹ 3450 और 12 जनवरी को नकद ₹ 450 जमा किए गए। जबकि 8 जनवरी को व्यक्ति ने ₹ 3000 निकाले और 28 जनवरी को उसके द्वारा दी गई चैक का भुगतान ₹ 650 बैंक द्वारा किया गया। ज्ञात कीजिए कि व्यक्ति को जनवरी माह के लिए कितनी धनराशि पर ब्याज मिलेगा?
(a) ₹ 1100 (b) ₹ 1550
(c) ₹ 900 (d) ₹ 4100

2. एक व्यक्ति P की अपने बचत खाते में 31 दिसम्बर को अवशेष राशि ₹ 4500 थी। P ने 6 जनवरी, 11 फरवरी, 18 फरवरी, 8 मार्च तथा 20 मार्च को अपने खाते में क्रमशः ₹ 1200 , ₹ 1600 , ₹ 1200 , ₹ 600 तथा ₹800 नकद जमा किए तथा 3 फरवरी व 15 मार्च को अपने खाते से क्रमशः ₹ 500 तथा ₹ 1100 निकाले। यदि ब्याज दर 4% प्रतिवर्ष है, तो जनवरी माह से मार्च माह तक P को प्राप्त ब्याज की गणना कीजिए।
(a) ₹ 62.33 (b) ₹ 61.33
(c) ₹ 63.33 (d) ₹ 64.33

3. दिनेश 1 अप्रैल को बैंक में ₹ 700 की धनराशि के साथ बचत खाता खोलता है। वह 2 मई, 1 जुलाई तथा 3 जुलाई को अपने खाते में क्रमशः ₹ 1000, ₹ 1500 तथा ₹ 500 जमा करता है तथा 11 मई व 4 अगस्त को क्रमशः ₹ 200 तथा ₹ 700 अपने खाते से निकाल लेता है। ब्याज की दर 5% वार्षिक है तथा ब्याज सितम्बर माह के अन्त में संयोजित होता है, तो 1 अक्टूबर को दिनेश के खाते में शेष धन होगा
(a) ₹ 2835.35 (b) ₹ 2833.35
(c) ₹ 2385.30 (d) ₹ 2851.25

4. एक व्यक्ति ₹ 1820, 20% चक्रवृद्धि ब्याज पर उधार लेता है। ऋण को तीन वर्ष में चुकाने के लिए समान वार्षिक किश्त, जो उसे चुकानी पड़ेगी, है
(a) ₹ 864 (b) ₹ 971
(c) ₹ 1048 (d) इनमें से कोई नहीं

5. कुछ धनराशि उधार ली गई जिसे ₹ 3630 प्रति किश्त के अनुसार दो समान वार्षिक किश्तों में वापिस किया जाना है। यदि संयोजी वार्षिक ब्याज दर 10% हो, तो उधार ली गई धनराशि थी
(a) ₹ 5905
(b) ₹ 6700
(c) ₹ 5800
(d) ₹ 6300

6. एक घड़ीसाज एक घड़ी का नकद मूल्य ₹ 235 निश्चित करता है तथा ₹ 50 के नकद भुगतान तथा शेष राशि को ₹ 33.50 की 6 मासिक किश्तों में भुगतान करने का विज्ञापन देता है। ब्याज की वार्षिक दर ज्ञात कीजिए।
(a) 31.2%
(b) 31.6%
(c) 31.5%
(d) 31.25%

7. एक टेलीविजन का नकद मूल्य ₹ 2500 है। टेलीविजन को ₹ 800 नकद भुगतान तथा ₹ 350 की 5 मासिक किश्तों के भुगतान द्वारा भी प्राप्त किया जा सकता है। ब्याज की वार्षिक दर क्या होगी?
(a) 10.5% (b) 11%
(c) 11.5% (d) 12%

8. श्री X के बैंक के बचत खाते की पास बुक का एक पेज नीचे दिया गया है

दिनांक	विवरण	निकाली गई धनराशि ₹ पै.	जमा की गई धनराशि ₹ पै.	अवशेष ₹ पै.
1 जनवरी	अग्रनीत	—	—	2400.00
6 जनवरी	नकद	—	1600.00	4000.00
5 फरवरी	स्वयं को	400.00	—	3600.00
20 मार्च	चैक द्वारा	1700.00	—	1900.00
1 मई	समाशोधन द्वारा	—	3000.00	4900.00
15 मई	नकद	—	400.00	5300.00

यदि वार्षिक ब्याज दर 6% है एवं ब्याज प्रति छमाही दिया जाता है, तो जून, 2005 के अन्त में ब्याज प्रविष्टि होगी

(a) ₹ 699 (b) ₹ 705
(c) ₹ 708.50 (d) इनमें से कोई नहीं

9. बचत बैंक खाते पर ब्याज देय होता है

(a) माह के प्रारम्भ में जमा धनराशि पर
(b) माह के अन्त में जमा धनराशि पर
(c) माह के दसवें दिन और अन्तिम दिन के बीच जमा अल्पतम राशि पर
(d) माह की 7वीं तारीख और अन्तिम तारीख के बीच जमा अल्पतम राशि पर

10. एक टेलीविजन सेट ₹ 19650 नकद मूल्य अथवा ₹ 3100 तत्काल नकद भुगतान तथा तीन समान वार्षिक किश्तों पर उपलब्ध है। यदि दुकानदार 10% वार्षिक की दर से, वार्षिक संयोजित, ब्याज लेता है, तो प्रत्येक किश्त की राशि होगी

(a) ₹ 6655 (b) ₹ 6600
(c) ₹ 6500 (d) इनमें से कोई नहीं

11. रमेश चन्द्र ने एक बैंक से 12.5% वार्षिक ब्याज की दर पर ₹ 8680 उधार लिया। यदि उसे तीन समान वार्षिक किश्तों में इसका भुगतान करना हो, तो प्रत्येक किश्त की राशि ज्ञात कीजिए।

(a) ₹ 3000 (b) ₹ 3628.20
(c) ₹ 3618.20 (d) ₹ 3688.20

12. सोहन लाल किसी बैंक के आवर्ती खातों में ₹ 50 प्रतिमाह जमा करता है तथा 12% की वार्षिक दर से ब्याज प्राप्त करता है। एक वर्ष के बाद उसे प्राप्त राशि ज्ञात कीजिए।

(a) ₹ 670 (b) ₹ 650
(c) ₹ 639 (d) ₹ 739

13. 3 वर्ष के बाद देय ₹ 1650 बराबर वार्षिक किश्तों में चुकाना है। यदि साधारण ब्याज की दर 10% वार्षिक हो, तो प्रत्येक किश्त की राशि (ब्याज छोड़कर) कितनी होगी?

(a) ₹ 500 (b) ₹ 600
(c) ₹ 550 (d) ₹ 650

14. एक फ्रिज का मूल्य ₹ 4500 है। यह ₹ 1100 के नकद भुगतान और ₹ 700 की 5 मासिक किश्तों में भुगतान द्वारा भी प्राप्त किया जा सकता है। ब्याज की दर ज्ञात कीजिए।

(a) 10% (b) 11%
(c) 15% (d) 12%

15. अजब दयाल ने अल्पावधि जमा के अन्तर्गत ₹ 800, 73 दिनों के लिए $7\frac{1}{2}\%$ प्रतिवर्ष ब्याज की दर से पंजाब नेशनल बैंक में जमा किए। बताएँ उन्हें कितना ब्याज मिलेगा?

(a) ₹ 10 (b) ₹ 12
(c) ₹ 15 (d) ₹ 11

उत्तरमाला

1. (c) **2.** (b) **3.** (d) **4.** (a) **5.** (d) **6.** (b) **7.** (d) **8.** (d) **9.** (c) **10.** (a)
11. (b) **12.** (c) **13.** (a) **14.** (d) **15.** (b)

संकेत एवं हल

1. पास बुक की प्रविष्टियाँ निम्न प्रकार हैं

दिनांक	विवरण	निकाली धनराशि ₹ पैसे	जमा धनराशि ₹ पैसे	अवशेष ₹ पैसे
31 दिसम्बर	—	—	—	650.00
1 जनवरी	वेतन से	—	3450.00	4100.00
8 जनवरी	स्वयं	3000.00	—	1100.00
12 जनवरी	नकद	—	450.00	1550.00
28 जनवरी	चैक से	650.00	—	900.00

अत: जनवरी माह के लिए ₹ 900 पर ब्याज मिलेगा।

2. तिथिवार शेष धनराशि की गणना निम्नवत् है

1 जनवरी = ₹4500
6 जनवरी = ₹(4500 + 1200) = ₹5700
3 फरवरी = ₹(5700 − 500) = ₹5200
11 फरवरी = ₹(5200 + 1600) = ₹6800
18 फरवरी = ₹(6800 + 1200) = ₹8000
8 मार्च = ₹(8000 + 600) = ₹8600
15 मार्च = ₹(8600 − 1100) = ₹7500
20 मार्च = ₹(7500 + 800) = ₹8300

ब्याज की गणना के लिए जनवरी से मार्च माह तक की धनराशि 5700 + 5200 + 7500 = ₹18400 है जिसे 1 माह का मूलधन माना जाएगा।

$$\text{ब्याज} = \frac{\text{मूलधन} \times \text{दर} \times \text{समय}}{100}$$

$$= \frac{18400 \times 4 \times \frac{1}{12}}{100} = \frac{184}{3} = ₹61.33$$

4. माना प्रत्येक वार्षिक किश्त ₹x की है।

प्रश्नानुसार,

$$1820 = \frac{x}{\left(1+\frac{20}{100}\right)^3} + \frac{x}{\left(1+\frac{20}{100}\right)^2} + \frac{x}{\left(1+\frac{20}{100}\right)}$$

$$\Rightarrow \quad 1820 = \left(\frac{5}{6}\right)^3 x + \left(\frac{5}{6}\right)^2 x + \left(\frac{5}{6}\right) x$$

$$\Rightarrow \quad 1820 = \frac{5}{6}x\left[\frac{25}{36} + \frac{5}{6} + 1\right]$$

$$\Rightarrow \quad 2184 = x\left[\frac{25+30+36}{36}\right]$$

$$\therefore \quad x = \frac{2184 \times 36}{91} = ₹\,864$$

5. माना उधार ली गई धनराशि = ₹x

पहले वर्ष के बाद ब्याज $= \frac{x \times 10}{100} = \frac{x}{10}$

$$\text{कुल राशि} = x + \frac{x}{10} = ₹\frac{11x}{10}$$

इसमें से ₹ 3630 लौटा दिए जाते हैं।

$$\text{बची हुई राशि} = \left(\frac{11x}{10} - 3630\right)$$

$$\left(\frac{11x}{10} - 3630\right)\frac{11}{10} = 3630$$

$$\Rightarrow \quad \left(\frac{11x}{10} - 3630\right) = 3300$$

$$\Rightarrow \quad \frac{11x}{10} = 6930$$

$$\Rightarrow \quad x = ₹\,6300$$

6. किश्तों के अन्तर्गत घड़ी का मूल्य

$$= 50 + (33.50 \times 6) = ₹\,251$$

∴ लिया गया ब्याज = 251 − 235 = ₹16

प्रथम माह के लिए देय मूलधन = 235 − 50 = ₹185

तब दूसरे, तीसरे, चौथे, पाँचवें तथा छठे माह के लिए देय मूलधन क्रमश: ₹151.5 , ₹ 118 , ₹ 84.5 , ₹ 51 तथा ₹ 17.5 हैं।

योग = ₹607.5

$$\therefore \quad \text{दर} = \frac{16 \times 100}{607.5 \times \frac{1}{12}} = \frac{16 \times 100 \times 12}{607.5}$$

$$= 31.6\%$$

11. माना कि प्रत्येक समान वार्षिक किश्त = ₹x

$$\therefore \quad \text{मिश्रधन} = \text{मूलधन}\left(1 + \frac{\text{दर}}{100}\right)^{\text{समय}}$$

प्रथम किश्त हेतु,

$$\because \quad x = \text{मूलधन}\left(1 + \frac{25}{200}\right)^1$$

$$\therefore \quad \text{मूलधन} = \frac{8}{9}x$$

इसी प्रकार, द्वितीय किश्त हेतु,

$$\text{मूलधन} = \left(\frac{8}{9}\right)^2 x$$

एवं तृतीय किश्त हेतु,

$$\text{मूलधन} = \left(\frac{8}{9}\right)^3 x$$

$$\therefore \quad \text{प्रश्न से, } \frac{8}{9}x + \left(\frac{8}{9}\right)^2 x + \left(\frac{8}{9}\right)^3 x = 8640$$

$$\therefore \quad \frac{8}{9}x\left(1 + \frac{8}{9} + \frac{64}{81}\right) = 8640$$

$$\therefore \quad x = \frac{8640 \times 81 \times 9}{8 \times 217}$$

$$= ₹\,3628.20$$

13. माना कि प्रत्येक वार्षिक किश्त की राशि ₹x है, तो प्रश्नानुसार, ₹$(x + x)$ का 1 वर्ष का मिश्रधन + ₹x का 2 वर्ष का मिश्रधन = ₹1650

$$\Rightarrow \quad x + \left(x + \frac{x \times 1 \times 10}{100}\right) + \left(x + \frac{x \times 2 \times 10}{100}\right) = 1650$$

$$\Rightarrow \quad x + \left(x + \frac{x}{10}\right) + \left(x + \frac{x}{5}\right) = 1650$$

$$\Rightarrow \quad x + x + \frac{x}{10} + x + \frac{x}{5} = 1650$$

$$\Rightarrow \quad 3x + \frac{x}{10} + \frac{x}{5} = 1650$$

$$\Rightarrow \quad \frac{30x + x + 2x}{10} = 1650$$

$$\Rightarrow \quad \frac{33x}{10} = 1650$$

$$\therefore \quad x = \frac{1650 \times 10}{33} = ₹\,500$$

14. फ्रिज का नकद मूल्य = ₹4500

तथा किश्त द्वारा मूल्य = 1100 + 700 × 5 = ₹4600

∴ कुल ब्याज = 4600 − 4500 = ₹100

₹ 1100 नकद देने पर 1 माह के लिए शेष धन

= 4500 − 1100 = ₹3400

पहली किश्त देने पर शेष धन = 3400 − 700 = ₹2700

दूसरी किश्त देने पर शेष धन = 2700 − 700 = ₹2000

तीसरी किश्त देने पर शेष धन = 2000 − 700 = ₹1300

चौथी किश्त देने पर शेष धन = 1300 − 700 = ₹600

∴ 1 माह के लिए कुल मूलधन = ₹10000

∴ मूलधन = ₹10000 , ब्याज = ₹100 तथा

$$\text{समय} = 1 \text{ माह} = \frac{1}{12} \text{ वर्ष}$$

$$\therefore \quad \text{दर} = \frac{\text{ब्याज} \times 100}{\text{मूलधन} \times \text{समय}} = \frac{100 \times 100 \times 12}{10000 \times 1} = 12\%$$

14
कराधान
Taxation

किसी भी सरकार (केन्द्र अथवा राज्य) को देश अथवा राज्य चलाने (कानून व्यवस्था, अच्छी शिक्षा का प्रबन्ध, नागरिकों को सुरक्षा प्रदान करने, उचित न्याय दिलाने, देश की रक्षा करने, इत्यादि कार्यों) हेतु धन की आवश्यकता पड़ती है। सरकार इन खर्चों को पूरा करने के लिए विभिन्न माध्यमों के जरिए धन की उगाही करती है। कराधान भी सरकार द्वारा धन संग्रह का एक कार्य है, जो देश को सुचारू रूप से चलाने के लिए आवश्यक है। भारत में राजस्व विभाग, राजस्व से संबंधित प्रत्यक्ष और अप्रत्यक्ष कर के मामलों पर दो संवैधानिक बोर्डों - केन्द्रीय प्रत्यक्ष कर बोर्ड और केन्द्रीय उत्पाद एवं सीमा शुल्क बोर्ड के माध्यम से नियंत्रण रखता है। करारोपण एवं कर-संग्रह की कुछ नियम एवं शर्तें होती हैं। कुछ मामलों में करों में छूट भी दी जाती है। इस अध्याय में विभिन्न परिस्थितियों के अनुरूप लगने वाले ऐसे ही करों की गणना से सम्बन्धित प्रश्नों का समाधान दिया गया है।

कराधान के विभिन्न प्रश्नों को आसानी से हल करने के लिए निम्नलिखित तथ्यों को जानना आवश्यक है।

कर से सम्बन्धित महत्त्वपूर्ण तथ्य
(Important Facts Related to Tax)

1. कर नागरिकों द्वारा सरकार के विविध क्रियाकलापों में व्यय करने हेतु किया गया योगदान है।

2. कर अनिवार्य योगदान है, किन्तु सामान्यत: इसका भुगतान व्यक्ति की इच्छानुसार ईमानदारीपूर्वक किया जाता है, यदि आवश्यक कर का भुगतान समय पर नहीं किया जाता है, तो इसे कर-चोरी कहा जाता है। कर चोरी एक दण्डनीय अपराध है।

3. सरकार द्वारा नागरिकों पर करारोपण केवल राजस्व में वृद्धि हेतु नहीं किया जाता बल्कि इसका उद्देश्य, प्राप्त धन की मदद से नागरिकों को सुरक्षा मुहैया कराना, देश की रक्षा करना, आर्थिक व्यवस्था को नियंत्रित करना एवं अन्य आवश्यक सुविधाएँ उपलब्ध करवाना होता है।

4. कर दो प्रकार के होते हैं
 (i) प्रत्यक्ष कर (Direct Tax)
 (ii) अप्रत्यक्ष कर (Indirect Tax)

5. किसी व्यक्ति अथवा समूह पर प्रत्यक्ष रूप से आरोपित कर प्रत्यक्ष कर कहलाता है। जैसे—उपहार कर, आयकर, निगम कर, ब्याज कर, प्रतिभूति संव्यवहार कर, बैंकिंग रोकड़ संव्यवहार कर, सम्पत्ति कर इत्यादि।

6. किसी व्यक्ति अथवा समूह पर अप्रत्यक्ष रूप से आरोपित कर अप्रत्यक्ष कर कहलाता है, जैसे—बिक्री कर (Sales Tax), उत्पाद शुल्क (Excise Duty), सीमा शुल्क (Custom Duty), सेवा कर (Service Tax) इत्यादि।

7. व्यक्ति या व्यक्ति-समूह की आय पर लगाया गया कर आयकर (Income Tax) कहलाता है। आय के अनुसार आयकर की दरें सरकार द्वारा निर्धारित की जाती हैं।

8. जब उपहार का मूल्य सरकार द्वारा तय सीमा से अधिक होता है तो इस मूल्य पर उपहार कर (Gift Tax) देना पड़ता है।

9. किसी व्यक्ति की सम्पत्ति पर देय कर सम्पत्ति कर कहलाता है।

10. किसी वित्तीय वर्ष में आयकर पर देय अतिरिक्त कर अधिभार (Surcharge) कहलाता है।

आयकर की गणना की चरणबद्ध विधि
(Stepwise Method for Computation of Income Tax)

किसी वित्तीय वर्ष में किसी व्यक्ति के आयकर का परिकलन निम्नलिखित चरणों में किया जाता है

चरण (1) व्यक्ति की उस वित्तीय वर्ष में सकल आय का परिकलन।

चरण (2) मानक एवं अन्य स्वीकार्य कटौतियों का परिकलन। (स्वीकार्य बचत, दान इत्यादि।)

चरण (3) ₹ 10 के सन्निकट मान में कर योग्य आय का परिकलन।
कर योग्य आय
= सकल आय – (मानक कटौती + कटौती योग्य दान)

चरण (4) कर योग्य आय पर दिए गए वर्ष की कर दर के हिसाब से कर की गणना (₹ 1 के निकट तक)

चरण (5) कर की छूट के लिए स्वीकार्य जमा राशि का परिकलन।

चरण (6) धारा 88 के अधीन स्वीकार्य कर की छूट का परिकलन।

चरण (7) नेट देय कर की गणना।
नेट देय कर = कुल कर – कर में छूट

चरण (8) यदि कोई अधिभार (Surcharge) है तो उसकी गणना।

चरण (9) ₹ 1 के सन्निकट मान में कुल देय कर की गणना।
कुल देय कर = चरण (7) की राशि + चरण (8) की राशि

चरण (10) वित्तीय वर्ष में यदि पहले से ही कोई आयकर दिया जा चुका है तो उसकी गणना।

चरण (11) चरण (10) में प्राप्त कर में से चरण (9) में प्राप्त कर को घटाना।

चरण (12) चरण (11) में प्राप्त शेष कर की राशि वित्तीय वर्ष के अन्तिम माह में दिया जाने वाला कर है।

स्मरणीय बिन्दु

14.1 **वित्तीय वर्ष** (Financial Year) 1 अप्रैल से 31 मार्च तक की अवधि एक वित्तीय वर्ष कहलाती है। इसी अवधि पर आयकर, व्ययकर इत्यादि की गणना की जाती है।

14.2 **सकल आय** (Gross Income) सभी स्रोतों से एक वित्तीय वर्ष में हुई आय उस वर्ष की सकल आय कहलाती है।

14.3 **स्वीकार्य कटौती** (Acceptable Deduction) आयकर से मुक्त कटौतियाँ स्वीकार्य कटौतियाँ कहलाती हैं। कुछ महत्त्वपूर्ण कटौतियाँ हैं

(i) **मानक कटौती** (Standard Deduction) किसी वित्तीय वर्ष में मानक कटौती की व्यक्ति विशेष के अनुसार अधिकतम सीमा तय होती है।

(ii) **मकान किराया भत्ता** (House Rent Allowance) वेतनभोगी व्यक्तियों का कुछ शर्तों के अनुसार मकान किराए भत्ते का कुछ अंश आयकर से मुक्त होता है।

(iii) धारा 80G के आधार पर निम्नलिखित निधियों में दिए गए धन को आयकर से मुक्त रखा गया है

(a) प्रधानमन्त्री राहत निधि
(b) राष्ट्रीय रक्षा निधि
(c) आयुर्विज्ञान अनुसन्धान में दान
(d) परमार्थ संस्थाओं को देय राशि

(iv) **वरिष्ठ नागरिकों को आयकर में छूट** वरिष्ठ नागरिकों को 2 लाख 40 हजार रुपये तक की वार्षिक आय पर आयकर में 100% छूट दी गई है।

(v) **महिलाओं को आयकर में छूट** महिलाओं को 1 लाख 90 हजार रुपये तक की वार्षिक आय पर आयकर में 100% छूट दी गई है।

(vi) **विभिन्न प्रकार की बचतों में आयकर से छूट** यदि कोई व्यक्ति अपनी वार्षिक आय में से निम्नलिखित मदों में खर्च करता है तो इन मदों में खर्च राशि पर आयकर में छूट दी जाती है

(a) जीवन बीमा प्रीमियम (Life Insurance)
(b) भविष्य निधि (Provident Fund)
(c) लोक भविष्य निधि (Public Provident Fund)
(d) यूलिप (ULIP)
(e) राष्ट्रीय बचत पत्र (NSC)/राष्ट्रीय बचत योजना (NSS)

नोट *बचतों में निवेश की गई राशि की सीमा निर्धारित होती है, उससे अधिक निवेश पर आयकर देना होता है।*

वित्तीय वर्ष (2010-11) हेतु आयकर की दरें

पुरुष

आयकर योग्य राशि	आयकर
1 लाख 60 हजार तक	शून्य
1 लाख 60 हजार एक से 5 लाख तक	10 प्रतिशत
5 लाख एक से 8 लाख तक	20 प्रतिशत
8 लाख से अधिक	30 प्रतिशत

महिला

आयकर योग्य राशि	आयकर
1 लाख 90 हजार तक	शून्य
1 लाख 90 हजार एक से 5 लाख तक	10 प्रतिशत
5 लाख एक से 8 लाख तक	20 प्रतिशत
8 लाख से अधिक	30 प्रतिशत

वरिष्ठ नागरिक

आयकर योग्य राशि	आयकर
2 लाख 40 हजार तक	शून्य
2 लाख 40 हजार एक से 5 लाख तक	10 प्रतिशत
5 लाख एक से 8 लाख तक	20 प्रतिशत
8 लाख से अधिक	30 प्रतिशत

नोट *सभी करदाताओं को एजुकेशन सेस के लिए 3 फीसदी कर देना होगा।*

साधित उदाहरण

■ **उदाहरण 1** *वर्ष 2009 में मोहन की मासिक आय HRA को छोड़कर ₹ 50000 है। वह ₹ 12000 LIC वार्षिक प्रीमियम में तथा ₹ 5000 प्रतिमास भविष्य निधि में अदा करता है। वह ₹ 15000 राष्ट्रीय बचत पत्रों में लगाता है। वह प्रधानमन्त्री राहत कोष में ₹ 7000 दान करता है। जिस पर 100% छूट है और ₹ 5000 किसी अनुमोदित स्कूल में भी दान देता है जिस पर आयकर में आधी छूट है। इस वित्तीय वर्ष में दिया जाने वाला आयकर कितना होगा?*

हल मोहन की वार्षिक आय $= 50000 \times 12 =$ ₹ 600000

मानक कटौती = NIL ($\because$ वार्षिक आय > ₹ 500000 के)

प्रधानमन्त्री राहत कोष में = ₹ 7000 ($\because$ 100% छूट है)

स्कूल में $= \left(5000 \times \frac{50}{100}\right) =$ ₹ 2500 ($\because$ 50% छूट है)

योग = ₹ 9250

कुल कटौतियाँ = NIL + 9250 = ₹ 9250

आयकर योग्य राशि = 600000
(−) 9250
= ₹ 590750

आयकर (ख) श्रेणी (iv) के अनुसार,

= ₹ 19000 + ₹ 150000 से अधिक राशि का 30%

$=$ ₹ $19000 + (590750 - 150000) \times 30\%$

$= 19000 + (440750 \times 30\%)$

$= 19000 + 132225 =$ ₹ 151225

बचत चूँकि सकल वार्षिक आय ₹ 500000 से अधिक है

$\Rightarrow$ कोई छूट नहीं

सरचार्ज $= \frac{151225 \times 5}{100} =$ ₹ 7561.25

नेट देय आयकर = 151225.00
(+) 7561.25
= 158786.25

■ **उदाहरण 2** *श्रीधर एक विभागीय स्टोर से निम्नलिखित वस्तुओं को खरीदता है*

(i) ₹ 200 *लागत के बिस्किट, व्यापार कर @ 5%*
(ii) ₹ 350 *लागत की नमकीन, व्यापार कर @ 10%*
(iii) ₹ 380 *लागत की दवाइयाँ, व्यापार कर @ 5%*
(iv) ₹ 400 *लागत का कपड़ा, व्यापार कर @ x%*

यदि श्रीधर द्वारा कुल ₹ 1409 का भुगतान किया तो कपड़े पर व्यापार कर की दर है

हल

वस्तु	अंकित मूल्य	बिक्री कर	बिक्री मूल्य
(i) बिस्किट	200.00	$200 \times \frac{5}{100} =$ ₹ 10	= ₹ 210.00
(ii) नमकीन	350.00	$350 \times \frac{10}{100} =$ ₹ 35	= ₹ 385.00
(iii) दवाइयाँ	380.00	$380 \times \frac{5}{100} =$ ₹ 19	= ₹ 399.00
(iv) कपड़ा	400.00	$400 \times \frac{x}{100} =$ ₹ $4x$	= ₹ 400 + ₹ $4x$
योग			= ₹ 1394 + ₹ $4x$

किन्तु कुल मूल्य = ₹ 1409

अर्थात् $1394 + 4x = 1409$

$$4x = 1409 - 1394$$
$$4x = 15$$
$$x = \frac{15}{4}$$
$$x = 3\frac{3}{4}\%$$

अतः कपड़े पर व्यापार कर की दर $3\frac{3}{4}\%$ है

अभ्यास प्रश्न

1. वित्तीय वर्ष 2010-11 में 8 लाख से अधिक आय पर कितने प्रतिशत आयकर निर्धारित किया गया है?
(a) 35 (b) 25
(c) 30 (d) 32

2. वरिष्ठ नागरिकों हेतु आयकर से छूट के लिए अधिकतम वार्षिक आय है
(a) ₹ 1 लाख 60 हजार (b) ₹ 1 लाख 90 हजार
(c) ₹ 2 लाख 40 हजार (d) ₹ 2 लाख

3. महिलाओं (65 वर्ष से कम) हेतु आयकर से छूट के लिए अधिकतम वार्षिक आय है
(a) ₹ 1 लाख 60 हजार (b) ₹ 1 लाख 90 हजार
(c) ₹ 2 लाख 40 हजार (d) ₹ 2 लाख

4. पुरुषों (65 वर्ष से कम) हेतु आयकर से छूट के लिए अधिकतम वार्षिक आय है
(a) ₹ 1 लाख 60 हजार (b) ₹ 1 लाख 90 हजार
(c) ₹ 2 लाख 40 हजार (d) ₹ 2 लाख

5. निम्नलिखित निधियों में से किस निधि में दान किए गए धन पर आयकर नहीं देना पड़ता है?
(a) मुख्यमन्त्री राहत निधि (b) प्रधानमन्त्री राहत निधि
(c) राज्यपाल राहत निधि (d) राष्ट्रपति राहत निधि

6. निम्नलिखित में प्रत्यक्ष कर है
(a) सम्पत्ति कर (b) बिक्री कर
(c) सेवा कर (d) उत्पाद शुल्क

7. निम्नलिखित में अप्रत्यक्ष कर है
(a) उपहार कर (b) ब्याज कर
(c) आयकर (d) बिक्री कर

8. आयकर अधिनियम की धारा 80 का सम्बन्ध है
(a) सकल आय से (b) छूट एवं राहत से
(c) विशिष्ट आय से (d) बचत से

9. किसी महाविद्यालय के प्राचार्य का वित्तीय वर्ष 2006-2007 में ₹ 45000 मासिक वेतन था। उन्होंने ₹ 7000 प्रतिमाह का अंशदान भविष्य निधि में किया तथा ₹ 9225 वार्षिक जीवन बीमा प्रीमियम का भुगतान किया। उन्होंने ₹ 10000 का राष्ट्रीय बचत पत्र भी खरीदा। आयकर से छूट के लिए स्वीकार्य अधिकतम धनराशि ₹ 100000 है। आयकर की दरें निम्नवत हैं

वर्ग		आयकर
(i) ₹ 150000 तक	→	कोई आयकर नहीं
(ii) ₹ 150001 से ₹ 250000 तक	→	₹ 150000 से अधिक की आय का 10%
(iii) ₹ 250001 से ₹ 500000 तक	→	₹ 10000 + ₹ 250000 से अधिक राशि पर 20%
(iv) ₹ 500001 से ऊपर	→	₹ 60000 + ₹ 500000 से अधिक राशि का 30%

देय आयकर पर 2% शिक्षा उपकर भी लगता है। प्राचार्य के आयकर की कुल राशि है।
(a) ₹ 48000 (b) ₹ 48620
(c) ₹ 48960 (d) इनमें से कोई नहीं

10. मैथ्यू की कुल वार्षिक आय (मकान किराया भत्ता छोड़कर) ₹ 184000 है। वह ₹ 4000 वार्षिक जीवन बीमा पॉलिसी का प्रीमियम देता है, ₹ 2500 प्रतिमाह भविष्य निधि खाते में जमा कराता है तथा ₹ 12000 राष्ट्रीय बचत पत्रों (NSCs) में लगाता है। मैथ्यू की वर्ष की देय आयकर राशि ज्ञात करें।
आय की गणना के लिए दी गई तालिका का प्रयोग करें।

(क) मानक कटौती (SD) — कुल वार्षिक आय का 1/3 भाग जिसकी अधिकतम सीमा ₹ 25000 है यदि कुल वार्षिक आय ₹ 150000 से अधिक हो और ₹ 30000 यदि वार्षिक आय ₹ 150000 से कम हो

(ख) आयकर की दरें

	श्रेणी	आयकर
(i)	₹ 50000 तक	कोई कर नहीं
(ii)	₹ 50001 से ₹ 60000 तक	₹ 50000 से अधिक राशि का 10%
(iii)	₹ 60001 से 150000 तक	₹ 1000 + ₹ 60000 से अधिक राशि का 20%
(iv)	₹ 150000 से अधिक	₹ 19000 + ₹ 150000 से अधिक राशि का 30%

(ग)	आयकर में कटौती	कुल वार्षिक बचत का 15% जिसकी अधिकतम सीमा ₹ 15000 है। यदि वार्षिक आय ₹ 150000 से अधिक हो।
(घ)	अधिभार	कुल देय आयकर का 5%

(a) ₹ 15540 (b) ₹ 15550
(c) ₹ 15600 (d) ₹ 15000

11. गुरुबख्श सिंह की मासिक आय (मकान किराया भत्ता छोड़कर) ₹ 14000 है। वह भविष्य निधि में ₹ 700 प्रति मास तथा ₹ 2000 वार्षिक जीवन प्रीमियम अदा करता है। उसके द्वारा दिये जाने वाला आयकर ज्ञात कीजिए।
आयकर गणना के लिए निम्न का प्रयोग करें

(क)	मानक कटौती	कुल वार्षिक आय का 1/3 भाग जिसकी अधिकतम सीमा ₹ 25000 है यदि कुल वार्षिक आय ₹15000 से अधिक हो और यदि वार्षिक आय ₹ 150000 से कम हो, तो ₹ 30000।
(ख)	आयकर की दरें	
	श्रेणी	**आयकर**
(i)	₹ 50000 तक	कोई कर नहीं
(ii)	₹ 50001 से ₹ 60000 तक	₹ 50000 से अधिक राशि का 10%
(iii)	₹ 60001 से ₹ 150000 तक	₹ 1000 + ₹ 60000 से अधिक राशि का 20%
(iv)	₹ 150001 से अधिक	₹ 19000 + ₹ 150000 से अधिक राशि का 30%
(ग)	आयकर में कटौती	कुल वार्षिक बचत का 20% जिसकी अधिकतम सीमा ₹ 15000 है। यदि वार्षिक आय ₹ 150000 से अधिक हो।
(घ)	अधिभार	कुल देय आयकर का 5%

(a) ₹ 16200 (b) ₹ 16300
(c) ₹ 16296 (d) ₹ 16396

12. राम एक विभागीय स्टोर से निम्नलिखित वस्तुएँ क्रय करता है
(i) ₹ 400 लागत की कमीज, व्यापार कर @ 4%
(ii) ₹ 90 लागत की दवाइयाँ, व्यापार कर @ 10%
(iii) ₹ 250 लागत के प्रसाधक, व्यापार कर @ 10%
(iv) ₹ 150 लागत के बिस्कुट, व्यापार कर @ x%

यदि राम द्वारा कुल ₹ 949 का भुगतान किया गया, तो बिस्कुटों पर व्यापार कर की दर है
(a) 8% (b) 4%
(c) 10% (d) 6%

13. राज एक विभागीय स्टोर में जाता है तथा निम्नलिखित भुगतान करता है
1. व्यापार कर सम्मिलित करते हुए बिस्कुटों के क्रय के लिए ₹ 52.50 का भुगतान करता है, व्यापार कर 5%
2. व्यापार कर सम्मिलित करते हुए मिठाई क्रय हेतु ₹ 1155 का भुगतान करता है, व्यापार कर 10%
3. व्यापार कर सम्मिलित करते हुए कपड़ों के क्रय हेतु ₹ 600 का भुगतान करता है, व्यापार कर 20%
4. व्यापार कर सम्मिलित करते हुए प्रसाधकों के क्रय हेतु ₹ 210 का भुगतान करता है, व्यापार कर 5%

उपयुक्त सामानों का विक्रय मूल्य है
(a) ₹ 1800 (b) ₹ 1650
(c) ₹ 1500 (d) इनमें से कोई नहीं

14. मोहन एक राज्य सरकार का कर्मचारी है। उसे वित्तीय वर्ष 2001-02 में निम्नलिखित मासिक प्राप्तियाँ मिलती हैं
मूल वेतन — ₹ 15000
मंहगाई भत्ता — मूल वेतन का 43%
मकान किराया भत्ता — ₹ 1200
नगर प्रतिकर भत्ता — ₹ 150
वह अपने स्वामित्व के मकान में रहता है तथा वर्ष 2001-02 में निम्नलिखित बचतें करता है
भारतीय जीवन बीमा निगम की जीवन सुरक्षा पॉलिसी (80cc) – ₹ 10000
सामान्य भविष्य निधि (80C) – ₹ 18000
आईसीआईसीआई इन्फ्रास्ट्रक्चर बॉण्ड (80C) – ₹ 20000
राष्ट्रीय बचत पत्र (80C) – ₹ 12000
मोहन द्वारा वर्ष में देय आयकर होगा
(a) ₹ 34760 (b) ₹ 36580
(c) ₹ 36290 (d) इनमें से कोई नहीं

15. रोहन की वित्तीय वर्ष 2003-04 की वेतन आय ₹ 255000 है। वह अपने बैंक खाते पर ₹ 20000 का ब्याज भी अर्जित करता है। वह एलआईसी की जीवन सुरक्षा पॉलिसी में ₹ 10000 जमा करता है, ₹ 40000 लोक भविष्य निधि में, ₹ 20000 अपनी सामान्य भविष्य निधि में, ₹ 20000 इन्फ्रास्ट्रक्चर बॉण्ड में निवेश करता है तथा ₹ 20000 मूल्य के राष्ट्रीय बचत पत्र वित्तीय वर्ष 2003-04 में क्रय करता है। 2003-04 के लिये उसके द्वारा आयकर होगा
(a) ₹ 25900 (b) ₹ 28770
(c) ₹ 27400 (d) इनमें से कोई नहीं

उत्तरमाला

1. (c) **2.** (c) **3.** (b) **4.** (a) **5.** (b) **6.** (a) **7.** (d) **8.** (b) **9.** (d) **10.** (a)
11. (c) **12.** (d) **13.** (a) **14.** (b) **15.** (d)

संकेत एवं हल

9. मासिक वेतन = ₹45000

$\therefore$ वार्षिक वेतन = 45000 × 12 = ₹540000

भविष्य निधि, जीवन बीमा के प्रीमियम एवं राष्ट्रीय बचत पत्र पर कुल वार्षिक खर्च = 7000 × 12 + 9225 + 10000

= 84000 + 9225 + 10000 = ₹103225

चूँकि भविष्य निधि, जीवन बीमा के प्रीमियम एवं राष्ट्रीय बचत पत्र जैसे खर्चों पर आयकर के छूट की अधिकतम राशि ₹ 100000 है।

प्राचार्य को (₹540000 − ₹100000 + ₹3225) पर कर का भुगतान करना होगा अर्थात् ₹ 443225 पर।

अत: ₹ 443225 पर देय कर

= 10000 + (443225 − 250000) का 20%

$= 10000 + 193225 \times \frac{20}{100}$

= 10000 + 38645

= ₹48645

2% शिक्षा उपकर के साथ देय आयकर

= ₹48645 + ₹48645 का 2%

= ₹48645 + ₹972.90

= ₹49617 (₹ 1 के सन्निकट मान में)

10. मैथ्यू की वार्षिक आय = ₹184000

मानक कटौती = ₹25000 (क्योंकि आय ₹ 150000 से अधिक है)

$\Rightarrow$ आयकर योग्य राशि = ₹184000

(−) ₹25000

₹ 159000

आयकर (ख) श्रेणी (iv) के अनुसार, (प्रश्न के निर्देश से)

$= ₹\ 19000 + (₹159000 - ₹150000) \times \frac{30}{100}$

$= ₹\ 19000 + ₹9000 \times \frac{30}{100} = (₹19000 + ₹2700) = ₹21700$

अत: आयकर = ₹21700 ...(i)

बचतें भविष्य निधि (2500 × 12) = ₹30000

जीवन बीमा प्रीमियम = ₹ 4000

राष्ट्रीय बचत पत्र = ₹ 12000

योग = ₹46000

$\text{छूट} = \frac{15}{100} \times 46000 = ₹6900$ ...(ii)

देय आयकर = ₹21700

(−) ₹6900

₹ 14800 ...(iii)

$\text{अधिभार} = \frac{5}{100} \times 14800 = ₹740$ ...(iv)

अत: जितना आयकर देना है = ₹14800

\+ ₹ 740 [समी (iii) और (iv) से]

₹15540

11. गुरुबख्श सिंह की वार्षिक आय = 14000 × 12 = ₹168000

मानक कटौती = ₹25000 [$\because$ वार्षिक आय > ₹ 150000 से]

आयकर योग्य राशि = ₹168000

(−) ₹25000

₹143000

आयकर (ख) श्रेणी (iii) के अनुसार,

= ₹1000 + ₹60000 से अधिक राशि का 20%

$= ₹1000 + (₹143000 - ₹60000) \times \frac{20}{100}$

$= ₹1000 + ₹\ 83000 \times \frac{20}{100} = ₹1000 + ₹16600 = ₹17600$ ...(i)

बचतें भविष्य निधि (700 × 12) = ₹8400

जीवन बीमा प्रीमियम वार्षिक = ₹2000

योग = ₹10400

$\text{छूट} = \frac{20}{100} \times 10400 = ₹2080$ ...(ii)

[$\because$ आयकर योग्य राशि < ₹150000 से]

देय आयकर = ₹17600

(−) ₹2080

₹15520

$\text{अधिभार} = \frac{5}{100} \times 15520 = ₹\ 776$

नेट देय आयकर = ₹15520

\+ ₹776

₹ 16296

12.

वस्तु	अंकित मूल्य	बिक्री कर	बिक्री मूल्य
(A) कमीज	400.00	$\frac{400 \times 4}{100} = ₹16$	₹ 416.00
(B) दवाइयाँ	90.00	$\frac{90 \times 10}{100} = ₹9$	₹ 99.00
(C) प्रसाधक	250.00	$\frac{250 \times 10}{100} = ₹25$	₹ 275.00
(B) बिस्कुट	150.00	$\frac{150 \times x}{100} = ₹\frac{3x}{2}$	$\left(₹150 + ₹\frac{3x}{2}\right)$
योग			$= ₹940 + ₹\frac{3x}{2}$

परन्तु कुल मूल्य = ₹949

$\therefore \quad \frac{3x}{2} = 949 - 940 = 9$

$\Rightarrow \quad x = \frac{9 \times 2}{3} = 6\%$

14. $\text{वेतन प्रतिमाह} = 15000 + 15000 \times \frac{43}{100} + 1200 + 150$

= 15000 + 6450 + 1200 + 150 = 22800

$\therefore$ कुल आय = 22800 × 12 = 273600

मानक कटौती = ₹25000

कर योग्य आय = ₹248600

$\therefore$ आयकर $= 19000 + \frac{(248600 - 150000) \times 30}{100}$

$= 19000 + \frac{98600 \times 30}{100}$

$= 19000 + 29580$

$=$ ₹48580

आयकर में छूट की गणना

भारतीय जीवन बीमा निगम = ₹10000

भविष्य निधि = ₹18000

इन्फ्रास्ट्रक्चर बॉण्ड = ₹20000

राष्ट्रीय बचत पत्र = ₹12000

योग = ₹60000

$\therefore$ आयकर में छूट $= \frac{60000 \times 20}{100}$

= ₹12000

$\therefore$ देय आयकर = 48580 − 12000 = ₹36580

15. कुल आय = वेतन + अर्जित आय

= 255000 + 20000 = ₹275000

मानक कटौती = ₹25000

कर योग्य आय = ₹250000

आयकर की गणना

आयकर $= 19000 + \frac{100000 \times 30}{100} = 19000 + 30000 =$ ₹49000

आयकर में छूट की गणना

एलआईसी = ₹10000

भविष्य निधि = ₹40000

सामान्य भविष्य निधि = ₹20000

बॉण्ड = ₹20000

राष्ट्रीय बचत पत्र = ₹20000

योग = ₹110000

$\therefore$ आयकर में छूट = ₹15000 (अधिकतम) (श्रेणी 'ग' के अनुसार)

अत: देय आयकर = 49000 − 15000 = ₹34000

15

औसत

Average

दो या दो से अधिक सजातीय राशियों के जोड़ को उन राशियों की संख्या से भाग करने पर प्राप्त भागफल उन राशियों का औसत (Average) कहलाता है। इसे निम्न प्रकार सूत्र के रूप में व्यक्त किया जा सकता है

$$\text{औसत} = \frac{\text{दी गई राशियों का योग}}{\text{राशियों की कुल संख्या}}$$

यदि संख्याएँ क्रमशः $x_1, x_2, x_3, x_4, x_5, \ldots, x_n$ हों, तो औसत $= \frac{x_1 + x_2 + x_3 + x_4 + x_5 + \ldots + x_n}{n}$ औसत को मध्यमान या माध्य (Mean) भी कहते हैं।

स्मरणीय बिन्दु

15.1 यदि किसी राशि का मान शून्य हो, तो उसे भी गणना में सम्मिलित किया जाता है। जैसे–2, 3, 0, 5, 10 का औसत 4 है।

15.2 औसत तथा राशियों की संख्या का गुणनफल, राशियों के योग के बराबर होता है अर्थात् औसत × राशियों की संख्या = राशियों का योग। जैसे– यदि राशियाँ 5, 10, 15 हों, तो औसत $= \frac{5 + 10 + 15}{3} = 10$

तथा औसत × राशियों की संख्या $= 10 \times 3 = 30$

एवं राशियों का योग $= 5 + 10 + 15 = 30$

15.3 प्रथम से लगातार n तक की प्राकृत संख्याओं का औसत $= \frac{n+1}{2}$

15.4 प्रथम से लगातार n तक की पूर्ण संख्याओं का औसत $= \frac{n}{2}$

15.5 प्रथम से लगातार n सम संख्याओं का औसत $= n + 1$

15.6 प्रथम से लगातार n तक की सम संख्याओं का औसत $= \frac{n+2}{2}$

15.7 प्रथम से लगातार n तक की विषम संख्याओं का औसत $= \frac{n+1}{2}$

15.8 प्रथम लगातार n विषम संख्याओं का औसत $= n$

15.9 लगातार n पूर्ण संख्याओं का औसत $= \frac{n-1}{2}$

15.10 लगातार n सम संख्याओं के वर्गों का औसत $= \frac{2(n+1)(2n+1)}{3}$

15.11 लगातार n तक की सम संख्याओं के वर्गों का औसत $= \frac{(n+1)(n+2)}{3}$

15.12 लगातार n तक की विषम संख्याओं के वर्गों का औसत $= \frac{n(n+2)}{3}$

15.13 लगातार n तक की प्राकृत संख्याओं के वर्गों का औसत $= \frac{(n+1)(2n+1)}{6}$

15.14 लगातार n तक की प्राकृत संख्याओं के घनों का औसत $= \frac{n(n+1)^2}{4}$

15.15 यदि दो गाड़ियाँ समान दूरी क्रमशः x किमी/घण्टा तथा y किमी/घण्टा की चाल से चली हों, तो उनकी औसत चाल $= \frac{2xy}{x+y}$

15.16 किसी समूह में एक व्यक्ति के शामिल हो जाने के बाद औसत आयु में

(i) **वृद्धि होने पर**

आने वाले व्यक्ति की उम्र = पहले का औसत + नई संख्या × औसत में वृद्धि

(ii) **कमी होने पर**

आने वाले व्यक्ति की उम्र = पहले का औसत – नई संख्या × औसत में कमी

साधित उदाहरण

■ **उदाहरण 1** *100 तक सभी विषम संख्याओं का औसत कितना है?*

हल 100 तक की विषम संख्याओं का योग $= 1 + 3 + 5 + \ldots + 97 + 99$

$$= \frac{50}{2}(1 + 99) = 2500$$

अत: अभीष्ट औसत $= \frac{2500}{50} = 50$

■ **उदाहरण 2** *11 परिणामों का औसत परिणाम 60 है। यदि प्रथम पाँच परिणामों का औसत परिणाम 58 तथा अन्तिम पाँच का औसत परिणाम 56 हो, तो छठा परिणाम क्या है?*

हल 11 परिणामों का कुल योग $= 11 \times 60 = 660$

प्रथम 5 परिणामों का कुल योग $= 5 \times 58 = 290$

अन्तिम पाँच परिणामों का कुल योग $= 5 \times 56 = 280$

अत: छठा परिणाम $= 660 - (290 + 280) = 90$

■ **उदाहरण 3** *एक कक्षा के 30 छात्रों की औसत आयु 12 वर्ष है। इनमें से 5 छात्रों की औसत आयु 10 वर्ष तथा दूसरे 5 छात्रों की औसत आयु 14 वर्ष है। शेष छात्रों की औसत आयु क्या है?*

हल 30 छात्रों की कुल आयु $= 30 \times 12 = 360$ वर्ष

5 छात्रों की कुल आयु $= 5 \times 10 = 50$ वर्ष

अगले 5 छात्रों की कुल आयु $= 5 \times 14 = 70$ वर्ष

शेष 20 छात्रों की कुल आयु $= 360 - (50 + 70) = 360 - 120 = 240$ वर्ष

20 छात्रों की औसत आयु $= \frac{240}{20} = 12$ वर्ष

अभ्यास प्रश्न

1. 11, 13, 14, 16 तथा 21 का औसत क्या होगा?
(a) 16 (b) 15
(c) 14 (d) 13

2. 1 से 25 तक की प्राकृत संख्याओं का औसत क्या होगा?
(a) 13 (b) 15
(c) 14 (d) 16

3. 0 से 25 तक की पूर्ण संख्याओं का औसत क्या होगा?
(a) 10 (b) 10.5
(c) 12.5 (d) 15

4. प्रथम लगातार 10 सम संख्याओं का औसत क्या होगा?
(a) 10 (b) 12
(c) 13 (d) 11

5. 2 से 20 तक की सम संख्याओं का औसत क्या होगा?
(a) 11 (b) 12 (c) 15 (d) 20

6. 1 से 15 तक की विषम संख्याओं का औसत क्या होगा?
(a) 7 (b) 8 (c) 5 (d) 10

7. प्रथम लगातार 11 विषम संख्याओं का औसत क्या होगा?
(a) 11 (b) 12 (c) 13 (d) 10

8. प्रथम लगातार 25 पूर्ण संख्याओं का औसत क्या होगा?
(a) 11 (b) 12 (c) 13 (d) 10

9. $2^2, 4^2, 6^2, 8^2, 10^2, 12^2$ अर्थात् लगातार 6 सम संख्याओं के वर्गों का औसत क्या होगा?
(a) 60 (b) 60.65
(c) 62 (d) 60.67

10. लगातार 15 तक की प्राकृत संख्याओं के घनों का औसत क्या होगा?
(a) 960 (b) 690 (c) 860 (d) 920

11. $1^2, 3^2, 5^2, 7^2, 9^2, 11^2$ अर्थात् 11 तक की विषम संख्याओं के वर्गों का औसत क्या होगा?
(a) 11 (b) 47.67
(c) 35 (d) 40

12. $1^2, 2^2, 3^2, 4^2, 5^2$ अर्थात् लगातार 5 तक की प्राकृत संख्याओं के वर्गों का औसत क्या होगा?
(a) 15 (b) 25
(c) 11 (d) 5

13. $1^3, 2^3, 3^3, 4^3, 5^3$ अर्थात् लगातार 5 तक की प्राकृत संख्याओं के घनों का औसत क्या होगा?
(a) 40 (b) 45 (c) 55 (d) 35

14. एक विद्यार्थी साइकिल द्वारा घर से विद्यालय 12 किमी/घण्टा की चाल से गया तथा पुन: सीधे 10 किमी/घण्टा की चाल से घर वापस आया, तो बताएँ कि विद्यार्थी की औसत चाल क्या है?
(a) 15 किमी/घण्टा (b) 10 किमी/घण्टा
(c) $10\frac{10}{11}$ किमी/घण्टा (d) $\frac{10}{11}$ किमी/घण्टा

15. एक परिवार में सोमवार से गुरुवार तक का औसत पानी 136.5 लीटर लगता है तथा मंगलवार से शुक्रवार तक का औसत पानी 134.0 लीटर लगता है। यदि सोमवार को 132.5 लीटर पानी लगता है, तो शुक्रवार को कितने लीटर पानी लगता है?
(a) 120 लीटर (b) 122.5 लीटर
(c) 200 लीटर (d) 100 लीटर

उत्तरमाला

1. (b) **2.** (a) **3.** (c) **4.** (d) **5.** (a) **6.** (b) **7.** (a) **8.** (b) **9.** (d) **10.** (a)
11. (b) **12.** (c) **13.** (b) **14.** (c) **15.** (b)

संकेत एवं हल

1. औसत $= \frac{11+13+14+16+21}{5} = \frac{75}{5} = 15$

2. औसत $= \frac{25+1}{2} = \frac{26}{2} = 13$

3. औसत $= \frac{25}{2} = 12.5$

4. औसत $= 10 + 1 = 11$

5. औसत $= \frac{20+2}{2} = \frac{22}{2} = 11$

6. औसत $= \frac{15+1}{2} = \frac{16}{2} = 8$

7. औसत $= 11$

8. औसत $= \frac{25-1}{2} = \frac{24}{2} = 12$

9. औसत $= \frac{2(6+1)(2\times 6+1)}{3} = \frac{2\times 7\times 13}{3} = \frac{182}{3} = 60.67$

10. सूत्र $\frac{n(n+1)^2}{4}$ से,

$$= \frac{15(15+1)^2}{4} = \frac{15\times(16)^2}{4} = 15\times 4\times 16 = 960$$

11. औसत $= \frac{11(11+2)}{3} = \frac{11\times 13}{3} = \frac{143}{3} = 47.67$

12. औसत $= \frac{(5+1)(2\times 5+1)}{6} = \frac{6\times 11}{6} = 11$

13. औसत $= \frac{5(5+1)^2}{4} = \frac{5\times 6\times 6}{4} = 45$

14. औसत चाल $= \frac{2\times 12\times 10}{12+10} = \frac{240}{22} = \frac{120}{11} = 10\frac{10}{11}$ किमी/घण्टा

15. सोमवार से गुरुवार तक पानी की कुल खपत $= 136.5 \times 4 = 546.0$ लीटर

मंगलवार से शुक्रवार तक पानी की कुल खपत $= 134.0 \times 4 = 536.0$ लीटर

सोमवार को पानी की कुल खपत $= 132.5$ लीटर

मंगलवार, बुधवार तथा गुरुवार को पानी की कुल खपत $= 546.0 - 132.5$

$= 413.5$ लीटर

अत: शुक्रवार को पानी की खपत $= 536.0 - 413.5 = 122.5$ लीटर

16

अनुपात, समानुपात एवं मिश्रण

Ratio, Proportion and Mixture

अनुपात (Ratio)

जब दो राशियाँ एक ही प्रकार अथवा किस्म की हों तब एक राशि में दूसरी राशि जितनी बार समाहित होगी, उसे उन दोनों राशियों का अनुपात कहते हैं।

माना एक ही प्रकार की दो राशियाँ m तथा n हैं। तब, $\frac{m}{n}$ को m तथा n का अनुपात कहते हैं। इसे $m : n$ लिखा जाता है तथा m अनुपात n बोला जाता है।

यहाँ m पूर्वपद (antecedent) तथा n अन्तिम पद (consequent) कहलाता है।

मिश्रित अनुपात (Compound Ratio)

आनुपातिक संख्या के पूर्वपदों एवं अन्तिम पदों के गुणनफल को मिश्रित अनुपात कहते हैं।

जैसे—18 : 3, 8 : 13, 16 : 15, 15 : 12 का मिश्रित अनुपात निम्न प्रकार होगा

$$= \frac{18 \times 8 \times 16 \times 15}{3 \times 13 \times 15 \times 12} = \frac{64}{13} \text{ (मिश्रित अनुपात)}$$

विलोम अनुपात (Inverse Ratio)

यदि दिया हुआ अनुपात $m : n$ हो, तो इसका विलोमानुपात $\frac{1}{m} : \frac{1}{n}$ होगा।

दो अनुपातों की तुलना (Compare of Two Ratios)

(i) यदि $(m : n) > (p : q)$; यदि $\frac{m}{n} > \frac{p}{q}$ अर्थात् $mq > np$

(ii) यदि $(m : n) < (p : q)$; यदि $\frac{m}{n} < \frac{p}{q}$ अर्थात् $mq < np$

अनुपातों का संयोजन (Combination of Ratios)

$m : n$ तथा $p : q$ का आनुपातिक संयोजन $(mp : nq)$ होता है।

$m : n$ का घनानुपात $m^3 : n^3$ होता है।

$m : n$ क़ा वर्गानुपात $m^2 : n^2$ होता है।

$m : n$ का वर्गमूलानुपात $(\sqrt{m} : \sqrt{n})$ होता है।

$m : n$ का घनमूलानुपात $(\sqrt[3]{m} : \sqrt[3]{n})$ होता है।

समानुपात (Proportion)

दो अनुपातों की समानता को समानुपात कहते हैं।

उदाहरणार्थ नीचे दिए गए अनुपातों को समझिए

प्रथम अनुपात	द्वितीय अनुपात
2 : 10	7 : 35

चूँकि 2, 10 का $\frac{1}{5}$ भाग है और 7, 35 का $\frac{1}{5}$, अतः दोनों अनुपात आपस में बराबर हैं।

अनुपातों की इस समानता को समानुपात कहा जाता है।

⇒ यदि 3, 4, 9 एवं 12 समानुपाती हैं तो $\frac{3}{4} = \frac{9}{12}$

वितत् समानुपात (Continued Proportion)

तीन अशून्य संख्याएँ m, n तथा p वितत् समानुपात में होंगी।

यदि $\frac{m}{n} = \frac{n}{p} \Rightarrow n^2 = mp$

यहाँ n को मध्यानुपाती कहते हैं तथा p को तृतीयानुपाती।

चतुर्थानुपाती (Fourth Proportion)

यदि $m : n :: p : q$ हो, तो q, m, n व p का चतुर्थानुपाती कहलाता है।

स्मरणीय बिन्दु

16.1 यदि दो संख्याओं a व b के बीच मध्य समानुपाती संख्या x हो, तो $a : x :: x : b$, या $x^2 = ab$ अथवा $x = \sqrt{ab}$

16.2 यदि a तथा b की तृतीय समानुपाती संख्या x हो, तो $a : b :: b : x$ या $ax = b^2 \therefore x = b^2 / a$

16.3 यदि ₹M को $a : b : c : d$ अनुपात में बाँटना हो, तो

पहला भाग $= \frac{a}{a+b+c+d} \times M$, दूसरा भाग $= \frac{b}{a+b+c+d} \times M$

तीसरा भाग $= \frac{c}{a+b+c+d} \times M$ तथा चौथा भाग $= \frac{d}{a+b+c+d} \times M$

16.4 यदि $(a : b) :: (c : d)$ हो, तो

(i) अन्तरानुपात $= (a - b) : b :: (c - d) : d$

(ii) योगान्तरानुपात $= (a + b) : (a - b) :: (c + d) : (c - d)$

(iii) यदि $(a : b) :: (c : d)$ हो, तो $(a \times d) = (b \times c)$

साधित उदाहरण

■ **उदाहरण 1** *दो संख्याएँ 3 : 4 के अनुपात में हैं। यदि प्रत्येक संख्या में 2 की वृद्धि कर दें तो यह अनुपात 7 : 9 हो जाता है। संख्याएँ ज्ञात कीजिए।*

हल माना संख्याएँ $3x$ व $4x$ हैं।

प्रश्नानुसार, $\frac{3x+2}{4x+2} = \frac{7}{9}$

$\Rightarrow$ $28x + 14 = 27x + 18$

या $x = 4$

अत: संख्याएँ $3 \times 4 = 12$

तथा $4 \times 4 = 16$

■ **उदाहरण 2** *यदि $A : B = 2 : 3$, $B : C = 4 : 5$ हो, तो $C : A$ का मान कितना होगा?*

हल संक्षिप्त विधि से,

$A : B : C$

$2 : 3$

$4 : 5$

$\Rightarrow$ $4 \times (2 : 3)$

$(4 : 5) \times 3$

$\Rightarrow$ $8 : 12$

$12 : 15$

अत: $C : A = 15 : 8$

■ **उदाहरण 3** *8 : 21 : : 13 : 31 में क्या जोड़ा जाए कि योगफल समानुपात हो जाए?*

हल माना प्रत्येक संख्या में m जोड़ने पर योगफल समानुपात हो जाएगा।

प्रश्नानुसार, $\frac{8+m}{21+m} = \frac{13+m}{31+m}$

$\Rightarrow$ $(21+m)(13+m) = (8+m)(31+m)$

$\Rightarrow$ $273 + 21m + 13m = 248 + 8m + 31m$

$\Rightarrow$ $39m - 34m = 273 - 248 \Rightarrow 5m = 25 \therefore m = 5$

अभीष्ट संख्या = 5

■ **उदाहरण 4** *₹ 15 प्रति किग्रा और ₹ 20 प्रति किग्रा वाली चाय को किस अनुपात में मिलाया जाए कि मिश्रण का मूल्य ₹ 16.5 प्रति किग्रा हो जाए?*

हल 1 किग्रा सस्ती चाय के साथ x किग्रा महँगी चाय मिलाने पर $(1 + x)$ किग्रा चाय प्राप्त होती है।

1 किग्रा सस्ती चाय का मूल्य = ₹ 15

1 किग्रा महँगी चाय का मूल्य = ₹ 20

तथा मिश्रित चाय का मूल्य = ₹ 16.5

प्रश्नानुसार, 1 किग्रा सस्ती चाय $+x$ किग्रा महँगी चाय = $(1 + x)$ किग्रा मिश्रण के बाद चाय, $15 + 20x = (1 + x) \times 16.5$

$\Rightarrow$ $15 + 20x = 16.5 + 16.5x$

$\Rightarrow$ $3.5x = 1.5$

$x = \frac{1.5}{3.5} = \frac{3}{7}$

अत: अभीष्ट अनुपात $= 1 : \frac{3}{7} = 7 : 3$

संक्षिप्त विधि

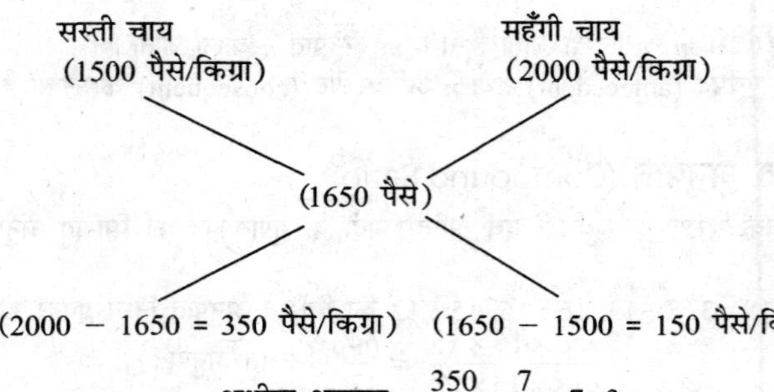

अभीष्ट अनुपात $= \frac{350}{150} = \frac{7}{3} = 7 : 3$

अभ्यास प्रश्न

1. यदि $a : b = \frac{2}{9} : \frac{1}{3}$, $b : c = \frac{2}{7} : \frac{5}{14}$ तथा $c : d = \frac{3}{5} : \frac{7}{10}$ हो, तो $a : b : c : d$ का मान होगा

(a) 4 : 6 : 7 : 9 (b) 8 : 12 : 15 : 7
(c) 16 : 24 : 30 : 35 (d) 30 : 35 : 24 : 16

2. यदि $a : b = 2 : 3$ तथा $b : c = 4 : 5$ हो, तो $(a + b) : (b + c)$ का मान होगा

(a) 3 : 4 (b) 4 : 3
(c) 20 : 27 (d) 27 : 20

3. यदि $m : n = 3 : 2$ हो, तो $(4m + 5n) : (4m - 5n)$ का मान होगा

(a) 4 : 9 (b) 9 : 1 (c) 9 : 4 (d) 11 : 1

4. यदि $\frac{x}{5} = \frac{y}{8}$ हो, तो $(x + 5) : (y + 8)$ का मान होगा

(a) 3 : 5 (b) 13 : 8 (c) 8 : 5 (d) 5 : 8

5. यदि $(4x^2 - 3y^2) : (2x^2 + 5y^2) = 12 : 19$ हो, तो $x : y$ का मान होगा

(a) 2 : 3 (b) 1 : 2 (c) 3 : 2 (d) 2 : 1

6. यदि $(a + b) : (b + c) : (c + a) = 6 : 7 : 8$ तथा $a + b + c = 14$ हो, तो c का मान होगा

(a) 6 (b) 7 (c) 8 (d) 14

7. यदि $(3a + 5b) : (3a - 5b) = 5 : 1$ हो, तो $a : b$ का मान होगा

(a) 2 : 1 (b) 5 : 3 (c) 3 : 2 (d) 5 : 2

8. यदि $x : y = 3 : 5$ हो, तो $(10x + 3y) : (5x + 2y)$ का मान होगा

(a) 9 : 4 (b) 5 : 9 (c) 9 : 5 (d) 4 : 9

9. 21, 38, 55, 106 प्रत्येक में से क्या घटाया जाए कि नई संख्याएँ समानुपाती हों ?

(a) 2 (b) 4
(c) 6 (d) 8

10. 15 : 19 के प्रत्येक पद में से क्या घटाया जाए कि नई संख्याएँ 3 : 4 के अनुपात में हो जाए?
(a) 3 (b) 5
(c) 6 (d) 9

11. 7 : 13 के प्रत्येक पद में क्या जोड़ा जाए कि नई संख्याएँ 2 : 3 के अनुपात में हो?
(a) 1 (b) 2
(c) 3 (d) 5

12. 3 : 5 के प्रत्येक पद में क्या जोड़ें कि यह अनुपात 5 : 6 हो जाए?
(a) 13 (b) 7
(c) 12 (d) 6

13. दो संख्याओं का अनुपात 3 : 7 है, यदि प्रत्येक संख्या में 6 जोड़ दें तो अनुपात 5 : 9 हो जाता है, संख्याएँ कौन-सी है?
(a) 9, 21 (b) 15, 35 (c) 6, 14 (d) 7, 15

14. संख्या 16 व 4 का मध्य समानुपाती क्या होगा?
(a) 6 (b) 7 (c) 8 (d) 9

15. पुनीत और अप्पू की वर्तमान आयु का अनुपात 2 : 3 है, 3 वर्ष बाद उनकी आयु का अनुपात 3 : 4 होगा, पुनीत की वर्तमान आयु कितनी है?
(a) 3 वर्ष (b) 6 वर्ष
(c) 9 वर्ष (d) 4 वर्ष

16. एक थैली में ₹ 1, 50 पैसे तथा 10 पैसे के सिक्कों का अनुपात 3 : 4 : 8 है, यदि इस थैली में कुल धन ₹ 116 हो, तो 10 पैसे के सिक्कों की संख्या कितनी है?
(a) 120 (b) 60 (c) 145 (d) 160

17. A तथा B की आय का अनुपात 4 : 3 है तथा इनके व्यय का अनुपात 3 : 2 है, यदि प्रत्येक की बचत ₹ 300 हो, तो A की आय कितनी है?
(a) ₹ 800 (b) ₹ 1000
(c) ₹ 1200 (d) ₹ 1500

18. ₹ 117 को P, Q, R में $\frac{1}{2}:\frac{1}{3}:\frac{1}{4}$ के अनुपात में बाँटने की अपेक्षा त्रुटिवश 2 : 3 : 4 के अनुपात में बाँटने पर किसको लाभ होगा?
(a) केवल P को (b) केवल Q को
(c) केवल R को (d) Q तथा R को

19. दो संख्याओं का अनुपात $1\frac{1}{2}:2\frac{2}{3}$ है, प्रत्येक में 15 जोड़ने पर यह अनुपात $1\frac{2}{3}:2\frac{1}{2}$ हो जाता है, इनमें से बड़ी संख्या क्या है?
(a) 27 (b) 36
(c) 48 (d) 64

20. संख्या 3 व 9 का तृतीय समानुपाती क्या होगा?
(a) 81 (b) 18
(c) 21 (d) 27

21. दो धातुओं में जिंक तथा ताँबे का अनुपात क्रमश: 2 : 1 तथा 4 : 1 है, दोनों धातुओं को किस अनुपात में मिलाया जाए कि नई धातु में जिंक तथा ताँबे का अनुपात 3 : 1 हो?
(a) 3 : 5 (b) 5 : 7
(c) 7 : 5 (d) इनमें से कोई नहीं

22. निम्नलिखित में न्यूनतम अनुपात कौन-सा है?
(a) 21 : 39 (b) 17 : 25
(c) 7 : 15 (d) 15 : 23

23. वह कौन-सी भिन्न है जिसका $\frac{1}{27}$ के साथ वही अनुपात है जो $\frac{3}{11}$ तथा $\frac{5}{9}$ का अनुपात है?
(a) $\frac{1}{11}$ (b) $\frac{3}{11}$
(c) 55 (d) $\frac{1}{55}$

24. ₹ 8400 को A, B, C, D में इस प्रकार बाँटा गया है कि A तथा B के, B तथा C के, C तथा D के भागों के अनुपात क्रमश: 2 : 3, 4 : 5 तथा 6 : 7 हैं, इनमें से A का भाग कितना है?
(a) ₹ 1280 (b) ₹ 1320
(c) ₹ 2210 (d) ₹ 2400

उत्तरमाला

1. (c)	**2.** (c)	**3.** (d)	**4.** (d)	**5.** (c)	**6.** (a)	**7.** (d)	**8.** (c)	**9.** (b)	**10.** (a)
11. (d)	**12.** (b)	**13.** (a)	**14.** (c)	**15.** (b)	**16.** (d)	**17.** (c)	**18.** (d)	**19.** (c)	**20.** (d)
21. (a)	**22.** (c)	**23.** (d)	**24.** (a)						

संकेत एवं हल

1. $a:b=\frac{2}{9}:\frac{1}{3}=2:3, b:c=\frac{2}{7}:\frac{5}{14}=4:5, c:d=\frac{3}{5}:\frac{7}{10}=6:7$

$\Rightarrow a:b=2:3, b:c=4\times\frac{3}{4}:5\times\frac{3}{4}, c:d=6\times\frac{5}{8}:7\times\frac{5}{8}$

$\Rightarrow a:b=2:3, b:c=3:\frac{15}{4}, c:d=\frac{15}{4}:\frac{35}{8}$

$\therefore \quad a:b:c:d=2:3:\frac{15}{4}:\frac{35}{8}=16:24:30:35$

2. $a:b=2:3, b:c=4:5=4\times\frac{3}{4}:5\times\frac{3}{4}=3:\frac{15}{4}$

$\therefore \quad a:b:c=2:3:\frac{15}{4}=8:12:15$

माना $a=8K, b=12K$ तथा $c=15K$

तब, $\frac{a+b}{b+c}=\frac{8K+12K}{12K+15K}=\frac{20K}{27K}=\frac{20}{27}$

अत: $(a+b):(b+c)=20:27$

3. माना $m=3K$ तथा $n=2K$ तब,

$\frac{4m+5n}{4m-5n}=\frac{12K+10K}{12K-10K}=\frac{22K}{2K}=\frac{11}{1}$

अत: $(4m+5n):(4m-5n)=11:1$

4. माना $\frac{x}{5}=\frac{y}{8}=K$ तब, $x=5K$ तथा $y=8K$

$\therefore \quad \frac{x+5}{y+8}=\frac{5K+5}{8K+8}$

$=\frac{5(K+1)}{8(K+1)}=\frac{5}{8}$

अत: $(x+5):(y+8)=5:8$

5. $\frac{4x^2-3y^2}{2x^2+5y^2}=\frac{12}{19}\Rightarrow\frac{4\left(\frac{x^2}{y^2}\right)-3}{2\left(\frac{x^2}{y^2}\right)+5}=\frac{12}{19}$, माना $\frac{x}{y}=a$

$\therefore \quad \frac{4a^2-3}{2a^2+5}=\frac{12}{19}\Rightarrow 76a^2-57=24a^2+60$

$\Rightarrow 52a^2=117\Rightarrow 4a^2=9\Rightarrow a^2=\frac{9}{4}\Rightarrow a=\frac{3}{2}$

अत: $x:y=3:2$

6. माना $a+b=6K, b+c=7K$ तथा $c+a=8K$

तब, $2(a+b+c)=21K\Rightarrow 2\times14=21K\Rightarrow K=\frac{28}{21}=\frac{4}{3}$

$\therefore \quad a+b=\left(6\times\frac{4}{3}\right)=8$

अत: $c=(a+b+c)-(a+b)=(14-8)=6$

7. $\frac{3a+5b}{3a-5b}=\frac{5}{1}\Rightarrow 3a+5b=15a-25b\Rightarrow 12a=30b\Rightarrow\frac{a}{b}=\frac{30}{12}=\frac{5}{2}$

अत: $a:b=5:2$

8. $\frac{10x+3y}{5x+2y}=\frac{10\left(\frac{x}{y}\right)+3}{5\left(\frac{x}{y}\right)+2}=\frac{10\times\frac{3}{5}+3}{5\times\frac{3}{5}+2}=\frac{9}{5}$

अभीष्ट अनुपात $=9:5$

9. माना घटाई जाने वाली संख्या $=x$

तब, $(21-x):(38-x)::(55-x):(106:x)$

$\therefore \quad \frac{21-x}{38-x}=\frac{55-x}{106-x}$

$\Rightarrow \quad (106-x)(21-x)=(38-x)(55-x)$

$\Rightarrow \quad 2226-127x=2090-93x$

$\Rightarrow \quad 34x=136\Rightarrow x=4$

10. माना $\frac{15-x}{19-x}=\frac{3}{4}$. तब, $4(15-x)=3(19-x)\Rightarrow x=3$

11. माना $\frac{7+x}{13+x}=\frac{2}{3}$. तब, $3(7+x)=2(13+x)\Rightarrow x=5$

12. माना $\frac{3+x}{5+x}=\frac{5}{6}$. तब, $6(3+x)=5(5+x)\Rightarrow x=7$

13. माना अभीष्ट संख्याएँ $3x$ तथा $7x$ हैं, तब, $\frac{3x+6}{7x+6}=\frac{5}{9}$

$\Rightarrow \quad 9(3x+6)=5(7x+6)$

$\Rightarrow \quad 8x=24$

$\Rightarrow \quad x=3$

अभीष्ट संख्याएँ $=(3\times3)$ तथा (7×3) अर्थात् 9, 21 हैं।

14. मध्यसमानुपाती $=x=\sqrt{ab}$ [देखें→ 16.1]

$\Rightarrow \quad x=\sqrt{16\times4}=\sqrt{64}\Rightarrow 8$

15. माना पुनीत और अप्पू की वर्तमान आयु क्रमश: $2x$ वर्ष तथा $3x$ वर्ष है।

तब, $\frac{2x+3}{3x+3}=\frac{3}{4}\Rightarrow 4(2x+3)=3(3x+3)\Rightarrow x=3$

$\therefore$ पुनीत की वर्तमान आयु $=(2\times3)=6$ वर्ष

16. माना थैली में ₹ 1,50 पैसे तथा 10 पैसे के सिक्के क्रमश: $3x, 4x, 8x$ हैं।

तब, $(1\times3x)+\frac{50\times4x}{100}+\frac{10\times8x}{100}=116$

$\Rightarrow \quad 3x+2x+\frac{4}{5}x=116$

$\therefore \quad 29x=(116\times5)\Rightarrow x=(4\times5)=20$

10 पैसे के सिक्कों की संख्या $=(8\times20)=160$

17. माना A तथा B की आय क्रमश: ₹ $4x$ तथा ₹ $3x$ है तथा उनके व्यय क्रमश: ₹ $3y$ तथा ₹ $2y$ है तब,

$4x-3y=300$ ...(i)

$3x-2y=300$ ...(ii)

समी (ii) को 3 से तथा समी (i) को 2 से गुणा करके घटाने पर, $x=300$

$\therefore \quad A$ की आय $=(4\times300)=$ ₹ 1200

18. $\frac{1}{2}:\frac{1}{3}:\frac{1}{4} = 6:4:3$ इससे $P = \left(117 \times \frac{6}{13}\right) = ₹\ 54$

$$Q = \left(117 \times \frac{4}{13}\right) = ₹\ 36$$

तथा $$R = \left(117 \times \frac{3}{13}\right) = ₹\ 27$$

$2:3:4$ से $P = \left(117 \times \frac{2}{9}\right) = ₹\ 26,\ Q = \left(117 \times \frac{3}{9}\right) = ₹\ 39$

$$R = \left(117 \times \frac{4}{9}\right) = ₹\ 52$$

स्पष्ट है कि Q तथा R दोनों को लाभ होगा।

19. माना ये संख्याएँ $\frac{3x}{2}$ तथा $\frac{8x}{3}$ हैं, तब $\frac{\frac{3x}{2}+15}{\frac{8x}{3}+15} = \frac{\left(\frac{5}{3}\right)}{\left(\frac{5}{2}\right)}$

$\Rightarrow \quad \frac{3x+30}{2} \times \frac{3}{8x+45} = \left(\frac{5}{3} \times \frac{2}{5}\right)$

$\Rightarrow \quad \frac{9x+90}{16x+90} = \frac{2}{3}$

$\Rightarrow \quad 27x + 270 = 32x + 180$

$\Rightarrow \quad 5x = 90 \Rightarrow x = 18$

पहली संख्या $= \left(\frac{3}{2} \times 18\right) = 27$ तथा दूसरी संख्या $= \left(\frac{8}{3} \times 18\right) = 48$

अत: अभीष्ट संख्या $= 48$

20. संख्या 3 व 9 का तृतीय समानुपाती $(x) = \frac{b^2}{a}$

(जहाँ, a पहली तथा b दूसरी संख्या है)

$$x = \frac{9 \times 9}{3}$$

$x = 27$ **[देखें → 16.2]**

21. माना पहली धातु का x किग्रा भाग दूसरी धातु के 1 किग्रा भाग के साथ मिलाया जाता है

तब जिंक की मात्रा $= \left(x \times \frac{2}{3}\right) + \left(1 \times \frac{4}{5}\right) = \left(\frac{2x}{3} + \frac{4}{5}\right)$

ताँबे की मात्रा $= \left(x \times \frac{1}{3}\right) + \left(1 \times \frac{1}{5}\right) = \left(\frac{x}{3} + \frac{1}{5}\right)$

$\therefore \quad \frac{\left(\frac{2x}{3} + \frac{4}{5}\right)}{\left(\frac{x}{3} + \frac{1}{5}\right)} = \frac{3}{1}$

$\Rightarrow \quad 3\left(\frac{x}{3} + \frac{1}{5}\right) = \left(\frac{2x}{3} + \frac{4}{5}\right)$

$\Rightarrow \quad \left(x - \frac{2x}{3}\right) = \left(\frac{4}{5} - \frac{3}{5}\right)$

$\Rightarrow \quad \frac{x}{3} = \frac{1}{5} \Rightarrow x = \frac{3}{5}$

अभीष्ट अनुपात $= \frac{3}{5} : 1 = 3 : 5$

22. $\frac{21}{39} = \frac{7}{13} = 0.538,\ \frac{17}{25} = 0.68,\ \frac{7}{15} = 0.466,\ \frac{15}{23} = 0.6521$

इनमें न्यूनतम $= 7 : 15$

23. माना $x : \frac{1}{27} = \frac{3}{11} : \frac{5}{9} \Rightarrow \frac{5}{9}x = \frac{1}{27} \times \frac{3}{11} = \frac{1}{99} \Rightarrow x = \left(\frac{1}{99} \times \frac{9}{5}\right) = \frac{1}{55}$

अत: अभीष्ट संख्या $= \frac{1}{55}$

24. $A : B = 2 : 3 = \frac{2}{3} : 1,\ B : C = 4 : 5 = 1 : \frac{5}{4},$

$C : D = \frac{5}{24} \times 6 : \frac{5}{24} \times 7$ **[देखें → 16.3]**

$$A : B : C : D = \frac{2}{3} : 1 : \frac{5}{4} : \frac{35}{24} = 16 : 24 : 30 : 35$$

अत: A का भाग $= \left(8400 \times \frac{16}{105}\right) = ₹\ 1280$

17

कार्य तथा समय

Work and Time

यदि 10 व्यक्ति किसी कार्य को 20 दिनों में करते हैं तो उस कार्य के आधे भाग को पूरा करने में उन्हें 10 दिन लगेंगे, इसी तरह 5 व्यक्ति उस कार्य को 40 दिन में पूरा कर पाएँगे। इस उदाहरण से कार्य एवं समय का सम्बन्ध स्पष्ट होता है। कार्य एवं समय पर आधारित प्रश्नों को वैसे तो ऐकिक नियम द्वारा हल किया जा सकता है, किन्तु यहाँ दिए गए नियमों एवं सूत्रों की सहायता से ऐसे प्रश्नों को लघु विधि द्वारा अपेक्षाकृत कम समय में हल किया जा सकता है।

स्मरणीय बिन्दु

17.1 यदि किसी व्यक्ति द्वारा एक कार्य को पूरा करने में x दिन का समय लगे, तो व्यक्ति द्वारा 1 दिन में किया गया कार्य $\frac{1}{x}$ होगा।

अर्थात् एक दिन का कार्य $= \dfrac{\text{पूरा कार्य}}{\text{कार्य समाप्त करने के दिनों की संख्या}}$

17.2 यदि M_1 व्यक्ति D_1 दिनों में H_1 घण्टे प्रतिदिन काम करके W_1 भाग कार्य करते हैं तो M_2 व्यक्ति D_2 दिनों में H_2 घण्टे प्रतिदिन कार्य करके W_2 कार्य करेंगे।

यथा $\dfrac{M_1D_1H_1}{W_1} = \dfrac{M_2D_2H_2}{W_2}$

17.3 यदि 'A', 'B' तथा 'C' के कार्य का अनुपात $m:n:p$ हो तथा कार्य के अन्त में वे ₹ x कमाते हैं।

तब, 'A' का भाग $= \dfrac{m}{m+n+p} \times x$

'B' का भाग $= \dfrac{n}{m+n+p} \times x$

तथा 'C' का भाग $= \dfrac{p}{m+n+p} \times x$

17.4 यदि A की कार्य करने की क्षमता B के कार्य करने की क्षमता की x गुनी हो, तो किसी कार्य को करने में A को B के समय का $\frac{1}{x}$ गुना समय लगेगा।

17.5 यदि A, B तथा C किसी कार्य को क्रमशः x, y तथा z दिनों में कर सकते हैं, तो तीनों मिलकर उसी कार्य को $\dfrac{xyz}{xy+yz+zx}$ दिनों में पूरा करेंगे।

17.6 यदि A तथा B किसी कार्य को x दिन में तथा A अकेला उसी कार्य को y दिन में कर सकता है, तो B अकेला उस कार्य को $\dfrac{xy}{y-x}$ दिन में पूरा करेगा।

17.7 यदि A व B किसी कार्य को क्रमशः x तथा y दिन में पूरा करते हैं तथा A व B दोनों एकसाथ मिलकर कार्य प्रारम्भ करते हैं, परन्तु A ने कार्य समाप्त होने के n दिन पहले कार्य करना छोड़ दिया, तो कार्य समाप्त होने में $\dfrac{(x+n)\,y}{(x+y)}$ दिन लगेंगे।

साधित उदाहरण

■ **उदाहरण 1** *किसी काम को $(A+B)$ 6 दिनों में, $(B+C)$ 12 दिनों में तथा $(C+A)$ 24 दिनों में करते हैं तो B अकेले उस काम को कितने दिनों में करेगा?*

हल $(A+B)$ का 1 दिन का काम $= 1/6$

$(B+C)$ का 1 दिन का काम $= 1/12$

$(C+A)$ का 1 दिन का काम $= 1/24$

$2(A+B+C)$ का 1 दिन का काम $= \dfrac{1}{6} + \dfrac{1}{12} + \dfrac{1}{24} = \dfrac{7}{24}$

$\therefore$ $(A+B+C)$ का 1 दिन का काम $= \dfrac{7}{48}$

$\therefore B$ का 1 दिन का काम

$= (A+B+C)$ का 1 दिन का काम $- (C+A)$ का 1 दिन का काम

$= \dfrac{7}{48} - \dfrac{1}{24} = \dfrac{5}{48}$

अतः B उस कार्य को $\dfrac{48}{5} = 9\dfrac{3}{5}$ दिनों में पूरा करेगा।

■ **उदाहरण 2** *A, B व C के काम का अनुपात $4:6:3$ है। यदि काम के अन्त में वे ₹ 286 कमाते हैं तो B का हिस्सा क्या होगा?*

हल B का हिस्सा $= \dfrac{6}{4+6+3} \times 286$ **[देखें → 17.3]**

$= \dfrac{6}{13} \times 286 = ₹132$

■ **उदाहरण 3** *एक नल एक टंकी को 5 घण्टे में भर सकता है तथा दूसरा नल उसे 10 घण्टे में भर सकता है जबकि तीसरा नल उसे $7\frac{1}{2}$ घण्टे में खाली कर सकता है, पूर्वाह्न 10 बजे तीनों को एक साथ खोला जाता है। किस समय टंकी भर जाएगी?*

हल तीनों नलों द्वारा 1 घण्टे में भरी गई टंकी

$$= \frac{1}{5} + \frac{1}{10} - \frac{1}{7\frac{1}{2}} \text{ भाग}$$

$$= \frac{1}{5} + \frac{1}{10} - \frac{2}{15}$$

(तीसरा नल खाली करने वाला है, अत: इसका मान ऋणात्मक लिया जाएगा)

$$= \frac{6+3-4}{30} = \frac{1}{6}$$

अर्थात् पूरी टंकी को भरने में लगा समय = 6 घण्टे

अत: टंकी 10 + 6 = अपराह्न 4 बजे भर जाएगी।

■ **उदाहरण 4** *A, B तथा C किसी कार्य को क्रमश: 2 दिन, 8 दिन व 12 दिन में अलग-अलग करके पूरा करते हैं बताइए यदि तीनों को एक साथ काम पर लगाया जाए, तो वे उसी कार्य को कितने दिनों में पूरा कर देंगे?*

हल

अभीष्ट दिनों की संख्या

$$= \frac{xyz}{xy + yz + zx} = \frac{2 \times 8 \times 12}{2 \times 8 + 8 \times 12 + 12 \times 2}$$ [देखें → 17.5]

$$= \frac{192}{16 + 96 + 24}$$

$$= \frac{192}{136} = \frac{48}{34} = \frac{24}{17}$$

$$= 1\frac{7}{17}$$

अत: वे तीनों मिलकर उसी कार्य को $1\frac{7}{17}$ दिनों में पूरा कर देंगे।

अभ्यास प्रश्न

1. 5 पुरुष किसी कार्य को 4 दिन में करते हैं। 10 पुरुषों द्वारा उस कार्य को पूरा करने में दिनों की संख्या होगी

(a) 2 (b) 3 (c) 4 (d) 5

2. 4 पुरुष और 6 लड़के किसी कार्य को 4 दिन में समाप्त करते हैं, जबकि उसी कार्य को 2 पुरुष और 4 लड़के 7 दिन में कर सकते हैं, तो 10 पुरुष और 8 लड़के उसे पूरा कर लेंगे

(a) 1 दिन में (b) 2 दिन में (c) 3 दिन में (d) 4 दिन में

3. पवन अकेले एक कार्य को 30 घण्टे में तथा पंकज के साथ मिलकर 15 घण्टे में पूरा कर लेता है, तो अकेले पंकज उस कार्य को कर सकता है

(a) 30 घण्टे में (b) 45 घण्टे में
(c) 15 घण्टे में (d) 2 घण्टे में

4. मजदूरों का एक समूह किसी कार्य को 10 दिन में करने का आश्वासन देता है लेकिन उनमें से 5 अनुपस्थित हो जाते हैं। यदि शेष मजदूर कार्य को 15 दिन में पूरा कर देते हैं, तो मजदूरों की मूल संख्या क्या थी?

(a) 30 (b) 20
(c) 15 (d) इनमें से कोई नहीं

5. 2 पुरुष तथा 3 स्त्रियाँ किसी कार्य को 10 दिन में समाप्त कर सकते हैं, जबकि 4 पुरुष इसे 10 दिन में कर सकते हैं। 3 पुरुष तथा 3 स्त्रियाँ इस कार्य को कितने दिन में कर सकेंगे?

(a) 8 दिन (b) 6 दिन (c) 5 दिन (d) $8\frac{1}{3}$ दिन

6. A तथा B किसी कार्य को 12 दिनों में और B तथा C 15 दिनों में कर सकते हैं। यदि A, C से दोगुना कार्य करता है, तो B उस कार्य को कर सकेगा

(a) 15 दिन में (b) 20 दिन में
(c) 25 दिन में (d) 30 दिन में

7. A तथा B मिलकर एक कार्य को 12 दिन में, B तथा C मिलकर 15 दिन में और C तथा A मिलकर 20 दिन में समाप्त कर सकते हैं। C अकेला इस कार्य को करने में समय लेगा

(a) 47 दिन (b) 50 दिन
(c) 52 दिन (d) 60 दिन

8. किसी दुर्ग में 150 सैनिकों के लिए 45 दिन का खाना था। 10 दिन पश्चात् 25 सैनिक चले गए। शेष खाना कितने दिन के लिए पर्याप्त होगा?

(a) 35 (b) 38
(c) 42 (d) 44

9. A, B और C क्रमश: एक कार्य को 12, 15 तथा 20 दिन में कर सकते हैं। तीनों साथ मिलकर वह कार्य पूरा करके ₹ 360 कमाते हैं। यदि प्रत्येक को उनके द्वारा किए गए कार्य के अनुपात में भुगतान होता है, तो 'C' की आमदनी होगी

(a) ₹ 150 (b) ₹ 120 (c) ₹ 100 (d) ₹ 90

10. तीन नल किसी टैंक को क्रमश: 10, 15 तथा दिये 18 मिनट में भर सकते हैं। खाली टैंक को भरने के लिए तीनों नल खोल दिये जाते हैं। 3 मिनट पश्चात् तीसरा नल बन्द कर दिया जाता है, तो टैंक भरने में समय लगेगा

(a) 10 मिनट (b) 5 मिनट (c) 4 मिनट (d) 6 मिनट

11. एक नल किसी टंकी को 6 घण्टे में भर सकता है। जब टंकी आधी भर जाती है, तो इसी प्रकार के तीन और नल खोल दिए जाते हैं। टंकी को पूरा भरने में लगा कुल समय है

(a) 4 घण्टे 15 मिनट (b) 4 घण्टे
(c) 3 घण्टे 45 मिनट (d) 3 घण्टे 15 मिनट

12. A किसी कार्य को 120 दिनों में तथा B, 150 दिनों में कर सकता है। दोनों एक साथ 20 दिन कार्य करते हैं। फिर B चला जाता है और A अकेले कार्य करता है। इसके 12 दिन पश्चात् C आ जाता है और तब कार्य अगले 48 दिनों में समाप्त हो जाता है। C अकेले उस कार्य को समाप्त कर सकता है

(a) 200 दिन में (b) 260 दिन में
(c) 180 दिन में (d) 240 दिन में

13. यदि A, B तथा C किसी कार्य को अकेले क्रमश: 12, 15 व 18 दिन में पूरा करते हैं। यदि तीनों मिलकर इसी कार्य को करना चाहें तो कार्य कितने दिनों में समाप्त कर सकेंगे?

(a) $5\frac{44}{51}$ (b) $6\frac{51}{44}$ (c) $4\frac{37}{32}$ (d) $4\frac{32}{37}$

14. किसी कार्य को A, B तथा C क्रमशः 24 दिन, 9 दिन व 12 दिन में पूरा कर सकते हैं। B तथा C कार्य प्रारम्भ करते हैं, परन्तु उन्हें 3 दिन बाद यह कार्य छोड़ना पड़ता है। शेष कार्य को करने में A को लगा समय है

(a) 5 दिन (b) 6 दिन (c) 10 दिन (d) $10\frac{1}{2}$ दिन

15. पाइप A तथा B एक टंकी को क्रमशः 20 एवं 30 मिनट में भर सकते हैं। पाइप C इसे 24 मिनट में खाली कर सकता है। यदि पाइप A, B तथा C को क्रमिक रूप से एक-एक मिनट के लिए खोले रखा जाए, तो यह टंकी कितने समय में भरेगी?

(a) 26 मिनट (b) 74 मिनट (c) 72 मिनट (d) 68 मिनट

16. राम 4 घण्टे में उतना ही कार्य कर सकता है जितना श्याम 6 घण्टे में अथवा सोम 8 घण्टे में कर सकता है। सोम को एक कार्य, जिसका एक-तिहाई भाग राम द्वारा 6 घण्टे कार्य करके तथा श्याम द्वारा 18 घण्टे कार्य करके किया जा चुका है, को पूरा करने में समय लगेगा

(a) 36 घण्टे (b) 18 घण्टे (c) 32 घण्टे (d) 72 घण्टे

17. जल का एक नल टंकी को c घण्टे में भरता है एवं तली पर लगा नल b घण्टे में टंकी को खाली कर देता है। जब दोनों नल खुले हों, तो टंकी a घण्टे में भर जाती है, तो

(a) $\frac{1}{a}=\frac{1}{b}+\frac{1}{c}$ (b) $\frac{1}{a}=\frac{1}{c}-\frac{1}{b}$ (c) $\frac{1}{a}=\frac{1}{b}-\frac{1}{c}$ (d) $a=b+c$

18. पाइप A तथा B एक टैंक को क्रमशः 30 तथा 20 घण्टे में भर सकते हैं। पाइप B केवल आधे समय के लिए खोला जाता है और शेष समय के लिए दोनों पाइप खोले जाते हैं। टैंक पूरा भर जाएगा

(a) 15 घण्टे में (b) 20 घण्टे में
(c) 25 घण्टे में (d) 10 घण्टे में

19. A किसी कार्य का $\frac{2}{5}$ भाग 12 दिन में तथा B इस कार्य का $\frac{3}{4}$ भाग 18 दिन में कर सकता है। दोनों मिलकर इस कार्य को कितने दिन में कर लेंगे?

(a) $7\frac{3}{7}$ दिन में (b) $13\frac{1}{3}$ दिन में
(c) $6\frac{2}{3}$ दिन में (d) $8\frac{5}{11}$ दिन में

20. A अकेला एक कार्य को 12 दिन में समाप्त कर सकता है जबकि B अकेला इसे 15 दिन में समाप्त कर सकता है। ये दोनों C के साथ मिलकर कार्य को 5 दिन में पूरा करते हैं। यदि इस कार्य की कुल मजदूरी ₹ 96 मिली हो, तो इस धन को A, B तथा C में किस प्रकार वितरित किया जाएगा?

(a) $A=$ ₹ 40, $B=$ ₹ 30, $C=$ ₹ 26
(b) $A=$ ₹ 26, $B=$ ₹ 40, $C=$ ₹ 30
(c) $A=$ ₹ 40, $B=$ ₹ 32, $C=$ ₹ 24
(d) $A=$ ₹ 32, $B=$ ₹ 40, $C=$ ₹ 24

उत्तरमाला

1. (a)	**2.** (b)	**3.** (a)	**4.** (c)	**5.** (a)	**6.** (b)	**7.** (d)	**8.** (c)	**9.** (d)	**10.** (b)
11. (c)	**12.** (d)	**13.** (d)	**14.** (c)	**15.** (c)	**16.** (d)	**17.** (b)	**18.** (a)	**19.** (b)	**20.** (c)

संकेत एवं हल

2. माना एक पुरुष और एक लड़के का एक दिन का कार्य क्रमशः x और y है।

प्रश्नानुसार,

$$4x+6y=\frac{1}{4} \Rightarrow 2x+3y=\frac{1}{8} \quad \text{...(i)}$$

और
$$2x+4y=\frac{1}{7} \Rightarrow x+2y=\frac{1}{14} \quad \text{...(ii)}$$

समी (i) और (ii) को हल करने पर,

$$x=\frac{1}{28} \text{ और } y=\frac{1}{56}$$ **[देखें → 17.1]**

10 पुरुष और 8 लड़कों का एक दिन का कार्य

$$=10\times\frac{1}{28}+8\times\frac{1}{56}=\frac{28}{56}=\frac{1}{2}$$

अतः 10 पुरुष और 8 लड़के इस कार्य को 2 दिन में पूरा करेंगे।

3. पवन किसी कार्य को अकेले 30 घण्टे में करता है

$\therefore$ पवन का 1 घण्टे का कार्य $=\frac{1}{30}$ भाग

पवन तथा पंकज का 1 घण्टे का कार्य $=\frac{1}{15}$ भाग

पंकज का 1 घण्टे का कार्य $=\frac{1}{15}-\frac{1}{30}=\frac{1}{30}$ भाग

अर्थात् पंकज उसी कार्य को 30 घण्टे में अकेले करेगा।

संक्षिप्त विधि

सूत्र $\frac{xy}{y-x}$ से, **[देखें → 17.6]**

$$=\frac{15\times30}{30-15}=30 \text{ घण्टे}$$

4. माना मजदूरों की कुल संख्या $=x$

मजदूर	दिन
x ↑	10 ↓
$(x-5)$	15

$$\frac{10}{15}=\frac{x-5}{x}$$

$$\Rightarrow 15x-75=10x$$

$$\Rightarrow 5x=75$$

$$\Rightarrow x=15$$

5. 4 पुरुष = 3 स्त्रियाँ + 2 पुरुष

$\therefore$ 2 पुरुष = 3 स्त्रियाँ

3 पुरुष + 3 स्त्रियाँ = 3 पुरुष + 2 पुरुष = 5 पुरुष

4 पुरुष एक दिन में कार्य कर सकते हैं $= \frac{1}{10}$ भाग

5 पुरुष एक दिन में कार्य करते हैं $= \frac{1}{10 \times 4} \times 5 = \frac{1}{8}$ भाग

$\therefore$ 5 पुरुष इस कार्य को करेंगे = 8 दिन में

7. A, B तथा C का 1 दिन का कार्य

$$= \frac{1}{2}\left(\frac{1}{12} + \frac{1}{15} + \frac{1}{20}\right)$$

$$= \frac{1}{2}\left(\frac{5+4+3}{60}\right) = \frac{1}{10}$$

C का 1 दिन का कार्य $= \frac{1}{10} - \frac{1}{12} = \frac{6-5}{60} = \frac{1}{60}$

$\therefore$ C पूरा कार्य करेगा = 60 दिन में

8. अभीष्ट दिन $= \frac{35 \times 150}{125} = 42$ दिन

9. माना कार्य x दिन में पूरा हुआ।

$\therefore A$ का कार्य + B का कार्य + C का कार्य $=1$

$\therefore \quad \frac{x}{2} + \frac{x}{4} + \frac{x}{8} = 1$

$\Rightarrow \quad 4x + 2x + x = 8$

$\Rightarrow \quad x = \frac{8}{7}$ दिन

C का $\frac{8}{7}$ दिन का कार्य $= \frac{8}{7 \times 8} = \frac{1}{7}$ भाग

1 कार्य की मजदूरी = ₹630

$\frac{1}{7}$ भाग कार्य की मजदूरी $= 630 \times \frac{1}{7} =$ ₹90

10. माना टैंक x मिनट में भरता है, तब

$$\frac{x}{10} + \frac{x}{15} + \frac{3}{18} = 1$$

$\Rightarrow \quad \frac{9x + 6x + 15}{90} = 1$

$\Rightarrow \quad 15x + 15 = 90$ या $15x = 75$

$\Rightarrow \quad x = 5$ मिनट

11. चारों नलों द्वारा 1 घण्टे में भरा भाग $= \frac{1}{6} + \frac{1}{6} + \frac{1}{6} + \frac{1}{6} = \frac{4}{6} = \frac{2}{3}$

चारों नल $\frac{2}{3}$ भाग भरते हैं = 60 मिनट में

चारों नल $\frac{1}{2}$ भाग भरेंगे $= 60 \times \frac{3}{2} \times \frac{1}{2} = 45$ मिनट

$\therefore$ टंकी भरने में लगा समय = 3 घण्टे 45 मिनट

12. माना C अकेले x दिन में कार्य समाप्त कर सकता है। A ने 20 दिन B के साथ, 12 दिन अकेले तथा 48 दिन C के साथ कार्य किया। इस प्रकार, A ने कुल $(20 + 12 + 48) = 80$ दिन कार्य किया। B ने केवल 20 दिन तथा C ने केवल 48 दिन कार्य किया।

$\because A$ का कार्य + B का कार्य + C का कार्य $=1$

$\therefore \quad \frac{80}{120} + \frac{20}{150} + \frac{48}{x} = 1$

$\Rightarrow \quad \frac{48}{x} = 1 - \frac{2}{3} - \frac{2}{15} = \frac{15-10-2}{15} = \frac{1}{5}$

$\Rightarrow \quad x = 5 \times 48 = 240$ दिन

13. A, B तथा C का एक दिन का काम क्रमशः $\frac{1}{12}, \frac{1}{15}$ व $\frac{1}{18}$ होगा।

तीनों द्वारा एकसाथ मिलकर किया गया कार्य

$$= \frac{1}{12} + \frac{1}{15} + \frac{1}{18} = \frac{15+12+10}{180}$$

$$= \frac{37}{180} \text{ भाग}$$

अतः तीनों पूरे कार्य को $4\frac{32}{37}$ दिनों में करेंगे।

संक्षिप्त विधि

सूत्र $\frac{xyz}{xy + yz + zx}$ से, **[देखें→ 17.4]**

$$= \frac{12 \times 15 \times 18}{12 \times 15 + 15 \times 18 + 18 \times 12}$$

$$= \frac{3240}{666} = \frac{180}{37} = 4\frac{32}{37} \text{ दिन}$$

14. B तथा C का 1 दिन का कार्य $= \frac{1}{9} + \frac{1}{12} = \frac{4+3}{36} = \frac{7}{36}$

B तथा C का 3 दिन का कार्य $= \frac{7}{12}$

शेष कार्य $= 1 - \frac{7}{12} = \frac{5}{12}$

काम	दिन
1 ↓	24 ↓
$\frac{5}{12}$	x

$\therefore \quad 1 : \frac{5}{12} :: 24 : x$

$\Rightarrow \quad x = \frac{5}{12} \times 24 = 10$ दिन

15. पाइप A, B तथा C द्वारा 1 मिनट में भरा भाग क्रमशः $\frac{1}{20}, \frac{1}{30}$ तथा $\frac{1}{24}$ है।

तीनों पाइपों को एक-एक मिनट के लिए खोलने पर टंकी का भरा भाग

$$= \left(\frac{1}{20} + \frac{1}{30} - \frac{1}{24}\right)$$

$$= \frac{5}{120} \text{ भाग}$$

$\frac{5}{120}$वाँ भाग भरता है = 1 मिनट में

अतः पूरा भाग भरेगा $= \frac{3 \times 120}{5} = 72$ मिनट में

16. राम का 4 घण्टे का कार्य = सोम का 8 घण्टे का कार्य

= श्याम का 6 घण्टे का कार्य

राम का 6 घण्टे का कार्य = सोम का $\frac{8 \times 6}{4} = 12$ घण्टे का कार्य

श्याम का 18 घण्टे का कार्य = सोम का $\frac{8 \times 18}{6} = 24$ घण्टे का कार्य

$\frac{1}{3}$ कार्य जिसे राम ने 6 घण्टे तथा श्याम ने 18 घण्टे में पूरा किया, सोम अकेला 36 घण्टे में कर सकता है।

अत: सोम शेष $\frac{2}{3}$ कार्य को करेगा $= 2 \times 36 = 72$ घण्टे में

17. नल द्वारा 1 घण्टे में भरा भाग $= \frac{1}{c}$

तली वाले नल द्वारा 1 घण्टे में खाली हुई टंकी का भाग $= \frac{1}{b}$

$\therefore$ टंकी a घण्टे में भर जाती है अत:

a घण्टे में टंकी में आए पानी का भाग $= \frac{1}{a}$वाँ भाग

प्रश्नानुसार, जब दोनों नल खुले हों

$$\frac{1}{a} = \frac{1}{c} - \frac{1}{b}$$

20. A का एक दिन का कार्य $= \frac{1}{12}$ भाग

B का एक दिन का कार्य $= \frac{1}{15}$ भाग

C का एक दिन का कार्य $= \frac{1}{5} - \left(\frac{1}{12} + \frac{1}{15}\right) = \frac{1}{20}$ भाग

A, B, C के 1 दिन के कार्य का अनुपात $= \frac{1}{12} : \frac{1}{15} : \frac{1}{20} = 5 : 4 : 3$

अत: कुल मजदूरी इनमें 5 : 4 : 3 के अनुपात में वितरित होगी।

$\therefore$ A का भाग $= \frac{96 \times 5}{12} = ₹40$

B का भाग $= \frac{96 \times 4}{12} = ₹32$

C का भाग $= 96 \times \frac{3}{12} = ₹24$

18

चाल तथा समय

Speed and Time

चाल (Speed)

किसी वस्तु द्वारा इकाई समय में चली गई दूरी को चाल कहते हैं। इकाई समय का अर्थ है—प्रति मिनट या प्रति सेकण्ड या प्रति घण्टा। यदि कोई व्यक्ति या वाहन 10 मिनट में 100 मीटर दूरी चले, तो उसके द्वारा प्रति मिनट (एक मिनट) में चली गई दूरी 10 मी होगी। अर्थात् उसकी चाल 10 मीटर/मिनट होगी। चाल एक अदिश राशि है तथा इसका मात्रक किमी/घण्टा या मी/से होता है। इस तरह इन तीन राशियों में से कोई दो राशि ज्ञात हो, तो तीसरी राशि आसानी से ज्ञात की जा सकती है।

अर्थात्, $\text{समय} = \frac{\text{दूरी}}{\text{चाल}}$ एवं दूरी = चाल × समय

स्मरणीय बिन्दु

18.1 चाल को किमी/घण्टा से मी/से में बदलने के लिए $\frac{5}{18}$ से तथा मी/से से किमी/घण्टा में बदलने के लिए $\frac{18}{5}$ से गुणा करते हैं।

18.2 $\text{औसत चाल} = \frac{\text{कुल चली गई दूरी}}{\text{कुल लगा समय}}$

18.3 यदि दो समान दूरियाँ, चाल x किमी/घण्टा तथा y किमी/घण्टा से तय की गई हों, तो औसत चाल $\frac{2xy}{x+y}$ किमी/घण्टा होगी।

18.4 यदि दो रेलगाड़ियों (या किसी अन्य वस्तु) की चाल क्रमशः x किमी/घण्टा तथा y किमी/घण्टा हों, तो विपरीत दिशा में सापेक्षिक चाल $(x + y)$ किमी/घण्टा तथा समान दिशा में सापेक्षिक चाल $(x - y)$ किमी/घण्टा होगी।

18.5 जब कोई रेलगाड़ी किसी स्थिर वस्तु (पेड़, खम्भा या व्यक्ति) को पार करती है, तो रेलगाड़ी को अपनी लम्बाई के बराबर दूरी तय करनी पड़ती है और जब रेलगाड़ी किसी लम्बी वस्तु (प्लेटफार्म, पुल या रेलगाड़ी) को पार करती है, तो रेलगाड़ी को अपनी लम्बाई तथा वस्तु की लम्बाई के कुल योग के बराबर दूरी तय करनी पड़ती है।

18.6 यदि धारा की दिशा में नाव की चाल u किमी/घण्टा तथा धारा की दिशा के विपरीत दिशा में नाव की चाल v किमी/घण्टा हो, तो

(i) शान्त जल में नाव की चाल $= \frac{u+v}{2}$ किमी/घण्टा

(ii) धारा की चाल $= \frac{u-v}{2}$ किमी/घण्टा

18.7 यदि किसी नाव की चाल शान्त जल में x किमी/घण्टा तथा धारा के बहने की दिशा में y किमी/घण्टा हो, तो

(i) धारा की दिशा में नाव की चाल $= (x + y)$ किमी/घण्टा

(ii) धारा की दिशा के विपरीत दिशा में नाव की चाल $= (x - y)$ किमी/घण्टा

साधित उदाहरण

■ **उदाहरण 1** *54 किमी/घण्टा की चाल से चलती हुई एक रेलगाड़ी किसी दूरी को 14 घण्टों में तय करती है। यदि उसकी चाल 63 किमी/घण्टा हो, तो उसी दूरी को रेलगाड़ी कितने समय में तय करेगी?*

हल दूरी = चाल × समय = 54 × 14 किमी

$$\text{अभीष्ट समय} = \frac{\text{दूरी}}{\text{चाल}} = \frac{54 \times 14}{63} = 12 \text{ घण्टे}$$

■ **उदाहरण 2** *एक स्कूटर सवार पहले 100 किमी की दूरी 50 किमी/घण्टा की चाल से जाता है तथा अगले 120 किमी वह 40 किमी/घण्टा की चाल से जाता है। अब तक की जो उसकी औसत चाल है यदि वह उस चाल से अगले 242 किमी की दूरी तय करे, तो उसे कितना समय लगेगा?*

हल स्कूटर सवार की औसत चाल

$$= \frac{\text{कुल चली गई दूरी}}{\text{कुल लगा समय}}$$ [देखें → 18.2]

$$= \frac{100 + 120}{100/40 + 120/40} = \frac{220}{2 + 3} = 44 \text{ किमी/घण्टा}$$

$$\text{अभीष्ट समय} = \frac{\text{दूरी}}{\text{चाल}}$$

$$= \frac{242}{44} = 5\frac{1}{2} \text{ घण्टे}$$

■ **उदाहरण 3** *एक रेलगाड़ी 45 किमी/घण्टा की चाल से चलती हुई एक पुल को 40 सेकण्ड में पार कर जाती है। उसके बाद वह 18 सेकण्ड में समान दिशा में 5 किमी/घण्टा से चल रहे एक आदमी को पार कर जाती है। रेलगाड़ी तथा पुल की लम्बाई क्या है?*

हल माना रेलगाड़ी की लम्बाई L तथा पुल की लम्बाई M है।

$$\text{कुल दूरी} = (L + M) \text{ मी}$$

$$L + M = 45 \times \frac{5}{18} \times 40 \quad \ldots\text{(i)}$$ [देखें → **18.1**]

$$L = (45 - 5) \times \frac{5}{18} \times 18$$

$$L = 40 \times \frac{5}{18} \times 18 = 200$$

L का मान समी (i) में रखने पर,

$$200 + M = 45 \times \frac{5}{18} \times 40 \Rightarrow 200 + M = 500$$

या $M = 300$ मी

अत: $L = 200$ मी तथा $M = 300$ मी

अर्थात् रेलगाड़ी की लम्बाई = 200 मी

तथा पुल की लम्बाई = 300 मी

■ **उदाहरण 4** *शान्त जल में एक नाव की चाल धारा की चाल से 6 किमी/घण्टा अधिक है। धारा के विरुद्ध 18 किमी तथा धारा के साथ 32 किमी जाने में नाव को कुल 7 घण्टे लगते हैं। शान्त जल में नाव की चाल किमी/घण्टा में क्या है?*

हल यदि धारा की चाल = x किमी/घण्टा हो, तो

शान्त जल में नाव की चाल = $(x + 6)$ किमी/घण्टा [देखें → **18.7**]

$$\text{प्रश्नानुसार,} \quad \frac{18}{(x+6) - x} + \frac{32}{(x+6) + x} = 7$$

$$3 + \frac{32}{2x + 6} = 7$$

$$\frac{32}{2x + 6} = 4$$

$$8 = 2x + 6$$

$$x = 1$$

अत: शान्त जल में नाव की चाल = 1 + 6 = 7 किमी/घण्टा

अभ्यास प्रश्न

1. 50 किमी/घण्टा की चाल से चलती हुई 100 मी लम्बी रेलगाड़ी एक खम्भे को पार करेगी
(a) 5 सेकण्ड में (b) 7.2 सेकण्ड में
(c) 8.4 सेकण्ड में (d) 10 सेकण्ड में

2. एक मोटरकार पूरब दिशा की ओर 75 किमी/घण्टा की चाल से और दूसरी मोटरकार भी उसी दिशा में 60 किमी/घण्टा की चाल से जा रही है। पहली की चाल दूसरी के सापेक्ष होगी
(a) 20 किमी/घण्टा (b) 15 किमी/घण्टा
(c) 10 किमी/घण्टा (d) इनमें से कोई नहीं

3. एक नदी का बहाव 3 किमी/घण्टा है। एक नाविक शान्त जल में 5 किमी/घण्टा की चाल से नाव चला सकता है। बहाव के विरुद्ध नाविक की चाल होगी
(a) 15 किमी/घण्टा (b) 8 किमी/घण्टा
(c) 4 किमी/घण्टा (d) 2 किमी/घण्टा

4. 40 किमी/घण्टा की चाल से चलती रेलगाड़ी अपने समान्तर 25 किमी/घण्टा की चाल से चलते हुए एक व्यक्ति को 48 सेकण्ड में पार करती है। गाड़ी की लम्बाई होगी
(a) 50 मी (b) 100 मी (c) 200 मी (d) 400 मी

5. एक गाड़ी के पहिए की त्रिज्या 50 सेमी है। 1/9 सेकण्ड में 80° का कोण घूमता है। पहिए की चाल (किमी/घण्टा में) होगी
(a) 24.2 (b) 23.4 (c) 26.8 (d) 22.6

6. एक व्यक्ति एकसमान गति से तैरते हुए धारा की दिशा में 5 घण्टे में 20 किमी तथा इतने ही समय में धारा के विपरीत दिशा में 10 किमी तैर पाता है, तो धारा के बहाव की गति होगी
(a) 2 किमी/घण्टा (b) 3 किमी/घण्टा
(c) 1 किमी/घण्टा (d) 4 किमी/घण्टा

7. 127 मी तथा 98 मी लम्बी दो रेलगाड़ियाँ विपरीत दिशाओं में 35 किमी/घण्टा तथा 55 किमी/घण्टा की चाल से जा रही हैं। मिलने के कितने समय बाद वे एक-दूसरे को पार करेंगी?
(a) 7 सेकण्ड (b) 8 सेकण्ड
(c) 9 सेकण्ड (d) इनमें से कोई नहीं

8. दो गाड़ियाँ विपरीत दिशा में चलते हुए 10 बजे मिलती हैं जब वे समय से आएँ। एक दिन प्रथम गाड़ी 15 मिनट एवं दूसरी गाड़ी 5 मिनट देर से चल रही थी तथा वे 10 बजकर 9 मिनट पर मिलीं। यदि पहली गाड़ी की गति 40 किमी/घण्टा हो, तो दूसरी गाड़ी की गति है
(a) 60 किमी/घण्टा (b) 90 किमी/घण्टा
(c) 40 किमी/घण्टा (d) 50 किमी/घण्टा

9. एक रेलगाड़ी दो व्यक्तियों को, जो क्रमानुसार 6 तथा $7\frac{1}{2}$ किमी/घण्टा की चाल से जा रहे हैं, पकड़ लेती है और क्रमश: 5 तथा $5\frac{1}{2}$ सेकण्ड में पार करती है। गाड़ी की लम्बाई (मी में) तथा गति (किमी/घण्टा में) होगी
(a) 275/12, 22.5 (b) 23, 23
(c) 278/2, 22 (d) 24, 24

10. दो स्टेशन 150 किमी दूर हैं। एक रेलगाड़ी एकसमान चाल से एक स्टेशन से दूसरे स्टेशन को जाती है। यदि उसकी चाल 5 किमी/घण्टा अधिक होती, तो वह 1 घण्टा पहले पहुँच जाती। रेलगाड़ी की (किमी/घण्टा में) चाल होगी
(a) 40 (b) 20 (c) 30 (d) 25

11. एक विद्यार्थी अपने घर से 2.5 किमी/घण्टा की चाल से चलकर अपने स्कूल 6 मिनट देरी से पहुँचता है। अगले दिन वह अपनी चाल 1 किमी/घण्टा बढ़ा लेता है और अपने स्कूल 6 मिनट पहले पहुँच जाता है। उसके घर से स्कूल की दूरी है
(a) 1.5 किमी (b) 1.75 किमी (c) 2.0 किमी (d) 2.4 किमी

12. एक व्यक्ति शान्त जल में 5 किमी/घण्टे की चाल से तैर सकता है। यदि नदी का बहाव 1 किमी/घण्टा हो, तो एक निश्चित बिन्दु तक जाने व वापिस आने में उसे 75 मिनट लगते हैं। यह बिन्दु कितनी दूरी पर है?
(a) 2.5 किमी (b) 3 किमी (c) 4 किमी (d) 5 किमी

13. एक व्यक्ति धारा के विरुद्ध 13 किमी अपनी नाव चलाता है तथा धारा के साथ 28 किमी अपनी नाव चलाता है। प्रत्येक बार वह 5 घण्टे का समय लेता है। धारा की चाल है
(a) 5.6 किमी/घण्टा (b) 3 किमी/घण्टा
(c) 1.5 किमी/घण्टा (d) इनमें से कोई नहीं

14. 72 किमी/घण्टा की गति से चलती हुई एक गाड़ी 180 मी लम्बी अन्य गाड़ी को, जोकि उसी दिशा में समान्तर पटरी पर 54 किमी/घण्टा की गति से चल रही है, एक मिनट में पूर्णतया पार कर लेती है। यदि ये विपरीत दिशा में चलती हों, तो दोनों गाड़ियों को एक-दूसरे को पार करने में समय लगेगा
(a) 36 सेकण्ड (b) 9 सेकण्ड (c) $\frac{24}{7}$ सेकण्ड (d) $\frac{60}{7}$ सेकण्ड

15. सुनीता प्रतिदिन अपने घर से विद्यालय के लिए ठीक 10 बजे निकलती है। यदि वह 5 किमी/घण्टा की गति से चलती है, तो वह विद्यालय 6 मिनट की देरी से पहुँचती है एवं यदि वह 6 किमी/घण्टा की गति से चलती है, तब वह विद्यालय 10 मिनट पूर्व पहुँच जाती है। विद्यालय से उसके घर की दूरी है
(a) 8 किमी (b) 11 किमी (c) 16 किमी (d) 2.5 किमी

16. तीन व्यक्ति 480 मी परिधि वाले वृत्ताकार क्षेत्र के चारों ओर साइकिल पर 48 मी, 60 मी तथा 72 मी/मिनट चलते हैं। वे पुन: कितने समय बाद मिलेंगे?
(a) 60 मिनट (b) 15 मिनट (c) 24 मिनट (d) 40 मिनट

17. एक दिन प्रात: 7 : 00 बजे राकेश 9 किमी/घण्टा की चाल से साइकिल द्वारा रंजन से मिलने गया। कुछ दूर चलने के बाद उसकी साइकिल खराब हो गई। वह वहीं रुक गया तथा 35 मिनट आराम करके 3.5 किमी/घण्टा की चाल से पैदल चलकर 1 : 00 बजे दोपहर वापस आ गया। घर से वह दूरी, जहाँ साइकिल खराब हो गई थी, है
(a) 14.4 किमी (b) 11.8 किमी (c) 12.6 किमी (d) 13.65 किमी

18. एक रेलगाड़ी के 30 किमी चलने के पश्चात् एक दुर्घटना हो जाती है जिससे अब उसकी चाल पहले की 4/5 हो जाती है तथा रेलगाड़ी नियत स्थान पर 45 मिनट देर से पहुँचती है। यदि यह घटना 18 किमी और आगे होती, तो वह 36 मिनट देर से पहुँचती। गाड़ी की चाल किमी/घण्टा में होगी
(a) 35 (b) 40 (c) 30 (d) 20

19. एक रेलगाड़ी 99 मी लम्बे प्लेटफॉर्म को $13\frac{1}{2}$ सेकण्ड में पार करती है और एक खम्भे को 9 सेकण्ड में। गाड़ी की लम्बाई है
(a) 190 मी (b) 198 मी
(c) 208 मी (d) 212 मी

20. एक 158 मी लम्बी मालगाड़ी 32 किमी/घण्टा की चाल से दिल्ली से 6 बजे प्रात: चलती है। एक दूसरी सवारी गाड़ी, जो 130 मी लम्बी है, 80 किमी/घण्टा की चाल से दिन के 12 बजे दिल्ली से ही चलती है तथा मालगाड़ी का पीछा करती है। सवारी गाड़ी-मालगाड़ी को पार करेगी
(a) 4 बजे (b) 5 बजे
(c) 4 बजकर 21.6 सेकण्ड पर (d) 5 बजकर 10.2 सेकण्ड पर

उत्तरमाला

1. (b)	**2.** (b)	**3.** (d)	**4.** (c)	**5.** (d)	**6.** (c)	**7.** (c)	**8.** (a)	**9.** (a)	**10.** (d)
11. (b)	**12.** (b)	**13.** (c)	**14.** (d)	**15.** (a)	**16.** (d)	**17.** (d)	**18.** (c)	**19.** (b)	**20.** (c)

संकेत एवं हल

1. समय $= \frac{100}{50 \times \frac{5}{18}} = \frac{36}{5} = 7.2$ सेकण्ड

4. सापेक्ष चाल $= \frac{(40-25)\times 5}{18} = \frac{25}{6}$ मी/से

$\therefore$ रेलगाड़ी की लम्बाई $= \frac{25}{6} \times 48 = 200$ मी

5. पहिए द्वारा $\frac{1}{9}$ सेकण्ड में चली दूरी

$$= \frac{80}{360} \times 2 \times \frac{22}{7} \times 50 \text{ सेमी} \quad \left[\because 80^\circ = \frac{80}{360} \times 2\pi\right]$$

$$= \frac{4400}{63} \text{ सेमी} = \frac{44}{63} \text{ मी}$$

पहिए की चाल $= \frac{44}{63} \times \frac{9}{1}$ मी/से [देखें → 18.1]

$= 22.62$ किमी/घण्टा

6. माना व्यक्ति की शान्त जल में चाल और धारा की गति क्रमश: x किमी/घण्टा और y किमी/घण्टा हैं। [देखें → 18.6]

प्रश्नानुसार,

$$\frac{20}{x+y} = 5 \Rightarrow x + y = 4 \quad \text{...(i)}$$

और $\frac{10}{x-y} = 5$

$\Rightarrow$ $x - y = 2$ ...(ii)

समी (i) और (ii) को हल करने पर,

$x = 3,\ y = 1$

अत: धारा की गति = 1 किमी/घण्टा

8. पहली गाड़ी को 15 – 9 = 6 मिनट कम चलना पड़ा तथा दूसरी गाड़ी को 9 – 5 = 4 मिनट कम चलना पड़ा या

इस प्रकार कह सकते हैं कि पहली गाड़ी द्वारा 6 मिनट में चली दूरी = दूसरी गाड़ी द्वारा 4 मिनट में चली दूरी

$$\frac{40 \times 6}{60} = \frac{x \times 4}{60}$$

$\Rightarrow$ $x = 60$ किमी/घण्टा

9. माना रेलगाड़ी की चाल $= x$ मी/से

पहले व्यक्ति की चाल $= \frac{6 \times 5}{18} = \frac{5}{3}$ मी/से

दूसरे व्यक्ति की चाल $= \frac{15}{2} \times \frac{5}{18} = \frac{25}{12}$ मी/से

पहले व्यक्ति के सापेक्ष गाड़ी की चाल $= \left(x - \frac{5}{3}\right)$ मी/से

दूसरे व्यक्ति के सापेक्ष गाड़ी की चाल $= \left(x - \frac{25}{12}\right)$ मी/से

पहले व्यक्ति को पार करने में चली दूरी = दूसरे व्यक्ति को पार करने में चली दूरी

$$\left(x - \frac{5}{3}\right) \times 5 = \left(x - \frac{25}{12}\right) \times \frac{11}{2}$$

$\Rightarrow \quad 10x - \frac{50}{3} = 11x - \frac{275}{12}$

$\Rightarrow \quad x = \frac{275}{12} - \frac{50}{3} = \frac{75}{12}$ मी/से = 22.5 किमी/घण्टा

गाड़ी की लम्बाई = पहले व्यक्ति को पार करने में चली दूरी

$$= \left(x - \frac{5}{3}\right) \times 5 = \left(\frac{75}{12} - \frac{5}{3}\right) \times 5$$

$$= \frac{55}{12} \times 5 = \frac{275}{12} \text{ मी}$$

11. माना घर से स्कूल की दूरी S किमी है।

पहले दिन लगा समय $t_1 = \frac{S}{2.5}$ घण्टे

दूसरे दिन लगा समय $t_2 = \frac{S}{3.5}$ घण्टे

पहले दिन 6 मिनट लेट पहुँचा, अगले दिन 6 मिनट पहले।
अतः समयों में अन्तर,

$$t_1 - t_2 = 6 + 6 = 12 \text{ मिनट } = 1/5 \text{ घण्टे}$$

$\Rightarrow \quad \frac{S}{2.5} - \frac{S}{3.5} = \frac{1}{5}$

$\Rightarrow \quad \frac{S\,(3.5 - 2.5)}{2.5 \times 3.5} = \frac{1}{5}$

$\Rightarrow \quad S = \frac{2.5 \times 3.5}{5} = 1.75$ किमी

13. माना नाव की शान्त जल में चाल x किमी/घण्टा तथा धारा की चाल y किमी/घण्टा है। तब, धारा की दिशा में नाव की चाल,

$$x + y = \frac{28}{5}$$

धारा के विरुद्ध नाव की चाल, $x - y = \frac{13}{5}$

हल करने पर, $y = \frac{15}{5 \times 2} = 1.5$ किमी/घण्टा

14. जब गाड़ियाँ एक ही दिशा में हैं, $t = \left(\frac{l_1 + l_2}{u - v}\right)$

$\Rightarrow \quad 1 \times 60 = \frac{180 + l_2}{(72 - 54) \times \frac{5}{18}}$

$\Rightarrow \quad 180 + l_2 = 300 \Rightarrow l_2 = 120$ मी

जब गाड़ियाँ विपरीत दिशा में चलती हैं, तब

$$t = \frac{l_1 + l_2}{u + v} = \frac{180 + 120}{(72 + 54) \times \frac{5}{18}} = \frac{60}{7} \text{ सेकण्ड}$$

15. माना विद्यालय से घर की दूरी x किमी है।

$\therefore \quad \frac{x}{5} - \frac{x}{6} = (10 + 6)$ मिनट $= \frac{16}{60}$ घण्टा

$\Rightarrow \quad \frac{x}{5} - \frac{x}{6} = \frac{8}{30}$

$\Rightarrow \quad 6x - 5x = 8$

$\Rightarrow \quad x = 8$ किमी

16. माना वे x मिनट बाद मिलेंगे। x मिनट में चली गई दूरियाँ क्रमशः $48x$ मी, $60x$ मी व $72x$ मी होंगी।

चक्करों की संख्या क्रमशः $\frac{48x}{480}, \frac{60x}{480}, \frac{72x}{480}$ या $\frac{x}{10}, \frac{x}{8}, \frac{3x}{20}$ होगी।

$\because$ चक्करों की संख्या पूर्णांकों में होगी।

$\therefore \quad x = 40$ मिनट (10, 8, 20 का ल.स.)

अतः वे पुनः 40 मिनट बाद मिलेंगे, जब वे क्रमशः 4, 5, 6 चक्कर पूरे कर चुकेंगे।

17. माना वह दूरी, जहाँ साइकिल खराब हुई थी, x किमी है,

तब लगा समय $= \frac{x}{9} + \frac{35}{60} + \frac{x}{3.5} = 6$ (7 बजे से 1 बजे तक)

हल करने पर, $x = 13.65$ किमी

18. माना रेलगाड़ी की चाल v किमी/घण्टा है। यदि दुर्घटना 48 किमी चलने के बाद होती है, तो 30 किमी के बाद वाले 18 किमी की दूरी v किमी/घण्टा की चाल से तय होती, जिससे गाड़ी $45 - 36 = 9$ मिनट या 9/60 घण्टे कम लेट होती जबकि 30 किमी पर दुर्घटना हो जाने के कारण ये 18 किमी की दूरी $4v/5$ किमी/घण्टा की चाल से तय हुई।

$\therefore \quad \frac{18}{4v/5} - \frac{18}{v} = \frac{9}{60}$

$\Rightarrow \quad \frac{90}{4v} - \frac{18}{v} = \frac{3}{20}$

$\Rightarrow \quad \frac{90 - 72}{4v} = \frac{3}{20}$

$\Rightarrow \quad v = \frac{18 \times 20}{3 \times 4} = 30$ किमी/घण्टा

20. माना सवारी गाड़ी, मालगाड़ी को, अपने चलने के x घण्टे बाद पकड़ लेती है, तब सवारी गाड़ी द्वारा चली गई दूरी = मालगाड़ी द्वारा चली दूरी + मालगाड़ी की लम्बाई + सवारी गाड़ी की लम्बाई

$$80x = 32\,(x + 6) + 0.158 + 0.130$$

$\Rightarrow \quad 80x = 32x + 192 + 0.288$

$\Rightarrow \quad x = \left(\frac{192}{48} + \frac{0.288}{48}\right)$ घण्टे

$= 4$ घण्टे $+ \frac{0.288}{48} \times 60 \times 60$ सेकण्ड

$= 4$ घण्टे 21.6 सेकण्ड

या 4 बजकर 21.6 सेकण्ड

19

केन्द्रीय प्रवृत्ति की मापें

Measures of Central Tendency

आँकड़ों का संग्रह (Collection of Data)

आँकड़ों का संग्रह, निष्कर्ष प्राप्ति की ओर सांख्यिकी का पहला चरण है। आँकड़ों को संग्रहित करने के विभिन्न स्रोत हैं, जो इस प्रकार हैं

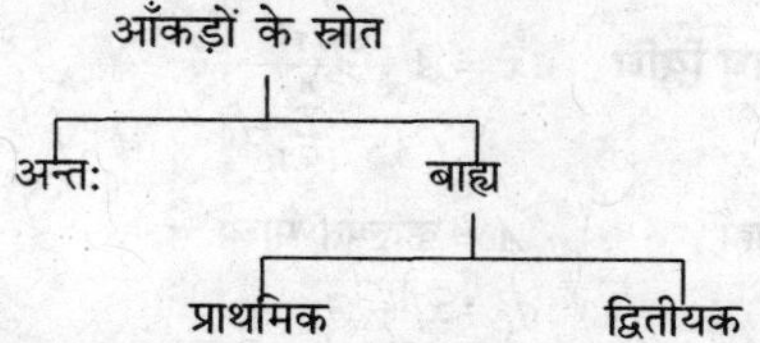

संग्रह के आधार पर आँकड़े दो प्रकार के होते हैं

प्राथमिक आँकड़े (Primary Data)

इस प्रकार के आँकड़े जाँचकर्ता द्वारा जाँच प्रक्रिया में वास्तविक रूप से संग्रहित किए जाते हैं। ये मूल रूप में होते हैं।

द्वितीयक आँकड़े (Secondary Data)

वे आँकड़े जो पहले ही किसी दूसरे व्यक्ति द्वारा संग्रहित किए जा चुके हैं तथा इन आँकड़ों को जाँचकर्ता द्वारा जाँच प्रक्रिया में प्रयोग किया जाता है, द्वितीयक आँकड़े कहलाते हैं।

आँकड़ों का वर्गीकरण (Classification of Data)

वर्गीकरण वह रीति है जिसके द्वारा संग्रहित (एकत्रित किए गए) आँकड़ों को उनकी समानता एवं गुणों के आधार पर विभिन्न समूहों व वर्गों में बाँट दिया जाता है।

बारम्बारता तथा संचयी बारम्बारता (Frequency and Cumulative Frequency)

बारम्बारता (Frequency)

कोई आँकड़ा जितनी बार दोहराया गया हो, वह उसकी बारम्बारता अथवा आवृत्ति (f) कहलाती है।

संचयी बारम्बारता (Cumulative Frequency)

प्रत्येक वर्ग अन्तराल की अपनी बारम्बारता में उससे पहले के वर्ग अन्तरालों की बारम्बारताओं के योग को जोड़ देने पर प्राप्त योगफल उस वर्ग अन्तराल की संचयी बारम्बारता कहलाती है।

श्रेणी (Series)

ये तीन प्रकार की होती हैं

व्यक्तिगत या अवर्गीकृत श्रेणी (Individual Series)

यदि श्रेणी में केवल चर के मान दिए गए हैं, बारम्बारताएँ नहीं दी गई हैं, तो वह श्रेणी व्यक्तिगत या अवर्गीकृत श्रेणी कहलाती है।

असतत् श्रेणी (Discrete Series)

यदि श्रेणी में चर के मान तथा बारम्बारताएँ दी गई हैं, तो वह श्रेणी असतत् श्रेणी कहलाती है।

सतत् श्रेणी (Continuous Series)

यदि श्रेणी में चर के मान वर्ग अन्तराल के रूप में दिए गए हैं तथा बारम्बारताएँ दी गई हैं, तो श्रेणी सतत् श्रेणी कहलाती है।

बारम्बारता बंटन का आलेख (Graph of Frequency Distribution)

स्तम्भ चार्ट (Bar Chart)

इसमें आँकड़ों को स्तम्भों द्वारा दिखाते हैं, यदि किसी गाँव में गेहूँ, चावल तथा चने की पैदावार (मीटरी टनों में) क्रमश: 3, 6, तथा 4.5 हैं, तब इसका स्तम्भ चार्ट निम्न होगा

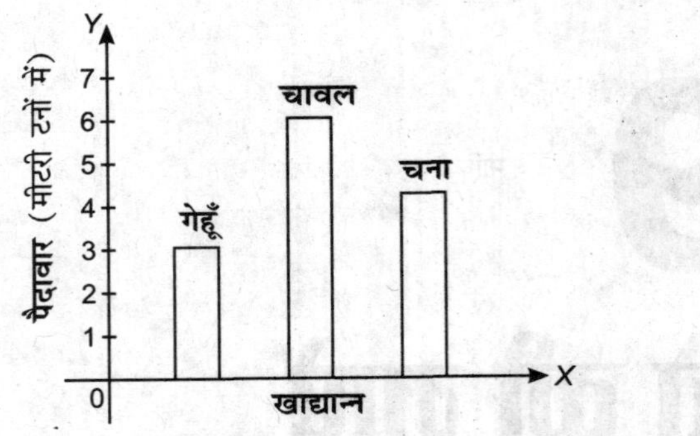

आयत चित्र (Histogram)

इसमें दिए हुए बारम्बारता बंटन के अनुसार आयत बनाए जाते हैं। जिनकी चौड़ाई वर्ग अन्तराल को तथा ऊँचाई वर्ग अन्तराल की संगत बारम्बारताओं को प्रदर्शित करती है।

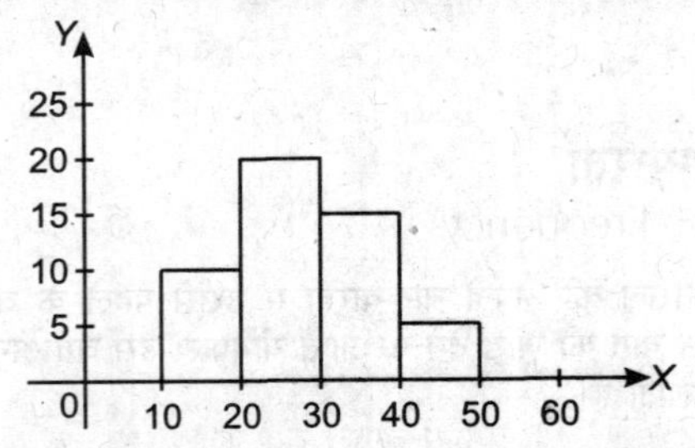

वर्ग अन्तराल	10-20	20-30	30-40	40-50
बारम्बारता	10	20	15	5

पाई चित्र (Pie Diagram)

पाई चित्र बनाने के लिए एक वृत्त बनाया जाता है। इस वृत्त को ऐसे त्रिज्यखण्डों में विभाजित करते हैं जिनके क्षेत्रफल निरूपित किए जाने वाले आँकड़ों के समानुपाती हों। चूँकि त्रिज्यखण्डों का क्षेत्रफल केन्द्र पर बने कोण के समानुपाती होता है इसलिए केन्द्र पर कुल बने कोण 360° को निम्न सूत्र द्वारा समानुपाती भागों में बाँटकर संगत क्षेत्रफल त्रिज्यखण्ड बनाए जाते हैं।

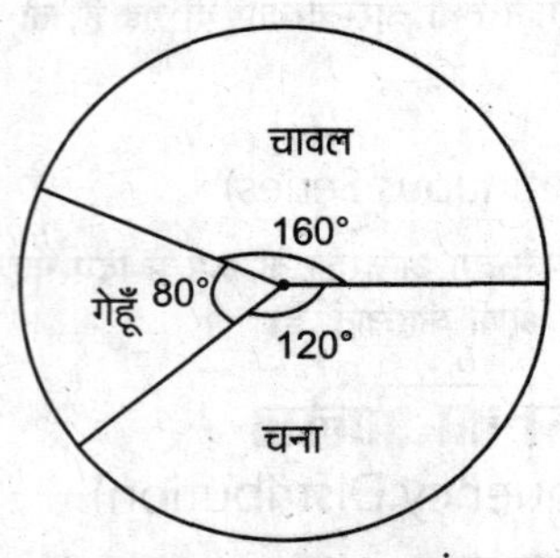

वृत्त के केन्द्र पर बना समानुपाती कोण $= \dfrac{360° \times \text{संगत बारम्बारता}}{\text{बारम्बारताओं का योग}}$

केन्द्रीय प्रवृत्ति की मापें

(Measures of Central Tendency)

किसी श्रेणी में चर का वह मान जो उस श्रेणी का प्रतिनिधित्व करता है, केन्द्रीय प्रवृत्ति की माप कहलाता है। केन्द्रीय प्रवृत्ति की मुख्य मापें निम्न हैं

1. माध्य 2. माध्यिका 3. बहुलक

माध्य (Mean)

समान्तर माध्य (Arithmetic mean)

समान्तर माध्य को $\bar{x}$ से निरूपित किया जाता है।

(i) **यदि श्रेणी अवर्गीकृत है** यदि n पदों के मान क्रमशः $x_1, x_2, x_3, \ldots, x_n$ हों, तब

प्रत्यक्ष विधि $\bar{x} = \dfrac{x_1 + x_2 + \ldots + x_n}{n} = \dfrac{1}{n}\sum_{i=1}^{n} x_i$

लघु विधि $\bar{x} = A + \dfrac{\Sigma d}{n}$

जहाँ, A = कल्पित माध्य

n = पदों की संख्या

$d = x_i - A$

(ii) **यदि श्रेणी असतत् अथवा सतत् है** यदि n पदों के मान क्रमशः $x_1, x_2, x_3, \ldots, x_n$ तथा इनकी संगत बारम्बारताएँ क्रमशः $f_1, f_2, f_3, \ldots, f_n$ हों, तब

प्रत्यक्ष विधि $\bar{x} = \dfrac{x_1f_1 + x_2f_2 + \ldots + x_nf_n}{f_1 + f_2 + \ldots + f_n} = \dfrac{\sum_{i=1}^{n} x_i f_i}{\sum_{i=1}^{n} f_i}$

लघु विधि $\bar{x} = A + \dfrac{\sum_{i=1}^{n} f_i d_i}{\sum_{i=1}^{n} f_i}$

जहाँ A = कल्पित माध्य

$d_i = x_i - A$

गुणोत्तर माध्य (Geometric Mean)

(i) **यदि श्रेणी अवर्गीकृत है,** तब गुणोत्तर माध्य पदों के मानों के गुणनफल का nवाँ मूल होता है। अर्थात् $GM = (x_1 \times x_2 \times x_3 \times \ldots \times x_n)^{1/n}$

(ii) **यदि श्रेणी असतत् अथवा सतत् है,** तब

$$GM = (x_1^{f_1} \times x_2^{f_2} \times \ldots \times x_n^{f_n})^{1/n}$$

हरात्मक माध्य (Harmonic Mean)

(i) **यदि श्रेणी अवर्गीकृत है,** तब $HM = \dfrac{n}{\dfrac{1}{x_1} + \dfrac{1}{x_2} + \ldots + \dfrac{1}{x_n}}$

(ii) **यदि श्रेणी असतत् अथवा सतत् है,** तब

$$HM = \frac{\sum_{i=1}^{n} f_i}{\dfrac{f_1}{x_1} + \dfrac{f_2}{x_2} + \ldots + \dfrac{f_n}{x_n}}$$

भारित माध्य (Weighted Mean)

यदि किसी श्रेणी में चर के मान $x_1, x_2, x_3, \ldots, x_n$ हैं तथा उनके भारित मान $w_1, w_2, w_3, \ldots, w_n$ हैं, तब

$$\text{भारित माध्य} = \frac{w_1x_1 + w_2x_2 + \ldots + w_nx_n}{w_1 + w_2 + \ldots + w_n} = \frac{\sum_{i=1}^{n} w_i x_i}{\sum_{i=1}^{n} w_i}$$

माध्यिका (Median)

(i) **यदि श्रेणी अवर्गीकृत है** माना प्रेक्षणों की संख्या n है। आँकड़ों को आरोही या अवरोही क्रम में व्यवस्थित करने पर
यदि n विषम संख्या है, तब

$$\text{माध्यिका} = \left(\frac{n+1}{2}\right)\text{वें पद का मान}$$

यदि n सम संख्या है, तब

$$\text{माध्यिका} = \frac{\frac{n}{2}\text{वें पद का मान} + \left(\frac{n}{2}+1\right)\text{वें पद का मान}}{2}$$

(ii) **यदि श्रेणी असतत् है** दिए गए चरों के मानों को आरोही या अवरोही क्रम में व्यवस्थित करके संचयी बारम्बारता ज्ञात करते हैं।
यदि n विषम संख्या है, तब

$$\text{माध्यिका} = \left(\frac{n+1}{2}\right)\text{वें पद का मान}$$

यदि n सम संख्या है, तब

$$\text{माध्यिका} = \frac{\frac{n}{2}\text{वें पद का मान} + \left(\frac{n}{2}+1\right)\text{वें पद का मान}}{2}$$

(iii) **यदि श्रेणी सतत् है** दिए गए आँकड़ों की संचयी बारम्बारता सारणी ज्ञात करके $\frac{n}{2}$वें प्रेक्षण वाले वर्ग (माध्यिका वर्ग) को ज्ञात करते हैं; तब

$$\text{माध्यिका} = l + \frac{\left(\frac{n}{2}-c\right)}{f} \times h$$

जहाँ, l = माध्यिका वर्ग की निम्न सीमा
f = माध्यिका वर्ग की बारम्बारता
h = माध्यिका वर्ग का आकार
c = माध्यिका वर्ग से पहले वर्ग की संचयी बारम्बारता

बहुलक (Mode)

(i) **यदि श्रेणी अवर्गीकृत है** श्रेणी में अधिकतम बार पुनरावृत्ति वाले मान को श्रेणी का बहुलक कहते हैं।

(ii) **यदि श्रेणी असतत् है** श्रेणी में अधिकतम बारम्बारता वाले चर के मान को बहुलक कहते हैं।

(iii) **यदि श्रेणी सतत् है** अधिकतम बारम्बारता वाले वर्ग (बहुलक वर्ग) को ज्ञात करते हैं, तब

$$\text{बहुलक} = l + \frac{f_1 - f_0}{f_1 - f_0 - f_2} \times h$$

जहाँ, l = बहुलक वर्ग की निम्न सीमा
h = बहुलक वर्ग का आकार
f_1 = बहुलक वर्ग की बारम्बारता
f_0 = बहुलक वर्ग से पहले वर्ग की बारम्बारता
f_2 = बहुलक वर्ग से अगले वर्ग की बारम्बारता

स्मरणीय बिन्दु

19.1 समान्तर माध्य, माध्यिका और बहुलक में सम्बन्ध
बहुलक = 3 × माध्यिका − 2 × माध्य

19.2 अवर्गीकृत आँकड़ों का माध्य
यदि $x_1, x_2, x_3, \ldots, x_n$ प्रेक्षण हों तथा बारम्बारताएँ क्रमशः $f_1, f_2, \ldots, f_n$ हैं, तो

$$\text{आँकड़ों का माध्य } (\bar{x}) = \frac{f_1x_1 + f_2x_2 + f_3x_3 + \ldots + f_nx_n}{f_1 + f_2 + f_3 + \ldots + f_n}$$

19.3 समस्त प्रेक्षणों में सर्वाधिक बारम्बारता वाला प्रेक्षण मान बहुलक कहलाता है।

- बहुलक का परिकलन आलेखीय विधि से किया जा सकता है।
- यह चरम मानों से प्रभावित नहीं होता।
- यह विवृत्त अंत बंटनों एवं गुणात्मक आँकड़ों दोनों के लिए उपयोगी होता है।

19.4 पाई चित्र में, मद का मान $(x) = \frac{\text{अन्तरित कोण}(\theta)}{360°} \times \text{कुल मान } (N)$

अर्थात् $x = \frac{\theta}{360°} \times N$

साधित उदाहरण

■ **उदाहरण 1** *यदि 10, 12, 18, 13, p और 17 का माध्य 15 है, तो p का मान ज्ञात कीजिए।*

हल $$15 = \frac{10+12+18+13+p+17}{6} \quad \text{(सूत्र से)}$$

$$90 = 70 + p \Rightarrow p = 20$$

■ **उदाहरण 2** *यदि आँकड़ों 59, 62, 65, x, $x+2$, 72, 85 तथा 94 की माध्यिका 69 हो, तो x का मान क्या होगा?*

हल यहाँ आँकड़ों की संख्या सम है

∴ $$\text{माध्यिका} = \frac{x+(x+2)}{2} = \frac{2x+2}{2} = \frac{2(x+1)}{2} = x+1$$

∵ माध्यिका का मान = 69

अतः $x + 1 = 69$

$x = 68$

■ **उदाहरण 3** *नीचे दिए गए बंटन का माध्य क्या होगा?*

x	0-10	10−20	20-30	30-40	40-50
f	5	8	7	10	6

हल

वर्ग अन्तराल	f	वर्ग मध्यमान (x)	A	$d = x - A$	fd
0-10	5	5		−20	−100
10-20	8	15		−10	−80
20-30	7	25	25	0	0
30-40	10	35		10	100
40-50	6	45		20	120
योग	$\Sigma f = 36$		$A = 25$		$\Sigma fd = 40$

∴ $$\text{समान्तर माध्य} = A + \frac{\Sigma fd}{\Sigma f}$$

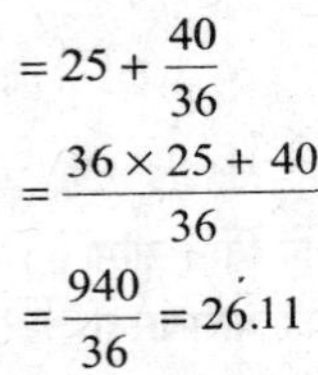

$$= 25 + \frac{40}{36}$$
$$= \frac{36 \times 25 + 40}{36}$$
$$= \frac{940}{36} = 26.11$$

■ **उदाहरण 4** *नीचे दिए गए पाई चित्र में एक व्यवसायी द्वारा विभिन्न मदों में खर्च की गई धनराशि का ब्यौरा है जिसके लिए उसने कुल ₹ 108000 खर्च किए। अलग-अलग मदों के मान निकालिए।*

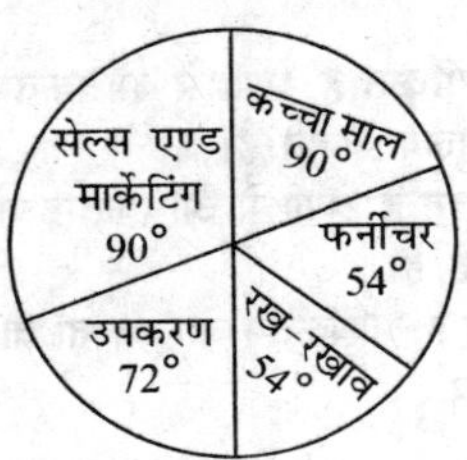

हल (i) सेल्स एण्ड मार्केटिंग पर खर्च की गई धनराशि

सूत्र $\frac{\theta}{360} \times N$ से, [देखें → 19.3]

$$= \frac{90 \times 108000}{360} = ₹\ 27000$$

(ii) कच्चे माल पर खर्च की गई धनराशि = ₹ 27000

($\because$ अन्तरित कोण 90° है)

(iii) उपकरणों पर खर्च की गई धनराशि

$$= \frac{72 \times 108000}{360}$$

= ₹ 21600

(iv) फर्नीचर पर खर्च की गई धनराशि

$$= \frac{54 \times 108000}{360} = ₹\ 16200$$

(v) रख-रखाव पर खर्च की गई धनराशि

= ₹ 16200 ($\because$ अन्तरित कोण 54° है)

अभ्यास प्रश्न

1. वर्ष 1971 की जनगणना के अनुसार दस शहरों की जनसंख्या हजारों में निम्नलिखित है

2100, 1080, 1885, 1600, 560, 782, 485, 1200, 1025, 222, तो इनका माध्य होगा

(a) 1093.9 (b) 1052.5 (c) 671 (d) 782

2. 4, 7, x और 9 का समान्तर माध्य 7 है। x का मान होगा

(a) $\frac{20 + x}{4}$ (b) 5 (c) 9 (d) 8

3. कक्षा 9 के 30 छात्रों की औसत आयु 15.5 वर्ष तथा कक्षा 10 के 25 छात्रों की औसत आयु 16.6 वर्ष है। कक्षा 9 व 10 के छात्रों की आयु का संयुक्त मध्यमान होगा

(a) 16.05 वर्ष (b) 16.08 वर्ष (c) 15.90 वर्ष (d) 16.00 वर्ष

4. आँकड़ों को आरोही या अवरोही क्रम में रखकर ही केन्द्रीय प्रवृत्ति की कौन-सी माप ज्ञात की जाती है?

(a) समान्तर माध्य (b) माध्यिका
(c) बहुलक (d) इनमें से कोई नहीं

5. निम्न आँकड़ों के लिए माध्य, माध्यिका और बहुलक में सम्बन्ध है

$-3, -2, 0, 2, 3, 5, 5, 5, 7, 8, 9, 10$

(a) माध्य = माध्यिका ≠ बहुलक (b) माध्य ≠ माध्यिका = बहुलक
(c) माध्य ≠ माध्यिका ≠ बहुलक (d) माध्य = माध्यिका = बहुलक

6. किसी कक्षा A में 49 छात्रों की उपस्थिति का समान्तर माध्य 40% है तथा 53 छात्रों की कक्षा B में इसका मान 35% है, तो कक्षा A तथा B का सम्मिलित माध्य होगा

(a) 37.3% (b) 50.25% (c) 51.13% (d) 37.4%

7. किसी व्यक्ति पर एक इन्जैक्शन की प्रतिक्रिया का समय क्रमशः 0.53, 0.45, 0.50, 0.49, 0.52, 0.54, 0.42 तथा 0.55 सेकण्ड पाया गया। व्यक्ति पर इन्जैक्शन की प्रतिक्रिया की माध्यिका एवं समान्तर माध्य का अन्तर होगा

(a) 0.10 (b) 0.005 (c) 0.02 (d) 0.01

8. M छात्रों की एक कक्षा के प्रति छात्र औसत अंक 'N' पाए गए। सत्यापन के पश्चात् दो छात्रों के अंकों में त्रुटि पाई गई। त्रुटि निवारण के उपरान्त एक छात्र के 5 अंक बढ़े जबकि दूसरे छात्र के 7 अंक कम हुए। सभी औसत अंक होंगे

(a) $(MN - 2)$ (b) $(MN - 2)/M$
(c) $(MN + 2)M$ (d) $(MN + 2M)$

9. एक स्कूल के 15 अध्यापकों के भारों का समान्तर माध्य 58 किग्रा अभिलिखित किया गया है। बाद में यह पाया गया कि एक अध्यापक, जिसका वास्तविक भार 87 किग्रा था, 78 किग्रा अभिलिखित कर दिया गया था। वास्तविक समान्तर माध्य था

(a) 58.6 किग्रा (b) 49 किग्रा
(c) 45 किग्रा (d) इनमें से कोई नहीं

10. एक कक्षा के 15 बालकों के वजन नीचे दी गई सारणी के अनुसार हैं

वजन (किग्रा में)	31	34	35	36	37
बालकों की संख्या	2	3	4	5	1

बालकों के वजन के बंटन की माध्यिका होगी

(a) 34.5 किग्रा (b) 35 किग्रा
(c) 35.5 किग्रा (d) इनमें से कोई नहीं

11. एक छात्र ने विभिन्न प्रश्न-पत्रों में जो अंक प्राप्त किए वे नीचे दिए गए हैं 74, 36, 42, 48, 37, 42, 36, 58, 74, 32 उसके प्राप्तांकों की माध्यिका है

(a) 45 (b) 39.5
(c) 42 (d) इनमें से कोई नहीं

12. गणित के एक प्रश्न-पत्र में प्राप्त छात्रों के अंकों की बारम्बारता का वितरण नीचे दिया गया है

वर्ग अन्तराल	0-10	10-20	20-30	30-40	40-50
बारम्बारता	5	6	9	12	4

अंकों की माध्यिका है

(a) 27.7 (b) 25
(c) 17.3 (d) 9

13. तीन संख्याओं 4, 6 और 8 की बारम्बारताएँ क्रमशः $(x + 2)$, x व $(x - 1)$ हैं। यदि बंटन का समान्तर माध्य 5.76 हो, तब x का मान है

(a) 7 (b) 6
(c) 8 (d) 10

14. आरोही क्रम में रखी संख्याओं 1, 3, 5, 7, 12, $(x + 1)$, $(x + 3)$, 16, 17, $(x + 7)$, 22 और 25 की माध्यिका 14 है, तब x का मान है
(a) 12
(b) 13
(c) 14
(d) 15

15. एक कक्षा के 30 छात्रों की ऊँचाई निम्नवत् है

ऊँचाई (सेमी में)	आवृत्ति
120-129	2
130-139	8
140-149	10
150-159	7
160-169	3

एक छात्र जिसकी ऊँचाई 144 सेमी है कक्षा में सम्मिलित होने पर ऊँचाई की माध्यिका में परिवर्तन होगा
(a) शून्य (b) 0.1
(c) 0.2 (d) इनमें से कोई नहीं

16. 10 व्यक्तियों के समूह की मासिक आय का औसत ₹ 1500 है। एक सदस्य, जिसकी मासिक आय ₹ 1350 है, समूह से चला गया एवं एक नया सदस्य जिसकी मासिक आय ₹ 1200 है, समूह में सम्मिलित हो गया। नए समूह की मासिक आय है
(a) ₹ 1350 (b) ₹ 2700
(c) ₹ 1650 (d) ₹ 1485

17. सारणी में दिए गए आँकड़ों का बहुलक बताइए।

प्राप्तांक	3	13	23	33	43
बारम्बारता	7	11	15	8	3

(a) 3 (b) 13
(c) 33 (d) 23

18. माध्यिका होती है
(a) न्यूनतम आवृत्ति मान (b) अधिकतम आवृत्ति मान
(c) सबसे मध्यवर्ती मान (d) इनमें से कोई नहीं

19. n संख्याओं $x_1, x_2, x_3, \ldots, x_n$ का औसत M है। यदि x_1 को बदलकर x' कर दिया जाए, तो नया औसत होगा
(a) $\dfrac{nM - x' - x_2}{n}$ (b) $\dfrac{nM - x_1 + x'}{n}$
(c) $\dfrac{(n - x_1) M + x'}{n}$ (d) इनमें से कोई नहीं

20. एक विद्यार्थी के मासिक परीक्षा में पाँच विषयों के प्राप्तांक 2, 3, 4, 5, 6 हैं। प्राप्तांक 4 दिए गए अंकों का
(a) माध्य एवं माध्यिका है (b) माध्य है, माध्यिका नहीं
(c) माध्यिका है, माध्य नहीं (d) बहुलक है

उत्तरमाला

1. (a)	**2.** (d)	**3.** (d)	**4.** (b)	**5.** (b)	**6.** (d)	**7.** (d)	**8.** (b)	**9.** (a)	**10.** (b)
11. (c)	**12.** (a)	**13.** (c)	**14.** (a)	**15.** (a)	**16.** (d)	**17.** (d)	**18.** (c)	**19.** (b)	**20.** (a)

संकेत एवं हल

1. पदों का योग $= 2100 + 1080 + 1885 + 1600 + 560 + 782 + 485 + 1200 + 1025 + 222 = 10939$

पदों की संख्या $= 10$

$\therefore$ समान्तर माध्य $= \dfrac{10939}{10} = 1093.9$

2. $\dfrac{4 + 7 + x + 9}{4} = 7 \Rightarrow 20 + x = 28 \Rightarrow x = 28 - 20 = 8$

3. संयुक्त मध्यमान $= \dfrac{30 \times 15.5 + 25 \times 16.6}{30 + 25}$

$= \dfrac{465 + 415}{55} = \dfrac{880}{55} = 16$ वर्ष

5. माध्य $= \dfrac{\text{पदों का योग}}{\text{पदों की संख्या}} = \dfrac{49}{12} = 4.08$

माध्यिका $= \dfrac{5 + 5}{2} = 5$; बहुलक $= 5$

$\therefore$ माध्य $\neq$ माध्यिका $=$ बहुलक

6. A और B का सम्मिलित माध्य $= \dfrac{49 \times 40 + 53 \times 35}{49 + 53}$

$= \dfrac{1960 + 1855}{102} = 37.40\%$

7. आरोही क्रम में लिखने पर
0.42, 0.45, 0.49, 0.50, 0.52, 0.53, 0.54, 0.55
पदों की संख्या, $n = 8$

माध्यिका $= \dfrac{\text{चौथे पद का मान} + \text{पाँचवें पद का मान}}{2}$

$= \dfrac{0.50 + 0.52}{2} = 0.51$ सेकण्ड

समान्तर माध्य $= \dfrac{\text{पदों का योग}}{\text{पदों की संख्या}} = \dfrac{4.00}{8} = 0.50$

$\therefore$ माध्यिका − समान्तर माध्य $= 0.51 - 0.50 = 0.01$ सेकण्ड

8. M छात्रों के अंकों का योग $= MN$

अंकों में कुल परिवर्तन $= 5 - 7 = -2$

अंकों का वास्तविक योग $= MN - 2$

$\therefore$ सही औसत $= \dfrac{MN - 2}{M}$

9. भार में त्रुटि $= 87 - 78 = 9$ किग्रा

$\therefore$ वास्तविक समान्तर माध्य $= 58 + \dfrac{9}{15}$

$= 58 + 0.6 = 58.6$ किग्रा

10.

वजन	31	34	35	36	37
बारम्बारता	2	3	4	5	1
संचयी बारम्बारता	2	5	9	14	15

$\because \quad n = 15$

$\therefore \quad$ माध्यिका $= \dfrac{15+1}{2} = 8$वाँ पद

8वाँ पद संचयी बारम्बारता 9 में है।

$\therefore \quad$ माध्यिका = 35 किग्रा

12.

वर्ग अन्तराल	0-10	10-20	20-30	30-40	40-50
बारम्बारता	5	6	9	12	4
संचयी बारम्बारता	5	11	20	32	36

यहाँ $\dfrac{n}{2} = 18$ जोकि तीसरे वर्ग अन्तराल की संचयी बारम्बारता में आता है।

अत: तीसरा वर्ग अन्तराल (20-30) मध्यक वर्ग है।

$\therefore \quad h = 30 - 20 = 10;\ l = 20,\ c = 11,\ f = 9$

$\therefore \quad$ माध्यिका $= 20 + \dfrac{18-11}{9} \times 10 \ = 20 + \dfrac{70}{9}$

$= 20 + 7.7 = 27.7$

13. माध्य $= \dfrac{f_1x_1 + f_2x_2 + f_3x_3}{f_1 + f_2 + f_3}$ [देखें → 19.2]

$\therefore \quad 5.76 = \dfrac{(x+2)\times 4 + x \times 6 + (x-1)\times 8}{x+2+x+x-1}$

$\Rightarrow \quad 5.76 = \dfrac{4x + 8 + 6x + 8x - 8}{3x+1} = \dfrac{18x}{3x+1}$

$\Rightarrow \quad 18x = 17.28x + 5.76$

$\Rightarrow \quad 18x - 17.28x = 5.76$

$\Rightarrow \quad 0.72\,x = 5.76$

$\Rightarrow \quad x = \dfrac{5.76}{0.72} = 8$

14. कुल पदों की संख्या 12 है।

$\therefore \quad$ माध्यिका $= \dfrac{\text{छठा पद} + \text{सातवाँ पद}}{2}$

$\Rightarrow \quad 14 = \dfrac{(x+1)+(x+3)}{2}$

$\Rightarrow \quad 28 = 2x + 4$

$\Rightarrow \quad x = 12$

15. पदों की संख्या, $n = 30$

$\therefore \quad \dfrac{n}{2} = 15$, माध्यिका वर्ग (140 – 149) होगा।

144 सेमी ऊँचे छात्र को जोड़ने पर भी माध्यिका वर्ग वही रहेगा।

अत: माध्यिका के मान में परिवर्तन = शून्य

16. आय में अन्तर = 1200 – 1350 = – ₹150

$\therefore$ नए समूह की औसत आय $= 1500 - \dfrac{150}{10}$

= 1500 – 15 = ₹1485

19. n संख्याओं $x_1, x_2, \ldots\ldots\ldots, x_n$ का औसत M है

$\therefore \quad \dfrac{x_1 + x_2 + \ldots.. + x_n}{n} = M$

$\Rightarrow \quad x_1 + x_2 + \ldots + x_n = nM$

अब, x_1 को बदलकर x' रखा जाता है।

$\Rightarrow \quad (x' - x_1) + (x_1 + x_2 + \ldots + x_n)$

$= nM + (x' - x_1)$

$\Rightarrow \quad x' + x_2 + x_3 + \ldots + x_n = nM + (x' - x_1)$

$\therefore \quad$ नया औसत $= \dfrac{x' + x_2 + x_3 + \ldots + x_n}{n}$

$= \dfrac{nM + (x' - x_1)}{n}$

20. 4 बंटन का माध्य पद है।

$\therefore \quad$ माध्यिका = 4

समान्तर माध्य $= \dfrac{2+3+4+5+6}{5} = 4$

अत: बंटन का समान्तर माध्य तथा माध्यिका 4 है।

20

विक्षेपण की मापें

Measures of Dispersion

माध्य विचलन (Mean Deviation)

1. **अवर्गीकृत श्रेणी के लिए** (For the Individual Series)

$$\text{माध्य विचलन} = \frac{\sum_{i=1}^{n} |x_i - \bar{x}|}{n}$$

जहाँ, n = पदों की संख्या

x_i = पद का मान

तथा $\bar{x}$ = औसत

(वह माध्य जिससे विचलन ज्ञात करना है)

2. **सतत् व असतत् श्रेणी के लिए**
(For the Continuous and Discrete Series)

$$\text{माध्य विचलन} = \frac{\sum_{i=1}^{n} f_i |x_i - \bar{x}|}{\sum_{i=1}^{n} f_i}$$

जहाँ $\bar{x}$ = औसत

f_i = पद की बारम्बारता

x_i = पद का मान

$$\text{माध्य विचलन का गुणांक} = \frac{\text{माध्य विचलन}}{\text{संगत औसत}}$$

मानक विचलन (Standard Deviation)

1. **अवर्गीकृत श्रेणी के लिए** (For the Individual Series)

$$\text{मानक विचलन, (SD) } \sigma = \sqrt{\frac{\sum_{i=1}^{n} (x_i - \bar{x})^2}{n}}$$

या

$$\sigma = \sqrt{\frac{1}{n} \sum_{i=1}^{n} x_i^2 - \left(\frac{1}{n} \sum_{i=1}^{n} x_i\right)^2}$$

जहाँ n = पदों की संख्या

$\bar{x}$ = औसत

2. **सतत् व असतत् श्रेणी के लिए**
(For the Continuous and Discrete Series)

$$\sigma = \sqrt{\frac{\sum_{i=1}^{n} f_i (x_i - \bar{x})^2}{N}}$$

या

$$\sigma = \sqrt{\frac{1}{n} \sum_{i=1}^{n} f_i x_i^2 - \left(\frac{1}{n} \sum_{i=1}^{n} x_i f_i\right)^2}$$

जहाँ f_i = पद की बारम्बारता

$N = \sum_{i=1}^{n} f_i$,

$\bar{x}$ = औसत

जन्म-मरण सांख्यिकी (Vital Statistics)

अशोधित जन्म दर (Crude Birth Rate)

किसी वर्ष प्रति 1000 की जनसंख्या पर जन्म लेने वाले शिशुओं की संख्या, अशोधित जन्म दर कहलाती है।

$$\text{अशोधित जन्म दर} = \frac{\text{दिए गए वर्ष में जन्मे बच्चों की संख्या}}{\text{उस वर्ष के बीच जनसंख्या}} \times 1000$$

इसी प्रकार,

$$\text{अशोधित मृत्यु दर} = \frac{\text{दिए गए वर्ष में मृत्युओं की संख्या}}{\text{उस वर्ष के बीच जनसंख्या}} \times 1000$$

विशिष्ट मृत्यु दर (Specific Death Rate)

पूरे जनसमूह को न लेकर किसी एक विशिष्ट वर्ग की प्रति 1000 जनसंख्या पर किसी वर्ष मरने वालों की संख्या को उस वर्ष के लिए उस वर्ग की विशिष्ट मृत्यु दर कहा जाता है।

विशिष्ट मृत्यु दर

$$= \frac{\text{दिए गए वर्ष के विशिष्ट वर्ग में मरने वालों की संख्या}}{\text{उस वर्ष के बीच उस वर्ग की जनसंख्या}} \times 1000$$

मानक मृत्यु दर (Standard Death Rate)

$$\text{मानकीकृत मृत्यु दर} = \frac{\sum_i S_i D_i}{\sum_i S_i}$$

जहाँ S_i = iवें वर्ग की मानकीकृत जनसंख्या

D_i = iवें वर्ग की विशिष्ट मृत्यु दर

निर्वाह–खर्च सूचकांक (Cost of Living Index Number)

$$\text{निर्वाह-खर्च सूचकांक} = \frac{\sum_{i=1}^{k} p_{1i} q_{1i}}{\sum_{i=1}^{k} p_{0i} q_{0i}} \times 100$$

$$= \frac{\text{अभीष्ट वर्ष में कुल खर्च}}{\text{आधार वर्ष में कुल खर्च}} \times 100$$

जहाँ, p_{1i} = अभीष्ट वर्ष में iवीं वस्तु का प्रति इकाई मूल्य

q_{1i} = अभीष्ट वर्ष में iवीं उपभोग की गई वस्तु की मात्रा

p_{0i} = आधार वर्ष में iवीं वस्तु का प्रति इकाई मूल्य

q_{0i} = आधार वर्ष में iवीं उपभोग की गई वस्तु की मात्रा

तथा k = उपभोग की गई वस्तुओं की संख्या

स्मरणीय बिन्दु

20.1 बंटन के प्रेक्षणों में से अधिकतम तथा न्यूनतम प्रेक्षणों का अन्तर परास कहलाता है। यदि प्रेक्षणों में L अधिकतम तथा S न्यूनतम प्रेक्षण हैं, तब परास = $L - S$

तथा परास का गुणांक (परिसर) $= \frac{L - S}{L + S}$

20.2 मानक विचलन या प्रसरण में किसी एक ही संख्या को जोड़ने या घटाने पर कोई अन्तर नहीं आता है। परन्तु भाग करने या गुणा करने पर अन्तर आता है।

20.3 सांख्यिकीय आँकड़ों में समान्तर माध्य से व्यैक्तिक मानों के विचलनों का योग शून्य होता है तथा विचलनों के वर्गों का योग न्यूनतम होता है। अर्थात्

$$\sum_{i=1}^{n} f_i (x_i - \bar{x}) = 0$$

20.4 विक्षेपण गुणांक (Coefficient of dispersion)

$$= \frac{\text{मानक विचलन}}{\text{समान्तर माध्य}} \times 100$$

साधित उदाहरण

■ **उदाहरण 1** *यदि 6 आँकड़ों के विचलन 4, 2, –3, –1, 0, –4 हो, तो उनका माध्य विचलन क्या होगा?*

हल माध्य विचलन $= \frac{4 + 2 - 3 - 1 + 0 - 4}{6}$

$= \frac{6 - 8}{6} = \frac{-2}{6} = -0.33$

■ **उदाहरण 2** 3, 2, 5, 7, 11 *का मानक विचलन क्या होगा?*

हल दिए गए पदों का योग $\Sigma x = 3 + 2 + 5 + 7 + 11$

$= 28$

पदों की संख्या $n = 5$

∴ समान्तर माध्य $\bar{x} = \frac{28}{5} = 5.6$

$\Sigma (x - \bar{x})^2 = (3 - 5.6)^2 + (2 - 5.6)^2 + (5 - 5.6)^2 + (7 - 5.6)^2 + (11 - 5.6)^2$

$= (-2.6)^2 + (-3.6)^2 + (-0.6)^2 + (1.4)^2 + (5.4)^2$

$= 6.76 + 12.96 + 0.36 + 1.96 + 29.16$

$= 51.2$

∴ मानक विचलन $= \frac{51.2}{5} = 10.24$

■ **उदाहरण 3** *निम्न सारणी में मानक विचलन तथा माध्य विचलन का मान क्या होगा?*

वर्ग अन्तराल	0-10	10-20	20-30
आवृत्ति	5	1	9

हल

वर्ग अन्तराल	f	x	fx	$\|x - \bar{x}\|$	$f\|x - \bar{x}\|$	$(x - \bar{x})^2$	$f(x - \bar{x})^2$
0-10	5	5	25	12.6	63	158.76	793.8
10-20	1	15	15	2.6	2.6	6.76	6.76
20-30	9	25	225	7.4	66.6	54.76	492.84
योग	Σf = 15		Σfx = 265		$\Sigma f\|x - \bar{x}\|$ = 132.2		$\Sigma f(x - \bar{x})^2$ = 1293.40

$\bar{x} = \frac{\Sigma fx}{\Sigma f} = \frac{265}{15} = 17.6$

मानक विचलन $= \sqrt{\frac{\Sigma f (x - \bar{x})^2}{\Sigma f}} = \sqrt{\frac{1293.40}{15}} = \sqrt{86.226} = 9.285$

माध्य विचलन $= \frac{\Sigma f \|x - \bar{x}\|}{\Sigma f} = \frac{132.2}{15} = 8.82$

अभ्यास प्रश्न

1. किसी विद्यालय में छात्रों का भार किलोग्राम में निम्नलिखित है
60, 41, 62, 30, 42, 54, 35, 38, 25 उनके विचलन का मान होगा
(a) 10.44 (b) 10.40
(c) 10.30 (d) इनमें से कोई नहीं

2. निम्न सारणी के माध्यम से माध्य विचलन का मान होगा

आवृत्ति	बारम्बारता
4	5
6	4
8	3
10	2
12	4
14	1
16	6

(a) 4 (b) 3.92 (c) 4.01 (d) 4.2

3. निम्न सारणी का माध्य विचलन होगा

प्राप्तांक	40-44	35-39	30-34	25-29
आवृत्ति	2	3	4	5

(a) 7.24 (b) 4.48 (c) 6.44 (d) 34.8

4. संख्याओं के समुच्चय 8, 4, 7, 3, 15 तथा 11 का मानक विचलन होगा
(a) $10\sqrt{6}$ (b) $10\frac{1}{\sqrt{3}}$ (c) $\frac{10}{\sqrt{6}}$ (d) $5\sqrt{2}$

5. यदि 6 आँकड़ों के विचलन 2, 1, – 2, – 1, 0, – 3 हों, तो उसका माध्य विचलन होगा
(a) 6 (b) 0 (c) 2.5 (d) – 0.5

6. श्रेणी 22, 16, 18, 32, 24, 48, 44, 2, 6, 28 में प्राप्तांकों का समान्तर माध्य से माध्य विचलन होगा
(a) 11.2 (b) 11.3 (c) 11 (d) 10

7. यदि $n = 50, \Sigma x = 250$ तथा $\Sigma x^2 = 2500$ हो, तो मानक विचलन है
(a) $\sqrt{5}$ (b) 5
(c) 25 (d) इनमें से कोई नहीं

8. नीचे दी गई सारणी में खपत मात्राओं तथा उनकी वर्ष 2000 तथा वर्ष 2005 की लागतों की सूचना दी गई है तथा वर्ष 2000 के लिए लागत सूचक स्तर 100 था

मदें	मात्राएँ (किग्रा में)	वर्ष 2000 मूल्य (₹ में)	वर्ष 2005 मूल्य (₹ में)
गेहूँ	60	7.50	10.00
आलू	30	3.00	5.00
चाय	1	60.00	96.00
चीनी	10	12.00	20.00
तेल/घी	5	80.00	125.00

वर्ष 2005 के लिए उपरोक्त मदों पर आधारित मूल्य सूचकांक लगभग होगा
(a) 158.4 (b) 151.6
(c) 149.2 (d) इनमें से कोई नहीं

9. निम्न सारणी का मानक विचलन तथा प्रसरण होगा

वर्ग अन्तराल	0-10	10-20	20-30
बारम्बारता	10	1	18

(a) 8.42, 64 (b) 9.23, 66
(c) 9, 81 (d) 8.12, 66

10. श्रेणी 48, 44, 45, 50, 46, 42, 54, 62, 50, 47, 52, 60 में कक्षा के 12 छात्रों के भार (किग्रा में) दिए गए हैं। इन आँकड़ों से भार का मानक विचलन होगा
(a) 6.2 (b) 5.9 (c) 6.9 (d) 9.8

11. निम्न श्रेणी से विक्षेपण के गुणांक का मान होगा
25, 30, 35, 37, 40, 48, 51
(a) 22.5 (b) 24.5 (c) 26.5 (d) 28.5

12. प्रश्न संख्या 11 में परिसर का मान होगा
(a) 0.63 (b) 0.36 (c) 0.34 (d) 0.40

13. दो नगरों की जनसंख्या क्रमशः 854320 तथा 545680 है तथा उनकी मृत्यु दर क्रमशः 15.0 तथा 18.2 प्रति हजार है। दोनों नगरों को एकसाथ लेते हुए उनकी मृत्यु दर प्रति हजार है, लगभग
(a) 14.25 (b) 15.25 (c) 17.25 (d) 16.25

14. नीचे दिए गए आँकड़े जिले A तथा जिले B की जनसंख्या तथा मृत्यु से सम्बन्धित हैं।

आयु वर्ग (वर्ष)	जिला A			जिला B		
	जनसंख्या (लाख में)	मृत्यु (हजार में)	मानकीकृत जनसंख्या (लाख में)	जनसंख्या (लाख में)	मृत्यु (हजार में)	मानकीकृत जनसंख्या (लाख में)
0 - 24	4	8.4	4.10	3.5	6.30	3.60
25 - 55	5	9.0	4.80	4.9	9.80	4.85
55 से ऊपर	1	2.5	1.10	1.6	1.12	1.55
	10	19.9	10	10	17.22	10.0

जिले A की मानकीकृत मृत्यु दर का अनुपात जिले B की मानकीकृत मृत्यु दर से लगभग है
(a) 1.16 : 1 (b) 1 : 1.23
(c) 1.14 : 1 (d) इनमें से कोई नहीं

15. निम्न सारणी में मानक विचलन का मान होगा

x	6	8	9	10	11	12
f	6	12	13	8	5	4

(a) 1.5 (b) 1.55
(c) 1.75 (d) 1.64

उत्तरमाला

1. (a) **2.** (c) **3.** (b) **4.** (c) **5.** (d) **6.** (a) **7.** (d) **8.** (c) **9.** (d) **10.** (c)
11. (a) **12.** (c) **13.** (d) **14.** (c) **15.** (d)

संकेत एवं हल

1.

क्रम संख्या	प्राप्त क्रमांक	$\|x-\bar{x}\|$
1	25	18
2	30	13
3	35	8
4	38	5
5	41	2
6	42	1
7	54	11
8	60	17
9	62	19
$n = 9$	$\Sigma x = 387$	$\Sigma\|x-\bar{x}\| = 94$

$$\text{माध्य} = \frac{\Sigma x}{n} = \frac{387}{9} = 43$$

$$\text{माध्य विचलन} = \frac{\Sigma|x-\bar{x}|}{n} = \frac{94}{9} = 10.44$$

2.

आवृत्ति (x)	बारम्बारता (f)	fx	$\|x-\bar{x}\|$	$f\|x-\bar{x}\|$
4	5	20	5.84	29.2
6	4	24	3.84	15.36
8	3	24	1.84	5.52
10	2	20	0.16	0.32
12	4	48	2.16	8.64
14	1	14	4.16	4.16
16	6	96	6.16	36.96
	$\Sigma f = 25$	Σfx=246	$\Sigma f\|x-\bar{x}\| = 100.16$	

$$\bar{x} = \frac{\Sigma fx}{\Sigma f} = \frac{246}{25} = 9.84$$

$$\therefore \text{ माध्य विचलन} = \frac{\Sigma f(|x-\bar{x}|)}{\Sigma f} = \frac{100.16}{25} = 4.0064 = 4.01$$

4. $\text{समान्तर माध्य} = \dfrac{8+4+7+3+15+11}{6} = \dfrac{48}{6} = 8$

$$\therefore \text{ मानक विचलन} = \sqrt{\frac{\Sigma(x-\bar{x})^2}{n}}$$

$$= \sqrt{\frac{0^2+4^2+1^2+5^2+7^2+3^2}{6}} = \sqrt{\frac{100}{6}} = \frac{10}{\sqrt{6}}$$

5. दिए गए विचलन निम्न हैं 2, 1, – 2, – 1, 0, – 3

$$\therefore \text{माध्य विचलन} = \frac{2+1-2-1+0-3}{6} = \frac{-3}{6} = -0.5$$

7. दिया है, $n = 50, \Sigma x = 250, \Sigma x^2 = 2500$

$$\text{माध्य } \bar{x} = \frac{250}{50} = 5 \;\therefore\; \text{मानक विचलन} = \sqrt{\frac{\Sigma(x-\bar{x})^2}{2}}$$

$$\Rightarrow \quad \sigma = \sqrt{\frac{\Sigma(x-\bar{x})^2}{n}} = \sqrt{\frac{\Sigma(x^2+\bar{x}^2-2\bar{x}x)}{n}}$$

$$= \sqrt{\frac{2500+25-2\times5\times250}{50}}$$

$$= \sqrt{\frac{25}{50}} = \sqrt{\frac{1}{2}}$$

8.

मदें	q_0	p_0	p_1	$p_0 q_0$	$p_1 q_0$
गेहूँ	60	7.50	10.00	450	600
आलू	30	3.00	5.00	90	150
चाय	1	60.00	96.00	60	96
चीनी	10	12.00	20.00	120	200
तेल/घी	5	80.00	125.00	400	625
				$\Sigma p_0q_0 =$ 1120	$\Sigma p_1q_0 =$ 1671

$$\therefore \quad \text{मूल्य सूचकांक} = \Sigma\frac{p_1q_0}{p_0q_0}\times100$$

$$= \frac{1671\times100}{1120} = 149.19 \approx 149.20 \text{ (लगभग)}$$

11. 25, 30, 35, 37, 40, 48, 51 के विक्षेपण गुणांक हेतु सर्वप्रथम मानक विचलन एवं समान्तर माध्य ज्ञात करना होगा।

$$\text{दी गई श्रेणी का मानक विचलन} = \sqrt{\frac{\Sigma(x-\bar{x})^2}{n}}$$

x	$(x-\bar{x})$	$(x-\bar{x})^2$
25	25 – 38 = – 13	169
30	30 – 38 = – 8	64
35	35 – 38 = – 3	9
37	37 – 38 = –1	1
40	40 – 38 = 2	4
48	48 – 38 = 10	100
51	51 – 38 = 13	169
		$\Sigma(x-\bar{x})^2 = 516$

$$\therefore \quad \text{मानक विचलन} = \sqrt{\frac{\Sigma(x-\bar{x})^2}{\Sigma f}} = \sqrt{\frac{516}{7}} = 8.58$$

$$\text{विक्षेपण गुणांक} = \frac{\text{मानक विचलन}}{\text{समान्तर माध्य}}\times100 = \frac{8.58\times100}{38}$$ [देखें → 20.4]

विक्षेपण गुणांक = 22.57

12. $\text{परिसर का मान} = \dfrac{51-25}{51+25} = \dfrac{26}{76} = 0.34$ [देखें → 20.1]

13. पहले नगर में मरने वालों की संख्या

$$= \frac{15}{1000}\times854320 = 12814.8 \approx 12815$$

दूसरे नगर में मरने वालों की संख्या

$$= \frac{18.2}{1000}\times545680 = 9931.376 \approx 9931$$

कुल मरने वालों की संख्या = 12815 + 9931 = 22746

कुल जनसंख्या = 854320 + 545680 = 1400000

$$\text{मिश्रित मृत्यु दर प्रति हजार} = \frac{22746}{1400000}\times1000 = 16.247 \approx 16.25$$

21

समुच्चय सिद्धान्त एवं प्रतिचित्रण

Set Theory and Mapping

समुच्चय (Set)

सुपरिभाषित वस्तुओं के समूह को समुच्चय कहते हैं तथा वस्तुओं को समुच्चय के अवयव कहते हैं।

समुच्चयों को सामान्यत: अंग्रेजी वर्णमाला के बड़े अक्षरों $A, B, C, \ldots$ तथा अवयवों को छोटे अक्षरों $a, b, c, \ldots$ से निरूपित करते हैं। यदि x, A का अवयव है, तब इसे $x \in A$ लिखते हैं और x, A का अवयव नहीं है, तब इसे $x \notin A$ लिखते हैं।

समुच्चयों का निरूपण (Representation of Sets)

समुच्चय के निरूपण की दो विधियाँ हैं

1. **सूची विधि** (Listing Method) इस विधि में समुच्चय के अवयवों को कॉमा (,) द्वारा अलग-अलग करके मँझले कोष्ठक { } में लिखा जाता है।
   जैसे— A = अंग्रेजी वर्णमाला के स्वरों का समुच्चय $= \{a, e, i, o, u\}$
   इस विधि को तालिका (Tabular) विधि तथा रोस्टर (Roaster) विधि भी कहते हैं।
2. **समुच्चय निर्माण विधि** (Set Builder Method) इस विधि में समुच्चय में ऐसे गुण को लिखा जाता है, जो समुच्चय के प्रत्येक अवयव द्वारा सन्तुष्ट होता है।
   जैसे—
   $A = \{x : x \in N$ तथा $x < 6\} = \{1, 2, 3, 4, 5\}$
   इस विधि को नियम (Rule) विधि तथा गुण (Property) विधि भी कहते हैं।

समुच्चयों के प्रकार (Types of Sets)

रिक्त समुच्चय (Empty Set) ऐसा समुच्चय जिसमें कोई अवयव नहीं होता है, रिक्त समुच्चय कहलाता है, इसे ϕ या { } से निरूपित करते हैं।

एकल समुच्चय (Singleton Set) ऐसा समुच्चय जिसमें केवल एक अवयव हो, एकल समुच्चय कहलाता है।

परिमित समुच्चय (Finite Set) वे समुच्चय जिनके अवयवों को गिना जा सके, परिमित समुच्चय कहलाते हैं। इनके अवयवों की संख्या को कार्डिनल संख्या कहते हैं जिसे $O(A)$ या $n(A)$ से निरूपित करते हैं।

अपरिमित समुच्चय (Infinite Set) वे समुच्चय जिनके अवयवों को गिना न जा सके, अपरिमित समुच्चय कहलाते हैं।

समान समुच्चय (Equal Set) यदि समुच्चय A का प्रत्येक अवयव समुच्चय B का अवयव हो और समुच्चय B का प्रत्येक अवयव समुच्चय A का अवयव हो, तब समुच्चय A और B को समान समुच्चय कहते हैं।

उपसमुच्चय (Subset) माना A और B दो समुच्चय हैं। यदि समुच्चय A का प्रत्येक अवयव समुच्चय B का अवयव हो, तो समुच्चय A को समुच्चय B का उपसमुच्चय कहते हैं तथा इसे $A \subseteq B$ से निरूपित करते हैं। साथ ही समुच्चय B को A का अधिसमुच्चय (Superset) कहते हैं।

उचित उपसमुच्चय (Proper Subset) यदि समुच्चय A का प्रत्येक अवयव समुच्चय B में हो, परन्तु समुच्चय B में कम से कम एक अवयव ऐसा हो, जो A का अवयव न हो, तब समुच्चय A को B का उचित उपसमुच्चय कहते हैं। इसे $A \subset B$ से निरूपित करते हैं।

समष्टीय समुच्चय (Universal Set) प्रत्येक दिए गए समुच्चय के अधिसमुच्चय को समष्टि समुच्चय कहते हैं। इसे '$\cup$' से निरूपित करते हैं।

समुच्चयों पर संक्रियाएँ (Operations on Sets)

समुच्चयों का सम्मिलन (Union of Sets) माना A व B दो समुच्चय हैं, तब समुच्चयों A व B के सम्मिलन को $A \cup B$ से निरूपित करते हैं तथा इसमें वे सभी अवयव होते हैं जो या तो A में या B में या दोनों A व B में हों।

$$A \cup B = \{x : x \in A \text{ या } x \in B\}$$

समुच्चयों का प्रतिच्छेदन (Intersection of Sets) यदि A और B दो समुच्चय हैं, तो समुच्चयों A व B के प्रतिच्छेदन को $A \cap B$ से निरूपित करते हैं तथा इसमें वे अवयव होते हैं जो A व B दोनों में होते हैं।

$$A \cup B = \{x : x \in A \text{ तथा } x \in B\}$$

समुच्चयों का अन्तर (Difference of Sets) यदि A व B दो समुच्चय हैं, तब समुच्चय A व B के अन्तर को $(A - B)$ से निरूपित करते हैं तथा इसमें वे अवयव होते हैं जो A के अवयव होते हैं परन्तु B के अवयव नहीं। इस प्रकार, $(B - A)$ में वे अवयव होते हैं जो B के अवयव होते हैं परन्तु A के नहीं होते हैं।

$$(A - B) = \{x : x \in A \text{ परन्तु } x \notin B\}$$

तथा

$$(B - A) = \{x : x \in B \text{ परन्तु } x \notin A\}$$

पूरक समुच्चय (Complement Set) यदि U एक समष्टीय समुच्चय है तथा $A \subset U$, तब A के पूरक समुच्चय को A' या $(U - A)$ से निरूपित करते हैं तथा इसमें वे अवयव होते हैं जो A में नहीं होते हैं।

$$A' = (U - A) = \{x : x \in U \text{ परन्तु } x \notin A\}$$

समुच्चयों के बीजगणितीय नियम (Laws of Algebra of Sets)

यदि A, B व C तीन समुच्चय हैं, तब

1. (i) $A \cup A = A$ (वर्गसम नियम)

(ii) $A \cap A = A$

2. (i) $A \cup \phi = A$

(ii) $A \cap U = A$ (तत्समक नियम)

3. (i) $A \cup B = B \cup A$ (क्रमविनिमय नियम)

(ii) $A \cap B = B \cap A$

4. (i) $(A \cup B) \cup C = A \cup (B \cup C)$ (साहचर्य नियम)

(ii) $(A \cap B) \cap C = A \cap (B \cap C)$

5. (i) $A \cup (B \cap C) = (A \cup B) \cap (A \cup C)$

(ii) $A \cap (B \cup C) = (A \cap B) \cup (A \cap C)$ (वितरण नियम)

6. (i) $(A \cup B)' = A' \cap B'$ (डी-मॉर्गन नियम)

(ii) $(A \cap B)' = A' \cup B'$

7. (i) $n(A \cup B) = n(A) + n(B) - n(A \cap B)$

(ii) $n(A \cup B \cup C) = n(A) + n(B) + n(C) - n(A \cap B)$
$- n(B \cap C) - n(C \cap A) + n(A \cap B \cap C)$

(iii) $n(A - B) = n(A) - n(A \cap B)$

वेन आरेख (Venn Diagram)

भिन्न-भिन्न प्रकार के समुच्चयों व उनकी क्रियाओं का ज्यामितीय निरूपण वेन आरेख कहलाता है। इसमें समष्टीय समुच्चयो को आयताकार आकृति एवं समष्टीय समुच्चयों के उपसमुच्चयों को आकृति के अन्दर वाले क्षेत्र में वृत्तों से निरूपित करते हैं।

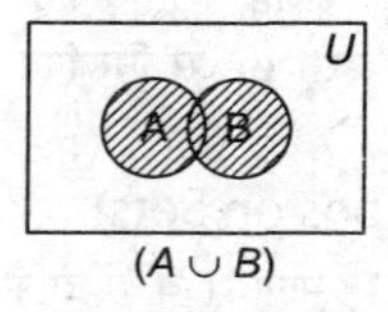

$(A \cup B)$

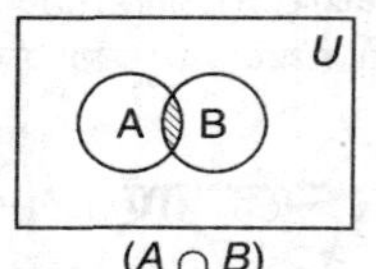

$(A \cap B)$

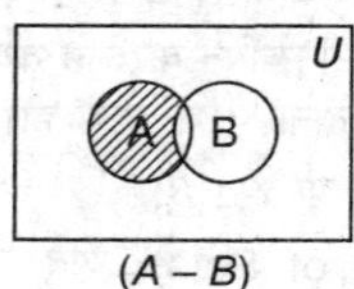

$(A - B)$

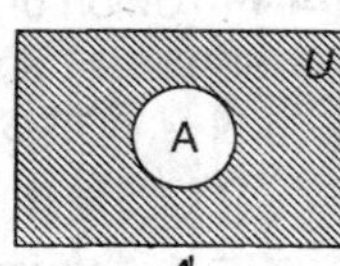

A'

प्रतिचित्रण (Mapping)

यदि किसी अरिक्त समुच्चय A के प्रत्येक अवयव को किसी नियम या सम्बन्ध द्वारा समुच्चय B के किसी अद्वितीय (Unique) अवयव से सम्बन्धित किया जाता है, तो इस नियम को प्रतिचित्रण कहते हैं। इसे $f: A \to B$ या $A \xrightarrow{f} B$ से निरूपित करते हैं। यहाँ A को प्रान्त (Domain), B को सहप्रान्त (Codomain) तथा B के उन अवयवों के समुच्चय को जो A के अवयवों से सम्बन्ध रखते हैं, परास (Range) कहते हैं।

प्रतिचित्रण के प्रकार (Types of Mapping)

1. **अन्तःक्षेपी प्रतिचित्रण** (Into Mapping) माना $f: A \to B$, यदि B में कम से कम एक अवयव इस प्रकार हो कि वह अवयव A के किसी भी अवयव का प्रतिबिम्ब न हो, तब f को अन्तःक्षेपी प्रतिचित्रण कहते हैं।

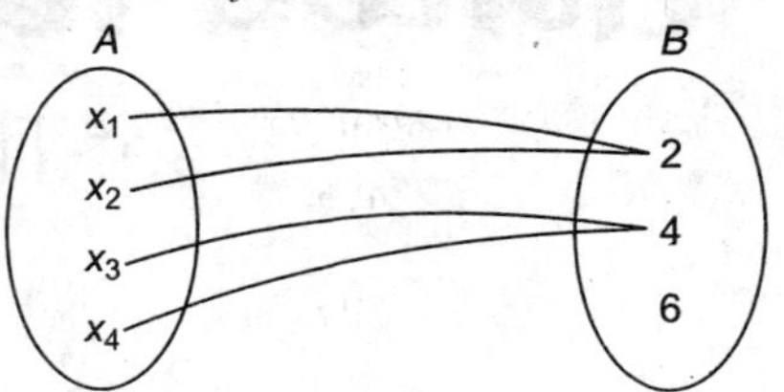

2. **आच्छादक प्रतिचित्रण** (Onto or Surjective Mapping) माना $f: A \to B$, यदि B का प्रत्येक अवयव A के कम से कम एक अवयव का प्रतिबिम्ब अवश्य हो, तब f को आच्छादक प्रतिचित्रण कहते हैं।

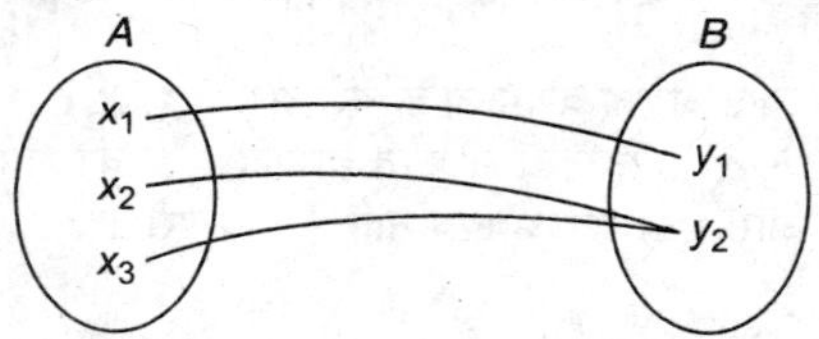

3. **एकैकी प्रतिचित्रण** (One-one Mapping) माना $f: A \to B$, यदि A के विभिन्न अवयव के B में भिन्न-भिन्न प्रतिबिम्ब हों, तो f को एकैकी प्रतिचित्रण कहते हैं।

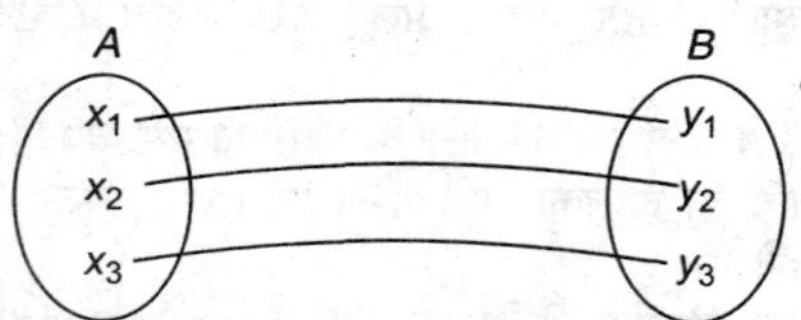

4. **बहुएकैकी प्रतिचित्रण** (Many-one Mapping) माना $f: A \to B$, यदि A के दो या दो से अधिक अवयवों के B में समान प्रतिबिम्ब हों, तब f को बहुएकैकी प्रतिचित्रण कहते हैं।

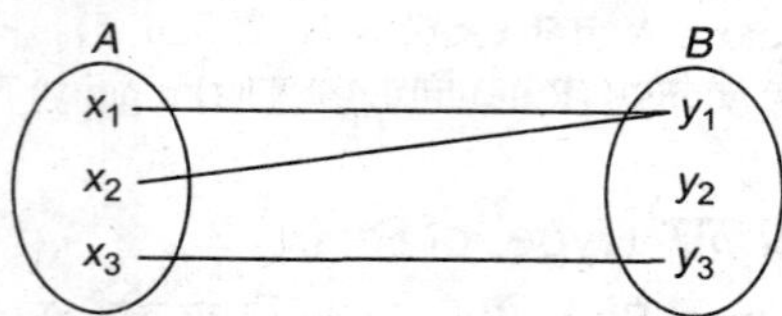

स्मरणीय बिन्दु

21.1 यदि $A \subset B$, तो $n(A \cup B) = m$

21.2 यदि $A \not\subset B$, तो $n(A \cup B) \geq m$

21.3 $A' = I^+ - A$ (जहाँ I^+ सभी धनपूर्णांक संख्याएँ हैं)

21.4 किसी समुच्चय A के सभी उपसमुच्चयों के संग्रह या समुच्चय का A का घात समुच्चय (Power set of A) कहते हैं।

21.5 n अवयव वाले परिमित समुच्चय के उपसमुच्चयों की कुल संख्या 2^n होती है।

साधित उदाहरण

■ **उदाहरण 1** *समुच्चय $A = \{m, n, p\}$ के उपसमुच्चयों की संख्या क्या होगी?*

हल उपसमुच्चयों की कुल संख्या $= n^2$

यहाँ $n = 3$

$\therefore \quad n^2 = (3)^2 = 9$

■ **उदाहरण 2** *यदि $A = \{1, 3, 9, 10, 21\}$, $B = \{4, 6, 8, 10\}$ तथा $C = \{1, 2, 3, 4, 5, 6, 7, 8, 9, 10\}$ हो, तो $A \cap (B \cap C)$ का मान ज्ञात कीजिए।*

हल $A \cap (B \cap C)$ के लिए सर्वप्रथम $B \cap C$ का मान ज्ञात करेंगे।

$B \cap C = \{4, 6, 8, 10\} \cap \{1, 2, 3, 4, 5, 6, 7, 8, 9, 10\}$

$B \cap C = \{4, 6, 8, 10\}$

अब $A \cap (B \cap C) = \{1, 3, 9, 10, 21\} \cap \{4, 6, 8, 10\} = \{10\}$

■ **उदाहरण 3** *240 विद्यार्थी के समूह में 200 इतिहास लेते हैं तथा 90 भूगोल लेते हैं। यदि 20 विद्यार्थी दोनों में से कोई विषय नहीं लेते, तो कितने विद्यार्थी दोनों विषय लेते हैं?*

हल जो विद्यार्थी इतिहास नहीं लेते $= 240 - 200 = 40$

जो विद्यार्थी भूगोल नहीं लेते $= 240 - 90 = 150$

20 विद्यार्थी ऐसे हैं जो दोनों में से कोई विषय नहीं लेते

अत: वे 40 तथा 150 दोनों में सम्मिलित हैं।

$\therefore$ कोई एक अथवा दोनों विषय न लेने वाले विद्यार्थियों की संख्या

$= 40 + 150 - 20$

$= 190 - 20 = 170$

$\therefore$ दोनों विषय लेने वाले विद्यार्थियों की संख्या $= 240 - 170 = 70$

अभ्यास प्रश्न

1. निम्नलिखित समुच्चय का प्रतीकात्मक रूप होगा $\{1, 3, 5, 7, \ldots\}$
(a) $\{x : x$ एक सम संख्या है$\}$
(b) $\{x : x$ एक विषम संख्या है$\}$
(c) $\{x : x$ एक अभाज्य संख्या है$\}$
(d) उपरोक्त में से कोई नहीं

2. 32 के भाजकों का समुच्चय है
(a) $\{1, 2, 4\}$ (b) $\{2, 4, 8, 16, 32\}$
(c) $\{1, 2, 4, 8, 16, 32\}$ (d) $\{2, 4, 8, 16\}$

3. निम्नलिखित समुच्चयों में से कौन-सा समुच्चय अपरिमित है?
(a) पृथ्वी पर जीवित व्यक्तियों का समुच्चय
(b) $\{4, 4, 4, \ldots$ अनन्त$\}$
(c) $\{1, 2, 1, 2, 1, 1, 2, \ldots$ अनन्त$\}$
(d) प्राकृतिक संख्याओं का समुच्चय

4. निम्नलिखित में से कौन-सा समुच्चय समष्टीय समुच्चय है?
(a) $A = \{x : x$ एक चतुर्भुज है$\}$
(b) $B = \{x : x$ एक समान्तर चतुर्भुज है$\}$
(c) $C = \{x : x$ एक आयत है$\}$
(d) $D = \{x : x$ एक वर्ग है$\}$

5. यदि $A = \{2, 4, \{5, 6\}, 8\}$, तब निम्नलिखित में से कौन-सा असत्य है?
(a) $\{5, 6\} \subset A$ (b) $\{5, 6\} \in A$
(c) $\{2, 4, 8\} \subset A$ (d) $2, 4, 8 \in A$

6. निम्नलिखित में से कौन-सा समूह समुच्चय नहीं है?
(a) कक्षा के विद्यार्थियों का समूह
(b) क्रिकेट के प्रसिद्ध खिलाड़ियों का समूह
(c) भारत की नदियों का समूह
(d) अपरिमेय संख्याओं का समूह

7. निम्नलिखित समुच्चयों में एकल समुच्चय है
(a) $\{x : x$ भारत में मुख्यमन्त्री हैं$\}$
(b) $\{x : x$ एक सम संख्या है तथा अभाज्य है$\}$
(c) $\{x : x$ समीकरण $(x^3 - 1)$ का एक मूल है$\}$
(d) $\{x : x$ स्वर्ण पदक विजेता है$\}$

8. समुच्चय $A = \{a, b\}$ के उपसमुच्चयों की संख्या है
(a) 3 (b) 4 (c) 2 (d) 1

9. एक टीवी सर्वेक्षण, टीवी दर्शकों के निम्नलिखित आँकड़े दर्शाता है 60% दर्शक कार्यक्रम A देखते हैं, 50% दर्शक कार्यक्रम B देखते हैं तथा 50% दर्शक कार्यक्रम C देखते हैं। 30% कार्यक्रम A तथा C देखते हैं। 10% तीनों कार्यक्रम देखते हैं। जो केवल दो कार्यक्रम देखते हैं ऐसे लोगों का प्रतिशत होगा
(a) 20 (b) 40 (c) 70 (d) 80

10. निम्नलिखित वेन चित्रों में से कौन-सा चित्र $(A \cup B)'$ को प्रदर्शित करता है?

(a) 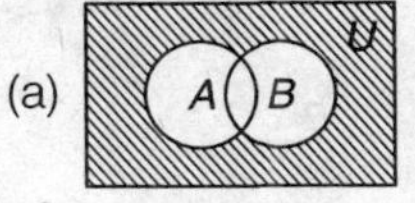

(b) 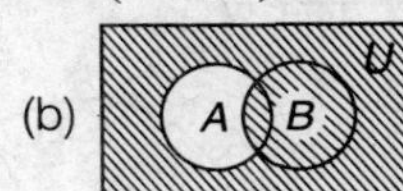

(c) 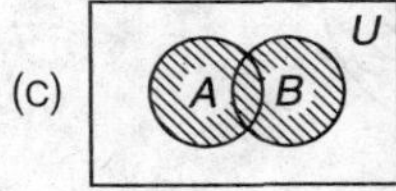

(d) U A B

11. यदि $A = \{1, 3, 5, 7, 8\}$ और $B = \{5, 7, 9, 11\}$, तो $A \cup B$ का मान होगा
(a) $\{1, 3, 7, 9\}$ (b) $\{1, 3, 5, 7, 8, 9, 11\}$
(c) $\{5, 7\}$ (d) $\{1, 3, 8, 11\}$

12. यदि $A = \{1, 2, 3, 4\}$, $B = \{2, 4, 6, 8\}$ और $C = \{3, 4, 5, 6\}$, तो $(A \cup B) \cup C$ का मान होगा
(a) $\{1, 2, 3, 4, 5, 6, 8\}$ (b) $\{1, 3, 4, 6, 8\}$
(c) $\{2, 4, 6, 8\}$ (d) $\{1, 3, 5, 6\}$

13. यदि $U = I^+$, $A = \{2, 4, 6, 8, \ldots\}$, तो A' का मान होगा
(a) $\{1, 3, 5, 7, \ldots\}$ (b) $\{1, 2, 3, 4, \ldots\}$
(c) $\{2, 3, 4, 5, \ldots\}$ (d) इनमें से कोई नहीं

14. यदि $A = \{a, b, c, d\}$, $B = \{a, c, e, f\}$, $C = \{b, d, e, f\}$, तो $A \cap B \cap C$ का मान है
(a) $\{a, c\}$ (b) $\{c, f\}$
(c) $\{b, d\}$ (d) ϕ

15. यदि A समस्त समबहुभुजों का समुच्चय हो एवं B समस्त चतुर्भुजों का समुच्चय हो, तब $A \cap B$ समुच्चय होगा समस्त
(a) वर्गों का
(b) आयतों का
(c) समचतुर्भुजों का
(d) समान्तर चतुर्भुजों का

16. यदि $S = \{0, 1, 5, 4, 7\}$, तब समुच्चय 'S' में उपसमुच्चयों की कुल संख्या होगी

(a) 64 (b) 32 (c) 40 (d) 20

17. यदि $A = \{3, 4, 7, 8\}$, $B = \{1, 5, 6, 4, 3\}$, $C = \{4, 5, 9, 3, 8, 6\}$, तो $A \cup B \cap C$ है

(a) {1, 3, 4, 5, 6, 7, 8, 9} (b) {3, 4, 5, 6, 8}
(c) {3, 4} (d) इनमें से कोई नहीं

18. समुच्चयों A तथा B में क्रमश: 5 तथा 10 अवयव हैं। $(A \cup B)$ में अवयवों की न्यूनतम संख्या होगी

(a) 15 (b) 8 (c) 10 (d) 5

19. यदि $A = \{x : x^2 + 6x - 7 = 0\}$, तब $B = \{x : x^2 + 9x + 14 = 0\}$, तो $(A - B)$ बराबर है

(a) {1, – 7} (b) {1}
(c) {–7} (d) {– 2}

20. एक कक्षा के 45 छात्र विज्ञान अथवा गणित अथवा दोनों विषय पढ़ने के लिए चुनते हैं। 10 छात्र दोनों विषय चुनते हैं तथा 20 छात्र गणित चुनते हैं। विज्ञान चुनने वालों की संख्या है

(a) 35
(b) 15
(c) 25
(d) उपरोक्त में से कोई नहीं

उत्तरमाला

1. (b)	2. (c)	3. (d)	4. (a)	5. (a)	6. (b)	7. (b)	8. (b)	9. (b)	10. (a)
11. (b)	12. (a)	13. (a)	14. (d)	15. (a)	16. (b)	17. (b)	18. (c)	19. (b)	20. (a)

संकेत एवं हल

5. विकल्प (a) असत्य है चूँकि $\{5, 6\}$, A का उपसमुच्चय नहीं है बल्कि पूरे का पूरा समुच्चय A अवयव है अर्थात् $\{5, 6\} \in A$

8. समुच्चय A में उपसमुच्चयों की संख्या $= 2^2 = 4$ [देखें → 21.5]

9. वेन आरेख बनाने पर,

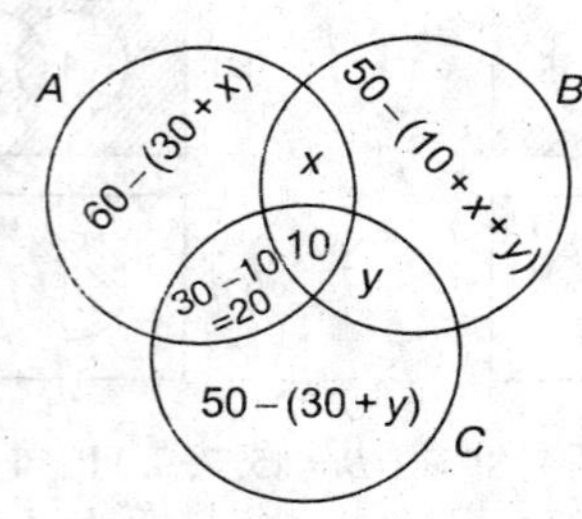

$$60 - (30 + x) + x + 10 + 20 + 50 - (10 + x + y) + y + 50 - (30 + y) = 100$$

$$\Rightarrow \quad 120 - x - y = 100$$

$$\Rightarrow \quad x + y = 20$$

ऐसे व्यक्तियों का प्रतिशत जो केवल दो कार्यक्रम देखते हैं

$$x + y + 20 = 20 + 20 = 40$$

11. दिया है, $A = \{1, 3, 5, 7, 8\}$ तथा $B = \{5, 7, 9, 11\}$

$\therefore \quad A \cup B = \{1, 3, 5, 7, 8, 9, 11\}$

13. $U = I^+ = \{1, 2, 3, 4, 5, 6, 7, 8, \ldots\}$ [देखें → 21.3]

$A = \{2, 4, 6, 8 \ldots\}$

$A' = I^+ - A = \{1, 3, 5, 7, 9, \ldots\}$

14. $A = \{a, b, c, d\}$, $B = \{a, c, e, f\}$, $C = \{b, d, e, f\}$

$A \cap B \cap C = \phi$ अर्थात् समुच्चय A, B व C में कोई भी अवयव उभयनिष्ठ नहीं है।

15. $A = \{x : x$ एक समबहुभुज है$\}$, $B = \{x : x$ एक चतुर्भुज है$\}$

$\because$ समबहुभुज की सभी भुजाएँ बराबर तथा सभी कोण भी बराबर होते हैं और वर्ग की चारों भुजाएँ बराबर तथा चारों कोण बराबर होते हैं। अत:

$A \cap B =$ वर्गों का समुच्चय है।

17. दिया है, $A = \{3, 4, 7, 8\}$, $B = \{1, 5, 6, 4, 3\}$, $C = \{4, 5, 9, 3, 8, 6\}$

$$A \cup B = \{3, 4, 7, 8\} \cup \{1, 5, 6, 4, 3\} = \{1, 3, 4, 5, 6, 7, 8\}$$

$$\therefore \quad A \cup B \cap C = \{1, 3, 4, 5, 6, 7, 8\} \cap \{4, 5, 9, 3, 8, 6\} = \{3, 4, 5, 6, 8\}$$

18. यदि $A \subset B$, तो $n(A \cup B) = 10$ [देखें → 21.1]

यदि $A \not\subset B$, तो $n(A \cup B) \geq 10$

19. दिया है, $A = \{x : x^2 + 6x - 7 = 0\}$

$= \{x : (x + 7)(x - 1) = 0\} = \{-7, 1\}$

तथा $B = \{x : x^2 + 9x + 14 = 0\}$

$= \{x : (x + 7)(x + 2) = 0\} = \{-7, -2\}$

$A - B = \{1\}$

20. n (कुल छात्र) $= n(S \cup M) = 45$, $n(S \cap M) = 10$

$n(M) = 20$

$$\therefore \quad n(S \cup M) = n(S) + n(M) - n(S \cap M)$$

$$\Rightarrow \quad 45 = n(S) + 20 - 10$$

$$\Rightarrow \quad n(S) = 35$$

22

त्रिभुज

Triangles

त्रिभुज (Triangle)

तीन रेखाखण्डों से घिरी हुई समतलीय बन्द आकृति त्रिभुज कहलाती है। त्रिभुज में तीन भुजाएँ AB, BC, CA तथा तीन कोण A, B, C होते हैं।

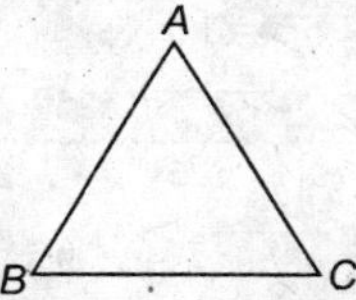

कोणों के आधार पर त्रिभुजों के प्रकार

(Types of Triangles on the Basis of Angles)

1. समकोण त्रिभुज (Right Angled Triangle) जिस त्रिभुज का एक कोण समकोण अर्थात् 90° का हो, उसे समकोण त्रिभुज कहते हैं। पार्श्व चित्र में ABC एक समकोण त्रिभुज है, जिसमें $\angle ABC = 90°$ है।

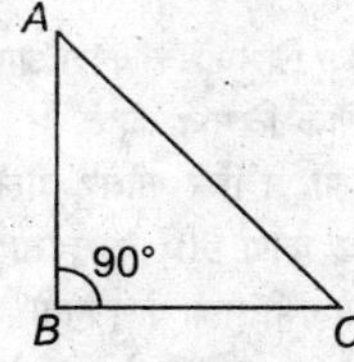

2. न्यूनकोण त्रिभुज (Acute Angled Triangle) जिस त्रिभुज के तीनों कोण न्यूनकोण अर्थात् 90° से कम हो, उसे न्यूनकोण त्रिभुज कहते हैं। पार्श्व चित्र में ABC एक न्यूनकोण त्रिभुज है, जिसमें प्रत्येक कोण की माप 90° से कम है।

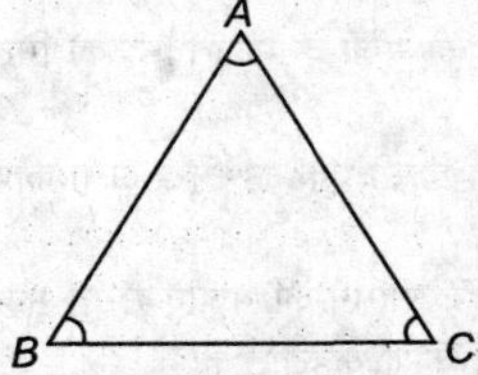

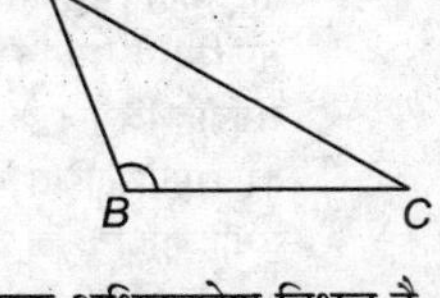

3. अधिककोण त्रिभुज (Obtuse Angled Triangle) जिस त्रिभुज का एक कोण अधिककोण अर्थात् 90° से अधिक हो, उसे अधिककोण त्रिभुज कहते हैं। पार्श्व चित्र में ABC एक अधिककोण त्रिभुज है, जिसमें $\angle ABC$ की माप 90° से अधिक है।

A

B C

भुजाओं के आधार पर त्रिभुजों के प्रकार

(Types of Triangles on the Basis of Sides)

1. समबाहु त्रिभुज (Equilateral Triangle) जिस त्रिभुज की तीनों भुजाएँ बराबर हों, उसे समबाहु त्रिभुज कहते हैं। पार्श्व चित्र में ABC एक समबाहु त्रिभुज है, जिसकी भुजाएँ AB, BC और AC की लम्बाइयाँ बराबर हैं।

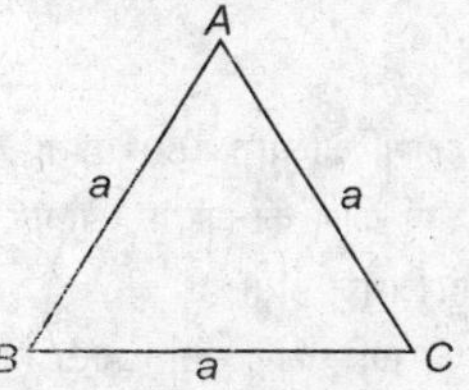

2. समद्विबाहु त्रिभुज (Isosceles Triangle) जिस त्रिभुज की किन्हीं दो भुजाओं की लम्बाइयाँ बराबर हों, उसे समद्विबाहु त्रिभुज कहते हैं। पार्श्व चित्र में ABC एक समद्विबाहु त्रिभुज है, जिसमें AB और AC भुजाओं की लम्बाइयाँ बराबर हैं।

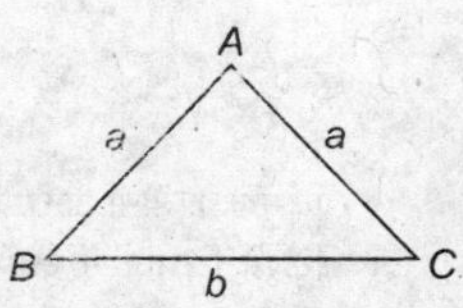

3. विषमबाहु त्रिभुज (Scalene Triangle) जिस त्रिभुज की तीनों भुजाएँ असमान लम्बाई की हो, उसे विषमबाहु त्रिभुज कहते हैं। पार्श्व चित्र में ABC एक विषमबाहु त्रिभुज है।

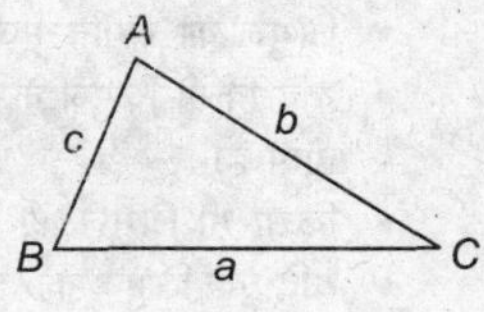

त्रिभुज से सम्बन्धित कुछ पारिभाषिक शब्द

(Some Terminologies Related to a Triangle)

1. शीर्ष लम्ब (Altitude) त्रिभुज के किसी शीर्ष से सम्मुख भुजा पर डाला गया लम्ब शीर्ष लम्ब कहलाता है। त्रिभुज के तीनों शीर्ष लम्बो का प्रतिच्छेद बिन्दु लम्बकेन्द्र कहलाता है।

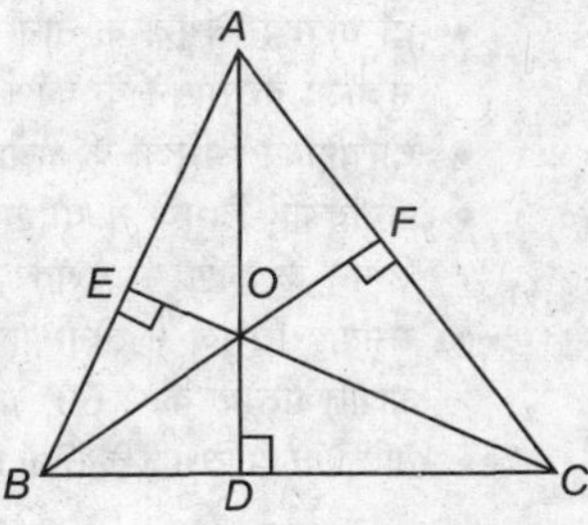

यहाँ चित्र में
$AD \perp BC$, $BF \perp AC$ एवं $CE \perp AB$
अत: AD, BF एवं CE शीर्ष लम्ब एवं इनका प्रतिच्छेद बिन्दु O लम्बकेन्द्र है।

2. माध्यिका (Median) त्रिभुज की किसी भुजा के मध्य बिन्दु को सम्मुख शीर्ष से जोड़ने वाली रेखा को त्रिभुज की माध्यिका कहते हैं। तीनों माध्यिकाओं का कटान बिन्दु त्रिभुज का केन्द्रक (Centroid) कहलाता है तथा केन्द्रक माध्यिका को 2 : 1 के अनुपात में विभाजित करता है।

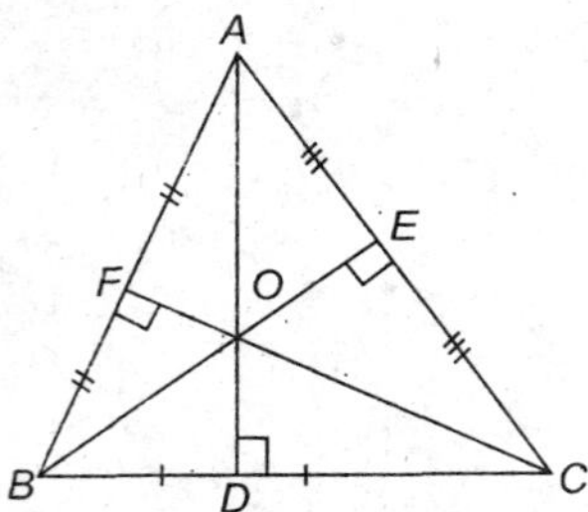

यहाँ ΔABC में D, E एवं F क्रमश: BC, CA एवं AB के मध्य बिन्दु हैं।
AD, BE एवं CF माध्यिकाएँ हैं, O केन्द्रक है।
$AO : OD = CO : OF = BO : OE = 2 : 1$

3. अन्त:केन्द्र (Incentre) किसी त्रिभुज के तीनों कोण-अर्द्धकों के प्रतिच्छेद बिन्दु को अन्त: केन्द्र कहते हैं।

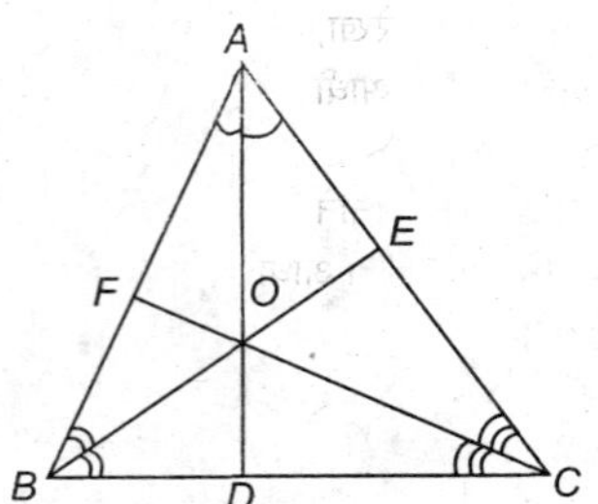

यहाँ ΔABC में BE, CF एवं AD क्रमश: $\angle ABC$, $\angle BCA$ एवं $\angle CAB$ की अर्द्धक रेखाएँ हैं।
त्रिभुज का अन्त: केन्द्र O है।

4. परिकेन्द्र (Circumcentre) किसी त्रिभुज की भुजाओं के लम्ब-अर्द्धकों के प्रतिच्छेद बिन्दु को त्रिभुज का परिकेन्द्र कहते हैं।

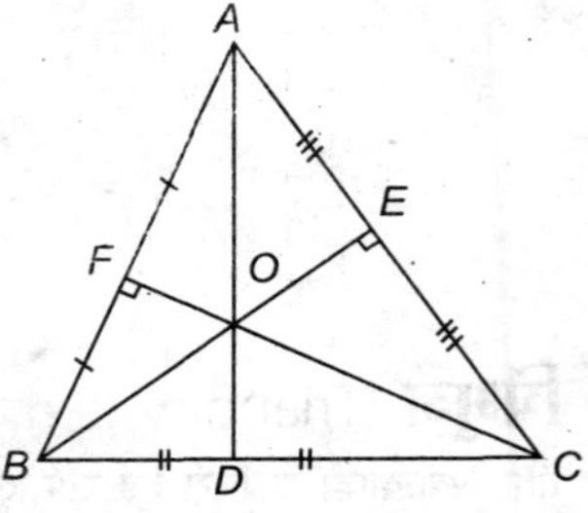

यहाँ ΔABC में BE, DA एवं CF क्रमश: AC, BC एवं AB भुजाओं को समद्विभाजित भी करती हैं एवं इन पर लम्ब भी हैं।
यहाँ O त्रिभुज का परिकेन्द्र है।

स्मरणीय बिन्दु

22.1 त्रिभुज के तीनों कोणों का योग 180° होता है।

22.2 यदि त्रिभुज के शीर्ष कोण का अर्द्धक, आधार को समद्विभाजित करता है, तब त्रिभुज समद्विबाहु त्रिभुज होता है।

22.3 समबाहु त्रिभुज की माध्यिकाएँ समान होती हैं।

22.4 त्रिभुज की एक भुजा को आगे बढ़ाने पर बनने वाला बहिष्कोण दो सम्मुख अन्त:कोणों के योग के बराबर होता है।

22.5 ΔABC में, $\angle B$ व $\angle C$ का अर्द्धक एक-दूसरे को बिन्दु O पर काटते हैं, तब $\angle BOC = 90° + \dfrac{\angle A}{2}$

महत्त्वपूर्ण प्रमेय

- त्रिभुज के तीनों अन्त:कोणों का योग दो समकोण अर्थात् 180° के बराबर होता है।
- किसी त्रिभुज में कम-से-कम दो न्यूनकोण हो सकते हैं।
- किसी त्रिभुज में अधिक-से-अधिक एक अधिककोण या एक समकोण हो सकता है।
- त्रिभुज की समान भुजाओं के सम्मुख कोण समान होते हैं।
- यदि किसी त्रिभुज के दो कोण बराबर हों, तो उनकी सम्मुख भुजाएँ भी बराबर होती हैं।
- किसी भी त्रिभुज की परिमिति तीनों भुजाओं का योगफल होता है।
- यदि एक त्रिभुज को दूसरे त्रिभुज पर रखने से दूसरा उसे पूरा-पूरा ढक ले, तो दोनों त्रिभुज प्रत्येक दशा में बराबर होंगे।
- यदि दो त्रिभुज सब प्रकार से बराबर हों, तो उसकी भुजाएँ भी अलग-अलग बराबर होंगी।
- दो बराबर त्रिभुज के तीनों कोण भी अलग-अलग बराबर होते हैं अर्थात् संगत भुजाओं के सामने के कोण बराबर होते हैं।
- दो बराबर त्रिभुजों के क्षेत्रफल भी आपस में बराबर होते हैं।
- समद्विबाहु त्रिभुज में दो भुजाएँ आपस में बराबर होती हैं। बराबर भुजाओं के सामने के कोण भी बराबर होते हैं।
- समबाहु त्रिभुज में तीनों भुजाएँ बराबर होती हैं तथा इसके तीनों कोण बराबर अर्थात् प्रत्येक कोण 60° का होता हैं।
- यदि एक ही त्रिभुज के तीनों कोण समान हों, तो उसे समानकोणीय त्रिभुज कहते हैं।
- यदि दो या दो से अधिक त्रिभुजों के कोण आपस में अलग-अलग बराबर हों, तो त्रिभुजों को समानकोणिक त्रिभुज कहते हैं।
- त्रिभुज की तीनों भुजाओं से घिरे भीतर वाले कोण को अन्त:कोण कहते हैं।
- समकोण त्रिभुज में एक कोण 90° का होता है।
- समकोण त्रिभुज में सबसे बड़ी भुजा कर्ण होती है, जो समकोण के सामने रहती है।
- समकोण त्रिभुज में कर्ण का वर्ग अपनी शेष दो भुजाओं के वर्गों के योग के बराबर होता है अर्थात् $(\text{कर्ण})^2 = (\text{लम्ब})^2 + (\text{आधार})^2$
- यदि किसी त्रिभुज में दो कोणों का योग तीसरे के बराबर हो, तो वह त्रिभुज समकोण त्रिभुज होगा।
- त्रिभुज के शीर्ष बिन्दु और सामने की भुजा के मध्य बिन्दु को मिलाने वाली रेखा को मध्यगत रेखा कहते हैं।
- किसी त्रिभुज का बहिष्कोण हमेशा किसी एक अभिमुख अन्त:कोण से बड़ा होता है।
- दो समान त्रिभुजों में समान कोणों के सामने की भुजाएँ संगत भुजाएँ और समान भुजाओं के सामने के कोण संगत कोण कहलाते हैं।
- समबाहु त्रिभुज के शीर्ष से आधार पर डाला गया लम्ब, आधार और शीर्षकोण को समद्विभाजित करता है तथा आधार पर लम्ब होता है।
- समद्विबाहु त्रिभुज के आधार के मध्य बिन्दु को शीर्ष से मिलाने वाली रेखा आधार पर लम्ब होती है और शीर्ष कोण को समद्विभाजित करती है।

- किसी त्रिभुज में दो भुजाओं के मध्य बिन्दुओं को मिलाने वाली रेखा, तीसरी के समानान्तर और आधी होती है।

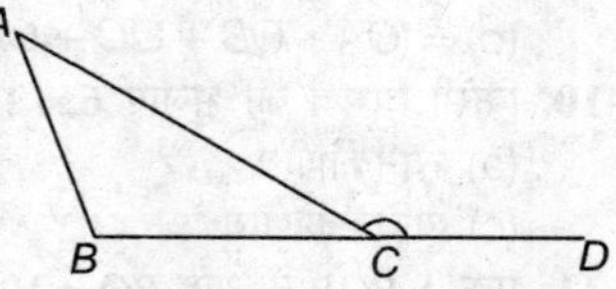

- समकोण त्रिभुज में समकोण बनाने वाली खड़ी रेखा लम्ब, पड़ी भुजा आधार तथा समकोण के सामने की भुजा कर्ण होती है।
- यदि ΔABC की भुजा BC को बढ़ाकर किरण BD बना दिया जाए, तो $\angle ACD$ को ΔABC के शीर्ष C पर बहिष्कोण कहते हैं तथा शीर्ष C पर बहिष्कोण $\angle ACD$ के सापेक्ष $\angle ABC$ तथा $\angle BAC$ को सुदूर अन्तःकोण या अभिमुख अन्तःकोण कहते हैं।
- त्रिभुज के किसी भी शीर्ष पर दो बहिष्कोण होते हैं और वे परस्पर बराबर होते हैं। पार्श्व चित्र में $\angle ABP = \angle CBQ$ हैं, क्योंकि $\angle ABP$ तथा $\angle CBQ$ दोनों शीर्ष B पर बने बहिष्कोण हैं।

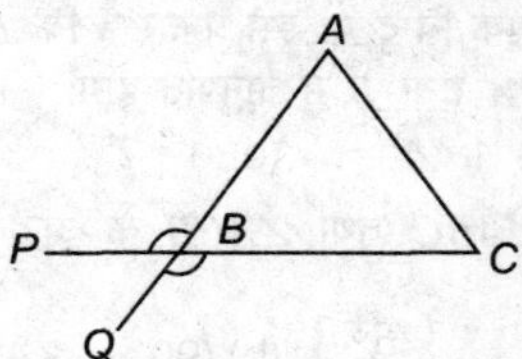

- यदि किसी त्रिभुज की एक भुजा बढ़ाई जाए, तो इस प्रकार बना बहिष्कोण दो सुदूर अन्तःकोणों के योगफल के बराबर होता है।

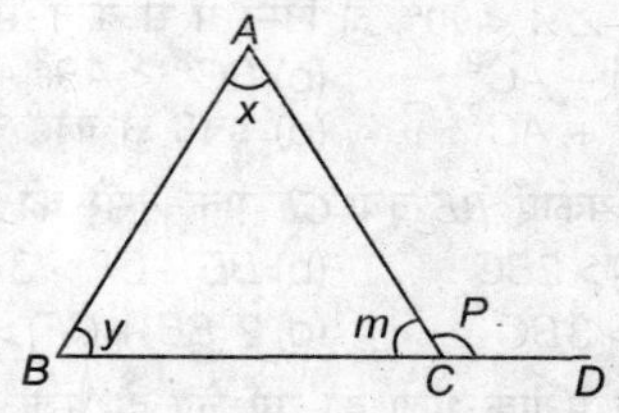

पार्श्व चित्र में $\angle ACD = \angle BAC + \angle ABC$

या, $\angle P = \angle x + \angle y$

क्योंकि बहिष्कोण $\angle P$ के लिए $\angle x$ तथा $\angle y$ सुदूर अन्तःकोण हैं।

- किसी ΔABC में, $\angle B$ व $\angle C$ का अर्द्धक एक-दूसरे को बिन्दु O पर काटते हैं, तब $\angle BOC = 90° + \dfrac{\angle A}{2}$

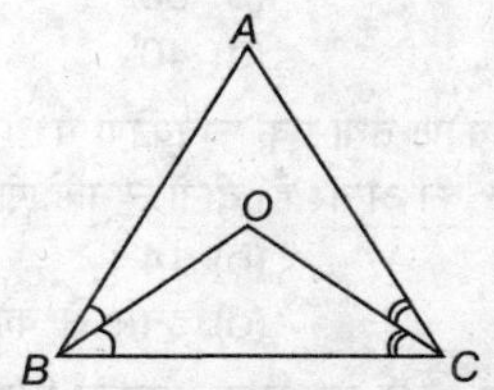

साधित उदाहरण

■ **उदाहरण 1** *त्रिभुज का एक कोण दूसरे से 15° अधिक, दूसरा तीसरे से 15° अधिक है, तो सभी कोणों की माप बताएँ।*

हल माना तीसरा कोण $x°$ है।

$\therefore$ दूसरा कोण $x + 15°$ है।

एवं पहला कोण $x + 15° + 15° = x + 30°$ है।

अब, $x + x + 15° + x + 30° = 180°$

या $3x + 45° = 180°$

या $3x = 180° - 45° = 135°$

$\therefore \quad x = \dfrac{135°}{3} = 45°$

दूसरा कोण $= 45 + 15 = 60°$

पहला कोण $= 60 + 15 = 75°$

अतः कोण 75°, 60° तथा 45° हैं।

■ **उदाहरण 2** *चित्र में x का मान क्या होगा?*

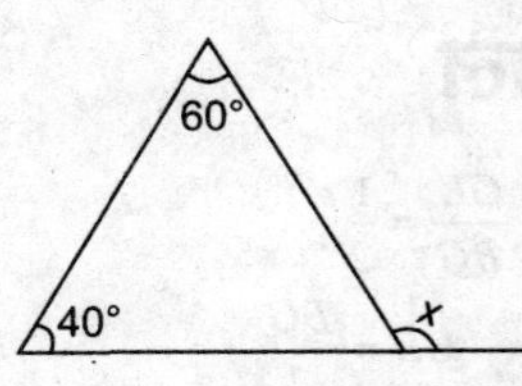

हल $x = 60° + 40° = 100°$

($\because$ बहिष्कोण सम्मुख अन्तः कोणों के योग के बराबर होता है)

संक्षिप्त विधि

तीसरा कोण $= 180° - (60° + 40°)$

$= 180° - 100° = 80°$

$\therefore \quad x = 180° - 80°$

$= 100°$

■ **उदाहरण 3** *चित्र में x का मान बताएँ।*

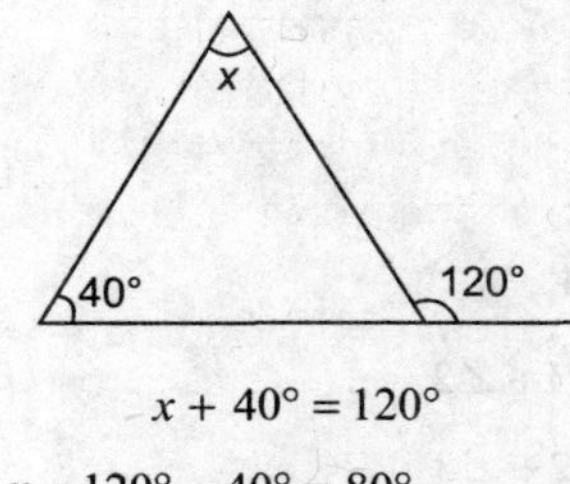

हल $x + 40° = 120°$

$\therefore \quad x = 120° - 40° = 80°$

अभ्यास प्रश्न

1. किसी त्रिभुज की तीनों भुजाओं से बराबर दूरी पर रहने वाले बिन्दु का बिन्दुपथ होगा

(a) किन्हीं दो कोणों के अर्द्धकों का कटान बिन्दु

(b) शीर्ष से खींची गई रेखा

(c) किन्हीं दो भुजाओं के अर्द्धकों का कटान बिन्दु

(d) आधार का मध्य बिन्दु

2. ΔABC की भुजाओं BC, CA तथा AB को क्रम से आगे बढ़ाने पर बहिष्कोण $\angle ACD$, $\angle BAE$ और $\angle CBF$ बनते हैं, तब $\angle ACD + \angle BAE + \angle CBF$ बराबर है

(a) 540° (b) 360°

(c) 180° (d) 210°

3. यदि ΔABC में, $\angle A < 90°$, तो निम्न में से कौन-सा कथन सत्य होगा?
(a) $BC^2 > AB^2 + AC^2$ (b) $BC^2 < AB^2 + AC^2$
(c) $BC^2 = AB^2 + AC^2$ (d) इनमें से कोई नहीं

4. ΔABC की माध्यिकाएँ BE तथा CF एक-दूसरे को G पर काटती हैं, तब
(a) $3(BE - CF) > 2BC$ (b) $BE - CF > 3BC$
(c) $(BE - CF) > 3BC$ (d) $2(BE + CF) > 3BC$

5. यदि किसी त्रिभुज में एक भुजा का वर्ग शेष दो भुजाओं के वर्गों के योग से अधिक है, तो उन भुजाओं के बीच का कोण होगा
(a) न्यूनकोण (b) समकोण
(c) अधिककोण (d) इनमें से कोई नहीं

6. एक ΔABC में, $\angle ACB = 64°$ है। AB के बिन्दु Q पर लम्बवत् अर्द्धक BC को P पर मिलता है। यदि $\angle PAC = 48°$ है, तो $\angle ABC$ है
(a) 34° (b) 36°
(c) 38° (d) 40°

7. एक त्रिभुज के अधिककोण तथा एक न्यूनकोण में 20° का अन्तर है। त्रिभुज के दोनों न्यूनकोणों में 59° का अन्तर है। दोनों न्यूनकोणों में से एक न्यूनकोण है
(a) 16° (b) 14°
(c) 15° (d) इनमें से कोई नहीं

8. ΔABC में, $\angle B$ एवं $\angle C$ के अन्त: अर्द्धक बिन्दु O पर मिलते हैं। यदि $\angle A = 70°$ है, तो $\angle BOC$ होगा
(a) 110° (b) 125°
(c) 130° (d) 140°

9. AC तथा BD का कटान बिन्दु O है। O के अतिरिक्त P पर एक अन्य बिन्दु है। जोकि उसी तल में है जिस तल में A, B, C, D हैं। $PA + PB + PC + PD$ का मान है
(a) $\geq 2(OA + OB + OC + OD)$
(b) $> (OA + OB + OC + OD)$
(c) $< (OA + OB + OC + OD)$
(d) $= (OA + OB + OC + OD)$

10. किसी त्रिभुज की भुजाएँ 6, 12 तथा 13 सेमी हैं। वह त्रिभुज है
(a) न्यूनकोणीय (b) समकोणीय
(c) अधिककोणीय (d) त्रिभुज असम्भव है

11. एक ΔPQR में, यदि $PQ = 10$ सेमी, $QR = 20$ सेमी, $RP = 25$ सेमी हो, तो
(a) तीनों कोण न्यूनकोण हैं
(b) P अधिककोण तथा शेष न्यूनकोण हैं
(c) Q समकोण तथा शेष न्यूनकोण हैं
(d) Q अधिककोण तथा शेष न्यूनकोण हैं

12. एक समबाहु ΔABC में बिन्दु D, भुजा BC में इस प्रकार है कि $BD = (1/5)\,BC$, तो AD^2 और AB^2 में अनुपात है
(a) 21/25 (b) 24/25
(c) 16/25 (d) 18/25

13. ABC एक समद्विबाहु त्रिभुज है, जिसमें $AB = AC$ है। भुजा AB पर एक बिन्दु L व AC पर एक बिन्दु M इस प्रकार है कि BC, CL, LM तथा AM बराबर हैं, तो कोण A तथा B में अनुपात होगा
(a) 1 : 2 (b) 1 : 4 (c) 1 : 3 (d) 1 : 1

14. यदि ΔABC में, $\angle ABC$ तथा $\angle ACB$ के अर्द्धक O पर मिलते हैं, तो $\angle BOC$ बराबर है
(a) $(180° - \angle A)$ (b) $(90° + \angle A)$
(c) $(90° + \angle A/2)$ (d) 90°

15. ΔABC के कोणों B तथा C के आन्तरिक द्विभाजक X पर मिलते हैं। यदि $\angle A = 60°$, तो $\angle BXC$ है
(a) 105° (b) 60° (c) 120° (d) 150°

16. समबाहु ΔABC में, CD भुजा AB की माध्यिका है, तो CD^2 बराबर है
(a) AB^2 (b) $3AB^2$ (c) $\frac{3}{4}AB^2$ (d) $\frac{2}{3}AB^2$

उत्तरमाला

1. (a)	**2.** (b)	**3.** (b)	**4.** (d)	**5.** (c)	**6.** (a)	**7.** (b)	**8.** (b)	**9.** (b)	**10.** (a)
11. (d)	**12.** (a)	**13.** (c)	**14.** (c)	**15.** (c)	**16.** (c)				

संकेत एवं हल

2. बाह्यकोणीय प्रमेय से,

$\angle ACD = \angle 1 + \angle 2$

$\angle BAE = \angle 2 + \angle 3$

$\angle CBF = \angle 3 + \angle 1$

$\angle ACD = \angle BAE + \angle CBF$

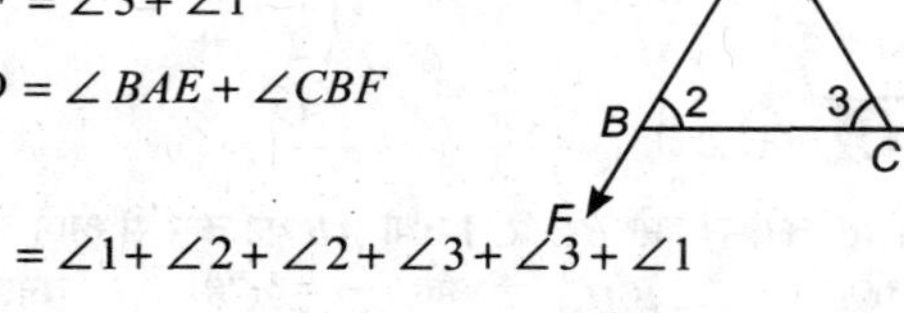

$= \angle 1 + \angle 2 + \angle 2 + \angle 3 + \angle 3 + \angle 1$

$= 2(\angle 1 + \angle 2 + \angle 3) = 2(180°) = 360°$

4. $\because \dfrac{GE}{BG} = \dfrac{1}{2}$

$\Rightarrow GE = \dfrac{BG}{2}$

इसी प्रकार से,

$GF = \dfrac{CG}{2}$

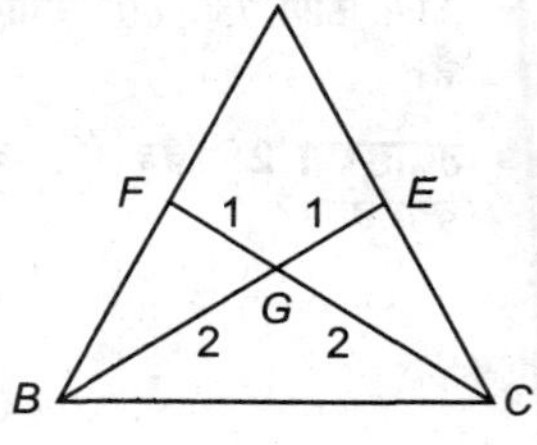

$2(BE + CF) = 2\,[(BG + GE) + (CG + GF)]$

$= 2\left[\left(BG + \dfrac{BG}{2}\right) + \left(CG + \dfrac{CG}{2}\right)\right]$

$$= 2\left[\frac{3BG}{2} + \frac{3CG}{2}\right] = 3\,(BG + CG)$$

$$> 3BC \qquad [\because (BG + CG) > BC]$$

6. $\angle APC = 180° - 64° - 48° = 180° - 112° = 68°$ **[देखें → 22.1]**

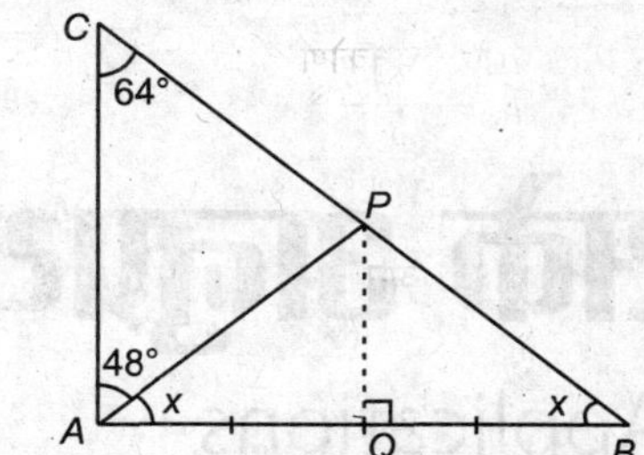

लेकिन $\angle PBA + \angle PAB = \angle APC$ (बाह्य कोण प्रमेय से)

$\Rightarrow \quad x + x = 68° \Rightarrow x = 34°$

$\Rightarrow \quad \angle ABC = 34°$

8. $\angle BOC = 90° + \frac{\angle A}{2} = 90° + \frac{70°}{2}$

$= 90° + 35° = 125°$ **[देखें → 22.5]**

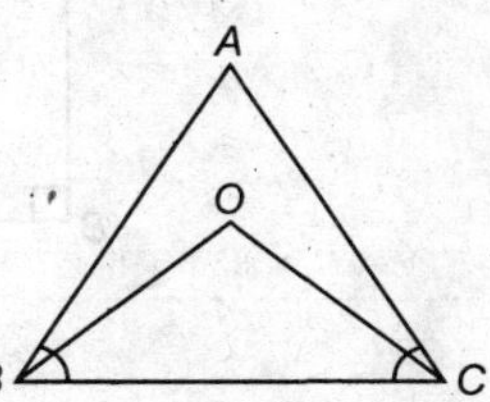

9.

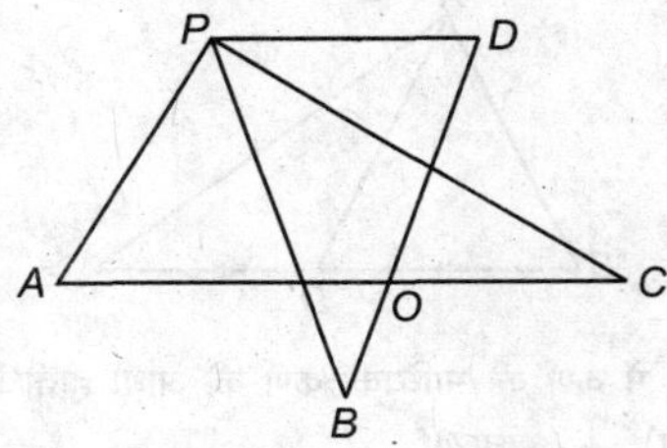

$\because$ त्रिभुज में दो भुजाओं का योग सदैव तीसरी भुजा से बड़ा होता है। अत:

ΔAPC में, $\quad PA + PC > AC$ ...(i)

ΔPBD में, $\quad PB + PD > BD$ ...(ii)

समी (i) व (ii) को जोड़ने पर,

$$PA + PC + PB + PD > AC + BD$$

$$> AO + OC + BO + OD$$

$$> OA + OB + OC + OD$$

10. $(13)^2 = 169,\ 6^2 + 12^2 = 36 + 144 = 180$

$\because \quad 13^2 < (6^2 + 12^2)$

$\therefore$ त्रिभुज न्यूनकोणीय है।

11. $\angle Q$ के लिए

$$RP^2 = (25)^2 = 625$$

$$PQ^2 + QR^2 = (10)^2 + (20)^2 = 500$$

$\because \quad RP^2 > (PQ^2 + QR^2)$

$\therefore \angle Q$ अधिककोण है, शेष दोनों कोण न्यूनकोण हैं।

12. ABC समबाहु त्रिभुज है एवं $BD = \frac{1}{5}BC$

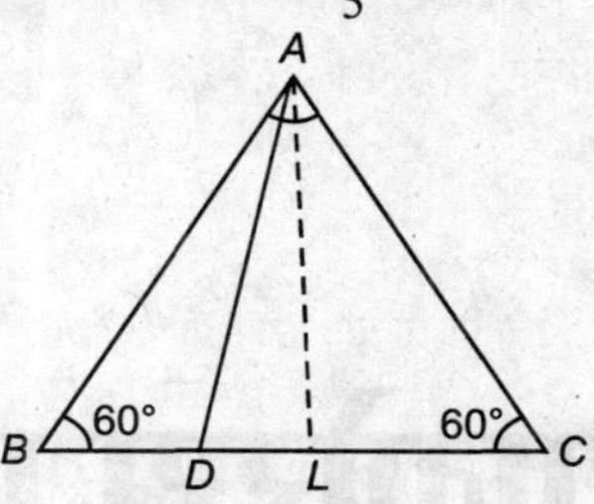

माना त्रिभुज की भुजा x है।

AL माध्यिका है।

$\therefore \quad AL = \frac{x\sqrt{3}}{2},\ BD = \frac{x}{5}$

$$DL = BL - BD = \frac{x}{2} - \frac{x}{5} = \frac{3x}{10}$$

$$AD^2 = AL^2 + DL^2$$

$$= \frac{3x^2}{4} + \frac{9x^2}{100} = \frac{84x^2}{100}$$

$$AD^2 = \frac{21}{25} \times AB^2$$

$$\Rightarrow \quad \frac{AD^2}{AB^2} = \frac{21}{25}$$

13. $\angle A : \angle B = \theta : 3\theta = 1 : 3$

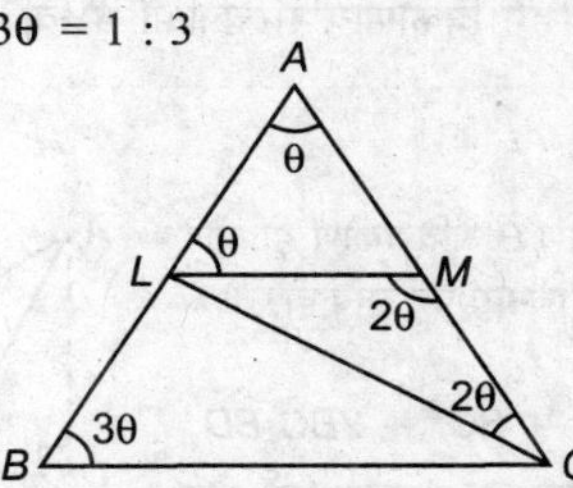

14. माना $\angle ABC = \theta,\ \angle ACB = \phi$

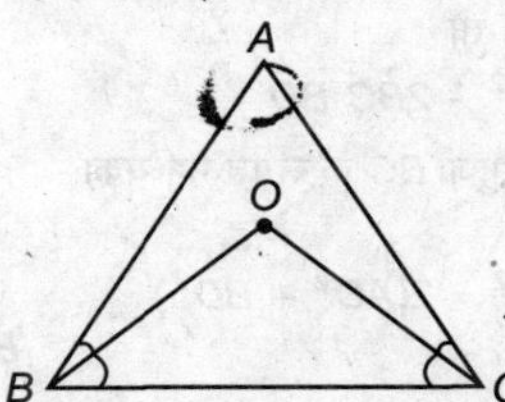

$\therefore \quad \angle A = 180° - \theta - \phi$

$\Rightarrow \quad \theta + \phi = 180° - \angle A$

अब, $\quad \angle BOC = 180° - \left(\frac{\theta}{2} + \frac{\phi}{2}\right)$

$\Rightarrow \quad \angle BOC = 180° - \left(90° - \frac{\angle A}{2}\right) = 90° + \frac{\angle A}{2}$ **[देखें → 22.5]**

15. $\angle BXC = 90° + \frac{\angle A}{2} = 90° + \frac{60°}{2} = 120°$

16. समबाहु त्रिभुज में, माध्यिका $= \frac{\sqrt{3}}{2}$ (भुजा)

$\Rightarrow \quad CD^2 = \frac{3}{4}$ (भुजा)$^2 = \frac{3}{4}(AB)^2$

23

पाइथागोरस प्रमेय तथा इसके अनुप्रयोग

Pythagoras Theorem and Its Applications

पाइथागोरस प्रमेय (Pythagoras Theorem)

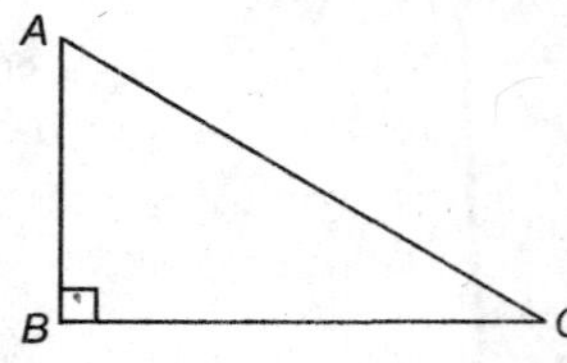

एक समकोण त्रिभुज में कर्ण का वर्ग, अन्य दो भुजाओं के वर्गों के योगफल के बराबर होता है।
अर्थात् कर्ण^2 = लम्ब^2 + आधार^2

ΔABC में, $\angle B = 90°$

$$AC^2 = AB^2 + BC^2$$

इस प्रमेय के आधार पर हम त्रिकोणीय संरचनाओं में विभिन्न भुजाओं एवं कोणों का मान ज्ञात कर सकते हैं।

स्मरणीय बिन्दु

23.1 यदि ΔABC का कोण B अधिककोण हो और AD, CB के बढ़ाए हुए भाग पर लम्ब हो, तो

$$AC^2 = AB^2 + BC^2 + 2BC \cdot BD$$

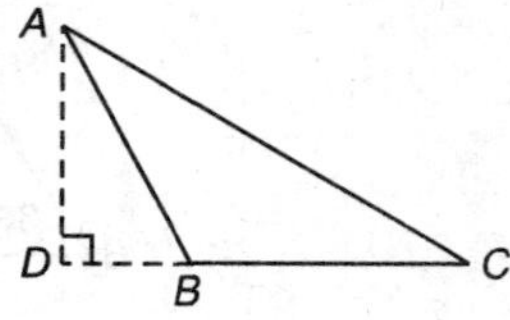

23.2 यदि ΔABC का कोण B न्यूनकोण हो और AD, BC अथवा BC के बढ़ाए हुए भाग पर लम्ब हो, तो

$$AC^2 = AB^2 + BC^2 - 2BC \cdot BD$$

23.3 यदि ΔABC में, AD भुजा BC के संगत माध्यिका है, तो

$$AB^2 + AC^2 = 2(AD^2 + BD^2)$$

$(\because BD = CD)$

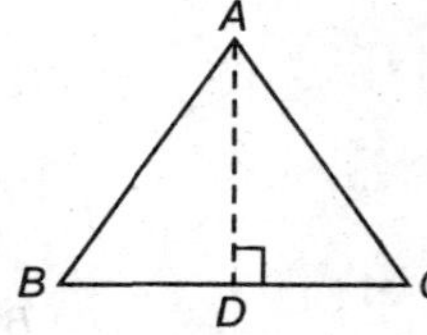

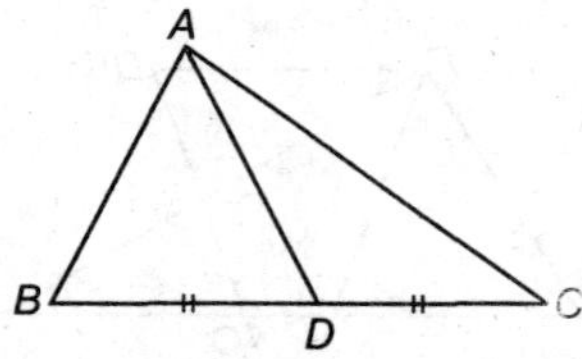

23.4 समकोण त्रिभुज में कर्ण की माध्यिका कर्ण की आधी होती है।

23.5 (कर्ण)^2 = (लम्ब)^2 + (आधार)^2

लम्ब = $\sqrt{(\text{कर्ण})^2 - (\text{आधार})^2}$

आधार = $\sqrt{(\text{कर्ण})^2 - (\text{लम्ब})^2}$

साधित उदाहरण

■ **उदाहरण 1** *ABC एक समबाहु त्रिभुज है जिसकी भुजा $2a$ है, तो इसके शीर्ष लम्ब AD की लम्बाई क्या होगी?*

हल ΔABD और ΔACD में,

$AB = AC$ (दिया है)

और $\angle ADB = \angle ADC$ (प्रत्येक 90°)

$\Delta ABD \cong \Delta ACD$ (समकोण-कर्ण-भुजा)

अत: $BD = CD$

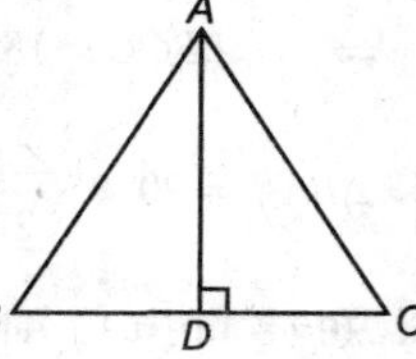

या $BD = CD = \frac{1}{2} \times 2a = a$

ΔABD से, $AB^2 = BD^2 + AD^2$ (पाइथागोरस प्रमेय)

$(2a)^2 = a^2 + AD^2$

$(AD)^2 = 4a^2 - a^2 = 3a^2$

$AD = \sqrt{3}\, a = a\sqrt{3}$

उदाहरण 2 *यदि ΔACD में, $\angle ABC > 90°$ और $AD \perp CB$, तो AC^2 का मान क्या होगा?*

हल ΔACD से,

$AC^2 = AD^2 + DC^2$ (पाइथागोरस प्रमेय)

$$AC^2 = AD^2 + (BC + BD)^2$$
$$= AD^2 + BC^2 + BD^2 + 2\,BC \cdot BD$$
$$= (AD^2 + BD^2) + BC^2 + 2\,BC \cdot BD$$
$$= AB^2 + BC^2 + 2\,BC \cdot BD$$

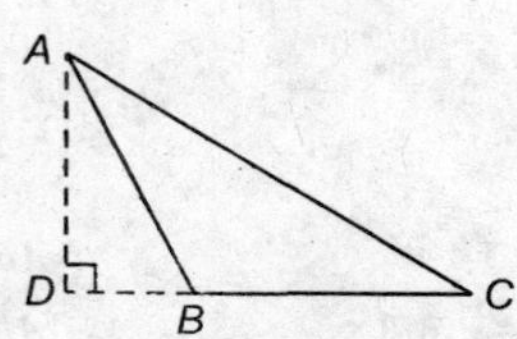

अभ्यास प्रश्न

1. यदि चतुर्भुज $ABCD$ में, $\angle B = \angle D = 90°$, तो $CD^2 - CB^2$ का मान बराबर होगा
(a) $AB^2 + AD^2$ (b) $AB^2 - AD^2$
(c) $AD^2 - AB^2$ (d) इनमें से कोई नहीं

2. ABC एक समकोण त्रिभुज है। शीर्ष A से कर्ण BC पर AD लम्ब डाला गया। यदि $AB = 5$ सेमी तथा $AC = 12$ सेमी, तो AD की लम्बाई है
(a) 156/3 सेमी (b) 65/12 सेमी
(c) 60/13 सेमी (d) 117/8 सेमी

3. यदि ΔABC में, $AB^2 = BC^2 + AC^2 - BC \cdot AC$, तो $\angle C$ का मान होगा
(a) 30° (b) 60° (c) 75° (d) 120°

4. यदि ΔABC में, $AB^2 = BC^2 + AC^2 + BC \cdot AC$, तो $\angle C$ का मान होगा
(a) 30° (b) 60° (c) 75° (d) 120°

5. एक समान्तर चतुर्भुज की संलग्न भुजाएँ 16 सेमी तथा 18 सेमी लम्बी हैं। एक विकर्ण 26 सेमी है, तो दूसरे विकर्ण की लम्बाई होगी
(a) 11 सेमी (b) 14 सेमी (c) 20 सेमी (d) 22 सेमी

6. यदि किसी त्रिभुज की दो भुजाएँ 16 सेमी तथा 18 सेमी हैं तथा तीसरी भुजा की माध्यिका की लम्बाई 11 सेमी है, तो तीसरी भुजा की लम्बाई होगी
(a) 13 सेमी (b) 24 सेमी (c) 26 सेमी (d) 28 सेमी

7. एक समकोण समद्विबाहु त्रिभुज की भुजा 8 सेमी है। भुजा का कर्ण पर प्रक्षेप होगा
(a) 8 सेमी (b) $8\sqrt{2}$ सेमी
(c) $4\sqrt{2}$ सेमी (d) इनमें से कोई नहीं

8. ABC एक त्रिभुज है। इसकी माध्यिकाएँ बिन्दु O पर काटती हैं। $(AB^2 + BC^2 + AC^2)$ बराबर है
(a) $(OA^2 + OB^2 + OC^2)$ (b) $4(OA^2 + OB^2 + OC^2)$
(c) $(3/2)(OA^2 + OB^2 + OC^2)$ (d) $3(OA^2 + OB^2 + OC^2)$

9. समबाहु ΔABC के बाहर रेखा BC पर कोई बिन्दु D है, तो AD^2 बराबर है
(a) $BC^2 - BD^2 - BC \cdot BD$ (b) $BC^2 + BD^2 - BC \cdot BD$
(c) $BC^2 - BD^2 + BC \cdot BD$ (d) $BC^2 + BD^2 + BC \cdot BD$

10. एक समद्विबाहु ΔABC में, यदि $AC = BC$ तथा AD, BC पर लम्ब है, तो AB^2 का मान बराबर होगा
(a) $2BA \cdot CD$ (b) $2BC \cdot BD$ (c) $2BC \cdot CD$ (d) $2BC \cdot AD$

11. किसी भी समकोण त्रिभुज में कर्ण की माध्यिका कर्ण की होती है
(a) एक-तिहाई (b) दो-तिहाई (c) आधी (d) तीन-चौथाई

12. $ABCDEF$ एक समषट्भुज है जिसकी प्रत्येक भुजा a है। इस समषट्भुज के विकर्ण AC की लम्बाई होगी
(a) $2a$ (b) $a\sqrt{2}$ (c) $\frac{a}{2}$ (d) $a\sqrt{3}$

13. एक समकोण ΔABC, B पर इस प्रकार समकोणिक है कि $AB = 12$ सेमी तथा $BC = 16$ सेमी। बिन्दु B से कर्ण AC पर लम्ब बनाया जाता है जोकि D पर मिलता है। लम्ब BD की लगभग लम्बाई है
(a) 15 सेमी (b) 7.5 सेमी
(c) 9.6 सेमी (d) इनमें से कोई नहीं

14. एक समकोणीय ΔABC, B पर समकोणिक है। बिन्दु A से दो रेखाएँ खींची गई हैं जो रेखा BC को क्रमश: D तथा E पर मिलती हैं। बिन्दु D तथा बिन्दु E रेखा BC को तीन समान भागों में विभक्त करते हैं, तो
(a) $7AE^2 = 4AD^2 + 3AC^2$
(b) $8AE^2 = 5AD^2 + 3AC^2$
(c) $2AE = AD + DC$
(d) $AE^2 = AC^2 + AD^2 + AD \cdot DC$

15. ΔABC में, लम्ब AD की लम्बाई 10 सेमी है। यदि $BD = \frac{10}{\sqrt{3}}$ सेमी तथा $CD = 10\sqrt{3}$ सेमी, तो $\angle BAC$ बराबर है
(a) 75° (b) 120° (c) 105° (d) 90°

उत्तरमाला

1. (b)	2. (c)	3. (b)	4. (d)	5. (d)	6. (c)	7. (c)	8. (d)	9. (b)	10. (b)
11. (c)	12. (d)	13. (c)	14. (b)	15. (d)					

संकेत एवं हल

1. $\because$ $AB^2 + BC^2 = AC^2$ ...(i)

तथा $AD^2 + DC^2 = AC^2$ ...(ii)

समी (i) व (ii) से,

$AB^2 + BC^2 = AD^2 + DC^2$

या $CD^2 - CB^2 = AB^2 - AD^2$ [देखें → 23.5]

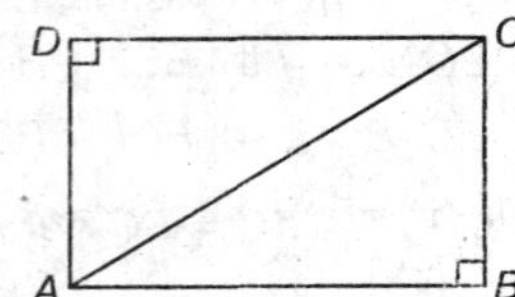

2. $BC = \sqrt{(5)^2 + (12)^2} = \sqrt{25 + 144} = 13$

$\therefore$ त्रिभुज का क्षेत्रफल $= \dfrac{AB \times AC}{2} = \dfrac{AD \times BC}{2}$

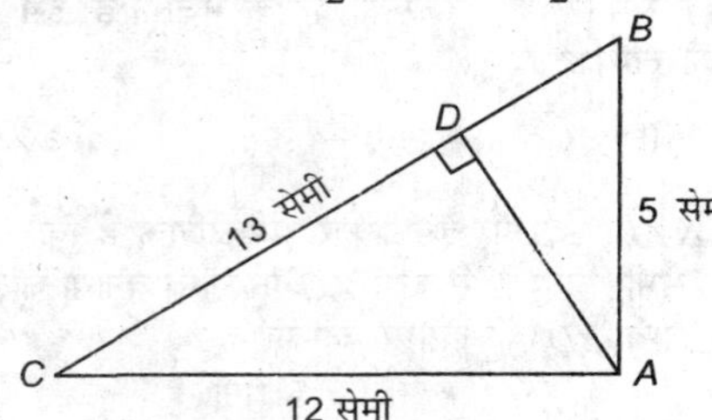

$\Rightarrow AB \times AC = AD \times BC \Rightarrow AD = \dfrac{AB \times AC}{BC} = \dfrac{5 \times 12}{13} = \dfrac{60}{13}$ सेमी

5. माना दूसरा विकर्ण $= x$

$2[(16)^2 + (18)^2] = (26)^2 + (x)^2$

$\Rightarrow$ $2[256 + 324] = 676 + x^2 \Rightarrow x^2 = 1160 - 676 = 484$

$\Rightarrow$ $x = \sqrt{484} = 22$ सेमी

6. तीसरी भुजा $= x$; $2\left[\left(\dfrac{x}{2}\right)^2 + (11)^2\right] = (16)^2 + (18)^2$

$\Rightarrow$ $2\left[\dfrac{x^2}{4} + 121\right] = 256 + 324$

$\Rightarrow$ $\dfrac{x^2}{4} + 121 = 290 \Rightarrow x^2 = 4 \times 169$ $\Rightarrow$ $x = 2 \times 13 = 26$ सेमी

7. समद्विबाहु समकोण त्रिभुज का कर्ण $= 8\sqrt{2}$ सेमी

समकोण वाले शीर्ष से कर्ण पर डाला गया लम्ब कर्ण को समद्विभाजित करेगा। ($\because$ त्रिभुज समद्विबाहु है)

$\therefore$ प्रक्षेप $= \dfrac{\text{कर्ण}}{2} = \dfrac{8\sqrt{2}}{2} = 4\sqrt{2}$ सेमी

8. ΔABC में, AD, BE तथा CF माध्यिकाएँ हैं, जो O पर मिलती हैं, तब

$AB^2 + AC^2 = 2(AD^2 + BD^2) = 2\left[\left(\dfrac{3}{2}AO\right)^2 + \left(\dfrac{BC}{2}\right)^2\right]$

$= \dfrac{9}{2}AO^2 + \dfrac{1}{2}BC^2$ ...(i)

इसी प्रकार,

$BA^2 + BC^2 = \dfrac{9BO^2}{2} + \dfrac{1}{2}CA^2$ ...(ii)

और $AC^2 + CB^2 = \dfrac{9}{2}CO^2 + \dfrac{AB^2}{2}$ ...(iii)

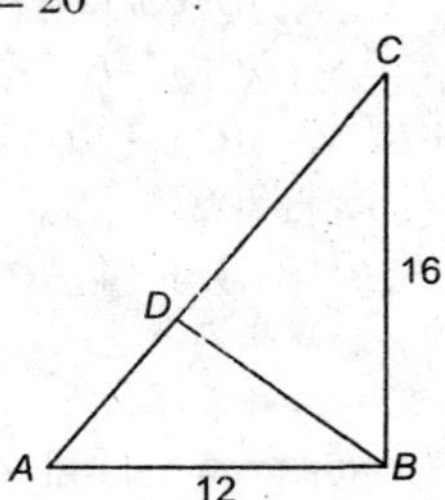

समी (i), (ii) व (iii) को जोड़ने पर,

$2(AB^2 + BC^2 + CA^2) = \dfrac{9}{2}(OA^2 + OB^2 + OC^2)$

$+ \dfrac{1}{2}(AB^2 + BC^2 + CA^2)$

$\Rightarrow AB^2 + BC^2 + CA^2 = 3(OA^2 + OB^2 + OC^2)$

13. $AC = \sqrt{12^2 + 16^2} = 20$

ΔABC का क्षेत्रफल $= \dfrac{1}{2} \times AC \times BD = \dfrac{1}{2} \times AB \times BC$

$\Rightarrow$ $20 \times BD = 12 \times 16 \Rightarrow BD = \dfrac{12 \times 16}{20} = 9.60$ सेमी

14. $\because AE$, ΔADC की माध्यिका है। [देखें → 23.3]

$\therefore$ $AC^2 + AD^2 = 2(AE^2 + DE^2)$ ...(i)

ΔADE में,

$\because \angle ADE$ अधिककोण है।

$\therefore$ $AE^2 = AD^2 + DE^2 + 2DE \cdot DB$

$= AD^2 + DE^2 + 2DE \cdot DE$ ($\because DE = DB$)

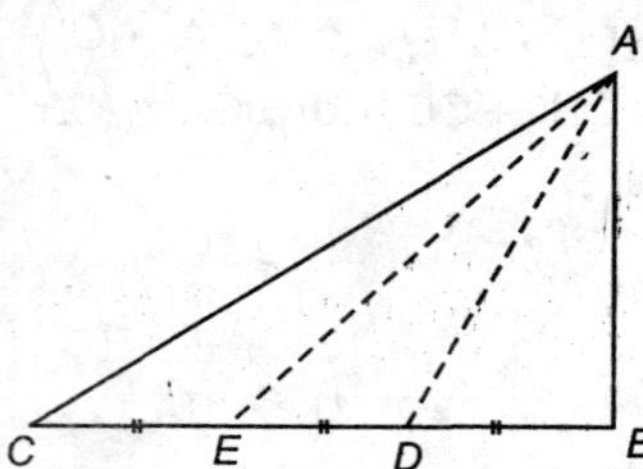

$\Rightarrow$ $AE^2 = AD^2 + DE^2 + 2DE^2$

$\Rightarrow$ $AE^2 = AD^2 + 3DE^2 \Rightarrow DE^2 = \left(\dfrac{AE^2 - AD^2}{3}\right)$

DE^2 का मान समी (i) में रखने पर,

$AC^2 + AD^2 = 2\left(AE^2 + \dfrac{AE^2 - AD^2}{3}\right)$

$\Rightarrow$ $3AC^2 + 3AD^2 = 8AE^2 - 2AD^2$

$\Rightarrow$ $8AE^2 = 5AD^2 + 3AC^2$

24

समरूप त्रिभुज

Similar Triangles

समरूप त्रिभुज (Similar Triangles)

दो त्रिभुज समरूप कहे जाते हैं, यदि

1. उनके संगत कोण बराबर हों और 2. उनकी संगत भुजाएँ आनुपातिक हों।

समरूप त्रिभुजों के परिणाम (Results on Similar Triangles)

प्रमेय 1 एक त्रिभुज की एक भुजा के समान्तर खींची गई रेखा अन्य दो भुजाओं को जिन दो बिन्दुओं पर प्रतिच्छेद करती है वे बिन्दु भुजाओं को समान अनुपात में विभाजित करते हैं।

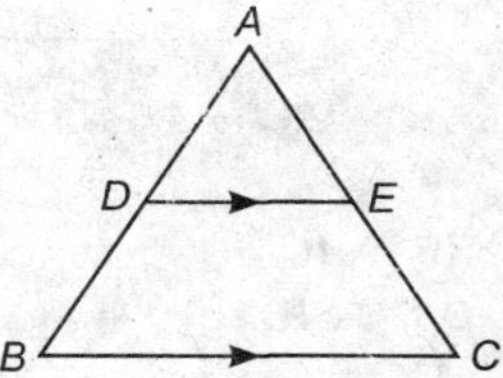

यहाँ $DE || BC$, तब

$$\frac{AD}{DB} = \frac{AE}{EC}$$

या $$\frac{AD}{AB} = \frac{AE}{AC}$$

या $$\frac{AB}{AD} = \frac{AC}{AE}$$

प्रमेय 2 यदि दो त्रिभुजों में संगत भुजाओं का एक युग्म आनुपातिक हो और अन्तरित कोण बराबर हों, तो ये त्रिभुज समरूप होते हैं। अत: ΔABC और ΔPQR में,

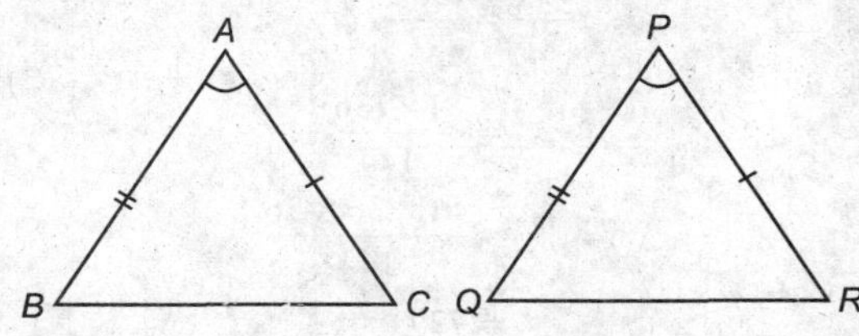

$$\frac{AB}{PQ} = \frac{AC}{PR}$$

तथा $$\angle A = \angle P$$

तब, $$\Delta ABC \sim \Delta PQR$$

प्रमेय 3 यदि समकोण त्रिभुज के समकोण वाले शीर्ष से कर्ण पर लम्ब डाला गया हो, तो लम्ब रेखा के दोनों ओर के त्रिभुज परस्पर और मूल त्रिभुज के समरूप होते है तथा

$$BD^2 = AD \times DC$$

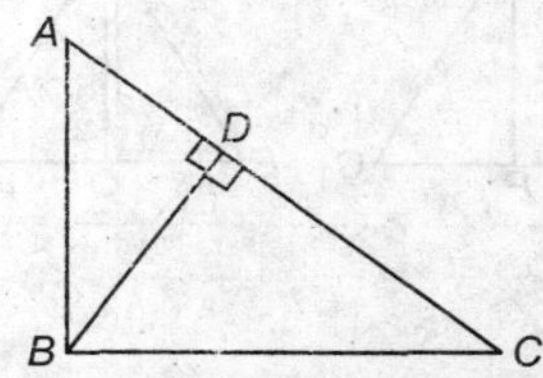

प्रमेय 4 दो समरूप त्रिभुजों के क्षेत्रफलो का अनुपात किन्हीं दो संगत भुजाओं के वर्गों के अनुपात के बराबर होता है।

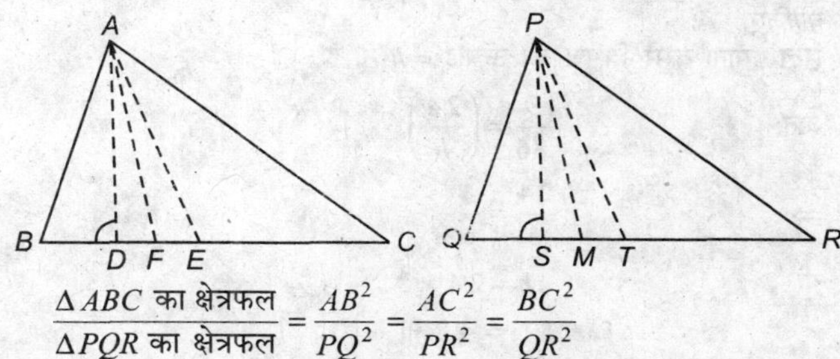

$$\frac{\Delta ABC \text{ का क्षेत्रफल}}{\Delta PQR \text{ का क्षेत्रफल}} = \frac{AB^2}{PQ^2} = \frac{AC^2}{PR^2} = \frac{BC^2}{QR^2}$$

प्रमेय 5 दो समरूप त्रिभुजों के क्षेत्रफल का अनुपात इनके संगत शीर्षलम्बों के वर्गों के अनुपात के बराबर होता है। ΔABC तथा ΔPQR में,

$$\frac{\Delta ABC \text{ का क्षेत्रफल}}{\Delta PQR \text{ का क्षेत्रफल}} = \frac{AD^2}{PS^2}$$

प्रमेय 6 दो समरूप त्रिभुजों के क्षेत्रफल का अनुपात इनकी संगत माध्यिकाओं के वर्गों के अनुपात के बराबर होता है।

$$\frac{\Delta ABC \text{ का क्षेत्रफल}}{\Delta PQR \text{ का क्षेत्रफल}} = \frac{AE^2}{PT^2}$$

प्रमेय 7 दो समरूप त्रिभुजों के क्षेत्रफल का अनुपात उनके संगत कोणीय अर्द्धकों के वर्गों के अनुपात के बराबर होता है।

$$\frac{\Delta ABC \text{ का क्षेत्रफल}}{\Delta PQR \text{ का क्षेत्रफल}} = \frac{AF^2}{PM^2}$$

प्रमेय 8 त्रिभुज के किसी कोण का अर्द्धक, सम्मुख भुजा को शेष दो भुजाओं के अनुपात में विभाजित करता है।

नोट अभ्यर्थी कृपया ध्यान दें, प्रमेय 5, 6, 7 एवं 8 के लिए प्रमेय 4 वाली आकृति का अवलोकन करें।

स्मरणीय बिन्दु

24.1 दो समरूप त्रिभुजों में संगत कोण समान होते हैं तथा उनकी संगत भुजाएँ परस्पर समानुपाती होती हैं।

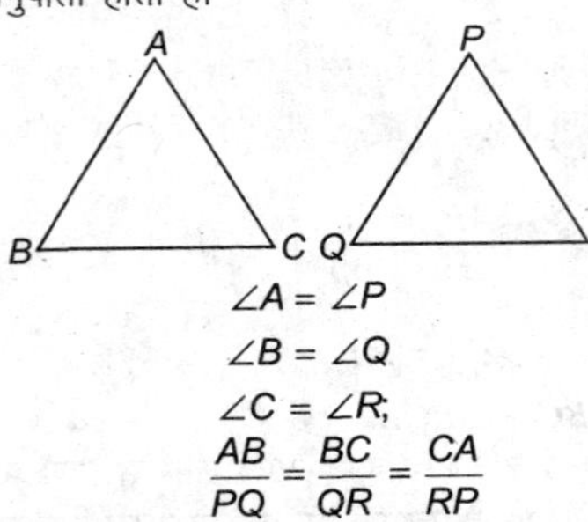

$\angle A = \angle P$

$\angle B = \angle Q$

$\angle C = \angle R;$

$$\frac{AB}{PQ} = \frac{BC}{QR} = \frac{CA}{RP}$$

24.2 समरूप त्रिभुजों के क्षेत्रफल उनकी संगत ऊँचाइयों के वर्गों के अनुपात में होते हैं,

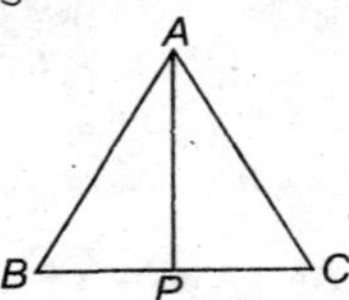

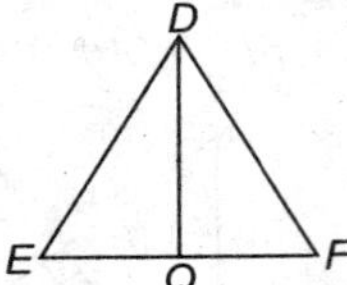

$$\frac{\Delta ABC \text{ का क्षेत्रफल}}{\Delta DEF \text{ का क्षेत्रफल}} = \frac{(AP)^2}{(DQ)^2}$$

24.3 यदि दो त्रिभुज समकोणीय हैं, तब इनकी संगत भुजाओं का अनुपात इनके संगत

(i) शीर्षलम्बों

(ii) कोणीय अर्द्धकों

(iii) माध्यिकाओं, के अनुपात के बराबर होता है।

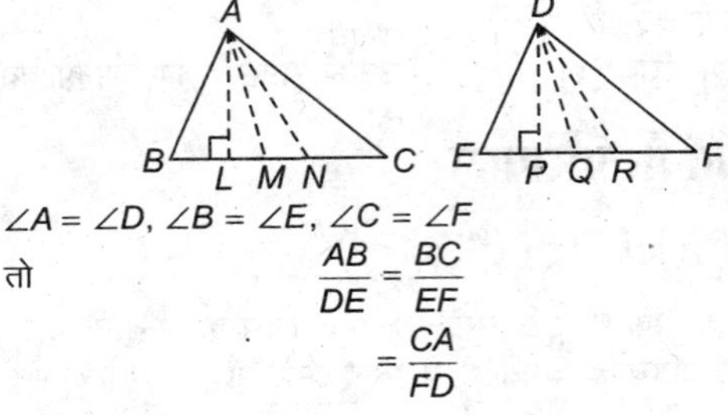

$\angle A = \angle D$, $\angle B = \angle E$, $\angle C = \angle F$

तो $$\frac{AB}{DE} = \frac{BC}{EF} = \frac{CA}{FD}$$

साधित उदाहरण

■ **उदाहरण 1** *दो समरूप त्रिभुजों के क्षेत्रफल क्रमशः 9 मी^{2} तथा 36 मी^{2} है। यदि एक त्रिभुज की ऊँचाई = 2.4 मी हो, तो दूसरे त्रिभुज की ऊँचाई ज्ञात कीजिए।*

हल माना दूसरे त्रिभुज की ऊँचाई $= h$ मी है

अतः $\frac{9}{36} = \left(\frac{2.4}{h}\right)^2$

$\Rightarrow$ $\frac{2.4}{h} = \frac{3}{6}$

या $h = 2.4 \times 2$

$= 4.8$ मी

■ **उदाहरण 2** *ΔABC में यदि $BC \parallel DE$ हो तथा भुजा $AC = 4.4$ मी, $AB = 4$ मी हो तो DB की माप बताइए यदि रेखाखण्ड $EC = 1.1$ मी*

हल प्रश्नानुसार निर्मित त्रिभुज समरूप होंगे

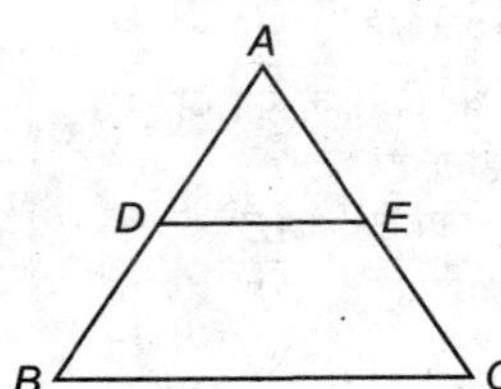

$\because$ $\frac{AB}{DB} = \frac{AC}{CE}$

$\Rightarrow$ $\frac{4}{DB} = \frac{4.4}{1.1}$

या $DB = \frac{4.4}{4.4} = 1.0$ मी

■ **उदाहरण 3** *दो समरूप त्रिभुजों के क्षेत्रफल 144 वर्ग सेमी और 81 वर्ग सेमी हैं, यदि बड़े त्रिभुज की सबसे बड़ी भुजा 36 सेमी है, तो छोटे त्रिभुज की सबसे बड़ी भुजा सेमी में कितनी होगी?*

हल $\frac{\text{पहले त्रिभुज का क्षेत्रफल}}{\text{दूसरे त्रिभुज का क्षेत्रफल}} = \frac{(\text{पहले त्रिभुज की भुजा})^2}{(\text{दूसरे त्रिभुज की भुजा})^2}$

$\frac{144}{81} = \frac{(36)^2}{x^2}$

$\Rightarrow$ $x^2 = \frac{81 \times (36)^2}{144}$

$= \frac{81 \times 36 \times 36}{144}$

$= 729$

$\therefore$ $x = \sqrt{729} = 27$ सेमी

अभ्यास प्रश्न

1. चित्र में, रेखा $DE || BC$ यदि $AB : DB = 3:1$ और रेखाखण्ड $EA = 3.3$ सेमी हो, तो रेखाखण्ड EC की माप होगी

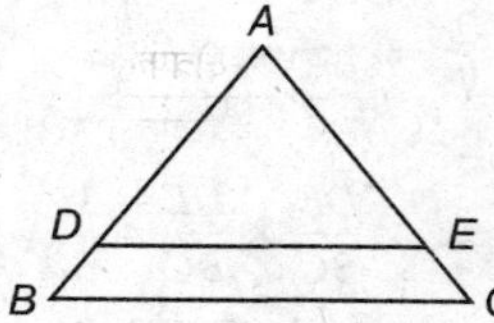

(a) 1.1 सेमी
(b) 2.1 सेमी
(c) 3.3 सेमी
(d) इनमें से कोई नहीं

2. चित्र में $AC \parallel MN$, $BN = 5$ सेमी एवं $NC = 2.5$सेमी हो, तो $BM : MA$ का मान होगा

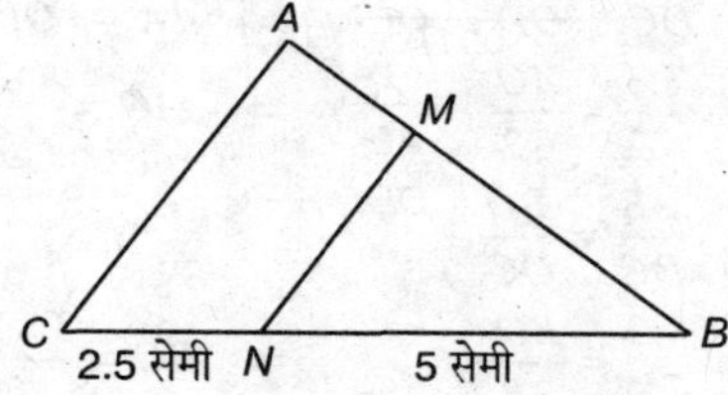

(a) 1 : 2
(b) 2 : 1
(c) 2 : 2
(d) इनमें से कोई नहीं

3. चित्र में बिन्दु P, ΔABC की भुजा AB पर स्थित है। यदि $AP : PB = 4:1$ और रेखाखण्ड CP, $\angle BCA$ का अर्द्धक है, तो $CA : BC$ का मान होगा

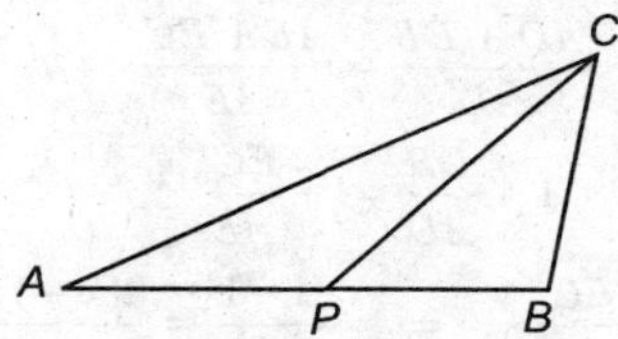

(a) 2 : 4
(b) 4 : 2
(c) 4 : 1
(d) इनमें से कोई नहीं

4. चित्र में रेखाखण्ड AD, ΔABC के $\angle A$ का अर्द्धक है। बिन्दु D भुजा BC पर स्थित है। $BD : DC$ का मान होगा

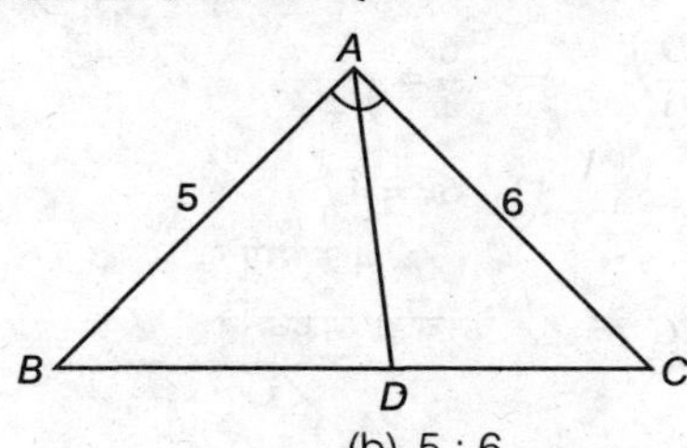

(a) 6 : 5
(b) 5 : 6
(c) 4 : 5
(d) इनमें से कोई नहीं

5. ΔABC का आधार 10 सेमी है। एक रेखा 'XY' जिसकी लम्बाई 3 सेमी है, आधार BC के समान्तर खींची गई है, जो भुजा AB व AC को क्रमश: X तथा Y पर काटती है। यदि $AC = 5$ सेमी हो, तो AY का मान होगा

(a) 3 सेमी
(b) 2 सेमी
(c) 3.5 सेमी
(d) 1.5 सेमी

6. एक ΔABC में, एक रेखा DE भुजा BC के समान्तर खींची गई है जोकि AB को D पर तथा AC को E पर इस प्रकार मिलती है कि त्रिभुज ADE तथा समलम्ब चतुर्भुज $BDEC$ के क्षेत्रफल 1 : 2 के अनुपात में हैं। भुजा $DE : BC$ का अनुपात है

(a) 2 : 3
(b) 1 : 3
(c) 3 : 4
(d) $1 : \sqrt{3}$

7. संलग्न चित्र में, $\Delta ABO \sim \Delta DOC$ यदि $AB = 3$ सेमी, $CD = 2$ सेमी, $OC = 3.8$ सेमी और $OD = 3.2$ सेमी, तब $(OA + OB)$ बराबर है

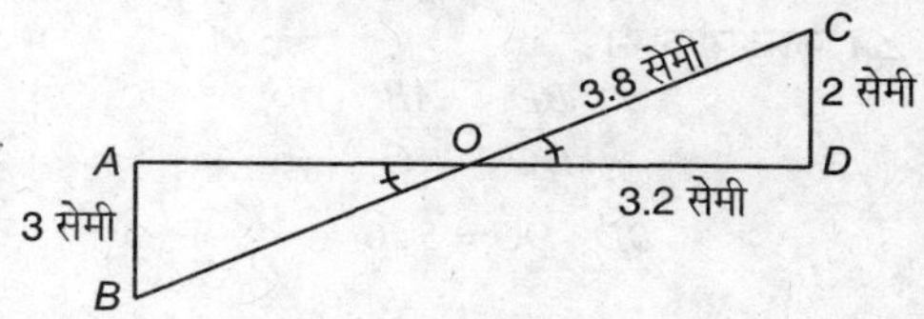

(a) 4.8 सेमी
(b) 5.7 सेमी
(c) 10.5 सेमी
(d) 11.5 सेमी

8. एक ΔABC में, बिन्दु D रेखा AB पर तथा बिन्दु E रेखा AC पर इस प्रकार है कि DE, BC के समान्तर है। यदि $AD = 2x - 3$, $BD = x - 1$, $AE = 5x - 7$ तथा $EC = 2(x - 1)$, तो x का मान है

(a) – 1
(b) 1 अथवा – 1/2
(c) 1
(d) इनमें से कोई नहीं

9. दो समरूप त्रिभुजों के क्षेत्रफल क्रमश: 25 वर्ग सेमी तथा 36 वर्ग सेमी हैं, तो उनकी संगत भुजाओं में अनुपात होगा

(a) 3 : 6
(b) 4 : 6
(c) 5 : 6
(d) इनमें से कोई नहीं

10. दो समरूप त्रिभुजों की ऊँचाइयाँ क्रमश: 2 सेमी तथा 3 सेमी हैं। उनके क्षेत्रफलों में अनुपात है

(a) 2 : 3
(b) 14 : 9
(c) 4 : 9
(d) 9 : 4

11. यदि ΔABC, $\angle A$ पर समकोणिक है तथा AN, BC रेखा पर लम्ब है, जबकि $BC = 12$ सेमी तथा $AC = 6$ सेमी, तब $\dfrac{\Delta ANC \text{ का क्षेत्रफल}}{\Delta ABC \text{ का क्षेत्रफल}}$ होगा

(a) 1 : 2
(b) 1 : 3
(c) 1 : 4
(d) 1 : 8

12. ΔABC में, $\angle A$ की अन्त: तथा बाह्य अर्द्धक रेखाएँ आधार BC को क्रमश: D और E बिन्दु पर काटती हैं, यदि $BC = 7$ सेमी, $CA = 4$ सेमी और $AB = 6$ सेमी, तो DE की माप होगी

(a) 16.3 सेमी
(b) 16.8 सेमी
(c) 16 सेमी
(d) 14 सेमी

उत्तरमाला

1. (d) **2.** (b) **3.** (c) **4.** (b) **5.** (d) **6.** (d) **7.** (c) **8.** (c) **9.** (c) **10.** (c)
11. (c) **12.** (b)

संकेत एवं हल

1. हम जानते हैं, कि समरूप $\Delta\ ADE$ व ΔABC में

$$\frac{AD}{DB} = \frac{AE}{EC}$$

$$\frac{AD + DB}{DB} = \frac{AE + EC}{EC} \Rightarrow \frac{AB}{DB} = \frac{AC}{EC}$$

$$\Rightarrow \quad \frac{3}{1} = \frac{AC}{AC - 3.3}$$

$$\Rightarrow \quad 3AC - 9.9 = AC \Rightarrow AC = \frac{9.9}{2} = 4.95$$

$\therefore$ $EC = 4.95 - 3.3 = 1.65$ सेमी

4. $\because AD, \angle A$ का अर्द्धक है।

$$\therefore \quad \frac{BD}{DC} = \frac{AB}{AC}$$

$$\Rightarrow \quad BD : DC = 5 : 6$$

5.

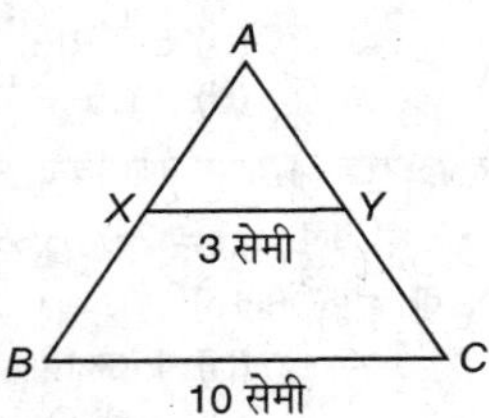

$$\because \quad \frac{AY}{AC} = \frac{XY}{BC}$$

$$\Rightarrow \quad AY = \left(\frac{XY}{BC}\right)AC$$

$$\Rightarrow \quad AY = \left(\frac{3}{10}\right) \times 5 = \frac{3}{2} = 1.5 \text{ सेमी}$$

6. $\Delta\, ADE$ तथा $\Delta\, ABC$ समरूप हैं।

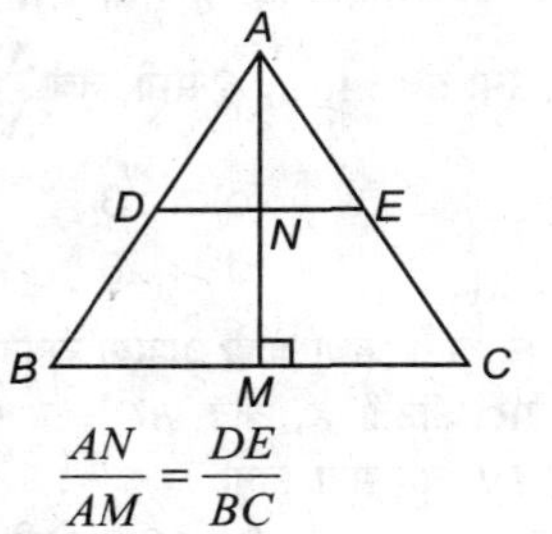

$$\therefore \quad \frac{AN}{AM} = \frac{DE}{BC} \quad \ldots(i)$$

अब, यदि $\Delta\ ADE$ का क्षेत्रफल $= A$

तब, समलम्ब चतुर्भुज $BDEC$ का क्षेत्रफल $= 2A$

$\therefore\ \Delta ABC$ का क्षेत्रफल $= A + 2A = 3A$

$$\therefore \quad \frac{\Delta\, ADE \text{ का क्षेत्रफल}}{\Delta\, ABC \text{ का क्षेत्रफल}} = \frac{A}{3A}$$

$$\Rightarrow \quad \frac{\frac{1}{2} \times DE \times AN}{\frac{1}{2} \times BC \times AM} = \frac{1}{3}$$

$$\Rightarrow \quad \frac{DE}{BC} \times \frac{DE}{BC} = \frac{1}{3}$$

$$\Rightarrow \quad \frac{DE^2}{BC^2} = \frac{1}{3}$$

$$\Rightarrow \quad DE : BC = 1 : \sqrt{3}$$

7. $\Delta\, AOB$ व ΔDOC समरूप त्रिभुज हैं।

$$\therefore \quad \frac{AB}{DC} = \frac{AO}{OD} = \frac{BO}{OC} \quad \Rightarrow \quad \frac{AB}{DC} = \frac{AO}{OD}$$

$$\Rightarrow \quad \frac{3}{2} = \frac{AO}{3.2} \quad \Rightarrow \quad AO = \frac{3 \times 3.2}{2} = 4.8 \text{ सेमी}$$

$$\frac{AB}{DC} = \frac{BO}{OC}$$

$$\Rightarrow \quad \frac{3}{2} = \frac{BO}{3.8} \quad \Rightarrow \quad BO = \frac{3 \times 3.8}{2} = 5.7 \text{ सेमी}$$

$\therefore$ $OA + OB = 4.8 + 5.7 = 10.5$ सेमी

8. चित्र में, $\Delta\, ADE$ और $\Delta\, ABC$ समरूप हैं। अत:

$$\frac{AB}{AD} = \frac{AC}{AE}$$

$$\Rightarrow \quad \frac{AD + DB}{AD} = \frac{AE + EC}{AE}$$

$$\Rightarrow \quad 1 + \frac{DB}{AD} = 1 + \frac{EC}{AE}$$

$$\Rightarrow \quad \frac{DB}{AD} = \frac{EC}{AE} \quad \Rightarrow \quad \frac{x - 1}{2x - 3} = \frac{2(x - 1)}{5x - 7}$$

$$\Rightarrow \quad 5x^2 - 7x - 5x + 7 = 4x^2 - 6x - 4x + 6$$

$$\Rightarrow \quad x^2 - 2x + 1 = 0$$

$$\Rightarrow \quad (x - 1)^2 = 0 \Rightarrow x = 1$$

12. $\because \dfrac{AB}{AC} = \dfrac{BD}{CD} \quad \Rightarrow \quad \dfrac{6}{4} = \dfrac{x}{7 - x}$

$$\Rightarrow \quad 42 - 6x = 4x$$

$$\Rightarrow \quad x = 4.2 \text{ सेमी}$$

$\because AE, \Delta\, ABC$ के $\angle A$ के बाह्य अर्द्धक है।

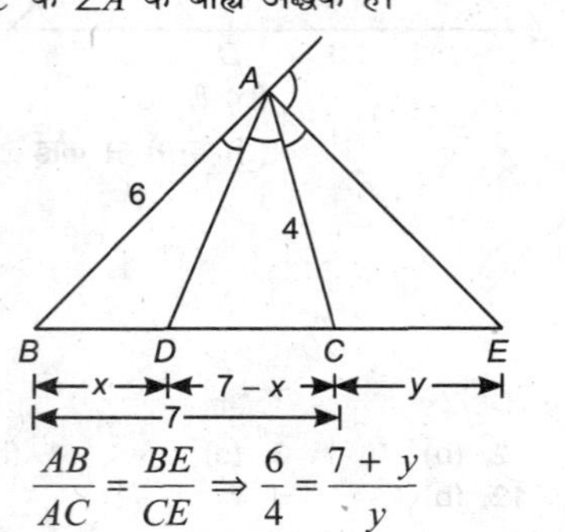

$$\therefore \quad \frac{AB}{AC} = \frac{BE}{CE} \Rightarrow \frac{6}{4} = \frac{7 + y}{y}$$

25

वृत्तीय माप

Circular Measure

वृत्तीय माप के अन्तर्गत हम कोणों (Angles) की माप का अध्ययन करते हैं।

कोण (Angle)

जब कोई किरण $\vec{OA}$ अपनी प्रारम्भिक स्थिति से अन्त बिन्दु O के परित: घूमकर OB अवस्था में पहुँचती है, तब कोण $\angle AOB$ प्राप्त होता है।

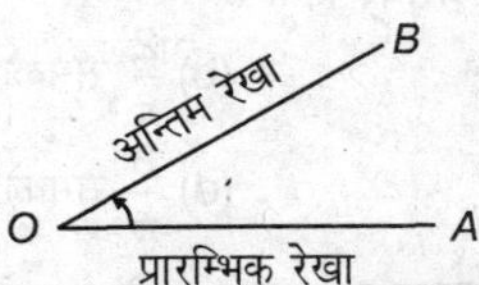

प्रारम्भिक रेखा से अन्तिम रेखा में घूमने की माप को कोण की माप कहते हैं। यदि किरण वामावर्त (Anti-clockwise) दिशा में घूमती है, तब कोण धनात्मक होता है तथा जब किरण दक्षिणावर्त (Clockwise) दिशा में घूमती है, तब कोण ऋणात्मक होता है।

कोण मापन की पद्धतियाँ

(Systems of Measuring the Angle)

कोण मापने की निम्नलिखित तीन पद्धतियाँ हैं

1. षाष्टिक पद्धति **2.** शतिक पद्धति **3.** वृत्तीय माप

षाष्टिक पद्धति (Sexagesimal system) इस पद्धति में कोण को अंश (Degree) में मापा जाता है।

1 समकोण = $90°$; $1° = 60$ मिनट $= 60'$; $1' = 60$ सेकण्ड $= 60''$

शतिक पद्धति (Centesimal system) इस पद्धति में कोण को ग्रेड (Grade) में मापा जाता है।

$$1 \text{ समकोण} = 100 \text{ ग्रेड} = 100^g$$

$$1^g = 100'$$

$$1' = 100''$$

वृत्तीय माप (Circular measurement) इस पद्धति में कोण को रेडियन (Radian) में मापा जाता है। किसी वृत्त की त्रिज्या के बराबर लम्बाई वाले चाप द्वारा वृत्त के केन्द्र पर अन्तरित कोण 1 रेडियन (1^c) कहलाता है।

$$\text{कोण } (\theta) = \frac{\text{चाप की लम्बाई } (x)}{\text{त्रिज्या } (r)} \text{ रेडियन}$$

बहुभुज के कोणों का योग

(Sum of the Angles of Polygon)

1. यदि बहुभुज में n भुजाएँ हैं, तब बहुभुज के अन्त: कोणों का योग $(2n-4)\times 90°$ डिग्री या $(n-2)\pi$ रेडियन होता है तथा प्रत्येक अन्त: कोण की माप $\frac{(2n-4)\times 90°}{n}$ या $\frac{(n-2)\pi}{n}$ होती है।
2. बहुभुज के बहिष्कोणों का योग $360°$ या 2π रेडियन होता है तथा प्रत्येक बहिष्कोण की माप $\frac{360°}{n}$ होती है।

स्मरणीय बिन्दु

25.1 किसी कोण की माप को अंश से रेडियन में बदलने के लिए $\frac{\pi}{180°}$ से गुणा करते हैं तथा रेडियन से अंश में बदलने के लिए $\frac{180°}{\pi}$ से गुणा करते हैं।

25.2 1 मिनट तय करने में मिनट वाली सुई $6°$ का कोण तथा घण्टे वाली सुई $\frac{1}{2}°$ का कोण घूमती है।

25.3 घड़ी की सुइयाँ प्रत्येक $65\frac{5}{11}$ मिनट बाद सम्पाती होती हैं।

साधित उदाहरण

■ **उदाहरण 1** 18 *भुजाओं वाले समबहुभुज के प्रत्येक बहिष्कोण का मान क्या होगा?*

हल समबहुभुज में प्रत्येक बहिष्कोण की माप $\frac{360°}{n}$ होती है

$\therefore$ अभीष्ट बहिष्कोण का मान $= \frac{360°}{18} = 20°$

■ **उदाहरण 2** $\frac{8\pi}{3}$ *रेडियन का मान अंशों में ज्ञात कीजिए।*

हल $\frac{8\pi}{3}$ रेडियन $= \frac{8\pi}{3} \times \frac{180°}{\pi}$ [देखें → **25.1**]

$= 480°$

■ **उदाहरण 3** *एक घड़ी की मिनट वाली सुई घण्टे वाली सुई से 12:00 बजे मिलती है। कितने मिनट बाद दोनों सुइयाँ पुनः मिलेंगी?*

हल $65\frac{5}{11}$ मिनट बाद दोनों सुइयाँ पुनः मिलेंगी। [देखें → **25.3**]

अभ्यास प्रश्न

1. 12 भुजाओं वाले समबहुभुज के प्रत्येक अन्तःकोण का मान होगा
(a) 180° (b) 150° (c) 130° (d) 120°

2. 225°15' में समकोण हैं
(a) $2\frac{161}{360}$ (b) $2\frac{11}{360}$ (c) $2\frac{181}{360}$ (d) $2\frac{171}{360}$

3. 100 मी त्रिज्या वाले वृत्तीय पथ पर 25 π मी चलने पर केन्द्र पर अन्तरित कोण का मान रेडियन में होगा
(a) $\frac{\pi}{2}$ (b) $\frac{\pi}{4}$ (c) π (d) $\frac{\pi}{3}$

4. यदि कोई परिक्रमी रेखा 1050° का कोण घूम चुकी है, तो उसकी स्थिति है
(a) प्रथम पाद (b) द्वितीय पाद (c) तृतीय पाद (d) चतुर्थ पाद

5. $11\frac{1}{9}$ मिनट का समय तय करने में घड़ी की घण्टे वाली सुई जो कोण घूमेगी
(a) 11°33'40" (b) 8°20' 30"
(c) 5°33' 20" (d) 6°33' 20"

6. एक त्रिभुज के दो कोणों के वृत्तीय माप $\frac{1}{2}$ तथा $\frac{1}{3}$ रेडियन हैं। तीसरे कोण का मान है ($\pi = 22/7$)
(a) 130°16' 21.8" (b) 34°12' 14.8"
(c) 68°16' 14.4" (d) 132°16' 21.8"

7. एक समकोण त्रिभुज के दो न्यूनकोणों का अन्तर $2\pi/5$ रेडियन है। उन कोणों के मान हैं
(a) 30°, 60° (b) 15°, 75°
(c) 9°, 81° (d) 12°, 78°

8. 10 भुजाओं वाले समबहुभुज के प्रत्येक बहिष्कोण का मान होगा
(a) 34° (b) 44° (c) 36° (d) 56°

9. यदि कोई परिक्रमी रेखा n बार घूमकर अपनी प्रारम्भिक स्थिति में आ जाती है, तो जो कोण वह घूमी है, वह होगा
(a) n समकोण (b) $2n$ समकोण (c) $3n$ समकोण (d) $4n$ समकोण

10. 2 बजे तथा $2\frac{1}{4}$ बजे के मध्य किसी घड़ी की घण्टे तथा मिनट की सुइयों के मध्य 45° का कोण किस समय बनेगा?
(a) 2 बजकर $2\frac{8}{11}$ मिनट पर (b) 2 बजकर $7\frac{1}{2}$ मिनट पर
(c) 2 बजकर $2\frac{1}{2}$ मिनट पर (d) इनमें से कोई नहीं

11. 1 रेडियन का कोण बराबर होता है
(a) $\frac{\pi}{2}$ समकोण (b) $\frac{2}{\pi}$ समकोण
(c) $\frac{\pi}{3}$ समकोण (d) $\frac{3}{\pi}$ समकोण

12. एक घड़ी का मिनट वाला हाथ घण्टे वाले हाथ से 12 बजे मिलता है। कितने मिनट बाद दोनों हाथ पुनः मिलेंगे?
(a) $65\frac{5}{11}$ मिनट (b) 65 मिनट
(c) $63\frac{2}{11}$ मिनट (d) $64\frac{3}{11}$ मिनट

13. एक गाड़ी के पहिए की त्रिज्या 50 सेमी है। $\frac{1}{9}$ सेकण्ड में 80° का कोण घूमता है। पहिए की चाल (किमी/घण्टा में) होगी
(a) 24.2 (b) 23.4 (c) 26.8 (d) 22.6

14. यदि एक बहुभुज के आन्तरिक कोणों का जोड़ बाह्यय कोणों के जोड़ का पाँच गुना हो, तो इस बहुभुज में भुजाओं की संख्या होगी
(a) 10 (b) 16
(c) 12 (d) इनमें से कोई नहीं

15. एक वृत्त की परिधि पर चिह्न अंकित है। प्रत्येक दो चिह्नों के बीच की दूरी 1.1 सेमी है और वह 45 मिनट के बराबर है। वृत्त की त्रिज्या होगी
(a) 11 सेमी (b) 44 सेमी
(c) 84 सेमी (d) 121 सेमी

उत्तरमाला

1. (b) **2.** (c) **3.** (b) **4.** (d) **5.** (c) **6.** (d) **7.** (c) **8.** (c) **9.** (d) **10.** (a)
11. (b) **12.** (a) **13.** (d) **14.** (c) **15.** (c)

संकेत एवं हल

1. हम जानते हैं, कि

$$\text{अन्त: कोण} = \frac{(2n-4)\times 90°}{n}$$

यहाँ $n = 12$

$$\therefore \quad \text{अन्त:कोण} = \frac{20\times 90°}{12} = 150°$$

2. $225°15' = 225 + \frac{15}{60} = \frac{901}{4} = \frac{901}{4\times 90}$ समकोण $= 2\frac{181}{360}$

3. $\theta = \frac{l}{r}$ रेडियन से, $\theta = \frac{25\pi}{100} = \frac{\pi}{4}$

4. $1050° = 360°\times 2 + 330°$

$\therefore$ 1050° चतुर्थ पाद में स्थित है।

5. चूँकि 1 मिनट तय करने में घण्टे वाली सुई $\frac{1}{2}°$ का कोण घूमती है।

$$\therefore \quad 11\frac{1}{9} = 10 + 1 + \frac{1}{9} \qquad [\text{देखें} \rightarrow 25.2]$$

$$= 10\times\frac{1}{2}° + 1\times\frac{1}{2}° + \frac{1}{9}\times\frac{1}{2}°$$

$$= 5° + \frac{1}{2}\times 60' + \frac{1}{18}\times 60\times 60''$$

$$= 5° + 30' + 200''$$

$$= 5°33'20'' \qquad [\because 200'' = 3'20'']$$

6. $A + B = \frac{1}{2} + \frac{1}{3} = \frac{5}{6} = \frac{5\times 180}{6\pi}$

$$\Rightarrow \quad A + B = \frac{5\times 30\times 7}{22} = \frac{525}{11} = 47°43'38.2''$$

$$\therefore \quad \angle C = 180° - 47°43'38.2'' = 132°16'21.8''$$

10. घड़ी के 12 अंकों के घूमने पर घड़ी के केन्द्र पर बना कोण = 360°

एक अंक से दूसरे अंक तक घूमने पर बना कोण $= \frac{360°}{12} = 30°$

दो बजे मिनट की सुई 12 पर तथा घण्टे की सुई 2 पर होगी। दोनों सुइयों के बीच कोण $= 2\times 30° = 60°$ हमें सुइयों के बीच 45° का कोण प्राप्त करना है। अत: दोनों सुइयों के बीच $60° - 45° = 15°$ का कोण घटाना है। जितने समय में मिनट वाली सुई पूरा चक्कर लगाती है, तो वह 360° घूमती है तथा घण्टे वाली सुई एक अंक आगे खिसकती है, तो वह 30° घूमती है। अत: प्रत्येक घण्टे में घण्टे तथा मिनट की सुइयों के बीच $360° - 30° = 330°$ का अन्तर पड़ता है।

330° का अन्तर होता है = 60 मिनट में

1° का अन्तर होता है $= \frac{60}{330} = \frac{2}{11}$ मिनट में

15° का अन्तर होता है $= \frac{2}{11}\times 15 = \frac{30}{11}$

$= 2\frac{8}{11}$ मिनट में

अत: 2 बजकर $2\frac{8}{11}$ मिनट पर दोनों सुइयों के बीच 45° का अन्तर होगा।

13. दिया है, $r = 50$ सेमी, $\theta = 80°$, $t = \frac{1}{9}$ सेकण्ड

$l = \frac{\theta}{360}\times 2\pi r$ से,

$$l = \frac{80}{360}\times 2\pi\times 50 = \frac{200}{9}\pi \text{ सेमी}$$

$$= \frac{2\pi}{9} \text{ मी}$$

पहिए की परिधि $= 2\pi\times 50 = 100\pi$ सेमी $= \pi$ मी

$\therefore$ $\frac{2\pi}{9}$ मी दूरी चलने में लगा समय $= \frac{1}{9}$ सेकण्ड

$\therefore$ π मी दूरी चलने में लगा समय $= \frac{\pi}{9}\times\frac{9}{2\pi}$

$= \frac{1}{2}$ सेकण्ड

अब, $$\text{चाल} = \frac{\text{कुल दूरी}}{\text{समय}} = \frac{\pi}{1/2} = 2\pi \text{ मी/से}$$

$$= 2\times\frac{22}{7}\times\frac{18}{5} \text{ किमी/घण्टा}$$

$$= 22.6 \text{ किमी/घण्टा}$$

15. l = वृत्त के दो चिह्नों के बीच की दूरी = 1.1 सेमी

$$\therefore \quad \theta = 45' = \frac{45}{60} = \frac{3°}{4}$$

$\Rightarrow$ $l = \frac{\theta}{360}\times 2\pi r$ से,

$$1.1 = \frac{3}{4\times 360}\times 2\times\frac{22}{7}\times r$$

$$\Rightarrow \quad r = \frac{1.1\times 4\times 360\times 7}{3\times 2\times 22}$$

$$\Rightarrow \quad r = 84 \text{ सेमी}$$

26

त्रिकोणमितीय फलन एवं सर्वसमिकाएँ

Trigonometric Functions and Identities

त्रिकोणमितीय अनुपात (Trigonometric Ratios)

किसी समकोण त्रिभुज में दिए गए कोण की सम्मुख भुजा लम्ब, समकोण के सामने की भुजा कर्ण तथा तीसरी भुजा आधार कहलाती है।

ΔABC में, $\angle B = 90°, \angle C = \theta$

$\therefore$ भुजा AC कर्ण, AB लम्ब तथा BC आधार है।

पाइथागोरस प्रमेय से, $(\text{कर्ण})^2 = (\text{लम्ब})^2 + (\text{आधार})^2$

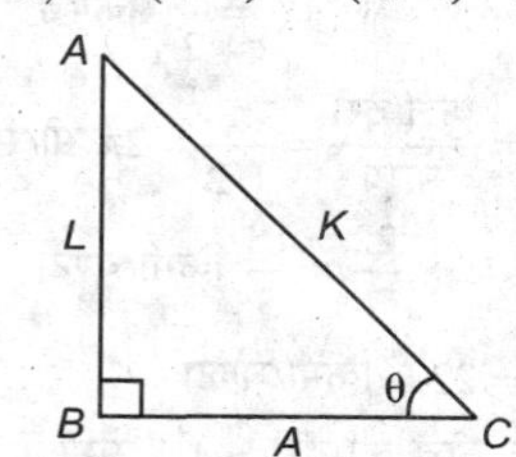

$$\sin\theta = \frac{\text{लम्ब}}{\text{कर्ण}} = \frac{L}{K}, \ \cos\theta = \frac{\text{आधार}}{\text{कर्ण}} = \frac{A}{K},$$

$$\tan\theta = \frac{\text{लम्ब}}{\text{आधार}} = \frac{L}{A}$$

$$\text{cosec}\,\theta = \frac{\text{कर्ण}}{\text{लम्ब}} = \frac{K}{L}, \ \sec\theta = \frac{\text{कर्ण}}{\text{आधार}} = \frac{K}{A},$$

$$\cot\theta = \frac{\text{आधार}}{\text{लम्ब}} = \frac{A}{L}$$

त्रिकोणमितीय सर्वसमिकाएँ (Trigonometric Identities)

1. $\sin^2\theta + \cos^2\theta = 1$

2. $1 + \tan^2\theta = \sec^2\theta$

3. $1 + \cot^2\theta = \text{cosec}^2\theta$

त्रिकोणमितीय अनुपातों में सम्बन्ध (Relation between Trigonometric Ratios)

1. $\sin\theta = \frac{1}{\text{cosec}\,\theta} \Rightarrow \sin\theta\ \text{cosec}\,\theta = 1$

2. $\cos\theta = \frac{1}{\sec\theta} \Rightarrow \cos\theta\sec\theta = 1$

3. $\tan\theta = \frac{1}{\cot\theta} \Rightarrow \tan\theta\cot\theta = 1$

4. $\tan\theta = \frac{\sin\theta}{\cos\theta}$

5. $\cot\theta = \frac{\cos\theta}{\sin\theta}$

साधित उदाहरण

■ **उदाहरण 1** *यदि* $2y\cos\theta = x\sin\theta$ *एवं* $2x\sec\theta - y\,\text{cosec}\,\theta = 3$ *हो, तो* $\frac{x^2}{4} + y^2$ *का मान क्या होगा?*

हल $2y\cos\theta = x\sin\theta$ ...(i)

$\Rightarrow$ $y = \frac{x\tan\theta}{2}$

$2x\sec\theta - y\,\text{cosec}\,\theta = 3$ ...(ii)

$\Rightarrow$ $2x\sec\theta = 3 + y\,\text{cosec}\,\theta$ [समी (i) से]

$= 3 + \frac{x}{2}\tan\theta \cdot \text{cosec}\,\theta$

$= 3 + \frac{x\sec\theta}{2}$

$\therefore$ $\frac{3}{2}x\sec\theta = 3$

$\Rightarrow \quad x = 2\cos\theta$

$\Rightarrow \quad y = \frac{1}{2} \times 2\cos\theta \cdot \tan\theta$

$= \sin\theta$

$\therefore \quad \frac{x^2}{4} + y^2 = \frac{4\cos^2\theta}{4} + \sin^2\theta = 1$

■ **उदाहरण 2** *यदि* $\operatorname{cosec}\theta + \cot\theta = m$ *हो, तो* $\cos\theta$ *का मान क्या होगा?*

हल $\quad \operatorname{cosec}\theta + \cot\theta = m$

$\Rightarrow \quad \frac{1+\cos\theta}{\sin\theta} = m$

$\Rightarrow \quad \frac{(1+\cos\theta)^2}{\sin^2\theta} = \frac{m^2}{1}$

$\Rightarrow \quad \frac{1 + 2\cos\theta + \cos^2\theta}{1-\cos^2\theta} = \frac{m^2}{1}$

$\frac{(1+2\cos\theta+\cos^2\theta)-(1-\cos^2\theta)}{(1+2\cos\theta+\cos^2\theta)+(1-\cos^2\theta)} = \frac{m^2-1}{m^2+1}$

$\Rightarrow \quad \frac{2\cos\theta + 2\cos^2\theta}{2+2\cos\theta} = \frac{m^2-1}{m^2+1}$

$\Rightarrow \quad \frac{2\cos\theta\,(1+\cos\theta)}{2\,(1+\cos\theta)} = \frac{m^2-1}{m^2+1}$

$\cos\theta = \frac{m^2-1}{m^2+1}$

■ **उदाहरण 3** $\cos^6 x + \sin^6 x$ *का मान क्या होगा?*

हल $\quad \cos^6 x + \sin^6 x = (\cos^2 x)^3 + (\sin^2 x)^3$

$= (\cos^2 x + \sin^2 x)(\cos^4 x + \sin^4 x - \sin^2 x \cdot \cos^2 x)$

$= 1 \cdot [(\cos^2 x + \sin^2 x)^2 - 3 \cdot \sin^2 x \cdot \cos^2 x]$

$= 1 - 3\sin^2 x \cdot \cos^2 x$

अभ्यास प्रश्न

1. यदि ΔABC में, $\angle B = 90°$ तथा $\sin A = \frac{12}{13}$, तो $\sin A \sin C$ का मान होगा

(a) $\frac{60}{169}$ (b) $\frac{48}{169}$

(c) $\frac{72}{169}$ (d) इनमें से कोई नहीं

2. यदि $\tan A = \frac{x}{y}$, तो $\cos A$ का मान होगा

(a) $\frac{y}{\sqrt{(x^2+y^2)}}$ (b) $\frac{x}{\sqrt{(x^2+y^2)}}$

(c) $\frac{\sqrt{(x^2+y^2)}}{y}$ (d) $\frac{\sqrt{(x^2+y^2)}}{x}$

3. यदि $\tan A = \frac{60}{11}$, तो $\sin^2 A - \cos^2 A$ का मान होगा

(a) $\frac{3479}{3721}$ (b) $\frac{3400}{3700}$

(c) $\frac{3456}{3725}$ (d) इनमें से कोई नहीं

4. यदि $x = \frac{\cos a}{1-\sin a}$, तब $\frac{1}{x}$ का मान है

(a) $\frac{1+\sin a}{\cos a}$ (b) 1

(c) $\frac{\cos a}{1+\sin a}$ (d) $\sec a + \tan a$

5. यदि $3\sin A + 5\cos A = 5$ हो, तो $(3\cos A - 5\sin A)^2$ का मान होगा

(a) 4 (b) 5

(c) 2 (d) 9

6. यदि $\sec A = x + \frac{1}{4x}$, तो $\sec A + \tan A$ का मान होगा

(a) $3x$ (b) $\frac{x}{3}$

(c) $\frac{x}{2}$ (d) $2x$

7. यदि $4\tan\theta = 5$, तो $\frac{2\sin\theta + 2\cos\theta}{6\cos\theta - 3\sin\theta}$ का मान होगा

(a) 2.5 (b) 3/4

(c) 18 (d) 2

8. $\frac{\tan x}{1-\cot x} + \frac{\cot x}{1-\tan x}$ का मान बराबर है

(a) $\tan x + \cot x$ (b) $1 - \sin x \cos x$

(c) $1 + \sec x \operatorname{cosec} x$ (d) $1 - \sec x \operatorname{cosec} x$

9. यदि $\tan\theta = \sqrt{e^2 - 1}$, तो $\sec\theta + \tan^3\theta \times \operatorname{cosec}\theta$ का मान होगा

(a) e^3 (b) $e^{3/2}$

(c) $(e^2-1)^{3/2}$ (d) $(e^2-1)^{7/2}$

10. यदि $\sin\theta = \frac{x^2 - y^2}{x^2 + y^2}$, तो $\cos\theta$ का मान होगा

(a) $\frac{2x^2y^2}{x^2+y^2}$ (b) $\frac{2xy}{x^2+y^2}$

(c) $\frac{2x^2y^2}{x^2-y^2}$ (d) $\frac{2xy}{x^2-y^2}$

11. यदि $\cos A - \sin A = \sqrt{2}\sin A$, तो $\cos A + \sin A$ का मान होगा

(a) $-\sqrt{2}\cos A$ (b) $\sqrt{2}\cos A$

(c) $\frac{1}{\sqrt{2}}\cos A$ (d) $-\frac{1}{\sqrt{2}}\cos A$

12. यदि $\sin\theta = \dfrac{m^2 + 2mn}{m^2 + 2mn + 2n^2}$, तो $\tan\theta$ का मान होगा

(a) $\dfrac{m(m+2n)}{2n(m-n)}$ (b) $\dfrac{m(m-2n)}{2n(m+n)}$

(c) $\dfrac{m(m+2n)}{2n(m^2+n^2)}$ (d) $\dfrac{m(m+2n)}{2n(m+n)}$

13. यदि $x = a\cos^3\theta$ तथा $y = a\sin^3\theta$, तो $x^{2/3} + y^{2/3}$ का मान है

(a) $a^{-1/3}$ (b) $a^{1/3}$ (c) $a^{2/3}$ (d) $a^{-2/3}$

14. यदि $\cot\theta + \operatorname{cosec}\theta = 5$, तो $\cos\theta$ का मान होगा

(a) 15/17 (b) – 15/17 (c) 12/13 (d) – 12/13

15. यदि $2\sin\theta = 2 - \cos\theta$, तो $\sin\theta$ के मान होंगे

(a) – 1, 3/5 (b) 1, – 3/5

(c) – 1, – 3/5 (d) 1, 3/5

16. यदि $3\sec^4\theta + 8 = 10\sec^2\theta$, तो $\tan\theta$ के मान होंगे

(a) $1, -\sqrt{3}$ (b) $1, \dfrac{1}{\sqrt{3}}$ (c) $1, \sqrt{3}$ (d) $-1, \sqrt{3}$

17. यदि $\sec^2\theta = 2 + 2\tan\theta$, तो $\tan\theta$ का मान होगा, जबकि θ न्यूनकोण है

(a) $2-\sqrt{2}$ (b) $\sqrt{2}+1$

(c) $\sqrt{2}-1$ (d) $\sqrt{2}+2$

18. यदि $\sec\theta + \tan\theta = p$ जब $p \neq 0$, तो $\sin\theta$ का मान है

(a) $\dfrac{p^2+1}{2p}$ (b) $\dfrac{p^2-1}{p^2+1}$

(c) $\dfrac{2p}{p^2+1}$ (d) इनमें से कोई नहीं

19. यदि $\operatorname{cosec} x + \cot x = a$ है, तो $\cos x$ बराबर है

(a) $\dfrac{a^2}{a^2-1}$ (b) $\dfrac{a^2-1}{a^2+1}$ (c) $\dfrac{a^2}{2a-1}$ (d) $\dfrac{a^2+1}{a^2-1}$

20. $\sqrt{\left(\dfrac{1+\cos\theta}{1-\cos\theta}\right)}$ का सरलतम मान है

(a) $\operatorname{cosec}\theta - \cot\theta$ (b) $\sec\theta + \tan\theta$

(c) $\operatorname{cosec}\theta + \cot\theta$ (d) इनमें से कोई नहीं

उत्तरमाला

1. (a)	**2.** (a)	**3.** (a)	**4.** (c)	**5.** (d)	**6.** (d)	**7.** (d)	**8.** (c)	**9.** (a)	**10.** (b)
11. (b)	**12.** (d)	**13.** (c)	**14.** (c)	**15.** (d)	**16.** (b)	**17.** (b)	**18.** (b)	**19.** (b)	**20.** (c)

संकेत एवं हल

1. दिया है, $\sin A = \dfrac{12}{13}$

$\therefore \quad \sin C = \dfrac{5}{13}$

$\sin A \sin C = \dfrac{12}{13} \times \dfrac{5}{13} = \dfrac{60}{169}$

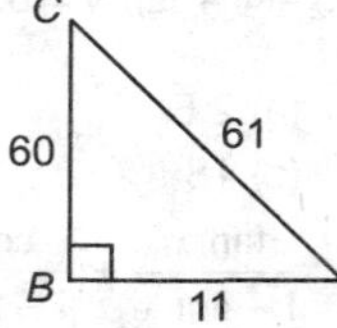

2. $\tan A = \dfrac{x}{y}$

$$\cos A = \frac{1}{\sec A} = \frac{1}{\sqrt{1+\tan^2 A}} = \frac{1}{\sqrt{1+\dfrac{x^2}{y^2}}} = \frac{y}{\sqrt{x^2+y^2}}$$

3. कर्ण $= \sqrt{(60)^2 + (11)^2} = \sqrt{3721} = 61$

$\therefore \quad \sin^2 A - \cos^2 A = \left(\dfrac{60}{61}\right)^2 - \left(\dfrac{11}{61}\right)^2$

$= \dfrac{3600 - 121}{3721} = \dfrac{3479}{3721}$

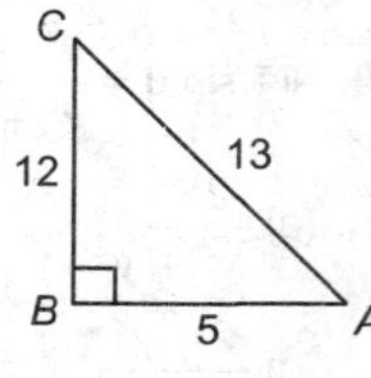

4. $\dfrac{1}{x} = \dfrac{1-\sin a}{\cos a} = \dfrac{1-\sin a}{\cos a} \times \dfrac{1+\sin a}{1+\sin a} = \dfrac{1-\sin^2 a}{\cos a(1+\sin a)}$

$= \dfrac{\cos^2 a}{\cos a(1+\sin a)}$ $[\because \sin^2 A + \cos^2 A = 1]$

$= \dfrac{\cos a}{1+\sin a}$

5. $3\sin A + 5\cos A = 5$ ...(i)

$3\cos A - 5\sin A = x$ (माना) ...(ii)

समी (i) तथा (ii) का वर्ग करके जोड़ने पर,

$9\sin^2 A + 25\cos^2 A + 30\sin A\cos A + 9\cos^2 A$
$+ 25\sin^2 A - 30\sin A\cos A = 25 + x^2$

$\Rightarrow \quad 34(\sin^2 A + \cos^2 A) = 25 + x^2$

$\Rightarrow \quad x^2 = 9$

7. $4\tan\theta = 5 \Rightarrow \tan\theta = \dfrac{5}{4}$

अब, $\dfrac{2\sin\theta + 2\cos\theta}{6\cos\theta - 3\sin\theta} = \dfrac{(2\tan\theta + 2)\cos\theta}{(6 - 3\tan\theta)\cos\theta}$

$= \dfrac{2\times\dfrac{5}{4}+2}{6-3\times\dfrac{5}{4}} = \dfrac{\dfrac{9}{2}}{\dfrac{9}{4}} = 2$

8. $\dfrac{\tan x}{1-\cot x} + \dfrac{\cot x}{1-\tan x} = \dfrac{\tan x}{1-\dfrac{1}{\tan x}} + \dfrac{\dfrac{1}{\tan x}}{1-\tan x}$

$= \dfrac{\tan^2 x}{\tan x - 1} - \dfrac{1}{\tan x(\tan x - 1)}$

$= \dfrac{\tan^3 x - 1}{\tan x(\tan x - 1)}$

$$= \frac{(\tan x - 1)(\tan^2 x + 1 + \tan x)}{\tan x (\tan x - 1)} = \frac{\sec^2 x + \tan x}{\tan x}$$

$$= 1 + \frac{\sec^2 x}{\tan x} = 1 + \sec x \operatorname{cosec} x$$

9. $\tan\theta = \sqrt{e^2 - 1}$

$\Rightarrow \quad \tan^2\theta = e^2 - 1$

$\Rightarrow \quad 1 + \tan^2\theta = e^2$

$\Rightarrow \quad \sec^2\theta = e^2$

$\Rightarrow \quad \sec\theta = e$

$\Rightarrow \quad \cos\theta = \frac{1}{e}$

$\Rightarrow \quad \sin\theta = \sqrt{1 - \frac{1}{e^2}} = \frac{\sqrt{e^2 - 1}}{e} \quad \Rightarrow \quad \operatorname{cosec}\theta = \frac{e}{\sqrt{e^2 - 1}}$

$\sec\theta + \tan^3\theta \times \operatorname{cosec}\theta$

$$= e + (e^2 - 1)^{3/2} \cdot \frac{e}{(e^2 - 1)^{1/2}}$$

$$= e + e(e^2 - 1) = e^3$$

11. दिया है, $\cos A - \sin A = \sqrt{2} \sin A$

$\Rightarrow \quad \cos A = \sqrt{2}\sin A + \sin A$

$= (\sqrt{2} + 1)\sin A$

$\Rightarrow \quad \sin A = \frac{\cos A}{\sqrt{2} + 1} \times \frac{\sqrt{2} - 1}{\sqrt{2} - 1} = (\sqrt{2} - 1)\cos A$

$\therefore \quad \cos A + \sin A = \cos A + (\sqrt{2} - 1)\cos A = \sqrt{2}\cos A$

12. $\sin\theta = \frac{m^2 + 2mn}{m^2 + 2mn + 2n^2}$

$(\text{आधार})^2 = (\text{कर्ण})^2 - (\text{लम्ब})^2$

$= (m^2 + 2mn + 2n^2)^2 - (m^2 + 2mn)^2$

$= 4n^2 (m^2 + 2mn + n^2) = 4n^2 (m + n)^2$

आधार $= 2n(m + n)$

$\tan\theta = \frac{m(m + 2n)}{2n(m + n)}$

13. दिया है, $x = a\cos^3\theta, \quad y = a\sin^3\theta$

$\therefore \quad x^{2/3} + y^{2/3} = a^{2/3}\cos^2\theta + a^{2/3}\sin^2\theta$

$= a^{2/3}(\sin^2\theta + \cos^2\theta) = a^{2/3}$

14. $\cot\theta + \operatorname{cosec}\theta = 5$

$\Rightarrow \quad \frac{1 + \cos\theta}{\sin\theta} = 5$

$\Rightarrow \quad (1 + \cos\theta)^2 = (5\sin\theta)^2$

$\Rightarrow \quad 1 + \cos^2\theta + 2\cos\theta = 25\sin^2\theta$

$\Rightarrow \quad 1 + \cos^2\theta + 2\cos\theta = 25 - 25\cos^2\theta$

$\Rightarrow \quad 26\cos^2\theta + 2\cos\theta = 24$

$\Rightarrow \quad 13\cos^2\theta + \cos\theta - 12 = 0$

$\Rightarrow \quad \cos\theta = \frac{12}{13}$ या $\cos\theta = -1$

15. $2\sin\theta = 2 - \cos\theta$

$\Rightarrow \quad \cos\theta = 2 - 2\sin\theta$

$\Rightarrow \quad \cos\theta = 2(1 - \sin\theta)$

$\Rightarrow \quad \cos^2\theta = 4(1 - \sin\theta)^2$

$\Rightarrow \quad 1 - \sin^2\theta = 4 + 4\sin^2\theta - 8\sin\theta$

$\Rightarrow \quad 5\sin^2\theta - 8\sin\theta + 3 = 0$

$\Rightarrow \quad (5\sin\theta - 3)(\sin\theta - 1) = 0$

$\Rightarrow \quad \sin\theta = \frac{3}{5}$ या $\sin\theta = 1$

17. $\sec^2\theta = 2 + 2\tan\theta$

$\Rightarrow \quad 1 + \tan^2\theta = 2 + 2\tan\theta$

$\Rightarrow \quad \tan^2\theta - 2\tan\theta - 1 = 0$

$\Rightarrow \quad \tan\theta = \frac{2 \pm \sqrt{4 + 4}}{2} = \frac{2 \pm 2\sqrt{2}}{2}$

$\Rightarrow \quad \tan\theta = \sqrt{2} + 1$

18. $\sec\theta + \tan\theta = p$

$\Rightarrow \quad \frac{1}{\cos\theta} + \frac{\sin\theta}{\cos\theta} = p \Rightarrow \frac{(1 + \sin\theta)^2}{\cos^2\theta} = \frac{p^2}{1}$

$\Rightarrow \quad \frac{1 + 2\sin\theta + \sin^2\theta}{1 - \sin^2\theta} = \frac{p^2}{1}$

$\Rightarrow \quad \frac{(1 + 2\sin\theta + \sin^2\theta) - (1 - \sin^2\theta)}{(1 + 2\sin\theta + \sin^2\theta) + (1 - \sin^2\theta)}$

$= \frac{p^2 - 1}{p^2 + 1}$ [योगान्तरानुपात नियम से]

$\Rightarrow \quad \frac{2\sin\theta + 2\sin^2\theta}{2 + 2\sin\theta} = \frac{p^2 - 1}{p^2 + 1}$

$\Rightarrow \quad \frac{2\sin\theta(1 + \sin\theta)}{2(1 + \sin\theta)} = \frac{p^2 - 1}{p^2 + 1} \quad \Rightarrow \sin\theta = \frac{p^2 - 1}{p^2 + 1}$

19. $\operatorname{cosec} x + \cot x = a$

$\Rightarrow \quad \frac{1 + \cos x}{\sin x} = a \quad \Rightarrow \quad \frac{(1 + \cos x)^2}{\sin^2 x} = \frac{a^2}{1}$

$\Rightarrow \quad \frac{1 + 2\cos x + \cos^2 x}{1 - \cos^2 x} = \frac{a^2}{1}$

$\Rightarrow \quad \frac{(1 + 2\cos x + \cos^2 x) - (1 - \cos^2 x)}{(1 + 2\cos x + \cos^2 x) + (1 - \cos^2 x)} = \frac{a^2 - 1}{a^2 + 1}$

$\Rightarrow \quad \frac{(2\cos x + 2\cos^2 x)}{2 + 2\cos x} = \frac{a^2 - 1}{a^2 + 1}$

$\Rightarrow \quad \frac{2\cos x(1 + \cos x)}{2(1 + \cos x)} = \frac{a^2 - 1}{a^2 + 1} \quad \Rightarrow \quad \cos x = \frac{a^2 - 1}{a^2 + 1}$

20. $\sqrt{\frac{1 + \cos\theta}{1 - \cos\theta}} \times \frac{\sqrt{1 + \cos\theta}}{\sqrt{1 + \cos\theta}} = \frac{1 + \cos\theta}{\sqrt{1 - \cos^2\theta}}$

$$= \frac{1 + \cos\theta}{\sin\theta} = \operatorname{cosec}\theta + \cot\theta$$

27

त्रिकोणमितीय फलन के मान

Values of Trigonometric Functions

कुछ प्रमुख कोणों के त्रिकोणमितीय अनुपात (Trigonometric Ratios of Some Important Angles)

कोण (Angle)	0°	30°	45°	60°	90°	120°	135°	150°	180°
sin	0	$\frac{1}{2}$	$\frac{1}{\sqrt{2}}$	$\frac{\sqrt{3}}{2}$	1	$\frac{\sqrt{3}}{2}$	$\frac{1}{\sqrt{2}}$	$\frac{1}{2}$	0
cos	1	$\frac{\sqrt{3}}{2}$	$\frac{1}{\sqrt{2}}$	$\frac{1}{2}$	0	$-\frac{1}{2}$	$-\frac{1}{\sqrt{2}}$	$-\frac{\sqrt{3}}{2}$	-1
tan	0	$\frac{1}{\sqrt{3}}$	1	$\sqrt{3}$	∞	$-\sqrt{3}$	-1	$-\frac{1}{\sqrt{3}}$	0
cot	∞	$\sqrt{3}$	1	$\frac{1}{\sqrt{3}}$	0	$-\frac{1}{\sqrt{3}}$	-1	$-\sqrt{3}$	$-\infty$
sec	1	$\frac{2}{\sqrt{3}}$	$\sqrt{2}$	2	∞	-2	$-\sqrt{2}$	$-\frac{2}{\sqrt{3}}$	-1
cosec	∞	2	$\sqrt{2}$	$\frac{2}{\sqrt{3}}$	1	$\frac{2}{\sqrt{3}}$	$\sqrt{2}$	2	∞

विभिन्न कोणों के त्रिकोणमितीय अनुपात (Trigonometric Ratios of Different Angles)

α	$\sin\alpha$	$\cos\alpha$	$\tan\alpha$	$\cot\alpha$	$\sec\alpha$	$\text{cosec}\,\alpha$
$-\theta$	$-\sin\theta$	$\cos\theta$	$-\tan\theta$	$-\cot\theta$	$\sec\theta$	$-\text{cosec}\,\theta$
$90^\circ \pm \theta$	$\cos\theta$	$\mp\sin\theta$	$\mp\cot\theta$	$\mp\tan\theta$	$\mp\text{cosec}\,\theta$	$\sec\theta$
$180^\circ \pm \theta$	$\mp\sin\theta$	$-\cos\theta$	$\pm\tan\theta$	$\pm\cot\theta$	$-\sec\theta$	$\mp\text{cosec}\,\theta$
$360^\circ \pm \theta$	$\pm\sin\theta$	$\cos\theta$	$\pm\tan\theta$	$\pm\cot\theta$	$\sec\theta$	$\pm\text{cosec}\,\theta$

स्मरणीय बिन्दु

27.1 प्रथम चतुर्थांश में सभी फलन धनात्मक (+ ve) होते हैं;
द्वितीय चतुर्थांश में sin और cosec (+ ve) होते हैं;
तृतीय चतुर्थांश में tan और cot (+ ve) होते हैं तथा
चतुर्थ चतुर्थांश में cos और sec (+ ve) होते हैं।

27.2 (i) $\sin\{n\pi + (-1)^n\theta\} = \sin\theta, n \in I$

(ii) $\cos(2n\pi \pm \theta) = \cos\theta, n \in I$

(iii) $\tan(n\pi + \theta) = \tan\theta, n \in I$

27.3 (i) $\sin 18^\circ = \cos 72^\circ = \frac{\sqrt{5}-1}{4}$

(ii) $\sin 15^\circ = \cos 75^\circ = \frac{\sqrt{3}-1}{2\sqrt{2}}$

(iii) $\cos 18^\circ = \sin 72^\circ = \frac{\sqrt{10+2\sqrt{5}}}{4}$

(iv) $\cos 15^\circ = \sin 75^\circ = \frac{\sqrt{3}+1}{2\sqrt{2}}$

साधित उदाहरण

■ **उदाहरण 1** $\frac{\sin 10^\circ}{\cos 80^\circ}$ *का मान ज्ञात कीजिए।*

हल $\cos 80^\circ = \sin (90^\circ - 80^\circ)$ $[\because \cos\theta = \sin (90^\circ - \theta)]$

$= \sin 10^\circ$

$\therefore \quad \frac{\sin 10^\circ}{\cos 80^\circ} = \frac{\sin 10^\circ}{\sin 10^\circ} = 1$

■ **उदाहरण 2** *यदि* $\tan 2\theta = \cot(\theta + 6^\circ)$ *है, जहाँ* 2θ *तथा* $(\theta + 6^\circ)$ *न्यूनकोण हैं, तो* θ *का मान क्या होगा?*

हल $\tan 2\theta = \cot(\theta + 6^\circ)$

$\cot(90^\circ - 2\theta) = \cot(\theta + 6^\circ)$

$90^\circ - 2\theta = \theta + 6^\circ$

$3\theta = 84^\circ$

$\theta = 28^\circ$

■ **उदाहरण 3** $4\tan^2 45^\circ - \text{cosec}^2 30 + \cot^2 60^\circ$ *का मान बताएँ।*

हल $4\tan^2 45^\circ - \frac{1}{\sin^2 30^\circ} + \frac{1}{\tan^2 60^\circ}$

$= 4 \times (1)^2 - \frac{1}{\left(\frac{1}{2}\right)^2} + \frac{1}{(\sqrt{3})^2}$

$= 4 - 4 + \frac{1}{3} = \frac{1}{3}$

अभ्यास प्रश्न

1. $\frac{4}{3}\cot^2 30^\circ + 3\sin^2 60^\circ - 2\,\text{cosec}\,60^\circ - \frac{3}{4}\tan^2 30^\circ$ का मान बराबर है

(a) 2 से कम (b) 2 से अधिक
(c) 2 या 2 से कम (d) 2 या 2 से अधिक

2. $\sin 1875^\circ$ का मान होगा

(a) $\frac{\sqrt{3}+1}{2\sqrt{2}}$ (b) $\frac{\sqrt{3}-1}{2\sqrt{2}}$ (c) $\frac{2\sqrt{2}}{\sqrt{3}-1}$ (d) $\frac{2\sqrt{2}}{\sqrt{3}+1}$

3. $\tan(-1560^\circ)$ का मान होगा

(a) 3 (b) $\sqrt{3}$ (c) 2 (d) $\sqrt{2}$

4. $\frac{\cos(-225^\circ)\sin 135^\circ \cot 120^\circ}{\tan 315^\circ \sec 750^\circ}$ का मान है

(a) $\frac{1}{4}$ (b) $-\frac{1}{4}$
(c) $\frac{1}{4\sqrt{3}}$ (d) इनमें से कोई नहीं

5. $\cos 225^\circ - \sin 210^\circ$ का मान है

(a) $\frac{1-\sqrt{2}}{2}$ (b) $\frac{(\sqrt{3}+2)}{4}$ (c) $\frac{\sqrt{3}-2}{2}$ (d) $\frac{\sqrt{3}-2}{4}$

6. $\tan 315^\circ \sec 900^\circ + \cot(-495^\circ) \times \text{cosec}(-450^\circ)$ का मान है

(a) 0 (b) 1
(c) 2 (d) इनमें से कोई नहीं

7. $\cos 570^\circ \sin 510^\circ - \sin 330^\circ \cos 390^\circ$ का मान बराबर है

(a) 0 (b) 1 (c) -1 (d) $-\frac{1}{2}$

8. $\tan 5^\circ \tan 25^\circ \tan 45^\circ \tan 65^\circ \tan 85^\circ$ का मान बराबर है

(a) 0 (b) -1 (c) 1 (d) $\sqrt{3}$

9. $\frac{\sin 330^\circ \times \tan 495^\circ \times \text{cosec}\,150^\circ}{\tan 120^\circ}$ का मान बराबर है

(a) $\frac{1}{\sqrt{3}}$ (b) $-\frac{1}{\sqrt{3}}$ (c) $\sqrt{3}$ (d) $-\sqrt{3}$

10. $\cos A - \sin A$ का मान, जब $A = \frac{11\pi}{3}$ होगा

(a) $\frac{\sqrt{3}}{2}$ (b) $\frac{1-\sqrt{3}}{2}$ (c) $\frac{\sqrt{3}+1}{2}$ (d) $\frac{\sqrt{3}-1}{2}$

11. x का मान ज्ञात करो, यदि
$\text{cosec}(90^\circ + \theta) + x\cos\theta \times \cot(90^\circ + \theta) = \sin(90^\circ + \theta)$

(a) $\sin\theta$ (b) $\tan\theta$ (c) $\cos\theta$ (d) $\cot\theta$

12. यदि $\sec\theta + \tan\theta > 1$, तो $\sec\theta - \tan\theta$ का मान होगा

(a) 1 से अधिक (b) 1 से कम (c) शून्य (d) 1 के बराबर

13. यदि $\cos 60^\circ - \cos 120^\circ = \sin x^\circ$, तो x का मान रेडियन में होगा

(a) $\frac{\pi}{3}$ (b) $\frac{2\pi}{3}$ (c) $\frac{\pi}{2}$ (d) $\frac{\pi}{6}$

14. यदि $\tan(A + B - C) = 1$, $\sin(B + C - A) = 1$ तथा $\cos(C + A - B) = 1$ हो, तब A का मान होगा

(a) 67.5° (b) 22.5°
(c) 45° (d) इनमें से कोई नहीं

15. $\tan^2\frac{\pi}{3} + \sin^2\frac{\pi}{3} \times \cos^2\frac{\pi}{3} - \cot^2\frac{\pi}{2}$ का मान होगा

(a) $\frac{25}{48}$ (b) $\frac{24}{40}$
(c) $\frac{25}{40}$ (d) इनमें से कोई नहीं

16. $\frac{\cos\theta}{\sin(90^\circ + \theta)} + \frac{\sin(-\theta)}{\sin(180^\circ + \theta)} + \frac{\cot(90^\circ + \theta)}{\tan\theta}$ का मान बराबर है

(a) 0 (b) 1 (c) 2 (d) 3

17. $\frac{\sin 300^\circ \sec 420^\circ}{\tan 225^\circ \sin 210^\circ}$ का मान है

(a) $8/\sqrt{3}$ (b) $\sqrt{3}/2$ (c) $4/\sqrt{3}$ (d) $2\sqrt{3}$

18. यदि $\sec\theta + \tan\theta = 2 - \sqrt{3}$, तो $(\sec\theta - \tan\theta)$ बराबर है

(a) $2 - \sqrt{3}$ (b) $2 + \sqrt{3}$
(c) 1 (d) इनमें से कोई नहीं

19. $\frac{\sin 135^\circ \cos(-225^\circ)\sin 1125^\circ}{\tan 135^\circ \sin 315^\circ}$ का मान होगा

(a) $\frac{1}{2}$ (b) $-\frac{1}{2}$ (c) $\frac{1}{2\sqrt{2}}$ (d) -1

20. $\frac{\cot 54^\circ}{\tan 36^\circ} + \frac{\tan 20^\circ}{\cot 70^\circ} - 2$ का मान है

(a) 0 (b) -2 (c) 2 (d) 1

उत्तरमाला

1. (b)	**2.** (a)	**3.** (b)	**4.** (b)	**5.** (a)	**6.** (a)	**7.** (a)	**8.** (c)	**9.** (b)	**10.** (c)
11. (b)	**12.** (b)	**13.** (c)	**14.** (b)	**15.** (d)	**16.** (b)	**17.** (d)	**18.** (b)	**19.** (b)	**20.** (a)

संकेत एवं हल

1. $\frac{4}{3}(\sqrt{3})^2 + 3\left(\frac{\sqrt{3}}{2}\right)^2 - 2\left(\frac{2}{\sqrt{3}}\right)^2 - \frac{3}{4}\left(\frac{1}{\sqrt{3}}\right)^2$

$$= 4 + \frac{9}{4} - \frac{8}{3} - \frac{1}{4} = 4 - \frac{8}{3} + 2 = \frac{18-8}{3} = \frac{10}{3}$$

2. $\sin 1875° = \sin(5 \times 360° + 75°) = \sin 75° = \frac{\sqrt{3}+1}{2\sqrt{2}}$ [देखें → 27.3]

3. $\tan(-1560°) = -\tan 1560° = -\tan(4 \times 360° + 120°)$

$$= -\tan 120° = -(-\sqrt{3}) = \sqrt{3}$$

4. $\frac{\cos(-225°)\sin 135° \cot 120°}{\tan 315° \sec 750°} = \frac{\cos 225° \sin 135° \cot 120°}{\tan 315° \sec 750°}$

$$= \frac{\cos(180°+45°)\sin(180°-45°)\cot(180°-60°)}{\tan(360°-45°)\sec(2\times 360°+30°)}$$

$$= \frac{(-\cos 45°)\sin 45°(-\cot 60°)}{(-\tan 45°)\sec 30°}$$

$$= \frac{-\frac{1}{\sqrt{2}} \times \frac{1}{\sqrt{2}} \times \left(-\frac{1}{\sqrt{3}}\right)}{-1 \times \frac{2}{\sqrt{3}}} = \frac{\frac{1}{2\sqrt{3}}}{\frac{-2}{\sqrt{3}}} = \frac{1}{2\sqrt{3}} \times \frac{-\sqrt{3}}{2} = -\frac{1}{4}$$

6. $\tan 315° \sec 900° + (-\cot 495°)(-\operatorname{cosec} 450°)$

$$= \tan(360° - 45°)\sec(360° \times 2 + 180°) + \cot(360° + 135°) \times \operatorname{cosec}(360° + 90°)$$

$$= -\tan 45° \times \sec 180° + \cot 135° \operatorname{cosec} 90°$$

$$= -1 \times (-1) + (-1) \times 1 = 1 - 1 = 0$$

8. $\tan 5° \tan 25° \tan 45° \tan 65° \tan 85°$

$$= \tan 5° \times \tan 25° \times 1 \times \tan(90° - 25°) \times \tan(90° - 5°)$$

$$= \tan 5° \times \tan 25° \times \cot 25° \times \cot 5° = 1$$

10. $A = \frac{11\pi}{3} = \frac{11 \times 180°}{3} = 660°$

$\therefore \cos A - \sin A = \cos 660° - \sin 660°$

$$= \cos(360° \times 2 - 60°) - \sin(360° \times 2 - 60°)$$

$$= \cos 60° + \sin 60° = \frac{1}{2} + \frac{\sqrt{3}}{2} = \frac{\sqrt{3}+1}{2}$$

11. $\operatorname{cosec}(90° + \theta) + x\cos\theta \times \cot(90° + \theta) = \sin(90° + \theta)$

$\Rightarrow \quad \sec\theta + x\cos\theta \times (-\tan\theta) = \cos\theta$

$\Rightarrow \quad \frac{1}{\cos\theta} - x\sin\theta = \cos\theta$

$\Rightarrow \quad x\sin\theta = \frac{1}{\cos\theta} - \cos\theta = \frac{1-\cos^2\theta}{\cos\theta}$

$\Rightarrow \quad x\sin\theta = \frac{\sin^2\theta}{\cos\theta} \Rightarrow x = \tan\theta$

12. $\because \sec^2\theta - \tan^2\theta = 1 \Rightarrow \sec\theta - \tan\theta = \frac{1}{\sec\theta + \tan\theta}$

स्पष्ट है कि यदि $\sec\theta + \tan\theta$ का मान 1 से अधिक है, तो $\sec\theta - \tan\theta$ का मान एक से कम होगा।

14. $\tan(A + B - C) = 1 = \tan 45° \Rightarrow A + B - C = 45°$ ...(i)

$\sin(B + C - A) = 1 = \sin 90°$

$\Rightarrow \quad B + C - A = 90°$ ...(ii)

तथा $\cos(A + C - B) = 1 = \cos 0°$

$\Rightarrow \quad A + C - B = 0$ ...(iii)

समी (i), (ii) और (iii) को जोड़ने पर,

$A + B + C = 135°$ ...(iv)

समी (iv) से समी (ii) को घटाने पर,

$$2A = 45° \Rightarrow A = 22\frac{1}{2}° = 22.5°$$

15. $\tan^2\left(\frac{\pi}{3}\right) + \sin^2\left(\frac{\pi}{3}\right) \cdot \cos^2\left(\frac{\pi}{3}\right) - \cot^2\left(\frac{\pi}{2}\right)$

$$= (\sqrt{3})^2 + \left(\frac{\sqrt{3}}{2}\right)^2 \cdot \left(\frac{1}{2}\right)^2 - (0)^2 = 3 + \frac{3}{4 \times 4} = \frac{51}{16}$$

16. $\frac{\cos\theta}{\sin(90° + \theta)} + \frac{\sin(-\theta)}{\sin(180° + \theta)} + \frac{\cot(90° + \theta)}{\tan\theta}$

$$= \frac{\cos\theta}{\cos\theta} + \frac{-\sin\theta}{-\sin\theta} + \frac{-\tan\theta}{\tan\theta} = 1 + 1 - 1 = 1$$

17. $\frac{\sin(360° - 60°)\sec(360° + 60°)}{\tan(180° + 45°)\sin(180° + 30°)}$

$$= \frac{-\sin 60° \sec 60°}{(\tan 45°)(-\sin 30°)} = \frac{-\frac{\sqrt{3}}{2} \times 2}{(1) \times \left(-\frac{1}{2}\right)} = 2\sqrt{3}$$

18. $\sec\theta - \tan\theta = \frac{1}{\sec\theta + \tan\theta} = \frac{1}{2 - \sqrt{3}} \times \frac{2 + \sqrt{3}}{2 + \sqrt{3}} = 2 + \sqrt{3}$

20. $\frac{\cot 54°}{\tan 36°} + \frac{\tan 20°}{\cot 70°} - 2$

$$= \frac{\cot 54°}{\tan(90° - 54°)} + \frac{\tan 20°}{\cot(90° - 20°)} - 2$$

$$= \frac{\cot 54°}{\cot 54°} + \frac{\tan 20°}{\tan 20°} - 2 = 1 + 1 - 2 = 0$$

28

दो कोणों के योग एवं अन्तर के त्रिकोणमितीय फलन

Trigonometrical Functions of Sum and Difference Between Two Angles

किसी त्रिभुज के दो कोणों के त्रिकोणमितीय फलनों के बीच कुछ निश्चित सम्बन्ध होते हैं। यह अध्याय इनके इन्हीं सम्बन्धों; विशेषकर इनके योग एवं अन्तर पर आधारित है।

दो कोणों के योग एवं अन्तर से सम्बन्धित कुछ महत्त्वपूर्ण सर्वसमिकाएँ

(Some Important Identities Related to Sum and Difference of Two Angles)

1. $\sin(A+B)=\sin A\cos B+\cos A\sin B$

2. $\sin(A-B)=\sin A\cos B-\cos A\sin B$

3. $\cos(A+B)=\cos A\cos B-\sin A\sin B$

4. $\cos(A-B)=\cos A\cos B+\sin A\sin B$

5. $\tan(A+B)=\dfrac{\tan A+\tan B}{1-\tan A\tan B}$

6. $\tan(A-B)=\dfrac{\tan A-\tan B}{1+\tan A\tan B}$

7. $\cot(A+B)=\dfrac{\cot A\cot B-1}{\cot A+\cot B}$

8. $\cot(A-B)=\dfrac{\cot A\cot B+1}{\cot B-\cot A}$

9. $\sin(A+B)\sin(A-B)=\sin^2 A-\sin^2 B=\cos^2 B-\cos^2 A$

10. $\cos(A+B)\cos(A-B)=\cos^2 A-\sin^2 B=\cos^2 B-\sin^2 A$

साधित उदाहरण

■ **उदाहरण 1** $\cos(60°+\theta)+\cos(60°-\theta)$ *का मान ज्ञात कीजिए।*

हल $\cos(60°+\theta)+\cos(60°-\theta)$

$$=\cos 60°\cos\theta-\sin 60°\sin\theta+\cos 60°\cos\theta+\sin 60°\sin\theta$$

$$=2\cos 60°\cos\theta=\cos\theta$$

■ **उदाहरण 2** $\cos(A+B)=\dfrac{2}{3}$, $\sin(A-B)=\dfrac{8}{13}$ *तथा* A, B *के मान* $\dfrac{\pi}{4}$ *और* $0°$ *के बीच में हो, तो* $\tan 2A$ *का मान ज्ञात कीजिए।*

हल $\cos(A+B)=\dfrac{2}{3}\Rightarrow\sin(A+B)=\sqrt{1-\dfrac{4}{9}}=\sqrt{\dfrac{5}{9}}=\dfrac{\sqrt{5}}{3}$

तथा $\sin(A-B)=\dfrac{8}{13}$

$$\cos(A-B)=\sqrt{1-\frac{64}{169}}=\sqrt{\frac{105}{169}}=\frac{\sqrt{105}}{13}$$

$$\therefore\quad \tan(A+B)=\frac{\sqrt{5}}{2},\ \tan(A-B)=\frac{8}{\sqrt{105}}$$

$$\tan 2A=\tan(A+B+A-B)$$

$$=\frac{\tan(A+B)+\tan(A-B)}{1-\tan(A+B)\tan(A-B)}$$

$$\tan 2A=\frac{\dfrac{\sqrt{5}}{2}+\dfrac{8}{\sqrt{105}}}{1-\dfrac{\sqrt{5}}{2}\times\dfrac{8}{\sqrt{105}}}=\frac{\dfrac{\sqrt{5}\times\sqrt{105}+2\times 8}{2\sqrt{105}}}{\dfrac{2\sqrt{105}-\sqrt{5}\times 8}{2\sqrt{105}}}=\frac{\sqrt{525}+16}{2\sqrt{5}(\sqrt{21}-4)}$$

■ **उदाहरण 3** $\dfrac{\cos 18°+\sin 18°}{\cos 18°-\sin 18°}$ *का मान ज्ञात कीजिए।*

हल $\dfrac{\cos 18°+\sin 18°}{\cos 18°-\sin 18°}=\dfrac{1+\dfrac{\sin 18°}{\cos 18°}}{1-\dfrac{\sin 18°}{\cos 18°}}=\dfrac{1+\tan 18°}{1-\tan 18°}$

$$=\frac{\tan 45°+\tan 18°}{1-\tan 45°\tan 18°}=\tan(45°+18°)=\tan 63°$$

अभ्यास प्रश्न

1. $\cos 75°$ का मान है

(a) $\frac{\sqrt{3}-1}{2\sqrt{2}}$ (b) $\frac{\sqrt{3}+1}{2\sqrt{2}}$ (c) $\frac{\sqrt{3}-1}{\sqrt{2}}$ (d) $\frac{\sqrt{3}+1}{\sqrt{2}}$

2. $\sin 47° \cos 13° + \cos 47° \sin 13°$ का मान बराबर है

(a) 3/2 (b) $\sqrt{2}/3$

(c) $\sqrt{3}/2$ (d) इनमें से कोई नहीं

3. $\sin (A + B) \sin (A - B)$ का मान बराबर है

(a) $\sin^2 A - \sin^2 B$ (b) $\sin^2 A + \cos^2 B$

(c) $\sin^2 A + \cos^2 A$ (d) $\cos^2 A + \cos^2 B$

4. $\frac{\tan 69° + \tan 66°}{1 - \tan 69° \tan 66°}$ का मान बराबर है

(a) -1 (b) 2

(c) $\tan 66°$ (d) $\tan 69°$

5. यदि $\sin B = \frac{1}{\sqrt{5}}, \sin A = \frac{1}{\sqrt{10}}$, तो $A + B$ का मान होगा

(a) 15° (b) 75°

(c) 45° (d) 105°

6. $\tan 3A \tan 2A \tan A$ बराबर है

(a) $\tan 3A - \tan 2A - \tan A$ (b) $\tan 3A + \tan 2A + \tan A$

(c) $\tan 3A \tan 2A - \tan A$ (d) इनमें से कोई नहीं

7. $\cos (C + D) \cos (C - D)$ बराबर है

(a) $\cos C + \cos D$ (b) $\cos C - \cos D$

(c) $\cos^2 C - \sin^2 D$ (d) $\cos^2 C + \sin^2 D$

8. $\cos (60° + A) + \cos (60° - A)$ का मान बराबर है

(a) $\cos 60° \cos A$ (b) $\sin 60° \sin A$

(c) $\cos A$ (d) $\sin A$

9. $\tan 70° \times \tan 20°$ का मान होगा

(a) 0 (b) ∞ (c) -1 (d) 1

10. यदि $(1 + \tan \alpha)(1 + \tan \beta) = 2$, तो $\alpha + \beta$ का मान होगा

(a) $\pi / 4$ (b) $\pi / 6$

(c) $\pi / 2$ (d) $\pi / 3$

11. यदि $(1 + \cot \alpha)(1 + \cot \beta) = 2$, तो $\alpha + \beta$ का मान होगा

(a) $3\pi / 4$ (b) $\pi / 6$

(c) $\pi / 3$ (d) इनमें से कोई नहीं

12. यदि $\cos (A - B) = 1/2$ तथा $\sin (A + B) = 1/2$, तो A तथा B के न्यूनतम धनात्मक मान होंगे

(a) $\pi / 4, \pi / 12$ (b) $7\pi / 12, \pi / 4$

(c) $2\pi / 3, \pi / 3$ (d) इनमें से कोई नहीं

13. यदि $\sin 15° = x$ तथा $\sin 25° = y$, तो $\sin 40°$ का मान होगा

(a) $x + y$ (b) $x^2 + y^2$

(c) $x\sqrt{1 + y^2} + y\sqrt{1 + x^2}$ (d) $x\sqrt{1 - y^2} + y\sqrt{1 - x^2}$

14. यदि $\sin A = 4/5, \sin B = 5/13$, तो $\sin (A + B)$ का मान होगा

(a) $\pm \frac{33}{65}$ या $\pm \frac{45}{65}$ (b) $\pm \frac{35}{65}$ या $\pm \frac{63}{65}$

(c) $\pm \frac{63}{65}$ या $\pm \frac{33}{65}$ (d) $\pm \frac{45}{65}$ या $\pm \frac{35}{65}$

15. यदि $\cos (\alpha + \beta) = 4/5, \sin (\alpha - \beta) = 5/13$ तथा α, β के मान 0° और $\pi/4$ के बीच में हैं, तो $\tan 2\alpha$ का मान होगा

(a) 55/11 (b) 56/33 (c) 28/33 (d) 33/28

16. यदि $\tan \theta = \frac{m}{m + 1}$ तथा $\tan \phi = \frac{m + 1}{m}$, तो $(\theta + \phi)$ का मान होगा

(a) $\frac{1}{m(m + 1)}$ (b) $\frac{2m - 1}{2m(m + 1)}$

(c) 0 (d) $\pi / 2$

17. $\sin^2\left(\frac{\pi}{8} + \frac{A}{2}\right) - \sin^2\left(\frac{\pi}{8} - \frac{A}{2}\right)$ बराबर है

(a) $1/\sqrt{2}$ (b) $\sin^2 \pi/8 - \sin^2 A/2$

(c) $(1/\sqrt{2}) \sin A$ (d) $(1/\sqrt{2}) \sin A/2$

18. यदि $\sin \alpha = 1/2, \sin \beta = \sqrt{3}/2$, जहाँ α प्रथम तथा β द्वितीय पाद में हैं, तो $\sin (\alpha - \beta)$ का मान होगा

(a) 1 (b) -1 (c) $\sqrt{3}$ (d) $-\sqrt{3}$

19. $\cos (45° - A) - \sin (45° + A)$ का मान है

(a) $\sqrt{2} \cos A$ (b) $\sqrt{2} \sin A$

(c) $\sqrt{2} (\sin A + \cos A)$ (d) 0

20. $\cot 2a + \tan a$ का मान है

(a) $\text{cosec}\, 2a$ (b) $\frac{\cos^3 a + \sin^3 a}{\sin^2 a \cos a}$

(c) $\frac{\cos 3a}{\sin 2a \cos a}$ (d) इनमें से कोई नहीं

उत्तरमाला

1. (a)	**2.** (c)	**3.** (a)	**4.** (a)	**5.** (c)	**6.** (a)	**7.** (c)	**8.** (c)	**9.** (d)	**10.** (a)
11. (a)	**12.** (b)	**13.** (d)	**14.** (c)	**15.** (b)	**16.** (d)	**17.** (c)	**18.** (b)	**19.** (d)	**20.** (a)

संकेत एवं हल

1. $\cos 75° = \cos(45° + 30°) = \cos 45° \cos 30° - \sin 45° \sin 30°$

$$= \frac{1}{\sqrt{2}} \times \frac{\sqrt{3}}{2} - \frac{1}{\sqrt{2}} \times \frac{1}{2} = \frac{\sqrt{3}-1}{2\sqrt{2}}$$

3. $\sin(A+B)\sin(A-B)$

$$= (\sin A \cos B + \cos A \sin B)(\sin A \cos B - \cos A \sin B)$$
$$= (\sin A \cos B)^2 - (\cos A \sin B)^2$$
$$= \sin^2 A(1 - \sin^2 B) - (1 - \sin^2 A)\sin^2 B$$
$$= \sin^2 A - \sin^2 A \sin^2 B - \sin^2 B + \sin^2 A \sin^2 B$$
$$= \sin^2 A - \sin^2 B$$

4. $\dfrac{\tan 69° + \tan 66°}{1 - \tan 69° \tan 66°} = \tan 135° = -1$

5. $\sin A = \dfrac{1}{\sqrt{10}}, \sin B = \dfrac{1}{\sqrt{5}}$

$$\sin(A+B) = \sin A \cos B + \cos A \sin B$$
$$\Rightarrow \quad \sin(A+B) = \sin A\sqrt{1-\sin^2 B} + \sqrt{1-\sin^2 A}\,\sin B$$
$$\Rightarrow \quad \sin(A+B) = \frac{1}{\sqrt{10}}\sqrt{1-\frac{1}{5}} + \sqrt{1-\frac{1}{10}}\cdot\frac{1}{\sqrt{5}}$$
$$\Rightarrow \quad \sin(A+B) = \frac{1}{\sqrt{10}}\cdot\frac{2}{\sqrt{5}} + \frac{3}{\sqrt{10}}\cdot\frac{1}{\sqrt{5}}$$
$$\Rightarrow \quad \sin(A+B) = \frac{5}{\sqrt{5}\cdot\sqrt{10}} = \frac{1}{\sqrt{2}}$$
$$\Rightarrow \quad \sin(A+B) = \sin 45°$$
$$\Rightarrow \quad A + B = 45°$$

6. $\tan(3A - 2A) = \dfrac{\tan 3A - \tan 2A}{1 + \tan 2A \tan 3A}$

$$\Rightarrow \quad \tan A(1 + \tan 2A \tan 3A) = \tan 3A - \tan 2A$$
$$\Rightarrow \quad \tan A + \tan A \tan 2A \tan 3A = \tan 3A - \tan 2A$$
$$\Rightarrow \quad \tan A \tan 2A \tan 3A = \tan 3A - \tan 2A - \tan A$$

8. $\cos(60° + A) + \cos(60° - A)$

$$= \cos 60° \cos A - \sin 60° \sin A + \cos 60° \cos A + \sin 60° \sin A$$
$$= 2\cos 60° \cos A = \cos A$$

10. $(1 + \tan\alpha)(1 + \tan\beta) = 2$

$$\Rightarrow \quad 1 + \tan\alpha + \tan\beta + \tan\alpha\tan\beta = 2$$
$$\Rightarrow \quad \tan\alpha + \tan\beta + \tan\alpha\tan\beta = 1$$
$$\Rightarrow \quad \tan\alpha + \tan\beta = 1 - \tan\alpha\tan\beta$$
$$\Rightarrow \quad \frac{\tan\alpha + \tan\beta}{1 - \tan\alpha\tan\beta} = 1 = \tan 45°$$
$$\Rightarrow \quad \tan(\alpha+\beta) = \tan\frac{\pi}{4}$$
$$\Rightarrow \quad \alpha + \beta = \frac{\pi}{4}$$

11. $(1 + \cot\alpha)(1 + \cot\beta) = 2$

$$\Rightarrow \quad 1 + \cot\beta + \cot\alpha + \cot\alpha\cot\beta = 2$$
$$\Rightarrow \quad \cot\alpha + \cot\beta + \cot\alpha\cot\beta = 1$$
$$\Rightarrow \quad \frac{1}{\tan\alpha} + \frac{1}{\tan\beta} = 1 - \frac{1}{\tan\alpha\cdot\tan\beta}$$
$$\Rightarrow \quad \tan\alpha + \tan\beta = \tan\alpha\tan\beta - 1$$
$$\Rightarrow \quad \tan\alpha + \tan\beta = -(1 - \tan\alpha\tan\beta)$$
$$\Rightarrow \quad \frac{\tan\alpha + \tan\beta}{1 - \tan\alpha\tan\beta} = -1 = \tan\frac{3\pi}{4}$$
$$\Rightarrow \quad \tan(\alpha+\beta) = \tan\frac{3\pi}{4}$$
$$\Rightarrow \quad \alpha + \beta = \frac{3\pi}{4}$$

12. $\cos(A - B) = \dfrac{1}{2} = \cos 60°$

$$\therefore \quad A - B = 60° \qquad \ldots(i)$$
$$\sin(A+B) = \frac{1}{2} = \sin 30° \text{ या } \sin 150°$$
$$\therefore \quad A + B = 30° \text{ या } 150°$$

यदि हम $A + B = 30°$ लेंगे, तो B का मान ऋणात्मक आएगा।

अतः:
$$A + B = 150° \qquad \ldots(ii)$$

समी (i) तथा (ii) को हल करने पर,

$$A = 105° = \frac{7\pi}{12}, B = 45° = \frac{\pi}{4}$$

13. $\sin 40° = \sin(15° + 25°) = \sin 15° \cos 25° + \cos 15° \sin 25°$

$$= x\cdot\sqrt{1-y^2} + \sqrt{1-x^2}\cdot y$$

15. दिया है, $\cos(\alpha + \beta) = \dfrac{4}{5}$

$$\Rightarrow \quad \sin(\alpha+\beta) = \sqrt{1-\frac{16}{25}} = \frac{3}{5}$$

तथा
$$\sin(\alpha-\beta) = \frac{5}{13}$$
$$\Rightarrow \quad \cos(\alpha-\beta) = \sqrt{1-\frac{25}{169}} = \frac{12}{13}$$
$$\therefore \quad \tan(\alpha+\beta) = \frac{3}{4}, \tan(\alpha-\beta) = \frac{5}{12}$$

अब,
$$\tan 2\alpha = \tan(\alpha+\beta+\alpha-\beta)$$
$$= \frac{\tan(\alpha+\beta) + \tan(\alpha-\beta)}{1 - \tan(\alpha+\beta)\tan(\alpha-\beta)}$$
$$\Rightarrow \quad \tan 2\alpha = \frac{\frac{3}{4} + \frac{5}{12}}{1 - \frac{3}{4}\times\frac{5}{12}} = \frac{56}{33}$$

16. $\tan(\theta+\phi)=\dfrac{\tan\theta+\tan\phi}{1-\tan\theta\tan\phi}$

$$\Rightarrow \quad \tan(\theta+\phi)=\frac{\frac{m}{m+1}+\frac{m+1}{m}}{1-\frac{m}{m+1}\times\frac{m+1}{m}}=\infty$$

$$\Rightarrow \quad \tan(\theta+\phi)=\tan\frac{\pi}{2}$$

$$\Rightarrow \quad \theta+\phi=\frac{\pi}{2}$$

17. $\sin^2\left(\dfrac{\pi}{8}+\dfrac{A}{2}\right)-\sin^2\left(\dfrac{\pi}{8}-\dfrac{A}{2}\right)$

$$=\sin\left(\frac{\pi}{8}+\frac{A}{2}+\frac{\pi}{8}-\frac{A}{2}\right)\sin\left(\frac{\pi}{8}+\frac{A}{2}-\frac{\pi}{8}+\frac{A}{2}\right)$$

$$=\sin\frac{\pi}{4}\cdot\sin A=\frac{1}{\sqrt{2}}\cdot\sin A$$

18. $\sin\alpha=\dfrac{1}{2}=\sin 30^\circ$ (∵ α प्रथम पाद में है)

$\sin\beta=\sqrt{3}/2=\sin 120^\circ$ (∵ β द्वितीय पाद में है)

$\therefore \quad \alpha=30^\circ, \beta=120^\circ$

$$\sin(\alpha-\beta)=\sin(30^\circ-120^\circ)=\sin(-90^\circ)$$

$$=-\sin 90^\circ=-1$$

19. $\cos(45^\circ-A)-\sin(45^\circ+A)$

$$=\cos 45^\circ\cos A+\sin 45^\circ\sin A-\sin 45^\circ\cos A-\cos 45^\circ\sin A$$

$$=\frac{1}{\sqrt{2}}\cos A+\frac{1}{\sqrt{2}}\sin A-\frac{1}{\sqrt{2}}\cos A-\frac{1}{\sqrt{2}}\sin A=0$$

20. $\cot 2a+\tan a=\dfrac{\cos 2a}{\sin 2a}+\dfrac{\sin a}{\cos a}$

$$=\frac{\cos 2a\cdot\cos a+\sin 2a\cdot\sin a}{\sin 2a\cdot\cos a}$$

$$=\frac{\cos(2a-a)}{\sin 2a\cdot\cos a}=\frac{\cos a}{\sin 2a\cdot\cos a}=\frac{1}{\sin 2a}=\operatorname{cosec} 2a$$

29

त्रिकोणमितीय फलन एवं सूत्र

Trigonometrical Functions and Formulae

जब त्रिकोणमितीय फलनों के कोणीय मान कुछ इस प्रकार हों, कि उनके आंकिक मान हम सीधे न रख सकें तब हम कुछ इस प्रकार के सूत्रों का प्रयोग करते हैं, जिससे उनके योग या अन्तर के परिणामस्वरूप पूर्ण कोणीय का आंकिक मान ज्ञात किया जा सके तथा कुछ विस्तृत त्रिकोणमितीय फलनों को कम-से-कम पदों में व्यक्त किया जा सके, ऐसे सूत्र $C-D$ वाले सूत्र कहलाते हैं।

प्रमुख सूत्र (Important Formulae)

1. $\sin C + \sin D = 2\sin\frac{C+D}{2}\cos\frac{C-D}{2}$

2. $\sin C - \sin D = 2\cos\frac{C+D}{2}\sin\frac{C-D}{2}$

3. $\cos C + \cos D = 2\cos\frac{C+D}{2}\cos\frac{C-D}{2}$

4. $\cos C - \cos D = 2\sin\frac{C+D}{2}\sin\frac{D-C}{2}$

5. $2\sin A\cos B = \sin(A+B) + \sin(A-B)$

6. $2\cos A\sin B = \sin(A+B) - \sin(A-B)$

7. $2\cos A\cos B = \cos(A+B) + \cos(A-B)$

8. $2\sin A\sin B = \cos(A-B) - \cos(A+B)$

9. $\sin 2A = 2\sin A\cos A = \frac{2\tan A}{1+\tan^2 A}$

10. $\cos 2A = \cos^2 A - \sin^2 A = 1 - 2\sin^2 A$

$= 2\cos^2 A - 1 = \frac{1-\tan^2 A}{1+\tan^2 A}$

11. $\tan 2A = \frac{2\tan A}{1-\tan^2 A}$, $\cot 2A = \frac{\cot^2 A - 1}{2\cot A}$

12. $\sin A = 2\sin\frac{A}{2}\cos\frac{A}{2} = \frac{2\tan\frac{A}{2}}{1+\tan^2\frac{A}{2}}$

13. $\cos A = \cos^2\frac{A}{2} - \sin^2\frac{A}{2} = 1 - 2\sin^2\frac{A}{2}$

$= 2\cos^2\frac{A}{2} - 1 = \frac{1-\tan^2\frac{A}{2}}{1+\tan^2\frac{A}{2}}$

14. $\tan A = \frac{2\tan\frac{A}{2}}{1-\tan^2\frac{A}{2}}$

15. $\cot A = \frac{\cot^2\frac{A}{2} - 1}{2\cot\frac{A}{2}}$

16. $\sin 3A = 3\sin A - 4\sin^3 A$

17. $\cos 3A = 4\cos^3 A - 3\cos A$

18. $\tan 3A = \frac{3\tan A - \tan^3 A}{1 - 3\tan^2 A}$

19. $\cot 3A = \frac{\cot^3 A - 3\cot A}{3\cot A - 1} = \frac{3\cot A - \cot^3 A}{1 - 3\cot^2 A}$

स्मरणीय बिन्दु

29.1 $-1 \le \sin\theta \le 1$, $-1 \le \cos\theta \le 1$

29.2 $\sin\frac{\theta}{2} = \sqrt{\frac{1-\cos\theta}{2}}$, $\cos\frac{\theta}{2} = \sqrt{\frac{1+\cos\theta}{2}}$

29.3 $|\sec\theta| \ge 1$, $|\operatorname{cosec}\theta| \ge 1$

29.4 $\sin 36° = \frac{\sqrt{(10+2\sqrt{5})}}{4}$, $\cos 36° = \frac{\sqrt{5}+1}{4}$

साधित उदाहरण

■ **उदाहरण 1** $\dfrac{\sin 75° - \sin 15°}{\cos 75° + \cos 15°}$ *का मान ज्ञात कीजिए।*

हल $\dfrac{\sin 75° - \sin 15°}{\cos 75° + \cos 15°} = \dfrac{2\cos\dfrac{75° + 15°}{2} \cdot \sin\dfrac{75° - 15°}{2}}{2\cos\dfrac{75° + 15°}{2} \cdot \cos\dfrac{75° - 15°}{2}}$

$= \dfrac{\sin 30°}{\cos 30°} = \tan 30° = \dfrac{1}{\sqrt{3}}$

■ **उदाहरण 2** *यदि* $\sin\theta = \dfrac{2ab}{a^2 + b^2}$, *तो* $\tan\theta$ *का मान क्या होगा?*

हल $\sin\theta = \dfrac{2ab}{a^2 + b^2}$

$\cos\theta = \sqrt{1 - \sin^2\theta} = \sqrt{1 - \left(\dfrac{2ab}{a^2 + b^2}\right)^2}$

$= \sqrt{1 - \dfrac{4a^2b^2}{a^4 + b^4 + 2a^2b^2}}$

$= \sqrt{\dfrac{a^4 + b^4 + 2a^2b^2 - 4a^2b^2}{a^4 + b^4 + 2a^2b^2}}$

$= \sqrt{\left(\dfrac{a^2 - b^2}{a^2 + b^2}\right)^2} = \dfrac{a^2 - b^2}{a^2 + b^2}$

$\tan\theta = \dfrac{\sin\theta}{\cos\theta} = \dfrac{\dfrac{2ab}{a^2 + b^2}}{\dfrac{a^2 - b^2}{a^2 + b^2}}$

$= \dfrac{2ab}{a^2 + b^2} \times \dfrac{a^2 + b^2}{a^2 - b^2}$

$= \dfrac{2ab}{a^2 - b^2}$

■ **उदाहरण 3** $\cot\dfrac{A}{2} - \tan\dfrac{A}{2}$ *का मान क्या होगा?*

हल $\cot\dfrac{A}{2} - \tan\dfrac{A}{2} = \dfrac{\cos\dfrac{A}{2}}{\sin\dfrac{A}{2}} - \dfrac{\sin\dfrac{A}{2}}{\cos\dfrac{A}{2}} = \dfrac{\cos^2\dfrac{A}{2} - \sin^2\dfrac{A}{2}}{\sin\dfrac{A}{2} \cdot \cos\dfrac{A}{2}}$

$= \dfrac{2\cos A}{\sin A} = 2\cot A$

अभ्यास प्रश्न

1. यदि $\cos\theta = \dfrac{8}{17}$ हो, तो $\sin 2\theta$ का मान होगा

(a) $\dfrac{289}{240}$ (b) $\dfrac{28}{24}$
(c) $\dfrac{240}{289}$ (d) इनमें से कोई नहीं

2. $\cos A = \dfrac{1}{2}$, तो $\tan 2A$ का मान होगा

(a) $\sqrt{3}$ (b) $-\sqrt{3}$
(c) $2\sqrt{3}$ (d) इनमें से कोई नहीं

3. यदि $\tan A = \dfrac{1}{\sqrt{3}}$, तो $\tan 2A$ का मान होगा

(a) $\sqrt{3}$ (b) $-\sqrt{3}$
(c) $2\sqrt{3}$ (d) $-2\sqrt{3}$

4. $\dfrac{1 - \cos 2A}{1 + \cos 2A}$ का मान बराबर होगा

(a) $\tan^2 A$ (b) $\cot^2 A$ (c) $\cos^2 A$ (d) $\sin^2 A$

5. $\dfrac{\cot A - \tan A}{\cot A + \tan A}$ का मान बराबर होगा

(a) $\sin 2A$ (b) $\cos 2A$ (c) $\tan 2A$ (d) $\cot 2A$

6. यदि $\sin\theta = \dfrac{3}{5}$ हो, तो $\cos 2\theta$ का मान होगा

(a) $\dfrac{32}{25}$ (b) $\dfrac{16}{25}$ (c) $\dfrac{4}{25}$ (d) $\dfrac{7}{25}$

7. $\dfrac{\sin A - \sin B}{\cos B - \cos A}$ का मान बराबर है

(a) $\cot\dfrac{A + B}{2}$ (b) $\tan\dfrac{A + B}{2}$
(c) $\sin\dfrac{A + B}{2}$ (d) $\cos\dfrac{A + B}{2}$

8. यदि $\cos A = \dfrac{3}{5}$ तथा $\cos B = \dfrac{4}{5}$, जहाँ कोण A तथा B धनात्मक न्यूनकोण हैं, तब $\cos\dfrac{A - B}{2}$ का मान होगा

(a) $\dfrac{7}{\sqrt{2}}$ (b) $\dfrac{7}{2\sqrt{5}}$ (c) $\dfrac{7}{5\sqrt{2}}$ (d) $\dfrac{7}{\sqrt{5}}$

9. $\sin 75° \cos 15°$ का मान होगा

(a) $\dfrac{\sqrt{3}}{2}$ (b) $\dfrac{2}{\sqrt{3}}$
(c) $\dfrac{\sqrt{3} + 2}{4}$ (d) $\dfrac{\sqrt{3} - 2}{4}$

10. $\dfrac{\sin A + \sin 3A + \sin 5A}{\cos A + \cos 3A + \cos 5A}$ का मान होगा

(a) $\tan A$ (b) $\tan 2A$
(c) $\tan 3A$ (d) $3\tan A$

11. $\sin 85° - \sin 25° - \cos 55°$ का मान है

(a) 0 (b) $\dfrac{1}{16}$ (c) $\dfrac{\sqrt{3}}{16}$ (d) ∞

12. $2\sin 105° \sin 75°$ का मान है

(a) $\frac{\sqrt{3}-2}{4}$ (b) $\frac{\sqrt{3}-2}{2}$

(c) $\frac{\sqrt{3}+2}{4}$ (d) $\frac{\sqrt{3}+2}{2}$

13. $\cos 20° \cos 40° \cos 60° \cos 80°$ का मान है

(a) $\frac{3}{16}$ (b) $\frac{1}{16}$ (c) $\frac{\sqrt{3}}{16}$ (d) $\frac{1}{2}$

14. $\cos 40° + \cos 80° + \cos 160°$ बराबर है

(a) -1 (b) 1 (c) 0 (d) $\frac{1}{2}$

15. $\frac{\cos 20° - \sin 20°}{\cos 20° + \sin 20°}$ का मान होगा

(a) $\sin 40°$ (b) $\tan 25°$

(c) $\cos 20°$ (d) इनमें से कोई नहीं

16. $\frac{\sin 75° - \sin 15°}{\cos 75° + \cos 15°}$ का मान होगा

(a) $-\sqrt{3}$ (b) $\frac{1}{\sqrt{3}}$ (c) $\sqrt{3}$ (d) $\sqrt{6}$

17. $\sin 20° \sin 40° \sin 60° \sin 80°$ का मान होगा

(a) $\frac{3}{16}$ (b) $\frac{1}{16}$ (c) 0 (d) $\frac{\sqrt{3}}{16}$

18. $\tan 22\frac{1°}{2}$ का मान है

(a) $\frac{\sqrt{2}-1}{\sqrt{2}}$ (b) $\frac{\sqrt{2}+1}{\sqrt{2}}$

(c) $\sqrt{2}+1$ (d) इनमें से कोई नहीं

19. $\sqrt{\frac{1+\sin 2x}{1-\sin 2x}}$ का मान बराबर है

(a) $\frac{\tan x + 1}{\tan x - 1}$ (b) $\left(\frac{\tan x + 1}{\tan x - 1}\right)^2$

(c) $\frac{1+\tan x}{1-\tan x}$ (d) $\left(\frac{1-\tan x}{1+\tan x}\right)^2$

20. यदि $a = \cos\alpha + \sin\alpha$ तथा $b = \cos\alpha - \sin\alpha$, तो $\frac{a^2-b^2}{2ab}$ का मान होगा

(a) $\cot 2\alpha$ (b) $\sec 2\alpha$ (c) $\text{cosec}\, 2\alpha$ (d) $\tan 2\alpha$

उत्तरमाला

1. (c)	**2.** (b)	**3.** (a)	**4.** (a)	**5.** (b)	**6.** (d)	**7.** (a)	**8.** (c)	**9.** (c)	**10.** (c)
11. (a)	**12.** (d)	**13.** (b)	**14.** (c)	**15.** (b)	**16.** (b)	**17.** (a)	**18.** (d)	**19.** (a)	**20.** (d)

संकेत एवं हल

1. $\sin\theta = \sqrt{1-\left(\frac{8}{17}\right)^2} = \sqrt{1-\frac{64}{289}} = \frac{15}{17}$

$\therefore \quad \sin 2\theta = 2\sin\theta\cos\theta$

$= 2 \times \frac{15}{17} \times \frac{8}{17} = \frac{240}{289}$

2. दिया है, $\cos A = \frac{1}{2} = \cos 60°$

$\Rightarrow \quad A = 60°$

$\tan 2A = \tan(2 \times 60°)$

$= \tan 120° = -\sqrt{3}$

5. $\frac{\cot A - \tan A}{\cot A + \tan A} = \frac{\frac{\cos A}{\sin A} - \frac{\sin A}{\cos A}}{\frac{\cos A}{\sin A} + \frac{\sin A}{\cos A}}$

$= \frac{\cos^2 A - \sin^2 A}{\cos^2 A + \sin^2 A} = \cos 2A$

8. $\cos A = \frac{3}{5} \therefore \sin A = \frac{4}{5}$,

$\cos B = \frac{4}{5} \therefore \sin B = \frac{3}{5}$

$\therefore \quad \cos(A-B) = \cos A \cos B + \sin A \sin B$

$= \frac{3}{5} \times \frac{4}{5} + \frac{4}{5} \times \frac{3}{5} = \frac{24}{25}$

$\because \quad \cos(A-B) = 2\cos^2\frac{A-B}{2} - 1$

$\Rightarrow \quad 2\cos^2\frac{A-B}{2} = 1 + \cos(A-B)$

$= 1 + \frac{24}{25} = \frac{49}{25}$

$\Rightarrow \quad \cos^2\left(\frac{A-B}{2}\right) = \frac{49}{25 \times 2}$

$\Rightarrow \quad \cos\frac{A-B}{2} = \frac{7}{5\sqrt{2}}$

9. $\sin 75° \cos 15° = \frac{1}{2}[2\sin 75° \cos 15°]$

$= \frac{1}{2}[\sin(75° + 15°) + \sin(75° - 15°)]$

$= \frac{1}{2}[\sin 90° + \sin 60°]$

$= \frac{1}{2}\left[1 + \frac{\sqrt{3}}{2}\right] = \frac{2+\sqrt{3}}{4}$

10. $\dfrac{\sin A + \sin 3A + \sin 5A}{\cos A + \cos 3A + \cos 5A} = \dfrac{2 \sin 3A \cos 2A + \sin 3A}{2 \cos 3A \cos 2A + \cos 3A}$

$= \dfrac{\sin 3A (2 \cos 2A + 1)}{\cos 3A (2 \cos 2A + 1)} = \tan 3A$

11. $\sin 85° - \sin 25° - \cos 55°$

$= 2 \cos \dfrac{85° + 25°}{2} \sin \dfrac{85° - 25°}{2} - \cos 55°$

$= 2 \cos 55° \sin 30° - \cos 55°$

$= 2 \cos 55° \times \dfrac{1}{2} - \cos 55° = 0$

12. $2 \sin 105° \sin 75°$

$= \cos (105° - 75°) - \cos (105° + 75°)$

$= \cos 30° - \cos 180° = \dfrac{\sqrt{3}}{2} - (-1) = \dfrac{\sqrt{3} + 2}{2}$

13. $\cos 20° \cos 40° \cos 60° \cos 80°$

$= \dfrac{1}{2} \cdot 2 \cos 20° \cos 40° \cos 60° \cos 80°$

$= \dfrac{1}{2} [\cos 60° + \cos 20°] \cos 60° \cos 80°$

$= \dfrac{1}{4} [\cos 60° \cos 80° + \cos 20° \cos 80°]$

$= \dfrac{1}{8} \cos 80° + \dfrac{1}{8} \cdot 2 \cos 20° \cos 80°$

$= \dfrac{1}{8} \cos 80° + \dfrac{1}{8} [\cos 100° + \cos 60°]$

$= \dfrac{1}{8} [\cos 80° + \cos 100°] + \dfrac{1}{16} = 0 + \dfrac{1}{16} = \dfrac{1}{16}$

14. $2 \cos \dfrac{80° + 40°}{2} \cos \dfrac{80° - 40°}{2} + \cos (180° - 20°)$

$= 2 \cos 60° \cos 20° - \cos 20°$

$= 2 \times \dfrac{1}{2} \cos 20° - \cos 20° = 0$

16. $\dfrac{\sin 75° - \sin 15°}{\cos 75° + \cos 15°} = \dfrac{2 \cos \left(\dfrac{75° + 15°}{2}\right) \sin \left(\dfrac{75° - 15°}{2}\right)}{2 \cos \left(\dfrac{75° + 15°}{2}\right) \cos \left(\dfrac{75° - 15°}{2}\right)}$

$= \tan 30° = \dfrac{1}{\sqrt{3}}$

18. हम जानते हैं, कि $\tan 2\theta = \dfrac{2 \tan \theta}{1 - \tan^2 \theta}$

$\theta = 22\dfrac{1°}{2}$ रखने पर

$\tan 45° = \dfrac{2 \tan 22\dfrac{1°}{2}}{1 - \tan^2 22\dfrac{1°}{2}}$

माना $\tan 22\dfrac{1°}{2} = x$

$1 = \dfrac{2x}{1 - x^2}$

$\Rightarrow \quad x^2 + 2x - 1 = 0$

$\Rightarrow \quad x = \dfrac{-2 \pm \sqrt{4 + 4}}{2}$

$\Rightarrow \quad x = -1 \pm \sqrt{2}$

19. $\dfrac{1 + \sin 2x}{1 - \sin 2x} = \dfrac{\sin^2 x + \cos^2 x + 2 \sin x \cos x}{\sin^2 x + \cos^2 x - 2 \sin x \cos x}$

$= \dfrac{(\sin x + \cos x)^2}{(\sin x - \cos x)^2}$

$= \left(\dfrac{\tan x + 1}{\tan x - 1}\right)^2$

अतः $\quad \sqrt{\dfrac{1 + \sin 2x}{1 - \sin 2x}} = \dfrac{\tan x + 1}{\tan x - 1}$

20. $a^2 - b^2 = (\cos \alpha + \sin \alpha)^2 - (\cos \alpha - \sin \alpha)^2$

$= 4 \cos \alpha \sin \alpha$

$= 2 \sin 2\alpha$

$ab = (\cos \alpha + \sin \alpha)(\cos \alpha - \sin \alpha)$

$= \cos^2 \alpha - \sin^2 \alpha$

$= \cos 2\alpha$

$\therefore \quad \dfrac{a^2 - b^2}{2ab} = \dfrac{2 \sin 2\alpha}{2 \cos 2\alpha} = \tan 2\alpha$

30

ऊँचाई एवं दूरी

Height and Distance

यह त्रिकोणमिति का बहुत ही महत्त्वपूर्ण अध्याय है। इस अध्याय में हम ऊँचाई और दूरी के सम्बन्ध में सामान्य माप के साथ-साथ इस प्रकार की माप का भी आकलन करना सीखते हैं, जहाँ हमारा पहुँचना कठिन होता है तथा दूरी व ऊँचाई का सटीक व सही-सही मान ज्ञात नहीं हो पाता। इसी उद्देश्य को ध्यान में रखते हुए हम ऊँचाई एवं दूरी नामक अध्याय का अध्ययन करते हैं।

उन्नयन कोण (Angle of Elevation)

जब कोई वस्तु देखने वाले की आँख से जाने वाली क्षैतिज रेखा के ऊपर स्थित होती है, तो इस अवस्था में वस्तु और देखने वाले की आँख को मिलाने वाली रेखा इस क्षैतिज रेखा से जो कोण बनाती है, उसे वस्तु का उन्नयन कोण कहते हैं।

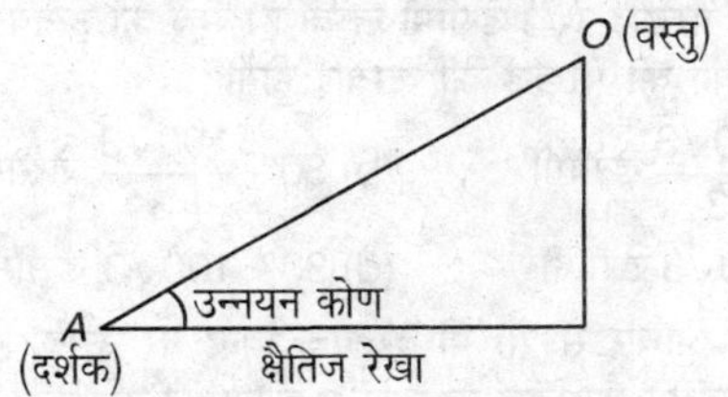

अवनमन कोण (Angle of Depression)

जब कोई वस्तु, देखने वाले की आँख से जाने वाली क्षैतिज रेखा के नीचे की ओर स्थित होती है, तो उस अवस्था में वस्तु की ओर देखने वाले की आँख को मिलाने वाली रेखा क्षैतिज रेखा से जो कोण बनाती है, उसे उस वस्तु का अवनमन कोण कहते हैं।

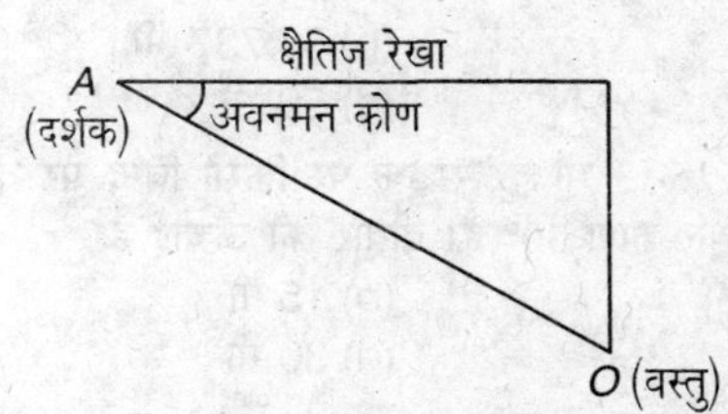

साधित उदाहरण

- **उदाहरण 1** *120 मी चौड़ी सड़क के दोनों किनारों पर दो बराबर ऊँचाई के खम्भे आमने-सामने स्थित हैं। सड़क के बीच किसी बिन्दु से खम्भों के ऊपरी सिरों के उन्नयन कोण 60° एवं 30° हैं। बिन्दु की स्थिति और खम्भों की ऊँचाइयाँ ज्ञात करें।*

हल माना कि AB एवं CD दो खम्भे हैं तथा उनकी ऊँचाई x मी है एवं P सड़क पर एक बिन्दु है।

माना कि $BP = y$ मी, तो $PD = (120 - y)$ मी

ΔABP में, $\tan 60° = \frac{AB}{BP} = \frac{x}{y}$

$\Rightarrow \quad x = y\sqrt{3} \quad \ldots(i)$

ΔCDP में, $\tan 30° = \frac{CD}{DP} = \frac{x}{120 - y}$

$\Rightarrow \quad x\sqrt{3} = 120 - y \quad \ldots(ii)$

समी (i) एवं (ii) से, $y\sqrt{3} \times \sqrt{3} = 120 - y \Rightarrow 3y = 120 - y$

$\Rightarrow \quad y = 30$ मी

समी (i) से, $x = y\sqrt{3} = 30\sqrt{3} \approx 52$ मी

- **उदाहरण 2** *दीवार में स्थित एक ध्वज दण्ड के सिरे एवं जड़ का 40 मी चौड़ी सड़क के दूसरी ओर खड़े एक व्यक्ति द्वारा बनाए गए उन्नयन कोण (angles of elevation) क्रमश: 60° एवं 45° हैं। ध्वज दण्ड की ऊँचाई ज्ञात कीजिए।*

हल माना कि PQ एक ध्वज दण्ड है, जिसकी ऊँचाई $= x$ मी है एवं QM दीवार की ऊँचाई $= y$ मी है

ΔQMN में, $\tan 45° = \frac{QM}{MN}$

$\Rightarrow \quad 1 = \frac{y}{40}$

$\therefore \quad y = 40 \quad \ldots(i)$

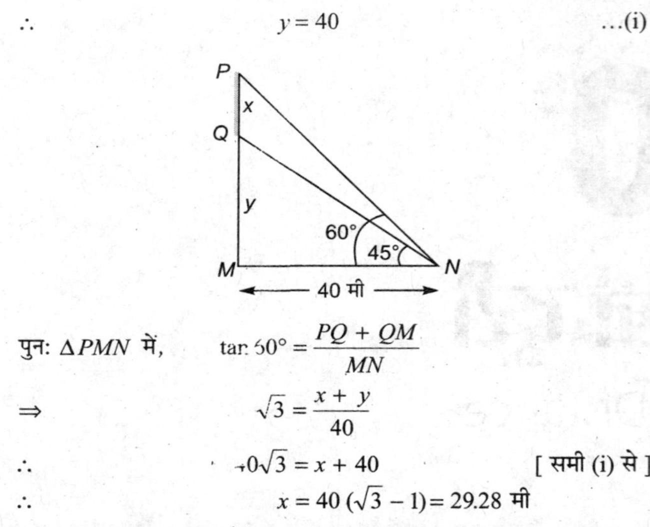

पुनः ΔPMN में, $\tan 60° = \frac{PQ + QM}{MN}$

$\Rightarrow \quad \sqrt{3} = \frac{x + y}{40}$

$\therefore \quad 40\sqrt{3} = x + 40$ [समी (i) से]

$\therefore \quad x = 40(\sqrt{3} - 1) = 29.28$ मी

■ **उदाहरण 3** *200 मी ऊँची एक शिखर की चोटी से प्रेक्षक (observer) के दक्षिण में स्थित दो नावों का अवनमन कोण 60° एवं 30° हैं। दोनों नावों के बीच की दूरी ज्ञात कीजिए।*

हल माना कि शिखर AB की ऊँचाई = 200 मी

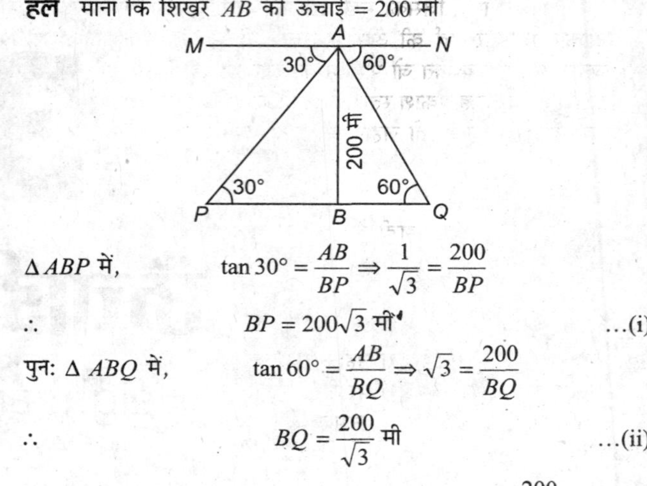

ΔABP में, $\tan 30° = \frac{AB}{BP} \Rightarrow \frac{1}{\sqrt{3}} = \frac{200}{BP}$

$\therefore \quad BP = 200\sqrt{3}$ मी $\quad \ldots(i)$

पुनः ΔABQ में, $\tan 60° = \frac{AB}{BQ} \Rightarrow \sqrt{3} = \frac{200}{BQ}$

$\therefore \quad BQ = \frac{200}{\sqrt{3}}$ मी $\quad \ldots(ii)$

$\therefore$ दोनों नावों के बीच की दूरी $= PB + BQ = 200\sqrt{3} + \frac{200}{\sqrt{3}} \approx 460$ मी

अभ्यास प्रश्न

1. एक पहाड़ी भूतल से 30° का ढाल बना रही है, एक व्यक्ति पहाड़ी के ऊपर की ओर 100 मी चलता है। भूतल से उसकी ऊँचाई क्या होगी?
(a) 100 मी (b) 57.737 मी
(c) 200 मी (d) 50 मी

2. एक दीवार से $15\sqrt{3}$ मी दूर सड़क पर किसी बिन्दु पर दीवार के उच्चतम बिन्दु का उन्नयन कोण 30° है। दीवार की ऊँचाई है
(a) 10 मी (b) 15 मी
(c) 20 मी (d) 30 मी

3. उस समय सूर्य के उन्नयन कोण का मान क्या होगा जब एक स्तम्भ की छाया उसकी कुल ऊँचाई की $\sqrt{3}$ गुनी लम्बी है?
(a) 15° (b) 40°
(c) 30° (d) इनमें से कोई नहीं

4. पृथ्वी से 1500 मी ऊँचाई पर क्षैतिज दिशा में उड़ते हुए एक वायुयान को भूतल के किसी बिन्दु से देखा गया और उन्नयन कोण 45° मिला जोकि 5 सेकण्ड पश्चात् 60° हो गया। वायुयान का वेग (मी/से में) है
(a) $100(\sqrt{3}+1)$ (b) $100(3+\sqrt{3})$
(c) $100(\sqrt{3}-1)$ (d) $100(3-\sqrt{3})$

5. नदी के 15 मी ऊँचे पुल से किसी नाव का अवनमन कोण 30° है यदि नाव 6 किमी/घण्टा की गति से चल रही है। तो नाव को नदी के पुल के नीचे पहुँचने में लगा समय होगा
(a) 13.62 सेकण्ड (b) 15.59 सेकण्ड
(c) 90 सेकण्ड (d) 18 सेकण्ड

6. एक व्यक्ति मीनार के शिखर से देखता है कि पृथ्वी के एक बिन्दु का अवनमन कोण 60° है। यदि मीनार के आधार से बिन्दु की दूरी 25 मी हो, तो मीनार की ऊँचाई होगी
(a) $5\sqrt{3}$ मी (b) $12\sqrt{2}$ मी (c) $10\sqrt{3}$ मी (d) $25\sqrt{3}$ मी

7. एक अट्टालिका 100 डेसीमी ऊँची है। किसी समय सूर्य के प्रकाश से 9 डेसीमी ऊँचे दण्ड की परछाई $3\sqrt{3}$ डेसीमी लम्बी है। सूर्य का उन्नयन कोण तथा उसी समय अट्टालिका की परछाई की लम्बाई होगी
(a) 60°, $\frac{100\sqrt{3}}{3}$ डेसीमी (b) 30°, $\frac{100\sqrt{3}}{3}$ डेसीमी
(c) 60°, $100\sqrt{3}$ डेसीमी (d) 30°, $100\sqrt{3}$ डेसीमी

8. एक मीनार के आधार से 20 मी दूर एक बिन्दु पर उसके शिखर का उन्नयन कोण, 40 मी अधिक दूर बिन्दु पर उन्नयन कोण का दुगुना है। मीनार की ऊँचाई है
(a) 60 मी (b) $40\sqrt{3}$ मी
(c) $20\sqrt{3}$ मी (d) $30\sqrt{3}$ मी

9. एक 16 मी ऊँचा पेड़ एक दीवार पर इस प्रकार गिरता है कि यह दीवार की ऊँचाई के मध्य को स्पर्श करता है। पेड़ के पाद पर, दीवार के शीर्ष का उन्नयन कोण 60° है। दीवार की ऊँचाई है
(a) 21.96 मी (b) 20.96 मी
(c) 27 मी (d) 20.76 मी

10. किसी मीनार की परछाई उसकी ऊँचाई की आधी पाई गई है। कुछ समय पश्चात् परछाई मीनार की ऊँचाई के बराबर हो जाती है। सूर्य नीचे चला गया है
(a) $\tan^{-1}(1/2)°$ (b) $\tan^{-1}(1/3)°$
(c) $\tan^{-1}(1/4)°$ (d) $\tan^{-1}(2)°$

11. नदी के किनारे से दूसरी ओर के किनारे पर स्थित मकान के शीर्ष का उन्नयन कोण 45° पाया जाता है। मकान वाले किनारे की ओर 40 मी बढ़ने पर उन्नयन कोण 60° पाया जाता है। मकान की ऊँचाई है
(a) $\frac{40}{(\sqrt{3}-1)}$ मी (b) $\frac{40\sqrt{3}}{(\sqrt{3}-1)}$ मी
(c) $40\left(1-\frac{1}{\sqrt{3}}\right)$ मी (d) इनमें से कोई नहीं

12. एक प्रकाश स्तम्भ, जिसका मुख उत्तर की ओर है, रोशनी की किरणें पंखे के आकार में उत्तर-पूर्व की ओर से उत्तर-पश्चिम की ओर फेंकता है। किसी जहाज पर कोई व्यक्ति जो पश्चिम की ओर जा रहा है, पहली बार रोशनी को देखता है। जब वह प्रकाश स्तम्भ से 8 किमी दूरी पर होता है और $15\sqrt{2}$ मिनट तक देखता रहता है, तो जहाज की गति (किमी/घण्टा में) है

(a) 24 (b) 30
(c) 54 (d) 32

13. 200 मी ऊँचाई की पहाड़ी के शीर्ष से, एक मीनार के शीर्ष तथा तली के अवनमन कोण 30° तथा 60° प्रेक्षित किए गए। मीनार की ऊँचाई है, लगभग

(a) 138.33 मी (b) 166.67 मी
(c) 143.33 मी (d) 133.33 मी

14. एक स्तम्भ (जो अभी पूरा नहीं हुआ) के शिखर का उन्नयन कोण उसके आधार से 120 मी की दूरी पर स्थित किसी बिन्दु पर 45° है। उन्नयन कोण उसी बिन्दु पर 60° हो जाए, उसके लिए स्तम्भ को और कितना ऊँचा बनाना होगा?

(a) 120 मी (b) 100 मी
(c) $120\sqrt{3}$ (d) $120(\sqrt{3}-1)$ मी

15. एक मीनार का शिखर किसी बिन्दु पर, जो उसके आधार के तल पर है, α कोण बनाता है और एक-दूसरे बिन्दु पर जो पहले बिन्दु से h मी ऊपर है, मीनार के आधार का अवनमन कोण β है। मीनार की ऊँचाई है

(a) $h \tan \alpha$ (b) $h \tan \beta$
(c) $\dfrac{h \tan \alpha}{\tan \beta}$ (d) $\dfrac{h \tan \beta}{\tan \alpha}$

16. किसी पहाड़ी के नीचे जहाँ पर ढाल समाप्त होता है, उसका शिखर 45° का उन्नयन कोण बनाता है। पहाड़ के शिखर की ओर 30° के ढाल पर 1000 मी चलने पर उसका शिखर 60° का उन्नयन कोण बनाता है। पहाड़ की ऊँचाई है

(a) 1500 मी (b) $500(\sqrt{3}+1)$ मी
(c) $1000\sqrt{3}$ (d) $1000(\sqrt{3}+1)$ मी

17. एक हवाई जहाज एक सड़क के ऊपर उड़ रहा है जब वह सड़क पर लगे किन्हीं दो पत्थरों के बीच की दूरी 1 किमी, आकाश में होता है, तो पत्थरों के अवनमन कोण 30° तथा 60° मिलते हैं। जहाज की ऊँचाई मीटर में होगी

(a) $\dfrac{250}{\sqrt{3}}$ (b) $250\sqrt{3}$ (c) $\dfrac{1000}{\sqrt{3}}$ (d) $100\sqrt{3}$

18. एक ऊर्ध्वाधर मीनार क्षैतिज समतल पर खड़ी है तथा एक 7 मी ऊँचे ध्वज दण्ड द्वारा आच्छादित है। समतल के एक बिन्दु पर, ध्वज दण्ड की तली 30° का उन्नयन कोण बनाती है तथा ध्वजदण्ड का शीर्ष 45° का कोण बनाता है। मीनार की ऊँचाई है, लगभग

(a) 9.56 मी (b) 10.56 मी (c) 11.56 मी (d) 12.56 मी

19. एक भवन के ऊपर लगे एक ऊर्ध्वाधर झण्डे के शीर्ष एवं तल क्रमशः 45° तथा 30° के कोण 45 मी की क्षैतिज दूरी पर बनाते हैं। झण्डे की ऊँचाई है

(a) $15\sqrt{3}(\sqrt{3}-1)$ मी (b) $45\left(1+\dfrac{1}{\sqrt{3}}\right)$ मी
(c) 45 मी (d) इनमें से कोई नहीं

20. दो बुर्जों के बीच की क्षैतिज दूरी 60 मी है। पहले बुर्ज का शिखर दूसरे बुर्ज के शिखर से 45° का अवनमन कोण बनाता है। यदि पहले बुर्ज की ऊँचाई 150 मी हो, तो दूसरे बुर्ज की ऊँचाई होगी

(a) 160 मी (b) 80 मी (c) 90 मी (d) 210 मी

उत्तरमाला

1. (d)	**2.** (b)	**3.** (c)	**4.** (d)	**5.** (b)	**6.** (d)	**7.** (a)	**8.** (c)	**9.** (b)	**10.** (b)
11. (b)	**12.** (d)	**13.** (d)	**14.** (d)	**15.** (c)	**16.** (b)	**17.** (b)	**18.** (a)	**19.** (a)	**20.** (c)

संकेत एवं हल

1. माना पहाड़ी की ऊँचाई h है। तब, ΔABC में,

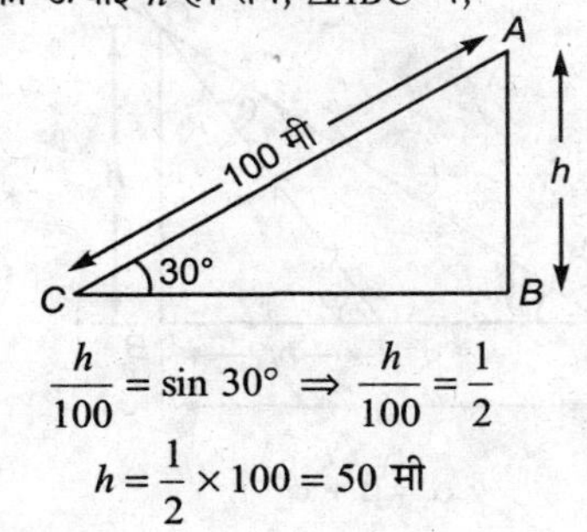

$$\frac{h}{100} = \sin 30° \Rightarrow \frac{h}{100} = \frac{1}{2}$$

$$\Rightarrow \quad h = \frac{1}{2} \times 100 = 50 \text{ मी}$$

2. माना दीवार AB है।
ΔABC में,

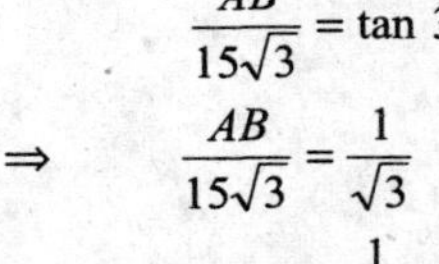

$$\frac{AB}{15\sqrt{3}} = \tan 30°$$

$$\Rightarrow \quad \frac{AB}{15\sqrt{3}} = \frac{1}{\sqrt{3}}$$

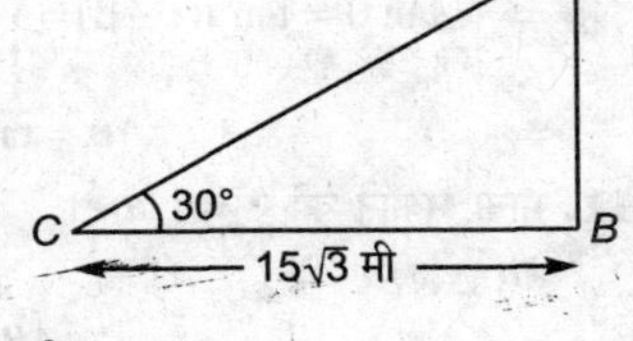

$$\Rightarrow \quad AB = \frac{1}{\sqrt{3}} \times 15\sqrt{3} = 15 \text{ मी}$$

3. माना सूर्य का उन्नयन कोण θ तथा स्तम्भ की ऊँचाई h मी है। इसलिए स्तम्भ की परछाई $\sqrt{3}h$ मी होगी।

$$\therefore \quad \tan \theta = \frac{\text{स्तम्भ की ऊँचाई}}{\text{स्तम्भ की परछाई}}$$

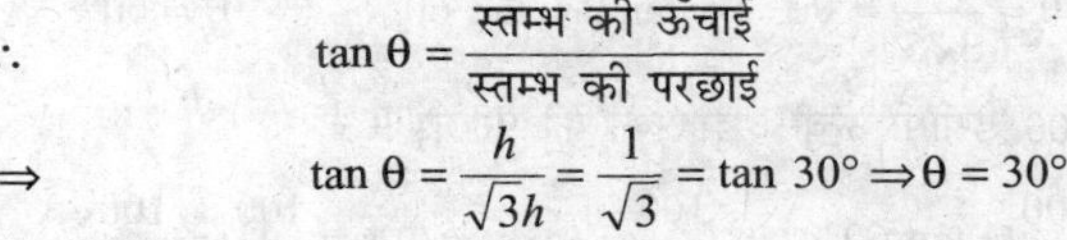

$$\Rightarrow \quad \tan \theta = \frac{h}{\sqrt{3}h} = \frac{1}{\sqrt{3}} = \tan 30° \Rightarrow \theta = 30°$$

4. ΔBCE में,

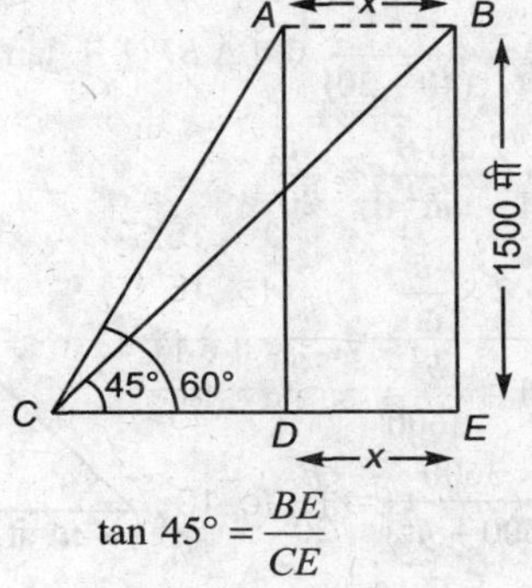

$$\tan 45° = \frac{BE}{CE}$$

$$1 = \frac{1500}{CD + x}$$

$$\therefore \quad CD + x = 1500$$

$$\therefore \quad CD = 1500 - x \quad \ldots(i)$$

... में,

$$\tan 60^\circ = \frac{AD}{CD} \Rightarrow \sqrt{3} = \frac{1500}{CD}$$

$$CD = \frac{1500}{\sqrt{3}} \quad \ldots(ii)$$

(i) व (ii) से,

$$1500 - x = \frac{1500}{\sqrt{3}} \times \frac{\sqrt{3}}{\sqrt{3}}$$

$$\Rightarrow \quad x = 1500 - 500\sqrt{3} = 500\,(3 - \sqrt{3}) \text{ मी}$$

अतः वायुयान की चाल $= \dfrac{500\,(3-\sqrt{3})}{5}$ मी/से $= 100\,(3 - \sqrt{3})$ मी/से

5. माना पुल की ऊँचाई AB तथा नाव C है।

ΔABC में,

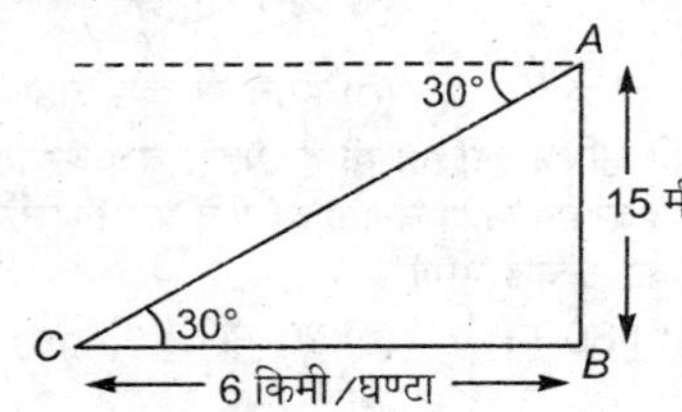

$$\tan 30^\circ = \frac{AB}{BC} \Rightarrow \frac{15}{BC} = \frac{1}{\sqrt{3}}$$

$$\Rightarrow \quad BC = 15\sqrt{3} \text{ मी}$$

$$\therefore \quad \text{चाल} = \frac{6 \times 5}{18} = \frac{5}{3} \text{ मी/से}$$

$\therefore$ पुल तक पहुँचने में लगा समय $= \dfrac{\text{दूरी}}{\text{चाल}} = \dfrac{15\sqrt{3}}{5/3} = 9 \times 1.732$

$= 15.59$ सेकण्ड

7. माना सूर्य का उन्नयन कोण $= \theta$

$$\tan\theta = \frac{9}{3\sqrt{3}} = \sqrt{3} \Rightarrow \tan\theta = \tan 60^\circ \Rightarrow \theta = 60^\circ$$

माना 100 डेसीमी ऊँची अट्टालिका की परछाई $= x$

$$\therefore \quad \frac{100}{x} = \tan 60^\circ \Rightarrow \frac{100}{x} = \sqrt{3} \Rightarrow x = \frac{100}{\sqrt{3}} = \frac{100\sqrt{3}}{3}$$

8. ΔAPQ में, $\tan\theta = \dfrac{h}{(40+20)}$ तथा ΔBPQ में, $\tan 2\theta = \dfrac{h}{20}$

$$\Rightarrow \quad \frac{2\tan\theta}{1 - \tan^2\theta} = \frac{h}{20}$$

$$\Rightarrow \quad \frac{2 \times \frac{h}{60}}{1 - \frac{h^2}{3600}} = \frac{h}{20}$$

$$\Rightarrow \quad \frac{2h \times 3600}{60\,(3600 - h^2)} = \frac{h}{20}$$

हल करने पर, $h = 20\sqrt{3}$ मी

9. माना दीवार की ऊँचाई h मी है।

$\Rightarrow TW = h \Rightarrow HW = h/2$

ΔTWF में, $\tan 60^\circ = \dfrac{TW}{WF} \Rightarrow \sqrt{3} = \dfrac{h}{WF}$

$$\Rightarrow \quad WF = \frac{h}{\sqrt{3}}$$

ΔHWF में, $\tan\angle HFW = \dfrac{HW}{WF} = \dfrac{h/2}{h/\sqrt{3}} = \dfrac{\sqrt{3}}{2}$

$$\therefore \quad \sin\angle HFW = \frac{\sqrt{3}}{\sqrt{7}} \Rightarrow \frac{h/2}{16} = \frac{\sqrt{3}}{\sqrt{7}}$$

$$\Rightarrow \quad h = \frac{32\sqrt{3}}{\sqrt{7}} = 20.96 \text{ मी}$$

10. माना सूर्य पहले S_1 स्थिति में था। कुछ समय पश्चात् वह θ कोण नीचे S_2 पर पहुँच जाता है। तब,

$$\tan\alpha = \frac{h}{h/2} = 2$$

$$\tan\beta = \frac{h}{h} = 1$$

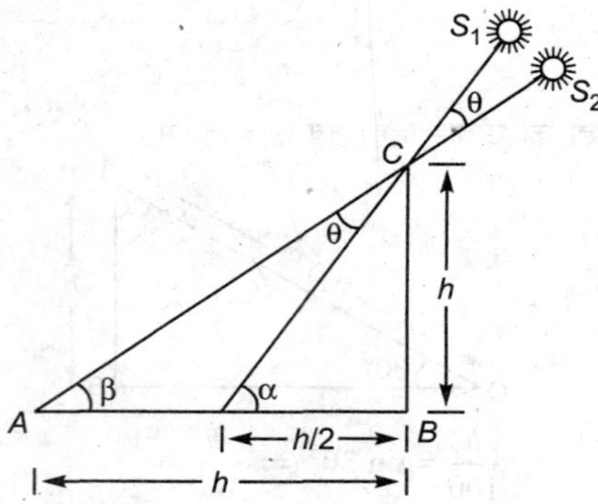

$$\text{अब,} \quad \alpha = \beta + \theta$$

$$\Rightarrow \quad \theta = \alpha - \beta$$

$$\Rightarrow \quad \tan\theta = \tan(\alpha - \beta) = \frac{\tan\alpha - \tan\beta}{1 + \tan\alpha\tan\beta} = \frac{2-1}{1 + 2 \times 1} = \frac{1}{3}$$

$$\Rightarrow \quad \theta = \tan^{-1}(1/3)$$

11. माना मकान की ऊँचाई h है।

तब ΔABC में,

$$\tan 45^\circ = \frac{AB}{BC}$$

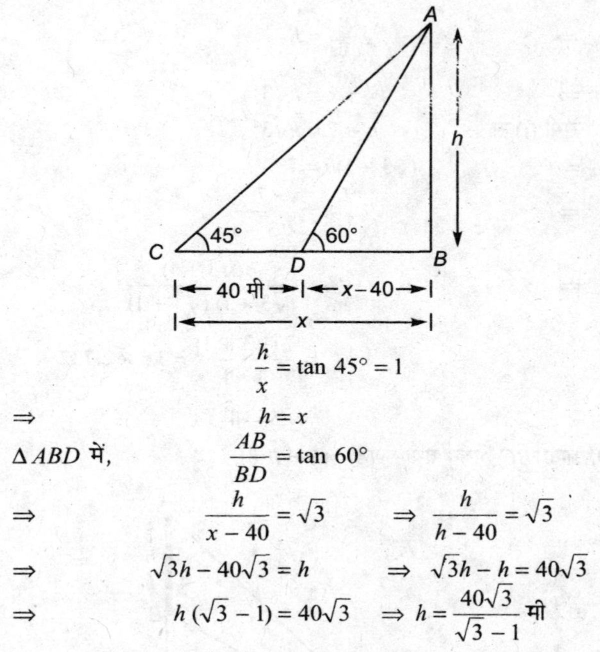

$$\frac{h}{x} = \tan 45° = 1$$

$\Rightarrow \quad h = x$

ΔABD में, $\quad \frac{AB}{BD} = \tan 60°$

$\Rightarrow \quad \frac{h}{x-40} = \sqrt{3} \quad \Rightarrow \frac{h}{h-40} = \sqrt{3}$

$\Rightarrow \quad \sqrt{3}h - 40\sqrt{3} = h \quad \Rightarrow \sqrt{3}h - h = 40\sqrt{3}$

$\Rightarrow \quad h(\sqrt{3}-1) = 40\sqrt{3} \quad \Rightarrow h = \frac{40\sqrt{3}}{\sqrt{3}-1}$ मी

12. O एक प्रकाश स्तम्भ है। जहाज जब A पर पहुँचता है, तो उसे प्रकाश दिखाई देता है जहाँ $OA = 8$ किमी। जहाज को $15\sqrt{2}$ मिनट पश्चात् B तक प्रकाश दिखाई देता है।

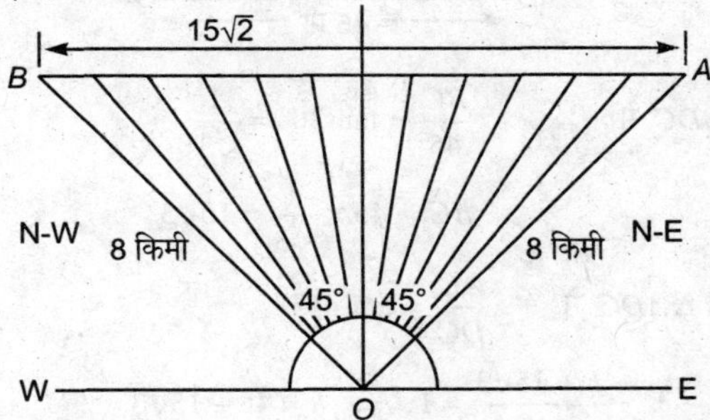

अत: $OB = 8$ किमी

$\therefore \quad AB = \sqrt{OA^2 + OB^2} = \sqrt{8^2 + 8^2} = 8\sqrt{2}$ किमी

चाल $= \frac{s}{t} = \frac{8\sqrt{2}}{15\sqrt{2}}$ किमी/मिनट $= \frac{8 \times 60}{15} = 32$ किमी/घण्टा

13. ΔABC में, $\tan 60° = \frac{200}{x}$

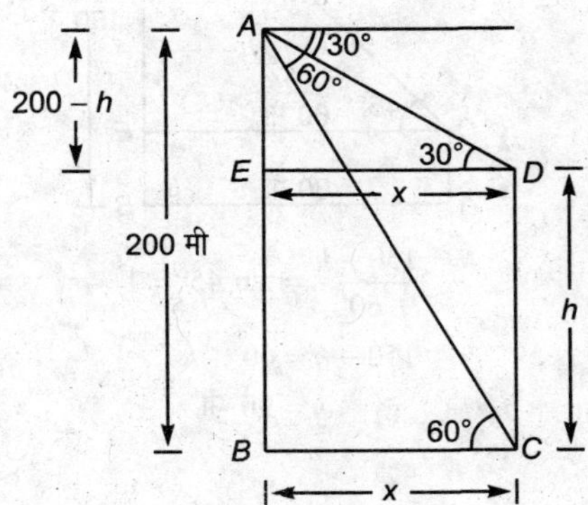

$\Rightarrow \quad x = \frac{200}{\sqrt{3}} \quad$ ...(i)

ΔAED में, $\quad \tan 30° = \frac{200-h}{x}$

$\Rightarrow \quad \frac{1}{\sqrt{3}} = \frac{200-h}{x} \quad \Rightarrow \frac{x}{\sqrt{3}} = 200 - h$

$\Rightarrow \quad \frac{200}{(\sqrt{3})(\sqrt{3})} = 200 - h \quad$ [समी (i) से]

$\Rightarrow \quad h = 200 - \frac{200}{3} = \frac{400}{3} = 133.33$ मी

15. माना कि मीनार की ऊँचाई H है।

तब ΔABC में, $\quad \frac{H}{x} = \tan\alpha \quad$ ...(i)

तथा ΔBAD में, $\quad \frac{h}{x} = \tan\beta \quad$ ...(ii)

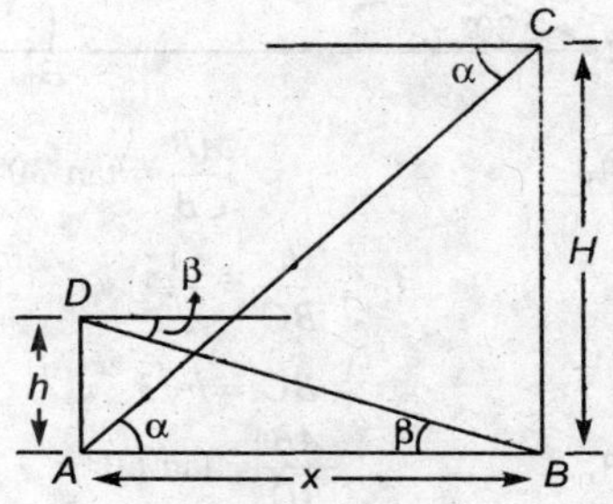

समी (i) को समी (ii) से विभाजित करने पर,

$$\frac{H}{h} = \frac{\tan\alpha}{\tan\beta} \quad \Rightarrow \quad H = \frac{h\tan\alpha}{\tan\beta}$$

16. माना पहाड़ की ऊँचाई h मी है।

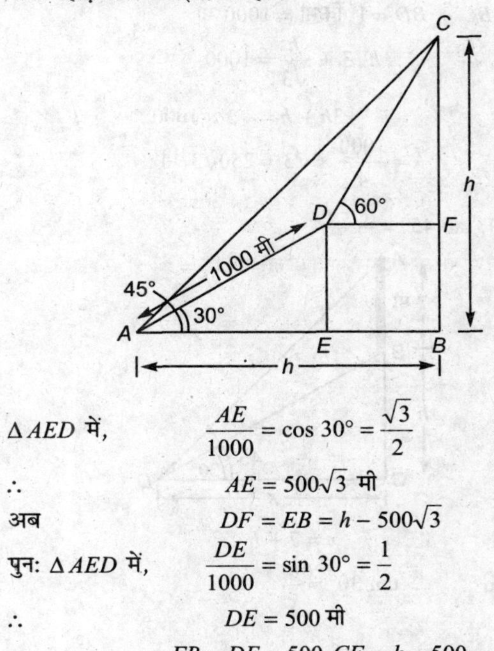

ΔAED में, $\quad \frac{AE}{1000} = \cos 30° = \frac{\sqrt{3}}{2}$

$\therefore \quad AE = 500\sqrt{3}$ मी

अब $\quad DF = EB = h - 500\sqrt{3}$

पुन: ΔAED में, $\quad \frac{DE}{1000} = \sin 30° = \frac{1}{2}$

$\therefore \quad DE = 500$ मी

$$FB = DE = 500, CF = h - 500$$

ΔCDF में, $\frac{CF}{DF} = \tan 60°$

$\Rightarrow \frac{h - 500}{h - 500\sqrt{3}} = \sqrt{3}$

$\Rightarrow \sqrt{3}h - 1500 = h - 500$

$\Rightarrow \sqrt{3}h - h = 1000$

$\Rightarrow h = \frac{1000}{\sqrt{3} - 1}$

$\Rightarrow h = 500(\sqrt{3} + 1)$ मी

17. माना जहाज की ऊँचाई h मी है।

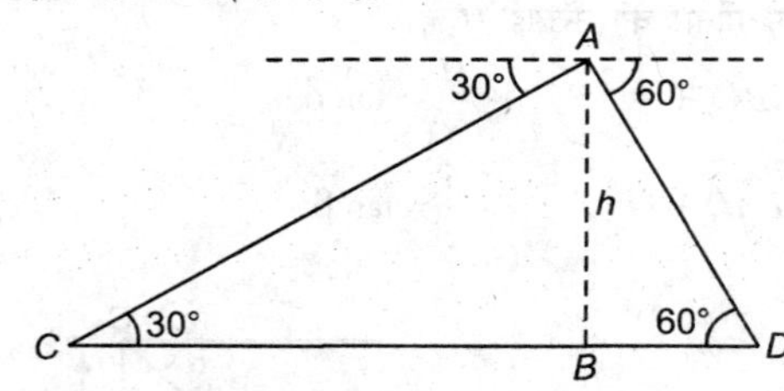

ΔABC में, $\frac{AB}{CB} = \tan 30°$

$\Rightarrow \frac{h}{BC} = \frac{1}{\sqrt{3}}$

$\Rightarrow BC = h\sqrt{3}$ ...(i)

ΔABD में, $\frac{AB}{BD} = \tan 60°$

$\Rightarrow \frac{h}{BD} = \sqrt{3}$

$\Rightarrow BD = \frac{h}{\sqrt{3}}$ ...(ii)

$\because BC + BD = 1$ किमी $= 1000$ मी

$\Rightarrow h\sqrt{3} + \frac{h}{\sqrt{3}} = 1000$

$\Rightarrow 3h + h = \sqrt{3} \times 1000$

$\Rightarrow h = \frac{1000}{4} \times \sqrt{3} = 250\sqrt{3}$ मी

18. ΔACD में, $\tan 45° = \frac{7 + h}{x}$

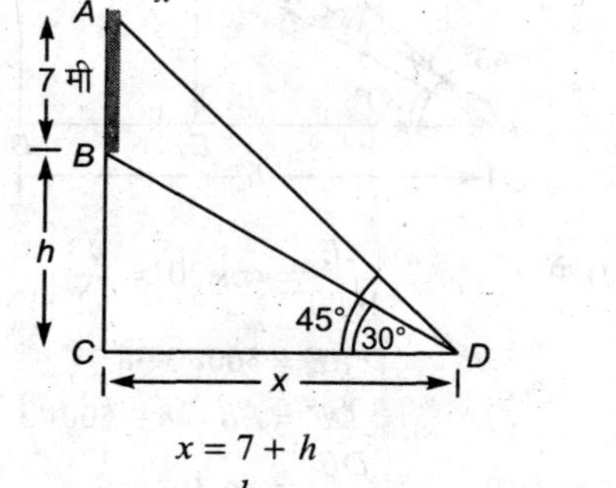

$\Rightarrow x = 7 + h$ ...(i)

ΔBCD में, $\tan 30° = \frac{h}{x}$

$\Rightarrow \frac{x}{\sqrt{3}} = h$

$\Rightarrow x = h\sqrt{3}$ ...(ii)

समी (i) से $h + 7 = h\sqrt{3}$

$\Rightarrow (\sqrt{3} - 1)h = 7$

$\Rightarrow h = \frac{7}{\sqrt{3} - 1}$

$\Rightarrow h = \frac{7(\sqrt{3} + 1)}{(\sqrt{3} - 1)(\sqrt{3} + 1)}$

$= \frac{7(\sqrt{3} + 1)}{3 - 1} = 3.5 \times 2.732$

$= 9.56$ मी

19. माना BC भवन तथा झण्डा $AB = h$ है।

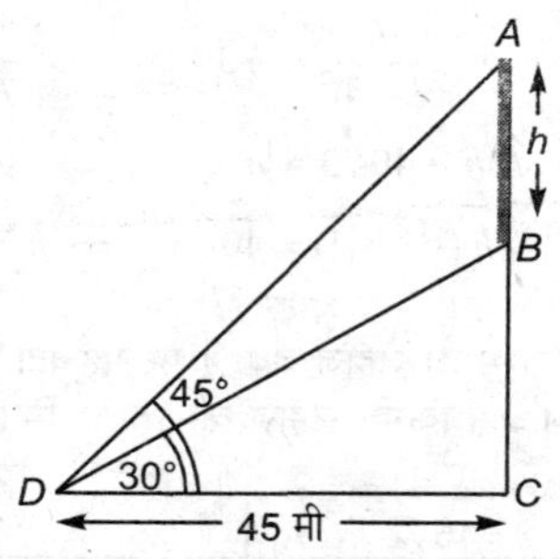

ΔBDC में, $\frac{BC}{45} = \tan 30° = \frac{1}{\sqrt{3}}$

$\Rightarrow BC = 45 \times \frac{1}{\sqrt{3}} = 15\sqrt{3}$

अब ΔADC में, $\frac{AC}{DC} = \tan 45°$

$\Rightarrow \frac{h + 15\sqrt{3}}{45} = 1 \Rightarrow h = 45 - 15\sqrt{3}$

$\Rightarrow h = 15\sqrt{3}(\sqrt{3} - 1)$ मी

20. ΔCED में,

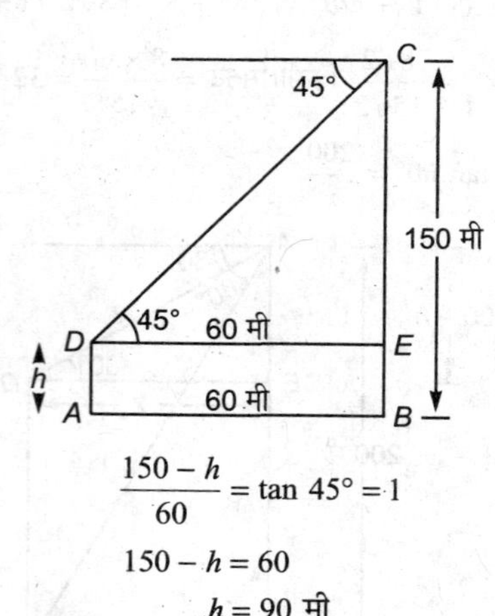

$\frac{150 - h}{60} = \tan 45° = 1$

$\Rightarrow 150 - h = 60$

$\Rightarrow h = 90$ मी

31

वृत्त

Circle

वृत्त (Circle)

किसी समतल में एक स्थिर बिन्दु से समान दूरी पर स्थित समस्त बिन्दुओं से बनी आकृति को वृत्त कहते हैं।

इस स्थिर बिन्दु को वृत्त का केन्द्र (Centre) तथा नियत दूरी को वृत्त की त्रिज्या (Radius) कहते हैं।

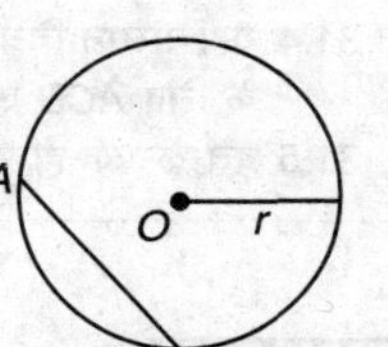

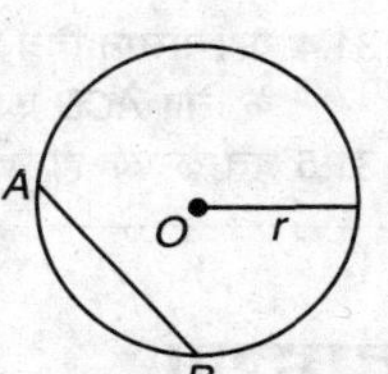

1. **जीवा** (Chord) एक रेखाखण्ड जिसके दोनों अन्त: बिन्दु वृत्त पर हों, वृत्त की जीवा कहलाता है। संलग्न चित्र में AB वृत्त की जीवा है।

2. **व्यास** (Diameter) वह जीवा जो वृत्त के केन्द्र से होकर जाती है वृत्त का व्यास कहलाती है। वृत्त का व्यास वृत्त को दो बराबर भागों में बाँटता है जिनमें से प्रत्येक को अर्द्धवृत्त (Semicircle) कहते हैं।

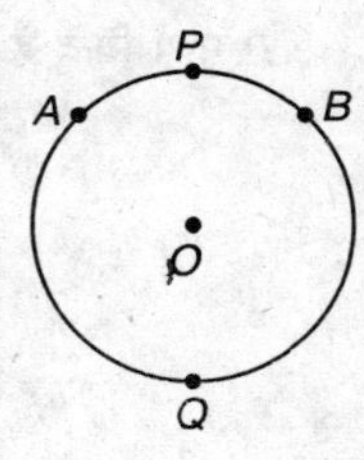

3. **चाप** (Arc) वृत्त पर कोई दो बिन्दु लेने पर वह दो भागों में बँट जाता है जिसमें से प्रत्येक भाग को वृत्त का चाप कहते हैं। यदि चाप अर्द्धवृत्त से छोटा है तब यह लघु चाप कहलाता है, अन्यथा यह दीर्घ चाप कहलाता है। संलग्न चित्र में APB लघु चाप है और AQB दीर्घ चाप है।

4. **वृत्तखण्ड** (Segment) वृत्त की जीवा वृत्त को दो भागों में बाँटती है। छोटे भाग OAB को लघु वृत्तखण्ड तथा बड़े भाग $OA \sim CB$ को दीर्घ वृत्तखण्ड कहते हैं।

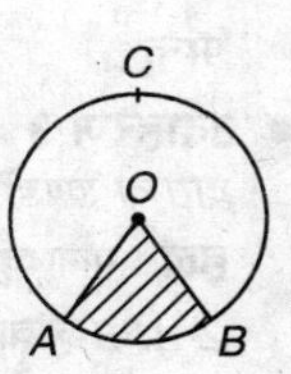

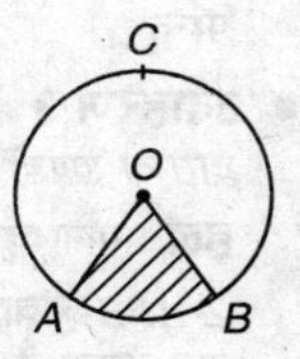

5. **त्रिज्यखण्ड** (Sector) वृत्त की दो त्रिज्याओं और त्रिज्याओं के अन्त: बिन्दु को मिलाने वाले चाप के मध्य का क्षेत्र त्रिज्यखण्ड कहलाता है। संलग्न चित्र में OAB त्रिज्यखण्ड है

6. **परिधि** (Circumference) वृत्त के एक पूरे चक्कर में तय की गई कुल दूरी वृत्त की परिधि कहलाती है।

   परिधि $ABCA = 2\pi r$ (जहाँ r = त्रिज्या)

7. **संकेन्द्रीय वृत्त** (Concentric circles) यदि एक समतल में स्थित दो या दो से अधिक वृत्तों का केन्द्र एक ही हो, तब ये वृत्त संकेन्द्रीय वृत्त कहलाते हैं।

वृत्तों के महत्त्वपूर्ण परिणाम

(Some Important Results of Circles)

1. यदि एक वृत्त के दो चाप सर्वांगसम हैं, तो संगत जीवाएँ बराबर होती हैं।
2. वृत्त के केन्द्र से वृत्त की किसी जीवा पर डाला गया लम्ब जीवा को समद्विभाजित करता है।
3. वृत्त की किन्हीं दो जीवाओं के लम्बार्द्धक एक-दूसरे को वृत्त के केन्द्र पर काटते हैं।
4. तीन असंरेखीय बिन्दुओं से होकर एक और केवल एक ही वृत्त खींचा जा सकता है।
5. एक वृत्त की समान जीवाएँ केन्द्र से समान दूरी पर होती हैं।
6. किसी वृत्त के एक चाप द्वारा वृत्त के केन्द्र पर अन्तरित कोण उस चाप द्वारा वृत्त की परिधि के किसी अन्य बिन्दु पर अन्तरित कोण का दोगुना होता है।
7. अर्द्धवृत्त में बना कोण समकोण होता है।
8. एक ही वृत्तखण्ड में बने कोण समान होते हैं।
9. यदि वृत्त की दो जीवाएँ AB व CD वृत्त के अन्दर या बाहर (बढ़ाने पर) बिन्दु P पर प्रतिच्छेदित होती है, तो $AP \cdot PB = CP \cdot PD$

छेदक रेखा (Secant)

वह रेखा जो किसी दिए हुए वृत्त को दो बिन्दुओं पर काटती है, वृत्त की छेदक रेखा कहलाती है।

स्पर्श रेखा (Tangent)

वह रेखा जो वृत्त को केवल एक बिन्दु पर स्पर्श करती है वृत्त की स्पर्श रेखा कहलाती है और वह बिन्दु स्पर्श बिन्दु कहलाता है। यहाँ PT एक स्पर्श रेखा तथा T स्पर्श बिन्दु है। PAB छेदक रेखा है।

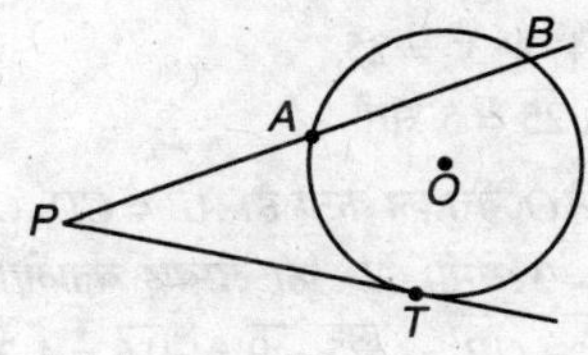

चक्रीय चतुर्भुज (Cyclic Quadrilateral)

वह चतुर्भुज जिसके चारों शीर्ष एक वृत्त की परिधि पर हों, चक्रीय चतुर्भुज कहलाता है। चक्रीय चतुर्भुज के सम्मुख कोणों का योग 180° होता है। वर्ग एवं आयत दोनों चक्रीय चतुर्भुज के उदाहरण हैं।

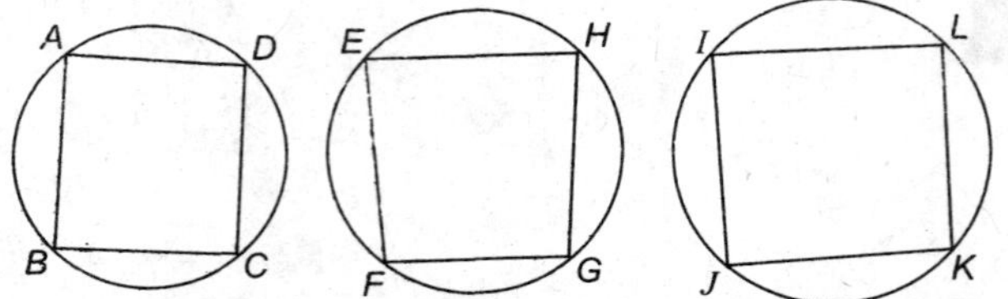

यहाँ $ABCD$, $EFGH$ एवं $IJKL$ चक्रीय चतुर्भुज हैं, क्योंकि इनके चारों शीर्ष एक वृत्त की परिधि पर हैं।

किसी चक्रीय चतुर्भुज के सम्मुख कोण सम्पूरक होते हैं, अत: यहाँ $\angle ABC + \angle ADC = 180°$ एवं $\angle BAD + \angle DCB = 180°$

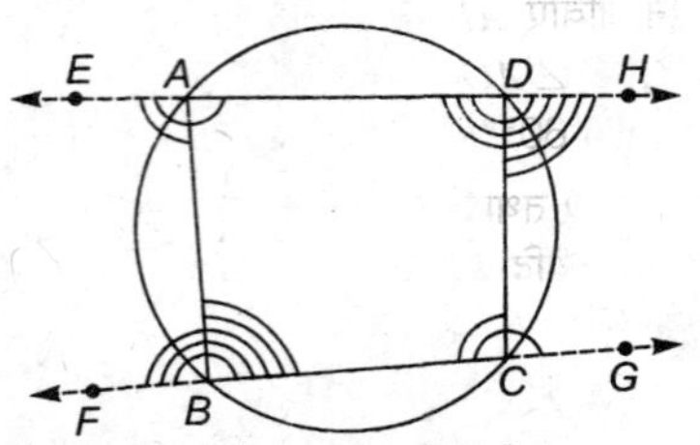

∴ किसी चक्रीय चतुर्भुज के बाह्यकोण अन्त:कोणों के सम्मुख कोण के बराबर होते हैं।

$$\angle EAB = \angle DCB \quad \text{एवं} \quad \angle ABC = \angle HDC$$

स्मरणीय बिन्दु

31.1 वृत्त की अधिकतम जीवा वृत्त के व्यास के बराबर होती है।

31.2 यदि PAB वृत्त की एक छेदक रेखा है जो वृत्त को बिन्दु A और B पर काटती है तथा PT स्पर्श रेखा है, तब $PA \times PB = PT^2$

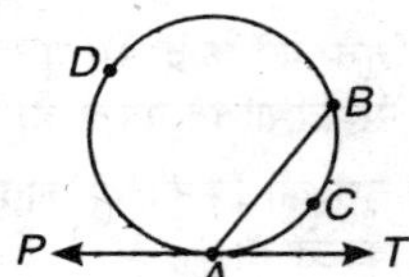

31.3 किसी वृत्त की जीवा और जीवा के अन्त: बिन्दु पर खींची गई स्पर्श रेखा के बीच के कोण के सम्मुख वृत्तखण्ड उस कोण का एकान्तर वृत्तखण्ड कहलाता है।

31.4 यहाँ संलग्न चित्र में $\angle BAT$ के लिए ADB एकान्तर वृत्तखण्ड है और $\angle PAB$ के लिए ACB एकान्तर वृत्तखण्ड है।

31.5 वृत्त के एक ही खण्ड के कोई दो कोण बराबर होते हैं।

साधित उदाहरण

■ **उदाहरण 1** *किसी वृत्त की दो समान्तर जीवाएँ क्रमश: 6 सेमी व 8 सेमी हैं। यदि वे केन्द्र से एक ही ओर हों और उनके बीच की दूरी 1 सेमी है, तो वृत्त की त्रिज्या गणना द्वारा ज्ञात करो।*

हल ∴ $AM = \frac{1}{2} AB = 4$ सेमी

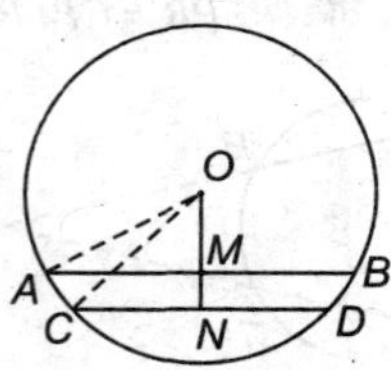

इसी प्रकार $CN = \frac{1}{2} CD = 3$ सेमी

अब समकोण $\Delta\, OAM$ में,

$$OA^2 = AM^2 + OM^2 \Rightarrow OA^2 = 4^2 + a^2 \quad \text{...(i)}$$

पुन: समकोण $\Delta\, OCN$ में,

$$OC^2 = CN^2 + ON^2 \Rightarrow OC^2 = 3^2 + (a+1)^2 \quad \text{...(ii)}$$

समी (i) में से समी (ii) को घटाने पर,

$$0 = 6 - 2a \quad (\because OA = OC)$$

$$a = 3$$

अब समी (i) में a का मान रखने पर

$$OA^2 = 4^2 + 3^2 = 25$$

∴ $OA = \sqrt{25} = 5$ सेमी

■ **उदाहरण 2** *चित्र में O वृत्त का केन्द्र है। $AB = CD$, OP तथा OQ लम्ब हैं। $OA = 5$ सेमी, $OP = 3$ सेमी। CD की लम्बाई बताओ।*

हल $AP = \sqrt{OA^2 - OP^2} = \sqrt{25 - 9} = \sqrt{16} = 4$ सेमी

∵ OP लम्ब है AB पर,

∴ P मध्य बिन्दु है AB का

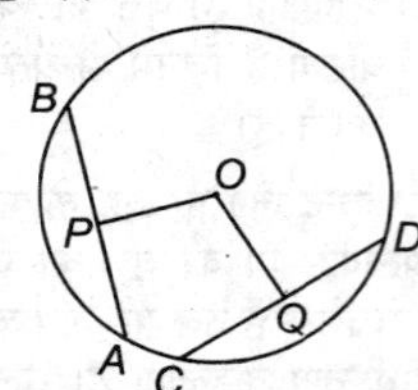

∴ $AB = 2AP = 8$ सेमी

परन्तु $CD = AB$ ∴ $CD = 8$ सेमी

■ **उदाहरण 3** *एक वृत्त की त्रिज्या $\sqrt{2}$ सेमी है। वृत्त 2 सेमी लम्बी एक जीवा द्वारा दो खण्डों में विभाजित है। सिद्ध करो कि दीर्घ खण्ड के कोण का मान 45° है।*

हल माना वृत्त का केन्द्र O है और वृत्त की जीवा $AB = 2$ सेमी।

$\angle APB$ जीवा AB पर बने दीर्घ खण्ड का कोण है और हमें इस कोण का मान ज्ञात करना है। हम देखते हैं, कि $\Delta\, AOB$ में, $AB^2 = 2^2 = 4$

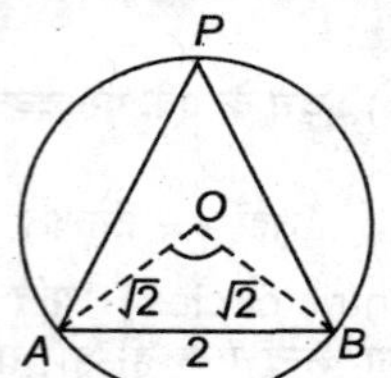

और $OA^2 + OB^2 = (\sqrt{2})^2 + (\sqrt{2})^2 = 4$

∴ $AB^2 = OA^2 + OB^2$ ∴ $\angle AOB = 90°$

अत: $\angle APB = \frac{1}{2} \angle AOB = 45°$

अभ्यास प्रश्न

1. एक वृत्त की तीन जीवाएँ AB, BC और AC लम्बाई में बराबर हैं। यदि वृत्त का केन्द्र 'O' है, तो $\angle AOC$ का मान होगा

(a) 120° (b) 60° (c) 45° (d) 30°

2. किसी वृत्त का केन्द्र O तथा व्यास PQ है। वृत्त पर दो बिन्दु R तथा S ऐसे हैं कि $\angle ROS = 36°$। यदि PR तथा QS को आगे बढ़ाया जाए, तो वे T पर मिलती हैं। $\angle PTQ$ बराबर है

(a) 72° (b) 36°
(c) 18° (d) इनमें से कोई नहीं

3. निम्न चित्र में $\angle OAC$ का मान होगा

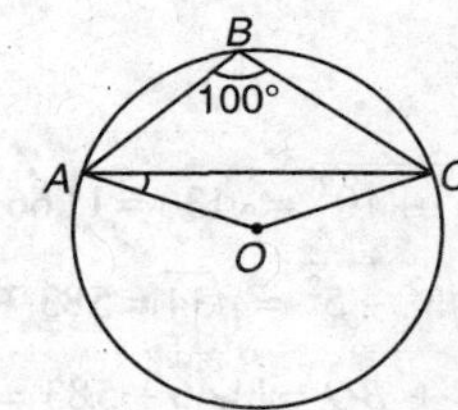

(a) 20° (b) 40° (c) 10° (d) 50°

4. $ABCD$ एक चक्रीय चतुर्भुज है। वृत्त के बिन्दु A पर एक स्पर्श रेखा PQ है। यदि BD वृत्त का व्यास है तथा $\angle ABD = 20°$, $\angle CDB = 50°$, तो $\angle CBD$ का मान होगा

(a) 20° (b) 40°
(c) 70° (d) इनमें से कोई नहीं

5. दो वृत्त, जिनकी त्रिज्याएँ 6 सेमी तथा 3 सेमी हैं, के केन्द्र P तथा Q हैं। उन पर एक, उभयनिष्ठ तिर्यक स्पर्श रेखा वृत्तों से क्रमशः A तथा C पर मिलती है और PQ को B पर इस प्रकार काटती है कि $AB = 10$ सेमी। केन्द्रों के बीच की दूरी PQ है

(a) 17.49 सेमी (b) 32.32 सेमी
(c) 13 सेमी (d) 12 सेमी

6. संलग्न चित्र से, $\angle DBC = 70°$ तथा $\angle BAC = 30°$, तो $\angle BCD$ का मान होगा

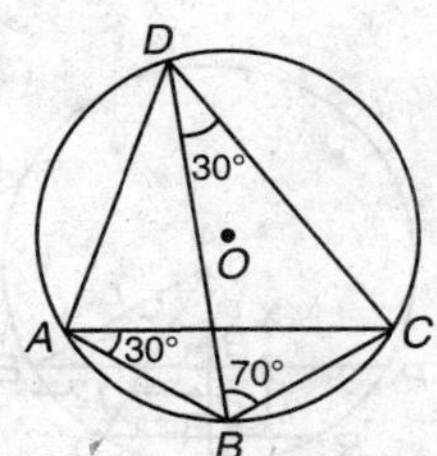

(a) 100° (b) 60° (c) 80° (d) 90°

7. $ABCD$ एक चक्रीय चतुर्भुज है जिसकी भुजा AB वृत्त का व्यास है। यदि $\angle ADC = 150°$ हो, तो $\angle BAC$ का मान होगा

(a) 60° (b) 100° (c) 50° (d) 130°

8. किसी वृत्त की दो समान्तर जीवाएँ, जो केन्द्र के एक ही ओर हैं, उनके बीच की दूरी 7 मी है। यदि उनकी लम्बाइयाँ 24 मी तथा 10 मी हों, तो वृत्त की त्रिज्या होगी

(a) 10 मी (b) 12 मी (c) 13 मी (d) 14 मी

9. AB और CD एक वृत्त के व्यास हैं। यदि $\angle OBD = 50°$ हो, तब $\angle AOC$ की माप है

(a) 80° (b) 40° (c) 100° (d) 25°

10. निम्न चित्र में O वृत्त का केन्द्र है। $\angle ACB$ का मान होगा

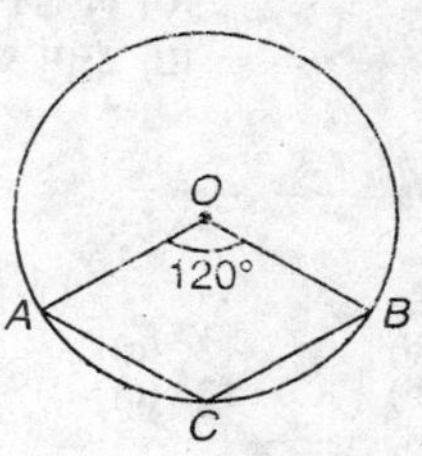

(a) 240° (b) 140°
(c) 100° (d) 120°

11. एक वृत्त की त्रिज्या 12 सेमी है। उसकी 24 सेमी जीवा वाले चाप द्वारा शेष परिधि पर बना कोण होगा

(a) 45° (b) 60°
(c) 90° (d) 75°

12. वृत्त O में एक जीवा AB है। B पर स्पर्श रेखा बढ़ाई गई रेखा AO से P पर मिलती है। यदि $\angle BAP = 40°$, तो $\angle BPA$ होगा

(a) 20° (b) 10°
(c) 40° (d) इनमें से कोई नहीं

13. एक वृत्त की दो जीवाएँ एक-दूसरे को समकोण पर काटती हैं। उनमें से एक जीवा के खण्ड 6 एवं 5 हैं जबकि दूसरी जीवा के खण्ड 10 और 3 हैं। वृत्त का व्यास है

(a) $\sqrt{85}/2$ (b) $\sqrt{72}$
(c) $\sqrt{170}$ (d) इनमें से कोई नहीं

14. यदि किसी वृत्त की दो जीवाएँ वृत्त की परिधि के अन्दर एक-दूसरे को समकोण पर काटें, तो उनके द्वारा काटे गए चापों का योग होगा

(a) परिधि के आधे के बराबर (b) परिधि के आधे से कम
(c) परिधि के आधे से अधिक (d) कुल परिधि के बराबर

15. ABC त्रिभुज के परिवृत्त का केन्द्र O है। $\angle OBC + \angle BAC$ का मान है

(a) $90° - A$ (b) 90° (c) $90° + A$ (d) $180° - A$

16. निम्न चित्र में $\angle AEB = 130°$ तथा $\angle EBC = 20°$, तो $\angle BDA$ का मान होगा

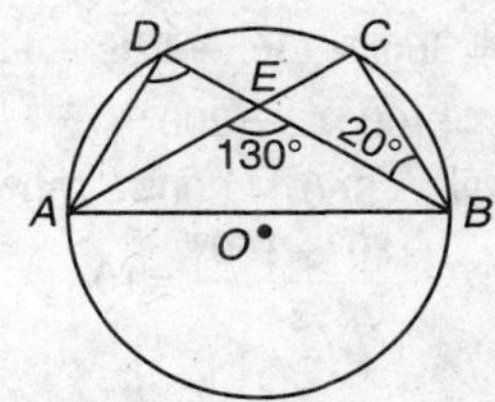

(a) 100° (b) 70° (c) 130° (d) 110°

17. 10 सेमी व्यास के एक वृत्त की दो समान्तर जीवाओं की लम्बाई 4 सेमी तथा 6 सेमी है, तो दोनों जीवाओं के बीच की दूरी होगी लगभग

(a) 0.26 सेमी (b) 0.58 सेमी
(c) 0.53 सेमी (d) इनमें से कोई नहीं

18. बिन्दु P से दो वृत्तों पर, जिनके केन्द्र एक ही हैं, स्पर्श रेखा खींची गई है, जो वृत्तों को A और B पर स्पर्श करती है। वृत्तों की त्रिज्याएँ क्रमशः 4 सेमी तथा 2 सेमी है। 4 सेमी त्रिज्या वाले वृत्त पर मिलने वाली स्पर्श रेखा PA की लम्बाई 9 सेमी हो, तो PB की लम्बाई होगी

(a) 7.8 सेमी (b) 9.0 सेमी
(c) 9.6 सेमी (d) 9.4 सेमी

19. 5 सेमी व्यास के एक वृत्त के अन्दर एक ΔABC इसकी परिधि को बिन्दु A, B तथा C पर स्पर्श करता है। यदि $AB = 4$ सेमी तथा $BC = 3$ सेमी है, तो $\angle ACB$ होगा

(a) न्यूनकोण (b) समकोण
(c) अधिककोण (d) इनमें से कोई नहीं

20. एक वृत्त, जिसका केन्द्र O है, की एक जीवा $AB = 4$ सेमी है। वृत्त का व्यास 8 सेमी है। AB द्वारा दीर्घ वृत्तखण्ड पर एक बिन्दु C द्वारा AB पर बनाए गए $\angle ACB$ का मान होगा

(a) 60° (b) 30°
(c) 45° (d) इनमें से कोई नहीं

उत्तरमाला

1. (a)	**2.** (a)	**3.** (c)	**4.** (b)	**5.** (a)	**6.** (c)	**7.** (a)	**8.** (c)	**9.** (a)	**10.** (d)
11. (c)	**12.** (b)	**13.** (c)	**14.** (c)	**15.** (b)	**16.** (d)	**17.** (b)	**18.** (c)	**19.** (a)	**20.** (b)

संकेत एवं हल

1. दिया है,

$$AB = BC = AC$$

$\therefore \Delta ABC$ समबाहु है।

$\therefore \quad \angle ABC = 60°$

$\therefore \quad \angle AOC = 2 \times \angle ABC = 2 \times 60° = 120°$

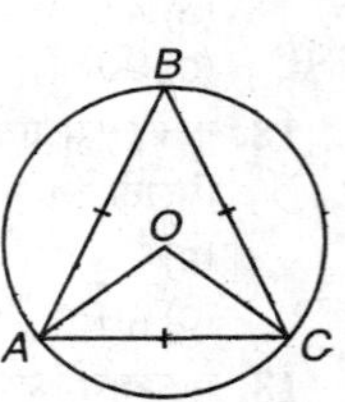

2. $\angle QOS = \angle POR = \frac{1}{2}(180° - 36°) = 72°$

$$\angle OSQ = \angle OQS = \frac{1}{2}(180° - 72°) = 54°$$

$$\angle OST = \angle ORT = 180° - 54° = 126°$$

$$\angle PTQ = 360° - (36° + 126° + 126°) = 72°$$

3. वृहत् कोण $\angle AOC = 100 \times 2 = 200°$

$\therefore$ अधिककोण $\angle AOC = 360° - 200° = 160°$

$\therefore \quad \angle OAC = \frac{180° - 160°}{2} = 10°$

5. ΔPAB व ΔQCB समरूप हैं।

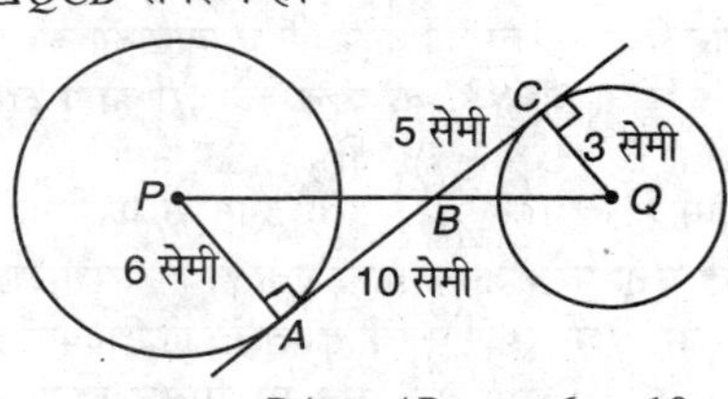

$\therefore \quad \frac{PA}{CQ} = \frac{AB}{CB} \Rightarrow \frac{6}{3} = \frac{10}{BC}$

$\Rightarrow \quad BC = 5$ सेमी

$\therefore \quad PB = \sqrt{6^2 + 10^2} = \sqrt{136} = 11.66$ सेमी

$BQ = \sqrt{3^2 + 5^2} = \sqrt{34} = 5.83$ सेमी

तथा $\quad PQ = PB + BQ = 11.66 + 5.83 = 17.49$ सेमी

6. $\angle BDC = \angle BAC = 30°$ **(एक ही वृत्तखण्ड के कोण हैं)**

ΔDBC से, $\angle BCD = 180° - (30° + 70°)$

$\Rightarrow \quad \angle BCD = 80°$

7. $\angle ABC = 180° - 150° = 30°$ **(चक्रीय चतुर्भुज के सम्मुख कोण)**

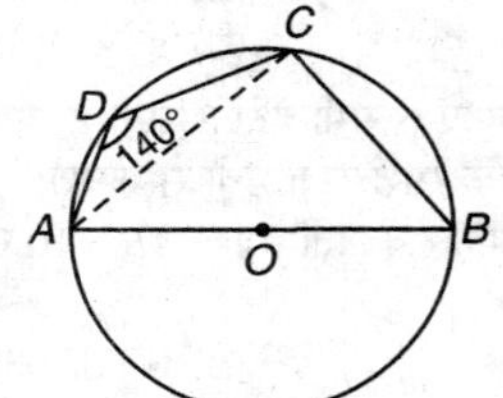

$\angle ACB = 90°$ **(अर्द्धवृत्त का कोण)**

$\therefore \quad \angle BAC = 180° - (90° + 30°) = 60°$

8. ΔACD में,

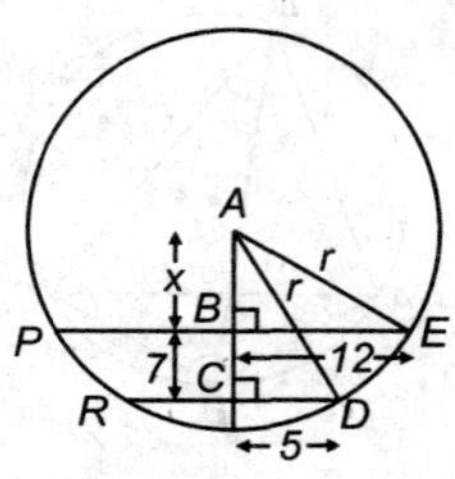

$$r^2 = (x + 7)^2 + (5)^2 \quad ...(i)$$

ΔABE में, $\quad r^2 = x^2 + (12)^2 \quad ...(ii)$

समी (i) और (ii) से,

$$(x + 7)^2 + (5)^2 = x^2 + (12)^2$$

$\Rightarrow \quad x^2 + 49 + 14x + 25 = x^2 + 144$

$\Rightarrow \quad 14x + 74 = 144 \Rightarrow x = 5$

समी (i) में x का मान रखने पर,

$$r^2 = (5 + 7)^2 + 25 = 144 + 25$$

$\Rightarrow \quad r = \sqrt{169} = 13$ मी

9. $\angle ODB = \angle OBD = 50°$

$\therefore \quad \angle BOD = 180° - (50° + 50°) = 80°$

$\therefore \quad \angle AOC = \angle BOD = 80°$ (शीर्षाभिमुख कोण)

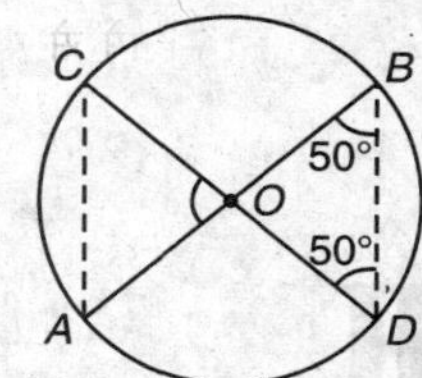

10. बाह्य कोण $\angle AOB = 360° - \angle AOB$

$= 360° - 120° = 240°$

तथा $\quad \angle ACB = \frac{1}{2}$ बाह्य $\angle AOB = \frac{1}{2} \times 240°$

$= 120°$

12. ΔABO में,

$OA = OB =$ वृत्त की त्रिज्या

$\therefore \quad \angle OAB = \angle OBA = 40°$

ΔABP में,

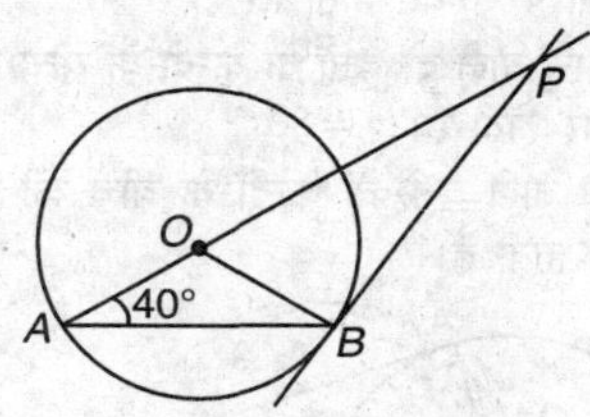

$\angle PAB + \angle ABP + \angle BPA = 180°$

$\Rightarrow \quad 40° + (40° + 90°) + \angle BPA = 180°$

$\Rightarrow \quad \angle BPA = 10°$

13.

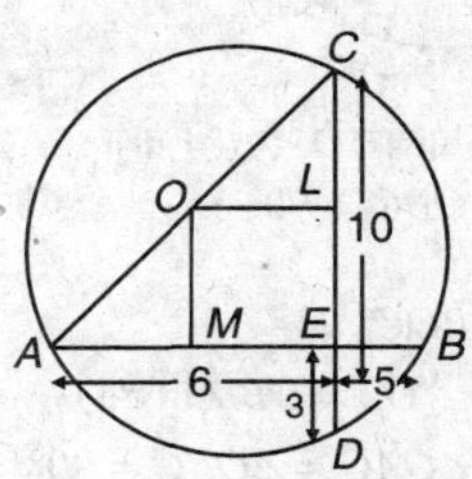

$LC = \frac{CD}{2} = \frac{13}{2}$

$LE = OM = 10 - \frac{13}{2} = \frac{7}{2}$

$AM = \frac{AB}{2} = \frac{11}{2}$

ΔOMA में,

$OA^2 = OM^2 + AM^2 = \left(\frac{7}{2}\right)^2 + \left(\frac{11}{2}\right)^2$

$= \frac{49}{4} + \frac{121}{4}$

$= \frac{170}{4} = \frac{85}{2}$

$\Rightarrow \quad OA = \sqrt{\frac{85}{2}}$

$\therefore \quad$ व्यास $= 2 \times OA = 2 \times \sqrt{\frac{85}{2}} = \sqrt{170}$

15. $\because \angle BOC = 2A \quad \therefore \angle BOD = A$

जहाँ D, BC का मध्य बिन्दु है।

$\angle OBC = 90° - \angle BOD = 90° - A$

$\angle OBC + \angle BAC = 90° - A + A = 90°$

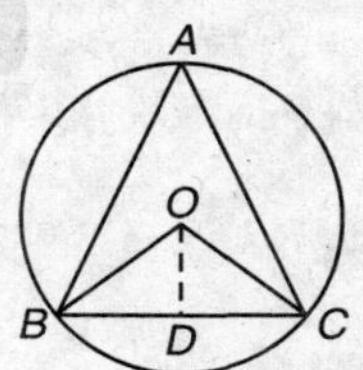

17. वृत्त की त्रिज्या $= \frac{10}{2} = 5$ सेमी

4 सेमी वाली जीवा की केन्द्र से दूरी,

$d_1 = \sqrt{r^2 - \left(\frac{\text{जीवा}}{2}\right)^2}$

$= \sqrt{(5)^2 - \left(\frac{4}{2}\right)^2}$

$= \sqrt{25 - 4} = \sqrt{21} = 4.58$ सेमी

6 सेमी वाली जीवा की केन्द्र से दूरी,

$d_2 = \sqrt{(5^2) - \left(\frac{6}{2}\right)^2} = \sqrt{25 - 9} = \sqrt{16} = 4$ सेमी

$\therefore$ जीवाओं के बीच की दूरी $= d_1 - d_2$

$= 4.58 - 4.00 = 0.58$ सेमी

18. दिया है, $OA = 4$ सेमी, $OB = 2$ सेमी तथा $AP = 9$ सेमी

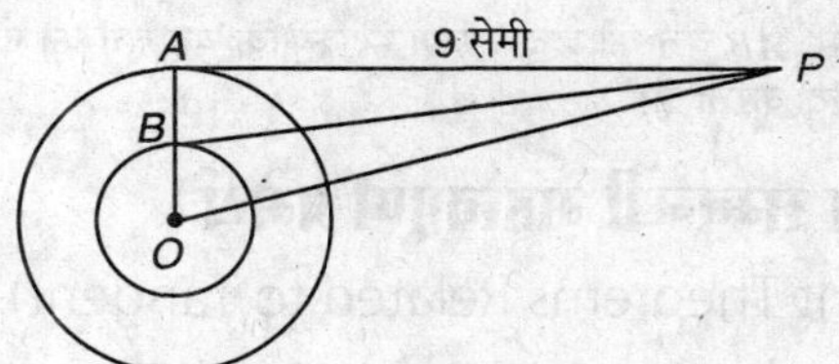

ΔOAP में,

$OP^2 = OA^2 + AP^2 = 16 + 81 = 97$

तथा ΔOBP में, [देखें → 31.2]

$PB^2 = OP^2 - OB^2 = 97 - 4 = 93$

$\therefore \quad PB = \sqrt{93} = 9.6$ सेमी

19. $\because AC = 5$ सेमी

और $\quad AC^2 = AB^2 + BC^2$

या $\quad (5)^2 = (4)^2 + (3)^2$

$\therefore \quad \angle BAC = 90°$

अत: $\angle ACB$ न्यूनकोण होगा।

32

वृत्त की स्पर्श रेखा

Tangent to the Circle

स्पर्श रेखा एवं छेदक रेखा (Tangent and Secant)

वह रेखा जो वृत्त को केवल एक बिन्दु पर स्पर्श करती है, वृत्त की स्पर्श रेखा (Tangent to the circle) कहलाती है। नीचे दिए गए चित्र में CTD स्पर्श रेखा हैं जबकि वृत्त को अलग-अलग बिन्दुओं पर प्रतिच्छेद करने वाली रेखा, छेदक रेखा (secant) कहलाती है।

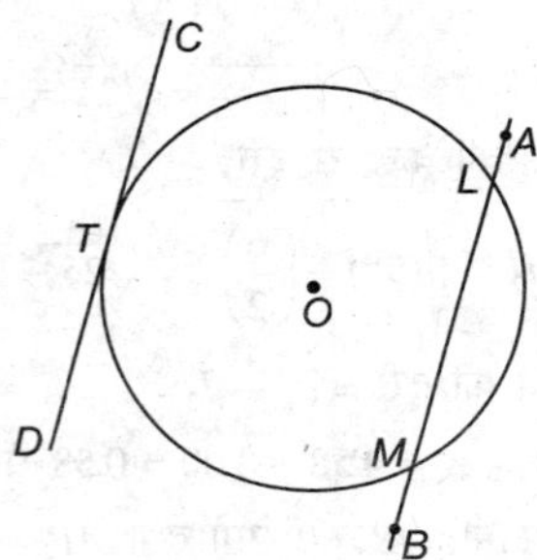

उपरोक्त चित्र में, AB वृत्त की छेदक रेखा है, क्योंकि यह वृत्त को दो बिन्दुओं L एवं M पर प्रतिच्छेद करती है।

स्पर्श रेखा सम्बन्धी महत्त्वपूर्ण प्रमेय

(Important Theorems Related to Tangent)

1. किसी वृत्त की स्पर्श रेखा, स्पर्श बिन्दु पर खींची गई त्रिज्या पर लम्ब होती है।
2. किसी वृत्त के बाह्य बिन्दु से खींची गई वृत्त की स्पर्श रेखाओं की लम्बाइयाँ समान होती हैं।
3. वृत्त के किसी दिए हुए बिन्दु पर एक ओर केवल एक ही स्पर्श रेखा खींची जा सकती है।
4. वृत्त की किसी स्पर्श रेखा के स्पर्श बिन्दु पर खींचा गया लम्ब, वृत्त के केन्द्र से होकर जाता है।
5. यदि दो वृत्त एक-दूसरे को स्पर्श करते हों, तो स्पर्श बिन्दु उनके केन्द्रों को मिलाने वाली रेखा पर स्थित होता है।
6. बाह्यत: स्पर्श करने वाले दो वृत्तों के केन्द्रों के बीच की दूरी उनकी त्रिज्याओं के योग के बराबर होती है।
7. अन्त: स्पर्श करने वाले वृत्तों के केन्द्रों के बीच की दूरी उनकी त्रिज्याओं के अन्तर के बराबर होती है।

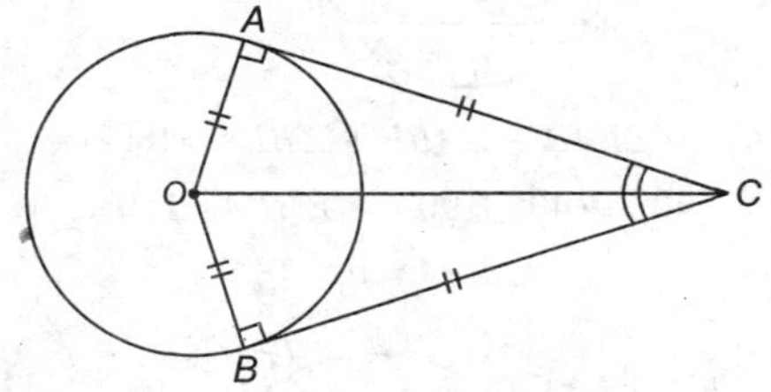

इस चित्र में बाह्य बिन्दु C से वृत्त O पर CA तथा CB स्पर्श रेखाएँ खींची गई हैं।

(i) $\angle OAC = \angle OBC = 90°$

(ii) $CA = CB$

(iii) $\angle AOC = \angle BOC$ [$\because OC$ उभयनिष्ठ है]

$OA = OB$ (त्रिज्या)

$\angle OAC = \angle OBC = 90°$

$\therefore$ सर्वांगसमता प्रमेय से,

$\Delta OAC \cong \Delta OBC$

(iv) $\angle ACO = \angle BCO$ [$\because \Delta OAC \cong \Delta OBC$]

स्मरणीय बिन्दु

32.1 स्पर्श रेखा की लम्बाई $= \sqrt{(\text{केन्द्र से बाह्य बिन्दु की दूरी})^2 - (\text{त्रिज्या})^2}$

32.2 यदि दो वृत्तों की त्रिज्याएँ R तथा r हैं और उनके केन्द्रों के बीच की दूरी d है, तो उभयनिष्ठ अनुस्पर्शी की लम्बाई $= \sqrt{d^2 - (R - r)^2}$

अर्थात् $\sqrt{(\text{केन्द्रों के बीच की दूरी})^2 - (\text{त्रिज्याओं का अन्तर})^2}$

32.3 यदि किसी वृत्त की दो जीवाएँ LM तथा NO वृत्त को अन्तः या बाह्य रूप से बिन्दु T पर प्रतिच्छेद करती हो, तो $TL \cdot TM = TN \cdot TO$

32.4 यदि TLM वृत्त की प्रतिच्छेदक रेखा हो जो वृत्त को L एवं M बिन्दुओं पर प्रतिच्छेद करती हो, तथा TQ एक स्पर्श रेखा हो, तो $TL \cdot TM = TQ^2$

साधित उदाहरण

उदाहरण 1 *चित्र में, AD वृत्त की स्पर्श रेखा तथा ABC छेदक रेखा है। यदि $AB = 4$ सेमी तथा $BC = 5$ सेमी, तो AD की लम्बाई ज्ञात कीजिए।*

हल $\because$ $AD^2 = AB \cdot AC$

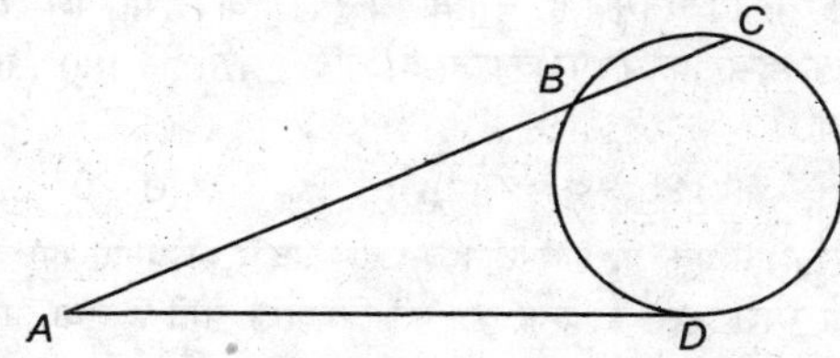

$\Rightarrow$ $AD^2 = AB\,(AB + BC)$

$= 4\,(4 + 5) = 4 \times 9 = 36$

$\Rightarrow$ $AD = 6$ सेमी

उदाहरण 2 PQR एक समकोण त्रिभुज है, जिसका कोण Q समकोण है तथा भुजा $PQ = 5$ सेमी, $QR = 12$ सेमी। उस वृत्त का व्यास क्या होगा जो इस त्रिभुज के तीनों शीर्षों को स्पर्श करता है?

हल

$PR = \sqrt{(PQ)^2 + (PR)^2}$

$= \sqrt{(12)^2 + (5)^2} = \sqrt{144 + 25}$

$= \sqrt{169} = 13$ सेमी

उदाहरण 3 *दिए गए चित्र में जीवा AB की लम्बाई क्या होगी यदि स्पर्श रेखा $PT = 6$ सेमी व $PB = 3$ सेमी हों?*

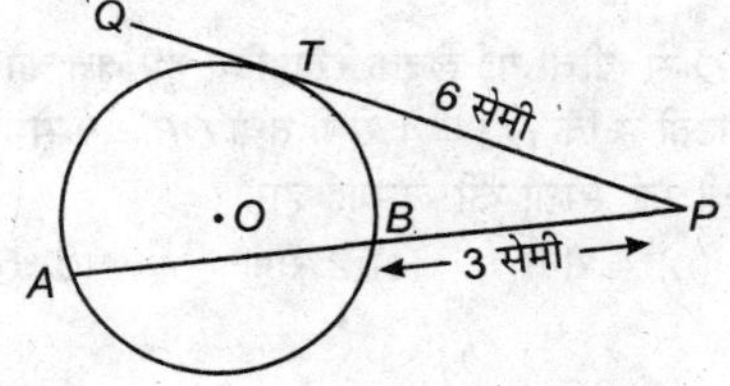

हल माना जीवा $AB = x$ सेमी

$\therefore AP \times PB = PT^2$ से

$(x + 3) \times 3 = (6)^2$

$3x + 9 = 36$

$3x = 27$

$x = 9$ सेमी

अतः वृत्त की अभीष्ट जीवा की लम्बाई = 9 सेमी

उदाहरण 4 *तीन वृत्त जिनके केन्द्र P, Q व R हैं एक-दूसरे को बाहयतः स्पर्श करते हैं। यदि $PQ = 7$ सेमी, $QR = 9$ सेमी, $PR = 8$ सेमी तो इन वृत्तों की त्रिज्याएँ क्या होंगी?*

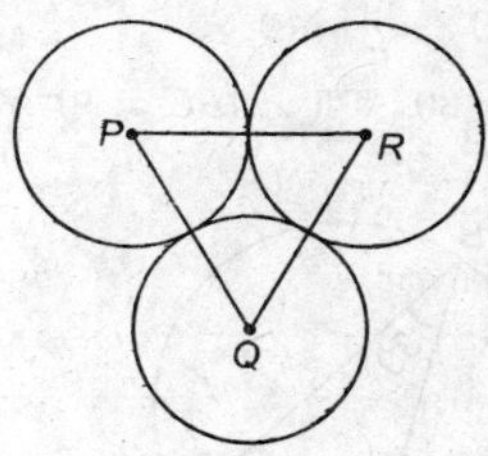

हल माना वृत्त P, Q व R की त्रिज्याएँ क्रमशः x, y व z सेमी हैं

$PQ = x + y = 7$ ...(i)

$QR = y + z = 9$ ...(ii)

$PR = z + x = 8$ ...(iii)

तीनों समी को जोड़ने पर $(x + y + z) \times 2 = 24$

$x + y + z = 12$ ...(iv)

समी (i) व (iv) से, $z = 5$ सेमी

समी (ii) व (iv) से, $x = 3$ सेमी

समी (iii) व (iv) से, $y = 4$ सेमी

अभ्यास प्रश्न

1. एक वृत्त की त्रिज्या 3 सेमी है। केन्द्र से 5 सेमी दूर बाह्य बिन्दु से खींची गई स्पर्श रेखा की लम्बाई होगी

(a) 6 सेमी (b) 4 सेमी
(c) 8 सेमी (d) 5 सेमी

2. 10 सेमी दूरी से, 6 सेमी व्यास के वृत्त की परिधि में खींची गई स्पर्श रेखा की लम्बाई होगी

(a) 13.65 सेमी (b) 15 सेमी
(c) 11 सेमी (d) 12.64 सेमी

3. बिन्दु P से, दो वृत्तों पर जिनके केन्द्र एक ही हैं, स्पर्श रेखाएँ खींची जाती हैं जो वृत्तों को A तथा B पर स्पर्श करती हैं। वृत्तों की त्रिज्याएँ क्रमशः 4 सेमी तथा 2 सेमी हैं। 4 सेमी त्रिज्या वाले वृत्त पर मिलने वाली स्पर्श रेखा PA की लम्बाई 9 सेमी हो, तो PB की लम्बाई होगी

(a) 9.6 सेमी (b) 8.5 सेमी (c) 8.4 सेमी (d) 9.3 सेमी

4. दो वृत्तों को स्पर्श करने वाली अनुस्पर्शी की लम्बाई क्या होगी जबकि वृत्तों की त्रिज्याएँ 12 तथा 3 सेमी हैं तथा उनके केन्द्रों के बीच की दूरी 15 सेमी है ?

(a) 11 सेमी (b) 12 सेमी (c) 13 सेमी (d) 14 सेमी

5. दो वृत्त जिनकी त्रिज्याएँ 3 सेमी व 4 सेमी हैं, के बीच की दूरी 10 सेमी है। इनकी उभयनिष्ठ स्पर्श रेखा की लम्बाई होगी

(a) $11\sqrt{3}$ सेमी (b) $2\sqrt{11}$ सेमी
(c) $4\sqrt{11}$ सेमी (d) $3\sqrt{11}$ सेमी

6. दो वृत्त, जिनकी त्रिज्याएँ 6 सेमी एवं 3 सेमी हैं, के केन्द्र P तथा Q हैं। उन पर एक उभयनिष्ठ तिर्यक स्पर्श रेखा वृत्तों को क्रमशः A तथा C पर मिलती है और PQ को B पर इस प्रकार काटती है कि $AB = 10$ सेमी। केन्द्रों के बीच की दूरी PQ है

(a) 15.40 सेमी (b) 16 सेमी
(c) 17.49 सेमी (d) 17 सेमी

7. बिन्दु P पर 6 सेमी तथा 9 सेमी व्यास के दो वृत्त बाह्यतः स्पर्श करते हैं। एक उभयनिष्ठ स्पर्श रेखा इन वृत्तों को A तथा B पर स्पर्श करती है। P पर AB जो कोण बनाती है, वह है

(a) 90° (b) 50° (c) 60° (d) 75°

8. O वृत्त का केन्द्र है, चित्र में स्पर्श रेखाएँ AP तथा BP एक-दूसरे को P पर काटती हैं, x का मान होगा

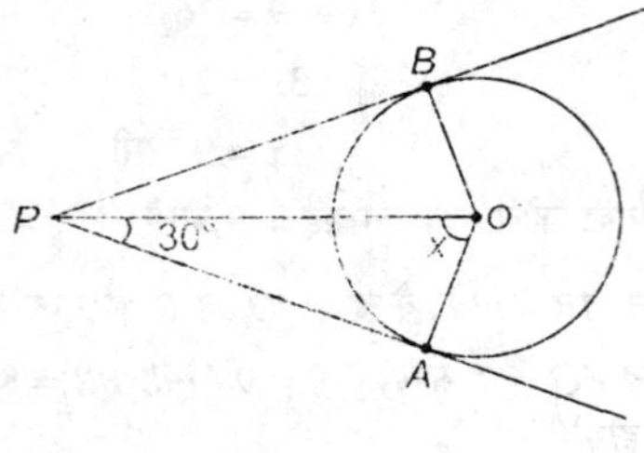

(a) 80° (b) 20° (c) 75° (d) 60°

9. निम्न चित्र में $\angle BAP = 80°$ तथा $\angle ABC = 30°$ हो, तो $\angle AQC$ का मान होगा

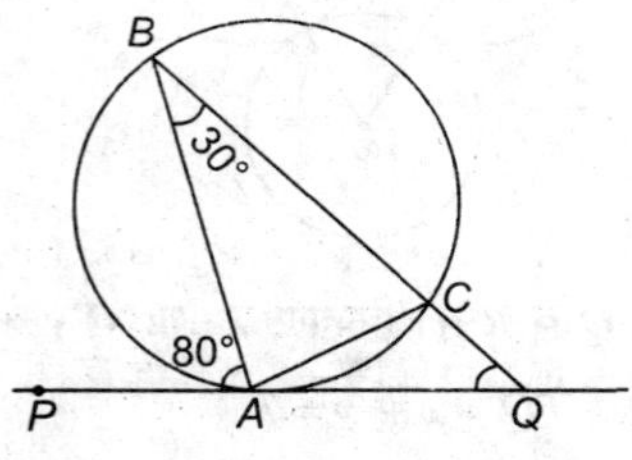

(a) 55° (b) 110° (c) 50° (d) 65°

10. यदि एक चतुर्भुज $ABCD$ की चारों भुजाएँ वृत्त की स्पर्श रेखाएँ हो तब

(a) $AC + BD = BC + AD$

(b) $AB + CD = AC + BC$

(c) $AC + AD = BD + BA$

(d) $AB + CD = BC + AD$

11. दो वृत्तों की त्रिज्याएँ 5 सेमी एवं 2 सेमी हैं। उनकी उभयनिष्ठ अनुस्पर्श रेखा उनके केन्द्रों A तथा B को मिलाने वाली रेखा को P पर काटती हैं। बिन्दु P रेखा AB को जिस अनुपात में विभाजित करता है, वह अनुपात है

(a) 5 : 2 बाह्यतः (b) 5 : 3 अन्तः

(c) 3 : 5 बाह्यतः (d) 5 : 3 बाह्यतः

12. $ABCD$ एक चक्रीय चतुर्भुज है। वृत्त के बिन्दु A तथा C से स्पर्श रेखाएँ खींची गई हैं जो एक-दूसरे को P पर काटती हैं। यदि $\angle ABC = 100°$, तो $\angle APC$ का मान होगा

(a) 30° (b) 25° (c) 45° (d) 20°

13. एक सरल रेखा के एक ही ओर तीन वृत्त इस प्रकार से बनाए गए हैं कि तीनों वृत्त रेखा को स्पर्श करते हैं। एक वृत्त की त्रिज्या 5 सेमी है तथा अन्य दो वृत्त समान त्रिज्या के हैं। प्रत्येक वृत्त अन्य वृत्तों को भी स्पर्श करता है। समान वृत्तों की त्रिज्या है

(a) 20 सेमी (b) 130 सेमी

(c) 150 सेमी (d) 25 सेमी

14. नीचे के चित्र में, $OT = 13$ सेमी, $OA = 5$ सेमी CED, जो E पर वृत्त की स्पर्श रेखा है, की लम्बाई होगी

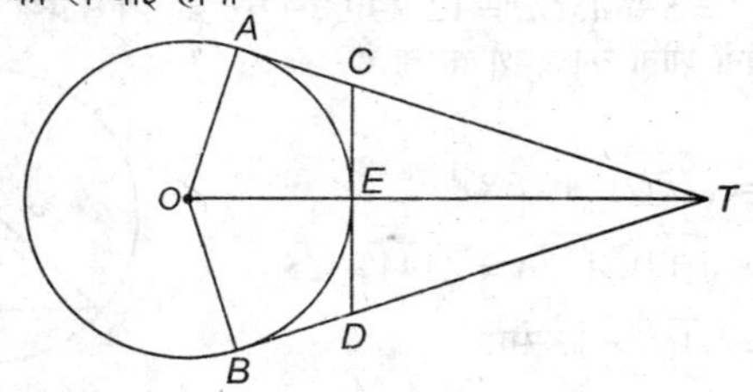

(a) $\frac{20}{3}$ सेमी (b) $\frac{10}{3}$ सेमी (c) 10 सेमी (d) 15 सेमी

15. एक बाह्य बिन्दु O से खींची गई छेदक रेखा दिए हुए वृत्त को बिन्दु A और B पर इस प्रकार काटती है कि $OA = 4$ सेमी तथा $OB = 9$ सेमी; तो बिन्दु O से इस वृत्त पर खींची गई स्पर्शी की लम्बाई होगी

(a) 40 सेमी (b) 4 सेमी (c) 2 सेमी (d) 6 सेमी

उत्तरमाला

1. (b)	2. (d)	3. (a)	4. (b)	5. (d)	6. (c)	7. (a)	8. (d)	9. (c)	10. (d)
11. (a)	12. (d)	13. (a)	14. (a)	15. (d)					

संकेत एवं हल

1. स्पर्श रेखा की लम्बाई

$= \sqrt{(\text{केन्द्र से बाह्य बिन्दु की दूरी})^2 - (\text{त्रिज्या})^2}$

$= \sqrt{(5)^2 - (3)^2}$

$= \sqrt{25 - 9}$ [देखें → 32.1]

$= \sqrt{16} = 4$ सेमी

3. $OA = 4, OB = 2$ एवं $AP = 9$ सेमी

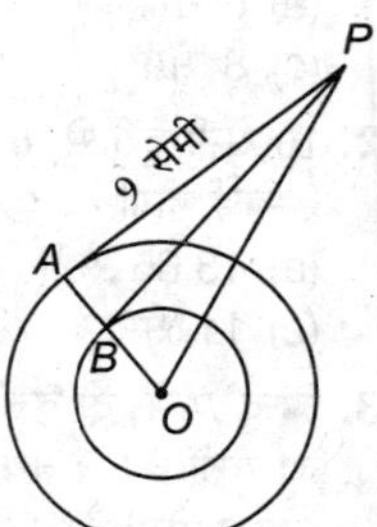

$OP^2 = OA^2 + AP^2 = 16 + 81 = 97$

$PB^2 = OP^2 - OB^2$

$= 97 - 4 = 93$

$\therefore \quad PB = \sqrt{93} = 9.6$ सेमी

4. उभयनिष्ठ स्पर्श रेखा की लम्बाई

$= \sqrt{(\text{केन्द्रों के बीच की दूरी})^2 - (R - r)^2}$

$= \sqrt{(15)^2 - (12 - 3)^2}$ [देखें → **32.2**]

$= \sqrt{225 - 81} = \sqrt{144} = 12$ सेमी

6. $\Delta\, PAB$ तथा $\Delta\, QCB$ समरूप हैं।

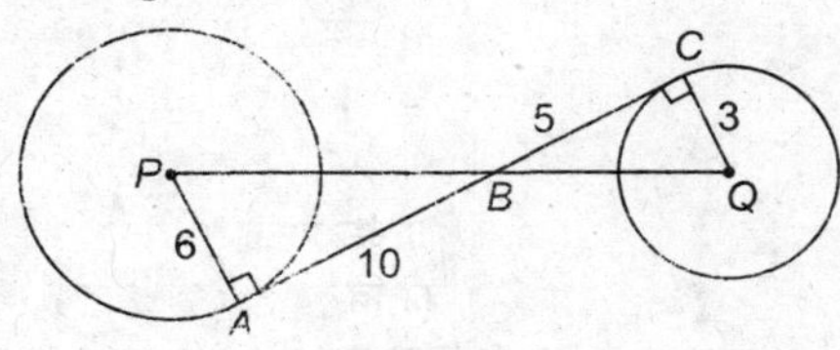

$\therefore \quad \frac{PA}{CQ} = \frac{AB}{CB}$

या $\quad \frac{6}{3} = \frac{10}{BC}$ या $BC = 5$ सेमी

$PB = \sqrt{(6)^2 + (10)^2} = \sqrt{136} = 11.66$ सेमी

$BQ = \sqrt{(3)^2 + (5)^2} = \sqrt{34} = 5.83$ सेमी

$\therefore \quad PQ = PB + BQ$

$= 11.66 + 5.83 = 17.49$ सेमी

8. $\Delta\, OPA$ में, $\angle OPA + \angle PAO + \angle AOP = 180°$

$\Rightarrow \quad 30° + 90° + \angle AOP = 180°$

$\Rightarrow \quad \angle AOP = 60°$

9. $\because \angle BAP = \angle BCA = 80°$ ($\because$ एकान्तर वृत्तखण्ड के कोण हैं)

$\therefore \Delta\, ABC$ में,

$\angle BAC + \angle BCA + \angle ABC = 180°$

$\angle BAC = 180° - 110° = 70°$

$\Rightarrow \quad \angle CAQ = 180° - 80° - 70° = 30°$

तथा $\quad \angle ACQ = 180° - 80° = 100°$

$\Delta\, ACQ$ में,

$\angle ACQ + \angle CQA + \angle QAC = 180°$

$\Rightarrow \quad 100° + \angle AQC + 30° = 180°$

$\Rightarrow \quad \angle AQC = 50°$

10. चूँकि बाह्य बिन्दु से खींची गई रेखाएँ समान लम्बाई की होती हैं।

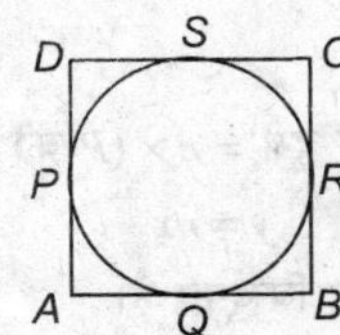

स्पष्टतः चतुर्भुज एक वर्ग है।

$\therefore \quad AB + CD = BC + AD$

12. $\angle D = 180° - \angle ABC = 180° - 100° = 80°$

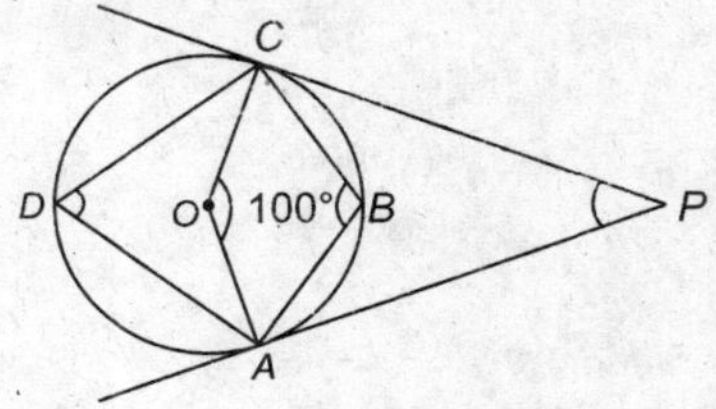

$\angle AOC = 2 \times \angle ADC = 2 \times 80° = 160°$

$\angle OAP = \angle OCP = 90°$

$\angle APC = 360° - (\angle AOC + \angle OAP + \angle OCP)$

$= 360° - (160° + 90° + 90°)$

$= 360° - 340° = 20°$

14. $AT = \sqrt{(OT)^2 - (OA)^2} = \sqrt{(13)^2 - (5)^2} = 12$ सेमी

माना कि $CA = CE = x$

$\therefore \quad CT = 12 - x,\ ET = OT - OE = 13 - 5 = 8$

ΔCET से,

$CE^2 + ET^2 = CT^2$

या $\quad x^2 + 8^2 = (12 - x)^2$

$\Rightarrow \quad x^2 + 64 = 144 + x^2 - 24x$

$\Rightarrow \quad 24x = 80$

$\Rightarrow \quad x = \frac{80}{24}$

या $\quad x = \frac{10}{3}$ सेमी

$CD = 2\,CE = \frac{20}{3}$ सेमी

15.

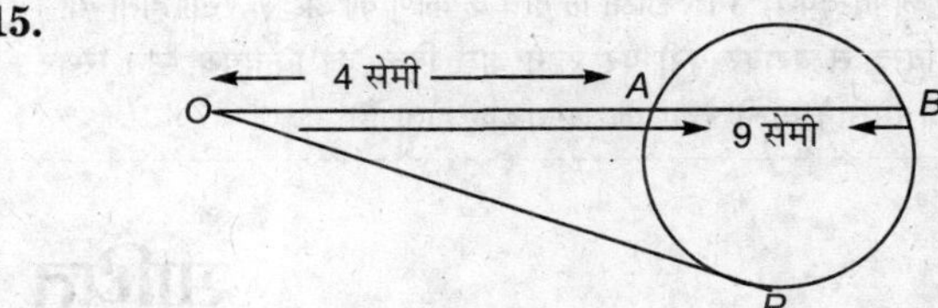

$(OP)^2 = OA \cdot (OA + AB)$

$= 4 \times (4 + 5)$

$= 4 \times 9$

$= 36$

$OP = \sqrt{36}$

$OP = 6$ सेमी

अतः खींची गई स्पर्श रेखा की लम्बाई = 6 सेमी

33

बिन्दुपथ

Locus

कोई बिन्दु किसी समतल में दिए गए प्रतिबन्धों के अनुरूप जिस पथ पर चलता है उसे उस बिन्दु का बिन्दुपथ (Locus) कहते हैं, वृत्त एक ऐसी समतल आकृति है जिसका प्रत्येक बिन्दु निश्चित बिन्दु (केन्द्र) से समान दूरी पर रहता है।

बिन्दुपथ ज्ञात करने की विधि

(Method of Finding Locus)

1. जिस बिन्दु का बिन्दुपथ ज्ञात करना हो, उसके निर्देशांक (x, y) अथवा (h, k) मान लेते हैं।
2. दिए हुए प्रतिबन्धों की सहायता से x, y अथवा h, k में एक सम्बन्ध समीकरण के रूप में ज्ञात कर लेते हैं और इस समीकरण को सरल कर लेते हैं।
3. यदि सम्बन्ध x, y में हो, तो यही सम्बन्ध उस बिन्दुपथ का समीकरण होता है।
4. यदि सम्बन्ध h, k में हो, तो अन्त में h के स्थान पर x तथा k के स्थान पर y रखने से बिन्दुपथ का समीकरण प्राप्त होता है।

स्मरणीय बिन्दु

33.1 यदि किसी बिन्दु का बिन्दुपथ किसी रेखा से सदा समान दूरी पर रहता है, तो वह बिन्दुपथ उस रेखा के समान्तर रेखा होती है।

33.2 यदि कोई बिन्दुपथ किसी निश्चित बिन्दु से सदा समान दूरी पर रहता है, तो वह बिन्दुपथ निश्चित रूप से एक वृत्त होगा।

33.3 परस्पर प्रतिच्छेद करती हुई दो रेखाओं से बराबर दूरी रखते हुए गमन करने वाले बिन्दु का बिन्दुपथ, उन रेखाओं के बीच के कोण की अर्द्धक रेखा होती है।

33.4 दो स्थिर बिन्दु से बराबर दूरी पर रहने वाले बिन्दु का बिन्दुपथ, उन स्थिर बिन्दुओं को मिलाने वाली रेखा का लम्बार्द्धक होता है।

33.5 कार्तीय तल में किसी चर (variable) बिन्दु का निर्देशांक (x, y) से निरूपित किया जाता है।

33.6 किन्हीं दिए गए प्रतिबन्धों के अनुरूप x तथा y के विभिन्न मानों से प्राप्त क्रमिक युग्मों द्वारा कार्तीय तल पर निरूपित बिन्दुओं के संग्रह को बिन्दु $P(x, y)$ का बिन्दुपथ कहते हैं।

33.7 चलित निर्देशाकों (x, y) में वैसा समीकरण जो केवल बिन्दुपथ पर स्थित बिन्दुओं द्वारा ही सन्तुष्ट होता है, किसी अन्य बिन्दु से नहीं, बिन्दुपथ का समीकरण कहलाता है।

साधित उदाहरण

■ **उदाहरण 1** *दो समान्तर रेखाओं से समदूरस्थ बिन्दुओं का बिन्दुपथ क्या होगा?*

हल दो समान्तर रेखाओं से समदूरस्थ बिन्दुओं का बिन्दुपथ दोनों रेखाओं के मध्य में स्थित बिन्दुओं को मिलाने वाली रेखा होगी।

■ **उदाहरण 2** *त्रिभुज की भुजाओं के समद्विभाजकों के संगामी बिन्दु को त्रिभुज का क्या कहते हैं?*

हल त्रिभुज की भुजाओं के समद्विभाजकों के संगामी बिन्दु को त्रिभुज का परिकेन्द्र कहते हैं।

■ **उदाहरण 3** *उन बिन्दुओं के बिन्दुपथ का क्या समीकरण होगा, जिनकी x-अक्ष से दूरी y-अक्ष से दूरी की n गुनी है?*

हल माना बिन्दु $P(x, y)$ हैं

शर्तानुसार,

$$P \text{ की } x\text{-अक्ष से दूरी} = n \times (P \text{ की } y\text{-अक्ष से दूरी})$$

$$y = nx$$

$\therefore y = nx$, जो P का अभीष्ट बिन्दुपथ है।

अभ्यास प्रश्न

1. कोई बिन्दु इस प्रकार की गति करता है कि y-अक्ष से उसकी दूरी का 5 गुना, x-अक्ष से दूरी के 3 गुने से सदैव 7 अधिक रहता है। उस बिन्दु का बिन्दुपथ होगा
(a) $5y - 3x = 7$ (b) $3y - 5x = 7$
(c) $3x - 5y = 7$ (d) $5x - 3y = 7$

2. बिन्दु $P(x, y)$ के बिन्दुपथ का समीकरण क्या होगा, जो निम्नलिखित प्रतिबन्ध को सन्तुष्ट करता है : अक्षों से दूरियों के वर्गों का योग $= a^2$
(a) $x^2 + y^2 = a^2$ (b) $x - y = a$
(c) $x + y = a$ (d) $x^2 - y^2 = a^2$

3. बिन्दु $P(x, y)$ बिन्दुपथ का समीकरण क्या होगा; जो निम्नलिखित प्रतिबन्ध को सन्तुष्ट करता है; अक्षों से बीजीय दूरियों का योग = 9
(a) $x - y = 9$ (b) $x + y = y$
(c) $x + y = x$ (d) $x + y = 9$

4. त्रिभुजों के शीर्षों से बराबर दूरी पर रहने वाले बिन्दु का बिन्दुपथ होगा
(a) परिवृत्त केन्द्र (b) केन्द्रक
(c) लम्बकेन्द्र (d) अन्तः केन्द्र

5. झूले पर झूलते हुए बच्चे का बिन्दुपथ होगा
(a) ऐसे वृत्त का चाप जिसकी त्रिज्या बच्चे की लम्बाई के बराबर हैं
(b) ऐसे वृत्त का चाप जिसका केन्द्र वह बिन्दु है जिससे झूला लटका है तथा त्रिज्या डोरी की लम्बाई के बराबर है
(c) ऐसे वृत्त का चाप जिसका केन्द्र वह बिन्दु है जिससे झूला लटका है तथा त्रिज्या झूले की डोरी की आधी है
(d) निर्धारित नहीं किया जा सकता

6. उन बिन्दुओं के बिन्दुपथ का समीकरण क्या होगा, जिनकी x-अक्ष से बीजीय दूरी, y-अक्ष से बीजीय दूरी की m गुनी है?
(a) $y = m^2x$ (b) $y = x^2m$ (c) $y = \frac{m}{x}$ (d) $y = mx$

7. A, B, C तीन गाँव हैं। एक ऐसा नलकूप बनाना है जो तीनों गाँवों से बराबर दूरी पर रहे तो नलकूप का बिन्दुपथ होगा
(a) ΔABC में स्थित कहीं पर कोई बिन्दु
(b) ΔABC की भुजाओं के लम्ब अर्द्धकों का कटान बिन्दु
(c) गाँव A में कोई भी बिन्दु
(d) ΔABC की किसी भुजा का मध्य बिन्दु

8. किसी वृत्त की समान जीवाओं के मध्य बिन्दुओं का बिन्दुपथ होगा
(a) संकेन्द्रक वृत्त (b) कोई भी वृत्त
(c) कोई भी रेखा (d) कोई भी वक्र

9. उन बिन्दुओं के बिन्दुपथ का समीकरण क्या होगा जो दो बिन्दुओं $(a + b, a - b)$ और $(a - b, a + b)$ से समदूरस्थ हों?
(a) $\frac{x}{y} = 0$ (b) $x = y$ (c) $x = \frac{1}{y}$ (d) $x \cdot y = 0$

10. A तथा B दो स्थिर बिन्दु हैं तथा एक बिन्दु C इस प्रकार गमन कर रहा है कि $\angle ACB$ हमेशा $90°$ रहता है। बिन्दु C का बिन्दुपथ होगा
(a) AB को व्यास मानकर खींचा गया वृत्त
(b) कोई भी वृत्त
(c) कोई भी त्रिभुज
(d) कोई भी समकोण त्रिभुज

11. निश्चित आधार तथा निश्चित क्षेत्रफल वाले समान्तर चतुर्भुजों के विकर्णों के कटान बिन्दुओं का बिन्दुपथ होगा
(a) सरल रेखा (b) चतुर्भुज
(c) वृत्त (d) एक वक्र

12. एक व्यक्ति दीवार के सहारे खड़ी एक सीढ़ी के मध्य बिन्दु पर खड़ा है। सीढ़ी फिसल जांती है। व्यक्ति के पैर का बिन्दुपथ होगा
(a) वक्र रेखा
(b) सीढ़ी के सिरों को मिलाने वाली रेखा
(c) निर्धारित नहीं किया जा सकता
(d) दीवार तथा फर्श के कटान बिन्दु को केन्द्र मानकर आधी सीढ़ी के बराबर त्रिज्या लेकर खींचे गए वृत्त का चाप

13. कोई बिन्दु यदि किसी समतल में दिए गए प्रतिबन्धों के अनुरूप किसी पथ पर चलता है, तो उस पथ को क्या कहते हैं?
(a) वृत्ताकार पथ (b) उस बिन्दु का बिन्दुपथ
(c) त्रिभुजाकार पथ (d) सरल रेखा

14. एक बाँध से परस्पर $60°$ के कोण पर निकलने वाली दो सीधी नहरों से समान दूरी पर रहने वाले बिन्दुओं का बिन्दुपथ होगा
(a) दोनों नहरों के समान्तर रेखा
(b) दोनों नहरों के बीच की कोई रेखा
(c) निर्धारित नहीं किया जा सकता
(d) दोनों नहरों के बीच के कोण की अर्द्धक रेखा

15. वैसी समतल आकृति जिसका प्रत्येक बिन्दु एक निश्चित बिन्दु से समान दूरी पर होता है क्या कहलाता है?
(a) समबाहु त्रिभुज
(b) समचतुर्भुज
(c) वृत्त
(d) समद्विबाहु त्रिभुज

उत्तरमाला

1. (d) **2.** (a) **3.** (d) **4.** (a) **5.** (b) **6.** (d) **7.** (b) **8.** (a) **9.** (b) **10.** (a)
11. (a) **12.** (d) **13.** (b) **14.** (d) **15.** (c)

संकेत एवं हल

1. माना बिन्दु (x, y) है।

प्रश्नानुसार,

बिन्दु की y-अक्ष से दूरी $\times 5 -$

x-अक्ष से दूरी $\times 3 = 7$

$\Rightarrow \quad 5x - 3y = 7$

2. बिन्दु $P(x, y)$ की x-अक्ष से दूरी $= y$

y-अक्ष से दूरी $= x$

प्रश्नानुसार, $\quad x^2 + y^2 = a^2$

$\therefore$ बिन्दु $P(x, y)$ का बिन्दुपथ $x^2 + y^2 = a^2$

3. $P(x, y)$ की x-अक्ष से दूरी $= y$

y-अक्ष से दूरी $= x$

प्रश्नानुसार, $\quad x + y = 9$

अत: $P(x, y)$ का बिन्दुपथ $x + y = 9$

4.

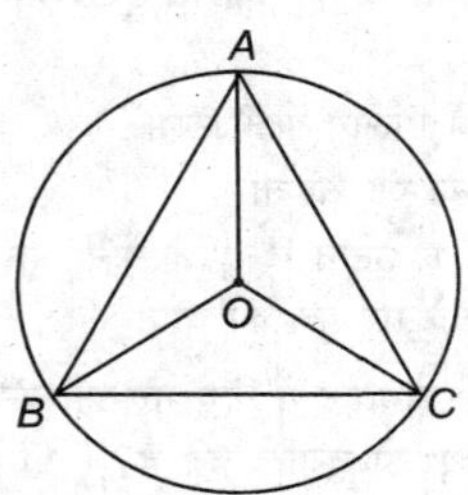

त्रिभुज के शीर्ष बिन्दुओं A, B व C से समान दूरी पर रहने वाले बिन्दु O का बिन्दुपथ परिवृत्त केन्द्र होगा क्योंकि $AO = CO = BO =$ वृत्त की त्रिज्या।

5.

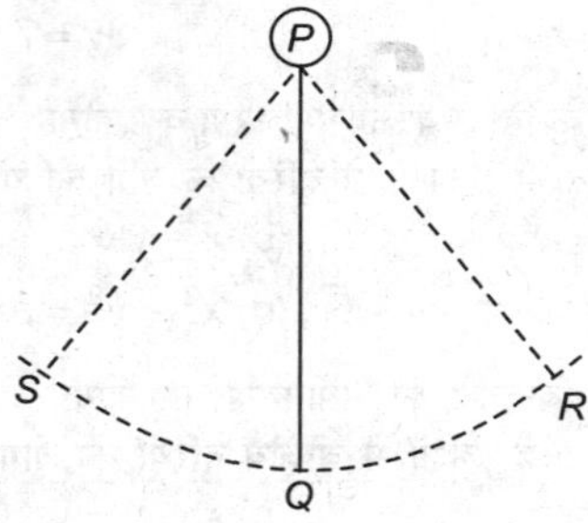

माना बच्चे का झूला P पर लटका हुआ है तथा $PR = PQ = PS$ झूले की लम्बाई है।

इस प्रकार, यह ऐसे वृत्त का चाप है जिसका केन्द्र वह बिन्दु है जिससे झूला लटका है तथा त्रिज्या $(PR = PQ = PS)$ रस्सी (डोरी) की लम्बाई है।

6. माना चर बिन्दु $P(x, y)$ है।

दिए हुए प्रतिबन्ध के अनुसार,

P की x-अक्ष से दूरी $= m \times (P$ की y-अक्ष से दूरी$)$

$y = m \times x$

$\therefore y = mx$, जो P का अभीष्ट बिन्दुपथ है।

34

समतल आकृतियों के क्षेत्रफल तथा परिमाप

Area and Perimeter of Plane Figures

त्रिभुज, चतुर्भुज, वृत्त, बहुभुज इत्यादि विभिन्न समतल आकृतियाँ हैं। ये आकृतियाँ द्वि-विमीय (Two-dimensional) होती हैं। इनके तल को क्षेत्रफल (Area) कहा जाता है। क्षेत्रफल की इकाई (Unit) — वर्ग मी, वर्ग सेमी, वर्ग किमी इत्यादि होती है। किसी आकृति की सभी भुजाओं की लम्बाइयों का योग उस आकृति का परिमाप या परिमिति (Perimeter) कहलाता है। परिमिति की इकाई मी, सेमी, किमी आदि होती है।

ज्यामितीय परिभाषाएँ (Geometrical Definitions)

त्रिभुज (Triangle)

तीन भुजाओं से घिरा समतल क्षेत्र त्रिभुज कहलाता है। त्रिभुज के लिए 'Δ' चिन्ह का प्रयोग किया जाता है। किसी भी त्रिभुज में तीन भुजाएँ, तीन शीर्ष तथा तीन कोण होते हैं। त्रिभुज के तीनों कोणों का योग 180° होता है। संलग्न चित्र में, AB, BC तथा AC त्रिभुज की भुजाएँ, A, B तथा C तीन शीर्ष, $\angle ABC$, $\angle BCA$ तथा $\angle CAB$ तीन कोण हैं।

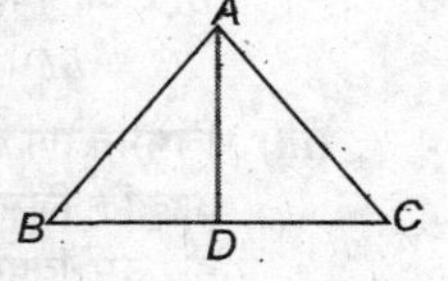

भुजाओं के आधार पर त्रिभुज के तीन भेद होते हैं

(i) समबाहु त्रिभुज (Equilateral Triangle) जिस त्रिभुज की तीनों भुजाएँ बराबर हों, उसे समबाहु त्रिभुज कहते हैं। समबाहु त्रिभुज के प्रत्येक कोण का मान 60° होता है। संलग्न चित्र में ABC एक समबाहु त्रिभुज है, जिसकी भुजा AB, BC तथा AC की लम्बाइयाँ बराबर हैं, अर्थात् $AB = BC = AC$

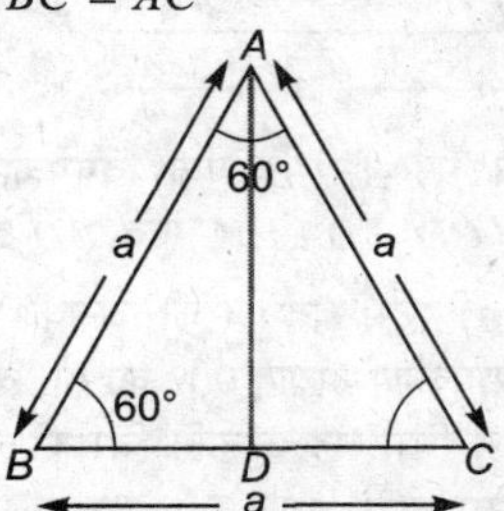

(ii) समद्विबाहु त्रिभुज (Isosceles Triangle) जिस त्रिभुज की किन्हीं दो भुजाओं की लम्बाइयाँ बराबर हों, उसे समद्विबाहु त्रिभुज कहते हैं।

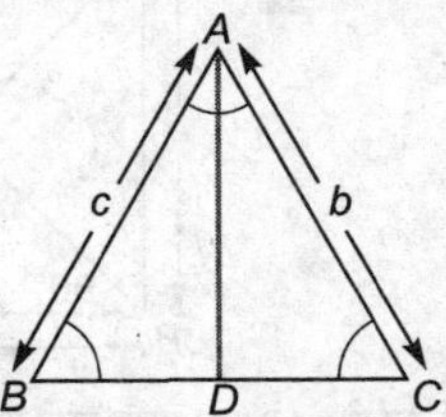

जहाँ $b = c$

उपरोक्त चित्र में, ABC एक समद्विबाहु त्रिभुज है, जिसमें AB और AC भुजाओं की लम्बाइयाँ बराबर हैं, अर्थात् $AB = AC$। A को शीर्ष तथा BC को इस समद्विबाहु त्रिभुज का आधार कहते हैं।

(iii) विषमबाहु त्रिभुज (Scalene Triangle) जिस त्रिभुज की तीनों भुजाएँ असमान लम्बाई की हों, उसे विषमबाहु त्रिभुज कहते हैं।

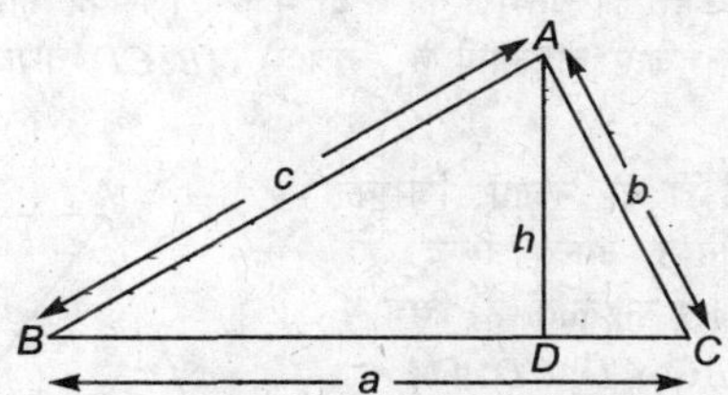

उपरोक्त चित्र में, ABC एक विषमबाहु त्रिभुज है, जिसमें $AB \neq BC \neq CA$ ($\neq$ का अर्थ है - बराबर नहीं)

कोणों के आधार पर त्रिभुज के तीन भेद होते हैं

(i) समकोण त्रिभुज (Right angled Triangle) जिस त्रिभुज का एक कोण समकोण अर्थात् 90° का हो, उसे समकोण त्रिभुज कहते हैं।

संलग्न चित्र में, ABC एक समकोण त्रिभुज है, जिसमें $\angle ABC$ की माप 90° है, भुजा AC को, जो समकोण $\angle ABC$ के सामने है, कर्ण कहते हैं। शेष दोनों भुजाओं AB तथा BC में से एक को आधार तथा दूसरे को लम्ब कहते हैं।

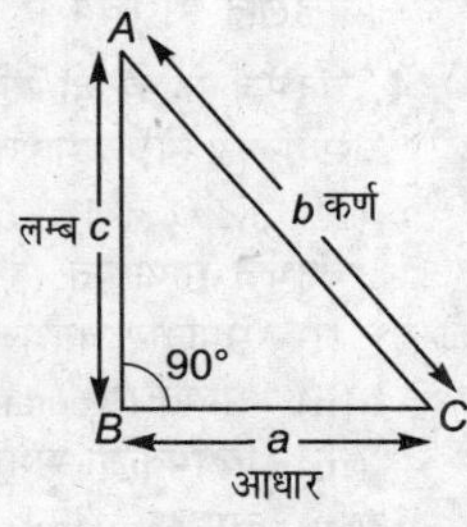

यदि समकोण त्रिभुज में $\angle ABC$ के समकोण होने के साथ-साथ AB और BC की लम्बाइयाँ भी बराबर हों, तो त्रिभुज ABC को समद्विबाहु समकोण त्रिभुज कहते हैं।

(ii) न्यूनकोण त्रिभुज (Acute angled Triangle) जिस त्रिभुज के तीनों कोण न्यूनकोण अर्थात् 90° से कम हो, उसे न्यूनकोण त्रिभुज कहते हैं। उपरोक्त चित्र में, कोई भी कोण 90° से अधिक नहीं है, अर्थात् त्रिभुज ABC में प्रत्येक कोण की माप 90° से कम है। अत: यह न्यूनकोण त्रिभुज है।

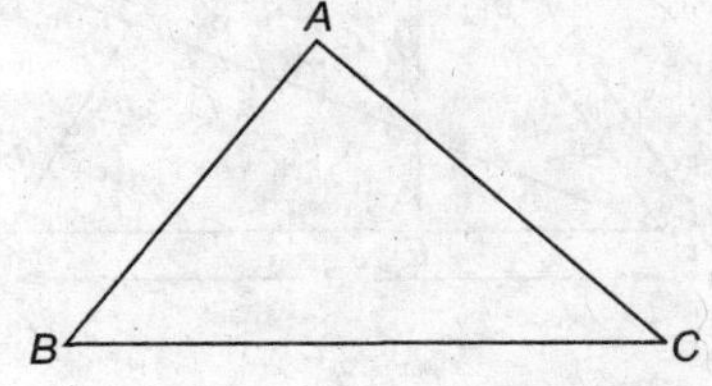

(iii) अधिककोण त्रिभुज (Obtuse angled Triangle) जिस त्रिभुज का एक कोण अधिककोण अर्थात् 90° से अधिक हो, उसे अधिककोण त्रिभुज कहते हैं।

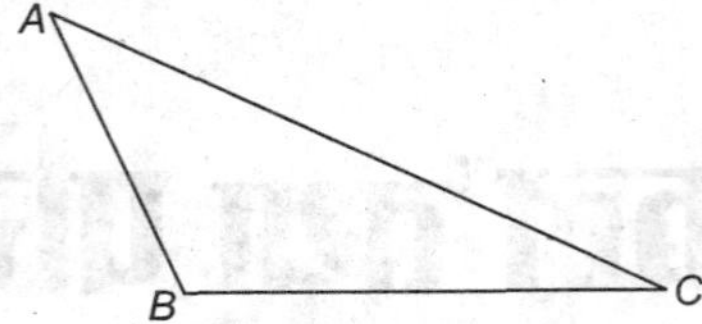

उपरोक्त चित्र में, एक कोण 90° से अधिक है अर्थात् त्रिभुज ABC में $\angle ABC$ की माप 90° से अधिक है। अत: यह अधिक कोण है।

चतुर्भुज (Quadrilateral)

1. चार भुजाओं से घिरे समतल क्षेत्र को चतुर्भुज कहते हैं। इसका प्रतीक चिन्ह है। किसी भी चतुर्भुज में चार भुजाएँ तथा चार कोण होते हैं। चतुर्भुज के चारों कोणों का योगफल चार समकोण अर्थात् 360° का होता है।
पार्श्व चित्र में, $ABCD$ एक चतुर्भुज है, जिसकी भुजाएँ AB, BC, CD तथा AD हैं। इसके कोण $\angle A, \angle B, \angle C$ तथा $\angle D$ हैं। रेखाखण्ड AC तथा BD को विकर्ण कहते हैं। चतुर्भुज की वे दो भुजाएँ, जिसका कोई उभयनिष्ठ बिन्दु न हो, सम्मुख भुजाएँ कहलाती हैं, चित्र में AB, CD तथा AD, BC सम्मुख भुजाएँ हैं।

2. चतुर्भुज की वे दो भुजाएँ, जिसका एक उभयनिष्ठ अन्त्य बिन्दु हो, क्रमागत भुजाएँ कहलाती हैं। चित्र में AB, BC; BC, CD; CD, DA तथा DA, AB क्रमागत भुजाएँ हैं।

A B O D C

3. चतुर्भुज के वे दो कोण जिनको अन्तरित करने वाली भुजाओं में कोई भुजा सर्वनिष्ठ न हो, सम्मुख कोण कहलाते हैं। चित्र में $\angle A, \angle C$ तथा $\angle B, \angle D$ सम्मुख कोण हैं।

4. चतुर्भुज के वे दो कोण जिनको अंतरित करने वाली भुजाओं में एक भुजा सर्वनिष्ठ हो, क्रमागत कोण कहलाते हैं। चित्र में $\angle A, \angle B$; $\angle B, \angle C$; $\angle C, \angle D$ तथा $\angle D, \angle A$ क्रमागत कोण हैं।
चतुर्भुज सामान्यत: पाँच प्रकार के होते हैं
(i) समान्तर चतुर्भुज (Parallelogram)
(ii) आयत (Rectangle)
(iii) विषमकोण समचतुर्भुज (Rhombus)
(iv) वर्ग (Square)
(v) समलम्ब चतुर्भुज (Trapezium)

(i) समान्तर चतुर्भुज (Parallelogram) चार भुजाओं से घिरी वह आकृति, जिसमें सम्मुख भुजाएँ अर्थात् आमने-सामने की भुजाएँ बराबर और समान्तर हों, समान्तर चतुर्भुज कहलाता है। इसमें सम्मुख कोण भी बराबर होते हैं।

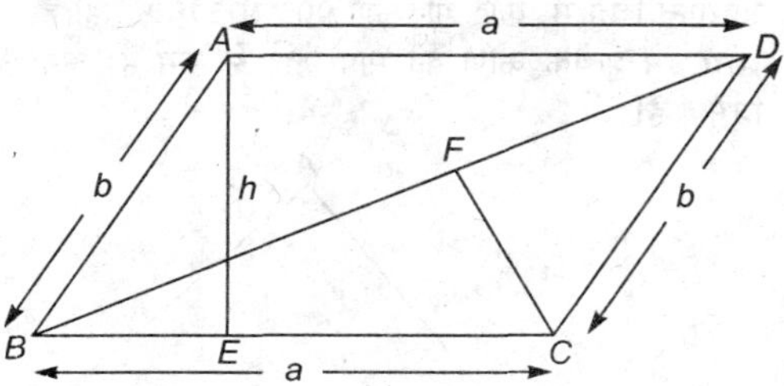

उपरोक्त चित्र में $ABCD$ एक समान्तर चतुर्भुज है, जिसमें भुजा AB, CD के और AD, BC के समान्तर तथा बराबर हैं। BD समान्तर चतुर्भुज का विकर्ण तथा AE इसकी ऊँचाई है।

(ii) आयत (Rectangle) वह समान्तर चतुर्भुज जिसका प्रत्येक कोण समकोण अर्थात् 90° का हो, उसे आयत कहते हैं। दूसरे शब्दों में, चार भुजाओं से घिरी वह आकृति, जिसमें सम्मुख अर्थात् आमने-सामने की भुजाएँ समान्तर और बराबर होती है तथा प्रत्येक कोण समकोण होता है, उसे आयत कहते हैं।

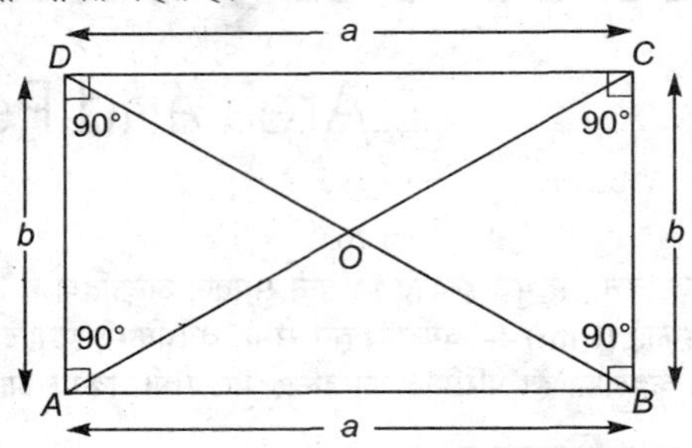

उपरोक्त चित्र में, $ABCD$ एक आयत है, जिसमें $AB = CD$, तथा $AD = BC$ तथा $\angle A = \angle B = \angle C = \angle D = 90°$ यहाँ AC तथा BD को विकर्ण कहते हैं तथा ये आपस में बराबर होते हैं अर्थात् $AC = BD$।

(iii) विषमकोण समचतुर्भुज (Rhombus) चार भुजाओं से घिरी वह आकृति, जिसमें चारों भुजाएँ बराबर हों, लेकिन एक भी कोण समकोण न हो, उसे विषमकोण समचतुर्भुज या केवल समचतुर्भुज कहते हैं।

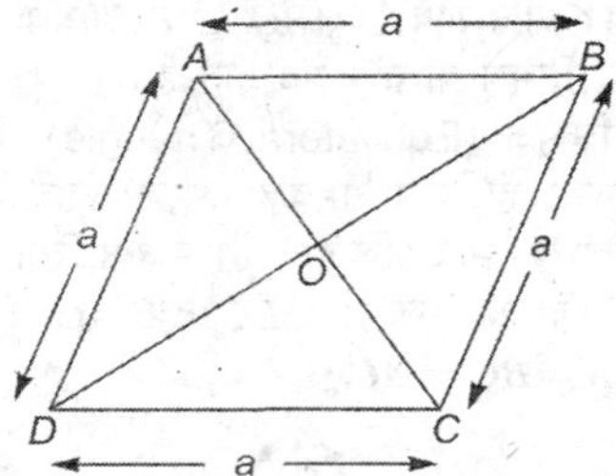

उपरोक्त चित्र में, $ABCD$ एक विषमकोण समचतुर्भुज है, जिसमें $AB = BC = CD = DA$, AC एवं BD इसके दो विकर्ण हैं।

(iv) वर्ग (Square) उस चतुर्भुज को जिसकी चारों भुजाएँ बराबर हों तथा प्रत्येक कोण समकोण अर्थात् 90° का हो, वर्ग कहते हैं। दूसरे शब्दों में, चार भुजाओं से घिरी वह आकृति जिसकी चारों भुजाएँ बराबर हों तथा प्रत्येक कोण समकोण अर्थात् 90° का हो, उसे वर्ग कहते हैं।

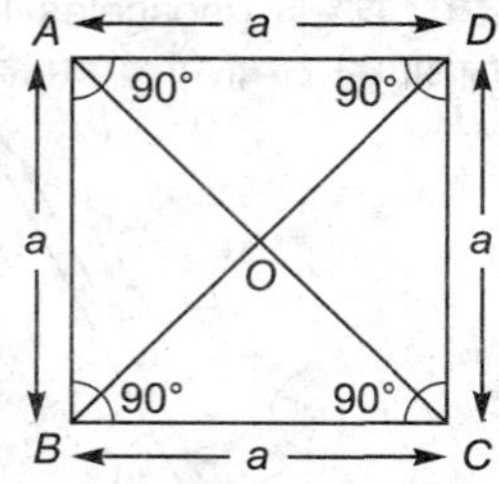

उपरोक्त चित्र में $ABCD$ एक वर्ग है, जिसमें $AB = BC = CD = DA$ तथा $\angle A = \angle B = \angle C = \angle D = 90°$।
AC तथा BD को विकर्ण कहते हैं तथा ये आपस में एक-दूसरे के बराबर होते हैं अर्थात् $AC = BD$।

(v) समलम्ब चतुर्भुज (Trapezium) चार भुजाओं से घिरी वह आकृति, जिसकी केवल दो भुजाएँ समान्तर हों, उसे समलम्ब चतुर्भुज कहते हैं।

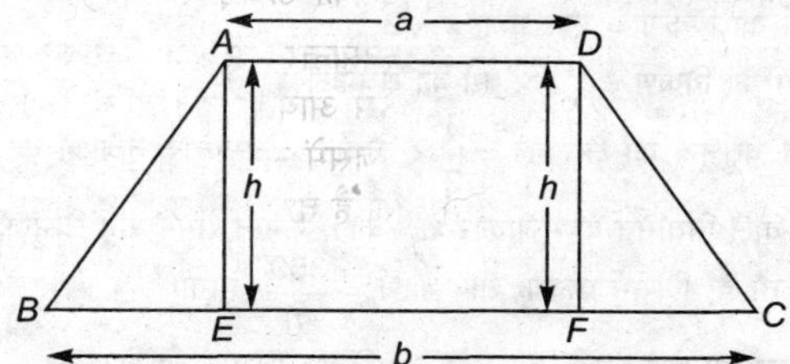

उपरोक्त चित्र में $ABCD$ एक समलम्ब चतुर्भुज है, जिसमें सिर्फ AD तथा BC समान्तर भुजाएँ हैं, लेकिन AB और CD समान्तर नहीं हैं। AB और CD आड़ी भुजाएँ हैं। A से AE या D से DF लम्ब BC पर खींचा जाए, तो AE या DF इसकी ऊँचाई होगी।

बहुभुज (Polygon)

बहुभुज का क्षेत्रफल उसको कई त्रिभुजों या चतुर्भुजों या अन्य मानक आकृतियों में बाँटकर निकाला जाता है। यदि बहुभुज में पाँच, छः या दस भुजाएँ हों, तो उसको क्रमश: पंचभुज, षट्भुज, दशभुज कहा जाता है।

बहुभुज दो प्रकार के होते हैं

(i) नियमित बहुभुज (Regular polygon)

(ii) अनियमित बहुभुज (Irregular polygon)

(i) नियमित बहुभुज (Regular polygon) नियमित बहुभुज की सभी भुजाएँ समान होती हैं, इसलिए भुजाओं के लम्ब-समद्विभाजक एक बिन्दु पर मिलते हैं और इस बिन्दु की दूरी सभी शीर्ष से समान होती है। इसलिए नियमित बहुभुज के लिए निम्नलिखित कथन सत्य हैं

(अ) सभी भुजाएँ समान लम्बाई की हैं।

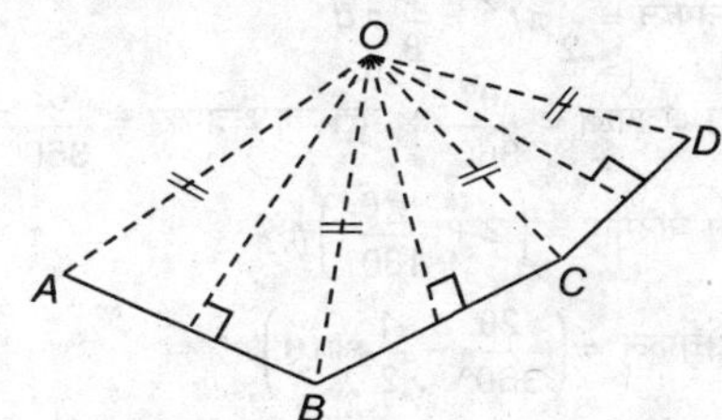

(ब) एक विशिष्ट बिन्दु से सभी शीर्ष बिन्दु समान दूरी पर होंगे, फलत: शीर्ष बिन्दु एक वृत्त पर होंगे, जिसका केन्द्र वह विशिष्ट बिन्दु होगा।

(ii) अनियमित बहुभुज (Irregular polygon) अनियमित बहुभुज में एक कोणीय बिन्दु से सबसे दूर स्थित दूसरे कोणीय बिन्दु तक एक सरल रेखा खींची जाती है, जिसे आधार-रेखा कहते हैं। अब इस आधार रेखा पर अन्य कोणीय बिन्दुओं से लम्ब डालते हैं। इस प्रकार बहुभुज त्रिभुज एवं समलम्ब चतुर्भुज में विभक्त हो जाता है। त्रिभुज एवं समलम्ब चतुर्भुजों के क्षेत्रफल अलग-अलग निकालकर जोड़ देते हैं और यही बहुभुज का अभीष्ट क्षेत्रफल होता है।

बहुभुज $ABCDEFG$ का क्षेत्रफल = ΔABL का क्षेत्रफल + ΔCDM का क्षेत्रफल + ΔEND का क्षेत्रफल + ΔAQG का क्षेत्रफल + समलम्ब चतुर्भुज $BCML$ का क्षेत्रफल + समलम्ब चतुर्भुज $EFPN$ का क्षेत्रफल + समलम्ब चतुर्भुज $FGQP$ का क्षेत्रफल।

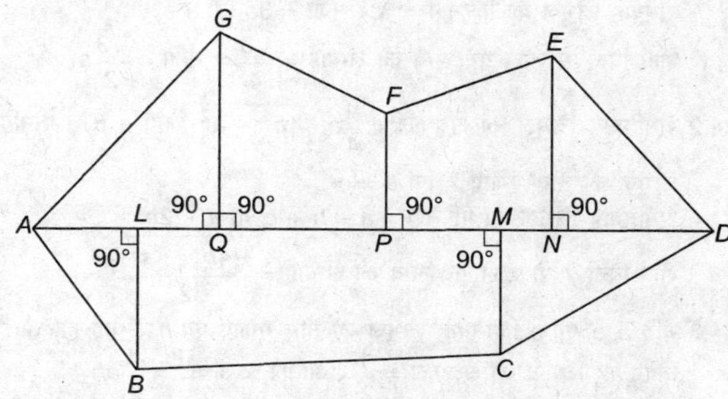

कभी-कभी आवश्यकतानुसार दो या तीन आधार रेखाएँ भी खींची जा सकती हैं।

वृत्त (Circle)

वृत्त एक ऐसे बिन्दु का बिन्दुपथ है, जो इस तरह घूमता है कि उसकी दूरी एक स्थिर बिन्दु से सदैव बराबर रहती है। स्थिर बिन्दु को वृत्त का केन्द्र, अचल दूरी को वृत्त की त्रिज्या या अर्द्धव्यास तथा बिन्दुपथ को परिधि कहते हैं।

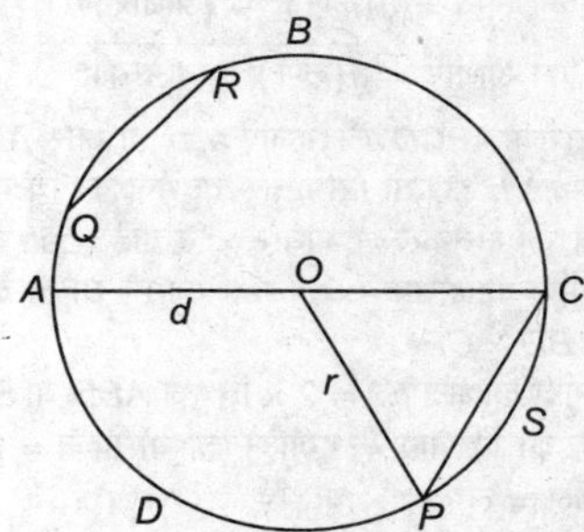

केन्द्र से गुजरने वाली वह सीधी रेखा जो वृत्त को दो बराबर खण्डों में विभक्त करती है, वृत्त का व्यास कहलाती है। वृत्त का व्यास उसकी त्रिज्या का दोगुना होता है। किसी वृत्त की परिधि की लम्बाई उसके व्यास की लम्बाई की लगभग $3\frac{1}{7}$ अर्थात् $\frac{22}{7}$ गुनी होती है, इसे ग्रीक अक्षर 'π' द्वारा प्रदर्शित किया जाता है। अक्षर 'π' को 'पाई' पढ़ा जाता है, जहाँ $\pi = \frac{\text{परिधि}}{\text{व्यास}} = \frac{22}{7} = 3.1428571$ ।

परिधि पर स्थित किन्हीं दो बिन्दुओं को मिलाने वाली सीधी रेखा को वृत्त की जीवा या चाप कर्ण कहते हैं, परन्तु यह सीधे केन्द्र से होकर नहीं गुजरती है।

उपरोक्त चित्र मे O को केन्द्र, OP या OC या AO को त्रिज्या (r), AC को व्यास (d), QR को जीवा, POC खण्ड को त्रिज्याखण्ड, ABC को अर्द्धवृत्त, PSC को वृत्तखण्ड तथा $ABCD$ को परिधि कहते हैं।

स्मरणीय बिन्दु

34.1 समबाहु त्रिभुज का क्षेत्रफल $= \frac{\sqrt{3}}{4} \times$ भुजा$^2 = \frac{\sqrt{3}}{4} \cdot a^2$

समबाहु त्रिभुज का परिमाप $= 3 \times$ भुजा $= 3a$

शीर्ष बिन्दु से डाले गये लम्ब की लम्बाई $= \frac{\sqrt{3}}{4} \times$ भुजा $= \frac{\sqrt{3}}{2}a$

34.2 समद्विबाहु त्रिभुज का क्षेत्रफल $= \frac{1}{4}a\sqrt{4b^2 - a^2}$ जहाँ a, b, c समद्विबाहु त्रिभुज की तीन भुजाएँ हैं एवं $b = c$

समद्विबाहु त्रिभुज का परिमाप $= a + b + c$ या $a + 2b$

शीर्ष बिन्दु A से डाले गए लम्ब की लम्बाई $= \frac{\sqrt{4b^2 - a^2}}{2}$

34.3 यदि a, b एवं c विषमबाहु त्रिभुज की तीन भुजाएँ एवं h ऊँचाई हो, तो

विषमबाहु त्रिभुज का क्षेत्रफल $= \frac{1}{2} \times$ आधार $\times$ ऊँचाई $= \frac{1}{2}ah$

या विषमबाहु त्रिभुज का क्षेत्रफल $= \sqrt{s(s-a)(s-b)(s-c)}$

जहाँ $s = \frac{a+b+c}{2}$

विषमबाहु त्रिभुज का परिमाप $= a + b + c$ अर्थात् तीनों भुजाओं का योग।

34.4 समकोण त्रिभुज का क्षेत्रफल $= \frac{1}{2} \times$ आधार $\times$ लम्ब $= \frac{1}{2}ac$

समकोण त्रिभुज का परिमाप = लम्ब + आधार + कर्ण $= a + b + c$

समकोण त्रिभुज का कर्ण $= \sqrt{(\text{लम्ब})^2 + (\text{आधार})^2}$

समकोण त्रिभुज का लम्ब $= \sqrt{(\text{कर्ण})^2 - (\text{आधार})^2}$

समकोण त्रिभुज का आधार $= \sqrt{(\text{कर्ण})^2 - (\text{लम्ब})^2}$

34.5 यदि समान्तर चतुर्भुज $ABCD$ की भुजाएँ a, b हों और A से BC पर डाले गए लम्ब AE की लम्बाई h हो, तो (समान्तर चतुर्भुज का चित्र देखें)

समान्तर चतुर्भुज का क्षेत्रफल = आधार $\times$ ऊँचाई $= ah$

या समान्तर चतुर्भुज का क्षेत्रफल = कर्ण $\times$ आमने-सामने के किसी शीर्ष से कर्ण की लम्ब दूरी $= BD \times CF$

या समान्तर चतुर्भुज का क्षेत्रफल $= 2 \times$ त्रिभुज ABD या BCD का क्षेत्रफल

समान्तर चतुर्भुज का परिमाप = भुजाओं का योगफल $= 2 \times (a + b)$

34.6 आयत का क्षेत्रफल = लम्बाई $\times$ चौड़ाई

आयत का परिमाप = 2 (लम्बाई + चौड़ाई)

आयत का विकर्ण $= \sqrt{(\text{लम्बाई})^2 + (\text{चौड़ाई})^2}$

34.7 विषमकोण समचतुर्भुज का क्षेत्रफल $= \frac{1}{2} \times$ दोनों विकर्णों का गुणनफल

विषमकोण समचतुर्भुज का परिमाप $= 4 \times$ एक भुजा

34.8 वर्ग का क्षेत्रफल = (एक भुजा)^2

या वर्ग का क्षेत्रफल $= \frac{1}{2} \times (\text{विकर्ण})^2$

वर्ग की परिमिति $= 4 \times$ एक भुजा

वर्ग का विकर्ण = एक भुजा $\times \sqrt{2}$

या वर्ग का विकर्ण $= \sqrt{2 \times \text{वर्ग का क्षेत्रफल}}$

34.9 समलम्ब चतुर्भुज का क्षेत्रफल $= \frac{1}{2} \times$ ऊँचाई $\times$ समान्तर भुजाओं का योग

34.10 n भुजा वाले नियमित बहुभुजाकार क्षेत्र को n समान समद्विबाहु त्रिभुजों में बाँटा जा सकता है, जिसमें प्रत्येक शीर्ष कोर्ण $= \frac{360°}{n}$ होगा।

$\therefore$ बहुभुज का क्षेत्रफल $= n \times$ एक समद्विबाहु त्रिभुज का क्षेत्रफल

बहुभुज का परिमाप $= n \times$ एक भुजा

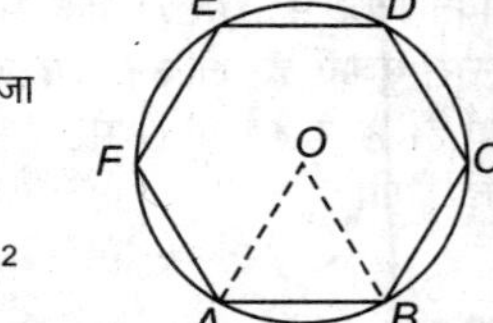

$\therefore$ नियमित षट्भुज का क्षेत्रफल $= 6 \times \frac{\sqrt{3}}{4}$ भुजा^{2}

$= \frac{3\sqrt{3}}{2}$ भुजा^{2}

एक नियमित षट्भुज का परिमाप $= 6 \times$ भुजा

समषट्भुज की भुजा = परिवृत्त की त्रिज्या

34.11 वृत्त का व्यास $= 2 \times$ त्रिज्या $= 2r$

वृत्त की परिधि $= 2\pi \times$ त्रिज्या $= 2\pi r$

या वृत्त की परिधि $= \pi \times$ व्यास $= \pi d$ (जहाँ d वृत्त का व्यास है)

वृत्त का क्षेत्रफल $= \pi \times$ त्रिज्या$^2 = \pi r^2$

वृत्त की त्रिज्या $= \frac{\text{वृत्त की परिधि}}{2\pi}$

या वृत्त की त्रिज्या $= \sqrt{\frac{\text{वृत्त का क्षेत्रफल}}{\pi}}$

अर्द्धवृत्त का परिमाप $= (\pi + 2)r = \frac{(\pi + 2)d}{2}$

अर्द्धवृत्त का क्षेत्रफल $= \frac{1}{2}\pi r^2 = \frac{1}{8}\pi d^2$

त्रिज्याखण्ड का क्षेत्रफल $= \frac{\theta°}{360°} \times$ वृत्त का क्षेत्रफल $= \frac{\theta°}{360°} \times \pi r^2$

त्रिज्याखण्ड का परिमाप $= \left(2 + \frac{\pi\theta}{180°}\right)r$

वृत्तखण्ड का क्षेत्रफल $= \left(\frac{2\theta}{360°} - \frac{1}{2}\sin\theta\right)r^2$

वृत्तखण्ड का परिमाप $= l + \frac{\pi r \theta}{180°}$, जहाँ l = जीवा की लम्बाई

चाप की लम्बाई $= \frac{\theta°}{360°} \times$ वृत्त की परिधि $= \frac{\theta°}{360°} \times 2\pi r$

साधित उदाहरण

उदाहरण 1 *एक समषट्भुज जिसकी प्रत्येक भुजा 2 सेमी है, का क्षेत्रफल होगा*

हल $\because$ समषट्भुज की भुजा = 2 सेमी

तथा समषट्भुज का क्षेत्रफल $= \frac{6\sqrt{3a^2}}{4}$

अत: समषट्भुज का क्षेत्रफल $= \frac{6\sqrt{3} \times 2 \times 2}{4}$

$= 6\sqrt{3}$ सेमी

उदाहरण 2 *ABCDEF एक समषट्भुज है। जिसकी प्रत्येक भुजा a है। इस समषट्भुज की भुजा AC की लम्बाई ज्ञात करो।*

हल $\because$ $\angle ABC = 120°$ (समषट्भुज का प्रत्येक कोण 120° होता है)

ΔABC में,

$$AC^2 = AB^2 + BC^2 - 2AB \cdot BC \cos B$$
$$= a^2 + a^2 - 2a \times a \cos 120°$$
$$= 2a^2 + 2a^2 \sin 30°$$

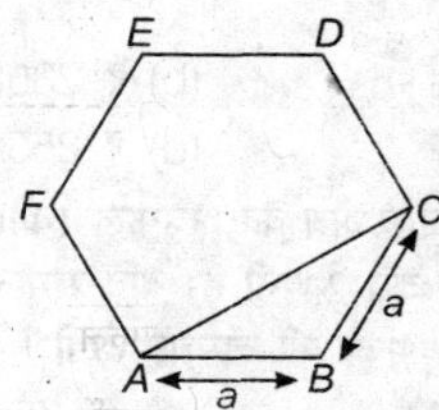

$= 3a^2$

$\Rightarrow \quad AC = \sqrt{3}a$

■ **उदाहरण 3** *एक समकोणिक त्रिभुज के कर्ण की लम्बाई, उसके आधार की लम्बाई से 2 सेमी अधिक है तथा उसके लम्ब की लम्बाई के दोगुने से 1 सेमी अधिक है। त्रिभुज का क्षेत्रफल है*

हल माना लम्ब $= x$ सेमी

कर्ण $= 2x + 1$ सेमी

आधार $= 2x - 1$ सेमी

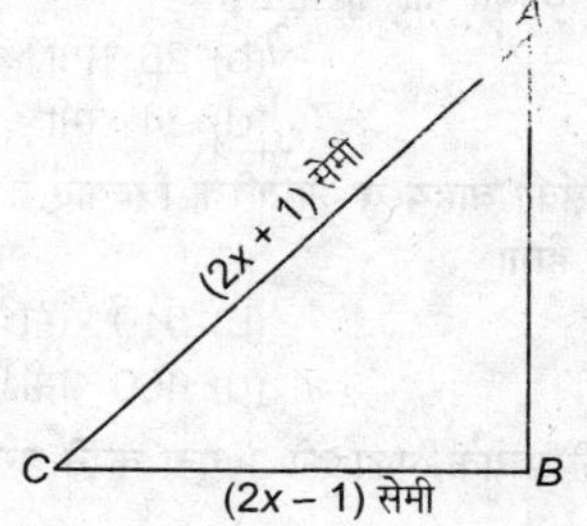

तथा हम जानते हैं, कि कर्ण^2 = लम्ब^2 + आधार^2

$$(2x+1)^2 = x^2 + (2x-1)^2$$

$$\Rightarrow \quad 4x^2 + 1 + 4x = 4x^2 + 1 - 4x + x^2$$

$$\Rightarrow \quad x^2 - 8x = 0$$

$$\Rightarrow \quad x(x-8) = 0$$

$$\Rightarrow \quad x = 0, 8$$

$\therefore$ लम्ब $= 8$ $\quad (\because x \neq 0)$

$\therefore$ आधार $= 2 \times 8 - 1 = 15$

अतः ΔABC का क्षेत्रफल $= \frac{1}{2} \times 15 \times 8 = 60$ मी^{2}

■ **उदाहरण 4** *एक समान्तर चतुर्भुज का एक विकर्ण 80 सेमी तथा इसके दो बाहरी शीर्ष में से किसी भी शीर्ष से इस विकर्ण की लम्बवत् दूरी 32 सेमी है। समान्तर चतुर्भुज का क्षेत्रफल ज्ञात कीजिए।*

हल

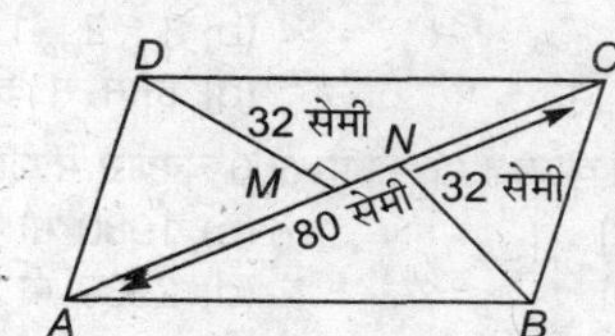

समान्तर चतुर्भुज का क्षेत्रफल $= \frac{1}{2} AC \times (DM + BN)$

$= \frac{1}{2} \times 80\,(32 + 32) = 2560$ सेमी^{2}

■ **उदाहरण 5** *एक वृत्त पर चार बिन्दु A, B, C, D इस प्रकार हैं कि वे एक वर्ग A, B, C, D बनाते हैं। वृत्त का क्षेत्रफल 3850 वर्ग मी है तो वर्ग का क्षेत्रफल क्या होगा?*

हल $\because$ वृत्त का क्षेत्रफल $= \pi r^2$

$$\Rightarrow \quad 3850 = \frac{22}{7} r^2$$

$$\Rightarrow \quad \frac{3850 \times 7}{22} = r^2$$

$$\Rightarrow \quad \sqrt{1225} = r$$

$$\Rightarrow \quad 35 = r$$

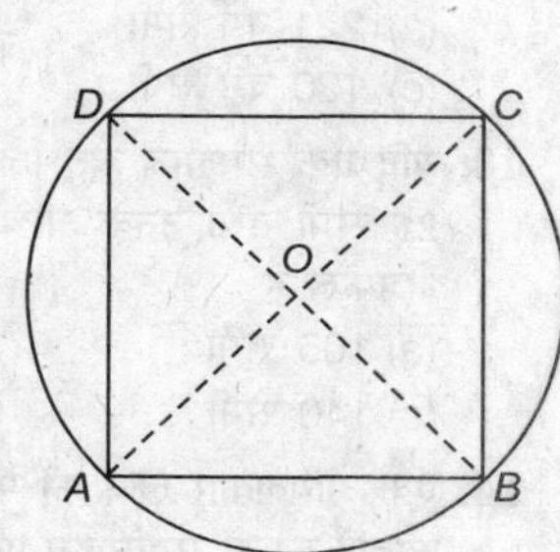

$\therefore$ वर्ग का क्षेत्रफल $= \frac{1}{2} \times 70 \times 70$

$= 2450$ मी^{2}

अभ्यास प्रश्न

1. समबाहु त्रिभुज तथा एक आयत का परिमाप समान है तथा 24 मी है। उनके क्षेत्रफलों का अनुपात $\sqrt{3} : 2$ हो, तो आयत की लम्बी भुजा होगी

(a) 7.5 मी (b) 9 मी (c) 10 मी (d) 8 मी

2. यदि किसी वर्ग *ABCD* के विकर्ण *AC* की लम्बाई 5.2 सेमी हो, तो इसका क्षेत्रफल होगा

(a) 15.12 वर्ग सेमी (b) 13.52 वर्ग सेमी
(c) 12.62 वर्ग सेमी (d) 10 वर्ग सेमी

3. यदि एक वृत्त का अर्द्धव्यास 5% कम कर दिया जाए, तो उसका क्षेत्रफल कम हो जाएगा

(a) 2.5% (b) 25% (c) 16.75% (d) 9.7%

4. एक समबाहु त्रिभुज के अन्तर्गत एक वृत्त बनाया गया है। वृत्त का क्षेत्रफल 231 वर्ग सेमी है। त्रिभुज का परिमाप है

(a) $63\sqrt{2}$ सेमी (b) $29\sqrt{2}$ सेमी
(c) $45\sqrt{2}$ सेमी (d) इनमें से कोई नहीं

5. यदि एक आयत की लम्बाई 2 इकाई बढ़ा दी जाए तथा चौड़ाई 2 इकाई कम कर दी जाए, तो उसका क्षेत्रफल 20 वर्ग इकाई बढ़ जाता है। यदि लम्बाई 2 इकाई कम कर दी जाए तथा चौड़ाई 1 इकाई बढ़ा दी जाए, तो क्षेत्रफल 37 वर्ग इकाई कम हो जाता है। आयत का क्षेत्रफल (वर्ग इकाई में) है

(a) 253 (b) 168
(c) 260 (d) इनमें से कोई नहीं

6. एक वृत्त पर चार बिन्दु *A, B, C, D* इस प्रकार हैं कि वे एक वर्ग *ABCD* बनाते हैं। वृत्त का क्षेत्रफल 3850 वर्ग मी है। वर्ग का क्षेत्रफल होगा

(a) 246 मी^{2} (b) 1150 मी^{2}
(c) 2450 मी^{2} (d) 4430 मी^{2}

7. एक समचतुर्भुज का एक विकर्ण 80 सेमी है तथा इसके दो बाहरी शीर्षों में से किसी भी शीर्ष से इस विकर्ण की लम्बवत् दूरी 32 सेमी है। समचतुर्भुज का क्षेत्रफल है

(a) 1920 सेमी^{2} (b) 1280 सेमी^{2}
(c) 2560 सेमी^{2} (d) इनमें से कोई नहीं

8. एक वर्ग, एक आयत तथा एक समकोणीय समद्विबाहु त्रिभुज का परिमाप समान है। अधिकतम क्षेत्रफल वाली आकृति है
(a) आयत (b) वर्ग
(c) समकोणीय समद्विबाहु त्रिभुज (d) ज्ञात नहीं किया जा सकता

9. 20 सेमी के एक वृत्त 'A' के अन्दर दो संकेन्द्री वृत्त 'B' तथा 'C' इस प्रकार बनाए गए हैं कि वृत्त 'A' तीन बराबर क्षेत्रफल के स्थानों में विभक्त हो जाता है। $A:B:C$ के अर्द्धव्यासों का अनुपात है
(a) 9 : 4 : 1 (b) 3 : 2 : 1
(c) $\sqrt{3}:\sqrt{2}:1$ (d) इनमें से कोई नहीं

10. एक पहिए का व्यास 1.26 मी है। 500 चक्करों में पहिए द्वारा तय की गई दूरी है
(a) 2530 मी (b) 1980 मी
(c) 1492 मी (d) 2880 मी

11. एक ΔABC में, एक रेखा PQ, BC के समान्तर बनाई जाती है ताकि P तथा Q क्रमशः AC तथा AB पर स्थित हों। यदि $AP = PC$, तो त्रिभुज APQ के क्षेत्रफल का चतुर्भुज $QPCB$ के क्षेत्रफल से अनुपात है
(a) 1 : 9 (b) 1 : 3
(c) 1 : 8 (d) इनमें से कोई नहीं

12. यदि एक आयत का विकर्ण 13 सेमी तथा इसका परिमाप 34 सेमी हो, तो आयत का क्षेत्रफल है
(a) 221 वर्ग सेमी (b) 60 वर्ग सेमी
(c) 120 वर्ग सेमी (d) 1105 वर्ग सेमी

13. यदि एक समलम्ब चतुर्भुज की दो समान्तर भुजाओं की लम्बाई 15 सेमी व 25 सेमी तथा उनके बीच की दूरी 7 सेमी हो, तो समलम्ब चतुर्भुज का क्षेत्रफल है
(a) 105 सेमी^{2} (b) 125 सेमी^{2}
(c) 140 सेमी^{2} (d) इनमें से कोई नहीं

14. एक आयताकार लॉन की माप 75 मी $\times$ 60 मी है। लॉन के बीच 4 मी समान चौड़ाई की दो सड़कें इस प्रकार बनी हुई हैं कि एक सड़क लॉन की लम्बाई के समान्तर तथा दूसरी उसकी चौड़ाई के समान्तर है, तो सड़क पर 4.50 मी^{2} की दर से रोड़ी बिछवाने का खर्च होगा
(a) ₹ 2258 (b) ₹ 2358
(c) ₹ 2458 (d) ₹ 2558

15. समलम्ब आकार के एक क्षेत्र का क्षेत्रफल 1440 वर्ग मी है। समान्तर भुजाओं के बीच की लम्बवत् दूरी 24 मी है। यदि समान्तर भुजाओं का अनुपात 5 : 3 हो, तो बड़ी समान्तर भुजा की लम्बाई होगी
(a) 75 मी (b) 45 मी
(c) 120 मी (d) 60 मी

16. एक समकोणिक त्रिभुज के कर्ण की लम्बाई, उसके आधार की लम्बाई से 2 सेमी अधिक है तथा उसके लम्ब की लम्बाई के दोगुने से 1 सेमी अधिक है। त्रिभुज का क्षेत्रफल है
(a) 30 सेमी^{2} (b) 60 सेमी^{2}
(c) 240 सेमी^{2} (d) 120 सेमी^{2}

17. एक वर्ग और एक आयत के क्षेत्रफल बराबर है। आयत की लम्बाई, वर्ग की भुजा की लम्बाई से 5 सेमी अधिक है तथा चौड़ाई वर्ग की भुजा की लम्बाई से 3 सेमी कम है। आयत का परिमाप है
(a) 17 सेमी (b) 26 सेमी
(c) 30 सेमी (d) 34 सेमी

18. एक अँगूठी, जिसकी बाह्य व आन्तरिक त्रिज्याएँ क्रमशः 20 सेमी व 15 सेमी हैं, का क्षेत्रफल होगा
(a) 550 सेमी^{2} (b) 510 सेमी^{2}
(c) 500 सेमी^{2} (d) 450 सेमी^{2}

19. किसी त्रिभुज की प्रत्येक भुजा को 3 गुना करने पर परिमिति कितने गुना बढ़ जाएगी?
(a) 2 (b) 3
(c) 4 (d) 5

20. एक समकोण त्रिभुज की परिमिति 12 सेमी और कर्ण 5 सेमी है। इसका क्षेत्रफल कितना होगा?
(a) 6 वर्ग सेमी (b) 7 वर्ग सेमी
(c) 10 वर्ग सेमी (d) 8 वर्ग सेमी

उत्तरमाला

1. (d)	**2.** (b)	**3.** (d)	**4.** (a)	**5.** (a)	**6.** (c)	**7.** (c)	**8.** (b)	**9.** (d)	**10.** (b)
11. (b)	**12.** (b)	**13.** (c)	**14.** (b)	**15.** (a)	**16.** (b)	**17.** (d)	**18.** (a)	**19.** (b)	**20.** (a)

संकेत एवं हल

नोट *सभी प्रश्नों के हल हेतु स्मरणीय बिन्दु 34.1 से 34.11 तक का अवलोकन करें।*

1. माना समबाहु त्रिभुज की भुजा $= a$

आयत की लम्बाई $= l$

तथा आयत की चौड़ाई $= b$

प्रश्नानुसार, $3a = 2(l + b) = 24$

$\Rightarrow \quad a = 8$ मी, $l + b = 12 \quad \ldots(i)$

तथा $\dfrac{\dfrac{\sqrt{3}\times 8\times 8}{4}}{lb} = \dfrac{\sqrt{3}}{2} \Rightarrow \quad lb = 32$

हम जानते हैं, कि

$$l - b = \sqrt{(l+b)^2 - 4lb} = \sqrt{144 - 128} = \sqrt{16}$$

$l - b = 4 \quad \ldots(ii)$

समी (i) व (ii) को हल करने पर,

$l = 8$ तथा $b = 4$

अतः आयत की लम्बाई = 8 मी

3. वृत्त का क्षेत्रफल $= \pi r^2$

अर्द्धव्यास अर्थात् r में 5% की कमी करने पर,

वृत्त का क्षेत्रफल $= \pi\left(r - \frac{5r}{100}\right)^2 = \pi r^2\left(\frac{19}{20}\right)^2$

क्षेत्रफल में प्रतिशत कमी

$$= \frac{\pi r^2\left(1 - \left(\frac{19}{20}\right)^2\right)}{\pi r^2} \times 100 = \frac{20^2 - 19^2}{20^2} \times 100$$

$$= \frac{(20-19)(20+19)}{400} \times 100 = \frac{39}{4} = 9.7\%$$

4. माना त्रिभुज की भुजा $= a$

$\therefore \quad CD = \frac{\sqrt{3}a}{2}$

$\because \quad OD = \frac{1}{3}CD = \frac{1}{3} \times \frac{\sqrt{3}a}{2} = \frac{a}{2\sqrt{3}}$

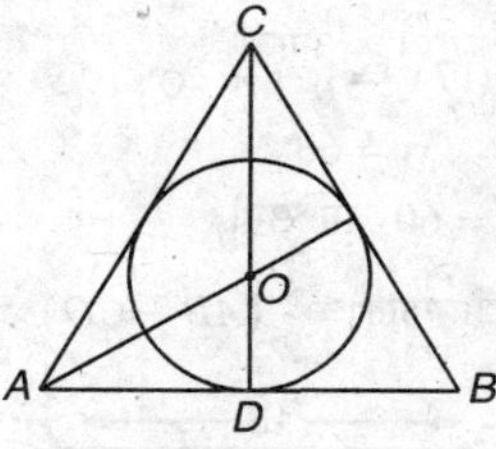

वृत्त का क्षेत्रफल = 231 वर्ग सेमी

$\Rightarrow \quad \pi\left(\frac{a}{2\sqrt{3}}\right)^2 = 231$

$\Rightarrow \quad a^2 = \frac{231 \times 4 \times 3 \times 7}{22} = 882 \Rightarrow a = 21\sqrt{2}$

अत: समबाहु त्रिभुज का परिमाप $= 3 \times 21\sqrt{2} = 63\sqrt{2}$ सेमी

5. माना आयत की लम्बाई $= x$

तथा आयत की चौड़ाई $= y$

प्रश्नानुसार,

$(x+2)(y-2) = xy + 20$

$\Rightarrow \quad xy + 2y - 2x - 4 = xy + 20$

$\Rightarrow \quad 2y - 2x = 24$

$\Rightarrow \quad y - x = 12 \quad \ldots(i)$

तथा $\quad (x-2)(y+1) = xy - 37$

$\Rightarrow \quad xy - 2y + x - 2 = xy - 37$

$\Rightarrow \quad 2y - x = 35 \quad \ldots(ii)$

समी (i) व (ii) को हल करने पर $x = 11$ तथा $y = 23$

अत: आयत का क्षेत्रफल $= xy = 11 \times 23$

$= 253$ वर्ग इकाई

6. वृत्त का क्षेत्रफल = 3850 मी²

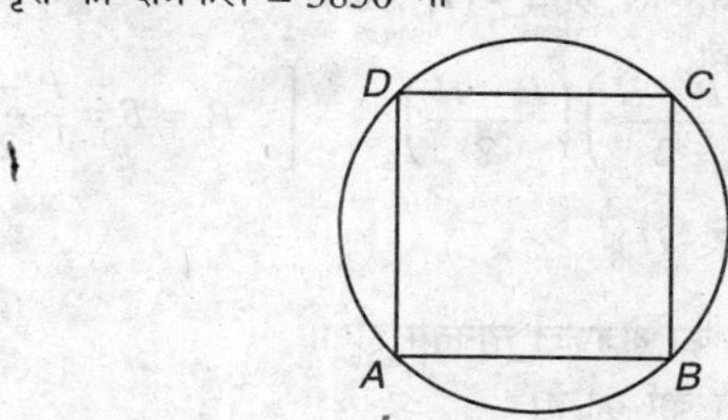

$\Rightarrow \quad \pi r^2 = 3850$

$\Rightarrow \quad \frac{22}{7}r^2 = 3850$

$\Rightarrow \quad r^2 = 1225$

$\Rightarrow \quad r = 35$ मी

वृत्त का व्यास $= 2r = 70$ मी

वर्ग का विकर्ण = 70 मी

$\therefore$ वर्ग का क्षेत्रफल $= \frac{1}{2}(70)^2 = 2450$ मी²

8. माना वर्ग का परिमाप P तथा भुजा की लम्बाई a है।

तब, $\quad 4a = P \Rightarrow a = \frac{P}{4}$

वर्ग का क्षेत्रफल $= a^2 = \frac{P^2}{16}$

माना आयत का परिमाप P है।

तब, $\quad 2(l + b) = P$

$\Rightarrow \quad b = \frac{P}{2} - l$

आयत का क्षेत्रफल, $A = lb$

$= l\left(\frac{P}{2} - l\right) = \frac{Pl}{2} - l^2$

$\Rightarrow \quad A = -\frac{P^2}{16} + \frac{P^2}{16} + \frac{Pl}{2} - l^2$

$= \frac{P^2}{16} - \left(\frac{P}{4} - l\right)^2$

आयत का क्षेत्रफल अधिकतम होगा, यदि

$\frac{P}{4} - l = 0 \Rightarrow l = \frac{P}{4}$

तथा $\quad b = \frac{P}{2} - l = \frac{P}{4} \therefore l = b$

अत: आयत एक वर्ग है।

माना समकोणीय त्रिभुज का परिमाप P है।

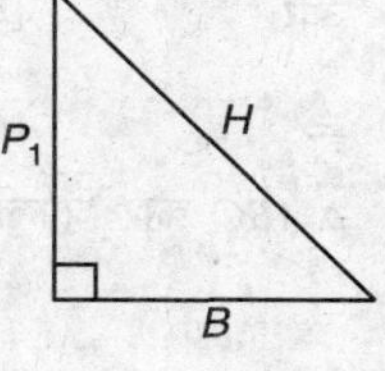

$\therefore \quad H + B + P_1 = P$

परन्तु $\quad B = P_1$

$\Rightarrow \quad H + 2B = P \Rightarrow B = \frac{P - H}{2}$

समकोणीय त्रिभुज का क्षेत्रफल, $A = \frac{1}{2}(P_1 \times B)$

$$= \frac{1}{2}\left(\frac{P-H}{2}\right)\left(\frac{P-H}{2}\right) \qquad \left[\because P_1 = B = \frac{P-H}{2}\right]$$

$$= \frac{1}{8}(P-H)^2$$

$P = H$ होने पर त्रिभुज का क्षेत्रफल न्यूनतम होगा।

अत: अधिकतम क्षेत्रफल वर्ग का है।

9. $\because$ बड़े वृत्त का क्षेत्रफल $= \pi R_3^2 = \pi(20)^2 = 400\pi$ सेमी^{2}

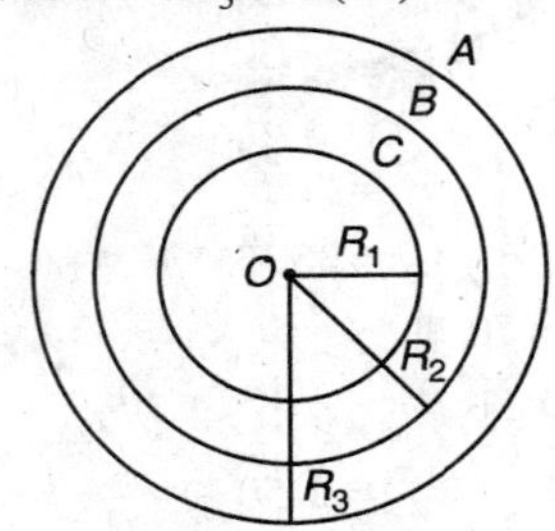

$\therefore$ प्रत्येक खण्ड का क्षेत्रफल $= \frac{400\pi}{3}$ सेमी^{2}

$$\therefore \qquad \pi R_1^2 = \frac{400\pi}{3}$$

$$\Rightarrow \qquad R_1^2 = \frac{400}{3} \Rightarrow R_1 = \frac{20}{\sqrt{3}}$$

अब, $\pi(R_2^2 - R_1^2) = \frac{400\pi}{3}$

$$\Rightarrow \qquad R_2^2 = \frac{800}{3} \Rightarrow R_2 = \frac{20\sqrt{2}}{\sqrt{3}}$$

$$\therefore \qquad R_1 : R_2 : R_3 = \frac{20}{\sqrt{3}} : \frac{20\sqrt{2}}{\sqrt{3}} : 20 = 1 : \sqrt{2} : \sqrt{3}$$

11. दिया गया है, $PQ \parallel BC$

$AM \perp BC$

$\Rightarrow \quad AM \perp PQ$

$\because \quad AP = PC$

$\therefore \quad AP = \frac{1}{2}AC$

$\Rightarrow \quad PQ = \frac{1}{2}BC$

$\Rightarrow \quad BC = 2PQ$

और $\quad AN = \frac{1}{2}AM$

$\Rightarrow \quad AM = 2AN$

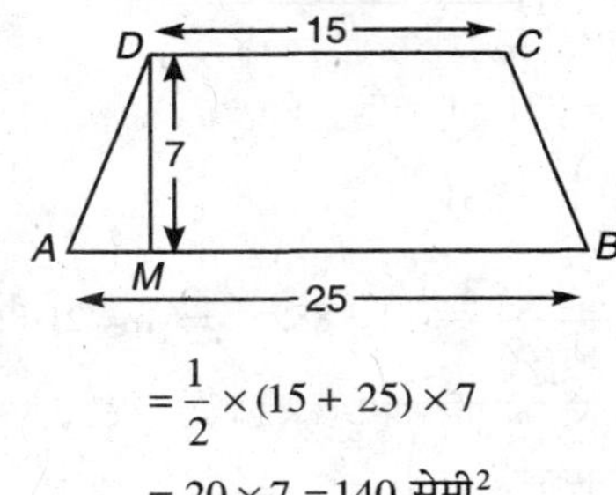

ΔABC का क्षेत्रफल $= \frac{1}{2} BC \times AM = \frac{1}{2}(2PQ \times 2AN)$

$= 2(PQ \times AN)$

ΔAPQ का क्षेत्रफल $= \frac{1}{2}(PQ \times AN)$

चतुर्भुज $QPCB$ का क्षेत्रफल

$$= 2(PQ \times AN) - \frac{1}{2}(PQ \times AN)$$

$$= \frac{3}{2}(PQ \times AN)$$

$$\therefore \frac{(\Delta APQ) \text{ का क्षेत्रफल}}{(\square QPCB) \text{ का क्षेत्रफल}} = \frac{\frac{1}{2}(PQ \times AN)}{\frac{3}{2}(PQ \times AN)} = \frac{1}{3} \text{ या } 1:3$$

12. माना आयत की लम्बाई x व चौड़ाई y हैं।

आयत का विकर्ण = 13

$\Rightarrow \quad x^2 + y^2 = 169 \quad$ ...(i)

आयत का परिमाप = 34

$\Rightarrow \quad 2(x + y) = 34$

$\Rightarrow \quad x + y = 17 \quad$ ...(ii)

अब, $\quad (x + y)^2 = x^2 + y^2 + 2xy$

समी (i) व (ii) से,

$(17)^2 = 169 + 2xy$

$xy = 60$

$\therefore$ आयत का क्षेत्रफल = 60 वर्ग सेमी

13. समलम्ब चतुर्भुज का क्षेत्रफल $= \frac{1}{2}(AB + CD) \times DM$

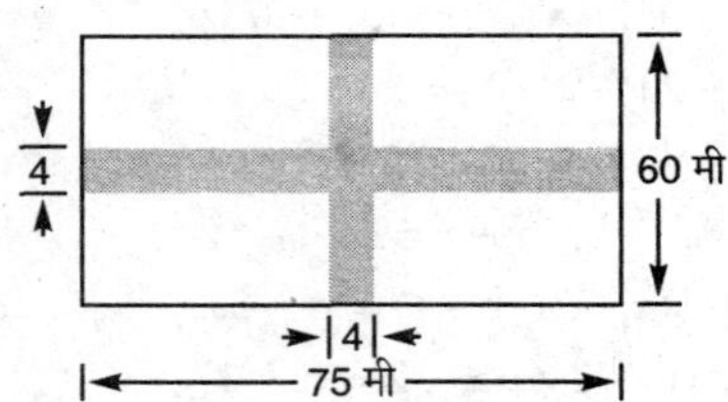

$$= \frac{1}{2} \times (15 + 25) \times 7$$

$$= 20 \times 7 = 140 \text{ सेमी}^2$$

14. लम्बाई के समान्तर सड़क का क्षेत्रफल

$= 75 \times 4 = 300$ मी^{2}

60 मी
4
4
75 मी

चौड़ाई के समान्तर सड़क का क्षेत्रफल $= 60 \times 4 = 240$ मी^{2}

दोनों सड़कों के उभयनिष्ठ भाग का क्षेत्रफल $= 4 \times 4 = 16$ मी^{2}

$\therefore$ सड़क का क्षेत्रफल $= (300 + 240 - 16)$

$= 524$ मी^{2}

सड़क पर रोड़ी बिछवाने का खर्च

$= 524 \times 4.50 =$ ₹ 2358

15. माना समान्तर भुजाएँ $5x$ मी तथा $3x$ मी हैं। तब,

$$\text{क्षेत्रफल} = \frac{1}{2}(5x + 3x) \times 24$$

$\Rightarrow$ $1440 = 12 \times 8x$

$\Rightarrow$ $x = \dfrac{1440}{12 \times 8} = 15$

अत: समान्तर भुजाएँ $15 \times 5 = 75$ मी तथा $3 \times 15 = 45$ मी हैं।

17. माना वर्ग की भुजा की लम्बाई x सेमी तथा आयत की लम्बाई व चौड़ाई a सेमी व b सेमी हैं।

तब, $a = x + 5$

तथा $b = x - 3$

प्रश्नानुसार, $x^2 = ab = (x+5)(x-3)$

$\Rightarrow$ $x^2 = x^2 + 2x - 15$

$\Rightarrow$ $2x = 15$

$\Rightarrow$ $x = \dfrac{15}{2}$

$\therefore$ $a = \dfrac{15}{2} + 5 = \dfrac{25}{2}$ तथा $b = \dfrac{15}{2} - 3 = \dfrac{9}{2}$

$\therefore$ आयत का परिमाप $= 2\left(\dfrac{25}{2} + \dfrac{9}{2}\right) = 34$ सेमी

19. माना कि त्रिभुज की भुजाएँ क्रमश: $x, 2x$ तथा $3x$ सेमी हैं,

तो परिमिति $= x + 2x + 3x = 6x$ सेमी

पुन: त्रिभुज की भुजाओं को 3 गुना करने पर,

त्रिभुज की भुजाएँ $3x, 6x$ तथा $9x$ सेमी होंगी तथा

परिमिति $= 3x + 6x + 9x = 18x$ सेमी होगी।

परिमिति में $\dfrac{18x}{6x} = 3$ गुना वृद्धि हो जाएगी।

नोट *किसी त्रिभुज की प्रत्येक भुजा को x से गुणा करने पर परिमिति x से गुणा तथा क्षेत्रफल x^2 से गुणा हो जाता है।*

20. माना कि एक भुजा (लम्ब) $= x$ सेमी है,

तो दूसरी भुजा (आधार) $= 12 - 5 - x = (7 - x)$ सेमी

$$(\text{कर्ण})^2 = (\text{लम्ब})^2 + (\text{आधार})^2$$

या $(5)^2 = (x)^2 + (7-x)^2$

या $25 = x^2 + 49 - 14x + x^2$

या $25 = 2x^2 - 14x + 49$

या $2x^2 - 14x + 49 - 25 = 0$

या $2x^2 - 14x + 24 = 0$

या $x^2 - 7x + 12 = 0$

या $x^2 - 4x - 3x + 12 = 0$

या $x(x-4) - 3(x-4) = 0$

या $(x-3)(x-4) = 0$

$\therefore$ $x = 3$ या 4

$\therefore$ त्रिभुज का लम्ब = 3 सेमी, तो आधार $= 7 - x = 7 - 3 = 4$ सेमी

या त्रिभुज का लम्ब = 4 सेमी, तो आधार $= 7 - x = 7 - 4 = 3$ सेमी

अत: त्रिभुज का क्षेत्रफल $= \dfrac{1}{2} \times \text{लम्ब} \times \text{आधार} = \dfrac{1}{2} \times 3 \times 4 = 6$ वर्ग सेमी

35

घन, घनाभ तथा बेलन

Cube, Cuboid and Cylinder

घन (Cube)

छः पृष्ठों से घिरी वह आकृति जिसमें प्रत्येक पृष्ठ एक वर्ग होता है और सम्मुख पृष्ठ बराबर होते हैं, घन कहलाती है।

उदाहरणार्थ वर्गाकार बक्सा

संलग्न चित्र में एक घन को दर्शाया गया है, जिसकी प्रत्येक भुजा a है।

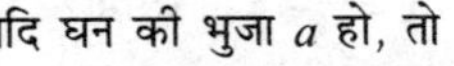

यदि घन की भुजा a हो, तो

(i) घन का आयतन $= a^3$

(ii) घन के सम्पूर्ण सतह का क्षेत्रफल $= 6a^2$

(iii) घन का विकर्ण $= \sqrt{3}a$

घनाभ (Cuboid)

छः पृष्ठों से घिरी वह आकृति, जिसमें प्रत्येक पृष्ठ एक आयत होता है और सम्मुख पृष्ठ बराबर होते हैं, आयताकार पिंड या घनाभ कहलाती है, जैसे—किताब, ईंट, माचिस की डिबियाँ इत्यादि।

नीचे दिए गए चित्र में एक घनाभ दर्शाया गया है जिसकी लम्बाई l, चौड़ाई b और ऊँचाई h है।

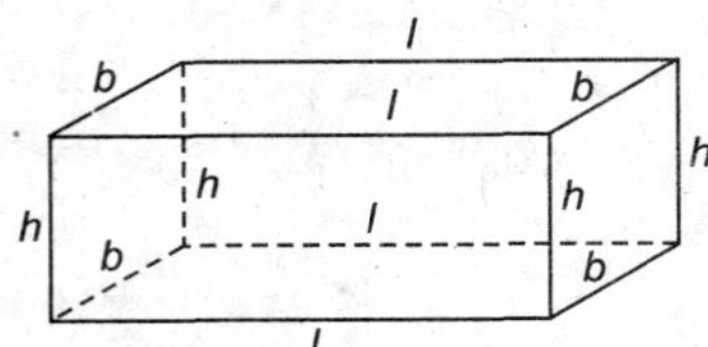

यदि किसी आयताकार ठोस की लम्बाई l, चौड़ाई b तथा ऊँचाई h हो, तो

(i) घनाभ का आयतन $= l \times b \times h$

(ii) घनाभ के समस्त पृष्ठों का क्षेत्रफल $= 2\,(lb + bh + hl)$

(iii) घनाभ का विकर्ण $= \sqrt{l^2 + b^2 + h^2}$

बेलन (Cylinder)

किसी वृत्त की परिधि पर लम्ब रूप से हमेशा अपने ही समान्तर किसी सरल रेखा के घूमने से जिस पिण्ड का निर्माण होता है, उसे समवृत्ताकार बेलन (Right Circular Cylinder) कहते हैं।

नीचे चित्र में एक बेलन को दर्शाया गया है।

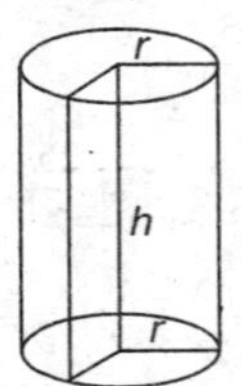

यदि किसी बेलन के आधार वृत्त की त्रिज्या r तथा ऊँचाई h है, तो

(i) बेलन का आयतन $= \pi r^2 h$

(ii) वक्रपृष्ठ का क्षेत्रफल $= 2\pi rh$

(iii) सम्पूर्ण पृष्ठ का क्षेत्रफल $= 2\pi r\,(r + h)$

खोखला बेलन (Hollow cylinder)

माना बेलन की बाहरी त्रिज्या R, आन्तरिक त्रिज्या r तथा ऊँचाई h है। तब,

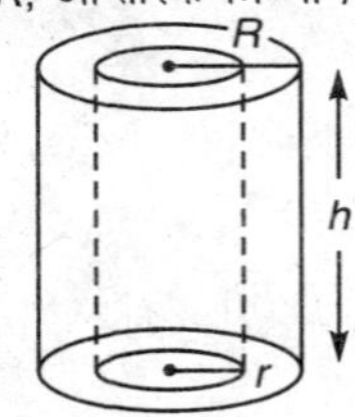

(i) आयतन $= \pi(R^2 - r^2)h$

(ii) वक्रपृष्ठ $= 2\pi(R - r)h$

(iii) सम्पूर्ण पृष्ठ $= 2\pi(R + r)\,(h + R - r)$

स्मरणीय बिन्दु

35.1 (i) घन के कुल छः पृष्ठ होते हैं, प्रत्येक पृष्ठ की लम्बाई समान होती है।

(ii) घन के 12 किनारे होते हैं।

(iii) घनाभ के छः पृष्ठ होते हैं। इनके आमने-सामने के पृष्ठ समान होते हैं।

(iv) घनाभ के 12 किनारे होते हैं।

35.2 (i) किसी कमरे में रखे जा सकने वाले बड़े से बड़े बाँस अथवा डिबिया में रखी जा सकने वाली सुई की अधिकतम लम्बाई विकर्ण के बराबर होती है।

(ii) 1 घन मी = 1000000 घन सेमी = 1000 घन डेसीमीटर

35.3 बेलन में कुल तीन सतहें होती हैं। ऊपर और नीचे दो बराबर वृत्ताकार सतहें होती हैं और बीच का वक्र सतह वक्रपृष्ठ कहलाता है।

साधित उदाहरण

■ **उदाहरण 1** *120 मी लम्बे, 30 मी चौड़े तथा 40 मी ऊँचे कमरे में रखी जा सकने वाली छड़ की अधिकतम लम्बाई क्या होगी?*

हल कमरे में रखी जा सकने वाली छड़ की लम्बाई

$$= \sqrt{(120)^2 + (30)^2 + (40)^2}$$

$$= \sqrt{14400 + 900 + 1600} = \sqrt{16900} = 130 \text{ मी}$$

■ **उदाहरण 2** *OA, OB, OC एक घन के एक ही शीर्ष O पर मिलने वाली कोरे हैं। यदि प्रत्येक कोर की लम्बाई a इकाई हो, तो ΔABC का क्षेत्रफल क्या होगा?*

हल $OA = OB = OC = a$

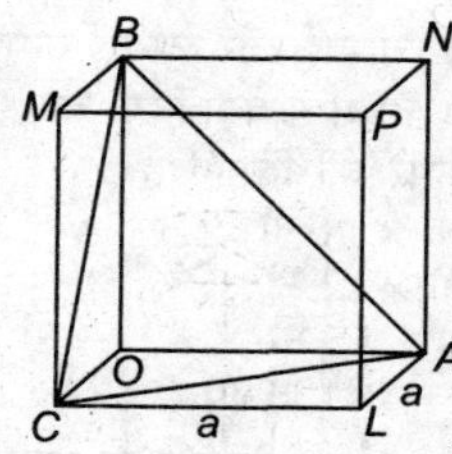

$$\therefore \quad \frac{AB}{BC} = \frac{2a^2}{\sqrt{2a}}$$

$$\Delta ABC \text{ का क्षेत्रफल} = \frac{\sqrt{3}}{4}(AB)^2$$

$$= \frac{\sqrt{3}}{4}(\sqrt{2}a)^2$$

$$= \frac{\sqrt{3}}{2}a^2 \text{ वर्ग इकाई}$$

■ **उदाहरण 3** *एक बक्से की लम्बाई 10 मी, चौड़ाई 6 मी तथा ऊँचाई 4 मी है। बक्से में 15 घन मी आयतन वाले कितने घन रखे जा सकते हैं?*

हल $\because$ बक्से की लम्बाई = 10 मी, चौड़ाई = 6 मी, ऊँचाई = 4 मी

बक्से का क्षेत्रफल = ल. × चौ. × ऊ.

$$= 10 \times 6 \times 4 = 240 \text{ घन मी}$$

$$\text{कुल घनों की संख्या} = \frac{\text{बक्से का आयतन}}{\text{घन का आयतन}}$$

$$= \frac{240}{15} = 16$$

■ **उदाहरण 4** *किसी घन की विमाएँ 40%, 20% तथा 10% बढ़ा दी जाती है, तो उसका वक्रपृष्ठ कितना बढ़ जायेगा?*

हल माना घन की भुजा $= x$ इकाई

$$\text{घन का क्षेत्रफल} = 6x^2 \text{ इकाई}^2$$

$$\text{नये घन (घनाभ) की विमाएँ} = \frac{x \times 140}{100} = \frac{7}{5}x$$

$$\frac{x \times 120}{100} = \frac{6x}{5}$$

$$\text{तथा} \quad \frac{x \times 110}{100} = \frac{11x}{10}$$

$\therefore$ नए घन (घनाभ) का वक्रपृष्ठ

$$= 2\left(\frac{7x}{5} \times \frac{6x}{5} + \frac{6x}{5} \times \frac{11x}{10} + \frac{11x}{10} \times \frac{7x}{5}\right)$$

$$= 2x^2\left(\frac{42}{25} + \frac{66}{50} + \frac{77}{50}\right)$$

$$= 2x^2\left(\frac{84 + 66 + 77}{50}\right)$$

$$= \frac{227}{25}x^2 = 9.08x^2$$

$$\text{वक्रपृष्ठ के क्षेत्रफल में वृद्धि} = 9.08x^2 - 6x^2 = 3.08x^2$$

$$\text{प्रतिशत वृद्धि} = \frac{3.08x^2 \times 100}{6x^2} = \frac{308}{6} = 51.33\%$$

■ **उदाहरण 5** *किसी बेलन का वक्रपृष्ठ 1000 वर्ग सेमी है उसके आधार का व्यास 20 सेमी है, बेलन का आयतन क्या होगा?*

हल $\because$ बेलन की त्रिज्या $r = \frac{20}{2} = 10$ सेमी

बेलन के वक्रपृष्ठ का क्षेत्रफल $= 2\pi rh$

$$\Rightarrow \quad 1000 = 2\pi \times 10 \times h$$

$$\Rightarrow \quad h = \frac{1000}{20\pi} = \frac{50}{\pi}$$

बेलन का आयतन $= \pi r^2 h$

$$= \pi \times 10 \times 10 \times \frac{50}{\pi} = 5000 \text{ सेमी}^3$$

अभ्यास प्रश्न

1. 6 सेमी भुजा वाले घन का विकर्ण होगा

(a) $6\sqrt{2}$ सेमी (b) $6\sqrt{3}$ सेमी
(c) $3\sqrt{2}$ सेमी (d) $2\sqrt{3}$ सेमी

2. दो बेलनों में प्रथम के आधार की त्रिज्या, दूसरे के आधार की त्रिज्या की आधी है। किन्तु पहले की ऊँचाई दूसरे की दोगुनी है। उनके आयतनों का अनुपात होगा

(a) 3 : 1 (b) 2 : 1 (c) 1 : 3 (d) 1 : 2

3. एक घन का विकर्ण $6\sqrt{3}$ सेमी है, तो घन का सम्पूर्ण पृष्ठ वर्ग सेमी में होगा

(a) 216 (b) 96
(c) 144 (d) इनमें से कोई नहीं

4. एक घन की कोर 20% बढ़ा दी जाती है। घन का आयतन बढ़ जाएगा

(a) 20% (b) 72.8% (c) 60% (d) 80%

5. 3 सेमी, 4 सेमी तथा 5 सेमी कोर वाले तीन घनों को पिघलाकर एक नया घन बनाया जाता है। इस प्रकार बने घन की कोर होगी

(a) $5\sqrt{2}$ सेमी (b) 3 सेमी
(c) $\sqrt{60}$ सेमी (d) 6 सेमी

6. दो घनों के आयतनों में 8 : 27 का अनुपात है। उनकी कोरों में अनुपात होगा

(a) 3 : 2 (b) 8 : 27
(c) 27 : 8 (d) 2 : 3

7. 10 मी लम्बे, 6 मी चौड़े तथा 4 मी ऊँचे कमरे में रखी जा सकने वाली छड़ की अधिकतम लम्बाई होगी
(a) 12.33 मी (लगभग) (b) 11.65 मी (लगभग)
(c) 15.48 मी (लगभग) (d) इनमें से कोई नहीं

8. यदि किसी आयत की विमाओं को दोगुना कर दिया जाए, तो उसका आयतन हो जाएगा मूल आयतन का
(a) चौगुना (b) दोगुना
(c) आठ गुना (d) इनमें से कोई नहीं

9. एक गोदाम की लम्बाई, चौड़ाई तथा ऊँचाई क्रमशः 15 मी, 8 मी व 10 मी हैं। यह 1200 बोरे अनाज रखने के लिए प्रयोग होता है। यदि गोदाम की सभी विमाओं को दोगुना कर दिया जाए, तो इसमें रखे जा सकने वाले बोरों की अधिकतम संख्या होगी
(a) 2400 (b) 9600
(c) 4800 (d) इनमें से कोई नहीं

10. एक धातु के खोखले बेलनाकार टुकड़े का बाहरी व्यास 28 मिमी तथा आन्तरिक व्यास 14 मिमी है और इसका वजन 462 ग्राम है। अगर नट बनाने के लिए इस टुकड़े को चार बराबर भागों में बाँटा जाए, तो हर टुकड़े की लम्बाई होगी (धातु का घनत्व 10 ग्राम प्रति घन सेमी तथा छीलन नगण्य है)
(a) 25 मिमी (b) 30 मिमी (c) 15 मिमी (d) 20 मिमी

11. एक 4 मी गहरी और 50 मी चौड़ी नहर 5.4 किमी/घण्टा की दर से प्रवाहित हो रही है। नहर का पानी समुद्र में गिरता है। समुद्र में पानी का निस्सरण घन मी/से होगा
(a) 10800 (b) 3000
(c) 1080 (d) 300

12. किसी घनाभ के तीन संलग्न फलकों के क्षेत्रफल क्रमशः p, q और r हैं। उसका आयतन होगा
(a) $\sqrt{pqr}$ (b) pqr
(c) $p^2q^2r^2$ (d) $\sqrt{p^2+q^2+r^2}$

13. 20 सेमी $\times$ 10 सेमी $\times$ 7.5 सेमी माप की कितनी ईंटें 2 मी $\times$ 3 मी $\times$ 3 मी माप की टंकी, जो 3/4 पानी से भरी है, में डाली जाएँ कि टंकी से पानी बाहर न निकले? एक ईंट अपने आयतन का 1/5 पानी अवशोषित करती है
(a) 10000 (b) 3750 (c) 2500 (d) 3000

14. 5 सेमी भुजा का एक घन एक आयताकार टैंक, जिसका माप 25 सेमी $\times$ 18 सेमी है, में रखा गया हैं एवं इसमें 3 सेमी गहराई तक पानी है। टैंक में कितना पानी और डाला जाए कि घन पानी से ठीक ढक जाए?
(a) 50 सेमी^{3} (b) 900 सेमी^{3}
(c) 75 सेमी^{3} (d) 775 सेमी^{3}

15. एक बेलनाकार स्तम्भ का वक्रपृष्ठ 264 मी^{2} है और उसका आयतन 924 मी^{3} है, इसके व्यास का इसकी ऊँचाई से अनुपात कितना होगा?
(a) 7 : 3 (b) 7 : 6 (c) 6 : 7 (d) 3 : 7

16. एक आयताकार कागज का टुकड़ा 44 सेमी $\times$ 10 सेमी का है। इस कागज को मोड़कर ऐसा बेलन बनाया जाता है, जिसकी ऊँचाई 10 सेमी है, तो बेलन का आयतन होगा
(a) 144 सेमी^{3} (b) 1440 सेमी^{3}
(c) 1540 सेमी^{3} (d) 4400 सेमी^{3}

17. एक कमरे की ऊँचाई, चौड़ाई और लम्बाई क्रमशः 3, 5, 7 के अनुपात में हैं। यदि प्रत्येक विमा को 50 सेमी बढ़ा दिया जाए, तो चारों दीवारों का क्षेत्रफल 28 वर्ग मी होगा। कमरे की विमाएँ हैं
(a) 4.2 मी $\times$ 3.0 मी $\times$ 1.8 मी
(b) 2.8 मी $\times$ 2.0 मी $\times$ 1.2 मी
(c) 3.5 मी $\times$ 2.5 मी $\times$ 1.5 मी
(d) 3.15 मी $\times$ 2.2 मी $\times$ 1.35 मी

18. 36 मी लम्बाई $\times$ 16 मी चौड़ाई के हॉल के अन्दर की चार दीवारों का प्लास्टर कराने ₹ 2880 लगते हैं। हॉल की ऊँचाई तथा अन्य कारक समान होते हुए, यदि हॉल के समान आयतन का वर्गाकार हॉल बनाया जाए, तो दीवारों का प्लास्टर कराने में व्यय की प्रतिशत बचत/अधिकता होगी
(a) शून्य (b) 7.7 बचत
(c) 15.4 बचत (d) 7.7 अधिकता

19. एक घनाभ का आयतन 64000 घन सेमी तथा उसकी भुजाओं का अनुपात 1 : 2 : 4 है। सबसे बड़ी भुजा की लम्बाई है
(a) 40 सेमी (b) 60 सेमी (c) 64 सेमी (d) 80 सेमी

20. एक हॉल का क्षेत्रफल 451584 वर्ग सेमी तथा ऊँचाई 400 सेमी है। हॉल की माप क्या होगी जबकि चारों दीवारों का प्लास्टर करने की लागत न्यूनतम हो ?
(a) 1008 सेमी $\times$ 448 सेमी में (b) 672 सेमी $\times$ 672 सेमी में
(c) 576 सेमी $\times$ 784 सेमी में (d) 504 सेमी $\times$ 896 सेमी में

उत्तरमाला

1. (b)	**2.** (d)	**3.** (a)	**4.** (b)	**5.** (d)	**6.** (d)	**7.** (a)	**8.** (c)	**9.** (b)	**10.** (a)
11. (d)	**12.** (a)	**13.** (b)	**14.** (d)	**15.** (a)	**16.** (c)	**17.** (c)	**18.** (b)	**19.** (d)	**20.** (b)

संकेत एवं हल

नोट *सभी प्रश्नों के त्वरित हल हेतु महत्त्वपूर्ण तथ्यों एवं सूत्रों का अवलोकन करें।*

3. घन की भुजा $= \frac{6\sqrt{3}}{\sqrt{3}} = 6$ सेमी

$\therefore$ घन का पृष्ठ $= 6(6)^2 = 216$ सेमी

4. माना घन की कोर = 100 सेमी है।

$\therefore$ घन की कोर, 20% बढ़ने पर

100 + 20 = 120 सेमी होगी

घनों के आयतन क्रमशः निम्न हैं

$(100)^3 = 1000000$ घन सेमी

तथा $(120)^3 = 1728000$ घन सेमी

आयतन में वृद्धि $= 1728000 - 1000000 = 728000$ घन सेमी

आयतन में प्रतिशत वृद्धि $= \frac{728000}{1000000} \times 100 = \frac{728}{10} = 72.8\%$

6. दिया है, $\frac{a_1^3}{a_2^3} = \frac{8}{27}$

$\Rightarrow \quad \left(\frac{a_1}{a_2}\right)^3 = \left(\frac{2}{3}\right)^3$

$\Rightarrow \quad \frac{a_1}{a_2} = \frac{2}{3}$

$\therefore \quad a_1 : a_2 = 2:3$

7. छड़ की अधिकतम लम्बाई $= \sqrt{10^2 + 6^2 + 4^2}$
$= \sqrt{100 + 36 + 16} = \sqrt{152}$
$= 12.33$ मी

9. नई विमाएँ $= (15 \times 2)$ मी, (8×2) मी, (10×2) मी

$\therefore \quad \frac{\text{नया आयतन}}{\text{पुराना आयतन}} = \frac{15 \times 2 \times 8 \times 2 \times 10 \times 2}{15 \times 8 \times 10} = 8$ गुना

$\therefore$ बोरों की नई संख्या $= 1200 \times 8 = 9600$

10. बाहरी त्रिज्या, $r_1 = \frac{28}{2} = 14$ मिमी $= 1.4$ सेमी

भीतरी त्रिज्या, $r_2 = \frac{14}{2} = 7$ मिमी $= 0.7$ सेमी

माना बेलन की लम्बाई $= l$

$\therefore$ धातु का आयतन $= \pi(r_1 + r_2)(r_1 - r_2)h$
$= \frac{22}{7}(1.4 + 0.7)(1.4 - 0.7)h$
$= 22 \times 0.3 \times 0.7 \times h$

धातु का भार = आयतन × घनत्व

$\Rightarrow \quad 462 = 22 \times 0.21 \times h \times 10$

$\Rightarrow \quad h = \frac{462}{22 \times 21} = 10$ सेमी

$\therefore$ चार में से प्रत्येक टुकड़े की लम्बाई $= \frac{10}{4} = 2.5$ सेमी $= 25$ मिमी

11. चाल $= 5.4$ किमी/घण्टा $= \frac{5.4 \times 5}{18} = 1.5$ मी/से

$\therefore 1$ सेकण्ड में बहे पानी का आयतन $= 50 \times 4 \times 1.5 = 300$ घन मी

12. माना घनाभ की लम्बाई, चौड़ाई और ऊँचाई क्रमशः a, b और c हैं। तब,

$ab = p$

$bc = q$

$ca = r$

$\therefore \quad (abc)^2 = pqr$

$\Rightarrow \quad abc = \sqrt{pqr}$

$\therefore$ घनाभ का आयतन $= \sqrt{pqr}$

13. एक ईंट का आयतन $= 20 \times 10 \times 7.5 = 1500$ घन सेमी

एक ईंट द्वारा सोखा गया पानी $= \frac{1}{5} \times 1500 = 300$ घन सेमी

$\therefore 1$ ईंट द्वारा भरी गई खाली जगह $= 1500 - 300 = 1200$ घन सेमी

टंकी में खाली जगह का आयतन $= \frac{1}{4} \times 200 \times 300 \times 300$
$= 4500000$ घन सेमी

$\therefore$ ईंटों की संख्या $= \frac{4500000}{1200} = 3750$

14. घन की $5 - 3 = 2$ सेमी ऊँचाई पानी से बाहर है

टंकी में 2 सेमी ऊँचे पानी का आयतन $= 25 \times 18 \times 2 = 900$ घन सेमी

घन का आयतन $= 5 \times 5 \times 5 = 125$ घन सेमी

$\therefore$ टैंक में डाला गया पानी $= 900 - 125 = 775$ घन सेमी

15. माना बेलनाकार स्तम्भ की ऊँचाई और आधार की त्रिज्या क्रमशः h मी और r मी है, तब

प्रश्नानुसार, $\frac{\text{बेलन का वक्रपृष्ठ}}{\text{बेलन का आयतन}} = \frac{264}{924}$

$\frac{2\pi rh}{\pi r^2 h} = \frac{22}{77} = \frac{2}{7}$

$\therefore \quad r = 7$ मी

पुनः $\quad 2\pi rh = 2 \times \frac{22}{7} \times 7 \times h = 264$

$h = 6$ मी

$\therefore$ अभीष्ट अनुपात $= \frac{\text{व्यास}}{\text{ऊँचाई}} = \frac{2r}{h} = \frac{7}{3}$

16. इस प्रकार बने बेलन के आधार की परिधि = 44 सेमी

माना आधार की त्रिज्या r सेमी है।

अब, $\quad 2\pi r = 44 \Rightarrow r = 7$

अतः बेलन का आयतन $= \pi r^2 h = \pi(7)^2 \times 10 = 1540$ सेमी^{3}

17. माना कमरे की विमाएँ $3x$, $5x$, $7x$ हैं। प्रत्येक विमा को 0.5 मी बढ़ाने पर नई विमाएँ क्रमशः $(3x + 0.5)$, $(5x + 0.5)$ तथा $(7x + 0.5)$ हैं।

कमरे की दीवारों का क्षेत्रफल $= 2(3x + 0.5)[(5x + 0.5) + (7x + 0.5)]$
$= (6x + 1)(12x + 1) = 72x^2 + 18x + 1$

प्रश्नानुसार, $\quad 72x^2 + 18x + 1 = 28$

$\Rightarrow \quad 72x^2 + 18x - 27 = 0$

$\Rightarrow \quad 8x^2 + 2x - 3 = 0$

$\Rightarrow \quad (2x - 1)(4x + 3) = 0$

$\Rightarrow \quad x = \frac{1}{2}$

$\therefore$ लम्बाई $= 7 \times \frac{1}{2} = 3.5$ मी, चौड़ाई $= 5 \times \frac{1}{2} = 2.5$ मी

तथा ऊँचाई $= 3 \times \frac{1}{2} = 1.5$ मी

18. माना हॉल की ऊँचाई $= h$ मी

$\therefore$ दीवारों का क्षेत्रफल $= 2 \times h(36 + 16) = 104h$ मी^{2}

माना वर्गाकार हॉल की भुजा $= a$

$\therefore$ वर्गाकार हॉल का आयतन $= a^2 h$

परन्तु वर्गाकार हॉल का आयतन = आयताकार हॉल का आयतन

$\Rightarrow \quad a^2 h = 36 \times 16 \times h \Rightarrow a = \sqrt{36 \times 16} = 24$ मी

$\therefore$ वर्गाकार हॉल की दीवारों का क्षेत्रफल $= 2h(24 + 24) = 96h$ वर्ग मी

दीवारों के क्षेत्रफल में कमी $= 104h - 96h = 8h$

$\therefore$ व्यय में प्रतिशत बचत $= \frac{8h}{104h} \times 100 = \frac{100}{13} = 7.7\%$ लगभग

20. यदि किसी हॉल का क्षेत्रफल समान रहे, तो न्यूनतम परिमाप उस समय होती है जब लम्बाई और चौड़ाई समान हो अर्थात् फर्श वर्गाकार हो। अतः विकल्प (b) सही है।

36

प्रिज्म, पिरामिड तथा शंकु

Prism, Pyramid and Cone

प्रिज्म (Prism)

समान फलकों से घिरी हुई ऐसी ठोस आकृति जिसके दो फलक समनान्तर हों तथा उसका आधार कोई भी समतल आकृति हो सकती है, प्रिज्म कहलाती है।

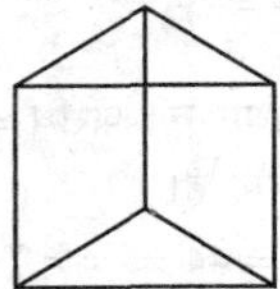

1. आयतन = आधार का क्षेत्रफल × ऊँचाई

2. पार्श्व पृष्ठ = आधार का परिमाप × ऊँचाई

3. सम्पूर्ण पृष्ठ = पार्श्व पृष्ठ + 2 × आधार का क्षेत्रफल

पिरामिड (Pyramid)

यह एक ऐसा ठोस है जिसका आधार कोई भी समतल रेखीय आकृति हो सकती है तथा शेष फलक जो समद्विबाहु त्रिभुज होते हैं, एक ही शीर्ष पर मिलते हैं।

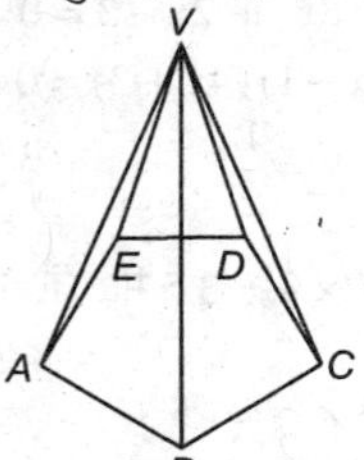

1. आयतन $=\frac{1}{3}\times$ आधार का क्षेत्रफल × ऊँचाई

2. पार्श्व पृष्ठ $=\frac{1}{2}\times$ आधार का परिमाप × तिर्यक ऊँचाई

3. सम्पूर्ण पृष्ठ = पार्श्व पृष्ठ + आधार का क्षेत्रफल

शंकु (Cone)

माना शंकु के आधार की त्रिज्या r तथा ऊँचाई h है। तब,

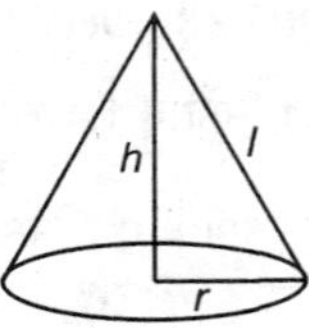

1. आयतन $=\frac{1}{3}\pi r^2 h$

2. तिर्यक ऊँचाई $l=\sqrt{r^2+h^2}$

3. वक्रपृष्ठ $=\pi rl$

4. सम्पूर्ण पृष्ठ $=\pi r(l+r)$

छिन्नक (Frustum)

शंकु के कुछ ऊपरी भाग को आधार के समान्तर समतल द्वारा काट देने पर बचे ठोस को छिन्नक कहते हैं।

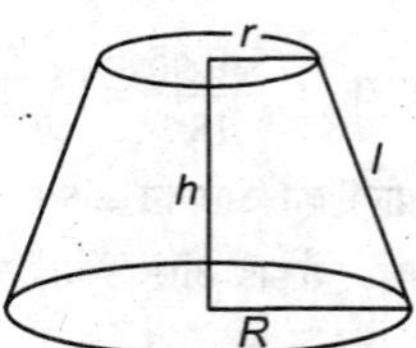

1. आयतन $=\frac{\pi h}{3}[R^2+r^2+Rr]$

2. तिर्यक ऊँचाई, $l=\sqrt{h^2+(R-r)^2}$

3. वक्रपृष्ठ $=\pi(R+r)l$

4. सम्पूर्ण पृष्ठ $=\pi[(R+r)l+r^2+R^2]$

स्मरणीय बिन्दु

36.1 a भुजा वाले समबहुभुज का क्षेत्रफल $=\frac{3\sqrt{3}a^2}{2}$

36.2 a भुजा वाले अष्टभुज का क्षेत्रफल $=2(\sqrt{2}+1)\times a^2$

36.3 n भुजा वाले समबहुभुज के विकर्णों की संख्या $=\frac{n(n-3)}{2}$

36.4 n भुजा वाले तथा एक बहुभुज के कोरों की संख्या $3n$ होती है। जबकि उसका आधार प्रिज्म हो।

साधित उदाहरण

■ **उदाहरण 1** *h ऊँचाई वाले वृत्ताकार सिलेन्डर की वक्र सतह तथा सामान वृत्ताकार आधार क्षेत्रफल का शंकु जिसकी तिर्यक ऊँचाई $\frac{h}{2}$ है, की वक्र सतह का क्रमशः अनुपात क्या होगा?*

हल बेलन के वक्रपृष्ठ का क्षेत्रफल : शंकु के वक्रपृष्ठ का क्षेत्रफल

$$= 2\pi rh : \pi rl$$

$$= 2\pi rh : \pi r\frac{h}{2} = 4:1$$

■ **उदाहरण 2** *एक लम्ब वृत्ताकार शंकु A का आयतन अन्य लम्ब वृत्ताकार शंकु B के आयतन का तीन गुना है। शंकु B की ऊँचाई A की अपेक्षा 3 गुनी है। A की त्रिज्या का B की त्रिज्या से क्या अनुपात है?*

हल माना शंकु A की ऊँचाई $= x$

शंकु B की ऊँचाई $= 3x$

$\because$ शंकु A का आयतन = 3 (शंकु B का आयतन)

$$\Rightarrow \frac{1}{3}\pi R^2 x = 3 \times \frac{1}{3}\pi r^2 \times 3x$$

$$\Rightarrow \frac{R^2}{r^2} = \frac{9}{1} \Rightarrow \frac{R}{r} = \frac{3}{1}$$

■ **उदाहरण 3** *48 सेमी के अर्द्धव्यास के वृत्त के वृत्तखण्ड का कोण है। इसे इस प्रकार लपेटा जाता है कि दो सीमान्त अर्द्धवृत्त मिलकर एक शंकु बनाते हैं। शंकु की ऊँचाई क्या होगी?*

हल $\because$ शंकु की परिधि = वृत्तखण्ड की परिधि

$$2\pi r = \frac{\theta}{180°}\pi r$$

$$2\pi r = \frac{90°}{180°}\pi \times 48$$

$$\Rightarrow r = 12$$

$$\Rightarrow l = 48$$

$$\therefore h = \sqrt{l^2 - r^2} = \sqrt{48^2 - 12^2}$$

$$= \sqrt{2304 - 144}$$

$= 46.48$ सेमी

अभ्यास प्रश्न

1. एक प्रिज्म का आधार समषट्भुज है। उसके शीर्षों की संख्या होगी

(a) 6 (b) 12 (c) 36 (d) 24

2. एक प्रिज्म का आधार 'n' भुजाओं वाला एक बहुभुज है। कोरों की संख्या होगी

(a) $n + 3$ (b) n^2 (c) $3n$ (d) $2n$

3. एक त्रिभुजीय प्रिज्म की प्रत्येक कोर समान लम्बाई की है। यदि प्रिज्म का पार्श्व पृष्ठ 12 वर्ग सेमी हो, तो उसकी एक कोर की लम्बाई होगी

(a) 4 सेमी (b) 3 सेमी
(c) 2 सेमी (d) इनमें से कोई नहीं

4. 12 सेमी $\times$ 24 सेमी नाप के आयताकार मोटे कागज से दो समलम्ब षट्भुजाकार प्रिज्म बनाए जाते हैं। उनके आयतन में अन्तर होगा

(a) 249.41 सेमी^{3} (लगभग) (b) 144 सेमी^{3}
(c) शून्य सेमी^{3} (d) इनमें से कोई नहीं

5. 4 मी व्यास तथा 14 मी लम्बाई की एक लकड़ी का लट्ठा समान लम्बाई के षट्कोणीय लट्ठे में परिवर्तित किया जाता है। इससे बनने वाले षट्कोणीय लट्ठे का अधिकतम आयतन कितना होगा ?

(a) 168 घन मी (b) $84\sqrt{3}$ घन मी
(c) 56π घन मी (d) इनमें से कोई नहीं

6. एक प्रिज्माकार पात्र में कुछ ऊँचाई तक जल भरा है। इस प्रिज्म का आधार समबाहु त्रिभुज है। जिसकी भुजा की माप 6 सेमी है। इसमें एक घन डाला जाता है जिसकी भुजा 3 सेमी है। अगर घन जल में पूरी तरह डूब जाता है, तो जल के स्तर में वृद्धि होगी

(a) $\sqrt{2}$ सेमी (b) 3 सेमी (c) $\sqrt{3}$ सेमी (d) $1/\sqrt{3}$ सेमी

7. 90 सेमी लम्बाई तथा 60 सेमी चौड़ाई के एक कागज से दो प्रिज्म बनाए जाते हैं जिनके आधार समबाहु त्रिभुज हैं। समबाहु त्रिभुज, एक बार लम्बाई के छोर से तथा दूसरी बार चौड़ाई के छोर से बनाए जाते हैं या प्रत्येक बार दूसरा छोर प्रिज्म की ऊँचाई के रूप में प्रयुक्त होता है। 60 सेमी भुजा को ऊँचाई मानते हुए बने प्रिज्म के आयतन तथा 90 सेमी भुजा को ऊँचाई मानते हुए बने प्रिज्म के आयतन का अनुपात होगा

(a) 4 : 3 (b) 3 : 2
(c) 9 : 4 (d) इनमें से कोई नहीं

8. 60 सेमी भुजा के घन के एक कोने में ऐसे समतल द्वारा पिरामिड काटा जाता है कि कोनों वाली कोरें आधी रह जाती हैं। काटे गए पिरामिड का आयतन होगा

(a) 27000 सेमी^{3} (b) 4500 सेमी^{3}
(c) 18000 सेमी^{3} (d) 9000 सेमी^{3}

9. किसी लम्ब पिरामिड का आधार 30 मी $\times$ 40 मी का आयत है और उसकी ऊँचाई 20 मी है। सम्पूर्ण पृष्ठ वर्ग मी में होगा

(a) 3204.2 (b) 3048.4 (c) 3179.6 (d) 3806.4

10. एक सम पिरामिड का आधार 10 सेमी भुजा वाला वर्ग है तथा इसकी ऊँचाई 12 सेमी है, तो इसका तिर्यक पृष्ठ होगा

(a) 520 सेमी^{2} (b) 260 सेमी^{2}
(c) $40\sqrt{61}$ सेमी^{2} (d) $80\sqrt{61}$ सेमी^{2}

11. यदि एक वृत्ताकार शंकु के आधार का व्यास 6 सेमी तथा तिर्यक ऊँचाई 8 सेमी है, तो अक्षीय काट का क्षेत्रफल (वर्ग सेमी में) है

(a) 144 (b) $3\sqrt{55}$
(c) 10 (d) इनमें से कोई नहीं

12. एक 12 मी लम्बे भुजा वाले वर्गाकार मैदान पर 20 मी ऊँचा पिरामिड के आकार का तम्बू तानना है, तो आवश्यक कपड़े की मात्रा होगी

(a) 360 वर्ग मी (b) 501.6 वर्ग मी
(c) 960 वर्ग मी (d) 1440 वर्ग मी

13. 20 सेमी भुजा वाले घन से एक बड़े से बड़ा शंकु काट कर बनाया जाता है जबकि शंकु का आधार घन के आधार पर ही है, तब शंकु का सम्पूर्ण पृष्ठ होगा

(a) $100(\sqrt{5}+1)\pi$ वर्ग सेमी (b) $100(\sqrt{5}-1)\pi$ वर्ग सेमी
(c) $100\sqrt{5}\pi$ वर्ग सेमी (d) $500(\sqrt{5}+1)\pi$ वर्ग सेमी

14. 10 सेमी भुजा के एक समबाहु त्रिभुज के अपनी एक भुजा के परित: परिक्रमा करने से उत्पादित ठोस का आयतन होगा

(a) $200\,\pi$ सेमी^{3} (b) $\frac{250}{\sqrt{3}}\pi$ सेमी^{3}

(c) $300\,\pi$ सेमी^{3} (d) $350\,\pi$ सेमी^{3}

15. किसी लम्ब पिरामिड का आधार 16 सेमी का समषट्भुज है और उसका पार्श्व पृष्ठ 720 वर्ग सेमी है। पिरामिड की ऊँचाई होगी

(a) $\sqrt{33}$ सेमी (b) $\sqrt{23}$ सेमी

(c) $\sqrt{34}$ सेमी (d) $\sqrt{43}$ सेमी

16. एक लम्बवृत्तीय शंकु का अर्द्धशीर्ष कोण 30° और तिर्यक ऊँचाई 4 सेमी है। शंकु का आयतन होगा

(a) $\frac{8\sqrt{3}\pi}{3}$ सेमी^{3} (b) $8\sqrt{3}\pi$ सेमी^{3}

(c) $\frac{16\sqrt{3}\pi}{4}$ सेमी^{3} (d) $\frac{8\sqrt{3}\pi}{4}$ सेमी^{3}

17. किसी त्रिभुज की भुजाएँ 12 सेमी तथा 5 सेमी हैं तथा इन भुजाओं के बीच का कोण समकोण है। यदि त्रिभुज को 12 सेमी भुजा के परित: घुमाया जाए, तो इस प्रकार बने शंकु का वक्रपृष्ठ होगा

(a) 156π सेमी^{2} (b) 78π सेमी^{2}

(c) 65π सेमी^{2} (d) $130\,\pi$ सेमी^{2}

18. एक लम्ब पिरामिड की ऊँचाई 12 सेमी और आधार 6 सेमी भुजा का वर्ग है। उनमें से दीर्घतम सम्भव घन काढा जाता है। जिसका एक फलक पिरामिड के आधार में है। घन की कोर होगी

(a) 2 सेमी (b) 3 सेमी (c) 6 सेमी (d) 4 सेमी

19. एक पिरामिड तथा एक बेलन के आधार के क्षेत्रफल समान हैं तथा उनकी ऊँचाइयाँ भी समान हैं, तो उनके आयतनों का अनुपात है

(a) 3 : 1 (b) 1 : 1 (c) 2 : 1 (d) 1 : 3

20. एक शंक्वाकार पर्वत की तिर्यक ऊँचाई 2.5 किमी है और उसके आधार का क्षेत्रफल 1.54 किमी^{2} है। पर्वत की ऊँचाई है

(a) 2.2 किमी (b) 2.4 किमी (c) 3 किमी (d) 3.11 किमी

उत्तरमाला

1. (b)	**2.** (c)	**3.** (c)	**4.** (a)	**5.** (b)	**6.** (c)	**7.** (b)	**8.** (b)	**9.** (b)	**10.** (b)
11. (b)	**12.** (b)	**13.** (a)	**14.** (b)	**15.** (a)	**16.** (a)	**17.** (c)	**18.** (d)	**19.** (d)	**20.** (b)

संकेत एवं हल

2. n भुजाओं वाले बहुभुज के कोरों की संख्या $= 3n$ [देखें→ 36.4]

3. माना आधार की भुजा $= x$

प्रिज्म की ऊँचाई $= x$

$\therefore$ पार्श्व पृष्ठ = परिमाप × ऊँचाई

$= 3x \times x = 3x^2$

$\Rightarrow \quad 3x^2 = 12$

$\therefore \quad x = 2$ सेमी

4. पहली स्थिति में

आधार समषट्भुज का परिमाप = 12 सेमी

$\therefore$ समषट्भुज की भुजा $= \frac{12}{6} = 2$ सेमी

प्रिज्म की ऊँचाई = 24 सेमी

$\therefore$ प्रिज्म का आयतन = आधार का क्षेत्रफल × ऊँचाई

$= \frac{3\sqrt{3}}{2}(2)^2 \times 24$

$= 144\sqrt{3}$ घन सेमी

दूसरी स्थिति में

ऊँचाई = 12 सेमी

आधार का परिमाप = 24 सेमी

समषट्भुज की भुजा $= \frac{24}{6} = 4$ सेमी

$\therefore$ प्रिज्म का आयतन $= \frac{3\sqrt{3}}{2} \times (4)^2 \times 12$

$= 288\sqrt{3}$ घन सेमी

$\therefore$ आयतनों का अन्तर $= 288\sqrt{3} - 144\sqrt{3}$

$= 144 \times 1.732$

$= 249.41$ सेमी^{3}

5. षट्कोण की भुजा = लट्ठे की त्रिज्या $= \frac{4}{2} = 2$ मी

$\therefore$ लट्ठे का आयतन = समषट्भुज का क्षेत्रफल × ऊँचाई

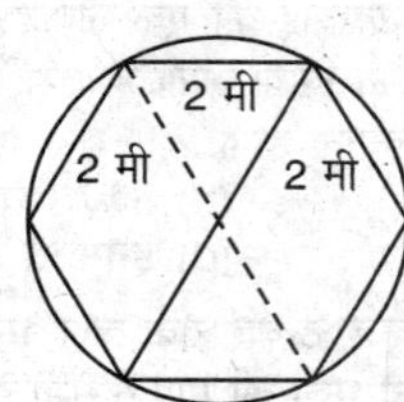

$= 6 \times \frac{\sqrt{3}}{4} \times (2)^2 \times 14 = 84\sqrt{3}$ घन मी

6. प्रिज्म के आधार का क्षेत्रफल $= \frac{\sqrt{3}}{4}(6)^2 = 9\sqrt{3}$ वर्ग सेमी

घन द्वारा हटाए गए जल का आयतन

= घन का आयतन $= (3)^3 = 27$ घन सेमी

$\therefore$ घन के डूबने पर जल के स्तर में वृद्धि

$$= \frac{\text{घन का आयतन}}{\text{पात्र के आधार का क्षेत्रफल}} = \frac{27}{9\sqrt{3}} = \sqrt{3} \text{ सेमी}$$

7. पहली स्थिति में

प्रिज्म की ऊँचाई = 60 सेमी

आधार का परिमाप = 90 सेमी

आधार की भुजा = 90/3 = 30 सेमी

दूसरी स्थिति में

ऊँचाई = 90 सेमी

$$\text{आधार की भुजा} = \frac{60}{3} = 20 \text{ सेमी}$$

$$\therefore \quad \text{आयतनों का अनुपात} = \frac{\frac{\sqrt{3}}{4}(30)^2 \times 60}{\frac{\sqrt{3}}{4}(20)^2 \times 90} = \frac{3}{2} = 3 : 2$$

8. कोने A से काटा गया पिरामिड $VABC$ है। जिसकी तीन आसन्न कोरें परस्पर लम्ब हैं और प्रत्येक 30 सेमी लम्बी है।

$\therefore$ पिरामिड का आयतन

$$V = \frac{1}{3} \times \text{आधार} \times \text{ऊँचाई}$$

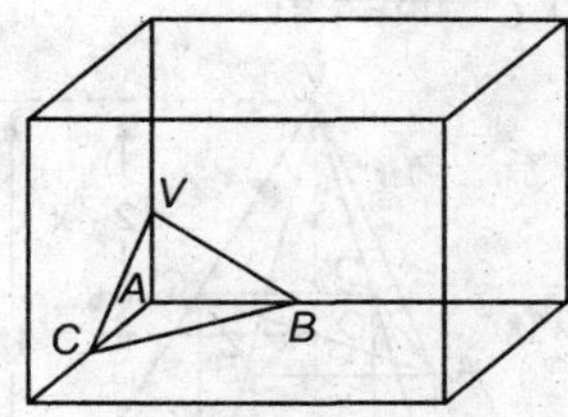

$$= \frac{1}{3} \times \left(\frac{1}{2} \times 30 \times 30\right) \times 30 = 4500 \text{ घन सेमी}$$

9. $l_1 = \sqrt{h^2 + OM^2} = \sqrt{20^2 + 20^2} = 20\sqrt{2}$

$l_2 = \sqrt{h^2 + ON^2} = \sqrt{20^2 + 15^2} = 25$

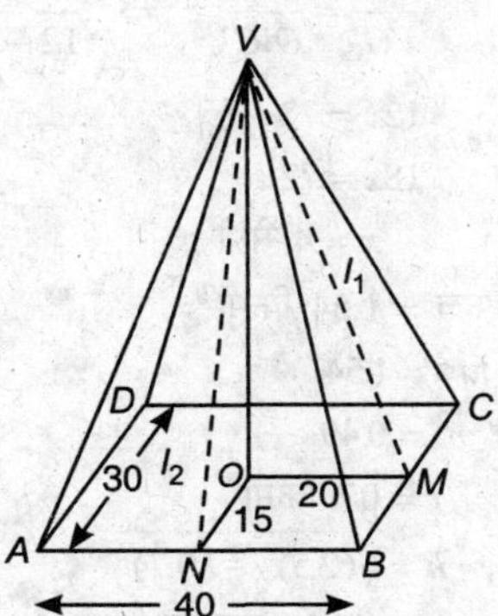

तिर्यक पृष्ठ का क्षेत्रफल = 2 (ΔVBC का क्षेत्रफल + ΔVAB का क्षेत्रफल)

$$= 2\left(\frac{1}{2} \times BC \times l_1 + \frac{1}{2} \times AB \times l_2\right)$$

$$= 2\left(\frac{1}{2} \times 30 \times 20\sqrt{2} + \frac{1}{2} \times 40 \times 25\right)$$

= 1848.40 वर्ग सेमी

सम्पूर्ण पृष्ठ = तिर्यक पृष्ठ का क्षेत्रफल + आधार का क्षेत्रफल

$= 1848.4 + (40 \times 30)$

= 3048.4 वर्ग सेमी

10. तिर्यक ऊँचाई,

$$VM = \sqrt{h^2 + \left(\frac{\text{भुजा}}{2}\right)^2} = \sqrt{(12)^2 + (5)^2} = 13 \text{ सेमी}$$

$$\therefore \quad \text{तिर्यक पृष्ठ} = \frac{1}{2} \times \text{आधार का परिमाप} \times \text{तिर्यक ऊँचाई}$$

$$= \frac{1}{2} \times (4 \times 10) \times 13 = 260 \text{ वर्ग सेमी}$$

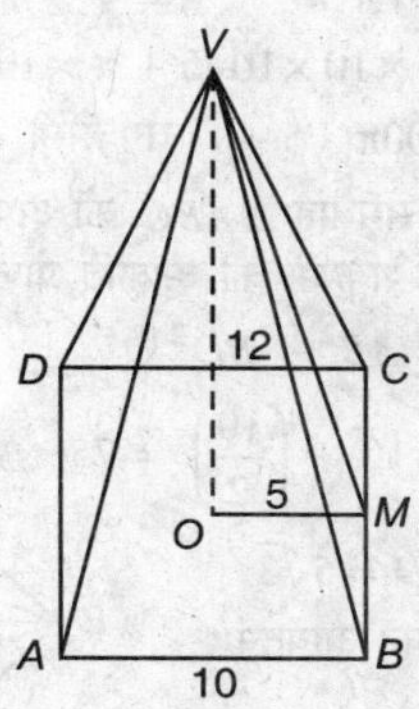

11. शंकु की अक्षीय काट एक त्रिभुज की आकृति होगी, जैसा चित्र में प्रदर्शित है।

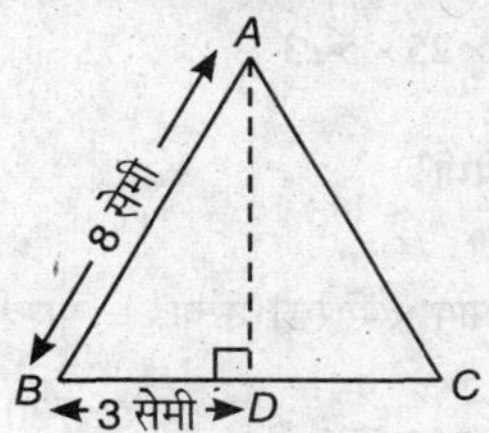

ΔADB में, $\quad AD^2 = AB^2 - BD^2 = (8)^2 - (3)^2$

$= 64 - 9 = 55$

$\Rightarrow \quad AD = \sqrt{55}$ सेमी

अत: अक्षीय काट का क्षेत्रफल = ΔABC का क्षेत्रफल

$$= \frac{1}{2} \times 6 \times \sqrt{55} \text{ सेमी}^2$$

$$= 3\sqrt{55} \text{ सेमी}^2$$

12. $$\text{तिर्यक ऊँचाई} = \sqrt{h^2 + \left(\frac{\text{भुजा}}{2}\right)^2} = \sqrt{20^2 + 6^2} = \sqrt{436} = 20.9$$

$$\text{तिर्यक पृष्ठ} = \frac{1}{2} \times \text{आधार का परिमाप} \times \text{तिर्यक ऊँचाई}$$

$$= \frac{1}{2} \times (4 \times 12) \times 20.9 = 501.6$$

$\therefore \quad$ आवश्यक कपड़ा = 501.6 वर्ग मी

13. शंकु की ऊँचाई = घन की ऊँचाई = 20

शंकु के आधार का व्यास, $2r$ = घन की भुजा = 20

$\therefore \quad r = \frac{20}{2} = 10$

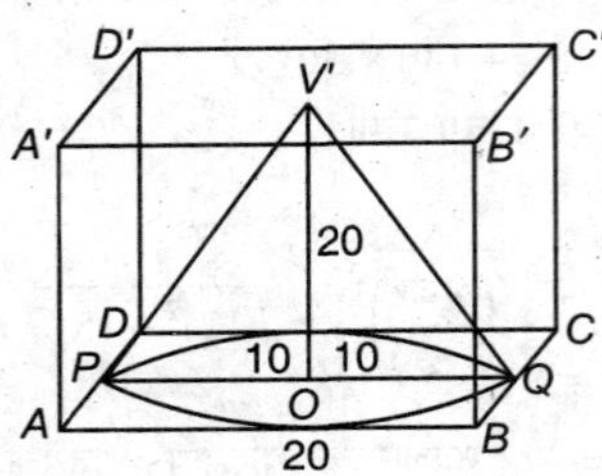

$$l = \sqrt{h^2 + r^2} = \sqrt{400 + 100} = 10\sqrt{5}$$

सम्पूर्ण पृष्ठ $= \pi rl + \pi r^2$

$= \pi \times 10 \times 10\sqrt{5} + \pi \times 10 \times 10$

$= 100\pi(\sqrt{5} + 1)$ वर्ग सेमी

14. 10 सेमी भुजा के एक समबाहु ΔABC को अपनी एक भुजा AC के परित: परिक्रमण करने पर दो शंकुओं की आकृति प्राप्त होती है।

ΔADB में, $AD^2 = AB^2 - BD^2$

$= 10^2 - \left(\frac{10}{2}\right)^2 = 75$

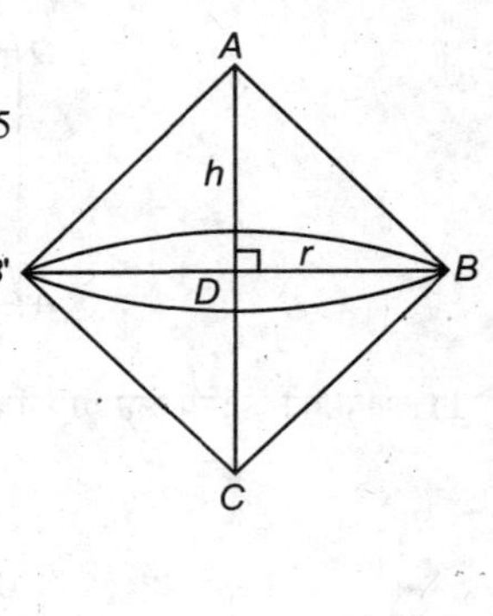

$\Rightarrow \quad AD = 5\sqrt{3}$

अत: अभीष्ट आकृति का आयतन

$= 2 \times \frac{1}{3}\pi (BD)^2 \times AD$

$= 2 \times \frac{1}{3}\pi \times 25 \times 5\sqrt{3}$

$= \frac{250}{\sqrt{3}}\pi$ सेमी^{3}

15. $\frac{1}{2} \times$ आधार का परिमाप $\times$ तिरछी ऊँचाई = पार्श्व पृष्ठ

$\Rightarrow \quad \frac{1}{2} \times (16 \times 6) \times l = 720 \quad \Rightarrow \quad l = \frac{720}{16 \times 3} = 15$ सेमी

(पिरामिड की ऊँचाई)^2 + $\left(\frac{\text{भुजा}\sqrt{3}}{2}\right)^2$ = (तिरछी ऊँचाई)^2

$\Rightarrow \quad h^2 + \left(\frac{16\sqrt{3}}{2}\right)^2 = (15)^2$

$\Rightarrow \quad h^2 = (15)^2 - (8\sqrt{3})^2$

$\Rightarrow \quad h^2 = 225 - 192 = 33$

$\Rightarrow \quad h = \sqrt{33}$ सेमी

16. $\frac{h}{4} = \cos 30°$

$\Rightarrow \quad h = 4 \times \frac{\sqrt{3}}{2}$

$= 2\sqrt{3}$ सेमी

तथा $\quad \frac{r}{4} = \sin 30°$

$\Rightarrow \quad r = 4 \times \frac{1}{2} = 2$ सेमी

$\therefore \quad$ आयतन $= \frac{1}{3} \times \pi \times 2 \times 2 \times 2\sqrt{3}$

$= \frac{8\sqrt{3}}{3}\pi$ घन सेमी

17. 12 सेमी वाली भुजा के परित: घुमाने से बने शंकु के आधार की त्रिज्या $r = 5$ सेमी तथा ऊँचाई $h = 12$ सेमी हैं

$\therefore \quad l = \sqrt{5^2 + (12)^2} = 13$ सेमी

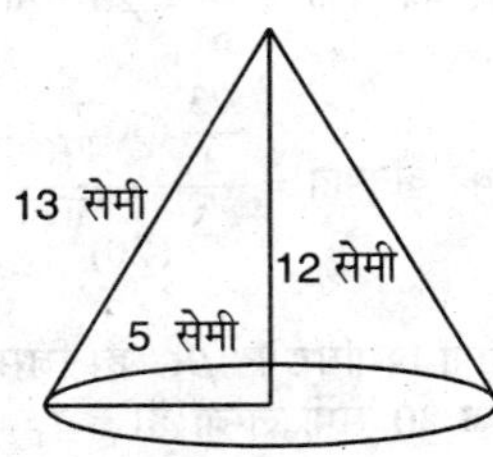

$\therefore \quad$ वक्रपृष्ठ $= \pi rl = \pi \times 5 \times 13$

$= 65\pi$ वर्ग सेमी

18. ΔVOC तथा $\Delta VO'C'$ समरूप हैं।

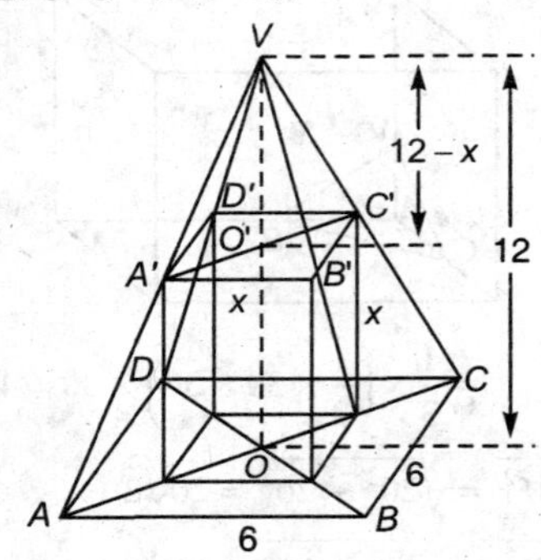

$\frac{VO}{VO'} = \frac{OC}{O'C'} \quad \Rightarrow \quad \frac{12}{12 - x} = \frac{6\sqrt{2}}{x\sqrt{2}}$

$\Rightarrow \quad 12x = 72 - 6x$

$\Rightarrow \quad 18x = 72$

$\Rightarrow \quad x = 4$ सेमी

20. आधार का क्षेत्रफल = 1.54 किमी^{2}

$\Rightarrow \quad \pi r^2 = 1.54$

$\Rightarrow \quad r^2 = 0.49$

$\Rightarrow \quad r = 0.7$ किमी

$\therefore \quad h = \sqrt{(2.5)^2 - (0.7)^2}$

$= \sqrt{6.25 - 0.49}$

$= 2.4$ किमी

37

गोला

Sphere

प्रत्येक वस्तु जो स्थान घेरती है, उसके तीन आयाम होते हैं—लम्बाई, चौड़ाई एवं गहराई। ये वस्तुएँ घन, घनाभ, शंकु, बेलन एवं गोला के रूप में होती हैं।

गोला (Sphere)

ऐसी सतह से घिरी आकृति, जिसमें सतह का प्रत्येक बिन्दु एक स्थिर बिन्दु से समान दूरी पर हो, गोला कहलाती है।

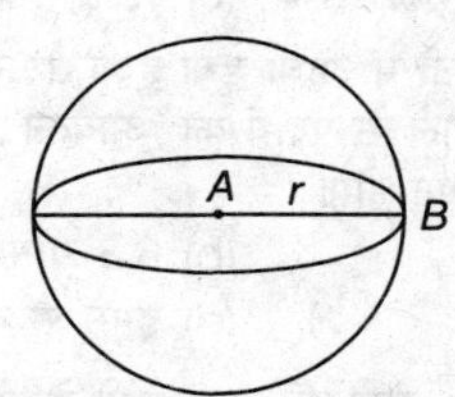

यहाँ $AB = r$ गोले की त्रिज्या है।

अर्द्धगोला (Hemisphere)

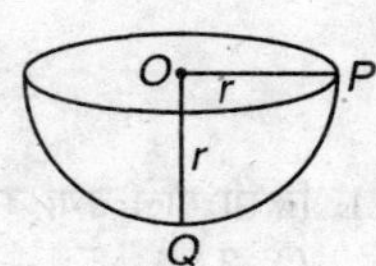

1. आयतन $= \frac{2}{3}\pi r^3$
2. वक्रपृष्ठ $= 2\pi r^2$
3. सम्पूर्ण पृष्ठ $= 3\pi r^2$

गोलीय कोश (Spherical Shell)

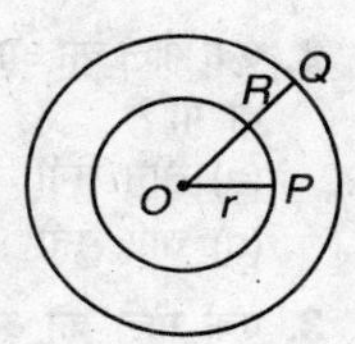

माना बाहरी गोले की त्रिज्या R तथा अन्दर के गोले की त्रिज्या r है। तब,

आयतन $= \frac{4}{3}\pi(R^3 - r^3)$

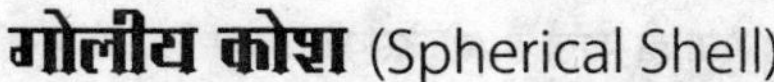

स्मरणीय बिन्दु

37.1 जब किसी गोले को बेलन में ढाला जाता है तो

$$\text{बेलन की लम्बाई} = \frac{4 \times \text{गोले की त्रिज्या}}{3 \times \text{बेलन की त्रिज्या}}$$

37.2 ठोस बेलन को पिघलाकर गोली बनाने पर

$$\text{गोलियों की संख्या} = \frac{\text{बेलन का आयतन}}{\text{1 गोली का आयतन}}$$

साधित उदाहरण

■ **उदाहरण 1** *3 सेमी त्रिज्या के गोले पर 2 सेमी त्रिज्या का दूसरा गोला रखा है। उस लम्बवृत्तीय शंकु की ऊँचाई क्या होगी जो दोनों गोलों के परिगत है?*

हल $\Delta AFG \sim \Delta AOE$

माना $AH = x$

$$\frac{2}{3} = \frac{2 + x}{7 + x}$$

$$6 + 3x = 14 + 2x$$

$$3x - 2x = 14 - 6$$

$$x = 8 \text{ सेमी}$$

$$AL = 6 + 4 + 8$$

$\therefore$ $AL = 18$ सेमी

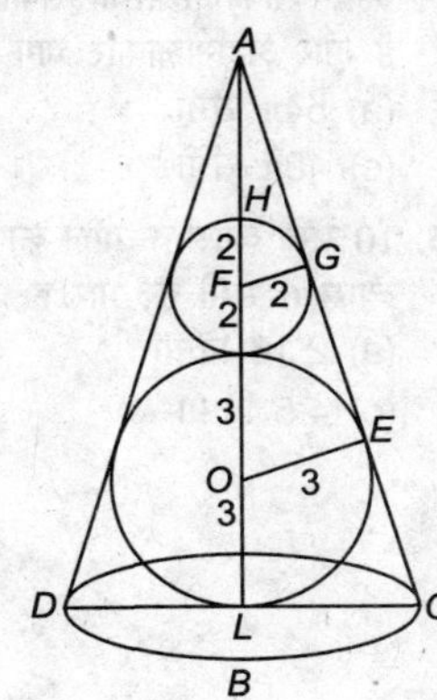

■ **उदाहरण 2** *एक ठोस गोले को पिघलाकर 0.5 सेमी त्रिज्या का तार खींचा गया है। गोले की त्रिज्या 9 सेमी हो, तो तार की लम्बाई क्या होगी?*

हल $\because$ तार का आयतन = गोले का आयतन

$$\therefore \quad \pi r^2 h = \frac{4}{3}\pi r^3$$

$$\Rightarrow (0.5)^2 h = \frac{4}{3} \times 9 \times 9 \times 9$$

$$\Rightarrow \quad h = \frac{9 \times 9 \times 9 \times 4 \times 1}{3 \times 0.5 \times 0.5 \times 0.5}$$

$$\Rightarrow \quad h = \frac{2916}{0.375} = 7776 \text{ सेमी}$$

$$= 77.76 \text{ मी}$$

■ **उदाहरण 3** *एक गोले को छीलकर r सेमी अर्द्धव्यास वाला एक घन बनाना है। तो इस प्रकार बने बड़े-से-बड़े घन की एक भुजा की माप क्या होगी?*

हल माना घन की भुजा $= 2x$

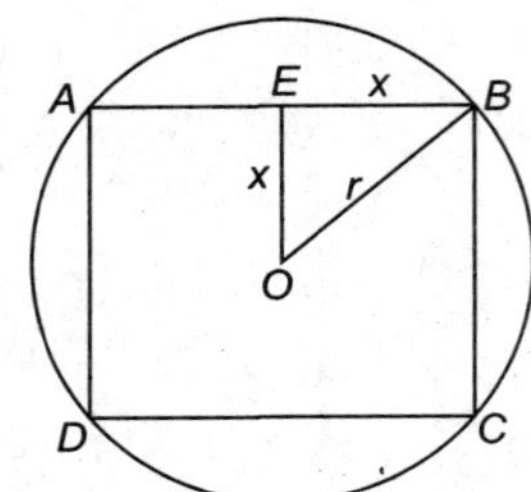

ΔEOB में, $OB^2 = OE^2 + BE^2$

$$x^2 + x^2 = r^2 \Rightarrow 2x^2 = r^2 \Rightarrow x^2 = \frac{r^2}{2} \Rightarrow x = \frac{r}{\sqrt{2}}$$

■ **उदाहरण 4** *एक गोले की त्रिज्या में 50% वृद्धि करने पर इसके आयतन में कितने प्रतिशत वृद्धि हो जाएगी?*

हल माना गोले की त्रिज्या $= R$

गोले की नई त्रिज्या $= R$ का 150%

$$= R \times \frac{150}{100} = \frac{3R}{2}$$

प्रारम्भिक आयतन $= \frac{4}{3}\pi R^3 = \frac{4}{3}\pi\left(\frac{3R}{2}\right)^3 = \frac{9\pi R^3}{2}$

आयतन में वृद्धि $= \left(\frac{9\pi R^3}{2} - \frac{4\pi R^3}{3}\right) = \frac{19\pi R^3}{6}$

आयतन में वृद्धि (%) $= \left(\frac{19\pi R^3}{6} \times \frac{3}{4\pi R^3} \times 100\right) = 237.5\%$

अभ्यास प्रश्न

1. किसी गोले तथा अर्द्धगोले के सम्पूर्णपृष्ठ में अनुपात ज्ञात कीजिए।
(a) 3 : 4 (b) 3 : 3
(c) 4 : 3 (d) 4 : 4

2. एक गोले का आयतन पहले से 8 गुना हो जाता है, तो उसकी त्रिज्या कितनी कर दी गई?
(a) तीन गुनी (b) दोगुनी
(c) चार गुनी (d) पाँच गुनी

3. एक गोले का आयतन 4851 सेमी^{3} है। उसका वक्रपृष्ठ होगा
(a) 1286 सेमी^{2} (b) 1386 सेमी^{2}
(c) 1486 सेमी^{2} (d) इनमें से कोई नहीं

4. एक अर्द्धगोले का आयतन 18π घन सेमी है, तो उसकी त्रिज्या होगी
(a) 3 सेमी (b) 4 सेमी
(c) 2 सेमी (d) 1 सेमी

5. एक घन तथा उसी के अन्दर बने एक गोले के आयतनों का अनुपात, यदि गोला घन की सभी भुजाओं को छूता है, होगा
(a) $12 : \pi$ (b) $6 : \pi$ (c) $4 : \pi$ (d) $3 : 4\pi$

6. 6 सेमी त्रिज्या के एक ठोस गोले को पिघलाकर 0.1 सेमी त्रिज्या का तार खींचा गया है। तार की लम्बाई होगी
(a) 72 मी (b) 288 मी
(c) 144 मी (d) 220 मी

7. शीशे के गोलीय कोश का बाह्य व्यास 18 सेमी है। उसे पिघलाकर 8 सेमी ऊँचाई का लम्बवृत्तीय बेलन बनाया गया है जिसका व्यास 12 सेमी है। कोश का आन्तरिक व्यास (सेमी में) होगा
(a) $3 \times \sqrt[3]{(19)}$ (b) $6 \times \sqrt[3]{(19)}$
(c) $4 \times \sqrt[3]{(19)}$ (d) $7 \times \sqrt[3]{(19)}$

8. 'r' सेमी अर्द्धव्यास वाले ठोस को छीलकर एक घन बनाना है। इस प्रकार बने बड़े से बड़े घन की एक भुजा का मान होगा
(a) $r / \sqrt{3}$ सेमी (b) $2r / \sqrt{3}$ सेमी
(c) $2r / \sqrt{2}$ सेमी (d) $r / \sqrt{2}$ सेमी

9. एक बेलनाकार बर्तन में, जिसकी ऊँचाई 25 सेमी और व्यास 10 सेमी है, 24 सेमी ऊँचाई तक पानी भरा है। 3 सेमी त्रिज्या की एक गोलीय गेंद इसमें गिरा दी गई है। बर्तन में से पानी जो बाहर निकलेगा, होगा
(a) 25π सेमी^{3} (b) 36π सेमी^{3} (c) 12π सेमी^{3} (d) 11π सेमी^{3}

10. एक खोखला गोला पानी में आधा डूबा हुआ तैर रहा है। यदि गोले का बाह्य व्यास 42 सेमी तथा गोले के पदार्थ का आयतन 3087 सेमी^{3} है, तो गोले के पदार्थ का घनत्व लगभग होगा
(a) 11 ग्राम/सेमी^{3} (b) 6.3 ग्राम/सेमी^{3}
(c) 3.2 ग्राम/सेमी^{3} (d) इनमें से कोई नहीं

11. 4 सेमी त्रिज्या वाले 16 सेमी ऊँचे एक लोहे के ठोस बेलन से 2 मिमी त्रिज्या की ठोस गोलियाँ बनाई जा सकती हैं
(a) 20000 (b) 22000 (c) 24000 (d) 28000

12. एक अर्द्धगोला और एक लम्बवृत्तीय शंकु 4 सेमी व्यास के उभयनिष्ठ आधार पर विपरीत दिशाओं में हैं। शंकु का शीर्ष कोण समकोण है। यदि एक बेलन इस ठोस के परिगत बनाया जाए, तो वह और स्थान घेरेगा
(a) 4π सेमी^{3} (b) $16\pi/3$ सेमी^{3}
(c) 8π सेमी^{3} (d) $8\pi/3$ सेमी^{3}

13. धातु के एक खोखले गोले का बाहरी व्यास 8 सेमी है तथा वह जिस धातु का बना है उसकी मोटाई 2 सेमी है। उसके निर्माण में लगी धातु का आयतन घन सेमी में है
(a) 200 (b) 220.66 (c) 234.66 (d) 240

14. लकड़ी का एक लट्टू इस प्रकार बनाया जाता है कि उसका एक सिरा अर्द्धगोलाकार है तथा इसका दूसरा सिरा शंकु का शीर्ष है यदि लट्टू 7 सेमी ऊँचा है और अर्द्धगोलाकार भाग 6 सेमी व्यास का है, तो उसमें लकड़ी लगी होगी
(a) 54π सेमी^{3} (b) 30π सेमी^{3}
(c) 48π सेमी^{3} (d) 72π सेमी^{3}

15. 10 सेमी व्यास के गोले का भार 7.5 किग्रा है। उसी पदार्थ के गोले का, जिसका व्यास 6 सेमी है, भार है
(a) 2.16 किग्रा (b) 2.70 किग्रा
(c) 4.5 किग्रा (d) 1.62 किग्रा

उत्तरमाला

1. (c)	**2.** (b)	**3.** (b)	**4.** (a)	**5.** (b)	**6.** (b)	**7.** (b)	**8.** (b)	**9.** (d)	**10.** (b)
11. (c)	**12.** (c)	**13.** (c)	**14.** (b)	**15.** (d)					

संकेत एवं हल

2. माना पहला आयतन V तथा त्रिज्या r_1 है।

अब, नया आयतन $8V$, तो माना त्रिज्या r है।

प्रश्नानुसार, $\frac{4}{3}\pi r^3 = 8 \times \frac{4}{3}\pi r_1^3$

$\Rightarrow \quad r^3 = (2r_1)^3$

$\Rightarrow \quad r = 2r_1$

अत: त्रिज्या पहले से दोगुनी कर दी गई है।

3. गोले का आयतन, $V = \frac{4}{3}\pi r^3$

$\Rightarrow \quad 4851 = \frac{4}{3} \times \frac{22}{7} \times r^3$

या $\quad r^3 = \frac{4851 \times 3 \times 7}{4 \times 22} = \frac{441 \times 21}{4 \times 2} = \left(\frac{21}{2}\right)^3$

$\therefore \quad r = \frac{21}{2}$ सेमी

गोले का वक्रपृष्ठ $= 4\pi r^2 = 4 \times \frac{22}{7} \times \frac{21}{2} \times \frac{21}{2} = 1386$ सेमी^{2}

5. घन के अन्दर बने गोले की त्रिज्या, घन की भुजा की आधी होती है।

माना घन की भुजा x है। तब, गोले की त्रिज्या $\frac{x}{2}$ होगी।

अब, $\quad \frac{\text{घन का आयतन}}{\text{गोले का आयतन}} = \frac{x^3}{\frac{4}{3}\pi\left(\frac{x}{2}\right)^3} = \frac{6}{\pi}$

6. माना तार की लम्बाई x सेमी है।

अब, गोले का आयतन = तार का आयतन

$\Rightarrow \quad \frac{4}{3}\pi(6)^3 = \pi(0.1)^2 \times x$

$\Rightarrow \quad x = \frac{4}{3} \times \frac{216}{0.01} = 28800$ सेमी = 288 मी

7. माना कि आन्तरिक त्रिज्या $= r$

तब, $\quad \frac{4}{3}\pi(9^3 - r^3) = \pi \times 6^2 \times 8$

$\Rightarrow \quad 729 - r^3 = 216$

$\Rightarrow \quad r^3 = 513 = 27 \times 19$

$\Rightarrow \quad r = 3 \times (19)^{1/3}$

आन्तरिक व्यास $= 2r = 6 \times \sqrt[3]{19}$ सेमी

8. घन का विकर्ण = गोले का व्यास

$\Rightarrow \quad a\sqrt{3} = 2r$

$\Rightarrow \quad a = \frac{2r}{\sqrt{3}}$ सेमी

9. खाली स्थान का आयतन $= \pi r^2 h = \pi \times 5^2 \times (25 - 24) = 25\pi$ सेमी^{3}

गेंद का आयतन $= \frac{4}{3}\pi \times 3^3 = 36\pi$ सेमी^{3}

$\therefore$ बाहर निकला पानी $= 36\pi - 25\pi = 11\pi$ सेमी^{3}

10. माना गोले का घनत्व $= d$

$\therefore$ गोले का द्रव्यमान = आयतन × घनत्व $= 3087d$

गोले का द्रव्यमान = गोले द्वारा हटाए गए जल का भार

= अर्द्धगोले का आयतन

$\Rightarrow \quad 3087d = \frac{1}{2} \times \frac{4}{3} \times \frac{22}{7}(21)^3$

$\Rightarrow \quad d = \frac{2 \times 22 \times 21 \times 21}{3087} = 6.3$ ग्राम/सेमी^{3}

11. लोहे के ठोस बेलन का आयतन $= \pi r^2 h$

$= \pi \times 4^2 \times 16$

$= \pi \times 16 \times 16$ सेमी^{3}

1 गोली का आयतन $= \frac{4}{3}\pi\left(\frac{2}{10}\right)^3$

गोलियों की संख्या $= \frac{\pi \times 16 \times 16}{\frac{4}{3}\pi \times \frac{2}{10} \times \frac{2}{10} \times \frac{2}{10}}$

$= \frac{3 \times 16 \times 16 \times 1000}{4 \times 8} = 24000$ गोलियाँ

13. बाहरी त्रिज्या, $r_1 = 4$ सेमी

भीतरी त्रिज्या, $r_2 = 4 - 2 = 2$ सेमी

$\therefore \quad$ धातु का आयतन $= \frac{4}{3}\pi(r_1^3 - r_2^3)$

$= \frac{4}{3} \times \frac{22}{7}(4^3 - 2^3)$

$= \frac{88}{21} \times 56 = \frac{704}{3}$

$= 234.66$ घन सेमी

15. गोलों के आयतनों का अनुपात $= \frac{\frac{4}{3}\pi(5)^3}{\frac{4}{3}\pi(3)^3} = \frac{125}{27}$

माना दूसरे गोले का भार $= m$

$\therefore \quad \frac{125}{27} = \frac{7.5}{m}$

$\Rightarrow \quad m = \frac{27 \times 7.5}{125} = \frac{27 \times 75}{1250} = \frac{27 \times 3}{50} = 1.62$ किग्रा

38

समकोणीय कार्तीय निर्देशांक
Rectangular Cartesian Coordinates

समकोणीय कार्तीय निर्देशांक अक्ष
(Rectangular Cartesian Coordinate Axes)

रेखाओं XOX' (x-अक्ष) तथा YOY' (y-अक्ष) को निर्देशांक अक्ष कहते हैं। ये दोनों अक्ष एक-दूसरे को समकोण पर प्रतिच्छेदित करते हैं।
निर्देशांक अक्षों के सापेक्ष किसी बिन्दु P के निर्देशांक क्रमिक युग्म (x, y) द्वारा निरूपित किए जा सकते हैं। x निर्देशांक को भुज तथा y निर्देशांक को कोटि कहते हैं।

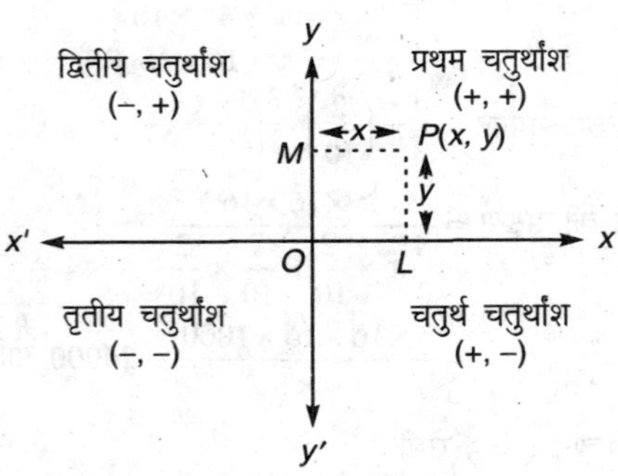

$x = PM = y$-अक्ष से P की लम्बवत् दूरी
$y = PL = x$-अक्ष से P की लम्बवत् दूरी

दो बिन्दुओं के बीच की दूरी
(Distance between Two Points)

दो बिन्दुओं $A(x_1, y_1)$ व $B(x_2, y_2)$ के बीच की दूरी,

$$AB = \sqrt{(x_2 - x_1)^2 + (y_2 - y_1)^2}$$

यदि $O(0, 0)$ मूलबिन्दु तथा $P(x, y)$ कोई अन्य बिन्दु है, तब

$$OP = \sqrt{x^2 + y^2}$$

विभाजन सूत्र (Section Formulae)

माना $A(x_1, y_1)$ व $B(x_2, y_2)$ को मिलाने वाले रेखाखण्ड को $C(x, y)$, $m : n$ के अनुपात में विभाजित करता है।

तब, अन्तः विभाजन के लिए (For internal division)

$$x = \frac{mx_2 + nx_1}{m + n}, \ y = \frac{my_2 + ny_1}{m + n}$$

A ——m—— C ——n—— B

बाह्य विभाजन के लिए (For external division)

$$x = \frac{mx_2 - nx_1}{m - n}, \ y = \frac{my_2 - ny_1}{m - n}$$

A ——m—— B ——n—— C

त्रिभुज का क्षेत्रफल तथा केन्द्रक
(Area of Triangle and Centroid)

माना ΔABC के शीर्ष $A(x_1, y_1)$, $B(x_2, y_2)$ तथा $C(x_3, y_3)$ हैं, तब

$$\Delta ABC \text{ का क्षेत्रफल} = \frac{1}{2}\begin{vmatrix} x_1 & y_1 & 1 \\ x_2 & y_2 & 1 \\ x_3 & y_3 & 1 \end{vmatrix}$$

$$= \frac{1}{2}[x_1(y_2 - y_3) + x_2(y_3 - y_1) + x_3(y_1 - y_2)]$$

तथा त्रिभुज के केन्द्रक के निर्देशांक

$$\left(\frac{x_1 + x_2 + x_3}{3}, \frac{y_1 + y_2 + y_3}{3}\right) \text{ होंगे।}$$

त्रिभुज का अन्तःकेन्द्र तथा परिकेन्द्र
(Incentre and Circumcentre of a Triangle)

माना $A(x_1, y_1)$, $B(x_2, y_2)$ तथा $C(x_3, y_3)$ त्रिभुज के शीर्ष तथा a, b, c भुजाओं की लम्बाइयाँ हैं, तब अन्तःकेन्द्र के निर्देशांक

$$\left(\frac{ax_1 + bx_2 + cx_3}{a + b + c}, \frac{ay_1 + by_2 + cy_3}{a + b + c}\right)$$ होंगे तथा परिकेन्द्र के निर्देशांक

$$\left(\frac{ax_1 \cos A + fx_2 \cos B + cx_3 \cos C}{a\cos A + b\cos B + c\cos C}, \frac{ay_1 \cos A + fy_2 \cos B + cy_3 \cos C}{a\cos A + b\cos B + c\cos C}\right)$$

स्मरणीय बिन्दु

38.1 $A(x_1, y_1)$ तथा $B(x_2, y_2)$ को मिलाने वाली सरल रेखा के मध्य बिन्दु के निर्देशांक $\left(\frac{x_1 + x_2}{2}, \frac{y_1 + y_2}{2}\right)$ होंगे।

38.2 तीन बिन्दु $A(x_1, y_1), B(x_2, y_2)$ तथा $C(x_3, y_3)$ समरेखीय होंगे। यदि ΔABC का क्षेत्रफल शून्य हो।

38.3 माना A, B, C तथा D एक चतुर्भुज के शीर्ष हैं। तब, चतुर्भुज का क्षेत्रफल $= |\Delta ABC$ का क्षेत्रफल $| + |\Delta ACD$ का क्षेत्रफल।

38.4 x-अक्ष पर $y = 0$ तथा y-अक्ष पर $x = 0$ होता है।

साधित उदाहरण

■ **उदाहरण 1** *एक त्रिभुज के शीर्ष* (4, 6), (2, –2) *और* (0, 2) *हैं। इसके केन्द्रक के निर्देशांक ज्ञात कीजिए।*

हल $x = \frac{4+2+0}{3} = \frac{6}{3} = 2$

तथा $y = \frac{6-2+2}{3}$

$= \frac{6}{3} = 2$

अत: केन्द्रक के निर्देशांक (2, 2) हैं।

■ **उदाहरण 2** *यदि बिन्दु* (1, 2), (x, – 1), (4, 5) *संरेख हैं, तो x का मान ज्ञात कीजिए।*

हल $\because$ (1, 2), (x, –1) व (4, 5) संरेख हैं।

$\therefore \quad 1(-1-5) + x(5-2) + 4(2+1) = 0$

$\Rightarrow \quad -6 + 3x + 12 = 0$

$\Rightarrow \quad x = \frac{-6}{3} = -2$

■ **उदाहरण 3** *बिन्दुओं* (0, 2), (0, 3) *तथा* (4, 0) *से बने त्रिभुज का क्षेत्रफल क्या होगा?*

हल अभीष्ट क्षेत्रफल $= \frac{1}{2} |[0(3-0) + 0(0-2) + 4(2-3)]|$

$= \frac{1}{2} \times 4 = 2$ वर्ग इकाई

■ **उदाहरण 4** *बिन्दु* (0, 5), (5, 0) *तथा* (2, 2) *कैसा त्रिभुज बनाते हैं?*

हल माना A, B व C के निर्देशांक (0, 5), (5, 0) तथा (2, 2) हैं।

$\therefore \quad AB = \sqrt{5^2 + 5^2} = 5\sqrt{2}$

$BC = \sqrt{(5-2)^2 + (-2)^2}$

$= \sqrt{9+4} = \sqrt{13}$

तथा $CA = \sqrt{(2-5)^2 + 2^2} = \sqrt{13}$

$\because \quad BC = CA$

$\therefore \Delta ABC$ समद्विबाहु त्रिभुज है।

■ **उदाहरण 5** *बिन्दु* (2, 4) *और बिन्दु* (–3, 5) *को मिलाने वाली रेखा को y-अक्ष किस अनुपात में विभाजित करता है*

हल y-अक्ष पर

$$0 = \frac{m(-3) + n(2)}{m+n}$$

$\Rightarrow \quad 3m = 2n$

$\Rightarrow \quad m : n = 2 : 3$

■ **उदाहरण 6** *बिन्दुओं* (4, 5) *तथा* (–2, –1) *को मिलाने वाली रेखा का मध्य बिन्दु क्या होगा?*

हल माना मध्य बिन्दु के निर्देशांक (x, y) हैं।

$\therefore \quad x = \frac{4-2}{2} = 1$

तथा $y = \frac{5-1}{2} = 2$

अभ्यास प्रश्न

1. बिन्दुओं $(a \sin\theta, a \cos\theta)$ और $(a \cos\theta, -a \sin\theta)$ के बीच की दूरी है
(a) $\sqrt{2}a$ (b) $\sqrt{3}\,a$
(c) $\sqrt{2}$ (d) इनमें से कोई नहीं

2. यदि बिन्दु $(x, 0), (0, y)$ और $(1, 1)$ समरेखीय हों, तो
(a) $x + y = xy$ (b) $x^2 + y^2 = xy$
(c) $x + y + x^2y^2 = 0$ (d) इनमें से कोई नहीं

3. उस त्रिभुज के केन्द्रक के निर्देशांक, जिसके शीर्षों के निर्देशांक $(-3, -2), (-2, 3)$ और $(3, 2)$ हैं, होंगे
(a) $(-1, 1)$ (b) $\left(-\frac{2}{3}, 1\right)$
(c) $\left(1, -\frac{2}{3}\right)$ (d) इनमें से कोई नहीं

4. बिन्दुओं $(4, 6)$ तथा $(3, -8)$ को मिलाने वाली रेखा को x-अक्ष जिस अनुपात में विभाजित करता है, वह अनुपात है
(a) 1 : 2 (b) 2 : 3
(c) 3 : 4 (d) 4 : 5

5. यदि बिन्दु $A(2, -2)$, $B(8, 4)$, $C(5, 7)$ तथा $D(-1, 1)$ एक बहुभुज के शीर्ष हैं, तो वह बहुभुज होगा
(a) वर्ग (b) समान्तर चतुर्भुज
(c) आयत (d) समचतुर्भुज

6. बिन्दु $(2, -2), (14, 10)$ तथा $(11, 13)$ एक त्रिभुज के शीर्ष हैं, तो त्रिभुज है
(a) समद्विबाहु (b) विषमबाहु
(c) समकोण (d) इनमें से कोई नहीं

7. त्रिभुज जिसके शीर्षों के निर्देशांक $(0, 0), (4, 0)$ तथा $(0, 6)$ हों, तो क्षेत्रफल होगा
(a) 24 वर्ग इकाई (b) 12 वर्ग इकाई
(c) 6 वर्ग इकाई (d) 8 वर्ग इकाई

8. यदि बिन्दु $(x, 9), (0, 1)$ और $(-6, -7)$ संरेख हैं, तो x का मान होगा
(a) 4 (b) 5
(c) 6 (d) 7

9. एक त्रिभुज के दो शीर्ष $(3, 5)$ तथा $(-4, -6)$ हैं। यदि त्रिभुज का केन्द्रक $(4, 3)$ हो, तो त्रिभुज का तीसरा शीर्ष होगा
(a) (10, 13) (b) (13, 10)
(c) (5, 13) (d) (13, 5)

10. बिन्दु $(-1, 3)$ और $(4, -2)$ से खींची जाने वाली रेखा बिन्दु (a, b) से होकर जाएगी, यदि
(a) $a + b = 1$ (b) $a + b = 3$
(c) $a - b = 2$ (d) $a + b = 2$

11. बिन्दु $(-2, -3), (4, 1)$ एवं $(1, -1)$ द्वारा घिरा क्षेत्रफल है
(a) $4\sqrt{2}$ (b) 0
(c) 12 (d) इनमें से कोई नहीं

12. बिन्दु $(1, 3), (4, 2), (7, 5)$ और $(4, 6)$ एक चतुर्भुज के शीर्ष हैं, चतुर्भुज है
(a) आयत (b) समान्तर चतुर्भुज
(c) वर्ग (d) समचतुर्भुज

13. किसी बिन्दु की कोटि उसके भुज के बराबर है तथा वह बिन्दु $(-3, 4)$ से 7 इकाई की दूरी पर है। उस बिन्दु के निर्देशांक हैं
(a) (4, 4), (3, 3) (b) (−4, −4), (3, 3)
(c) (−4, −4), (−3, −3) (d) (4, 4), (−3, −3)

14. बिन्दु $(1, 5), (2, 4)$ तथा $(-2, 6)$ से निर्मित त्रिभुज का परिकेन्द्र है
(a) (−2, 1) (b) (2, −1)
(c) (−2, 2) (d) (2, −2)

15. बिन्दु $(2, 4)$ और बिन्दु $(-3, 5)$ को मिलाने वाली रेखा को y-अक्ष निम्न अनुपात में विभाजित करता है
(a) 2 : 3 (b) 2 : 5
(c) − 3 : 2 (d) 5 : − 2

16. बिन्दु $(0, 5), (5, 0)$ तथा $(2, 2)$ बनाते हैं
(a) सरल रेखा (b) समद्विबाहु त्रिभुज
(c) समबाहु त्रिभुज (d) इनमें से कोई नहीं

17. ABC एक त्रिभुज है तथा D, BC का मध्य बिन्दु है। यदि ABC के निर्देशांक क्रमश: $(1, 2), (-1, -3)$ तथा $(3, -5)$ हों, तब AD को $2 : 1$ के अनुपात में आन्तरिक रूप से विभाजित करने वाले बिन्दु के निर्देशांक होंगे
(a) (1, −6) (b) (−1, 6)
(c) (−1, −6) (d) (1, −2)

18. दो बिन्दु $(-3, 2)$ तथा $(-4, -3)$ एक बिन्दु $(-1, y)$ से समान दूरी पर हैं। y का मान होगा
(a) 0 (b) 1
(c) −1 (d) इनमें से कोई नहीं

19. यदि किसी त्रिभुज का क्षेत्रफल $\frac{1}{2}[ad + bc]$ है तथा उसके शीर्षों के निर्देशांक $(0, 0), (x, -b)$ तथा (c, d) हैं, तब x का मान होगा
(a) b (b) a
(c) ab (d) $-a^2$

20. बिन्दु $(a, 0), (0, b)$ और $(1, -1)$ समरेख होंगे, यदि
(a) $a + b = 1$ (b) $\frac{1}{a} + \frac{1}{b} = 1$
(c) $a - b = 1$ (d) $\frac{1}{a} - \frac{1}{b} = 1$

उत्तरमाला

1. (a)	**2.** (a)	**3.** (b)	**4.** (c)	**5.** (c)	**6.** (c)	**7.** (b)	**8.** (c)	**9.** (b)	**10.** (d)
11. (b)	**12.** (b)	**13.** (d)	**14.** (a)	**15.** (a)	**16.** (b)	**17.** (d)	**18.** (c)	**19.** (b)	**20.** (d)

संकेत एवं हल

1. दूरी $= \sqrt{(a\sin\theta - a\cos\theta)^2 + (a\cos\theta + a\sin\theta)^2}$

$$= a\sqrt{\sin^2\theta + \cos^2\theta - 2\sin\theta\cos\theta + \sin^2\theta + \cos^2\theta + 2\sin\theta\cos\theta}$$

$$= a\sqrt{2(\sin^2\theta + \cos^2\theta)}$$

$$= a\sqrt{2}$$

2. चूँकि दिए गए बिन्दु समरेखीय हैं। [देखें → 38.2]

$\because \quad \frac{1}{2}[x(y-1) + 0(1-0) + 1(0-y)] = 0$

$\Rightarrow \quad xy - x - y = 0$

$\Rightarrow \quad x + y = xy$

4. x-अक्ष पर,

$$y = 0$$

माना वह रेखा x-अक्ष द्वारा, $m:n$ में विभाजित होती है।

$\therefore \quad 0 = \frac{m(-8) + n(6)}{m+n}$

$\Rightarrow \quad -8m + 6n = 0$

$\Rightarrow \quad \frac{m}{n} = \frac{3}{4}$

6. माना $A = (2, -2)$, $B = (14, 10)$, $C = (11, 13)$

$$AB = \{(14-2)^2 + (10+2)^2\}^{1/2}$$

$$= \sqrt{144 + 144}$$

$$= 12\sqrt{2}$$

$$BC = \{(11-14)^2 + (13-10)^2\}^{1/2}$$

$$= (9+9)^{1/2} = 3\sqrt{2}$$

तथा $\quad AC = \{(11-2)^2 + (13+2)^2\}^{1/2}$

$$= (81 + 225)^{1/2}$$

$$= 3\sqrt{34}$$

$$AC^2 = AB^2 + BC^2$$

अत: त्रिभुज एक समकोण त्रिभुज है।

7.

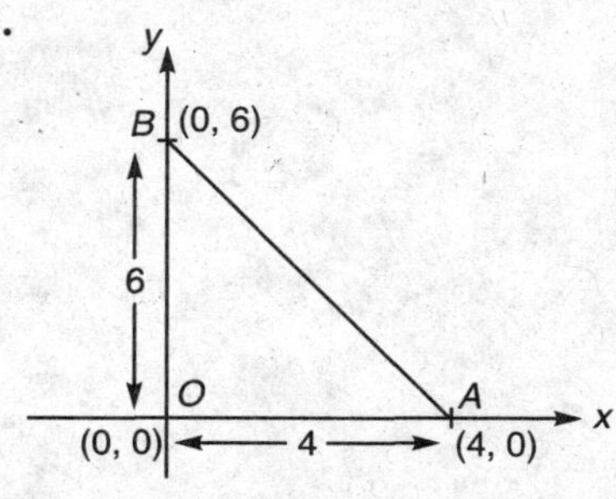

त्रिभुज का क्षेत्रफल $= \frac{1}{2} \times 6 \times 4 = 12$ वर्ग इकाई

10. यदि तीनों बिन्दु एक ही रेखा पर हैं, तब इनसे बने त्रिभुज का क्षेत्रफल शून्य होगा।

$\therefore \quad \frac{1}{2}[-1(-2-b) + 4(b-3) + a(3+2)] = 0$

$\Rightarrow \quad 2 + b + 4b - 12 + 5a = 0$

$\Rightarrow \quad a + b = 2$

11. त्रिभुज का क्षेत्रफल

$$= \frac{1}{2}[-2(1+1) + 4(-1+3) + 1(-3-1)]$$

$$= \frac{1}{2}[-4 + 8 - 4] = \frac{1}{2} \times 0 = 0$$

12. माना बिन्दु $A(1, 3)$, $B(4, 2)$, $C(7, 5)$ और $D(4, 6)$ एक चतुर्भुज के शीर्ष हैं, तब

$$AB = \sqrt{(4-1)^2 + (2-3)^2} = \sqrt{9+1} = \sqrt{10}$$

$$BC = \sqrt{(7-4)^2 + (5-2)^2}$$

$$= \sqrt{9+9} = \sqrt{18} = 3\sqrt{2}$$

$$CD = \sqrt{(4-7)^2 + (6-5)^2} = \sqrt{10}$$

$$DA = \sqrt{(1-4)^2 + (3-6)^2} = 3\sqrt{2}$$

$$AC = \sqrt{(7-1)^2 + (5-3)^2} = 2\sqrt{10}$$

तथा $BD = \sqrt{(4-4)^2 + (6-2)^2} = \sqrt{0+16} = 4$

चूँकि $AB = CD$ और $BC = DA$ (भुजाएँ)

$AC \neq BD$ (विकर्ण)

अत: दिए गए बिन्दु, एक समान्तर चतुर्भुज के शीर्ष हैं।

13. माना बिन्दु (x, x) है, तब

$$(x+3)^2 + (x-4)^2 = (7)^2$$

$\Rightarrow \quad x^2 + 6x + 9 + x^2 - 8x + 16 = 49$

$\Rightarrow \quad 2x^2 - 2x - 24 = 0$

$\Rightarrow \quad 2(x-4)(x+3) = 0$

$\Rightarrow \quad x = 4, -3$

$\therefore$ बिन्दु $(4, 4)$ या $(-3, -3)$ हैं।

14. माना परिकेन्द्र (x, y) है।

परिकेन्द्र से तीनों शीर्ष समान दूरी पर होते हैं।

$\therefore (x, y)$ से $(1, 5)$ की दूरी $= \sqrt{(x-1)^2 + (y-5)^2}$

बिन्दु (x, y) से $(2, 4)$ की दूरी $= \sqrt{(x-2)^2 + (y-4)^2}$

तथा (x, y) से $(-2, 6)$ की दूरी $= \sqrt{(x+2)^2 + (y-6)^2}$

अब, $\sqrt{(x-1)^2 + (y-5)^2} = \sqrt{(x-2)^2 + (y-4)^2}$

$\Rightarrow \quad x^2 - 2x + 1 + y^2 - 10y + 25$

$$= x^2 - 4x + 4 + y^2 - 8y + 16$$

$\Rightarrow \quad 2x - 2y = -6$

$\Rightarrow \quad x - y = -3 \quad \text{...(i)}$

तथा $(x-2)^2 + (y-4)^2 = (x+2)^2 + (y-6)^2$

$\Rightarrow \quad x^2 - 4x + 4 + y^2 - 8y + 16$

$= x^2 + 4x + 4 + y^2 - 12y + 36$

$\Rightarrow \quad -8x + 4y = 20$

$\Rightarrow \quad 2x - y = -5 \quad \text{...(ii)}$

समी (i) व (ii) को हल करने पर, $x = -2, y = 1$

$\therefore$ परिकेन्द्र $= (-2, 1)$

15. माना कि y-अक्ष, बिन्दुओं $A(2, 4)$ तथा $B(-3, 5)$ को मिलाने वाली रेखा को बिन्दु C पर $m_1 : m_2$ के अनुपात में विभाजित करता है।

$\because$ बिन्दु C, y-अक्ष पर है।

$\therefore \quad x = 0$

$$x = \frac{m_1x_2 + m_2x_1}{m_1 + m_2}$$

$$\Rightarrow \quad 0 = \frac{m_1(-3) + m_2 \times 2}{m_1 + m_2}$$

$$\Rightarrow \quad -3m_1 + 2m_2 = 0 \Rightarrow \frac{m_1}{m_2} = \frac{2}{3}$$

या $\quad m_1 : m_2 = 2 : 3$

16. वक्र से स्पष्ट है कि यदि तीनों बिन्दुओं को एक-दूसरे से मिलाएँ, तो त्रिभुज बनेगा।

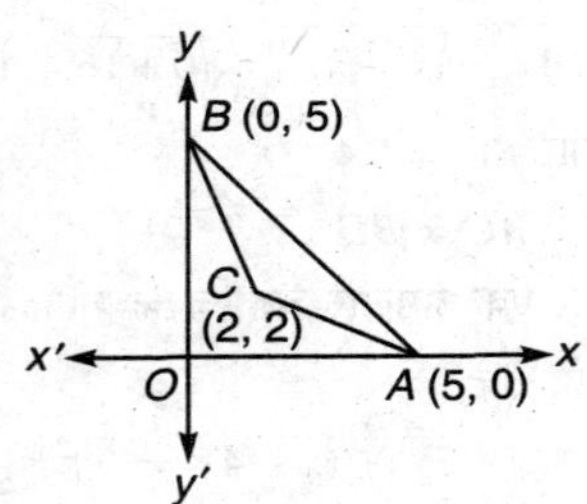

अब, $AB = \sqrt{(0-5)^2 + (5-0)^2} = 5\sqrt{2}$

$BC = \sqrt{(5-2)^2 + (0-2)^2} = \sqrt{13}$

तथा $CA = \sqrt{(2-5)^2 + (2-0)^2} = \sqrt{13}$

$\because \quad CA = BC$

अतः बिन्दु समद्विबाहु त्रिभुज बनाते हैं।

17. D के निर्देशांक $= \left(\frac{-1+3}{2}, \frac{-3-5}{2}\right) = (1, -4)$

AD को $2 : 1$ में बाँटने वाले बिन्दु का

$$\text{भुज} = \frac{2 \times 1 + 1 \times 1}{2+1} = 1$$

$$\text{कोटि} = \frac{2 \times (-4) + 1 \times 2}{2+1} = \frac{-6}{3} = -2$$

$\therefore$ अभीष्ट बिन्दु के निर्देशांक $(1, -2)$ हैं।

18. प्रश्नानुसार, $[(-3, 2)$ की $(-1, y)$ से दूरी$]^2$

$= [(-4, -3)$ की $(-1, y)$ से दूरी$]^2$

$\Rightarrow (-3+1)^2 + (2-y)^2 = (-4+1)^2 + (-3-y)^2$

$\Rightarrow \quad 4 + 4 + y^2 - 4y = 9 + 9 + y^2 + 6y$

$\Rightarrow \quad -10y = 10$

$\Rightarrow \quad y = -1$

20. बिन्दु $(a, 0)$, $(0, b)$ तथा $(1, -1)$ संरेखीय हैं। अतः त्रिभुज का क्षेत्रफल शून्य होगा।

$\frac{1}{2}[a(b+1) + 1(0-b)] = 0$ [देखें→ 38.2]

$\Rightarrow \quad ab + a - b = 0$

$\Rightarrow \quad a - b = -ab$

$$\Rightarrow \quad \frac{a}{-ab} - \frac{b}{-ab} = 1$$

$$\Rightarrow \quad \frac{1}{a} - \frac{1}{b} = 1$$

39

सरल रेखा

Straight Line

सरल रेखा (Straight Line)

यदि किसी वक्र के दो बिन्दु इस प्रकार हैं कि उनको मिलाने वाले रेखाखण्ड के सभी बिन्दु वक्र पर स्थित हों, तो वक्र को सरल रेखा कहते हैं।

अक्षों के समान्तर रेखा का समीकरण
(Equation of Line Parallel to Axis)

x-अक्ष के समान्तर रेखा जो x-अक्ष से b दूरी पर है, का समीकरण $y = b$ होगा।
y-अक्ष के समान्तर रेखा जो y-अक्ष से a दूरी पर है, का समीकरण $x = a$ होगा।
x-अक्ष का समीकरण $y = 0$ तथा y-अक्ष का समीकरण $x = 0$ होता है।

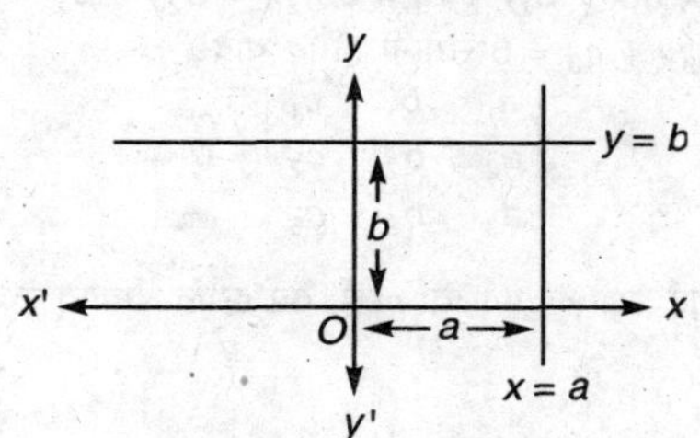

सरल रेखाओं के समीकरण के विभिन्न रूप
(Different Forms of Equation of Straight Lines)

1. प्रवणता रूप (Slope Form)

यदि रेखा की प्रवणता m तथा y-अक्ष पर अन्त:खण्ड की लम्बाई c हो, तो सरल रेखा का समीकरण $y = mx + c$ होता है।
जहाँ, $m = \tan\theta$

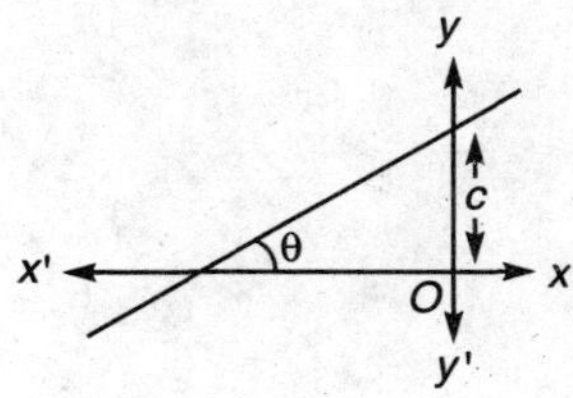

2. बिन्दु प्रवणता रूप (Point Slope Form)

प्रवणता m तथा बिन्दु (x_1, y_1) से होकर जाने वाली रेखा का समीकरण निम्न है

$$y - y_1 = m(x - x_1)$$

3. दो बिन्दुओं से होकर जाने वाली रेखा का समीकरण
(Equation of a line passing through the two points)

बिन्दु $A(x_1, y_1)$ तथा $B(x_2, y_2)$ से होकर जाने वाली रेखा का समीकरण निम्न है

$$y - y_1 = \left(\frac{y_2 - y_1}{x_2 - x_1}\right)(x - x_1)$$

जहाँ, $\dfrac{y_2 - y_1}{x_2 - x_1} = m =$ प्रवणता

4. अन्त:खण्ड रूप (Intercept Form)

धनात्मक अक्षों पर a तथा b अन्त:खण्ड काटने वाली रेखा का समीकरण निम्न है

$$\frac{x}{a} + \frac{y}{b} = 1$$

5. लम्ब रूप (Perpendicular Form)

यदि किसी रेखा पर मूलबिन्दु से डाले गए लम्ब की लम्बाई p तथा लम्ब x-अक्ष से α कोण बनाता है, तब सरल रेखा का समीकरण निम्न होगा

$$x\cos\alpha + y\sin\alpha = p$$

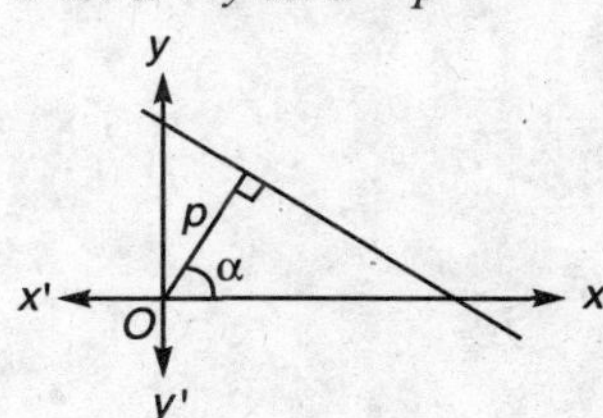

6. **व्यापक रूप** (General Form)

समीकरण $ax + by + c = 0$ रूप की समीकरण को रेखा का व्यापक समीकरण कहते हैं।

दी गई रेखा के समान्तर तथा लम्ब रेखा का समीकरण

(Equation of Line Parallel and Perpendicular to Give Line)

सरल रेखा $ax + by + c = 0$ के समान्तर सरल रेखा का समीकरण $ax + by + \lambda = 0$ होता है।
तथा सरल रेखा $ax + by + c = 0$ के लम्बवत् रेखा का समीकरण $bx - ay + \lambda = 0$ होता है। जहाँ $\lambda =$ नियतांक है।

एक बिन्दु से रेखा की लम्बवत् दूरी

(Perpendicular Distance of a Line From a Point)

बिन्दु (x_1, y_1) से रेखा $ax + by + c = 0$ की लम्बवत् दूरी

$$= \left| \frac{ax_1 + by_1 + c}{\sqrt{a^2 + b^2}} \right|$$

मूलबिन्दु से रेखा $ax + by + c = 0$ की लम्बवत् दूरी $= \left| \dfrac{c}{\sqrt{a^2 + b^2}} \right|$

दो सरल रेखाओं के बीच का कोण

(Angle between Two Straight Lines)

माना दो रेखाओं की प्रवणताएँ m_1 व m_2 हैं, तब दोनों रेखाओं के बीच का कोण

$$\theta = \tan^{-1}\left(\frac{m_1 - m_2}{1 + m_1 m_2}\right)$$

रेखाओं $a_1x + b_1y + c_1 = 0$ तथा $a_2x + b_2y + c_2 = 0$ के बीच का कोण

$$\theta = \tan^{-1}\left(\frac{a_2b_1 - a_1b_2}{a_1a_2 + b_1b_2}\right)$$

यदि दोनों रेखाएँ परस्पर समान्तर हैं, तब

$$m_1 = m_2,\ a_2b_1 - a_1b_2 = 0 \text{ या } \frac{a_1}{a_2} = \frac{b_1}{b_2}$$

यदि दोनों रेखाएँ परस्पर लम्बवत् हैं, तब

$$m_1m_2 = -1,\ a_1a_2 + b_1b_2 = 0$$

दो समान्तर रेखाओं के बीच की दूरी

(Distance between Two Parallel Lines)

रेखाओं $ax + by + c_1 = 0$ तथा $ax + by + c_2 = 0$ के बीच की दूरी $\dfrac{c_1 \sim c_2}{\sqrt{a^2 + b^2}}$ होती है।

स्मरणीय बिन्दु

39.1 सरल रेखाओं $a_1x + b_1y + c_1 = 0$ तथा $a_2x + b_2y + c_2 = 0$ के प्रतिच्छेद बिन्दु के निर्देशांक $\left(\dfrac{b_1c_2 - b_2c_1}{a_1b_2 - a_2b_1}, \dfrac{c_1a_2 - c_2a_1}{a_1b_2 - a_2b_1}\right)$ होते हैं।

39.2 (i) मूलबिन्दु (0, 0) से रेखा $ax + by + c = 0$ पर डाले गए लम्ब की लम्बाई $\dfrac{c}{\sqrt{a^2 + b^2}}$ होती है।

(ii) मूल बिन्दु से रेखा $\dfrac{x}{a} + \dfrac{y}{b} = 1$ पर डाले गये लम्ब की लम्बाई

$$\Rightarrow \quad \frac{-1}{\sqrt{\left(\frac{1}{a}\right)^2 + \left(\frac{1}{b}\right)^2}} = p$$

39.3 तीन रेखाएँ $a_1x + b_1y + c_1 = 0$, $a_2x + b_2y + c_2 = 0$ तथा $a_3x + b_3y + c_3 = 0$ संगामी होंगी, यदि

$$\begin{vmatrix} a_1 & b_1 & c_1 \\ a_2 & b_2 & c_2 \\ a_3 & b_3 & c_3 \end{vmatrix} = 0$$

39.4 यदि दी गई रेखा की प्रवणता m है, तब इसके लम्बवत् रेखा की प्रवणता $-\dfrac{1}{m}$ होगी।

साधित उदाहरण

■ **उदाहरण 1** *उस त्रिभुज की AB भुजा का समीकरण ज्ञात करो जिसके कोणीय बिन्दु के निर्देशांक $A(0, 1)$, $B(2, 0)$ तथा $C(-1, -2)$ हैं।*

हल $A(0, 1), B(2, 0), C(-1, -2)$

AB का समीकरण

$$y - 1 = \frac{0-1}{2-0}(x - 0)$$

$$2y - 2 = -x$$

$$x + 2y = 2$$

■ **उदाहरण 2** *दो बिन्दुओं $(3, 2)$ तथा $(4, 3)$ की एक बिन्दु $(1, 4)$ से समान दूरी है, तो y का मान क्या होगा?*

हल $\sqrt{(1-3)^2 + (y-2)^2} = \sqrt{(1-4)^2 + (y-3)^2}$

दोनों ओर वर्ग करने पर

$$4 + y^2 + 4 - 4y = 9 + y^2 + 9 - 6y$$

$$y = 5$$

■ **उदाहरण 3** *आकृति ABCD जोकि बिन्दु A, B, C, D से बनी है क्रमशः बिन्दु $(-2, -2)$, $(2, -6)$, $(6, -2)$ $(2, 2)$ द्वारा निरूपित है। इसका क्षेत्रफल क्या होगा?*

हल $A(-2, -2), B(2, -6), C(6, -2), D(2, 2)$

आकृति ABCD का क्षेत्रफल

$$= \frac{1}{2}[(12 - 4 + 12 - 4) - (-4 - 36 - 4 - 4)]$$

$$= \frac{1}{2}(16 + 48) = \frac{1}{2} \times 64 = 32$$

■ **उदाहरण 4** *बिन्दु $(-3, 5)$, $(1, 2)$ तथा $(5, -1)$ मिलकर क्या बनाते हैं?*

हल $(-3, 5)$ व $(1, 2)$ से होकर जाने वाली रेखा

$$y - 2 = \frac{5-2}{-3-1}(x - 1)$$

यदि बिन्दु $(5, -1)$ पर स्थित है $-1 - 2 = -\frac{3}{4}(5 - 1)$ $-3 = -3$ सत्य

$\therefore$ दिए हुए बिन्दु एक सीधी रेखा में है।

अभ्यास प्रश्न

1. रेखा $8x + 4y + 16 = 0$ द्वारा अक्षों पर कटे अन्त:खण्डों का मान है

(a) 3, 4 (b) −2, −4 (c) 2, 4 (d) 4, 8

2. उस रेखा की प्रवणता, जो बिन्दुओं $(3, 2)$ व $(-3, -2)$ को मिलाती है, होगी

(a) $\frac{1}{3}$ (b) $\frac{2}{3}$ (c) 1 (d) $\frac{1}{2}$

3. सरल रेखा $y - x + 5 = 0$, x-अक्ष से कोण बनाती है

(a) 45° (b) 60°
(c) 90° (d) इनमें से कोई नहीं

4. सरल रेखा $3x + 4y + 10 = 0$ की मूलबिन्दु से न्यूनतम दूरी है

(a) 5 इकाई (b) 2 इकाई
(c) 10 इकाई (d) $\frac{10}{\sqrt{7}}$ इकाई

5. रेखाएँ $4x - 6y + 22 = 0$ तथा $6x + 4y - 22 = 0$ हैं

(a) परस्पर लम्बवत् (b) समान्तर
(c) (4, −6) बिन्दु पर काटती हैं (d) इनमें से कोई नहीं

6. मूलबिन्दु से सरल रेखा $x - \sqrt{3}y + 4 = 0$ पर खींचे गए लम्ब द्वारा x-अक्ष के साथ धनात्मक दिशा में बनाया हुआ कोण होगा

(a) 30° (b) 60° (c) 120° (d) 150°

7. समीकरण $6x + 5y + 7 = 0$ का लम्ब रूप होगा

(a) $\frac{1}{\sqrt{61}}x + \frac{5}{\sqrt{61}}y = \frac{7}{\sqrt{61}}$

(b) $\frac{-6}{\sqrt{61}}x + \frac{5}{\sqrt{61}}y = \frac{7}{\sqrt{61}}$

(c) $\frac{-6}{\sqrt{61}}x + \frac{-5}{\sqrt{61}}y = \frac{7}{\sqrt{61}}$

(d) उपरोक्त में से कोई नहीं

8. रेखाएँ $y = 3$ तथा $y = x\sqrt{3} + 9$ के बीच न्यूनकोण होगा

(a) 30° (b) 60°
(c) 45° (d) 90°

9. यदि किसी सरल रेखा, जो अक्षों पर '*a*' और '*b*' के बराबर अन्त:खण्ड काटती हैं, पर मूलबिन्दु से डाले गए लम्ब की लम्बाई '*p*' हो, तो

(a) $a^2 + b^2 = p^2$ (b) $a^2 + b^2 = \frac{1}{p^2}$

(c) $\frac{1}{a^2} + \frac{1}{b^2} = \frac{2}{p^2}$ (d) $\frac{1}{a^2} + \frac{1}{b^2} = \frac{1}{p^2}$

10. उस रेखा का समीकरण जो मूलबिन्दु से गुजरती है तथा रेखा $3x + 7y + 11 = 0$ के समान्तर है

(a) $3x - 7y = 0$ (b) $7y - 3x = 0$
(c) $3x + 7y = 0$ (d) इनमें से कोई नहीं

11. बिन्दु $(a\cos\alpha, a\sin\alpha)$ से रेखा $x\cos\alpha + y\sin\alpha = p$ पर डाले गए लम्ब की लम्बाई है

(a) a (b) a^2
(c) p^2 (d) $a - p$

12. $x - y + 1 = 0$ और $x + y - 2 = 0$ दो सरल रेखाओं के समीकरण हैं। इन रेखाओं के बीच के कोण की माप है

(a) 90° (b) 45°
(c) 60° (d) 180°

13. दो रेखाएँ जो बिन्दु $(6, -4)$ से गुजरती हैं तथा जिनके अन्त:खण्डों का योग 12 है, उनमें से एक का समीकरण है

(a) $3x + y = 24$ (b) $3x - y = 18$
(c) $x - 3y = 18$ (d) $x + 3y = 24$

14. कोई रेखा अक्षों पर समान अन्त:खण्ड काटती है तथा बिन्दु $(-1, 3)$ से होकर जाती है। रेखा का समीकरण है

(a) $x - y = 2$ (b) $y - x = 2$
(c) $x + y = 2$ (d) $x + y = 0$

15. एक सरल रेखा $(-1, 1)$ तथा $(2, -2)$ से गुजरती है। मूलबिन्दु से इस रेखा पर डाले गए लम्ब की लम्बाई है

(a) $\sqrt{2}/5$ (b) 0
(c) $2\sqrt{2}/\sqrt{5}$ (d) इनमें से कोई नहीं

16. उस रेखा का समीकरण ज्ञात कीजिए, जिस पर मूलबिन्दु से डाले गए लम्ब की लम्बाई 5 इकाई है और उसका x-अक्ष से झुकाव $75°$ है।

(a) $\sqrt{3}x + \sqrt{3}y = 10\sqrt{2}$
(b) $\sqrt{3}x - \sqrt{3}y = 10\sqrt{2}$
(c) $(\sqrt{3} - 1)x + (\sqrt{3} + 1)y = 10\sqrt{2}$
(d) $(\sqrt{3} - 1)x - (\sqrt{3} + 1)y = 10\sqrt{2}$

17. अक्षों तथा रेखा $x \sin\alpha + y\cos\alpha = \sin 2\alpha$ से बने त्रिभुज का क्षेत्रफल है

(a) $\sin\alpha$ (b) $\cos\alpha$
(c) $\sin 2\alpha$ (d) $\cos 2\alpha$

18. उस रेखा का समीकरण ज्ञात कीजिए जिसका अक्षों के बीच कटा भाग 13 इकाई का है और अक्षों के साथ बने त्रिभुज का क्षेत्रफल 30 वर्ग इकाई है।

(a) $5x + 12y = 60$ (b) $5x - 12y = 60$
(c) $12x - 5y = 60$ (d) इनमें से कोई नहीं

19. सरल रेखा $x + \sqrt{3}y - 6 = 0$ अक्षों को A तथा B पर मिलती हैं। $\angle XAB$ का मान होगा

(a) $30°$ (b) $60°$ (c) $120°$ (d) $150°$

20. बिन्दु $(2, -3)$ से गुजरने वाली एवं दोनों अक्षों पर बराबर अन्त:खण्ड काटने वाली सरल रेखा का समीकरण है

(a) $x + y + 1 = 0$ (b) $x + y - 1 = 0$
(c) $3y + 2x + 5 = 0$ (d) $y - x + 5 = 0$

उत्तरमाला

1. (b)	**2.** (b)	**3.** (a)	**4.** (b)	**5.** (a)	**6.** (c)	**7.** (c)	**8.** (b)	**9.** (d)	**10.** (c)
11. (d)	**12.** (a)	**13.** (c)	**14.** (c)	**15.** (b)	**16.** (c)	**17.** (c)	**18.** (a)	**19.** (d)	**20.** (a)

संकेत एवं हल

1. $8x + 4y = -16$

या $$\frac{8x}{-16} + \frac{4y}{-16} = 1$$

या $$\frac{x}{-2} + \frac{y}{-4} = 1$$

अत: अन्त:खण्डों के मान $-2, -4$ हैं।

2. माना $(x_1, y_1) = (3, 2), (x_2, y_2) = (-3, -2)$

अत: रेखा की प्रवणता $= \dfrac{y_2 - y_1}{x_2 - x_1} = \dfrac{-2-2}{-3-3}$

$$= \frac{4}{6} = \frac{2}{3}$$

3. $y - x + 5 = 0$ या $y = x - 5$

$y = mx + c$ से तुलना करने पर

$$m = \tan\theta = 1$$

$\Rightarrow$ $\tan\theta = \tan 45°$

$\Rightarrow$ $\theta = 45°$

6. $x - \sqrt{3}y = -4$ या $-x + \sqrt{3}y = 4$

यहाँ $a = -1, b = \sqrt{3}$

$\therefore$ $$\sqrt{a^2 + b^2} = \sqrt{(-1)^2 + (\sqrt{3})^2} = 2$$

2 से प्रत्येक पद को भाग देने पर

$$-\frac{x}{2} + \frac{\sqrt{3}}{2}y = 2$$

$x\cos\alpha + y\sin\alpha = p$ से तुलना करने पर

$$\cos\alpha = -\frac{1}{2}, \sin\alpha = +\frac{\sqrt{3}}{2}$$

$\therefore$ $$\tan\alpha = \frac{\sqrt{3}/2}{-\frac{1}{2}} = -\sqrt{3} = \tan 120°$$

$\Rightarrow$ $\alpha = 120°$

7. $6x + 5y + 7 = 0$ या $6x + 5y = -7$

या $$-\frac{6}{\sqrt{6^2 + 5^2}}x + \frac{-5}{\sqrt{6^2 + 5^2}}y = \frac{7}{\sqrt{6^2 + 5^2}}$$

या $$\left(\frac{-6}{\sqrt{61}}\right)x + \left(\frac{-5}{\sqrt{61}}\right)y = \frac{7}{\sqrt{61}}$$

8. रेखा $y = x\sqrt{3} + 9$ की प्रवणता, $m_1 = \sqrt{3}$

रेखा $y = 3$ की प्रवणता, $m_2 = 0$

$\therefore$ $$\tan\theta = \frac{m_1 - m_2}{1 + m_1 m_2} = \frac{\sqrt{3} - 0}{1 + \sqrt{3} \times 0} = \sqrt{3}$$

$\Rightarrow$ $\tan\theta = \tan 60°$

$\Rightarrow$ $\theta = 60°$

9. मूलबिन्दु से रेखा $\dfrac{x}{a} + \dfrac{y}{b} = 1$ पर डाले गए लम्ब की लम्बाई

$$= \frac{-1}{\sqrt{1/a^2 + 1/b^2}} = p \quad \text{(दिया है)}$$

$\Rightarrow$ $$p^2 = \left(\frac{-1}{\sqrt{1/a^2 + 1/b^2}}\right)^2$$

$\Rightarrow \quad p^2\left(\frac{1}{a^2}+\frac{1}{b^2}\right)=1$

या $\quad \frac{1}{a^2}+\frac{1}{b^2}=\frac{1}{p^2}$

10. $3x+7y+11=0$ के समान्तर रेखा का व्यापक समीकरण $3x+7y=\lambda$ है।
चूँकि यह मूलबिन्दु से होकर जाती है।
अत. $x=0, y=0$ रखने पर,

$$3\times 0+7\times 0=\lambda$$

$\Rightarrow \quad \lambda=0$

$\therefore$ अभीष्ट समान्तर रेखा का समीकरण $3x+7y=0$ है।

11. रेखा $x\cos\alpha+y\sin\alpha-p=0$ पर, बिन्दु $(a\cos\alpha, a\sin\alpha)$ से डाले गए लम्ब की लम्बाई

$$=\frac{a\cos\alpha\cos\alpha+a\sin\alpha\sin\alpha-p}{\sqrt{\cos^2\alpha+\sin^2\alpha}}$$

$$=\frac{a\cos^2\alpha+a\sin^2\alpha-p}{1}$$

$$=a(\cos^2\alpha+\sin^2\alpha)-p$$

$$=a-p$$

12. $x-y+1=0$ की प्रवणता, $m_1=1$
$x+y-2=0$ की प्रवणता, $m_2=-1$

$\because \quad m_1m_2=1\times-1=-1$

$\therefore$ रेखाएँ परस्पर लम्बवत् हैं। अत: उनके बीच का कोण $90°$ है।

13. माना x-अक्ष से कटा अन्त:खण्ड $=a$

$\therefore$ y-अक्ष से कटा अन्त:खण्ड $=12-a$

$\therefore$ रेखा का समीकरण निम्न होगा

$$\frac{x}{a}+\frac{y}{12-a}=1$$

$\because$ रेखा $(6,-4)$ से होकर गुजरती है।
$\therefore x=6, y=-4$ समीकरण में रखने पर

$$\frac{6}{a}+\frac{-4}{12-a}=1$$

$\Rightarrow \quad \frac{6(12-a)-4a}{a(12-a)}=1$

$\Rightarrow \quad 72-6a-4a=12a-a^2$

$\Rightarrow \quad a^2-22a+72=0$

$\Rightarrow \quad (a-18)(a-4)=0$

$\Rightarrow \quad a=18, a=4$

यदि $a=18$, तब y-अक्ष से कटा अन्त:खण्ड $=12-18=-6$

$\therefore$ रेखा का समीकरण निम्न है

$$\frac{x}{18}+\frac{y}{-6}=1$$

या $\quad x-3y=18$

यदि $a=4$, तब $b=12-4=8$

$\therefore$ समीकरण निम्न है

$$\frac{x}{4}+\frac{y}{8}=1$$

$\Rightarrow \quad 2x+y=8$

16. दिया है, $\alpha=75°$, $p=5$
रेखा का समीकरण निम्न है

$$x\cos\alpha+y\sin\alpha=p$$

$\Rightarrow \quad x\cos 75°+y\sin 75°=5$

$\Rightarrow \quad x\left(\frac{\sqrt{3}-1}{2\sqrt{2}}\right)+y\left(\frac{\sqrt{3}+1}{2\sqrt{2}}\right)=5$

$\Rightarrow \quad (\sqrt{3}-1)x+(\sqrt{3}+1)y=10\sqrt{2}$

17. $x\sin\alpha+y\cos\alpha=\sin 2\alpha$

$\Rightarrow \quad x\sin\alpha+y\cos\alpha=2\sin\alpha\cos\alpha$

$\Rightarrow \quad \frac{x\sin\alpha}{2\sin\alpha\cos\alpha}+\frac{y\cos\alpha}{2\sin\alpha\cos\alpha}=1$

$\Rightarrow \quad \frac{x}{2\cos\alpha}+\frac{y}{2\sin\alpha}=1$

$\therefore$ x-अक्ष पर कटा अन्त:खण्ड $(a)=2\cos\alpha$

$\therefore$ y-अक्ष पर कटा अन्त:खण्ड $(b)=2\sin\alpha$

$\therefore$ अक्षों तथा रेखा से बने त्रिभुज का क्षेत्रफल $=\frac{ab}{2}$

$$=\frac{2\cos\alpha\times 2\sin\alpha}{2}$$

$$=2\sin\alpha\cos\alpha=\sin 2\alpha$$

18. माना कि रेखा का समीकरण $\frac{x}{a}+\frac{y}{b}=1$ है।

तब, $\quad AB^2=a^2+b^2=169 \quad \ldots(i)$

तथा $\quad \Delta=\frac{1}{2}ab=30$ या $ab=60 \quad \ldots(ii)$

समी (i) व (ii) को हल करने पर, $a=12, b=5$

या $\quad a=5, b=12$

$\therefore$ रेखा का समीकरण निम्न है

$$\frac{x}{12}+\frac{y}{5}=1 \text{ या } \frac{x}{5}+\frac{y}{12}=1$$

$\Rightarrow \quad 5x+12y=60$ या $12x+5y=60$

19. रेखा $x+\sqrt{3}y-6=0$ से, $m=-\frac{1}{\sqrt{3}}$

$$\tan\theta=\tan(180°-30°)=\tan 150°$$

$\therefore \quad \theta=150°$

20. माना रेखा का समीकरण $x+y=a$
$x=2$ तथा $y=-3$ रखने पर,

$$2-3=a \Rightarrow a=-1$$

$\therefore$ रेखा का समीकरण, $x+y=-1$
या $x+y+1=0$ है।

40

अभिकलन

Computing

कलन विधि (Algorithm)

किसी समस्या को हल करने की चरणबद्ध (Step-by-step) प्रक्रिया को कलन विधि कहते हैं। किसी समस्या को हल करने के लिए निर्देशों के अनुक्रम के साथ निम्न लक्षण भी होने चाहिए।

1. परिमितता
2. निश्चितता
3. निवेश
4. निर्गत
5. प्रभावशीलता

प्रवाह संचित्र (Flow Chart)

दिए गए निर्देशों के अनुक्रमों का चित्रीय निरूपण प्रवाह संचित्र कहलाता है इसमें विभिन्न आकार के कुछ बॉक्स, तीर के चिन्हों द्वारा जोड़े जाते हैं।

प्रवाह संचित्र के प्रतीक (Symbols of Flow Chart)

क्र.सं.	आकृति	प्रयोग
1.	अण्डाकार बॉक्स	अण्डाकार आकृति का प्रयोग प्रवाह संचित्र को आरम्भ तथा समाप्त करने के लिए किया जाता है। इसे टर्मिनल बॉक्स भी कहते हैं।
2.	निवेश-निर्गम बॉक्स (इनपुट-आउटपुट बॉक्स)	समान्तर चतुर्भुज की आकृति का प्रयोग प्रवाह संचित्र में निवेश (Input) एवं निर्गम (Output) के लिए किया जाता है।
3.	संसाधन बॉक्स (प्रोसेस बॉक्स)	आयताकार बॉक्स का प्रयोग प्रवाह संचित्र में संसाधन की प्रक्रिया दर्शाने के लिए किया जाता है।
4.	निर्णय बॉक्स (Decision Box)	हीरे की आकृति का बॉक्स निर्णय निर्धारण हेतु प्रयुक्त होता है। इसमें निहित प्रश्न का उत्तर प्रायः हाँ अथवा नहीं में होता है।
5.	संयोजक (Connector)	वृत्ताकार बॉक्स का प्रयोग प्रोग्राम के दो भागों को जोड़ने के लिए किया जाता है। अतः इसे कनेक्टर (connector) भी कहते हैं।
6.	← → ↑ ↓ प्रवाह रेखाएँ (Flow Lines)	तीर का प्रयोग दिशा प्रदर्शित करने के लिए किया जाता है। जिस ओर की दिशा दिखानी हो वैसी प्रवाह रेखा का उपयोग किया जाता है। यहाँ चारों प्रकार की प्रवाह रेखाओं को दर्शाया गया है।

7.	षट्भुज (Hexagon)	प्रक्रिया की पुनरावृत्ति को दर्शाने के लिए षट्भुज की आकृति का प्रयोग प्रवाह संचित्र में किया जाता है।
8.	व्याख्या चित्र (Annotation)	बाईं ओर दी गई आकृति को एनोटेशन (Annotation) कहते हैं। इसका अर्थ हिन्दी में टिप्पणी, टीका या व्याख्या होता है। इसका उपयोग प्रवाह संचित्र में किसी स्थान पर टिप्पणी दर्शाने हेतु किया जाता है।
9.	प्रदर्शन चित्र (Display Box)	डिस्पले बॉक्स का प्रयोग प्रदर्शन की सूचना देने हेतु किया जाता है।

स्मरणीय बिन्दु

40.1 एक सही प्रवाह संचित्र बनाने के लिए, सभी आवश्यक जरुरतें तार्किक रूप से क्रमबद्ध होती हैं।

40.2 प्रवाह संचित्र सदा स्पष्ट और समझने में आसान होता है। अस्पष्टता गलत प्रवाह संचित्र की निशानी है।

40.3 सामान्यतः किसी भी प्रक्रिया या पद्धति के प्रवाह संचित्र की दिशा बाएँ से दाएँ, अथवा ऊपर से नीचे की ओर होती है।

40.4 किसी भी प्रोसेस बॉक्स में बाहर की ओर केवल एक प्रवाह रेखा निकलती है।

40.5 निर्णय बॉक्स में केवल एक प्रवाह रेखा प्रवेश करती है, किन्तु दो या तीन प्रवाह रेखाएँ, (प्रत्येक सम्भावित उत्तर के लिए एक रेखा) इस बॉक्स से बाहर की ओर निरूपित की जा सकती हैं

40.6 आवश्यकता पड़ने पर बीच-बीच में कहीं पर किसी चरण की विशेषता या अन्य बातें बताने हेतु एनोटेशन प्रतीक का प्रयोग किया जाता है।

40.7 उपयुक्त संचार, प्रभावकारी विश्लेषण, तार्किक क्रम, सक्षम कोडिंग, उचित डॉक्यूमेंटेशन और उचित डिबगिंग प्रवाह संचित्र प्रयोग के कुछ लाभ हैं।

40.8 यदि प्रवाह संचित्र जटिल एवं अस्पष्ट है, तो इसका तात्पर्य है वह या तो गलत संचित्र है या उसमें और सुधार की जरूरत है।

साधित उदाहरण

■ **उदाहरण** *प्रथम 50 प्राकृतिक संख्याओं का योगफल निकालने हेतु एक प्रवाह चित्र दें।*

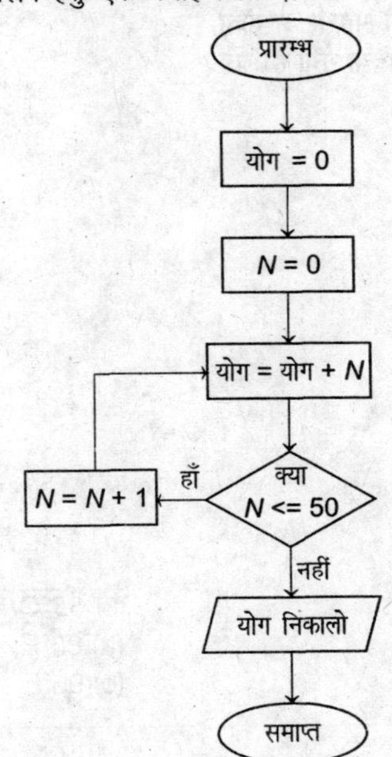

अभ्यास प्रश्न

1. प्रवाह आलेख
(a) का मान विभिन्न वस्तुओं की सारणी होती है
(b) हानि-लाभ का ब्यौरा होता है
(c) द्रवों के प्रवाह का वेग बताता है
(d) उपरोक्त में से कोई नहीं

2. प्रवाह संचित्र में प्रारम्भ का प्रतीक है

(a)  (b) 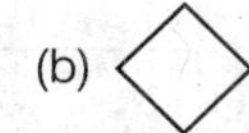

(c) 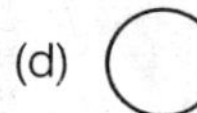 (d)

3. प्रतीक कहलाता है
(a) प्रक्रम प्रतीक (b) टर्मिनल प्रतीक
(c) निविष्ट/निर्गत प्रतीक (d) सम्बन्धक प्रतीक

4. कम्प्यूटर में, एक षट्भुज प्रदर्शित करता है
(a) क्रिया का आरम्भ
(b) क्रिया का रुक जाना
(c) क्रिया की पुनरावृत्ति
(d) उपरोक्त में से कोई नहीं

5. हीरे के आकार वाला बॉक्स क्या प्रदर्शित करने के लिए प्रयुक्त होता है?
(a) निर्णय (b) निवेश (c) निर्गम (d) गणना

6. एक रेडियो को क्रय किया जाना है। निम्नलिखित गतिविधियों को किस क्रम में व्यवस्थित करेंगे?
(i) मार्केट जाना, (ii) मूल्य का भुगतान, (iii) रेडियो का चयन, (iv) रेडियो की दुकान का चयन, (v) घर लौटना
(a) (i), (iv), (iii), (ii), (v)
(b) (iv), (i), (ii), (iii), (v)
(c) (i), (iii), (ii), (iv), (v)
(d) (i), (iv), (ii), (iii), (v)

7. साथ के प्रवाह संचित्र में एक दिए हुए एक पूर्णांक से बड़ी पहली अभाज्य संख्या निकाली गई है। इस संचित्र में एक बॉक्स गलत खींच दिया गया है। वह बॉक्स संख्या है

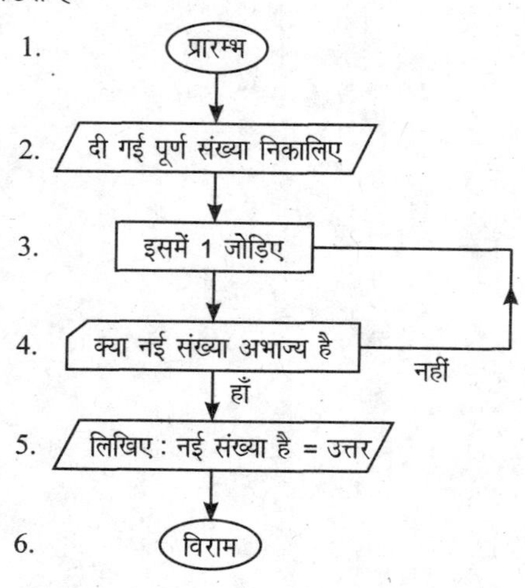

(a) 5 (b) 2 (c) 4 (d) 3

8.

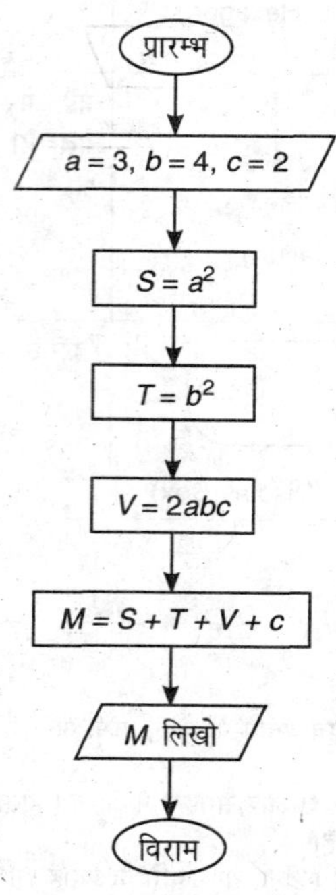

प्रवाह चित्र में (ऊपर के) M का मान है
(a) 51 (b) 55
(c) 65 (d) 75

9. सेल्सियस तापमान को फारेनहाइट तापमान में बदलने का प्रवाह संचित्र निम्न है

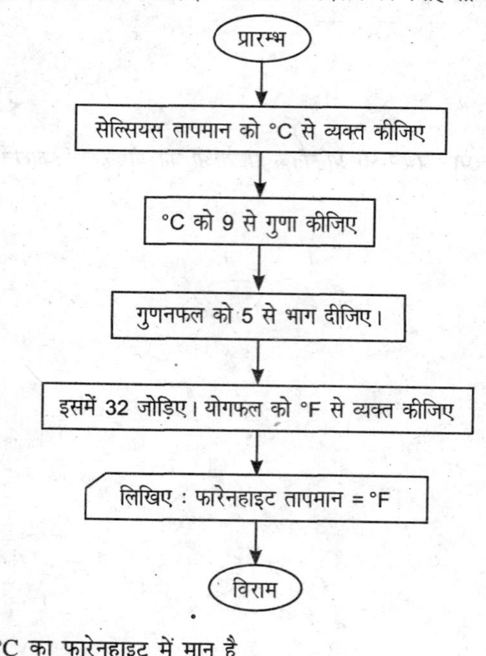

तब 35°C का फारेनहाइट में मान है
(a) 85°F (b) 80°F
(c) 95°F (d) 63°F

10.

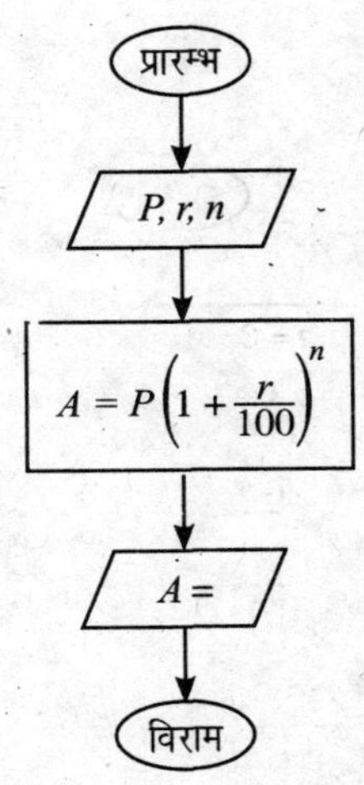

निवेश 100, 5, 2 के लिए A का मान है

(a) 109.75
(b) 110
(c) 110.25
(d) 110.50

11. इस प्रवाह संचित्र का अध्ययन कीजिए जिसमें क्रमिक विधि से किया गया अभिकलन है

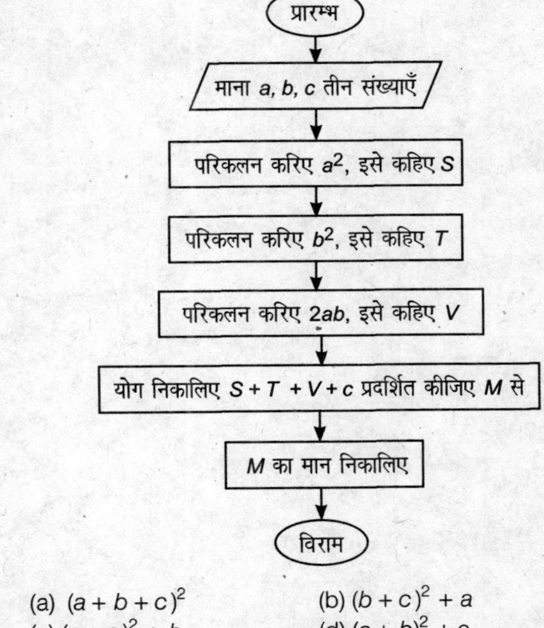

(a) $(a+b+c)^2$
(b) $(b+c)^2+a$
(c) $(a+c)^2+b$
(d) $(a+b)^2+c$

उत्तरमाला

1. (d) **2.** (c) **3.** (c) **4.** (c) **5.** (a) **6.** (a) **7.** (c) **8.** (d) **9.** (c) **10.** (c)
11. (d)

संकेत एवं हल

नोट *सभी प्रश्नों के हल हेतु स्मरणीय बिन्दुओं का अध्ययन करें।*

7. बॉक्स संख्या 4 गलत खींची गई है। इसके स्थान पर हीरे की आकृति का बॉक्स प्रयोग किया जाना चाहिए।

8. प्रश्नानुसार, $M = a^2 + b^2 + 2abc + c$

$\because \quad a = 3,\ b = 4,\ c = 2$

$\therefore \quad M = (9 + 16 + 2 \times 3 \times 4 \times 2 + 2)$

$= 25 + 48 + 2 = 75$

10. दिया है, $P = 100,\ r = 5,\ n = 2$

$$\therefore \quad A = 100\left(1 + \frac{5}{100}\right)^2$$

$$= 100 \times \frac{21}{20} \times \frac{21}{20}$$

$$= ₹\ 110.25$$

भौतिक विज्ञान

1

मापन

Measurement

परिचय (Introduction)

किसी भौतिक राशि को मापने के लिए एक मानक (standard) मात्रक की आवश्यकता होती है। *किसी भौतिक राशि का* **मापन** *निम्न दो भागों में व्यक्त किया जाता है*

(i) **आंकिक मान (Numerical value)** जो उस राशि के परिमाण को प्रदर्शित करता है अर्थात् यह बताता है कि उस राशि में उसका मात्रक कितनी बार सम्मिलित है?

(ii) **मात्रक (Unit)** राशि के मात्रक का नाम जिसमें वह भौतिक राशि मापी जाती है। किसी भौतिक राशि का आंकिक मान उसके मात्रक के व्युत्क्रमानुपाती होता है।

राशियाँ तथा मात्रक (Quantities and Units)

मूल राशियाँ तथा मूल मात्रक

(Fundamental Quantities and Fundamental Units)

वे भौतिक राशियाँ जो एक-दूसरे से स्वतन्त्र होती हैं, मूल राशियाँ कहलाती हैं। लम्बाई, द्रव्यमान, समय, वैद्युत धारा, ताप, ज्योति तीव्रता तथा पदार्थ की मात्रा मूल राशियाँ हैं।

मूल राशियों को व्यक्त करने के लिए प्रयुक्त मात्रक मूल मात्रक कहलाते हैं। मीटर, किलोग्राम, सेकण्ड, केल्विन, केण्डिला, ऐम्पियर तथा मोल मूल मात्रक हैं।

मूल मात्रकों की SI प्रणाली

(SI System of Fundamental Units)

मूल राशि (Fundamental Quantity)	मूल मात्रक (Fundamental Unit)	संक्षिप्तियाँ (Abbreviation)
लम्बाई	मीटर	m
द्रव्यमान	किग्रा	kg
समय	सेकण्ड	s
वैद्युत धारा	ऐम्पियर	A
ताप	केल्विन	K
ज्योति तीव्रता	केण्डिला	cd
पदार्थ की मात्रा	मोल	mol

पूरक राशियाँ तथा पूरक मात्रक

(Supplementary Quantities and Units)

तलीय कोण तथा घन कोण पूरक राशियाँ हैं तथा इनके मात्रक क्रमश: रेडियन तथा स्टेरेडियन हैं।

व्युत्पन्न राशियाँ तथा व्युत्पन्न मात्रक

(Derived Quantities and Derived Units)

- वे राशियाँ जो मूल राशियों की सहायता से प्राप्त होती हैं व्युत्पन्न राशियाँ कहलाती हैं। जैसे—क्षेत्रफल, आयतन, दाब, चाल आदि व्युत्पन्न राशियाँ हैं।
- व्युत्पन्न राशियों को व्यक्त करने के लिए प्रयुक्त किये जाने वाले मात्रक व्युत्पन्न मात्रक कहलाते हैं। ये मात्रक मूल मात्रकों की सहायता से प्राप्त किये जाते हैं। जैसे—क्षेत्रफल का मात्रक मीटर^2 है जो मूल मात्रक से प्राप्त किया गया है।

महत्त्वपूर्ण परिभाषा (Important Definitions)

मानक मीटर (Standard Metre)

एक मानक मीटर वह दूरी है जो शुद्ध क्रिप्टन-86 (Kr^{86}) से निकलने वाले नारंगी-लाल रंग के प्रकाश की तरंगदैर्ध्य का 1650 763.73 गुना है।

अत: 1 मानक मीटर = 1650763.73 × क्रिप्टन-86 के नारंगी-लाल रंग के प्रकाश की तरंगदैर्ध्य।

प्रकाश वर्ष (Light Year)

प्रकाश वर्ष दूरी का मात्रक है। निर्वात् में प्रकाश द्वारा एक वर्ष में चली गई दूरी को 'प्रकाश वर्ष' कहते हैं।

$$1 \text{ प्रकाश वर्ष} = 9.46 \times 10^{15} \text{ मी}$$
$$= 10^{13} \text{ किलोमीटर (लगभग)}$$

मानक किलोग्राम (Standard Kilogram)

1 किलोग्राम = कार्बन-12 ($_6C^{12}$) के 5.0188×10^{25} परमाणुओं का द्रव्यमान।

मानक सेकण्ड (Standard Second)

1 सेकण्ड = परमाणु घड़ी में सीजियम-133 के परमाणु द्वारा 9,192,631.770 बार कम्पन्न करने में लगा समय।

माध्य सौर दिवस (Mean Solar Day)

एक वर्ष के सभी सौर दिवसों के औसत को माध्य सौर दिवस कहते हैं। एक माध्य सौर दिवस 86,400 सेकण्ड के बराबर होता है।

अर्थात् एक सेकण्ड $= \frac{1}{86,400}$ माध्य सौर दिवस

लम्बाई, द्रव्यमान तथा समय के अन्य मात्रक (Other Units of Length, Mass and Time)

सामान्यतया लम्बाई, द्रव्यमान तथा समय के मात्रक निम्नवत् हैं

लम्बाई के मात्रक

1 ऐंग्स्ट्रॉम (Å) $= 10^{-10}$ मी
1 नैनोमीटर (nm) $= 10^{-9}$ मी
1 माइक्रोन (μ) $= 10^{-6}$ मी
1 मिलीमीटर (mm) $= 10^{-3}$ मी
1 सेंटीमीटर (cm) $= 10^{-2}$ मी
1 किलोमीटर $= 10^{3}$ मी
1 मेगामीटर $= 10^{6}$ मी
1 जीगामीटर $= 10^{9}$ मी
1 टेरोमीटर $= 10^{12}$ मी
1 प्रकाश वर्ष $= 9.46 \times 10^{15}$ मी

द्रव्यमान के मात्रक

1 माइक्रोग्राम (μg) $= 10^{-9}$ किग्रा
1 मिलीग्राम (mg) $= 10^{-6}$ किग्रा
1 ग्राम (g) $= 10^{-3}$ किग्रा
1 कुन्तल (qt) $= 10^{2}$ किग्रा
1 मीट्रिक टन (mt) $= 10^{3}$ किग्रा

समय के मात्रक

1 पिको सेकण्ड (ps) $= 10^{-12}$ सेकण्ड
1 नैनो सेकण्ड (ns) $= 10^{-9}$ सेकण्ड
1 माइक्रो सेकण्ड (μs) $= 10^{-6}$ सेकण्ड
1 मिली सेकण्ड (ms) $= 10^{-3}$ सेकण्ड

वर्नियर कैलिपर्स का अल्पतमांक (Least Count of Vernier Calipers)

1. वर्नियर पैमाने के एक भाग की लम्बाई मुख्य पैमाने के एक भाग की लम्बाई से कम होती है। इस अन्तर को वर्नियर का अल्पतमांक कहते हैं।

यदि वर्नियर पैमाने के n भाग, मुख्य पैमाने के $(n-1)$ भागों के बराबर हैं तब

वर्नियर पैमाने का एक भाग = मुख्य पैमाने के $\left[\frac{n-1}{n}\right]$ भाग

∴ अल्पतमांक = मुख्य पैमाने का एक भाग – वर्नियर पैमाने का एक भाग

= मुख्य पैमाने का एक भाग–मुख्य पैमाने के $\left(\frac{n-1}{n}\right)$ भाग वर्नियर पैमाने का अल्पतमांक

$$= \frac{\text{मुख्य पैमाने के एक भाग की लम्बाई}}{\text{वर्नियर पैमाने पर भागों की संख्या}}$$

2. वर्नियर कैलिपर्स के दोनों जबड़ों को आपस में स्पर्श कराने पर यदि मुख्य पैमाने की शून्य रेखा, वर्नियर पैमाने की शून्य रेखा के ठीक सीध में न हो तो यह दोष शून्यांक त्रुटि कहलाता है।

प्रेक्षित लम्बाई = मुख्य पैमाने की माप + (वर्नियर का मिलने वाला चिह्न × अल्पतमांक)

वास्तविक लम्बाई = प्रेक्षित लम्बाई – शून्यांक त्रुटि (चिह्न सहित)

■ **उदाहरण** *एक सूक्ष्मदर्शी की मुख्य मापनी को 0.5 मिमी के भागों में विभक्त किया गया है। वर्नियर मापनी के 50 भाग मुख्य मापनी के 49 भागों के साथ मिलते हैं। मापनी का अल्पतमांक क्या होगा?*

हल मुख्य मापनी पर एक भाग का मान = 0.5 मिमी

वर्नियर के एक भाग का मान $= \frac{0.5 \times 49}{50}$ मिमी

अल्पतमांक $= \left(0.5 - 0.5 \times \frac{49}{50}\right) = 0.01$ मिमी $= 0.001$ सेमी

पेंचमापी (Screw Gauge)

पेंचमापी बहुत छोटी लम्बाई को मापने के लिए प्रयोग किया जाता है।

पेंच के सिरे को एक चक्कर पूरा घुमाने में उसकी नोक जितनी विस्थापित (आगे या पीछे) होती है, उसे पेंच का चूड़ी अन्तराल कहते हैं। साधारण पेंचमापी का चूड़ी अन्तराल 0.1 सेमी होता है।

पेंचमापी का अल्पतमांक $= \frac{\text{पेंच का चूड़ी अन्तराल}}{\text{गोलीय पैमाने पर बने कुल भागों की संख्या}}$

पेंचमापी द्वारा प्रेक्षित माप = मुख्य पैमाने की माप + वृत्तीय पैमाने को आधार रेखा से मिलने वाला चिह्न × अल्पतमांक

यथार्थ माप = प्रेक्षित माप – शून्यांक त्रुटि

अभ्यास प्रश्न

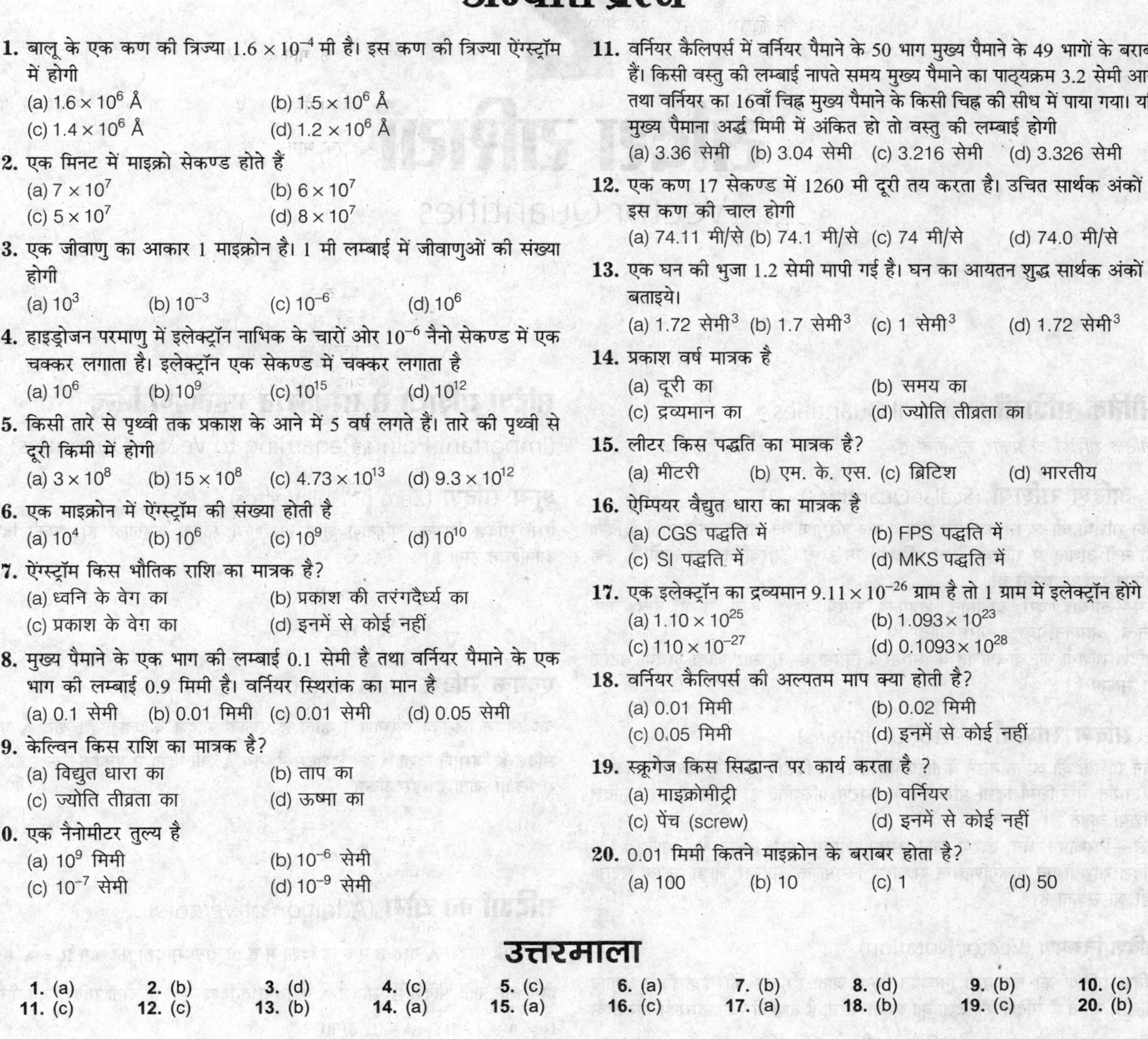

1. बालू के एक कण की त्रिज्या 1.6×10^{-4} मी है। इस कण की त्रिज्या ऐंग्स्ट्रॉम में होगी

(a) 1.6×10^{6} Å (b) 1.5×10^{6} Å
(c) 1.4×10^{6} Å (d) 1.2×10^{6} Å

2. एक मिनट में माइक्रो सेकण्ड होते हैं

(a) 7×10^{7} (b) 6×10^{7}
(c) 5×10^{7} (d) 8×10^{7}

3. एक जीवाणु का आकार 1 माइक्रोन है। 1 मी लम्बाई में जीवाणुओं की संख्या होगी

(a) 10^{3} (b) 10^{-3} (c) 10^{-6} (d) 10^{6}

4. हाइड्रोजन परमाणु में इलेक्ट्रॉन नाभिक के चारों ओर 10^{-6} नैनो सेकण्ड में एक चक्कर लगाता है। इलेक्ट्रॉन एक सेकण्ड में चक्कर लगाता है

(a) 10^{6} (b) 10^{9} (c) 10^{15} (d) 10^{12}

5. किसी तारे से पृथ्वी तक प्रकाश के आने में 5 वर्ष लगते हैं। तारे की पृथ्वी से दूरी किमी में होगी

(a) 3×10^{8} (b) 15×10^{8} (c) 4.73×10^{13} (d) 9.3×10^{12}

6. एक माइक्रोन में ऐंग्स्ट्रॉम की संख्या होती है

(a) 10^{4} (b) 10^{6} (c) 10^{9} (d) 10^{10}

7. ऐंग्स्ट्रॉम किस भौतिक राशि का मात्रक है?

(a) ध्वनि के वेग का (b) प्रकाश की तरंगदैर्ध्य का
(c) प्रकाश के वेग का (d) इनमें से कोई नहीं

8. मुख्य पैमाने के एक भाग की लम्बाई 0.1 सेमी है तथा वर्नियर पैमाने के एक भाग की लम्बाई 0.9 मिमी है। वर्नियर स्थिरांक का मान है

(a) 0.1 सेमी (b) 0.01 मिमी (c) 0.01 सेमी (d) 0.05 सेमी

9. केल्विन किस राशि का मात्रक है?

(a) विद्युत धारा का (b) ताप का
(c) ज्योति तीव्रता का (d) ऊष्मा का

10. एक नैनोमीटर तुल्य है

(a) 10^{9} मिमी (b) 10^{-6} सेमी
(c) 10^{-7} सेमी (d) 10^{-9} सेमी

11. वर्नियर कैलिपर्स में वर्नियर पैमाने के 50 भाग मुख्य पैमाने के 49 भागों के बराबर हैं। किसी वस्तु की लम्बाई नापते समय मुख्य पैमाने का पाठ्यक्रम 3.2 सेमी आया तथा वर्नियर का 16वाँ चिह्न मुख्य पैमाने के किसी चिह्न की सीध में पाया गया। यदि मुख्य पैमाना अर्द्ध मिमी में अंकित हो तो वस्तु की लम्बाई होगी

(a) 3.36 सेमी (b) 3.04 सेमी (c) 3.216 सेमी (d) 3.326 सेमी

12. एक कण 17 सेकण्ड में 1260 मी दूरी तय करता है। उचित सार्थक अंकों में इस कण की चाल होगी

(a) 74.11 मी/से (b) 74.1 मी/से (c) 74 मी/से (d) 74.0 मी/से

13. एक घन की भुजा 1.2 सेमी मापी गई है। घन का आयतन शुद्ध सार्थक अंकों में बताइये।

(a) 1.72 सेमी^{3} (b) 1.7 सेमी^{3} (c) 1 सेमी^{3} (d) 1.72 सेमी^{3}

14. प्रकाश वर्ष मात्रक है

(a) दूरी का (b) समय का
(c) द्रव्यमान का (d) ज्योति तीव्रता का

15. लीटर किस पद्धति का मात्रक है?

(a) मीटरी (b) एम. के. एस. (c) ब्रिटिश (d) भारतीय

16. ऐम्पियर वैद्युत धारा का मात्रक है

(a) CGS पद्धति में (b) FPS पद्धति में
(c) SI पद्धति में (d) MKS पद्धति में

17. एक इलेक्ट्रॉन का द्रव्यमान 9.11×10^{-26} ग्राम है तो 1 ग्राम में इलेक्ट्रॉन होंगे

(a) 1.10×10^{25} (b) 1.093×10^{23}
(c) 110×10^{-27} (d) 0.1093×10^{28}

18. वर्नियर कैलिपर्स की अल्पतम माप क्या होती है?

(a) 0.01 मिमी (b) 0.02 मिमी
(c) 0.05 मिमी (d) इनमें से कोई नहीं

19. स्क्रूगेज किस सिद्धान्त पर कार्य करता है ?

(a) माइक्रोमीट्री (b) वर्नियर
(c) पेंच (screw) (d) इनमें से कोई नहीं

20. 0.01 मिमी कितने माइक्रोन के बराबर होता है?

(a) 100 (b) 10 (c) 1 (d) 50

उत्तरमाला

1. (a)	**2.** (b)	**3.** (d)	**4.** (c)	**5.** (c)	**6.** (a)	**7.** (b)	**8.** (d)	**9.** (b)	**10.** (c)
11. (c)	**12.** (c)	**13.** (b)	**14.** (a)	**15.** (a)	**16.** (c)	**17.** (a)	**18.** (b)	**19.** (c)	**20.** (b)

संकेत एवं हल

3. 1 माइक्रोन $= 10^{-6}$ मी

10^{-6} मी में जीवाणुओं की संख्या $= 1$

1 मी में जीवाणुओं की संख्या $= \dfrac{1}{10^{-6}} = 10^{6}$

11. वर्नियर का अल्पतमांक $= \dfrac{\text{मुख्य पैमाने के एक भाग की लम्बाई}}{\text{वर्नियर पैमाने पर भागों की संख्या}}$

$= \dfrac{0.5}{50}$ मिमी $= 0.01$ मिमी $= 0.001$ सेमी

वस्तु की लम्बाई = मुख्य पैमाने का पाठ्यांक

+ (वर्नियर पैमाने का मिलने वाला चिह्न × वर्नियर अल्पतमांक)

$= (3.2 + 16 \times 0.001) = 3.216$ सेमी

12. कण की चाल $= \dfrac{\text{दूरी}}{\text{समय}} = \dfrac{1260}{17} = 74.11$ मी/से

सार्थक अंकों में कण की चाल = 74 मी/से क्योंकि समय की माप में केवल 2 सार्थक अंक है अत: कण की चाल में 2 सार्थक अंक होंगे।

13. घन की भुजा = 1.2 सेमी; आयतन $= (1.2)^3$ सेमी^{3} $= 1.728$ सेमी^{3}

चूँकि घन की भुजा 1.2 में दो ही सार्थक अंक है इसलिये आयतन में दो ही सार्थक अंक होंगे। अत: घन का आयतन = 1.7 सेमी^{3}

2

सदिश राशियाँ

Vector Quantities

भौतिक राशियाँ (Physical Quantities)

भौतिक राशियाँ दो प्रकार की होती हैं

1. **अदिश राशियाँ** (Scalar Quantities)

जिन राशियों को व्यक्त करने के लिए केवल परिमाण की आवश्यकता होती है दिशा की नहीं अर्थात् ये राशियाँ दिशा परिवर्तन के कारण परिवर्तित नहीं होती हैं, इन्हें अदिश राशियाँ कहते हैं।
जैसे—लम्बाई, दूरी, द्रव्यमान, क्षेत्रफल, समय, चाल. कार्य, ऊर्जा, दाब, ताप, घनत्व, आयतन, विद्युत धारा आदि।
अदिश राशियों को बीजगणित के साधारण नियमों के अनुसार जोड़ा अथवा घटाया जा सकता है।

2. **सदिश राशियाँ** (Vector Quantities)

जिन राशियों को व्यक्त करने के लिए परिमाण एवं दिशा दोनों की आवश्यकता होती है अर्थात् ये राशियाँ दिशा परिवर्तन के कारण परिवर्तित हो जाती हैं इन्हें, सदिश राशियाँ कहते हैं।
जैसे—विस्थापन, वेग, त्वरण, बल, संवेग, आवेग, भार, विद्युत क्षेत्र आदि।
सदिश राशियों को बीजगणित के साधारण नियमों के अनुसार जोड़ा अथवा घटाया नहीं जा सकता है।

सदिश निरूपण (Vector Notation)

सदिश राशियों को तीर द्वारा निरूपित किया जाता है। तीर की नोंक जिसे बाणाग्र (head) कहते हैं सदिश की दिशा को व्यक्त करती है तथा तीर की लम्बाई। सदिश के परिमाण को व्यक्त करती है। सदिश A को $\vec{A}$ से निरूपित करते हैं।

$\vec{A}$ ⟶ बाणाग्र

सदिश राशियों से सम्बन्धित महत्त्वपूर्ण बिन्दु (Important Points Regarding to Vector Quantities)

शून्य सदिश (Zero or Null Vector)

ऐसा सदिश जिसका परिमाण शून्य हो, शून्य सदिश कहलाता है। इसकी दिशा अनिश्चित होती है।

$$\vec{A} = \vec{B}$$

$$\vec{A} - \vec{B} = \vec{0}$$

एकांक सदिश (Unit Vector)

वह सदिश जिसका परिमाण 1 होता है एकांक सदिश कहलाता है। यदि $\vec{A}$ एक सदिश है जिसकी दिशा $\vec{A}$ की दिशा में है, तब $\vec{A}$ की दिशा में एकांक वेक्टर को $\vec{A}$ से लिखा जाता है। इस प्रकार

$$\vec{A} = \frac{\vec{A}}{A}$$

सदिशों का योग (Addition of Vectors)

यदि दोनों सदिश $\vec{A}$ तथा $\vec{B}$ एक ही दिशा में हैं तो दोनों सदिशों का योग $\vec{R} = \vec{A} + \vec{B}$ होगा और यदि सदिश $\vec{B}$, सदिश $\vec{A}$ के विपरीत दिशा में है तो दोनों सदिशों का योग $\vec{R} = \vec{A} + (-\vec{B}) = \vec{A} - \vec{B}$ होगा।

अभ्यास प्रश्न

1. दो बलों $\vec{P}$ तथा $\vec{Q}$ के परिणामी का परिमाण P है। यदि P को दोगुना कर दिया जाये तो परिणामी, Q के साथ कितने डिग्री का कोण बनाएगा?
(a) 90° (b) 60° (c) 45° (d) 0°

2. 12 न्यूटन तथा 5 न्यूटन के दो बल α कोण बनाते हुए कार्यरत् हैं और उनका परिणामी 13 न्यूटन है, α का मान होगा
(a) π (b) $\frac{\pi}{3}$ (c) $\frac{\pi}{4}$ (d) $\frac{\pi}{2}$

3. यदि दो बल जिनमें प्रत्येक का मान 3 न्यूटन है, इस प्रकार लगे हैं कि उनके परिणामी बल का मान भी 3 न्यूटन ही हो, तो दोनों बलों के बीच का कोण है
(a) 0° (b) 60° (c) 90° (d) 120°

4. यदि दो बल सदिशों के परिमाण 6 न्यूटन तथा 8 न्यूटन हैं और वे परस्पर लम्बवत् लगे हैं, तो उनके परिणामी बल का परिमाण होगा
(a) 2 न्यूटन (b) 14 न्यूटन
(c) 10 न्यूटन (d) शून्य

5. एक हवाई जहाज उत्तर-पश्चिम दिशा में 80 किमी/घण्टा के वेग से उड़ रहा है तथा वायु 60 किमी/घण्टा के वेग से उत्तर-पूर्व दिशा में बह रही है। जहाज की वास्तविक गति होगी
(a) 20 किमी/घण्टा (b) 40 किमी/घण्टा
(c) 100 किमी/घण्टा (d) 140 किमी/घण्टा

6. निम्न राशियों में से कौन-सी सदिश नहीं है?
(a) गतिज ऊर्जा (b) त्वरण
(c) रेखीय संवेग (d) विस्थापन

7. P तथा Q परिमाण वाले दो सदिशों के अधिकतम तथा न्यूनतम परिणामी का परिमाण 3 : 1 के अनुपात में है। निम्न में से कौन-सा सम्बन्ध सही है?
(a) $P = Q$ (b) $PQ = 1$
(c) $P = 2Q$ (d) इनमें से कोई नहीं

8. एक व्यक्ति 60° के कोण पर उत्तर-पूर्व में 20 मी चलता है, पूर्व की ओर उसने कितनी दूरी तय की है?
(a) 10 मी (b) 20 मी
(c) $20\sqrt{3}$ मी (d) $\frac{10}{\sqrt{3}}$ मी

9. एक विद्यार्थी अपने घर से पहले 1 किमी पूर्व की ओर, फिर 3 किमी दक्षिण की ओर तथा अन्त में 4 किमी पश्चिम की ओर चलकर अपने विद्यालय पहुँचता है। उसके विद्यालय की घर से सीधी दूरी है
(a) 8 किमी (b) $3\sqrt{2}$ किमी
(c) $2\sqrt{2}$ किमी (d) $\sqrt{10}$ किमी

10. 300 न्यूटन बल के दो समान विघटित बल जोकि परस्पर 60° पर हैं, का मान होगा
(a) 155.3 न्यूटन (b) 173.2 न्यूटन
(c) 162.4 न्यूटन (d) इनमें से कोई नहीं

11. यदि दो एकांक सदिशों का योग एकांक सदिश है, तो उनके अन्तर का परिमाण होगा
(a) $\sqrt{5}$ (b) $\frac{1}{\sqrt{2}}$ (c) $\sqrt{3}$ (d) $\sqrt{2}$

12. सदिश राशि है
(a) दूरी (b) चाल (c) वेग (d) द्रव्यमान

13. दो समान वेक्टरों का परिमाण शून्य है, उनके बीच का कोण होगा
(a) 90° (b) 180° (c) 45° (d) 0°

14. एक वस्तु ऊपर की ओर फेंकी जाती है। 30 मी ऊँचाई तक जाकर वह पुन: फेंकने वाले स्थान पर वापस आ जाती है। वस्तु का परिणामी विस्थापन क्या होगा?
(a) 60 मी (b) 30 मी
(c) 45 मी (d) इनमें से कोई नहीं

उत्तरमाला

1. (a)	**2.** (d)	**3.** (d)	**4.** (c)	**5.** (c)	**6.** (a)	**7.** (c)	**8.** (a)	**9.** (b)	**10.** (b)
11. (c)	**12.** (c)	**13.** (b)	**14.** (d)						

संकेत एवं हल

1. बलों P तथा Q के परिणामी

$$P^2 = P^2 + Q^2 + 2PQ\cos\theta$$

$$Q + 2P\cos\theta = 0$$

$$\therefore \quad \tan\alpha = \frac{2P\sin\theta}{Q + 2P\cos\theta} = \infty$$

$$\alpha = 90°$$

3. $R^2 = P^2 + Q^2 + 2PQ\cos\theta$

$$(3)^2 = (3)^2 + (3)^2 + 2 \times 3 \times 3 \times \cos\theta$$

$$9 = 9 + 9 + 18\cos\theta$$

$$18\cos\theta = -9$$

$$\cos\theta = -\frac{9}{18} = -\frac{1}{2}$$

$$\cos\theta = \cos 120°$$

$$\theta = 120°$$

4. $R^2 = P^2 + Q^2 + 2PQ\cos\theta$

$$R^2 = (6)^2 + (8)^2 + 2 \times 6 \times 8 \cos 90°$$

$$R = \sqrt{36 + 64}$$

$R = 10$ न्यूटन

5. जहाज की वास्तविक गति $R = \sqrt{P^2 + Q^2 + 2PQ\cos\theta}$

यहाँ $\cos\theta = \cos 90° = 0$

8 सदिश राशियाँ

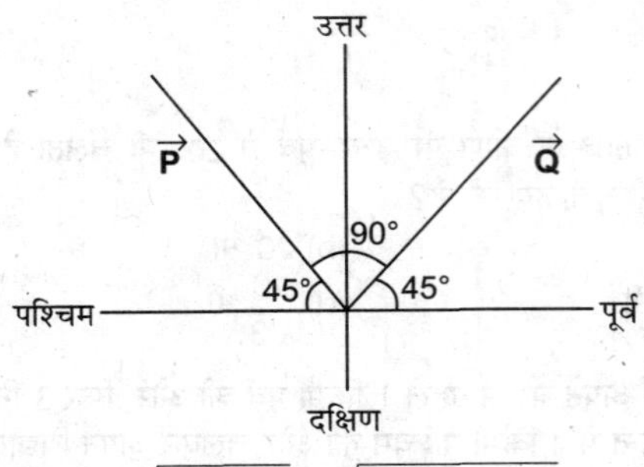

$$R = \sqrt{P^2 + Q^2} = \sqrt{(80)^2 + (60)^2}$$
$$= 10\sqrt{64 + 36}$$
$= 100$ किमी/घण्टा

8. व्यक्ति द्वारा चली गई दूरी

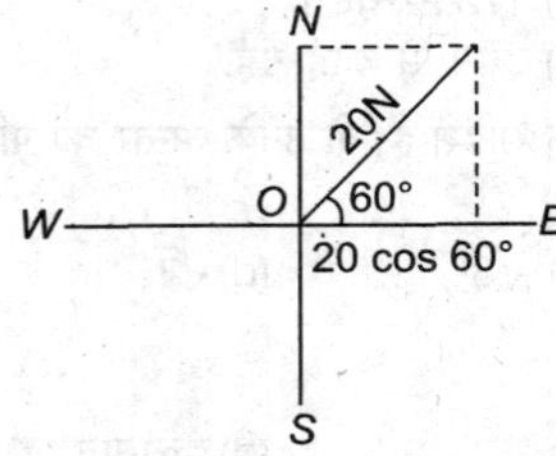

$$= 20 \cos 60° = 20 \times \frac{1}{2} = 10 \text{ मी}$$

9. विद्यालय की घर से दूरी

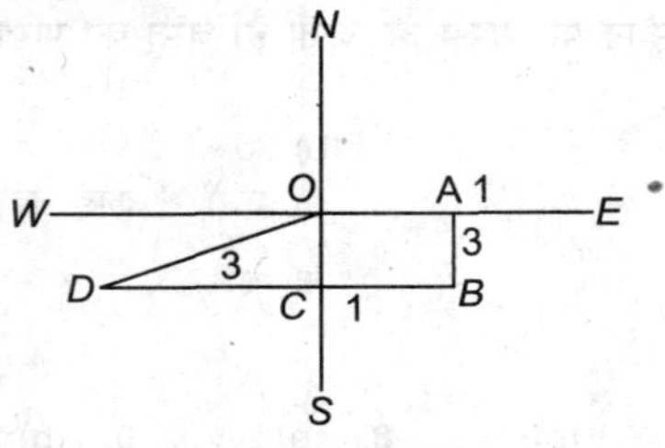

$$OD = \sqrt{(CD)^2 + (OC)^2} = \sqrt{(3)^2 + (3)^2}$$
$OD = 3\sqrt{2}$ किमी

10. $R = 300$ न्यूटन; $F_1 = F_2 = F$; $\alpha = 60°$

$$R = \sqrt{F_1^2 + F_2^2 + 2F_1F_2 \cos\alpha}$$
$$300 = \sqrt{F^2 + F^2 + 2F^2 \cos 60°}$$
$$= \sqrt{2F^2 + 2F^2 \times \frac{1}{2}}$$
$$= \sqrt{3F^2}$$
$$F = \frac{300}{\sqrt{3}} = 100\sqrt{3}$$
$= 100 \times 1.732 = 173.2$ न्यूटन

11. माना दो एकांक सदिशों के बीच का कोण θ है तब

$$R^2 = P^2 + Q^2 + 2PQ \cos\theta$$
$$|\vec{R}| = |\vec{P}| = |\vec{Q}| = 1$$
$$R = P = Q = 1$$
$$\therefore \quad (1)^2 = (1)^2 + (1)^2 + 2 \times 1 \times \cos\theta$$
$$\cos\theta = -\frac{1}{2} = \cos 120°$$
$$\theta = \frac{2\pi}{3}$$

माना दो वेक्टरों A तथा B का परिमाणी वेक्टर

$$R^2 = P^2 + Q^2 + 2PQ \cos\theta$$
$$R^2 = (1)^2 + (1)^2 - 2 \times 1 \times 1\left(-\frac{1}{2}\right)$$
$$R^2 = 2 + 1$$
$$R = \sqrt{3}$$

12. वेग सदिश राशि है क्योंकि इसे व्यक्त करने के लिए परिमाण तथा दिशा दोनों की आवश्यकता होती है।

13. परिमाण, $R^2 = P^2 + Q^2 + 2PQ \cos\theta$

$$0 = 2P^2 + 2P^2 \cos\theta \qquad [\because P = Q]$$
$$\cos\theta = -1$$
$$\theta = 180°$$

14. परिणामी विस्थापन = अन्तिम स्थिति – प्रारम्भिक स्थिति

3
गति
Motion

दूरी तथा विस्थापन (Distance and Displacement)

किसी गतिमान वस्तु द्वारा किसी समय में किसी भी दिशा में तय की गई लम्बाई को उस वस्तु द्वारा चली गई **दूरी** कहते हैं। जबकि वस्तु की अन्तिम तथा प्रारम्भिक स्थितियों के बीच की दूरी को **विस्थापन** कहते हैं।

किसी वस्तु द्वारा चली गई दूरी शून्य नहीं हो सकती जबकि विस्थापन शून्य हो सकता है।

चाल (Speed)

किसी वस्तु द्वारा एकांक समयान्तराल में चली दूरी उस वस्तु की चाल कहलाती है। इसे u से प्रदर्शित करते हैं।

$$\text{चाल } u = \frac{\text{दूरी } (\Delta s)}{\text{समयान्तराल } (\Delta t)}$$

चाल एक अदिश राशि है। इसका मात्रक SI प्रणाली में मीटर/सेकण्ड होता है।

वेग (Velocity)

किसी वस्तु द्वारा एकांक समयान्तराल में तय किया गया विस्थापन उस वस्तु का वेग कहलाता है। वेग एक सदिश राशि है। SI प्रणाली में वेग का मात्रक मीटर/सेकण्ड होता है। दिशा तथा परिमाण (चाल) में से किसी एक के बदलने से वेग भी परिवर्तित हो जाता है। जैसे—वृत्तीय पथ पर एकसमान चाल से गतिमान वस्तु का वेग दिशा बदलने के कारण बदलता रहता है।

$$\text{वेग } (\vec{v}) = \frac{\text{विस्थापन } (\vec{\Delta s})}{\text{समयान्तराल } (\Delta t)}$$

औसत चाल तथा औसत वेग
(Average Speed and Average Velocity)

किसी गतिमान वस्तु द्वारा एकांक समय में तय की गई औसत दूरी को औसत चाल कहते हैं।

$$\text{औसत चाल} = \frac{\text{कुल दूरी}}{\text{कुल समय}}$$

किसी वस्तु द्वारा एकांक समय में तय किये गये कुल विस्थापन को वस्तु का औसत वेग कहते हैं।

$$\text{औसत वेग} = \frac{\text{कुल विस्थापन}}{\text{कुल समय}}$$

त्वरण (Acceleration)

वेग-परिवर्तन की दर को त्वरण कहते हैं।

$$\text{त्वरण} = \frac{\text{वेग-परिवर्तन}}{\text{परिवर्तन में लगा समय}}$$

यदि वस्तु के वेग में बराबर समयान्तरालों में बराबर परिवर्तन हो रहा है तो उसका त्वरण एकसमान कहलाता है।

यदि वस्तु के वेग का परिमाण समय के साथ बढ़ रहा है तो वस्तु का त्वरण धनात्मक होता है।

यदि वस्तु के वेग का परिमाण समय के समय घट रहा है तो त्वरण ऋणात्मक होता है इसे मन्दन (retardation) कहते हैं।

गति के समीकरण (Equations of Motion)

यदि किसी वस्तु का प्रारम्भिक वेग u तथा एकसमान त्वरण a है तो t समय में s दूरी तय करने के पश्चात् वस्तु का वेग v हो जाता है।

(i) $v = u + at$

(ii) $s = ut + \frac{1}{2}at^2$

(iii) $v^2 = u^2 + 2as$

(iv) $S_t = u + \frac{1}{2}a(2t - 1)$ [$S_t = t$ वें सेकण्ड में चली दूरी]

1. यदि मन्दन है तो त्वरण का मान ऋणात्मक लेंगे।
2. यदि पिण्ड एकसमान वेग से गतिमान हो तो $a = 0$ लेते हैं।
3. यदि वस्तु विरामावस्था से चलना प्रारम्भ करती है तो उसका प्रारम्भिक वेग $u = 0$ होता है।
4. यदि वस्तु अन्त में रूक जाती है तो अन्तिम वेग शून्य होता है।

गुरुत्व के अन्तर्गत गति (Motion Under Gravity)

ऊर्ध्वाधर ऊपर नीचे गति करती हुई वस्तु के लिये

$$v = u \pm gt$$
$$h = ut \pm \frac{1}{2}gt^2$$
$$v^2 = u^2 \pm 2gh$$
$$S_t = u \pm \frac{1}{2}g(2t - 1)$$

जब वस्तु ऊपर से ऊर्ध्वाधर नीचे की ओर गिरती है तो g का मान धनात्मक लेते हैं।
जब वस्तु ऊर्ध्वाधर ऊपर की ओर फेंकी जाती है तो g का मान ऋणात्मक लेते हैं।
g का मान प्रायः 9.8 मी/से^{2} होता है।

विशेष बिन्दु

किसी वस्तु की किमी/घण्टा की चाल को मी/से में बदलने के लिए 5/18 से गुणा करते हैं।
किसी वस्तु की मी/से की चाल को किमी/घण्टा में बदलने के लिये 18/5 से गुणा करते हैं।

अभ्यास प्रश्न

1. पिण्ड का त्वरण शून्य होगा यदि पिण्ड का चाल-समय ग्राफ
(a) समय अक्ष के लम्बवत् रेखा हो
(b) समय अक्ष के समान्तर रेखा हो
(c) समय अक्ष से कोई कोण बनाती हुई रेखा सरल रेखा हो
(d) एक वक्र रेखा हो

2. चाल-समय ग्राफ के ढलान से ज्ञात करते हैं
(a) पिण्ड की चाल (b) पिण्ड द्वारा चली गई दूरी
(c) पिण्ड का त्वरण (d) पिण्ड की गति की दिशा

3. दो वस्तुऐं h_1 व h_2 ऊँचाइयों से एकसाथ छोड़ी जाती हैं। उनके पृथ्वी पर पहुँचने में लिये गये समयों में अनुपात होगा
(a) $\frac{h_1}{h_2}$ (b) $\sqrt{\frac{h_1}{h_2}}$
(c) $\frac{h_2}{h_1}$ (d) $\sqrt{\frac{h_2}{h_1}}$

4. जब वस्तु समान समयान्तरालों में समान दूरियाँ तय करती है, तो उसकी गति होती है
(a) अवमन्दित (b) त्वरित
(c) असमान (d) एकसमान

5. प्रारम्भ में एक कार समान वेग से चल रही थी। उस पर 1 मी/से^{2} का त्वरण 12 सेकण्ड तक लगा जिसके फलस्वरूप 12वें सेकण्ड में कार ने 190 मी की दूरी तय की। कार का प्रारम्भिक वेग (मी/से में) होगा
(a) 17.85 (b) 187.5 (c) 178.5 (d) 1785

6. कोई पिण्ड विरामावस्था से चलना प्रारम्भ करता है। यदि त्वरण 10 मी/से^{2} हो, तो 10वें सेकण्ड में पिण्ड द्वारा चली दूरी होगी
(a) 95 मी (b) 85 मी
(c) 75 मी (d) 65 मी

7. एक रेलगाड़ी 11 मी/से के वेग से चलती है। ब्रेक लगाने पर रेलगाड़ी 121 मी चलकर रूक जाती है। विरामावस्था में आने में समय लगेगा
(a) 5.5 सेकण्ड (b) 11 सेकण्ड
(c) 4.4 सेकण्ड (d) 22 सेकण्ड

8. किसी वस्तु के वेग को दोगुना कर देने पर उसे रोकने की सापेक्ष दूरी होगी
(a) दोगुनी (b) तीन गुनी
(c) चार गुनी (d) आठ गुनी

9. एक पिण्ड समान त्वरण के साथ चल रहा है। एक समय पर इसका वेग 10 मी/से है। 5 सेकण्ड बाद इसका वेग 20 मी/से हो जाता है। 2 सेकण्ड पूर्व इसका वेग था
(a) 4 मी/से (b) 6 मी/से
(c) 8 मी/से (d) 10 मी/से

10. एक वस्तु विराम अवस्था से चलना प्रारम्भ करती है। उसका त्वरण 5 मी/से^{2} है। 50 मी/से का वेग प्राप्त होने पर उसके द्वारा चली गयी दूरी होगी
(a) 312.5 मी (b) 25 मी
(c) 250 मी (d) 2500 मी

11. एक पिण्ड 10 मी/से के प्रारम्भिक वेग से पृथ्वी तल से ऊपर की ओर फेंका जाता है। वह अधिक-से-अधिक ऊँचाई तक पहुँचेगा ($g = 10$ मी/से^{2})
(a) 5 मी (b) 10 मी
(c) 15 मी (d) 20 मी

12. दो स्टेशनों के बीच एक गाड़ी की गति पहले से समान रूप से बढ़ती है। तदुपरान्त वह स्थिर गति से चलती है, एवं अंतिम चरण में समान रूप से घटती है। यदि लिये गये समय क्रमशः 1 : 6 : 1 के अनुपात में हों तथा अधिकतम गति 32 किमी/घण्टा हो, तो सम्पूर्ण यात्रा की औसत गति (किमी/घण्टा में) है
(a) 4 (b) 14
(c) 28 (d) 32

13. एक हवाई जहाज 75 मी/से की गति से सीधी रेखा में चलते हुए 6 सेकण्ड तक रॉकेट छोड़ता है। इस समय के अन्त तक हवाई जहाज की गति बढ़कर 120 मी/से हो जाती है। जहाज द्वारा प्रथम 10 सेकण्ड में तय की गई दूरी है
(a) 930 मी (b) 1200 मी
(c) 1065 मी (d) इनमें से कोई नहीं

14. कोई बालक मेरठ में 20 मी ऊँचाई तक गेंद फेंक सकता है जहाँ $g = 9.8$ मी/से^{2} है। कानपुर में $g = 9.81$ मी/से^{2} हो तो वहाँ गेंद फेंकेगा
(a) 19.98 मी (b) 20 मी
(c) 19.53 मी (d) 199.8 मी

15. एक पिण्ड 100 मी/से के वेग से ऊर्ध्वाधर फेंका जाता है। गति प्रारम्भ करने वाले बिन्दु पर लौटने का समय होगा
(a) 10.2 सेकण्ड (b) 20.4 सेकण्ड
(c) 30.3 सेकण्ड (d) 40.4 सेकण्ड

16. एक मोटरसाइकिल 100 मी त्रिज्या के वृत्तीय पथ पर नियत चाल से चक्कर लगा रही है। यदि वह 62.8 सेकण्ड में एक चक्कर पूरा करती है तो मोटरसाइकिल की औसत चाल है
(a) 1000 मी/से (b) 100 मी/से
(c) 10 मी/से (d) 1 मी/से

17. किसी 200 मी ऊँची मीनार की चोटी से पत्थर को ऊर्ध्वाधर ऊपर की ओर 20 मी/से की चाल से प्रक्षेपित करने पर पृथ्वी से टकराते समय इसकी चाल होगी
(a) 60 मी/से (b) 85 मी/से
(c) 70 मी/से (d) 76 मी/से

18. एक गतिमान पिण्ड समय के वर्ग के अनुक्रमानुपात में दूरियाँ तय कर रहा है। पिण्ड का त्वरण
(a) बढ़ रहा है (b) घट रहा है
(c) शून्य है (d) नियत है

19. एक कार दो स्थानों के बीच की आधी दूरी 40 किमी/घण्टा की चाल से तथा शेष आधी दूरी 60 किमी/घण्टा की चाल से तय करती है। कार की औसत चाल (किमी/घण्टा में) होगी
(a) 48 (b) 38
(c) 28 (d) 58

उत्तरमाला

1. (b) **2.** (c) **3.** (b) **4.** (d) **5.** (c) **6.** (a) **7.** (d) **8.** (c) **9.** (b) **10.** (c)
11. (a) **12.** (c) **13.** (c) **14.** (a) **15.** (b) **16.** (c) **17.** (a) **18.** (d) **19.** (a)

संकेत एवं हल

3. समीकरण $h = ut + \frac{1}{2}gt^2$ से

दिया है, $u = 0$; $h = \frac{1}{2}gt^2$

क्योंकि g एक नियतांक है, अत:

$$h \propto t^2 \text{ या } t \propto \sqrt{h}$$

यदि h_1 और h_2 ऊँचाइयों से गिरने वाली वस्तुओं के लिए समय क्रमश: t_1 और t_2 हों, तो $\frac{t_1}{t_2} = \sqrt{\frac{h_1}{h_2}}$

5. समीकरण $S_t = u + \frac{1}{2}a(2t-1)$ से

$$190 = u + \frac{1}{2} \times 1(2 \times 12 - 1)$$

$$\Rightarrow \quad u = 190 - \frac{23}{2} \Rightarrow u = 178.5 \text{ मी/से}$$

6. यदि $u = 0$ तो $s = \frac{1}{2}a(2t-1)$ से

$$= \frac{1}{2} \times 10\,(2 \times 10 - 1) = 5 \times 19 = 95 \text{ मी}$$

7. $v^2 = u^2 + 2as$

$$(0)^2 = (11)^2 + 2 \times a \times 121$$

$$a = -\frac{1}{2} \text{ मी/से}^2$$

$$v = u + at$$

$$t = \frac{0-u}{a} = \frac{0-11}{-\frac{1}{2}} = 22 \text{ सेकण्ड}$$

8. रोकने के लिए $v = 0$

गति के तृतीय समीकरण से, $v^2 = u^2 + 2as$

$$0 = u^2 - 2as$$

$$2as = u^2 \Rightarrow s = \frac{u^2}{2a}$$

चूँकि a नियत है

$$\therefore \quad s \propto u^2$$

$$\frac{s_2}{s_1} = \left(\frac{u_2}{u_1}\right)^2 \Rightarrow \frac{u_2}{u_1} = 2$$

$$s_2 = 4s_1$$

9. त्वरण, $a = \frac{\Delta v}{\Delta t} = \frac{20-10}{5} = 2$ मी/से^{2}

$v = u + at$ में, $u = 10$ मी/से

एवं $t = -2$ सेकण्ड रखने पर

वेग, $v = 10 - 2 \times 2 = 6$ मी/से

10. समीकरण $v^2 = u^2 + 2as$ में $u = 0$, $v = 50$ रखने पर

$$(50)^2 = 0 + 2 \times 5 \times s$$

$$\therefore \quad s = \frac{50 \times 50}{2 \times 5} = 250 \text{ मी}$$

11. समीकरण $v^2 = u^2 + 2gh$ से

$$0 = (10)^2 - 2 \times 10 \times h$$

$$h = \frac{100}{20} = 5 \text{ मी}$$

12. माना दूरियाँ s_1, s_2 तथा s_3 क्रमश: $t, 6t$ तथा t समय में तय की गयी हैं।

तब $s_1 = 0 + \frac{1}{2}at^2$

s_1 दूरी तय करने के बाद

अधिकतम वेग $v = at = 32$ किमी/घण्टा

$$s_2 = \text{वेग} \times \text{समय} = at \times 6t = 6at^2$$

$$s_3 = \frac{1}{2}at^2$$

चूँकि जितने समय में गति अधिकतम होती है, उतने समय में घटकर शून्य हो जाती है, अत: त्वरण व मन्दन समान हैं। तब,

औसत चाल, $\bar{v} = \frac{s_1 + s_2 + s_3}{t + 6t + t}$

$$\bar{v} = \frac{1}{8t}\left(\frac{1}{2}at^2 + 6at^2 + \frac{1}{2}at^2\right)$$

$$\Rightarrow \quad \bar{v} = \frac{7}{8}at \Rightarrow \bar{v} = \frac{7}{8} \times 32 = 28 \text{ किमी/घण्टा}$$

13. त्वरण $a = \frac{\Delta v}{\Delta t} = \frac{120-75}{6} = 7.5$ मी/से^{2}

पहले 6 सेकण्ड में चली गई दूरी $s = ut + \frac{1}{2}at^2$ से

$$s_1 = 75 \times 6 + \frac{1}{2} \times 7.5 \times 36 = 585 \text{ मी}$$

अगले 4 सेकण्ड में चली दूरी $s_2 = 120 \times 4 = 480$ मी

10 सेकण्ड में चली दूरी $= 585 + 480 = 1065$ मी

14. समीकरण $v_t^2 = u^2 - 2gh$ से

अधिकतम ऊँचाई पर, $v = 0 \therefore u^2 = 2gh$

यदि u नियत हो तो $h \propto \frac{1}{g} \therefore \frac{h_2}{h_1} = \frac{g_1}{g_2}$ या $\frac{h_2}{20} = \frac{9.8}{9.81}$

$$h_2 = \frac{9.8}{9.81} \times 20$$

$$h_2 = 19.98 \text{ मी}$$

15. अधिकतम ऊँचाई पर $v = 0$, इसलिए पिण्ड के ऊपर तक पहुँचने में लगा समय समीकरण $v = u - gt$ से, $t = \frac{u}{g} = \frac{100}{9.8} = 10.2$ सेकण्ड

कुल समय $= 2t = 2 \times 10.2 = 20.4$ सेकण्ड

16. औसत चाल $= \frac{\text{दूरी}}{\text{समय}}$

$$\bar{u} = \frac{2\pi r}{t} \Rightarrow \bar{u} = \frac{2 \times 3.14 \times 100}{62.8} = 10 \text{ मी/से}$$

17. पत्थर की ऊर्ध्वाधर ऊपर की ओर चाल 20 मी/से है इसलिए ऊर्ध्वाधर नीचे की ओर गति के लिए $g = -10$ मी/से^{2}

$$v^2 = u^2 + 2gh = (20)^2 - 2 \times 10 \times 200 = 60 \text{ मी/से}$$

4 गति के नियम

Laws of Motion

बल (Force)

बल वह बाह्य कारक है जो किसी वस्तु की विराम अथवा गति अवस्था में परिवर्तन करता है या परिवर्तन करने का प्रयास करता है।

बल दो प्रकार के होते हैं।

1. सन्तुलित बल (Balanced Force)

जब किसी वस्तु पर एकसाथ कई बल कार्य कर रहे हों तथा उनका परिणामी बल शून्य हो तो बलों को सन्तुलित बल कहते हैं।

2. असन्तुलित बल (Unbalanced Force)

जब वस्तु पर लगे बलों का परिणामी बल शून्य न हो तब बलों को असन्तुलित बल कहते हैं।

न्यूटन के गति के नियम (Newton's Laws of Motion)

प्रथम नियम (First Law)

यदि कोई वस्तु विरामावस्था में है या समान वेग से गतिमान है तो उसकी विरामावस्था या समान गति की अवस्था में परिवर्तन तभी होता है जब उस पर कोई असन्तुलित बल कार्य करता है। इस नियम को **'जड़त्व का नियम'** (law of inertia) भी कहते हैं।

द्वितीय नियम (Second Law)

किसी वस्तु पर लगाया गया बल F, उस वस्तु के द्रव्यमान m तथा वस्तु में उत्पन्न त्वरण (a) के गुणनफल के अनुक्रमानुपाती होता है।

$$F \propto m \times a$$

$$F = k \times m \times a$$

जहाँ k एक नियतांक है $(k = 1)$

$$F = ma$$

$$\text{बल} = \text{द्रव्यमान} \times \text{त्वरण}$$

बल का मात्रक न्यूटन तथा सी०जी०एस० (CGS) पद्धति में डाइन होता है।

$$1 \text{ न्यूटन} = 10^5 \text{ डाइन}$$

तृतीय नियम (Third Law)

प्रत्येक क्रिया की उसके समान परन्तु विपरीत दिशा में प्रतिक्रिया होती है।

संवेग (Momentum)

किसी वस्तु के द्रव्यमान तथा वेग के गुणनफल को वस्तु का संवेग कहते हैं।

$$\text{संवेग} = \text{द्रव्यमान} \times \text{वेग}$$

$$p = mv$$

इसका मात्रक किग्रा-मी/से अथवा न्यूटन/से होता है।

संवेग परिवर्तन तथा बल में सम्बन्ध

(Relation between Force and Change in Momentum)

$$\text{बल}, F = ma$$

तथा $$v = u + at$$

या $$a = \frac{v-u}{t}$$

$\therefore$ $$\text{बल}, F = \frac{m(v-u)}{t}$$

$$= \frac{mv - mu}{t} = \text{संवेग परिवर्तन की दर}$$

अतः बल, संवेग परिवर्तन की दर के बराबर होता है।

बल का आवेग (Impulse of Force)

यदि कोई बल (F) किसी वस्तु पर अल्प समय (t) के लिये कार्य करे तो बल और समय के गुणनफल को बल का आवेग कहते हैं।

$\therefore$ बल का आवेग = बल × समयान्तराल

$$I = F \times t$$

या $$I = \left(\frac{mv - mu}{t}\right) \times t$$

$$I = m(v - u)$$

अतः बल का आवेग संवेग परिवर्तन के बराबर होता है। इसका मात्रक भी किग्रा-मी/से अथवा न्यूटन/से होता है।

प्रतिरोधक बल (Resistance Force)

यदि कोई पिण्ड बालू रेत आदि पर गिरता है तो वह अपने भार $w\,(= mg)$ के कारण बालू रेत में धँसता जाता है परन्तु रेत द्वारा आरोपित प्रतिरोधक बल R के कारण वह कुछ दूर धँस कर रुक जाता है। यदि बल R के कारण उत्पन्न मन्दन a हो तो न्यूटन के दूसरे नियम के अनुसार नैट बल

$$R - mg = m \times a$$

एक किलोग्राम भार बल

यह वह बल है जिसके द्वारा पृथ्वी 1 किग्रा द्रव्यमान की वस्तु को ऊर्ध्वाधरत: अपनी ओर आकर्षित करती है।

अत: m किग्रा भार बल $= m \times g$; $w = mg$

1 किलोग्राम बल = 9.8 न्यूटन

संवेग संरक्षण का नियम (Law of Conservation of Momentum)

इस नियम के अनुसार, दो गोलों के टकराने पर टक्कर से पहले के संवेगों का योग तथा टकराने के बाद उनके संवेगों का योग बराबर रहता है।

यदि m_1 तथा m_2 द्रव्यमानों के दो गोलों के वेग क्रमश: u_1 तथा u_2 हैं जो टकराने के पश्चात् क्रमश: v_1 तथा v_2 हो जाते हैं, तो

$$m_1u_1 + m_2u_2 = m_1v_1 + m_2v_2$$

यदि किसी वस्तु पर बाह्य बल शून्य हो, तो वस्तु का प्रारम्भिक व अन्तिम संवेग बराबर होते हैं अर्थात् संवेग नियत रहता है। यह संवेग संरक्षण का सिद्धान्त है।

यदि टक्कर के पश्चात् दोनों पिण्ड संयुक्त होकर एक हो जाते हैं और उनका उभयनिष्ठ वेग v हो जाता है तो $(m_1 + m_2)\, v = m_1u_1 + m_2u_2$

या
$$v = \frac{m_1u_1 + m_2u_2}{m_2 + m_1}$$

यदि पिण्ड टक्कर से पहले विपरीत दिशा में चल रहे हों तब,

$$v = \frac{m_1\, u_1 - m_2\, u_2}{m_1 + m_2}$$

बन्दूक और गोली की गति (Motion of Gun and Bullet)

जब बन्दूक से गोली छोड़ी जाती है तो बन्दूक गोली को अत्यधिक वेग से आगे फेंकती है। इससे गोली में आगे की दिशा में संवेग उत्पन्न हो जाता है। गोली भी बन्दूक पर प्रतिक्रिया बल लगाती है जिसके फलस्वरूप बन्दूक में पीछे की दिशा में उतना ही संवेग उत्पन्न हो जाता है और बन्दूक पीछे हटती है परन्तु बन्दूक का द्रव्यमान गोली की अपेक्षाकृत अधिक होता है। अत: वेग बहुत कम होता है।

यदि m द्रव्यमान की गोली u वेग से बन्दूक से बाहर निकलती है और M द्रव्यमान की बन्दूक v वेग से पीछे हटती है तो

बन्दूक में उत्पन्न संवेग = गोली में उत्पन्न संवेग

अर्थात्
$$M \times v = m \times u$$
$$v = \frac{m \times u}{M}$$

लिफ्ट में खड़े व्यक्ति का भार

(Weight of a Man in a Lift)

1. यदि लिफ्ट विरामावस्था में है
$$R = mg$$
अर्थात् व्यक्ति के भार में किसी परिवर्तन का अनुभव नहीं होगा।
2. यदि लिफ्ट a त्वरण से ऊपर जा रही है
$$R - mg = ma$$
$$R = m\,(g + a)$$
अर्थात् भार बढ़ा हुआ प्रतीत होगा।
3. यदि लिफ्ट a त्वरण से नीचे आ रही हो
$$mg - R = ma$$
$$R = m(g - a)$$
अर्थात् भार घटा हुआ प्रतीत होगा।
4. यदि लिफ्ट की डोरी टूट जाये तो वह g त्वरण से नीचे गिरेगी
$$R = 0$$
अर्थात् व्यक्ति को अपना भार शून्य प्रतीत होगा।

अभ्यास प्रश्न

1. कोई वस्तु उस समय तक अपनी विराम अवस्था अथवा गति अवस्था परिवर्तित नहीं करती, जब तक उस पर कोई बाह्य बल न लगाया जाये। इसका कारण है

(a) द्रव्यमान (b) भार (c) जड़त्व (d) त्वरण

2. एक मोटरसाइकिल का त्वरण 8 मी/से^{2} है। यदि एक ऐसी ही खराब मोटरसाइकिल इसके पीछे बाँध दी जाए तो इसका त्वरण होगा

(a) 16 मी/से^{2} (b) 4 मी/से^{2} (c) 8 मी/से^{2} (d) 7.84 मी/से^{2}

3. किसी पिण्ड पर 100 न्यूटन का बल 0.4 सेकण्ड तक लगाया जाता है। बल का आवेग होगा

(a) 40 न्यूटन-सेकण्ड (b) 20 न्यूटन-सेकण्ड
(c) 10 न्यूटन-सेकण्ड (d) 15 न्यूटन-सेकण्ड

4. 0.02 किग्रा द्रव्यमान की एक गोली 500 मी/से के वेग से किसी निशाने पर जाकर लगती है। यदि निशाना 10^8 डाइन का प्रतिरोध लगाता है, तो गोली निशाने में धँसेगी

(a) 250 मी (b) 25 मी (c) 2.5 मी (d) 2.5 सेमी

5. एक पिण्ड का संवेग 1 मिनट में 200 किग्रा-मी/से से बढ़कर 800 किग्रा-मी/से हो जाता है। पिण्ड पर आरोपित बल है

(a) 15 न्यूटन (b) 20 न्यूटन (c) 35 न्यूटन (d) 10 न्यूटन

6. एक 400 किग्रा की लिफ्ट इस्पात की रस्सी से आधारित है, जोकि 800 किग्रा का भार सुरक्षित रूप से वहन कर सकती है। न्यूनतम दूरी जिसमें लिफ्ट को रोका जा सकता है, यदि यह 1 मी/से से नीचे उतर रही है, होगी ($g = 10$ मी/से^{2})

(a) 4 मी (b) 20 मी
(c) $\frac{1}{20}$ मी (d) इनमें से कोई नहीं

7. 5 ग्राम द्रव्यमान के पिण्ड (विराम अवस्था में) पर एक बल 20 सेकण्ड के लिए लगता है जिसके बाद उस पर कोई बल नहीं लगता तथा 5 सेकण्ड पश्चात् 50 सेमी की दूरी चलकर रुक जाता है। बल का मान न्यूटन में होगा

(a) 0.2×10^{-3} (b) 0.2×10^{-2}
(c) 5×10^{-3} (d) 5×10^{-5}

8. एक लड़का एक ट्रेन के डिब्बे में सबसे ऊपर की बर्थ पर बैठा है जोकि एक स्टेशन पर रुकने वाली है। लड़का अपने से ठीक नीचे लगभग 2 मी की दूरी पर बैठे अपने भाई के खुले हाथ पर ऊपर से सेब गिराता है। सेब गिरेगा

(a) ठीक उसके भाई के हाथ में
(b) उसके भाई के हाथ से कुछ दूर ट्रेन के चलने की दिशा में
(c) उसके भाई के हाथ से कुछ दूर ट्रेन के चलने की विपरीत दिशा में
(d) उपरोक्त में से कोई नहीं

9. 5 न्यूटन का बल m_1 द्रव्यमान के एक पिण्ड में 8 मी/से^{2} का त्वरण उत्पन्न करता है तथा m_2 द्रव्यमान के एक पिण्ड में 24 मी/से^{2} का त्वरण उत्पन्न करता है। यदि दोनों पिण्ड एकसाथ बाँध दिए जायँ तो इस बल द्वारा उत्पन्न त्वरण होगा
(a) 6 मी/से^{2} (b) 7 मी/से^{2} (c) 8 मी/से^{2} (d) 5 मी/से^{2}

10. 4 कुन्तल का एक लट्ठा एक ट्रैक्टर के पीछे बँधा है। ट्रैक्टर लट्ठे को 2000 न्यूटन के बल से खींचता है और पृथ्वी लट्ठे पर P न्यूटन का घर्षण बल लगाती है जिससे लट्ठा 2 सेकण्ड में 6 मी खिसक जाता है। लट्ठे पर लगने वाला घर्षण बल होगा
(a) 1200 न्यूटन (b) 800 न्यूटन
(c) 2000 न्यूटन (d) 2800 न्यूटन

11. 40 किग्रा का एक विस्फोटक 12 मी/से के वेग से जा रहा है। टक्कर के पश्चात् वह 28 किग्रा व 12 किग्रा के दो टुकड़ों में विभाजित हो जाता है। यदि टक्कर के पश्चात् बड़े टुकड़े का वेग शून्य हो जाए तो छोटे टुकड़े का वेग होगा
(a) 20 मी/से (b) 30 मी/से (c) 40 मी/से (d) 50 मी/से

12. 10 ग्राम भार की एक गेंद एक कठोर सतह पर ऊर्ध्वाधर रूप से 5 मी/से की गति से टकराती है एवं उसी गति से वापस होती है। गेंद सतह के सम्पर्क में $\frac{1}{100}$ सेकण्ड तक रहती है। गेंद पर सतह द्वारा लगाया गया औसत बल है
(a) 1 न्यूटन (b) 0.1 न्यूटन
(c) 100 न्यूटन (d) 10 न्यूटन

13. 10 ग्राम द्रव्यमान की एक गोली 400 मी/से के वेग से चलती हुई 900 ग्राम द्रव्यमान के मुक्त रूप से लटके लकड़ी के ब्लॉक में धँस जाती है। ब्लॉक द्वारा प्राप्त किया गया वेग होगा
(a) 2.2 मी/से (b) 4.44 मी/से
(c) 4.39 मी/से (d) 0.44 मी/से

14. 25 किग्रा का बम का गोला जोकि 10 मी/से के वेग से गतिमान है, अचानक फटकर दो टुकड़ों में टूट जाता है जिनके द्रव्यमान 15 किग्रा तथा 10 किग्रा हैं। यदि बड़े टुकड़े का वेग शून्य हो तो छोटे टुकड़े का वेग होगा
(a) 20 मी/से (b) 15 मी/से
(c) 10 मी/से (d) 25 मी/से

15. 150 किग्रा की एक तोप से 1.5 किग्रा का एक गोला दागा जाता है जो 60 मी/से के वेग से निकलता है। तोप के पीछे हटने का वेग होगा
(a) 10.5 मी/से (b) 6 मी/से
(c) 0.6 मी/से (d) इनमें से कोई नहीं

16. 3×10^7 किग्रा संहति का एक पानी का जहाज जोकि प्रारम्भ में विरामावस्था में है, 5×10^4 न्यूटन के बल से 12 मी दूरी तक खींचा जाता है। यदि पानी का प्रतिरोध नगण्य हो, तो पानी के जहाज की गति होगी
(a) 0.2 मी/से (b) 0.02 मी/से
(c) 0.04 मी/से (d) 0.4 मी/से

17. 20 किग्रा तथा 80 किग्रा द्रव्यमान के दो गोले क्रमशः 40 मी/से तथा 10 मी/से के वेग से एक-दूसरे की ओर आ रहे हैं। यदि वे टकराकर जुड़ जाएँ तो संयुक्त गोला किस वेग से गति करेगा?
(a) 10 मी/से (b) 20 मी/से
(c) 30 मी/से (d) इनमें से कोई नहीं

18. 24 किग्रा/घण्टा की गति से चल रही कार ब्रेक लगने पर 10 मी पर रुक जाती है। ब्रेक लगाये जाने की दशा में कार की गति के विपरीत लगने वाला कुल प्रतिरोध है
(a) कार के भार का $\frac{2}{9}$ (b) कार के भार का $\frac{1}{3}$
(c) कार के भार का $\frac{2}{3}$ (d) इनमें से कोई नहीं

19. 5 किग्रा का एक पिण्ड 10 मी/से के नियत वेग से एक सरल रेखा में चल रहा है। पिण्ड पर कितना परिणामी बल कार्य कर रहा है?
(a) शून्य (b) 50 न्यूटन
(c) 0.5 न्यूटन (d) 15 न्यूटन

20. 160 न्यूटन का भार, इसमें बँधे हुए दो रस्सों से दो मनुष्यों द्वारा उठाकर ले जाया जाता है। एक रस्सा ऊर्ध्वाधर से 30° पर तथा दूसरा ऊर्ध्वाधर से 60° पर झुका है। दोनों रस्सों में उत्पन्न होने वाले तनाव हैं
(a) 80 न्यूटन, 138.56 न्यूटन (b) 130 न्यूटन, 208.84 न्यूटन
(c) 120 न्यूटन, 194.75 न्यूटन (d) इनमें से कोई नहीं

21. द्रव्यमान m की वेग u से चलती हुई वस्तु को F बल के द्वारा s दूरी में रोक सकते हैं तो दोगुने द्रव्यमान को आधे वेग से चलती हुई वस्तु को उतनी ही दूरी में रोकने के लिये आवश्यक बल होगा
(a) $\frac{F}{2}$ (b) F (c) $\sqrt{2}F$ (d) $\frac{F}{\sqrt{2}}$

22. एक वस्तु का संवेग 10 किग्रा-मी/से है। उसे 2 सेकण्ड में रोकने के लिए बल की आवश्यकता होगी
(a) 10 न्यूटन (b) 5 न्यूटन (c) 2.5 न्यूटन (d) 25 न्यूटन

23. एक बल 0.5 किग्रा की वस्तु पर 10 सेकण्ड तक कार्य करता है। इसके बाद बल को हटा लिया जाता है और वस्तु एकसमान चाल से गति करके 10 सेकण्ड में 2 मी की दूरी तय करती है। बल का परिमाण है
(a) 10 न्यूटन (b) 0.1 न्यूटन (c) 1 न्यूटन (d) 0.01 न्यूटन

24. 1 किग्रा भार का मान होता है
(a) 0.98 न्यूटन (b) 98 न्यूटन (c) 9.8 न्यूटन (d) 1 न्यूटन

25. 75 किग्रा द्रव्यमान का एक मनुष्य लिफ्ट में खड़ा हुआ है। जब लिफ्ट ऊपर की ओर 2 मी/से^{2} के एकसमान त्वरण से गति करती है, तो लिफ्ट के फर्श द्वारा मनुष्य पर आरोपित बल होगा ($g = 10$ मी/से^{2})
(a) 600 न्यूटन (b) 700 न्यूटन
(c) 800 न्यूटन (d) 900 न्यूटन

उत्तरमाला

1. (c)	2. (b)	3. (a)	4. (c)	5. (d)	6. (c)	7. (d)	8. (b)	9. (a)	10. (b)
11. (c)	12. (d)	13. (c)	14. (d)	15. (c)	16. (a)	17. (d)	18. (a)	19. (a)	20. (d)
21. (a)	22. (b)	23. (d)	24. (c)	25. (d)					

संकेत एवं हल

1. वस्तु की अवस्था में परिवर्तन न होने का कारण जड़त्व है।

2. चूँकि आरोपित बल नहीं बदलता है अत:

$$m_1a_1 = m_2a_2 \quad \Rightarrow \quad a_2 = \frac{m_1a_1}{m_2}$$

प्रश्नानुसार, $\frac{m_1}{m_2} = \frac{1}{2}$ (दिया है)

$$a_2 = \frac{1}{2} \times 8 = 4 \text{ मी/से}^2$$

3. बल का आवेग = बल × समय

$= 100 \times 0.4 = 40$ न्यूटन-सेकण्ड

4. गोली की गतिज ऊर्जा = प्रतिरोधी बल के विरुद्ध गोली द्वारा किया गया कार्य

$$\frac{1}{2} mv^2 = F \times s$$

$$s = \sqrt{\frac{1}{2} \frac{mv^2}{F}}$$

$F = 10^8$ डाइन $= 10^3$ न्यूटन

$$= \sqrt{\frac{0.02 \times 500 \times 500}{2 \times 10^3}}$$

$s = 2.5$ मी

5. बल = संवेग परिवर्तन की दर

$$= \frac{800 - 200}{60} = 10 \text{ न्यूटन}$$

6. तनाव $T = w + F$

या $T = mg + ma = m(g + a)$

या $a = \frac{T}{m} - g$

$\therefore \quad a = \frac{800}{400} g - g = 2g - g$

$\Rightarrow \quad a = g = 10$ मी/से^{2}

अत: रोकने के लिए अधिकतम मन्दन $= - 10$ मी/से^{2}

तब समीकरण $v^2 = u^2 + 2as$ से

$$0 = (1)^2 + 2(-10) \times s$$

$\Rightarrow \quad s = \frac{1}{20}$ मी

7. समीकरण $v = u + at$ से,

20 सेकण्ड पश्चात् वेग $v = 0 + a \times 20 = 20a$

अगले 5 सेकण्ड के लिए

$u = 20a, s = 50$ सेमी तथा $v = 0$

$\because \quad v = u + a_1t$

$$0 = 20a + a_1 \times 5$$

$\therefore \quad a_1 = -4a$

$s = ut + \frac{1}{2} a_1t^2$ में

s, u, t तथा a_1 के मान रखने पर

$$50 = 20a \times 5 - \frac{1}{2} \times 4a \times 25$$

$a = 1$ मी/से^{2}

बल, $F = m \times a = 5 \times 1 = 5$ डाइन

या $F = 5 \times 10^{-5}$ न्यूटन

9. सूत्र, $F = ma$ से

$$m_1 = \frac{F}{a_1} = \frac{5}{8} \text{ किग्रा}$$

तथा $m_2 = \frac{F}{a_2} = \frac{5}{24}$ किग्रा

$$m_1 + m_2 = \frac{5}{8} + \frac{5}{24} = \frac{15 + 5}{24} = \frac{20}{24} = \frac{5}{6} \text{ किग्रा}$$

त्वरण, $a = \frac{F}{m_1 + m_2}$

$$= \frac{5}{\frac{5}{6}} = 6 \text{ मी/से}^2$$

10. समीकरण $s = ut + \frac{1}{2} at^2$ से

$$6 = 0 + \frac{1}{2} \times a \times (2)^2$$

$a = 3$ मी/से^{2}

लट्ठे पर प्रभावी बल, $F = (2000 - P)$ न्यूटन

$$400 \times 3 = 2000 - P$$

$P = 800$ न्यूटन

11. संवेग संरक्षण के नियम से,

$$mv = m_1v_1 + m_2v_2$$

$$40 \times 12 = 28 \times 0 + 12 \times v_2$$

$\therefore \quad v_2 = 40$ मी/से

12. $m = 10$ ग्राम $= 0.01$ किग्रा

बल = संवेग परिवर्तन की दर

$$F = \frac{mv - mu}{t} = \frac{m(v - u)}{t}$$

$$= \frac{0.01[5 - (-5)]}{0.01} = 10 \text{ न्यूटन}$$

13. संवेग संरक्षण के नियम से,

$$(m_1 + m_2)v = m_1v_1 + m_2v_2$$

$$(10 + 900)v = 10 \times 400 + 900 \times 0$$

$\Rightarrow \quad 910v = 4000$

$$v = \frac{4000}{910} = 4.39 \text{ मी/से}$$

14. संवेग संरक्षण के नियम से,

फटने से पहले संवेग = फटने के बाद संवेग

$$25 \times 10 = 10 \times v + 15 \times 0$$

$v = 25$ मी/से

15. संवेग संरक्षण के नियम से,

$$150 \times u + 1.5 \times 60 = 0$$
$$150u + 90 = 0$$
$$u = -\frac{90}{150} = -0.6 \text{ मी/से}$$

ऋणात्मक चिह्न यह दर्शाता है कि तोप की दिशा गोले की दिशा के विपरीत होगी।

16. त्वरण $a = \frac{F}{m} = \frac{5 \times 10^4}{3 \times 10^7} = \frac{5}{3} \times 10^{-3}$ मी/से^{2}

समीकरण $v^2 = u^2 + 2as$ से,

$$v^2 = 0 + 2 \times \frac{5}{3} \times 10^{-3} \times 12$$
$$v^2 = 40 \times 10^{-3} = 4 \times 10^{-2}$$
$$v = 2 \times 10^{-1} = 0.2 \text{ मी/से}$$

17. माना संयुक्त गोले का वेग v है।

दिया है, $m_1 = 20$ किग्रा, $m_2 = 80$ किग्रा, $v_1 = 40$ मी/से

तथा $v_2 = -10$ मी/से

($\because$ दिशा विपरीत है)

संवेग संरक्षण के नियम से,

टक्कर से पूर्व का संवेग = टक्कर के पश्चात् का संवेग

$$m_1v_1 + m_2v_2 = (m_1 + m_2)v$$
$$20 \times 40 + 80 \times (-10) = (20 + 80) \times v$$

या $800 - 800 = 100 \times v$

या $0 = 100 \times v$

$$v = 0$$

अत: दोनों गोले जुड़कर स्थिर हो जाएँगे।

18. $u = 24$ किमी/घण्टा $= \frac{20}{3}$ मी/से

गति की तृतीय समीकरण से,

$$v^2 = u^2 - 2as$$
$$a = \frac{u^2}{2s} = \frac{\frac{20}{3} \times \frac{20}{3}}{2 \times 10} = \frac{20}{9} \text{ मी/से}^2$$

प्रतिरोधी (मन्दक) बल

$$F = ma = m \times \frac{20}{9}$$
$$= \frac{2}{9} m \times 10 = \frac{2}{9} \times mg$$
$$= \frac{2}{9} \times \text{ कार का भार}$$

20. रस्से में उत्पन्न तनाव, $T = \frac{w}{2 \sin\theta}$

यहाँ $w = 160$ न्यूटन

पहले रस्से के लिए, $\theta = 30°$

अत: $T_1 = \frac{w}{2 \sin\theta} = \frac{160}{2 \times \sin 30°} = \frac{160}{2 \times \frac{1}{2}} = 160$ न्यूटन

दूसरे रस्से के लिए, $\theta = 60°$

अत: $T_2 = \frac{w}{2 \sin\theta} = \frac{160}{2 \times \frac{\sqrt{3}}{2}} = \frac{160}{1.732} = 92.37$ न्यूटन

21. $v^2 = u^2 - 2as$ से

$$(0)^2 = u^2 - 2as$$
$$a = \frac{u^2}{2s}$$

बल, $F = ma = \frac{mu^2}{2s}$

$$F' = \frac{2m \times \left(\frac{u}{2}\right)^2}{2s} = \frac{1}{2} \times \left(\frac{mu^2}{2s}\right) = \frac{F}{2}$$

22. बल $= \frac{\text{संवेग परिवर्तन}}{\text{समयान्तराल}} = \frac{0 - 10}{2} = -5$ न्यूटन

23. वेग $v = \frac{2}{10}$ मी/से $= 0.2$ मी/से

$$v = u + at$$
$$0.2 = 0 + a \times 10$$
$$a = 0.02 \text{ मी/से}^2$$
$$\therefore \quad F = ma = 0.5 \times 0.02 = 0.01 \text{ न्यूटन}$$

25. $R = m(g + a) = 75(10 + 2) = 900$ न्यूटन

बल आघूर्ण
Moment of Force

बल आघूर्ण (Moment of Force)

किसी बिन्दु के परित: बल आघूर्ण, बल के परिमाण तथा उस बिन्दु से बल की क्रिया-रेखा तक की लम्बवत् दूरी के गुणनफल के बराबर होता है।

$$\tau = F \times d$$

बल आघूर्ण का मात्रक न्यूटन-मी होता है।
यदि बल, पिण्ड को वामावर्त घुमाने की प्रवृत्ति रखता है तो उसका आघूर्ण धनात्मक होता है और यदि वह दक्षिणावर्त घुमाने की प्रवृत्ति रखता है तो उसका आघूर्ण ऋणात्मक होता है।

आघूर्णों का नियम (Law of Moments)

पिण्ड के सन्तुलन की अवस्था में, किसी बिन्दु के परित: सभी बलों के आघूर्णों का बीजगणितीय योग शून्य होता है।
वामावर्त आघूर्णों का योग = दक्षिणावर्त आघूर्णों का योग

समान्तर बल (Parallel Forces)

वे बल जिनकी क्रिया-रेखायें परस्पर समान्तर होती हैं, 'समान्तर बल' कहलाते हैं। ये *दो प्रकार के होते हैं*

(1) समदिश समान्तर बल (Like Parallel Forces)

वे बल जिनकी क्रिया-रेखायें समान्तर तथा एक ही दिशा में होती हैं, 'समदिश समान्तर बल' कहलाते हैं। इनका परिणामी बलों के योग के बराबर होता है।

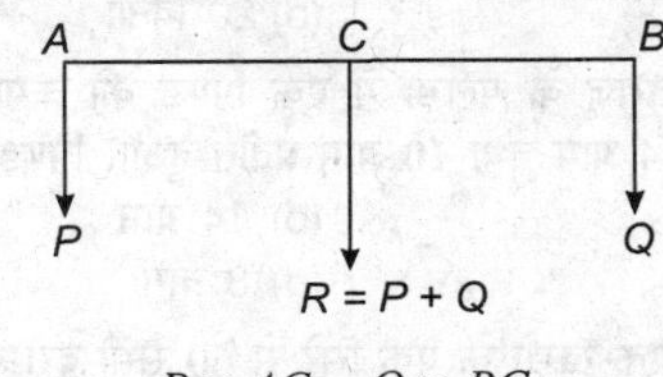

$$P \times AC = Q \times BC$$

(2) अदिश समान्तर बल (Unlike Parallel Forces)

वे बल जिनकी क्रिया-रेखायें समान्तर परन्तु दिशा में विपरीत होती हैं, 'अदिश समान्तर बल' कहलाते हैं। इनका परिणामी दोनों बलों के अन्तर के बराबर होता है।

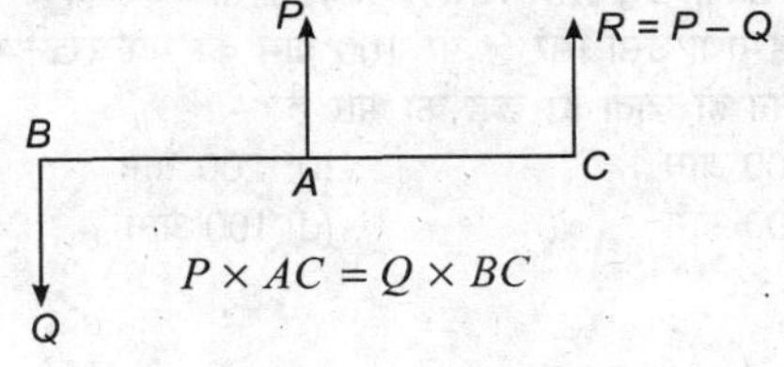

$$P \times AC = Q \times BC$$

बलयुग्म (Couple)

दो बराबर तथा विपरीत समान्तर बलों के जोड़े को जिनकी क्रिया-रेखायें एक सीध में नहीं हैं, बलयुग्म कहते हैं। दोनों बलों की क्रिया-रेखाओं के बीच की लम्बवत् दूरी को बलयुग्म की भुजा (arm) कहते हैं।
बलयुग्म के किसी एक बल तथा भुजा के गुणनफल को बलयुग्म का आघूर्ण (moment of couple) कहते हैं।

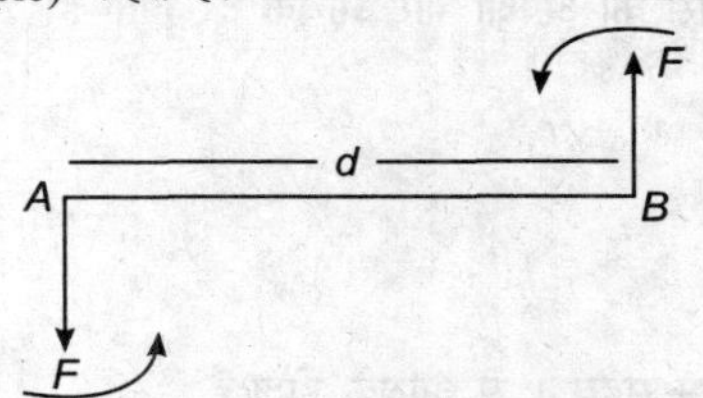

बलयुग्म का आघूर्ण = बल × बलों के बीच की लम्ब दूरी

$$M = F \times AB = F \times d$$

वामावर्त आघूर्ण धनात्मक तथा दक्षिणावर्त आघूर्ण ऋणात्मक होते हैं।

उत्तोलक (Lever)

उत्तोलक एक सरल मशीन है। यह एक सीधी या मुड़ी हुई छड़ होती है जो एक स्थिर बिन्दु के चारों ओर घूम सकती है। यह बिन्दु आलम्ब (fulcrum) कहलाता है।

यान्त्रिक लाभ (Mechanical Advantage)

किसी मशीन में भार तथा आयास के अनुपात को मशीन का यान्त्रिक लाभ कहते हैं।

$$\text{यान्त्रिक लाभ} = \frac{\text{भार } (w)}{\text{आयास } (P)}$$

उत्तोलक के प्रकार (Types of Lever)

उत्तोलक तीन प्रकार के होते हैं

1. प्रथम वर्ग के उत्तोलक (Levers of First Group)

इस वर्ग के उत्तोलकों में आलम्ब के एक ओर आयास तथा दूसरी ओर भार लगाया जाता है।

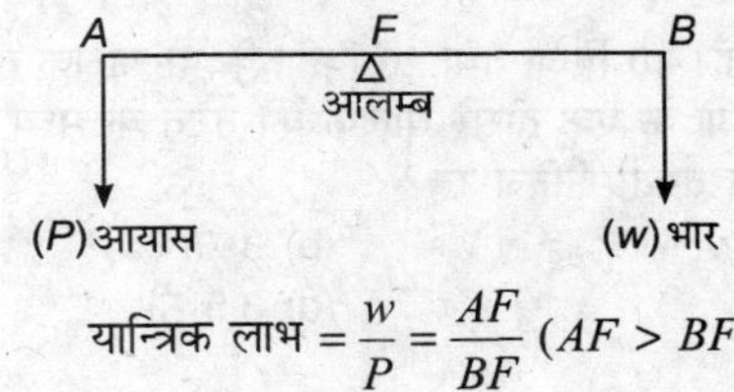

$$\text{यान्त्रिक लाभ} = \frac{w}{P} = \frac{AF}{BF} \ (AF > BF)$$

तुला, कैंची, प्लास, बच्चों के झूलने का तख्ता इत्यादि प्रथम वर्ग के उत्तोलक हैं। इन उत्तोलकों में यान्त्रिक लाभ इसकी भुजा पर निर्भर करता है यह 1 से अधिक, 1 अथवा 1 से कम हो सकता है।

2. द्वितीय वर्ग के उत्तोलक (Levers of Second Group)

इस वर्ग के उत्तोलकों में भार तथा आयास, आलम्ब के ही ओर होते हैं तथा आलम्ब से भार की अपेक्षा आयास अधिक दूर होता है।

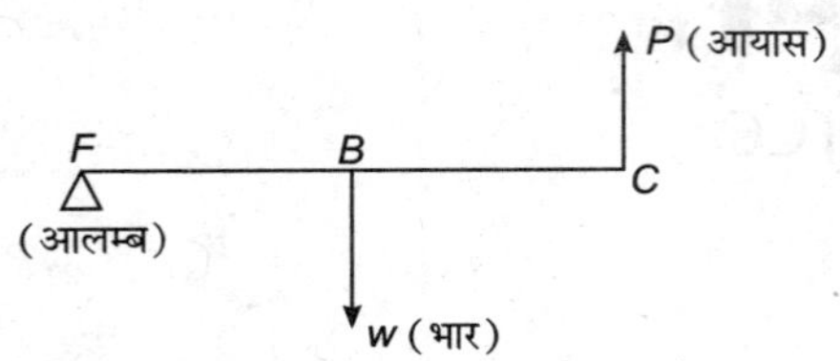

$$\text{यान्त्रिक लाभ} = \frac{w}{P} = \frac{AF}{BF}$$

सरोता, नींबू निचोड़ने की मशीन, कूड़ा ढोने की गाड़ी इत्यादि द्वितीय वर्ग के उत्तोलक हैं। इसमें यान्त्रिक लाभ सदैव 1 से अधिक होता है।

3. तृतीय वर्ग के उत्तोलक (Levers of Third Group)

इस वर्ग के उत्तोलकों में भी आयास तथा भार आलम्ब के एक ही ओर होते हैं, परन्तु आलम्ब से, आयास की अपेक्षा भार अधिक दूर होता है।

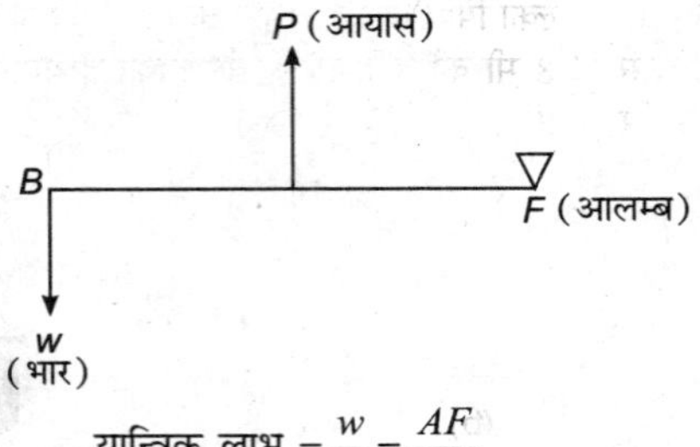

$$\text{यान्त्रिक लाभ} = \frac{w}{P} = \frac{AF}{BF}$$

हल, चिमटा इत्यादि तृतीय वर्ग के उत्तोलक हैं।
इसमें यान्त्रिक लाभ सदैव 1 से कम होता है।

दोषयुक्त तुला से सही द्रव्यमान ज्ञात करना

(To Measure Accurate Weight by Faulty Balance)

(1) जब पलड़ों का भार समान न हो वस्तु को क्रमशः दोनों पलड़ों पर तोलकर द्रव्यमान w_1 व w_2 ज्ञात करते हैं।

$$\text{शुद्ध द्रव्यमान } w = \frac{w_1 + w_2}{2}$$

(2) जब तुलाओं की भुजायें बराबर न हों दोनों पलड़ों पर वस्तु का द्रव्यमान यदि क्रमशः w_1, w_2 हो, तो

$$w = \sqrt{w_1 \times w_2}$$

अभ्यास प्रश्न

1. यान्त्रिक लाभ सदैव 1 से अधिक होता है
(a) प्रथम वर्ग के उत्तोलक में (b) द्वितीय वर्ग के उत्तोलक में
(c) तृतीय वर्ग के उत्तोलक में (d) इनमें से कोई नहीं

2. 2 मी लम्बे समदण्ड का भार 40 किग्रा है और यह 40 सेमी दूर स्थित खूँटियों पर रखा है। उसके एक सिरे पर 10 किग्रा का भार लटकाकर छड़ को उल्टाया जा सकता है। केन्द्र से खूँटी की दूरी है
(a) 10 सेमी (b) 20 सेमी (c) 30 सेमी (d) 5 सेमी

3. 8 मी लम्बे हल्के तार के सिरों से 7 किग्रा तथा 9 किग्रा के पिण्ड लटके हैं। इस निकाय का द्रव्यमान केन्द्र 7 किग्रा वाले पिण्ड से होगा
(a) 4.5 मी की दूरी पर (b) 3.5 मी की दूरी पर
(c) 5.0 मी की दूरी पर (d) 3 मी की दूरी पर

4. एक समान धरन, जिसका भार 120 किग्रा तथा 16 मी लम्बी है, दो व्यक्तियों द्वारा उठाकर ले जाई जाती है, जबकि दुर्बल व्यक्ति एक सिरे पर भार लेता है। वह स्थिति जिस पर ताकतवर व्यक्ति को धरन पर टेक लगाना चाहिये ताकि वह 80 किग्रा का भार उठा सके, है
(a) दूसरे सिरे से 4 मी पर (b) दूसरे सिरे से $5\frac{1}{3}$ मी पर
(c) दूसरे सिरे से $10\frac{2}{3}$ मी पर (d) इनमें से कोई नहीं

5. एक 6 मी लम्बे तख्ते का मध्य बिन्दु $1\frac{1}{2}$ मी ऊँचे धातु के पाइप पर आधारित है। 40 किग्रा तथा 20 किग्रा के दो बालक तख्ते के सिरों पर बैठे हैं। 30 किग्रा के एक तीसरे बालक को तख्ते के मध्य से कितनी दूर बैठना चाहिये कि तख्ता क्षैतिज रहे?
(a) 1 मी (b) 3 मी
(c) 2 मी (d) 3.5 मी

6. एक 3 मी लम्बी वर्गाकार धरन जो सिरों पर शुद्ध लाम्बित है, पर सोपान के मध्य में एक भार लगा है। धरन की गहराई व्यंजक $(0.012\,M)^{1/3}$ से ज्ञात की जाती है, जहाँ M सोपान के मध्य बल आघूर्ण है। यदि धरन की कोट अनुप्रस्थ 9 सेमी $\times$ 9 सेमी तक सीमित हो, तो वह भार जो धरन वहन कर सकती है, है
(a) 81000 किग्रा (b) 202.5 किग्रा
(c) 810 किग्रा (d) इनमें से कोई नहीं

7. एक समदण्ड 2 मी लम्बा है। जब एक सिरे पर 40 किग्रा का भार लटकाया जाता है, तो वह उस सिरे से 20 सेमी दूर बिन्दु पर सन्तुलित होता है। दण्ड का भार है
(a) 5 किग्रा (b) 10 किग्रा
(c) 15 किग्रा (d) 20 किग्रा

8. एक त्रुटिपूर्ण तराजू के पलड़ों में एक पिण्ड को क्रमागत रूप से रखने पर उसका भार 6.4 ग्राम तथा 10 ग्राम प्रतीत हुआ। पिण्ड का सही भार है
(a) 10 ग्राम (b) 14 ग्राम
(c) 8.2 ग्राम (d) 8 ग्राम

9. 1.5 मी लम्बे एक खम्भे के एक सिरे से 60 सेमी दूरी पर 150 किग्रा का भार लटकाया गया है। खम्भे के दोनों सिरे दो आदमियों के कंधों पर टिके हैं। दोनों आदमियों द्वारा उठाया गया भार होगा
(a) 60 किग्रा तथा 90 किग्रा (b) 30 किग्रा तथा 120 किग्रा
(c) 100 किग्रा तथा 50 किग्रा (d) 75 किग्रा प्रत्येक

10. 2 मी लम्बी छड़ AB, सिरे A से 120 सेमी दूर चाकू की धार पर सन्तुलित होती है तथा उसी सिरे A पर 100 ग्राम का भार रखने पर छड़ के केन्द्र पर सन्तुलित हो जाती है। छड़ का भार है
(a) 300 ग्राम (b) 200 ग्राम
(c) 500 ग्राम (d) 100 ग्राम

11. अन्तरिक्ष में दो उल्का पिण्डों के द्रव्यमान क्रमश: 7 किग्रा तथा 9 किग्रा हैं। यदि वे एक-दूसरे से 8 मी की दूरी पर हैं, तो उनका द्रव्यमान केन्द्र 9 किग्रा वाले पिण्ड से दूर होगा

(a) 1 मी (b) 2 मी
(c) 3 मी (d) 3.5 मी

12. 12 मी लम्बी एकसमान छड़ का भार 5 किग्रा है। इसके सिरों पर 10 किग्रा तथा 15 किग्रा के भार लटके हैं। छड़ जिस बिन्दु पर सन्तुलित होगी, उसकी मध्य बिन्दु से दूरी है

(a) 2 मी (b) 2.5 मी (c) 1.5 मी (d) 1 मी

उत्तरमाला

1. (b)	**2.** (b)	**3.** (a)	**4.** (a)	**5.** (c)	**6.** (a)	**7.** (b)	**8.** (d)	**9.** (a)	**10.** (c)
11. (d)	**12.** (d)								

संकेत एवं हल

3. माना द्रव्यमान केन्द्र 7 किग्रा वाले पिण्ड से d दूरी पर होगा।

अत: आघूर्णों के नियम से

$$7 \times d = 9 \times (8 - d);\ 16d = 9 \times 8$$

$$d = \frac{72}{16} = 4.5 \text{ मी}$$

5.

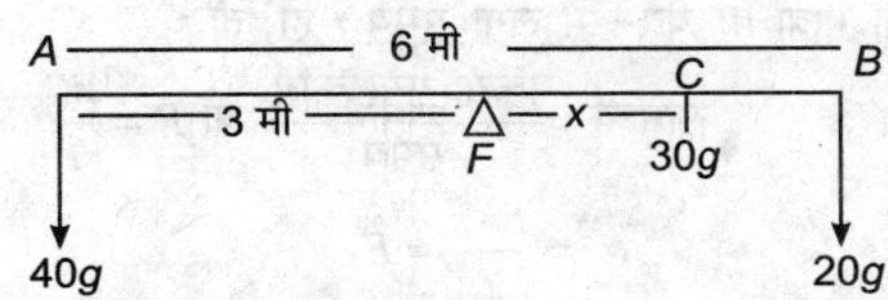

बिन्दु F के परित: आघूर्ण लेने पर

$$40g \times 3 = 30g \times x + 20g \times 3$$

$$120 = 30x + 60$$

$$x = \frac{60}{30} = 2 \text{ मी}$$

6. माना धरन अधिकतम भार w सहन कर सकती है। अत: प्रत्येक सिरे पर प्रतिक्रिया बल $\frac{w}{2}$ होगा। जिसके मध्य बिन्दु पर बल आघूर्ण

$$\tau = \frac{w}{2} \times \frac{l}{2} = \frac{3w}{4} \because\ d = (0.012\ M)^{1/3}$$

$$\therefore \quad d^3 = 0.012 \times \frac{3w}{4} = 9 \times 10^{-3} w$$

$$w = \frac{d^3}{9 \times 10^{-3}} = \frac{(9)^3}{9} \times 10^3 = 81000 \text{ किग्रा}$$

7.

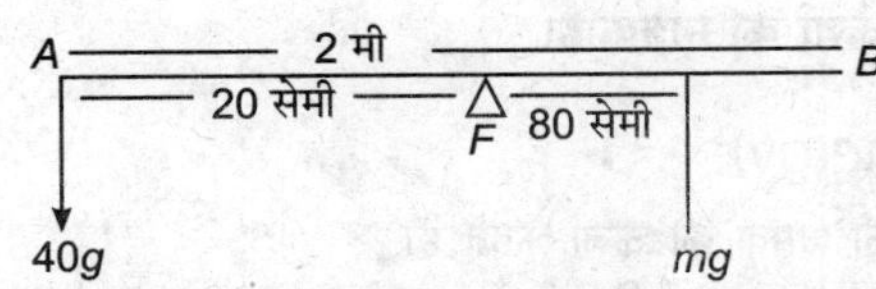

$$40g \times 0.2 = mg \times 0.80;\ m = 10 \text{ किग्रा}$$

8. पिण्ड का सही भार, $w = \sqrt{w_1 \times w_2} = \sqrt{10 \times 6.4} = \sqrt{64} = 8$ ग्राम

9. आघूर्णों के नियम से,

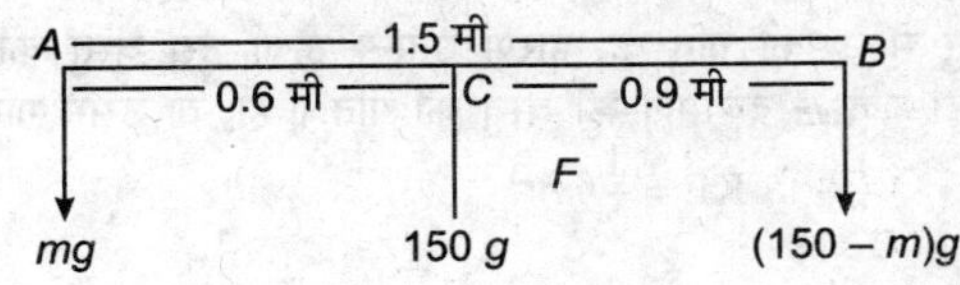

$$mg \times 0.6 = (150 - m)\, g \times 0.9$$

$$6m = 9\,(150 - m)$$

$$6m = 1350 - 9m;\ m = 90 \text{ किग्रा}$$

तथा $(150 - 90) = 60$ किग्रा

10. प्रथम स्थिति में, आघूर्णों के नियम से

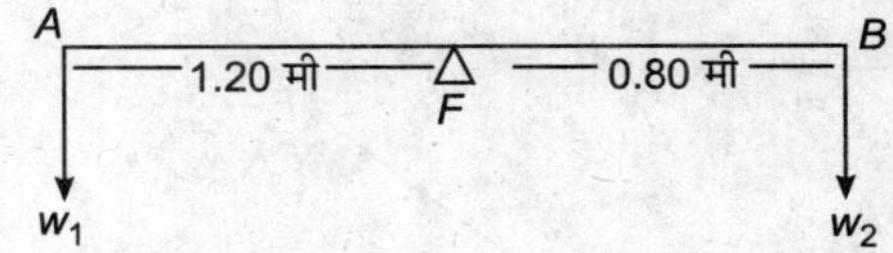

$$w_1 \times 1.20 = w_2 \times 0.80$$

$$\frac{w_1}{w_2} = \frac{2}{3} \quad \ldots(i)$$

द्वितीय स्थिति में

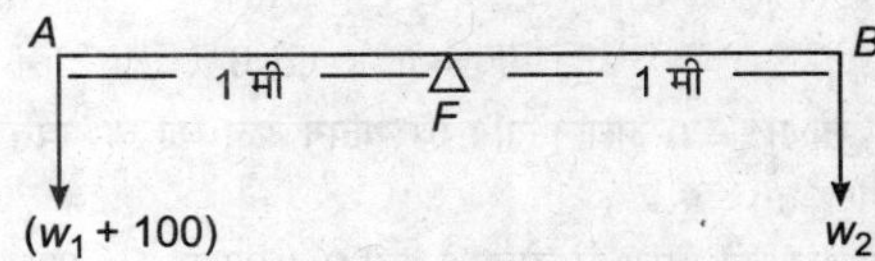

$$(w_1 + 100) \times 1 = w_2 \times 1$$

$$w_1 + 100 = w_2 \quad \ldots(ii)$$

समी (i) व (ii) को हल करने पर,

$$w_1 = 200 \text{ ग्राम},\ w_2 = 300 \text{ ग्राम}$$

छड़ का भार $= w_1 + w_2 = 200 + 300 = 500$ ग्राम

11. $x_{CM} = \dfrac{m_1x_2 + m_2x_1}{m_1 + m_2} = \dfrac{9 \times 0 + 7 \times 8}{9 + 7} = \dfrac{56}{16} = 3.5$ मी

12. बिन्दु F के परित: आघूर्ण लेने पर

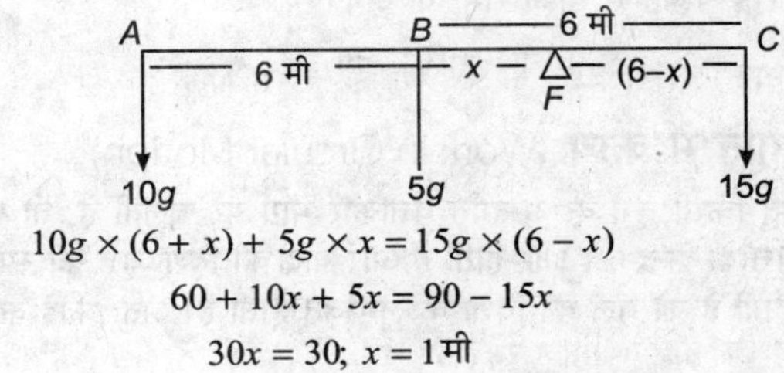

$$10g \times (6 + x) + 5g \times x = 15g \times (6 - x)$$

$$60 + 10x + 5x = 90 - 15x$$

$$30x = 30;\ x = 1 \text{ मी}$$

6

कार्य, सामर्थ्य एवं ऊर्जा

Work, Power and Energy

कार्य (Work)

किसी वस्तु पर किया गया कार्य वस्तु पर लगाये गये बल तथा बल की दिशा में उत्पन्न विस्थापन के गुणनफल के बराबर होता है। अत:

$$\text{कार्य} = \text{बल} \times \text{बल की दिशा में विस्थापन}$$

या $$W = F \times s$$

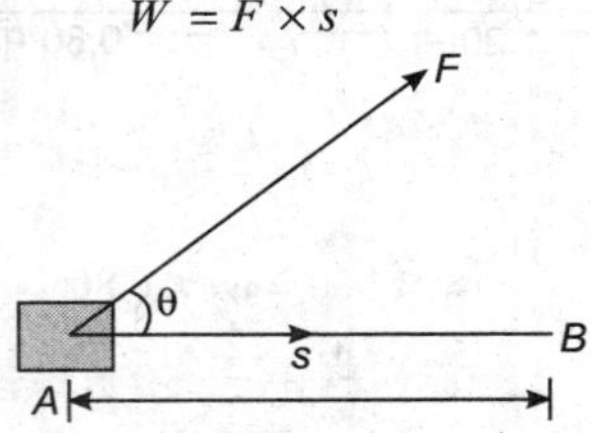

यदि F बल लगाने पर, वस्तु बल की दिशा में न चलकर उससे θ कोण बनाती हुई s दूरी तय करती है, तब

$$W = F \cdot s \cdot \cos\theta$$

यदि $\theta = 90°$, तो $W = 0$ अर्थात् यदि विस्थापन बल की लम्बवत् दिशा में हो, तो कोई कार्य नहीं होता।

यदि विस्थापन बल की दिशा में होता है तब $\theta = 0°$ या $\cos 0° = 1$

अत: $$W = F \cdot s$$

इस स्थिति में कार्य अधिकतम होता है और जब विस्थापन बल की विपरीत दिशा में होता है तब $\theta = 180°$ या $\cos 180° = -1$

अत: $$W = -F \cdot s$$

इस स्थिति में कार्य ऋणात्मक होता है।

कार्य के मात्रक (Units of Work)

कार्य एक अदिश राशि है। *इसके मात्रक निम्न प्रकार हैं*

(i) MKS पद्धति में न्यूटन-मीटर अथवा जूल

(ii) CGS पद्धति में डाइन सेमी या अर्ग

$$1 \text{ जूल} = 10^7 \text{ अर्ग}$$

वृत्ताकार गति में कार्य (Work in Circular Motion)

जब कोई वस्तु किसी वृत्त के अन्तर्गत वृत्ताकार मार्ग पर चलती है, तो बल की दिशा सदैव वृत्त के केन्द्र की ओर होती है और गति की दिशा वृत्त की स्पर्श रेखा के अनुदिश होती है जो बल की दिशा के लम्बवत् होती है। अत: कोई कार्य नहीं होता।

सामर्थ्य (Power)

किसी कर्ता द्वारा प्रति इकाई समय में किये गये कार्य को शक्ति या सामर्थ्य कहते हैं अर्थात् कार्य करने की दर को सामर्थ्य कहते हैं। सामर्थ्य को P से प्रदर्शित करते हैं। यदि कार्य की मात्रा W करने में लगा समय t हो, तो

$$\text{सामर्थ्य} = \frac{\text{किया गया कार्य}}{\text{समय}} \text{ या } P = \frac{W}{t}$$

$$= \frac{F \cdot s}{t} = F \cdot v \qquad \left[\because v = \frac{s}{t}\right]$$

जहाँ s विस्थापन और v वेग है। स्पष्टत: शक्ति एक अदिश राशि है।

इसका मात्रक जूल/सेकण्ड होता है जिसे वाट भी कहते हैं।

$$1 \text{ वाट} = 1 \text{ जूल/सेकण्ड}$$

सामर्थ्य के अन्य मात्रक (Other Units of Power)

1 किलोवाट $= 10^3$ वाट, 1 मेगावाट $= 10^6$ वाट

तथा 1 अश्व सामर्थ्य (HP) $= 746$ वाट

किलोवाट घण्टा (Kilowatt-Hour)

$$1 \text{ किलोवाट घण्टा} = 1 \text{ किलोवाट} \times 1 \text{ घण्टा}$$
$$= 1000 \text{ वाट} \times 3600 \text{ सेकण्ड}$$
$$= 1000 \text{ (जूल/सेकण्ड)} \times 3600 \text{ सेकण्ड}$$
$$= 3.6 \times 10^6 \text{ जूल}$$

$$1 \text{ वाट घण्टा} = 3600 \text{ जूल}$$

यह ऊर्जा का मात्रक है।

ऊर्जा (Energy)

कार्य करने की क्षमता को ऊर्जा कहते हैं।

किसी वस्तु की कुल ऊर्जा कितनी है, इसकी माप उसके कार्य करने की क्षमता के पदों में होती है। अत: यह स्पष्ट है कि ऊर्जा का मात्रक वही है जो कार्य का मात्रक है। कार्य की भाँति ऊर्जा भी एक अदिश राशि है। *यह निम्न प्रकार की होती है*

(1) गतिज ऊर्जा (Kinetic Energy)

किसी वस्तु में उसकी गति के कारण उत्पन्न ऊर्जा उस वस्तु की गतिज ऊर्जा कहलाती है। यदि m द्रव्यमान की वस्तु की गति v हो, तो उसमें गतिज ऊर्जा

$$\text{KE} = \frac{1}{2} mv^2$$

(2) स्थितिज ऊर्जा (Potential Energy)

वस्तु में उसकी स्थिति के कारण उत्पन्न ऊर्जा उस वस्तु की स्थितिज ऊर्जा कहलाती है। यदि m द्रव्यमान की कोई वस्तु पृथ्वी तल से h ऊँचाई पर है, तो उसकी स्थितिज ऊर्जा, PE = mgh = वस्तु का भार × ऊँचाई

(3) द्रव्यमान ऊर्जा (Mass Energy)

प्रत्येक पदार्थ में उसके द्रव्यमान के कारण भी ऊर्जा होती है। यदि किसी पदार्थ में m द्रव्यमान की क्षति हो जाए, तो इससे उत्पन्न ऊर्जा $E = mc^2$

इसे आइन्सटीन का द्रव्यमान ऊर्जा समीकरण कहते हैं। 1 ग्राम द्रव्यमान 9×10^{13} जूल ऊर्जा के तुल्य है।

ऊर्जा संरक्षण का नियम

(Law of Conservation of Energy)

ऊर्जा न तो उत्पन्न की जा सकती है और न ही नष्ट की जा सकती है। ऊर्जा का केवल एक रूप से दूसरे रूप में रूपान्तरण होता है। अत: ऊर्जा का परिमाण हमेशा स्थिर रहता है। यही ऊर्जा संरक्षण का नियम है।

जब कोई पिण्ड पृथ्वी की ओर गिरता है, तो उसकी गतिज ऊर्जा बढ़ती जाती है और स्थितिज ऊर्जा घटती जाती है परन्तु गतिज तथा स्थितिज ऊर्जाओं का योग आदि से अन्त तक स्थिर रहता है। पृथ्वी पर टकराने पर उसकी कुल ऊर्जा, ऊष्मा, ध्वनि तथा प्रकाश अदिश ऊर्जाओं में बदल जाते हैं। इन विभिन्न ऊर्जाओं का योग पिण्ड की यान्त्रिक ऊर्जा के बराबर होता है।

अभ्यास प्रश्न

1. किसी इंजन की सामर्थ्य 1 अश्व-शक्ति है, इसका तात्पर्य है
(a) इंजन 746 न्यूटन बल डालता है
(b) इंजन द्वारा किए जाने वाले कार्य की दर 746 जूल/से है
(c) इंजन द्वारा कुल किया जाने वाला कार्य 746 जूल है
(d) उपरोक्त में से कोई नहीं

2. एक घोड़ा 20 न्यूटन के बल द्वारा किसी गाड़ी को 5 मी तक खींचता है। घोड़े द्वारा किया गया कार्य होगा
(a) $\frac{5}{10}$ जूल (b) $\frac{20}{5}$ जूल
(c) 20×5 जूल (d) इनमें से कोई नहीं

3. 10 किग्रा की वस्तु को पृथ्वी के गुरुत्व बल के विरुद्ध 10 मी ऊपर उठाने में किया गया कार्य होगा
(a) 980 जूल (b) 1098 जूल
(c) 880 जूल (d) 780 जूल

4. एक पिण्ड पर 40 न्यूटन का बल लगाने से वह बल की दिशा में 60° के कोण पर 20 मी विस्थापित हो जाता है। बल द्वारा कृत कार्य होगा
(a) 200 जूल (b) 400 जूल
(c) 600 जूल (d) 700 जूल

5. यदि किसी पिण्ड की गतिज ऊर्जा 4 गुनी कर दी जाए तो उसका संवेग हो जाएगा
(a) चार गुना (b) दोगुना
(c) तीन गुना (d) पाँच गुना

6. निम्नलिखित में से ऊर्जा का मात्रक नहीं है
(a) जूल (b) न्यूटन-मीटर
(c) मेगावाट (d) किलोवाट-घण्टा

7. दो वस्तुओं के संवेग समान हैं। यदि इनके द्रव्यमान m_1 व m_2 हों तथा गतिज ऊर्जाएँ क्रमश: K_1 व K_2 हों, तो अनुपात K_2/K_1 बराबर होगा
(a) m_1/m_2 (b) $2m_1/m_2$
(c) m_2/m_1 (d) $2m_2/m_1$

8. 1 किग्रा द्रव्यमान का पत्थर का टुकड़ा 25 मी की ऊँचाई से स्वतन्त्रतापूर्वक गिराया जाता है। जब वह पृथ्वी से 4 मी की ऊँचाई पर है, तो उस क्षण इसकी गतिज व स्थितिज ऊर्जाएँ क्रमश: होंगी
(a) 200 जूल, 50 जूल (b) 250 जूल, 40 जूल
(c) 210 जूल, 40 जूल (d) 210 जूल, 30 जूल

9. 500 ग्राम का पिण्ड 40 मी/से के वेग से हवा में फेंका जाता है। पिण्ड की अधिकतम ऊँचाई पर ऊर्जा होगी
(a) 200 जूल (b) 800 जूल
(c) 600 जूल (d) 400 जूल

10. एक लड़का जिसका द्रव्यमान 50 किग्रा है, अपने साथ 10 किग्रा का एक बक्सा लेकर सीढ़ियों द्वारा 10 मी ऊँची छत पर 1 मिनट में चढ़ जाता है। लड़के की सामर्थ्य है
(a) 98 वाट (b) 88 वाट
(c) 78 वाट (d) 48 वाट

11. 10 अश्व-शक्ति की मोटर द्वारा 7.46 मी गहरे कुएँ से प्रति सेकण्ड कितना पानी खींचा जा सकता है? ($g = 10$ मी/से^{2})
(a) 200 किग्रा (b) 100 किग्रा
(c) 400 किग्रा (d) 500 किग्रा

12. दो मशीनें बराबर कार्य को 20 मिनट एवं 30 मिनट में कर सकती हैं। पहली मशीन की सामर्थ्य 120 वाट है दूसरी मशीन की सामर्थ्य होगी
(a) 40 वाट (b) 60 वाट
(c) 100 वाट (d) 80 वाट

13. एक तालाब से 60 मी ऊँचाई पर स्थित एक टंकी में 20 घन मी जल आता है। यह टंकी एक पम्प के द्वारा तालाब के जल से 3 घण्टे 16 मिनट में भर जाती है। पम्प की सामर्थ्य है
(a) 2000 वाट (b) 3000 वाट
(c) 4000 वाट (d) 1000 वाट

14. एक बिजली की मोटर एक वजन उठाने में केबिल में 4500 न्यूटन का तनाव उत्पन्न करती है और इसे 2 मी/से की दर से लपेटती है। मोटर की शक्ति है
(a) 15 किलोवाट (b) 9 किलोवाट
(c) 225 किलोवाट (d) 9000 किलोवाट

15. एक पिण्ड मशीन द्वारा चलाया जाता है जोकि समय t तक स्थिर शक्ति प्रदान करती है। पिण्ड द्वारा तय की गई दूरी समानुपाती होगी
(a) $t^{3/2}$ (b) t^2 (c) $t^{1/2}$ (d) t

16. एक टन भार की कार को 30 किमी/घण्टा की चाल से समतल सड़क पर चलाया जाता है। अतिरिक्त अश्व-शक्ति, जोकि इंजन को विकसित करनी होगी ताकि वही चाल 5 में एक की प्रवणता वाली ढाल के साथ ऊपर की ओर जाते हुए बनाई रखी जा सके, होगी
(a) 11.11 अश्व-शक्ति (b) 33.33 अश्व-शक्ति
(c) 22.34 अश्व-शक्ति (d) इनमें से कोई नहीं

17. 50 किग्रा द्रव्यमान वाला मनुष्य 40 पग वाली सीढ़ी पर 10 सेकण्ड में चढ़ जाता है। यदि सीढ़ी के प्रत्येक पग की ऊँचाई 0.20 मी हो तो मनुष्य की सामर्थ्य है

(a) 400 वाट (b) 392 वाट
(c) 360 वाट (d) 390 वाट

18. 1 किग्रा के द्रव्यमान को स्प्रिंग से लटका देने पर 1 सेमी का खिंचाव उत्पन्न होता है। स्प्रिंग की ऊर्जा होगी

(a) 0.449 जूल (b) 0.0049 जूल
(c) 4.9 जूल (d) 49 जूल

19. m द्रव्यमान के एक कण का संवेग p है। इसकी गतिज ऊर्जा होगी

(a) mp (b) p^2m (c) $\frac{p^2}{m}$ (d) $\frac{p^2}{2m}$

20. स्वतन्त्रापूर्वक गिरती हुई वस्तु की

(a) गतिज ऊर्जा तथा स्थितिज ऊर्जा दोनों घटती हैं
(b) गतिज ऊर्जा बढ़ती है व स्थितिज ऊर्जा घटती है
(c) गतिज ऊर्जा घटती है व स्थितिज ऊर्जा बढ़ती है
(d) गतिज तथा स्थितिज ऊर्जा दोनों बढ़ती जाती हैं

21. निम्नलिखित में ऊर्जा का सबसे बड़ा मात्रक है

(a) किलोवाट-घण्टा (b) वाट-घण्टा
(c) अर्ग (d) जूल

22. एक जल पम्प, जो पेट्रोल से चलता है, 30 मी गहराई से 0.5 $मी^3$, प्रति मिनट की दर से जल निकालता है। यदि पम्प की क्षमता 70% हो तो इंजन द्वारा उत्पन्न शक्ति होगी

(a) 3500 वाट (b) 25 वाट
(c) 35 वाट (d) 1000 वाट

23. एक बन्दूक से 5 ग्राम द्रव्यमान की गोली 100 मी/से के वेग से छोड़ी जाती है। यदि बन्दूक की नाल 1 मी लम्बी है, तो गैस के दहन से गोली पर लगने वाला बल होगा

(a) 20 न्यूटन (b) 25 न्यूटन
(c) 30 न्यूटन (d) 35 न्यूटन

24. एक प्रोटॉन तथा एक इलेक्ट्रॉन को एक-दूसरे के समीप लाने पर उनकी स्थितिज ऊर्जा

(a) बढ़ जायेगी (b) घट जायेगी
(c) अपरिवर्तित रहेगी (d) कुछ कहा नहीं जा सकता

25. एक चेन एक घर्षणहीन मेज के ऊपर इस प्रकार रखी है कि उसका 1/5 भाग मेज के किनारे से नीचे लटका है। यदि चेन की लम्बाई l तथा द्रव्यमान m है, तो चेन के लटके हुए भाग को ऊपर खींचने में किया कार्य होगा

(a) $\frac{mgl}{20}$ (b) $\frac{mgl}{25}$
(c) $\frac{mgl}{50}$ (d) $\frac{mgl}{100}$

उत्तरमाला

1. (b)	**2.** (c)	**3.** (a)	**4.** (b)	**5.** (b)	**6.** (c)	**7.** (c)	**8.** (c)	**9.** (d)	**10.** (a)
11. (b)	**12.** (d)	**13.** (d)	**14.** (b)	**15.** (a)	**16.** (c)	**17.** (b)	**18.** (b)	**19.** (d)	**20.** (b)
21. (a)	**22.** (a)	**23.** (b)	**24.** (b)	**25.** (c)					

संकेत एवं हल

3. कार्य = द्रव्यमान × गुरुत्वीय त्वरण × विस्थापन

$= mgh = 10 \times 9.8 \times 10 = 980$ जूल

4. कार्य $= Fs \cos\theta$

$= 40 \times 20 \times \cos 60° = 40 \times 20 \times \frac{1}{2} = 400$ जूल

5. माना किसी पिण्ड का द्रव्यमान m और वेग v हैं।

तब, गतिज ऊर्जा $K = \frac{1}{2}mv^2$

और संवेग, $p = mv$

$\therefore \quad K = \frac{1}{2m}(mv)^2$

$\Rightarrow \quad K = \frac{1}{2m}(p)^2$

$\Rightarrow \quad p = \sqrt{2mK}$

गतिज ऊर्जा को चार गुना करने पर

$p' = \sqrt{2m \times 4K} = 2p$

8. 25 मी की ऊँचाई पर स्थितिज ऊर्जा

$U_1 = mgh = 1 \times 10 \times 25 = 250$ जूल

4 मी की ऊँचाई पर स्थितिज ऊर्जा

$U_2 = mgh = 1 \times 10 \times 4 = 40$ जूल

∵ गिरते समय कुल ऊर्जा नियत रहती है।

∴ गतिज ऊर्जा $= 250 - 40 = 210$ जूल

9. अधिकतम ऊँचाई पर सम्पूर्ण गतिज ऊर्जा K स्थितिज ऊर्जा में बदल जाती है। अत: अधिकतम ऊँचाई पर

$$U = K = \frac{1}{2}mv^2$$

प्रश्नानुसार, $m = 500$ ग्राम $= 0.5$ किग्रा

$\Rightarrow \quad U = \frac{0.5 \times 40 \times 40}{2} = 400$ जूल

10. शक्ति, $P = \frac{W}{t} = \frac{mgh}{t}$ से,

प्रश्नानुसार, $m = 50 + 10 = 60$ किग्रा,

$t = 1$ मिनट $= 60$ सेकण्ड

तब $\quad P = \frac{60 \times 9.8 \times 10}{60} = 98$ वाट

11. सूत्र $P = \frac{W}{t} = \frac{mgh}{t}$ से,

द्रव्यमान, $m = \frac{Pt}{gh} = \frac{7460 \times 1}{10 \times 7.46} = 100$ किग्रा

($\because P = 10 \times 746 = 7460$ वाट)

12. सामर्थ्य, $P = \frac{W}{t}$

तब $\frac{P_1}{P_2} = \frac{W}{t_1} \times \frac{t_2}{W} = \frac{t_2}{t_1}$

$\therefore$ $P_2 = \frac{P_1 \times t_1}{t_2} = \frac{120 \times 20}{30} = 80$ वाट

13. जल का द्रव्यमान m = आयतन × घनत्व

$= 20 \times 10^3$ किग्रा

तथा $t = 3$ घण्टा 16 मिनट

$= 196$ मिनट $= 196 \times 60$ सेकण्ड

सूत्र $P = \frac{W}{t} = \frac{mgh}{t}$ से,

$= \frac{20 \times 10^3 \times 9.8 \times 60}{196 \times 60} = 1000$ वाट

14. सामर्थ्य $P = Fv$ से,

$P = 4500 \times 2 = 9000$ वाट $= 9$ किलोवाट

15. $P = \frac{W}{t} = \frac{Fs}{t}$

$\because$ $F = ma$ तथा $s = \frac{1}{2}at^2$

$\therefore$ $F = \frac{2ms}{t^2}$

$\therefore$ $P = \frac{2ms^2}{t^3}$

$\because P$ नियत है अत: $s \propto t^{3/2}$

16. सामर्थ्य, $P = mg \sin\theta \times v$

प्रश्नानुसार, $v = 30$ किमी/घण्टा

$= 30 \times \frac{5}{18}$ मी/से

$\sin\theta = \frac{1}{5}, m = 10^3$ किग्रा

तथा $g = 10$ मी/से^{2}

$\therefore$ $P = 10^3 \times 10 \times \frac{1}{5} \times 30 \times \frac{5}{18}$

$= \frac{10^3 \times 10 \times 30}{18 \times 746}$ अश्व-शक्ति

$\cong 22.34$ अश्व-शक्ति

17. सूत्र $P = \frac{mgh}{t}$ से,

$P = \frac{50 \times 9.8 \times 40 \times 0.20}{10} = 392$ वाट

18. बल, $F = k \cdot x$

$1 \times 9.8 = k \times 1 \times 10^{-2}$

$\therefore$ $k = \frac{9.8}{10^{-2}} = 980$

स्प्रिंग में संचित स्थितिज ऊर्जा

$U = \frac{1}{2}kx^2 = \frac{1}{2} \times 980 \times 10^{-4}$

$= 490 \times 10^{-4} = 0.049$ जूल

20. गिरते हुए पिण्ड की स्थितिज ऊर्जा, गतिज ऊर्जा में बदलती है।

22. $\because$ जल का घनत्व $= 10^3$ किग्रा/मी^{3}

अत: जल का द्रव्यमान $m = 0.5 \times 10^3$ किग्रा

सामर्थ्य $P = \frac{mgh}{t}$ से,

$P \times \frac{70}{100} = \frac{0.5 \times 10^3 \times 9.8 \times 30}{60}$

$P = \frac{0.5 \times 10^3 \times 9.8 \times 30 \times 100}{60 \times 70}$

$P = 3500$ वाट

23. गोली की गतिज ऊर्जा $= \frac{1}{2}mv^2$

गतिज ऊर्जा = कृत कार्य

$\frac{1}{2}mv^2 = Fs$

$\therefore$ $F = \frac{mv^2}{2s} = \frac{5 \times 10^{-3} \times 100 \times 100}{2 \times 1} = 25$ न्यूटन

25. लटकी हुई चेन का द्रव्यमान $= \frac{m}{5}$

लटकी हुई चेन के गुरुत्व केन्द्र की मेज के किनारे से दूरी $= \frac{1}{2}\left(\frac{l}{5}\right) = \frac{l}{10}$

लटकी हुई चेन का भार $\left(\frac{mg}{5}\right)$ चेन के गुरुत्व केन्द्र पर कार्यरत है। अत:

लटकी हुई चेन खींचने में किया गया कार्य

W = भार × विस्थापन

$= \frac{mg}{5} \times \frac{l}{10} = \frac{mgl}{50}$ जूल

7

द्रवस्थैतिकी एवं आर्किमिडीज का सिद्धान्त

Hydrostatics and Archimedes' Principle

दाब (Pressure)

किसी तल के इकाई क्षेत्रफल पर लगने वाले लम्बवत् बल की माप को दाब कहते हैं।

अत: $\quad$ दाब $(p) = \dfrac{\text{लम्बवत् बल } (F)}{\text{क्षेत्रफल } (A)}$

इसका मात्रक न्यूटन/मीटर^2 है जिसे पास्कल भी कहते हैं। यह एक अदिश राशि है।

द्रव के तल से h गहराई पर दाब

(Pressure at Depth h from the Liquid Surface)

d घनत्व वाले द्रव के तल से h गहराई पर दाब

$$\therefore \quad p = \frac{F}{A}$$

$$= \frac{mg}{A} = \frac{V \times d \times g}{A}$$

$$= \frac{A \times h \times d \times g}{A}$$

$$p = hdg$$

दाब = गहराई × घनत्व × गुरुत्वीय त्वरण

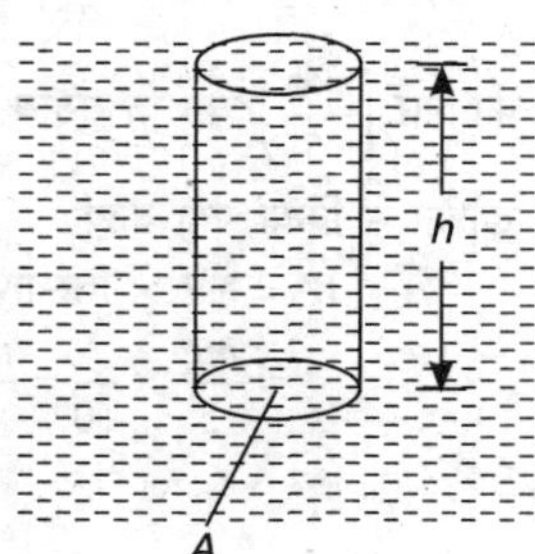

जल में प्रति 10 मी नीचे जाने पर दाब में 1 वायुमण्डलीय दाब की वृद्धि होती है।

द्रव-दाब के नियम (Laws of Liquid-Pressure)

1. द्रव बर्तन की दीवार के प्रत्येक बिन्दु पर बाहर की ओर दाब डालता है।
2. द्रव के अन्दर किसी बिन्दु पर द्रव-दाब द्रव के स्वतन्त्र तल से उस बिन्दु की गहराई के समानुपाती होता है।
3. स्थिर द्रव में एक ही क्षैतिज तल में स्थित प्रत्येक बिन्दु पर द्रव-दाब समान होता है।
4. स्थिर द्रव के किसी बिन्दु पर द्रव-दाब सभी दिशाओं में समान होता है।
5. समान गहराई पर द्रव-दाब द्रव के घनत्व पर निर्भर करता है तथा विभिन्न द्रवों का दाब द्रवों के घनत्वों के अनुक्रमानुपाती होता है।

उत्प्लावन बल (Upthrust)

प्रत्येक द्रव अपने अन्दर पूर्ण अथवा आंशिक रूप से डूबी वस्तु पर ऊपर की ओर एक बल लगाता है जिसे उत्प्लावन बल अथवा उत्क्षेप कहते हैं। यह बल वस्तु द्वारा हटाये गये द्रव के भार के बराबर होता है तथा हटाये गये द्रव के गुरुत्व केन्द्र पर कार्य करता है जिसे उत्प्लावन केन्द्र कहते हैं।

उत्प्लावन बल = हटाये गये द्रव का भार

$= mg = V \times d \times g$

= हटाये गये द्रव का आयतन × द्रव का घनत्व × गुरुत्वीय त्वरण

उत्प्लावन बल के कारण ही द्रव में डूबी वस्तुयें अपने वास्तविक भार से हल्की प्रतीत होती हैं।

आर्किमिडीज का सिद्धान्त (Archimedes' Principle)

इस सिद्धान्त के अनुसार, "जब कोई वस्तु किसी द्रव में पूर्ण अथवा आंशिक रूप से डुबाई जाती है तो उसके भार में कमी का आभास होता है और यह आभासी कमी वस्तु द्वारा हटाए गए द्रव के भार के बराबर होती है।" यह परिणाम ही आर्किमिडीज का सिद्धान्त है।

माना द्रव्यमान M, आयतन V तथा घनत्व d की एक वस्तु को σ घनत्व वाले द्रव में डुबाया जाता है, तो आर्किमिडीज के नियमानुसार,

वस्तु के भार में कमी = उत्प्लावन बल

= वस्तु द्वारा हटाए गए द्रव का भार

$= V\sigma g$

द्रव में वस्तु का आभासी भार $= Vdg - V\sigma g$

$= V\,(d - \sigma)g$

आर्किमिडीज के सिद्धान्त के उपयोग

(Applications of Archimedes' Principle)

इस सिद्धान्त का उपयोग निम्न प्रकार से किया जाता है

(i) किसी वस्तु का आपेक्षिक घनत्व ज्ञात करने में

(ii) हाइड्रोमीटर द्वारा किसी द्रव का घनत्व ज्ञात करने में

(iii) लेक्टोमीटर द्वारा दूध की शुद्धता की जाँच में

(iv) नाव तथा पनडुब्बी की संरचना में

तैरने की शर्त (Condition of Floating)

द्रव में स्थित वस्तु पर दो बल कार्य करते हैं।

1. वस्तु का भार w नीचे की ओर

2. वस्तु का उत्प्लावन बल F ऊपर की ओर

वस्तु का डूबना या तैरना इन दोनों बलों के आपेक्षित मानों पर निर्भर करता है। अर्थात्

(i) यदि $w > F$, तो वस्तु द्रव में डूब जाएगी, चित्र (a)

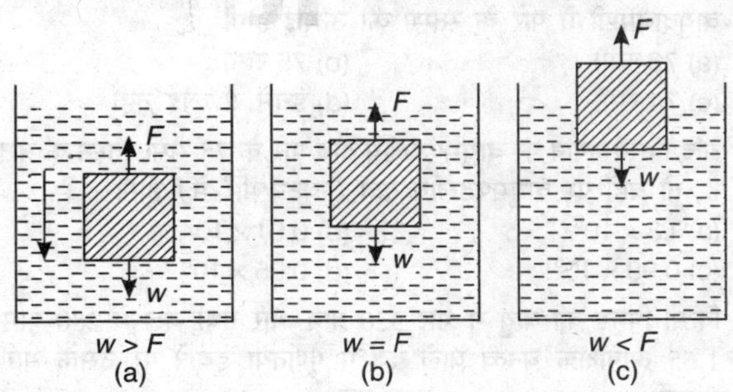

(a) (b) (c)

(ii) यदि $w = F$, तो वस्तु द्रव के अन्दर तैरती रहेगी, चित्र (b)

(iiii) यदि $w < F$, तो वस्तु द्रव की सतह पर तैरती रहेगी, चित्र (c)। इस स्थिति में वस्तु का कुछ भाग द्रव के भार के बराबर होगा तथा कुछ भाग द्रव में डूबा रहेगा। इस डूबे भाग का भार वस्तु द्वारा हटाये गये द्रव के भार के बराबर होगा।

इस प्रकार वस्तु के तैरने के लिए दो शर्तें हैं

(i) वस्तु का भार हटाए गए द्रव के भार के बराबर होना चाहिए।

(ii) वस्तु का गुरुत्व केन्द्र तथा हटाए गए द्रव का उत्प्लावन केन्द्र एक ही रेखा में होने चाहियें।

तैरते हुए पिण्डों के लिए (For Floating Bodies)

$$\frac{\text{ठोस के डूबे भाग का आयतन}}{\text{ठोस का कुल आयतन}} = \frac{\text{ठोस का घनत्व}}{\text{द्रव का घनत्व}}$$

या डूबे भाग का आयतन

$$= \frac{\text{ठोस का आयतन} \times \text{ठोस का घनत्व}}{\text{द्रव का घनत्व}} = \frac{\text{ठोस का द्रव्यमान}}{\text{द्रव का घनत्व}}$$

यदि ठोस को दो अलग-अलग द्रवों में डुबाने पर, डूबे भागों के आयतन V_1, V_2 हैं तथा द्रवों के घनत्व क्रमशः d_1, d_2 हैं तो

$$V_1 \times d_1 \times g = V_2 \times d_2 \times g \Rightarrow \frac{V_1}{V_2} = \frac{d_2}{d_1}$$

हिमशैल (Ice Berg)

समुद्र में बर्फ के बहुत बड़े-बड़े टुकड़े ग्लेशियर से टूटकर तैरते रहते हैं। इन्हें हिमशैल कहते हैं। इस बर्फ की शिला का अधिकांश भाग जल में डूबा रहता है और थोड़ा सा भाग जल के बाहर दिखाई देता है। बर्फ

$$\frac{\text{बर्फ की शिला का डूबा भाग}}{\text{बर्फ की शिला का कुल आयतन}} = \frac{\text{बर्फ का घनत्व}}{\text{जल का घनत्व}}$$

$$= \frac{\text{बर्फ का आपेक्षिक घनत्व}}{\text{जल का आपेक्षिक घनत्व}}$$

अपेक्षिक घनत्व (Relative Density)

किसी पदार्थ के घनत्व तथा 4°C पर जल के घनत्व का अनुपात उस पदार्थ का आपेक्षिक घनत्व कहलाता है।

$$\text{पदार्थ का आपेक्षिक घनत्व} = \frac{\text{पदार्थ का घनत्व}}{4°\text{C पर जल का घनत्व}}$$

$$= \frac{\text{पदार्थ का भार}}{\text{समान आयतन के जल का भार}}$$

(i) $\text{वस्तु का आ० घनत्व} = \dfrac{\text{वस्तु का घनत्व}}{\text{जल का घनत्व}}$

(ii) $\text{वस्तु का आ० घनत्व} = \dfrac{\text{वस्तु का वायु में भार}}{\text{जल में वस्तु के भार में कमी}}$

(iii) $\text{वस्तु का आ० घनत्व} = \dfrac{\text{वस्तु का वायु में भार} \times \text{द्रव का आ० घनत्व}}{\text{द्रव में वस्तु के भार में कमी}}$

(iv) $\text{द्रव का आ० घनत्व} = \dfrac{\text{द्रव में वस्तु के भार में कमी}}{\text{जल में वस्तु के भार में कमी}}$

वायुमण्डलीय दाब (Atmospheric Pressure)

वायुमण्डल दाब के कारण एकांक क्षेत्रफल पर पड़ने वाले लम्बवत् बल को वायुमण्डलीय दाब कहते हैं। यह दाब 76 सेमी ऊँचे पारे के स्तम्भ के बराबर होता है।

1 वायुमण्डलीय दाब = 76 सेमी पारे के स्तम्भ का दाब

$= 76 \times 10^{-2}$ मी × पारे का घनत्व × g

$= 76 \times 10^{-2} \times (13.6 \times 10^3) \times 9.8$

$= 1.013 \times 10^5$ न्यूटन/मी^{2} $= 1.013 \times 10^5$ पास्कल

वायुमण्डलीय दाब को मैनोमीटर द्वारा मापा जाता है

अभ्यास प्रश्न

1. पानी से भरी बोतल में दाब अधिकतम होता है
(a) बोतल में ऊपरी सतह पर (b) बोतल में मध्य में
(c) पहले ऊपर फिर मध्य में (d) बोतल की पेंदी पर

2. दो पिण्डों का द्रव में पूर्णतया डूबे होने पर समान भार है, तब ऐसे में
(a) उनके आयतन समान होंगे (b) उनके द्रव्यमान समान होंगे
(c) उनके घनत्व समान होंगे (d) इनमें से कोई नहीं

3. एक मनुष्य का भार 80 किग्रा है तथा उसके प्रत्येक पैर के तलवे का क्षेत्रफल 400 वर्ग सेमी है। मनुष्य खड़े होने पर पैरों द्वारा पृथ्वी पर दाब (न्यूटन/मी^{2} में) डालेगा ($g = 10$ मी/से^{2})
(a) 1×10^4 (b) 2×10^4
(c) 4×10^4 (d) इनमें से कोई नहीं

4. 4 सेमी त्रिज्या वाली बेलनाकार नली में 0.5 मी ऊँचाई तक पारा भरा है। यदि पारे का घनत्व 13.6×10^3 किग्रा/मी^{3} हो, तो नली के निचले सिरे पर पारे का दाब (न्यूटन/मी^{2} में) होगा
(a) 6.8×10^3 (b) 3.4×10^4
(c) 6.8×10^4 (d) 3.4×10^3

5. एक खोखले बेलनाकार बर्तन का व्यास 2 मी है तथा उसमें 70 न्यूटन/मी^{2} दाब पर वायु भरी है, तो बेलन के आधार पर लगने वाला बल होगा
(a) 70 न्यूटन
(b) 140 न्यूटन
(c) 220 न्यूटन
(d) उपरोक्त में से कोई नहीं

6. यदि बल को चार गुना तथा तल के क्षेत्रफल को आधा कर दिया जाए, तो दाब प्रारम्भिक दाब का कितने गुना हो जाएगा?

(a) $\frac{2}{4}$ (b) $\frac{4}{2}$ (c) 8 (d) $\frac{1}{8}$

7. किसी बाँध की तली मोटी बनाई जाती है क्योंकि

(a) जल दीवार की तली पर कम दाब आरोपित करता है
(b) जल दीवार की तली पर अधिक दाब आरोपित करता है
(c) बाँध अच्छा दिखाई देता है
(d) कोई कारण नहीं

8. पानी का घनत्व अधिक होगा यदि उसका ताप है

(a) 0°C (b) 4°C (c) 32°C (d) 140°C

9. 2 मी लम्बी एक नली में 800 किग्रा/मी^{3} घनत्व वाला द्रव भर कर रखा गया है। यदि वायुमण्डलीय दाब 1.01×10^5 न्यूटन/मी^{2} हो तो नली की तली पर कुल दाब (न्यूटन/मी^{2} में) होगा

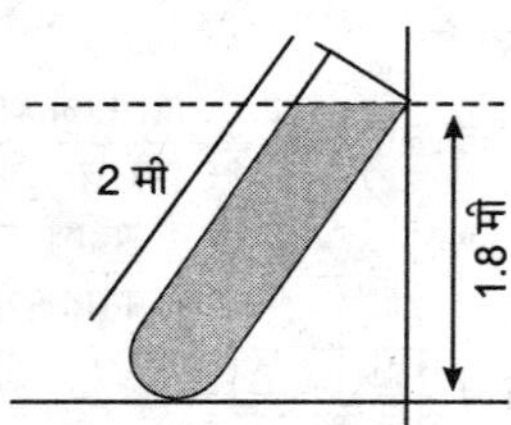

(a) 1.15×10^5 (b) 1.16×10^5 (c) 1.05×10^{15} (d) 2.01×10^5

10. कोई पिण्ड किसी झील की सतह पर 1.01×10^5 न्यूटन/मी^{2} का वायुमण्डलीय दाब अनुभव कर रहा है। पिण्ड को झील में कितनी गहराई तक ले जाएँ, कि उस पर आरोपित दाब दोगुना हो जाए?
(झील के जल का आपेक्षिक घनत्व $= 1.03 \times 10^3$ किग्रा/मी^{3}, $g = 10$ मी/से^{2})

(a) 8 मी (b) 8.6 मी (c) 9.7 मी (d) 10.3 मी

11. एक बैरोमीटर में पारे के स्तम्भ की ऊँचाई 75 सेमी है। यदि पारे (आपेक्षिक घनत्व = 13.6) के स्थान पर 0.8 आपेक्षिक घनत्व वाला द्रव लिया जाए, तो द्रव स्तम्भ की ऊँचाई होगी

(a) 10.75 मी (b) 12.75 मी
(c) 22.7 मी (d) 14.24 मी

12. पानी की वह गहराई जिस पर वायु के बुलबुले का आयतन उस आयतन से $\frac{1}{2}$ होगा जोकि सतह पर पहुँचने पर होता है, होगी
(माना बैरोमीटर की ऊँचाई = 76 सेमी, पारे का घनत्व = 13.6)

(a) 4134.4 सेमी (b) 1033.6 सेमी
(c) 684 सेमी (d) इनमें से कोई नहीं

13. यदि किसी स्थान पर वायुमण्डलीय दाब 1.02×10^5 न्यूटन/मी^{2} हो, तो वहाँ पर वायुदाबमापी में पारे के स्तम्भ की ऊँचाई होगी

(a) 76 सेमी (b) 75 सेमी
(c) 74 सेमी (d) इनमें से कोई नहीं

14. यदि किसी स्थान पर वायुमण्डलीय दाब पारे के 75 सेमी स्तम्भ के बराबर है, तो वहाँ पर वायुमण्डलीय दाब (न्यूटन/मी^{2} में) होगा

(a) 1.3×10^5 (b) 0.01×10^5
(c) 0.99×10^5 (d) 0.95×10^5

15. किसी पिण्ड का वायु में भार 320 ग्राम-भार तथा जल में 280 ग्राम-भार है। 1.65 आपेक्षिक घनत्व वाले द्रव में पूर्णतया डुबाने पर उसके भार में कमी आएगी

(a) 66 ग्राम-भार (b) 77 ग्राम- भार
(c) 36 ग्राम-भार (d) 12 ग्राम-भार

16. बैरोमीटर को पहाड़ से खान में ले जाने पर पारे का तल

(a) गिरेगा (b) ऊपर उठेगा
(c) उतना ही रहेगा (d) इनमें से कोई नहीं

17. यदि दो धात्विक टुकड़ों पर द्रव की उछाल समान है तो

(a) उनका घनत्व समान है
(b) उनके द्रव में डूबे आयतन समान हैं
(c) उनके द्रव्यमान समान हैं
(d) दोनों के आयतन समान हैं

18. एक हाइड्रोजन गैस से भरा गुब्बारा ऊपर चढ़ने पर फैलता है यहाँ तक कि अधिक ऊँचाई पर फट जाता है, क्योंकि

(a) इसका द्रव्यमान बढ़ जाता है
(b) ताप बढ़ जाता है
(c) वायुमण्डलीय गैसों का दाब कम होता है
(d) वायुमण्डलीय गैसों का दाब अधिक होता है

उत्तरमाला

1. (d)	**2.** (b)	**3.** (a)	**4.** (c)	**5.** (c)	**6.** (c)	**7.** (b)	**8.** (b)	**9.** (a)	**10.** (c)
11. (b)	**12.** (b)	**13.** (a)	**14.** (c)	**15.** (a)	**16.** (b)	**17.** (b)	**18.** (d)		

संकेत एवं हल

3. पैर का क्षेत्रफल $= 400$ सेमी$^2 = 0.04$ मी^{2}

दोनो तलवों का क्षेत्रफल $= 2 \times 0.04 = 0.08$ मी^{2}

$$\text{दाब } p = \frac{F}{A} = \frac{mg}{A}$$

$$= \frac{80g}{0.08} = \frac{80 \times 10 \times 100}{8}$$

$$= 1 \times 10^4 \text{ न्यूटन/मी}^2$$

4. दाब $P = hdg = 0.5 \times 13.6 \times 10^3 \times 10$

$$= 6.8 \times 10^4 \text{ न्यूटन/मी}^2$$

5. आधार का क्षेत्रफल $= \pi r^2 = \pi \times (1)^2 = \pi$

$$\text{दाब } p = \frac{F}{A}$$

$\therefore$ बल, $F = pA = 70 \times \pi$

$$= 70 \times \frac{22}{7} = 220 \text{ न्यूटन}$$

9. तली पर कुल दाब = वायु का दाब + 1.8 मी गहरे जल के स्तम्भ का दाब

$$= 1.01 \times 10^5 + 1.8 \times 1 \times 800 \times 9.8$$

$$= 1.01 \times 10^5 + 14112$$

$$= 1.01 \times 10^5 + 0.14 \times 10^5$$

$$= 1.15 \times 10^5 \text{ न्यूटन/मी}^2$$

10. यदि सतह पर वायु का दाब $= p$

प्रश्नानुसर, तली पर दाब $= 2p$

लेकिन, तली पर दाब = वायु का दाब + पानी का दाबे

$\therefore$ $2p = p + hdg$

या $p = hdg$

$$1 \times 10^5 = h \times 1.03 \times 10^3 \times 10$$

$\therefore$ $h = \dfrac{10^5}{1.03 \times 10^3 \times 10} = 9.7$ मी

11. पारे का दाब = जल स्तम्भ का दाब

$$0.75 \times 13.6 \times 10^3 \times 9.8 = h \times 0.8 \times 10^3 \times 9.8$$

$$h = \frac{0.75 \times 13.6}{0.8} = 12.75 \text{ मी}$$

12. माना x मी गहराई पर बुलबुले का आयतन $\frac{V}{2}$ है, तब

$$pV = (p + d_w g)\frac{V}{2}$$

$$p = \frac{p}{2} + \frac{1}{2} \times d_w g$$

या $p = x d_w g$

$$h d_m g = x d_w g$$

झील की गहराई, $x = h\dfrac{d_m}{d_w} = 76 \times 13.6 = 1033.6$ सेमी

15. पिण्ड को जल में डुबाने पर भार में कमी

$= 320 - 280 = 40$ ग्राम-भार

$$\text{आपेक्षिक घनत्व} = \frac{\text{द्रव के, भार में कमी}}{\text{जल के, भार में कमी}}$$

$\therefore$ द्रव में डुबाने पर पिण्ड के भार में कमी

$= 1.65 \times 40 = 66$ ग्राम-भार

8

सरल लोलक, तरंग गति एवं ध्वनि

Simple Pendulum, Wave Motion and Sound

आवर्ती गति (Periodic Motion)

जब कोई पिण्ड एक निश्चित समय में एक ही निश्चित पथ पर बार-बार अपनी गति को दोहराता है, तो उसकी गति आवर्ती गति कहलाती है।

कम्पनिक गति (Vibratory Motion)

यदि कोई पिण्ड आवर्ती गति में, एक ही पथ पर किसी निश्चित बिन्दु के इधर-उधर (to and fro) गति करता है, तो पिण्ड की गति को कम्पनिक गति या दोलन गति (Oscillatory motion) कहते हैं।

सरल लोलक आवर्ती गति करता है। चित्र में एक सरल लोलक प्रदर्शित है। जिसके गोलक की साम्य-स्थिति O है। यदि हम गोलक को साम्य-स्थिति O से विस्थापित करके बिन्दु A तक ले जायें तो गोलक स्थिति A व स्थिति B के बीच दोलन करने लगेगा।

गोलक का O से A तक जाना, फिर लौटकर O पर आना, फिर दूसरी ओर स्थिति B तक जाना तथा पुन: लौटकर O पर आना 1 **दोलन** अथवा 1 **कम्पन** कहलाता है।

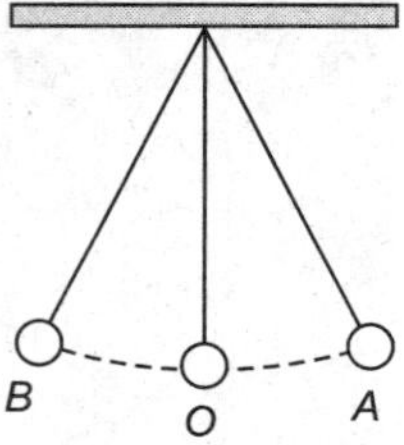

सरल लोलक के आवर्तकाल का सूत्र

(Formula of Time Period of Simple Pendulum)

$$T = 2\pi \sqrt{\frac{l}{g}}$$

अत: सरल लोलक का आवर्तकाल उसके द्रव्यमान पर निर्भर नहीं करता।

सरल लोलक की लम्बाई (l) तथा आवर्तकाल के वर्ग (T^2) के बीच बना ग्राफ एक सरल रेखा के रूप में होता है।

सेकण्ड लोलक (Second Pendulum)

वह सरल लोलक जिसका आवर्तकाल 2 सेकण्ड होता है, सेकण्ड लोलक कहलाता है। सेकण्ड लोलक की लम्बाई लगभग 1 मी होती है।

आवर्ती गति से सम्बन्धित महत्त्वपूर्ण परिभाषाएँ

(Important Definitions Related to the Periodic Motion)

आवर्तकाल (Time Period)

वस्तु एक दोलन करने में जितना समय लेती है, उसे उसके दोलन का आवर्तकाल कहते हैं। इसे T से प्रदर्शित करते हैं।

आवृत्ति (Frequency)

दोलन करने वाली वस्तु 1 सेकण्ड में जितने दोलन करती है वह उसकी आवृत्ति कहलाती है। इसे n से प्रदर्शित करते हैं।

यदि कोई वस्तु 1 सेकण्ड में n दोलन करे, तो दोलन का समय

$$T = \frac{1}{n}$$

अत: आवृत्ति, आवर्तकाल का व्युत्क्रम होती है।

विस्थापन (Displacement)

दोलन करते समय वस्तु की किसी क्षण साम्य-स्थिति से दूरी को विस्थापन कहते हैं।

आयाम (Amplitude)

दोलन करने वाली वस्तु अपनी साम्य-स्थिति के किसी भी ओर अधिक-से-अधिक जितनी दूरी तक जाती है, वह दूरी दोलन का आयाम कहलाती है।

सरल आवर्त गति (Simple Harmonic Motion)

सरल आवर्त गति कम्पनिक अथवा दोलनी गति का सबसे सरल रूप है।

इसमें तीन लक्षण होते हैं

1. यह गति एक स्थिर बिन्दु (साम्य-स्थिति) के इधर-उधर सीधी रेखा में होती है।
2. गतिमान वस्तु का त्वरण सदैव उस बिन्दु (साम्य-स्थिति) से वस्तु के विस्थापन के अनुक्रमानुपाती होता है।
3. त्वरण की दिशा सदैव साम्य-स्थिति की ओर होती है।

तरंग गति (Wave Motion)

जब कोई वस्तु किसी माध्यम में कम्पन्न करती है, तो वह माध्यम के उन कणों को गतिमान कर देती है जो उसके समीप होते हैं। इस प्रकार माध्यम में एक विक्षोभ (disturbance) उत्पन्न हो जाता है। इसी विक्षोभ के आगे बढ़ने की प्रक्रिया 'तरंग गति' कहलाती है।

तरंग गति में माध्यम के कण अपनी साम्य-स्थिति के दोनों ओर कम्पन्न करते हैं। आगे वाले कणों की गति कुछ समय बाद पीछे वाले कणों की गति के समान हो जाती है।
तरंग के रूप में ऊर्जा एक स्थान से दूसरे स्थान तक संचरित होती है जबकि माध्यम के कण अपने स्थान पर ही रहते हैं।

तरंगों के प्रकार (Types of Waves)

कणों के कम्पन्न की दिशा के अनुसार तरंगें दो प्रकार की होती हैं

1. अनुप्रस्थ तरंगें (Transverse Waves)

वे तरंगें, जिनमें माध्यम के कण तरंग के चलने की दिशा के लम्बवत् कम्पन्न करते हैं, अनुप्रस्थ तरंगें कहलाती हैं। इन तरंगों के उठे हुए भाग को शृंग तथा दबे हुए भाग को गर्त कहते हैं।
जल में पत्थर फेंकने पर जल की सतह पर उत्पन्न तरंगें अनुप्रस्थ तरंगें होती हैं। सितार के तार में उत्पन्न कम्पनों में अनुप्रस्थ तरंगें पैदा होती हैं। अनुप्रस्थ तरंगें ठोसों और द्रवों के तल पर उत्पन्न हो सकती हैं, उनके भीतर नहीं। ये तरंगें गैसों में उत्पन्न नहीं हो सकतीं।

2. अनुदैर्ध्य तरंगें (Longitudinal Waves)

वे तरंगें, जिनमें माध्यम के कण तरंग की दिशा के समान्तर कम्पन्न करते हैं, अनुदैर्ध्य तरंगें कहलाती हैं। ये तरंगें सम्पीडन और विरलन के रूप में आगे बढ़ती हैं।
हवा में ध्वनि तरंगें अनुदैर्ध्य तरंगें होती हैं। स्वरित्र द्विभुज (tuning fork) से उत्पन्न तरंगें अनुदैर्ध्य तरंगें होती हैं। ध्वनि तरंगों में कुछ बिन्दुओं पर सम्पीडन तथा कुछ पर विरलन उत्पन्न हो जाता है। ये सम्पीडन और विरलन हवा में तरंग की दिशा में आगे बढ़ते हैं। सम्पीडन वाले बिन्दुओं पर हवा का घनत्व और दाब सामान्य की अपेक्षा अधिक होते हैं जबकि विरलन वाले बिन्दुओं पर घनत्व और दाब कम होते हैं।

तरंगों से सम्बन्धित महत्त्वपूर्ण बिन्दु

(Important Points Related to the Waves)

आवृत्ति (Frequency)

एक सेकण्ड में हुए कम्पनों की संख्या आवृत्ति (n) कहलाती है।

तरंगदैर्ध्य (Wavelength)

माध्यम के कण के एक कम्पन्न करने में लगे समय में तरंग जितनी दूरी तय करती है उसे तरंगदैर्ध्य (λ) कहते हैं।
दो निकटतम सम्पीडनों तथा विरलनों के बीच की दूरी, तरंगदैर्ध्य (λ) के बराबर होती है।

तरंग चाल (Wave Speed)

तरंग द्वारा एक सेकण्ड में चली गई दूरी तरंग चाल (v) कहलाती है।

तरंग चाल, आवृत्ति तथा तरंगदैर्ध्य में सम्बन्ध

(Relation between Wave Speed, Frequency and Wavelength)

$$\text{तरंग चाल} = \text{आवृत्ति} \times \text{तरंगदैर्ध्य}$$

$$v = n\lambda$$

जहाँ $$n = \frac{1}{T} = \frac{1}{\text{आवर्तकाल}}$$

तरंग की ऊर्जा अथवा तीव्रता (Intensity of Wave)

किसी स्थान पर तरंग की ऊर्जा अथवा तीव्रता I, कम्पन्न के आयाम a के वर्ग के समानुपाती होती है।

$$I \propto a^2$$

यान्त्रिक तरंगें (Mechanical Waves)

वे तरंगें जो किसी पदार्थिक माध्यम (ठोस, द्रव अथवा गैस) में संचरित होती हैं "यांत्रिक तरंगें" कहलाती हैं। यान्त्रिक तरंगें अनुप्रस्थ तथा अनुदैर्ध्य दो प्रकार की हो सकती हैं।

ध्वनि तरंगें (Sound Waves)

ध्वनि तरंगें यान्त्रिक तरंगें ही हैं क्योंकि ये किसी माध्यम में ही संचरित होती हैं।
ध्वनि तरंगों को आवृत्तियों के आधार पर निम्न श्रेणियों में वर्गीकृत किया गया है

श्रव्य तरंगें (Audible Waves)

इन तरंगों को सुना जा सकता है। इन तरंगों की आवृत्ति 20 से 20000 हर्ट्ज तक होती है।

अपश्रव्य तरंगें (Infrasonic Waves)

इन तरंगों की आवृत्ति 20 हर्ट्ज से कम होती है।

पराश्रव्य तरंगें (Ultrasonic Waves)

इन तरंगों की आवृत्ति 20000 हर्ट्ज से अधिक होती है। इन तरंगों का उपयोग गठिया रोग तथा मस्तिष्क में ट्यूमर का पता लगाने में किया जाता है। इन तरंगों से समुद्र की गहराई तथा समुद्र में डूबी हुई चट्टानों, मछलियों तथा पनडुब्बियों की स्थितियाँ ज्ञात की जा सकती हैं तथा पृथ्वी से उड़ते हुए हवाई जहाज की पृथ्वी से ऊँचाई नापी जा सकती है।

विद्युत चुम्बकीय तरंगें (Electromagnetic Waves)

यान्त्रिक तरंगों के अतिरिक्त कुछ इस प्रकार की तरंगें भी होती हैं जिनके संचरण के लिए माध्यम की आवश्यकता नहीं होती है। विद्युत चुम्बकीय तरंगें कहलाती हैं।

विभिन्न विद्युत चुम्बकीय तरंगें

(Various Electromagnetic Waves)

क्र.सं.	तरंग	तरंगदैर्ध्य	उत्पत्ति
1.	दीर्घ तरंगें	10^7 से 10^3 मी तक	दोलित्र, विद्युत परिपथ द्वारा
2.	रेडियो तरंगें	10^5 से 10^{-1} मी तक	दोलित्र द्वारा
3.	माइक्रो तरंगें	1 से 10^{-4} मी तक	निर्वाचित नलिका में दोलित्र द्वारा
4.	ऊष्मीय तरंगें	10^{-3} से 7.8×10^{-7} मी तक	गर्म वस्तुओं द्वारा
5.	दृश्य तरंगें	7.8×10^{-7} से 3.9×10^{-7} मी तक	तापदीप्त वस्तुओं द्वारा
6.	पराबैंगनी तरंगें	3.9×10^{-7} से 10^{-9} मी तक	सूर्य तथा आयनित गैसों द्वारा
7.	एक्स तरंगें	10^{-8} से 10^{-12} मी तक	तीव्रगामी इलेक्ट्रॉनों के भारी लक्ष्य पर टकराने पर
8.	गामा तरंगें	10^{-10} से 10^{-14} मी तक	परमाणुओं के नाभिकों का विघटन होने पर

ध्वनि से सम्बन्धित महत्त्वपूर्ण बिन्दु

(Important Points Related to the Sound)

1. वायु में जल वाष्प बढ़ने से ध्वनि का वेग बढ़ जाता है।
2. ध्वनि के वेग पर दाब का कोई प्रभाव नहीं पड़ता।
3. 1°C ताप बढ़ने पर ध्वनि का वेग 0.6 मी/से से बढ़ जाता है।
4. ध्वनि की चाल माध्यम के घनत्व के वर्गमूल के व्युत्क्रमानुपाती होती है।
$$v \propto \frac{1}{\sqrt{d}}$$
5. ध्वनि की चाल $v = \sqrt{\dfrac{E}{d}}$, जहाँ E माध्यम की प्रत्यास्थता है।
6. जब ध्वनि एक माध्यम से दूसरे माध्यम में जाती है, तो ध्वनि की चाल तथा तरंगदैर्ध्य बदल जाते हैं, जबकि आवृत्ति नहीं बदलती है।
7. ध्वनि की चाल गैसों में सबसे कम, द्रवों में उससे अधिक तथा ठोसों में सबसे अधिक होती है।

   0°C पर ध्वनि की चाल 332 मी/से, जल में 1460 मी/से तथा लोहे में 5100 मी/से होती है

प्रतिध्वनि (Echo)

यदि किसी ध्वनि स्रोत से किसी परावर्तक बल की दूरी d हो तो ध्वनि को परावर्तक तल तक पहुँचने तथा वापिस आने में $2d$ दूरी तय करनी होगी। यदि प्रतिध्वनि t सेकण्ड के बाद सुनाई देती है तो

$$t = \frac{2d}{v}$$

या ध्वनि की चाल $v = \dfrac{2d}{t}$

अभ्यास प्रश्न

1. निम्न में से कौन अनुदैर्ध्य तरंग का उदाहरण है?
(a) वायु में ध्वनि तरंगें (b) अंतरिक्ष में रेडियो तरंगें
(c) प्रकाश किरणें (d) अवरक्त लाल विकिरण

2. निम्नलिखित में से कौन अनुप्रस्थ तरंग के रूप में गमन नहीं करती हैं?
(a) हवा में अवरक्त तरंगें
(b) निर्वात् में अवरक्त तरंगें
(c) स्प्रिंग में खींचकर छोड़ देने से उत्पन्न तरंगें
(d) खींची हुई डोरी में उत्पन्न तरंगें

3. निम्न में से किन तरंगों की आवृत्ति सबसे कम है?
(a) क्षय तरंगें (b) गामा तरंगें
(c) रेडियो तरंगें (d) ध्वनि तरंगें

4. X-किरणों की तरंगदैर्ध्य की कोटि होती है
(a) 1 फर्मी (b) 1 ऐंग्स्ट्रॉम
(c) 1 मिमी (d) 1 माइक्रोन

5. एक तरंग की आवृत्ति 120 हर्ट्ज है। यदि तरंग की चाल 480 मी/से हो, तो तरंग की तरंगदैर्ध्य होगी
(a) 2 मी (b) 4 मी (c) 3 मी (d) 8 मी

6. दो तरंगों की आवृत्तियों में 1 : 2 का अनुपात है। उनके आवर्तकाल में अनुपात होगा
(a) 1 : 2 (b) 2 : 1 (c) 1 : 4 (d) 4 : 1

7. अनुप्रस्थ तरंगें बन सकती हैं
(a) वायु में
(b) जल में
(c) केवल जल के तल पर
(d) केवल ठोसों में तथा जल के तल पर

8. निम्नलिखित में विद्युत चुम्बकीय तरंगें नहीं हैं
(a) रेडियो तरंगें (b) पराश्रव्य तरंगें
(c) प्रकाश तरंगें (d) गामा तरंगें

9. एक इलेक्ट्रॉन का आवर्तकाल 0.05 माइक्रो सेकण्ड है। उ[illegible] होगी
(a) 5×10^6 हर्ट्ज (b) 20×10^6 कम्पन/से
(c) 2×10^6 साइकिल/से (d) शून्य

10. एक सेकण्ड लोलक को ऐसे ग्रह पर ले जाया गया जहाँ गुरुत्वीय त्वरण (g) का मान पृथ्वी की अपेक्षा $\frac{1}{9}$ है। वहाँ दोलन का आवर्तकाल होगा
(a) 9 सेकण्ड (b) $\frac{1}{9}$ सेकण्ड
(c) $\frac{1}{3}$ सेकण्ड (d) 6 सेकण्ड

11. एक कम्पित वस्तु 1 सेकण्ड में 240 कम्पन्न करती है। वायु में ध्वनि की चाल 320 मी/से है। कम्पित वस्तु के द्वारा किये गये 15 कम्पनों में वायु में ध्वनि कितनी दूर जायेगी?
(a) 320 मी (b) 10 मी
(c) 40 मी (d) 20 मी

12. विद्युत चुम्बकीय तरंगों की ऊर्जा का कारण है, उनकी
(a) तरंगदैर्ध्य (b) आवृत्ति
(c) विद्युत चुम्बकीय तरंगें (d) इनमें से कोई नहीं

13. निम्न में से किस तरंग की तरंगदैर्ध्य अधिकतम है?
(a) अवरक्त किरण (b) पराबैंगनी किरण
(c) रेडियो तरंग (d) X-किरण

14. दैशिक संकेतों के लिए प्रयुक्त होती है
(a) पराश्रव्य तरंगें (b) अपश्रव्य तरंगें
(c) श्रव्य तरंगें (d) अप्रगामी तरंगें

15. यान्त्रिक तरंगों की चाल निर्भर करती है
(a) माध्यम की प्रत्यास्थता पर
(b) माध्यम के घनत्व पर
(c) माध्यम की प्रत्यास्थता और घनत्व दोनों पर
(d) तरंग की आवृत्ति पर

16. सरल आवर्त गति में क्या स्थिर रहता है?
(a) प्रत्यानयन बल (b) गतिज ऊर्जा
(c) आवर्तकाल (d) आयाम

17. सरल आवर्त गति किस भौतिक राशि के संरक्षण पर आधारित है?
(a) स्थितिज ऊर्जा (b) गतिज ऊर्जा
(c) आवर्तकाल (d) इनमें से कोई नहीं

18. एक कण x-अक्ष के अनुदिश सरल आवर्त गति कर रहा है जिसका आयाम 4 सेमी तथा आवर्तकाल 1.2 सेकण्ड है, तो कण द्वारा $x = + 2$ सेमी से + 4 सेमी तक जाने तथा वापस आने में लिया गया न्यूनतम समय है
(a) 0.6 सेकण्ड (b) 0.4 सेकण्ड
(c) 0.3 सेकण्ड (d) 0.2 सेकण्ड

19. विस्थापन का मान बढ़ने से दोलन का आवर्तकाल
(a) घट जायेगा (b) बढ़ जायेगा
(c) अपरिवर्तित रहेगा (d) सभी कथन गलत हैं

20. त्वरण का मान बढ़ाने पर आवर्तकाल का मान
(a) बढ़ जायेगा (b) घट जायेगा
(c) अपरिवर्तित रहेगा (d) सभी कथन सही हैं

21. सरल आवर्त गति में किसी कण का विस्थापन धीरे-धीरे घटता जाता है। उसका आवर्तकाल
(a) शून्य हो जायेगा
(b) नहीं बदलेगा
(c) बढ़ जायेगा
(d) कम हो जायेगा

22. पृथ्वी पर एक सरल लोलक का आवर्तकाल 2 सेकण्ड है। यदि इस सरल लोलक को चन्द्रमा पर ले जायें तो आवर्तकाल का मान होगा
(चन्द्रमा पर गुरुत्वीय त्वरण पृथ्वी की अपेक्षा $\frac{1}{6}$ गुना होता है)
(a) 3 सेकण्ड (b) 4.9 सेकण्ड
(c) 3.5 सेकण्ड (d) 8 सेकण्ड

23. एक वस्तु प्रति सेकण्ड 55 कम्पन्न कर रही है तथा ध्वनि का वेग 330 मी/से है। तरंगदैर्ध्य होगी
(a) 6 किमी (b) 6 सेमी
(c) 1.5 मी (d) 6 मी

24. प्रतिध्वनि सुनाई देती है जब परावर्तक पृष्ठ का
(a) आयतन कम हो (b) क्षेत्रफल कम हो
(c) क्षेत्रफल अधिक हो (d) आयतन अधिक हो

25. वह तापमान जिस पर ध्वनि का वेग 0°C पर ध्वनि के वेग का डेढ़ गुना होता है, है
(a) 136°C (b) 50°C
(c) 341.25°C (d) इनमें से कोई नहीं

26. निम्नलिखित आवृत्तियों वाली तरंगों में कौन-सी तरंगें मनुष्य को नहीं सुनाई देंगी?
(a) 15 हर्ट्ज (b) 250 हर्ट्ज
(c) 1000 हर्ट्ज (d) इनमें से कोई नहीं

27. ध्वनि का वेग किसमे अधिकतम होता है?
(a) जल में (b) हवा में
(c) स्टील में (d) निर्वात् में

28. एक सेकण्ड लोलक एक ऊँचे स्थान पर ले जाया जाता है जहाँ g का मान 9.81 मी/से^{2} के स्थान पर 4.36 मी/से^{2} है, तो लोलक का आवर्तकाल ज्ञात कीजिए।
(a) 5 सेकण्ड (b) 3 सेकण्ड
(c) 3.4 सेकण्ड (d) 7 सेकण्ड

29. सरल लोलक की लम्बाई बढ़ाने पर आवर्तकाल
(a) बढ़ता है (b) घटता है
(c) अपरिवर्तित रहता है (d) 4.9 सेकण्ड हो जाता है

30. जब ध्वनि विरल से सघन माध्यम में जाती है तो बदलता है
(a) तरंगदैर्ध्य (b) आवृत्ति
(c) आयाम (d) इनमें से कोई नहीं

31. सरल आवर्त गति में प्रत्यानयन बल निर्भर करता है गोले के
(a) वेग पर (b) द्रव्यमान पर
(c) विस्थापन पर (d) ऊष्मा पर

32. वायु में जल वाष्प की मात्रा बढ़ने पर ध्वनि का वेग पहले से हो जाता है
(a) अधिक (b) कम
(c) पहले जैसा (d) इनमें से कोई नहीं

33. चमगादड़ निम्नलिखित में से किस आवृत्ति की ध्वनि को सुन सकता है?
(a) 20 हर्ट्ज से कम (b) 20000 हर्ट्ज से अधिक
(c) 10 हर्ट्ज (d) इनमें से कोई नहीं

34. सरल लोलक में जब विस्थापन, आयाम के बराबर हो, तो गतिज ऊर्जा होती है
(a) उच्चतम (b) शून्य
(c) अपरिवर्तित (d) इनमें से कोई नहीं

35. अनुप्रस्थ तरंगें उत्पन्न की जा सकती हैं
(a) ठोस व गैस में (b) ठोस व द्रव में
(c) गैस व द्रव में (d) ठोस, द्रव व गैस में

उत्तरमाला

1. (a)	**2.** (c)	**3.** (c)	**4.** (b)	**5.** (b)	**6.** (b)	**7.** (d)	**8.** (b)	**9.** (b)	**10.** (d)
11. (d)	**12.** (c)	**13.** (c)	**14.** (a)	**15.** (c)	**16.** (d)	**17.** (c)	**18.** (b)	**19.** (b)	**20.** (b)
21. (d)	**22.** (b)	**23.** (d)	**24.** (c)	**25.** (c)	**26.** (a)	**27.** (c)	**28.** (b)	**29.** (a)	**30.** (a)
31. (c)	**32.** (a)	**33.** (b)	**34.** (b)	**35.** (d)					

संकेत एवं हल

5. तरंगदैर्ध्य, $\lambda = \frac{v}{n} = \frac{480}{120} = 4$ मी

6. आवृत्ति $n \propto \frac{1}{\text{आवर्तकाल } (T)}$

$$\frac{n_1}{n_2} = \frac{T_2}{T_1}$$

या $$\frac{T_1}{T_2} = \frac{n_2}{n_1} = \frac{2}{1}$$

9. आवृत्ति $n = \frac{1}{T} = \frac{1}{0.05 \times 10^{-6}} = 20 \times 10^6$ कम्पन्न/से

10. आवर्तकाल, $$T = 2\pi\sqrt{\frac{l}{g}}$$

$$\Rightarrow \quad T \propto \frac{1}{\sqrt{g}}$$

$$\therefore \quad \frac{T_1}{T_2} = \sqrt{\frac{g_2}{g_1}} \Rightarrow \frac{2}{T_2} = \sqrt{\frac{\frac{1}{9}g}{g}}$$

$$\Rightarrow \quad \frac{2}{T_2} = \frac{1}{3}$$

$$\Rightarrow \quad T_2 = 6 \text{ सेकण्ड}$$

11. 240 कम्पनों में लिया गया समय = 1 सेकण्ड

1 कम्पन्न में लिया गया समय = आवर्तकाल = $\frac{1}{240}$ सेकण्ड

15 कम्पनों में लिया गया समय = $15 \times T$

$$= 15 \times \frac{1}{240} = \frac{1}{16} \text{ सेकण्ड}$$

ध्वनि द्वारा इस समय में तय की गई दूरी = ध्वनि की चाल × समय

$$= 320 \times \frac{1}{16} = 20 \text{ मी}$$

18. कण को $x = 0$ से $x = 4$ तक विस्थापित होने में लगा समय

$$= \frac{T}{4} = \frac{1.2}{4} = 0.3 \text{ सेकण्ड}$$

$x = 0$ से $x = 2$ तक विस्थापित होने में लगा समय t हो, तब

$$y = a \sin \omega t$$

$$2 = 4 \sin \frac{2\pi}{T} t$$

$$\Rightarrow \quad \frac{1}{2} = \sin \frac{2\pi}{1.2} t$$

$$\Rightarrow \quad \frac{\pi}{6} = \frac{2\pi}{1.2} t$$

$$t = 0.1 \text{ सेकण्ड}$$

अत: $x = 2$ से $x = 4$ तक विस्थापन में लगा समय

$$= 0.3 - 0.1 = 0.2 \text{ सेकण्ड}$$

अर्थात् $x = 2$ से $x = 4$ तक जाने तथा पुन: वापिस आने में लगा समय

$$= 0.2 \times 2 = 0.4 \text{ सेकण्ड}$$

23. ध्वनि का वेग, $v = n\lambda$

$$\lambda = \frac{v}{n} = \frac{330}{55} = 6 \text{ मी}$$

25. ध्वनि का वेग ताप के वर्गमूल के समानुपाती होता है।

$$\therefore \quad \frac{v_1}{v_2} = \sqrt{\frac{T_1}{T_2}}$$

$$\therefore \quad \frac{v_0}{1.5v_0} = \sqrt{\frac{0 + 273}{T_2}}$$

या $$\frac{2}{3} = \sqrt{\frac{273}{T_2}} \quad \Rightarrow \quad \frac{273}{T_2} = \frac{4}{9}$$

$$T_2 = \frac{9 \times 273}{4} = 614.25$$

$\therefore$ °C में ताप = $614.25 - 273 = 314.25°C$

28. आवर्तकाल, $T = 2\pi\sqrt{\frac{l}{g}}$

$$\therefore \quad \frac{T_1}{T_2} = \sqrt{\frac{g_2}{g_1}}$$

$$\frac{T_2}{2} = \sqrt{\frac{g_1}{g_2}} = \sqrt{\frac{9.81}{4.36}}$$

$$T_2 = 2 \times \sqrt{2.25}$$

$$T_2 = 3 \text{ सेकण्ड}$$

9

पदार्थ का अणुगति सिद्धान्त
Kinetic Theory of Matter

पदार्थ के मूल लक्षण (Basic Characteristics of Matter)

1. प्रत्येक पदार्थ अणुओं से मिलकर बना है। ये निरन्तर गति करते रहते हैं।
2. अणुओं की यह गति अनियमित (चाल व दिशा का बार-बार बदलना) होती है। अणुओं की इस गति को आणविक प्रक्षोभ कहते हैं।
3. पदार्थ के अन्दर किन्हीं दो निकटवर्ती अणुओं के बीच में रिक्त स्थान होता है जिसे अन्तर-आणविक स्थान कहते हैं।
4. पदार्थ के अणुओं के बीच एक बल कार्य करता है जिसे अन्तर-आणविक बल कहते हैं। इस बल की प्रकृति विद्युतीय होती है।

पदार्थ का अणुगति सिद्धान्त (Kinetic Theory of Matter)

इस सिद्धान्त के अनुसार पदार्थ विभिन्न अवस्थाओं (ठोस, द्रव तथा गैस) में पाया जाता है। ठोस, द्रव तथा गैस के लिये अणुगति मॉडल प्रतिपादित किये गये हैं।

गैस का अंणुगति मॉडल (Kinetic Model of Gas)

i. गैस के अणु अनियमित रूप से गति करते रहते हैं। एक निश्चित गैस के अणु एकसमान सुदृढ़ तथा अति सूक्ष्म कण होते हैं। अणुओं का अपना आयतन, गैस के आयतन की तुलना में उपेक्षीय होता है।

ii. गैस के अणु एक-दूसरे से दूर-दूर होते हैं। अत: अणुओं के बीच आकर्षण अथवा प्रतिकर्षण बल कार्य नहीं करता। जैसे ही दो अणु एक-दूसरे के पास आते हैं, उनके बीच आकर्षण बल कार्य करने लगता है और अत्यन्त निकट आने पर प्रतिकर्षण बल कार्य करने लगता है।

iii. दो अणुओं के बीच की टक्कर पूर्णतया प्रत्यास्थ होती है। परिणामस्वरूप दोनों अणु विपरीत दिशाओं में उसी चाल से लौट जाते हैं, जिससे वे टकराते हैं। सामान्य ताप व दाब पर उनकी गतिज ऊर्जा में कोई परिवर्तन नहीं होता।

iv. गैस के अणुओं की औसत गतिज ऊर्जा गैस के ताप पर निर्भर करती है और उसके परमताप के समानुपाती होती है।

$$E = \frac{3}{2}kT$$

ठोस का अणुगति मॉडल (Kinetic Model of Solid)

i. ठोस के अणुओं के बीच की दूरी, साम्य दूरी (10^{-10} मी) के लगभग बराबर होती है।

ii. प्रत्येक अणु की स्थिति निश्चित तथा नियमित क्रम में होती है।

iii. ठोस को गर्म करने से उसके अणुओं के दोलनों का आयाम बढ़ जाता है जिससे उनके मध्य अन्तराणविक दूरी बढ़ जाती है। इस प्रकार ठोस का प्रसार हो जाता है।

द्रव का अणुगति मॉडल (Kinetic Model of Liquid)

i. द्रव के अणुओं के मध्य अन्तराणविक दूरी गैस के अणुओं से कम व ठोस के अणुओं से अधिक होती है।

ii. दो अणुओं के बीच आकर्षण बल, गैस के अणुओं से अधिक लेकिन ठोस के अणुओं से कम होता है।

iii. द्रव के अणुओं की ऊर्जा गैस के अणुओं से कम लेकिन ठोस के अणुओं से अधिक होती है। यही कारण है कि द्रव के अणु एक-दूसरे के आकर्षण क्षेत्र में बँधे नहीं रह पाते और द्रव के अन्दर अनियमित गति करते रहते हैं।

iv. द्रव में उसके अणुओं की स्थिति निश्चित नहीं होती है।

v. द्रव का आयतन निश्चित होता है लेकिन उसका आकार अनिश्चित होता है।

बॉयल का नियम (Boyle's Law)

स्थिर ताप पर गैस के निश्चित द्रव्यमान का आयतन गैस के दाब के व्युत्क्रमानुपाती होता है।

$$p \propto \frac{1}{V}$$

$$p_1 V_1 = p_2 V_2$$

निम्न दाब तथा उच्च ताप पर सभी गैसें बॉयल के नियम अधिक सीमा तक पालन करती हैं।

चार्ल्स का नियम (Charles' Law)

स्थिर दाब पर किसी भी गैस के एक निश्चित द्रव्यमान का आयतन, 1°C ताप बढ़ाने पर अपने 0°C के आयतन का $\frac{1}{273}$ भाग बढ़ जाता है।

यदि 0°C पर आयतन V_0 तथा t°C पर V_t है, तो

$$V_t = V_0\left(1 + \frac{1}{273}t\right)$$

अत: गैस के निश्चित द्रव्यमान का आयतन उसके परमताप के अनुक्रमानुपाती होता है।

$$V \propto T$$

या

$$\frac{V_1}{T_1} = \frac{V_2}{T_2} = K$$

दाब का नियम (Law of Pressure)

स्थिर आयतन पर किसी गैस के निश्चित द्रव्यमान का दाब, 1°C ताप बढ़ाने पर अपने 0°C के दाब का $\frac{1}{273}$ भाग बढ़ जाता है। यदि 0°C पर किसी गैस का दाब p_0 तथा t°C पर p_t है, तो

$$p_t = p_0\left(1+\frac{1}{273}t\right)$$

किसी गैस का दाब उसके ताप के समानुपाती होता है।

$$p \propto T$$

या
$$\frac{p_1}{p_2} = \frac{T_1}{T_2}$$

आदर्श गैस (Ideal Gas)

आदर्श गैस ताप तथा दाब की प्रत्येक अवस्था में बॉयल, चार्ल्स तथा दाब के नियमों का पालन करती है। इसके अणु अत्यन्त सूक्ष्म होते हैं। इसके अणुओं के बीच आकर्षण बल नहीं होता।

इसके आयतन प्रसार गुणांक तथा दाब प्रसार गुणांक बराबर होते हैं।

गैस समीकरण (Gas Equation)

$$pV = KT$$

जहाँ K एक नियतांक है। इसे विशिष्ट गैस नियतांक (specific gas constant) भी कहते हैं।

एक ही गैस के भिन्न-भिन्न द्रव्यमानों के लिए भी K का मान भिन्न-भिन्न होता है। एक ही द्रव्यमान की भिन्न-भिन्न गैसों के लिए भी K का मान भिन्न-भिन्न होता है।

आदर्श गैस समीकरण (Ideal Gas Equation)

1 ग्राम अणु के लिये, $pV = RT$

जहाँ R सार्वत्रिक गैस नियतांक (Universal gas constant) कहलाता है।

R का मान (Value of R)

$$R = \frac{p \times V}{T}$$

यदि $p = 1$ वायुमण्डील दाब $= 1.013 \times 10^5$ न्यूटन/मी^{2}

$V = 1$ मोल द्रव्यमान गैस का आयतन

$= 22.4$ लीटर या 22.4×10^{-3} मी^{3}

$T = 273$K

तब $$R = \frac{1.013 \times 10^5 \times 22.4 \times 10^{-3}}{273}$$

$= 8.31$ जूल/मोल -K

अभ्यास प्रश्न

1. जब जल जमता है, तो उसके अणुओं के बीच की दूरी
(a) घटती है (b) बढ़ती है
(c) अपरिवर्तित रहती है (d) कुछ कहा नहीं जा सकता

2. किसी वस्तु का ताप बढ़ाने पर उसके अणुओं की गतिज ऊर्जा
(a) बढ़ जाती है
(b) कम हो जाती है
(c) गतिज ऊर्जा के अनुपात में बढ़ती है
(d) अपरिवर्तित रहती है

3. किसी गैस की प्रति लीटर गतिज ऊर्जा 300 जूल है, तो गैस का दाब होगा
(a) 3×10^5 न्यूटन/मी^{2} (b) 6×10^5 न्यूटन/मी^{2}
(c) 10^5 न्यूटन/मी^{2} (d) 2×10^5 न्यूटन/मी^{2}

4. यदि सार्वत्रिक गैस नियतांक का मान 8.3 जूल/मोल-K हो, आवोगाद्रो संख्या 6×10^{23} हो, तो 327°C ताप पर ऑक्सीजन गैस के अणुओं की माध्य गतिज ऊर्जा होगी
(a) 415×10^{-23} जूल (b) 2490×10^{-22} जूल
(c) 1245×10^{-23} जूल (d) 830×10^{-22} जूल

5. किसी गैस का दाब बराबर होता है
(a) एकांक आयतन में सब अणुओं की सम्पूर्ण स्थानान्तरीय गतिज ऊर्जा के
(b) एकांक आयतन में सब अणुओं की सम्पूर्ण गतिज ऊर्जा के
(c) एकांक आयतन में सब अणुओं की सम्पूर्ण स्थानान्तरीय गतिज ऊर्जा के दो-तिहाई भाग के
(d) एकांक आयतन में सब अणुओं की सम्पूर्ण गतिज ऊर्जा के दो-तिहाई भाग के

6. एक लम्बे समयान्तराल में ली गई किसी गैस के एक अणु की औसत गतिज ऊर्जा
(a) गैस के परमताप के वर्गमूल के समानुपाती होती है
(b) गैस के परमताप के समानुपाती होती है
(c) गैस के परमताप के वर्ग के समानुपाती होती है
(d) गैस के परमताप पर निर्भर नहीं करती है

7. 20 ग्राम ऑक्सीजन की 47°C पर स्थानान्तरीय गतिज ऊर्जा होगी (ऑक्सीजन का आणविक भार = 32 और R = 8.3 जूल/मोल-केल्विन)
(a) 2490 जूल (b) 2390 जूल
(c) 830 जूल (d) 124.5 जूल

8. किन अवस्थाओं में वास्तविक गैस $pV = RT$ समीकरण का लगभग पालन करती है?
(a) उच्च दाब और उच्च ताप पर (b) निम्न दाब और निम्न ताप पर
(c) निम्न दाब और उच्च ताप पर (d) उच्च दाब और निम्न ताप पर

9. चावल पकाने में अधिक समय लगेगा
(a) समुद्र तल से 100 मी पर पनडुब्बी में
(b) समुद्र तल पर
(c) शिमला में
(d) माउण्ट एवरेस्ट की चोटी पर

10. एक बोतल में 30°C पर जल भरा है। रॉकेट द्वारा बोतल चन्द्रमा पर ले जाई जाती है। चन्द्रमा के तल पर जैसे ही बोतल का ढक्कन खुलेगा, तब
(a) जल जम जाएगा
(b) जल उबलने लगेगा
(c) जल H_2 तथा O_2 में विघटित हो जाएगा
(d) कुछ कह नहीं सकते

11. 27°C की अपेक्षा किस ताप पर गैस की गतिज ऊर्जा आधी हो जाती है?
(a) 13.5°C (b) 150°C
(c) 150 K (d) 123 K

12. अणुगति सिद्धान्त के अनुसार, अणुओं के बीच संघट्ट होता है
(a) पूर्णतः प्रत्यास्थ
(b) अंशतः प्रत्यास्थ
(c) पूर्णतः अप्रत्यास्थ
(d) उपरोक्त में से कोई नहीं

13. गर्म करने पर ठोसों में प्रसार होता है, क्योंकि
(a) परमाणुओं की गतिज ऊर्जा बढ़ती है
(b) परमाणुओं की स्थितिज ऊर्जा बढ़ती है
(c) परमाणुओं की कुल ऊर्जा बढ़ती है
(d) स्थितिज ऊर्जा-वक्र, पड़ोसी परमाणुओं के बीच की सन्तुलित दूरी के सममित है

14. गैसों की गतिज ऊर्जा के सम्बन्ध में कौन-सा कथन असत्य है?
(a) गैस के अणु सतत् यादृच्छिक गति करते हैं
(b) गैस के अणु लगातार अप्रत्यास्थ रूप से टकराते हैं
(c) टक्कर के अलावा अन्य किसी समय अणुओं के मध्य कोई बल कार्य नहीं करता
(d) अणुओं की टक्कर में लगने वाला समय बहुत कम होता है

15. 0°C ताप पर बैरोमीटर द्वारा मापा गया दाब 760 मिमी है। 100°C ताप पर दाब क्या होगा?
(a) 760 मिमी (b) 730 मिमी
(c) 780 मिमी (d) इनमें से कोई नहीं

16. एक आदर्श गैस का दाब p तथा उसके एकांक आयतन की गतिज ऊर्जा E में परस्पर सम्बन्ध है
(a) $p=\frac{1}{3}E$ (b) $p=E$ (c) $p=\frac{2}{5}E$ (d) $p=\frac{2}{3}E$

17. ऑक्सीजन तथा हाइड्रोजन समान ताप पर हैं। ऑक्सीजन के अणु की गतिज ऊर्जा हाइड्रोजन के अणु की गतिज ऊर्जा की
(a) 16 गुनी होगी (b) 4 गुनी होगी
(c) बराबर होगी (d) एक-चौथाई होगी

18. यदि गैस का आयतन स्थिर बनाए रखा जाए तो ताप के बढ़ने पर गैस का दाब
(a) स्थिर बना रहेगा
(b) बढ़ेगा
(c) घटेगा
(d) बढ़ेगा या घटेगा या गैस की प्रकृति पर निर्भर करेगा

19. दो समान पात्रों में क्रमशः हीलियम तथा ऑर्गन गैसें 2.5 और 1.0 वायुमण्डलीय दाब पर भरी हैं। यदि दोनों गैसों को एक ही पात्र में भर दिया जाए, तो मिश्रण का दाब होगा
(a) 3.5 वायुमण्डल (b) 1.75 वायुमण्डल
(c) 1.5 वायुमण्डल (d) 1.0 वायुमण्डल

20. आणविक गति की ऊर्जा जिस रूप में प्रकट होती है, वह है
(a) स्थितिज ऊर्जा (b) घर्षण
(c) ऊष्मा (d) तापमान

उत्तरमाला

1. (b)	**2.** (a)	**3.** (d)	**4.** (c)	**5.** (c)	**6.** (b)	**7.** (a)	**8.** (c)	**9.** (d)	**10.** (b)
11. (c)	**12.** (a)	**13.** (d)	**14.** (b)	**15.** (d)	**16.** (d)	**17.** (c)	**18.** (b)	**19.** (a)	**20.** (c)

संकेत एवं हल

3. ऊर्जा = 300 जूल/लीटर $=300\times10^3$ जूल/मी

दाब, $p=\frac{2}{3}E=\frac{2}{3}\times300\times10^3=2\times10^5$ न्यूटन/मी

4. औसत गतिज ऊर्जा $=\frac{3}{2}\frac{R}{N}T=\frac{3}{2}\times\frac{8.3}{6\times10^{23}}\times600$

$=1245\times10^{-23}$ जूल

7. 1 ग्राम गैस के लिए, $pV=RT$

20 ग्राम O_2 के लिए, $pV=20RT=\frac{20RT}{32}$

$\therefore$ गतिज ऊर्जा $=\frac{3}{2}\times20\times\frac{R}{32}\times T$

$=\frac{3}{2}\times20\times\frac{8.3}{32}\times320=2490$ जूल

11. $\frac{E_1}{E_2}=\frac{T_1}{T_2}$

$\Rightarrow T_2=\frac{300}{2}=150\text{ K}$

13. गर्म करने पर अन्तराणविक कम्पन्न बढ़ जाते हैं। अतः पड़ोसी परमाणुओं के बीच साम्य दूरी बदलती है। इस परिवर्तन के प्रभाव को कम करने के लिए ठोस फैलते हैं।

15. दाब के नियमानुसार, $p\propto T$

$\therefore \frac{p_2}{p_1}=\frac{T_2}{T_1}=\frac{373}{273}$

$\Rightarrow p_2=\frac{760\times373}{273}=1038$ मिमी

10

तापमिति एवं ऊष्मीय प्रसार

Thermometry and Thermal Expansion

तापमिति (Thermometry)

विज्ञान की वह शाखा जिसमें ताप मापन का अध्ययन किया जाता है, तापमिति कहलाती है तथा ताप मापने के लिए प्रयुक्त यन्त्र को तापमापी कहते हैं।

ताप (Temperature)

किसी वस्तु का ताप वह भौतिक गुण है, जो यह निश्चित करता है कि वह वस्तु किसी अन्य वस्तु के सम्पर्क में रखे जाने पर उससे ऊष्मा लेगी या उसे ऊष्मा देगी।

ताप मापन (Temperature Measurements)

ताप मापने के लिए पदार्थ के किसी ऐसे गुण का उपयोग किया जाता है जो ताप के साथ निरन्तर बदलता है। इसे **'तापमापक गुण'** कहते हैं।

तापमापक गुणों के आधार पर तापमापियों को निम्न प्रकार विभाजित किया गया है।

(i) **सेन्टीग्रेड या सेल्सियस पैमाना** (Celcius scale) इसमें एक वायुमण्डलीय दाब (0.76 पारे के स्तम्भ) पर हिमांक को शून्य डिग्री तथा क्वथनांक को 100 डिग्री मानकर बीच के अन्तर को 100 बराबर-बराबर भागों में बाँटा जाता है। प्रत्येक भाग को 1°C कहते हैं। वैज्ञानिक कार्यों में सामान्यत: इसी पैमाने का प्रयोग होता है।

(ii) **फारेनहाइट पैमाना** (Fahrenheit scale) इसमें हिमांक को 32° तथा क्वथनांक को 212° मानकर बीच में अन्तर को 180 बराबर-बराबर भागों में बाँटा जाता है। प्रत्येक भाग को 1°F कहते हैं।

(iii) **केल्विन का परम पैमाना** (Kalvin scale) इसे ऊष्मागतिकी पैमाना कहते हैं। इसमें हिमांक को 273° तथा क्वथनांक को 373° लिया जाता है। इसके बीच के अन्तर को 100 बराबर-बराबर भागों में बाँट दिया जाता है। प्रत्येक भाग को 1K (अथवा 1°) कहते हैं।

इस पैमाने की विशेषता यह है कि इसका शून्य ताप (0 K) पदार्थ के लिए न्यूनतम सम्भव ताप है।

ताप पैमानों में सम्बन्ध (Relation among Temperature Scales) वस्तु का ताप तीनों पैमानों क्रमश: C, F तथा K से प्रदर्शित करने पर

या $$\frac{C}{100}=\frac{F-32}{180}=\frac{K-273}{100}$$

या $$\frac{C}{5}=\frac{F-32}{9}=\frac{K-273}{5}$$

परमताप (Absolute Temperature)

केल्विन पैमाने पर मापे गये ताप को परमताप कहते हैं। यह सेल्सियस पैमाने पर मापे गये ताप में 273° जोड़ने पर प्राप्त होता है।

$$\text{परमताप } T = 273 + t°\text{C}$$

सेल्सियस तथा फारेनहाइट पैमानों पर तापान्तर में सम्बन्ध (Relation between Temperature Differences on Celcius and Fahrenheit Scales) यदि किसी वस्तु A के सेल्सियस और फारेनहाइट पैमानों पर ताप क्रमश: C_1 और F_1 हैं तथा वस्तु B के ताप क्रमश: C_2 और F_2 हो, तो

$$C_1 - C_2 = \Delta C$$

तथा $$F_1 - F_2 = \Delta F$$

$$\frac{\Delta C}{5} = \frac{\Delta F}{9}$$

नोट *सेल्सियस पैमाने पर एक भाग केल्विन के एक भाग के बराबर होता है। इस प्रकार यदि दो वस्तुओं A व B के ताप सेल्सियस पैमाने पर क्रमश: t_1 व t_2 हों तथा केल्विन पैमाने पर क्रमश: T_1 व T_2 हों, तो*

$$t_1 - t_2 = T_1 - T_2$$

ऊष्मीय प्रसार (Thermal Expansion)

जब किसी पदार्थ को गर्म किया जाता है, तो उसका ताप बढ़ने से पदार्थ के अनेक भौतिक गुण बदल जाते हैं जिससे पदार्थ के आकार में परिवर्तन आ जाता है। इसी को ऊष्मीय प्रसार कहते हैं। *यह तीन प्रकार का होता है।*

1. रेखीय प्रसार, **2.** क्षेत्रीय प्रसार, **3.** आयतन प्रसार

इनसे सम्बन्धित तीन प्रकार के प्रसार गुणांक होते हैं

(i) **रेखीय प्रसार गुणांक**

$$\alpha = \frac{\text{लम्बाई में वृद्धि}}{\text{प्रारम्भिक लम्बाई} \times \text{ताप में वृद्धि}} = \frac{\Delta L}{L \times \Delta t}$$

(ii) **क्षेत्रीय प्रसार गुणांक**

$$\beta = \frac{\text{क्षेत्रफल में वृद्धि}}{\text{प्रारम्भिक क्षेत्रफल} \times \text{ताप में वृद्धि}} = \frac{\Delta A}{A \times \Delta t}$$

(iii) **आयतन प्रसार गुणांक**

$$\gamma = \frac{\text{आयतन में वृद्धि}}{\text{प्रारम्भिक आयतन} \times \text{ताप में वृद्धि}} = \frac{\Delta V}{V \times \Delta t}$$

तीनों प्रसार गुणांकों का मात्रक प्रति °C होता है।

α, β तथा γ में सम्बन्ध (Relation among α, β and γ)

$$\beta = 2\alpha \text{ तथा } \gamma = 3\alpha,$$

अत: $$\alpha : \beta : \gamma = 1 : 2 : 3$$

द्रवों का ऊष्मीय प्रसार (Thermal Expansion of Liquids

द्रवों में दो प्रकार का प्रसार होता है

1. आभासी प्रसार

यदि केवल द्रव का प्रसार ही मापा जाए तथा बर्तन के प्रसार को ध्यान में न रखा जाए तो उसे आभासी प्रसार कहते हैं।

2. वास्तविक प्रसार

यदि बर्तन के प्रसार को ध्यान में रखकर द्रव का प्रसार नापा जाए तो उसे वास्तविक प्रसार कहते हैं।

द्रव का वास्तविक प्रसार = द्रव का आभासी प्रसार + बर्तन का प्रसार

द्रव के वास्तविक तथा आभासी प्रसार गुणांकों में सम्बन्ध

(Relation between Coefficients of Real and Apparent Expansion)

द्रव का आभासी प्रसार गुणांक $= \dfrac{\text{आयतन में आभासी वृद्धि}}{\text{प्रारम्भिक आयतन} \times \text{ताप में वृद्धि}}$

$$\gamma_a = \frac{(\Delta V)_a}{V \times \Delta t}$$

द्रव का वास्तविक प्रसार गुणांक $= \dfrac{\text{आयनत में वास्तविक वृद्धि}}{\text{प्रारम्भिक आयतन} \times \text{ताप में वृद्धि}}$

$$\gamma_r = \frac{(\Delta V)_r}{V \times \Delta t}$$

बर्तन का प्रसार गुणांक $= \dfrac{\text{बर्तन के आयतन में वृद्धि}}{\text{प्रारम्भिक आयतन} \times \text{ताप में वृद्धि}}$

$$\gamma_g = \frac{(\Delta V)_g}{V \times \Delta t}$$

द्रव का वास्तविक प्रसार गुणांक (γ_r), आभासी प्रसार गुणांक (γ_a) तथा बर्तन के प्रसार गुणांक (γ_g) के योग के बराबर होता है

अर्थात् $$\gamma_r = \gamma_a + \gamma_g$$

ताप के साथ घनत्व का परिवर्तन

(Variation of Density with Temperature)

जिस वस्तु का आयतन गर्म करने पर बढ़ता है उसका घनत्व ताप *बदलने पर निम्न सूत्र के अनुसार बदलता है*

$$d_t = d_0\,(1 - \gamma t)$$

जहाँ d_t तथा d_0 वस्तु के क्रमशः $t°C$ तथा $0°C$ पर घनत्व हैं, t ताप तथा γ वस्तु (ठोस अथवा द्रव) का आयतन प्रसार गुणांक हैं।

जल का असामान्य प्रसार

(Abnormal Expansion of Water)

अन्य द्रवों के विपरीत जल को 0°C से 4°C तक गर्म करने पर आयतन घटता है फलतः उसका घनत्व बढ़ता है। परन्तु 4°C के ऊपर गर्म करने पर जल का आयतन बढ़ने लगता है तथा घनत्व घटने लगता है। 4°C पर जल का घनत्व अधिकतम होता है।

गैसों का ऊष्मीय प्रसार (Thermal Expansion of Gases)

ताप बढ़ने पर गैसें, ठोसों तथा द्रवों की अपेक्षा बहुत अधिक फैलती हैं तथा समान तापान्तर पर विभिन्न गैसों के आयतन प्रसार समान होते हैं। सभी गैसों का समान आयतन प्रसार गुणांक γ_V, *आयतन के साथ निम्न सम्बन्ध के अनुसार बदलता है*

$$V = V_0\,(1 + \gamma_V\, T)$$

तथा गैस का दाब गुणांक (pressure coefficient) $\gamma_p = \dfrac{1}{273}$ का दाब के साथ सम्बन्ध $p = p_0\,(1 + \gamma_p\, T)$ के अनुसार होता है।

अभ्यास प्रश्न

1. दो वस्तुओं में ऊष्मा का प्रवाह निर्भर करता है

(a) उनके द्रव्यमानों पर (b) उनमें ऊष्मा की मात्रा पर
(c) उनके तापान्तर पर (d) इनमें से कोई नहीं

2. हिम मिश्रण का ताप केल्विन पैमाने पर 240 K है। इसका ताप सेल्सियस पैमाने पर होगा

(a) – 33°C (b) 33°C
(c) 23°C (d) 13°C

3. दो वस्तुओं के ताप में 45°F का अन्तर है। सेल्सियस में यह अन्तर होगा

(a) 45°C (b) 25°C
(c) 7.2°C (d) शून्य

4. स्वस्थ मनुष्य के शरीर का ताप 98.4°F होता है। सेल्सियस में इसका मान होगा

(a) 36.6°C (b) 98.6°C
(c) 36.9°C (d) 15.6°C

5. दो वस्तुओं के ताप में 25°C का अन्तर है। परम तापक्रम में यह अन्तर होगा

(a) 298 K (b) 0 K
(c) 25 K (d) 273 K

6. फारेनहाइट और सेल्सियस तापमापी के एक-एक खाने के मान में अनुपात होता है

(a) 9 : 5 (b) 4 : 5
(c) 5 : 4 (d) 5 : 9

7. वह ताप जिस पर केल्विन ताप का मान सेल्सियस ताप के मान का दोगुना होता है, है

(a) 273°C (b) 173°C
(c) 373°C (d) 73°C

8. एक यथार्थ सेन्टीग्रेड थर्मामीटर तथा एक दोषयुक्त फारेनहाइट थर्मामीटर किसी वस्तु का ताप क्रमशः 60° तथा 141° मापते हैं। फारेनहाइट थर्मामीटर की माप में गलती है

(a) 1°F की (b) 2°F की
(c) 4°F की (d) इनमें से कोई नहीं

9. ताप जो फारेनहाइट तथा सेल्सियस पैमाने पर बराबर होता है, वह है

(a) शुद्ध जल का क्वथनांक
(b) 37.5°C
(c) 40°C
(d) –40°C

10. एक ही आकार के दो गोले एक ही धातु के बने हैं। एक गोला खोखला है तथा दूसरा ठोस है। इन्हें एक ही ताप तक गर्म किया जाता है फलस्वरूप

(a) दोनों गोले बराबर फैलेंगे
(b) खोखला गोला ठोस गोले से अधिक फैलेगा
(c) ठोस गोला खोखले गोले से अधिक फैलेगा
(d) दोनों गोले पूर्व स्थिति में रहेंगे

11. एक अंशांकित बेलन में 0°C पर 200 मिली द्रव भरा है। ताप 50°C कर देने पर द्रव का तल 205 मिली के चिह्न तक बढ़ जाता है। द्रव का आभासी प्रसार गुणांक होगा
(a) 5×10^{-4} प्रति °C
(b) 2×10^{-4} प्रति °C
(c) 3×10^{-4} प्रति °C
(d) 4×10^{-4} प्रति °C

12. ताँबे की एक गेंद को गर्म करने पर सबसे अधिक प्रतिशत वृद्धि होगी
(a) व्यास में (b) पृष्ठ में
(c) आयतन में (d) किसी में नहीं

13. स्थिर दाब पर किसी गैस का ताप 0°C से 273°C कर देने पर उसका आयतन दोगुना हो जाता है। आयतन प्रसार गुणांक का मान होगा
(a) $\frac{1}{546}$ प्रति °C (b) $\frac{1}{273}$ प्रति °C
(c) 546 प्रति °C (d) शून्य

14. पानी का घनत्व अधिक होगा यदि उसका ताप है
(a) 0°C (b) 4°C
(c) 32°C (d) 140°C

15. यदि लोहे का रेखीय प्रसार गुणांक 1.9×10^{-5} प्रति °C हो, तो 0.70 मी लम्बी छड़ में 70°C ताप वृद्धि के होने पर छड़ की लम्बाई होगी
(a) 0.700931 मी (b) 0.700 मी
(c) 0.7093 मी (d) 0.731 मी

16. एक धात्वीय छड़ की लम्बाई 0°C पर 5 मी है तथा 100°C पर 5.01 मी हो जाती है। धातु का आयतन प्रसार गुणांक होगा
(a) 3×10^{-5} प्रति °C (b) 3×10^{-6} प्रति °C
(c) 6×10^{-5} प्रति °C (d) इनमें से कोई नहीं

17. ताँबे की आयताकार प्लेट में एक गोल छेद किया गया है। प्लेट को गर्म करने पर छेद का आकार
(a) उतना ही रहेगा (b) बढ़ेगा
(c) घटेगा (d) इनमें से कोई नहीं

18. शिमला में जाड़े के दिनों में पानी का नल कभी-कभी फट जाता है क्योंकि
(a) पानी के आयतन में कमी होती है
(b) पानी के बर्फ बनने पर आयतन बढ़ता है
(c) ठण्डा होने से पानी सिकुड़ता है
(d) ठण्डा होने पर नल सिकुड़ता है

19. यदि किसी धातु की छड़ की लम्बाई दोगुनी कर दें, तो उसका आयतन प्रसार गुणांक
(a) आधा हो जाएगा (b) दोगुना हो जाएगा
(c) चार गुना हो जाएगा (d) उतना ही रहेगा

20. रेल की पटरियों के उत्तरोत्तर खण्डों के बीच जगह छोड़ी जाती है क्योंकि
(a) लोहे के छोटे खण्ड बनाना सरल है
(b) छोटे खण्ड मजबूत होते हैं
(c) इससे पटरियों को ऊष्मीय प्रसार के लिए स्थान मिल जाता है
(d) इससे लोहे की बचत होती है

21. एक पिण्ड का तापमान सेल्सियस तथा फारेनहाइट थर्मामीटर द्वारा नापा गया। फारेनहाइट थर्मामीटर द्वारा मापा गया तापमान होगा
(a) सेल्सियस से सदैव कम (b) सेल्सियस से सदैव अधिक
(c) सेल्सियस के बराबर (d) इनमें से कोई नहीं

22. निम्न में से कौन केल्विन स्केल पर −40°F की माप है?
(a) 313 K (b) 345 K (c) 233 K (d) 213 K

23. जल को 10°C से 0°C तक ठण्डा किया जाता है। इसका आयतन
(a) पहले कम होता है फिर बढ़ता है
(b) पहले बढ़ता है फिर कम होता है
(c) लगातार बढ़ता है
(d) लगातार कम होता है

24. झील के पानी की सतह बर्फ के रूप में जमने जा रही है। पेंदे के पानी का इस क्षण ताप होगा
(a) 0°C (b) 4°C के कम
(c) 4°C से अधिक (d) 4°C

उत्तरमाला

1. (c)	**2.** (a)	**3.** (b)	**4.** (c)	**5.** (c)	**6.** (d)	**7.** (a)	**8.** (a)	**9.** (d)	**10.** (a)
11. (a)	**12.** (c)	**13.** (b)	**14.** (b)	**15.** (a)	**16.** (c)	**17.** (b)	**18.** (b)	**19.** (d)	**20.** (c)
21. (b)	**22.** (c)	**23.** (b)	**24.** (d)						

संकेत एवं हल

2. सूत्र $C = K - 273$ से,

$C = 240 - 273 = -33°C$

3. $\frac{\Delta C}{5} = \frac{\Delta F}{9}$

$\frac{\Delta C}{5} = \frac{45}{9}$

$\therefore \quad \Delta C = 25°C$

4. सूत्र $\frac{C}{5} = \frac{F-32}{9}$ से,

$\frac{C}{5} = \frac{98.4-32}{9}$

$\therefore \quad C = 36.9°C$

6. माना फारेनहाइट के एक खाने का मान x तथा सेल्सियस के एक खाने का मान y है तब,

$180x = 100y$

$\therefore \quad \frac{x}{y} = \frac{100}{180} = \frac{5}{9}$

7. $K = C + 273$

$K = 2C$

$\because \quad 2C = C + 273$

अत: $\quad C = 273°C$

8. सूत्र $\frac{C}{5} = \frac{F-32}{9}$ से,

दिया है $C = 60°C$

$\therefore \quad \frac{60}{5} = \frac{F-32}{9}$

$F = 140°F$

पाठ्यांक में गलती $= 141 - 140 = 1°$ F

9. दिया है, $F = C = x$

$\frac{x}{5} = \frac{x-32}{9}$

$\Rightarrow \quad 9x = 5x - 160$

$\Rightarrow \quad 4x = -160$

$x = -40°$

11. आभासी प्रसार गुणांक $= \frac{\Delta V}{V \times \Delta t} = \frac{5}{200 \times 50}$

$= 5 \times 10^{-4}$ प्रति °C

13. $\gamma = \frac{\text{आयतन में वास्तविक वृद्धि}}{\text{प्रारम्भिक आयतन} \times \text{ताप में वृद्धि}}$

$\gamma = \frac{V}{V \times 273} = \frac{1}{273}$ प्रति° C

15. लम्बाई में वृद्धि

$\Delta L = \alpha \times L \times \Delta t = 1.9 \times 10^{-5} \times 0.70 \times 70$

$= 0.000931$ मी

अन्तिम लम्बाई $= 0.70 + 0.000931 = 0.700931$ मी

16. लम्बाई में वृद्धि $\Delta L = 5.01 - 5 = 0.01$ मी

रेखीय प्रसार गुणांक $\alpha = \frac{0.01}{5 \times 100} = 2 \times 10^{-5}$ प्रति°C

$\therefore$ धातु का आयतन प्रसार गुणांक $= 3\alpha$

$\gamma = 3 \times 2 \times 10^{-5} = 6 \times 10^{-5}$ प्रति°C

22. सूत्र $\frac{F-32}{9} = \frac{K-273}{5}$ से

$\Rightarrow \quad \frac{-40-32}{9} = \frac{K-273}{5}$

$\Rightarrow \quad \frac{-72}{9} = \frac{K-273}{5}$

$\Rightarrow \quad -40 = K - 273$

$\therefore \quad K = 273 - 40$

$K = 233$ K

24. पानी का घनत्व 4°C पर अधिकतम होता है। अत: झील की ऊपर की सतह जमने पर भी तली में पानी का ताप 4°C होगा।

11
विशिष्ट ऊष्मा तथा गुप्त ऊष्मा
Specific Heat and Latent Heat

ऊष्मा (Heat)

ऊष्मा वह ऊर्जा है, जो एक वस्तु से दूसरी वस्तु में तापान्तर के कारण उत्पन्न होती है। ऊष्मा सदैव उच्च ताप वाली वस्तु से निम्न ताप वाली वस्तु में प्रवाहित होती है। ऊष्मा को कैलारी, किलो कैलोरी या जूल में मापा जाता है।

कैलोरी (Calorie)

1 ग्राम जल का ताप 14.5°C से 15.5°C तक बढ़ाने के लिए आवश्यक ऊष्मा की मात्रा 1 कैलोरी कहलाती है।

1 कैलारी = 4.2 जूल

1 किलो कैलोरी = 1000 कैलोरी

= 4.2×1000 जूल

विशिष्ट ऊष्मा (Specific Heat)

यदि द्रव्यमान m की किसी वस्तु को ऊष्मा Q देने पर वस्तु के ताप में Δt की वृद्धि हो, तो विशिष्ट ऊष्मा

$$s = \frac{Q}{m \times \Delta t}$$

जल की विशिष्ट ऊष्मा सबसे अधिक होती है। जल की विशिष्ट ऊष्मा का मान 1 कैलोरी / ग्राम °C या 1 किलो कैलोरी/किग्रा °C या 4.2×10^3 जूल/किग्रा °C होता है।

ऊष्मा धारिता (Thermal Capacity)

किसी वस्तु की कुल मात्रा का ताप 1°C बढ़ाने के लिए जितनी ऊष्मा की आवश्यकता होती है उसे वस्तु की ऊष्मा धारिता कहते हैं।

ऊष्मा धारिता = $m \times s$ कैलोरी/°C या जूल/°C या जूल/K

ऊष्मामापी का जल तुल्यांक (Water Equivalent of Calorimeter)

ऊष्मामापी का जल तुल्यांक जल के उस द्रव्यमान के बराबर होता है जिसका ताप 1°C बढ़ाने के लिए ऊष्मा की उतनी ही मात्रा की आवश्यकता होती है जितनी कि ऊष्मामापी का ताप 1°C बढ़ाने के लिए आवश्यक है।

यदि किसी ऊष्मामापी का द्रव्यमान m ग्राम है तथा उसके पदार्थ की विशिष्ट ऊष्मा s कैलोरी/ग्राम °C है तब ऊष्मामापी का ताप 1°C बढ़ाने के लिए आवश्यक ऊष्मा $= m\times s$ कैलोरी होगी। ऊष्मा की यही मात्रा $m\times s$ ग्राम जल का ताप 1°C बढ़ायेगी।

अत: ऊष्मामापी का जल तुल्यांक

$$w = m \times s \text{ ग्राम}$$

ऊष्मा धारिता तथा जल तुल्यांक के संख्यात्मक मान बराबर होते हैं परन्तु इनके मात्रक भिन्न-भिन्न होते हैं।

गुप्त ऊष्मा (Latent Heat)

ऊष्मा की वह मात्रा जो पदार्थ के 1 ग्राम के स्थिर ताप पर अवस्था परिवर्तन में व्यय होती है, उस पदार्थ की गुप्त ऊष्मा कहलाती है। इसे L से प्रदर्शित करते हैं। इसके मात्रक कैलोरी/ग्राम, जूल/ग्राम, जूल/किग्रा होते हैं।

यदि किसी पदार्थ का द्रव्यमान m तथा गुप्त ऊष्मा L हो, तो उस पदार्थ द्वारा एक निश्चित ताप पर, अवस्था परिवर्तन में ली गई अथवा दी गई ऊष्मा

$$Q = mL$$

गुप्त ऊष्मा दो प्रकार की होती है

1. वाष्पन की गुप्त ऊष्मा (Latent Heat of Vaporisation)

1 ग्राम जल को 100°C पर वाष्प में बदलने के लिए आवश्यक ऊष्मा की मात्रा जल के वाष्पन की गुप्त ऊष्मा कहलाती है। इसका मान 540 कैलोरी/ग्राम या 540 किलो कैलोरी किग्रा$^{-1}$ या 2.268×10^3 जूल किग्रा$^{-1}$ होता है।

2. गलन की गुप्त ऊष्मा (Latent Heat of Fusion)

0°C पर 1 ग्राम बर्फ को जल में बदलने के लिए आवश्यक ऊष्मा की मात्रा बर्फ के गलन की गुप्त ऊष्मा कहलाती है। इसका मान 80 कैलोरी ग्राम$^{-1}$ या 80 किलो कैलोरी/किग्रा या 3.36×10^3 जूल/किग्रा होता है।

कैलोरीमिति का सिद्धान्त (Principle of Calorimetry)

इस सिद्धान्त के अनुसार,

एक वस्तु द्वारा दी गई ऊष्मा = दूसरी वस्तु द्वारा ली गई ऊष्मा

$$m_1 \times s_1 \times (t_1 - t) = m_2 \times s_2 \times (t - t_2)$$

जहाँ t_1 = ऊष्मा देने वाली वस्तु का तापक्रम

t_2 = ऊष्मा लेने वाली वस्तु का तापक्रम

t = मिश्रण का तापक्रम

आपेक्षिक आर्द्रता (Relative Humidity)

आपेक्षिक आर्द्रता निम्न सूत्र द्वारा ज्ञात की जा सकती है।

आपेक्षिक आर्द्रता

$$= \frac{t°\text{C पर वायु के किसी आयतन में उपस्थित वाष्प का द्रव्यमान}}{t°\text{C पर वायु के उसी आयतन को संतृप्त करने के लिये आवश्यक वाष्प का द्रव्यमान}} \times 100$$

$$\text{आपेक्षिक आर्द्रता} = \frac{t°\text{C पर वायु में उपस्थित वाष्प का घनत्व}}{t°\text{C पर संतृप्त वाष्प का घनत्व}} \times 100$$

असंतृप्त वाष्प, संतृप्त होने तक बॉयल के नियम का पालन करती है। अत: नियत ताप पर, वाष्प का घनत्व, दाब के अनुक्रमानुपाती होगा।

$$\text{आपेक्षिक आर्द्रता} = \frac{t°\text{C पर वायु में उपस्थित वाष्पदाब}}{t°\text{C पर संतृप्त वाष्पदाब}} \times 100$$

$$\text{आपेक्षिक आर्द्रता} = \frac{\text{ओसांक पर संतृप्त वाष्पदाब}}{t°\text{C पर संतृप्त वाष्पदाब}} \times 100$$

ओसांक वह ताप है जिस पर वायु के किसी आयतन में उपस्थित जल-वाष्प वायु के उस आयतन को संतृप्त कर देती है।

अभ्यास प्रश्न

1. बन्द कमरे में एक विद्युत पंखा चलाया जाता है। कमरे की वायु
(a) ठण्डी होती है
(b) गर्म होती है
(c) अपना तापमान बनाये रखती है
(d) उपरोक्त में से कोई नहीं

2. बर्फ का कितना भाग बर्फ ही बना रहेगा, यदि $-10°$C पर बर्फ तथा $60°$C पर पानी के समान द्रव्यमान का मिश्रण किया जाये?
(बर्फ की विशिष्ट ऊष्मा $=0.5$ कैलोरी/ग्राम°C)
(a) $\frac{5}{16}$ (b) $\frac{5}{17}$
(c) $\frac{1}{12}$ (d) पूरी बर्फ पिघल जायेगी

3. पानी 42 मी ऊँचाई से जमीन पर गिरता है। यदि स्थितिक ऊर्जा हानि का $\frac{1}{2}$ ऊष्मा में परिवर्तित हो जाये, तो पानी के ताप में वृद्धि होगी
(a) 205.8°C (b) 3.49°C
(c) 0.049°C (d) 0.098°C

4. एक ही धातु की दो वस्तुओं की ऊष्मा धारिताओं में 3 : 4 का अनुपात है। उनके द्रव्यमानों में अनुपात होगा
(a) 3 : 4 (b) 3 : 7
(c) 4 : 3 (d) 4 : 7

5. अवस्था परिवर्तन के समय प्रदत्त गुप्त ऊष्मा के प्रभाव से
(a) पदार्थ के अणुओं की स्थितिज ऊर्जा बढ़ती है
(b) पदार्थ के अणुओं की गतिज ऊर्जा बढ़ती है
(c) पदार्थ के अणुओं की कुल आन्तरिक ऊर्जा बढ़ती है
(d) पदार्थ के अणुओं की स्थितिज ऊर्जा घटती है

6. 1 ग्राम पानी को 0°F से 0°C तक गर्म करने के लिए ऊष्मा की आवश्यकता होगी
(a) 32.0 कैलोरी (b) शून्य
(c) 17.7 कैलोरी (d) 35.4 कैलोरी

7. एक ही धातु की बनी वस्तुओं की ऊष्मा धारिताओं का अनुपात 2 : 5 है। बर्तनों के द्रव्यमानों का अनुपात होगा
(a) 5 : 2 (b) 1 : 5
(c) 5 : 1 (d) 2 : 5

8. 200 ग्राम जल को 20°C से 40°C तक गर्म करने के लिए ऊष्मा चाहिए
(a) 400 कैलोरी (b) 4×10^3 कैलोरी
(c) 800 कैलोरी (d) शून्य

9. धातु के 100 ग्राम के गोले को भाप में रखकर 100°C तक गर्म किया जाता है। तत्पश्चात् इसको 50 ग्राम के एक कैलोरी मापी (विशिष्ट ऊष्मा = 0.1 कैलोरी/ग्राम°C) में रखे 30°C ताप वाले 20 ग्राम पानी में डाल दिया जाता है। इससे मिश्रण का ताप 33.5 हो जाता है। धातु की विशिष्ट ऊष्मा (कैलोरी/ग्राम °C में) होगी
(a) 0.12 (b) 0.0131
(c) 1.31 (d) 1.3

10. एक बर्तन में 40°C ताप पर 0.07 किग्रा जल भरा है। विकिरण द्वारा 2100 जूल ऊष्मा निकल जाने पर बर्तन एवं जल का ताप 35°C तक घट जाता है। बर्तन की ऊष्मा धारिता होगी
(a) 126 जूल/°C (b) 120 जूल/°C
(c) 130 जूल/°C (d) 135 जूल/°C

11. 50 ग्राम जल तुल्यांक वाले ऊष्मामापी में 40°C पर 150 ग्राम जल भरा है। विकिरण द्वारा 0.8 किलो कैलोरी ऊष्मा उससे निकल जाने पर जल का ताप होगा
(a) 5°C (b) 50°C
(c) 36°C (d) 100°F

12. 100 मी की ऊँचाई से जल गिर रहा है, पृथ्वी पर गिरने पर इसकी प्रति किलोग्राम ताप में कितनी वृद्धि होगी?
($g = 10$ मी/से^{2}, जल की विशिष्ट ऊष्मा = 4200 जूल/किग्रा °C)
(a) 0.0238°C (b) 2.238°C
(c) 1.238°C (d) 0.238°C

13. यदि किसी वस्तु का द्रव्यमान 100 ग्राम तथा विशिष्ट ऊष्मा 0.11 कैलोरी/ग्राम°C हो, तो उसकी ऊष्मा धारिता होगी
(a) 110 कैलोरी/°C (b) 11 कैलोरी
(c) 11 कैलोरी/°C (d) इनमें से कोई नहीं

14. 10 ग्राम के प्लेटिनम के एक टुकड़े को भट्टी से निकालकर 40 ग्राम पानी में डाल दिया जाता है जिसका ताप 30°C से बढ़कर 40°C हो जाता है। भट्टी का ताप था (प्लेटिनम की विशिष्ट ऊष्मा = 0.032 कैलोरी/ग्राम°C)
(a) 1290°C (b) 1190°C
(c) 1390°C (d) इनमें से कोई नहीं

15. ताँबे के एक पिण्ड का द्रव्यमान 1 किग्रा है। इसका ताप 25°C से 125°C करने के लिए 40000 जूल ऊष्मा की आवश्यकता होती है, तो पिण्ड की विशिष्ट ऊष्मा (जूल/किग्रा°C में) होगी
(a) 200 (b) 500
(c) 600 (d) 400

16. समान द्रव्यमान के लिए निम्नलिखित में से किसकी ऊष्मीय क्षमता अधिक है?
(a) बर्फ (b) पानी (c) ताँबा (d) लकड़ी

17. जल, ठोस एवं द्रव दोनों ही स्वरूपों में जिस तापमान पर विद्यमान रहता है, वह है
(a) 25°C (b) 0°C (c) 50°C (d) 4°C

18. खौलते पानी की अपेक्षा भाप से हाथ अधिक जलते हैं क्योंकि भाप में
(a) स्थितिज ऊर्जा अधिक होती है
(b) गतिज ऊर्जा अधिक होती है
(c) गुप्त ऊष्मा के कारण अधिक ऊष्मा लेती है
(d) भाप का तापक्रम खौलते जल के तापक्रम से अधिक होता है

उत्तरमाला

1. (b) **2.** (c) **3.** (c) **4.** (a) **5.** (a) **6.** (c) **7.** (d) **8.** (b) **9.** (b) **10.** (a)
11. (c) **12.** (d) **13.** (c) **14.** (a) **15.** (d) **16.** (d) **17.** (b) **18.** (c)

संकेत एवं हल

1. विद्युत पंखे की मोटर विद्युत ऊर्जा को गतिज ऊर्जा और ऊष्मीय ऊर्जा में बदलती है। यह ऊष्मीय ऊर्जा बन्द कमरे का तापक्रम बढ़ा देती है।

3. प्राप्त ऊष्मीय ऊर्जा

$$Q = \frac{1}{2}(mgh)$$

यहाँ $Q = m \times s \times \Delta t$

$s = 4.2 \times 10^3$ जूल/किग्रा°C

तब, $m \times (4.2 \times 10^3) \times \Delta t = \frac{1}{2} m \times 9.8 \times 42$

$$\Delta t = \frac{9.8 \times 42}{2 \times (4.2 \times 10^3)} = 0.049°\text{C}$$

7. ऊष्मा धारिता $= ms$

प्रश्नानुसार, $\frac{m_1 s}{m_2 s} = \frac{2}{5}$

$\therefore \quad \frac{m_1}{m_2} = \frac{2}{5}$

8. ऊष्मा, $Q = ms\,\Delta t = 200 \times 1 \times (40 - 20)$
$= 4 \times 10^3$ कैलोरी

9. माना गोले की विशिष्ट ऊष्मा s कैलोरी/ग्राम°C है।
दी गई ऊष्मा = ली गई ऊष्मा

$100 \times s \times (100 - 33.5) = (50 \times 0.1 + 20)(33.5 - 30)$

$6650s = 87.5$

$s = 0.0131$ कैलोरी/ग्राम°C

10. माना बर्तन की ऊष्मा धारिता W जूल/°C है।
बर्तन द्वारा दी गई ऊष्मा $= W \times (40 - 35) = 5\,W$ जूल
जल द्वारा दी गई ऊष्मा $= 0.07 \times 4.2 \times 10^3 \times (40 - 35)$
= 1470 जूल
दी गई ऊष्मा = बाहर निकली ऊष्मा
$5W + 1470 = 2100$
$W = 126$ जूल/°C

11. जल व ऊष्मामापी द्वारा दी गई ऊष्मा
= विकिरण द्वारा बाहर निकली ऊष्मा

$(150 + 50)(40 - t) = 0.8 \times 1000$

$\therefore \quad 40 - t = 4$

$\therefore \quad t = 36°\text{C}$

12. व्यय की गई आन्तरिक ऊर्जा
$= h$ ऊँचाई पर स्थितिज ऊर्जा $= mgh$
$= m \times 10 \times 100 = 1000\,m$ जूल ...(i)
ऊष्मीय ऊर्जा $= ms\,\Delta t$
$= m \times 4200 \times \Delta t$
$= 4200\,m\Delta t$ ...(ii)
समी (i) तथा (ii) से,
$1000\,m = 4200\,m\Delta t$

$\Rightarrow \quad \Delta t = \frac{1000}{4200} = 0.238°\text{C}$

13. ऊष्मा धारिता $= m \cdot s$
$= 100 \times 0.11 = 11$ कैलोरी/°C

14. माना भट्टी का ताप t°C है। प्लेटिनम के टुकड़े द्वारा दी गई ऊष्मा
$= 10 \times 0.032 \times (t - 40)$ कैलोरी
पानी द्वारा ली गई ऊष्मा $= 40 \times 1 \times (40 - 30)$
= 400 कैलोरी
दी गई ऊष्मा = ली गई ऊष्मा
$0.32(t - 40) = 400$

या $\quad t - 40 = \frac{400}{0.32} = 1250$

$\therefore \quad t = 1290°\text{C}$

15. सूत्र $Q = m \times s \times \Delta t$ से
$\Delta t = 125 - 25 = 100$

$s = \frac{40000}{1 \times 100} = 400$ जूल/किग्रा°C

12

ऊष्मा का संचरण

Transmission of Heat

ऊष्मा का संचरण (Transmission of Heat)

तापान्तर के कारण ऊष्मा एक वस्तु से दूसरी वस्तु में अथवा एक ही वस्तु में एक स्थान से दूसरे स्थान पर स्थानान्तरित होती है। यह स्थानान्तरण ही ऊष्मा का संचरण कहलाता है। *इसकी तीन विधियाँ हैं*

1. चालन (Conduction)

ऊष्मा संचरण की वह विधि, जिसमें ऊष्मा पदार्थ के एक कण से दूसरे कण में होती हुई, एक स्थान से दूसरे स्थान तक जाती है। जबकि कण अपने स्थान नहीं बदलते, चालन कहलाती है। सभी ठोसों में ऊष्मा का संचरण इसी विधि से होता है।

2. संवहन (Convection)

ऊष्मा के संचरण की वह विधि, जिसमें पदार्थ के कण ऊष्मा स्रोत से ऊष्मा लेकर अन्य भागों में चले जाते हैं तथा उनके स्थान पर दूसरे कण ऊष्मा लेने आ जाते हैं, संवहन कहलाती है। सभी द्रवों में तथा गैसों में ऊष्मा का संचरण संवहन विधि द्वारा होता है।

3. विकिरण (Radiation)

इस विधि में, किसी गर्म स्रोत से ऊष्मा विद्युत चुम्बकीय तरंगों के रूप में संचरित होती है। इसके लिए माध्यम की आवश्यकता नहीं होती। सूर्य से पृथ्वी तक ऊष्मा विकिरण विधि द्वारा ही आती है। चालन तथा संवहन द्वारा ऊष्मा का संचरण धीरे-धीरे होता है, परन्तु विकिरण द्वारा ऊष्मा प्रकाश की चाल से संचरित होती है।

ऊष्मीय विकिरण (Thermal Radiation)

प्रत्येक वस्तु अपने ताप के कारण ऊष्मीय ऊर्जा का उत्सर्जन करती रहती है। इसे ऊष्मीय विकिरण अथवा विकिरण ऊर्जा कहते हैं। ये विकिरण अवरक्त किरणों तथा तरंगों के रूप में होते हैं। इनमें ऊष्मा तो होती है, परन्तु दिखाई नहीं देती। इन तरंगों के संचरण के लिए माध्यम की आवश्यकता नहीं होती। जब यह ऊष्मीय ऊर्जा किसी अन्य वस्तु पर गिरती है तो अवशोषित होकर यह वस्तु का ताप बढ़ा देती है।

ऊष्मीय विकिरण के गुण (Properties of Thermal Radiation)

(i) ऊष्मीय विकिरण विद्युत चुम्बकीय तरंगों के रूप में चलते हैं।

(ii) इसके संचरण में माध्यम की आवश्यकता नहीं होती।

(iii) ये प्रकाश की चाल से सीधी रेखा में चलते हैं।

(iv) ऊष्मीय विकिरण की तीव्रता वस्तु से बिन्दु की दूरी के वर्ग के व्युत्क्रमानुपाती होती है।

ऊष्मा विकिरण की दर (Rate of Thermal Radiation)

विकिरण की दर निम्न कारकों पर निर्भर करती है

1. **पृष्ठ की प्रकृति पर** (On Nature of Surface) काले तथा खुरदरे पृष्ठ से ऊष्मीय विकिरण की दर समान ताप व समान क्षेत्रफल वाले श्वेत व चमकदार पृष्ठ की तुलना से अधिक होती है।
2. **क्षेत्रफल पर निर्भरता** (Dependence on Area) ऊष्मीय विकिरण की दर (Q/t) पृष्ठ के क्षेत्रफल (A) के अनुक्रमानुपाती होती है, अर्थात्
$$\frac{Q}{t} \propto A$$
3. **ताप पर निर्भरता** (Dependence of Temperature) ऊष्मीय विकिरण की दर (Q/t) पृष्ठ के परमताप (T) की चतुर्थ घात के अनुक्रमानुपाती होती है, अर्थात् $\frac{Q}{t} \propto T^4$; $E = \sigma T^4$

इसे **'स्टीफन'** का नियम कहते हैं तथा σ को **स्टीफन नियतांक** कहते हैं।

न्यूटन का शीतलन नियम (Newton's Law of Cooling)

किसी वस्तु की वायु में ऊष्मा-हानि की दर वस्तु तथा वायु के ताप के अन्तर के अनुक्रमानुपाती होती है $Q \propto \frac{\theta_1 - \theta_2}{t}$

शीतलन वक्र (Cooling Curve)

किसी गर्म द्रव को जब ठण्डा किया जाता है तो उसके घटते हुए ताप तथा समय के बीच खींचा गया ग्राफ संलग्न चित्र के अनुसार प्राप्त होता है।

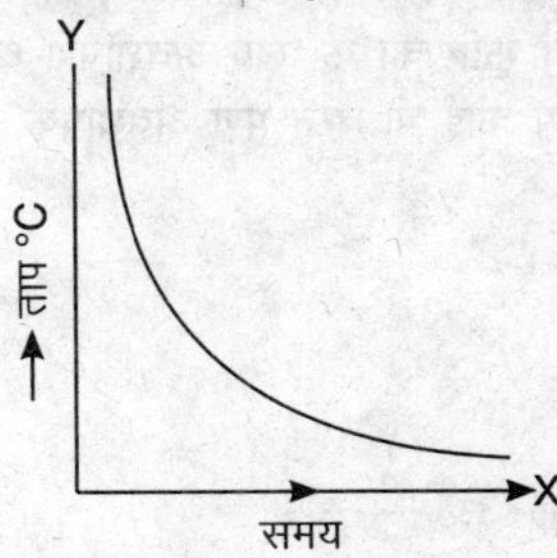

उत्सर्जन (Emission)

प्रत्येक वस्तु से, प्रत्येक ताप पर ऊष्मीय विकिरण चारों ओर के माध्यम में जाता रहता है। इसे वस्तु द्वारा ऊष्मीय विकिरण का उत्सर्जन कहते हैं। उत्सर्जन की दर वस्तु की सतह की प्रकृति पर निर्भर करती है; जैसे—काली सतह सबसे अच्छी उत्सर्जक होती है।

उत्सर्जकता या उत्सर्जन क्षमता

(Emissivity or Emission Capacity)

किसी ताप पर किसी पृष्ठ के एकांक क्षेत्रफल के प्रति सेकण्ड उत्सर्जित ऊष्मीय विकिरण की मात्रा को उस पृष्ठ की उत्सर्जकता कहते हैं। इसे e से प्रदर्शित करते हैं।

किसी पृष्ठ की उत्सर्जकता (e)

$$= \frac{\text{पृष्ठ से उत्सर्जित ऊष्मीय विकिरण की मात्रा}}{\text{पृष्ठ पर क्षेत्रफल} \times \text{समय}}$$

अर्थात् $$e = \frac{Q}{At}$$

प्रत्येक तरंगदैर्ध्य के लिए उत्सर्जन क्षमता भिन्न होती है। उत्सर्जन क्षमता का मात्रक जूल/मी^{2}-सेकण्ड अथवा वाट/मी^{2} होता है।

उत्सर्जकता का महत्त्व (Importance of Emissivity)

उत्सर्जन हमारे दैनिक जीवन में बहुत उपयोगी है। इसके द्वारा प्रकाश की विभिन्न तरंगदैर्ध्यों की पहचान होती है। साधारण तापों पर वस्तु से केवल अवरक्त विकिरण उत्सर्जित होता है इसके बाद ताप बढ़ाने पर जैसे 500°C पर मन्द लाल 900°C पर चेरी लाल, 1200°C पर नारंगी लाल, 1400°C पर पीला तथा 1600°C पर श्वेत रंग का विकिरण उत्सर्जित होता है।

अवशोषकता या अवशोषण क्षमता

(Absorptivity or Absorption Capacity)

वस्तु की किसी सतह द्वारा अवशोषित ऊष्मा की मात्रा उसी समय में उस पर आपतित कुल ऊष्मा की मात्रा के अनुपात को उस पृष्ठ की अवशोषकता या अवशोषण क्षमता कहते हैं।

$$\text{वस्तु की अवशोषकता } (a) = \frac{\text{पृष्ठ द्वारा अवशोषित विकिरण की मात्रा}}{\text{पृष्ठ पर कुल आपतित विकिरण की मात्रा}}$$

किसी पृष्ठ की उत्सर्जकता उसकी अवशोषकता के अनुक्रमानुपाती होती है।

अर्थात् $$e \propto a$$

अतः ऊष्मीय विकिरण के अच्छे अवशोषक ही अच्छे उत्सर्जक होते हैं।

चूँकि अवशोषण क्षमता एक अनुपात है, अतः इसका कोई मात्रक नहीं होता। आदर्श कृष्ण पिण्ड (जैसे—दीप काजल) की अवशोषण क्षमता सबसे अधिक लगभग 1 (≈ 0.96) होती है।

आदर्श कृष्णिका (Ideal Black Body)

जो वस्तु अपने ऊपर आपतित समस्त विकिरण को पूर्णरूप से अवशोषित कर लेती है उसे कृष्णिका कहते हैं। कृष्णिका के लिए अवशोषण क्षमता का मान 1 अर्थात् 100% होता है। वास्तव में कोई भी वस्तु पूर्ण अवशोषक नहीं होती।

ऊष्मा का यान्त्रिक तुल्यांक

(Mechanical Equivalent of Heat)

जब कभी यान्त्रिक कार्य का ऊष्मा में अथवा ऊष्मा का यान्त्रिक कार्य में रूपान्तर होता है, तो कार्य तथा ऊष्मा का अनुपात सदैव नियत रहता है। यदि W अर्ग कार्य करने से H कैलोरी ऊष्मा उत्पन्न होती है तो जूल के अनुसार

$$\frac{W}{H} = J \text{ (यान्त्रिक तुल्यांक)}$$

J का मान 4.18×10^7 अर्ग/कैलोरी होता है।

स्थितिज ऊर्जा तथा गतिज ऊर्जा से J की गणना

(Calculation of J from Potential Energy and Kinetic Energy)

यदि m द्रव्यमान की कोई वस्तु ऊँचाई h तक उठाई जाए, तो पृथ्वी के गुरुत्वाकर्षण के विरूद्ध किया गया कार्य mgh के बराबर होता है जो वस्तु में स्थितिज ऊर्जा के रूप में संचित रहता है। यदि वस्तु के पदार्थ की विशिष्ट ऊष्मा s व ताप में वृद्धि t°C हो, तो उत्पन्न हुई ऊष्मा की मात्रा mst होगी तब

$$\text{यान्त्रिक तुल्यांक } J = \frac{mgh}{mst}$$

यदि m द्रव्यमान की वस्तु, वेग v से चल रही है, तो उसकी गतिज ऊर्जा $\frac{1}{2}mv^2$ होगी। तब

$$\text{यान्त्रिक तुल्यांक } J = \frac{\frac{1}{2}mv^2}{mst}$$

- **उदाहरण** सीसे की एक गोली 480 मी/से के वेग से एक दीवार से टकराकर रूक जाती है। मान लो समस्त ऊष्मा गोली में ही रहती है। गोली के ताप में कितनी वृद्धि होगी?

  (सीसे की विशिष्ट ऊष्मा =30 कैलोरी/किग्रा°C, J=4.18 जूल/कैलोरी)

हल माना गोली का द्रव्यमान m किग्रा है। इसका प्रारम्भिक वेग 480 मी/से है। गोली के टकराने से पहले गतिज ऊर्जा

$$\frac{1}{2}mv^2 = \frac{1}{2}m \times (480)^2 \text{ जूल}$$

$$\text{ऊष्मा } H = \frac{W}{J}$$

यदि गोली के ताप में t°C की वृद्धि होती है तब,

$$m \times s \times t = \frac{\frac{1}{2}m \times (480)^2}{4.18}$$

$$m \times 30 \times t = \frac{\frac{1}{2} \times m \times (480)^2}{4.18} \quad \text{या} \quad t = 918.6°\text{C}$$

अभ्यास प्रश्न

1. किसी वस्तु की सतह से उत्सर्जित विकिरण की दर अनुक्रमानुपाती होती है
(a) परमताप के
(b) परमताप के वर्ग के
(c) परमताप की तृतीय घात के
(d) परमताप की चतुर्थ घात के

2. किसी वस्तु के पृष्ठ की अवशोषकता 0.8 है। यदि विकिरण द्वारा पृष्ठ पर 5 जूल ऊष्मीय ऊर्जा आपतित हो तो वस्तु की ऊर्जा में कितनी वृद्धि हो जाएगी?
(a) 5 जूल (b) 4 जूल
(c) 0.04 जूल (d) 0.4 जूल

3. दोपहर के समय सूर्य से आने वाली किरणों में अधिक गर्मी होती है क्योंकि
(a) सूर्य कुछ बड़ा हो जाता है
(b) किरणों को वायुमण्डल में कम दूरी तय करनी पड़ती है जिससे ऊष्मा का अवशोषण कम होता है
(c) सूर्य चमकदार होता है
(d) किरणें तेजी से आती हैं

4. पूर्णत: कृष्ण पिण्ड की अवशोषकता होती है
(a) 1 (b) 2 (c) –1 (d) 5

5. कम्बल से ढकने पर बर्फ नहीं पिघलती
(a) क्योंकि कम्बल ऊनी होता है
(b) क्योंकि कम्बल ऊष्मा का सुचालक होता है
(c) क्योंकि कम्बल मोटा होता है
(d) क्योंकि कम्बल ऊष्मा का कुचालक होता है

6. ऊष्मा सबसे तेजी से संचरित होती है
(a) संवहन द्वारा (b) विकिरण द्वारा
(c) चालन द्वारा (d) सभी में समान

7. किसी वस्तु का परमताप दोगुना कर दें, तो उसकी उत्सर्जित ऊष्मा की दर हो जाएगी
(a) सोलह गुनी (b) दोगुनी (c) आधी (d) चौथाई

8. धातु के बर्तन में रखा दूध निम्न में से किस परिस्थिति में सबसे जल्दी ठण्डा हो जाएगा?
(a) जब बर्तन के ढक्कन पर पर्याप्त बर्फ रखी जाए
(b) जब दूध के बर्तन को बर्फ की सिल्ली पर रखा जाए
(c) जब बर्फ को बर्तन के चारों ओर रखा जाए
(d) उपरोक्त तीनों दशाओं में ठण्डे होने के लिए समान समय लगेगा

9. दो वस्तुओं के बीच ऊष्मा का प्रवाह निर्भर नहीं करता है
(a) उनकी मात्रा पर (b) उनके आयतन पर
(c) उनके तापान्तर पर (d) उनकी विशिष्ट ऊष्मा पर

10. ऊष्मीय विकिरण की चाल होती है
(a) प्रकाश की चाल के बराबर
(b) प्रकाश की चाल के आधे के बराबर
(c) ध्वनि की चाल के बराबर
(d) उपरोक्त में से कोई नहीं

11. सूर्य के प्रकाश की ऊर्जा पृथ्वी तक पहुँचती है
(a) चालन द्वारा (b) संवहन द्वारा
(c) विकिरण द्वारा (d) चालन एवं संवहन द्वारा

12. किसी द्रव को शीघ्र ही शीतल करने के लिए शीतलन व्यवस्था लगानी होगी
(a) मध्य में (b) शीर्ष पर
(c) कहीं भी (d) इनमें से कोई नहीं

13. ऊष्मा का सबसे अच्छा चालक है
(a) ताँबा (b) लकड़ी
(c) जल (d) इनमें से कोई नहीं

14. विकिरण द्वारा ऊष्मा के स्थानान्तरण की चाल होती है
(a) 3×10^8 मी/से (b) 3×10^8 किमी/से
(c) 320 किमी/घण्टा (d) 320 मी/से

15. यान्त्रिक कार्य तथा उत्पन्न ऊष्मा में सम्बन्ध प्रदर्शित करने वाला समीकरण है
(a) $\frac{W}{H} = J$ (b) $\frac{H}{W} = J$
(c) $W \times H = J$ (d) $\frac{W}{2H} = J$

16. ऊष्मा के यान्त्रिक तुल्यांक का मान होता है
(a) 42 अर्ग/कैलारी
(b) 42×10^7 अर्ग/कैलारी
(c) 42 जूल कैलोरी
(d) 42×10^7 जूल किलो/कैलोरी

17. ऊष्मा तथा उसके द्वारा किए गए कार्य में सम्बन्ध ज्ञात किया था
(a) जेम्सवॉट ने (b) डॉ. डी. जूल ने
(c) रूडल्फ डीजल ने (d) न्यूकामन ने

उत्तरमाला

1. (d) **2.** (b) **3.** (b) **4.** (a) **5.** (d) **6.** (b) **7.** (a) **8.** (c) **9.** (a) **10.** (a)
11. (c) **12.** (b) **13.** (a) **14.** (a) **15.** (a) **16.** (b) **17.** (b)

संकेत एवं हल

2. $\text{अवशोषकता} = \frac{\text{अवशोषित विकिरण}}{\text{कुल आपतित विकिरण}}; 0.8 = \frac{\text{अवशोषित विकिरण}}{5 \text{ जूल}}$

$\therefore$ ऊर्जा में वृद्धि = अवशोषित विकिरण
$= 0.8 \times 5 = 4$ जूल

7. उत्सर्जित विकिरण $(E) = (T)^4 = (2)^4 = 16$ गुनी हो जाएगी।

12. द्रव की ऊपरी सतह का ताप सबसे अधिक होता है। अत: ऊपरी सतह का शीतलन सबसे ज्यादा होगा।

13

प्रकाश की प्रकृति तथा परावर्तन

Nature of Light and Reflection

प्रकाश (Light)

प्रकाश एक प्रकार की ऊर्जा है। इसके कारण हमें वस्तुयें दिखाई देती हैं। यह विद्युत चुम्बकीय तंरगों के रूप में चलता है। प्रकाश निर्वात् में भी गमन कर सकता है। निर्वात् में प्रकाश की चाल 3×10^8 मी/से होती हैं जल में प्रकाश की चाल 2.25×10^8 मी/से होती है। प्रकाश तंरगें अनुप्रस्थ होती हैं।

प्रदीप्त वस्तुयें (Illuminated Bodies)

जो वस्तुयें स्वयं प्रकाश उत्पन्न करती हैं **प्रदीप्त वस्तुयें** कहलाती हैं। जैसे—सूर्य, तारें, जलता हुआ कोयला तथा जलती हुई मोमबत्ती आदि।

अदीप्त वस्तुयें (Unilluminated Bodies)

प्रदीप्त वस्तु के प्रत्येक बिन्दु से अनन्त किरणें निकलती हैं। इस किरण समुदाय को किरण पुँज कहते हैं।
जो वस्तुयें अन्धेरे में दिखाई नहीं देती **अदीप्त वस्तुयें** कहलाती हैं। जैसे—मेज, कुर्सी आदि।

किरणों के प्रकार (Types of Woves)

ये किरणें तीन प्रकार की होती हैं।

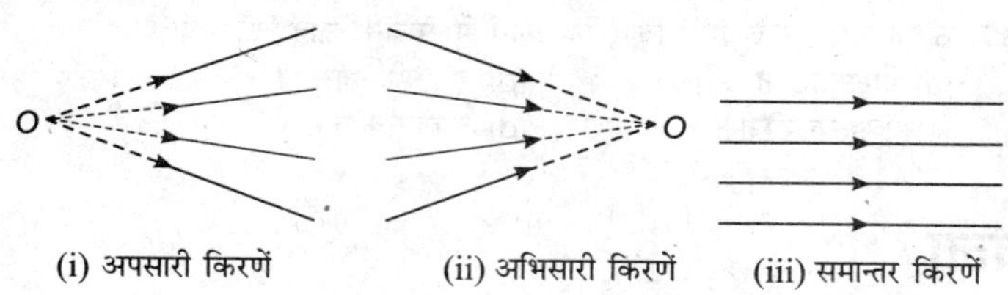

(i) अपसारी किरणें (ii) अभिसारी किरणें (iii) समान्तर किरणें

प्रकाश का प्रकीर्णन (Scattering of Light)

जब प्रकाश वायु जैसे माध्यम से गुजरता है तो उसमें विद्यमान धूल आदि के कणों द्वारा प्रकाश का कुछ भाग सभी दिशाओं में फैल जाता है। प्रकाश के सभी दिशाओं में फैल जाने की प्रक्रिया को प्रकाश का प्रकीर्णन कहते हैं। लाल रंग के प्रकाश का प्रकीर्णन सबसे कम तथा बैंगनी रंग के प्रकाश का प्रकीर्णन सबसे अधिक होता है। बैंगनी तथा नीले प्रकाश का प्रकीर्णन सबसे अधिक होने के कारण ही आकाश नीला दिखाई देता है।
इसी के कारण से सूर्योदय व सूर्यास्त के समय सूर्य का रंग लाल दिखाई देता है।

प्रकाश का परावर्तन (Reflection of Light)

प्रकाश जब किसी चिकने पृष्ठ पर पड़ता है, तो पृष्ठ से टकराने के बाद वापस लौटता है। इस घटना को प्रकाश का परावर्तन कहते हैं। परावर्तन पृष्ठ की प्रकृति पर निर्भर करता है। प्रयोगिक्र रूप से पाया गया है कि आपतित किरण तथा परावर्तित किरण दो माध्यमों की उभयनिष्ठ परिसीमा पर अभिलम्ब से समान कोण बनाती हैं।

परावर्तन के नियम (Laws of Reflection)

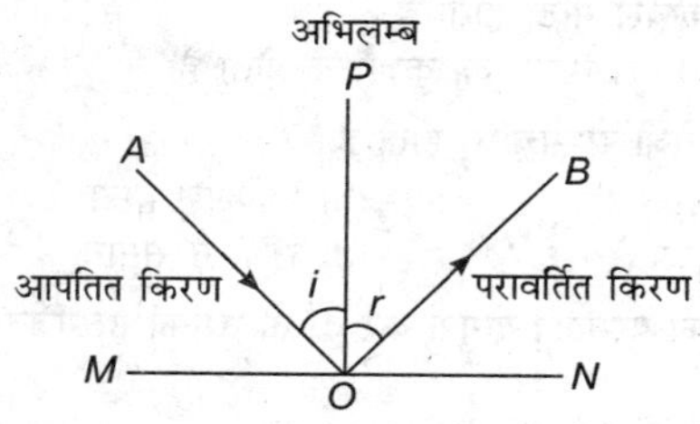

(i) आपतित किरण, परावर्तित किरण तथा अभिलम्ब तीनों एक ही तल में होते हैं।

(ii) परावर्तन कोण सदैव आपतन कोण के बराबर होता है।

प्रतितिम्ब (Image)

जब प्रकाश की किरणें एक बिन्दु से चलकर परावर्तन के पश्चात् किसी दूसरे बिन्दु पर मिलती हैं, तो इस दूसरे बिन्दु को पहले बिन्दु का प्रतिबिम्ब कहते हैं। *प्रतिबिम्ब दो प्रकार के होते हैं।*

1. **वास्तविक प्रतिबिम्ब** (Real Image)

जब परावर्तन के बाद प्रकाश की किरणें वास्तव में मिलती हैं, तो प्रतिबिम्ब वास्तविक कहलाता है। वास्तविक प्रतिबिम्ब को पर्दे पर लिया जा सकता है तथा यह सदैव उल्टा बनता है।

2. **आभासी प्रतिबिम्ब** (Virtual Image)

जब परावर्तन के बाद प्रकाश की किरणें वास्तव में नहीं मिलती बल्कि मिलती हुई प्रतीत होती हैं, तो प्रतिबिम्ब आभासी कहलाता है। इसे पर्दे पर नहीं लिया जा सकता है तथा यह सदैव सीधा होता है। समतल दर्पण से बना प्रतिबिम्ब सदैव आभासी होता है।

समतल दर्पण से बनने वाले प्रतिबिम्बों की संख्या

(Number of Images Formed by Plane Mirror)

यदि दो दर्पणों के बीच का कोण θ है, तो उनके बीच रखी वस्तु के प्रतिबिम्बों की संख्या

$$n = \frac{360°}{\theta} - 1 \quad \left(\text{यदि } \frac{360°}{\theta} \text{ सम है}\right)$$

यदि $n = \frac{360°}{\theta} - 1$ का मान पूर्णांक न हो, तो प्रतिबिम्बों की संख्या अगले पूर्णांक के बराबर होगी।

समतल दर्पण से सम्बन्धित महत्त्वपूर्ण तथ्य

(Important Facts Related to Plane Mirror)

1. किसी व्यक्ति को अपना पूरा प्रतिबिम्ब देखने के लिये दर्पण की लम्बाई व्यक्ति की ऊँचाई से आधी होनी चाहिए।
2. प्रतिबिम्ब का आकार वस्तु के आकार के बराबर होता है।
3. समतल दर्पण की फोकस दूरी अनन्त तथा क्षमता शून्य होती है।
4. यदि वस्तु समतल दर्पण की ओर v चाल से गति करती है, तो प्रतिबिम्ब की ओर वस्तु की सापेक्षिक चाल $2v$ होती है।

समतल दर्पण का घूमना (Rotation of Plane Mirror)

यदि समतल दर्पण को θ कोण पर घुमा दिया जाये, तो परावर्तित किरण 2θ कोण घूम जाती है।

विसरित परावर्तन (Dispersed Reflection)

किसी खुरदरे पृष्ठ से प्रकाश के चारों ओर बिखरने की घटनाओं को विसरित परावर्तन कहते हैं।

पार्श्व परिवर्तन (Lateral Inversion)

जब हम अपना प्रतिबिम्ब समतल दर्पण में देखते है तो हमारे दाएँ हाथ का प्रतिबिम्ब बायाँ हाथ तथा बाएँ हाथ का प्रतिबिम्ब दायाँ हाथ दिखाई पड़ता है। इस प्रकार वस्तु के प्रतिबिम्ब में पार्श्व (sides) बदल जाते हैं। इस घटना को पार्श्व परिवर्तन कहते हैं सममिति के कारण अंग्रेजी के अक्षरों A, H, I, M, O, T, U, V, W, X, Y, के प्रतिबिम्बों के पार्श्व परिवर्तन का अनुभव नहीं होता।

■ **उदाहरण** *यदि दो समतल दर्पणों के बीच का कोण 50° है, तो उनके बीच रखी वस्तु के प्रतिबिम्बों की संख्या ज्ञात कीजिए।*

हल प्रतिबिम्बों की संख्या $n = \frac{360°}{\theta} - 1 = \frac{360°}{50°} - 1;\ n = 6.2$

चूँकि n का मान पूर्णांक नहीं है। अत: प्रतिबिम्ब की संख्या 7 होगी।

अभ्यास प्रश्न

1. कोई मनुष्य समतल दर्पण की ओर 50 मी की दूरी से 10 मी/से के वेग से चल रहा है। 3 सेकण्ड के पश्चात् मनुष्य और उसके प्रतिबिम्ब के बीच की दूरी होगी
(a) 50 मी (b) 60 मी
(c) 80 मी (d) 40 मी

2. यदि समतल दर्पण को 10° घुमा दिया जाए तो परावर्तित किरण घूमेगी
(a) 20° (b) 15° (c) 10° (d) 30°

3. एक समतल दर्पण क्षैतिज से 30° कोण बना रहा है। यदि एक ऊर्ध्वाधर किरण दर्पण से टकराती है, तो दर्पण एवं परावर्तित किरण के मध्य कोण होगा
(a) 30° (b) 45°
(c) 60° (d) 90°

4. निम्नलिखित रंगों के प्रकाश में से किस रंग के प्रकाश का प्रकीर्णन सबसे अधिक होता है?
(a) लाल (b) हरा (c) बैंगनी (d) पीला

5. कोई मनुष्य समतल दर्पण की ओर 60 सेमी की दूरी से 5 सेमी/से के वेग से दर्पण की ओर चल रहा है। 7 सेकण्ड बाद मनुष्य और उसके प्रतिबिम्ब के बीच दूरी होगी
(a) 60 सेमी (b) 65 सेमी
(c) 95 सेमी (d) 50 सेमी

6. समतल दर्पण से किसी वस्तु का प्रतिबिम्ब बनता है
(a) आभासी (b) वास्तविक
(c) छोटा (d) बड़ा

7. सूर्य का प्रकाश कमरे में नहीं पहुँचता फिर भी कमरे में अंधेरा नहीं रहता है
(a) प्रकीर्णन के कारण (b) अपवर्तन के कारण
(c) ध्रुवण के कारण (d) इनमें से कोई नहीं

8. एक मनुष्य की लम्बाई 1.4 मी है। उसको अपना पूरा प्रतिबिम्ब देखने के लिये दर्पण की कम-से-कम लम्बाई लेनी होगी
(a) 0.6 मी (b) 0.8 मी (c) 0.7 मी (d) 0.9 मी

9. किस दर्पण से बने प्रतिबिम्ब का आवर्धन सदैव 1 होता है
(a) उत्तल (b) अवतल
(c) समतल (d) प्रत्येक में

10. किसी वस्तु के प्रदीप्त होने का पता लगाया जा सकता है
(a) वस्तु को गर्म करके (b) वस्तु पर पॉलिश करके
(c) वस्तु को अन्धकार में रखकर (d) प्रकाशमान वस्तु की सहायता से

11. किसी मोटे समतल दर्पण के सामने कोई प्रदीप्त वस्तु रखी है, तो परावर्तन
(a) ऊपर वाले तल से होगा
(b) केवल नीचे वाले तल से होगा
(c) दोनों तलों के बीच कई बार होगा
(d) उपरोक्त में से काई नहीं

12. एक मोटर चालक 50 किमी/घण्टा की चाल से चलते हुये अपने समतल दर्पण में 60 किमी/घण्टा की चाल से पीछे आ रही कार का प्रतिबिम्ब देखता है। पीछे आ रही कार एवं उस कार का आभासी प्रतिबिम्ब एक-दूसरे के पास जिस दर से आते हैं, वह है
(a) 15 किमी/घण्टा (b) 20 किमी/घण्टा
(c) 30 किमी/घण्टा (d) 40 किमी/घण्टा

13. 72° के कोण पर झुके हुए दो समतल दर्पणों में बने हुए प्रतिबिम्बों की संख्या होगी
(a) 5 (b) 7 (c) 6 (d) 4

14. एक मनुष्य समतल दर्पण से 3 मी/से की गति से दौड़ रहा है। वह अपने प्रतिबिम्ब से जिस वेग से दूर भाग रहा है, वह है
(a) 6 मी/से (b) 3 मी/से
(c) 1.5 मी/से (d) 9 मी/से

15. एक प्रकाश-किरण एक समतल दर्पण पर लम्बवत् आपतित होती है। परावर्तन कोण का मान होगा
(a) 0° (b) 45° (c) 50° (d) 135°

16. निम्न में से किस अक्षर का समतल दर्पण द्वारा पार्श्व परिवर्तन प्रतीत नहीं होगा?
(a) B (b) F
(c) G (d) M

17. एक प्रकाश-किरण समतल दर्पण के साथ 30° का कोण बनाती हुई आपतित होती है। आपतित तथा परावर्तित किरण के बीच कोण होगा
(a) 60° (b) 30°
(c) 120° (d) 90°

18. काँच पारदर्शी है परन्तु काँच का चूरा अपारदर्शी है क्योंकि
(a) चूरे पर पड़ने वाले प्रकाश का प्रकीर्णन हो जाता है
(b) प्रकाश परावर्तित होकर लौट जाता है
(c) चूरे में काँच के गुण समाप्त हो जाते हैं
(d) उपरोक्त में से कोई नहीं

19. प्रकाश की तरंगदैर्ध्य की परास है
(a) 3900Å से 7800 Å तक (b) 100Å से 3900Å तक
(c) 7800Å से 10,000Å तक (d) उपरोक्त सभी

20. आकाश नीला दिखाई देता है
(a) प्रकीर्णन के कारण
(b) परावर्तन के कारण
(c) अपवर्तन के कारण
(d) पूर्व आन्तरिक परावर्तन के कारण

21. यदि दो समान्तर दर्पण को समान्तर रखा जाये, तो उनसे बनने प्रतिबिम्बों की संख्या होगी
(a) दो (b) चार (c) एक (d) अनन्त

उत्तरमाला

1. (d)	**2.** (a)	**3.** (c)	**4.** (c)	**5.** (d)	**6.** (a)	**7.** (d)	**8.** (c)	**9.** (c)	**10.** (c)
11. (c)	**12.** (b)	**13.** (d)	**14.** (a)	**15.** (a)	**16.** (d)	**17.** (c)	**18.** (a)	**19.** (a)	**20.** (a)
21. (d)									

संकेत एवं हल

1. दर्पण की ओर चली दूरी $= 3 \times 10 = 30$ मी
मनुष्य की दर्पण से दूरी $= 50 - 30$
$= 20$ मी
अत: मनुष्य तथा प्रतिबिम्ब के बीच की दूरी
$= 20 + 20 = 40$ मी

5. मनुष्य द्वारा 7 सेकण्ड में चली दूरी, $x = 5 \times 7 = 35$ सेमी
7 सेकण्ड बाद मनुष्य की समतल दर्पण से दूरी
$x' = 60 - 35 = 25$ सेमी
चूँकि समतल दर्पण से प्रतिबिम्ब उतनी ही दूरी पर बनता है जितनी दूरी पर वस्तु रखी है।
अत: मनुष्य तथा प्रतिबिम्ब के बीच दूरी $= 2x'$
$= 2 \times 25 = 50$ सेमी

6. समतल दर्पण से सदैव आभासी सीधा, वस्तु के आकार के बराबर का प्रतिबिम्ब बनता है।

7. अंधेरे कमरे में प्रकाश का होना विवर्तन के कारण होता है।

8. पूर्व प्रतिबिम्ब देखने के लिये आवश्यक दर्पण की लम्बाई
$$= \frac{\text{मनुष्य की लम्बाई}}{2} = \frac{1.4}{2} = 0.7 \text{ मी}$$

12. मोटर चालक का वेग $v = 60 - 50$
$= 10$ किमी/घण्टा
अभीष्ट वेग दर $= 2v = 2 \times 10 = 20$ किमी/घण्टा

13. प्रतिबिम्बों की संख्या
$$n = \frac{360°}{\theta} - 1$$
$$n = \frac{360°}{72°} - 1$$
$$= 4$$

14. मनुष्य के प्रतिबिम्ब का वेग $= 2v = 2 \times 3$
$= 6$ मी/से

15. लम्बवत् आपतन होने पर किरण उसी मार्ग से वापस लौट जाती है।
अत: परावर्तन कोण $= 0°$

17. आपतित तथा परावर्तित किरण के बीच का कोण
$$\theta = 180° - 2i$$
$$= 180° - 2 \times 30° = 120°$$

18. काँच के चूरे पर पड़ने वाला प्रकाश विभिन्न रंगों में प्रकीर्णित हो जाता है, जिस कारण यह पारदर्शी नहीं रहता।

21. $\theta = 0°$
प्रतिबिम्बों की संख्या $n = \dfrac{360°}{\theta} - 1$
$$= \frac{360°}{0°} - 1 = \infty$$

14

प्रकाश का गोलीय दर्पणों पर परावर्तन

Reflection of Light at Spherical Mirrors

गोलीय दर्पण (Spherical Mirror)

गोलीय दर्पण किसी काँच के खोखले गोले के कटे हुए वे भाग होते हैं जिनके एक तल पर चाँदी अथवा पारे की पॉलिश करके उनके ऊपर लाल रंग का आयरन ऑक्साइड का पेन्ट कर दिया जाता है। इससे इनका दूसरा तल-चमकदार हो जाता है।

गोलीय दर्पण दो प्रकार के होते हैं

1. **अवतल दर्पण** (Concave mirror) वह दर्पण है जिसमें परावर्तन दबी हुई ओर से होता है। इस प्रकार के गोलीय दर्पण का मध्य भाग दबा रहता है।
2. **उत्तल दर्पण** (Convex mirror) वह दर्पण है जिसमें परावर्तन उभरे हुए तल से होता है। इस प्रकार के गोलीय दर्पण का मध्य भाग उभरा हुआ होता है।

गोलीय दर्पण से सम्बन्धित परिभाषायें

(Definitions Related to Spherical Mirror)

1. **ध्रुव** (Pole) गोलीय दर्पण के परावर्तक तल के मध्य बिन्दु को दर्पण का ध्रुव कहते हैं। इसे बिन्दु P से प्रदर्शित करते हैं।
2. **वक्रता केन्द्र** (Centre of curvature) गोलीय दर्पण जिस खोखले गोले का भाग होता है, उस गोले के केन्द्र को दर्पण का वक्रता केन्द्र कहते हैं। इसे C से प्रदर्शित किया जाता है।

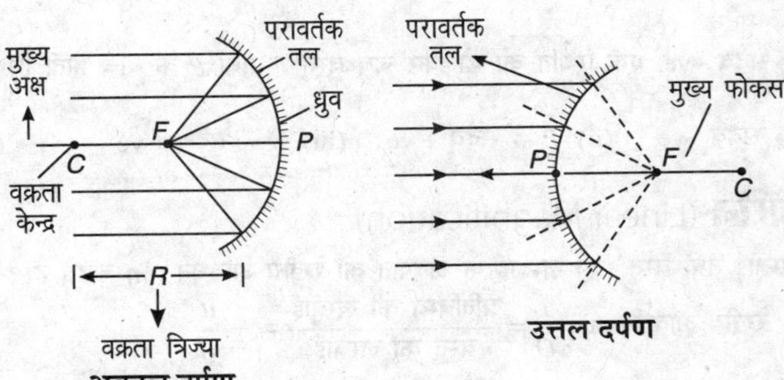

अवतल दर्पण

उत्तल दर्पण

3. **वक्रता त्रिज्या** (Radius of curvature) दर्पण जिस खोखले गोले का भाग है उसकी त्रिज्या को दर्पण की वक्रता त्रिज्या कहते हैं अर्थात् दर्पण के ध्रुव से वक्रता केन्द्र तक की दूरी को वक्रता त्रिज्या कहते हैं।
4. **मुख्य अक्ष** (Principal axis) गोलीय दर्पण के ध्रुव और उसके वक्रता केन्द्र को मिलाने वाली सरल रेखा को दर्पण का 'मुख्य अक्ष' कहते हैं।
5. **मुख्य फोकस** (Principal focus) दर्पण की मुख्य अक्ष के समान्तर आने वाली किरणें दर्पण से परावर्तन के पश्चात् मुख्य अक्ष के जिस बिन्दु पर या तो वास्तव में मिलती हैं या मिलती हुई प्रतीत होती हैं, उसे दर्पण का 'मुख्य फोकस' कहते हैं।
6. **फोकस दूरी** (Focal length) गोलीय दर्पण के ध्रुव से फोकस तक की दूरी दर्पण की 'फोकस दूरी' कहलाती है। इसे f से प्रदर्शित करते हैं। उत्तल दर्पण की फोकस दूरी धनात्मक व अवतल दर्पण की फोकस दूरी ऋणात्मक होती है। गोलीय दर्पण की फोकस दूरी (f) इसकी वक्रता त्रिज्या (R) की आधी होती है।

$$f = \frac{R}{2}$$

समतल दर्पण की फोकस दूरी अनन्त होती है।

7. **अभिलम्ब** (Normal) गोलीय दर्पण के किसी बिन्दु को वक्रता केन्द्र से मिलाने वाली रेखा अभिलम्ब कहलाती है।
8. **चिह्न परिपाटी** (Sign convention) गोलीय दर्पणों में सभी दूरियाँ दर्पण के ध्रुव से मुख्य अक्ष के अनुदिश नापी जाती हैं। प्रकाश-किरणों को बाईं ओर से आती हुई मानते हैं। दर्पण के ध्रुव से मुख्य अक्ष पर आपतित किरण की दिशा में नापी गई दूरी 'धनात्मक' तथा इसके विपरीत दिशा में नापी गई दूरी 'ऋणात्मक' होती है।

गोलीय दर्पण से प्रतिबिम्ब बनने के लिये नियम

(Laws for Image Formation from Spherical Mirror)

1. मुख्य अक्ष के समान्तर चलने वाली किरण परावर्तन के पश्चात् अवतल दर्पण के मुख्य फोकस से होकर जाती है तथा उत्तल दर्पण के मुख्य फोकस से आती हुई प्रतीत होती है
2. वक्रता केन्द्र में को होकर जाने वाली किरण परावर्तन के पश्चात् उसी मार्ग से लौट जाती है।
3. अवतल दर्पण के फोकस से जाने वाली किरण तथा उत्तल दर्पण के मुख्य फोकस की ओर से आने वाली किरण परावर्तन के पश्चात् मुख्य अक्ष के समान्तर हो जाती है।

अवतल दर्पण द्वारा बने प्रतिबिम्बों के प्रकृति चित्र

(Diagram Formation of Image by Concave Mirror)

1. जब वस्तु अनन्त दूरी पर है।

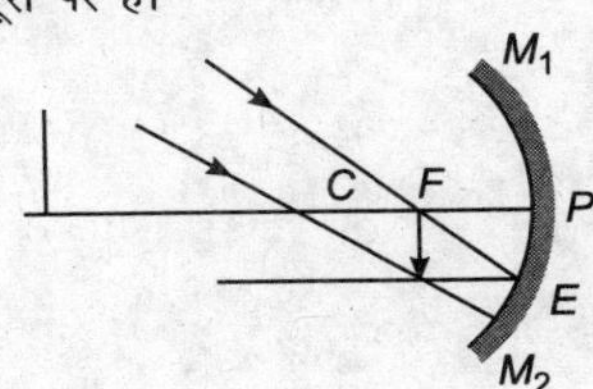

2. जब वस्तु अनन्त एवं वक्रता केन्द्र के बीच रखी है।

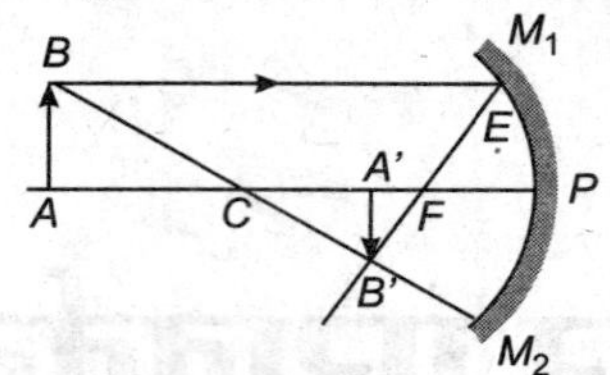

3. जब वस्तु वक्रता केन्द्र पर है।

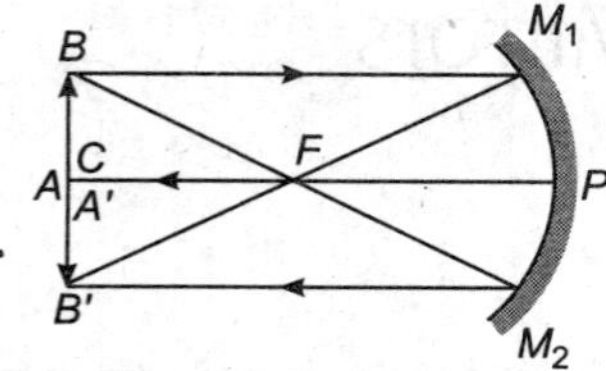

4. जब वस्तु वक्रता केन्द्र तथा फोंकस के बीच रखी है।

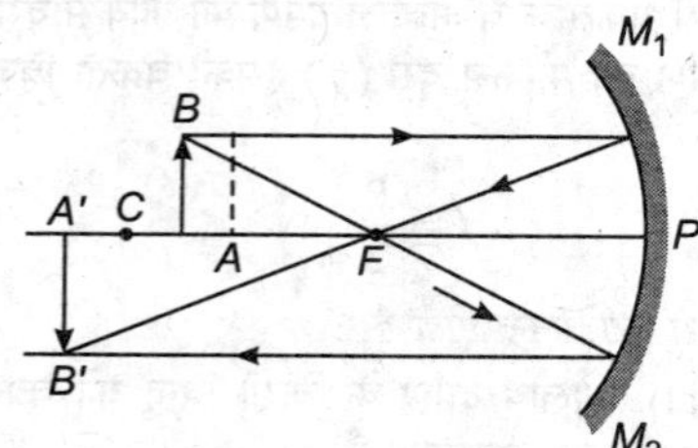

5. जब वस्तु फोकस पर रखी है।

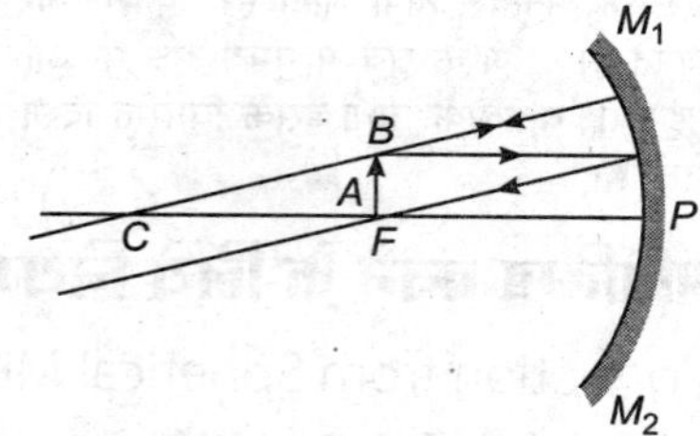

6. जब वस्तु ध्रुव तथा फोकस के बीच रखी है।

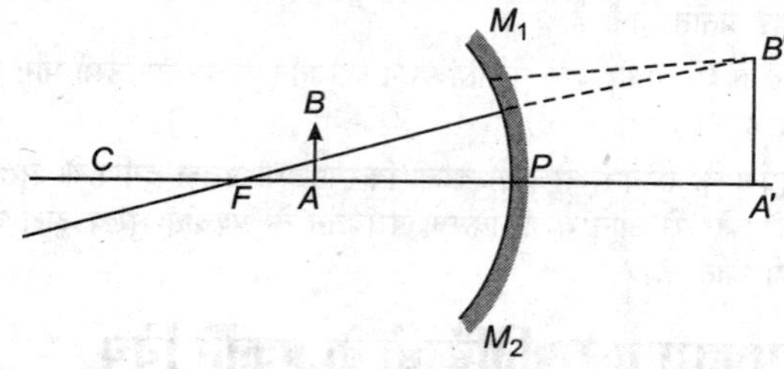

अवतल दर्पण द्वारा प्रतिबिम्ब का बनना

(Formation of Image by a Concave Mirror)

वस्तु की स्थिति	प्रतिबिम्ब की स्थिति	प्रतिबिम्ब की प्रकृति
अनन्त पर	फोकस पर	वास्तविक, उल्टा, लगभग बिन्दु के आकार का
अनन्त और वक्रता केन्द्र के बीच में	वक्रता केन्द्र और फोकस के बीच में	वास्तविक, उल्टा, वस्तु से छोटा
वक्रता केन्द्र पर	वक्रता केन्द्र पर	वास्तविक, उल्टा, वस्तु के समान
वक्रता केन्द्र और फोकस के बीच	वक्रता केन्द्र और अनन्त के बीच	वास्तविक, उल्टा, वस्तु से बड़ा
फोकस पर	अनन्त पर	वास्तविक, उल्टा और वस्तु से बहुत बड़ा
फोकस और ध्रुव के बीच	दर्पण के पीछे	आभासी, सीधा, वस्तु से बड़ा

उत्तल दर्पण द्वारा प्रतिबिम्ब का बनना

(Formation of Image by a Convex Mirror)

1. **जब वस्तु अनन्त पर है** प्रतिबिम्ब फोकस पर, सीधा, आभासी तथा अत्यन्त छोटा बनेगा।
2. **वस्तु अन्य किसी भी स्थान पर है** प्रतिबिम्ब दर्पण के पीछे, फोकस और दर्पण के मध्य, सीधा, आभासी एवं वस्तु से छोटा बनता है।

लम्बन (Parallax) यदि दो वस्तुयें भिन्न-भिन्न दूरियों पर रखी हों, तो आँख को दाएँ-बाएँ ले जाने पर वस्तुयें एक-दूसरे के सापेक्ष विस्थापित होती हुई प्रतीत होती हैं। इसे उन वस्तुओं के बीच विस्थापनाभास या लम्बन कहते हैं। इसका उपयोग करके किसी वस्तु के प्रतिबिम्ब की स्थिति प्रयोग द्वारा ज्ञात की जाती है।

दर्पण का सूत्र (Mirror Formula)

दोनों दपणों के लिये $\frac{1}{v}+\frac{1}{u}=\frac{1}{f}$

जहाँ $u\rightarrow$ दर्पण से वस्तु की दूरी; $v\rightarrow$ दर्पण से प्रतिबिम्ब की दूरी; $f\rightarrow$ दर्पण की फोकस दूरी

दूरियाँ मापने के लिय चिह्न (Sign for Measure the Distances)

अवतल दर्पण में

(i) $u\rightarrow$ सदैव –ve

(ii) $f\rightarrow$ सदैव –ve

(iii) $v\rightarrow$ सदैव –ve, एक स्थिति को छोड़कर जब वस्तु F तथा P के बीच होती है।

उत्तल दर्पण में

(i) $\mu\rightarrow$ सदैव –ve (ii) $f\rightarrow$ सदैव + ve (iii) $v\rightarrow$ सदैव + ve

रेखीय आवर्धन (Linear Magnification)

प्रतिबिम्ब की लम्बाई तथा वस्तु की लम्बाई के अनुपात को रेखीय आवर्धन (m) कहते हैं।

$$\text{रेखीय आवर्धन } m=\frac{I}{O}=\frac{\text{प्रतिबिम्ब की लम्बाई}}{\text{वस्तु की लम्बाई}}=-\frac{u}{v}$$

यहाँ चिह्न परिपाटी के अनुसार, v तथा u के मान धनात्मक अथवा ऋणात्मक हो सकते हैं। अतः आवर्धन भी धनात्मक या ऋणात्मक हो सकता है। उपरोक्त सूत्र अवतल तथा उत्तल दर्पण दोनों के लिये लागू होता है।

उत्तल दर्पण के उपयोग (Uses of Convex Mirror)

यदि प्रतिबिम्ब वस्तु की प्रत्येक स्थिति के लिए सीधा तथा वस्तु से छोटा है तो दर्पण उत्तल है।

इस दर्पण के निम्न उपयोग हैं

(i) उत्तल दर्पण को वाहनों में चालक को पीछे तथा बराबर के वाहनों को देखने के लिए किया जाता है।

(ii) सड़क पर लगे लैम्पों में पीछे परावर्तक तल के रूप में इस दर्पण का प्रयोग किया जाता है।

अवतल दर्पण के उपयोग (Uses of Concave Mirror)

यदि वस्तु को दर्पण के समीप रखने पर प्रतिबिम्ब सीधा व वस्तु से बड़ा तथा दूर रखने पर उल्टा तथा वस्तु से बड़ा अथवा छोटा बनता है तो दर्पण अवतल है।

इस दर्पण के निम्न उपयोग हैं

(i) दाढ़ी बनाने के समय प्रयोग किया जाता है।

(ii) नाक, कान व गले की जाँच करने के लिए यह डॉक्टरों द्वारा प्रयोग किया जाता है।

(iii) परावर्तक के रूप में इसका उपयोग किया जाता है।

(iv) परावर्तक दूरदर्शी में इसका प्रयोग किया जाता है।

अभ्यास प्रश्न

1. पूर्ण परावर्तन उस समय होता है जब प्रकाश एक माध्यम से दूसरे माध्यम में जाता है
(a) जिसका अपवर्तनांक कम होता है
(b) जिसका अपवर्तनांक अधिक होता है
(c) जिसका अपवर्तनांक समान होता है
(d) क्रान्तिक कोण से कम कोण पर

2. वस्तु के समान माप का वास्तविक प्रतिबिम्ब तब प्राप्त होता है जब वस्तु को उसके वक्रता केन्द्र पर रखा जाता है
(a) समतल दर्पण के सम्मुख (b) उत्तल दर्पण के सम्मुख
(c) अवतल दर्पण के सम्मुख (d) इनमें से कोई नहीं

3. कौन-सा दर्पण समान्तर किरण पुँज को अपसारित कर देता है?
(a) समतल (b) अवतल
(c) उत्तल (d) कोई भी दर्पण

4. अवतल दर्पण से अपसारी किरण पुँज प्राप्त करने के लिए वस्तु को रखेंगे
(a) फोकस पर (b) वक्रता केन्द्र पर
(c) अनन्त पर (d) फोकस और ध्रुव के बीच

5. एक व्यक्ति अपने सामने रखे दर्पण में अपने से बड़ा प्रतिबिम्ब देख रहा है। वह दर्पण है
(a) उत्तल (b) अवतल
(c) समतल (d) कोई भी हो सकता है

6. फोकस दूरी f के एक अवतल दर्पण के मुख्य अक्ष पर $2f$ की दूरी पर 5 सेमी लम्बी वस्तु रखी है। इसके प्रतिबिम्ब की लम्बाई होगी
(a) 2.5 सेमी (b) 5 सेमी
(c) 7.5 सेमी (d) 10 सेमी

7. एक उत्तल दर्पण से 25 सेमी दूर रखी वस्तु का प्रतिबिम्ब वस्तु की लम्बाई का आधा है। दर्पण की फोकस दूरी है
(a) 20 सेमी (b) 15 सेमी
(c) 25 सेमी (d) 10 सेमी

8. उत्तल दर्पण से 40 सेमी दूर रखी वस्तु का प्रतिबिम्ब 10 सेमी दूरी पर बनता है। उत्तल दर्पण की फोकस दूरी होगी
(a) 12.3 सेमी (b) 11.3 सेमी
(c) 13.3 सेमी (d) इनमें से कोई नहीं

9. किसी अवतल दर्पण की वक्रता त्रिज्या 20 सेमी है। किसी वस्तु का दोगुने आकार का वास्तविक प्रतिबिम्ब बनाने के लिए वस्तु को दर्पण से दूर रखना होगा
(a) 15 सेमी (b) 20 सेमी
(c) 10 सेमी (d) 5 सेमी

10. एक मोमबत्ती की ज्वाला का प्रतिबिम्ब अवतल दर्पण के सामने उससे 30 सेमी की दूरी पर बनता है। ज्वाला की लम्बाई 10 सेमी है तथा उसके प्रतिबिम्ब की लम्बाई 5 सेमी है। दर्पण की फोकस दूरी होगी
(a) 10 सेमी (b) 20 सेमी
(c) 15 सेमी (d) 5 सेमी

11. एक 2 सेमी लम्बी वस्तु किसी गोलीय दर्पण से 10 सेमी दूर मुख्य अक्ष के लम्बवत् रखी है। उसका प्रतिबिम्ब सीधा व 3 सेमी लम्बा बनता है
(a) उत्तल
(b) समतल
(c) अवतल
(d) कोई भी हो सकता है

12. एक उत्तल दर्पण, जिसकी फोकस दूरी 30 सेमी है, के द्वारा वस्तु के आकार के $\frac{1}{5}$वें मान के बराबर प्रतिबिम्ब बनता है। दर्पण से वस्तु की दूरी होगी
(a) 60 सेमी (b) 90 सेमी
(c) 120 सेमी (d) 150 सेमी

13. यदि अवतल दर्पण के फोकस से कोई वस्तु x सेमी दूर रखी है और उसका प्रतिबिम्ब y सेमी की दूरी पर बनता है तो निम्न में उचित होगा
(a) $f = \sqrt{xy}$ (b) $f = x + y$
(c) $f = x - y$ (d) $f = 0$

14. 16 सेमी फोकस दूरी वाले अवतल दर्पण के सामने 12 सेमी की दूरी पर कोई वस्तु रखी है। यदि वस्तु की ऊँचाई 2 सेमी हो, तो प्रतिबिम्ब की ऊँचाई होगी
(a) 8 सेमी (b) 6 सेमी
(c) 5 सेमी (d) 2 सेमी

15. एक 30 सेमी वक्रता त्रिज्या वाले उत्तल दर्पण के सामने 15 सेमी की दूरी पर एक जलती हुई मोमबत्ती रखी है। प्रतिबिम्ब की स्थिति होगी
(a) दर्पण के सामने 10 सेमी पर (b) दर्पण के पीछे 10 सेमी पर
(c) दर्पण के पीछे 7.5 सेमी पर (d) कहीं भी नहीं

उत्तरमाला

1. (d)	**2.** (c)	**3.** (c)	**4.** (d)	**5.** (b)	**6.** (b)	**7.** (c)	**8.** (c)	**9.** (a)	**10.** (b)
11. (c)	**12.** (c)	**13.** (a)	**14.** (a)	**15.** (c)					

संकेत एवं हल

6. $\frac{1}{f}=\frac{1}{v}+\frac{1}{u}$

$$\frac{1}{v}=\frac{1}{f}-\frac{1}{u}$$

$$\frac{1}{v}=\frac{1}{f}-\frac{1}{2f}$$

$$\frac{1}{v}=\frac{1}{2f}$$

$$v=2f$$

अत: आवर्धन $=\frac{v}{u}=1$

पुन: $m=\frac{I}{O}=1$

$I=O=5$ सेमी

अत: प्रतिबिम्ब की लम्बाई = 5 सेमी

7. दिया है, $u=-25$ सेमी, $m=-\frac{v}{u}=\frac{1}{2}$

तथा $v=\frac{u}{2}=\frac{25}{2}$

तब सूत्र $\frac{1}{f}=\frac{1}{v}+\frac{1}{u}=\frac{2}{25}-\frac{1}{25}=\frac{1}{25}$

$\therefore$ $f=25$ सेमी

8. उत्तल दर्पण में प्रतिबिम्ब दर्पण के पीछे बनता है।

प्रश्नानुसार, $u=-40$ सेमी तथा $v=10$ सेमी

तब $\frac{1}{f}=\frac{1}{u}+\frac{1}{v}$ से, $\frac{1}{f}=\frac{1}{-40}+\frac{1}{10}=\frac{3}{40}$

$$f=\frac{40}{3}=13.3 \text{ सेमी}$$

9. फोकस दूरी, $f=-\frac{20}{2}=-10$ सेमी

आवर्धन $m=-\frac{v}{u}=-2$

अत: $v=2u$

तब $\frac{1}{v}+\frac{1}{u}=\frac{1}{f}$ से

$\therefore$ $\frac{1}{2u}+\frac{1}{u}=-\frac{1}{10}$

$u=-15$ सेमी

10. दिया है, $v=-30$ सेमी

$$m=-\frac{v}{u}=-\frac{5}{10}$$

$\Rightarrow$ $u=2v=-60$ सेमी

तब $\frac{1}{f}=\frac{1}{v}+\frac{1}{u}$ से

$\Rightarrow$ $\frac{1}{f}=-\frac{1}{60}-\frac{1}{30}=-\frac{3}{60}=-\frac{1}{20}$

$f=-20$ सेमी

12. दिया है, $f=30$ सेमी

$m=-\frac{v}{u}=\frac{1}{5} \Rightarrow v=-\frac{u}{5}$

सूत्र $\frac{1}{v}+\frac{1}{u}=\frac{1}{f}$ से

$\therefore$ $\frac{1}{v}+\frac{1}{u}=\frac{1}{f}$

$$-\frac{5}{u}+\frac{1}{u}=\frac{1}{30}$$

$\therefore$ $-\frac{4}{u}=\frac{1}{30} \Rightarrow u=-120$ सेमी

13. हम जानते हैं कि $\frac{1}{v}+\frac{1}{u}=\frac{1}{F}$

प्रश्नानुसार, $u=-(f+x)$, $v=-(f+y)$

$F=-f$ तब $\frac{1}{f+x}-\frac{1}{f+y}=-\frac{1}{f}$

हल करने पर, $f=\sqrt{xy}$

14. दिया है, $f=-16$ सेमी, $u=-12$ सेमी

तब $\frac{1}{v}+\frac{1}{u}=\frac{1}{f}$ से

$\Rightarrow$ $\frac{1}{v}=-\frac{1}{16}+\frac{1}{12}=\frac{-3+4}{48}$

$v=48$ सेमी

अत: हम जानते है, $\frac{I}{O}=-\frac{v}{u}$

जहाँ I प्रतिबिम्ब की लम्बाई है तथा O वस्तु की लम्बाई है।

$$\frac{I}{2}=-\left(-\frac{48}{12}\right)$$

$I=8$ सेमी

15. फोकस दूरी, $f=\frac{30}{2}=15$ सेमी, $u=-15$ सेमी

$\therefore$ $\frac{1}{u}+\frac{1}{v}=\frac{1}{f}$ से

$\Rightarrow$ $\frac{1}{v}=\frac{1}{15}+\frac{1}{15}=\frac{2}{15}$

$v=7.5$ सेमी

15

प्रकाश का अपवर्तन

Refraction of Light

प्रकाश का अपवर्तन (Refraction of Light)

जब प्रकाश-किरण एक पारदर्शी माध्यम से दूसरे माध्यम में प्रवेश करती है तो दोनों माध्यमों को अलग करने वाले तल पर तिरछी आपतित होने पर वे अपने मार्ग से विचलित हो जाती हैं। इस घटना को **'प्रकाश का अपवर्तन'** कहते हैं। यदि प्रकाश किरण, तल पर अभिलम्बवत् आपतित होती है तो बिना मुड़े सीधी चली जाती है।

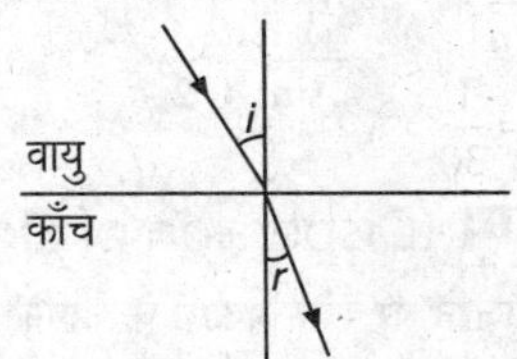

प्रकाश के अपवर्तन के नियम

(Laws of Refraction of Light)

1. आपतित किरण, अपवर्तित किरण तथा आपतन बिन्दु पर तल का अभिलम्ब तीनों एक ही तल में होते हैं।
2. एक ही रंग के प्रकाश के लिए आपतन कोण की ज्या ($\sin i$) तथा अपवर्तन कोण की ज्या ($\sin r$) का अनुपात किन्हीं दो माध्यमों के लिए एक नियतांक होता है।

अर्थात् $$\frac{\sin i}{\sin r} = \text{नियतांक}$$

$$= {}_1n_2 = \frac{n_2}{n_1}$$

इस नियम को **'स्नैल का नियम'** भी कहते हैं। इस नियतांक को पहले माध्यम के सापेक्ष दूसरे माध्यम का अपवर्तनांक (refractive index) कहते हैं तथा इसे ${}_1n_2$ से प्रदर्शित करते हैं। n_1 और n_2 क्रमशः पहले और दूसरे माध्यम के निरपेक्ष अपवर्तनांक हैं। यदि प्रकाश किरण वायु से काँच में आ रही हो तब वायु के सापेक्ष काँच के अपवर्तनांक को '${}_an_g$' द्वारा प्रदर्शित करते हैं।

सघन तथा विरल माध्यम (Denser and Rarer Mediums)

अधिक आपेक्षिक घनत्व वाले माध्यम को सघन तथा कम आपेक्षिक घनत्व वाले माध्यम को विरल माध्यम कहते हैं। निर्वात् का आपेक्षिक घनत्व शून्य होता है। अतः निर्वात् ही विरलतम माध्यम है। वायु विरल माध्यम है।

प्रकाश के वेग तरंगदैर्ध्य का मान सघन माध्यम में कम हो जाता है परन्तु आवृत्ति अपरिवर्तित रहती है।

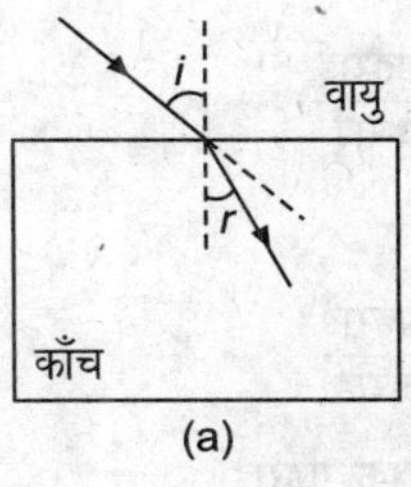

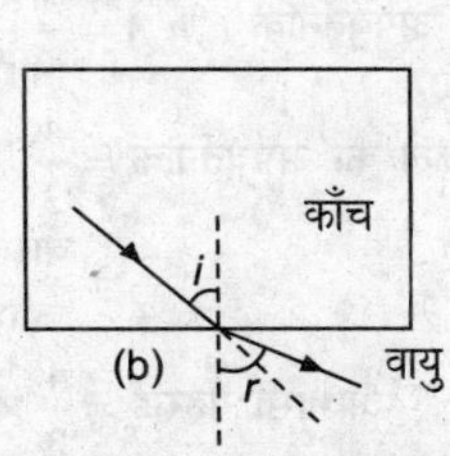

प्रकाश-किरण यदि विरल माध्यम से सघन माध्यम में अपवर्तित होती है तो वह अभिलम्ब की ओर झुक जाती है और जब सघन से विरल माध्यम में जाती है तो अभिलम्ब से दूर हट जाती है।

अपवर्तनांक एवं प्रकाश की चाल में सम्बन्ध

(Relation between Refractive Index and Speed of Light)

वायु के सापेक्ष काँच का अपवर्तनांक

$$= \frac{\text{वायु में प्रकाश की चाल}}{\text{काँच में प्रकाश की चाल}}$$

$${}_an_g = \frac{c}{v}$$

एक माध्यम के सापेक्ष दूसरे माध्यम का अपवर्तनांक प्रकाश के रंग पर निर्भर करता है। यह बैंगनी रंग के प्रकाश के लिए सबसे अधिक तथा लाल रंग के प्रकाश के लिए सबसे कम होता है।

वायु के सापेक्ष काँच का अपवर्तनांक, काँच के सापेक्ष वायु के अपवर्तनांक का व्युत्क्रम होता है

$${}_an_g = \frac{1}{{}_gn_a}$$

क्रमिक समान्तर पारदर्शी माध्यमों में अपवर्तन

(Refraction Through Successive Transparent Mediums)

तीन पारदर्शी माध्यमों,

जैसे—वायु, जल तथा काँच के श्रेणी-क्रम के पारदर्शी माध्यम में प्रकाश का अपवर्तन होता है तो

$${}_an_w \times {}_wn_g \times {}_gn_a = 1$$

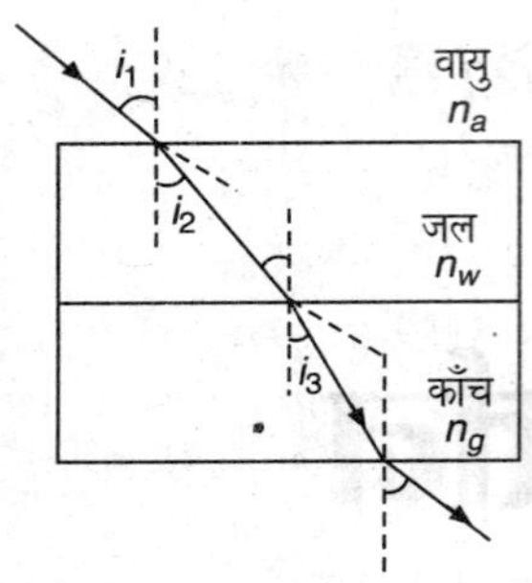

अपवर्तनांक का गहराई से सम्बन्ध

(Relation between Depth and Refractive Index)

जल में रखी किसी वस्तु को देखने पर, वस्तु की आभासी गहराई, वास्तविक गहराई से कम प्रतीत होती है तथा वास्तविक गहराई तथा आभासी गहराई का अनुपात अपवर्तनांक के बराबर होता है

$$\text{अपवर्तनांक } ({}_a n_w) = \frac{\text{वास्तविक गहराई}}{\text{आभासी गहराई}}$$

$\because$ जल का अपवर्तनांक $= \frac{4}{3}$

$\therefore$ $\frac{4}{3} = \frac{\text{वास्तविक गहराई}}{\text{आभासी गहराई}}$

या आभासी गहराई $= \frac{4}{3} \times$ वास्तविक गहराई

अपवर्तन पर आधारित कुछ घटनायें

(Some Applications Based on Refraction)

सघन माध्यम में स्थित वस्तु को विरल माध्यम से देखने पर वस्तु की आभासी गहराई वास्तविक गहराई से कम प्रतीत होती है। यदि विरल माध्यम (rarer medium) के सापेक्ष सघन माध्यम (denser medium) का अपवर्तनांक ${}_r n_d$ हो, तो

$${}_r n_d = \frac{\text{वस्तु की वास्तविक गहराई}}{\text{वस्तु की आभासी गहराई}}$$

द्रव में अंशत: डूबी हुई छड़ का टेढ़ा दिखाई देना, तारों का टिमटिमाना, तालाब की आभासी गहराई वास्तविक गहराई से कम दिखाई पड़ना, सूर्योदय एवं सूर्यास्त के समय सूर्य का क्षितिज के नीचे होने पर भी दिखाई देना, बर्तन में पड़े अदृश्य सिक्के का बर्तन में जल भर देने पर दिखाई देना आदि घटनाएँ प्रकाश के अपवर्तन पर आधारित हैं।

क्रान्तिक कोण (Critical Angle)

सघन माध्यम में बना वह आपतन कोण, जिसके सापेक्ष विरल माध्यम में अपवर्तन कोण 90° का होता है, क्रान्तिक कोण कहलाता है अर्थात्

$${}_d n_r = \frac{\sin C}{\sin 90^\circ} = \sin C$$

$$\therefore \quad {}_r n_d = \frac{1}{\sin C}$$

(वायु तथा काँच के लिये क्रान्तिक कोण लगभग 42° होता है)

पूर्ण आन्तरिक परावर्तन (Total Internal Reflection)

जब कोई प्रकाश की किरण किसी सघन माध्यम से, सघन व विरल माध्यम के पृथक्कारी तल पर आपतित होकर उसी माध्यम (सघन) में पूर्णत: परावर्तित हो जाती है, तो इस घटना को 'पूर्ण आन्तरिक परावर्तन' कहते हैं।

इस घटना के लिए निम्न प्रतिबन्ध आवश्यक हैं

1. प्रकाश सघन से विरल माध्यम में आपतित होना चाहिए।
2. आपतन कोण का मान क्रान्तिक कोण से अधिक होना चाहिए।

- **उदाहरणत** काँच में पड़ी दरारों का चमकना, पानी में डूबी काँच की नली का चमकना, हीरे का चमकना, रेगिस्तान की मरीचिका, जल में वायु के बुलबुले का चमकीला दिखाई देना आदि घटनाएँ प्रकाश के पूर्ण आन्तरिक परावर्तन पर ही आधारित हैं।

प्रिज्म (Prism)

प्रिज्म एक ऐसा समांग पारदर्शी माध्यम (जैसे- काँच) होता है जो किसी कोण पर झुके हुये दो समतल पृष्ठों से घिरा होता है अर्थात् किसी कोण पर झुके दो समतल पृष्ठों के बीच स्थित किसी पारदर्शी माध्यम को प्रिज्म कहते हैं। अपवर्तन सतहों के मध्य का कोण, प्रिज्म कोण कहलाता है।

विचलन कोण (Angle of Deviation)

जब कोई प्रकाश-किरण प्रिज्म पर आपतित होती है तो वह अपने मार्ग से विचलित हो जाती है। आपतित किरण और निर्गत किरण के बीच के कोण को इस प्रकाश-किरण का विचलन कोण कहते हैं। इसका मान आपतन कोण, प्रिज्म के पदार्थ, ताप तथा प्रकाश के रंग (तरंगदैर्ध्य) पर निर्भर करता है।

यदि किसी प्रिज्म का कोण A तथा अल्पतम विचलन कोण δm हो, तो प्रिज्म के पदार्थ का अपवर्तनांक

$$n = \frac{\sin\left(\frac{A + \delta m}{2}\right)}{\sin A/2}$$

प्रकाश का विक्षेपण (Dispersion of Light)

किसी पारदर्शी माध्यम के गुजरने पर श्वेत प्रकाश के अपने अवयव रंगों में विभक्त होने की क्रिया को वर्ण विक्षेपण कहते हैं। ऐसा विभिन्न वर्णों में भिन्न-भिन्न विचलनों के कारण होता है (विभिन्न तरंगदैर्ध्यों के प्रकाश की चाल भिन्न-भिन्न होती है)।

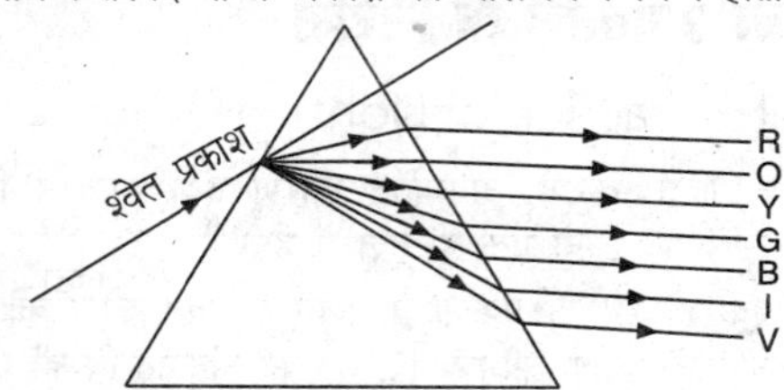

जब श्वेत प्रकाश को प्रिज्म से गुजारा जाता है, तो प्रिज्म से निकलने पर चित्रानुसार प्रकाश के सात रंग प्राप्त होते हैं—बैंगनी (Violet), आसमानी (Indigo), नीला (Blue), हरा (Green), पीला (Yellow), नारंगी (Orange) तथा लाल (Red)। इन रंगों के क्रम को प्राय: अक्षर **VIBGYOR** की सहायता से याद रखते हैं।

VIBGYOR की तरंगदैर्ध्य (Wavelength of VIBGYOR)

बैंगनी रंग की तरंगदैर्ध्य सबसे कम तथा लाल रंग की तरंगदैर्ध्य सबसे अधिक होती है। परन्तु सभी रंगों की चाल एकसमान (3×10^8 मी/से) होती है।

रंग	तरंगदैर्ध्य (Å में)
लाल	7800Å से 6400Å तक
नारंगी	6400Å से 6000Å तक
पीला	6000Å से 5700Å तक
हरा	5700Å से 5000Å तक
नीला	5000Å से 4600Å तक
आसमानी	4600Å से 4300Å तक
बैंगनी	4300Å से 4000Å तक

वस्तुओं के रंग (Colours of Objects)

किसी वस्तु का रंग इस बात पर निर्भर करता है कि उस पर आपतित प्रकाश में से वह किन रंगों को अवशोषित कर लेता है तथा किन रंगों को परावर्तित या संचरित करता है। सूर्य के प्रकाश में दिखाई देने वाले वस्तु के रंग को उसका प्राकृतिक रंग (natural colour) कहते हैं। किसी वस्तु का रंग उस पर आपतित प्रकाश की तरंगदैर्ध्य पर निर्भर करता है।

1. अपारदर्शक वस्तुओं के रंग (Colour of Opaque Objects)

जब किसी रंगीन अपारदर्शक वस्तु पर श्वेत प्रकाश आपतित होता है तो वस्तु उस प्रकाश का कुछ भाग अवशोषित कर लेती है तथा कुछ परावर्तित कर देती है। श्वेत प्रकाश का जो रंग परावर्तित होता है वही वस्तु का रंग होता है। उदाहरण के लिए, लाल रंग की वस्तु स्पेक्ट्रम के लाल रंग को परावर्तित करती है शेष सभी को अवशोषित। हरे रंग के प्रकाश में लाल रंग की वस्तु सम्पूर्ण प्रकाश को अवशोषित कर लेती है अत: काली प्रतीत होती है।

2. पारदर्शक वस्तुओं के रंग (Colour of Transparent Objects)

जिस रंग की किरणें पारदर्शक वस्तु में होकर अपवर्तित हो जाती हैं वही रंग वस्तु का रंग होता है।

मूल या प्राथमिक रंग (Primary Colours)

लाल, हरा तथा नीला, मूल या प्राथमिक रंग कहलाते हैं। ये रंग किन्हीं दूसरे रंगों को मिलाकर प्राप्त नहीं हो सकते। इन तीन मूल या प्राथमिक रंगों को विभिन्न अनुपात में मिलाकर अन्य सभी रंग प्राप्त किए जा सकते हैं। इन तीनों प्राथमिक रंगों को मिलाने पर श्वेत रंग प्राप्त होता है। उदाहरणत:—लाल + हरा = पीला, लाल + नीला = मैजेण्टा (बैंगनी), नीला + हरा = मयूर नीला (Cyan)।

द्वितीयक रंग (Secondary Colours)

दो प्राथमिक रंगों को विभिन्न अनुपात में मिलाने से प्राप्त रंग द्वितीयक रंग कहलाते हैं।

सम्पूरक रंग (Complementry Colours)

जिन दो रंगों को मिलाने से सफेद रंग प्राप्त होता है उन्हें सम्पूरक रंग कहते हैं।

अभ्यास प्रश्न

1. श्वेत प्रकाश में रंग होते हैं
(a) तीन (b) चार (c) पाँच (d) सात

2. जो वस्तुएँ सभी रंगों को परावर्तित कर देती हैं, उनका रंग होता है
(a) श्वेत (b) पीला
(c) लाल (d) नीला

3. जो वस्तुएँ सभी रंगों को अवशोषित कर लेती हैं, उनका रंग होता है
(a) श्वेत (b) काला
(c) हरा (d) लाल

4. प्राथमिक रंग हैं
(a) लाल, पीला और नीला (b) लाल, हरा और स्यान
(c) लाल, हरा और नीला (d) लाल, मैजेण्टा और नीला

5. वर्ण त्रिभुज के शीर्ष पर कौन-से रंग दिखते हैं?
(a) लाल (b) द्वितीयक
(c) सम्पूरक (d) श्वेत

6. लाल और नीले रंगों को मिलाने पर प्राप्त रंग होता है
(a) पीला (b) स्यान
(c) हरा (d) मैजेण्टा

7. निर्वात् तथा एक पारदर्शी माध्यम में प्रकाश की चाल क्रमश: 3×10^8 मी/से तथा 2.4×10^8 मी/से हैं। माध्यम का निरपेक्ष अपवर्तनांक होगा
(a) $\frac{5}{4}$ (b) $\frac{3}{4}$ (c) $\frac{4}{3}$ (d) $\frac{3}{2}$

8. वायु में प्रकाश की चाल 3×10^8 मी/से है। यदि काँच में प्रकाश की चाल 2×10^8 मी/से हो, तो वायु के सापेक्ष काँच का अपवर्तनांक होगा
(a) $\frac{2}{3}$ (b) 1.8
(c) 2×10^8 (d) 1.5

9. विचलन कोण का मान निर्भर करता है
(a) प्रिज्म के कोण पर (b) प्रिज्म के पदार्थ के अपवर्तनांक पर
(c) (a) व (b) किसी पर नहीं (d) (a) व (b) दोनों पर

10. जब श्वेत प्रकाश काँच के प्रिज्म में से गुजरता है तो दूसरी ओर प्राप्त स्पैक्ट्रम में जिस रंग का विचलन न्यूनतम होता है वह है
(a) बैंगनी (b) लाल
(c) हरा (d) पीला

11. वर्ण विक्षेपण की घटना का कारण है
(a) श्वेत प्रकाश किरण का प्रिज्म द्वारा पृथक् होना
(b) प्रकाश का परावर्तन
(c) प्रिज्म पदार्थ का अपवर्तनांक भिन्न-भिन्न तरंगदैर्ध्य के लिए भिन्न-भिन्न होना
(d) उपरोक्त में से कोई नहीं

12. जब श्वेत प्रकाश वायु से काँच में प्रवेश करता है तो
(a) प्रकाश के सभी अवयव रंग समान चाल से चलते हैं
(b) लाल प्रकाश सबसे अधिक चाल से चलता है
(c) बैंगनी प्रकाश सबसे अधिक चाल से चलता है
(d) प्रकाश के रंग व चाल में कोई सम्बन्ध नहीं है

13. निम्नलिखित में से प्रकाश के किस रंग की तरंगदैर्ध्य अधिक लम्बी होती है?
(a) हरा रंग (b) पीला रंग
(c) बैंगनी रंग (d) लाल रंग

14. इन्द्रधनुष में निम्नलिखित में से कौन-सा रंग दिखाई नहीं देता?
(a) पीला (b) काला
(c) लाल (d) हरा

15. वह प्रिज्म, जो आपतित समान्तर किरण पुंज के सम्पूर्ण प्रकाश को समकोण से विचलित कर देता है, कहलाता है
(a) पूर्ण अपवर्तक प्रिज्म (b) पूर्ण विचलन प्रिज्म
(c) पूर्ण परावर्तक प्रिज्म (d) इनमें से कोई नहीं

16. प्रकाश की एक किरण क्रान्तिक कोण पर काँच की ओर से काँच-हवा सतह पर आपतित होती है। अपवर्तन कोण है
(a) 0° (b) 45°
(c) 90° (d) आपतित कोण के बराबर

17. आपतित प्रकाश की तरंगदैर्ध्य बढ़ाने पर किसी माध्यम के अपवर्तनांक पर क्या प्रभाव पड़ता है?

(a) घटता है (b) बढ़ता है
(c) नियत रहता है (d) शून्य होता है

18. अपवर्तन की क्रिया में प्रकाश की

(a) चाल नहीं बदलती है (b) आवृत्ति बदल जाती है
(c) तरंगदैर्ध्य नहीं बदलती है (d) आवृत्ति नहीं बदलती है

19. प्रकाश का पूर्ण परावर्तन सम्भव नहीं है, जब प्रकाश जाता है

(a) काँच से जल में (b) जल से काँच में
(c) जल से वायु में (d) काँच से वायु में

20. श्वेत प्रकाश के स्पेक्ट्रम के सात रंगों में जिसकी आवृत्ति अधिकतम होती है वह रंग है

(a) बैंगनी (b) लाल
(c) हरा (d) पीला

उत्तरमाला

1. (d)	**2.** (a)	**3.** (b)	**4.** (c)	**5.** (a)	**6.** (d)	**7.** (a)	**8.** (d)	**9.** (d)	**10.** (b)
11. (c)	**12.** (b)	**13.** (d)	**14.** (b)	**15.** (c)	**16.** (c)	**17.** (a)	**18.** (d)	**19.** (b)	**20.** (a)

संकेत एवं हल

7. अपवर्तनांक, $n = \frac{c}{v} = \frac{3 \times 10^8}{2.4 \times 10^8} = \frac{5}{4}$

8. वायु में काँच का अपवर्तनांक $({}_a n_g) = \frac{\text{वायु में प्रकाश की चाल}}{\text{काँच में प्रकाश की चाल}} = \frac{3 \times 10^8}{2 \times 10^8} = 1.5$

16

पतले लेन्सों से अपवर्तन

Refraction Through Thin Lenses

लेन्स (Lens)

लेन्स प्राय: दो गोलीय सतहों से घिरा किसी पारदर्शी पदार्थ का एक टुकड़ा होता है जिसकी कम-से-कम एक सतह वक्रित होती है।

लेन्स दो प्रकार के होते हैं

1. **उत्तल लेन्स** (Convex Lens)

उत्तल लेन्स बीच में मोटे तथा किनारों पर पतले होते हैं। इन्हें **अभिसारी लेन्स** भी कहते हैं क्योंकि ये प्रकाश की समान्तर किरणों को एक बिन्दु पर एकत्रित करते हैं।

2. **अवतल लेन्स** (Concave Lens)

अवतल लेन्स बीच में पतले तथा किनारों पर मोटे होते हैं। इन्हें **अपसारी लेन्स** भी कहते हैं क्योंकि ये प्रकाश की किरणों को और अधिक फैला देते हैं।

दिए गए चित्रों में C प्रकाशिक केन्द्र है जिससे गुजरने वाली प्रकाश की किरण बिना विचलित हुए सीधी निकल जाती है। $F'CF$ मुख्य अक्ष कहलाता है। F' प्रथम फोकस तथा F द्वितीय फोकस कहलाते हैं। **प्रथम फोकस** मुख्य अक्ष पर स्थित वह बिन्दु है जिससे चलने वाली किरणें अपवर्तन के पश्चात् मुख्य अक्ष के समान्तर हो जाती हैं तथा **द्वितीय फोकस** मुख्य अक्ष पर स्थित वह बिन्दु है जिस पर मुख्य अक्ष के समान्तर चलने वाली किरणें अपवर्तन के पश्चात् मिलती हैं।

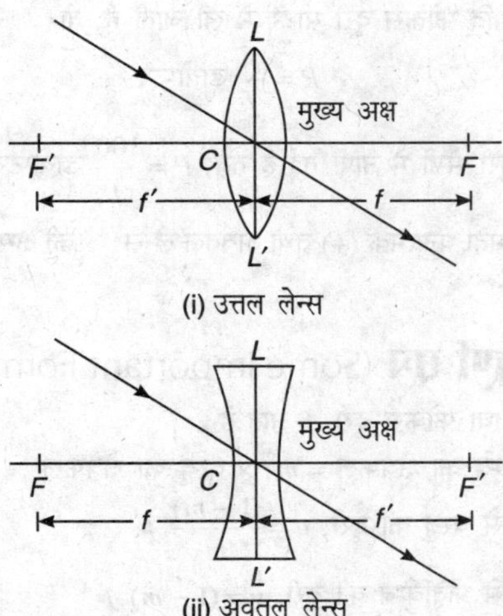

(i) उत्तल लेन्स

(ii) अवतल लेन्स

$CF' = f'$, प्रथम फोकस दूरी कहलाती है तथा $CF = f$, द्वितीयक फोकस दूरी कहलाती है। यदि लेन्स के दोनों ओर एक ही माध्यम है तब दोनों फोकस दूरियाँ बराबर होती हैं।

उत्तल लेन्स से प्रतिबिम्बों का बनना

(Images Formed by Convex Lens)

वस्तु का विभिन्न स्थितियों में प्रतिबिम्ब बनाने के लिए, एक किरण वस्तु के मुख्य अक्ष के समान्तर लेते हैं जो अपवर्तन के पश्चात् फोकस को चलती जाती है और एक दूसरी किरण प्रकाशिक केन्द्र से जाती हुई लेते हैं जो अपवर्तन के पश्चात् बिना विचलित हुए सीधी निकल जाती है। जहाँ ये दोनों किरणें मिलती हैं, वहीं प्रतिबिम्ब बनता है जैसा कि नीचे के चित्रों में स्पष्ट है।

1. जब वस्तु अनन्त पर है

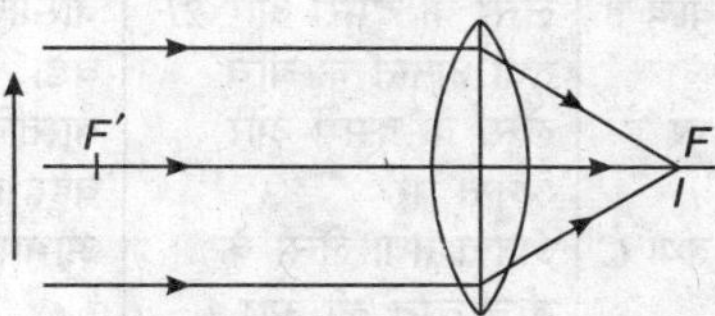

2. जब वस्तु $2F'$ तथा ∞ के बीच है।

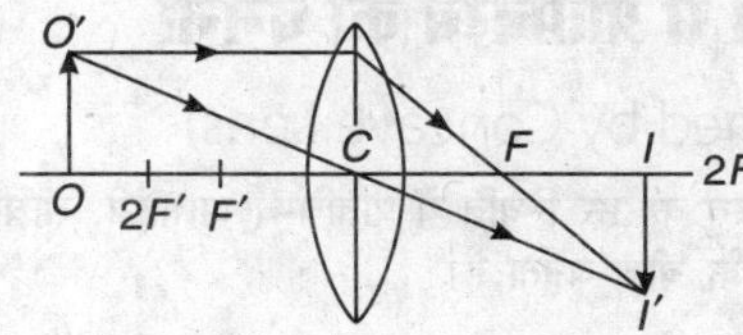

3. जब वस्तु $2F'$ पर है।

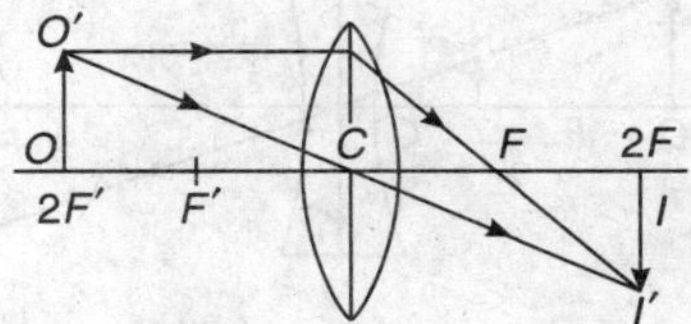

4. जब वस्तु $2F'$ तथा F' के बीच है।

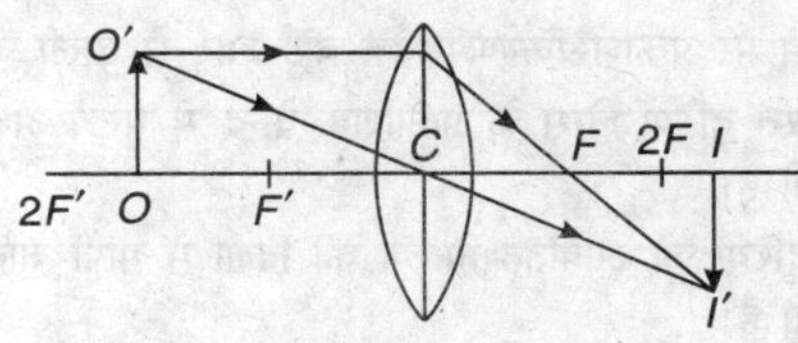

5. जब वस्तु F' पर है।

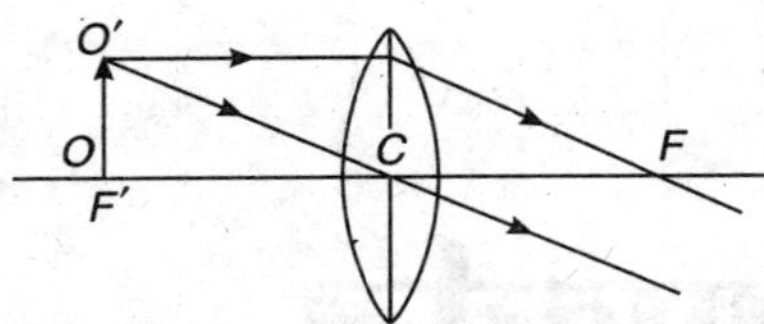

6. जब वस्तु F' तथा C के बीच है।

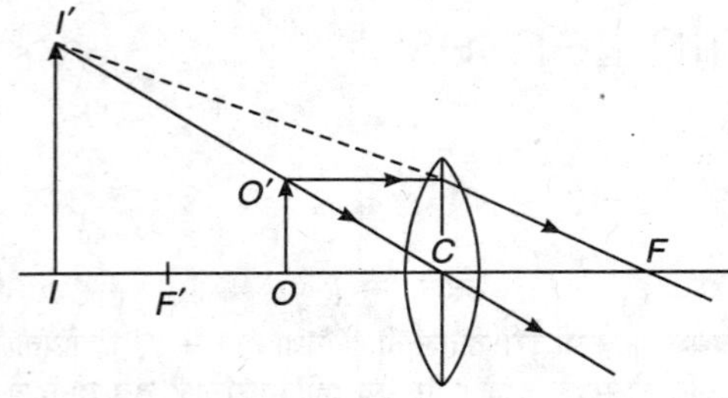

प्रतिबिम्बों की स्थिति तथा प्रकृति

(Position and Nature of Images)

वस्तु की स्थिति	प्रतिबिम्ब की स्थिति	प्रकृति
अनन्त पर	फोकस पर	वास्तविक, उल्टा तथा बहुत छोटा
अनन्त तथा $2F'$ के बीच	लेन्स के दूसरी ओर F तथा $2F$ के बीच	वास्तविक, उल्टा तथा छोटा
$2F'$ पर है	लेन्स के दूसरी ओर $2F$ पर	वास्तविक, उल्टा वस्तु के बराबर आकार का
$2F'$ तथा F' के बीच है	लेन्स के दूसरी ओर $2F$ तथा अनन्त के बीच	वास्तविक, उल्टा तथा बड़ा
प्रथम फोकस F' पर है	लेन्स के दूसरी ओर अनन्त पर	वास्तविक, उल्टा तथा बहुत बड़ा
प्रथम फोकस F' तथा C के बीच	अनन्त तथा लेन्स के बीच वस्तु की ओर	आभासी, सीधा तथा बड़ा

अवतल लेन्स से प्रतिबिम्ब का बनना

(Image Formed by Concave Lens)

निम्न चित्रानुसार वस्तु की हर स्थिति में प्रतिबिम्ब आभासी, सीधा, वस्तु से छोटा व लेन्स तथा फोकस के बीच बनता है।

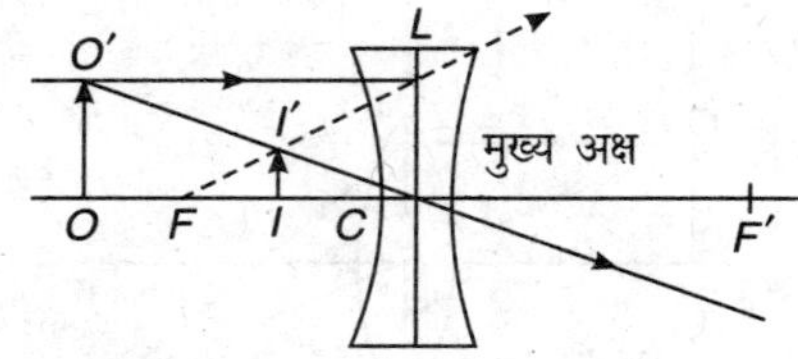

चिह्न परिपाटी (Sign Convention)

(i) लेन्स पर प्रकाश-किरणें सदैव बाईं ओर से डाली जाती हैं।

(ii) समस्त दूरियाँ लेन्स के प्रकाशिक केन्द्र से मुख्य अक्ष के समान्तर नापी जाती हैं।

(iii) वे दूरियाँ जो आपतित किरण की दिशा में मापी जाती हैं, धनात्मक ली जाती हैं।

(iv) वे दूरियाँ जो आपतित किरण की विपरीत दिशा में नापी जाती हैं, ऋणात्मक ली जाती हैं।

(v) वस्तु अथवा प्रतिबिम्ब की लम्बाई मुख्य अक्ष के ऊपर की ओर धनात्मक तथा नीचे की ओर ऋणात्मक ली जाती है।

इन नियमों के अनुसार,

	उत्तल लेन्स में	अवतल लेन्स में
(a)	$u \to$ सदैव –ve	$u \to$ सदैव –ve
(b)	$v \to$ सदैव +ve एक स्थिति को छोड़कर जब वस्तु प्रकाशिक केन्द्र तथा F के बीच में होती है	$v \to$ सदैव –ve
(c)	$f \to$ सदैव +ve	$f \to$ सदैव –ve

लेन्स का सूत्र (Lens Formula)

दोनों प्रकार के लेन्सों के लिए वस्तु की दूरी (u), प्रतिबिम्ब की दूरी (v) तथा फोकस दूरी (f) में सम्बन्ध निम्न प्रकार है

$$\frac{1}{v} - \frac{1}{u} = \frac{1}{f}$$

इस सूत्र का उपयोग करते समय ज्ञात दूरियों के मान उचित चिह्न सहित रखते हैं। अज्ञात दूरियों के मान चिह्न सहित प्राप्त हो जाते हैं।

रेखीय आवर्धन (Linear Magnification)

लेन्स द्वारा बने किसी वस्तु प्रतिबिम्ब की लम्बाई तथा वस्तु की लम्बाई के अनुपात को रेखीय आवर्धन कहते हैं। अत:

$$\text{रेखीय आवर्धन} = \frac{\text{प्रतिबिम्ब की लम्बाई } (I)}{\text{वस्तु की लम्बाई } (O)}$$

$$= \frac{\text{लेन्स से प्रतिबिम्ब की दूरी}}{\text{लेन्स से वस्तु की दूरी}}$$

$$\therefore \quad m = \frac{I}{O} = \frac{v}{u}$$

लेन्स की क्षमता (Power of Lens)

लेन्स की प्रकाश-किरणों को अभिसारित या अपसारित करने की क्षमता को लेन्स की क्षमता कहते हैं। किसी लेन्स की क्षमता P, लेन्स की फोकस दूरी (f) के व्युत्क्रम के बराबर होती है। यदि फोकस दूरी मीटर में ली जाती है, तो

$$P = \frac{1}{f} \text{ डायोप्टर}$$

यदि f दूरी सेमी में नापी गई है तब, $P = \frac{100}{f}$ डायोप्टर

उत्तल लेन्स की क्षमता धनात्मक (+) तथा अवतल लेन्स की क्षमता ऋणात्मक (–) होती है।

कुछ महत्वपूर्ण सूत्र (Some Important Formulae)

जब आवर्धन m तथा फोकस दूरी f ज्ञात हैं

(i) प्रतिबिम्ब का क्षेत्रफल $= m^2 \times$ वस्तु का क्षेत्रफल

(ii) लेन्स से वस्तु की दूरी, $u = \frac{(1-m)}{m} f$

(iii) लेन्स से प्रतिबिम्ब की दूरी, $v = (1-m) f$

लेन्सों का संयोजन (Combination of Lenses)

सम्पर्क में रखे लेन्सों से बने संयुक्त लेन्स की फोकस दूरी सूत्र $\frac{1}{F}=\frac{1}{f_1}+\frac{1}{f_2}$ तथा क्षमता सूत्र $P=P_1+P_2$ से ज्ञात की जाती हैं।

चूँकि उत्तल लेन्स की फोकस दूरी धनात्मक होती है, अत: उत्तल लेन्स की क्षमता भी धनात्मक होगी। इसी प्रकार, अवतल लेन्स की फोकस दूरी ऋणात्मक होती है तो क्षमता भी ऋणात्मक होगी। उपरोक्त सूत्र से यह स्पष्ट है कि लेन्स की फोकस दूरी जितनी कम होगी, उसकी क्षमता उतनी ही अधिक होगी।

लेन्सों के उपयोग (Uses of Lenses)

लेन्सों का हमारे जीवन में बहुत उपयोग किया जाता है।

1. घड़ीसाज, घड़ी के छोटे-छोटे पुर्जे देखने के लिए उत्तल लेन्स का उपयोग करता है।
2. चिकित्सा में, आँख, नाक तथा कान में बीमारी को देखने के लिए उत्तल लेन्स का प्रयोग करते हैं।
3. उत्तल लेन्स का प्रयोग फोटोग्राफिक कैमरे, सूक्ष्मदर्शी, दूरदर्शी तथा अन्य प्रकाशिक यन्त्रों में किया जाता है।

अभ्यास प्रश्न

1. उत्तल लेन्स के समान आकार का प्रतिबिम्ब प्राप्त करने के लिए लेन्स के मुख्य अक्ष पर वस्तु को रखना होगा
(a) लेन्स की फोकस दूरी पर
(b) अनन्त पर
(c) लेन्स की फोकस दूरी से दोगुनी दूरी पर
(d) लेन्स की फोकस दूरी से आधी दूरी पर

2. एक लेन्स को पुस्तक के छपे पृष्ठ पर रखकर थोड़ा ऊपर उठाने से अक्षर बड़े दिखायी देते हैं तो पुस्तक लेन्स से होगी
(a) f दूरी पर
(b) $2f$ दूरी पर
(c) अनन्त दूरी पर
(d) लेन्स के प्रकाशिक केन्द्र व फोकस के बीच

3. किसी उत्तल लेन्स से बना प्रतिबिम्ब आभासी होगा यदि
(a) वस्तु अनन्त पर हो
(b) वस्तु फोकस पर हो
(c) वस्तु F तथा $2F$ के बीच हो
(d) वस्तु फोकस व प्रकाशिक केन्द्र के बीच हो

4. यदि किसी उत्तल लेन्स की फोकस दूरी f सेमी हो, तो उसकी क्षमता होगी
(a) $-\frac{100}{f}$ D (b) $\frac{1}{f}$ D
(c) $+\frac{100}{f}$ D (d) $\pm\frac{100}{f}$ D

5. मीटरों में नापी गयी फोकस दूरी के व्युत्क्रम को कहते हैं
(a) लेन्स की क्षमता (b) लेन्स का आवर्धन
(c) वस्तु की दूरी (d) प्रतिबिम्ब की दूरी

6. एक उत्तल लेन्स के सामने उसके फोकस से 9 सेमी दूर एक वस्तु है। वस्तु का वास्तविक, उल्टा व बड़ा प्रतिबिम्ब फोकस से 16 सेमी की दूरी पर बनता है। लेन्स की फोकस दूरी होगी
(a) 12 सेमी (b) 24 सेमी (c) –12 सेमी (d) –24 सेमी

7. एक उत्तल लेन्स से 5 सेमी की दूरी पर स्थित एक वस्तु का प्रतिबिम्ब वस्तु की ओर उससे दोगुना बड़ा बनता है। यदि वस्तु को उसी लेन्स से 15 सेमी की दूरी पर रखा जाए, तो प्रतिबिम्ब की लेन्स से दूरी होगी
(a) 15 सेमी (b) 20 सेमी (c) 12 सेमी (d) 30 सेमी

8. लेन्स से 10 सेमी की दूरी पर रखी वस्तु का प्रतिबिम्ब वस्तु से 10 सेमी की दूरी पर वस्तु के पीछे बनता है। लेन्स की फोकस दूरी होगी
(a) 10 सेमी (b) 15 सेमी
(c) 20 सेमी (d) 25 सेमी

9. 0.12 मी फोकस दूरी के उत्तल लेन्स से वस्तु का तीन गुना वास्तविक प्रतिबिम्ब पर्दे पर प्राप्त करने के लिए वस्तु को लेन्स से दूर रखना चाहिए
(a) 0.12 मी (b) 0.15 मी
(c) 0.14 मी (d) 0.16 मी

10. एक लेन्स की फोकस दूरी +20 सेमी है। यदि इसके सम्पर्क में एक अन्य लेन्स लगा दिया जाए ताकि इसकी सम्मिलित फोकस दूरी –40 सेमी हो जाए तो दूसरे लेन्स की शक्ति होगी
(a) + 1.7 D (b) –5.0 D
(c) – 7.5 D (d) –1.7 D

11. अभिसारी किरणों के मार्ग में 20 सेमी फोकस दूरी वाले अवतल लेन्स को रखने पर किरणें लेन्स से 15 सेमी पीछे अक्ष पर फोकस होती हैं। लेन्स की अनुपस्थिति में किरणें फोकस होती हैं
(a) 8.6 सेमी पर (b) 6.8 सेमी पर
(c) 7.8 सेमी पर (d) 9.8 सेमी पर

12. एक वस्तु 30 सेमी फोकस दूरी वाले अवतल लेन्स के फोकस पर स्थित है। प्रतिबिम्ब की स्थिति होगी
(a) –15 सेमी (b) 15 सेमी
(c) 10 सेमी (d) –10 सेमी

13. एक मोमबत्ती किसी पर्दे से 90 सेमी की दूरी पर रखी है। 20 सेमी की फोकस दूरी पर उनके बीच रखे उत्तल लेन्स से पर्दे पर वास्तविक और छोटा स्पष्ट प्रतिबिम्ब बनता है। लेन्स से मोमबत्ती की दूरी होगी
(a) 30 सेमी (b) 60 सेमी
(c) –30 सेमी (d) – 70 सेमी

14. एक प्रदीप्त स्लिट उत्तल लेन्स के सामने 40 सेमी की दूरी पर रखी है। लेन्स की फोकस दूरी 15 सेमी है। पर्दे पर बने प्रतिबिम्ब का आवर्धन होगा
(a) $\frac{2}{3}$ (b) $\frac{-4}{5}$
(c) $\frac{-3}{5}$ (d) 2

15. एक उत्तल लेन्स की फोकस दूरी 20 सेमी है। इससे वस्तु का दोगुना बड़ा वास्तविक प्रतिबिम्ब बनता है। वस्तु की लेन्स से दूरी होगी
(a) –30 सेमी (b) –20 सेमी
(c) –60 सेमी (d) 30 सेमी

16. एक उत्तल लेन्स से 15 सेमी दूर रखी वस्तु का चार गुना बड़ा वास्तविक प्रतिबिम्ब बनता है। उत्तल लेन्स की फोकस दूरी है
(a) 10 सेमी (b) 12 सेमी
(c) 15 सेमी (d) 8 सेमी

17. निम्न में से सही कथन है

(a) उत्तल लेन्स से कभी सीधा तथा कभी उल्टा प्रतिबिम्ब बनता है

(b) अवतल लेन्स से सदैव आभासी, सीधा तथा छोटा प्रतिबिम्ब बनता है

(c) अवतल लेन्स द्वारा बना प्रतिबिम्ब सदैव लेन्स व फोकस के बीच बनता है

(d) उपरोक्त सभी

18. एक वस्तु तथा अपसारी लेन्स के बीच की दूरी लेन्स की फोकस दूरी की m गुनी है। लेन्स द्वारा रेखीय आवर्धन होगा

(a) $(1+m^2)$ (b) $\frac{1}{1+m}$ (c) $(m+1)$ (d) $\frac{1}{(1+m^2)}$

19. एक व्यक्ति, जिसकी सुस्पष्ट देखने की न्यूनतम दूरी 30 सेमी है, 4 सेमी फोकस दूरी का उत्तल लेन्स आवर्धन काँच के रूप में प्रयोग करता है, उसके द्वारा प्राप्त आवर्धन है

(a) 9.50

(b) 7.50

(c) 8.50

(d) उपरोक्त में से कोई नहीं

उत्तरमाला

1. (c)	**2.** (d)	**3.** (d)	**4.** (c)	**5.** (a)	**6.** (a)	**7.** (d)	**8.** (c)	**9.** (d)	**10.** (c)
11. (a)	**12.** (a)	**13.** (b)	**14.** (c)	**15.** (a)	**16.** (b)	**17.** (d)	**18.** (b)	**19.** (c)	

संकेत एवं हल

6. प्रश्नानुसार, $u = -(f+9)$ सेमी

तथा $v = (f+16)$ सेमी

सूत्र $\frac{1}{v} - \frac{1}{u} = \frac{1}{f}$ में मान रखने पर

$$\frac{1}{f+16} + \frac{1}{f+9} = \frac{1}{f}$$

हल करने पर

$$f^2 = 16 \times 9 = 144$$
$$f = 12 \text{ सेमी}$$

7. प्रश्नानुसार, $\frac{v}{u} = 2$

$\therefore$ $\frac{v}{-5} = 2$

तब $v = -10$ सेमी

सूत्र $\frac{1}{f} = \frac{1}{v} - \frac{1}{u}$ में मान रखने पर

$$\frac{1}{f} = \frac{1}{-10} + \frac{1}{5}$$
$$f = 10 \text{ सेमी}$$

अब $u = -15$ सेमी, $f = 10$ सेमी

$\therefore$ $\frac{1}{v} + \frac{1}{15} = \frac{1}{10}$

$$\frac{1}{v} = \frac{1}{10} - \frac{1}{15}$$

$\therefore$ $v = 30$ सेमी

8. दिया है, $u = -10$ सेमी, $v = -20$ सेमी

$\therefore$ $\frac{1}{f} = \frac{1}{v} - \frac{1}{u}$

$$= -\frac{1}{20} + \frac{1}{10} = \frac{1}{20}$$
$$f = 20 \text{ सेमी}$$

9. आवर्धन, $m = \frac{v}{u} = -3$

या $v = -3u$

दिया है, $f = 12$ सेमी

$\therefore$ सूत्र $\frac{1}{v} - \frac{1}{u} = \frac{1}{f}$ से

$$-\frac{1}{3u} - \frac{1}{u} = \frac{1}{12}$$
$$u = -16 \text{ सेमी} = -0.16 \text{ मी}$$

10. सूत्र $\frac{1}{F} = \frac{1}{f_1} + \frac{1}{f_2}$ से

$$-\frac{1}{40} = \frac{1}{20} + \frac{1}{f_2}$$

या $\frac{1}{f_2} = -\frac{1}{40} - \frac{1}{20} = -\frac{3}{40}$

$\therefore$ $P = \frac{100}{f_2} = 100 \times \left(-\frac{3}{40}\right)$

$$P = -7.5 \text{ D}$$

11. माना लेन्स की अनुपस्थिति में, किरणें बिन्दु O पर फोकस होती हैं। यह बिन्दु लेन्स के लिए आभासी वस्तु का कार्य करता है।

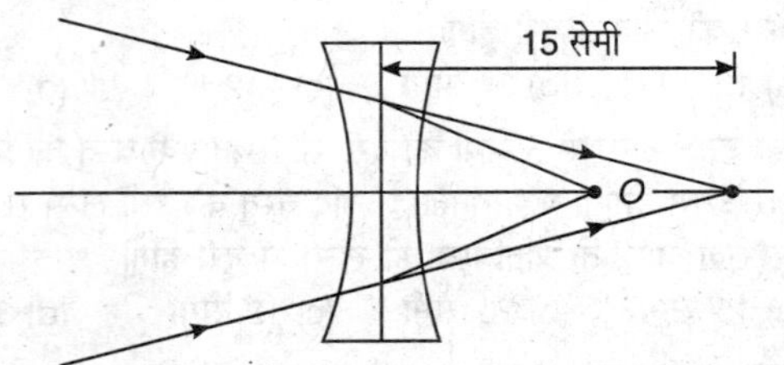

दिया है, $v = 15$ सेमी, $f = -20$ सेमी

तब $\frac{1}{v} - \frac{1}{u} = \frac{1}{f}$ से

$$\frac{1}{15}-\frac{1}{u}=-\frac{1}{20}$$

या $$\frac{1}{u}=\frac{1}{20}+\frac{1}{15}$$

$$=\frac{3+4}{60}=\frac{7}{60}$$

∴ $$u=\frac{60}{7}=8.57 \text{ सेमी} = 8.6 \text{ सेमी}$$

अत: लेन्स की अनुपस्थिति में किरणें 8.6 सेमी दूर बिन्दु O पर फोकस होगी।

12. प्रश्नानुसार, $f=-30$ सेमी, $u=-30$ सेमी

तब $\frac{1}{v}-\frac{1}{u}=\frac{1}{f}$ में मान रखने पर

$$\frac{1}{v}+\frac{1}{30}=-\frac{1}{30}$$

या $$\frac{1}{v}=-\frac{1}{30}-\frac{1}{30}=-\frac{1}{15}$$

∴ $v=-15$ सेमी

13. माना मोमबत्ती की लेन्स से दूरी $=x$ सेमी

लेन्स व पर्दे के बीच की दूरी $=90-x$

प्रश्नानुसार, $f=20$, $u=-x$, $v=90-x$

सूत्र $\frac{1}{v}-\frac{1}{u}=\frac{1}{f}$ से

$$\frac{1}{90-x}+\frac{1}{x}=\frac{1}{20}$$

या $$x^2-90x+1800=0$$

∴ $x=60$ अथवा 30

अत: $x=60$ सेमी के लिए आवर्धन $m=\frac{v}{u}$ का आंकिक मान 1 से कम होगा।

इसलिए अभीष्ट दूरी $x=60$ सेमी।

14. दिया है, $f=15$ सेमी, $u=-40$ सेमी

∴ $\frac{1}{v}-\frac{1}{u}=\frac{1}{f}$ से

$$\frac{1}{v}+\frac{1}{40}=\frac{1}{15}$$

∴ $v=24$ सेमी

आवर्धन, $m=\frac{v}{u}=\frac{24}{-40}=-\frac{3}{5}$

15. फोकस दूरी $f=20$ सेमी। चूँकि प्रतिबिम्ब वास्तविक है, अत: आवर्धन ऋणात्मक होगा।

∴ $$\frac{v}{u}=-2$$

या $$v=-2u$$

∵ $\frac{1}{v}-\frac{1}{u}=\frac{1}{f}$ से

∴ $$-\frac{1}{2u}-\frac{1}{u}=\frac{1}{20}$$

∴ $u=-30$ सेमी

16. प्रश्नानुसार, $u=-15$ सेमी

$$m=\frac{v}{u}=-4$$

∴ $v=-4u=60$ सेमी

सूत्र $\frac{1}{f}=\frac{1}{v}-\frac{1}{u}$ से

$$\frac{1}{f}=\frac{1}{60}+\frac{1}{15}=\frac{5}{60}=\frac{1}{12}$$

$f=12$ सेमी

17

प्रकाशिक यन्त्र

Optical Instruments

मानव नेत्र (Human Eye)

हमारा नेत्र एक अभिसारी लेन्स की भाँति कार्य करता है जो माँसपेशियों द्वारा अपने स्थान पर टिका होता है। जब किसी वस्तु से आने वाली किरणें नेत्र में प्रवेश करती हैं तो नेत्र-लेन्स द्वारा अपवर्तित होकर उस वस्तु का वास्तविक, छोटा तथा उल्टा प्रतिबिम्ब रेटिना (retina) पर बनाती हैं जिसे मस्तिष्क सीधा अनुभव करता है। नेत्र-लेन्स में अपनी फोकस-दूरी बदलने का गुण होता है जिसके कारण हम निकट तथा दूर की वस्तुओं को स्पष्ट देख सकते हैं।

आँख, दूरदर्शक तथा सूक्ष्मदर्शी की तरह एक प्रकाशिक यन्त्र है। इसका लेन्स प्रोटीन से बने पारदर्शी पदार्थ का बना होता है।

नेत्र की संरचना (Structure of Eye)

मानव नेत्र की रचना कैमरे की रचना से बहुत कुछ मिलती है। यह प्रकृति का मानव शरीर में दिया हुआ एक प्रकाशित यन्त्र है। *आँख के प्रमुख भाग निम्न होते हैं*

(a) दृढ़ पटल (Sclera), (b) श्वेत मण्डल (Cornia),
(c) आइरिस (Iris), (d) पुतली (Pupil),
(e) नेत्र लेन्स (Eye Lens), (f) कोरोइड (Choroid),
(g) रेटिना (Retina),
(h) जलीय द्रव (Aquous humour),
(i) कंचाभ द्रव (Vitreous humour)।

नेत्र लेन्स (Eye Lens)

यह आँख में लगा माँसपेशियों से बना उत्तल लेन्स होता है जो वस्तु का प्रतिबिम्ब रेटिना पर बनाता है। नेत्र लेन्स की फोकस दूरी आँख को फैला और सिकोड़ कर बदली जा सकती है।

समायोजन क्षमता (Accommodation Power)

आँख के लेन्स की वक्रता त्रिज्या को बदलने की क्षमता को आँख की समायोजन क्षमता कहते हैं। ऐसा आँख के मुख पृष्ठ को सिलियरी पेशियों की सहायता से बदलकर किया जा सकता है।

स्पष्ट दृष्टि की न्यूनतम दूरी

(Least Distance of Distinct Vision)

वह कम-से-कम दूरी है जिस पर रखी वस्तु आँख को स्पष्ट दिखाई देती है। इसे D से प्रदर्शित करते हैं। स्वस्थ आँख के लिए D का मान 25 सेमी होता है।

निकट बिन्दु (Near Point)

नेत्र से न्यूनतम दूरी पर स्थित वह बिन्दु जिसे नेत्र अधिकतम समंजन क्षमता लगाकर स्पष्ट रूप से देख सकता है, नेत्र का निकट बिन्दु कहलाता है।

दूर बिन्दु (Distant Point)

वह दूरतम बिन्दु जिसे नेत्र बिना समायोजन के स्पष्ट देख सके, नेत्र का दूर बिन्दु कहलाता है। सामान्य आँख के लिए यह बिन्दु अनन्त पर होता है।

आँख की श्रान्त अवस्था (Relaxed State of Eye)

अत्यधिक दूरी (अनन्त) पर स्थित वस्तु से आने वाली समान्तर किरणों को नेत्र लेन्स स्वत: ही रेटिना पर केन्द्रित करता है जिससे वस्तु स्पष्ट दिखाई पड़ती है। इस दशा में माँसपेशियाँ ढीली रहती हैं अर्थात् उन पर किसी प्रकार का तनाव नहीं पड़ता है तथा आँख श्रान्त अवस्था में होती है। इस स्थिति में नेत्र लेन्स की फोकस दूरी अधिकतम होती है।

दर्शन कोण (Visual Angle)

वस्तु का आभासी आकार उस कोण के समानुपाती होता है जो वस्तु द्वारा आँख पर बनाया जाता है। इस कोण को दर्शन कोण कहते हैं। दर्शन कोण का मान जितना अधिक होगा, वस्तु का आभासी आकार उतना ही बड़ा दिखाई देगा।

निकट दृष्टि दोष (Myopia)

इस दोष से पीड़ित व्यक्ति को निकट की वस्तुएँ तो दिखाई देती हैं परन्तु दूर की वस्तुएँ स्पष्ट दिखाई नहीं देतीं क्योंकि नेत्र का दूर बिन्दु अनन्त पर न होकर कम दूरी पर आ जाता है।

कारण

निकट दृष्टि दोष वाले मनुष्य की आँख के रेटिना की नेत्र लेन्स से दूरी सामान्य की अपेक्षा बढ़ जाती है या नेत्र लेन्स की फोकस दूरी घट जाती है और एक सीमा से ऊपर उसे समायोजित नहीं किया जा सकता।

निवारण

इस दोष के निवारण हेतु चश्में में इतनी फोकस दूरी वाला अवतल लेन्स लगाते हैं जितनी कि बिन्दु की दूरी।

नोट *यदि किसी निकट दृष्टि दोष वाले व्यक्ति की आँख के लिए दूर बिन्दु की दूरी x मी है तो उसे अनन्त पर रखी वस्तु को देखने के लिए चश्में में x मी फोकस दूरी वाले अवतल लेन्स को प्रयुक्त करना होगा।*

दूर दृष्टि दोष (Hypermetropia)

इस दोष से पीड़ित व्यक्ति को दूर की वस्तुएँ तो स्पष्ट दिखाई देती हैं परन्तु निकट की वस्तुएँ स्पष्ट दिखाई नहीं देतीं। इस दोष से आँख का निकट बिन्दु 25 सेमी से अधिक दूर हो जाता है।

कारण

दूर दृष्टि दोष वाले मनुष्य की आँख के रेटिना की नेत्र लेन्स से दूरी सामान्य की अपेक्षा घट जाती है या नेत्र लेन्स की फोकस दूरी बढ़ जाती है और एक सीमा से नीचे उसे समायोजित नहीं किया जा सकता।

निवारण

इस दोष के निवारण हेतु मनुष्य के चश्मे में इतनी फोकस दूरी वाला उत्तल लेन्स लगाया जाता है जिससे वह पुस्तक को 25 सेमी पर रखकर ही स्पष्ट रूप से पढ़ सके।

अन्ध बिन्दु (Blind Point)

जिस स्थान पर प्रकाश तन्त्रिका रेटिना को छेदकर मस्तिष्क में जाती है वहाँ प्रकाश का कोई प्रभाव नहीं पड़ता। इस स्थान को अन्ध बिन्दु कहते हैं।

वर्णान्धता (Colour Blindness)

कुछ व्यक्तियों की आँखों के रेटिना में शंकु कम होते हैं। जिससे वे कुछ रंगों को नहीं देख पाते हैं। ऐसे व्यक्तियों को वर्णान्ध (colour blind) कहते हैं। ऐसे व्यक्ति सामान्यत: तो ठीक देख सकते हैं परन्तु रंगों में ठीक प्रकार से अन्तर नहीं कर पाते। यह दोष जन्मजात अर्थात् आनुवंशिक होता है। इसका कोई उपचार नहीं है।

सूक्ष्मदर्शी (Microscope)

वह प्रकाशिक यन्त्र है जिसकी सहायता से सूक्ष्म वस्तु का आभासी एवं आवर्धित प्रतिबिम्ब स्पष्ट दृष्टि की न्यूनतम दूरी पर बनता है। *सूक्ष्मदर्शी दो प्रकार के होते हैं*

1. सरल सूक्ष्मदर्शी (Simple Microscope)

सरल सूक्ष्मदर्शी में कम फोकस दूरी का उत्तल लेन्स होता है। इसके द्वारा वस्तु का आभासी, बड़ा व सीधा प्रतिबिम्ब स्पष्ट दृष्टि की न्यूनतम दूरी D पर बनता है, जोकि संलग्न चित्र से स्पष्ट है।

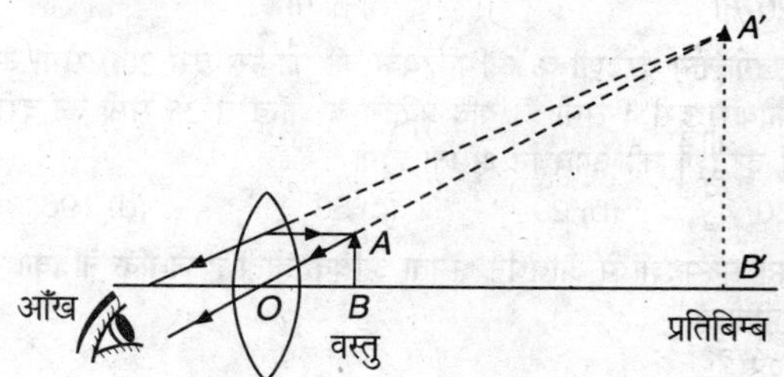

सरल सूक्ष्मदर्शी की आवर्धन क्षमता

यदि प्रतिबिम्ब स्पष्ट दृष्टि की न्यूनतम दूरी पर बने तो

$$m = 1 + \frac{D}{f}$$

यदि प्रतिबिम्ब अनन्त पर बने (अर्थात् श्रान्त नेत्र के लिए) तो

$$m = \frac{D}{f}$$

यहाँ, D = स्पष्ट दृष्टि की न्यूनतम दूरी

f = प्रयुक्त लेन्स की फोकस दूरी

m = सूक्ष्मदर्शी की आवर्धन क्षमता

2. संयुक्त सूक्ष्मदर्शी (Compound Microscope)

संयुक्त सूक्ष्मदर्शी से अत्यधिक छोटी वस्तुओं के बहुत बड़े प्रतिबिम्ब देखे जाते हैं। इसकी आवर्धन क्षमता सरल सूक्ष्मदर्शी की तुलना में बहुत अधिक होती है।

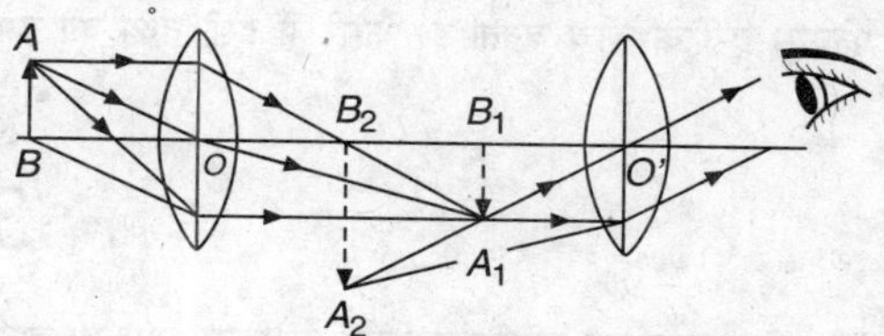

संयुक्त सूक्ष्मदर्शी में कम फोकस दूरी वाले दो लेन्स एक नलिका में फिट होते हैं। (i) अभिदृश्यक लेन्स (objective lens)—वस्तु की ओर वाला—इस लेन्स का द्वारक बहुत छोटा होता है और फोकस दूरी भी बहुत कम होती है। (ii) नेत्रिका (eye-piece)—आँख की ओर वाला—इसका द्वारक बड़ा होता है तथा फोकस दूरी भी अभिदृश्यक की अपेक्षा कुछ अधिक होती है।

संयुक्त सूक्ष्मदर्शी की आवर्धन क्षमता

यदि प्रतिबिम्ब स्पष्ट दृष्टि की न्यूनतम दूरी पर बने तो आवर्धन

$$m = m_o \times m_e = \frac{v_o}{u_o}\left(1 + \frac{D}{f_e}\right)$$

जहाँ u_o तथा v_o अभिदृश्यक की वस्तु तथा पहले प्रतिबिम्ब से दूरियाँ हैं।

इस अवस्था में संयुक्त सूक्ष्मदर्शी की नलिका की लम्बाई $(v_o + f_e)$ की अपेक्षा थोड़ी-सी कम होती है।

श्रान्त आँख (relaxed eye) के लिए प्रतिबिम्ब अनन्त पर बनता है। अत: आँख की श्रान्त अवस्था के लिए सूक्ष्मदर्शी की नलिका की लम्बाई $(v_o + f_e)$ होगी। चूँकि $f_e << v_o$, अत: नलिका की लम्बाई $L = v_o$; तब आवर्धन

$$m = \frac{v_o}{u_o} \times \frac{D}{f_e} \approx \frac{L}{f_o} \cdot \frac{D}{f_e}$$

जहाँ L नली की लम्बाई है तथा f_o तथा f_e क्रमश: अभिदृश्यक तथा नेत्रिका की फोकस दूरियाँ हैं।

खगोलीय दूरदर्शी (Astronomical Telescopce)

यह आकाशीय पिण्डों अथवा बहुत अधिक दूरी पर स्थित वस्तुओं को देखने के लिए प्रयोग किया जाता है। वस्तु की ओर वाले लेन्स को अभिदृश्यक तथा दूसरे को नेत्रिका कहते हैं। इसमें अभिदृश्यक की फोकस दूरी व द्वारक नेत्रिका की फोकस दूरी व द्वारक से अधिक होते हैं।

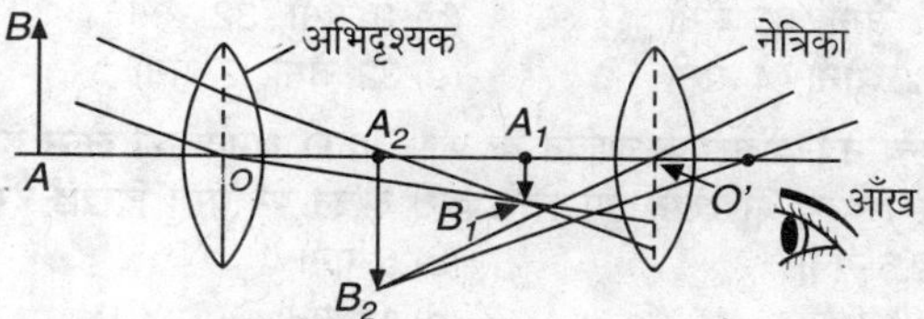

खगोलीय दूरदर्शी की आवर्धन क्षमता

यदि अन्तिम प्रतिबिम्ब स्पष्ट दृष्टि की न्यूनतम दूरी (D) पर बनता है, तब

$$m = \frac{f_o}{f_e}\left(1 + \frac{f_e}{D}\right)$$

इस अवस्था में खगोलीय दूरदर्शी की लम्बाई $f_o = f_e$ से थोड़ा कम होती है।

यदि अन्तिम प्रतिबिम्ब अनन्त पर बनता है, तब अभिदृश्यक का मुख्य फोकस तथा नेत्रिका का प्रथम फोकस एक ही बिन्दु पर होंगे। अत: दूरदर्शी की नलिका की लम्बाई

$$L = f_o + f_e$$

तथा आवर्धन $m = \dfrac{f_o}{f_e}$

फोटोग्राफिक कैमरा (Photographic Camera)

फोटोग्राफिक कैमरा एक ऐसी युक्ति है। जिसके द्वारा फोटोग्राफिक फिल्म या प्लेट पर किसी वस्तु का स्थायी प्रतिबिम्ब बनाया जाता है। हम जानते हैं कि उत्तल लेन्स के सामने जब कोई वस्तु लेन्स से उसकी दोगुनी फोकस दूरी से अधिक दूरी पर रखी जाती है तब उसका वास्तविक, उल्टा और छोटा प्रतिबिम्ब लेन्स से दूसरी ओर उसकी फोकस दूरी और दोगुनी फोकस दूरी के बीच बनता है। कैमरे में इसी तथ्य का उपयोग कर किसी वस्तु का फिल्म पर फोटो प्राप्त किया जाता है।

अभ्यास प्रश्न

1. मनुष्य की आँख वस्तु का प्रतिबिम्ब आँख के किस भाग पर बनाती है?
(a) आइरिस (b) पुतली (c) रेटिना (d) कोर्निया

2. विभिन्न दूरी पर स्थित वस्तुओं के प्रतिबिम्ब को फोकस करने के लिए आँख के लेन्स की फोकस दूरी परिवर्तित होती है
(a) पुतली द्वारा (b) सिलियरी पेशियों द्वारा
(c) दृष्टिपटल द्वारा (d) अन्ध बिन्दु द्वारा

3. जब हम अनन्त पर रखी किसी वस्तु को देखते हैं तो लेन्स और रेटिना के बीच की दूरी होती है लेन्स की फोकस दूरी से
(a) आधी (b) दोगुनी (c) बराबर (d) अधिक

4. आवर्धक लेन्स को कहते हैं
(a) सरल सूक्ष्मदर्शी (b) सरल दूरदर्शी
(c) संयुक्त सूक्ष्मदर्शी (d) इनमें से कोई नहीं

5. एक उत्तल लेन्स सरल सूक्ष्मदर्शी की तरह प्रयुक्त किया गया है जिसकी आवर्धन क्षमता 5 है। लेन्स की फोकस दूरी होगी
(a) 6.25 सेमी (b) 5 सेमी
(c) – 625 सेमी (d) – 5 सेमी

6. निकट दृष्टि दोष वाले व्यक्ति के लिए प्रतिबिम्ब बनता है
(a) रेटिना पर (b) रेटिना से पहले
(c) रेटिना से पीछे (d) प्रतिबिम्ब बनता ही नहीं

7. निकट दृष्टि दोष को दूर करने के लिए प्रयोग करते हैं
(a) उत्तल लेन्स (b) अवतल लेन्स
(c) अवतल दर्पण (d) कोई भी लेन्स

8. एक खगोलीय दूरदर्शी की आवर्धन क्षमता सामान्य दृष्टि के लिए 16 है। यदि सामान्य दृष्टि के लिए व्यवस्थित करने पर अभिदृश्यक लेन्स तथा नेत्रिका के बीच की दूरी 34 सेमी हो तो अभिदृश्यक लेन्स तथा नेत्रिका की फोकस दूरियाँ होंगी
(a) 4 सेमी, 30 सेमी (b) 2 सेमी, 32 सेमी
(c) 30 सेमी, 4 सेमी (d) 32 सेमी, 2 सेमी

9. सामान्य नेत्र वाले एक व्यक्ति के पास 40 D क्षमता का लेन्स है। आँख को श्रान्त अवस्था में रखते हुए लेन्स द्वारा देखने पर वस्तु दिखाई देगी
(a) 2.5 गुनी (b) 5 गुनी
(c) 10 गुनी (d) 11 गुनी

10. उत्तल लेन्स द्वारा उपचार होता है।
(a) निकट दृष्टि दोष का
(b) दूर दृष्टि दोष का
(c) वर्णान्धता का
(d) निकट और दूर दृष्टि दोनों का

11. एक दूर दृष्टि वाला व्यक्ति चश्मा खो जाने पर कागज के बने छोटे से छेद में को पढ़ लेता है। इसका कारण है
(a) छिद्रयुक्त कागज से वस्तु का प्रतिबिम्ब कम दूरी पर बन जाता है
(b) छेद वस्तु की दूरी को कम कर देता है
(c) छेद वस्तु की दूरी को बढ़ा देता है
(d) ऐसा करने से लेन्स की फोकस दूरी बढ़ जाती है

12. चश्मा प्रयुक्त करने वाले व्यक्ति को माइक्रोस्कोप का उपयोग करने के लिए
(a) चश्मा उतार लेना चाहिए
(b) वह माइक्रोस्कोप का उपयोग कर ही नहीं सकता
(c) वह चश्मा पहने ही माइक्रोस्कोप का उपयोग कर सकता है
(d) चश्मा लगाए रखने या उतार लेने, दोनों स्थितियों में कोई अन्तर नहीं

13. माइक्रोस्कोप के अभिदृश्यक की फोकस दूरी होती है
(a) नेत्रिका की फोकस दूरी के बराबर
(b) नेत्रिका की फोकस दूरी से कम
(c) नेत्रिका की फोकस दूरी से अधिक
(d) अनन्त

14. टेलिस्कोप के अभिदृश्यक की फोकस दूरी 120 सेमी तथा व्यास 6 सेमी तथा नेत्रिका की फोकस दूरी 2 सेमी है। टेलिस्कोप की आवर्धन क्षमता है
(a) 12 (b) 24 (c) 60 (d) 300

15. एक दूरदर्शी के अभिदृश्यक की फोकस दूरी f_o सेमी है। 10 गुना आवर्धन प्राप्त करने के लिए नेत्रिका की फोकस दूरी होगी
(a) $2f_o$ (b) $3f_o$ (c) $\frac{f_o}{3}$ (d) $\frac{f_o}{2}$

16. निकट दृष्टि दोष से पीड़ित मनुष्य की आँख के लिए निकट बिन्दु होता है
(a) 25 सेमी से कम दूरी पर (b) 25 सेमी से अधिक दूरी पर
(c) 25 सेमी दूरी पर (d) उपरोक्त में से कोई नहीं

17. कोई मनुष्य 5 मी की दूरी तक स्पष्ट देख सकता है। 10 मी स्पष्ट देखने के लिए आवश्यक लेन्स की फोकस दूरी होगी
(a) 10 मी (b) – 10 मी
(c) 20 मी (d) 5 मी

18. एक खगोलीय दूरदर्शी के अभिदृश्यक की फोकस दूरी 200 सेमी और नेत्रिका की फोकस दूरी 4 सेमी है। यदि प्रतिबिम्ब आँख से 25 सेमी की दूरी पर बनता है तो दूरदर्शी की आवर्धन क्षमता होगी
(a) 50 (b) 29 (c) 58 (d) 196

19. संयुक्त सूक्ष्मदर्शी में आवर्धन क्षमता अधिक होती है जबकि नेत्रिका की फोकस दूरी होती है
(a) कम
(b) अधिक
(c) अभिदृश्यक की फोकस दूरी के बराबर
(d) शून्य

20. मानव नेत्र के रेटिना पर बना वस्तु का प्रतिबिम्ब होता है
(a) वास्तविक व सीधा (b) वास्तविक व उल्टा
(c) आभासी व सीधा (d) आभासी व उल्टा

21. एक सूक्ष्मदर्शी की नलिका की लम्बाई 15 सेमी है तथा अभिदृश्यक लेन्स की फोकस दूरी 5 सेमी है। यदि आवर्धन क्षमता 375 है तो नेत्रिका लेन्स की फोकस दूरी है
(a) 5 सेमी (b) 1.0 सेमी
(c) 2 सेमी (d) 15 सेमी

22. एक मनुष्य की स्पष्ट दृष्टि न्यूनतम दूरी 25 सेमी है। 10 सेमी की फोकस दूरी वाले उत्तल लेन्स का उपयोग सरल सूक्ष्मदर्शी की भाँति करने पर उस मनुष्य की अधिक-से-अधिक आवर्धन क्षमता होगी

(a) 1.5 (b) 2.5 (c) 3.5 (d) 4.5

23. सामान्य नेत्र वाले एक व्यक्ति के पास 20 डायोप्टर की क्षमता वाला आवर्धन लेन्स है। आँख को श्रान्त अवस्था में रखते हुए लेन्स की आवर्धन क्षमता होगी

(a) 10 (b) 5
(c) 15 (d) 6

24. एक खगोलीय दूरदर्शी के अभिदृश्यक तथा अभिनेत्र लेन्सों की फोकस दूरियाँ क्रमश: 100 सेमी तथा 5 सेमी हैं। सामान्य संयोजन में उसकी आवर्धन क्षमता होगी

(a) 25 (b) 20 (c) 3 (d) 40

25. एक व्यक्ति 2 मी तक की दूरी स्पष्ट देख सकता है। यदि उसे 6 मी तक की दूरी स्पष्ट देखनी हो तो जो लेन्स प्रयोग करना चाहिए वह है

(a) 0.66 D, अवतल (b) 0.66 D, उत्तल
(c) 0.33 D, उत्तल (d) 0.33 D, अवतल

26. एक संयुक्त सूक्ष्मदर्शी के अभिदृश्यक के द्वारा I_o प्रतिबिम्ब बनता है तथा नेत्रिका द्वारा I_e प्रतिबिम्ब बनता है, तो

(a) I_o काल्पनिक है, तथा I_e वास्तविक
(b) I_o वास्तविक है, तथा I_e काल्पनिक
(c) I_o तथा I_e दोनों वास्तविक हैं
(d) I_o तथा I_e काल्पनिक हैं

27. मानव नेत्र में रेटिना पर बनने वाला प्रतिबिम्ब

(a) सीधा होता है, परन्तु उल्टा दिखाई देता है
(b) उल्टा होता है, परन्तु सीधा दिखाई देता है
(c) सीधा होता है, सीधा दिखाई देता है
(d) उल्टा होता है, उल्टा दिखाई देता है

28. दूर दृष्टि दोष से पीड़ित एक मनुष्य के निकट बिन्दु की दूरी 0.40 मी है। इस दोष के निवारण हेतु उपयोग में लाए गए लेन्स की प्रकृति तथा फोकस की दूरी होगी

(a) अवतल तथा 6.67 सेमी (b) उत्तल तथा 6.67 सेमी
(c) उत्तल तथा 66.7 सेमी (d) अवतल तथा 66.7 सेमी

उत्तरमाला

1. (c)	2. (b)	3. (c)	4. (a)	5. (a)	6. (b)	7. (b)	8. (d)	9. (c)	10. (b)
11. (a)	12. (a)	13. (b)	14. (c)	15. (d)	16. (a)	17. (b)	18. (c)	19. (a)	20. (b)
21. (c)	22. (c)	23. (b)	24. (b)	25. (d)	26. (b)	27. (b)	28. (c)		

संकेत एवं हल

5. आवर्धन, $m = 1 + \frac{D}{f} \quad \therefore \quad 5 = 1 + \frac{25}{f} \Rightarrow \frac{25}{f} = 4$

अत: $f = \frac{25}{4} = 6.25$ सेमी

8. प्रश्नानुसार, $\frac{f_o}{f_e} = 16$ तथा $f_o + f_e = 34$

हल करने पर $f_e = 2$ सेमी तथा $f_o = 32$ सेमी

9. श्रान्त आँख के लिए $m = \frac{D}{f} = \frac{25}{100} \times 40;\ m = 10$

14. आर्वधन क्षमता $m = \frac{f_o}{f_e}$ (श्रान्त आँख के लिए)

$$m = \frac{120}{2} = 60$$

17. दिया है, $v = -5$ मी, $u = -10$ मी

$$\frac{1}{f} = -\frac{1}{5} + \frac{1}{10} = -\frac{1}{10};\ f = -10 \text{ मी}$$

18. $m = \frac{f_o}{f_e}\left(1 + \frac{f_e}{D}\right) = \frac{200}{4}\left(1 + \frac{4}{25}\right)$

$$m = 50\left(1 + \frac{4}{25}\right) = 50 + 8 = 58$$

21. $m = \frac{L}{f_o} \times \frac{D}{f_e};\ f_e = \frac{L}{f_o} \times \frac{D}{m}$

$$f_e = \frac{15 \times 25}{0.5 \times 375} = \frac{1}{0.5} = 2 \text{ सेमी}$$

22. $m = 1 + \frac{D}{f};\ m = 1 + \frac{25}{10} = 3.5$

23. क्षमता, $P = \frac{1}{f} \therefore f = \frac{1}{P} = \frac{1}{20}$ मी

$$f = 5 \text{ सेमी} \because m = \frac{D}{f} = \frac{25}{5} = 5$$

24. $m = \frac{f_o}{f_e} = \frac{100}{5} = 20$

25. दिया है, $v = -2$ मी, $u = -6$ मी

$$\therefore \frac{1}{f} = \frac{1}{v} - \frac{1}{u} = -\frac{1}{2} - \frac{1}{-6} = \frac{-2}{6} = \frac{-1}{3} \quad \therefore \quad f = -3 \text{ मी}$$

अत: क्षमता, $P = \frac{1}{f} = -\frac{1}{3}\text{ D} = -0.33\text{ D}$

ऋण चिह्न प्रदर्शित करता है कि लेन्स अवतल है।

28. $u = -25$ सेमी, $v = -0.40$ सेमी

$$\frac{1}{f} = \frac{1}{v} - \frac{1}{u} \quad \Rightarrow \quad \frac{1}{f} = \frac{1}{-40} - \frac{1}{-25}$$

$$\frac{1}{f} = \frac{-5+8}{200} = \frac{3}{200};\ f = 66.7 \text{ सेमी}$$

इस दृष्टि दोष के निवारण के लिये उत्तल लेन्स का प्रयोग किया जाता है।

18

वैद्युत घटनाओं का परमाणवीय मॉडल

Atomic Model of Electrical Phenomena

आवेश (Charge)

जब कोई वस्तु इलेक्ट्रॉनों का त्याग करती है अथवा इलेक्ट्रॉनों को ग्रहण करती है तब उसमें एक अतिरिक्त गुण आ जाता है अर्थात् वस्तु विद्युतमय हो जाती है। इसे आवेशन कहते हैं। यह विद्युत आवेश दो प्रकार का होता है— 1. धन आवेश, 2. ऋण आवेश। इलेक्ट्रॉनों को त्यागने पर धन आवेश उत्पन्न होता है जबकि इलेक्ट्रॉनों को ग्रहण करने पर ऋण आवेश उत्पन्न होता है।

आवेश से सम्बन्धित कुछ बिन्दु निम्नवत् हैं

(i) धन तथा ऋण आवेश साथ-साथ होते हैं और परस्पर बराबर होते हैं।

(ii) समान प्रकार के अर्थात् सजातीय आवेश एक-दूसरे को प्रतिकर्षित करते हैं तथा विपरीत प्रकार के अर्थात् विजातीय आवेश एक-दूसरे को आकर्षित करते हैं।

(iii) किसी वस्तु के विद्युतीकरण के लिए इलेक्ट्रॉन ही उत्तरदायी होते हैं तथा आवेशन की क्रिया इलेक्ट्रॉनों के स्थानान्तरण के फलस्वरूप होती है।

(iv) एक इलेक्ट्रॉन पर 1.6×10^{-19} कूलॉम का आवेश होता है अर्थात् $e = 1.6 \times 10^{-19}$ कूलॉम।

चालक तथा अचालक

(Conductor and Non-Conductor)

कुछ पदार्थों में आवेश एक स्थान से दूसरे स्थान पर आसानी से स्थानान्तरित हो जाता है। ऐसे पदार्थों को चालक कहते हैं। जैसे—लोहा, पीतल, चाँदी, सोना, ताँबा, अम्ल, जलीय विलयन व क्षार आदि। इन पदार्थों में आवेशों का प्रवाह सुगमतापूर्वक हो जाता है। इसके विपरीत, जिन पदार्थों में आवेशों का प्रवाह सुगमता से नहीं होता है, उन पदार्थों को हम अचालक कहते हैं। जैसे—रबड़, प्लास्टिक, कागज आदि।

चालक से सम्बन्धित तथ्य (Facts Related to the Conductor)

(i) इलेक्ट्रॉनों की संख्या = $\frac{\text{आवेश}}{e}$ अथवा

आवेश = $e \times$ इलेक्ट्रॉनों की संख्या या $q = ne$

(ii) इलेक्ट्रॉनों की संख्या = प्रोटॉनों की संख्या

(iii) परमाणु क्रमांक अथवा परमाणु संख्या = प्रोटॉनों की संख्या

(iv) तत्व का परमाणु भार = परमाणु संख्या + न्यूट्रॉनों की संख्या

यदि परमाणु भार x, परमाणु संख्या y तथा न्यूट्रॉनों की संख्या z है, तो $x = y + z$

चालक तथा अचालक में अन्तर

(Difference between Conductor and Non-Conductor)

क्र.सं.	चालक	अचालक
1.	इनमें आवेश सुगमतापूर्वक प्रवाहित हो जाता है।	इनमें आवेश प्रवाहित नहीं होता है।
2.	इनकी विशिष्ट चालकता बहुत अधिक होती है।	इनकी विशिष्ट चालकता बहुत कम होती है।
3.	ताप बढ़ाने पर इनकी विशिष्ट चालकता कम हो जाती है।	ताप बढ़ाने पर इनकी विशिष्ट चालकता बढ़ जाती है।
4.	इनमें मुक्त इलेक्ट्रॉनों का भण्डार होता है।	इनमें मुक्त इलेक्ट्रॉन नहीं होते हैं।

दो बिन्दु आवेशों के बीच बल

(Force between Two Point Charges)

दो स्थिर बिन्दु आवेशों के बीच लगने वाला आकर्षण अथवा प्रतिकर्षण बल दोनों आवेशों की मात्राओं के गुणनफल के अनुक्रमानुपाती तथा उनके बीच की दूरी के वर्ग के व्युत्क्रमानुपाती होता है। **इसे कूलॉम का नियम भी कहते है।**

इस प्रकार, यदि दो बिन्दु आवेश q_1 व q_2 एक-दूसरे से r दूरी पर स्थित हों, तो उनके बीच लगने वाले बल का परिमाण

$$F \propto q_1 q_2$$

तथा $$F \propto \frac{1}{r^2}$$

$$\therefore \quad F = k \times \frac{q_1 q_2}{r^2}$$

या $$F = 9.0 \times 10^9 \times \frac{q_1 q_2}{r^2}$$

प्रायः k को $\frac{1}{4\pi\varepsilon_0}$ या 9.0×10^9 लिया जाता है। इसका मात्रक न्यूटन-मी^{2}/कूलॉम^2 है।

इलेक्ट्रॉन तथा प्रोट्रॉन के बीच कार्य करने वाला विद्युत बल F_e, उनके बीच कार्य करने वाले गुरुत्वाकर्षण बल F_g का 10^{40} गुना होता है। अतः $\frac{F_e}{F_g} = 10^{40}$

अभ्यास प्रश्न

1. आवेश $+q_1, -q_1$ तथा $+q_2$ एक सरल रेखा पर इस प्रकार स्थित हैं कि $+q_1$ व $-q_1$ की दूरी तथा $-q_1$ व $+q_2$ की दूरी समान हैं। $+q_1$ पर कुल बल शून्य करने के लिये q_2 का परिमाण होगा

$+q_1$ (A) —— $-q_1$ (B) —— $+q_2$ (C)

(a) $\frac{q_1}{4}$ (b) $2q_1$

(c) q_1 (d) $4q_1$

2. एक छल्ले से धातु की 5 गेंदें सिल्क के धागे से अलग-अलग टंगी हैं। गेंदें (1, 2) व (2, 5) एक-दूसरे को आकर्षित करती हैं, जबकि गेंदें (1, 3) व (4, 5) एक-दूसरे को प्रतिकर्षित करती हैं, तो गेंद 2 पर आवेश के बारे में निश्चित रूप से निष्कर्ष निकाला जाता है कि

(a) यह गेंद ऋणावेशित है

(b) यह गेंद उदासीन है

(c) वह गेंद धनावेशित है

(d) जानकारी अपूर्ण है, अतः कोई निष्कर्ष नहीं निकाला जा सकता

3. एक धनावेशित वस्तु को पृथ्वी से जोड़ने पर वस्तु उदासीन हो जाती है तो इस क्रिया में

(a) पृथ्वी से स्वन्त्र इलेक्ट्रॉन वस्तु में आ जाते हैं

(b) वस्तु से इलेक्ट्रॉन पृथ्वी में आ जाते हैं

(c) वस्तु में से प्रोटॉन निकलकर पृथ्वी में आ जाते हैं

(d) उपरोक्त में से कोई नहीं

4. एक वस्तु में 8 इलेक्ट्रॉन सामान्य अवस्था से कम हैं तथा दूसरी में 10 इलेक्ट्रॉन सामान्य अवस्था से अधिक हैं। इनको आपस में मिलाने से संयुक्त वस्तु होगी

(a) धनावेशित (b) उदासीन

(c) ऋणावेशित (d) इनमें से कोई नहीं

5. $2\ \mu C$ तथा $-0.01\ mC$ के आवेश एक-दूसरे से 30 सेमी की दूरी पर रखे हैं। इनके बीच लगने वाले बल का चिह्न सहित मान होगा

(a) 5 न्यूटन (b) – 2 न्यूटन (c) 2 न्यूटन (d) – 5 न्यूटन

6. एक धनावेशित छड़, धागे से लटकी गोली के समीप लाए जाने पर गोली को आकर्षित करती है। हम निश्चित रूप से कह सकते हैं कि

(a) गोली ऋणावेशित है

(b) गोली उदासीन है

(c) गोली धनावेशित है

(d) जानकारी अपूर्ण है, अतः कोई निष्कर्ष नहीं निकाला जा सकता

7. पृथ्वी पर आवेश कितने प्रकार के पाये जाते हैं?

(a) दो प्रकार के (b) तीन प्रकार के

(c) (a) तथा (b) दोनों (d) इनमें कोई नहीं हैं

8. आवेशन की क्रिया में स्थानान्तरण होता है

(a) इलेक्ट्रॉनों का (b) प्रोटॉनों का

(c) न्यूट्रॉनों का (d) किसी का नहीं

9. किसी अचालक को प्रेरण द्वारा

(a) आवेशित कर सकते हैं (b) आवेशित नहीं कर सकते

(c) उदासीन कर सकते हैं (d) इनमें से कोई नहीं

10. एक चालक पर 12.8×10^{-19} कूलॉम ऋणावेश है। इस चालक पर सामान्य अवस्था में इलेक्ट्रॉन अधिक हैं

(a) 5 (b) 6 (c) 7 (d) 8

11. धातुओं में विद्युत चालन होता है

(a) प्रोट्रॉनों के कारण (b) मुक्त इलेक्ट्रॉनों के कारण

(c) न्यूट्रॉनों के कारण (d) परमाणुओं के निकट होने के कारण

12. एक चालक पर 11.2×10^{-19} कूलॉम का धनावेश है। इस चालक पर सामान्य अवस्था से इलेक्ट्रॉन कम हैं

(a) 7 (b) 10 (c) 11 (d) 12

13. एक वस्तु में 12 इलेक्ट्रॉन सामान्य अवस्था से अधिक हैं तथा दूसरी वस्तु में 7 इलेक्ट्रॉन सामान्य अवस्था से कम हैं। इनको सम्पर्क में लाने पर संयुक्त वस्तु पर आवेश होगा

(a) 5 इलेक्ट्रॉनों के बराबर (b) 4 इलेक्ट्रॉनों के बराबर

(c) 3 इलेक्ट्रॉनों के बराबर (d) इनमें से कोई नहीं

14. दो सजातीय आवेशों में 1.6 न्यूटन का प्रतिकर्षण बल लगता है, जबकि उनके बीच की दूरी 0.04 मी है। यदि दूरी 0.02 मी कर दी जाए, तो उनके बीच बल लगेगा

(a) 2.3 न्यूटन (b) 4 न्यूटन

(c) 6.4 न्यूटन (d) 4.6 न्यूटन

15. एबोनाइट की छड़ को महीन कोमल रोएँ से रगड़ा जाता है, तो 10^{19} इलेक्ट्रॉन एबोनाइट छड़ पर चले जाते हैं। एबोनाइट छड़ पर आवेश होगा

(a) 3.2 कूलॉम (b) 1.6 कूलॉम

(c) शून्य (d) 1.6×10^{-19} कूलॉम

16. एक तत्व के परमाणु की कक्षा में 8 इलेक्ट्रॉन हैं। इस परमाणु की नाभिक में प्रोटॉन होंगे

(a) 8 (b) 10

(c) 5 (d) 6

17. एक चालक पर 8×10^{-19} कूलॉम का ऋणावेश है। इस चालक पर सामान्य अवस्था में इलेक्ट्रॉन अधिक हैं

(a) 2 (b) 4

(c) 5 (d) 10

18. एक तत्व के परमाणु के नाभिक में 12 न्यूट्रॉन तथा 11 प्रोटॉन हैं। इनकी कक्षा में इलेक्ट्रॉनों की संख्या होगी

(a) 11 (b) 23

(c) 12 (d) 1

19. एक धनावेशित वस्तु और ऋणावेशित वस्तु को समीप लाने पर उनके बीच लगेगा

(a) आकर्षण बल (b) प्रतिकर्षण बल

(c) दोनों बल (d) उपरोक्त में से कोई नहीं

20. एक इलेक्ट्रॉन व एक प्रोटॉन के बीच

(a) स्थिर विद्युत बल, गुरुत्वाकर्षण बल की अपेक्षा अधिक प्रबल होता है

(b) गुरुत्वाकर्षण बल, स्थिर विद्युत बल की अपेक्षा अधिक प्रबल होता है

(c) दोनों की प्रबलता समान होती है

(d) उपरोक्त में से कोई नहीं

उत्तरमाला

1. (d)	2. (d)	3. (a)	4. (c)	5. (b)	6. (d)	7. (a)	8. (a)	9. (b)	10. (d)
11. (b)	12. (a)	13. (a)	14. (c)	15. (a)	16. (a)	17. (c)	18. (a)	19. (a)	20. (a)

संकेत एवं हल

1. $-q_1$ आवेश के कारण, $+q_1$ आवेश पर आकर्षण बल

$$F_{AB} = k\frac{q_1 q_2}{r^2}$$

यह बल $\vec{\mathbf{AB}}$ के अनुदिश है।

$+q_2$ आवेश के कारण, $+q_1$ आवेश पर प्रतिकर्षण बल

$$\therefore \quad F_{AC} = k\frac{q_1 q_2}{(2r)^2}$$

यह बल $\vec{\mathbf{CA}}$ के अनुदिश है अर्थात् F_{AB} व F_{AC} परस्पर विपरीत हैं।

$$F_{AB} = F_{AC}$$

$$\frac{q_1 \times q_1}{r^2} = \frac{q_1 \times q_2}{4r^2}$$

$$q_2 = 4q_1$$

2. चूँकि गेंद 2, गेंद 5 द्वारा आकर्षित होती है। अत: 2 के बारे में कोई निष्कर्ष नहीं निकाला जा सकता। इसकी निश्चित जाँच प्रतिकर्षण द्वारा हो सकती थी जिसकी जानकारी प्रश्न में नहीं दी गई है।

3. धनावेशित वस्तु को पृथ्वी से जोड़ने पर पृथ्वी से स्वतन्त्र इलेक्ट्रॉन वस्तु में आ जाते हैं जिससे वस्तु आवेशरहित हो जाती है।

4. आपस में मिलाने पर 2 इलेक्ट्रॉनों की अधिकता होगी। अत: वस्तु ऋणावेशित होगी।

5. दिया है, $q_1 = 2 \times 10^{-6}$ कूलॉम

$q_2 = -0.01 \times 10^{-3}$ कूलॉम

तथा $r = 0.3$ मी

$$\therefore \quad F = 9 \times 10^9 \times \frac{q_1 q_2}{r^2}$$

$$F = \frac{9 \times 10^9 \times 2 \times 10^{-6} \times (-0.01 \times 10^{-3})}{(0.3)^2}$$

$F = -2$ न्यूटन

6. कोई वस्तु आवेशित है या नहीं इसकी निश्चित जाँच प्रतिकर्षण द्वारा होती है क्योंकि प्रश्न में गोली उदासीन होते हुए भी (प्रेरण के कारण) आकर्षित हो सकती है।

10. सूत्र $q = ne$ से

$$n = \frac{q}{e} = \frac{12.8 \times 10^{-19}}{1.6 \times 10^{-19}} = 8$$

12. इलेक्ट्रॉनों की संख्या

$$n = \frac{q}{e} = \frac{11.2 \times 10^{-19}}{1.6 \times 10^{-19}} = 7$$

चूँकि चालक पर धन आवेश है अत: चालक पर 7 इलेक्ट्रॉनों की कमी है।

14. हम जानते हैं कि, $F \propto \frac{1}{r^2}$

$$\therefore \quad \frac{F_2}{F_1} = \left(\frac{r_1}{r_2}\right)^2$$

$$\because \quad \frac{r_1}{r_2} = \frac{0.04}{0.02} = 2$$

$$\therefore \quad \frac{F_2}{F_1} = (2)^2 = 4$$

$\therefore \quad F_2 = 4F_1 = 6.4$ न्यूटन

15. एबोनाइट छड़ पर आवेश $= q \times e$

$= 10^{19} \times 1.6 \times 10^{-19}$

$= 1.6$ कूलॉम

19
विद्युत धारा, विभव एवं विद्युत सेल
Electric Current, Potential and Electric Cell

विद्युत धारा (Electric Current)

किसी चालक पदार्थ में किसी दिशा में दो बिन्दुओं के बीच आवेश के प्रवाह की दर को विद्युत धारा कहते हैं।

यदि चालक में t सेकण्ड में q कूलॉम आवेश प्रवाहित हो, तो चालक में विद्युत धारा

$$i = \frac{q}{t}$$

चूँकि आवेश इलेक्ट्रॉन के रूप में प्रवाहित होता है। अत:

यदि t सेकण्ड में n इलेक्ट्रॉन प्रवाहित हों, तो प्रवाहित विद्युत आवेश

$$q = ne$$

$$\therefore \quad i = \frac{ne}{t}$$

जहाँ e इलेक्ट्रॉन का आवेश है, $e = 1.6 \times 10^{-19}$ कूलॉम

विद्युत धारा का मात्रक एम्पियर होता है।

1 एम्पियर = 1 कूलॉम/सेकण्ड

विद्युत धारा दो प्रकार की होती है

1. **दिष्ट धारा** (Direct Current) दिष्ट धारा का तात्पर्य उस धारा से है जो केवल एक दिशा में प्रवाहित होती है। जैसे—सेल, दिष्ट धारा जनित्र आदि में प्रवाहित धारा।
2. **प्रत्यावर्ती धारा** (Alternating Current) यह धारा परिमाण तथा दिशा में समय के साथ परिवर्तित होती है अर्थात् एक निश्चित समय के पश्चात् उसी दिशा तथा परिमाण के साथ उसकी पुनरावृत्ति होती है। इसे ही प्रत्यावर्ती धारा कहते हैं। जैसे—बल्ब, हीटर, पंखा आदि में इस धारा का उपयोग होता है।

विद्युत विभव (Electric Potential)

किसी एकांक धन आवेश को अनन्त से किसी बिन्दु तक लाने में किया गया कार्य उस बिन्दु पर विद्युत विभव कहलाता है।

$$V = \frac{W}{q} = \frac{\text{कार्य (जूल)}}{\text{आवेश (कूलॉम)}}$$

विद्युत विभव भी एक सदिश राशि है। विभव का मात्रक वोल्ट होता है।

1 वोल्ट = 1 जूल/कूलॉम

विभवान्तर (Potential Difference)

एक विद्युत क्षेत्र में स्थित दो बिन्दुओं के मध्य विभवान्तर वह कार्य है जो इकाई धन आवेश (अर्थात् 1 कूलॉम धन आवेश) को एक बिन्दु से दूसरे बिन्दु तक लाने में करना पड़ता है। इसका मात्रक वोल्ट है।

यदि धन आवेश q को बिन्दु B से A तक ले जाने में W कार्य करना पड़े तो A व B के बीच विभवान्तर

$$V_A - V_B = \frac{W}{q}$$

विद्युत सेल (Electric Cell)

वह युक्ति जो रासायनिक ऊर्जा का विद्युत ऊर्जा में रूपान्तरण करती है, **'विद्युत सेल'** कहलाती है। *ये दो प्रकार के होते हैं*

1. **प्राथमिक सेल** (Primary Cell) प्रयुक्त रासायनिक पदार्थ के समाप्त होने पर इन सेलों से विद्युत धारा बन्द हो जाती है। पुन: विद्युत धारा प्राप्त करने के लिए नया रासायनिक पदार्थ डालना पड़ता है। इन सेलों को आवेशित नहीं किया जा सकता। लेक्लांशी, डेनियल, वोल्टीय सेल आदि प्राथमिक सेल होती हैं।
2. **द्वितीयक सेल** (Secondary Cell) सीसा संचायक सेल व क्षारीय सेल द्वितीयक सेल हैं। इन सेलों को पुन: आवेशित किया जा सकता है। इस प्रक्रिया में विद्युत ऊर्जा, सेल में रासायनिक ऊर्जा में संचित हो जाती है। बाह्य परिपथ में जोड़ने पर यह संचित ऊर्जा ही पुन: विद्युत ऊर्जा में बदलती रहती है।

ये सेल यद्यपि महँगे तथा भारी होते हैं परन्तु इनसे स्थिर विद्युत वाहक बल प्राप्त किया जा सकता है।

प्राथमिक सेलों का संक्षिप्त विवरण

सेल का नाम	ऋणात्मक इलेक्ट्रोड	धनात्मक इलेक्ट्रोड	विद्युत अपघट्य	विध्रुवक	विद्युत वाहक बल
साधारण या वोल्टीय सेल	Zn	Cu	H_2SO_4 का तनु विलयन	—	1.08 वोल्ट
लेक्लांशे सेल	Zn	C	NH_4Cl का संतृप्त विलयन	MnO_2	1.46 वोल्ट
शुष्क सेल	Zn	C	NH_4Cl की लेई	MnO_2	1.46 वोल्ट
डेनियल सेल	Zn	Cu	H_2SO_4 का तनु विलयन	$CuSO_4$	1.08 वोल्ट

सेल का विद्युत वाहक बल

(Electromotive Force of a Cell)

यदि किसी परिपथ में q आवेश प्रवाहित करने पर सेल द्वारा किया गया कार्य (अर्थात् सेल द्वारा दी गई ऊर्जा) W को सेल का विद्युत वाहक बल (वि. वा. बल) कहते हैं। इसे E से प्रदर्शित करते हैं।

$$\text{वि. वा. बल, } E = \frac{\text{सेल द्वारा किया गया कार्य } (W)}{\text{प्रवाहित आवेश } (q)}$$

विद्युत वाहक बल प्रत्येक सेल का एक लाक्षणिक होता है जो सेल में प्रयुक्त प्लेटों तथा विद्युत अपघट्य की प्रकृति पर निर्भर करता है। विद्युत वाहक बल का मात्रक जूल/कूलॉम या वोल्ट होता है।

विद्युत क्षेत्र (Electric Field)

किसी आवेश या आवेशों के समूह के निकट उसके चारों ओर का वह क्षेत्र जिसमें एक अन्य आवेश विद्युत प्रभाव का अनुभव करता है, को विद्युत क्षेत्र कहते हैं। इसे एक परीक्षण आवेश (धनात्मक) q_0 द्वारा अनुभव किया जा सकता है। परीक्षण आवेश विद्युत क्षेत्र में चलने की प्रवृत्ति रखता है। परीक्षण आवेश का मान इतना कम होना चाहिए कि इसके द्वारा उत्पन्न क्षेत्र नगण्य हो।

किसी बिन्दु पर परीक्षण आवेश के चलने की दिशा उस बिन्दु पर विद्युत क्षेत्र के अनुदिश होती है। यदि परीक्षण आवेश q_0 पर विद्युत क्षेत्र E द्वारा F बल लगे, तो विद्युत क्षेत्र का मान

$$E = \frac{F}{q_0}$$

E का मात्रक न्यूटन/कूलॉम या वोल्ट/मी है।

गोलीय आवेश (Spherical Charge)

सम्पूर्ण आवेश गोले की सतह पर रहता है। गोले के भीतर कोई आवेश नहीं होता है। गोले की बाहरी सतह एवं भीतर के प्रत्येक बिन्दु पर विभव समान होता है। इसलिए गोले के पृष्ठ को समविभव पृष्ठ (equipotential surface) कहते हैं।
यदि r त्रिज्या के गोले पर q आवेश है, तो सतह पर

$$\text{विद्युत क्षेत्र की तीव्रता} = \frac{Kq}{r^2}$$

तथा

$$\text{विभव} = \frac{Kq}{r}$$

अभ्यास प्रश्न

1. घरों में प्रयुक्त धारा होती है
(a) दिष्ट धारा
(b) प्रत्यावर्ती धारा
(c) उपरोक्त दोनों
(d) उपरोक्त में से कोई नहीं

2. किसी विद्युत परिपथ में एकांक धनावेश को दो बिन्दुओं के बीच स्थानान्तरित करने में किया गया कार्य कहलाता है
(a) विद्युत धारा (b) विभवान्तर
(c) आवेश (d) विभव

3. सेल का वि. वा. बल निर्भर करता है
(a) प्लेटों के बीच की दूरी पर
(b) सेल की ऊँचाई पर
(c) इलेक्ट्रोडों की प्रकृति पर
(d) उपरोक्त में से कोई नहीं

4. आवेश के प्रवाह की दर को कहते हैं
(a) धारा (b) प्रतिरोध
(c) विभव (d) विभवान्तर

5. किसी धात्वीय तार में विद्युत धारा का प्रवाह होता है
(a) प्रोटॉनों द्वारा (b) आयनों द्वारा
(c) न्यूट्रॉनों द्वारा (d) इलेक्ट्रॉनों द्वारा

6. एक चालक AB में इलेक्ट्रॉन A से B की ओर बह रहे हैं। धारा की दिशा होगी
(a) A से B की ओर
(b) B से A की ओर
(c) AB के लम्बवत्
(d) उपरोक्त में से कोई नहीं

7. लेक्लांशे सेल में विध्रुवक होता है
(a) कार्बन (b) $CuSO_4$
(c) MnO_2 (d) $K_2Cr_2O_7$

8. ताँबे के तार से होकर 2.5×10^{18} मुक्त इलेक्ट्रॉन प्रति सेकण्ड प्रवाहित हो रहे हैं। चालक में धारा है
(a) 0.2 एम्पियर (b) 0.4 एम्पियर
(c) 0.5 एम्पियर (d) 0.1 एम्पियर

9. एक धनावेशित तथा ऋणावेशित गोले को ताँबे के तार से जोड़ने पर गोलों के उदासीन होने में 1 मिली सेकण्ड का समय लगता है तथा इस समय में तार से होकर 200 माइक्रो कूलॉम आवेश गुजर जाता है। तार में प्रवाहित धारा का मान होगा
(a) 0.2 एम्पियर (b) 0.1 एम्पियर
(c) 0.4 एम्पियर (d) 0.6 एम्पियर

10. एक चालक के सिरों का विभवान्तर 1.5 वोल्ट है। एक मुक्त इलेक्ट्रॉन चालक के एक सिरे से दूसरे सिरे तक जाने में कार्य करेगा
(a) 2.4×10^{-19} जूल (b) 2.4 जूल
(c) 2.4×10^{-18} जूल (d) 2.4×10^{-17} जूल

11. किसी चालक के सिरों का विभवान्तर 2 वोल्ट है। इस चालक में 0.1 कूलॉम आवेश प्रवाहित होने पर कार्य होगा
(a) 0.1 जूल (b) 0.2 जूल
(c) 2 जूल (d) 1 जूल

12. जूल/कूलॉम निम्न में से है
(a) एम्पियर (b) वोल्ट
(c) ओम (d) वाट

13. शुष्क सेल का बाहरी खोल, जिसमें मसाला भरा होता है, बना होता है
(a) काँच का (b) कार्बन का
(c) लोहे का (d) जस्ते का

14. विद्युत सेल स्रोत है
(a) इलेक्ट्रॉनों का (b) विद्युत ऊर्जा का
(c) विद्युत आवेश का (d) विद्युत धारा का

15. किसी चालक में धारा का मान 200 मिली एम्पियर है। इससे होकर प्रति सेकण्ड मुक्त इलेक्ट्रॉन गुजरेंगे

(a) 1.25×10^{18} (b) 1.25 (c) 1.25×10^{17} (d) 1.25×10^{20}

16. एक इलेक्ट्रोप्लेटिंग बाथ में से 4 एम्पियर धारा प्रयोग करने पर 36000 कूलॉम आवेश प्रवाहित करने में समय लगेगा

(a) 9 घण्टे (b) 2.5 घण्टे (c) 0.9 घण्टे (d) 0.25 घण्टे

17. Cu^{++} आयतन पर आवेश होगा

(a) 1.6×10^{-19} कूलॉम (b) 18×10^{-19} कूलॉम
(c) 3.2×10^{-19} कूलॉम (d) इनमें से कोई नहीं

18. किसी विद्युत परिपथ के दो बिन्दुओं के बीच 10 कूलॉम आवेश प्रवाहित करने में 250 जूल ऊर्जा व्यय होती है। दोनों बिन्दुओं के बीच विभवान्तर होगा

(a) 20 वोल्ट (b) 10 वोल्ट
(c) 25 वोल्ट (d) 15 वोल्ट

19. एक चालक के सिरों का विभवान्तर 1.5 वोल्ट है तथा उसमें धारा प्रवाहित होने से 20 सेकण्ड में 15 जूल ऊर्जा प्राप्त होती है। चालक में प्रवाहित धारा होगी

(a) 20 एम्पियर (b) 10 एम्पियर
(c) 4 एम्पियर (d) 0.5 एम्पियर

20. किसी तार में एक माइक्रो ऐम्पियर की धारा बह रही है तो 1 सेकण्ड में तार के एक सिरे से होकर दूसरे सिरे तक गुजरने वाले इलेक्ट्रॉनों की संख्या होगी

(a) 6.25×10^{18} (b) 1.6×10^{19} (c) 6.25×10^{12} (d) 625×10^{5}

21. 8 सेमी त्रिज्या के ताँबे के गोले पर 8 कूलॉम का कुल आवेश है। इलेक्ट्रॉन गोले के एक बिन्दु से गोले के विकर्णीय विपरीत बिन्दु तक जाता है। कृत कार्य

(a) इलेक्ट्रॉन के पथ पर निर्भर करेगा
(b) सदैव शून्य होगा
(c) शून्य नहीं होगा और कार्य इलेक्ट्रॉन पर होगा
(d) उपरोक्त में से कोई नहीं

22. शुष्क सेल में विध्रुवक का कार्य करता है

(a) कॉपर सल्फेट (b) मैंगनीज डाइऑक्साइड
(c) अमोनिया क्लोराइड (d) प्लास्टर ऑफ पेरिस

23. एक चालक में 3.5 एम्पियर धारा प्रवाहित हो रही है। चालक से होकर 1 मिनट में कितना आवेश गुजरेगा?

(a) 21 कूलॉम (b) 210 कूलॉम
(c) 42 कूलॉम (d) 3.5 कूलॉम

उत्तरमाला

1. (b)	2. (b)	3. (c)	4. (a)	5. (d)	6. (b)	7. (c)	8. (b)	9. (a)	10. (a)
11. (b)	12. (b)	13. (d)	14. (b)	15. (a)	16. (b)	17. (c)	18. (c)	19. (d)	20. (c)
21. (b)	22. (b)	23. (b)							

संकेत एवं हल

6. धारा की दिशा इलेक्ट्रॉनों के बहने की दिशा के विपरीत होती है।
अतः धारा B से A की ओर बहेगी।

8. सूत्र $i = \frac{ne}{t}$ से

$$i = \frac{2.5 \times 10^{18} \times 1.6 \times 10^{-19}}{1} = 0.4 \text{ एम्पियर}$$

9. प्रवाहित धारा $= \frac{\text{आवेश}}{\text{समय}} = \frac{200 \times 10^{-6}}{1 \times 10^{-3}} = 0.2$ एम्पियर

10. किया गया कार्य = विभवान्तर × आवेश

$$= 1.5 \times 1.6 \times 10^{-19} = 2.4 \times 10^{-19} \text{ जूल}$$

11. आवेश प्रवाहित होने पर कार्य, $W = qV = 0.1 \times 2 = 0.2$ जूल

15. मुक्त इलेक्ट्रॉनों की संख्या, $n = \frac{it}{e} = \frac{200 \times 10^{-3} \times 1}{1.6 \times 10^{-19}} = 1.25 \times 10^{18}$

16. सूत्र $q = it$ से

समय, $t = \frac{q}{i} = \frac{36000}{4} = 9000$ सेकण्ड

$$= \frac{9000}{60 \times 60} \text{ घण्टे} = 2.5 \text{ घण्टे}$$

18. दो बिन्दुओं के बीच विभवान्तर,

$$V = \frac{W}{q}$$

दिया है, $W = 250$ जूल तथा $q = 10$ कूलॉम

$$V = \frac{250}{10} = 25 \text{ वोल्ट}$$

19. 20 सेकण्ड में चालक में प्रवाहित आवेश

$$= \frac{\text{ऊर्जा}}{\text{विभवान्तर}}$$

$$= \frac{15}{1.5} = 10 \text{ कूलॉम}$$

$$\text{धारा} = \frac{\text{आवेश}}{\text{समय}} = \frac{10}{20} = 0.5 \text{ ऐम्पियर}$$

20. $i = \frac{ne}{t}$ से $n = \frac{it}{e}$

दिया है, $i = 1\,\mu A = 10^{-6}$ A

$\therefore$ इलेक्ट्रॉनों की संख्या $n = \frac{10^{-6} \times 1}{1.6 \times 10^{-19}} = \frac{10^{13}}{1.6}$

$$n = 6.25 \times 10^{12}$$

21. गोले की सतह के प्रत्येक बिन्दु पर विभव समान होगा। अतः गोले की सतह पर स्थित किन्हीं दो बिन्दुओं के बीच विभवान्तर शून्य होगा।

$\because$ कृत कार्य = आवेश × विभवान्तर

अतः कृत कार्य = शून्य

23. $i = \frac{q}{t}$ से $q = it$

चालक से गुजरने वाले आवेश की मात्रा

$\therefore$ $q = 3.5 \times 60 = 210$ कूलॉम

20

ओम का नियम, विशिष्ट प्रतिरोध, प्रतिरोधों एवं सेलों का संयोजन

Ohm's Law, Specific Resistance, Combination of Resistances and Cells

विद्युत धारा का मापन

(Measurement of Electric Current)

विद्युत धारा की तीव्रता को जिस उपकरण से मापा जाता है उसे **अमीटर** कहते हैं। यह एक कम प्रतिरोध वाला **धारामापी (गैल्वेनोमीटर)** होता है। आदर्श अमीटर का प्रतिरोध शून्य होना चाहिए। किसी चालक में प्रवाहित धारा को मापने के लिए अमीटर को उस चालक के श्रेणी क्रम में जोड़ते हैं।

विभवान्तर का मापन

(Measurement of Potential Difference)

विभवान्तर को मापने के लिए जिस उपकरण का प्रयोग करते हैं, उसे **वोल्टमीटर** कहते हैं। यह बहुत अधिक प्रतिरोध धारामापी होता है। किसी धारामापी के कुण्डल के श्रेणी क्रम में उच्च प्रतिरोध जोड़ने तथा अंशांकित कर लेने पर यह वोल्टमीटर में परिवर्तित हो जाता है। परिपथ के जिन बिन्दुओं के बीच का विभवान्तर मापना होता है, वोल्टमीटर के टर्मिनल को सीधे उनसे जोड़ दिया जाता है। आदर्श वोल्टमीटर का प्रतिरोध अनन्त (∞) होता है।

किसी चालक के सिरों पर विभवान्तर मापने के लिए वोल्टमीटर को उस चालक के समान्तर क्रम में जोड़ देते हैं।

$$V = iR$$

ओम का नियम (Ohm's Law)

यदि चालक की भौतिक अवस्था (जैसे—लम्बाई, मोटाई, तापक्रम) स्थिर रहे तो चालक में प्रवाहित धारा की प्रबलता (i) चालकता के सिरों पर लगाए गए विभवान्तर (V) के समानुपाती होती है।

अर्थात् $V \propto i$ या $V = iR$

यहाँ R एक नियतांक है जिसे चालक का **प्रतिरोध** कहते हैं। विभवान्तर (V) तथा धारा की प्रबलता (i) के बीच खींचा गया ग्राफ यदि सरल रेखा के रूप में प्राप्त होता है, तो चालक **ओमीय** कहलाता है।

विशिष्ट प्रतिरोध (Specific Resistance)

किसी चालक का प्रतिरोध किसी निश्चित ताप पर उसकी लम्बाई व अनुप्रस्थ काट के क्षेत्रफल पर निम्न प्रकार से निर्भर करता है

1. किसी चालक का प्रतिरोध R, उस चालक की लम्बाई l के अनुक्रमानुपाती होता है।

अतः $R \propto l$ ...(i)

2. प्रतिरोध R, चालक की अनुप्रस्थ काट के क्षेत्रफल A के व्युत्क्रमानुपाती होता है।

अतः $R \propto \frac{1}{A}$ ...(ii)

समी (i) व (ii) से, $R \propto \frac{l}{A}$

या $R = \rho \frac{l}{A}$ ...(iii)

जहाँ ρ (रो, Rho) एक नियतांक है इसे चालक के पदार्थ का **विशिष्ट प्रतिरोध** कहते हैं। इसका मात्रक ओम-मी होता है तथा इसका मान चालक के पदार्थ पर निर्भर करता है।

एक ही पदार्थ के, भिन्न-भिन्न लम्बाइयों के तथा भिन्न-भिन्न मोटाइयों के तारों के प्रतिरोध भिन्न-भिन्न होंगे परन्तु विशिष्ट प्रतिरोध समान होंगे। चाँदी का विशिष्ट प्रतिरोध सबसे कम होता है अतः यह विद्युत का सबसे अच्छा चालक है इसके बाद क्रमशः ताँबा, सोना तथा एल्युमीनियम आते हैं।

विशिष्ट चालकता (Specific Conductivity)

विशिष्ट प्रतिरोध के व्युत्क्रम को विशिष्ट चालकता अथवा विद्युत चालकता कहते हैं इसका मात्रक (ओम-मी)$^{-1}$ अथवा 'मोह/मी' (mho/m) होता है।

प्रतिरोधों का संयोजन (Combination of Resistances)

व्यवहारिक जीवन में विद्युत परिपथ में अनेक प्रतिरोधों के जोड़ने की आवश्यकता होती है। इन प्रतिरोधों को संयोजित करने की दो विधियाँ हैं

1. श्रेणी क्रम में (In Series)

जब $R_1, R_2, R_3, \ldots$ प्रतिरोधों को श्रेणी क्रम में जोड़ा जाता है, तो उनका तुल्य प्रतिरोध, सभी प्रतिरोधों के योग के बराबर होता है, अर्थात्

$$R = R_1 + R_2 + R_3 + \ldots$$

इस क्रम में

(i) जुड़े सभी चालकों में समान प्रबलता की विद्युत धारा प्रवाहित होती है।

(ii) प्रत्येक चालक के सिरों पर विभवान्तर अलग-अलग होता है। परिपथ का कुल विभवान्तर सभी चालकों के विभवान्तर के योग के बराबर होता है।

2. समान्तर क्रम में (In Parallel)

जब $R_1, R_2, R_3, \ldots$ प्रतिरोधों को समान्तर क्रम में जोड़ा जाता है, तो उनके तुल्य प्रतिरोध का व्युत्क्रम उन प्रतिरोधों के व्युत्क्रमों के बराबर होता है, अर्थात्

$$\frac{1}{R} = \frac{1}{R_1} + \frac{1}{R_2} + \frac{1}{R_3} + \ldots$$

इस क्रम में

(i) तुल्य प्रतिरोध का मान संयोजन के प्रत्येक प्रतिरोध के मान से कम होता है।

(ii) सभी प्रतिरोधों के सिरों पर विभवान्तर समान होता है।

(iii) प्रत्येक प्रतिरोध में अलग-अलग प्रबलता की धारा प्रवाहित होती है।

सेल का आन्तरिक प्रतिरोध (Internal Resistance of Cell)

जिस प्रकार तार विद्युत धारा के मार्ग में प्रतिरोध लगाता है, उसी प्रकार सेल का घोल भी विद्युत धारा के मार्ग में प्रतिरोध लगाता है। इस प्रतिरोध को सेल का आन्तरिक प्रतिरोध कहते हैं। इस प्रतिरोध के कारण सेल द्वारा दी गई ऊर्जा का कुछ अंश स्वयं सेल के भीतर ही व्यय हो जाता है, अर्थात् ऊष्मा में बदल जाता है। फलस्वरूप आन्तरिक प्रतिरोध के कारण सेल से प्राप्त धारा की प्रबलता घट जाती है।

आन्तरिक प्रतिरोध (r) को प्रभावित करने वाले तथ्य

(i) दोनों इलेक्ट्रॉडों के बीच की दूरी के समानुपाती होता है।

(ii) विद्युत अपघट्य की सान्द्रता बढ़ाने पर बढ़ जाता है।

(iii) इलेक्ट्रॉडों के विद्युत अपघट्य में डूबे हुए क्षेत्रफल के विलोमानुपाती होता है।

सेल के विद्युत वाहक बल (E) तथा विभवान्तर (V) में सम्बन्ध (Relation between E and V of a Cell)

परिपथ में कुल प्रतिरोध = बाह्य प्रतिरोध + आन्तरिक प्रतिरोध

$= R + r$

$\therefore$ धारा की प्रबलता $(i) = \dfrac{\text{विद्युत वाहक बल } (E)}{\text{कुल प्रतिरोध}}$

$\Rightarrow \quad i = \dfrac{E}{R + r}$

$\Rightarrow \quad i(R + r) = E$

$iR + ir = E \qquad \left[\because \text{ओम के नियम से } V = iR\right]$

$V + ir = E$

$\Rightarrow \quad ir = E - V$

$\therefore \quad i = \dfrac{E - V}{r}$

सेलों का संयोजन (Combination of Cells)

सेलों के संयोजन की निम्न दो विधियाँ हैं

1. श्रेणी क्रम में (In Series)

जब n सेलों को, जिनमें प्रत्येक सेल का वि.वा. बल E तथा आन्तरिक प्रतिरोध r है, श्रेणी क्रम में जोड़ा जाता है, तब कुल वि.वा. बल $= nE$, कुल आन्तरिक प्रतिरोध $= nr$, परिपथ में बाह्य प्रतिरोध R हों, तो धारा (i) की प्रबलता *निम्न सूत्र से ज्ञात करते हैं*

$$\therefore \quad i = \frac{nE}{nr + R}$$

यह संयोजन उस स्थिति में लाभकारी होता है, जब प्रयुक्त सेलों का आन्तरिक प्रतिरोध बहुत कम हो।

2. समान्तर क्रम में (In Parallel)

जब n सेलों को, जिनमें प्रत्येक का वि. वा. बल E तथा आन्तरिक प्रतिरोध r है, समान्तर क्रम में जोड़ा जाता है, तो पूरी बैटरी का वि.वा. बल E ही रहेगा और यदि सेलों का तुल्य आन्तरिक प्रतिरोध R' हो, तो

$$\frac{1}{R'} = \frac{n}{r} \quad \text{या} \quad R' = \frac{r}{n}$$

$$\therefore \quad i = \frac{E}{\frac{r}{n} + R'} = \frac{nE}{r + nR'}$$

यह संयोजन उस समय किया जाता है, जब सेल का आन्तरिक प्रतिरोध बहुत अधिक हो।

अभ्यास प्रश्न

1. सोने के तार का विशिष्ट प्रतिरोध ρ है। जब इसकी लम्बाई दोगुनी बढ़ा दी जाती है, तो इसका विशिष्ट प्रतिरोध हो जाएगा

(a) ρ (b) 2 ρ
(c) ρ/2 (d) ρ/4

2. घरेलू विद्युत परिपथ में सभी युक्तियाँ 220 वोल्ट पर कार्य करती हैं। इसका तात्पर्य है कि वे

(a) श्रेणी क्रम में जुड़ी हैं (b) सभी समान धारा की हैं
(c) सभी समान प्रतिरोध की हैं (d) समान्तर क्रम में जुड़ी हैं

3. बैटरी के टर्मिनल से जुड़ा वोल्टमीटर 6 वोल्ट का पाठ्यांक दर्शाता है। बैटरी से जब लैम्प जलाई जाती है, तो वोल्टमीटर का पाठ्यांक 4 वोल्ट होता है। यदि लैम्प का प्रतिरोध 20 ओम हो, तो बैटरी का प्रतिरोध होगा

(a) 5 ओम (b) 15 ओम
(c) 10 ओम (d) इनमें से कोई नहीं

4. एक प्रतिरोध में 1.5 एम्पियर की धारा प्रवाहित करने पर उसमें 5 वोल्ट का विभवान्तर उत्पन्न होता है। प्रतिरोध के सिरों के बीच 2 वोल्ट का विभवान्तर उत्पन्न करने के लिए धारा प्रवाहित करनी होगी

(a) 0.5 एम्पियर (b) 0.6 एम्पियर
(c) 0.8 एम्पियर (d) 1.0 एम्पियर

5. किसी धातु का विशिष्ट प्रतिरोध 44×10^{-8} ओम-मी है। इस धातु के 1 मी लम्बे और 1 मिमी व्यास वाले तार का प्रतिरोध होगा

(a) 1.2 ओम (b) 0.56 ओम
(c) 0.48 ओम (d) 0.64 ओम

6. ताँबे के दो तार जिनके अनुप्रस्थ काट के क्षेत्रफल क्रमशः 0.1 वर्ग सेमी एवं 0.25 वर्ग सेमी हैं। उनके आयतन समान हों, तो तारों के प्रतिरोध किस अनुपात में होंगे?

(a) 4 : 1 (b) 1 : 4
(c) 6.25 : 1 (d) इनमें से कोई नहीं

7. एक ही पदार्थ के बने दो तारों की त्रिज्याओं का अनुपात 1 : 3 है तथा दोनों का प्रतिरोध परस्पर बराबर है। यदि पहले तार की लम्बाई 3 मी हो, तो दूसरे तार की लम्बाई होगी

(a) 3 मी (b) 9 मी (c) 27 मी (d) 1 मी

8. किसी धातु के तार की किसी लम्बाई का प्रतिरोध 6 ओम है। यदि उसी धातु की दोगुनी लम्बाई और पहले से आधी त्रिज्या की तार ली जाए, तो इस तार का प्रतिरोध होगा

(a) 6 ओम (b) 8 ओम (c) 18 ओम (d) 48 ओम

9. एक सेल का वि. वा. बल 4 वोल्ट है। उसे 8 ओम प्रतिरोध वाले तार से जोड़ने पर परिपथ में 0.4 ऐम्पियर की धारा बहने लगती है। सेल का आन्तरिक प्रतिरोध है

(a) 1 ओम (b) 1.5 ओम (c) 2 ओम (d) 2.5 ओम

10. 0.6 Ω आन्तरिक प्रतिरोध वाली 12 वोल्ट की बैटरी तीन प्रतिरोधों 4Ω, 6Ω तथा 1Ω से श्रेणी क्रम में इस प्रकार जुड़ी है कि 4Ω तथा 6Ω के प्रतिरोध समान्तर क्रम में हैं तथा इन समान्तर प्रतिरोधों की श्रेणी में 1Ω का प्रतिरोध लगा हुआ है। 1Ω प्रतिरोध से गुजरने वाली धारा होगी

(a) 3 एम्पियर (b) 2 एम्पियर
(c) 1 एम्पियर (d) 6.5 एम्पियर

11. किसी बैटरी का विद्युत वाहक बल क्या होगा, यदि 1 एम्पियर धारा प्रवाहित करने पर टर्मिनल विभवान्तर 28.5 वोल्ट हो तथा 2 एम्पियर धारा प्रवाहित करने पर टर्मिनल विभवान्तर 27 वोल्ट हो?

(a) 30 वोल्ट (b) 10 वोल्ट
(c) 28.5 वोल्ट (d) इनमें से कोई नहीं

12. n समान चालकों को समान्तर क्रम में जोड़ने पर परिणामी प्रतिरोध x प्राप्त होता है। यदि इन n चालकों को श्रेणी क्रम में जोड़ा जाए, तो परिणामी प्रतिरोध होगा

(a) x/n^2 (b) nx (c) n^2x (d) nx^2

13. 4 ओम, R ओम तथा 6 ओम के तीन प्रतिरोध क्रमशः बिन्दुओं A से B, B से C तथा C से D पर श्रेणी क्रम में जुड़े हैं। यदि उनमें 2 एम्पियर की धारा प्रवाहित हो रही हो,और B तथा C के बीच विभवान्तर 4 वोल्ट हो, तो R का मान होगा

(a) 10 ओम (b) 2 ओम (c) 1 ओम (d) 5 ओम

14. 12 ओम का प्रतिरोध कितने ओम के तार से संयोजित किया जाए कि परिणामी प्रतिरोध 4 ओम का हो जाए?

[illegible] (b) 6 (c) $\frac{1}{6}$ (d) $\frac{1}{8}$

15. 16 ओम प्रतिरोध के एकसमान परिच्छेद वाले तार को एक वृत्त के रूप में मोड़ा गया है। इस वृत्त के किसी भी व्यास के सिरों के बीच तुल्य प्रतिरोध होगा

(a) 16 ओम (b) 8 ओम
(c) 4 ओम (d) 32 ओम

16. हमारे पास 30 ओम, 10 ओम तथा 20 ओम प्रतिरोधों के दो सेट हैं। एक सैट के प्रतिरोध श्रेणी क्रम में जोड़ दिये गये हैं और दूसरे सेट के प्रतिरोध समान्तर क्रम में जोड़े गये हैं। अब यदि दोनों सेटों को समान्तर क्रम में जोड़ दिया जाए तो तुल्य प्रतिरोध होगा

(a) 3.8 ओम (b) 4 ओम (c) 0.2 ओम (d) 5 ओम

17. किसी विद्युत परिपथ में एक बल्ब जल रहा है। इसकी दीप्ति घटाने के लिए एक प्रतिरोध तार जोड़ना होगा

(a) श्रेणी क्रम में (b) समान्तर क्रम में
(c) किसी भी क्रम में (d) इनमें से कोई नहीं

उत्तरमाला

1. (a)	**2.** (d)	**3.** (c)	**4.** (b)	**5.** (b)	**6.** (c)	**7.** (c)	**8.** (d)	**9.** (c)	**10.** (a)
11. (a)	**12.** (c)	**13.** (b)	**14.** (b)	**15.** (c)	**16.** (d)	**17.** (a)			

संकेत एवं हल

3. दिया है, $E = 6$ वोल्ट, $V = 4$ वोल्ट, $R = 20\,\Omega$

$\therefore$ धारा, $i = \dfrac{V}{R} = \dfrac{4}{20} = 0.2$ एम्पियर

अब, $r = \dfrac{E-V}{i} = \dfrac{6-4}{0.2} = \dfrac{2}{0.2} = 10\,\Omega$

4. $V = iR$

$\therefore \quad R = \dfrac{V}{i}$

या $R = \dfrac{V_1}{i_1} = \dfrac{V_2}{i_2} \Rightarrow \dfrac{5}{1.5} = \dfrac{2}{i} \Rightarrow i = 0.6$ ऐम्पियर

5. सूत्र $R = \dfrac{kL}{A}$,

दिया है $L = 1$ मी, $k = 44 \times 10^{-8}$

$r = \dfrac{1}{2}$ मिमी $= \dfrac{1}{2 \times 1000} = \dfrac{1}{2} \times 10^{-3}$ मी

क्षेत्रफल, $A = \pi r^2 = \dfrac{22}{7} \times \left(\dfrac{1}{2} \times 10^{-3}\right)^2 = \dfrac{22}{7} \times \dfrac{1}{4} \times 10^{-6}$

$$\therefore \quad R = \frac{44 \times 10^{-8} \times 1}{\frac{22}{7} \times \frac{1}{4} \times 10^{-6}} = \frac{44 \times 7 \times 4}{22 \times 100} = 0.56\,\Omega$$

6. आयतन = लम्बाई × अनुप्रस्थ काट का क्षेत्रफल

$\therefore \quad V_1 = V_2$

$\therefore \quad l_1 A_1 = l_2 A_2$

या $\dfrac{l_1}{l_2} = \dfrac{A_2}{A_1}$

पुन: $R = \frac{\rho l}{A}$

$\therefore$ $\frac{R_1}{R_2} = \frac{l_1}{l_2} \times \frac{A_2}{A_1} = \left(\frac{A_2}{A_1}\right)^2$

$\frac{R_1}{R_2} = \left(\frac{0.25}{0.1}\right)^2$

या $R_1 : R_2 = 6.25 : 1$

7. प्रश्नानुसार, $r_1 : r_2 = 1 : 3$

$\therefore$ $A_1 : A_2 = \pi r_1^2 : \pi r_2^2 = 1 : 9$

$\Rightarrow$ $l = \frac{R_1 A_1}{L_1} = \frac{R_2 A_2}{L_2}$

या $\frac{A_1}{L_1} = \frac{A_2}{L_2}$ $(\because R_1 = R_2)$

या $L_2 = \frac{L_1 A_2}{A_1} = 3 \times \frac{9}{1} = 27$ मी

8. $\frac{R_1}{R_2} = \frac{\rho L_1 / A_1}{\rho L_2 / A_2} = \frac{L_1 A_2}{L_2 A_1}$

$\frac{6}{R_2} = \frac{l \times \pi r^2 / 4}{2l \times \pi r^2}$

प्रश्नानुसार, $L_1 = l, L_2 = 2l, r_1 = r, r_2 = r/2$

$\therefore$ $\frac{6}{R_2} = \frac{1}{8}$

$\Rightarrow$ $R_2 = 48\ \Omega$

9. सूत्र $i = \frac{E}{R + r}$ से

$0.4 = \frac{4}{8 + r}$

$8 + r = \frac{4}{0.4} = 10$

$r = 10 - 8 = 2\Omega$

10. माना $4\ \Omega$ तथा $6\ \Omega$ के समान्तर संयोजन का तुल्य प्रतिरोध R' है।

$\therefore$ $\frac{1}{R'} = \frac{1}{4} + \frac{1}{6} = \frac{5}{12}$

$\Rightarrow$ $R' = 2.4\ \Omega$

परिपथ का कुल प्रतिरोध, $R = 2.4 + 1 + 0.6 = 4\ \Omega$

अत: $1\ \Omega$ के प्रतिरोध में धारा, $i = \frac{12}{4} = 3$ एम्पियर

11. सूत्र $V = E - ir$ से

प्रथम स्थिति, $V = 28.5$ वोल्ट, $i = 1$ एम्पियर

$\therefore$ $28.5 = E - 1 \times r$

या $28.5 = E - r$ ...(i)

द्वितीय स्थिति, $V = 27$ वोल्ट, $i = 2$ एम्पियर

$\therefore$ $27 = E - 2 \times r$

या $27 = E - 2r$ ...(ii)

समी (i) में से समी (ii) को घटाने पर,

$r = 1.5$ ओम

r का मान समी (i) में रखने पर

$28.5 = E - 15$

या $E = 28.5 + 1.5 = 30$ वोल्ट

12. माना प्रत्येक प्रतिरोध का मान $= x$

तो समान्तर क्रम में तुल्य प्रतिरोध $= \frac{r}{n}$

या $x = \frac{r}{n} \Rightarrow r = nx$

श्रेणी क्रम में तुल्य प्रतिरोध $= n \times r = n \times nx = n^2 x$

13. B तथा C के बीच विभवान्तर $= 4$ V, $i = 2$ A

$V = iR$ से $4 = 2 \times R$

या $R = 2\ \Omega$

14. $\because$ परिणामी प्रतिरोध $12\ \Omega$ से कम है। अत: तार को समान्तर क्रम में लगाना होगा। यदि उसका प्रतिरोध R है तो

$\therefore$ $\frac{1}{4} = \frac{1}{12} + \frac{1}{R}$

या $\frac{1}{R} = \frac{1}{4} - \frac{1}{12} = \frac{1}{6}$

$\therefore$ $R = 6\ \Omega$

15. व्यास के दोनों ओर के प्रत्येक भाग का प्रतिरोध $= \frac{16}{2} = 8\ \Omega$

ये दोनों भाग (प्रतिरोध) AB व्यास पर समान्तर क्रम में जुड़े हैं। अत: A व B के बीच तुल्य प्रतिरोध

$\frac{1}{R} = \frac{1}{8} + \frac{1}{8} = \frac{1}{4}$

$\therefore$ $R = 4\ \Omega$

A

B

16. श्रेणी क्रम में तुल्य प्रतिरोध,

$R_1 = 30 + 10 + 20 = 60\ \Omega$

समान्तर क्रम में तुल्य प्रतिरोध,

$\frac{1}{R_2} = \frac{1}{30} + \frac{1}{10} + \frac{1}{20} = \frac{2 + 6 + 3}{60} = \frac{11}{60}$

$\therefore$ $R_2 = \frac{60}{11}$

अब R_1 तथा R_2 को समान्तर क्रम में जोड़ने पर यदि तुल्य प्रतिरोध R हो, तो

$\frac{1}{R} = \frac{1}{60} + \frac{11}{60} = \frac{12}{60} = \frac{1}{5}$

$\therefore$ $R = 5\ \Omega$

21

विद्युत धारा के अनुप्रयोग

Applications of Electric Current

विद्युत ऊर्जा (Electrical Energy)

किसी चालक में विद्युत आवेश के प्रवाहित होने में जो ऊर्जा व्यय होती है, उसे विद्युत ऊर्जा कहते हैं।

विभवान्तर की परिभाषा के अनुसार, यदि किसी चालक के सिरों के बीच विभवान्तर V हो, तो q कूलॉम के आवेश को चालक के एक सिरे से दूसरे सिरे तक ले जाने में $V \times q$ जूल कार्य करना पड़ेगा अर्थात् $V \times q$ जूल ऊर्जा व्यय होगी। अत:

किया गया कार्य अथवा व्यय हुई ऊर्जा

$$W = V \times q$$

$$W = V \times i \times t \qquad [\because q = i \times t]$$

$$W = i^2Rt \qquad [\because V = i \times R]$$

$$W = \frac{V^2 \times t}{R} \qquad \left[\because i = \frac{V}{R}\right]$$

विद्युत ऊर्जा तथा किलोवाट घण्टा में सम्बन्ध

(Relation between Electrical Energy and kWh)

यदि किसी परिपथ में V वोल्ट के विभवान्तर पर i एम्पियर की धारा t घण्टे तक प्रवाहित हो, तब परिपथ में व्यय हुई ऊर्जा,

$$W = \text{विद्युत शक्ति} \times \text{समय}$$

$$W = P \times t$$

$$W = V \times i \times t \text{ वाट घण्टा}$$

या $$W = \frac{V \times i \times t}{1000} \text{ किलोवाट घण्टा}$$

विद्युत ऊर्जा की माप (Mesurement of Electric Energy)

1 किलोवाट घण्टा अथवा 1 यूनिट विद्युत ऊर्जा की वह मात्रा है जो किसी परिपथ में 1 घण्टे में व्यय होती है जबकि परिपथ में 1 किलोवाट की विद्युत शक्ति हो

$$1 \text{ किलोवाट घण्टा} = 1000 \text{ वाट} \times 1 \text{ घण्टा} = 3.6 \times 10^6 \text{ जूल}$$

1 किलोवाट घण्टा (यूनिटों की संख्या)

$$= \frac{\text{वोल्ट} \times \text{एम्पियर} \times \text{घण्टा}}{1000} = \frac{\text{वाट} \times \text{घण्टा}}{1000}$$

विद्युत धारा का ऊष्मीय प्रभाव

(Heating Effect of Current)

जब किसी तार में विद्युत धारा प्रवाहित की जाती है तो तार गर्म हो जाता है। इसे विद्युत धारा का ऊष्मीय प्रभाव कहते हैं।

यदि तार का प्रतिरोध R ओम है तथा उसके बीच विभवान्तर V वोल्ट है तब उसमें i एम्पियर की धारा t सेकण्ड तक प्रवाहित करने पर व्यय विद्युत ऊर्जा

$$W = V \times i \times t \text{ जूल}$$

$$1 \text{ कैलोरी} = 4.2 \text{ जूल}$$

या $$1 \text{ जूल} = \frac{1}{4.2} \text{ कैलोरी}$$

$\therefore t$ सेकण्ड में उत्पन्न ऊष्मा,

$$H = \frac{W}{4.2} = \frac{Vit}{4.2} \text{ कैलोरी}$$

$$H = \frac{i^2Rt}{4.2} = \frac{V^2t}{4.2R} \text{ कैलोरी}$$

सामर्थ्य या शक्ति (Power)

किसी विद्युत परिपथ में विद्युत ऊर्जा के व्यय होने की दर को विद्युत सामर्थ्य कहते हैं। अत:

$$\text{सामर्थ्य } P = \frac{\text{ऊर्जा } (W)}{\text{समय } (t)} \text{ जूल/सेकण्ड या वाट}$$

$$= \frac{V \times q}{t} \text{ वाट}$$

$$= i^2R \text{ वाट} = \frac{V^2}{R} \text{ वाट}$$

सामर्थ्य के अन्य मात्रक

$$1 \text{ किलोवाट} = 10^3 \text{ वाट}$$

$$1 \text{ मेगावाट} = 10^6 \text{ वाट}$$

$$1 \text{ अश्वशक्ति (HP)} = 746 \text{ वाट}$$

विद्युत धारा के ऊष्मीय प्रभाव पर आधारित उपकरण

(Instruments Based on Heating Effect of Electric Current)

विद्युत बल्ब (Electric Bulb)

विद्युत बल्ब काँच का एक गोला होता है जिसके अन्दर की वायु निकालकर निर्वात् (vacuum) उत्पन्न कर देते हैं। इसमें टंगस्टन का एक बारीक तार जुड़ा होता है जिसे तन्तु (filament) कहते हैं। इसका गलनांक बहुत ऊँचा (3400°C) होता है धारा के बहने पर जब तन्तु का ताप 2100°C से ऊपर पहुँच जाता है तो टंगस्टन धीरे-धीरे वाष्पित होने लगता है परन्तु ऊँची सामर्थ्य के बल्बों में कुछ निष्क्रिय गैसें, जैसे— नाइट्रोजन अथवा ऑर्गन भरी होती हैं इससे तन्तु का वाष्पीकरण नहीं होता है।

विद्युत ऊष्मक (Electric Heater)

विद्युत ऊष्मक, नाइक्रोम के सर्पिलाकार तार (तापक तार) को चीनी मिट्टी की प्लेट पर बने खाचे के अन्दर बिछा कर बनाया जाता है।
नाइक्रोम, निकिल तथा क्रोमियम की मिश्रधातु होती है जो बिना पिघले बहुत उच्च ताप तक गर्म हो सकती है।
नाइक्रोम का विशिष्ट प्रतिरोध बहुत अधिक होता है जो ताँबे के तार का लगभग 6 गुना होता है।

फ्यूज (Fuse)

फ्यूज-तार ताँबे, टिन व सीसे की मिश्रधातु का एक छोटा-सा तार है। इसका गलनांक ताँबे के तार के सापेक्ष बहुत नीचा होता है परिपथ में किसी कारण धारा का मान बढ़ते ही फ्यूज तार गलकर परिपथ को तोड़ देता है तथा धारा रुक जाती है। फ्यूज तार किसी संयोजक तार के श्रेणी क्रम में लगाया जाता है।

अभ्यास प्रश्न

1. विद्युत हीटर लगाने से लाइट डिम पड़ जाती है क्योंकि
(a) वोल्टेज अधिक हो जाता है
(b) हीटर का प्रतिरोध अधिक होता है
(c) हीटर अधिक प्रबलता की धारा लेता है
(d) विद्युत हीटर के प्रतिरोधक तार का विशिष्ट प्रतिरोध अधिक होता है

2. एक प्रतिरोधी पर 15 वोल्ट का विभवान्तर लगाने पर उसमें 3 एम्पियर विद्युत धारा प्रवाहित होती है। यदि विद्युत धारा को 5 सेकण्ड तक प्रवाहित करते हैं, तो निम्न में से कौन-सा निष्कर्ष प्रतिरोध के लिए सही नहीं है?
(a) ऊर्जा 75 जूल होगी (b) शक्ति 45 वाट होगी
(c) प्रवाहित आवेश 15 कूलॉम होगा (d) प्रतिरोध 5 ओम होगा

3. विद्युत हीटर का तार बना होता है
(a) लोहे का (b) टंगस्टन का
(c) नाइक्रोम का (d) ताँबे का

4. घरों में मुख्य लाइन के तार होते हैं
(a) दोनों गर्म (b) दोनों ठण्डे
(c) एक गर्म तथा दूसरा ठण्डा (d) उपरोक्त में से कोई नहीं

5. सामान्यत: प्रयोग होने वाली फ्यूज तार बनी होती है
(a) निकिल अथवा नाइक्रोम से
(b) ताँबा, टिन तथा सीसे के एलॉय से
(c) टिन तथा निकेल एलॉय से
(d) सीसा तथा निकेल एलॉय से

6. एक सुरक्षा फ्यूज में तार का तापमान सीधे समानुपाती होता है
(a) धारा के वर्ग के (b) धारा की $\frac{1}{4}$ घात के
(c) धारा के मान के (d) फ्यूज तार की लम्बाई के

7. घरों में विद्युत परिपथ में विद्युत यन्त्रों को लगाया जाता है
(a) श्रेणी क्रम में (b) समान्तर क्रम में
(c) मिश्रित क्रम में (d) इनमें से कोई नहीं

8. फ्यूज तार के पदार्थ का गलनांक होना चाहिए
(a) अधिक
(b) कम
(c) वायरिंग में प्रयुक्त किए गए तार के पदार्थ के बराबर
(d) उपरोक्त में से कोई नहीं

9. घरेलू विद्युत परिपथ में लाल रंग का तार प्रयुक्त होता है
(a) फेज वायर के लिए
(b) न्यूट्रल वायर के लिए
(c) अर्थ वायर के लिए
(d) किसी भी वायर के लिए नहीं

10. घरेलू विद्युत परिपथों में बल्ब प्रयुक्त किए जाते हैं
(a) श्रेणी क्रम में (b) समान्तर क्रम में
(c) मिश्रित क्रम में (d) श्रेणी अथवा समान्तर क्रम में

11. घरों में प्रवाहित होने वाली धारा होती है
(a) प्रत्यावर्ती (b) दिष्ट
(c) (a) और (b) दोनों (d) इनमें से कोई नहीं

12. विद्युत बल्ब का तन्तु बना होता है
(a) आयरन का (b) नाइक्रोम का
(c) टंगस्टन का (d) कॉपर का

13. घरों में प्रवाहित होने वाली विद्युत धारा होती है
(a) 15 एम्पियर (b) 25 एम्पियर
(c) 1 एम्पियर (d) 5 एम्पियर

14. घरों में विद्युत ऊर्जा की माप निम्न मात्रक से की जाती है
(a) किलोवाट/घण्टा^{2} (b) किलोवाट घण्टा
(c) किलो^{2} वाट^2 घण्टा (d) इनमें से कोई नहीं

15. एक 6 वोल्ट, 12 वाट का लैम्प एक प्रतिरोधक R तथा एक 12 वोल्ट विद्युत स्रोत के साथ श्रेणी क्रम में जोड़ा गया है। लैम्प को ठीक प्रकार जलाने के लिए R का मान होना चाहिए
(a) 2 ओम (b) 6 ओम
(c) 3 ओम (d) इनमें से कोई नहीं

16. एक विद्युत हीटर 220 वोल्ट की आपूर्ति पर 440 वाट ऊर्जा लेता है। यदि इसे 440 वोल्ट की विद्युत आपूर्ति पर 15 घण्टे चलाया जाए, तो व्यय होने वाली ऊर्जा होगी
(a) 26.4 किलोवाट घण्टा (b) 13.2 किलोवाट घण्टा
(c) 3.3 किलोवाट घण्टा (d) इनमें से कोई नहीं

17. विद्युत ऊर्जा नापने का यन्त्र है
(a) स्विच (b) वाट-घण्टा-मीटर
(c) वोल्टमीटर (d) प्लग

उत्तरमाला

1. (c) **2.** (a) **3.** (c) **4.** (c) **5.** (b) **6.** (d) **7.** (b) **8.** (b) **9.** (a) **10.** (b)
11. (a) **12.** (c) **13.** (d) **14.** (b) **15.** (c) **16.** (a) **17.** (b)

संकेत एवं हल

2. ऊर्जा, $H = V \times i \times t$

$= 15 \times 3 \times 5 = 225$ जूल

शक्ति $P = V \times i$

$= 15 \times 3 = 45$ वाट

प्रवाहित आवेश $q = i \times t$

$= 3 \times 5 = 15$ कूलॉम

प्रतिरोध $R' = \frac{V}{i} = \frac{15}{3} = 5$ ओम

अत: विकल्प (a) सही नहीं है।

15. लैम्प का प्रतिरोध

$$r = \frac{V^2}{P} = \frac{(6)^2}{12} = 3 \text{ ओम}$$

लैम्प द्वारा ली जाने वाली अधिकतम धारा,

$$i = \frac{P}{V} = \frac{12}{6} = 2 \text{ एम्पियर}$$

प्रतिरोध R तथा 12 वोल्ट विद्युत स्रोत से जोड़ने पर भी लैम्प अथवा परिपथ में 2 एम्पियर धारा ही प्रवाहित होनी चाहिए। तब

यहाँ $V = 12$ वोल्ट, $i = 2$ एम्पियर

$\therefore \quad V = iR$

$\Rightarrow \quad 12 = 2\,(3 + R)$

$\Rightarrow \quad R = 3$ ओम

16. माना हीटर के तार का प्रतिरोध R ओम है।

$$R = \frac{V^2}{P} = \frac{220 \times 220}{440} = 110\Omega$$

440 वोल्ट पर शक्ति

$$P' = \frac{440 \times 440}{110} = 1760 \text{ वाट}$$

15 घण्टे चलाने पर व्यय ऊर्जा

$$= \frac{1760 \times 15}{1000} = 26.4 \text{ किलोवाट घण्टा}$$

22

धारा का चुम्बकीय प्रभाव

Magnetic Effect of Current

प्राकृतिक चुम्बक (Natural Magnet)

यह एक प्रकृति में पाया जाने वाला पत्थर है जिसमें लोहे के छोटे-छोटे टुकड़ों को अपनी ओर आकर्षित करने का गुण होता है। स्वतन्त्रतापूर्वक लटकाने पर यह सदैव उत्तर-दक्षिण दिशा में ठहरता है। यह पत्थर प्राकृतिक चुम्बक कहलाता है और यह लोहे का ऑक्साइड Fe_3O_4 होता है।

कृत्रिम चुम्बक (Artificial Magnet)

लोहा, इस्पात, कोबाल्ट इत्यादि पदार्थों से कृत्रिम विधियों द्वारा विभिन्न आकृतियों के कृत्रिम चुम्बक बनाये जाते हैं। जैसे—नाल चुम्बक, चुम्बकीय सुई आदि। इनमें लोहे के टुकड़ों को आकर्षित करने की शक्ति, प्राकृतिक चुम्बकों की अपेक्षा कहीं अधिक होती है।

चुम्बकीय क्षेत्र (Magnetic Field)

चुम्बक के चारों ओर का वह क्षेत्र जिसमें चुम्बक के प्रभाव का अनुभव किया जाता है चुम्बकीय क्षेत्र कहलाता है।

चुम्बकीय बल रेखायें (Magnetic Lines of Force)

चुम्बकीय बल रेखायें, चुम्बकीय क्षेत्र में खींची गयी वे काल्पनिक रेखायें हैं जो चुम्बकीय क्षेत्र की दिशा का अविरत प्रदर्शन करती हैं। चुम्बकीय बल रेखाओं के किसी बिन्दु पर खींची गयी स्पर्श रेखा, उस बिन्दु पर चुम्बकीय क्षेत्र की दिशा को प्रदर्शित करती है।

- चुम्बकीय बल रेखायें बन्द वक्र होती हैं।
- दो चुम्बकीय बल रेखायें एक-दूसरे को कभी नहीं काटतीं।
- एकसमान चुम्बकीय क्षेत्र में चुम्बकीय बल रेखायें समान्तर होती हैं।
- चुम्बकीय बल रेखायें उत्तरी ध्रुव से निकलकर दक्षिणी ध्रुव में प्रवेश करती हैं।
- शक्तिशाली चुम्बकीय क्षेत्र में चुम्बकीय बल रेखायें पास-पास होती हैं।

धारावाही कुण्डली की बल रेखायें

(Lines of Force of Current Carrying Coil)

कुण्डली के किनारों पर बल रेखायें वृत्ताकार होती हैं। किनारे से दूर जाने पर वक्रता कम होती जाती है और कुण्डली के केन्द्र पर ये बल रेखायें समान्तर व कुण्डली के तल के लम्बवत् हो जाती हैं।

विद्युत चुम्बक (Electromagnet)

यह एक अस्थाई चुम्बक होता है जोकि गर्म लोहे की छड़ पर ताँबे का विद्युतरोधी तार परिनालिका के रूप में लपेटकर बनाया जाता है। परिनालिका में विद्युत धारा प्रवाहित करने पर चुम्बकीय क्षेत्र स्थापित हो जाता है जिससे लोहे की छड़ चुम्बकीय हो जाती है। विद्युत चुम्बक बहुत शक्तिशाली होते हैं। इनका उपयोग बिजली की घण्टी, तार संचार टेलीफोन डाइनमो, मोटर आदि में किया जाता है।

चुम्बकीय क्षेत्र में बल (Force in a Magnetic Field)

यदि एकसमान चुम्बकीय क्षेत्र B में L लम्बाई का चालक तार जिसमें विद्युत धारा i बह रही हो, इस प्रकार रखा है कि तार में धारा की दिशा चुम्बकीय क्षेत्र की दिशा के लम्बवत् है। तब तार पर लगने वाले बल F की दिशा, धारा i तथा क्षेत्र B दोनों लम्बवत् होगी। अत: तार पर लगने वाला बल

$$F = BiL$$

यदि धारा i तथा B परस्पर लम्बवत् न होकर θ कोण बनाये। तब

$$F = BiL \sin\theta$$

चुम्बकीय क्षेत्र B का मात्रक (Unit of Magnetic Field B)

$$B = \frac{F}{iL}$$

बल F को न्यूटन में, धारा i को एम्पियर में तथा लम्बाई L को मी में मापित हैं। अत: चुम्बकीय क्षेत्र

$$B = \frac{F \text{ (न्यूटन)}}{i \text{ (एम्पियर)} \times L \text{ मी}} = \frac{F \text{ (न्यूटन)}}{iL \text{ (एम्पियर-मी)}}$$

B के अन्य मात्रक बेबर/मी^{2} अथवा टेस्ला भी हैं। इसका एक मात्रक गौस भी है।

$$1 \text{ गौस} = 10^{-4} \text{ न्यूटन/एम्पियर-मी}$$
$$= 10^{-4} \text{ बेबर/मी}^2 = 10^{-4} \text{ टेस्ला}$$

कुण्डली में प्रवाहित धारा (Current Carrying in Coil)

यदि कुण्डली में धारा i के प्रवाहित होने पर कुण्डली θ कोण पर विक्षेपित हो जाती है तब

$$i \propto \theta \text{ या } i = K\theta$$

जहाँ K एक नियतांक है जो कुण्डली में तार के चक्करों की संख्या, कुण्डली के आकार तथा चुम्बकीय क्षेत्र की तीव्रता पर निर्भर करता है।

धारावाही चालक द्वारा उत्पन्न चुम्बकीय क्षेत्र (Magnetic Field Generated by Current Carrying Conductor)

जब किसी चालक में धारा प्रवाहित की जाती है तो उसके चारों ओर चुम्बकीय क्षेत्र उत्पन्न हो जाता है। तब बिन्दु P पर उत्पन्न चुम्बकीय क्षेत्र

$$B = \frac{\mu_0}{4\pi}\left(\frac{i\Delta l \sin\theta}{r^2}\right)$$

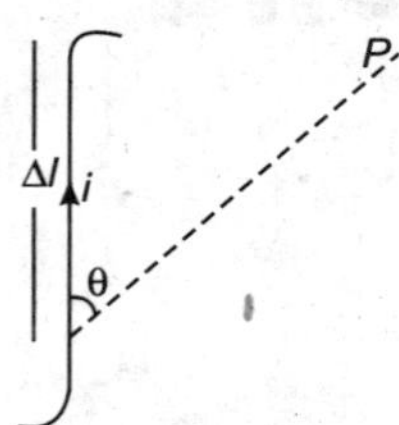

जहाँ $\frac{\mu_0}{4\pi}$ अनुक्रमानुपाती नियतांक है जिसका मान 10^{-7} न्यूटन/एम्पियर^2 होता है।

उपरोक्त **सूत्र-बायो सेवर्ट नियम** कहलाता है।

अनन्त लम्बाई के ऋजुरेखीय धारावाही चालक के कारण उत्पन्न चुम्बकीय क्षेत्र

(Magnetic Field Generated Due to Straight Current Carrying Conductor of Infinite Length)

एक लम्बे व सीधे तार से जिसमें धारा i प्रवाहित हो रही हो, r मी की दूरी पर स्थित बिन्दु पर चुम्बकीय क्षेत्र का मान

$$B = \frac{\mu_0}{4\pi}\cdot\frac{2i}{r} = \frac{K \times i}{r}$$

जहाँ $\mu_0 = 4\pi \times 10^{-7}$ को निर्वात् की चुम्बकशीलता कहते हैं तथा $K = 2 \times 10^{-7}$ न्यूटन/एम्पियर^2 होता है।

गतिमान आवेश के कारण उत्पन्न चुम्बकीय क्षेत्र

(Magnetic Field due to Moving Charge)

यदि q कूलॉम का आवेश, वेग v मी/से से गतिमान हो, तो r मीटर की दूरी पर स्थित बिन्दु P पर, चुम्बकीय क्षेत्र का मान

$$B = \frac{\mu_0}{4\pi}\cdot\frac{qv\sin\theta}{r^2}$$

$$= \frac{10^{-7}\, qv\sin\theta}{r^2}$$

जहाँ θ, आवेश के वेग v तथा दूरी r के बीच का कोण है।

धारावाही कुण्डली के केन्द्र पर उत्पन्न चुम्बकीय क्षेत्र

(Magnetic Field at Centre of Current Carrying Circular Coil)

यदि कुण्डली की त्रिज्या r तथा उसमें फेरों की संख्या n हो, तो चुम्बकीय क्षेत्र

$$B = \frac{\mu_0}{4\pi}\cdot\frac{ni}{2r}$$

धारावाही परिनालिका का चुम्बकीय क्षेत्र

(Magnetic Field of Current Carrying Solenoid)

यदि n फेरों तथा l लम्बाई की परिनालिका में i एम्पियर की धारा प्रवाहित हो रही हो, तो परिनालिका के भीतर उत्पन्न चुम्बकीय क्षेत्र का मान

$$B = \frac{\mu_0 \times ni}{l}$$

लॉरेंज बल (Lorenz Force)

चुम्बकीय क्षेत्र में गतिमान किसी आवेश पर लगने वाले बल को लॉरेंज बल कहते हैं।
अत: इसके अनुसार, $F = qvB\sin\theta$

जहाँ, q = आवेश की मात्रा
v = आवेश का वेग
B = चुम्बकीय क्षेत्र की तीव्रता तथा
θ = चुम्बकीय क्षेत्र की दिशा और आवेश की गति की दिशा के बीच का कोण

दो समान्तर धारावाही चालकों के मध्य बल

(Force between Parallel Current Carrying Conductors)

जब दो समान्तर चालकों में एक ही दिशा में विद्युत धारा प्रवाहित की जाती है तो वे एक-दूसरे को **आकर्षित** करते हैं, किन्तु जब **विपरीत दिशा** में धारा प्रवाहित की जाती है, तो वे एक-दूसरे को **प्रतिकर्षित** करते हैं। प्रत्येक चालक की प्रति एकांक लम्बाई पर लगने वाला बल $\frac{F}{L} = \frac{\mu_0}{4\pi}\cdot\frac{2\,i_1 i_2}{d} = 10^{-7}\,\frac{2\,i_1 i_2}{d}$ न्यूटन

जहाँ i_1, i_2 = चालकों में बहने वाली धारा (ऐम्पियर में) तथा
d = उनके बीच की दूरी (मीटर में)

चुम्बकीय बल की दिशा ज्ञात करने के नियम

(Rules to Find the Direction of Magnetic Force)

चुम्बकीय क्षेत्र में रखे धारावाही चालक पर लगने वाले बल की दिशा निम्नलिखित दो *नियमों में से किसी एक नियम के अनुसार ज्ञात कर सकते हैं।*

1. दाएँ हाथ की हथेली का नियम

(Right Hand Palm Rule)

यदि हम एक रेखीय चालक को अपने दाएँ हाथ में इस प्रकार पकड़ें कि अँगूठा चालक में बहने वाली धारा की दिशा में हो, तो चालक को पकड़ने के लिए अँगुलियाँ जिस दिशा में बन्द होती हैं वही दिशा चुम्बकीय बल रेखाओं की होती है तथा चालक पर लगने वाला बल हथेली के लम्बवत् हथेली से धक्का देने की दिशा में होगा।

2. फ्लेमिंग का बाएँ हाथ का नियम

(Fleming's Left Hand Rule)

यदि हम अपने बाएँ हाथ के अँगूठे व उसके पास वाली दोनों अँगुलियों को एक-दूसरे के लम्बवत् इस प्रकार फैलाएँ कि पहली अँगुली चुम्बकीय क्षेत्र की दिशा में हो, दूसरी अँगुली धारा की दिशा में हो, तो अँगूठा चालक पर लगने वाले बल की दिशा को बताएगा।

विद्युत मोटर (Electric Motor)

विद्युत मोटर की क्रिया धारा के चुम्बकीय प्रभाव पर आधारित है। विद्युत मोटर का कार्य सिद्धान्त धारावाही चालक की कुण्डली पर चुम्बकीय क्षेत्र में बल-युग्म का उत्पन्न होना है। विद्युत मोटर का उपयोग विद्युत ऊर्जा को यान्त्रिक ऊर्जा में स्थानान्तरित करने में होता है। इसके द्वारा बिजली के पंखे, आटा पीसने की चक्की, इत्यादि चलाए जाते हैं।

अभ्यास प्रश्न

1. चुम्बकत्व का कारण है
(a) आवेशों की गति (b) ताँबे का तार
(c) धातु की प्रकृति (d) स्थिर आवेश

2. चुम्बकीय क्षेत्र में वह दिशा जिसमें स्थित ऋजुरेखी धारावाही चालक पर कोई बल नहीं लगता, कहलाती है
(a) चुम्बकीय क्षेत्र B की दिशा (b) धारा i की दिशा
(c) (a) व (b) दोनों (d) इनमें से कोई नहीं

3. 1 न्यूटन/एम्पियर-मीटर निम्न के बराबर है
(a) 10^6 गौस (b) 10^4 गौस
(c) 10^{-4} गौस (d) 10^{-2} गौस

4. एक इलेक्ट्रॉन 0.2 वेबर/मी^{2} के चुम्बकीय क्षेत्र में 2×10^7 मी/से के वेग से क्षेत्र के लम्बवत् गति कर रहा है। यदि $e = 1.6\times10^{-19}$ कूलॉम हो, तो इलेक्ट्रॉन पर लगने वाला बल (न्यूटन में) होगा
(a) 6.4×10^{-11} (b) 64×10^{-14}
(c) 6.4×10^{-12} (d) 4.8×10^{-13}

5. फ्लेमिंग के दाहिने हाथ का नियम प्रदान करता है
(a) प्रेरित विद्युत वाहक बल की दिशा
(b) प्रेरित विद्युत वाहक बल का परिमाण
(c) प्रेरित विद्युत वाहक बल की दिशा व परिमाण दोनों
(d) उपरोक्त में से कोई नहीं

6. दो समान्तर तारों में क्रमश: 2 एम्पियर तथा 4 एम्पियर की धारायें प्रवाहित हो रही हैं। यदि तारों की 0.3 मी लम्बाई पर लगने वाला बल 3×10^{-6} न्यूटन हो, तो तारों के बीच लम्बवत् दूरी होगी
(a) 1.0 मी (b) 1.6 मी (c) 0.16 मी (d) 0.016 मी

7. यदि एक इलेक्ट्रॉन, जो पूर्व की ओर चल रहा है, उत्तर दिशा मे दिष्ट बाह्य चुम्बकीय क्षेत्र से प्रभावित होता है, तो इलेक्ट्रॉन पर बल होगा
(a) ऊर्ध्वाधर ऊपर की ओर (b) ऊर्ध्वाधर नीचे की ओर
(c) उत्तर की ओर (d) पूर्व की ओर

8. एक इलेक्ट्रॉन 2 वेबर/मी^{2} तीव्रता वाले चुम्बकीय क्षेत्र में क्षेत्र की दिशा से $\frac{\pi}{6}$ कोण पर 10^5 मी/से के वेग से प्रवेश करता है। इलेक्ट्रॉन पर लगने वाला बल है
(a) शून्य (b) 1.6×10^{-14} न्यूटन
(c) 1.6×10^{-19} न्यूटन (d) 2×10^{-14} न्यूटन

9. निम्न में से सही कथन छाँटिए।
(a) चुम्बकीय क्षेत्र में स्थित धारावाही चालक पर लगने वाले बल का मान चालक में बहने वाली धारा i के अनुक्रमानुपाती होता है
(b) चुम्बकीय क्षेत्र में स्थित धारावाही चालक पर लगने वाला बल, चालक की लम्बाई के अनुक्रमानुपाती होता है
(c) चुम्बकीय क्षेत्र में स्थित धारावाही चालक पर लगने वाला बल चुम्बकीय क्षेत्र के अनुक्रमानुपाती होता है
(d) उपरोक्त सभी सत्य है

10. तीव्र गतिमान धनावेशित कण कभी-कभी अन्तरिक्ष से पृथ्वी की ओर आते हैं। पृथ्वी के चुम्बकीय क्षेत्र के कारण ये कण विक्षेपित हो जाएँगे
(a) उत्तर की ओर (b) दक्षिण की ओर
(c) पूर्व की ओर (d) पश्चिम की ओर

11. एक इलेक्ट्रॉन ऊर्ध्वाधर दिशा में नीचे की ओर गतिमान है तथा ऐसे चुम्बकीय क्षेत्र से गुजर रहा है जो क्षैतिज दिशा में दक्षिण से उत्तर की ओर दिष्ट है, तो इलेक्ट्रॉन विक्षेपित होगा
(a) पूर्व की ओर (b) पश्चिम की ओर
(c) उत्तर की ओर (d) दक्षिण की ओर

12. 4×10^{-3} किग्रा/मी के 20 सेमी तार में 10 एम्पियर की धारा बह रही है। ऊपर की ओर तार को रोके रखने के लिए आवश्यक चुम्बकीय क्षेत्र होगा ($g = 10$ मी/से^{2})
(a) 4.5×10^{-2} वेबर/मी^{2} (b) 4×10^{-3} वेबर/मी^{2}
(c) 5×10^{-3} वेबर/मी^{2} (d) 5×10^{3} वेबर/मी^{2}

13. एक 10 सेमी लम्बे क्षैतिज तार में 5 एम्पियर धारा प्रवाहित होती है। तार की संहति 3×10^{-3} किग्रा/मी मानते हुए इस तार को स्थिर रखने के लिए क्षेत्र का मान होगा
(a) 5.88×10^{-6} टेस्ला नीचे की ओर
(b) 5.88×10^{-3} टेस्ला ऊपर की ओर
(c) 0.6×10^{3} टेस्ला ऊपर की ओर
(d) 0.6×10^{-3} टेस्ला ऊपर की ओर

14. क्षैतिज रूप से खिंचे 60 सेमी लम्बे एक तार में 1.5 एम्पियर की विद्युत धारा चुम्बकीय क्षेत्र में पूर्व से पश्चिम की ओर है, चुम्बकीय क्षेत्र की तीव्रता 0.1 न्यूटन/एम्पियर-मी ऊर्ध्वाधर रूप से नीचे की ओर निर्देशित है। तार पर चुम्बकीय विक्षेपण बल की मात्रा तथा दिशा है
(a) 0.9 न्यूटन, दक्षिण (b) 0.09 न्यूटन, दक्षिण
(c) 0.9 न्यूटन, उत्तर (d) 0.09 न्यूटन, उत्तर

15. धारावाही परिनालिका के कारण चुम्बकीय क्षेत्र की तीव्रता निर्भर करती है
(a) क्रोड के पदार्थ की प्रकृति पर (b) विद्युत धारा के परिमाण पर
(c) कुण्डली में फेरों की संख्या पर (d) ये सभी पर

16. एक गतिमान इलेक्ट्रॉन उत्पन्न करता है
(a) केवल विद्युत क्षेत्र
(b) केवल चुम्बकीय क्षेत्र
(c) विद्युत तथा चुम्बकीय क्षेत्र दोनों
(d) उपरोक्त में से कोई क्षेत्र नहीं

17. एक l लम्बाई की परिनालिका में फेरों की संख्या n है। एक अन्य परिनालिका जिसकी लम्बाई $\frac{l}{2}$ है, में भी फेरों की संख्या n है परन्तु यह फेरे दो परतों में लपेटे गये हैं। जब दोनों परिनालिकाओं में समान धारा बह रही हो, तो द्वितीय एवं प्रथम परिनालिकाओं के केन्द्रों पर चुम्बकीय क्षेत्र की तीव्रताओं का अनुपात होगा
(a) 2 : 1 (b) 1 : 1 (c) 1 : 2 (d) 1 : 4

18. एक कण जिसका आवेश q, द्रव्यमान m तथा वेग v है, चुम्बकीय क्षेत्र B के लम्बवत् चलता है। कण पर लगा बल है
(a) q^2vB (b) qvB (c) $qmvB$ (d) $\frac{qvB}{m}$

19. l मी लम्बाई के चालक में पूर्व से पश्चिम की ओर क्षैतिज तल में i एम्पियर धारा बह रही है और यह चालक, B न्यूटन/एम्पियर-मी के चुम्बकीय क्षेत्र में रखा है। चुम्बकीय क्षेत्र की दिशा ऊर्ध्वाधरत: ऊपर की ओर है। चालक पर लगने वाला बल होगा
(a) iBl न्यूटन, दक्षिण से उत्तर की ओर
(b) iBl न्यूटन, उत्तर से दक्षिण की ओर
(c) $\frac{i}{Bl}$ न्यूटन, क्षैतिज तल में
(d) $\frac{i}{Bl}$ न्यूटन, दक्षिण से उत्तर की ओर

20. निलम्बित कुण्डली धारामापी में धारा मापी जा सकती है
(a) 10^{-6} एम्पियर तक (b) 10^{9} एम्पियर तक
(c) 10^{-9} एम्पियर तक (d) 10 एम्पियर तक

21. निम्न में से किस दशा में विद्युत आवेश पर कोई बल नहीं लगेगा?
(a) चुम्बकीय क्षेत्र के लम्बवत् गतिमान आवेश
(b) विद्युत क्षेत्र में गतिमान आवेश
(c) चुम्बकीय क्षेत्र के समान्तर गतिमान आवेश
(d) विद्युत क्षेत्र में स्थिर आवेश

22. चुम्बकीय क्षेत्र में उसकी दिशा के समान्तर एक इलेक्ट्रॉन गति कर रहा है। इलेक्ट्रॉन पर
(a) बल की दिशा क्षेत्र के लम्बवत् होगी
(b) बल की दिशा क्षेत्र की दिशा में होगी
(c) बल की दिशा क्षेत्र के विपरीत होगी
(d) कोई बल नहीं लगेगा

23. जब स्वतन्त्र लटकी हुई धारावाही परिनालिका में धारा प्रवाहित की जाती है, तो परिनालिका के रुकने की दिशा होती है
(a) पूर्व-पश्चिम
(b) उत्तर-पश्चिम
(c) किसी भी दिशा में रुक सकती है
(d) उपरोक्त से कोई नहीं

24. लम्बी धारावाही परिनालिका का चुम्बकत्व
(a) मध्य में कम होता है (b) सभी जगह समान होता है
(c) सिरों पर कम होता है (d) सिरों पर अधिक होता है

25. निम्न में असत्य कथन चुनिए।
(a) दो धारावाही परिनालिकायें परस्पर उसी प्रकार आकर्षित तथा प्रतिकर्षित करती हैं जिस प्रकार दो चुम्बक एक-दूसरे को आकर्षित अथवा प्रतिकर्षित करते हैं
(b) परिनालिका में चुम्बकत्व का गुण उसी समय तक विद्यमान रहता है जब तक कि उसमें विद्युत धारा रहती है
(c) उपरोक्त दोनों
(d) उपरोक्त में से कोई नहीं

26. एक सीधे विद्युत धारावाही तार में विद्युत धारा के प्रवाहन से उत्पन्न होने वाली चुम्बकीय बल रेखायें होंगी
(a) तार के लम्बवत् (b) तार के समान्तर
(c) तार के वृत्त की ओर (d) इनमें से कोई नहीं

उत्तरमाला

1. (a)	**2.** (a)	**3.** (b)	**4.** (b)	**5.** (a)	**6.** (c)	**7.** (a)	**8.** (b)	**9.** (d)	**10.** (c)
11. (b)	**12.** (b)	**13.** (b)	**14.** (d)	**15.** (d)	**16.** (c)	**17.** (a)	**18.** (b)	**19.** (a)	**20.** (c)
21. (c)	**22.** (d)	**23.** (d)	**24.** (c)	**25.** (c)	**26.** (d)				

संकेत एवं हल

1. चुम्बकत्व का कारण आवेशों की गति है।

2. चुम्बकीय क्षेत्र की दिशा में चालक पर कोई बल कार्य नहीं करता।

3. 1 न्यूटन/एम्पियर-मी = 10^4 गौस

4. सूत्र $F = qvB$ से,
$$F = 0.2 \times 1.6 \times 10^{-19} \times 2 \times 10^7 = 64 \times 10^{-14} \text{ न्यूटन}$$

6. $F = 2 \times 10^{-7} \times \frac{i_1 i_2}{r} \times L$
$$\Rightarrow r = 2 \times 10^{-7} \times \frac{i_1 i_2}{F} \times L = 2 \times 10^{-7} \times \frac{2 \times 4}{3 \times 10^{-6}} \times 0.3 \text{ मी}$$
$$= 0.16 \text{ मी}$$

8. $F = qvB \sin\theta$
$$= 1.6 \times 10^{-19} \times 10^5 \times 2.0 \times \sin\left(\frac{\pi}{6}\right) = 1.6 \times 10^{-14} \text{ न्यूटन}$$

11. फ्लेमिंग के बाएँ हाथ के नियमानुसार, इलेक्ट्रॉन पश्चिम की ओर विक्षेपित होगा।

12. तार पर चुम्बकीय क्षेत्र द्वारा तार को रोके रखने के लिए बल F, तार के भार mg के बराबर होना चाहिए अर्थात्
$$F = Bil \sin\theta = mg$$
B की दिशा तार के लम्बवत् होने पर, $\theta = 90°$
$$\therefore \quad F = Bil = mg$$
$$\therefore \quad B = \frac{mg}{il} = \frac{4 \times 10^{-3} \times 0.2 \times 10}{10 \times 0.2}$$
$$= 4 \times 10^{-3} \text{ वेबर/मी}^2$$

13. चुम्बकीय क्षेत्र, $B = \frac{mg}{il} = \frac{3 \times 10^{-3} \times 0.1 \times 9.8}{5 \times 0.1} = 5.88 \times 10^{-3}$ टेस्ला

14. बल $F = iBl \sin\theta$
$$= 1.5 \times 0.1 \times 0.6 \times \sin 90°$$
$$= 0.09 \text{ न्यूटन}$$
फ्लेमिंग के बाएँ हाथ के नियम से बल की दिशा उत्तर की ओर होगी।

16. एक गतिमान इलेक्ट्रॉन विद्युत चुम्बकीय क्षेत्र अर्थात् विद्युत तथा चुम्बकीय क्षेत्र दोनों उत्पन्न करता है।

17. पहली अवस्था में चुम्बकीय क्षेत्र
$$B = (4\pi \times 10^{-7}) \times \frac{ni}{l} \text{ टेस्ला}$$
दूसरी अवस्था में परिनालिका, $l/2$ लम्बाई में $n/2$ फेरों वाली एक-सी दो परिनालिकाओं के तुल्य है।
नया चुम्बकीय क्षेत्र $B' = B_1 + B_2$
$$= B + B = 2B$$
$$\therefore \quad \frac{B'}{B} = \frac{2}{1}$$

18. कण पर बल, $F = qvB$

22. इलेक्ट्रॉन पर कोई बल नहीं लगेगा।

23. धारावाही परिनालिका स्वतन्त्रतापूर्वक लटकाने पर सदैव उत्तर-दक्षिण दिशा में ही ठहरेगी।

23

विद्युत चुम्बकीय प्रेरण

Electromagnetic Induction

चुम्बकीय फ्लक्स (Magnetic Flux)

किसी सतह से होकर लम्बवत् गुजरने वाली चुम्बकीय रेखाओं को उस तल से बद्ध चुम्बकीय फ्लक्स कहते हैं।

यदि A क्षेत्रफल का कोई तल, एकसमान चुम्बकीय क्षेत्र B में क्षेत्र के लम्बवत् है, तो तल से बद्ध चुम्बकीय फ्लक्स

$$\phi = BA$$

चुम्बकीय फ्लक्स का मात्रक 'वेबर' है।

यदि चुम्बकीय क्षेत्र सतह के लम्बवत् न होकर, सतह पर खींचे गये लम्ब से θ कोण बनाये तो सतह के लम्बवत् चुम्बकीय क्षेत्र का घटक $B\cos\theta$ होगा।

$\therefore$ सतह से बद्ध चुम्बकीय फ्लक्स

$$\phi = (B\cos\theta)\,A$$

या $$\phi = BA\cos\theta$$

या $$\phi = \vec{\mathbf{B}}\cdot\vec{\mathbf{A}}$$

विद्युत चुम्बकीय प्रेरण (Electromagnetic Induction)

जब किसी परिपथ से बद्ध चुम्बकीय फ्लक्स में परिवर्तन होता है, तो परिपथ में एक विद्युत वाहक बल उत्पन्न हो जाता है। इस विद्युत वाहक बल को प्रेरित विद्युत वाहक बल कहते हैं। यदि परिपथ बन्द है, तो एक धारा बहने लगती है। इस धारा को प्रेरित विद्युत धारा कहते हैं तथा यह घटना विद्युत चुम्बकीय प्रेरण कहलाती है।

फैराडे के विद्युत चुम्बकीय प्रेरण के नियम (Faraday's Laws of Electromagnetic Induction)

प्रथम नियम (First Law)

जब किसी परिपथ से गुजरने वाले चुम्बकीय फ्लक्स में परिवर्तन होता है तो परिपथ में एक प्रेरित विद्युत वाहक बल उत्पन्न हो जाता है जिसका परिमाण चुम्बकीय फ्लक्स के परिवर्तन की ऋणात्मक दर के बराबर होता है अर्थात् वि०वा०बल

$$e \propto \frac{\phi_2 - \phi_1}{\Delta t} \text{ या } e = K\frac{\phi_2 - \phi_1}{\Delta t}$$

जहाँ K एक नियतांक है, ϕ_1 = प्रारम्भ में चुम्बकीय फ्लक्स, $\phi_2 = \Delta t$ समय बाद चुम्बकीय फ्लक्स

यदि $\phi_2 - \phi_1 = 1$ वेबर, $\Delta t = 1$ सेकण्ड, $e = 1$ वोल्ट

तब $K = 1$, जिससे $e = \dfrac{\phi_2 - \phi_1}{\Delta t}$

द्वितीय नियम (Second Law)

किसी परिपथ में प्रेरित वि. वा. बल अथवा प्रेरित विद्युत धारा की दिशा सदैव ऐसी होती है कि यह उस कारण का विरोध करती है जिससे वह स्वयं उत्पन्न होती है इसे **लेन्ज का नियम** कहते हैं अर्थात् प्रेरित वि. वा. बल का मान

$$e = -\left(\frac{\phi_2 - \phi_1}{\Delta t}\right)$$

यदि कुण्डली में फेरों की संख्या N हो, तो

$$\text{वि. वा. बल, } e = N \times \left(\frac{\phi_2 - \phi_1}{\Delta t}\right)$$

लॉरेन्ज बल के आधार पर वि. वा. बल (EMF Based on Lorentz Force)

जब एक L लम्बाई का चालक चुम्बकीय क्षेत्र B के लम्बवत् दिशा में वेग v से चलता है, तो चालक के आवेश q पर qvB बल कार्य करता है। चालक में उत्पन्न वि. वा. बल एकांक आवेश को चालक के एक सिरे से दूसरे सिरे तक ले जाने में किए गए कार्य के बराबर होता है। अत:

$$\text{वि. वा. बल } e = \frac{\text{कार्य}}{\text{आवेश}} = \frac{\text{बल} \times \text{दूरी}}{\text{आवेश}}$$

$$= \frac{qvB \times L}{q}$$

$$e = vBL$$

यदि चालक चुम्बकीय क्षेत्र से θ कोण बनाते हुए चलता है, तब

$$e = vBL\sin\theta$$

प्रत्यावर्ती धारा तथा दिष्ट धारा (Alternating Current and Direct Current)

वह धारा जिसका परिमाण और दिशा समय के साथ बदलते हो और एक निश्चित समय के पश्चात् उसी परिमाण के साथ फिर प्रवाहित होने लगें, प्रत्यावर्ती धारा कहलाती है। इसके विपरीत, वह धारा जिसका परिमाण और दिशा समय के साथ नहीं बदलते, दिष्ट धारा कहलाती है।

विद्युत जनित्र अथवा डायनमो (Electric Generator or Dynamo)

डायनमों एक ऐसा यन्त्र है जिसके द्वारा यान्त्रिक ऊर्जा को विद्युत ऊर्जा में बदलते हैं।

1. प्रत्यावर्ती धारा को उत्पन्न करने के लिये प्रत्यावर्ती धारा डायनमो (AC Dynamo) का प्रयोग करते हैं। *इसके तीन मुख्य भाग होते हैं*

(i) क्षेत्र चुम्बक (ii) आर्मेचर

(iii) सर्पीवलय तथा ब्रुश

2. दिष्ट धारा को उत्पन्न करने के लिये दिष्ट धारा डायनमो (DC Dynamo) का प्रयोग करते हैं। *इसके तीन मुख्य भाग होते हैं*

(i) क्षेत्र चुम्बक

(ii) आर्मेचर

(iii) विभक्तवलय तथा ब्रुश

ट्रांसफार्मर (Transformer)

यह एक ऐसी युक्ति है जो प्रत्यावर्ती धारा (AC) की वोल्टेज बढ़ाने या घटाने के काम आता है। इसमें दो कुण्डलियाँ होती है, जिन्हें हम प्राथमिक (Primary) तथा द्वितीयक (Secondary) कुण्डली कहते हैं। *ट्रांसफॉर्मर दो प्रकार के होते हैं*

1. **उच्चायी** (Step-up) **ट्रांसफॉर्मर**

यह कम वोल्टेज वाली प्रबल प्रत्यावर्ती धारा को अधिक वोल्टेज वाली दुर्बल प्रत्यावर्ती धारा में बदल देता है। इसकी प्राथमिक कुण्डली में फेरों की संख्या कम तथा द्वितीयक कुण्डली में फेरों की संख्या अधिक होती है।

2. **अपचायी** (Step-down) **ट्रांसफॉर्मर**

यह अधिक वोल्टेज वाली दुर्बल प्रत्यावर्ती धारा को कम वोल्टेज वाली प्रबल धारा में बदल देता है। इसकी प्राथमिक कुण्डली में फेरों की संख्या अधिक तथा द्वितीयक कुण्डली में फेरों की संख्या कम होती है।

यदि ट्रांसफॉर्मर की प्राथमिक कुण्डली में फेरों की संख्या N_p तथा द्वितीयक कुण्डली में N_s है और इन कुण्डलियों में वोल्टेज V_p तथा V_s है तब

$$\frac{V_s}{V_p} = \frac{N_s}{N_p} = r = \frac{i_p}{i_s}$$

r को परिणमन अनुपात कहते हैं।

उच्चायी (Step-up) ट्राँसफॉर्मर में r का मान 1 से अधिक तथा अपचायी (step-down) ट्रांसफॉर्मर में r का मान 1 से कम होता है। यदि ट्रांसफॉर्मर में ऊष्मा आदि के कारण ऊर्जा हानि न हो, तब

शक्ति निवेश (Input) = निर्गत शक्ति (Output)

माइक्रोफोन (Microphone)

यह ध्वनि ऊर्जा को विद्युत ऊर्जा में परिवर्तित करता है। लाउडस्पीकर माइक्रोफोन से प्राप्त विद्युत ऊर्जा को ध्वनि ऊर्जा में परिवर्तित करता है।

धारामापी का अमीटर में परिवर्तन

(Conversion of Galvanometer into Ammeter)

यदि G प्रतिरोध के धारामापी को i एम्पियर परास वाले अमीटर में बदलना हो, तो धारामापी की कुण्डली के साथ समान्तर क्रम में S प्रतिरोध का शन्ट जोड़ते हैं।

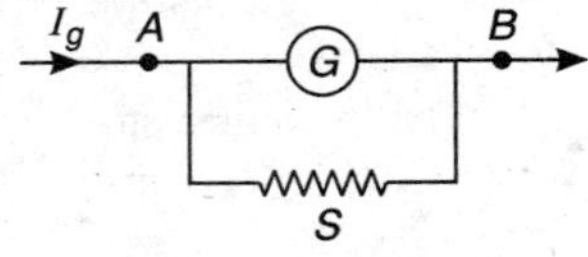

$$I_g = \frac{S}{S+G} \times i$$

यहाँ I_g धारामापी में पूर्ण विक्षेप उत्पन्न करने वाली धारा है।

धारामापी का वोल्टमीटर में परिवर्तन

(Conversion of Galvanometer into Voltmeter)

किसी धारामापी को वोल्टमीटर में परिवर्तित करने के लिए धारामापी की कुण्डली के श्रेणी क्रम में उचित उच्च प्रतिरोध जोड़ते हैं। जैसा कि निम्न चित्र में दिखाया गया है।

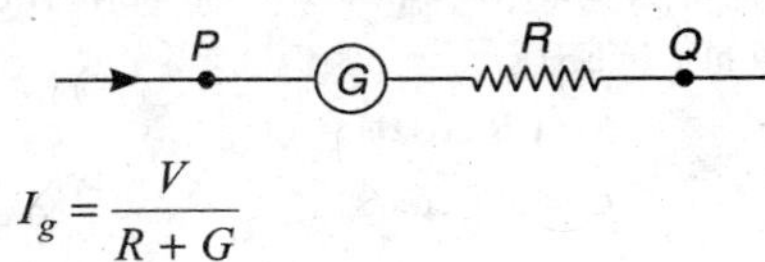

$$I_g = \frac{V}{R+G}$$

अभ्यास प्रश्न

1. चुम्बकीय क्षेत्र में स्थित किसी सतह पर खींचा गया अभिलम्ब क्षेत्र की दिशा से θ कोण बनाता है। सतह के A क्षेत्रफल से गुजरने वाला फ्लक्स होगा

(a) $\vec{B}/\vec{A}$ (b) $\vec{B}\times\vec{A}$

(c) $\vec{B}.\vec{A}$ (d) BA

2. विद्युत चुम्बकीय प्रेरण में उत्पन्न प्रेरित विद्युत वाहक बल की दिशा किस नियम से ज्ञात की जाती है?

(a) एम्पियर के (b) लेन्ज के

(c) फैराडे के (d) मैक्सवेल के

3. चुम्बकीय प्रेरण की खोज किसने की थी?

(a) फ्लेमिंग (b) लेन्ज

(c) फैराडे (d) ओर्स्टेड

4. यान्त्रिक ऊर्जा को विद्युत ऊर्जा में बदलने वाली मशीन का नाम है

(a) डायनमो (b) प्रेरण कुण्डली

(c) विद्युत मोटर (d) ट्रांसफॉर्मर

5. किसी परिनालिका के अन्दर चुम्बकीय प्रेरण का मान

(a) शून्य होता है

(b) अक्ष से दूरी के साथ घटता है

(c) समरूप होता है

(d) अक्ष से दूरी के साथ बढ़ता है

6. निम्न में से न्यूनतम प्रतिरोध किसका है?

(a) धारामापी (b) अमीटर

(c) वोल्टमीटर (d) 2 मी लम्बा तार

7. एक चोक कुण्डली

(a) दिष्ट धारा का मान घटाती है

(b) दिष्ट धारा का मान बढ़ाती है

(c) प्रत्यावर्ती धारा का मान घटाती है

(d) प्रत्यावर्ती धारा का मान बढ़ाती है

8. ट्रांसफॉर्मर की क्रोड बनी होती है

(a) नर्म लोहे की (b) कड़े लोहे की

(c) स्टील की (d) ताँबे की

9. अमीटर को समान्तर क्रम में जोड़ने पर धारा प्रवाहित होगी
(a) कम (b) अधिक
(c) उतनी ही (d) शून्य

10. किसी कुण्डली में 20 सेकण्ड में 400 वेबर चुम्बकीय फ्लक्स गुजरता है। कुण्डली में प्रेरित वि.वा. बल का मान (वोल्ट में) होगा
(a) $\frac{1}{20}$ (b) 20
(c) 400 (d) 800

11. अपचायी ट्रांसफॉर्मर में मान बढ़ता है
(a) धारा का (b) वोल्टता का
(c) शक्ति का (d) प्रतिरोध का

12. किसी ट्रांसफॉर्मर की द्वितीयक एवं प्राथमिक कुण्डलियों में फेरों का अनुपात 2 : 1 है। वह बदलेगा
(a) अल्प वोल्टता की उच्च धारा को उच्च वोल्टता की अल्प धारा में
(b) उच्च वोल्टता की अल्प धारा को अल्प वोल्टता की उच्च धारा में
(c) अल्प धारा को उच्च धारा में उसी वोल्टता पर
(d) उच्च धारा को अल्प धारा में उसी वोल्टता पर

13. वोल्टमीटर को श्रेणी क्रम में जोड़ने पर धारा का मान हो जाएगा
(a) अधिक (b) कम
(c) शून्य (d) उतना ही रहेगा

14. अमीटर का प्रतिरोध शन्ट के प्रतिरोध की अपेक्षा होता है
(a) अधिक (b) बराबर
(c) कम (d) इनमें से कोई नहीं

15. 100μA पूर्ण मापनी विस्थापन तथा 1000 ओम के माइक्रो अमीटर को 1 वोल्ट पूर्ण मापनी विस्थापन में परिवर्तित किया जाता है। एक ऐसा प्रतिरोध माइक्रोमीटर में जोड़कर किया जा सकता है जिसका मान है
(a) 9000Ω श्रेणी क्रम में
(b) 9000Ω समान्तर क्रम में
(c) 10Ω श्रेणी क्रम में
(d) उपरोक्त में से कोई नहीं

16. 1Ω आन्तरिक प्रतिरोध का एक गैल्वेनोमीटर 50 मिली एम्पियर विद्युत धारा पर अधिकतम विचलन प्रदर्शित करता है। उपकरण को 2 एम्पियर की अधिकतम रीडिंग वाले अमीटर में बदला जा सकता है
(a) 39 ओम का तार श्रेणी क्रम में लगाकर
(b) 1/39 ओम प्रतिरोध का तार श्रेणी क्रम में लगाकर
(c) 39 ओम प्रतिरोध का तार समान्तर क्रम में लगाकर
(d) 1/39 ओम प्रतिरोध का तार समान्तर क्रम में लगाकर

17. ट्रांसफॉर्मर को DC में प्रयोग करने के लिए
(a) इसकी क्रोड बदलनी पड़ेगी
(b) इसकी कुण्डली बदलनी पड़ेगी
(c) इसमें धारा नियन्त्रक लगाना पड़ेगा
(d) इसे केवल AC धारा में ही प्रयोग कर सकते हैं

18. चल कुण्डली माइक्रोफोन बदलता है
(a) ध्वनि को विद्युत ऊर्जा में (b) यान्त्रिक ऊर्जा को प्रकाश में
(c) विद्युत ऊर्जा को ध्वनि में (d) ध्वनि को चुम्बकीय ऊर्जा में

19. एक दिष्ट धारा जनित्र के आर्मेचर में प्रेरित वि. वा. बल होगा
(a) DC (b) AC
(c) उच्चावचन DC (d) AC तथा DC दोनों

20. लेन्ज का नियम किसके संरक्षण से सम्बन्धित है?
(a) आवेश (b) ऊर्जा
(c) द्रव्यमान (d) संवेग

21. किसी प्रत्यावर्ती धारा के लिए एक मात्र सत्य कथन है
(a) केवल धारा की दिशा आवर्त रूप में परिवर्तित होती है
(b) धारा की दिशा व परिमाण दोनों आवर्त रूप में बदलते हैं
(c) केवल धारा का मान आवर्त रूप से बदलता है
(d) धारा की दिशा तो परिवर्तित होती है परन्तु मान नियत रहता है

22. निम्न विभवान्तर की प्रत्यावर्ती धारा को उच्च विभवान्तर की प्रत्यावर्ती धारा में बदलने के लिए प्रयुक्त होता है
(a) विद्युत मोटर (b) अपचायी ट्रांसफॉर्मर
(c) उच्चायी ट्रांसफॉर्मर (d) डायनमो

23. डायनमो उत्पन्न करता है
(a) आवेश (b) वि. वा. बल
(c) इलेक्ट्रॉन (d) चुम्बकीय क्षेत्र

24. किसी बन्द कुण्डली (परिपथ) से सम्बद्ध चुम्बकीय फ्लक्स में परिवर्तन होता है, तो कुण्डली में प्रेरित विद्युत वाहक बल उत्पन्न हो जाता है। यह नियम है
(a) फैराडे का (b) फ्लेमिंग का
(c) लेन्ज का (d) ओर्स्टेड का

25. किस यन्त्र का उपयोग बैटरियों को आवेशित करने, मोटर की बत्ती जलाने, सर्चलाइट आदि में किया जाता है?
(a) विद्युत मोटर का (b) धारामापी का
(c) ट्रांसफॉर्मर का (d) डायनमो का

26. ताँबे के एक छल्ले को एक दण्ड चुम्बक के उत्तरी ध्रुव की ओर गतिमान किया जाता है। तब यह निश्चित है कि
(a) यह छल्ला टूट जाएगा
(b) छल्ला गर्म होने लगेगा
(c) छल्ले में प्रत्यावर्ती धारा (AC) प्रवाहित होगा
(d) छल्ला अप्रभावित रहेगा

27. DC विद्युत मोटर में विरोधी विद्युत वाहक बल उत्पन्न होता है
(a) मोटर की कुण्डली घूमकर स्थिर हो जाती है
(b) जब मोटर की कुण्डली घूमना प्रारम्भ करती है
(c) जब मोटर की कुण्डली स्थिर रहती है
(d) विरोधी विद्युत वाहक बल DC मोटर में उत्पन्न नहीं होता है

उत्तरमाला

1. (c)	**2.** (b)	**3.** (a)	**4.** (a)	**5.** (d)	**6.** (b)	**7.** (c)	**8.** (a)	**9.** (b)	**10.** (b)
11. (a)	**12.** (a)	**13.** (c)	**14.** (c)	**15.** (a)	**16.** (d)	**17.** (d)	**18.** (a)	**19.** (b)	**20.** (b)
21. (b)	**22.** (c)	**23.** (b)	**24.** (a)	**25.** (d)	**26.** (b)	**27.** (b)			

संकेत एवं हल

10. $e = -\frac{\Delta\phi}{\Delta t} = -\frac{400}{20} = -20$ वोल्ट

13. आदर्श वोल्टमीटर का प्रतिरोध अनन्त होता है। यदि इसे श्रेणी क्रम में जोड़ दे, तो, धारा का मान शून्य हो जाएगा।

15. $I_g = \frac{V}{G+R}$

अभीष्ट प्रतिरोध

$$R = \frac{V}{I_g} - G = \frac{1}{(100 \times 10^{-6})} - 1000$$

$$= 10^4 - 1000 = 9000\ \Omega$$

16. गैल्वेनोमीटर को अमीटर में बदलने के लिए छोटा प्रतिरोध समान्तर क्रम में लगाया जाता है। यदि यह प्रतिरोध S है, तो

$$S = \frac{I_g G}{I - I_g} = \frac{50 \times 1}{2000 - 50} = \frac{1}{39}\ \Omega$$

17. ट्रांसफॉर्मर को केवल AC में ही प्रयोग किया जाता है।

18. चल-कुण्डल माइक्रोफोन ध्वनि को विद्युत ऊर्जा में रूपान्तरित करता है।

19. दिष्ट धारा जनित्र के आर्मेचर में उत्पन्न वि. वा. बल AC होगा।

20. लेन्स का नियम ऊर्जा संरक्षण के नियम पर आधारित है।

21. प्रत्यावर्ती धारा के लिए धारा की दिशा व परिमाण दोनों ही आवर्त रूप में बदलते हैं।

22. उच्चायी ट्रॉंसफॉर्मर निम्न विभवान्तर की प्रत्यावर्ती धारा को उच्च विभवान्तर की प्रत्यावर्ती धारा में बदलता है।

23. डायनमो की कुण्डली में फ्लक्स परिवर्तन के कारण उसमें वि. वा. बल प्रेरित हो जाता है।

24. दिया गया कथन फैराडे के विद्युत चुम्बकीय प्रेरण के नियमों का प्रथम नियम है।

26. ताँबा अनुचुम्बकीय होने के कारण दण्ड चुम्बक के उत्तरी ध्रुव की ओर आकर्षित होगा जिस कारण इससे गुजरने वाले फ्लक्स में परिवर्तन के कारण प्रेरित धारा बहेगी, अर्थात् छल्ला गर्म होने लगेगा।

रसायन विज्ञान

द्रव्य
Matter

प्रस्तावना (Introduction)

ब्रह्माण्ड दो अवयवों से मिलकर बना है द्रव्य तथा ऊर्जा। वे सभी वस्तुएँ, जो स्थान घेरती हैं, जिनमें भार होता है तथा जिनका ज्ञान हम अपनी ज्ञानेन्द्रियों के द्वारा कर सकते हैं, **द्रव्य** (matter) कहलाती हैं। ऊर्जा (energy), किसी वस्तु के कार्य करने की क्षमता को प्रदर्शित करती है।

- ऊर्जा का न तो भार होता है न ही आकार। यद्यपि ऊर्जा के प्रभाव का अनुभव ज्ञानेन्द्रियों द्वारा किया जा सकता है। प्रकाश, ऊष्मा, विद्युत, ध्वनि आदि ऊर्जा के विभिन्न रूप हैं।
- द्रव्य तथा ऊर्जा दोनों ही अविनाशी होते हैं अर्थात् दोनों को ही न तो उत्पन्न किया जा सकता है और न ही नष्ट।
- किसी वस्तु में उपस्थित द्रव्य के सम्पूर्ण परिमाण (magnitude) को उस वस्तु का **द्रव्यमान** (mass) कहते हैं। इसकी इकाई किग्रा (kg) है।

द्रव्यमान तथा ऊर्जा में सम्बन्ध
(Relation between Mass and Energy)

आइन्सटीन के अनुसार, यदि द्रव्य नष्ट होता है तब उसी के समतुल्य (equivalent) ऊर्जा निर्मुक्त (release) होती है। अत: द्रव्यमान तथा ऊर्जा में सम्बन्ध दर्शाने के लिए आइन्सटीन ने निम्न समीकरण दिया

$$E = mc^2$$

जहाँ, E = उत्पन्न ऊर्जा की मात्रा
m = नष्ट हुआ द्रव्यमान
c = प्रकाश का वेग ($= 3 \times 10^8$ मी से$^{-1}$)

द्रव्य की अवस्थाएँ (States of Matter)

द्रव्य निम्नलिखित तीन भौतिक अवस्थाओं में पाया जाता है

1. द्रव्य की वह अवस्था जिसमें उसका आकार तथा आयतन दोनों निश्चित होते हैं, **ठोस अवस्था** (solid state) कहलाती है। **उदाहरण**—लोहा, लकड़ी, पत्थर, बर्फ, गन्धक आदि।
2. द्रव्य की वह अवस्था जिसमें उसका आयतन तो निश्चित होता है लेकिन आकार अनिश्चित होता है, **द्रव अवस्था** (liquid state) कहलाती है। **उदाहरण**—जल, दूध, तेल, पारा, ग्लिसरीन आदि।
3. द्रव्य की वह अवस्था जिसमें उसका आयतन तथा आकार दोनों ही निश्चित नहीं होते हैं, **गैस अवस्था** (gaseous state) कहलाती है। ये जिस पात्र में रखे जाते हैं, उसी का आकार व आयतन ग्रहण कर लेते हैं। **उदाहरण**—वायु, हाइड्रोजन, नाइट्रोजन, ऑक्सीजन आदि।

- चूँकि द्रव तथा गैसों में बहने का गुण होता है अत: इन्हें **तरल पदार्थ** (fluids) भी कहा जाता है।
- एक ही पदार्थ विभिन्न दशाओं में भिन्न-भिन्न अवस्थाओं में रह सकता है। **उदाहरण**—सामान्य ताप पर जल, द्रव (liquid) अवस्था में पाया जाता है। 0°C से कम ताप पर यह बर्फ (ठोस) के रूप में पाया जाता है तथा 100°C ताप पर यह वाष्प (गैस) के रूप में पाया जाता है।

द्रव्यों में अवस्था परिवर्तन
(Change in the State of Matter)

द्रव्य की अवस्था परिवर्तन का मुख्य कारण, उसमें उपस्थित अणुओं की गतिज एवं स्थितिज ऊर्जा में परिवर्तन है। तापमान बढ़ाने पर, अणुओं की गतिज ऊर्जा अधिक होने के कारण, द्रव्य अपनी ठोस अवस्था से द्रव अवस्था में परिवर्तित हो जाता है। तापमान में और अधिक वृद्धि करने पर, गतिज ऊर्जा अत्यधिक होने के कारण अणु मुक्त रूप से गति करने लगते हैं अर्थात् द्रव्य, गैस अवस्था में परिवर्तित हो जाता है।

- तापमान कम करने पर उपरोक्त के विपरीत क्रियाएँ होती हैं तथा द्रव्य, ठोस अवस्था में परिवर्तित हो जाता है।

द्रव्य, अपनी एक अवस्था से दूसरी अवस्था में निम्न प्रक्रमों द्वारा परिवर्तित होते हैं

(a) **गलन** (Melting) वह निश्चित ताप, जिस पर कोई द्रव्य अपनी ठोस अवस्था से पूर्ण रूप से द्रव अवस्था में परिवर्तित हो जाता है, उस द्रव्य का **गलनांक** (melting point) कहलाता है तथा यह प्रक्रम **गलन** कहलाता है।
- *अशुद्धि की उपस्थिति में गलनांक कम हो जाता है।*

(b) **हिमांक** (Freezing point) वह निश्चित ताप, जिस पर कोई द्रव्य अपनी द्रव अवस्था से ठोस अवस्था में परिवर्तित हो जाता है अर्थात् जम जाता है, उस द्रव्य का हिमांक कहलाता है।
- जल का हिमांक 0°C होता है।
- *अशुद्धि की उपस्थिति में हिमांक बढ़ जाता है।*

(c) **क्वथन** (Boiling) वह निश्चित ताप जिस पर कोई द्रव उबलना शुरू होता है अथवा गर्म करने पर जिस ताप पर द्रव का वाष्पदाब, वायुमण्डलीय दाब के बराबर हो जाता है, उस द्रव का **क्वथनांक** कहलाता है तथा यह प्रक्रम **क्वथन** (boiling) कहलाता है।
- *अशुद्धि की उपस्थिति में, क्वथनांक बढ़ जाता है।*
- दाब बढ़ने पर क्वथनांक बढ़ जाता है तथा दाब कम होने पर **क्वथनांक** कम हो जाता है। **उदाहरण**

(i) पहाड़ों पर वायुमण्डलीय दाब का मान कम होता है अत: द्रव का वाष्पदाब, कम तापमान पर ही, वायुमण्डलीय दाब के समान हो जाता

है तथा द्रव कम ताप पर ही उबलने लगता है। अत: पहाड़ों पर जल अपने सामान्य क्वथनांक से पहले ही उबलने लगता है।

(ii) प्रेशर कुकर से वाष्प बाहर नहीं जा सकती, इस कारण कुकर में जल पर दाब बढ़ जाता है। अत: जल का क्वथनांक भी बढ़ जाता है। कुकर में उच्च ताप प्राप्त हो जाने के कारण दाल शीघ्रता से गल जाती है।

(d) **वाष्पन** (Evaporation) किसी भी ताप पर, द्रव के वाष्प में बदलने की क्रिया **वाष्पन** कहलाती है। वाष्पन की दर, द्रव की सतह के क्षेत्रफल, वायुमण्डल के ताप तथा वायु में आर्द्रता पर निर्भर करती है।

(e) **उर्ध्वपातन** (Sublimation) कुछ ठोस पदार्थ, गर्म करने पर, बिना द्रव अवस्था में परिवर्तित हुए, सीधे ही गैस अवस्था में परिवर्तित हो जाते हैं। ऐसे पदार्थ **उर्ध्वपातज** (sublimate) तथा यह प्रक्रम **उर्ध्वपातन** (sublimation) कहलाता है। **उदाहरण**—नौसादर, कपूर, आयोडीन आदि।

द्रव्य का अणुगति सिद्धान्त
(Kinetic Molecular Theory of Matter)

इस सिद्धान्त के अनुसार,

1. द्रव्य अत्यन्त छोटे-छोटे कणों से मिलकर बना है, जो स्वतन्त्र अवस्था में रह सकते हैं। इन कणों को **अणु** (molecule) कहते हैं।
2. एक ही द्रव्य के समस्त अणु सभी प्रकार से गुणधर्मों में समान होते हैं जबकि विभिन्न द्रव्यों के अणु गुणधर्मों में भिन्न-भिन्न होते हैं।
3. द्रव्य के अणुओं के मध्य कुछ रिक्त स्थान होता है जिसे **अन्तरा-आण्विक** स्थान (intermolecular space) कहते हैं।
4. द्रव्य के अणुओं के मध्य आकर्षण तथा प्रतिकर्षण बल कार्य करता है जिसके कारण उनमें स्थितिज ऊर्जा होती है। इस आकर्षण बल को ससंजक बल (cohesive force) कहते हैं। यह ससंजक बल ठोस अवस्था में सबसे अधिक परन्तु गैसीय अवस्था में सबसे कम होता है।
5. द्रव्य के अणु निरन्तर गति करते रहते हैं जिसके कारण उनमें गतिज ऊर्जा होती है।
6. द्रव्य का ताप बढ़ाने से उसके अणुओं की गतिज ऊर्जा बढ़ती है।

द्रव्य का वर्गीकरण (Classification of Matter)

रासायनिक संघटन (composition) के आधार पर द्रव्य को निम्न प्रकार वर्गीकृत किया गया है

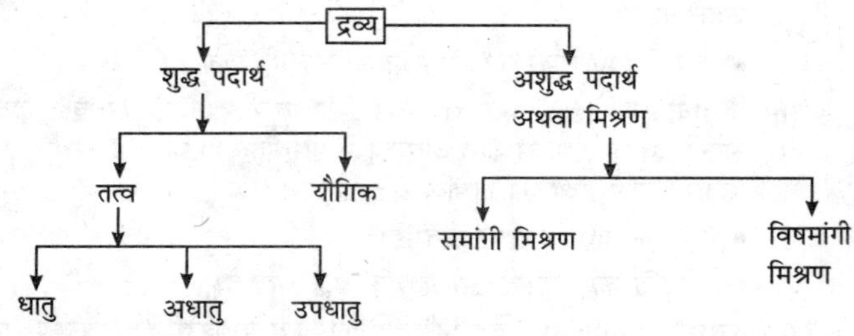

शुद्ध पदार्थ (Pure Substances)

वे द्रव्य, जिनका रासायनिक संघटन निश्चित होता है, शुद्ध पदार्थ अथवा शुद्ध द्रव्य कहलाते हैं।

ये निम्नलिखित दो प्रकार के होते हैं

1. **तत्व** (Elements) वे द्रव्य जो केवल एक ही प्रकार के परमाणुओं (atoms) से मिलकर बने होते हैं अथवा जो किसी भी विधि से दो या दो से अधिक भिन्न गुणों वाले पदार्थों में विभाजित नहीं किये जा सकते हैं और न ही उनसे बनाये जा सकते हैं, तत्व कहलाते हैं।

उदाहरण—लोहा (प्रतीक Fe), मर्करी (Hg), कॉपर (Cu), ऑक्सीजन (O) आदि।

- अब तक लगभग 108 तत्वों की खोज हो चुकी है।
- तत्वों का मुख्य स्रोत भू-पर्पटी (earth crust) है। भू-पर्पटी में सर्वाधिक पाया जाने वाला तत्व ऑक्सीजन है जो कि एक अधातु है।
- *एल्युमीनियम भू-पर्पटी में सर्वाधिक मात्रा में पाई जाने वाली धातु है।*

तत्वों को उनके गुणधर्मों में समानता के आधार पर निम्न तीन वर्गों में विभाजित किया गया है

(i) तत्व, जिनमें धात्विक चमक (metallic lusture), उच्च ऊष्मा चालकता, उच्च विद्युत चालकता, आघातवर्धनीयता तथा तनन सामर्थ्य आदि गुण पाए जाते हैं, **धातु** (metals) कहलाते हैं। **उदाहरण**—ताँबा (Cu), लोहा (Fe), चाँदी (Ag), पारा (Hg), जस्ता (Zn) आदि तत्व धातु हैं।

(ii) तत्व, जिनमें धातुओं से विपरीत गुणधर्म पाये जाते हैं, **अधातु** (non-metals) कहलाते हैं। **उदाहरण**— सल्फर (S), फॉस्फोरस (P), कार्बन (C), आयोडीन (I_2) हाइड्रोजन (H_2), ऑक्सीजन (O_2) क्लोरीन (Cl_2), ब्रोमीन (Br_2) आदि तत्व अधातु हैं।

(iii) वे तत्व, जिनके गुणधर्म धातुओं तथा अधातुओं के बीच में होते हैं, **उपधातु** (metalloids) कहलाते हैं। **उदाहरण**—जर्मेनियम (Ge), आर्सेनिक (As), एन्टीमनी (Sb) आदि उपधातुएँ हैं।

2. **यौगिक** (Compounds) वे पदार्थ, जो दो या दो से अधिक तत्वों के निश्चित अनुपात में रासायनिक संयोग से बनते हैं, यौगिक कहलाते हैं।

- यौगिकों के गुणधर्म उनके अवयवों (constituents) के गुणधर्मों से भिन्न होते हैं।

वायु से क्रिया के आधार पर यौगिक निम्न प्रकार के हो सकते हैं

उत्फुल्ल पदार्थ (Efflorescent) वे क्रिस्टलीय यौगिक, जो वायु में रखने पर अपना कुछ अथवा सम्पूर्ण क्रिस्टलीय जल, वायु को दे देते हैं, उत्फुल्ल पदार्थ कहलाते हैं। **उदाहरण**—फेरस सल्फेट, [$FeSO_4 \cdot 7H_2O$ (हरा कसीस)]. फिटकरी [पोटाश एलम, K_2SO_4, $Al_2(SO_4)_3$, $24H_2O$], धावन सोडा [$Na_2CO_3 \cdot 10H_2O$] आदि उत्फुल्ल पदार्थ हैं।

आर्द्रताग्राही पदार्थ (Hygroscopic) वे यौगिक जो नम वायु में रखने पर वायु से नमी ग्रहण करके हाइड्रेट या हाइड्रॉक्साइड बनाते हैं, परन्तु संतृप्त विलयन (वह विलयन जिसमें यौगिक की ओर अधिक मात्रा नहीं घोली जा सकें) नहीं बनाते, आर्द्रताग्राही पदार्थ कहलाते हैं। **उदाहरण**—निर्जल कॉपर सल्फेट ($CuSO_4$), बिना बुझा चूना (CaO) तथा निर्जल सोडियम कार्बोनेट (Na_2CO_3) आर्द्रताग्राही पदार्थ हैं।

प्रस्वेद्य पदार्थ (Deliquescent) वे यौगिक, जो नम वायु में रखने पर, वायु से नमी ग्रहण करके संतृप्त विलयन बना लेते हैं, प्रस्वेद्य पदार्थ कहलाते हैं। यौगिकों का यह गुण प्रस्वेद्यन कहलाता है। **उदाहरण**—सोडियम हाइड्रॉक्साइड (NaOH), पोटैशियम हाइड्रॉक्साइड (KOH), निर्जल कैल्सियम क्लोराइड ($CaCl_2$), निर्जल फेरिक क्लोराइड ($FeCl_3$) आदि प्रस्वेद्य पदार्थ हैं।

उदाहरण,— जल (H_2O), दो तत्वों हाइड्रोजन (H) तथा ऑक्सीजन (O) से मिलकर बना है। नमक (NaCl) दो तत्वों सोडियम (Na) तथा क्लोरीन (Cl) से मिलकर बना है।

मिश्रण (Mixtures)

वे द्रव्य, जो दो या दो से अधिक द्रव्यों को किसी भी अनुपात में मिला देने पर बनते हैं, मिश्रण कहलाते हैं। **उदाहरण**—चीनी और नमक का मिश्रण।

मिश्रण दो प्रकार के होते हैं— **1.** समांगी मिश्रण तथा **2.** विषमांगी मिश्रण।

1. **समांगी मिश्रण** (Homogeneous mixture) जिस द्रव्य के प्रत्येक भाग का संघटन (composition) एक जैसा होता है, उसे समांगी मिश्रण कहते हैं **उदाहरण**—जल तथा चीनी का मिश्रण।
2. **विषमांगी मिश्रण** (Heterogeneous mixture) जिस द्रव्य के प्रत्येक भाग का संघटन एक जैसा नहीं होता है, उसे विषमांगी मिश्रण कहते हैं। **उदाहरण**—बालू तथा रेत का मिश्रण।

द्रव्यों (पदार्थों) में होने वाले परिवर्तन

(Changes Occurring in Matter or Substances)

पदार्थों में निम्नलिखित दो प्रकार के परिवर्तन होते हैं

1. भौतिक परिवर्तन (Physical Changes)

वे परिवर्तन जिनमें पदार्थों के स्वरूप एवं भौतिक गुणधर्मों में अस्थायी परिवर्तन होता है, जबकि उनके भार तथा रासायनिक संगठन अपरिवर्तित रहते हैं, अर्थात् कोई नया पदार्थ नहीं बनता है, भौतिक परिवर्तन कहलाते हैं।

भौतिक परिवर्तन के कुछ उदाहरण निम्न हैं

(i) विद्युत बल्ब का जलना **(ii)** नमक या चीनी का पानी में घुलना
(iii) बर्फ का पिघलना **(iv)** बादलों का बनना
(v) जल का आसवन **(vi)** आयोडीन का ऊर्ध्वपातन

- भौतिक परिवर्तन उत्क्रमणीय (reversible) होते हैं। **उदाहरण**—बर्फ के पिघलने पर जल (water) बनता है जिसे पुनः 0°C तापमान तक ठण्डा करने पर बर्फ प्राप्त होती है अर्थात् भौतिक परिवर्तन में, परिवर्तन के पश्चात् बने पदार्थ से, प्रारम्भिक पदार्थ पुनः प्राप्त किया जा सकता है।

2. रासायनिक परिवर्तन (Chemical Changes)

वे परिवर्तन जिनमें पदार्थ का रासायनिक संगठन तथा गुणधर्म स्थायी रूप से परिवर्तित हो जाते हैं अर्थात् नये पदार्थ बन जाते हैं, रासायनिक परिवर्तन कहलाते हैं।

उदाहरण—

(i) मोमबत्ती का जलना **(ii)** मैग्नीशियम के तार का जलना
(iii) जंग लगना **(iv)** दूध से दही का बनना
(v) सिरके का बनना।

- रासायनिक परिवर्तन अनुत्क्रमणीय (irreversible) होते हैं अर्थात् अभिक्रिया या परिवर्तन के पश्चात् बने पदार्थ से प्रारम्भिक पदार्थ को पुनः प्राप्त नहीं किया जा सकता। **उदाहरण** दूध से एक बार दही बनने के पश्चात्, दही से दूध पुनः प्राप्त नहीं किया जा सकता।

स्मरणीय बिन्दु

- किसी वस्तु में उपस्थित द्रव्य के सम्पूर्ण परिमाण (magnitude) को उस वस्तु का द्रव्यमान कहते हैं जबकि भार (weight) वह बल है जिसके द्वारा पृथ्वी किसी वस्तु को अपनी ओर आकर्षित करती हैं। भार तथा द्रव्यमान निम्न प्रकार सम्बन्धित हैं
  भार (w) = द्रव्यमान $(m) \times$ गुरुत्वीय त्वरण (g)
- किसी वस्तु का द्रव्यमान प्रत्येक स्थान पर नियत रहता है जबकि उसका भार, g के मान में परिवर्तन होने के कारण, परिवर्तित होता रहता है।
- वे पदार्थ, जो एक ही तत्व से बने होते हैं परन्तु उनकी संरचना तथा रासायनिक संघटन भिन्न-भिन्न होता है, अपररूप (allotropes) कहलाते हैं तथा उनका यह गुणधर्म अपररूपता (allotropism) कहलाता है। **उदाहरण**–हीरा (डायमण्ड) तथा ग्रेफाइट, कार्बन (C) के अपररूप हैं। इसी प्रकार ऑक्सीजन गैस (O_2) तथा ओजोन (O_3), ऑक्सीजन (O) के अपररूप हैं।
- द्रव्य की तीनों अवस्थाओं के विभिन्न गुणों का क्रम
  (i) अन्तराअणुक स्थान के बढ़ने का क्रम
  ठोस < द्रव < गैस
  (ii) अन्तराअणुक आकर्षण के बढ़ने का क्रम
  गैस < द्रव < ठोस
  (iii) अणुओं की स्थितिज ऊर्जा के बढ़ने का क्रम
  गैस < द्रव < ठोस
  (iv) अणुओं की गतिज ऊर्जा के बढ़ने का क्रम
  ठोस < द्रव < गैस
  (v) घनत्व का क्रम
  गैस < द्रव < ठोस
- सामान्यतः ठोसों का घनत्व, द्रव की अपेक्षा अधिक होता है परन्तु जल का घनत्व, हाइड्रोजन बन्धता (जिसका अध्ययन आप उच्च कक्षाओं में करेगें) के कारण, बर्फ के घनत्व की अपेक्षा अधिक होता है।
- घनत्व, आयतन के व्युत्क्रमानुपाती होता है अर्थात् घनत्व बढ़ने पर आयतन कम हो जाता है।

अभ्यास प्रश्न

1. कौन-सी वस्तु द्रव्य नहीं है?
(a) कोयला (b) प्रकाश
(c) लकड़ी (d) कॉपर

2. m ग्राम द्रव्यमान के लुप्त होने पर उत्पन्न ऊर्जा होगी
(a) m^2c अर्ग (b) mc^2 अर्ग
(c) m^2/c अर्ग (d) m^2c^2 अर्ग

3. प्रकृति में जल किस अवस्था में मिलता है?
(a) ठोस (b) द्रव
(c) ठोस, द्रव और गैस (d) गैस

4. ठोस अवस्था में अणुओं की गतिज ऊर्जा होती है
(a) गैस के अणुओं से अधिक
(b) द्रव के अणुओं से अधिक
(c) गैस के अणुओं के बराबर
(d) द्रव के अणुओं से कम

5. अन्तराणुक बल अधिक होता है
(a) ठोस में (b) द्रव में
(c) गैस में (d) तीनों में समान

6. जिस ताप पर द्रव का वाष्पदाब वायुमण्डलीय दाब के बराबर हो जाता है, उस ताप को कहते हैं
(a) गलनांक (b) हिमांक (c) क्वथनांक (d) क्रान्तिक ताप

7. किसी पदार्थ का ताप बढ़ाने पर उसके अणुओं की ऊर्जा में होगी
(a) वृद्धि (b) अपरिवर्तित
(c) कमी (d) पहले कमी, फिर वृद्धि

8. जिन वस्तुओं का आयतन तो निश्चित होता है परन्तु उनका आकार अनिश्चित होता है, उन्हें कहते हैं
(a) द्रव (b) गैस
(c) ठोस (d) इनमें से कोई नहीं

9. अन्तराणुक बल नगण्य होता है
(a) ठोस में (b) द्रव में
(c) गैस में (d) इन सभी में

10. निम्न पदार्थ ऊर्ध्वपातज है
(a) सल्फर (b) नौसादर
(c) बर्फ (d) कोयला

11. प्रेशर कुकर में खाना जल्दी पक जाता है क्योंकि
(a) जल का क्वथनांक बढ़ जाता है
(b) जल का क्वथनांक कम हो जाता है
(c) दाब स्थिर रहता है
(d) कोई पदार्थ बाहर नहीं निकल पाता

12. गैस द्रव्य की वह अवस्था है, जिसका
(a) आयतन तथा आकार दोनों निश्चित होते हैं
(b) आयतन निश्चित तथा आकार अनिश्चित होता है
(c) आयतन अनिश्चित तथा आकार निश्चित होता है
(d) आयतन तथा आकार दोनों अनिश्चित होते हैं

13. निम्न में से कौन-सा उत्फुल्ल है?
(a) $MgSO_4$ (b) $Na_2CO_3 \cdot 2H_2O$
(c) $ZnSO_4$ (d) $NaHCO_3$

14. बिना गर्म किए किसी ताप पर किसी द्रव की सतह से अणुओं के धीरे-धीरे वायु में मिलने की क्रिया को कहते हैं
(a) क्वथन (b) निर्वात आसवन
(c) वाष्पन (d) आसवन

15. जब बर्फ पिघलती है तो अणुओं की स्थितिज ऊर्जा
(a) अपरिवर्तित रहती है (b) घटती है
(c) बढ़ती है (d) इनमें से कोई नहीं

16. ऊर्ध्वपातन में सर्वप्रथम क्रिया होती है
(a) गर्मी पाकर अणुओं की गतिज ऊर्जा में अत्यधिक वृद्धि
(b) अणुओं के बीच आकर्षण बल
(c) ठोस का द्रव में अल्पकाल के लिए परिवर्तन
(d) अणुओं का स्वतन्त्र हो जाना

17. निम्न में से कौन-सा युग्म यौगिकों को प्रदर्शित करता है?
(a) शहद एवं नमक (b) दूध एवं पानी
(c) शहद एवं पानी (d) पानी एवं साबुन

18. भूगर्भ (पृथ्वी में) सबसे अधिक मात्रा में पाई जाने वाली धातु है
(a) लोहा (b) ताँबा
(c) ऐल्युमिनियम (d) चाँदी

19. जल में घुलनशील अशुद्धियाँ इसके
(a) क्वथनांक को कम कर देती हैं
(b) क्वथनांक को बढ़ा देती हैं
(c) हिमांक को बढ़ा देती हैं
(d) हिमांक पर कोई प्रभाव नहीं डालती

20. नौसादर और नमक को पृथक् (अलग) किया जा सकता है
(a) क्रिस्टलन द्वारा (b) प्रभाजी क्रिस्टलन द्वारा
(c) ऊर्ध्वपातन द्वारा (d) इनमें से कोई नहीं

21. निम्नलिखित में से मिश्रण हैं
टूथपेस्ट, संगमरमर, लोहा, दूध, सोना, स्याही, चीनी, वायु, जल
(a) लोहा, चीनी, स्याही
(b) वायु, सोना, दूध, संगमरमर
(c) टूथपेस्ट, दूध, स्याही, वायु
(d) टूथपेस्ट, दूध, जल

22. निम्नलिखित में से रासायनिक परिवर्तन नहीं है
(a) कोयले का जलना (b) दूध का सड़ना
(c) वाष्प का बनना (d) जल का निर्माण

23. धातु के बर्तन में रखा दूध निम्न में से किस परिस्थिति में सर्वाधिक शीघ्रता से ठण्डा हो जायेगा?
(a) जब बर्तन के ढक्कन पर पर्याप्त बर्फ रखी जाये
(b) जब दूध के बर्तन को बर्फ की सिल्ली पर रखा जाये
(c) जब बर्फ को बर्तन के चारों ओर रखा जाये
(d) उपरोक्त सभी दशाओं में समान समय लगेगा

24. निम्न में से कौन-सा तत्व है?
(a) सिलिका (b) काँच
(c) मैग्नीशियम (d) इनमें से कोई नहीं

25. अन्तराणुक स्थान अधिक होता है
(a) ठोस में (b) गैस में
(c) द्रव में (d) सभी में समान

उत्तरमाला

1. (b)	**2.** (b)	**3.** (c)	**4.** (d)	**5.** (a)	**6.** (c)	**7.** (a)	**8.** (a)	**9.** (c)	**10.** (b)
11. (a)	**12.** (d)	**13.** (b)	**14.** (c)	**15.** (b)	**16.** (a)	**17.** (d)	**18.** (c)	**19.** (b)	**20.** (c)
21. (c)	**22.** (c)	**23.** (c)	**24.** (c)	**25.** (b)					

2
परमाणु संरचना
Atomic Structure

डाल्टन का परमाणुवाद (Dalton's Atomic Theory)

डाल्टन ने ज्ञात नियमों के आधार पर निम्न परिकल्पनाएँ दी

- तत्व अनेक सूक्ष्मतम कणों से मिलकर बना होता है, जिन्हें **परमाणु** (atom) कहते हैं।
- परमाणु अविभाज्य है अर्थात् परमाणु को किसी भी विधि से अन्य सूक्ष्म कणों में विभाजित नहीं किया जा सकता है।
- परमाणु न तो नष्ट किये जा सकते हैं और न ही उत्पन्न किए जा सकते हैं।
- एक ही तत्व के परमाणु आकार, द्रव्यमान तथा अन्य सभी गुणों में एक-दूसरे के समान (identical) होते हैं।
- विभिन्न तत्वों के परमाणु आकार, द्रव्यमान तथा अन्य सभी गुणों में एक-दूसरे से भिन्न होते हैं।
- रासायनिक परिवर्तनों में परमाणु अपनी निजी सत्ता (individuality) बनाएँ रखते हैं।
- दो या अधिक तत्वों के परमाणु सरल गुणित अनुपात (अर्थात् 1:1, 1:2, 2:3 आदि) में संयुक्त होकर **यौगिक परमाणु** (जो अब अणु कहलाते हैं) बनाते हैं।

अत: डाल्टन के परमाणुवाद के आधार पर, ''किसी भी तत्व का वह छोटे से छोटा अविभाज्य कण, जो उसकी रासायनिक अभिक्रिया में भाग ले सकता है, परमाणु कहलाता है।''

आधुनिक परमाणुवाद (Modern Atomic Theory)

आधुनिक परमाणुवाद के अनुसार,

- परमाणु अविभाज्य नहीं है बल्कि यह इलेक्ट्रॉन, प्रोटॉन तथा न्यूट्रॉन आदि मूल कणों (fundamental particles) से मिलकर बना होता है तथा इसे पुन: इन कणों में विभाजित भी किया जा सकता है।
- एक ही तत्व के परमाणु भिन्न-भिन्न द्रव्यमानों के भी हो सकते हैं। ऐसे परमाणुओं को **समस्थानिक** (isotopes) कहा गया। उदाहरण के लिए हाइड्रोजन के तीन समस्थानिक प्रोटियम, ड्यूटीरियम तथा ट्राइटियम हैं जिनके परमाणु भार क्रमश: 1, 2 तथा 3 हैं।
- भिन्न-भिन्न तत्वों के परमाणुओं के परमाणु भार समान भी हो सकते हैं। ऐसे परमाणुओं को **समभारिक** (isobars) कहा जाता है।
- तत्वों के परमाणु संयुक्त होकर **अणु** (molecule) बनाते हैं न कि यौगिक अणु। परमाणु स्वतन्त्र अवस्था में नहीं रह सकतें, परन्तु अणु स्वतन्त्र अवस्था में रहने वाले सूक्ष्मतम् कण हैं।
- यौगिकों में तत्वों के परमाणुओं में सरल गुणित अनुपात होना अनिवार्य नहीं है।
- रासायनिक अभिक्रियाएँ, परमाणुओं के मध्य इलेक्ट्रॉनों के आदान-प्रदान द्वारा होती हैं।
- यद्यपि परमाणुओं को न तो उत्पन्न किया जा सकता है और न ही नष्ट, तथापि नाभिकीय अभिक्रियाओं के द्वारा भारी तत्वों के परमाणुओं को हल्के तत्वों के परमाणुओं में तथा हल्के तत्वों के परमाणुओं को भारी तत्वों के परमाणुओं में परिवर्तित किया जा सकता है।

परमाणु के मूल कण (Fundamental Particles of the Atom)

परमाणु, इलेक्ट्रॉन, प्रोटॉन तथा न्यूट्रॉन से मिलकर बना होता है जिनके प्रमुख लक्षण निम्न हैं

इलेक्ट्रॉन (Electron)

यह परमाणु का अत्यन्त छोटा कण है। इसकी खोज **जे. जे. टॉमसन** ने सन् 1897 में की थी। इस कण पर 1.6×10^{-19} कूलॉम ऋणावेश अर्थात् एक इकाई ऋणावेश होता है। इसका भार हाइड्रोजन के भार का $\frac{1}{1837}$ वाँ भाग अर्थात् 9.1×10^{-31} किग्रा होता है। इसे e^- या $_{-1}e^0$ से प्रदर्शित करते हैं।

प्रोटॉन (Proton)

यह परमाणु का अति सूक्ष्म धनावेशित कण है। इस कण पर एक इकाई (1.6×10^{-19} कूलॉम) धनावेश होता है। इसकी खोज **रदरफोर्ड** द्वारा सन् 1919 में की गई थी। इसका भार हाइड्रोजन के परमाणु भार के लगभग बराबर होता है। इसे 'p' या $_1H^1$ से प्रदर्शित करते हैं।

न्यूट्रॉन (Neutron)

न्यूट्रॉन भी परमाणु का एक अनिवार्य घटक है। यह कण विद्युत उदासीन होता है अर्थात् इस कण पर कोई आवेश नहीं होता है। इसकी खोज **चैडविक** ने की। इसे 'n' या $_0n^1$ से प्रदर्शित किया जाता है। न्यूट्रॉन का द्रव्यमान 1.6750×10^{-27} किग्रा अर्थात् हाइड्रोजन के परमाणु भार के लगभग बराबर होता है।

रदरफोर्ड का नाभिकीय परमाणु प्रारूप (Rutherford's Atomic Nuclear Model)

सन् 1911 में रदरफोर्ड ने सोने की पतली पन्नी पर ऐल्फा (α) कणों की बौछार करके, प्राप्त परिणामों से निम्न निष्कर्ष निकाले

8 परमाणु संरचना

1. अधिकांश α-कण धातु की पन्नी की बेधकर सीधे निकल जाते हैं जिससे यह निष्कर्ष निकलता है कि परमाणु का अधिकांश भाग रिक्त होता है।
2. कुछ ऐल्फा कण प्रतिकर्षित होकर मूल पथ से विभिन्न कोण बनाते हुए विचलित हो जाते हैं जिससे यह निष्कर्ष निकलता है कि परमाणु के केन्द्र में कोई धनावेशित वस्तु स्थित है।
3. बहुत थोड़े ऐल्फा कण, जिस मार्ग से गये थे, उसी मार्ग से वापस लौट आये, जिससे यह निष्कर्ष निकलता है कि परमाणु का समस्त धनावेश एक अति सूक्ष्म आयतन में केन्द्रित रहता है। इस धनावेशित भाग को रदरफोर्ड ने **नाभिक** (nucleus) नाम दिया।

उपरोक्त परिणामों के आधार पर रदरफोर्ड ने एक परमाणु मॉडल दिया जिसके अनुसार, ''परमाणु के मध्य में धनावेशित नाभिक होता है जिसके चारों ओर बन्द कक्षाओं में इलेक्ट्रॉन घूमते हैं।''

रदरफोर्ड के परमाणु मॉडल की कमियाँ

(Drawbacks of Rutherford's Atomic Model)

रदरफोर्ड का परमाणु मॉडल

1. परमाणु के अस्तित्व की व्याख्या नहीं कर सका।
2. स्पेक्ट्रम की व्याख्या नहीं कर सका।

नील्स बोर का परमाणु मॉडल

(Neils Bohr's Atomic Model)

इस मॉडल (प्रतिरूप) के अनुसार,

1. इलेक्ट्रॉन, नाभिक के चारों ओर बन्द वृत्तीय कक्षाओं में चक्कर लगाते हैं। चक्करों के लिए आवश्यक अभिकेन्द्र बल का कार्य, इलेक्ट्रॉन और नाभिक के बीच का स्थिर विद्युतीय आकर्षण करता है।
2. इलेक्ट्रॉन केवल कुछ निश्चित कक्षाओं में ही चक्कर लगाते हैं। इन कक्षाओं की त्रिज्या निश्चित होती है। इन कक्षाओं में घूमते हुए ये इलेक्ट्रॉन ऊर्जा का विकिरण नहीं करते। इन कक्षाओं को **स्थिर कक्षा** (stationary orbit) या **ऊर्जा स्तर** (energy levels) कहते हैं। इन कक्षाओं को **कोश** (shell) भी कहा जाता है।
3. जब कोई इलेक्ट्रॉन कक्षा में चक्कर लगाता है तो न तो ऊर्जा में कमी होती है और न वृद्धि होती है।
4. स्थिर कक्षा में घूमते हुए इलेक्ट्रॉन का कोणीय संवेग $h/2\pi$ का पूर्ण गुणक अर्थात् $\frac{1h}{2\pi}, \frac{2h}{2\pi}, \frac{3h}{2\pi}$ होता है,

   अर्थात् कोणीय संवेग, $mvr = \frac{nh}{2\pi}$,

   जहाँ, n = कक्षाओं की संख्या, m = इलेक्ट्रॉन का द्रव्यमान, r = इलेक्ट्रॉन की गति, r = कक्षा की त्रिज्या
5. इलेक्ट्रॉन ऊर्जा की निश्चित मात्रा को अवशोषित करके उच्चतर कक्षा में जाता है। इसी प्रकार इलेक्ट्रॉन ऊर्जा की निश्चित मात्रा को उत्सर्जित करके न्यूनतम कक्षा में कूदता है। ऊर्जा की इस निश्चित मात्रा को **क्वाण्टम** कहते हैं। एक क्वाण्टा का मान $h\nu$ होता है। (जहाँ, h = प्लांक नियतांक $= 6.626 \times 10^{-34}$ जूल-से तथा ν = आवृत्ति।)
6. नाभिक की ओर से प्रारम्भ करके प्रथम, द्वितीय, तृतीय......कक्षाओं को क्रमश: 1, 2, 3,......n अंकों से अथवा $K, L, M,...$ अक्षरों से प्रदर्शित करते हैं।

सोमरफील्ड का परमाणु सिद्धान्त

(Sommerfeld's Atomic Concept)

सोमरफील्ड के अनुसार,

1. इलेक्ट्रॉन, नाभिक के चारों ओर दीर्घ वृत्ताकार कक्षाओं में घूमते हैं। वृत्तीय कक्षा, दीर्घ वृत्ताकार कक्षा का ही एक विशेष रूप है।
2. कक्षाएँ छोटे भागों में बँटी होती हैं जिन्हें उपकोश कहते हैं। ये उपकोश ओर छोटे भागों में बँटे होते हैं, जिन्हें **कक्षक** (orbital) कहते हैं।
3. दीर्घ वृत्तीय कक्षा में घूमते हुए इलेक्ट्रॉन का कोणीय संवेग $\frac{kh}{2\pi}$ होता है

   जहाँ, k एक पूर्णांक (1, 2, 3...) है। k का मान उपऊर्जा स्तर को प्रदर्शित करता है।
4. k का मान n के मान पर निर्भर करता है। n के किसी मान के लिए k के n मान होते हैं। यदि $n=1$ तो $k=1$; यदि $n=2$ तो $k=1$ यदि $n=1$ तो $k=1, 2, 3$ आदि। k तथा n का मान बराबर होने पर कक्षाएँ वृत्तीय होंगी अर्थात् दीर्घ अक्ष की लम्बाई लघु अक्ष की लम्बाई के बराबर होगी।

   $$\frac{n}{k} = \frac{\text{दीर्घ अक्ष की लम्बाई}}{\text{लघु अक्ष की लम्बाई}}$$
5. पहले कोश में केवल एक उपकोश होता है। इसे ***s*-उपकोश** कहते हैं तथा इसमें केवल एक कक्षक, जिसे s-कक्षक कहते हैं, होता है। s-कक्षक गोलीय होता है तथा इसमें अधिकतम दो इलेक्ट्रॉन रह सकते हैं।

   दूसरा कोश, s तथा p-उपकोशों में बँटा होता है। p-उपकोश में तीन कक्षक, p_x, p_y, p_z होते हैं। ये डम्बल के आकार के होते हैं। तीसरा कोश, s, p तथा d उपकोशों में बँटा होता है। d-उपकोश में पाँच कक्षक, $d_{xy}, d_{yz}, d_{zx}, d_{z^2}$ तथा $d_{x^2-y^2}$ होते हैं।

परमाणु की कक्षाओं में इलेक्ट्रॉन वितरण : बोर बरी योजना (Distribution of Electrons in the Orbits of the Atom : Bohr Burry Scheme)

बोर बरी ने सन् 1921 में विभिन्न कक्षाओं में इलेक्ट्रॉनों के वितरण के नियम दिए, जो निम्नलिखित हैं

1. किसी भी कक्षा में उपस्थित अधिकतम इलेक्ट्रॉनों की संख्या $2n^2$ होती है, जहाँ, n उस कक्षा की संख्या है।
2. बाह्यतम कोश में अधिकतम इलेक्ट्रॉनों की संख्या 8 हो सकती है तथा इसके अन्दर वाले कोश में यह 18 से अधिक नहीं हो सकती।
3. सबसे बाहरी कोश में 2 से अधिक तथा उसके भीतरी कोश अर्थात् $(n-1)$ में 9 से अधिक इलेक्ट्रॉन तभी हो सकते हैं, जब अन्तिम से पहले कोश में इलेक्ट्रॉनों की संख्या $2n^2$ हो।
4. बाहरी कक्षा में 8 इलेक्ट्रॉन पूर्ण होने पर फिर नयी कक्षा प्रारम्भ हो जाती है।

बोर बरी योजना के अपवाद

(Exceptions of Bohr Burry Scheme)

इलेक्ट्रॉनों को भरते समय d-अथवा f-कक्षक के पूर्णतया या अर्द्ध-पूर्ण भरे होने में यदि केवल एक इलेक्ट्रॉन की कमी हो, तो बाह्य कक्षा में से एक इलेक्ट्रॉन d अथवा f-कक्षक में कूद जाता है। इसका कारण अर्द्ध-पूर्ण तथा पूर्ण भरे उपकोश का अत्यधिक स्थायित्व (stability) है। **उदाहरणार्थ**— Cu का इलेक्ट्रॉनिक विन्यास 2, 8, 18, 1 तथा Cr का इलेक्ट्रॉनिक विन्यास, 2, 8, 13, 1 होता है।

इलेक्ट्रॉनों के भरने में प्रयुक्त नियम

(Rules Used to Fill Electrons)

पाउली का अपवर्जन सिद्धान्त (Pauli's Exclusion Principle)

इस सिद्धान्त के अनुसार एक कक्षक में अधिकतम् दो इलेक्ट्रॉन रह सकते हैं लेकिन उनकी चक्रण दिशा एक-दूसरे के विपरीत होनी चाहिए।

हुण्ड का नियम (Hund's Rule)

इस नियम के अनुसार किसी भी उपकोश (subshell) में इलेक्ट्रॉनों का युग्मन केवल उस समय प्रारम्भ होता है जब प्रत्येक कक्षक में पहले एक-एक इलेक्ट्रॉन आ जाये।

ऑफबाऊ का नियम (Aufbau Principle)

"ऊर्जा की तलस्थ अवस्था में परमाणु अल्पतम ऊर्जा वाले उपकोश में प्रवेश करते हैं।" इस नियम से परमाणु में प्रवेश पाने वाले इलेक्ट्रॉन द्वारा ग्रहण की जाने वाली ऊर्जा के स्तर का निर्धारण होता है।

इस नियम के अनुसार इलेक्ट्रॉन उपकोशों के ऊर्जा स्तरों में निम्न क्रम में प्रवेश पाते हैं

$$1s < 2s < 2p < 3s < 3p < 4s < 3d < 4p < 5s$$
$$< 4d < 5p < 6s < 4f < 5d < 6p < 7s$$

परमाणु क्रमांक या परमाणु संख्या (Atomic Number)

मोसले ने सन् 1913 में तत्वों के परमाणु के महत्वपूर्ण मौलिक गुण परमाणु क्रमांक या परमाणु संख्या की खोज की। "किसी तत्व के परमाणु के नाभिक पर उपस्थित समस्त धनावेश की संख्या को **परमाणु संख्या** या **परमाणु क्रमांक** कहते हैं।" इसे Z से प्रदर्शित करते हैं।

चूँकि नाभिक में स्थित समस्त धनावेश प्रोटॉनों की संख्या के बराबर होता है अर्थात् यह कक्षा में उपस्थित इलेक्ट्रॉनों की संख्या के बराबर होता है, अतः

परमाणु संख्या = प्रोटॉनों की संख्या = इलेक्ट्रॉनों की संख्या

द्रव्यमान संख्या (Mass Number)

किसी परमाणु की द्रव्यमान संख्या, उसके नाभिक में स्थित न्यूट्रॉनों तथा प्रोटॉनों की संख्या के योगफल के बराबर होती है। इसे 'A' से प्रदर्शित करते हैं।

द्रव्यमान संख्या = प्रोटॉनों की संख्या + न्यूट्रॉनों की संख्या

या द्रव्यमान संख्या = परमाणु क्रमांक + न्यूट्रॉनों की संख्या

या द्रव्यमान संख्या = इलेक्ट्रॉनों की संख्या + न्यूट्रॉनों की संख्या

अतः $A = Z + N$

- परमाणु क्रमांक तथा द्रव्यमान संख्या के साथ किसी परमाणु को निम्न प्रकार प्रदर्शित किया जाता है।

परमाणु क्रमांक $\longrightarrow {}_Z X^A$ ($A \longleftarrow$ द्रव्यमान संख्या; $X \longleftarrow$ परमाणु का प्रतीक)

स्मरणीय बिन्दु

- परमाणु की त्रिज्या 0.37×10^{-10} मी तथा इसका भार 1.67×10^{-21} किग्रा होता है।
- नाभिक की त्रिज्या 10^{-15} मी होती है।
- तत्वों में सबसे छोटा तथा हल्का परमाणु हाइड्रोजन का होता है।
- केवल हाइड्रोजन के परमाणु (${}_1H^1$) में, न्यूट्रॉन अनुपस्थित होते हैं।
- समस्थानिक किसी तत्व के वे परमाणु होते हैं जिनके परमाणु क्रमांक समान परन्तु परमाणु भार (द्रव्यमान संख्या) भिन्न-भिन्न होते हैं। उदाहरण–${}_1H^1$ (प्रोटियम), ${}_1H^2$ (ड्यूटीरियम) तथा ${}_1H^3$ (ट्राइटियम), हाइड्रोजन के तीन समस्थानिक हैं। इनमें प्रोटॉनों तथा इलेक्ट्रॉनों की संख्याएँ तो समान हैं परन्तु न्यूट्रॉनों की संख्याएँ भिन्न-भिन्न हैं।
- भिन्न तत्वों के परमाणु जिनकी द्रव्यमान संख्या (परमाणु भार) समान होती है परन्तु परमाणु क्रमांक भिन्न-भिन्न होता है, समभारिक (isobars) कहलाते हैं। उदाहरण ${}_{18}Ar^{40}$ तथा ${}_{20}Ca^{40}$ समभारिक हैं क्योंकि इनका परमाणु क्रमांक भिन्न तथा द्रव्यमान संख्या समान है

अभ्यास प्रश्न

1. परमाणु के नाभिक में होते हैं
(a) केवल प्रोटॉन (b) प्रोटॉन तथा न्यूट्रॉन
(c) न्यूट्रॉन (d) प्रोटॉन, न्यूट्रॉन, इलेक्ट्रॉन

2. परमाणु को सर्वप्रथम किसने विभाजित किया?
(a) डाल्टन (b) जे. जे. टॉमसन
(c) बैकेरल (d) थामस ग्राहम

3. परमाणु के नाभिक में स्थित प्रोटॉनों तथा न्यूट्रानों की संख्या कहलाती है
(a) द्रव्यमान संख्या (b) परमाणु संख्या
(c) परमाणु भार (d) तुल्यांकी भार

4. नाभिक का आकार होता है
(a) 10^{-15} सेमी (b) 10^{-12} सेमी (c) 10^{-8} सेमी (d) 10^{-10} सेमी

5. निम्नलिखित में से कौन-सा कथन असत्य है?
(a) परमाणुओं के संयोग से अणुओं का निर्माण होता है
(b) परमाणु अविभाज्य है
(c) एक ही तत्व के सभी परमाणु एक जैसे होते हैं
(d) एक ही तत्व के परमाणुओं के रासायनिक गुण समान होते हैं

6. किसी तत्व का सूक्ष्मतम कण जो स्वतन्त्र अवस्था में रह सकता है, कहलाता है
(a) अणु (b) परमाणु (c) इलेक्ट्रॉन (d) प्रोटॉन

7. एक तत्व का परमाणु क्रमांक 19 तथा परमाणु भार 39 है। उसमें न्यूट्रॉनों की संख्या होगी
(a) 19 (b) 20 (c) 39 (d) 58

8. कैल्सियम परमाणु में प्रोटॉनों, न्यूट्रॉनों तथा इलेक्ट्रॉनों की संख्या का मान क्रमशः होता है
(a) 20, 20, 20 (b) 18, 22, 18
(c) 22, 18, 22 (d) इनमें से कोई नहीं

9. एक तत्व का परमाणु भार 45 तथा परमाणु क्रमांक 21 है। परमाणु में इलेक्ट्रॉन तथा न्यूट्रॉन होंगे
(a) 21, 21 (b) 24, 21 (c) 21, 45 (d) 21, 24

10. निम्नलिखित में से कौन-सा कथन असत्य है?
(a) परमाणु तीन मूल कणों प्रोटॉन, न्यूट्रॉन तथा इलेक्ट्रॉन से बना है।
(b) परमाणु विभाज्य है
(c) किसी एक ही तत्व के परमाणुओं के द्रव्यमान भिन्न-भिन्न हो सकते हैं
(d) उपरोक्त में से कोई नहीं

11. परमाणु क्रमांक बराबर होता है
(a) न्यूट्रॉन की संख्या के
(b) इलेक्ट्रॉनों की संख्या के
(c) प्रोटॉनों तथा न्यूट्रॉनों की संख्या के योग के
(d) इलेक्ट्रॉनों तथा न्यूट्रॉनों की संख्या के योग के

12. क्रोमियम का परमाणु क्रमांक 24 है। उसका इलेक्ट्रॉनिक विन्यास होगा
(a) 2, 8, 13, 1 (b) 2, 8, 14
(c) 2, 8, 12, 2 (d) 2, 8, 10, 4

13. न्यूट्रॉन के खोजकर्त्ता हैं
(a) जेम्स चैडविक (b) रदरफोर्ड
(c) जे. जे. टॉमसन (d) डाल्टन

14. परमाणु के मूल कण जो नाभिक में उपस्थित नहीं होते हैं
(a) प्रोटॉन (b) इलेक्ट्रॉन
(c) न्यूट्रॉन (d) इलेक्ट्रॉन व प्रोटॉन

15. निम्नलिखित में से किस मूल कण पर ऋणावेश होता है?
(a) इलेक्ट्रॉन (b) प्रोट्रॉन
(c) न्यूट्रॉन (d) इनमें में से कोई नहीं

16. इलेक्ट्रॉन की संहति होती है हाइड्रोजन नाभिक की
(a) $\frac{1}{2}$ (b) $\frac{1}{18}$ (c) $\frac{1}{85}$ (d) $\frac{1}{1850}$

17. न्यूट्रॉन पर आवेश होता है
(a) ऋणावेश (b) धनावेश
(c) उदासीन (d) इनमें से कोई नहीं

18. परमाणु की प्रथम कक्षा में अधिकतम इलेक्ट्रॉन हो सकते है
(a) 1 (b) 2 (c) 8 (d) 16

19. निम्नलिखित में से अणु के लिए सत्य कथन है
(a) यह स्वतन्त्र अवस्था में रह सकता है
(b) इसमें परमाणुओं का अनुपात निश्चित होता है
(c) इसकी आण्विक संरचना, परमाणु की व्यवस्था को प्रदर्शित करती है
(d) उपरोक्त सभी

20. परमाणु का समस्त भार केन्द्रित होता है
(a) नाभिक पर (b) इलेक्ट्रॉन पर (c) प्रोटॉन पर (d) न्यूट्रॉन पर

21. परमाणु के नाभिक के खोजकर्ता है
(a) गोल्डस्टीन (b) रदरफोर्ड (c) टॉमसन (d) चैडविक

22. $_{92}U^{238}$ में न्यूट्रॉनों की संख्या है
(a) 92 (b) 238 (c) 146 (d) 330

23. CO_2 अणु में कुल इलेक्ट्रॉनों की संख्या होती है
(a) 11 (b) 22 (c) 33 (d) 44

24. किसी तत्व का परमाणु क्रमांक 17 है। उसके नाभिक में प्रोटॉनों की संख्या है
(a) 17 (b) 18 (c) 10 (d) 7

25. परमाणु संख्या का आविष्कार किया था
(a) चैडविक ने (b) मोसले ने
(c) गोल्डस्टीन ने (d) रदरफोर्ड ने

26. सल्फर का परमाणु क्रमांक 16 और परमाणु भार 32 है। S^{2-} में इलेक्ट्रॉनों और प्रोटॉनों की संख्या है
(a) 16, 16 (b) 14, 16 (c) 18, 18 (d) 18, 16

27. निम्न में से किसी एक तत्व की सामान्य संयोजकता 2 है। उसका परमाणु क्रमांक होगा
(a) 12 (b) 14 (c) 16 (d) 18

28. किसी तत्व का परमाणु क्रमांक 19 है, उसके बाहरी कोश में इलेक्ट्रॉनों की संख्या होगी
(a) 1 (b) 2 (c) 7 (d) 9

29. बाह्य कोश में अधिक से अधिक इलेक्ट्रॉन हो सकते हैं
(a) 8 (b) 18 (c) 12 (d) 32

30. Mn (25) का इलेक्ट्रॉनिक विन्यास है
(a) 2, 8, 8, 7 (b) 1, 8, 14, 1
(c) 2, 8, 13, 2 (d) 2, 8, 12, 3

31. लोहे का परमाणु क्रमांक 26 है। इसका इलेक्ट्रॉनिक विन्यास होगा
(a) 2, 8, 14, 1 (b) 2, 8, 14
(c) 2, 8, 12, 2 (d) 2, 8, 10, 4

32. प्रोटॉन पर धनावेश का मान इलेक्ट्रॉन के आवेश का होता है
(a) आधा (b) दोगुना
(c) समान (d) कोई सम्बन्ध नहीं

33. समान द्रव्यमान वाले दो तत्वों X तथा Y के परमाणु क्रमांक क्रमशः 20 व 22 हैं। यदि तत्व X के नाभिक में 22 न्यूट्रॉन हैं, तो तत्व Y में न्यूट्रॉनों की संख्या क्या होगी?
(a) 22 (b) 11 (c) 20 (d) 10

34. निम्न में से कौन-सा सत्य है?
(a) $\pi = \frac{nh}{mvr \times 2}$ (b) $\pi = \frac{2nh}{mvr}$
(c) $\pi = \frac{2mvr}{nh}$ (d) $\pi = \frac{mvr}{2nh}$

35. निम्न में से कौन-सा सिद्धान्त या नियम यह बताता है कि किसी कक्षक में अधिकतम इलेक्ट्रॉन कितने आ सकते हैं?
(a) ऑफबाऊ नियम
(b) पाउली का अपवर्जन सिद्धान्त
(c) हुण्ड का अधिकतम बहुलता का नियम
(d) हाइजेनबर्ग का अनिश्चितता का नियम

36. किसी तत्व का परमाणु भार 19 है। परमाणु के द्वितीय कक्ष में 7 इलेक्ट्रॉन हैं। नाभिक में प्रोटॉनों की संख्या होगी।
(a) 10 (b) 9 (c) 7 (d) 12

उत्तरमाला

1. (b)	2. (c)	3. (a)	4. (b)	5. (b)	6. (a)	7. (b)	8. (a)	9. (d)	10. (d)
11. (b)	12. (a)	13. (a)	14. (b)	15. (a)	16. (d)	17. (c)	18. (b)	19. (d)	20. (a)
21. (b)	22. (c)	23. (b)	24. (a)	25. (b)	26. (d)	27. (a)	28. (a)	29. (a)	30. (c)
31. (a)	32. (c)	33. (c)	34. (a)	35. (b)	36. (b)				

संकेत एवं हल

7. इलेक्ट्रॉन की संख्या = प्रोटॉन की संख्या = परमाणु क्रमांक = 19
$\therefore$ न्यूट्रॉनों की संख्या = परमाणु भार − प्रोटॉनों की संख्या = 39 − 19 = 20

22. $_{92}U^{238}$ में प्रोटॉन = 92
परमाणु भार = 238
$\therefore$ प्रोटॉन + न्यूट्रॉन = 238
न्यूट्रॉन = 238 − 92 = 146

23. C के 1 परमाणु में इलेक्ट्रॉन = 6
O_2 अर्थात् ऑक्सीजन के दो परमाणुओं में इलेक्ट्रॉन = $8 \times 2 = 16$
$\therefore$ CO_2 में कुल इलेक्ट्रॉन = 6 + 16 = 22

27. जिस तत्व के बाह्य कोश में 2 इलेक्ट्रॉन उपस्थित होंगे उसकी संयोजकता 2 होगी।

28. 19 = 2, 8, 8, 1

33. X की द्रव्यमान संख्या = परमाणु क्रमांक + न्यूट्रॉन = 20 + 22 = 42
Y में न्यूट्रॉन = 42 − 22 = 20

36. किसी तत्व में प्रोटॉनों की संख्या उसमें उपस्थित इलेक्ट्रॉनों की संख्या के बराबर होती है। अतः तत्व में कुल इलेक्ट्रॉनों की संख्या = 2 + 7 = 9
अतः प्रोटॉनों की संख्या = 9

3

रेडियोऐक्टिवता तथा नाभिकीय ऊर्जा

Radioactivity and Nuclear Energy

रेडियोऐक्टिवता (Radioactivity)

रेडियोऐक्टिवता की खोज सन् 1896 में **हेनरी बेकुरल** ने की थी। तत्वों के उस गुण को, जिसके कारण तत्व स्वत: ही एक प्रकार की किरणों जिन्हें बेकुरल किरणें या **रेडियोऐक्टिव किरणें** कहते हैं, का उत्सर्जन करते हैं, रेडियोऐक्टिवता कहते हैं। ऐसे तत्व जो रेडियोऐक्टिवता का गुण प्रदर्शित करते हैं, रेडियोऐक्टिव तत्व (radioactive elements) कहलाते हैं।

रेडियोऐक्टिव पदार्थों से निकलने वाली किरणें निम्न तीन प्रकार की होती हैं

1. ऐल्फा किरणें (α- Rays)

ये किरणें, चुम्बकीय तथा विद्युतीय क्षेत्र से विक्षेपित हो जाती हैं। इन किरणों के कण धनावेशित होते हैं, अत: ये किरणें ऋणावेशित प्लेट की ओर आकर्षित होती हैं।

इन किरणों के गुण निम्न हैं

1. इन किरणों के प्रत्येक कण पर दो इलेक्ट्रॉन के तुल्य आवेश होता है अत: ये द्विआवेशयुक्त हीलियम आयन (He^{2+}) हैं।
2. इनके प्रत्येक कण का द्रव्यमान हाइड्रोजन परमाणु या प्रोटॉन के द्रव्यमान का चार गुना होता है।
3. इन किरणों में गैसों को आयनित करने की क्षमता बहुत अधिक होती है।
4. इन किरणों का वेग, प्रकाश के वेग का $\frac{1}{10}$ होता है।
5. ये किरणें कुछ पदार्थों जैसे—हीरा, जिंक सल्फाइड आदि पर पड़ने पर प्रतिदीप्ति उत्पन्न करती हैं।
6. इन किरणों की भेदन क्षमता बहुत कम होती है। ये 0.1 मिमी मोटाई की ऐलुमिनियम की चादर को भी नहीं भेद पातीं।

नोट—एक ऐल्फा कण का वास्तविक द्रव्यमान 6.64×10^{-14} ग्राम होता है।

2. बीटा किरणें (β-Rays)

इन किरणों के प्रत्येक कण पर ऋणावेश होता है इसलिए ये किरणें धनावेशित प्लेट की ओर आकर्षित होती हैं।

इन किरणों के गुण निम्न हैं

1. ये किरणें चुम्बकीय तथा विद्युतीय क्षेत्र में विक्षेपित हो जाती हैं।
2. β-कण कैथोड किरणों की भाँति इलेक्ट्रॉनों से बना होता है।
3. इन किरणों का वेग प्रकाश के वेग का $\frac{9}{10}$ वाँ भाग होता है।
4. β-किरणों के कणों में गैसों को आयनित करने की क्षमता α-कणों से कम होती है लेकिन इनकी भेदन क्षमता α-कणों से अधिक होती है।

3. गामा किरणें (γ-Rays)

इन किरणों के कणों पर कोई आवेश नहीं होता। अत: ये विद्युतीय क्षेत्र में विक्षेपित नहीं होतीं।

इन किरणों के गुण निम्न हैं

1. ये किरणें चुम्बकीय क्षेत्र में विक्षेपित नहीं होतीं, बल्कि सीधी निकल जाती हैं।
2. ये किरणें विद्युतीय तरंगों के समान दूरभेदी होती हैं। इन किरणों की भेदन क्षमता α तथा β-किरणों से बहुत अधिक होती है। ये किरणें लोहे की 30 सेमी मोटी चादर को भी भेद सकती हैं।
3. इन किरणों में गैसों को आयनित करने की क्षमता बहुत कम होती है।
4. इन किरणों का वेग प्रकाश के वेग के लगभग बराबर होता है।

नाभिकीय स्थायित्व (Nuclear Stability)

नाभिक का आकार बहुत छोटा होने के कारण प्रोटॉन-प्रोटॉन के मध्य प्रतिकर्षण बल कार्य करता है। न्यूट्रॉन की उपस्थिति इन प्रतिकर्षण बलों को कम करती है। अत: नाभिक का स्थायित्व, न्यूट्रॉन तथा प्रोटॉन के अनुपात (n/p) पर निर्भर करता है। स्थायी नाभिकों के लिए n/p का मान 1.0 – 1.6 हो सकता है।

रेडियोऐक्टिव विघटन का सिद्धान्त (Theory of Radioactive Disintegration)

इस सिद्धान्त के अनुसार, रेडियोऐक्टिवता एक नाभिकीय गुण है तथा अस्थायी नाभिक वाले परमाणु, α, β, तथा γ किरणों का उत्सर्जन करके तब तक विघटित होते रहते हैं जब तक कि ये स्थायी नाभिक में परिवर्तित न हो जाएँ।

α-उत्सर्जन (α-Emission)

α-कण, He (हीलियम) का नाभिक होता है अत: इसके उत्सर्जन से परमाणु द्रव्यमान में 4 इकाई की तथा परमाणु क्रमांक में 2 इकाई की कमी हो जाती है।

उदाहरण

$${}_{92}U^{238} \longrightarrow {}_{90}Th^{234} + {}_{2}He^{4}$$

β-उत्सर्जन (β-Emission)

β-कण को ${}_{-1}e^{0}$ से प्रदर्शित करते हैं अत: ये इलेक्ट्रॉन होते हैं। इनके उत्सर्जन पर परमाणु द्रव्यमान तो अपरिवर्तित रहता है परन्तु परमाणु क्रमांक में 1 इकाई की वृद्धि हो जाती है। **उदाहरण**

$${}_{90}Th^{234} \longrightarrow {}_{91}Pa^{234} + {}_{-1}e^{0}$$

12 रेडियोऐक्टिवता तथा नाभिकीय ऊर्जा

γ-उत्सर्जन (γ-Emission)

किसी परमाणु से α तथा β-कणों के उत्सर्जन के पश्चात् इसका नाभिक उत्तेजित अवस्था में होता है तथा यह अतिरिक्त ऊर्जा का उत्सर्जन γ-किरणों के रूप में करता है।

γ-कणों का उत्सर्जन होने पर द्रव्यमान संख्या तथा परमाणु क्रमांक अपरिवर्तित रहते हैं।

- **उदाहरण** *226 परमाणु भार तथा 88 परमाणु क्रमांक वाले एक तत्व से दो एल्फा कण निकलने के बाद प्राप्त तत्व का परमाणु भार तथा परमाणु क्रमांक क्या होगा?*

हल चूँकि 1α कण के उत्सर्जन पर परमाणु क्रमांक में दो इकाई की तथा परमाणु भार में 4 इकाइयों की कमी हो जाती है अत: 2α कणों के उत्सर्जन पर प्राप्त तत्व का परमाणु क्रमांक $= 88 - (2 \times 2) = 84$

तथा नये तत्व की द्रव्यमान संख्या $= 226 - (4 \times 2) = 218$

- **उदाहरण** *एक परमाणु की द्रव्यमान संख्या 232 तथा परमाणु क्रमांक 90 है। यह दो β कण उत्सर्जित करने के बाद कितने एल्फा (α) कण उत्सर्जित करें कि प्राप्त नये तत्व के परमाणु की द्रव्यमान संख्या 212 तथा परमाणु क्रमांक 82 रह जाये।*

हल माना मूल तत्व X है तथा बनने वाला तत्व Y है।

$$_{90}X^{232} \longrightarrow {}_{82}Y^{212}$$

माना उपरोक्त परिवर्तन में $x\,\alpha$ $({}_2\text{He}^4)$ तथा $2\,\beta\,({}_{-1}e^0)$ कण उत्सर्जित होते हैं।

अत: सम्पूर्ण नाभिकीय अभिक्रिया निम्न होगी

$$_{90}X^{232} \longrightarrow {}_{82}Y^{212} + x\,{}_2\text{He}^4 + 2\,{}_{-1}e^0$$

दोनों तरफ के परमाणु भारों (द्रव्यमान संख्या) की तुलना करने पर,

$$232 = 212 + 4x + 2 \times 0$$

$$232 - 212 = 4x$$

$$20 = 4x$$

अथवा $$x = \frac{20}{4} = 5$$

अत: इस प्रक्रम में 5α कण उत्सर्जित होते हैं।

सोडी समूह विस्थापन नियम

(Soddy Group Displacement Law)

इस नियम के अनुसार, "किसी रेडियोऐक्टिव परमाणु में से एक α-कण के उत्सर्जन से प्राप्त नया परमाणु, आवर्त सारणी में मूल परमाणु से दो स्थान बायीं ओर चला जाता है तथा एक β-कण के उत्सर्जन से प्राप्त नया परमाणु, आवर्त सारणी में मूल परमाणु से एक स्थान दायीं ओर चला जाता है।" **उदाहरण—**

$$\underset{\text{VI समूह}}{{}_{84}\text{Po}^{214}} \longrightarrow \underset{\text{IV समूह}}{{}_{82}\text{Pb}^{210}} + {}_2\text{He}^4$$

$$\underset{\text{IV समूह}}{{}_{82}\text{Pb}^{209}} \longrightarrow \underset{\text{V समूह}}{{}_{83}\text{Bi}^{209}} + {}_{-1}e^0$$

- **उदाहरण** *बिस्मथ आवर्त सारणी में पाँचवे समूह (VA समूह) में उपस्थित है। इसके परमाणु में से एक β-कण के उत्सर्जित होने पर बनने वाला नया परमाणु किस समूह में उपस्थित होगा?*

हल समूह विस्थापन नियमानुसार, एक β-कण के उत्सर्जन पर प्राप्त नया परमाणु, आवर्त सारणी में एक स्थान दायीं ओर स्थित होता है।

चूँकि बिस्मथ पाँचवे समूह में उपस्थित है अत: प्राप्त नया परमाणु छठे समूह (VI A) समूह में उपस्थित होगा।

नोट—(1) प्रोटॉन, न्यूट्रॉन, ड्यूटेरॉन, α-कण तथा β-कण के प्रतीक क्रमशः ${}_1\text{H}^1$, ${}_0n^1$, ${}_1\text{H}^2$, ${}_2\text{He}^4$ तथा ${}_{-1}e^0$ हैं।

(2) नाभिकीय अभिक्रियाओं को लिखते समय ध्यान दें कि बायीं ओर के तत्वों की द्रव्यमान संख्याओं का योग, दायीं ओर के तत्वों की द्रव्यमान संख्या के योग के समान होना चाहिए। इसी प्रकार बायीं ओर के तत्वों के परमाणु क्रमांकों का योग, दायीं ओर के तत्वों के परमाणु क्रमांकों के योग के बराबर होना चाहिए।

- **उदाहरण 4** *निम्नलिखित नाभिकीय अभिक्रियाओं को पूर्ण कीजिए*

(i) ${}_{13}\text{Al}^{27} + \ldots \longrightarrow {}_{13}\text{Al}^{26} + {}_1\text{H}^2$

(ii) ${}_7\text{N}^{14} + {}_2\text{He}^4 \longrightarrow {}_8\text{O}^{17} + \ldots$

(iii) ${}_{15}\text{P}^{30} \longrightarrow \ldots + {}_1e^0$

हल (i) माना रिक्त स्थान में उपस्थित परमाणु का परमाणु क्रमांक x तथा द्रव्यमान संख्या y है। अत:

$${}_{13}\text{Al}^{27} + {}_xA^y \longrightarrow {}_{13}\text{Al}^{26} + {}_1\text{H}^2$$

बाईं ओर के तत्वों की द्रव्यमान संख्या का योग

= दाईं ओर के तत्वों की द्रव्यमान संख्या का योग

$$27 + y = 26 + 2$$

$$y = 28 - 27 = 1$$

इसी प्रकार,

बाईं ओर के तत्वों के परमाणु क्रमांको का योग

= दाईं ओर के तत्वों के परमाणु क्रमाकों का योग

$$13 + x = 13 + 1$$

$$x = 1$$

अत: तत्व का प्रतीक ${}_1A^1$ अथवा ${}_1\text{H}^1$ (क्योंकि H का परमाणु क्रमांक 1 होता है) है अर्थात् रिक्त स्थान में प्रोटॉन $({}_1\text{H}^1)$ आयेगा।

(ii) हल (i) के समान करने पर,

$$14 + 4 = 17 + y$$

$$y = 1$$

तथा $$7 + 2 = 8 + x$$

$$x = 1$$

अत: इस रिक्त स्थान में भी ${}_1\text{H}^1$ आयेगा।

(iii) उपरोक्त के समान,

$$30 = y + 0$$

$$y = 30$$

तथा $$15 = x + 1$$

$$x = 14$$

अत: रिक्त स्थान में उपस्थित तत्व ${}_{14}X^{30}$ अर्थात् ${}_{14}\text{Si}^{30}$ है।

अर्द्ध-आयु काल (Half-life Period)

किसी रेडियोऐक्टिव तत्व के द्रव्यमान की आधी मात्रा के विघटित होने में जितना समय लगता है उसे अर्द्ध-आयु काल कहते हैं। इसे $t_{1/2}$ से प्रदर्शित करते हैं। $t_{1/2}$ *तथा पदार्थ की शेष मात्रा,* N_0 *के बीच निम्न सम्बन्ध होते हैं*

$$N = N_0 \times \left(\frac{1}{2}\right)^n$$

$$T = t_{1/2} \times n$$

जहाँ, N_0 = प्रारम्भिक मात्रा

T = पूर्ण समय

n = अर्द्ध-आयु कालों की संख्या

- रेडियोऐक्टिव पदार्थ की अर्द्ध-आयु उसकी प्रारम्भिक मात्रा पर निर्भर नहीं करती।

■ **उदाहरण 5** *यदि रेडियम 3160 वर्षों में अपनी प्रारम्भिक मात्रा का 1/4 रह जाता है, तब उसकी अर्द्ध-आयु बताइए।*

हल माना रेडियम की अर्द्ध-आयु $t_{1/2}$ तथा प्रारम्भिक मात्रा N_0 है।

$$N = N_0 \times \left(\frac{1}{2}\right)^n$$

$$\frac{N_0}{4} = N_0 \times \left(\frac{1}{2}\right)^n$$

$$\left(\frac{1}{2}\right)^2 = \left(\frac{1}{2}\right)^n$$

अत:

$$n = 2$$

$$T = n \times t_{1/2}$$

$$3160 = 2 \times t_{1/2}$$

$$t_{1/2} = \frac{3160}{2} = 1580 \text{ वर्ष}$$

■ **उदाहरण 6** *यदि किसी रेडियोऐक्टिव समस्थानिक के 10 ग्राम की अर्द्ध-आयु 30 दिन है तो उसके 1 ग्राम की अर्द्ध-आयु क्या होगी?*

हल रेडियोऐक्टिव पदार्थ की अर्द्ध-आयु उसकी प्रारम्भिक मात्रा पर निर्भर नहीं करती। यह केवल दर स्थिरांक से निम्न प्रकार सम्बन्धित होती है

$$t_{1/2} = \frac{0.693}{k}$$

अत: 1 ग्राम पदार्थ की अर्द्ध-आयु भी 30 दिन ही होगी।

■ **उदाहरण 7** *एक रेडियोऐक्टिव तत्व का अर्द्ध-आयु काल 1590 वर्ष है। क्या यह तत्व 3180 वर्षों में पूर्ण रूप से विघटित हो जाएगा?*

हल चूँकि रेडियोऐक्टिव तत्व का अर्द्ध-आयु काल 1590 वर्ष है अत: इस समय में यह अपनी प्रारम्भिक मात्रा का आधा रह जाएगा। अगले 1590 वर्षों में इसकी मात्रा पुन: अपनी प्रारम्भिक मात्रा की आधी की आधी अर्थात् 1/4 रह जाएगी। अत: 3180 वर्षों में यह पूर्ण रूप से विघटित नहीं होगा बल्कि अपनी प्रारम्भिक मात्रा का एक चौथाई रह जाएगा।

माध्य या औसत जीवन काल (Average Life Period)

किसी रेडियोऐक्टिव तत्व के विघटन स्थिरांक के व्युत्क्रम को उसका माध्य या औसत जीवन काल कहते हैं। अत:

$$\lambda = \frac{1}{k} \qquad \left[\because k = \frac{0.693}{t_{1/2}}\right]$$

$$\lambda = \frac{t_{1/2}}{0.693} = 1.44 \times t_{1/2}$$

कृत्रिम तत्वान्तरण (Artificial Transmutation)

किन्हीं तीव्रगामी कणों की बौछार कराकर किसी पदार्थ के स्थायी नाभिक को विघटित करके एक से अधिक नाभिकों में परिवर्तित करने की क्रिया को कृत्रिम तत्वान्तरण या कृत्रिम विघटन कहते हैं। **उदाहरण**

$${}_4\text{Be}^9 + {}_2\text{He}^4 \longrightarrow {}_6\text{C}^{12} + {}_0n^1$$

कृत्रिम रेडियोऐक्टिवता (Artificial Radioactivity)

वह प्रक्रिया, जिसमें एक स्थायी तत्व कृत्रिम विघटन द्वारा रेडियोऐक्टिव तत्व में परिवर्तित हो जाता है, कृत्रिम रेडियोऐक्टिवता कहलाती है। **उदाहरण–**

$${}_{13}\text{Al}^{27} + {}_2\text{He}^4 \longrightarrow {}_{15}\text{P}^{30} + {}_0n^1$$

$${}_{15}\text{P}^{30} \longrightarrow {}_{14}\text{Si}^{30} + \underset{\text{पॉजिट्रॉन}}{{}_1e^0}$$

नाभिकीय ऊर्जा प्राप्त करने की विधियाँ (Methods of Obtaining Nuclear Energy)

नाभिकीय विखण्डन (Nuclear Fission)

वह प्रक्रिया जिसमें एक भारी नाभिक दो छोटे असमान नाभिकों में टूट जाता है तथा अपार ऊर्जा उत्पन्न करता है, नाभिकीय विखण्डन कहलाती है। इस प्रक्रिया को सर्वप्रथम ऑटोहॉन व एफ स्ट्रासमैन ने बताया

उदाहरण

$$\underset{\text{यूरेनियम}}{{}_{92}\text{U}^{235}} + \underset{\text{न्यूट्रॉन}}{{}_0n^1} \longrightarrow \underset{\text{बेरियम}}{{}_{56}\text{Ba}^{139}} + \underset{\text{क्रिप्टॉन}}{{}_{36}\text{Kr}^{94}} + \underset{\text{न्यूट्रॉन}}{3\,{}_0n^1} + \text{ऊर्जा}$$

- इस अभिक्रिया के फलस्वरूप उत्पन्न ऊर्जा **नाभिकीय ऊर्जा** कहलाती है।
- *नाभिकीय विखण्डन में दो प्रकार की शृंखला अभिक्रियाएँ होती हैं*

(i) **अनियन्त्रित शृंखला अभिक्रिया** (Uncontrolled chain reaction) परमाणु बम अनियन्त्रित शृंखला अभिक्रिया का उदाहरण है ये अभिक्रियाएँ विनाश की द्योतक हैं।

(ii) **नियन्त्रित शृंखला अभिक्रिया** (Controlled chain reaction) ये अभिक्रियाएँ नाभिकीय रिऐक्टरों में होती हैं। ये ऊष्मीय ऊर्जा की नियन्त्रित मात्रा उत्पन्न करती हैं। ये अभिक्रियाएँ लाभदायक कार्यों में उपयोगी हैं। नाभिकीय रिएक्टर अथवा परमाणु भट्टी से उत्पन्न ऊर्जा का प्रयोग विद्युत के उत्पादन में किया जाता है। *रिऐक्टर में प्रयुक्त कुछ महत्वपूर्ण पदार्थ निम्न हैं*

1. नाभिकीय रिऐक्टर में ईंधन के रूप में U-235 तथा Pu^{239} का प्रयोग किया जाता है।
2. भारी जल (D_2O) अथवा ग्रेफाइट का प्रयोग विमंदक (moderator) के रूप में (अर्थात् न्यूट्रॉनों की गति को कम करने के लिए) किया जाता है।
3. कैडमियम (Cd) अथवा बोरॉन (B) की छड़े न्यूट्रॉनों को अवशोषित कर लेती हैं। अत: इनका प्रयोग विखण्डन की क्रिया को नियन्त्रित करने के लिए किया जाता है।
4. द्रवित सोडियम धातु का प्रयोग शीतलक (coolant) के रूप में किया जाता है।

नाभिकीय संलयन (Nuclear Fusion)

वह प्रक्रिया जिसमें किन्हीं दो या दो से अधिक हल्के तत्वों के नाभिक परस्पर संयोग करके भारी नाभिक का निर्माण करते हैं, नाभिकीय संलयन कहलाती है। **उदाहरण**—हाइड्रोजन बम, सूर्य की ऊर्जा आदि।

$$\underset{\text{(ड्यूटीरियम)}}{{}_1\text{H}^2 + {}_1\text{H}^2} \longrightarrow \underset{\text{(हीलियम)}}{{}_2\text{He}^4} + \underset{\text{(ऊर्जा)}}{17.6 \text{ MeV}}$$

जिस उच्च ताप पर नाभिकीय संलयन अभिक्रियाएँ होती हैं उस ताप पर परमाणु के सभी इलेक्ट्रॉन अपने-अपने परमाणुओं से अलग होकर फैल जाते हैं फलस्वरूप नाभिकों तथा मुक्त इलेक्ट्रॉनों का मिश्रण शेष रहता है, जिसे प्लाज्मा (plasma) कहते हैं।

14 रेडियोऐक्टिवता तथा नाभिकीय ऊर्जा

रेडियो समस्थानिकों के उपयोग

(Uses of Radio-isotopes)

किसी तत्व के वे समस्थानिक परमाणु जो रेडियोऐक्टिवता का गुण प्रदर्शित करते हैं, **रेडियो समस्थानिक** कहलाते हैं। इनका उपयोग अनेक महत्वपूर्ण क्षेत्रों जैसे—कृषि, चिकित्सा, उद्योगों, पुरातत्व क्षेत्र तथा युद्ध में किया जाता है। **उदाहरण**

1. कोबाल्ट के समस्थानिक $_{27}Co^{60}$ का उपयोग मस्तिष्क में उत्पन्न ग्रंथियों (brain tumours) को मिटाने में किया जाता है तथा यह कैन्सर के उपचार में भी उपयोगी है।
2. रेडियोऐक्टिव सोडियम (Na^{24}) के द्वारा शरीर में रक्त प्रवाह का वेग मापा जाता है।
3. I^{131} का प्रयोग थायरॉइड ग्रन्थि की क्रियाशीलता ज्ञात करने के लिये किया जाता है।
4. C^{14} का प्रयोग पुरानी वस्तुओं के आयु निर्धारण में किया जाता है।

स्मरणीय बिन्दु

- शब्द रेडियोऐक्टिवता का प्रयोग सर्वप्रथम मैडम क्यूरी ने किया था।
- नाभिकीय अभिक्रियाओं में, द्रव्यमान तथा ऊर्जा स्थिर रहती हैं।
- उत्सर्जित α-कणों की संख्या = $\frac{\text{द्रव्यमान संख्या में कमी}}{4}$
- उत्सर्जित β-कणों की संख्या = $2 \times \alpha$ – (परन्तु क्रमांक में परिवर्तन)
- अर्द्ध-आयु काल, $t_{1/2} = \frac{0.693}{k}$

  जहाँ, k = विघटन स्थिरांक
- नाभिकीय अभिक्रियाएँ बाह्य कारकों द्वारा प्रभावित नहीं होती हैं।

अभ्यास प्रश्न

1. रेडियोऐक्टिवता की खोज किसने की?
(a) मैडम क्यूरी (b) हेनरी बेकुरल
(c) रदरफोर्ड (d) हाइजेनबर्ग

2. गामा किरणें हैं
(a) उच्च ऊर्जा युक्त इलेक्ट्रॉन
(b) उच्च ऊर्जा युक्त विद्युत चुम्बकीय तरंगें
(c) न्यून ऊर्जा युक्त इलेक्ट्रॉन
(d) उच्च ऊर्जा युक्त पॉजिट्रॉन

3. नाभिकीय रिऐक्टर में नियन्त्रक छड़ें बनी होती हैं
(a) यूरेनियम की (b) ग्रेफाइट की
(c) कैडमियम की (d) प्लूटोनियम की

4. किसी रेडियोऐक्टिव तत्व का अर्द्ध-आयु काल 10 वर्ष है। उस पदार्थ की 10 ग्राम मात्रा कितने समय में 1.25 ग्राम रह जाएगी?
(a) 20 वर्ष (b) 30 वर्ष (c) 40 वर्ष (d) 50 वर्ष

5. परमाणु भट्टी में ग्रेफाइट कार्य करता है
(a) विमन्दक का (b) नियन्त्रक का
(c) शीतलक का (d) ईंधन का

6. कृत्रिम रेडियोऐक्टिवता की खोज किसने की?
(a) मैडम क्यूरी (b) बेकुरल
(c) रदरफोर्ड (d) आइ क्यूरी तथा जोलियट

7. परमाणु नाभिक में से किसके निकलने पर परमाणु संख्या या द्रव्यमान संख्या अपरिवर्तित रहती है?
(a) α-किरणें (b) β-किरणें
(c) γ-किरणें (d) न्यूट्रॉन

8. आयनीकरण क्षमता सबसे अधिक है
(a) α-कणों की (b) β-कणों की
(c) γ-कणों की (d) इनमें से कोई नहीं

9. प्रयोगशाला में नाभिकीय संलयन विधि प्रयोग नहीं की जाती, क्योंकि
(a) अत्यधिक दाब की आवश्यकता होती है
(b) अत्यधिक आयतन की आवश्यकता होती है
(c) अत्यधिक ताप की आवश्यकता होती है
(d) कम ताप की आवश्यकता होती है

10. एक रेडियोऐक्टिव नाभिक की अर्द्ध-आयु 44 दिन है। इस नाभिक का 1 ग्राम कितने दिन में कम होकर 125 मिग्रा रह जाएगा?
(a) 5.5 दिन (b) 352 दिन
(c) 176 दिन (d) 132 दिन

11. किसी परमाणु से β-कण का उत्सर्जन का तात्पर्य है
(a) बाह्य कोश से एक इलेक्ट्रॉन निकलना
(b) नाभिक से एक इलेक्ट्रॉन निकलना
(c) नाभिक के न्यूट्रॉन का प्रोटॉन एवं इलेक्ट्रॉन में बदलना
(d) नाभिक के प्रोटॉन का न्यूट्रॉन तथा इलेक्ट्रॉन में बदलना

12. निम्नलिखित में β-कण है
(a) $_{+1}e^0$ (b) $_{-1}e^0$ (c) $_0n^1$ (d) $_1p^1$

13. $_{88}Ra^{226}$ से एक α-कण उत्सर्जित होने पर नया परमाणु किस समूह में उपस्थित होगा?
(a) शून्य (b) प्रथम (c) द्वितीय (d) चतुर्थ

14. $_{90}Th^{234}$ से β-कण उत्सर्जित होने पर प्राप्त पदार्थ है
(a) $_{93}Pa^{230}$ (b) $_{91}Pa^{234}$
(c) $_{90}Pa^{234}$ (d) $_{90}Pa^{231}$

15. $_{92}U^{238}$ से एक ऐल्फा कण का उत्सर्जन होने पर नये तत्व का परमाणु क्रमांक तथा परमाणु भार क्रमश होंगे
(a) 90, 234 (b) 93, 238 (c) 92, 238 (d) 91, 234

16. गामा किरणों की भेदन क्षमता होती है
(a) α तथा β दोनों प्रकार की किरणों से अधिक
(b) α तथा β दोनों प्रकार की किरणों से कम
(c) α-किरणों से अधिक परन्तु β-किरणों से कम
(d) α-किरणों से कम परन्तु β-किरणों से अधिक

17. तीन अर्द्ध-जीवन काल के पश्चात् किसी रेडियोऐक्टिव तत्व की प्रारम्भिक मात्रा का कितने प्रतिशत अंश शेष रहेगा?
(a) 0 (b) 75 (c) 12.5 (d) 6.25

18. निम्नलिखित में α-कण है
(a) H^1 (b) Li^+ (c) He^{2+} (d) F^-

19. एक रेडियोऐक्टिव स्रोत की अर्द्ध-आयु 30 दिन है। 90 दिन के समय के अन्दर परमाणुओं का अंश जो क्षय हो जाएगा
(a) 87.5% (b) 100% (c) 75% (d) 64%

20. निम्नलिखित समीकरण नाभिकीय संलयन को दर्शाती है
(a) ${}_1H^2 + {}_1H^3 \longrightarrow {}_2He^4 + {}_0n^1$
(b) ${}_1H^1 + {}_1H^1 \longrightarrow {}_1H^2 + {}_1e^0$
(c) $H_2 + Cl_2 \longrightarrow 2HCl$
(d) $2H_2 + O_2 \longrightarrow 2H_2O$

21. नाभिकीय रिएक्टर कौन-सा कार्य करता है?
(a) अनियन्त्रित ढंग से नाभिकीय ऊर्जा का उत्पादन
(b) नियंन्त्रित ढंग से नाभिकीय ऊर्जा का उत्पादन
(c) परमाणु बम विस्फोट में सहायता
(d) उपरोक्त में से कोई नहीं

22. नाभिकीय परिवर्तन, ${}_{84}Pb^{215} \to {}_{82}Pb^{211}$ में कितने α-कण उत्सर्जित होते हैं?
(a) 1 (b) 2 (c) 3 (d) 0

23. ${}_1H^1 + {}_0n^1$ से बनता है
(a) प्रोटियम (b) ट्राइटियम
(c) ड्यूटीरियम (d) इनमें से कोई नहीं

24. हाइड्रोजन बम किस सिद्धान्त पर आधारित होता है?
(a) नाभिकीय संलयन (b) नाभिकीय विखण्डन
(c) नाभिकीय विघटन (d) तापीय अपघटन

25. Ra^{226} की अर्द्ध-आयु 1580 वर्ष है। 4740 वर्षों के पश्चात् यह अपनी प्रारम्भिक मात्रा का रह जायेगा
(a) $\frac{1}{2}$ (b) $\frac{1}{4}$ (c) $\frac{1}{8}$ (d) $\frac{1}{16}$

26. विल्सन अभ्रक में कौन-सा कोई चिन्ह नहीं छोड़ता?
(a) इलेक्ट्रॉन (b) प्रोटॉन
(c) α-कण (d) न्यूट्रॉन

27. नाभिकीय रिएक्टरों में नियन्त्रक छड़ें किस लिए प्रयोग में लाई जाती हैं?
(a) अभिक्रिया की गति बढ़ाने के लिए
(b) अभिक्रिया की गति कम करने के लिए
(c) अभिक्रिया की गति बढ़ाने या घटाने के लिए
(d) ताप नियन्त्रण के लिए

28. एक तत्व X एक α-कण उत्सर्जित करता है और Y बनता है। X तथा Y हैं
(a) समस्थानिक (b) समभारिक
(c) समन्यूट्रॉनिक (d) न्यूक्लिआइड

29. परमाणु बम निम्न में से किस सिद्धान्त पर आधारित है?
(a) नाभिकीय संलयन (b) नाभिकीय विखण्डन
(c) रेडियोसक्रियता (d) नाभिकीय विखण्डन एवं संलयन

30. नाभिकीय विखण्डन अभिक्रिया में एक तत्व का नाभिक
(a) कुछ प्रारम्भिक नाभिकीय कण खोता है
(b) दूसरे नाभिक से कुछ प्रारम्भिक नाभिकीय कण लेता है
(c) बहुत से छोटे-छोटे नाभिकों में टूट जाता है
(d) कुछ प्रारम्भिक नाभिकीय कण खोकर दो या अधिक छोटे नाभिकों में टूटता है।

31. सूर्य अपनी विकिरण ऊर्जा प्राप्त करता है
(a) विखण्डन प्रक्रम से (b) विघटन प्रक्रम से
(c) साइक्लोट्रोन से (d) संलयन प्रक्रम से

32. कोई भी परमाणु रेडियोऐक्टिवता तभी दर्शाता है जबकि उसके परमाणु में हो
(a) अस्थायी इलेक्ट्रॉनिक विन्यास (b) स्थायी इलेक्ट्रॉनिक विन्यास
(c) स्थायी नाभिक (d) अस्थायी नाभिक

उत्तरमाला

1. (b)	**2.** (b)	**3.** (c)	**4.** (b)	**5.** (a)	**6.** (d)	**7.** (c)	**8.** (a)	**9.** (c)	**10.** (d)
11. (c)	**12.** (b)	**13.** (a)	**14.** (b)	**15.** (a)	**16.** (a)	**17.** (c)	**18.** (c)	**19.** (a)	**20.** (b)
21. (b)	**22.** (a)	**23.** (c)	**24.** (a)	**25.** (c)	**26.** (d)	**27.** (b)	**28.** (d)	**29.** (b)	**30.** (d)
31. (d)	**32.** (d)								

संकेत एवं हल

4. 1.25 ग्राम, प्रारम्भिक मात्रा 10 ग्राम का $\frac{1.25}{10} = \frac{125}{1000} = \frac{1}{8}$ भाग है।

$\therefore$ अर्द्ध-आयु काल में रेडियोऐक्टिव तत्व की मात्रा आधी अर्थात् $\frac{1}{2}$ हो जाती है।

$\therefore$ $\frac{1}{8}$ अर्थात् $\left(\frac{1}{2}\right)^3$ मात्रा 3 अर्द्ध-आयु काल बाद आधी होगी।

$\therefore$ कुल समय $= 10 \times 3 = 30$ वर्ष

वैकल्पिक विधि

दिया है, अर्द्ध-आयु काल, $t_{1/2} = 10$ वर्ष

प्रारम्भिक मात्रा, $N_0 = 10$ ग्राम

शेष मात्रा $N = 1.25$ ग्राम

कुल समय $t = ?$

$$N = N_0 \times \left(\frac{1}{2}\right)^n$$

$$1.25 = 10 \times \left(\frac{1}{2}\right)^n$$

$$\frac{1.25}{10} = \left(\frac{1}{2}\right)^n$$

$$\frac{125}{1000} = \left(\frac{1}{2}\right)^n$$

$$\frac{1}{8} = \left(\frac{1}{2}\right)^n \quad \text{या} \quad \left(\frac{1}{2}\right)^3 = \left(\frac{1}{2}\right)^n$$

अत: $n = 3$

$$T = n \times t_{1/2}$$

$$T = 3 \times 10 = 30 \text{ वर्ष}$$

4

संयोजकता एवं रासायनिक आबन्धन

Valency and Chemical Bonding

संयोजकता (Valency)

संयोजकता शब्द का प्रयोग सर्वप्रथम **फ्रैंकलैण्ड** ने सन् 1852 में, 'तत्वों के परमाणुओं की संयोग करने की क्षमता' के लिए किया। संयोजकता जिसे अंग्रेजी में 'Valency' कहा जाता है कि उत्पत्ति लैटिन भाषा के '*Valentia*' नामक शब्द से हुई जिसका अर्थ है क्षमता या सामर्थ्य। अत: किसी तत्व की रासायनिक संयोग करने की क्षमता अर्थात् संयोजन क्षमता (combining capacity) को उस तत्व की संयोजकता कहा जाता है।

संयोजकता की प्राचीन अवधारणा

(Old Concept of Valency)

प्राचीन अवधारणा के अनुसार, "किसी तत्व की संयोजकता हाइड्रोजन के परमाणुओं की वह संख्या है जो उस तत्व के एक परमाणु से संयोग करती है।" इस परिभाषा के अनुसार, HCl, H_2O तथा NH_3 में Cl, O तथा N की संयोजकता क्रमश: 1, 2 तथा 3 है। अत: इन्हें क्रमश: एकसंयोजी, द्विसंयोजी तथा त्रिसंयोजी तत्व कहा जाता है।

कुछ महत्त्वपूर्ण तत्व एवं उनकी संयोजकता नीचे वर्णित हैं

1. H, Cl, Br, I, Cu (अस) आदि की संयोजकता 1 है अत: ये **एकसंयोजी** (monovalent) तत्व हैं।
2. O, S, Mg, Ca, Zn, Fe (अस), Cu (इक), Pb, Co, Ni आदि की संयोजकता 2 है अत: ये **द्विसंयोजी** (divalent) तत्व हैं।
3. N, P, Al, Cr, B आदि की संयोजकता 3 है अत: ये **त्रिसंयोजी** (trivalent) तत्व हैं।
4. C, Si आदि की संयोजकता 4 है अत: ये **चतुर्थ-संयोजी** (tetravalent) तत्व हैं।

कुछ तत्व जैसे कॉपर, आयरन आदि एक से अधिक संयोजकताएँ (अर्थात् परिवर्ती संयोजकता) प्रदर्शित करते हैं। **उदाहरण**

1. कॉपर, 1 तथा 2 दोनों संयोजकता दर्शाता है। कॉपर की संयोजकता 1 होने पर यौगिक को क्यूप्रस यौगिक या कॉपर (I) यौगिक कहते हैं जैसे Cu_2O को क्यूप्रस ऑक्साइड कहते हैं। कॉपर की संयोजकता 2 होने पर यौगिक को क्यूप्रिक यौगिक या कॉपर (II) यौगिक कहते हैं जैसे— CuO को क्यूप्रिक ऑक्साइड कहते हैं।
2. कॉपर के समान मर्करी (पारा, Hg) भी + 1 तथा + 2 संयोजकता प्रदर्शित करता है। + 1 संयोजकता होने पर इसे मर्क्यूरस यौगिक कहते हैं जैसे Hg_2Cl_2 को मर्क्यूरस क्लोराइड कहते हैं। संयोजकता 2 होने पर मर्करी के यौगिक मर्क्यूरिक यौगिक कहलाते हैं जैसे— $HgCl_2$ को मर्क्यूरिक क्लोराइड कहते हैं।
3. इसी प्रकार, आयरन (Fe) भी 2 तथा 3 संयोजकता दर्शाता है। 2 संयोजकता होने पर यौगिक को फेरस यौगिक तथा 3 संयोजकता होने पर फेरिक यौगिक कहते हैं। जैसे— FeS (2 संयोजकता) को फेरस सल्फाइड तथा $FeCl_3$ (3 संयोजकता) को फेरिक क्लोराइड कहते हैं।
4. इसी प्रकार, गन्धक (सल्फर, S) भी, 2, 4 तथा 6 संयोजकता दर्शाता है। फॉस्फोरस 3 व 5 संयोजकता दर्शाता है जबकि नाइट्रोजन, 2, 3, 4, 5 संयोजकता दर्शाता है।

   नोट— टिन (Sn) भी उपरोक्त के समान स्टैनस (संयोजकता 2) तथा स्टैनिक (संयोजकता 4) यौगिक बनाता है।

संयोजकता का आधुनिक सिद्धान्त

(Modern Theory of Valency)

सन् 1916 में **कोसल** (Kossel) तथा **लूईस** (Lewis) ने इलेक्ट्रॉनिक विन्यास के आधार पर एक नया सिद्धान्त दिया जिसे **संयोजकता का इलेक्ट्रॉनिक सिद्धान्त** (electronic theory of valency) भी कहते हैं।

इस सिद्धान्त के मुख्य बिन्दु निम्न हैं

1. किसी तत्व की संयोजकता उसके परमाणुओं के बाह्यतम कोशों में उपस्थित इलेक्ट्रॉनों की संख्या पर निर्भर करती है।
2. उत्कृष्ट गैसें (noble gases) स्थायी इलेक्ट्रॉनिक विन्यास अर्थात् बाह्यतम कोश में 8 इलेक्ट्रॉन की उपस्थिति (हीलियम के अतिरिक्त) के कारण लगभग निष्क्रिय (inactive) होती हैं अर्थात् इनकी अन्य तत्वों के साथ संयोजन की क्षमता बहुत कम होती है।
3. अन्य सभी तत्वों के बाह्यतम कक्ष में 8 से कम इलेक्ट्रॉनों की उपस्थिति के कारण ये अन्य परमाणुओं के साथ इलेक्ट्रॉनों की साझेदारी या स्थानान्तरण द्वारा 8 इलेक्ट्रॉन प्राप्त कर लेते हैं। अत: इस नियम को **अष्टक नियम** (octet rule) भी कहते हैं।
4. *परमाणु स्थायी इलेक्ट्रॉनिक विन्यास निम्न प्रकार प्राप्त कर सकते हैं*
   (i) इलेक्ट्रॉनों के स्थानान्तरण द्वारा (वैद्युत संयोजकता)
   (ii) इलेक्ट्रॉनों की साझेदारी द्वारा (सहसंयोजकता)
   (iii) इलेक्ट्रॉनों की ऐसी साझेदारी द्वारा जिसमें साझे के दोनों इलेक्ट्रॉन किसी एक ही परमाणु द्वारा दिये जायें (उपसहसंयोजकता)।
5. किसी तत्व के एक परमाणु द्वारा रासायनिक संयोग में प्रयुक्त इलेक्ट्रॉनों की संख्या को उस तत्व की **संयोजकता** कहते हैं।

वैद्युत संयोजकता (Electrovalency)

जब कोई परमाणु, किसी अन्य परमाणु को इलेक्ट्रॉन देकर या अन्य परमाणु से इलेक्ट्रॉन लेकर स्थायी विन्यास प्राप्त करता है तो इलेक्ट्रॉनों के स्थानान्तरण से बनने वाला यह बन्ध **वैद्युत संयोजक बन्ध** कहलाता है तथा बन्ध बनाने में प्रयुक्त इलेक्ट्रॉनों की संख्या **वैद्युत संयोजकता** (electrovalency) कहलाती है।

- इस प्रकार का बन्ध दो विपरीत प्रकृति के परमाणुओं के मध्य बनता है। इलेक्ट्रॉन देने वाला परमाणु इलेक्ट्रॉन देने के बाद **धनावेशित** (positively charged) हो जाता है जबकि इलेक्ट्रॉन ग्रहण करने वाला परमाणु **ऋणावेशित** (negatively charged) हो जाता है। आवेशित कण **आयन** कहलाते हैं। बाह्यतम कक्ष में पाए जाने वाले वे इलेक्ट्रॉन, जिन्हें निकालकर या ग्रहण करके परमाणु स्थायित्व प्राप्त करते हैं, **संयोजी इलेक्ट्रॉन** (valence electrons) कहलाते हैं।

वैद्युत संयोजी यौगिकों के लक्षण
(Characteristics of Electrovalent Compounds)

1. ये जल में विलेय परन्तु कार्बनिक विलायकों जैसे बेन्जीन आदि में अविलेय होते हैं।
2. ये यौगिक जल में तथा गलित अवस्था में आयनित हो जाते हैं। आयनों की उपस्थिति के कारण ये इन दोनों अवस्थाओं में ही विद्युत के चालक (conductor) होते हैं।
3. विपरीत आवेशित आयनों के मध्य प्रबल आकर्षण बल लगने के कारण इनके गलनांक व क्वथनांक उच्च होते हैं।

सहसंयोजकता (Covalency)

जब दो समान अथवा भिन्न परमाणु एक-एक या अधिक इलेक्ट्रॉनों का साझा करके स्थायी विन्यास प्राप्त करते हैं, तो बनने वाला बन्ध सहसंयोजक बन्ध (covalent bond) कहलाता है। किसी परमाणु के जितने इलेक्ट्रॉन साझेदारी में भाग लेते हैं, वह उस तत्व की सहसंयोजकता कहलाती है।

- जब परमाणुओं के मध्य केवल एक-एक इलेक्ट्रॉन की साझेदारी होती है तो **एकल बन्ध** (single bond) बनता है। इसी प्रकार दो इलेक्ट्रॉनों की साझेदारी पर **द्विबन्ध** (double bond) तथा तीन की साझेदारी होने पर **त्रिबन्ध** (triple bond) बनता है। इनको क्रमशः (—, ═, ≡) द्वारा प्रदर्शित करते हैं।

सहसंयोजी यौगिकों के लक्षण
(Characteristics of Covalent Compounds)

1. ये जल में अल्प विलेय तथा कार्बनिक विलायकों में विलेय होते हैं।
2. ये विलयन में आयनित नहीं होते।
3. इनके गलनांक तथा क्वथनांक सामान्यतः कम होते हैं।
4. ये विद्युत के कुचालक होते हैं।
5. ये त्रिविम समावयवता प्रदर्शित करते हैं।

उपसहसंयोजकता (Coordinate Valency)

जब दो परमाणुओं के मध्य इलेक्ट्रॉनों की साझेदारी इस प्रकार होती है कि साझे के दोनों इलेक्ट्रॉन किसी एक परमाणु द्वारा दिये जाते हैं, तब बनने वाला बन्ध **उपसहसंयोजक बन्ध** (coordinate bond) कहलाता है। परमाणुओं के मध्य जितने इलेक्ट्रॉन युग्मों की साझेदारी होती है, वह उनकी **उपसहसंयोजकता** कहलाती है। जिन यौगिकों में इस प्रकार का बन्ध पाया जाता है उन्हें **उपसहसंयोजक यौगिक** (coordinate compounds) कहते हैं।

- इस संयोजकता में जो परमाणु इलेक्ट्रॉन युग्म देता है, **दाता** (donor) कहलाता है तथा जो परमाणु इलेक्ट्रॉन युग्म से साझा करता है, **ग्राही** (acceptor) कहलाता है। ऐसा युग्म **एकाकी युग्म** (lone pair) कहलाता है।
- उपसहसंयोजक बन्ध के निर्माण के लिए दाता परमाणु के पास इलेक्ट्रॉन का पूर्ण अष्टक होना चाहिए जिसमें एक एकाकी युग्म हो तथा ग्राही में अष्टक पूरा के लिए दो इलेक्ट्रॉन की कमी हो।
- उपसहसंयोजी बन्ध को तीर (→) से प्रदर्शित करते हैं। इसमें तीर का चिन्ह ग्राही की ओर होता है।
- यद्यपि इसमें इलेक्ट्रॉन युग्म दोनों परमाणुओं की साझेदारी में रहता है लेकिन फिर भी बनने वाले अणु में ध्रुवता आ जाती है। अतः इन्हे **अर्द्ध-ध्रुवीय बन्ध** (half-polar bond) भी कहते हैं।

उपसहसंयोजक यौगिकों के लक्षण
(Characteristics of Coordination Compounds)

1. इनके क्वथनांक व गलनांक वैद्युत संयोजी यौगिकों की अपेक्षा कम तथा सहसंयोजक यौगिकों की अपेक्षा अधिक होते हैं।
2. इनके अन्य गुण सहसंयोजक यौगिकों के समान होते हैं।

स्मरणीय बिन्दु

- ❖ जब कोई प्रबल धन विद्युती तत्व जैसे Na, K, Ca, Mg आदि, किसी प्रबल विद्युतऋणात्मक तत्व जैसे F, Cl, O, S आदि से संयोग करता है तब वैद्युतसंयोजक बन्ध (वैद्युतसंयोजक यौगिक) बनता है।
- ❖ दो समान परमाणुओं के मध्य सदैव सहसंयोजक बन्ध बनता है।
- ❖ यदि संयोग करने वाले परमाणुओं के बाह्य कक्ष में तीन या तीन से अधिक इलेक्ट्रॉन उपस्थित होते हैं, तब सहसंयोजक बन्ध बनता है।
- ❖ दो परमाणुओं के मध्य सहसंयोजक बन्धों की अधिकतम् संख्या 3 होती है।
- ❖ NH_4^+ के यौगिकों में उपसहसंयोजक तथा वैद्युतसंयोजक दोनों प्रकार के बन्ध पाये जाते हैं।
- ❖ किसी तत्व के आयन तथा परमाणु गुणों में एक-दूसरे से भिन्न होते हैं। आयन के गुण उस पर उपस्थित आवेश के कारण होते हैं।

अभ्यास प्रश्न

1. संयोजकता (valency) शब्द का प्रयोग सर्वप्रथम किया था
   (a) फ्रैंकलैण्ड ने (b) कोसल ने
   (c) नील्स ने (d) रदरफोर्ड ने
2. संयोजकता के इलेक्ट्रॉनिक सिद्धान्त का प्रतिपादन करने वाले वैज्ञानिक थे
   (a) रदरफोर्ड
   (b) कोसल एवं जी एन लूईस
   (c) चैडविक
   (d) नील्स बोर
3. वैद्युत संयोजक बन्ध बना होता है
   (a) विद्युत आवेशित अणुओं का (b) उदासीन अणुओं का
   (c) उदासीन परमाणुओं का
   (d) विद्युत आवेशित परमाणुओं या परमाणु समूहों का
4. संयोजी इलेक्ट्रॉन कहलाते हैं, परमाणु के
   (a) सबसे भीतरी कक्ष में उपस्थित इलेक्ट्रॉन
   (b) बाहर से दूसरे नम्बर के कक्ष में उपस्थित इलेक्ट्रॉन
   (c) दूसरे कक्ष में उपस्थित इलेक्ट्रॉन
   (d) बाह्यतम कक्ष में उपस्थित इलेक्ट्रॉन

5. सहसंयोजक बन्ध बनता है
(a) इलेक्ट्रॉन के आदान-प्रदान से
(b) बाहर से एक इलेक्ट्रॉन मिलने से
(c) इलेक्ट्रॉन बाहर निकल जाने से
(d) इलेक्ट्रॉन के साझे से

6. उपसहसंयोजकता में होता है
(a) इलेक्ट्रॉनों का स्थानान्तरण
(b) इलेक्ट्रॉनों की बराबर साझेदारी
(c) हाइड्रोजन बन्ध
(d) एक परमाणु के इलेक्ट्रॉनों की दो परमाणुओं के मध्य साझेदारी

7. मर्क्यूरस आयन का प्रतीक है)
(a) Hg_2^{++} (b) Hg_2^{+++}
(c) Hg_2^{+} (d) Hg_2^{-}

8. Cu (अस) की संयोजकता 1तथा Cu (ईक) की संयोजकता 2 है। अतः Cu प्रदर्शित करता है
(a) एकल संयोजकता (b) द्वि-संयोजकता
(c) त्रि-संयोजकता (d) परिवर्ती संयोजकता

9. सहसंयोजक यौगिक जल में प्रायः
(a) घुलनशील होते हैं (b) अघुलनशील होते हैं
(c) वियोजित हो जाते हैं (d) जल अपघटित हो जाते हैं

10. सहसंयोजक यौगिक बहुत अधिक विलेय होते हैं
(a) जल में
(b) कार्बनिक विलायकों में
(c) जल तथा कार्बनिक विलायकों में
(d) उपरोक्त में से किसी में नहीं

11. किसी परमाणु में से एक इलेक्ट्रॉन पृथक् हो जाने पर उस पर आवेश होगा
(a) इकाई ऋणावेश (b) इकाई धनावेश
(c) दो इकाई ऋणावेश (d) दो इकाई धनावेश

12. किसी परमाणु द्वारा दो इलेक्ट्रॉन ग्रहण करने के बाद उस पर आवेश होगा
(a) इकाई ऋणावेश (b) इकाई धनावेश
(c) दो इकाई ऋणावेश (d) दो इकाई धनावेश

13. सहसंयोजक यौगिकों के गलनांक और क्वथनांक वैद्युत संयोजक यौगिकों की तुलना में प्रायः
(a) कम होते हैं
(b) समान होते हैं
(c) अधिक होते हैं
(d) गलनांक कम व क्वथनांक अधिक होते हैं

14. H_2S में बन्ध होगा
(a) वैद्युत संयोजक (b) सहसंयोजक
(c) हाइड्रोजन (d) एकाकी बन्ध

15. निम्न में से किस यौगिक में सहसंयोजक बन्ध है?
(a) $MgCl_2$ (b) NaCl (c) CH_4 (d) $CaBr_2$

16. तत्व *A* तथा *B* के परमाणुओं के बाह्यतम कक्ष में क्रमशः 2 व 6 इलेक्ट्रॉन हैं। इनसे बने यौगिक का सूत्र होगा
(a) *AB* (b) AB_2 (c) A_2B_2 (d) A_3B_2

17. वह कौन-सा यौगिक है जो पानी में घुलने पर अच्छा विद्युत चालक होता है जबकि इसके पूर्व विद्युत कुचालक है ?
(a) सहसंयोजक ठोस (b) आयनिक ठोस
(c) आणविक ठोस (d) धात्विक ठोस

18. आयनिक बन्ध बनने की शर्त है कि
(a) दोनों परमाणु धन विद्युती हो
(b) दोनों परमाणु उच्च आयनन ऊर्जा रखते हों
(c) दोनों परमाणु ऋणावेशित हों
(d) किसी एक परमाणु की आयनन ऊर्जा कम हो

19. सोडियम क्लोराइड में बन्ध होता है
(a) सहसंयोजक बन्ध (b) वैद्युत संयोजक बन्ध
(c) उप-सहसंयोजक बन्ध (d) इनमें से कोई नहीं

20. सहसंयोजी यौगिकों की तुलना में वैद्युत संयोजी यौगिकों के सामान्यतः होते हैं
(a) उच्च गलनांक तथा उच्च क्वथनांक
(b) निम्न गलनांक तथा निम्न क्वथनांक
(c) निम्न गलनांक तथा उच्च क्वथनांक
(d) उच्च गलनांक तथा निम्न क्वथनांक

21. आवर्त सारणी के समूह IVA का तत्व कार्बन है। इसका इलेक्ट्रॉनिक विन्यास 2,4 है। इसलिए कार्बन को स्थायी विन्यास प्राप्त करना चाहिए
(a) चार इलेक्ट्रॉनों का साझा करके
(b) चार इलेक्ट्रॉन प्राप्त करके
(c) चार इलेक्ट्रॉन खोकर
(d) उपरोक्त में से कोई नहीं

22. NaCl, CCl_4, $MgCl_2$, N_2, HCl तथा Cl_2 के अणुओं में से कौन-कौन आयनिक बन्ध बनाते हैं?
(a) $MgCl_2$, HCl, NaCl, Cl_2 (b) $MgCl_2$, NaCl
(c) N_2, $MgCl_2$, HCl (d) NaCl, CCl_4, N_2

23. निम्नलिखित में से किसमें सहसंयोजक एवं आयनिक दोनों बन्ध होते हैं?
(a) HOH (b) CCl_4
(c) NaCl (d) NaOH

24. वह यौगिक जिसमें आयनिक और सहसंयोजक दोनों बन्ध हैं
(a) CH_4 (b) KCN
(c) H_2 (d) KCl

25. निम्नलिखित में से उपसहसंयोजक यौगिक कौन-सा है?
(a) SO_2 (b) $MgCl_2$
(c) $CaCl_2$ (d) CH_4

26. NaCl का क्रिस्टल बना होता है
(a) NaCl अणु का
(b) Na तथा Cl परमाणुओं का
(c) Na^+ तथा Cl^- आयनों का
(d) Na^- तथा Cl^+ आयनों का

27. एक धन विद्युती तत्व के बाहरी कोश में 5 इलेक्ट्रॉन हैं, उसकी संयोजकता है
(a) + 5 (b) – 5
(c) – 3 (d) + 3

28. किसी तत्व के नाभिक में 9 प्रोटॉन हैं, इसकी संयोजकता होगी
(a) 1 (b) 3 (c) 2 (d) 5

29. हाइड्रोजन के यौगिक में प्रायः बन्ध होते हैं
(a) वैद्युत संयोजक (b) सहसंयोजक
(c) उपसहसंयोजक (d) (a) व (c)

30. वैद्युत संयोजक बन्ध बनता है, इलेक्ट्रॉन के/की
(a) साझेदारी से (b) स्थानान्तरण से
(c) आदान-प्रदान से (d) इनमें से कोई नहीं

31. नाइट्रोजन अणु में है
(a) एकल बन्ध (b) त्रिक-बन्ध
(c) द्विक् बन्ध (d) इनमें से कोई नहीं

32. N_2O_5 में नाइट्रोजन की संयोजकता है
(a) 2 (b) 3 (c) 4 (d) 5

33. KCl में पोटैशियम और क्लोरीन परमाणुओं के मध्य बन्ध है
(a) वैद्युत संयोजक (b) सहसंयोजक
(c) उपसहसंयोजक (d) इनमें से कोई नहीं

34. निम्न में से कौन-सा पदार्थ सहसंयोजक है?
(a) $CaCl_2$ (b) H_2O (c) K_2O (d) MgO

35. निम्न अणु में उपसहसंयोजक बन्ध होता है
(a) जल (b) अमोनियम क्लोराइड
(c) मेथेन (d) मैग्नीशियम क्लोराइड

36. एक तत्व का परमाणु भार 24 है तथा इसके नाभिक में 12 न्यूट्रॉन हैं। उसकी संयोजकता होगी
(a) 2 (b) 1 (c) 3 (d) 4

37. N_2 अणु के बन्ध निर्माण में इलेक्ट्रॉनों की कुल कितनी संख्या भाग लेती है?
(a) 2 (b) 6 (c) 8 (d) 4

38. सहसंयोजी यौगिकों में दो परमाणुओं के मध्य अधिकतम् सहसंयोजी बन्धों की संख्या होती है
(a) चार (b) दो (c) तीन (d) एक

39. यदि किसी तत्व X का इलेक्ट्रॉनिक विन्यास 2, 8, 3 है तथा तत्व Y का इलेक्ट्रॉनिक विन्यास 2, 6 है तब इन तत्वों के संयोग से बने यौगिक का सूत्र है
(a) XY (b) X_2Y_3 (c) X_3Y_2 (d) XY_3

उत्तरमाला

1. (a)	**2.** (b)	**3.** (d)	**4.** (d)	**5.** (d)	**6.** (d)	**7.** (a)	**8.** (d)	**9.** (b)	**10.** (b)
11. (b)	**12.** (c)	**13.** (a)	**14.** (b)	**15.** (c)	**16.** (a)	**17.** (b)	**18.** (d)	**19.** (b)	**20.** (a)
21. (a)	**22.** (b)	**23.** (d)	**24.** (b)	**25.** (a)	**26.** (c)	**27.** (d)	**28.** (a)	**29.** (b)	**30.** (b)
31. (b)	**32.** (d)	**33.** (a)	**34.** (b)	**35.** (b)	**36.** (a)	**37.** (b)	**38.** (c)	**39.** (b)	

संकेत एवं हल

16. चूँकि A परमाणु के बाह्य कक्ष में 2 इलेक्ट्रॉन हैं अतः यह इन्हें दान करके स्थायी विन्यास प्राप्त कर लेता है। इसी प्रकार B के बाह्य कक्ष में 6 इलेक्ट्रॉन हैं अतः यह 2 इलेक्ट्रॉन ग्रहण करके स्थायी विन्यास प्राप्त कर लेता है।

$$A(:) + B \longrightarrow A^{2+}B^{2-} \text{ अथवा } AB$$

21. इलेक्ट्रॉनों की संख्या (बाह्य कक्ष में) तीन से अधिक होने पर सहसंयोजक बन्ध बनता है।

27. चूँकि तत्व के बाह्य कक्ष में 5 इलेक्ट्रॉन हैं अतः यह तीन इलेक्ट्रॉन ग्रहण करके स्थायी विन्यास (8 इलेक्ट्रॉन) प्राप्त कर लेगा। अतः इसकी संयोजकता 3 होगी।

28. 9 प्रोटॉन वाले तत्व का इलेक्ट्रॉनिक विन्यास = 2, 7
अतः स्थायी विन्यास प्राप्त करने के लिए इसे एक इलेक्ट्रॉन की आवश्यकता है इसलिए इसकी संयोजकता 1 है।

31.

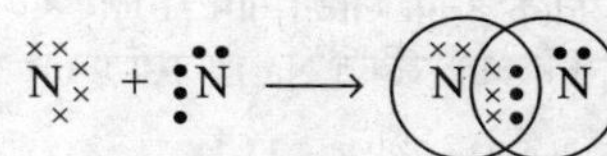

या $N \equiv N$

36. परमाणु क्रमांक = परमाणु भार − न्यूट्रॉनों की संख्या
= 24 − 12 = 12
तत्व का इलेक्ट्रॉनिक विन्यास = 2, 8, 2
अतः इसकी संयोजकता 2 है (क्योंकि संयोजकता बाह्य कक्ष में उपस्थित इलेक्ट्रॉनों की संख्या को प्रदर्शित करती है।)

39. इलेक्ट्रॉनिक विन्यास से स्पष्ट है कि तत्व X की संयोजकता 3 तथा Y की संयोजकता 2 है। अतः इनके संयोग से बने यौगिक का सूत्र X_2Y_3 होगा।

5

रसायन की भाषा

Language of Chemistry

प्रतीक (Symbol)

किसी तत्व को व्यक्त करने के संक्षिप्त रूप या चिन्ह को उस तत्व का संकेत (symbol) कहते हैं। इन्हें तत्वों के अंग्रेजी अथवा लैटिन नामों से लिया गया है।

प्रतीकों का निर्धारण (Determination of Symbols)

1. कुछ तत्वों के प्रतीक उनके नाम के पहले अक्षर होते हैं, जैसे—कार्बन का प्रतीक C, नाइट्रोजन का प्रतीक N है।
2. यदि एक से अधिक तत्वों के नाम एक ही अक्षर से शुरू होते हैं तो उनके प्रतीक लिखते समय उनके नाम के पहले अक्षर के साथ एक अन्य अक्षर छोटे अक्षरों में (in small letter) लिखा जाता है। जैसे—कैल्सियम को Ca, कोबाल्ट को Co, कैडमियम को Cd से प्रकट करते हैं।
3. कुछ तत्वों के प्रतीक उनके लैटिन नाम से लिए गए हैं, जैसे—सोडियम का लैटिन नाम नेट्रम है अत: संकेत Na है। इसी प्रकार कॉपर का क्यूप्रम नाम से संकेत Cu है।

रासायनिक सूत्र (Chemical Formula)

"किसी पदार्थ का रासायनिक सूत्र प्रतीकों का वह समूह है जिसकी सहायता से किसी पदार्थ के एक अणु के संघटन को प्रदर्शित किया जाता है।"

ये तीन प्रकार के होते हैं

सरलतम सूत्र (Simple Formula)

इससे यौगिक के एक अणु में उपस्थित तत्वों के परमाणुओं की संख्या का सरल अनुपात प्रदर्शित होता है, जैसे— CH_2O में कार्बन, हाइड्रोजन तथा ऑक्सीजन का अनुपात 1 : 2 : 1 है।

आण्विक सूत्र (Molecular Formula)

यौगिक के एक अणु में उपस्थित विभिन्न तत्वों के परमाणुओं की वास्तविक संख्या का ज्ञान आण्विक सूत्र से होता है, जैसे—$C_6H_{12}O_6$। इसमें कार्बन, हाइड्रोजन तथा ऑक्सीजन के परमाणुओं का अनुपात तो 1 : 2 : 1 है लेकिन वास्तविकता में कार्बन के 6, हाइड्रोजन के 12 तथा ऑक्सीजन के 6 परमाणु हैं।

संरचनात्मक सूत्र (Structural Formula)

वह सूत्र जो किसी यौगिक के अणु में उपस्थित विभिन्न परमाणुओं की संख्या एवं उनके एक-दूसरे से जुड़ने की व्यवस्था को प्रदर्शित करता है, सरंचनात्मक सूत्र कहलाता है।

यौगिक का प्रतिशत संघटन

(Chemical Composition of Compound)

यौगिक के एक अणु में उपस्थित प्रत्येक तत्व की प्रतिशत मात्रा ज्ञात करना ही उसका प्रतिशत संघटन ज्ञात करना कहलाता है।

इसे ज्ञात करने में निम्नलिखित पद प्रयुक्त होते हैं

1. सबसे पहले यौगिक का अणुसूत्र लिखकर उसके अवयवी तत्वों के परमाणु भारों की सहायता से यौगिक का अणुभार ज्ञात करते हैं।
2. अब निम्न सूत्र की सहायता से अलग-अलग प्रत्येक तत्व की प्रतिशत मात्रा ज्ञात कर लेते हैं।

$$\text{किसी तत्व की प्रतिशत मात्रा} = \frac{\text{तत्व की मात्रा} \times 100}{\text{यौगिक का अणुभार}}$$

■ **उदाहरण** *पोटैशियम क्लोरेट* ($KClO_3$) *के अणुभार की गणना कीजिए।* (*परमाणु भार*, K = 39, Cl = 35.5; O = 16)

हल पोटैशियम क्लोरेट का अणुसूत्र = $KClO_3$

पोटैशियम क्लोरेट का अणुभार = K का परमाणु भार + Cl का परमाणु भार + 3 × O का परमाणु भार

$= 39 + 35.5 + (3 \times 16) = 122.5$

प्रतिशत संघटन से मूलानुपाती तथा अणुसूत्र ज्ञात करना

(Determination of Empirical and Molecular Formulae from Percentage Composition)

1. प्रत्येक तत्व की प्रतिशत मात्रा को उसके परमाणु भार से भाग देकर यौगिक में उपस्थित प्रत्येक तत्व के परमाणुओं की संख्या ज्ञात हो जाती है।
2. इस प्रकार प्राप्त भागफल में सबसे छोटी राशि से अन्य तत्वों के परमाणुओं की संख्या को भाग देकर तत्वों के परमाणुओं की संख्या में सरल अनुपात ज्ञात कर लेते हैं।
3. प्रत्येक तत्व के नीचे दाईं की ओर पद-2 से प्राप्त सापेक्ष संख्या को लिखने पर यौगिक का सरलतम या मूलानुपाती सूत्र प्राप्त हो जाता है।
4. आण्विक सूत्र ज्ञात करने के लिए निम्न सूत्रों का प्रयोग करते हैं:

$$n = \frac{\text{यौगिक का अणुभार}}{\text{सरलतम सूत्र का भार}}$$

आण्विक सूत्र = n (सरलतम सूत्र)

■ **उदाहरण** *एक अकार्बनिक यौगिक की प्रतिशत रचना में* Ca = 40% C = 12% *तथा* O = 48% *है। इस यौगिक का मूलानुपाती सूत्र ज्ञात कीजिए।* (Ca = 40, C = 12, O = 16)

हल

तत्व	प्रतिशतता	परमाणु भार	परमाणुओं की संख्या	सरल अनुपात
Ca	40%	40	$\frac{40}{40}=1$	$\frac{1}{1}=1$
C	12%	12	$\frac{12}{12}=1$	$\frac{1}{1}=1$
O	48%	16	$\frac{48}{16}=3$	$\frac{3}{1}=3$

अत: यौगिक में 1 Ca परमाणु, 1 C परमाणु तथा 3 O परमाणु उपस्थित हैं। अत: इसका मूलानुपाती सूत्र $CaCO_3$ है।

रासायनिक समीकरण (Chemical Equation)

रासायनिक समीकरण प्रतीकों एवं सूत्रों का वह संगठन है जो किसी वास्तविक रासायनिक क्रिया को प्रदर्शित करता है। जैसे—

$$2Na + 2H_2O \longrightarrow 2NaOH + H_2$$

रासायनिक समीकरण लिखते समय बाईं ओर अभिक्रिया में भाग लेने वाले पदार्थों अर्थात् अभिकारकों (reactants) के संकेत अथवा सूत्र तथा दाईं ओर रासायनिक अभिक्रिया के फलस्वरूप बनने अथवा बचने वाले पदार्थों अर्थात् उत्पादों (products) के संकेत अथवा सूत्र लिखते हैं। दोनों पक्षों के बीच में तीर का चिह्न ($\rightarrow$) लगाते हैं। अभिकारकों/उत्पादों के मध्य धन (+) का चिह्न लगा देते हैं।

रासायनिक समीकरण की कमियाँ (Demerits of Chemical Equation)

1. अभिकारकों तथा उत्पादों की भौतिक अवस्थाओं का ज्ञान नहीं होता।
2. रासायनिक क्रिया की गति एवं पूर्ण होने के समय का पता नहीं लगता।
3. रासायनिक समीकरण से अभिक्रिया की विशिष्ट परिस्थितियों जैसे—ऊष्मा का अवशोषण अथवा उत्पादन, विशेष दाब, प्रकाश की उपस्थिति, विशेष ताप आदि का ज्ञान नहीं होता।
4. प्रयुक्त पदार्थों के सान्द्रण का ज्ञान नहीं होता।
5. अभिक्रिया में उत्प्रेरकों तथा अभिक्रिया की उत्क्रमणीयता का ज्ञान नही होता।
6. अभिक्रिया तुरन्त प्रारम्भ होती है अथवा कुछ समय बाद—इस बात का भी ज्ञान नहीं होता।

यद्यपि अब रासायनिक समीकरण की विधि में सुधार करके अधिकतर कमियों को पूरा करने का प्रयास किया गया है लेकिन अभी भी रासायनिक क्रिया के पूर्ण होने के समय व क्रिया की गति का पता रासायनिक समीकरण से नहीं लगता।

रासायनिक समीकरण की कमी को पूरा करने के प्रयुक्त विभिन्न चिह्न एवं उनके अर्थ

1. ताप, दाब तथा उत्प्रेरक को $\rightarrow$ के चिह्न के ऊपर लिखकर व्यक्त करते हैं।
2. ठोस को (s), द्रव को (l) तथा गैस को ($\uparrow$) से व्यक्त करते हैं।
3. अवक्षेप के लिए ($\downarrow$) का चिह्न लगाते हैं।
4. अवशोषित ऊष्मा के लिए $+\Delta H$ तथा उत्पन्न ऊष्मा के लिए $-\Delta H$ प्रयुक्त किया जाता है।
5. उत्क्रमणीय अभिक्रिया के लिए $\rightleftharpoons$ चिह्न प्रयोग करते हैं।

रासायनिक समीकरण को सन्तुलित करने की विधियाँ (Methods of Balancing Chemical Equation)

जाँच एवं त्रुटि विधि (Check and Error Method)

सर्वप्रथम अभिकारकों को तीर के बाईं ओर तथा उत्पादों को दाईं ओर उनके सूत्रों के रूप में लिखा जाता है। फिर जो परमाणु सबसे कम संख्या में आया है, उसे पहले सन्तुलित किया जाता है। इसके बाद बढ़ते हुए क्रम में परमाणुओं की संख्या को सन्तुलित करते हैं। **उदाहरण**—कॉपर (Cu) पर सान्द्र सल्फ्यूरिक अम्ल (H_2SO_4) की अभिक्रिया से कॉपर सल्फेट ($CuSO_4$), सल्फर डाइऑक्साइड (SO_2) तथा जल (H_2O) प्राप्त होता है।

$$Cu + H_2SO_4 \longrightarrow CuSO_4 + SO_2 + H_2O \quad ...(i)$$

(I) समीकरण (i) में कॉपर (Cu) परमाणुओं की संख्या सबसे कम है इसलिए सर्वप्रथम इन्हें सन्तुलित करते हैं। इस समीकरण में बाएँ पक्ष तथा दाएँ पक्ष में Cu परमाणुओं की संख्या बराबर है।

(II) इस समीकरण में बाईं ओर सल्फर (S) का एक परमाणु है जबकि दाईं ओर दो परमाणु हैं। अत: बाईं ओर H_2SO_4 के दो अणु लिखकर, सल्फर (S) की संख्या को दोनों ओर बराबर कर लेते हैं।

$$Cu + 2H_2SO_4 \longrightarrow CuSO_4 + SO_2 + H_2O \quad ...(ii)$$

(III) समीकरण (ii) में बाईं ओर हाइड्रोजन के चार परमाणु हैं जबकि दाईं ओर दो हाइड्रोजन परमाणु हैं। इसलिए दाईं ओर जल (H_2O) के दो अणु लिखकर हाइड्रोजन परमाणुओं की संख्या को भी सन्तुलित कर लेते हैं।

$$Cu + 2H_2SO_4 \longrightarrow CuSO_4 + SO_2 + 2H_2O \quad ...(iii)$$

समीकरण (iii) में बाईं ओर ऑक्सीजन के आठ परमाणु हैं तथा दाईं ओर भी ऑक्सीजन के आठ परमाणु हैं अत: समीकरण सन्तुलित है।

संयोजकता विधि (Valency Method)

इस विधि द्वारा दो तत्वों के परमाणुओं के संयोग से होने वाली अभिक्रिया की समीकरणों को सन्तुलित किया जाता है। इस विधि में

(I) अभिकारक तत्वों को समीकरण के बाएँ पक्ष में लिखकर उनके ऊपर उनकी संयोजकता प्रदर्शित करते हैं तथा दाएँ पक्ष में उत्पाद लिखते हैं। **उदाहरण**—मैग्नीशियम व नाइट्रोजन अभिक्रिया करके मैग्नीशियम नाइट्राइड बनाते हैं। जिनमें संयोजी तत्व मैग्नीशियम की संयोजकता दो (धनात्मक) तथा नाइट्रोजन की तीन (ऋणात्मक) है। अत:

$$Mg^{2+} + N^{3-} \longrightarrow Mg_3N_2$$

(II) प्रत्येक तत्व की संयोजकता पूरी करने के लिए आवश्यक परमाणुओं की संख्या लिख देते हैं। यदि Mg के तीन परमाणु व नाइट्रोजन के दो परमाणु (अर्थात् एक अणु) लिया जाए तब दोनों तत्वों की संयोजकताएँ पूरी हो सकेंगी। अत: समीकरण का निम्न रूप होगा

$$3Mg^{2+} + 2N^{3-} \longrightarrow Mg_3N_2$$

या $3Mg + N_2 \longrightarrow Mg_3N_2$ (सन्तुलित समीकरण)

आयनिक समीकरण विधि (Ionic Equation Method)

जल में घोलने पर अपने आयनों में विभक्त हो जाने वाले यौगिकों के लिए यह विधि प्रयोग में लाते हैं। इस विधि में सर्वप्रथम आयनिक समीकरणों को अलग-अलग लिखकर उन्हें सन्तुलित कर लेते हैं। फिर उन्हें जोड़कर सम्पूर्ण रासायनिक समीकरण लिख लेते हैं।

उदाहरण—पोटैशियम सल्फेट तथा बेरियम क्लोराइड विलयन अभिक्रिया करके बेरियम सल्फेट का अवक्षेप देते हैं।

$$K_2SO_4 \rightleftharpoons 2K^+ + SO_4^{2-}$$

$$BaCl_2 \rightleftharpoons Ba^{2+} + 2Cl^-$$ जोड़ने पर

$$K_2SO_4 + BaCl_2 \longrightarrow 2KCl + BaSO_4$$ (सन्तुलित समीकरण)

स्मरणीय बिन्दु

- किसी यौगिक के सभी तत्वों की प्रतिशत मात्राओं का योग 100 होता है।
- सन्तुलित रासायनिक समीकरण की सहायता से उत्पाद की मात्रा ज्ञात की जा सकती है (यदि अभिकारक की मात्रा दी हो)।
- यौगिक आयन दो या दो से अधिक परमाणुओं से मिलकर बने होते हैं। उदाहरण, कार्बोनेट (CO_3^{--}), सल्फेट (SO_4^{--}); अमोनियम (NH_4^+) आदि।
- सभी रासायनिक अभिक्रियाएँ (तथा रासायनिक समीकरणें) द्रव्य की अविनाशिता के नियम का पालन करती हैं।

अभ्यास प्रश्न

1. मर्करी का प्रतीक है
(a) Si (b) Hg (c) Sn (d) Mr

2. $Ca_3(PO_4)_2$ में कैल्सियम की संयोजकता है
(a) 1 (b) 2 (c) 3 (d) 4

3. सूत्र, जो किसी पदार्थ के एक अणु में उपस्थित विभिन्न तत्वों के परमाणुओं की वास्तविक संख्या को व्यक्त करता है, कहलाता है
(a) मूलानुपाती सूत्र (b) सरल सूत्र
(c) अणुसूत्र (d) संरचना सूत्र

4. कार्बोनेट मूलक पर आवेश होता है
(a) −1 (b) +1 (c) −2 (d) +2

5. $CaCO_3$ में कैल्सियम की प्रतिशतता है
(परमाणु भार : Ca = 40, C = 12, O = 16)
(a) 20% (b) 40% (c) 52% (d) 48%

6. C_2H_6 में कार्बन की प्रतिशत मात्रा है
(a) 20% (b) 80% (c) 30% (d) 70%

7. नीले थोथे ($CuSO_4 \cdot 5H_2O$) में जल की प्रतिशतता है
(परमाणु भार : Cu = 63.5, S = 32, O = 16, H = 1)
(a) 36% (b) 12% (c) 25% (d) 60%

8. एल्युमीनियम की संयोजकता 3 तथा सल्फेट आयन की संयोजकता 2 है। एल्युमीनियम सल्फेट का अणुसूत्र है।
(a) $AlSO_4$ (b) Al_2SO_4 (c) $Al_2(SO_4)_3$ (d) $Al_3(SO_4)_2$

9. लवण X_aY_b में X तथा Y के परमाणु भार क्रमशः x तथा y हैं। लवण में Y की प्रतिशतता है
(a) $(ax + by)\,0.5$ (b) $\frac{ax}{ax+by} \times 100$
(c) $\frac{bx}{ax+by} \times 100$ (d) $\frac{by}{ax+by} \times 100$

10. पोटैशियम क्लोरेट को गर्म करने पर भार में प्रतिशत कमी होगी
(a) 24.24% (b) 39.18% (c) 40.42% (d) 26.18%

11. सूत्र, जो किसी पदार्थ के एक अणु में उपस्थित विभिन्न तत्वों के परमाणुओं के अनुपात को व्यक्त करता है, कहलाता है
(a) मूलानुपाती सूत्र (b) प्रतीक
(c) अणुसूत्र (d) संरचना सूत्र

12. निम्नलिखित में से किसका रासायनिक समीकरण से ज्ञान नहीं होता है?
(a) गैसों का आयतनात्मक अनुपात
(b) अभिकारकों एवं उत्पादों का भारात्मक अनुपात
(c) ऊष्मा का अवशोषण या उत्पादन
(d) उपरोक्त सभी

13. एक कार्बनिक यौगिक के मात्रात्मक आकलन पर निम्न आँकड़े प्राप्त हुए C = 20%, H = 6.66%, N = 46.67%। यौगिक का सरलतम सूत्र होगा
(a) CHNO (b) CH_4N_2O (c) CH_2N_2O (d) CH_2NO_2

14. बेरियम कार्बोनेट का सूत्र है
(a) $Ba(NO_3)_2$ (b) $BaCO_3$ (c) $BiSO_4$ (d) $Ba(CO_3)_2$

15. एक धातु M के क्लोराइड का सूत्र MCl_2 है इसके फॉस्फेट का सूत्र होगा
(a) $M(PO_4)_3$ (b) $M_3(PO_4)_2$ (c) M_3PO_4 (d) MPO_4

16. एक हाइड्रोकार्बन का मूलानुपाती सूत्र CH है। इसका वाष्प घनत्व 39 है। यौगिक का अणुसूत्र ज्ञात कीजिए
(a) C_2H_2 (b) C_3H_3 (c) C_4H_4 (d) C_6H_6

17. एक कार्बनिक यौगिक का प्रतिशत संघटन निम्न प्रकार है C = 92.4%, H = 7.6%। उसका मूलानुपाती सूत्र होगा
(a) C_2H_2 (b) CH (c) C_3H_3 (d) CH_4

18. नाइट्रोजन के एक ऑक्साइड में 25.94% नाइट्रोजन है। ऑक्साइड का सूत्र है
(a) NO (b) NO_2 (c) N_2O_3 (d) N_2O_5

19. 200 ग्राम $CaCO_3$ को तेज गर्म करने पर जो CaO की मात्रा प्राप्त होती है उसकी अभिक्रिया हेतु जल के द्रव्यमान की आवश्यकता होगी
(a) 200 ग्राम (b) 112 ग्राम (c) 36 ग्राम (d) 56 ग्राम

20. $(NH_4)_2Cr_2O_7$ को गर्म करने पर नाइट्रोजन, जल तथा क्रोमिक ऑक्साइड प्राप्त होते हैं। अभिक्रिया की सन्तुलित समीकरण है
(a) $(NH_4)_2Cr_2O_7 \longrightarrow N_2 + H_2O + CrO_3$
(b) $(NH_4)_2Cr_2O_7 \longrightarrow Cr_2O_3 + N_2 + 4H_2O$
(c) $(NH_4)_2Cr_2O_7 \longrightarrow N_2 + 4H_2O + CrO_3$
(d) $(NH_4)_2Cr_2O_7 \longrightarrow N_2 + 2H_2O + CrO_3$

उत्तरमाला

1. (b)	**2.** (b)	**3.** (c)	**4.** (c)	**5.** (b)	**6.** (b)	**7.** (a)	**8.** (c)	**9.** (d)	**10.** (d)
11. (a)	**12.** (c)	**13.** (b)	**14.** (b)	**15.** (b)	**16.** (d)	**17.** (b)	**18.** (d)	**19.** (c)	**20.** (b)

संकेत एवं हल

2. किसी यौगिक में धात्विक मूलक की संयोजकता अम्लीय मूलक के नीचे तथा अम्लीय मूलक की संयोजकता धात्विक मूलक के नीचे लिखी जाती है। अत:

धात्विक मूलक → $Ca_3 \; (PO_4)_2$ ← अम्लीय मूलक

$\overset{2+}{Ca} \quad \overset{3-}{PO_4}$

अत: कैल्सियम की संयोजकता 2 है।

5. $CaCO_3$ का अणुभार = Ca का परमाणु भार + C का परमाणु भार + 3 × O का परमाणु भार

$$= 40 + 12 + 3 \times 16 = 100$$

अत: कैल्सियम की प्रतिशतता $= \frac{\text{कैल्सियम का भार}}{CaCO_3 \text{ का अणुभार}} \times 100$

$$= \frac{40}{100} \times 100 = 40\%$$

6. C_2H_6 का अणुभार = 2 × C का परमाणु भार + 6 × H का परमाणु भार

$$= 2 \times 12 + 6 \times 1 = 24 + 6 = 30$$

C_2H_6 में कार्बन (C) की प्रतिशतता $= \frac{C_2H_6 \text{ में C का भार}}{C_2H_6 \text{ का अणुभार}} \times 100$

$$= \frac{24}{30} \times 100 = 80\%$$

7. नीले थोथे ($CuSO_4 \cdot 5H_2O$) का अणुभार

$$= 63.5 + 32 + 4 \times 16 + 5\,(2 + 16)$$
$$= 63.5 + 32 + 64 + 90 = 249.5$$

नीले थोथे में जल की प्रतिशतता $= \frac{\text{नीले थोथे में जल का भार}}{\text{नीले थोथे का अणुभार}} \times 100$

$$= \frac{5 \times (2 + 16)}{249.5} \times 100 = \frac{90}{249.5} \times 100 = 36\%$$

8. एल्युमीमिनियम का प्रतीक Al तथा सल्फेट का सूत्र SO_4 होता है। चूँकि एल्युमीनियम की संयोजकता 3 तथा सल्फेट की संयोजकता 2 है अत:

$\overset{3+}{Al} \; \overset{2-}{SO_4}$ अथवा $Al_2(SO_4)_3$

9. X_aY_b का अणुभार $= ax + by$

लवण में Y की प्रतिशतता $= \frac{\text{लवण में } Y \text{ का भार}}{\text{लवण } X_aY_b \text{ का अणुभार}} \times 100$

$$= \frac{by}{ax + by} \times 100$$

10. पोटैशियम क्लोरेट को गर्म करने पर यह पोटैशियम क्लोराइट तथा ऑक्सीजन में विघटित हो जाता है।

$$\underset{\substack{39 + 35.5 + 3 \times 16 \\ 39 + 35.5 + 48 \\ = 122.5}}{KClO_3} \longrightarrow \underset{\substack{39 + 35.5 + 16 \\ = 90.5}}{KClO} + O_2 \uparrow$$

चूँकि O_2 (ऑक्सीजन) गैस है अत: बाहर निकल जाती है तथा केवल KCl शेष बचता है अत:

13. भार में प्रतिशत कमी $= \frac{KClO_3 \text{ का भार} - KClO \text{ का भार}}{KClO_3 \text{ का भार}} \times 100$

$$= \frac{122.5 - 90.5}{122.5} \times 100 = 26.12\%$$

तत्व	तत्व की प्रतिशत मात्रा	परमाणु भार	परमाणुओं की संख्या	सरल अनुपात
C	20	12	$\frac{20}{12} = 1.67$	$\frac{1.67}{1.67} = 1$
H	6.66	1	$\frac{6.66}{1} = 6.66$	$\frac{6.66}{1.67} = 4$
N	46.67	14	$\frac{46.67}{14} = 3.33$	$\frac{3.33}{1.67} = 2$
O	100 – (20 + 6.66 + 46.67) = 26.67%	16	$\frac{26.67}{16} = 1.67$	$\frac{1.67}{1.67} = 1$

अत: यौगिक का सरलतम् सूत्र CH_4N_2O है।

14. बेरियम का चिह्न Ba तथा संयोजकता 2 है। कार्बोनेट का सूत्र CO_3 तथा संयोजकता 2 है अत:

$\overset{2+}{Ba} \; \overset{2-}{CO_3}$ या $Ba_2(CO_3)_2$ या $BaCO_3$

15. चूँकि धातु के क्लोराइड का सूत्र MCl_2 है

अत: धातु M की संयोजकता 2 है।

फॉस्फेट का सूत्र PO_4 तथा संयोजकता 3 है अत:

$\overset{2+}{M} \; \overset{3-}{PO_4}$ या $M_3(PO_4)_2$

18. चूँकि नाइट्रोजन के ऑक्साइड में, 25.94% नाइट्रोजन है अत: इसमें ऑक्सीजन की प्रतिशत मात्रा = 100 – 25.94 = 74.06

(∵ किसी यौगिक में सभी तत्वों की प्रतिशत मात्राओं का योग 100 होता है।)

तत्व	प्रतिशतता	परमाणु भार	परमाणुओं की संख्या	सरल अनुपात
N	25.94	14	$\frac{25.94}{14} = 1.85$	$\frac{1.85}{1.85} = 1 \times 2 = 2$
O	74.06	16	$\frac{74.06}{16} = 4.62$	$\frac{4.62}{1.85} = 2.49 \times 2 = 5$

अत: ऑक्साइड का सूत्र N_2O_5 है।

(याद रखे ! यदि सरल अनुपात पूर्णांक न हो अथवा पूर्णांक के निकट भी न हो, तो इसे पूर्णांक या पूर्णांक के निकट लाने के लिए किसी अन्य पूर्णांक से गुणा कर देते हैं।)

19. $CaCO_3$ को गर्म करने पर निम्न अभिक्रिया होती है

$$\underset{\substack{40 + 12 + 3 \times 16 \\ = 100}}{CaCO_3} \xrightarrow{\Delta} \underset{\substack{40 + 16 \\ = 56}}{CaO} + CO_2$$

चूँकि 100 ग्राम $CaCO_3$ को गर्म करने पर CaO प्राप्त होता है = 56 ग्राम

∴ 200 ग्राम $CaCO_3$ को गर्म करने पर CaO प्राप्त होगा $= \frac{56 \times 200}{100}$ ग्राम

$$= 112 \text{ ग्राम}$$

$$\underset{\substack{40 + 16 \\ = 56}}{CaO} + \underset{\substack{2 + 16 \\ = 18}}{H_2O} \longrightarrow Ca(OH)_2$$

चूँकि 56 ग्राम CaO से अभिक्रिया करने के लिए आवश्यक जल = 18 ग्राम

अत: 112 ग्राम CaO से अभिक्रिया करने के लिए आवश्यक जल

$$= \frac{18 \times 112}{56} = 36 \text{ ग्राम}$$

6

रासायनिक अभिक्रियाएँ

Chemical Reactions

परिचय (Introduction)

वह प्रक्रम जिसके द्वारा एक या एक से अधिक पदार्थ किसी नये पदार्थ (जो संघटन, गुणों आदि में प्रारम्भिक पदार्थ से भिन्न हों) में परिवर्तित हो जाते हैं, रासायनिक अभिक्रिया कहलाता है।

रासायनिक अभिक्रियाओं के प्रकार
(Types of Chemical Reactions)

रासायनिक अभिक्रियाएँ विभिन्न प्रकार की होती हैं जैसे योगात्मक अभिक्रियाएँ, प्रतिस्थापन अभिक्रियाएँ, वियोजन अभिक्रियाएँ, अपघटन अभिक्रियाएँ, ऊष्माशोषी एवं ऊष्माक्षेपी अभिक्रियाएँ आदि।

(i) योगात्मक अभिक्रियाएँ (Addition Reactions) इसमें दो या दो से अधिक पदार्थ संयोग करके एक नया पदार्थ बनाते हैं।

जैसे $C + O_2 \longrightarrow CO_2$

(ii) प्रतिस्थापन अभिक्रियाएँ (Substitution Reactions) इसमें किसी यौगिक के अणु के एक परमाणु अथवा मूलक का स्थान कोई दूसरा परमाणु अथवा मूलक ले लेता है।

जैसे $CuSO_4 + Fe \longrightarrow Cu + FeSO_4$

$CH_4 + Cl_2 \longrightarrow CH_3Cl + HCl$

(iii) अपघटन अभिक्रियाएँ (Decomposition Reactions) जब एक बड़ा यौगिक दो या दो से अधिक छोटे यौगिकों अथवा अपने अवयवों में टूट जाता है तो क्रिया **अपघटन** कहलाती है। जब यह क्रिया गर्म करने पर होती है तो **ऊष्मीय अपघटन** (thermal decomposition) और यदि **विद्युत प्रवाहित** करने पर होती है तो **विद्युत अपघटन** (electrical decomposition) कहलाती है। जैसे

1. ऊष्मीय अपघटन

$$2KClO_3 \xrightleftharpoons[\text{पर}]{\text{गर्म करने}} 2KCl + 3O_2$$

2. विद्युत अपघटन

$$2H_2O \xrightleftharpoons{\text{विद्युत}} 2H_2 + O_2$$

(iv) वियोजन अभिक्रियाएँ (Dissociation Reactions) जब कोई यौगिक ताप, दाब आदि में परिवर्तन करने पर दो या दो से अधिक पदार्थों में अपघटित हो जाता है तथा परिवर्तन के कारण को हटा देने पर पुनः मूल यौगिक प्राप्त हो जाता है, तो क्रिया वियोजन कहलाती है। जब यह क्रिया गर्म करने पर होती है तो **ऊष्मीय वियोजन** (thermal dissociation) और विद्युत प्रवाहित करने पर होती है तो **विद्युतीय वियोजन** (electrical dissociation) कहलाती है।

1. ऊष्मीय वियोजन

$$NH_4Cl \xrightleftharpoons{\text{गर्म}} NH_3 + HCl$$

2. विद्युतीय वियोजन

$$NaCl \xrightleftharpoons{\text{विद्युत}} Na^+ + Cl^-$$

नोट—अपघटन तथा वियोजन अभिक्रियाओं में मुख्य अन्तर यह है कि वियोजन क्रियाओं में मूल पदार्थ पुनः प्राप्त किया जा सकता है जबकि अपघटन क्रियाओं में मूल यौगिक प्राप्त नहीं कर सकते।

(v) ऊष्माक्षेपी एवं ऊष्माशोषी अभिक्रियाएँ (Exothermic and Endothermic Reactions) वे अभिक्रियाएँ जिनमें ऊष्मा मुक्त होती है, ऊष्माक्षेपी अभिक्रियाएँ कहलाती हैं। जैसे

$$C + O_2 \longrightarrow CO_2 + \text{ऊष्मा}$$

(यदि ऊष्मा की मात्रा ज्ञात हो, तो समीकरण में वह मात्रा भी लिख दी जाती है जैसे $C + O_2 \longrightarrow CO_2 + 94300$ कैलोरी)

- वे अभिक्रियाएँ जिनमें ऊष्मा का अवशोषण (absorption) होता है, ऊष्माशोषी अभिक्रियाएँ कहलाती हैं जैसे

$$N_2 + O_2 + \text{ऊष्मा} \longrightarrow 2NO$$

(vi) मन्द तथा तीव्र अभिक्रियाएँ (Slow and Fast Reactions) कुछ अभिक्रियाएँ बहुत ही मन्द (धीमी) गति से होती हैं तथा कभी-कभी तो उनके पूरा होने में कुछ दिन अथवा कुछ वर्ष भी लग जाते हैं। ऐसी अभिक्रियाएँ मन्द अभिक्रियाएँ कहलाती हैं। जैसे- लोहे पर जंग लगना।

- इसके विपरीत, कुछ अभिक्रियाएँ इतनी तीव्र होती हैं कि उनके पूरा होने में केवल कुछ सेकण्ड ही लगते हैं। ये अभिक्रियाएँ तीव्र अभिक्रियाएँ कहलाती हैं। इस प्रकार की अभिक्रियाएँ सामान्यतः आयनों के मध्य होती हैं जैसे सोडियम क्लोराइड के विलयन में सिल्वर नाइट्रेट का विलयन मिलाने पर तुरन्त ही सिल्वर क्लोराइड का सफेद अवक्षेप प्राप्त होता है।

$$NaCl(aq) + AgNO_3(aq) \longrightarrow \underset{\text{सफेद अवक्षेप}}{AgCl(s)} + NaNO_3(aq)$$

(vii) उत्क्रमणीय तथा अनुत्क्रमणीय अभिक्रियाएँ (Reversible and Irreversible Reactions) वे अभिक्रियाएँ, जो समान परिस्थितियों में आगे की ओर (उत्पादों की ओर) तथा पश्च दिशा में (अभिकारकों की ओर) हो सकती हैं उत्क्रमणीय अभिक्रियाएँ कहलाती हैं। इन्हें प्रदर्शित करने के लिए उत्क्रमणीयता के चिह्न ($\rightleftharpoons$) का प्रयोग किया जाता है। जैसे

$$H_2 + I_2 \rightleftharpoons 2HI$$

$$PCl_5 \rightleftharpoons PCl_3 + Cl_2$$

- वे अभिक्रियाएँ, जो केवल अग्र दिशा में (उत्पादों की ओर) होती हैं, अनुत्क्रमणीय अभिक्रियाएँ कहलाती हैं जैसे

$$BaCl_2 + Na_2SO_4 \longrightarrow BaSO_4 \downarrow + 2NaCl$$

(viii) **ऑक्सीकरण तथा अपचयन अभिक्रियाएँ** (Oxidation and Reduction Reactions) वे अभिक्रियाएँ, जिनमें ऑक्सीजन अथवा किसी अधातु या ऋणात्मक मूलक का संयोग होता है अथवा हाइड्रोजन या किसी धातु का ह्रास (loss) होता है, ऑक्सीकरण या उपचयन अभिक्रियाएँ कहलाती हैं। जैसे

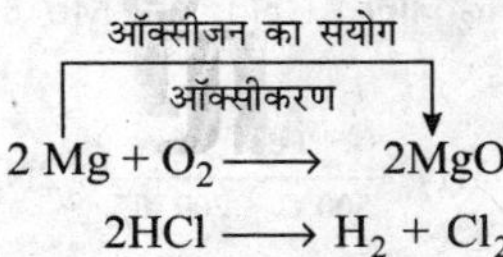

$$2\,Mg + O_2 \longrightarrow 2MgO$$

$$2HCl \longrightarrow H_2 + Cl_2$$

- अपचयन या अवकरण अभिक्रियाएँ, उपचयन अभिक्रियाओं के ठीक विपरीत होती हैं अर्थात् इनमें हाइड्रोजन (अथवा धातु) का संयोग अथवा ऑक्सीजन (अथवा अधातु) का ह्रास होता है। जैसे

$$PbO + C \longrightarrow Pb + CO$$

अपचयन

ऑक्सीजन का ह्रास

ऑक्सीकरण तथा अपचयन की आधुनिक परिभाषाएँ, ऑक्सीकरण अंक (ऑक्सीकरण संख्या) पर आधारित हैं। किसी परमाणु की ऑक्सीकरण संख्या में वृद्धि को ऑक्सीकरण तथा ऑक्सीकरण संख्या में कमी को अपचयन कहते हैं। जैसे

$Fe^{3+} + e^- \longrightarrow Fe^{2+}$ (अपचयन)

$Na \longrightarrow Na^+ + e^-$ (ऑक्सीकरण)

किसी यौगिक के अणु में उपस्थित किसी परमाणु की ऑक्सीकरण संख्या उस परमाणु पर उपस्थित विद्युत आवेश की संख्या होती है। इसको धन (+) तथा ऋण (–) दोनों प्रकार के चिह्नों में से उपयुक्त चिह्न द्वारा प्रकट करते हैं। किसी उदासीन परमाणु का ऑक्सीकरण अंक शून्य होता है। *किसी परमाणु की ऑक्सीकरण संख्या को निम्न नियमों के द्वारा ज्ञात किया जाता है।*

1. मुक्त तत्वों में प्रत्येक परमाणु का ऑक्सीकरण अंक शून्य होता है। जैसे S, O_2, Ba, Cl_2 में प्रत्येक का ऑक्सीकरण अंक शून्य है।
2. किसी आयन अथवा मूलक का ऑक्सीकरण अंक उस पर उपस्थित आवेश की संख्या के बराबर होता है। यदि मूलक पर धन आवेश हो, तो ऑक्सीकरण अंक धनात्मक (+) तथा ऋण आवेश होने पर ऑक्सीकरण अंक ऋणात्मक (–) होता है, जैसे Na^+, Ba^{2+}, Fe^{3+} आयनों का ऑक्सीकरण अंक क्रमशः +1, +2, +3 है तथा NO_3^-, SO_4^{2-}, PO_4^{3-} आयनों का ऑक्सीकरण अंक –1, –2, –3 है।
3. हैलोजनों (F, Cl, Br, I) का ऑक्सीकरण अंक –1 होता है, परन्तु यदि हैलोजनों का (F के अतिरिक्त) संयोग ऑक्सीजन से हो, तो ऑक्सीकरण अंक धनात्मक (+) होता है।
4. हाइड्रोजन (H) का ऑक्सीकरण अंक हाइड्राइडों को छोड़कर शेष सभी यौगिकों में +1 होता है। हाइड्राइडों में इसका मान –1 होता है।
5. परॉक्साइडों तथा OF_2 को छोड़कर ऑक्सीजन (O) के यौगिकों में इसकी ऑक्सीकरण संख्या –2 होती है। परॉक्साइडों में इसका मान –1 तथा OF_2 में +2 होता है।
6. किसी उदासीन अणु में उपस्थित सभी परमाणुओं की ऑक्सीकरण संख्याओं का योग शून्य होता है। इससे किसी तत्व की अज्ञात ऑक्सीकरण संख्या ज्ञात हो जाती है।

■ **उदाहरण 1** *सल्फ्यूरिक अम्ल (H_2SO_4) में सल्फर की ऑक्सीकरण संख्या ज्ञात कीजिए।*

हल माना सल्फ्यूरिक अम्ल में, सल्फर की ऑक्सीकरण संख्या x है।

H_2SO_4

(हम जानते है कि O की ऑक्सीकरण संख्या –2 तथा H की +1 होती है।)

$$1 \times 2 + x + (-2) \times 4 = 0$$

(क्योंकि उदासीन अणु में सभी ऑक्सीकरण संख्याओं का योग शून्य होता है।)

$$2 + x - 8 = 0$$
$$x - 6 = 0$$
$$x = 6$$

उत्प्रेरक तथा उत्प्रेरण (Catalyst and Catalysis)

वे पदार्थ जिनकी उपस्थिति से ही रासायनिक अभिक्रिया की गति बदल जाती है, उत्प्रेरक कहलाते हैं। ये रासायनिक अभिक्रिया में भाग नहीं लेते और न ही अभिक्रिया के अन्त में इनके द्रव्यमान व रासायनिक संघटन में परिवर्तन आता है। उत्प्रेरक की उपस्थिति में होने वाली अभिक्रियाएँ **उत्प्रेरण** कहलाती हैं।

- अभिकारकों तथा उत्प्रेरक की भौतिक अवस्था के आधार पर उत्प्रेरण निम्न दो प्रकार का हो सकता है

समांगी उत्प्रेरण (Homogeneous Catalysis)

जब अभिकारक तथा उत्प्रेरक की भौतिक अवस्थाएँ समान हों तो उत्प्रेरण समांगी उत्प्रेरण कहलाता है। जैसे

$$\underset{\text{गैस}}{2SO_2} + \underset{\text{गैस}}{O_2} \xrightarrow{\text{NO (गैस)}} 2SO_3$$

(चूँकि इस अभिक्रिया में, अभिकारकों तथा उत्प्रेरक दोनों की प्रावस्था गैस है अतः यह समांगी उत्प्रेरण का उदाहरण है।)

विषमांगी उत्प्रेरण (Heterogeneous Catalysis)

जब अभिकारक तथा उत्प्रेरक की भौतिक अवस्थाएँ भिन्न-भिन्न हो तब उत्प्रेरण विषमांगी उत्प्रेरण कहलाता है। जैसे

$$\underset{\text{गैस}}{2SO_2} + \underset{\text{गैस}}{O_2} \xrightarrow[\text{450°C}]{\text{Pt (ठोस)}} 2SO_3$$

चूँकि इस अभिक्रिया में अभिकारकों SO_2 तथा O_2 की प्रावस्था गैस है जबकि Pt की प्रावस्था ठोस है अतः यह विषमांगी उत्प्रेरण का उदाहरण है।

वनस्पति तेलों (द्रव) से वनस्पति घी के निर्माण में Ni (ठोस) उत्प्रेरक का कार्य करता है अतः यह भी विषमांगी उत्प्रेरण का उदाहरण है।

उत्प्रेरकों के लक्षण (Characteristics of Catalysts)

उत्प्रेरकों के मुख्य लक्षण निम्न हैं

1. उत्प्रेरक, रासायनिक अभिक्रिया में भाग नहीं लेते।
2. उत्प्रेरक, केवल अल्प मात्रा में ही पर्याप्त होते हैं।
3. उत्प्रेरक, किसी भी अभिक्रिया को प्रारम्भ नहीं करते, केवल उनकी गति को परिवर्तित कर सकते हैं।
4. उत्क्रमणीय अभिक्रियाओं में उत्प्रेरक, अग्र तथा पश्च दोनों अभिक्रियाओं की दर को समान रूप से प्रभावित करते हैं अतः ये रासायनिक साम्य की अवस्था को प्रभावित नहीं करते।

उत्प्रेरकों के प्रकार (Types of Catalysts)

(i) धनात्मक उत्प्रेरक (Positive Catalyst) ये रासायनिक अभिक्रिया की गति को बढ़ा देते हैं। जैसे

$$2KClO_3 \xrightarrow{MnO_2} 2KCl + 3O_2$$

$$N_2 + 3H_2 \xrightarrow[\text{500°C, 200 वायुदाब}]{\text{Fe}} 2NH_3$$

उपरोक्त अभिक्रियाओं में MnO_2 तथा Fe धनात्मक उत्प्रेरक हैं।

(ii) ऋणात्मक उत्प्रेरक (Negative Catalyst) ये रासायनिक अभिक्रिया की गति को मन्द कर देते हैं। इन्हें **मन्दक** (inhibitor) भी कहा जाता है। जैसे

$$2H_2O_2 \xrightarrow{H_3PO_4} 2H_2O + O_2$$

उपरोक्त अभिक्रिया में H_3PO_4 अभिक्रिया की गति को कम कर रहा है अत: यह ऋणात्मक उत्प्रेरक है।

(iii) स्व: उत्प्रेरक (Auto Catalyst) जब रासायनिक अभिक्रिया से बना कोई एक पदार्थ उत्प्रेरक का कार्य करें, तो वह उत्प्रेरक, स्व: उत्प्रेरक कहलाता है। जैसे

$$CH_3COOC_2H_5 + H_2O \longrightarrow CH_3COOH + C_2H_5OH$$

इस अभिक्रिया द्वारा बना CH_3COOH ही इस अभिक्रिया के लिए उत्प्रेरक का कार्य करता है अत: यह स्व: उत्प्रेरक है।

(iv) प्रेरित उत्प्रेरक (Induced Catalyst) जब एक रासायनिक अभिक्रिया किसी दूसरी रासायनिक अभिक्रिया के लिए उत्प्रेरक का कार्य करती है, तो उस अभिक्रिया को प्रेरित उत्प्रेरक कहा जाता है। जैसेसोडियम आर्सेनाइट (Na_3AsO_3) का विलयन वायु द्वारा ऑक्सीकृत नहीं होता है, किन्तु सोडियम सल्फाइट (Na_2SO_3) का विलयन ऑक्सीकृत हो जाता है। यदि सोडियम आर्सेनाइट तथा सोडियम सल्फाइट, दोनों के विलयनों को मिलाकर वायु प्रवाहित करें तो दोनों का ऑक्सीकरण हो जाता है। यहाँ सोडियम सल्फेट के ऑक्सीकरण की क्रिया सोडियम आर्सेनाइट के ऑक्सीकरण के लिए उत्प्रेरक का कार्य करती है।

$$2Na_2SO_3 + O_2 \longrightarrow 2Na_2SO_4$$

$$2Na_3AsO_3 + O_2 \longrightarrow \text{कोई अभिक्रिया नहीं}$$

$$Na_2SO_3 + Na_3AsO_3 + O_2 \longrightarrow Na_2SO_4 + Na_3AsO_4$$

उत्प्रेरक वर्धक (Catalytic Promoters)

वे पदार्थ जो उत्प्रेरक की शक्ति को बढ़ा देते हैं, उत्प्रेरक वर्धक कहलाते हैं जैसे अमोनिया बनाने की हॉबर विधि में आयरन के चूर्ण को उत्प्रेरक के रूप में प्रयुक्त करते हैं। यदि Fe के चूर्ण में अल्प मात्रा में मॉलिब्डेनम (Mo) मिला दिया जाए, तो Fe की उत्प्रेरण क्षमता बढ़ जाती है। अत: यहाँ Mo उत्प्रेरक वर्धक का कार्य करता है।

$$N_2 + 3H_2 \xrightarrow[500°C + 200 \text{ वायु}]{Fe + Mo} 2NH_3 \text{ (हॉबर विधि)}$$

उत्प्रेरक विष (Catalytic Poison)

वे पदार्थ जो उत्प्रेरक की शक्ति को नष्ट कर देते हैं या कम कर देते हैं, उत्प्रेरक विष कहलाते हैं। जैसे–H_2SO_4 के निर्माण की सम्पर्क विधि Pt उत्प्रेरक का कार्य करता है। यदि उत्प्रेरक के साथ अल्प मात्रा में As_2O_3 उपस्थित हो, तो उत्प्रेरक की शक्ति बहुत कम हो जाती है। यहाँ As_2O_3 उत्प्रेरक विष का कार्य करता है।

$$2SO_2 + O_2 \xrightarrow[As_2O_3 \text{ (उत्प्रेरक विष)}]{Pt \text{ (उत्प्रेरक)}} 2SO_3$$

स्मरणीय बिन्दु

- उत्क्रमणीय अभिक्रियाएँ कभी भी पूर्णता को प्राप्त नहीं करती।
- मन्द तथा तीव्र अभिक्रियाओं की गति को मापना सम्भव नहीं है।
- वे अभिक्रियाएँ, जिनमें ऑक्सीकरण तथा अपचयन प्रक्रम एक साथ होते हैं, ऑक्सीकरण-अपचयन अथवा रेडॉक्स अभिक्रियाएँ कहलाती हैं।
- Na, K, Li, Cs, Rb आदि धातुओं की ऑक्सीकरण संख्या सदैव +1 तथा Mg, Ca, Zn आदि धातुओं की ऑक्सीकरण संख्या सदैव + 2 होती है।
- F (फ्लुओरीन) की ऑक्सीकरण संख्या सदैव – 1 होती है तथा ऑक्सीजन की ऑक्सीकरण संख्या (कुछ यौगिकों को छोड़कर) – 2 होती है।
- उत्प्रेरक की प्रकृति के आधार पर, उत्प्रेरण धनात्मक, ऋणात्मक, स्व: प्रेरित उत्प्रेरण आदि कहलाता है।
- किसी रासायनिक अभिक्रिया में, वह पदार्थ जिसका ऑक्सीकरण होता है, अपचायक या अवकारक (reducing agent) कहलाता है तथा वह पदार्थ जिसका अपचयन होता है, ऑक्सीकारक (oxidising agent) कहलाता है।

अभ्यास प्रश्न

1. जिस रासायनिक अभिक्रिया में कोई यौगिक गर्म किए जाने पर दो या अधिक भागों में टूट जाता है, वह कहलाती है

(a) योगशील अभिक्रिया (b) विस्थापन अभिक्रिया
(c) ऊष्मीय वियोजन (d) आयनिक वियोजन

2. ऊष्माक्षेपी अभिक्रिया वह है जिसमें

(a) ऊष्मा यान्त्रिक कार्य में परिवर्तित होती है
(b) ऊष्मा का विद्युत में परिवर्तन होता है
(c) ऊष्मा का अवशोषण होता है
(d) ऊष्मा का उत्सर्जन होता है

3. $2FeCl_2 + Cl_2 \longrightarrow 2FeCl_3$ में $FeCl_2$ है

(a) ऑक्सीकारक (b) अवकारक
(c) उत्प्रेरक (d) इनमें से कोई नहीं

4. $2HgCl_2 + SnCl_2 \longrightarrow Hg_2Cl_2 + SnCl_4$ यह अभिक्रिया है

(a) प्रतिस्थापन (b) उपचयन
(c) अपचयन (d) उपचयन-अपचयन

5. अभिक्रिया $NH_4Cl + NaNO_3 \xrightarrow{\text{गर्म}} 2H_2O + N_2 + NaCl$ एक उदाहरण है

(a) द्वि-विस्थापन अभिक्रिया का
(b) द्वि-विस्थापन और अपघटन अभिक्रिया का
(c) अपघटन अभिक्रिया का
(d) योगात्मक और अपघटन अभिक्रियाओं का

6. निम्न रासायनिक अभिक्रियाओं में कौन-सी योगात्मक अभिक्रिया है?

(a) $Zn + 2HCl \longrightarrow ZnCl_2 + H_2$
(b) $2Na + Cl_2 \longrightarrow 2NaCl$
(c) $PCl_5 \longrightarrow PCl_3 + Cl_2$
(d) $NH_4Cl \longrightarrow NH_3 + HCl$

7. $H_2C_2O_4$ में कार्बन की ऑक्सीकरण संख्या है

(a) + 3 (b) + 4
(c) + 2 (d) – 2

8. जब क्यूप्रिक सल्फेट के विलयन में लोहे का टुकड़ा डाला जाता है तो आयरन कॉपर को हटाकर फेरस सल्फेट बनाता है। यह अभिक्रिया कहलाती है

(a) प्रतिस्थापन अभिक्रिया (b) योगात्मक अभिक्रिया
(c) अपघटन अभिक्रिया (d) वियोजन अभिक्रिया

9. समीकरण $SO_2 + 2H_2S \longrightarrow 3S + 2H_2O$ में किस पदार्थ का ऑक्सीकरण हो रहा है?

(a) H_2S (b) SO_2
(c) S (d) H_2O

10. HNO_3 में नाइट्रोजन की ऑक्सीकरण संख्या होती है

(a) 0 (b) – 3
(c) + 3 (d) + 5

11. अभिक्रिया $Fe + CuSO_4 \longrightarrow Cu + FeSO_4$ में Cu होता है

(a) अपचयित (b) न अपचयित न-उपचयित
(c) उपचयित (d) इनमें से कोई नहीं

12. $2KMnO_4 + 5H_2C_2O_4 + 3H_2SO_4 \longrightarrow 2MnSO_4 + 10CO_2 + 8H_2O + K_2SO_4$

में Mn किस प्रकार की अभिक्रिया दर्शाता है?

(a) योगात्मक (b) विस्थापन
(c) ऑक्सीकरण (d) अपचयन

13. NH_4Cl को गर्म करने पर अमोनिया तथा हाइड्रोजन क्लोराइड गैस बनती है जो ठण्डी होकर दोबारा अमोनियम क्लोराइड बनाती है। यह अभिक्रिया उदाहरण है

(a) आयनिक वियोजन का
(b) ऊष्मीय अपघटन का
(c) अपघटन का
(d) ऊष्मीय वियोजन का

14. निम्न में से कौन-सा ऑक्सीकरण तथा अवकरण में सामान्य व्यवहार करता है?

(a) HNO_3 (b) H_2O_2
(c) H_2 (d) HCl

15. विशिष्ट दशाओं में निम्नलिखित अभिक्रिया होती है

$S\ (l) + Cl_2\ (g) \longrightarrow SCl_2\ (l)$

अभिक्रिया में अपचायक पदार्थ है

(a) S (b) S तथा Cl_2 दोनों ही
(c) Cl_2 (d) इनमें से कोई नहीं

16. एक उत्प्रेरक

(a) किसी रासायनिक अभिक्रिया की गति को बढ़ा नहीं सकता
(b) रासायनिक अभिक्रिया की गति को कम करता है
(c) अभिक्रिया की गति को कम या अधिक कर सकता है
(d) अभिक्रिया की गति को न कम तथा न ही अधिक कर सकता है

17. निम्न में से कौन-सा कथन उत्प्रेरक के लिए गलत है?

(a) इसका प्रभाव विशिष्ट है
(b) यह साम्यावस्था को बदलता है
(c) इसकी थोड़ी-सी मात्रा पर्याप्त है
(d) यह किसी क्रिया की गति को परिवर्तित करता है

18. निम्न में से किस प्रक्रम में प्लैटिनम का उपयोग उत्प्रेरक के रूप में होता है?

(a) अमोनिया के ऑक्सीकरण द्वारा नाइट्रिक अम्ल बनाने में
(b) तेलों के कठोरीकरण में
(c) संश्लेषित रबर बनाने में
(d) मेथेनॉल के संश्लेषण में

19. जब $KClO_3$ को गर्म किया जाता है तब यह KCl तथा O_2 में विघटित हो जाता है। जब, इसमें $KMnO_2$ को मिलाया जाता है तो अभिक्रिया तीव्र हो जाती है क्योंकि

(a) MnO_2 विघटित होकर O_2 देता है
(b) MnO_2 अभिक्रिया करके ऊष्मा देता है
(c) MnO_2 अच्छा सम्पर्क उत्पन्न करता है
(d) MnO_2 एक उत्प्रेरक के रूप में कार्य करता है

20. जब उत्प्रेरक व अभिकारक भिन्न-भिन्न अवस्थाओं में होते हैं तो उत्प्रेरण होगा

(a) धनात्मक उत्प्रेरक (b) विषमांगी उत्प्रेरण
(c) स्वः उत्प्रेरण (d) समांगी उत्प्रेरण

21. अभिक्रिया के वेग में कमी लाने वाले पदार्थ को कहते हैं

(a) स्वः उत्प्रेरक (b) धनात्मक उत्प्रेरक
(c) ऋणात्मक उत्प्रेरक (d) उत्प्रेरक विष

22. तेल के हाइड्रोजनीकरण की अभिक्रिया है

(a) समांगी उत्प्रेरण (b) विषमांगी उत्प्रेरण
(c) स्वः उत्प्रेरण (d) इनमें से कोई नहीं

23. सल्फ्यूरिक अम्ल की उपस्थिति में पहले $KMnO_4$ तथा ऑक्सेलिक अम्ल धीमी गति से क्रिया करते हैं लेकिन कुछ क्षण पश्चात् अभिक्रिया का वेग बढ़ जाता है। यह उदाहरण है

(a) प्रेरित उत्प्रेरण का (b) वर्धक का
(c) स्वः उत्प्रेरण का (d) विषमांगी उत्प्रेरण का

24. ओस्टवाल्ड विधि से नाइट्रिक अम्ल बनाने में उत्प्रेरक प्रयुक्त होता है

(a) Ni (b) No
(c) Fe (d) Pt

25. निम्न अभिक्रिया में आयरन है

$$N_2 + 3H_2 \xrightarrow[Mo]{Fe} 2NH_3$$

(a) स्वः उत्प्रेरक (b) धनात्मक उत्प्रेरक
(c) ऋणात्मक उत्प्रेरक (d) उत्प्रेरक वर्धक

उत्तरमाला

1. (c) **2.** (d) **3.** (b) **4.** (d) **5.** (b) **6.** (b) **7.** (a) **8.** (a) **9.** (a) **10.** (d)
11. (a) **12.** (d) **13.** (d) **14.** (b) **15.** (a) **16.** (c) **17.** (b) **18.** (a) **19.** (d) **20.** (b)
21. (c) **22.** (b) **23.** (c) **24.** (d) **25.** (b)

संकेत एवं हल

3.

$$FeCl_2 + Cl_2 \longrightarrow 2FeCl_3$$

अम्लीय मूलक का योग (ऑक्सीकरण)

किसी अभिक्रिया में वह पदार्थ जिसका ऑक्सीकरण होता है, अवकारक कहलाता है। अत: उपरोक्त अभिक्रिया में $FeCl_2$ अवकारक है।

4.

Cl (अम्लीय मूलक) का योग (ऑक्सीकरण)

$$2HgCl_2 + SnCl_2 \longrightarrow Hg_2Cl_2 + SnCl_4$$

अम्लीय मूलक (Cl) का ह्रास (अवकरण)

चूँकि इस अभिक्रिया में ऑक्सीकरण तथा अवकरण दोनों प्रक्रम एक साथ हो रहे हैं अत: यह उपचयन-अपचयन अथवा रेडॉक्स अभिक्रिया है।

7. हम जानते हैं, H की ऑक्सीकरण संख्या = + 1

O की ऑक्सीकरण संख्या = − 2

माना C की ऑक्सीकरण संख्या x है अत:

$$H_2C_2O_4$$

$$(+1) \times 2 + x \times 2 + (-2) \times 4 = 0$$

$$2 + 2x - 8 = 0$$

$$2x - 6 = 0$$

$$2x = +6$$

$$x = \frac{6}{2} = +3$$

अत: C की ऑक्सीकरण संख्या + 3 है।

9.

ऑक्सीजन का योग (ऑक्सीकरण)

$$SO_2 + 2H_2S \longrightarrow 3S + 2H_2O$$

ऑक्सीजन का ह्रास (अपचयन)

अत: इस अभिक्रिया में H_2S ऑक्सीकृत हो रहा है।

10. हम जानते हैं कि H की ऑक्सीकरण संख्या + 1 तथा O की ऑक्सीकरण संख्या − 2 होती है।

माना HNO_3 में, N की ऑक्सीकरण संख्या x है।

$$HNO_3$$

$$+1 + x + (-2) \times 3 = 0$$

$$1 + x - 6 = 0$$

$$x - 5 = 0$$

$$\therefore \quad x = +5$$

11. दी गयी अभिक्रिया में, SO_4^{2-} अम्लीय मूलक है।

चूँकि अभिक्रिया में, $CuSO_4$ से अम्लीय मूलक पृथक् हो रहा है अत: इसमें Cu का अपचयन हो रहा है।

12. $KMnO_4$ में माना, Mn की ऑक्सीकरण संख्या x है।

$$KMnO_4$$

$$+1 + x + (-2) \times 4 = 0$$

$$x - 7 = 0$$

$$x = 7$$

माना $MnSO_4$ में Mn की ऑक्सीकरण संख्या y है।

$$MnSO_4$$

$$x - 2 = 0$$

$$x = +2$$

चूँकि दी गई अभिक्रिया में Mn की ऑक्सीकरण संख्या में कमी हो रही है अत: इसमें Mn अपचयन अभिक्रिया दर्शाता है।

13. चूँकि अभिक्रिया के पश्चात् प्राप्त उत्पाद से अभिकारक को पुन: प्राप्त किया जा सकता है अत: यह एक ऊष्मीय वियोजन अभिक्रिया है।

14. H_2O_2 में O की ऑक्सीकरण संख्या − 1 है इसे − 2 तथा 0 दोनों में परिवर्तित किया जा सकता है अत: इसका ऑक्सीकरण तथा अपचयन दोनों सम्भव हैं।

15.

$$S + Cl_2 \longrightarrow SCl_2$$

अम्लीय मूलक

अम्लीय मूलक का योग (ऑक्सीकरण)

किसी अभिक्रिया में वह पदार्थ जिसका ऑक्सीकरण होता है, अपचायक कहलाता है।

7

गैसीय नियम

Gaseous Laws

बॉयल का नियम (Boyle's Law)

स्थिर ताप पर, किसी निश्चित द्रव्यमान की गैस का आयतन उसके दाब के व्युत्क्रमानुपाती होता है। यदि आयतन, V तथा दाब, p हो, तो

$$V \propto \frac{1}{p} \text{ (स्थिर ताप पर)}$$

या $$pV = \text{ नियतांक}$$

यदि स्थिर ताप पर किसी निश्चित द्रव्यमान की गैस का p_1 दाब पर आयतन V_1 है तथा दाब p_2 कर देने पर उसका आयतन V_2 हो जाता है तो बॉयल के नियम से,

$$p_1V_1 = p_2V_2$$

चार्ल्स का नियम (Charles' Law)

स्थिर दाब पर, किसी निश्चित द्रव्यमान की गैस का आयतन उसके परम ताप के अनुक्रमानुपाती होता है। यदि आयतन, V तथा परम ताप, T हो, तो

$$V \propto T$$

या $$\frac{V}{T} = \text{ नियतांक}$$

यदि स्थिर दाब पर निश्चित द्रव्यमान की गैस का T_1 परम ताप पर आयतन V_1 है तथा परम ताप T_1 से T_2 कर देने पर आयतन V_2 हो जाता है, तो

$$\frac{V_1}{T_1} = \frac{V_2}{T_2}$$

परम ताप (Absolute Temperature)

सेल्सियस ताप में 273° जोड़ देने पर वह परम ताप में बदल जाता है, अर्थात्

$$\text{परम ताप (K)} = t°\text{C} + 273$$

ताप–दाब नियम (Temperature– Pressure Law)

आयतन स्थिर रखने पर, गैस के निश्चित द्रव्यमान का दाब उसके परम ताप के समानुपाती होता है।

$$p \propto T$$

या $$\frac{p}{T} = \text{नियतांक}$$

गैस समीकरण (Gas Equation)

बॉयल तथा चार्ल्स के नियमों की सहायता से ताप, दाब तथा आयतन में सम्बन्ध स्थापित किया गया जिसे **गैस समीकरण** कहते हैं। इसकी सहायता से किसी गैस की निश्चित मात्रा के आयतन पर ताप व दाब के परिवर्तन का सम्मिलित प्रभाव देखा जाता है।

$$V \propto \frac{1}{p} \text{ (बॉयल के नियम से)} \quad \text{...(i)}$$

$$V \propto T \text{ (चार्ल्स के नियम से)} \quad \text{...(ii)}$$

समी (i) व (ii) को मिलाने पर, $V \propto \frac{T}{p}$

या $pV \propto T$

या $pV = RT$ (जहाँ, R गैस नियतांक है)

R का मान 8.314 जूल कैल्विन$^{-1}$ मोल$^{-1}$ अथवा 2 कैलोरी कैल्विन$^{-1}$ मोल$^{-1}$ होता है।

- यदि किसी गैस का आयतन, ताप तथा दाब V_1, T_1 तथा p_1 से बदल कर V_2, T_2 तथा p_2 कर दिया जाए, तो

$$\frac{p_1V_1}{T_1} = \frac{p_2V_2}{T_2}$$

गै–लुसैक का नियम (Gay-Lussac's Law)

जब गैसें परस्पर रासायनिक अभिक्रिया करती हैं, तो समान ताप और दाब पर उनके अभिकारी आयतनों में तथा अभिक्रिया में बने गैसीय पदार्थों के आयतनों में सरल पूर्णांक अनुपात होता है। **उदाहरण**—समान ताप तथा दाब पर,

$$\underset{\text{1 आयतन}}{H_2} + \underset{\text{1 आयतन}}{Cl_2} \longrightarrow \underset{\text{2 आयतन}}{2HCl}$$

चूँकि गैसें अपने आदर्श व्यवहार से विचलित होती हैं अत: यह नियम यथार्थ नहीं है।

डाल्टन का आंशिक दाब का नियम (Dalton's Law of Partial Pressure)

यदि अक्रिय (परस्पर क्रिया न करने वाली) दो या दो से अधिक गैसों को एक पात्र में बन्द कर दिया जाए, तो समस्त गैसों का परिणामी दाब उनके अलग-अलग दाबों (आंशिक दाबों) के योग के बराबर होता है। यदि गैसों के आंशिक दाब क्रमश: $p_1, p_2, p_3 \ldots$ हो, तो

परिणामी दाब, $p = p_1 + p_2 + p_3 + \ldots$

आंशिक दाब (Partial Pressure)

किसी गैस का ताप और आयतन गैसीय मिश्रण के ताप और आयतन के बराबर होने पर अकेली गैस का जितना दाब होगा, वह उस गैस का आंशिक दाब कहलाता है।

आंशिक दाब ज्ञात करना (Calculating Partial Pressure) यदि गैसों के मिश्रण का सम्पूर्ण दाब p, मिश्रण में कुल अणुओं की संख्या n तथा जिस गैस का आंशिक दाब ज्ञात करना है, उसके अणुओं की संख्या n_1 हो, तो आंशिक दाब

$$p_1 = \frac{p \times n_1}{n}$$

ग्राहम का विसरण नियम (Graham's Law of Diffusion)

गैसों का वह गुण जिसके कारण वे गुरुत्वाकर्षण के नियम के विरुद्ध एक-दूसरे में मिलने की प्रवृत्ति रखती हैं, गैसों का **विसरण** कहलाता है। ग्राहम के अनुसार, किसी गैस के विसरण की दर उसके घनत्व के वर्गमूल के व्युत्क्रमानुपाती होती है। यदि विसरण की दर, r तथा घनत्व, d हो, तो

$$r \propto \frac{1}{\sqrt{d}}$$

यदि दो विभिन्न गैसों के विसरण की दरें r_1, r_2 तथा घनत्व क्रमशः d_1, d_2 हों, तो

$$\frac{r_1}{r_2} = \sqrt{\frac{d_2}{d_1}}$$

या

$$\frac{r_1}{r_2} = \sqrt{\frac{2d_2}{2d_1}} = \sqrt{\frac{M_2}{M_1}}$$

($\because$ अणुभार = 2 × वाष्प घनत्व)

यदि विसरण की दर, $r = \frac{V}{t}$ (जहाँ, V = आयतन, t = समय), तो

$$\frac{r_1}{r_2} = \frac{V_1 t_2}{V_2 t_1} = \sqrt{\frac{d_2}{d_1}}$$

गैसों की आण्विक गतियाँ
(Molecular Velocities of Gases)

वर्ग माध्य मूल वेग (Root Mean Square Velocity)

इसे v_{rms} से प्रदर्शित करते हैं तथा यह तापमान एवं अणुभार पर निम्न प्रकार निर्भर करता है

$$v_{rms} = \sqrt{\frac{3RT}{M}}$$

यदि दो गैसों का ताप T_1 एवं T_2 पर, वर्ग माध्य मूल वेग क्रमशः v_1 तथा v_2 हो तथा उनके अणुभार M_1 तथा M_2 हों, तो

$$\frac{v_1}{v_2} = \sqrt{\frac{T_1 M_2}{T_2 M_1}}$$

अधिकतम् प्रायिकता वेग (Most Probable Velocity)

इसे U_{mp} से प्रदर्शित किया जाता है। यह, तापमान तथा अणुभार से निम्न प्रकार सम्बन्धित है

$$U_{mp} = \sqrt{\frac{2RT}{M}}$$

यदि दो गैसों का ताप T_1 तथा T_2 पर, अधिकतम् प्रायिकता वेग क्रमशः U_1 तथा U_2 हो तथा उनके अणुभार M_1 तथा M_2 हों, तब

$$\frac{U_1}{U_2} = \sqrt{\frac{T_1 M_2}{T_2 M_1}}$$

स्मरणीय बिन्दु

- 0°C अथवा 273K को मानक ताप तथा 760 मिमी अथवा 76 सेमी दाब को मानक दाब माना जाता है।
- गणना करने के लिए ताप (°C) को 273 जोड़कर परमताप में जरूर परिवर्तित कर लेना चाहिए।
- स्थिर दाब पर किसी गैस की निश्चित मात्रा का आयतन उसका ताप 0°C से बढ़ाकर 1°C कर देने पर प्रारम्भिक आयतन से $\frac{1}{273}$ भाग बढ़ जाता है। इसी प्रकार, तापमान 0°C से घटाकर – 1°C कर देने पर गैस का आयतन प्रारम्भिक आयतन का $\frac{1}{273}$ भाग घट जाता है।
- किसी गैस की किसी एक सूक्ष्म छिद्र में से होकर दूसरी ओर जाने की क्रिया को गैसीय निःसरण या अपसरण (effusion) कहते हैं। इसकी दर भी घनत्व के वर्गमूल के व्युत्क्रमानुपाती होती है।
- उच्च ताप तथा कम दाब पर सभी वास्तविक गैसें (real gases) आदर्श व्यवहार प्रदर्शित करती हैं।

अभ्यास प्रश्न

1. A तथा B गैसों का अणुभार क्रमशः 2 तथा 32 है। गैस A का 100 सी सी आयतन विसरित होने में जितना समय लेता है, उतने ही समय में गैस B का कितना आयतन विसरित होगा ?
(a) 25 सी सी (b) 2.5 सी सी
(c) 27 सी सी (d) इनमें से कोई नहीं

2. H_2 तथा O_2 की विसरण दर का अनुपात है
(a) 1 : 8 (b) 1 : 16 (c) 2 :1 (d) 1 : 4

3. स्थिर ताप पर, किसी गैस का आयतन दोगुना करने पर इसका दाब हो जायेगा
(a) दोगुना (b) आधा
(c) चार गुना (d) एक-चौथाई

4. हाइड्रोजन के विसरण की दर एक दूसरी गैस X के विसरण की दर से पाँच गुनी है। गैस X का अणुभार है
(a) 10 (b) 25 (c) 50 (d) 100

5. निम्न में से सही गैस समीकरण चुनिए
(a) $\frac{p_1V_1}{T_1} = \frac{p_2V_2}{T_2}$ (b) $\frac{V_1T_1}{p_1} = \frac{V_2T_2}{p_2}$
(c) $\frac{p_1V_1}{V_1} = \frac{p_2T_2}{V_2}$ (d) $\frac{V_1V_2}{T_1T_2} = p_1p_2$

6. निम्न में से किस गैस मिश्रण पर डॉल्टन का आंशिक दाब का नियम लागू नहीं होगा?
(a) H_2 और SO_2 (b) H_2 और Cl_2
(c) H_2 और CO_2 (d) CO_2 और Cl_2

7. CO_2 तथा SO_2 गैसों की विसरण गतियों का अनुपात होगा
(a) 11 : 4 (b) 11:2
(c) $\sqrt{11}$: 4 (d) 4 : $\sqrt{11}$

8. समान ताप एवं दाब पर, H_2 का एक निश्चित आयतन 26 सेकण्ड में विसरित होता है। उतने ही समय में उन्हीं स्थितियों में CO_2 के उतना ही आयतन 122 सेकण्ड में विसरित होता है। CO_2 का वाष्प घनत्व होगा
(a) 26 (b) 22 (c) 122 (d) 44

9. आदर्श गैस समीकरण $pV = nRT$ में R का मान निर्भर करता है
(a) गैस की प्रकृति पर
(b) गैस की मात्रा पर
(c) गैस के दाब तथा आयतन पर
(d) गैस के ताप पर

10. एक गैस का आयतन 15°C पर 300 सेमी^{3} है। आयतन 600 सेमी^{3} करने के लिए उसका तापक्रम होना चाहिए
(a) 30°C (b) 300°C
(c) 303°C (d) 576°C

11. किसी गैस के विसरण की दर निम्न पर निर्भर करती है
(a) परमाणुकता पर (b) विशिष्ट ऊष्मा पर
(c) अणुभार पर (d) संयोजकता पर

12. दो गैसों के विसरण की गतियों का अनुपात 2 : 3 है तो गैसों के अणुभारों में अनुपात होगा
(a) 2 : 3 (b) 3 : 2
(c) 9 : 4 (d) 4 : 9

13. परस्पर अभिक्रिया न करने वाली गैसों का कुल दाब समान परिस्थितियों में इन गैसों के आंशिक दाब के योग के बराबर होता है। यह है
(a) बॉयल का नियम (b) चार्ल्स का नियम
(c) आवोगाद्रो का नियम (d) डॉल्टन का नियम

14. किसी गैस की विसरण की गति
(a) इसके घनत्व के समानुपाती होती है
(b) इसके अणुभार के वर्गमूल के समानुपाती होती है
(c) इसके अणुभार के समानुपाती होती है
(d) इसके अणुभार के वर्गमूल के व्युत्क्रमानुपाती होती है

15. NH_3 का 30° सेल्सियस तथा 2 वायुमण्डल दाब पर घनत्व कितना होगा? (परमाणु भार N = 14, H = 1)
(a) 1.37 ग्राम/लीटर (b) 1.87 ग्राम/लीटर
(c) 3.77 ग्राम/लीटर (d) इनमें से कोई नहीं

16. मेथेन से भरे एक गुब्बारे को एक नुकीली बिन्दु वाली सुई से छेद कर उसे तुरन्त समान दाब पर हाइड्रोजन के ताल में डुबा दिया जाता है। कुछ समय पश्चात् गुब्बारा
(a) छोटा हो जाएगा (b) बड़ा हो जाएगा
(c) पूरी तरह से पिचक जाएगा (d) अनन्त समय में पिचकेगा

17. 24 मिली H_2 का विसरण 100 सेकण्ड में होता है। उसी समय में SO_2 के विसरण का आयतन होगा
(a) 0.866 मिली (b) 76.8 मिली
(c) 0.375 मिली (d) 4.24 मिली

18. यदि क्लोरीन का वाष्प घनत्व 36 मान लें और किसी बर्तन में हाइड्रोजन के 25 मिली आयतन के विसरित होने में 40 सेकण्ड लगते हैं तो उसी अवस्था में क्लोरीन के 30 मिली के विसरण में समय लगेगा
(a) 140 सेकण्ड (b) 184 सेकण्ड
(c) 288 सेकण्ड (d) 320 सेकण्ड

19. यदि एक गैस के 10 ग्राम को वायुमण्डल दाब p पर 273°C से 0°C तक ठण्डा किया जाता है, तब इसका दाब हो जायेगा
(a) $2p$ (b) p
(c) $\frac{p}{2}$ (d) $\frac{p}{4}$

20. नाइट्रोजन के 40 सेमी^{3} आयतन के कैल्विन तापमान को दोगुना तथा दाब को आधा कर दिया गया। अन्तिम आयतन होगा
(a) 10 सेमी^{3} (b) 20 सेमी^{3}
(c) 40 सेमी^{3} (d) 160 सेमी^{3}

21. किसी गैस का 17°C तथा 740 मिमी दाब पर आयतन 800 घन सेमी है। सामान्य दाब तथा ताप पर, गैस का आयतन होगा
(a) 700 सेमी^{3} (b) 728.4 सेमी^{3}
(c) 733.3 सेमी^{3} (d) 744.4 सेमी^{3}

22. 30°C पर A तथा B गैसों के मिश्रण का सम्पूर्ण दाब 250 मिमी है। इसमें A तथा B के मोलों की संख्या क्रमशः 20 तथा 30 है। गैस A तथा B के आंशिक दाब क्रमशः हैं
(a) 200 मिमी, 50 मिमी (b) 225 मिमी, 25 मिमी
(c) 100 मिमी, 150 मिमी (d) 25 मिमी, 225 मिमी

23. दो समान पात्रो में H_2 व N_2 गैस भरी हैं जिसके दाब क्रमशः 345 मिमी एवं 655 मिमी हैं। स्थिर ताप पर इन दोनों पात्रों को जोड़ने पर मिश्रण का दाब होगा
(a) 500 मिमी (b) 345 मिमी
(c) 310 मिमी (d) 100 मिमी

24. दो गैसीय यौगिक A तथा B के आपेक्षिक द्रव्यमान क्रमशः 2 तथा 32 हैं। समान दशाओं में A का विसरण B की अपेक्षा कितने गुना होगा?
(a) 4 (b) $\frac{1}{4}$
(c) 64 (d) 16

25. 700 मिमी दाब पर किसी गैस का आयतन 200 मिली है। किस दाब पर इसका आयतन 400 मिली हो जाएगा यदि ताप स्थिर हो ?
(a) 350 मिमी (b) 175 मिमी
(c) 400 मिमी (d) 1400 मिमी

उत्तरमाला

1. (a)	**2.** (d)	**3.** (b)	**4.** (c)	**5.** (a)	**6.** (b)	**7.** (d)	**8.** (b)	**9.** (c)	**10.** (c)
11. (c)	**12.** (c)	**13.** (d)	**14.** (d)	**15.** (a)	**16.** (b)	**17.** (d)	**18.** (c)	**19.** (c)	**20.** (d)
21. (c)	**22.** (c)	**23.** (a)	**24.** (a)	**25.** (a)					

संकेत एवं हल

1. विसरण की दर, $r \propto \frac{1}{\sqrt{M}}$ तथा $r = \frac{\text{आयतन}, V}{\text{समय}, t}$

$\Rightarrow \quad \frac{V_A \cdot t_B}{V_B \cdot t_A} = \sqrt{\frac{M_B}{M_A}}$

दिया है, $t_A = t_B = t$

$V_A = 100$ सी सी

$M_B = 32, M_A = 2$

$\frac{100 \times t}{t \times V_B} = \sqrt{\frac{32}{2}}$ तथा $\frac{100}{V_B} = 4$

$\therefore \quad V_B = \frac{100}{4} = 25$ सी सी

2. विसरण की दर, $r \propto \frac{1}{\sqrt{M}}$

अथवा $\frac{r_{H_2}}{r_{O_2}} = \sqrt{\frac{M_{O_2}}{M_{H_2}}} = \sqrt{\frac{32}{2}} = \sqrt{16} = 4:1$

$\frac{r_{O_2}}{r_{H_2}} = 1:4$

3. स्थिर ताप पर, $p \propto \frac{1}{V}$

अत: जब $V_2 = 2V$ तथा $p_2 = ?$

$\frac{V}{V_2} = \frac{p_2}{p} \Rightarrow \frac{V}{2V} = \frac{p_2}{p} \Rightarrow p_2 = \frac{p}{2}$

अत: स्थिर ताप पर, किसी गैस का आयतन दोगुना करने पर इसका दाब आधा हो जाएगा।

4. ग्राहम के नियमानुसार,

विसरण की दर, $r \propto \sqrt{\frac{1}{\text{अणुभार}, M}}$

अत: $\frac{r_{H_2}}{r_X} = \sqrt{\frac{M_X}{M_{H_2}}} \Rightarrow 5 = \sqrt{\frac{M_X}{2}}$

दोनों तरफ वर्ग करने पर,

$(5)^2 = \frac{M_X}{2} \Rightarrow 25 = \frac{M_X}{2}$

अत: $M_X = 25 \times 2 = 50$

6. चूँकि H_2 तथा Cl_2 आपस में क्रिया करते हैं अत: इन पर डॉल्टन का आंशिक दाब का नियम लागू नहीं होता।

7. $\frac{r_{CO_2}}{r_{SO_2}} = \sqrt{\frac{M_{SO_2}}{M_{CO_2}}}$

$\frac{r_{CO_2}}{r_{SO_2}} = \sqrt{\frac{64}{44}} = \frac{8}{\sqrt{4 \times 11}} = \frac{8}{2\sqrt{11}} = 4 : \sqrt{11}$

8. माना H_2 का विसरित होने वाला आयतन V है अत: CO_2 का विसरित आयतन $= V$ ग्राहम के नियमानुसार,

$\frac{V_1 t_2}{V_2 t_1} = \sqrt{\frac{d_2}{d_1}} \Rightarrow \frac{V \times 122}{V \times 26} = \sqrt{\frac{d_{CO_2}}{1}}$

$4.69 = \sqrt{d_{CO_2}}$

दोनों तरफ वर्ग करने पर

$\sqrt{(d_{CO_2})^2} = (4.69)^2 \Rightarrow d_{CO_2} = 22$

10. $T_1 = 15 + 273 = 288$ K

$V_1 = 300$ सेमी^{3}

$V_2 = 600$ सेमी^{3}, $T_2 = ?$

$\frac{V_1}{T_1} = \frac{V_2}{T_2} \Rightarrow T_2 = \frac{V_2 T_1}{V_1} = \frac{600 \times 288}{300} = 576$

$\therefore \quad t = 576 - 273 = 303°C$

16. चूँकि हाइड्रोजन का अणुभार, मेथेन (CH_4) की अपेक्षा कम है अत: इसके विसरण की दर मेथेन की अपेक्षा अधिक होगी। इस कारण गुब्बारें का आकार बड़ा हो जायेगा।

17. $\frac{V_{H_2} t_{SO_2}}{V_{SO_2} t_{H_2}} = \sqrt{\frac{M_{SO_2}}{M_{H_2}}}$

$\frac{24 \times t_{SO_2}}{V_{SO_2} \times t_{H_2}} = \sqrt{\frac{64}{2}} \quad [\because t_{SO_2} = t_{H_2}$ (दिया है)$]$

$\frac{24}{V_{SO_2}} = \sqrt{32} \Rightarrow \frac{24}{V_{SO_2}} = 5.65$

$\therefore \quad V_{SO_2} = \frac{24}{5.65} = 4.24$ मिली

18. अणुभार $= 2 \times$ वाष्प घनत्व $= 2 \times 36 = 72$

$\frac{V_{H_2} t_{Cl_2}}{V_{Cl_2} t_{H_2}} = \sqrt{\frac{M_{Cl_2}}{M_{H_2}}} \Rightarrow \frac{25 \times t_{Cl_2}}{30 \times 40} = \sqrt{\frac{72}{2}} \Rightarrow \frac{25 \times t_{Cl_2}}{1200} = \sqrt{36}$

$25 \times t_{Cl_2} = 6 \times 1200$

$\therefore \quad t_{Cl_2} = \frac{6 \times 1200}{25} = 288$ सेकण्ड

19. $\frac{p_1}{p_2} = \frac{T_1}{T_2}$

$\frac{p}{p_2} = \frac{546}{273} \Rightarrow \frac{p}{p_2} = 2 \quad \therefore \quad p_2 = \frac{p}{2}$

21. सामान्य दाब 760 मिमी तथा सामान्य ताप 273K होता है।

$\frac{p_1 V_1}{T_1} = \frac{p_2 V_2}{T_2}$

(दिया गया दाब तथा ताप) (सामान्य ताप तथा दाब पर)

$\frac{740 \times 800}{290} = \frac{760 \times V_2}{273}$

$V_2 = \frac{740 \times 800}{290} \times \frac{273}{760} = 733.3$ सेमी^{3}

23. दोनों पात्रों को जोड़ने पर,

H_2 का आंशिक दाब $= \frac{345}{2}$

N_2 का आंशिक दाब $= \frac{655}{2}$

कुल दाब $= \frac{345}{2} + \frac{655}{2} = 500$ मिमी

24. $\frac{r_1}{r_2} = \sqrt{\frac{32}{2}} \Rightarrow \frac{r_1}{r_2} = \sqrt{16} = 4 \Rightarrow r_1 = 4r_2$

8
वैद्युत-रसायन
Electrochemistry

वैद्युत अपघट्य तथा वैद्युत अन-अपघट्य
(Electrolytes and Non-electrolytes)

वे पदार्थ जो जलीय विलयन अथवा गलित अवस्था में विद्युत का प्रवाह कर सकते हैं तथा इसके फलस्वरूप भौतिक व रासायनिक परिवर्तन होते हैं, वैद्युत अपघट्य कहलाते हैं तथा इस प्रक्रम को **वैद्युत अपघटन** कहते हैं। अम्ल, क्षार तथा लवण वैद्युत अपघट्य होते हैं।

- वे पदार्थ जिनके जलीय विलयन या पिघली हुई अवस्था में विद्युत धारा प्रवाहित नहीं होती है, वैद्युत अन-अपघट्य कहलाते हैं। जैसे चीनी, यूरिया, ग्लूकोस आदि।

आयनन या वियोजन (Ionisation or Dissociation)

किसी वैद्युत अपघट्य को जल या अन्य किसी आयनीकारक विलायक में घोलने पर वह अपने अवयवी कणों में विभाजित हो जाता है, इस क्रिया को आयनन कहते हैं। **उदाहरण**—सोडियम क्लोराइड को जल में घोलने पर यह सोडियम (Na^+) आयन व क्लोराइड (Cl^-) आयन में विभाजित हो जाता है।

$$NaCl \rightleftharpoons Na^+ + Cl^-$$

- आरहेनियस ने 1887 में वैद्युत अपघटनी वियोजन अथवा आयनन सम्बन्धी नियम दिया, जिसके अनुसार,

1. जब किसी वैद्युत अपघट्य को जल या अन्य किसी आयनीकारक विलायक में घोला जाता है तो उनके अणु विद्युत आवेशित कणों में विभक्त हो जाते हैं जिन्हें **आयन** (ions) कहते हैं।

$$NaCl \rightleftharpoons Na^+ + Cl^-$$

2. ये आयन दो प्रकार के होते हैं, धनावेशित आयन तथा ऋणावेशित आयन, जिन्हें क्रमशः **धनायन** (cation) तथा **ऋणायन** (anion) कहते हैं।

3. आयनन एक उत्क्रमणीय क्रिया है।

4. किसी वैद्युत अपघट्य के रासायनिक व भौतिक गुण उसके आयनों की प्रकृति व मात्रा पर निर्भर करते हैं।

5. किसी वैद्युत अपघट्य को जल में घोलने पर उसके सभी अणु आयनित नहीं होते हैं। किसी वैद्युत अपघट्य के अणुओं का वह भाग जो आयनों के रूप में विभाजित हो जाता है, **आयनन की मात्रा** या **वियोजन की मात्रा** (degree of dissociation) कहलाता है। अतः

आयनन की मात्रा

$$= \frac{\text{आयनों में वियोजित अणुओं की संख्या}}{\text{अणुओं की कुल संख्या}}$$

आयनन की मात्रा को प्रभावित करने वाले कारक
(Factors Affecting Degree of Ionisation)

आयनन की मात्रा निम्न बातों पर निर्भर करती है

वैद्युत अपघट्य की प्रकृति (Nature of Electrolyte) प्रबल वैद्युत अपघट्यों का आयनन अधिक और दुर्बल वैद्युत अपघट्यों का आयनन कम होता है।

तनुता (Dilution) तनुता बढ़ाने से अधिक आयनन होता है।

ताप (Temperature) ताप बढ़ाने पर अधिक आयनन होता है।

विलायक की प्रकृति (Nature of Solvent) ध्रुवीय विलायकों में अध्रुवीय विलायकों की अपेक्षा अधिक आयनन होता है।

सम-आयनों की उपस्थिति (Presence of Common ion) समान आयन के कारण आयनन कम हो जाता है। इसे **सम-आयन प्रभाव** कहते हैं। जैसे—NH_4Cl की उपस्थिति में NH_4OH का आयनन घट जाता है।

वैद्युत अपघटन (Electrolysis)

किसी यौगिक की द्रवित अवस्था या विलयन की अवस्था में विद्युत धारा प्रवाहित करके यौगिक को अपघटित करने की क्रिया वैद्युत अपघटन कहलाती है। इस प्रक्रम में, विद्युत धारा प्रवाहित करने पर आयन अपने से विपरीत आवेशित इलेक्ट्रोडो की ओर चलने लगते हैं तथा वहाँ पहुँचकर उदासीन हो जाते हैं।

वैद्युत अपघटन की क्रियाविधि (Mechanism of Electrolysis)

जल में घोलने पर वैद्युत अपघट्य धन तथा ऋण आयनों में वियोजित हो जाते हैं जो विद्युत धारा प्रवाहित करने पर क्रमशः कैथोड तथा ऐनोड की ओर चलने लगते हैं तथा कैथोड एवं ऐनोड पर पहुँचकर निरावेशित हो जाते हैं। **उदाहरण**

1. **गलित $NaCl$ का वैद्युत अपघटन**

$$\underset{\text{गलित}}{NaCl} \longrightarrow Na^+ + Cl^- \quad \text{(आयनन)}$$

$$Na^+ + e^- \longrightarrow Na \quad \text{(कैथोड पर)}$$

$$2Cl^- \longrightarrow Cl_2 + 2e^- \quad \text{(ऐनोड पर)}$$

अतः गलित $NaCl$ का वैद्युत अपघटन करने पर कैथोड पर सोडियम तथा ऐनोड पर Cl_2 प्राप्त होती है।

2. कॉपर सल्फेट के जलीय विलयन का वैद्युत अपघटन

$$CuSO_4 \xrightarrow{\text{जल}} Cu^{2+} + SO_4^{2-}$$

$CuSO_4$ के साथ जल भी H^+ तथा OH^- आयनों में वियोजित रहता है।

$$H_2O \longrightarrow H^+ + OH^-$$

$$Cu^{2+} + 2e^- \longrightarrow Cu \quad \text{(कैथोड पर)}$$

$$2OH^- \longrightarrow O_2 + 2H^+ + 4e^- \quad \text{(ऐनोड पर)}$$

अत: कॉपर सल्फेट के जलीय विलयन का वैद्युत अपघटन करने पर कैथोड पर Cu तथा ऐनोड पर O_2 प्राप्त होती है।

3. सिल्वर नाइट्रेट के जलीय विलयन का वैद्युत अपघटन

$$AgNO_3 \xrightarrow{\text{जल}} Ag^+ + NO_3^-$$

$$H_2O \longrightarrow H^+ + OH^-$$

$$Ag^+ + e^- \longrightarrow Ag \quad \text{(कैथोड पर)}$$

$$2OH^- \longrightarrow O_2 + 2H^+ + 4e^- \quad \text{(ऐनोड पर)}$$

अत: $AgNO_3$ के जलीय विलयन का वैद्युत अपघटन करने पर कैथोड पर सिल्वर जमा हो जाता है जबकि ऐनोड पर ऑक्सीजन मुक्त होती है।

फैराडे के वैद्युत अपघटन के नियम

(Faraday's Laws of Electrolysis)

वे नियम जो इलेक्ट्रोडों पर विद्युत धारा प्रवाहित होने के साथ-साथ पदार्थों (आयनों के रूप में) के एकत्र होने को निर्देशित करते हैं, फैराडे के नियम कहलाते हैं।

(i) फैराडे का प्रथम नियम (Faraday's First Law) किसी आयन का, वैद्युत अपघटन के समय, मुक्त द्रव्यमान प्रवाहित विद्युत धारा की मात्रा के समानुपाती होता है। गणितीय रूप में,

$W \propto Q$ $\quad$ W = मुक्त आयनों का द्रव्यमान

Q = आवेश

$$W = ZQ$$

Z = विद्युत रासायनिक तुल्यांक

$$Z = \frac{E}{96500}, \quad (E = \text{तुल्यांकी भार})$$

$$= \frac{E}{F}$$

$$W = Z \cdot i \cdot t \quad (\because Q = i \cdot t)$$

[जहाँ, $F = 1$ फैराडे = 96500 कूलॉम

i = धारा (ऐम्पियर में) $\quad$ t = समय (सेकण्ड में)]

(ii) फैराडे का द्वितीय नियम (Faraday's Second Law) जब विद्युत की समान मात्रा विभिन्न वैद्युत अपघट्यों में से प्रवाहित की जाती है, तो इलेक्ट्रोडों पर मुक्त विभिन्न आयनों के द्रव्यमान, उनके तुल्यांकी भारों के समानुपाती होते हैं। अर्थात्

$$\frac{W_1}{W_2} = \frac{E_1}{E_2}$$

या

$$\frac{Z_1 \cdot i \cdot t}{Z_2 \cdot i \cdot t} = \frac{E_1}{E_2} \quad (\because W = Zit)$$

$$E \propto Z$$

$$E = F \cdot Z$$

F = फैराडे नियतांक = 96500 कूलॉम

विद्युत रासायनिक सेल (Electrochemical Cell)

विद्युत रासायनिक सेल वह युक्ति है जिसमें रासायनिक अभिक्रिया कराकर विद्युत ऊर्जा उत्पन्न की जाती है। इस सेल में दो इलेक्ट्रोड रहते हैं। जिनमें से एक पर ऑक्सीकरण और दूसरे पर अपचयन होता है।

उदाहरण—वोल्टीय सेल

वोल्टीय सेल (Voltaic Cell)

विद्युत रासायनिक परिवर्तन कराने के लिए एक वैद्युत अपघट्य का विलयन तथा उसमें डूबी हुई चालक धातु की छड़ें होती हैं। इस प्रकार का उपकरण जिसमें रासायनिक अभिक्रिया के फलस्वरूप विद्युत ऊर्जा उत्पन्न होती है गैल्वेनिक, विद्युत रासायनिक अथवा वोल्टीय सेल कहलाता है।

वोल्टीय सेल के मुख्य लक्षण निम्न हैं

1. वोल्टीय सेल में ऑक्सीकरण-अवकरण क्रिया अप्रत्यक्ष रूप में होती है और रासायनिक क्रिया में मुक्त ऊर्जा अवनमन ही विद्युत ऊर्जा के रूप में प्राप्त होती है।
2. सेल में अप्रत्यक्ष ऑक्सीकरण-अवकरण क्रियाएँ अलग-अलग पात्रों में करायी जाती हैं।
3. KCl या NH_4Cl या जिलेटिन या ऐगार-ऐगार युक्त अर्द्ध ठोस, लवण सेतु (salt bridge) का कार्य करता है।

लवण सेतु का कार्य विभव पतन को रोकना, आवेशों के समूहीकरण को रोकना व परिपथ को पूर्ण करके विद्युत का प्रवाह करना होता है।

विद्युत रासायनिक श्रेणी (Electrochemical Series)

तत्वों को उनकी अभिक्रियाशीलता के घटते क्रम में व्यवस्थित करने पर एक श्रेणी प्राप्त होती है जिसे विद्युत रासायनिक श्रेणी कहते हैं। वास्तव मे यह श्रेणी तत्वों के मानक इलेक्ट्रोड विभव पर आधारित होती है। (जिसका अध्ययन आप उच्च कक्षाओं में करेंगें।)

इन श्रेणी के अनुसार तत्वों की अभिक्रियाशीलता के घटने का क्रम निम्न है

$$K > Ba > Sr > Ca > Na > Mg > Al > Mn > Zn > Fe > Pb > H > Cu > Hg > Ag > Pd > Pt > Au$$

अत: इस श्रेणी के अनुसार सोना सबसे कम अभिक्रियाशील धातु है।

विद्युत रासायनिक श्रेणी के लक्षण

(Characteristics of Electrochemical Series)

1. इस श्रेणी में हाइड्रोजन से अधिक सक्रिय धातुएँ, तनु अम्लों से क्रिया करके H_2 मुक्त करती हैं।
2. नीचे वाली धातु, ऊपर वाली धातु के द्वारा उसके लवण से विस्थापित हो जाती हैं जबकि विपरीत अभिक्रिया सम्भव नहीं है। जैसे—सिल्वर नाइट्रेट के जलीय विलयन में कॉपर का तार डालने पर, कॉपर, सिल्वर को विस्थापित करके नीले रंग का कॉपर नाइट्रेट बना लेता है जिसके कारण विलयन का रंग नीला हो जाता है।

$$Cu + 2AgNO_3 \longrightarrow \underset{\text{नीला}}{Cu(NO_3)_2} + 2Ag$$

3. श्रेणी में नीचे उपस्थित धातुएँ प्रकृति में मुक्त अवस्था में पायी जाती हैं।

स्मरणीय बिन्दु

- NaCl के जलीय विलयन का वैद्युत अपघटन करने पर कैथोड पर NaOH एवं H_2 तथा ऐनोड पर Cl_2 गैस प्राप्त होती है।
- विद्युत आवेशित कण आयन कहलातें हैं।
- धातु का शोधन करने के लिए कैथोड शुद्ध धातु का बनाया जाता है।
- यदि Al^{3+}, Ba^{2+} तथा Na^+ के विलयनों में समान विद्युत धारा, समान समय के लिए प्रवाहित की जाये तो इनके उत्पन्न मोलों में $\frac{1}{3}:\frac{1}{2}:1$ का अनुपात होगा।
- धातु की संयोजकता $= \frac{\text{धातु का अणुभार}}{\text{धातु का भार} \times 96500} \times$ विद्युत आवेश

अभ्यास प्रश्न

1. निम्न में से वैद्युत-अपघट्य है
(a) चीनी (b) ग्लूकोस
(c) यूरिया (d) सोडियम सल्फेट

2. निम्न में से वैद्युत अन-अपघट्य है
(a) सोडियम क्लोराइड (b) कैल्सियम नाइट्रेट
(c) यूरिया (d) बेरियम क्लोराइड

3. सोडियम क्लोराइड के जलीय विलयन में विद्युत धारा प्रवाहित करने पर ऐनोड पर प्राप्त पदार्थ होगा
(a) सोडियम परमाणु (b) Na^+
(c) Cl^- (d) क्लोरीन गैस

4. फैराडे का वैद्युत अपघटन का नियम निम्न में से किससे सम्बन्धित है?
(a) धनायन का परमाणु क्रमांक
(b) ऋणायन का परमाणु क्रमांक
(c) वैद्युत अपघट्य का तुल्यांकी भार
(d) धनायन का वेग

5. एक विद्युत रासायनिक सेल में,
(a) स्थितिज ऊर्जा गतिज ऊर्जा में परिवर्तित होती है
(b) गतिज ऊर्जा स्थितिज ऊर्जा में परिवर्तित होती है
(c) रासायनिक ऊर्जा विद्युत ऊर्जा में परिवर्तित होती है
(d) विद्युत ऊर्जा रासायनिक ऊर्जा में परिवर्तित होती है

6. फैराडे के प्रथम नियम के अनुसार, इलेक्ट्रोड पर विसर्जित आयन के भार (W) का मान है
(a) $W = ZQ$ (b) $W = eF$ (c) $W = \frac{Z}{F} \times it$ (d) $W = ZI$

7. एक फैराडे विद्युत का मान है
(a) 96500 कूलॉम (b) 10^6 कूलॉम
(c) 3.7×10^6 कूलॉम (d) 6.23×10^{23} कूलॉम

8. $MgCl_2$ से मैग्नीशियम के 1 ग्राम परमाणु निकालने के लिए कितने फैराडे की आवश्यकता होगी ?
(a) 5 फैराडे (b) 4 फैराडे (c) 3 फैराडे (d) 2 फैराडे

9. $AlCl_3$ के विलयन में धारा बहाकर ऋणोद पर 13.5 ग्राम एल्युमीनियम एकत्रित करने के लिए कितने फैराडे की आवश्यकता होगी?
(a) 13.5 (b) 5 (c) 1.5 (d) 11.5

10. कॉपर सल्फेट के विलयन में 3.06 ऐम्पियर की धारा 1 घण्टे तक प्रवाहित करने पर एकत्रित कॉपर कितना होगा? (कॉपर का परमाणु भार = 63)
(a) 31.5 ग्राम (b) 3.61 ग्राम
(c) 63 ग्राम (d) 36.1 ग्राम

11. NTP पर, मुक्त हाइड्रोजन का आयतन ज्ञात कीजिए जब अम्लीय जल में 96500 कूलॉम विद्युत प्रवाहित होती है।
(a) 22.4 लीटर H_2 (b) 11.2 लीटर H_2
(c) 44.8 लीटर H_2 (d) 5.65 लीटर H_2

12. धनावेशित परमाणुओं को कहते हैं
(a) ऋणायन (b) धनायन
(c) उदासीन (d) इनमें से कोई नहीं

13. ताप बढ़ाने पर आयनन की मात्रा
(a) बढ़ती है (b) घटती है
(c) कोई प्रभाव नहीं पड़ता (d) शून्य हो जाती है

14. सम-आयन की उपस्थिति में आयनन की मात्रा
(a) बढ़ती है (b) घटती है
(c) समान रहती है (d) इनमें से कोई नहीं

15. जब वैद्युत अपघट्य के विलयन से एक कूलॉम का आवेश गुजारते हैं तो निक्षेपित द्रव्यमान बराबर होता है
(a) तुल्यांकी भार के
(b) परमाणु भार के
(c) विद्युत रासायनिक तुल्यांक के
(d) रासायनिक तुल्यांक के

16. निम्नलिखित में से कौन-सी अभिक्रिया सम्भव नहीं है?
(a) $Mg + HCl \longrightarrow MgCl_2 + H_2$
(b) $CuSO_4 + Zn \longrightarrow ZnSO_4 + Cu$
(c) $CuSO_4 + 2Ag \longrightarrow Ag_2SO_4 + Cu$
(d) $Ag_2SO_4 + Cu \longrightarrow CuSO_4 + 2Ag$

17. निम्न में से कौन-सी अभिक्रिया सम्भव है?
(a) $Cu + 2HCl \longrightarrow CuCl_2 + H_2$
(b) $2Ag + 2HCl \longrightarrow 2AgCl + H_2$
(c) $Al + HCl \longrightarrow AlCl_3 + H_2$
(d) सभी अभिक्रियाएँ सम्भव हैं

18. आयनन की मात्रा प्रभावित होती है
(a) सम-आयन की उपस्थिति से
(b) दाब
(c) आयतन
(d) किसी से भी नहीं

19. जब कॉपर सल्फेट के घोल में 10 मिली ऐम्पियर धारा 96500 सेकण्ड तक प्रवाहित की जाती है तब Cu की मात्रा निक्षेपित होगी
(a) 0.318 ग्राम (b) 31.8 ग्राम
(c) 3.18 ग्राम (d) 0.36 ग्राम

20. सिल्वर नाइट्रेट के विलयन में 2 ऐम्पियर की विद्युत धारा 5 मिनट तक प्रवाहित की जाती है। निक्षेपित सिल्वर धातु का मान होगा (Ag = 108)

(a) 0.6 ग्राम (b) 0.67 ग्राम
(c) 0.69 ग्राम (d) 0.75 ग्राम

21. एक धातु वोल्ट मीटर में 2 ऐम्पियर की धारा 15 मिनट तक प्रवाहित करने पर 0.593 ग्राम धातु जिसकी संयोजकता 2 है, जम जाती है। धातु का परमाणु भार होगा (फैराडे स्थिरांक = 96500 कूलॉम)

(a) 31.145 (b) 31.79
(c) 63.29 (d) 63.582

22. पिघले हुए पोटैशियम क्लोराइड में से 1 फैराडे विद्युत प्रवाह करने पर 39 ग्राम पोटैशियम एकत्रित होता है। यदि एक फैराडे विद्युत पिघले हुए ऐलुमिनियम क्लोराइड में प्रवाहित की जाए तो एकत्रित ऐलुमिनियम धातु की मात्रा होगी

(a) 27 ग्राम (b) 135 ग्राम
(c) 19.5 ग्राम (d) 9 ग्राम

23. 112 परमाणु भार वाली धातु के लवण के विलयन का 1.5 ऐम्पियर धारा रखते हुए 15 मिनट तक वैद्युत अपघटन किया गया। जमी हुई धातु का भार 0.785 ग्राम है। धातु की संयोजकता है

(a) 4 (b) 3 (c) 2 (d) 1

24. समय की सेकण्ड में गणना कीजिए जिसमें किसी तत्व का आधा ग्राम इसके जलीय विलयन से मुक्त होता है, जब 0.50 ऐम्पियर की धारा गुजारी जाती है (अभिक्रिया में तत्व का तुल्यांकी भार = 96.5)

(a) 500 सेकण्ड (b) 1000 सेकण्ड
(c) 250 सेकण्ड (d) 900 सेकण्ड

25. एक विद्युत धारा कॉपर सल्फेट (कॉपर इलेक्ट्रोड) वाले वोल्टमीटर सेल तथा अन्य सिल्वर नाइट्रेट विलयन (सिल्वर इलेक्ट्रोड) वाले वोल्टमीटर सेल में प्रवाहित की जाती है। दोनों स्थितियों में, कैथोडों के भार में वृद्धि क्रमशः 0.189 ग्राम तथा 0.648 ग्राम है। सिल्वर को 108 लेने पर कॉपर के रासायनिक तुल्यांक की गणना कीजिए।

(a) 30.15 (b) 31.5
(c) 32.3 (d) 13.5

उत्तरमाला

1. (d)	**2.** (c)	**3.** (d)	**4.** (c)	**5.** (c)	**6.** (a)	**7.** (a)	**8.** (d)	**9.** (c)	**10.** (b)
11. (b)	**12.** (b)	**13.** (a)	**14.** (b)	**15.** (c)	**16.** (c)	**17.** (c)	**18.** (a)	**19.** (a)	**20.** (b)
21. (d)	**22.** (d)	**23.** (c)	**24.** (b)	**25.** (b)					

संकेत एवं हल

8. कैथोड पर अभिक्रिया

$$Mg^{2+} + 2e^- \longrightarrow Mg$$

1 मोल	2 मोल	1 ग्राम परमाणु
1 मोल	2 फैराडे	1 ग्राम परमाणु (24 ग्राम)

1 ग्राम परमाणु अर्थात् 24 ग्राम Mg को जमा करने के लिए 2 फैराडे की आवश्यकता होगी।

9. Al का तुल्यांकी भार $= \frac{27}{3} = 9$

$$\text{ग्राम-तुल्यांकों की संख्या} = \frac{\text{कुल एकत्रित Al का भार}}{\text{Al का तुल्यांकी भार}}$$

$$= \frac{13.5}{9} = 1.5$$

1 ग्राम तुल्यांक = 1 फैराडे

अत: 1.5 ग्राम तुल्यांक = 1.5 फैराडे

10. धारा $(i) = 3.06$ ऐम्पियर

समय $(t) = 1$ घण्टा $= 60 \times 60$ सेकण्ड

$$\text{कॉपर का तुल्यांकी भार} = \frac{\text{परमाणु भार}}{\text{संयोजकता}}$$

$$= \frac{63}{2} = 31.5$$

$\therefore$ कॉपर का वैद्युत रासायनिक तुल्यांक $(Z) = \frac{31.5}{96500}$

सूत्र प्रयुक्त करने पर,

$$W = Zit$$

$$= \frac{31.5 \times 3.06 \times 60 \times 60}{96500} = 3.61 \text{ ग्राम}$$

11. 1 F = 96500 कूलॉम

$\because$ 1 फैराडे किसी पदार्थ का मुक्त करती है = 1 ग्राम तुल्यांक

1 ग्राम $H_2 = \frac{1}{2}$ मोल H_2

$= \frac{1}{2} \times 22.4$ ली H_2, NTP पर

$= 11.2$ ली H_2, NTP पर

16. विद्युत रासायनिक श्रेणी में Ag, Cu के बाद स्थित है अर्थात् यह Cu की अपेक्षा कम अभिक्रियाशील है जिसके कारण यह $CuSO_4$ के विलयन से Cu को विस्थापित करने में सक्षम नहीं है।

$$CuSO_4 + Ag \longrightarrow \text{कोई अभिक्रिया नहीं}$$

17. विद्युत रासायनिक श्रेणी में हाइड्रोजन से पहले लिखी धातुएँ तनु अम्लों के साथ हाइड्रोजन मुक्त करती हैं। अत: अभिक्रिया

$$Al + HCl \longrightarrow AlCl_3 + H_2 \text{ सम्भव है।}$$

19. आवेश, $Q = it = 10 \times 10^{-3} \times 96500 = 965$ कूलॉम

965 कूलॉम से कॉपर की एकत्रित मात्रा $= \dfrac{31.8 \times 965}{96500} = 0.318$ ग्राम

20. आवेश, $Q = it = 2 \times 5 \times 60 = 600$

$\because$ 96500 कूलॉम अवक्षेपित करते हैं = 108 ग्राम Ag

$\therefore$ 600 कूलॉम अवक्षेपित करेंगे $= \dfrac{108 \times 600}{96500} = 0.67$ ग्राम

21. आवेश, $Q = it$

$= 2 \times 15 \times 60$

$= 1800$ कूलॉम

$\because$ 1800 कूलॉम से प्राप्त धातु = 0.593 ग्राम

$\therefore$ 96500 कूलॉम से प्राप्त धातु $= \dfrac{0.593 \times 96500}{1800}$

= 31.79 ग्राम

परमाणु भार = संयोजकता × तुल्यांकी भार

$= 2 \times 31.79 = 63.68$

22. $AlCl_3$ में Al का तुल्यांकी भार $= \dfrac{27}{3} = 9$

23. आवेश, $Q = it = 1.5 \times 15 \times 60 = 1350$

$\because$ 1350 कूलॉम अवक्षेपित करते हैं = 0.785 ग्राम धातु

$\therefore$ 96500 कूलॉम अवक्षेपित करते हैं $= \dfrac{0.785 \times 96500}{1350} = 56$

$$\text{संयोजकता} = \frac{\text{परमाणु भार}}{\text{तुल्यांकी भार}} = \frac{112}{56} = 2$$

24. $Z = \dfrac{E}{96500} = \dfrac{96.5}{96500}$

$W = Zit$ (फैराडे के नियम से)

$t = \dfrac{W}{Zi}$

$= \dfrac{0.5 \times 96500}{96.5 \times 0.5} = 1000$ सेकण्ड

25. फैराडे के द्वितीय नियमानुसार

$$\frac{\text{एकत्रित कॉपर का भार}}{\text{एकत्रित सिल्वर का भार}} = \frac{\text{कॉपर का तुल्यांकी भार}}{\text{सिल्वर का तुल्यांकी भार}}$$

$$\frac{0.189}{0.648} = \frac{\text{कॉपर का तुल्यांकी भार}}{108}$$

कॉपर का तुल्यांकी भार (रासायनिक तुल्यांक)

$$= \frac{0.189 \times 108}{0.648} = 31.5$$

9

अम्ल, क्षारक तथा लवण

Acids, Bases and Salts

अम्ल (Acids)

प्रारम्भिक अवधारणाओं के अनुसार, वे पदार्थ जो खट्टे होते हैं नीले लिटमस पत्र को लाल कर देते हैं, अम्ल कहलाते हैं।

आरहेनियस (Arrhenius) के अनुसार अम्ल वह पदार्थ है, जो जल में घुलकर हाइड्रोजन आयन (H^+) देता है। **उदाहरण**

$$HCl, H_2SO_4, HNO_3, CH_3COOH \text{ आदि}$$

$$HCl + \text{जल} \rightleftharpoons H^+(aq) + Cl^-(aq)$$

ब्रॉन्स्टेड-लॉरी (Bronsted-Lowry) के अनुसार, अम्ल वह अणु अथवा आयन है जो प्रोटॉन देने की क्षमता रखता है।

$$\text{अम्ल} \rightleftharpoons \underset{\text{प्रोटॉन}}{H^+} + \text{संयुग्मी क्षार}$$

उदाहरण

$$NH_4^+ \longrightarrow NH_3 + H^+$$
$$HCO_3^- \longrightarrow CO_3^{2-} + H^+$$

अम्लों के गुणधर्म (Properties of Acids)

1. अम्ल विद्युत के चालक होते हैं।
2. सक्रिय धातुओं से क्रिया करके अम्ल हाइड्रोजन मुक्त करते हैं।
3. अम्ल, धातु कार्बोनेटों (तथा धातु बाइकार्बोनेटों) से अभिक्रिया करके कार्बन डाइऑक्साइड गैस मुक्त करते हैं।
4. अम्ल क्षारकों के साथ क्रिया करके लवण तथा जल बनाते हैं।
5. अम्लों की प्रकृति **संक्षारक** (corrosive) होती है।

क्षारक (Bases)

प्रारम्भिक अवधारणाओं के अनुसार, वे पदार्थ जो कड़वें होते हैं तथा लाल लिटमस पत्र को नीला कर देते हैं, क्षारक कहलाते हैं।

- **आरहेनियस** के अनुसार, क्षारक वे पदार्थ हैं जो जल में घुलकर हाइड्रॉक्सिल आयन (OH^-) देते है।
  उदाहरण $Ca(OH)_2$, $NaOH$, NH_4OH आदि।
  $$NaOH + H_2O \rightleftharpoons Na^+(aq) + OH^-(aq)$$
- **ब्रॉन्स्टेड-लॉरी** के अनुसार, क्षारक वे अणु या आयन होते हैं जो प्रोटॉन लेने की क्षमता रखते हैं।
  $$\text{क्षारक} + H^+ \rightleftharpoons \text{संयुग्मी अम्ल}$$

उदाहरण

$$NH_3 + H^+ \longrightarrow NH_4^+$$
$$OH^- + H^+ \longrightarrow H_2O$$

क्षारकों के गुणधर्म (Properties of Bases)

1. क्षारक, विद्युत के चालक होते हैं।
2. क्षारक, केवल कुछ धातुओं के साथ क्रिया करके हाइड्रोजन मुक्त करते हैं।
3. ये, अम्लों से क्रिया करके लवण तथा जल बनाते हैं।

सूचक (Indicators)

वे पदार्थ जिनका रंग अम्ल अथवा क्षारक को मिलाने पर परिवर्तित हो जाता है, **सूचक** कहलाते हैं। अत: इनका प्रयोग किसी पदार्थ की प्रकृति (अम्लीय/क्षारीय) जानने के लिए किया जाता है। उदाहरण के लिए फीनॉलफ्थैलीन, अम्ल के विलयन में रंगहीन होता है जबकि क्षारीय (alkaline) विलयन में इसका रंग लाल होता है। इसी प्रकार, मेथिल ऑरेन्ज का रंग अम्लीय विलयन में लाल तथा क्षारीय विलयन में पीला होता है।

प्रमुख सूचकों एवं अम्लीय तथा क्षारीय विलयनों में उनके रंग

सूचक	सूचक का रंग परिवर्तन	
	अम्लीय विलयन में	क्षारीय विलयन में
मेथिल ऑरेन्ज	लाल	पीला
मेथिल रेड	लाल	पीला
लिटमस	लाल	नीला
फीनॉल रेड	पीला	लाल
फीनॉलफ्थैलीन	रंगहीन	गुलाबी

pH पैमाना (pH Scale)

किसी पदार्थ के तनु जलीय विलयन की अम्लता या क्षारकता को मापने के लिए **सॉरेन्सन** (Sorenson) ने एक पैमाना विकसित किया जिस पर 1 से 14 तक संख्याएँ अंकित होती हैं। ये संख्याएँ तनु जलीय विलयनों की अम्लता या क्षारकता को pH के रूप में व्यक्त करती हैं।

- pH मान 7 होने पर विलयन उदासीन हो जाता है। 7 से कम pH मान अम्लीय विलयन को दर्शाता है जबकि 7 से अधिक pH मान क्षारकीय विलयन को दर्शाता है।
- pH मान को हाइड्रोजन आयनों की सान्द्रता के रूप में भी व्यक्त किया जा सकता है।

$$pH = -\log[H^+]$$

अथवा $$[H^+] = 1 \times 10^{-pH}$$

$$pH + pOH = 14$$

तथा $$[H^+][OH^-] = 1 \times 10^{-14}$$

■ **उदाहरण** *एक जलीय विलयन का pH मान 5 है। इसमें हाइड्रोजन आयनों की सान्द्रता ज्ञात कीजिए।*

हल हम जानते हैं,

$$[H^+] = 1 \times 10^{-pH}$$

$$[H^+] = 1 \times 10^{-5} \quad (\text{दिया है, pH} = 5)$$

दैनिक जीवन में प्रयुक्त कुछ पदार्थों के pH मान

पदार्थ	pH मान	पदार्थ	pH मान
आंत्र रस	1.4	शुद्ध जल	7
नींबू का रस	2.4	मानव रक्त या आँसू	7.4
सिरका	3.0	खाने का सोडा	8.4
टमाटर	4.2	अण्डे	7.8
वायु में उपस्थित जल	5.5	घरों में प्रयुक्त अमोनिया	11.5
दूध	6.4	चूना	13

लवण (Salts)

वे पदार्थ, जो जल में आयनित होकर H^+ व OH^- बनाते हैं तथा अम्ल एवं क्षारक के बीच उदासीनीकरण क्रिया के फलस्वरूप बनते हैं, लवण कहलाते हैं।

उदाहरण CH_3COONa, NaCl, K_2SO_4 आदि।

लवणों का वर्गीकरण (Classification of Salts)

लवणों का वर्गीकरण निम्नलिखित प्रकार से किया जाता है

(i) सामान्य लवण (Simple Salts) वे लवण, जो अम्ल और क्षार के पूर्ण उदासीनीकरण के फलस्वरूप बनते हैं, सामान्य लवण कहलाते हैं। **उदाहरण**— NaCl, NH_4Cl, Na_2SO_4 आदि।

(ii) अम्लीय लवण (Acid Salts) वे लवण, जो किसी क्षार के द्वारा किसी अम्ल के अपूर्ण उदासीनीकरण के फलस्वरूप बनते हैं, अम्लीय लवण कहलाते हैं। **उदाहरण**—$NaHSO_4$, NaH_2PO_4, $KHCO_3$ आदि।

(iii) मिश्रित लवण (Mixed Salts) वे लवण, जो एक अम्ल के दो क्षारों द्वारा अथवा एक क्षार के दो अम्लों द्वारा उदासीनीकरण के फलस्वरूप बनते हैं मिश्रित लवण कहलाते हैं। **उदाहरण**— Ca(OCl)Cl विरंजक चूर्ण (bleaching powder)।

(iv) द्विक लवण (Double Salts) वे लवण, जो दो सामान्य लवणों के विलयन के वाष्पन के फलस्वरूप बनते हैं, द्विक लवण कहलाते हैं। **उदाहरण**—मोर लवण ($FeSO_4 \cdot (NH_4)_2SO_4 \cdot 6H_2O$)।

(v) संकर लवण (Complex Salts) वे लवण जो दो यौगिकों की अभिक्रिया के फलस्वरूप बनते हैं तथा बनने वाले लवण के गुण, प्रयुक्त यौगिकों के गुणधर्मों से भिन्न होते हैं, संकर लवण कहलाते हैं। इन लवणों में इनके अवयवी आयन अपनी पहचान खो देते हैं। **उदाहरण**—पोटैशियम फेरो सायनाइड $K_4[Fe(CN)_6]$ (यह लवण Fe^{2+} तथा CN^- आयनों का परीक्षण नहीं देता)।

स्मरणीय बिन्दु

- ❖ अम्ल से एक प्रोटॉन निकालने पर संयुग्मी क्षारक बनता है तथा क्षारक को एक प्रोटॉन देने पर संयुग्मी अम्ल बनता है।
- ❖ प्रबल अम्ल का संयुग्मी क्षारक दुर्बल होता है तथा दुर्बल अम्ल का संयुग्मी क्षारक प्रबल होता है।
- ❖ जल में विलेय क्षारक (base) को क्षार (alkali) कहा जाता है जैसे–NaOH, KOH आदि।
- ❖ pH मान कम होने पर अम्लीय प्रकृति बढ़ती है तथा pH मान बढ़ने पर क्षारीय प्रकृति बढ़ती है।
- ❖ NaOH, KOH आदि प्रबल क्षार हैं जबकि H_2SO_4, HNO_3, HCl आदि प्रबल अम्ल हैं।
- ❖ 10^{-8} मोलर HCl विलयन का pH मान 6-7 के मध्य होता है, 8 नहीं होता।

अभ्यास प्रश्न

1. $FeCl_3$ का जलीय विलयन होता है
(a) अम्लीय (b) क्षारकीय
(c) अम्लीय तथा क्षारकीय दोनों (d) उदासीन

2. 0.0001 M HCl विलयन का pH मान है
(a) 3 (b) 4 (c) 5 (d) 6

3. 0.0001 M NaOH विलयन का pH मान है
(a) 3 (b) 4 (c) 10 (d) 11

4. निम्नलिखित में से कौन-सा अम्ल तथा क्षार दोनों की तरह व्यवहार करता है?
(a) HCl (b) H_2SO_4 (c) H_2O (d) NH_3

5. NaOH एक प्रबल क्षार है क्योंकि
(a) यह बहुत आयनीकृत होता है
(b) यह पानी में अधिक घुलनशील है
(c) यह प्रबल अम्लों को उदासीन करता है
(d) इसमें OH^- आयन होते हैं

6. NH_2^- का संयुग्मी अम्ल है
(a) NH_3 (b) NH_2OH (c) NH_4^+ (d) N_2H_4

7. HBr का संयुग्मी क्षार है
(a) H_3PO_4 (b) H^+ (c) Br^- (d) Br^+

8. $H_2PO_4^-$ का संयुग्मी अम्ल है
(a) H_3PO_4 (b) $H_2PO_4^-$ (c) PO_4^{3-} (d) H_3O^+

9. यदि एक बहुक्षारकीय अम्ल किसी क्षार द्वारा आंशिक रूप से उदासीन होता है तो इसे कहते हैं
(a) अम्लीय लवण (b) क्षारीय लवण
(c) मिश्रित लवण (d) उदासीन लवण

10. मिश्रित लवण बनता है
(a) एक अम्ल व दो क्षारकों की क्रिया द्वारा
(b) एक अम्ल व एक क्षार की क्रिया द्वारा
(c) (a) तथा (b) दोनों
(d) उपरोक्त में से कोई नहीं

11. ब्रॉन्स्टेड लॉरी संकल्पना के अनुसार, एक क्षार वह पदार्थ है जो क्रिया करता है
(a) एक प्रोटॉन दाता की तरह (b) एक प्रोटॉन ग्राही की तरह
(c) एक इलेक्ट्रॉन दाता की तरह (d) एक इलेक्ट्रॉन ग्राही की तरह

12. Na_3PO_4 लवण है
(a) सामान्य लवण (b) अम्लीय लवण
(c) क्षारीय लवण (d) मिश्रत लवण

13. निम्नलिखित में से कौन-सा अम्ल तथा क्षार दोनों की तरह कार्य करता है?
(a) SO_4^{2-} (b) HSO_4^- (c) H_2SO_4 (d) SO_2

14. $NH_4^{\oplus}$ का संयुग्मी क्षार है
(a) NH_3 (b) NH_2^- (c) NH_2OH (d) N_2H_4

15. HNO_3 का संयुग्मी क्षार है
(a) HNO_2 (b) $NO_3^{\ominus}$ (c) NO_2 (d) N_2O

16. HCl के 10^{-8} मोलर विलयन का pH होगा
(a) 8 (b) – 8
(c) 7 और 8 के मध्य (d) 6 तथा 7 के मध्य

17. निम्नलिखित में से कौन-सा ब्रॉन्स्टेड अम्ल तथा क्षार दोनों के रूप में व्यवहार करता है?
(a) NH_3 (b) SO_4^{2-} (c) HSO_4^- (d) Na^+

18. $[Ag(NH_3)_2]Cl$ है
(a) सामान्य लवण (b) मिश्रित लवण
(c) संकर लवण (d) इनमें से कोई नहीं

19. मोर लवण है
(a) साधारण लवण (b) द्विक लवण
(c) मिश्रित लवण (d) क्षारीय लवण

20. फिटकरी का सूत्र है
(a) $FeSO_4 \cdot 2H_2O$
(b) $K_2SO_4 \cdot Al_2(SO_4)_3 \cdot 24H_2O$
(c) $K_2SO_4 \cdot Al_2O_3$
(d) $K_2SO_4 \cdot Al_2(SO_4)_3 \cdot 16H_2O$

21. फीनॉलफ्थैलीन गुलाबी रंग देता है
(a) अम्ल के साथ (b) क्षार के साथ
(c) दोनों के साथ (d) किसी के साथ नहीं

22. फीनॉलफ्थैलीन है एक
(a) दुर्बल अम्ल (b) दुर्बल क्षारक
(c) प्रबल अम्ल (d) प्रबल क्षारक

23. pH पैमाना विकसित किया था
(a) लुईस ने (b) ब्रॉन्स्टेड ने
(c) आरहेनियस ने (d) सॉरेन्सन ने

24. NH_4Cl का pH मान होगा
(a) > 7 (b) < 7
(c) = 7 (d) ज्ञात नहीं किया जा सकता

25. CH_3COOH का संयुग्मी क्षार है
(a) CH_3COO^- (b) H_3O^+
(c) $CH_3COOH_2^{\oplus}$ (d) $H^{\ominus}$

26. सूचक वे पदार्थ हैं जो
(a) अम्ल के साथ रंग देते हैं
(b) क्षारक के साथ रंग देते हैं
(c) अम्ल तथा क्षारक दोनों के साथ रंग देते हैं
(d) अम्ल तथा क्षार के साथ भिन्न-भिन्न रंग देते हैं

27. निम्नलिखित में त्रिभास्मिक अम्ल है
(a) H_3PO_3 (b) H_3PO_4 (c) HPO_2 (d) NH_3

28. अम्ल एक यौगिक है जो
(a) इलेक्ट्रॉन का त्याग करता है
(b) प्रोटॉन देता है
(c) इलेक्ट्रॉन से संयोग करता है
(d) उपरोक्त में से कोई नहीं

29. अभिक्रिया $H_2O + HCl \longrightarrow H_3O^{\oplus} + Cl^-$ में H_2O का व्यवहार होता है
(a) अम्ल जैसा (b) क्षार जैसा
(c) लवण जैसा (d) इनमें से कोई नहीं

30. NaCl का pH मान है
(a) 7 (b) 8 (c) 9 (d) 1

उत्तरमाला

1. (a)	**2.** (b)	**3.** (c)	**4.** (c)	**5.** (a)	**6.** (a)	**7.** (c)	**8.** (a)	**9.** (a)	**10.** (a)
11. (b)	**12.** (a)	**13.** (b)	**14.** (a)	**15.** (b)	**16.** (d)	**17.** (c)	**18.** (c)	**19.** (b)	**20.** (b)
21. (b)	**22.** (a)	**23.** (d)	**24.** (b)	**25.** (a)	**26.** (d)	**27.** (b)	**28.** (b)	**29.** (b)	**30.** (a)

संकेत एवं हल

1. $FeCl_3$ निम्न प्रकार जल अपघटित होता है।

$$\underset{}{2\,FeCl_3} + 6H_2O \longrightarrow \underset{\text{दुर्बल क्षार}}{2Fe(OH)_3} + \underset{\text{प्रबल अम्ल}}{6HCl}$$

प्रबल अम्ल के कारण इसका जलीय विलयन अम्लीय होता है।

2. 0.0001 M HCl में $[H^+] = 0.0001 = 10^{-4}$

$$pH = -\log[H^+] = -\log 10^{-4}$$
$$= -(-4)\log 10 = +4$$

3. 0.0001 M NaOH में $[OH^-] = 0.0001 = 10^{-4}$

$$\because \quad [H^+][OH^-] = 10^{-14}$$
$$[H^+]10^{-4} = 10^{-14}$$
$$[H^+] = \frac{10^{-14}}{10^{-4}} = 10^{-10}$$
$$pH = -\log[H^+] = -\log 10^{-10}$$
$$= -(-10)\log 10 = +10$$

24. NH_4Cl, प्रबल अम्ल (HCl) तथा दुर्बल क्षारक का लवण है अत: इसका pH मान 7 से कम होता है।

30. NaCl एक उदासीन लवण है अत: इसके जलीय विलयन का pH मान 7 होगा।

10
विलयन
Solution

विलयन (Solution)

दो या दो से अधिक पदार्थों के समांगी मिश्रण को **विलयन** कहते हैं। **उदाहरण**—जल में थोड़ी मात्रा में चीनी डालकर हिलाने पर पारदर्शक समांगी विलयन बन जाता है। विलयन में जो अवयव अधिक मात्रा में होता है, उसे **विलायक** (solvent) कहते हैं, तथा जो कम मात्रा में होता है, उसे **विलेय** (solute) कहते हैं। **उदाहरण**—चीनी के जलीय विलयन में जल विलायक तथा चीनी विलेय है।

विलयन के प्रकार (Types of Solutions)

(i) संतृप्त विलयन (Saturated Solution) वह विलयन, जिसमें किसी निश्चित ताप पर विलेय की और अधिक मात्रा नहीं घोली जा सकती, **संतृप्त विलयन** कहलाता है।

(ii) असंतृप्त विलयन (Unsaturated Solution) वह विलयन, जिसमें विलेय की और अधिक मात्रा घोली जा सकती है, **असंतृप्त विलयन** कहलाता है।

(iii) अतिसंतृप्त विलयन (Supersaturated Solution) वह विलयन, जिसमें विलेय पदार्थ की मात्रा संतृप्त विलयन की अपेक्षा अधिक होती है, **अतिसंतृप्त विलयन** कहलाता है।

विलेयता (Solubility)

किसी पदार्थ की वह मात्रा जो निश्चित ताप पर, 100 ग्राम विलायक को संतृप्त करने के लिए आवश्यक होती है उस पदार्थ की **विलेयता** (solubility) कहलाती है।

$$\text{विलेयता} = \frac{\text{पदार्थ का भार (ग्राम में)}}{\text{विलायक का भार (ग्राम में)}} \times 100$$

- विलेयता, ताप, विलेय और विलायक की प्रकृति, विलेय के कणों के आकार, सम-आयन प्रभाव आदि कारकों द्वारा प्रभावित होती है।

विलयन की सान्द्रता को व्यक्त करने की विधियाँ
(Methods of Expressing Concentration of Solution)

नॉर्मलता (Normality)

किसी विलयन के एक लीटर में घुले विलेय के ग्राम तुल्यांकों की संख्या को विलयन की **नॉर्मलता** (N) कहते हैं।

$$\text{नॉर्मलता} = \frac{\text{विलेय के ग्राम तुल्यांकों की संख्या}}{\text{विलयन का लीटर में आयतन}}$$

$$\text{ग्राम तुल्यांकों की संख्या} = \frac{\text{पदार्थ का भार}}{\text{पदार्थ का तुल्यांकी भार}}$$

- वह विलयन जिसकी नॉर्मलता 1 हो, **नॉर्मल विलयन** (N) कहलाता है। इसी प्रकार सेमी-नॉर्मल तथा डेसी-नॉर्मल विलयन की नॉर्मलताएँ क्रमश: 1/2 (N/2) तथा 1/10 (N/10) होती हैं।

मोलरता (Molarity)

किसी पदार्थ के मोलों की वह संख्या जो 1 लीटर विलयन में घुलित हो, उस विलयन की **मोलरता** कहलाती है इसे 'M' से प्रदर्शित करते हैं।

$$\text{मोलरता} = \frac{\text{मोलों की संख्या}}{\text{विलयन का लीटर में आयतन}}$$

$$\text{मोलों की संख्या} = \frac{\text{पदार्थ का भार}}{\text{पदार्थ का अणुभार}}$$

मोललता (Molality)

किसी पदार्थ के मोलों की वह संख्या जो 1000 ग्राम (1 किग्रा) विलायक में घुलित हो, विलयन की **मोललता** (m) कहलाती है।

$$\text{मोललता} = \frac{\text{विलेय के मोलों की संख्या}}{\text{विलायक का ग्राम में भार}} \times 1000$$

$$= \frac{\text{विलेय के मोलों की संख्या}}{\text{विलायक का किग्रा में भार}}$$

मोल प्रभाज (Mole Fraction)

किसी विलेय का मोल प्रभाज, विलेय के ग्राम अणुओं की संख्या तथा विलयन (विलेय + विलायक) के ग्राम अणुओं की संख्या के अनुपात के बराबर होता है।

विलेय का मोल प्रभाज

$$= \frac{\text{विलेय के ग्राम अणुओं की संख्या}}{\text{विलयन (विलेय + विलायक) के ग्राम अणुओं की संख्या}}$$

सान्द्रता को व्यक्त करने की अन्य विधियाँ
(Other Methods of Expressing Concentration)

(i) $\text{भार प्रतिशतता} = \frac{\text{विलेय का भार}}{\text{विलयन का भार}} \times 100$

(ii) $\text{आयतन प्रतिशतता} = \frac{\text{विलेय का आयतन}}{\text{विलयन का आयतन}} \times 100$

कुछ महत्त्वपूर्ण विलायक (Some Important Solvents)

1. **जल** यह बहुत अच्छा विलायक है। इसमें विलेयशील पदार्थ जैसे—चीनी, नमक, नौसादर, फिटकरी, ऐल्कोहॉल, अमोनिया, अम्ल, क्षार, लवण, कार्बन डाइऑक्साइड आदि विलेय हैं।
2. **ऐल्कोहॉल** यह आयोडीन, कपूर, लाख, गन्धक आदि के लिए अच्छा विलायक है।
3. **बेन्जीन, ईथर एवं पेट्रोल** इसमें मोम, तेल, वसा, घी, चर्बी आदि विलेय हैं।
4. **कार्बन टेट्राक्लोराइड** यह तेल, वसा, मोम, रेजिन, ऐल्कोहॉल, ईथर आदि के लिए अच्छा विलायक है।
5. **कार्बन डाइसल्फाइड** इसमें गन्धक (S), आयोडीन (I_2) एवं सफेद फॉस्फोरस विलेय होते हैं।

स्मरणीय बिन्दु

- अतिसंतृप्त विलयन का निर्माण सामान्य ताप तथा दाब पर सम्भव नहीं है।
- मोललता, ताप द्वारा प्रभावित नहीं होती (क्योंकि यह केवल भारों पर निर्भर करती है) जबकि मोलरता व नॉर्मलता ताप द्वारा प्रभावित होती हैं।
- सान्द्रता को व्यक्त करने की सबसे अच्छी इकाईं मोललता है क्योंकि यह ताप द्वारा प्रभावित नहीं होती।
- द्रव की द्रव में विलेयता, ताप बढ़ाने पर बढ़ती है जबकि गैस की द्रव में विलेयता ताप बढ़ाने पर घटती है।
- ठोसों की विलेयता सामान्यतः ताप बढ़ाने पर बढ़ती है परन्तु कुछ ठोसो जैसे कैल्सियम हाइड्रॉक्साइड, कैल्सियम सल्फेट आदि की विलेयता ताप बढ़ाने पर घटती है।
- ''समान में समान विलेय होता है'' (like dissolves like), सभी विलायक इस नियम का पालन करते हैं यही कारण है कि सोडियम क्लोराइड जोकि एक ध्रुवीय पदार्थ है, ध्रुवीय विलायक जल में विलेय होता है जबकि अध्रुवीय विलायक जैसे बेन्जीन आदि में अविलेय होता है।

अभ्यास प्रश्न

1. विलयन, जिसमें अधिक विलेय नहीं घोला जा सकता, उसे कहा जाता है
(a) संतृप्त विलयन (b) असंतृप्त विलयन
(c) अतिसंतृप्त विलयन (d) तनु विलयन

2. निम्न में अतिस्थायी अवस्था निरूपित करता है
(a) एक तनु विलयन (b) एक असंतृप्त विलयन
(c) संतृप्त विलयन (d) अतिसंतृप्त विलयन

3. मोलरता प्रदर्शित होती है
(a) ग्राम/लीटर से (b) लीटर/मोल से
(c) मोल/लीटर से (d) मोल/1000 ग्राम से

4. मोलल विलयन वह है जिसमें विलेय का 1 मोल होता है
(a) विलायक के 1000 ग्राम में (b) विलायक के एक लीटर में
(c) विलयन के एक लीटर में (d) विलयन के 22.4 लीटर में

5. नॉर्मलता का निरूपण है
(a) मोल/लीटर (b) ग्राम-तुल्यांक/लीटर
(c) मोल/1000 ग्राम (d) ग्राम/लीटर

6. N तथा $\frac{1}{10}$N विलयन का अर्थ क्रमशः ····· तथा ········· है।
(a) डेसीनॉर्मल तथा डेकानॉर्मल विलयन
(b) नॉर्मल तथा डेसीनॉर्मल विलयन
(c) डेकानॉर्मल तथा डेसीनॉर्मल विलयन
(d) नॉर्मल तथा डेकानॉर्मल विलयन

7. किसी विलयन की मोललता बराबर है
(a) $\frac{\text{विलेय के मोलों की संख्या}}{\text{विलयन के लीटर की संख्या}}$
(b) $\frac{\text{विलेय के ग्राम - तुल्यांकों की संख्या}}{\text{विलयन के लीटर की संख्या}}$
(c) $\frac{\text{विलेय के मोलों की संख्या}}{\text{विलयन की किग्रा संख्या}}$
(d) $\frac{\text{किसी एक घटक की मोल संख्या}}{\text{सभी घटकों की कुल मोल संख्या}}$

8. किसी पदार्थ की विलेयता किस कारक के द्वारा प्रभावित नहीं होती?
(a) ताप (b) सम-आयन प्रभाव
(c) विलेय के कणों का आकार (d) दाब

9. 100 मिली में 4 ग्राम NaOH है, इस विलयन की नॉर्मलता है
(a) 0.1 (b) 1.0
(c) 4.0 (d) 0.4

10. 500 मिली में 50 ग्राम सल्फ्यूरिक अम्ल वाले विलयन की नॉर्मलता है
(a) 2.04 N (b) 0.49 N
(c) 0.98 N (d) 0.35 N

11. वह विलयन जिसमें विलेय पदार्थ की मात्रा संतृप्त विलयन की अपेक्षा अधिक होती है, उसे कहा जाता है
(a) संतृप्त विलयन (b) असंतृप्त विलयन
(c) अतिसंतृप्त विलयन (d) तनु विलयन

12. H_3PO_4 के 1 M विलयन की नॉर्मलता क्या है?
(a) 0.5 N (b) 1.0 N
(c) 2.0 N (d) 3.0 N

13. 2 M सल्फ्यूरिक अम्ल की नॉर्मलता है
(a) 2 N (b) 4 N
(c) N/2 (d) N/4

14. 2.3 M सल्फ्यूरिक अम्ल की नॉर्मलता है
(a) 0.46 N (b) 0.23 N
(c) 2.3 N (d) 4.6 N

15. 0.2 N $H_2C_2O_4 \cdot 2H_2O$ के 500 मिली विलयन को तैयार करने के लिए $H_2C_2O_4 \cdot 2H_2O$ का कितना भार चाहिए?
(a) 126 ग्राम (b) 12.6 ग्राम
(c) 63 ग्राम (d) 6.3 ग्राम

16. 0.2 N Na_2CO_3 विलयन की मोलरता होगी
(a) 0.05 M (b) 0.2 M
(c) 0.1 M (d) 0.4 M

17. पानी के 180 ग्राम में मोलों की संख्या है
(a) 1 (b) 10
(c) 18 (d) 100

18. शुद्ध पानी की मोलरता है
(a) 55.6 (b) 50
(c) 100 (d) 18

19. 3 मोलर विलयन के 1000 मिली में KCl के मोलों की संख्या है
(a) 1 (b) 2
(c) 3 (d) 1.5

20. 10.6 ग्राम/500 मिली Na_2CO_3 के विलयन की मोलरता है
(a) 0.2 M (b) 2 M
(c) 20 M (d) 0.02 M

21. 250 मिली विलयन में 1 ग्राम NaOH वाले विलयन की मोलरता है
(a) 0.1 M (b) 1 M
(c) 0.01 M (d) 0.001 M

22. एक विलयन के 2 लीटर में 9.8 ग्राम H_2SO_4 है। विलयन की मोलरता है
(a) 0.1 M (b) 0.05 M
(c) 0.2 M (d) 0.01 M

23. 3 ग्राम लवण (जिसका अणुभार 30 है) 250 ग्राम पानी में घोला गया, इस विलयन की मोललता है
(a) 0.3 m (b) 0.4 m
(c) 0.2 m (d) इनमें से कोई नहीं

24. निम्न में से विलयन का जो गुण ताप पर निर्भर नहीं करता है, वह है
(a) मोलरता (b) मोललता
(c) नॉर्मलता (d) घनत्व

25. सिल्वर क्लोराइड की सोडियम क्लोराइड विलयन में विलेयता समान ताप पर उसकी जल में विलेयता से कम होती है। इसका कारण है
(a) जल अतिअल्प आयनित होता है
(b) सोडियम क्लोराइड पूर्ण आयनित हो जाता है
(c) सम-आयन प्रभाव
(d) सोडियम क्लोराइड सिल्वर क्लोराइड से अभिक्रिया नहीं करता है

उत्तरमाला

1. (a)	**2.** (c)	**3.** (c)	**4.** (a)	**5.** (b)	**6.** (b)	**7.** (c)	**8.** (d)	**9.** (b)	**10.** (a)
11. (c)	**12.** (d)	**13.** (b)	**14.** (d)	**15.** (d)	**16.** (c)	**17.** (b)	**18.** (a)	**19.** (c)	**20.** (a)
21. (a)	**22.** (b)	**23.** (b)	**24.** (b)	**25.** (c)					

संकेत एवं हल

9. $$\text{विलयन की नॉर्मलता} = \frac{\text{विलेय के मोलों की संख्या}}{\text{विलयन का आयतन (मिली में)}} \times 1000$$

$$\text{विलेय के मोलों की संख्या} = \frac{\text{विलेय का भार}}{\text{विलेय का अणुभार}}$$

$$= \frac{4}{(23 + 16 + 1)} = \frac{4}{40} = 0.1$$

$$\text{विलयन की नॉर्मलता} = \frac{0.1}{100} \times 1000 = 1\,N$$

10. $$\text{सान्द्रता} = \frac{\text{पदार्थ के ग्रामों की संख्या}}{\text{विलयन का आयतन लीटर में}}$$

$$\text{सान्द्रता} = \frac{50}{500} \times 1000 = 100 \text{ ग्राम/लीटर}$$

$$\text{नॉर्मलता} = \frac{\text{सान्द्रता}}{\text{तुल्यांकी भार}} = \frac{100}{49} = 2.04\ N$$

12. नॉर्मलता × तुल्यांकी भार = मोलरता × अणुभार

$$N \times \frac{\text{अणुभार}}{3} = 1 \times \text{अणुभार} \quad (\because H_3PO_4 \text{ की क्षारकता 3 है})$$

$$N = 3N$$

15. $$\text{नॉर्मलता} = \frac{\text{विलेय का भार} \times 1000}{\text{विलेय का तुल्यांकी भार} \times \text{विलयन का आयतन (मिली)}}$$

मान रखने पर,

$$0.2 = \frac{2w}{(2 + 2 \times 12 + 4 \times 16 + 2 \times 18)} \times \frac{1000}{500}$$

$$0.2 = \frac{w}{63} \times 2$$

$$w = \frac{63 \times 0.2}{2} = 6.3 \text{ ग्राम}$$

17. $$\text{मोलों की संख्या} = \frac{\text{ग्रामों में भार}}{\text{अणुभार}}$$

जल का अणुभार = 18

$$\therefore \quad \text{मोलों की संख्या} = \frac{180}{18} = 10$$

21. $$\text{मोलरता} = \frac{\text{पदार्थ के मोलों की संख्या}}{\text{विलयन का आयतन लीटर में}}$$

$$= \frac{1}{40 \times 250} \times 1000 = 0.1\,M$$

23. $$\text{मोललता} = \frac{\text{मोलों की संख्या}}{\text{विलायक का भार (किलोग्राम में)}}$$

$$\text{मोलों की संख्या} = \frac{\text{पदार्थ का भार}}{\text{पदार्थ का अणुभार}} = \frac{3}{30} = 0.1$$

$$\text{मोललता} = \frac{0.1}{250} \times 1000 = 0.4\,m$$

11
तत्वों का आवर्ती वर्गीकरण एवं गुण
Periodic Classification and Properties of Elements

तत्वों का प्रारम्भिक वर्गीकरण
(Initial Classification of Elements)

तत्वों की संख्या बढ़ने के साथ-साथ, उनके गुणों का अध्ययन सुविधाजनक रूप से करने के लिए उनको वर्गीकृत करने की आवश्यकता हुई।
जिसके लिए अनेकों वैज्ञानिकों ने बहुत से नियम दिए इनमें से कुछ महत्वपूर्ण नियम निम्न हैं

डोबेराइनर का त्रिक नियम (Dobereiner's Triad Law)

यदि समान गुण वाले तीन तत्वों को एक समूह में बढ़ते परमाणु भार के क्रम में रखा जाए तो बीच वाले तत्व का परमाणु भार, अन्य दो तत्वों के परमाणु भारों के योग का लगभग आधा होता है।

न्यूलैण्ड का अष्टक नियम (Newland's Law of Octaves)

यदि तत्वों को बढ़ते परमाणु भार के क्रम में लिखा जाए, तो हर आठवाँ तत्व पहले तत्व के समान गुण वाला होगा।

मेण्डेलीफ का आवर्त नियम (Mendeleef's Periodic Law)

मेण्डेलीफ के अनुसार, ''तत्वों के भौतिक एवं रासायनिक गुण, उनके परमाणु भारों के आवर्ती फलन होते हैं।

मेण्डेलीफ का आधुनिक आवर्त नियम
(Mendeleef's Modern Periodic Law)

तत्वों के भौतिक एवं रासायनिक गुण उनके परमाणु क्रमांकों के आवर्ती फलन होते है।

मेण्डेलीफ की आवर्त सारणी के मुख्य लक्षण
(Main Characteristics of Mendeleef's Periodic Table)

1. आवर्त सारणी में नौ ऊर्ध्वाधर स्तम्भ हैं जो कि **वर्ग** या **समूह** (group) कहलाते हैं।
2. आवर्त सारणी में सात क्षैतिज खाने हैं जो **आवर्त** (period) कहलाते हैं।
3. पहले तीन आवर्त **लघु आवर्त** कहलाते हैं। इनमें क्रमश: 2, 8 तथा 8 तत्व हैं। चौथा, पाँचवाँ और छठा आवर्त **दीर्घ आवर्त** कहलाता है, इनमें क्रमश: 18, 18, 32 तत्व हैं। सातवाँ आवर्त अधूरा है।
4. शून्य तथा आठवें वर्ग को छोड़कर सभी वर्गों को दो भागों A तथा B उपवर्गों में विभाजित किया गया है। प्रत्येक वर्ग में उपवर्ग A बाईं ओर तथा उपवर्ग B दाईं ओर है।
5. दूसरे और तीसरे आवर्तों के तत्व **प्रारूपिक तत्व** कहलाते हैं।
6. दूसरे आवर्त के पहले तीन तत्व, तीसरे आवर्त के तत्वों से विकर्ण सम्बन्ध रखते हैं।
7. दीर्घ आवर्त के जो तत्व प्रारूपिक तत्वों से मिलते हैं, उन्हें **सामान्य तत्व** कहते हैं तथा अन्य तत्व **संक्रमण तत्व** कहलाते हैं।

आवर्तों की विशेषताएँ (Characteristics of Periods)

1. प्रत्येक आवर्त में तत्वों की संयोजकताएँ बाएँ से दाएँ जाने पर **ऑक्सीजन के प्रति** एक से सात तक बढ़ती हैं तथा **हाइड्रोजन के प्रति** पहले एक से चार तक बढ़ती हैं तथा फिर क्रम से घटती जाती हैं।
2. तत्वों के गुणों में बाएँ से दाएँ जाने पर क्रमिक परिवर्तन आता है अर्थात् क्रम से या तो कोई गुण घटता है या बढ़ता है। जैसे बाएँ से दाएँ जाने पर धन विद्युती तथा धात्विक प्रकृति घटती है, ऋण विद्युती तथा अधात्विक प्रकृति बढ़ती है। इसी प्रकार अन्य गुण जैसे—आयनन विभव, घनत्व, क्वथनांक, गलनांक आदि में भी क्रमिक परिवर्तन होता है।
3. किसी आवर्त में बाईं से दाईं ओर चलने पर परमाणु त्रिज्या तथा आयनिक त्रिज्या क्रम से घटती हैं। (क्योंकि इलेक्ट्रॉन समान कक्षा में प्रवेश करते हैं।)
4. आवर्त में बाईं से दाईं ओर चलने पर तत्वों के ऑक्साइडों का अम्लीय गुण (acidic property) बढ़ता है तथा क्षारीय गुण कम होता जाता है अत: IA तथा IIA समूह के तत्वों के ऑक्साइड क्षारीय होते हैं जबकि हैलोजनों (VIIA) के तत्वों के ऑक्साइड अम्लीय होते हैं।
5. आयनन विभव भी किसी आवर्त के अनुदिश बाईं से दाईं ओर चलने पर बढ़ता है।

वर्गों के लक्षण (Characteristics of Groups)

1. किसी वर्ग की संख्या उस वर्ग के तत्वों की ऑक्सीजन के प्रति संयोजकता को प्रकट करती है।
2. किसी वर्ग के एक ही उपवर्ग के सभी तत्वों के गुणधर्मों में काफी समानता होती है लेकिन उसी वर्ग के दूसरे उपवर्ग के तत्वों के गुणधर्मों से भिन्नता होती है।
3. एक ही उपवर्ग के विभिन्न तत्वों के गुणधर्मों में क्रमिक परिवर्तन होता है।
4. किसी वर्ग में ऊपर से नीचे की ओर बढ़ने पर परमाणु आकार, ऑक्साइडों की क्षारीय प्रकृति, धात्विक गुण तथा विद्युत धनात्मकता में वृद्धि होती है तथा आयनिक विभव व गलनांक घटता है।
5. उपवर्ग A के तत्व **सामान्य तत्व** (simple elements) तथा उपवर्ग B के तत्व **संक्रमण तत्व** (transition elements) कहलाते हैं।
6. समूह I से IV तक तत्वों की ऋण विद्युती प्रकृति में क्रमिक कमी होती है। समूह V से VII तक तत्वों की ऋण विद्युती प्रकृति में क्रमिक वृद्धि होती है।

मेण्डेलीफ की आवर्त सारणी के दोष
(Defects of Mendeleef's Periodic Table)

- हाइड्रोजन को कोई उचित स्थान नहीं दिया गया।

- समान गुण वाले तत्वों को विभिन्न समूहों में तथा असमान गुण वाले तत्वों को एक ही समूह में रखा गया है।
- दुर्लभ मृदा तत्वों तथा समस्थानिकों को कोई स्थान नहीं दिया गया।
- कम परमाणु भार वाले तत्वों को, अधिक परमाणु भार वाले तत्वों के बाद रखा गया है।

मेण्डेलीफ की आवर्त सारणी की उपयोगिता

(Uses of Mendeleef's Periodic Table)

- तत्वों के वर्गीकरण के अध्ययन में सुविधा,
- नये तत्वों की खोज में सहायक,
- सन्देहपूर्ण परमाणु भार में संशोधन, एवं नये तत्वों की भविष्यवाणी।

आवर्त सारणी का नया या दीर्घ स्वरूप

(New or Long Form of Periodic Table)

- इस आवर्त सारणी में तत्वों को बढ़ते हुए परमाणु क्रमाकों के आधार पर वर्गीकृत किया गया है जिससे आवर्त सारणी के अधिकतम दोष दूर हो गए हैं।
- इसमें सात क्षैतिज तथा 18 ऊर्ध्वाधर खाने हैं।
- समूहों को 1 से 18 तक वर्गीकृत किया जाता है। समूह उपवर्गों में वर्गीकृत नहीं हैं।
- परमाणु क्रमांक 50 से 71 तक के तत्वों (लेन्थेनाइडों) तथा परमाणु क्रमांक 90 से 103 तक के तत्वों (एक्टिनाइडों) को सारणी से अलग स्थान दिया गया है।
- VIII समूह में अधिकतर संक्रमण तत्वों को रखा गया है।

इलेक्ट्रॉनिक विन्यास के आधार पर आधुनिक आवर्त सारणी को चार ब्लॉकों में बाँटा गया है।

1. s-ब्लॉक या समूह के तत्व (*s-Block Elements*)

s-ब्लॉक के तत्व वे तत्व हैं जिनके परमाणुओं में अन्तिम इलेक्ट्रॉन s-कक्षक में प्रवेश करते हैं। इन तत्वों का अन्तिम इलेक्ट्रॉनिक विन्यास 1 या 2 होता है।

- इन तत्वों की संयोजकता + 1 तथा + 2 होती है।
- IA वर्ग के तत्वों की ऑक्सीकरण अवस्था +1 तथा II A वर्ग के तत्वों की ऑक्सीकरण अवस्था +2 होती है।
- इन तत्वों की विद्युत ऋणात्मकता का मान कम होता है।
- इन तत्वों की परमाणु तथा आयनिक त्रिज्या अन्य तत्वों की अपेक्षा अधिक होती है।
- इन तत्वों की क्रियाशीलता अत्यधिक होती है।
- इन तत्वों में प्रबल अपचायक गुण होता है।
- ये विद्युत संयोजक यौगिक बनाते हैं।

2. p-ब्लॉक या समूह के तत्व (p-Block Elements)

p-ब्लॉक के तत्व वे तत्व हैं जिनके परमाणुओं में अन्तिम इलेक्ट्रान p–कक्षक में प्रवेश करते हैं। इन तत्वों का बाह्य इलेक्ट्रॉनिक विन्यास 3 से 8 तक होता है।

- ये परिवर्ती संयोजकताएँ प्रदर्शित करते हैं।
- इनका आयनन विभव एवं विद्युत ऋणात्मकता उच्च होती है।
- इनकी परमाणु एवं आयनिक त्रिज्याएँ उच्च होती हैं।
- इस ब्लॉक के तत्वों के ऑक्सीकारक गुण अन्य ब्लॉक के तत्वों की अपेक्षा अधिक तथा अपचायक गुण कम होते हैं।
- इन तत्वों के परमाणु आपस में मिलकर श्रृंखला बनाने की प्रवृत्ति रखते हैं।

3. d-ब्लॉक या समूह के तत्व (*d*-Block Elements)

वे तत्व, जिनके परमाणु में अन्तिम इलेक्ट्रॉन d–कक्षक में प्रवेश करते हैं, d-ब्लॉक के तत्व कहलाते हैं। इनका बाह्य से एक अन्दर वाला कक्षक अपूर्ण होता है, अत: इन्हें **संक्रमण तत्व** भी कहा जाता है।

- ये सभी तत्व धातु होते हैं।
- ये परिवर्ती संयोजकता प्रदर्शित करते हैं।
- ये कठोर तथा आघातवर्धनीय होते हैं।
- इनके घनत्व, द्रवणांक तथा क्वथनांक उच्च होते हैं।
- ये ऊष्मा और विद्युत के सुचालक होते हैं।
- इनके आयनन विभव 5 से 10 eV के मध्य होते हैं।
- इन तत्वों की क्रियाशीलता कम होती है।
- ये तत्व संकर आयन बनाने की क्षमता, अनुचुम्बकीय लक्षण तथा उत्प्रेरक गुण प्रदर्शित करते हैं।

4. f-ब्लॉक या समूह के तत्व (*f*-Block Elements)

वे तत्व, जिनके परमाणु में अन्तिम इलेक्ट्रॉन बाह्यतम कक्षा से तीसरी कक्षा (f-कक्षक) में प्रवेश करते हैं f-ब्लॉक के तत्व कहलाते हैं।

- इन तत्वों को लेन्थेनाइड तथा ऐक्टिनाइड नामक दो श्रेणियों में बाँटा गया है।
- आवर्त सारणी में इन तत्वों को केवल III B (3) समूह में रखा गया है।
- इन तत्वों के द्रवणांक और क्वथनांक प्राय: उच्च होते हैं।
- ये परिवर्ती संयोजकताएं प्रदर्शित करते हैं।
- इनके यौगिक प्राय: रंगीन होते हैं।
- ऐक्टिनाइड श्रेणी के अधिकांश तत्व रेडियोएक्टिव होते हैं।

तत्वों का आवर्त सारणी में स्थान निश्चित करना

(To Define the Position of Elements in Periodic Table)

किसी भी तत्व का आवर्त सारणी में स्थान उसके इलेक्ट्रॉनिक विन्यास से निश्चित किया जाता है।

आवर्त संख्या (Period Number)

किसी भी तत्व की आवर्त संख्या उस तत्व के **कुल आंशिक या पूर्ण रूप से भरे कोशों की संख्या** के बराबर होती है।

वर्ग संख्या (Group Number)

1. जिन तत्वों के सभी कोश पूर्ण होते हैं उनकी वर्ग संख्या शून्य होती है।
2. जिन तत्वों का केवल बाह्य कक्ष अपूर्ण होता है, उनकी वर्ग संख्या बाह्य कोश के इलेक्ट्रॉनों की संख्या के बराबर होती है।
3. जिन परमाणुओं के दो बाह्य कोश अपूर्ण होते हैं उनकी वर्ग संख्या निम्न सूत्र द्वारा ज्ञात की जा सकती है।

   वर्ग संख्या = दोनों बाह्य कोशों में उपस्थित इलेक्ट्रॉन – 8

जिन परमाणुओं में यह अन्तर 7 से अधिक होता है उनकी वर्ग संख्या 8 होती है।

इलेक्ट्रॉनिक विन्यास के आधार पर तत्वों की आवर्त सारणी में स्थिति

(Position of Elements in the Periodic Table on the Basis of Electronic Configuration)

तत्वों का इलेक्ट्रॉनिक विन्यास

(Electronic Configuration of Elements)

$_1H = 1$ $\quad _6C = 2, 4$ $\quad _7N = 2, 5$

$_{15}P = 2, 8, 5$ $\quad _{16}S = 2, 8, 6$ $\quad _{17}Cl = 2, 8, 7$

आवर्त सारणी में हाइड्रोजन का स्थान

(Position of Hydrogen in Periodic Table)

धनावेशित होने के कारण हाइड्रोजन को क्षार धातुओं के साथ I(1) वर्ग में तथा ऋणावेशित होने के कारण हैलोजन तत्वों के साथ VII(17) वर्ग में रखा गया है।

कार्बन की आवर्त सारणी में स्थिति

(Position of Carbon in Periodic Table)

कार्बन के बाह्यतम कक्ष में चार इलेक्ट्रॉन पाए जाते हैं अत: इसकी संयोजकता 4 है। इसलिए इसे IV A वर्ग (14 वर्ग) में रखा गया है।

नाइट्रोजन तथा फॉस्फोरस की स्थिति

(Position of Nitrogen and Phosphorus)

इन दोनों तत्वों के गुणों में समानता पाई जाती है। दोनों ही विद्युती ऋणात्मक हैं तथा इनकी बाह्यतम कक्षा में पाँच इलेक्ट्रॉन हैं। अत: इन दोनों को ही V A वर्ग में As, Sb, Bi के साथ रखा गया है।

सल्फर तथा ऑक्सीजन की स्थिति

(Position of Sulphur and Oxygen)

दोनों ही विद्युत ऋणात्मक तत्व हैं तथा इसकी अन्तिम कक्षा में 6 इलेक्ट्रॉन हैं। अत: इन्हें VI A वर्ग में रखा गया है।

क्लोरीन की स्थिति (Position of Chlorine)

यह अत्यन्त विद्युत ऋणात्मक तत्व है। इसकी अन्तिम कक्षा में 7 इलेक्ट्रॉन हैं अत: इसे VII A वर्ग में रखा गया है

स्मरणीय बिन्दु

- *s* तथा *p*–ब्लॉक के तत्वों को सामूहिक रूप से प्रारूपिक तत्व कहा जाता है।
- IA समूह के तत्वों को ऐल्कली धातु (क्षारीय धातु) कहा जाता है।
- IIA समूह के तत्वों को क्षारीय मृदा धातुएँ (alkaline earth metals) कहा जाता है।
- VIIA समूह के तत्वों को हैलोजन कहा जाता है।
- शून्य समूह (18 समूह) के तत्वों को अक्रिय या उत्कृष्ट गैसें कहा जाता है।
- उत्कृष्ट गैसें प्रकृति में मुक्त अवस्था में पाई जाती हैं।

अभ्यास प्रश्न

1. मेण्डेलीफ की आवर्त सारणी में आवर्तो की संख्या है
(a) 7 (b) 9 (c) 8 (d) 16

2. हैलोजन को आवर्त सारणी के जिस समूह में रखा गया है वह है
(a) पहला (b) तीसरा (c) पाँचवाँ (d) सातवाँ

3. नाइट्रोजन का परमाणु क्रमांक 7 है। इसकी H के सापेक्ष संयोजकता है
(a) 1 (b) 2 (c) 3 (d) 5

4. अष्टक नियम प्रतिपादित करने वाले वैज्ञानिक का नाम है
(a) बर्जीलियस (b) बोरबरी (c) न्यूलैण्ड (d) प्राउट

5. निम्न में से कौन-सा युग्म एक ही समूह में रखा गया है?
(a) Na तथा Ca (b) Na तथा Ba
(c) Na तथा K (d) C तथा Cl

6. आधुनिक दीर्घाकार आवर्त सारणी में समूहों की संख्या है
(a) 9 (b) 7 (c) 18 (d) 16

7. किसी आवर्त में बाएँ से दाएँ बढ़ने पर तत्वों की
(a) धन विद्युती प्रकृति बढ़ती है
(b) धात्विकता बढ़ती जाती है
(c) आयनिक त्रिज्या बढ़ती जाती है
(d) तत्वों के ऑक्साइडों की क्षारीय प्रकृति घटती जाती है

8. परमाणु क्रमांक 17 वाले तत्व का आवर्त सारणी में स्थान है
(a) VII आवर्त, VII वर्ग (b) III आवर्त, VII वर्ग
(c) IV आवर्त, VII वर्ग (d) II आवर्त, VI वर्ग

9. आवर्त सारणी में वर्ग II A के तत्व होते हैं
(a) प्रबल धात्विक (b) प्रबल अधात्विक
(c) चतुः संयोजक (d) अपचायक

10. आवर्त सारणी के एक ही खड़े वर्ग के तत्वों में प्राय:
(a) उनके परमाणुओं के बाह्य कक्ष में समान संख्या में इलेक्ट्रॉन होते हैं
(b) एक समान आण्विक आकार होता है
(c) एक समान इलेक्ट्रॉनिक विन्यास होता है
(d) समस्थानिक समान होते हैं

11. तत्व जिसका इलेक्ट्रॉनिक विन्यास 2, 8, 7 है, वह होगा
(a) एक हैलोजन (b) एक अक्रिय गैस
(c) एक क्षारीय धातु (d) इनमें से कोई नहीं

12. जब आवर्त सारणी में हम किसी वर्ग में नीचे की ओर जाते हैं तो आयनन विभव में कमी का कारण है
(a) नाभिकीय आवेश का घटना (b) विद्युत ऋणात्मकता का घटना
(c) परमाण्विय आकार का बढ़ना (d) इनमें में से कोई नहीं

13. जैसे-जैसे हैलोजनों की परमाणु संख्या बढ़ती है, वे
(a) कम तत्परता से इलेक्ट्रॉन प्राप्त करते हैं
(b) कम अभिक्रियाशील हो जाते हैं
(c) अपने बाह्यतम इलेक्ट्रॉन का उपयोग कम तत्परता से करते हैं
(d) उपरोक्त में से कोई नहीं

14. तत्वों का आवर्ती वर्गीकरण किसने किया था?
(a) बॉयल (b) मोसले
(c) चार्ल्स (d) मेण्डेलीफ

15. सबसे भारी धातु है
(a) Mg (b) Ni (c) Ca (d) Na

16. परिवर्ती संयोजकता दिखाते हैं
(a) धात्विक तत्व (b) संक्रमण तत्व
(c) अधात्विक तत्व (d) सामान्य तत्व

17. सबसे अधिक अधात्विक प्राकृतिक तत्व है
(a) Si (b) S (c) P (d) Cl

18. निम्न में से सर्वाधिक विद्युत धनी तत्व है
(a) Na (b) K (c) Mg (d) F

19. सबसे हल्की धातु है
(a) Li (b) Mg (c) Ca (d) Na

20. निम्न में सर्वाधिक अम्लीय यौगिक है
(a) P_2O_3 (b) As_2O_3
(c) Sb_2O_3 (d) Bi_2O_3

21. संक्रमण तत्व हैं
(a) Cl, Br, I (b) Fe, Co, Ni
(c) Ba, Sr, Ca (d) Li, Na, K

22. सबसे कम विद्युती ऋणी है
(a) Li (b) Fe
(c) Au (d) Na

23. आवर्त सारणी में समान समूह के तत्वों के परमाणुओं में समान संख्या होती है
(a) इलेक्ट्रॉन की (b) बाह्यतम उपकोश में इलेक्ट्रॉन की
(c) प्रोटॉन की (d) न्यूट्रॉन की

24. आवर्त सारणी के एक ऊर्ध्वाधर समूह के तत्वों में सामान्यत: होता है
(a) समान इलेक्ट्रॉनिक विन्यास
(b) समस्थानिकों की समान संख्या
(c) समान परमाणु भार
(d) उनके परमाणुओं के बाह्यतम कक्षा में इलेक्ट्रॉनों की समान संख्या

25. आवर्त वर्गीकरण में तत्वों को व्यवस्थित किया जाता है
(a) उनके परमाणु क्रमांक के अनुसार
(b) धातु तथा अधातु के रूप में
(c) सहसंयोजकता तथा विद्युत संयोजकता के अनुसार
(d) उनके परमाणु भारों के अनुसार

26. हीलियम के अतिरिक्त अन्य सभी अक्रिय तत्वों के परमाणुओं के बाह्य कक्ष में इलेक्ट्रॉनों की संख्या होती है
(a) 2 (b) 8 (c) 1 (d) 6

27. ऑक्सीजन तथा सल्फर को एक ही समूह में रखने का औचित्य सिद्ध करने वाला गुण है
(a) उनके बाह्यतम परमाणु कक्ष में इलेक्ट्रॉनों की संख्या
(b) उनकी भौतिक अवस्था
(c) उनकी परमाणुकता
(d) उनके अणुओं की संरचना

28. कार्बन तथा सिलिकॉन को एक ही समूह में रखने का कारण है
(a) दोनों तत्वों के परमाणुओं के बाह्यतम कोश में इलेक्ट्रॉनों की संख्या समान है
(b) दोनों तत्व H_2 के साथ क्रिया करते हैं
(c) दोनों तत्व ऑक्सीजन से क्रिया करके ऑक्साइड बनाते हैं
(d) दोनों तत्व क्लोरीन से क्रिया करके क्लोराइड बनाते हैं

29. कार्बन का परमाणु क्रमांक 6 है तो आवर्त सारणी में इसका समूह है
(a) II (b) III
(c) VI (d) IV

30. आधुनिक आवर्त सारणी में तत्वों को रखा गया है
(a) परमाणु भार के वृद्धि क्रम में
(b) परमाणु क्रमांक के वृद्धि क्रम में
(c) अणुभार के वृद्धि क्रम में
(d) वाष्प घनत्व के वृद्धि क्रम में

31. आवर्त सारणी के प्रथम आवर्त में तत्वों की संख्या है
(a) 8 (b) 2 (c) 32 (d) 18

32. एक तत्व का इलेक्ट्रॉनिक विन्यास 2, 8, 18, 7 है तो यह आवर्त सारणी में होगा
(a) I वर्ग में (b) VII वर्ग में (c) II वर्ग में (d) VIII वर्ग में

33. आवर्त सारणी के समान ऊर्ध्वाधर समूह के तत्वों में सामान्यत: होता है
(a) समान इलेक्ट्रॉनिक विन्यास
(b) समान परमाणु भार
(c) रासायनिक संयोजन क्षमता घटती है
(d) धनविद्युती लक्षण बढ़ता है

34. मेण्डेलीफ का आवर्त नियम
(a) तत्वों के भौतिक गुण परमाणु भार के आवर्ती फलन होते हैं
(b) तत्वों के रासायनिक गुण परमाणु भार के आवर्ती फलन होते हैं
(c) तत्वों के भौतिक तथा रासायनिक गुण अणुभार के आवर्ती फलन होते हैं
(d) तत्वों के भौतिक व रासायनिक गुण परमाणु भार के आवर्ती फलन होते हैं

35. हाइड्रोजन के गुणों के अनुसार आवर्त सारणी में उसका स्थान समूह
(a) IA में औचित्यपूर्ण है (b) IB में औचित्यपूर्ण है
(c) VIIA में औचित्यपूर्ण है (d) IA तथा VIIA में औचित्यपूर्ण है

36. आधुनिक दीर्घाकार आवर्त सारणी में क्षैतिज पंक्तियाँ तथा ऊर्ध्वाधर स्तम्भ क्रमश: हैं
(a) 7 तथा 8 (b) 7 तथा 12 (c) 18 तथा 7 (d) 7 तथा 18

37. किसी आवर्त में बाएँ से दाएँ बढ़ने पर तत्वों की
(a) धात्विकता बढ़ती जाती है (b) धन विद्युती गुण बढ़ता है
(c) धन विद्युती गुण घटता है (d) आयनिक त्रिज्या बढ़ती है

38. एक तत्व पाँचवें समूह का है। हाइड्रोजन के प्रति इस तत्व की संयोजकता होगी
(a) 3 (b) 4 (c) 5 (d) 6

39. गुणधर्मों में समानता रखने वाले तत्व आवर्त सारणी में रखे गए हैं
(a) एक ही लघु आवर्त में (b) एक ही दीर्घ आवर्त में
(c) एक समूह में (d) एक ही उपसमूह में

40. शून्य समूह प्रस्ताविक किया
(a) लूथर मेयर ने (b) मेण्डेलीफ ने
(c) रैमसे ने (d) लोक्येअर ने

उत्तरमाला

1. (a)	2. (d)	3. (c)	4. (c)	5. (c)	6. (c)	7. (d)	8. (b)	9. (a)	10. (a)
11. (a)	12. (c)	13. (b)	14. (d)	15. (b)	16. (b)	17. (d)	18. (b)	19. (a)	20. (a)
21. (b)	22. (d)	23. (b)	24. (d)	25. (a)	26. (b)	27. (a)	28. (a)	29. (d)	30. (b)
31. (b)	32. (b)	33. (d)	34. (d)	35. (d)	36. (d)	37. (c)	38. (a)	39. (d)	40. (c)

संकेत एवं हल

8. परमाणु क्रमांक 17 वाले तत्व का इलेक्ट्रॉनिक विन्यास 2, 8, 7 है चूँकि इसमें तीन कोश हैं अत: यह तृतीय आवर्त में उपस्थित है। चूँकि इसके अन्तिम कक्ष में 7 इलेक्ट्रॉन हैं। अत: यह आवर्त सारणी के VII A समूह का सदस्य है।

29. 6 = 2, 4
अत: यह IV A समूह में उपस्थित है।

12

धातु, अधातु एवं धातुकर्म

Metals, Non-metals and Metallurgy

धातुएँ (Metals)

1. भौतिक गुणों के आधार पर इनमें एक विशेष प्रकार की चमक पायी जाती है जिसे **धातुई चमक** (metallic lusture) कहते हैं।
2. ये विद्युत धनात्मक होती हैं। ये विद्युत ऋणात्मक तत्वों से संयोग करके आयनिक यौगिक बनाती हैं।
3. मरकरी के अतिरिक्त धातुएँ साधारण ताप पर ठोस होती हैं परन्तु मरकरी (Hg) साधारण ताप पर द्रव होती है।
4. इनका विशिष्ट गुरुत्व (सोडियम तथा पोटैशियम के अतिरिक्त) जल से अधिक होता है।
5. इनके आयनन विभव के मान निम्न होते हैं।
6. धातुओं की विद्युत ऋणात्मकता निम्न होती है।
7. इनके द्रवणांक और क्वथनांक उच्च होते हैं।
8. धातुएँ ऊष्मा और विद्युत की कुचालक होती हैं।
9. धातुएँ तन्य और आघातवर्ध्य होती हैं।
10. इनके ऑक्साइड क्षारीय होते हैं।
11. ये तनु HCl अथवा तनु H_2SO_4 से क्रिया करके हाइड्रोजन गैस मुक्त करती हैं।
    उदाहरण—ऐल्युमीनियम, कॉपर, सोडियम आदि।

अधातुएँ (Non-metals)

1. ये विद्युत ऋणात्मक होती हैं।
2. ये साधारण ताप पर ठोस, द्रव या गैस होती हैं।
3. इनके विशिष्ट गुरुत्व प्राय: कम होते हैं।
4. इनके आयनन विभव निम्न होते हैं। अत: ये इलेक्ट्रॉन का त्याग कर धनायन बनाने की प्रवृत्ति नहीं रखती हैं।
5. इनकी विद्युत ऋणात्मकता उच्च होती है।
6. इनके द्रवणांक और क्वथनांक निम्न होते हैं।
7. सामान्यत: ये ऊष्मा एवं विद्युत की कुचालक होती हैं परन्तु ग्रेफाइट विद्युत का सुचालक होता है।
8. ठोस अधातुओं को पीटने पर वे चूर-चूर हो जाती हैं।
9. ये अच्छे ऑक्सीकारक का कार्य करती हैं।
10. इनके ऑक्साइड अम्लीय होते हैं।
    उदाहरण—ऑक्सीजन, नाइट्रोजन आदि।

उपधातुएँ (Metalloids)

वे तत्व, जिनमें धातु व अधातु दोनों के गुण पाए जाते हैं, उपधातु कहलाते हैं। इनके ऑक्साइड उभयधर्मी होते हैं।

उदाहरण—आर्सेनिक, एन्टीमनी आदि।

पृथ्वी पर तत्वों की उपस्थिति

(Occurrence of Metals at Earth's Surface)

पृथ्वी पर विभिन्न तत्व पाये जाते हैं इनमें से ऑक्सीजन सबसे अधिक मात्रा में पाया जाने वाला तत्व है जबकि ऐलुमिनियम सर्वाधिक मात्रा में पायी जाने वाली धातु है।

इसी प्रकार, कुछ अन्य तत्वों की भारानुसार प्रचुरता का क्रम निम्न है

$$O > Si > Al > Fe > Ca > Na > K > Mg > H$$

खनिज, अयस्क तथा आधात्री

(Minerals, Ores and Gangue)

तत्व प्रकृति में जिन यौगिकों के रूप में पाये जाते हैं उन्हें **खनिज** (minerals) कहते हैं। सभी खनिजों से धातु का निष्कर्षण सुविधाजनक नहीं होता है। वे खनिज जिनसे धातु को सुविधापूर्वक तथा कम खर्चे में प्राप्त किया जा सकता है, धातु के **अयस्क** (ores) कहलाते हैं। सभी अयस्क खनिज होते हैं, लेकिन सभी खनिज अयस्क नहीं होते।

- खनिज में प्राय: पत्थर के टुकड़े, मिट्टी के कण, कंकड़, बालू तथा चूने का पत्थर आदि अशुद्धियाँ मिली होती हैं। इन अपद्रव्यों को **आधात्री** (gangue) अथवा **मैट्रिक्स** (matrix) कहते हैं।
- कम अभिक्रियाशील धातुएँ (जैसे Ag, Au, Pt आदि) प्रकृति में मुक्त अवस्था में पाई जाती हैं जबकि अधिक अभिक्रियाशील धातुएँ अपने अयस्कों के रूप में पाई जाती हैं।

अयस्कों के प्रकार (Types of Ores)

प्राकृतिक अयस्क (Natural ores) इन अयस्कों में धातुएँ स्वतन्त्र अवस्था में पायी जाती हैं। जैसे—प्लेटिनम, सोना, आदि।

ऑक्साइड अयस्क (Oxide ores) जैसे बॉक्साइट $Al_2O_3 \cdot 2H_2O$, हेमेटाइट Fe_2O_3, जिंकाइट ZnO, कैसीटेराइड SnO_2, पायरोलूसाइट MnO_2।

सल्फाइड अयस्क (Sulphide ores) जैसे कॉपर पायराइट $CuFeS_2$, सिल्वर ग्लास Ag_2S, आयरन पायराइट FeS_2, गैलेना PbS, जिंक ब्लैण्ड ZnS, सिनेबार HgS।

कार्बोनेट अयस्क (Carbonate ores) जैसे लाइम स्टोन $CaCO_3$, कैलामाइन $ZnCO_3$, सिडेराइट $FeCO_3$, मैलेकाइट $CuCO_3 \cdot Cu(OH)_2$।

क्लोराइड अयस्क (Chloride ores) जैसे हार्न सिल्वर AgCl, कार्नेलाइट $KCl \cdot MgCl_2 \cdot 6H_2O$।

सल्फेट अयस्क (Sulphate ores) जैसे जिप्सम $CaSO_4 \cdot 2H_2O$, एप्सम $MgSO_4 \cdot 7H_2O$, ग्लॉबर लवण $Na_2SO_4 \cdot 10H_2O$।
अन्य अयस्क (Other ores) जैसे क्रायोलाइट Na_3AlF_6, साल्टपीटर $NaNO_3$।

धातुकर्म (Metallurgy)

धातुओं को उनके अयस्कों से निष्कर्षित करने की विधि **धातुकर्म** कहलाती है। धातुकर्म में *निम्न प्रक्रमों का प्रयोग किया जाता है*

1. अयस्क का सान्द्रण
2. सान्द्रित अयस्क का ऑक्साइड में परिवर्तन
3. ऑक्साइड का अपचयन
4. धातु का परिशोधन

अयस्क का सान्द्रण (Concentration of Ores)

अयस्क से आधात्री (gangue) को पृथक करना सान्द्रण कहलाता है।
यह निम्न प्रकार से किया जा सकता है।

(i) **गुरुत्व पृथक्करण** (Gravity Separation) इस विधि से भारी अयस्कों का सान्द्रण करते हैं। जब बारीक अयस्क को जल की बहती धारा में धोया जाता है तो हल्की अशुद्धियाँ पानी के साथ बहकर आगे चली जाती हैं किन्तु भारी अयस्क कण पीछे रह जाते हैं।

(ii) **झाग प्लावन विधि** (Froth Floatation Method) इस विधि से **सल्फाइड अयस्कों** का सान्द्रण किया जाता है क्योंकि ये तेल द्वारा सरलतापूर्वक नम हो जाते हैं जबकि अशुद्धियाँ पानी के द्वारा नम होती हैं। इस विधि में बारीक पिसे हुए अयस्क को तेल मिले जल में बड़े-बड़े टैंकों में डालते हैं और इस मिश्रण में तीव्र गति से वायु प्रवाहित करते हैं। तेल में भीगे अयस्क कण झाग के साथ ऊपर आ जाते हैं तथा आधात्री के कण जल से भीग कर टैंक की सतह में बैठ जाते हैं। झाग को बाहर निकाल लेते हैं।

(iii) **चुम्बकीय पृथक्करण विधि** (Magnetic Separation Method) जब अयस्क चुम्बकीय होता है तब चुम्बकीय तथा अचुम्बकीय पदार्थों के मिश्रण को अलग करने के लिए यह विधि प्रयोग में लाई जाती है।

सान्द्रित अयस्क का ऑक्साइड में परिवर्तन (Conversion of Concentrated Ore into Oxide)

यह निम्न प्रक्रमों द्वारा किया जाता है

(i) **भर्जन** (Roasting) सान्द्रित अयस्क को अकेले या अन्य पदार्थों के साथ मिलाकर वायु की नियन्त्रित मात्रा की उपस्थिति में बिना पिघलाये गर्म करने की क्रिया को **भर्जन** कहते हैं। इसमें अयस्क आंशिक रूप से या पूर्ण रूप से ऑक्साइड में परिवर्तित हो जाता है। यह विधि प्राय: सल्फाइड अयस्कों के लिए प्रयोग की जाती है।

$$2ZnS + 3O_2 \longrightarrow 2ZnO + 2SO_2 \uparrow$$
$$2PbS + 3O_2 \longrightarrow 2PbO + 2SO_2 \uparrow$$

(ii) **निस्तापन** (Calcination) निस्तापन की क्रिया में अयस्क को इतना गर्म करते हैं कि उसमें से वाष्पशील पदार्थ निकल जाते हैं परन्तु अयस्क को पिघलने नहीं दिया जाता। प्राय: कार्बोनेट, ऑक्साइड तथा हाइड्रॉक्साइड अयस्कों का निस्तापन किया जाता है।

$$\underset{\text{बॉक्साइट}}{Al_2O_3 \cdot 2H_2O} \xrightarrow{\text{गर्म}} Al_2O_3 + 2H_2O$$
$$CaCO_3 \xrightarrow{\text{गर्म}} CaO + CO_2$$

अपचयन (Reduction)

ऑक्साइड से धातु प्राप्त करने के लिए ऑक्साइड का अपचयन निम्न विधियों द्वारा किया जाता है

(i) **प्रगलन** (Smelting) अयस्क में कोक तथा उचित गालक मिलाकर मिश्रण को उच्च ताप तक गर्म करके गलाने की क्रिया को **प्रगलन** कहते हैं। वे पदार्थ, जो अयस्क में उपस्थित अशुद्धियों के साथ उच्च ताप पर क्रिया करके इन्हें सरलता से गलकर अलग होने वाले पदार्थों के रूप में पृथक् कर देते हैं **गालक** (flux) कहलाते हैं। सरलता से गलकर अलग होने वाले पदार्थों को **धातुमल** (slag) कहते हैं। धातुमल, गलित धातु से हल्का होने के कारण सतह पर आ जाता है और इसे आसानी से हटाया जा सकता है। गालक क्षारीय या अम्लीय हो सकता है। जैसे— अयस्क में क्षारीय अशुद्धि CaO को दूर करने के लिए अम्लीय गालक SiO_2 प्रयुक्त करते हैं।

$$\underset{\text{अशुद्धि}}{CaO} + \underset{\text{गालक}}{SiO_2} \longrightarrow \underset{\text{धातुमल}}{CaSiO_3}$$

(a) **कोक द्वारा** कम विद्युत धनी धातुओं जैसे Pb, Zn तथा Sn के ऑक्साइडों का अपचयन किया जाता है।

$$PbO + C \longrightarrow Pb + CO$$
$$ZnO + C \longrightarrow Zn + CO$$
$$SnO_2 + 2C \longrightarrow Sn + 2CO$$

(b) **कार्बन मोनॉक्साइड** द्वारा Fe_2O_3 का अपचयन किया जाता है।

$$Fe_2O_3 + 3CO \longrightarrow 2Fe + 3CO_2$$

(ii) **एल्युमीनियम द्वारा (ऐलुमिनोतापी विधि)** [By aluminium (alumino thermic process)] इसका उपयोग मुख्यत: Cr व Mn के निष्कर्षण में करते हैं। धातुओं के ऑक्साइड में एल्युमीनियम धातु के चूर्ण की समान मात्रा मिलाते हैं। यह अभिक्रिया अत्यधिक ऊष्माक्षेपी है।

$$Cr_2O_3 + 2Al \longrightarrow Al_2O_3 + 2Cr + \text{ऊष्मा}$$

(iii) **विद्युत अपघटनी विधि** (Electrolytic method) यह क्रिया क्षारीय धातुओं, क्षारीय मृदा धातुओं, एल्युमीनियम आदि अधिक क्रियाशील धातुओं के लिए प्रयुक्त होती है।

शोधन (Purification or Refining)

यह निम्न विधियों द्वारा किया जाता है

(i) **आसवन** (Distillation) जिंक, मरकरी जैसी धातुएँ आसवन द्वारा शुद्ध की जाती हैं।

(ii) **द्रवीकरण** (Liquation) जब अशुद्धि धातु की अपेक्षा कम संगलनीय होती है तब इस विधि का प्रयोग करते हैं। इस विधि में अशुद्ध धातु को एक ढलवाँ भट्टी में रखकर धीरे-धीरे गर्म करते हैं। धातु पिघलकर नीचे आ जाती है और अशुद्धियाँ वहीं रह जाती हैं।

(iii) **विद्युत अपघटनी शोधन** (Electrolytic Refining) अशुद्ध धातु की छड़ को विद्युत अपघटनी सेल का ऐनोड बनाते हैं तथा उसी शुद्ध धातु की पतली प्लेट को कैथोड बनाते हैं। विलेयशील धातु लवण का विलयन वैद्युत अपघट्य का कार्य करता है। विद्युत धारा प्रवाहित करने पर धातु ऐनोड से घुलकर कैथोड पर जमा हो जाती है और अशुद्धियाँ विलयन में घुली रह जाती हैं या अविलेय पदार्थ के रूप में ऐनोड के नीचे जमा हो जाती है, इसे **ऐनोड पंक** या **कीचड़** (anode mud) कहते हैं।

मिश्रधातु (Alloys)

दो या दो से अधिक धातुओं अथवा एक धातु तथा एक अधातु का समांगी मिश्रण मिश्रधातु कहलाता है। ये अनेक उद्योगों में काम आती हैं।

50 धातु, अधातु एवं धातुकर्म

कुछ महत्त्वपूर्ण मिश्रधातुएँ एवं उनके उपयोग (Some Important Alloys and Their Uses)

क्र. सं.	मिश्रधातु	संघटन %	उपयोग
1.	पीतल (Brass)	Cu = 70%, Zn = 30%	बर्तन, तार, पाइप पुर्जे बनाने में।
2.	काँसा (Bronze)	Cu = 88%, Sn = 12%	बर्तन तथा मूर्तियाँ।
3.	जर्मन सिल्वर (German silver)	Cu = 60%, Zn = 20%, Ni = 20%	जेवर, बर्तन, मूर्तियाँ।
4.	गन मेटल (Gun metal)	Cu = 90%, Zn = 2%, Sn = 8%	बन्दूकों तथा मशीनों के पुर्जे।
5.	फॉस्फोरस ब्राँज (Phosphorous bronze)	Cu = 85%, Sn = 12%, P = 2%	रेडियों के ऐरियल।
6.	मुद्रामिश्र धातु (Coinage alloy)	Cu = 95%, Sn = 4%, P = 1%	सिक्के।
7.	बैल मेटल (Bell metal)	Cu = 80%, Sn = 20%	घण्टे।
8.	कान्सटेनटन (Constantan)	Cu = 60%, Ni = 40%	तार।
9.	रोल्ड गोल्ड (Rolled gold)	Cu = 95%, Al = 5%	आभूषण, मूर्तियाँ।
10.	मोनल मैटल (Monel metal)	Cu = 28%, Ni = 70%, Fe = 2%	मूर्तियाँ।

स्मरणीय बिन्दु

- ❖ अशुद्ध एल्युमीनियम को एमरी कहते हैं।
- ❖ ब्रोमीन एकमात्र द्रव अधातु है जबकि पारा द्रव धातु है।
- ❖ नम वायु में कॉपर धातु की सतह पर हरे रंग की बेसिक लवण $CuCO_3Cu(OH)_2$ की परत जम जाती है।
- ❖ $2Cu + CO_2 + H_2O + O_2 \longrightarrow \underset{\text{बेसिक कॉपर कार्बोनेट}}{CuCO_3 \cdot Cu(OH)_2}$
- ❖ Ag, Au, Pt आदि धातुएँ प्रकृति में मुक्त अवस्था में पायी जाती हैं।

अभ्यास प्रश्न

1. कॉपर का मुख्य अयस्क है

(a) क्रायोलाइट (b) कॉपर पायराइट
(c) गैलेना (d) सिनेबार

2. पृथ्वी पर पाए जाने वाले तत्वों में किसकी प्रतिशतता भार के अनुसार अधिकतम होती है?

(a) Fe (b) Al
(c) O (d) Si

3. पृथ्वी पर पाई जाने वाली धातुओं में किसकी प्रतिशतता भार के अनुसार अधिकतम होती है?

(a) Fe (b) Al
(c) Au (d) C

4. अयस्क से अशुद्धियों (गैंग) का पृथक करना कहलाता है

(a) भर्जन (b) प्रगलन
(c) सान्द्रण (d) शोधन

5. झाग प्लावन विधि से किस प्रकार के अयस्कों का सान्द्रण किया जाता है?

(a) ऑक्साइड्र (b) क्लोराइड
(c) कार्बोनेट (d) सल्फाइड

6. क्रायोलाइट का सूत्र है

(a) NaF (b) Na_3AlF_6
(c) AlF_3 (d) CaF_2

7. बॉक्साइट, सान्द्र NaOH विलयन से क्रिया करके बनाता है

(a) Al_2O_3 (b) $NaAlO_2$
(c) $Al(OH)_3$ (d) इनमें से कोई नहीं

8. सही तथ्य का चयन कीजिए

(a) सभी अयस्क खनिज होते हैं
(b) सभी खनिज अयस्क होते हैं
(c) खनिज अयस्क नहीं हो सकता
(d) एक अयस्क, खनिज नहीं हो सकता

9. कृत्रिम गोल्ड (Rolled gold) होता है

(a) फॉस्फर ब्रान्ज (b) एल्युमीनियम ब्रान्ज
(c) जर्मन सिल्वर (d) मॉनल धातु

10. निस्तापन है

(a) वायु की नियन्त्रित मात्रा अथवा अनुपस्थिति में अयस्क को गर्म करना
(b) वायु की अधिकता में अयस्क को गर्म करना
(c) अयस्क को ठण्डा करना
(d) उपरोक्त में से कोई नहीं

11. $Cu(OH)_2 \cdot CuCO_3$ कॉपर का अयस्क है, इसका नाम है

(a) ऐजुराइट (b) मैलेकाइट
(c) क्यूप्राइट (d) कैल्कोसाइट

12. प्रकृति में मुक्त अवस्था में पायी जाने वाली धातु है

(a) रजत (b) एल्युमीनियम
(c) लोहा (d) सोडियम

13. जो धातु ठोस अवस्था में नहीं पाई जाती, वह है

(a) ब्रोमीन (b) ग्रेफाइट (c) सिल्वर (d) पारा

14. धातुओं के ऑक्साइड प्रायः होते हैं

(a) क्षारीय (b) अम्लीय
(c) उदासीन (d) उभयधर्मी

15. धातुओं का वह गुण जिसके कारण धात्वीय चादरें बनाई जाती हैं, कहलाता है
(a) तन्यता (b) सुघट्यता
(c) प्रत्यास्थता (d) आघातवर्ध्यता

16. निम्नलिखित में से स्वतन्त्र रूप से पाया जाने वाला तत्व है
(a) सोडियम (b) पोटैशियम
(c) सोना (d) कैल्सियम

17. निम्नलिखित में से कौन-सा तत्व धातु नहीं है?
(a) सोना (b) ताँबा
(c) लोहा (d) ऐन्टीमनी

18. आधुनिक परिभाषा के अनुसार अधातु वे तत्व हैं जो
(a) इलेक्ट्रॉन त्यागते हैं
(b) इलेक्ट्रॉन ग्रहण करते हैं
(c) न इलेक्ट्रॉन त्यागते हैं और न ही ग्रहण करते हैं
(d) उपरोक्त में से कोई नहीं

19. निम्न में से कौन-सी धातु अपने ही ऑक्साइड की पर्त से रक्षित होती है?
(a) स्वर्ण (b) रजत
(c) लोहा (d) एल्युमीनियम

20. ऐन्टीमनी है
(a) धातु (b) अधातु
(c) उपधातु (d) मिश्रधातु

21. निम्नलिखित में मिश्रधातु है
(a) आर्सेनिक (b) पीतल
(c) एन्टीमनी (d) टिन

22. वह प्राकृतिक पदार्थ जिससे धातु निष्कासित करना आर्थिक दृष्टि से अधिक लाभदायक होता है, कहलाता है
(a) खनिज (b) गैंग
(c) अयस्क (d) गालक

23. एल्युमीनियम व आयरन अपनी प्राकृतिक अवस्था में नहीं पाये जाते क्योंकि ये
(a) अधिक मात्रा में होते हैं (b) अक्रियाशील होते हैं
(c) क्रिस्टलीय रूप में होते हैं (d) बहुत ही क्रियाशील होते हैं

24. ऐलुमिनोतापी विधि में एल्युमीनियम कार्य करता है
(a) ऑक्सीकारक की तरह (b) गालक की तरह
(c) अपचायक की तरह (d) धातुमल की तरह

25. ऑक्साइड अयस्क का उदाहरण है
(a) बॉक्साइट (b) मैलेकाइट
(c) जिंक ब्लैण्ड (d) फेल्सपार

26. निम्नलिखित में से कौन-सा एलुमिनियम का खनिज नहीं है?
(a) क्रायोलाइट (b) बॉक्साइट
(c) कोरण्डम (d) ऐनहाइड्राइड

27. निम्नलिखित में से किस मिश्रधातु में एल्युमीनियम नहीं है?
(a) मैग्नेलियम (b) डयूरेलियम
(c) एल्युमीनियम ब्रान्ज (d) पीतल

28. क्रायोलाइट है
(a) मैग्नीशियम सिलिकेट
(b) कैल्सियम मैग्नीशियम कार्बोनेट
(c) सोडियम बोरो फ्लुओराइड
(d) सोडियम एल्युमीनियम फलुओराइड

29. कोरण्डम का सूत्र है
(a) $Al_2O_3 \cdot 2H_2O$ (b) Na_3AlF_6
(c) Al_2O_3 (d) $Al_2(SO_4)_3$

30. थर्माइट मिश्रण है
(a) Fe तथा Al चूर्ण का (b) Fe_2O_3 तथा Al चूर्ण का
(c) Cu तथा Al चूर्ण का (d) CaO_2 तथा Al चूर्ण का

उत्तरमाला

1. (b)	**2.** (c)	**3.** (b)	**4.** (c)	**5.** (d)	**6.** (b)	**7.** (a)	**8.** (a)	**9.** (b)	**10.** (a)
11. (b)	**12.** (a)	**13.** (d)	**14.** (a)	**15.** (d)	**16.** (c)	**17.** (d)	**18.** (b)	**19.** (d)	**20.** (c)
21. (b)	**22.** (c)	**23.** (d)	**24.** (c)	**25.** (a)	**26.** (d)	**27.** (d)	**28.** (d)	**29.** (c)	**30.** (b)

13
जल एवं जल की कठोरता
Water and Hardness of Water

जल (Water)

यह हाइड्रोजन का मोनोऑक्साइड है। इसका सूत्र H_2O है। यह प्रकृति में तीनों अवस्थाओं में पाया जाता है। इसके पाए जाने वाले प्राकृतिक स्रोतों में **वर्षा** का जल **सबसे शुद्ध जल** तथा समुद्र का जल **सबसे अशुद्ध जल** होता है।

पेय जल (Drinking Water)

पीने के लिए प्रयोग किए जाने वाले जल को पेय जल कहते हैं।

जल का संघटन (Composition of water) जल में **आयतन** के विचार से हाइड्रोजन तथा ऑक्सीजन में **2 : 1** का अनुपात तथा भार के अनुसार **1 : 8** का अनुपात होता है।

मृदु जल तथा कठोर जल (Soft and Hard Water)

वह जल, जो साबुन के साथ शीघ्रता से तथा अधिक झाग देता है, **मृदु जल** कहलाता है।
वह जल, जो साबुन से कम तथा देर से अथवा बिल्कुल झाग नहीं देता है, **कठोर जल** कहलाता है।

जल की कठोरता (Hardness of Water)

जल की कठोरता जल में घुले **कैल्सियम** तथा **मैग्नीशियम के बाइकार्बोनेट, क्लोराइड तथा सल्फेट लवणों** के कारण होती है। साबुन में **सोडियम स्टिऐरेट या सोडियम पामेट** पाए जाते हैं जो जल में घुले लवणों से क्रिया करके अविलेय यौगिक बनाते हैं जिससे झाग नहीं बन पाते।

$$\underset{\text{सोडियम स्टिऐरेट (साबुन)}}{2C_{17}H_{35}COONa} + \underset{\text{(कठोर जल से)}}{CaSO_4} \longrightarrow Na_2SO_4 + \underset{\text{कैल्सियम स्टिऐरेट (अविलेय)}}{(C_{17}H_{35}COO)_2Ca}$$

$$\underset{\text{सोडियम पामेट (साबुन)}}{2C_{15}H_{31}COONa} + \underset{\text{(कठोर जल से)}}{CaCl_2} \longrightarrow 2NaCl + \underset{\text{कैल्सियम पामेट (अविलेय)}}{(C_{15}H_{31}COO)_2Ca}$$

जल की कठोरता दो प्रकार की होती है

1. अस्थायी कठोरता (Temporary Hardness)

यह जल में कैल्सियम तथा मैग्नीशियम के बाइकार्बोनेटों के घुले रहने के कारण होती है जिनके सूत्र क्रमश: $Ca(HCO_3)_2$ तथा $Mg(HCO_3)_2$ हैं।
इसे निम्न प्रकार से दूर किया जा सकता है

(i) उबालकर (By Boiling) अस्थायी कठोर जल को उबालने पर विलेय बाइकार्बोनेट, अविलेय कार्बोनेट में बदल जाते हैं जिन्हें छानकर या निथार कर अलग कर लिया जाता है।

$$Ca(HCO_3)_2 \longrightarrow CaCO_3 \downarrow + H_2O + CO_2 \uparrow$$

(ii) क्लार्क विधि (Clark's Method) कठोर जल में बुझा हुआ चूना $Ca(OH)_2$ मिलाने पर अविलेय कार्बोनेट बनते हैं जिन्हें छानकर अलग कर लिया जाता है।

$$Mg(HCO_3)_2 + Ca(OH)_2 \longrightarrow \underset{\text{अविलेय लवण (अवक्षेप)}}{CaCO_3 \downarrow + MgCO_3 \downarrow} + 2H_2O$$

2. स्थायी कठोरता (Permanent Hardness)

यह कठोरता कैल्सियम और मैग्नीशियम के सल्फेट व क्लोराइड के घुले रहने के कारण होती है।
स्थायी कठोरता को निम्न विधियों द्वारा दूर किया जा सकता है

(i) परम्यूटिट या जिओलाइट विधि (Permutit or Zeolite Method) इस विधि से कठोरता दूर करने के लिए सोडियम परम्यूटिट (Na_2Z) को प्रयोग में लाते हैं जिसका रासायनिक नाम **सोडियम मेटा एल्युमीनियम सिलिकेट** $(Na_2Al_2Si_2O_8)\cdot xH_2O$ है। इसके मिलाने पर कठोरता उत्पन्न करने वाले लवण CaZ तथा MgZ में बदल जाते हैं।

$$CaCl_2 + Na_2Z \longrightarrow CaZ + 2NaCl$$

$$MgSO_4 + Na_2Z \longrightarrow MgZ + Na_2SO_4$$

कुछ समय पश्चात् जब जिओलाइट पूर्णतया कैल्सियम तथा मैग्नीशियम के लवण में परिवर्तित हो जाता है तब इस विलयन में NaCl का 10% विलयन मिलाया जाता है जिससे जिओलाइट पुन: प्राप्त हो जाता है।

(ii) कैलगन विधि (Calgon Method) इसमें कैलगन नामक संकर लवण को प्रयोग में लाते हैं जिसका रासायनिक नाम **सोडियम मेटा हेक्साफॉस्फेट** $Na_2[Na_4(PO_4)_6]$ है। यह कठोर जल से क्रिया करके Ca व Mg के संकर लवण बनाता है। इस विधि से बॉयलरों के लिए जल शुद्ध किया जाता है।

$$\underset{\text{कैलगन}}{Na_2[Na_4(PO_4)_6]} + 2CaCl_2 \longrightarrow Na_2[Ca_2(PO_4)_6] + 4NaCl$$

(iii) आयन विनिमय रेजिन विधि (Ion Exchange Resin Method) इसमें धनायन तथा ऋणायन रेजिनों का प्रयोग करके अवाँछित धन तथा ऋण आयनों को दूर किया जा सकता है।

निम्न विधि से स्थायी एवं अस्थायी दोनों प्रकार की कठोरताएँ दूर की जा सकती हैं

धावन सोडा विधि (Baking Soda Method) कठोर जल में सोडियम कार्बोनेट (धावन सोडा) मिलाने पर Ca तथा Mg के लवण अविलेय कैल्सियम व मैग्नीशियम कार्बोनेट में बदल जाते हैं जिन्हें छानकर अलग कर सकते हैं।

$$CaSO_4 + Na_2CO_3 \longrightarrow CaCO_3 \downarrow + Na_2SO_4$$
$$MgCl_2 + Na_2CO_3 \longrightarrow MgCO_3 \downarrow + 2NaCl$$
$$Ca(HCO_3)_2 + Na_2CO_3 \longrightarrow CaCO_3 \downarrow + 2NaHCO_3$$

जल की कठोरता का मापन
(Measurement of Hardness of Water)

इसका मापन 10,00,000 ग्राम जल में उपस्थित कैल्सियम कार्बोनेट की (ग्राम में) मात्रा से किया जाता है।
जल की ppm में कठोरता

$$= \frac{\text{प्राप्त } CaCO_3 \text{का भार (ग्राम में)}}{\text{प्रयुक्त कठोर जल का भार (ग्राम में)}} \times 10^6$$

- $Ca(HCO_3)_2$, $Mg(HCO_3)_2$, $CaCl_2$, $MgCl_2$, $CaSO_4$ व $MgSO_4$ के अणुभार क्रमशः 162, 146, 111, 95, 136 व 120 हैं। $CaCO_3$ का अणुभार 100 है। अतः इन लवणों के क्रमशः 162 ग्राम, 146 ग्राम, 111 ग्राम, 95 ग्राम, 136 ग्राम व 120 ग्राम $CaCO_3$ के 100 ग्राम के समतुल्य हैं। इस आधार पर जल की कठोरता का मापन किया जा सकता है।

■ **उदाहरण** *यदि कठोर जल के एक नमूने में 0.024 ग्राम प्रति लीटर $MgSO_4$ तथा 0.162 ग्राम प्रति लीटर $Ca(HCO_3)_2$ घुला है तब इस नमूने की कठोरता कितनी होगी ?*

हल $MgSO_4$ के तुल्य $CaCO_3$ की मात्रा $= \frac{0.024}{120} \times 100 = 0.02$ ग्राम

$Ca(HCO_3)_2$ के तुल्य $CaCO_3$ की मात्रा $= \frac{0.162}{162} \times 100 = 0.10$ ग्राम

अतः जल की कठोरता = 0.02 + 0.10 = 0.12 ग्राम $CaCO_3$ प्रति लीटर

जल की कठोरता को ppm (parts per million) में व्यक्त करते हैं। 10^6 ग्राम जल में उपस्थित कठोरता उत्पन्न करने वाले लवणों के तुल्य $CaCO_3$ की ग्राम में मात्रा जल की ज्ज्स में कठोरता के बराबर होती है।

$\because$ 1000 मिली (1000 ग्राम) जल में उपस्थित = 0.12 ग्राम $CaCO_3$

$\therefore$ 10^6 मिली (1000 ग्राम) जल में उपस्थित $= \frac{0.12 \times 10^6}{1000} = 120$ ग्राम

अतः जल की कठोरता 120 ppm है।

कठोरता को डिग्री (°) द्वारा भी प्रदर्शित करते हैं। यदि कठोरता 6° हैं तो इसका अर्थ यह है कि कठोरता 60 ppm है।

पीने के जल का शोधन (Purification of Drinking Water)

पीने योग्य जल का शोधन जल में सूर्य की किरणें प्रवाहित करके या क्लोरीन अथवा विरंजक चूर्ण द्वारा कीटाणु रहित करके किया जाता है।

स्मरणीय बिन्दु

- ❖ भारी जल, D_2O (ड्यूटीरियम ऑक्साइड) है।
- ❖ शुद्ध जल उदासीन होता है तथा इसका pH मान 7 होता है।
- ❖ धावन सोडा विधि के प्रयोग द्वारा जल की स्थायी व अस्थायी दोनों प्रकार की कठोरताओं को दूर किया जा सकता है।
- ❖ जल का द्विध्रुव आघूर्ण उच्च होने के कारण यह एक अच्छा विलायक है।
- ❖ 10 ppm = 1°
- ❖ समुद्री जल में लवण की उपस्थिति के कारण यह विद्युत का अच्छा चालक होता है।

अभ्यास प्रश्न

1. भारानुसार जल में H व O का अनुपात है
(a) 2 : 1 (b) 1 : 6
(c) 1 : 8 (d) 8 : 1

2. जल में थोड़ा-सा अम्ल मिलाकर उसका वैद्युत अपघटन करने पर धनोद पर मुक्त गैस का नाम है
(a) ऑक्सीजन (b) नाइट्रोजन
(c) हाइड्रोजन (d) अमोनिया

3. शुद्ध जल का pH मान है
(a) 7.4 (b) 7 (c) 6.2 (d) 14

4. कैलगन व्यवसायिक नाम हैं
(a) सोडियम हेक्सामेटाफॉस्फेट का
(b) सोडियम ऐल्युमीनियम सिलिकेट का
(c) धावन सोडा आयन विनिमय रेजिन का
(d) उपरोक्त में से कोई नहीं

5. कठोर जल के नमूने में $MgSO_4 = 0.012$ ग्राम/लीटर तथा $Ca(HCO_3)_2 = 0.081$ ग्राम/लीटर है। जल की कठोरता है
(a) 2° (b) 4°
(c) 6° (d) इनमें से कोई नहीं

6. कठोर जल का प्रयोग किया जा सकता है
(a) कृषि में (b) स्नान करने में
(c) कपड़े धोने में (d) बॉयलर में

7. कठोरता प्रकट की जाती है
(a) $CaCO_3$ के समतुल्यांक के रूप में
(b) Na_2CO_3 के समतुल्यांक के रूप में
(c) $MgCO_3$ के समतुल्यांक के रूप में
(d) $CuSO_4$ के समतुल्यांक के रूप में

8. भारी जल होता है
(a) समुद्री जल (b) खनिज झरनों का जल
(c) स्थायी कठोर जल (d) O_2 व ड्यूटीरियम का यौगिक

9. कठोर जल कपड़े धोने के लिए उपयुक्त नहीं होता क्योंकि
(a) यह क्षारकीय है
(b) यह साबुन के साथ कैल्सियम व मैग्नीशियम स्टिऐरेट का अवक्षेप बनाता है
(c) इसमें अपद्रव्य घुले होते हैं
(d) इसमें NaCl व Na_2SO_4 घुले होते हैं

10. पानी की कठोरता को दूर करने के जिओलाइट प्रक्रम में 10% NaCl का घोल प्रवाहित किया जाता है क्योंकि
(a) यह जल की कठोरता दूर करता है
(b) यह उत्प्रेरक के रूप में कार्य करता है
(c) जिओलाइट नये यौगिक बनाता है जो कि NaCl के साथ पुनः सोडियम जिओलाइट में परिवर्तित हो जाते हैं
(d) NaCl घोल युक्त जल मृदु जल होता है

11. जल की स्थायी कठोरता का कारण है कैल्सियम तथा मैग्नीशियम के
(a) बाइकार्बोनेट (b) फॉस्फेट व सल्फेट
(c) क्लोराइड व सल्फेट (d) बाइकार्बोनेट व सल्फेट

12. स्थायी कठोरता दूर करने के लिए कौन-सी विधि प्रयोग में नहीं लायी जा सकती?
(a) कैलगन विधि (b) धावन सोडा डालकर
(c) परम्यूटिट विधि (d) उबालकर

13. $Ca(HCO_3)_2$ के विघटन होने के कारण जल की स्थायी कठोरता जल उबालने से दूर हो जाती है। यह इसलिए है कि $Ca(HCO_3)_2$
(a) प्रकृति में वाष्पशील है
(b) ऊष्मा से अपघटित होकर $CaCO_3$ का अवक्षेप बनता है
(c) नीचे बैठ जाता है
(d) स्थायी पदार्थ है

14. कठोर जल साबुन के साथ झाग उत्पन्न नहीं करता, क्योंकि
(a) इस जल में सोडियम तथा मैग्नीशियम क्लोराइड घुले रहते हैं
(b) कठोर जल में अविलेय कैल्सियम तथा मैग्नीशियम के सल्फेट या क्लोराइड घुले रहते हैं
(c) इस जल में अनेक अशुद्धियाँ रहती हैं
(d) इस जल का घनत्व अधिक होता है

15. जल की अस्थायी कठोरता का कारण होता है निम्नलिखित का विद्यमान होना
(a) Ca तथा Mg के घुले बाइकार्बोनेट
(b) Ca तथा Mg के घुले क्लोराइड तथा सल्फेट
(c) Na तथा K के क्लोराइड, बाइकार्बोनेट, सल्फेट
(d) उपरोक्त में से कोई नहीं

16. जल में कठोरता निम्न में से किन आयनों की उपस्थिति से होती है?
(a) Na^+, K^+ (b) Ca^{2+}, Mg^{2+}
(c) Al^{3+}, K^+ (d) O^{2-}, S^2

17. जल में स्थायी कठोरता किस लवण के घुलने से होती है?
(a) कैल्सियम तथा मैग्नीशियम के बाइकार्बोनेट
(b) कैल्सियम तथा मैग्नीशियम के सल्फेट एवं क्लोराइड
(c) कैल्सियम तथा मैग्नीशियम के सिलिकेट
(d) कैल्सियम तथा मैग्नीशियम के नाइट्रेट तथा नाइट्राइट

18. कठोर जल के एक नमूने में $Mg(HCO_3)_2 = 0.0292$ ग्राम/लीटर तथा $CaSO_4 = 0.0136$ ग्राम/लीटर हैं। जल की कठोरता होगी (दिया है, S का परमाणु भार = 32, Ca = 40, C = 12, O = 16, Mg = 24, H = 1)
(a) 30° (b) 4°
(c) 3° (d) इनमें से कोई नहीं

19. जिन लवणों के कारण जल में अस्थायी कठोरता होती है, वे हैं
(a) कैल्सियम तथा मैग्नीशियम के क्लोराइड
(b) कैल्सियम तथा मैग्नीशियम के सल्फेट
(c) कैल्सियम तथा मैग्नीशियम के बाइकार्बोनेट
(d) कैल्सियम तथा मैग्नीशियम के कार्बोनेट

20. नगर में पीने के जल को शुद्ध करने के लिए कौन-सा कीटनाशक पदार्थ प्रयोग किया जाता है?
(a) सोडियम क्लोराइड
(b) विरंजक चूर्ण अथवा क्लोरीन जल
(c) कैल्सियम व मैग्नीशियम सल्फेट
(d) $KMnO_4$

21. परम्यूटिट अथवा जियोलाइट का सूत्र है
(a) $Na_2Al_2Si_2O_3 \cdot 10H_2O$
(b) $Na_2Al_2Si_2O_8 \cdot 2H_2O$
(c) $ZnCa(AlO_2)_3 \cdot 5H_2O$
(d) $Na_2Al_2O_3 \cdot 6SiO_2$

22. जल की स्थायी कठोरता को दूर करने के लिए प्रयोग किया जाने वाला यौगिक सोडियम जियोलाइट (Na_2Z) अधिक समय तक प्रयुक्त करने के बाद अप्रभावी हो जाता है। इस यौगिक को पुनः उत्पन्न किया जाता है
(a) इसे सान्द्र H_2SO_4 में से गुजारकर
(b) इसमें NaCl का 10% विलयन गुजारकर
(c) इसमें से वाष्प प्रवाहित करके
(d) इसमें से कास्टिक सोडा प्रवाहित करके

23. जल आयनिक लवणों का अच्छा विलायक है, क्योंकि
(a) यह रंगहीन होता है
(b) इसका क्वथनांक उच्च होता है
(c) इसका द्विध्रुव आघूर्ण उच्च होता है
(d) इसकी विशिष्ट ऊष्मा उच्च होती है

24. जल के अणु में H—O—H बन्ध होता है
(a) 104°3' (b) 120°
(c) 180° (d) 109°28'

25. निम्न में से कौन-सा विद्युत का अच्छा चालक है?
(a) समुद्र जल (b) वर्षा का जल
(c) साधारण जल (d) आसवित जल

उत्तरमाला

1. (c)	**2.** (a)	**3.** (b)	**4.** (a)	**5.** (c)	**6.** (b)	**7.** (a)	**8.** (d)	**9.** (b)	**10.** (c)
11. (c)	**12.** (d)	**13.** (b)	**14.** (b)	**15.** (a)	**16.** (b)	**17.** (b)	**18.** (d)	**19.** (c)	**20.** (b)
21. (b)	**22.** (b)	**23.** (c)	**24.** (a)	**25.** (a)					

14
प्रमुख गैसें
Important Gases

हाइड्रोजन (Hydrogen)

हाइड्रोजन का अणुसूत्र H_2 है। इसका परमाणु भार 1 है तथा इसकी संयोजकता भी 1 होती है।

निर्माण की विधियाँ (Methods of Preparation)

प्रयोगशाला विधि (Laboratory Method) प्रयोगशाला में हाइड्रोजन गैस दानेदार जस्ते पर तनु H_2SO_4 की अभिक्रिया द्वारा प्राप्त की जाती है।

$$Zn + H_2SO_4 \longrightarrow ZnSO_4 + H_2$$

जल के विद्युत अपघटन द्वारा (By Electrolysis of Water)

$$H_2O \rightleftharpoons H^+ + OH^-$$

कैथोड पर $2H^+ + 2e^- \longrightarrow H_2 \uparrow$

ऐनोड पर $4OH^- \longrightarrow 2H_2O + O_2 + 4e^-$

जल गैस द्वारा (From water gas)

$$C + H_2O \longrightarrow \underbrace{CO + H_2}_{\text{जल गैस}}$$

जल की धातुओं पर क्रिया द्वारा (By the Reaction of Water Over Metals) सोडियम (Na), पोटैशियम (K), कैल्सियम (Ca) आदि साधारण ताप पर जल से क्रिया करके हाइड्रोजन देते हैं तथा अपने हाइड्रॉक्साइड बनाते हैं।

- ठण्डे जल की Na , K, Ca आदि क्रियाशील धातुओं से क्रिया करने पर

$$2Na + 2H_2O \longrightarrow 2NaOH + H_2 \uparrow$$
$$Ca + 2H_2O \longrightarrow Ca(OH)_2 + H_2 \uparrow$$

- जिंक (Zn), मैग्नीशियम (Mg), एल्युमीनियम (Al) आदि धातुएँ उबलते जल से क्रिया करके H_2 देती हैं।
- Fe, Mg, Ni, Co, Sn आदि धातुएँ लाल गर्म अवस्था में जल का अपघटन करके H_2 देती हैं।

$$Mg + H_2O \longrightarrow MgO + H_2 \uparrow$$
$$3Fe + 4H_2O \longrightarrow Fe_3O_4 + 4H_2 \uparrow$$

क्षारों से धातुओं की क्रिया द्वारा (By the Reaction of Bases with Metals) Al, Zn आदि धातुएँ उबलते सोडियम, पोटैशियम हाइड्रॉक्साइडों से क्रिया करके H_2 देती हैं।

$$Zn + 2NaOH \longrightarrow Na_2ZnO_2 + H_2 \uparrow$$
$$2Al + 2NaOH + 2H_2O \longrightarrow 2NaAlO_2 + 3H_2 \uparrow$$

तनु अम्लों से धातुओं की क्रिया द्वारा (By the Reaction of Metals with Acids) HCl, H_2SO_4 तथा HNO_3 की Zn, Fe, Mg इत्यादि धातुओं पर क्रिया द्वारा हाइड्रोजन प्राप्त होती है।

$$Zn + 2HCl \longrightarrow ZnCl_2 + H_2 \uparrow$$
$$Mg + H_2SO_4 \longrightarrow MgSO_4 + H_2 \uparrow$$

गुणधर्म (Properties)

भौतिक गुण (Physical Properties) यह रंगहीन, गन्धहीन, स्वादहीन, जल में बहुत कम विलेय, सभी गैसों से हल्की उदासीन गैस है।

दहन (Combustion) यह, ऑक्सीजन के साथ नीली लौ के साथ जलती है।

$$2H_2 + O_2 \longrightarrow 2H_2O$$

धातुओं से संयोग (Addition with Metals) यह, धातु से संयोग करके हाइड्राइड बनाती है।

$$2Na + H_2 \longrightarrow \underset{\text{सोडियम हाइड्राइड}}{2NaH}$$

अधातुओं से क्रिया (Reaction with Non-metals)

$$H_2 + S \longrightarrow H_2S$$
$$N_2 + 3H_2 \xrightarrow[\text{200 वायुदाब}]{\text{Fe } 450^\circ C} 2NH_3$$
$$H_2 + Cl_2 \xrightarrow{\text{सूर्य का प्रकाश}} 2HCl$$

अपचायक गुण (Reducing Properties) यह, ऑक्साइडों से क्रिया करके उन्हें धातुओं में अपचयित कर देती है।

$$CuO + H_2 \longrightarrow Cu + H_2O$$

हाइड्रोजनीकरण (Hydrogenation) 120°C पर निकिल चूर्ण की उपस्थिति में जब इसे वनस्पति तेलों में प्रवाहित करते हैं, तो तेल जमकर वनस्पति घी बन जाता है।

$$\text{वनस्पति तेल} + H_2 \xrightarrow[120-180^\circ C]{\text{Ni चूर्ण}} \text{वनस्पति घी}$$

उपयोग (Uses)

1. यह गुब्बारों में भरने के काम आती है।
2. यह काँच के तापानुशीतन (annealing) में प्रयुक्त की जाती है।

नाइट्रोजन (Nitrogen)

नाइट्रोजन का अणुसूत्र N_2 है। इसका परमाणु भार 14 तथा संयोजकता 3 है।

निर्माण की विधियाँ (Methods of Preparation)

प्रयोगशाला विधि (Laboratory Method) प्रयोगशाला में नाइट्रोजन सोडियम नाइट्राइट तथा अमोनियम क्लोराइड के सान्द्र विलयनों को गर्म करके बनाई जाती है।

$$NaNO_2 + NH_4Cl \longrightarrow NH_4NO_2 + NaCl$$

$$NH_4NO_2 \xrightarrow{\text{गर्म}} N_2 + 2H_2O$$

अमोनिया के आधिक्य की Cl_2 से क्रिया (By the Reaction of Cl_2 with Excess of Ammonia)

$$8NH_3 + 3Cl_2 \longrightarrow 6NH_4Cl + N_2\uparrow$$

अमोनियम डाइक्रोमेट को गर्म करने पर (By Heating Ammonium Dichromate)

$$(NH_4)_2Cr_2O_7 \xrightarrow{\text{गर्म}} Cr_2O_3 + 4H_2O + N_2\uparrow$$

गुणधर्म (Properties)

भौतिक गुणधर्म (Physical Properties) रंगहीन, स्वादहीन, हवा से हल्की, जल में बहुत कम विलेय, लिटमस के प्रति उदासीन गैस है।

दहन (Combustion) दहन में सहायक नहीं है लेकिन Mg का जलता हुआ तार गैस में जलता रहता है।

$$3Mg + N_2 \longrightarrow Mg_3N_2$$

धातुओं के साथ क्रिया (Reaction with Metals)

$$2Al + N_2 \longrightarrow 2AlN$$
$$6Li + N_2 \longrightarrow 2Li_3N$$

कैल्सियम कार्बाइड से क्रिया (Reaction with Calcium Carbide) उच्च ताप पर, नाइट्रोजन कैल्सियम कार्बाइड से क्रिया करके कैल्सियम सायनेमाइड बनाती है जो खाद के रूप में प्रयुक्त होता है

$$\underset{\text{कैल्सियम कार्बाइड}}{CaC_2} + N_2 \longrightarrow C + \underset{\text{कैल्सियम सायनेमाइड}}{CaCN_2}$$

उपयोग (Uses)

1. नाइट्रोजन द्वारा अनेक रासायनिक पदार्थ जैसे—नाइट्रिक अम्ल, कैल्सियम सायनेमाइड, अमोनिया, उर्वरक आदि बनाए जाते हैं।
2. ऑक्सीजन तथा नाइट्रोजन का 1 : 4 का मिश्रण कृत्रिम श्वसन के लिए प्रयोग किया जाता है।
3. इसे विद्युत बल्बों में भरा जाता है।
4. इसका प्रयोग चिप्स आदि के पैकिटों में निर्वात् उत्पन्न करने के लिए भी किया जाता है।

ऑक्सीजन (Oxygen)

इसका अणुसूत्र O_2 है। ऑक्सीजन का परमाणु भार 16 तथा संयोजकता 2 है।

निर्माण की विधियाँ (Methods of Preparation)

प्रयोगशाला विधि (Laboratory Method) प्रयोगशाला में O_2 गैस पोटैशियम क्लोरेट को MnO_2 (उत्प्रेरक) की उपस्थिति में गर्म करके बनाई जाती है।

$$\underset{\text{पोटैशियम क्लोरेट}}{2KClO_3} \xrightarrow[MnO_2\ \text{(उत्प्रेरक)}]{240°C} \underset{\text{पोटैशियम क्लोराइड}}{2KCl} + \underset{\text{ऑक्सीजन}}{3O_2\uparrow}$$

धातु ऑक्साइडों को गर्म करके (By Heating Metal Oxides)

$$2HgO \xrightarrow{\text{गर्म}} 2Hg + O_2\uparrow$$

ऑक्सी यौगिकों को गर्म करने पर (By Heating Oxy compounds)

$$2KNO_3 \longrightarrow 2KNO_2 + O_2$$
$$2KMnO_4 \longrightarrow K_2MnO_4 + MnO_2 + O_2$$

जल के वैद्युत अपघटन द्वारा (By Electrolysis of Water) इस प्रक्रम के द्वारा भी ऑक्सीजन का निर्माण किया जाता है।

गुणधर्म (Properties)

भौतिक गुण (Physical Properties) पारदर्शक, रंगहीन, स्वादहीन, गन्धहीन, वायु से भारी, लिटमस के प्रति उदासीन गैस हैं। ठण्डा करने पर यह नीले रंग के द्रव में बदल जाती है। द्रव ऑक्सीजन का क्वथनांक −183°C होता है। यह स्वयं नहीं जलती किन्तु जलने में सहायक है।

तत्वों से क्रिया (Reaction with Elements) यह तत्वों से क्रिया करके उनके ऑक्साइड बनाती है।

$$C + O_2 \longrightarrow CO_2,$$
$$2Mg + O_2 \longrightarrow 2MgO$$

नाइट्रिक ऑक्साइड से क्रिया (Reaction with Nitric oxide) ऑक्सीजन रंगहीन नाइट्रिक ऑक्साइड के सम्पर्क में आकर लाल भूरे रंग की नाइट्रोजन परॉक्साइड गैस बनाती है।

$$2NO + O_2 \longrightarrow 2NO_2$$

H_2S से क्रिया (Reaction with H_2S)

$$2H_2S + O_2 \longrightarrow 2H_2O + 2S\downarrow$$

उपयोग (Uses)

1. ऑक्सीजन, जीवित रहने के लिए आवश्यक है।
2. ऑक्सीजन, धातुओं को जोड़ने व काटने के काम आती है।
3. ऑक्सीजन, इस्पात बनाने में उपयोग की जाती है।
4. ऑक्सीजन, ऑक्सी हाइड्रोजन ज्वाला तथा ऑक्सी ऐसीटिलीन ज्वाला के रूप में उच्च तापमान उत्पन्न करने में प्रयुक्त होती है। इन ज्वालाओं के द्वारा धातुओं को जोड़ा जाता है।

क्लोरीन (Chlorine)

क्लोरीन का अणुसूत्र Cl_2 है। इसका परमाणु भार 35.5 तथा संयोजकता 1 है।

निर्माण की विधियाँ (Methods of Preparation)

प्रयोगशाला विधि (Laboratory Method) MnO_2 तथा सान्द्र HCl को गर्म करने पर क्लोरीन प्राप्त होती है।

$$\underset{\text{मैग्नीज डाइ ऑक्साइड}}{MnO_2} + \underset{\text{सान्द्र हाइड्रोक्लोरिक अम्ल}}{4HCl} \xrightarrow{\text{गर्म}} MnCl_2 + 2H_2O + \underset{\text{क्लोरीन}}{Cl_2\uparrow}$$

डीकन विधि (Decan's Method) इस प्रक्रम में HCl गैस तथा वायु के मिश्रण को Cu_2Cl_2 उत्प्रेरक पर 400-500°C पर प्रवाहित करते हैं

$$4HCl + O_2 \xrightarrow[450°C]{Cu_2Cl_2} 2H_2O + Cl_2$$

वैद्युत अपघटनी विधि (नैलसन विधि) [Electrolytic Method (Nelson's Method)] सोडियम क्लोराइड के जलीय विलयन का वैद्युत अपघटन करने पर ऐनोड पर क्लोरीन प्राप्त होती है।

$$NaCl \rightleftharpoons Na^+ + Cl^-$$
$$H_2O \rightleftharpoons H^+ + OH^-$$

ऐनोड पर $2Cl^- \longrightarrow Cl_2 \uparrow + 2e^-$

कैथोड पर $2H^+ + 2e^- \longrightarrow H_2 \uparrow$

गुणधर्म (Properties)

भौतिक गुण (Physical Properties) यह हरे-पीले रंग की वायु से ढाई गुना भारी, जल में कुछ विलेय गैस है।

SO_2 व CO के साथ क्रिया (Reaction with SO_2 and CO)

$$SO_2 + Cl_2 \longrightarrow SO_2Cl_2$$
$$CO + Cl_2 \longrightarrow COCl_2$$

बुझे हुए चूने के साथ क्रिया (Reaction with Slaked Lime)

$$Ca(OH)_2 + Cl_2 \longrightarrow \underset{\text{विरंजक चूर्ण}}{CaOCl_2} + H_2O$$

क्षारों से क्रिया (Reaction with Alkali)

$$\underset{\text{ठण्डा व तनु}}{2NaOH} + Cl_2 \longrightarrow NaCl + NaClO + H_2O$$

$$\underset{\text{गर्म व सान्द्र}}{6NaOH} + 3Cl_2 \longrightarrow 5NaCl + NaClO_3 + 3H_2O$$

विरंजक क्रिया (Bleaching Action) प्रबल ऑक्सीकारक होने के कारण यह तीव्र विरंजक है। यह गीले फूल, पत्तियों आदि का रंग उड़ा देती है। क्लोरीन जल के साथ क्रिया करके नवजात ऑक्सीजन उत्पन्न करती है जो फूल-पत्तियों आदि के रंगीन अवयवों से क्रिया करके उन्हें ऑक्सीकृत कर देती है तथा रंगहीन बना देती है।

$$H_2O + Cl_2 \longrightarrow 2HCl + [O]$$
$$\text{रंगीन पदार्थ} + [O] \longrightarrow \text{रंगहीन पदार्थ}$$

उपयोग (Uses)

1. इसका उपयोग जीवाणु-नाशन के लिए तथा सूती कपड़ों का रंग उड़ाने के लिए होता है।
2. इसका उपयोग सोने के निष्कर्षण में, पेट्रोल के शोधन में व गैमेक्सीन बनाने में होता है।
3. फॉस्फीन, मस्टर्ड गैस, क्लोरोपिक्रिन जैसी विषैली गैस बनाने में यह उपयोगी है।
4. धातु के निष्कर्षण एवं शोधन में इसका प्रयोग किया जाता है।

अमोनिया (Ammonia)

अमोनिया का अणुसूत्र NH_3 तथा अणुभार 17 होता है।

निर्माण की विधियाँ (Methods of Preparation)

प्रयोगशाला विधि (Laboratory Method) प्रयोगशाला में अमोनिया, अमोनियम क्लोराइड (नौसादर) को बुझे चूने के साथ गर्म करके बनाई जाती है।

$$2NH_4Cl + Ca(OH)_2 \xrightarrow{\text{गर्म}} CaCl_2 + 2H_2O + 2NH_3 \uparrow$$

- इसे शुष्क करने के लिए चूने (CaO) के बुर्ज से गुजारते हैं। निर्जलीकारक के रूप में P_4O_{10}, H_2SO_4 इत्यादि का प्रयोग इसलिए नहीं करते क्योंकि ये यौगिक अमोनिया से रासायनिक अभिक्रिया करते हैं।

अमोनियम लवणों की क्षार से क्रिया द्वारा (Reaction of Ammonium Salts with Alkali)

$$NH_4Cl + NaOH \longrightarrow NH_3 + NaCl + H_2O$$

$$(NH_4)_2SO_4 + 2NaOH \longrightarrow 2NH_3 + 2H_2O + Na_2SO_4$$

मैग्नीशियम नाइट्राइड की जल से अभिक्रिया द्वारा (Reaction of Magnesium Nitride with Water)

$$Mg_3N_2 + 6H_2O \longrightarrow 3Mg(OH)_2 + 2NH_3$$

कैल्सियम सायनेमाइड से (From Calcium Cyanamide)

$$CaCN_2 + \underset{\text{भाप}}{3H_2O} \longrightarrow CaCO_3 + 2NH_3$$

यूरिया को सोडालाइम के साथ गर्म करने पर (By Heating Urea with Sodalime)

$$NH_2CONH_2 + 2NaOH \xrightarrow{CaO} Na_2CO_3 + 2NH_3$$

औद्योगिक विधि (हैबर विधि) [Industrial Method (Haber's process)] इस विधि में अमोनिया, N_2 तथा H_2 से संश्लेषित की जाती है। N_2 व H_2 को 1 : 3 के अनुपात में 200 वायुमण्डल दाब पर Fe उत्प्रेरक पर 450°C पर प्रवाहित करने से अधिक मात्रा में NH_3 बनायी जाती है।

$$N_2 + 3H_2 \xrightarrow[\text{200 वायुदाब}]{Fe,\ 450°C} 2NH_3$$

गुणधर्म (Properties)

भौतिक गुण (Physical Properties) यह रंगहीन, तीव्र गन्ध वाली क्षारीय गैस है। यह जल में बहुत घुलनशील है। यह लाल लिटमस को नीला कर देती है। इसको सूँघने से आँखों में आँसू आ जाते हैं।

जलना (Combustion) ऑक्सीजन की अधिकता में यह पीली लौ के साथ जलती है।

$$4NH_3 + 3O_2 \longrightarrow 6H_2O + 2N_2$$

ऊष्मीय अपघटन (Thermal Decomposition)

$$2NH_3 \longrightarrow N_2 + 3H_2$$

HCl से अभिक्रिया (Reaction with HCl) हाइड्रोक्लोरिक अम्ल से भीगी छड़ अमोनिया के सम्पर्क में लाने पर अमोनियम क्लोराइड (NH_4Cl) का सफेद धुँआ बनता है।

क्षारीय गुण (Basic Property)

$$NH_3 + HCl \longrightarrow \underset{\text{सफेद धुँआ}}{NH_4Cl}$$
$$2NH_3 + H_2SO_4 \longrightarrow (NH_4)_2SO_4$$

हैलोजनों से क्रिया (Reaction with Halogens)

$$8NH_3 + 3Cl_2 \longrightarrow 6NH_4Cl + N_2$$
$$NH_3 + 3Cl_2 \longrightarrow NCl_3 + 3HCl$$
$$3I_2 + 4NH_3 \longrightarrow \underset{\text{विस्फोटक}}{NI_3} + 3NH_4I$$

कॉपर सल्फेट से क्रिया (Reaction with Copper Sulphate) कॉपर सल्फेट के घोल में प्रवाहित करने पर विलयन का रंग गहरा नीला हो जाता है।

$$CuSO_4 + 4NH_4OH \longrightarrow \underset{\text{गहरा नीला रंग}}{[Cu(NH_3)_4]SO_4} + 4H_2O$$

उपयोग (Uses)

1. इसका उपयोग नाइट्रोजन ट्राइक्लोराइड (NCl_3) नामक विस्फोटक पदार्थ बनाने में, बर्फ बनाने में, कृत्रिम रेशम बनाने में होता है।
2. अमोनिया के लवण अमोनियम नाइट्रेट (NH_4NO_3) तथा अमोनियम सल्फेट $[(NH_4)_2SO_4]$ खाद के रूप में प्रयोग किए जाते हैं।
3. अमोनिया का जलीय विलयन (NH_4OH) प्रयोगशाला अभिकर्मक के रूप में प्रयोग किया जाता है।
4. अमोनिया गैस 'अश्रु गैस' बनाने में भी प्रयुक्त की जाती है।

हाइड्रोजन क्लोराइड गैस (Hydrogen Chloride Gas)

हाइड्रोजन क्लोराइड गैस का अणुसूत्र HCl तथा अणुभार 36.5 है।

निर्माण की विधि (Methods of Preparation)

(i) **प्रयोगशाला विधि** (Laboratory Method)

$$\underset{\text{सोडियम क्लोराइड}}{2NaCl} + \underset{\text{सान्द्र सल्फ्यूरिक अम्ल}}{H_2SO_4} \longrightarrow Na_2SO_4 + 2HCl\uparrow$$

(ii) **संश्लेषण विधि** (Synthesis Method)

$$H_2 + Cl_2 \xrightarrow{\text{सूर्य का प्रकाश}} 2HCl$$

गुणधर्म (Properties)

भौतिक गुण (Physical Properties) यह रंगहीन, तीक्ष्ण गन्ध वाली, जल में अत्यधिक विलेय, हवा से भारी, अम्लीय गैस है। इस गैस का जलीय विलयन **हाइड्रोक्लोरिक अम्ल** कहलाता है।

लेड ऐसीटेट से क्रिया (Reaction with Lead Acetate) HCl अम्ल लेड ऐसीटेट से क्रिया करके लेड क्लोराइड का सफेद अवक्षेप बनाता है।

$$Pb(CH_3COO)_2 + 2HCl \longrightarrow \underset{\text{सफेद अवक्षेप}}{PbCl_2} + 2CH_3COOH$$

अमोनिया से क्रिया (Reaction with Ammonia) अमोनिया से क्रिया करके यह अमोनियम क्लोराइड का सफेद धुँआ बनाती है।

$$NH_3 + HCl \longrightarrow NH_4Cl$$

सिल्वर नाइट्रेट से क्रिया (Reaction with Silver Nitrate) सिल्वर नाइट्रेट के साथ क्रिया करके यह सिल्वर क्लोराइड (AgCl) का सफेद अवक्षेप बनाती है।

उपयोग (Uses)

1. अम्ल राज बनाने में,
2. औषधियों के निर्माण में,
3. कपड़ा रंगने, चमड़ा साफ करने में।

स्मरणीय बिन्दु

- HCl सिल्वर नाइट्रेट से क्रिया करके AgCl का सफेद अवक्षेप देता है। यह परीक्षण Cl^- की उपस्थिति का पता लगाने के लिए किया जाता है।
$$HCl + AgNO_3 \longrightarrow AgCl + HNO_3$$
- ऑक्सीजन को यह नाम लेवोशिए ने दिया था।
- अमोनिया तथा ऑक्सीजन साथ-साथ जलने पर ज्वाला को पीला रंग देते हैं।
- NH_3 को अश्रु गैस के नाम से भी जाना जाता है।
- प्रीस्टले ने हाइड्रोजन क्लोराइड को 'नमक का सत' नाम दिया था।

अभ्यास प्रश्न

1. ऑक्सीजन गैस है
(a) अम्लीय (b) क्षारीय
(c) न ही अम्लीय न ही क्षारीय (d) इनमें से कोई नहीं

2. धातुओं के लवणों पर अमोनिया की क्रिया से
(a) लवण अपघटित होते हैं
(b) धातुओं के हाइड्रॉक्साइड अवक्षेपित होते हैं
(c) अमोनिया अपघटित होती है
(d) धातुओं के हाइड्राइड बनते हैं

3. हाइड्रोजन को सुखाने के लिए सान्द्र H_2SO_4 प्रयोग नहीं करते, क्योंकि
(a) यह हाइड्रोजन से क्रिया करता है
(b) उसके अन्दर से हाइड्रोजन प्रवेश नहीं करती
(c) H_2 अम्ल के वातावरण में जलने लगती है
(d) H_2SO_4 में अशुद्धियाँ होती हैं

4. नाइट्रोजन विद्युत बल्ब को भरने में प्रयोग की जाती है, क्योंकि
(a) यह वायु से हल्की होती है
(b) इससे बल्ब अधिक प्रकाशित होता है
(c) यह ज्वलन में सहायता नहीं करती
(d) यह जहरीली नहीं है

5. सल्फर डाइऑक्साइड का जलीय विलयन होता है
(a) क्षारीय (b) अम्लीय
(c) उदासीन (d) इनमें से कोई नहीं

6. ठण्डे जल से हाइड्रोजन उत्पन्न करने वाला तत्व है
(a) Zn (b) Mg (c) Al (d) Na

7. नाइट्रोजन, हाइड्रोजन से क्रिया करके अमोनिया बनाता है
(a) Fe तथा Mo की उपस्थिति में
(b) Mo की उपस्थिति में
(c) 100°C तक गर्म करने पर
(d) लगभग 100°C तक गर्म करने पर

8. सल्फर डाइऑक्साइड का नाम रखने वाले वैज्ञानिक का नाम है
(a) प्रीस्टले (b) शीले
(c) रदरफोर्ड (d) लेवोशिए

9. SO_2 के जार में मैग्नीशियम जलता रहता है और बनता है
(a) नवजात ऑक्सीजन (b) नवजात हाइड्रोजन
(c) हाइड्रोजन (d) ऑक्सीजन

10. नाइट्रोजन गैस
(a) वायु के समान है (b) वायु से भारी है
(c) वायु से हल्की है (d) इनमें से कोई नहीं

11. नाइट्रोजन का लिटमस के प्रति व्यवहार है
(a) अम्लीय (b) क्षारीय
(c) उदासीन (d) अम्लीय तथा क्षारीय

12. HCl तथा $AgNO_3$ की अभिक्रिया से प्राप्त होने वाला अवक्षेप का रंग होगा
(a) हरा (b) सफेद (c) काला (d) नीला

13. हाइड्रोजन सल्फाइड गैस की गन्ध होती है
(a) मछली की (b) जले हुए सल्फर की
(c) सड़े हुए अण्डे की (d) इनमें से कोई नहीं

15. सल्फर डाइऑक्साइड (SO_2) नहीं है
(a) अपचायक (b) रोगाणुनाशक
(c) क्षारीय ऑक्साइड (d) विरंजक

16. SO_2 क्लोरीन जल से क्रिया करके बनाती है
(a) SO_2Cl_2 (b) H_2SO_4 + HCl
(c) HCl + SO_2Cl_2 (d) इनमें से कोई नहीं

17. निम्न में से कौन-सा पदार्थ गर्म करने से अमोनिया या अमोनिया युक्त यौगिक नहीं देता?
(a) NH_4Cl (b) NH_4OH
(c) NH_4NO_3 (d) $(NH_4)_2CO_3$

18. कॉस्टिक सोडे पर अमोनियम क्लोराइड की क्रिया से प्राप्त होने वाली गैस है
(a) Cl_2 (b) HCl
(c) N_2 (d) NH_3

19. वह गैस जो लाल लिटमस को नीला कर देती है तथा जल में अत्यधिक विलेय है
(a) Cl_2 (b) SO_2
(c) NH_3 (d) इनमें से कोई नहीं

20. NaOH विलयन में SO_2 प्रवाहन से बनता है
(a) Na_2SO_4 (b) Na_2SO_3
(c) Na_2S (d) इनमें से कोई नहीं

21. नाइट्रोजन धातु के साथ संयोग करके बनाती है
(a) नाइट्राइट (b) नाइट्रेट
(c) नाइट्राइड (d) सायनाइड

22. हाइड्रोजन क्लोराइड निम्न के साथ सफेद धुआँ देती है
(a) NH_3 (b) N_2
(c) Cl_2 (d) O_2

23. निम्न में से आँसू गैस है
(a) SO_2 (b) H_2S
(c) NH_3 (d) HCl

24. ऑक्सीजन गैस
(a) न तो स्वयं जलती है और न ही जलने में सहायक होती है
(b) स्वयं जलती है, परन्तु जलने में सहायक नहीं होती है
(c) स्वयं नही जलती, परन्तु जलने में सहायक होती है
(d) स्वयं जलती है, तथा जलने में सहायक भी होती है

25. रासायनिक खाद बनाने के लिए अमोनिया बनायी जाती है
(a) NH_4Cl को बुझे चुने के साथ गर्म करके
(b) $N_2 + H_2$ में विद्युत उत्पन्न करके
(c) $N_2 + H_2$ को उच्च दाब व ताप पर उत्प्रेरक के साथ रखकर
(d) HNO_3 का अपचयन करके

26. हाइड्रोजन क्लोराइड को निम्न के द्वारा शुष्क किया जाता है
(a) P_4O_{10} (b) CaO
(c) सान्द्र HCl (d) इनमें से कोई नहीं

27. निम्न में ऐसी गैस जिसका वाष्प घनत्व 17 है
(a) H_2S (b) SO_2
(c) NH_3 (d) HCl

28. O_2 का नाम रखने वाले वैज्ञानिक का नाम है
(a) प्रीस्टले (b) शीले
(c) बॉयल (d) लेवोशिए

29. अमोनिया तथा ऑक्सीजन साथ-साथ जलने पर उत्पन्न ज्वाला को रंग देती है
(a) नीला (b) पीला
(c) हरा (d) काला

30. हैबर विधि द्वारा अमोनिया के व्यापारिक उत्पादन में उत्प्रेरक है
(a) Pt (b) Ni
(c) Fe (d) Mo

31. हाइड्रोजन गैस जलती है
(a) पीली लौ से (b) नीली लौ से
(c) हरी लौ से (d) नीली लाल लौ से

32. अमोनिया को निम्नलिखित में से किस पर गुजार कर H_2 प्राप्त होती है?
(a) रक्त तप्त रजत (b) रक्त तप्त सोडियम
(c) दहकता कोयला (d) रक्त तप्त ताँबा

33. H_2S को शुष्क करने के लिए प्रयुक्त होता है
(a) H_2SO_4 (b) $CaCl_2$
(c) P_4O_{10} (d) KOH

34. नौसादर को एक परखनली में गर्म करने पर परखनली के मुँह पर लाल लिटमस कागज पहले नीला फिर लाल हो जाता है क्योंकि
(a) नौसादर की वाष्प क्षारीय भी है और अम्लीय भी
(b) पहले NH_3 फिर HCl गैस निकलती है
(c) पहले Cl_2 फिर NH_3 गैस निकलती है
(d) पहले HCl फिर NH_3 गैस निकलती है

35. जल में अमोनिया गैस
(a) कम विलेय है (b) अविलेय है
(c) विलेय है (d) अत्यधिक विलेय है

36. वनस्पति तेल से घी बनाने की क्रिया को कहते हैं
(a) अधिधारण
(b) हाइड्रोजनीकरण
(c) हाइड्रेशन
(d) जमना

उत्तरमाला

1. (c)	**2.** (b)	**3.** (c)	**4.** (c)	**5.** (b)	**6.** (d)	**7.** (a)	**8.** (d)	**9.** (b)	**10.** (c)
11. (b)	**12.** (b)	**13.** (c)	**14.** (c)	**15.** (c)	**16.** (a)	**17.** (c)	**18.** (d)	**19.** (c)	**20.** (b)
21. (c)	**22.** (a)	**23.** (c)	**24.** (c)	**25.** (c)	**26.** (c)	**27.** (a)	**28.** (d)	**29.** (b)	**30.** (c)
31. (b)	**32.** (b)	**33.** (a)	**34.** (b)	**35.** (d)	**36.** (b)				

15
ईंधन
Fuel

ईंधन (Fuel)

वे पदार्थ, जो जलने पर ऊर्जा उत्पन्न करते हैं, ईंधन कहलाते हैं। जैसे—लकड़ी, कोयला, कैरोसीन (मिट्टी का तेल), डीजल, पेट्रोल तथा द्रवित पेट्रोलियम गैस (LPG) आदि। अधिकांश ईंधन कार्बन और हाइड्रोजन के यौगिक होते हैं।

ईंधनों का वर्गीकरण (Classification of Fuels)

भौतिक अवस्था के आधार पर ईंधन निम्न तीन प्रकार के होते हैं।

(i) **ठोस ईंधन** (Solid Fuel) जैसे—लकड़ी, कोयला, चारकोल, पैराफिन मोम आदि।

(ii) **द्रव ईंधन** (Liquid Fuel) जैसे—डीजल, पेट्रोल, मिट्टी का तेल, ऐल्कोहॉल आदि।

(iii) **गैसीय ईंधन** (Gaseous Fuel) जैसे—पेट्रोलियम गैस (LPG), प्राकृतिक गैस, कोल गैस, वाटर गैस, प्रोड्यूसर गैस, बायो गैस आदि।

प्रमुख गैसीय ईंधन, उनके संघटन एवं स्रोत

गैसीय ईंधन	संघटन	स्रोत
प्राकृतिक गैस	मेथेन (83%) + एथेन	पेट्रोलियम के कुओं से
द्रवित पेट्रोलियम गैस	एथेन + प्रोपेन + ब्यूटेन	तेल के कुओं से
कोल गैस	$H_2 + CH_4 + C_2H_4 + C_2H_2 + CO$	लकड़ी के भंजक आसवन से
भाप अंगार गैस	$CO + H_2$	रक्त तप्त कोक पर भाप प्रवाहित करके
वायु अंगार गैस	$CO + N_2$	रक्त तप्त कोक पर वायु की अपर्याप्त मात्रा प्रवाहित करके
तेल गैस	$CH_4 + C_2H_4 + C_2H_2$	कैरोसीन के भंजक आसवन से

द्रवीय एवं गैसीय ईंधनों का महत्त्व (Importance of Gaseous and Liquid Fuels) ठोस की अपेक्षा द्रव व गैसीय ईंधन अधिक लाभकारी होते हैं।

इनके मुख्य लाभ निम्न हैं

1. द्रव व गैसीय ईंधनों का प्रयोग आसानी से किया जा सकता है।

2. द्रव व गैस जलने के पश्चात् कोई अवशेष नहीं छोड़ते लेकिन ठोस ईंधन जलने के बाद अवशेष (राख) छोड़ते हैं।

3. द्रव व गैसीय ईंधन आसानी से जलते हैं क्योंकि इनका ज्वलन ताप कम होता है लेकिन ठोस ईंधनों का ज्वलन ताप अधिक होता है।

4. द्रव व गैसीय ईंधन जलने पर धुँआ नहीं छोड़ते लेकिन ठोस ईंधन धुएँ के साथ जलते हैं।

5. द्रव व गैसीय ईंधन का कैलोरी मान उच्च होने के कारण वे ठोस की अपेक्षा अधिक ऊष्मा उत्पन्न करते हैं।

उत्पत्ति के आधार पर ईंधन निम्न दो प्रकार के होते हैं

(i) **प्राथमिक ईंधन** (Primary Fuels) वे ईंधन जिन्हे सीधे प्रकृति से प्राप्त किया जाता है तथा जो जलाने पर सीधे ऊष्मा देते हैं, प्राथमिक ईंधन कहलाते हैं। जैसे लकड़ी, कोयला, पेट्रोलियम आदि।

(ii) **द्वितीयक ईंधन** (Secondary Fuels) वे ईंधन जो प्राथमिक ईंधनों से प्राप्त किये जाते हैं, द्वितीयक ईंधन कहलाते हैं। जैसे पेट्रोल, डीजल, कैरोसीन, भाप अंगार गैस, कोल गैस आदि।

ईंधनों का ऊष्मीय मान (Calorific Values of Fuels)

किसी ईंधन की एक ग्राम मात्रा को वायु या ऑक्सीजन में जलाने पर जितनी ऊष्मा उत्पन्न होती है उसे उस ईंधन का **ऊष्मीय मान** (calorific value) कहते हैं। उत्पन्न ऊष्मा को कैलोरी, किलोकैलोरी या जूल में व्यक्त किया जाता है। जैसे—C का ऊष्मीय मान 7.83 किलोकैलोरी/ग्राम है।

कुछ ईंधनों के ऊष्मीय मान

ईंधन	ऊष्मीय मान (किलो जूल/ग्राम)
कोयला	25-32
मिट्टी का तेल	48
पेट्रोल	50
डीजल	45
बायो गैस	35-40
LPG गैस	50
लकड़ी	17
गोबर के कण्डे	6-8
एथेनॉल	30
मेथेन	55
हाइड्रोजन	150
प्राकृतिक गैस	35-50

■ **उदाहरण** *एक बर्नर में 2 ग्राम ईंधन का 40 सेकण्ड में पूर्णत: दहन होता है जिसके फलस्वरूप 100 किलोजूल ऊष्मा प्राप्त होती है। ईंधन का कैलोरी मान कितना है?*

हल चूँकि 2 ग्राम ईंधन के दहन से ऊष्मा मुक्त होती है = 100 किलोजूल

अत: 1 ग्राम ईंधन के दहन से ऊष्मा मुक्त होगी $= \frac{100}{2} = 50$ किलोजूल

अत: ईंधन का ऊष्मीय मान 50 किलोजूल है।

आदर्श ईंधन के गुण (Characteristics of Good Fuel)

1. ईंधन सस्ता एवं आसानी से उपलब्ध होना चाहिए।
2. ईंधन को जलाने पर हानिकारक व विषैली गैस उत्पन्न नहीं होनी चाहिए।
3. इसका ज्वलन ताप उचित होना चाहिए ताकि यह आसानी से जलाया जा सके।
4. ईंधन का ऊष्मीय मान अधिक होना चाहिए।
5. ईंधन का भण्डारण सुरक्षित होना चाहिए।
6. इसे सुविधापूर्वक व सुरक्षित रूप से एक स्थान से दूसरे स्थान तक लाया जाया जा सकता हो।

जीवाश्म ईंधन (Fossil Fuels)

इनका निर्माण करोड़ों वर्षों तक पृथ्वी की सतह में गहरे दबे हुए वनस्पति अवशेषों से हुआ है। ये ऊर्जा युक्त कार्बनिक यौगिक हैं जो पृथ्वी की सतह के नीचे से निकाले जाते हैं। जैसे—कोयला, पेट्रोलियम आदि।

कोयला (Coal)

कोयला एक महत्त्वपूर्ण जीवाश्म ईंधन है। यह वास्तव में कार्बन, हाइड्रोजन तथा ऑक्सीजन के यौगिकों तथा कुछ मुक्त कार्बन का मिश्रण है। इसमें थोड़ी मात्रा में सल्फर तथा नाइट्रोजन के यौगिक भी होते हैं।

कोयले की मुख्यत: तीन किस्में होती हैं

(i) **भूरा कोयला** (लिग्नाइट) (Brown Coal or Lignite) इसमें 38% कार्बन, 19% अन्य दाहक पदार्थ तथा लगभग 43% नमी होती है।

(ii) **बिटुमेनी** (अमरयुक्त) **कोयला** (Bituminous Coal) इसमें लगभग 65% कार्बन, 10% अन्य दाहक पदार्थ तथा 25% नमी होती है।

(iii) **ऐन्थ्रासाइट कोयला** (Anthracite Coal) यह सबसे शुद्ध होता है। इसमें 96% कार्बन, 1% अन्य दाहक पदार्थ तथा केवल 3% नमी होती है।

कोयले का भंजक आसवन (Fractional Distillation of Coal)

कोयले को वायु की अनुपस्थिति में अधिक ताप पर गर्म करने पर यह कोक में परिवर्तित हो जाता है। इसे कोयले का **भंजन आसवन** कहते हैं। इस प्रक्रिया में कौल गैस, कोलतार तथा कुछ अमोनियामय यौगिक भी प्राप्त होते हैं।

(i) **कोल गैस** (Coal gas) यह मुख्यत: हाइड्रोजन, मेथेन तथा कार्बन मोनॉक्साइड का मिश्रण है यह एक अच्छा ईंधन हैं। धातुकर्म प्रक्रमों में इसका उपयोग अपचायक वायुमण्डल बनाने में किया जाता है।

(ii) **कोक** (Coke) यह 98% कार्बन है जो एक अच्छा ईंधन हैं। इसका उपयोग प्रोड्यूसर गैस एवं भाप अंगार गैस में ईंधन के रूप में तथा धातु निष्कर्षण में अपचायक के रूप में होता है।

(iii) **चारकोल** (Charcoal) जब लकड़ी को कम वायु की उपस्थिति में जलाया जाता है तो लकड़ी में उपस्थित वाष्पशील पदार्थ बाहर निकल जाते हैं तथा काले रंग का अवशेष बच जाता है जिसे चारकोल (लकड़ी का कोयला) कहते हैं। इसका उपयोग धातुकर्म में अपचायक के रूप में होता है।

पेट्रोलियम (Petroleum)

यह एक विशेष गन्धयुक्त भूरे रंग का गाढ़ा तेलीय पदार्थ है जो पृथ्वी की सतह के नीचे चट्टानों के नीचे पाया जाता है। यह अनेक हाइड्रोकार्बनों का मिश्रण है। इसे **कच्चा तेल** (crude oil) भी कहते हैं। तेल कूपों से प्राप्त कच्चे पेट्रोलियम तेल को उसके लाभदायक अवयवों अथवा प्रभाजों में पृथक करने को **शोधन** कहते हैं। पेट्रोलियम का शोधन प्रभाजी आसवन के द्वारा किया जाता है।

पेट्रोलियम के शोधन से प्राप्त पदार्थ एवं उनका संक्षिप्त विवरण

क्र. सं.	प्रभाज का नाम	घटकों का क्वथन परास	अणुओं में कार्बन परमाणुओं की संख्या
1.	प्राकृतिक गैस	30°C तक	$C_1 — C_4$
2.	पेट्रोल (गैसोलीन)	30°C-175°C	$C_5 — C_{12}$
3.	कैरोसीन	175°C-275°C	$C_{12} — C_{16}$
4.	गैस तेल या डीजल तेल	275°C-350°C	$C_{15} — C_{18}$
5.	स्नेहक तेल, वैसलीन तथा पैराफिन मोम	350°C से अधिक	$C_{18} — C_{30}$
6.	एस्फाल्ट या पिच	अवशेष	C_{30} तथा अधिक

कुछ अन्य ईंधन (Some Other Fuels)

प्राकृतिक गैस (Natural Gas)

यह मेथेन, एथेन तथा प्रोपेन का मिश्रण है। इसमें 80–90% मेथेन होती है। यह एक अच्छा ईंधन है। इसका ऊष्मीय मान लगभग 50 किलोजूल होता है।

द्रवित पेट्रोलियम गैस (Liquified Petroleum Gas, LPG)

इसमें मुख्यत: प्रोपेन तथा ब्यूटेन गैसें होती हैं। भारत में उपलब्ध LPG में ब्यूटेन का अनुपात अधिक होता है। इसका कैलारी मान लगभग 50 किलोजूल होता है। गैस रिसाव का पता लगाने के लिए एक अत्यन्त अप्रिय गन्ध वाला पदार्थ एथिल मरकैप्टन (C_2H_5SH) इसमें मिला दिया जाता है।

बायो गैस या गोबर गैस (Bio Gas or Gobar Gas)

गोबर गैस संयन्त्रों में गोबर तथा अन्य कार्बनिक अपशिष्ट (waste) पदार्थों के वायु की अनुपस्थिति में सड़ने-गलने से गोबर गैस (या जैव गैस या बायो गैस) प्राप्त होती है। बायो गैस का औसतन संगठन निम्न प्रकार है— $CH_4 = 55\%$, $CO_2 = 35\%$, $H_2 = 7.5\%$, $N_2 = 2.4\%$ तथा अल्प मात्रा में H_2O व अन्य गैसें।

ज्वाला (Flame)

आग का सम्पूर्ण क्षेत्र गर्म नहीं होता, केवल कुछ क्षेत्र ही गर्म रहता है, इसी गर्म क्षेत्र को ज्वाला कहते हैं।

ज्वाला के भाग (Regions of Flame)

ज्वाला के तीन भाग होते हैं।

1. **ज्वाला का सबसे भीतरी भाग** (Inner Most Region of Flame) यह ईंधन के बिना जले कार्बन कणों की उपस्थिति के कारण काला होता है। इस भाग में सबसे कम ऊष्मा होती है।
2. **मध्य भाग** (Middle Region) यह ईंधन के अपूर्ण दहन का क्षेत्र होता है। इस भाग में कार्बन के अपूर्ण दहन के कारण कार्बन के कुछ कण गर्म होकर ज्वाला के ऊपर की ओर जाते हैं तथा अधिक गर्म होकर पीली ज्वाला देते हैं।
3. **सबसे बाहरी भाग** (Outer Most Region) इसमें ईंधन का पूर्ण रूप से दहन होता है इस भाग का ताप सबसे अधिक होता है। यह नीले रंग का क्षेत्र होता है।

ज्वाला के प्रकार (Types of Flame)

ज्वाला दो प्रकार की होती है

(i) **नीली ज्वाला या अदीप्त ज्वाला** (Blue Flame or Non-luminous Flame) ईंधन के ऑक्सीजन की अधिक मात्रा के साथ जलने पर ज्वाला के सबसे बाहरी भाग का क्षेत्र अधिकतम होता हैं अर्थात् ज्वाला का रंग नीला होता है तथा ज्वाला प्रकाशमान नहीं होती है। इस प्रकार की ज्वाला को नीली ज्वाला या अदीप्त ज्वाला कहते हैं।

(ii) **पीली ज्वाला या दीप्त ज्वाला** (Yellow Flame or Luminous Flame) जब ईंधन ऑक्सीजन की कम मात्रा के साथ जलता है तो दहन पूर्ण रूप से नहीं हो पाता है तथा ज्वाला के मध्य भाग का क्षेत्र अधिकतम होता है अर्थात् ज्वाला का रंग पीला होता है तथा ज्वाला प्रकाशमान होती है। इस प्रकार की ज्वाला को पीली ज्वाला या दीप्त ज्वाला कहते हैं।

अभ्यास प्रश्न

1. एक आदर्श ईंधन की विशेषता है
(a) निम्न कैलारी मान (b) उच्च कैलोरी मान
(c) उच्च ज्वलन ताप (d) पर्याप्त बचे अवशेष

2. द्वितीयक ईंधन का निम्न उदाहरण है
(a) प्राकृतिक गैस (b) कोयला
(c) कोक (d) पेट्रोलियम

3. लकड़ी होती है
(a) हाइड्रोकार्बन
(b) हाइड्रोकार्बन का मिश्रण
(c) कार्बोहाइड्रेट का मिश्रण
(d) अकार्बनिक तत्वों का मिश्रण

4. बायों गैस का ऊष्मीय मान (calorific value) 35 किलोजूल/ग्राम है। 0.5 किग्रा बायो गैस को जलाने पर कितनी ऊर्जा उत्पन्न होगी?
(a) 17.5×10^6 जूल (b) 17×10^6 जूल
(c) 1.75×10^6 जूल (d) 18.5×10^6 जूल

5. निम्न में से किसका कैलोरीमान सर्वाधिक है?
(a) ब्यूटेन (b) एथेन
(c) प्राकृतिक गैस (d) मेथेन

6. निम्नलिखित में से सबसे अधिक ऊष्मीय मान है
(a) मिट्टी का तेल (b) बायो गैस
(c) ब्यूटेन (d) एथेनॉल

7. निम्नलिखित में से किसका ऊष्मीय मान न्यूनतम है?
(a) ऐन्थ्रासाइट कोयला (b) मेथेन
(c) लिग्नाइट (d) बिटुमिनयुक्त कोयला

8. LPG के रिसाव का पता लगाने के लिए उसमें मिलाया जाता है
(a) एथिल मरकैप्टन (b) एथिल ऐल्कोहॉल
(c) एथिल ब्रोमाइड (d) बेन्जीन

9. हाइड्रोजन गैस का कैलोरीमान बहुत ऊँचा होता है लेकिन फिर भी इसे ईंधन के रूप में प्रयोग नहीं करते क्योंकि
(a) यह विस्फोटक है (b) धुँआ अधिक होता है
(c) यह गैस है (d) यह महँगा है

10. सौर-ऊर्जा का जो भाग पृथ्वी पर पहुँचता है वह है कुल सौर का
(a) 47% (b) 53%
(c) 60% (d) 100%

11. कोयले का वह प्रकार जिसमें कार्बन की प्रतिशतता उच्चतम होती है, है
(a) ऐन्थ्रासाइट (b) बिटुमिनयुक्त कोयला
(c) लिग्नाइट (d) पीट

12. निम्नलिखित गैसों में से किस गैस का ऊष्मीय मान सबसे अधिक है?
(a) हाइड्रोजन (b) मेथेन
(c) तरलीकृत पेट्रोलियम गैस (d) बायो गैस

13. कोयला निम्न प्रकार में पाया जाता है
(a) लिग्नाइट (b) नाइटर
(c) एलम (d) क्रायोलाइट

14. LPG मुख्यतया निम्न का मिश्रण है
(a) मेथेन तथा एथेन (b) मेथेन तथा हाइड्रोजन
(c) ब्यूटेन तथा आइसो ब्यूटेन (d) एथेन तथा एथिलीन

15. $C + O_2 \longrightarrow CO_2 + 94.3$ किलोकैलारी
उपरोक्त के आधार पर कार्बन का कैलोरीमान है
(a) 94.3 (b) 7.86 (c) 44 (d) 12

16. 2 ग्राम ईंधन जलकर 66 जूल तापीय ऊर्जा देता है। ईंधन का कैलारी मान है
(a) 33 जूल (b) 66 जूल
(c) 3.3 जूल (d) 6.6 जूल

17. द्रव पेट्रोलियम गैस में मुख्य अवयव हैं
(a) मेथेन, एथेन तथा हेक्सेन
(b) मेथेन, पेन्टेन तथा हेक्सेन
(c) एथेन, प्रोपेन, ब्यूटेन
(d) मेथेन, कार्बन मोनॉक्साइड तथा हाइड्रोजन

18. बायो गैस संयन्त्र में बायो गैस उत्पादन की दर अनुकूलतम होती है
(a) 3°C पर (b) 10°C पर
(c) 15°C पर (d) 25°C पर

19. निम्नलिखित ईंधनों में किसका ऊष्मीय मान अधिकतम है?
C_2H_6, C_3H_8, C_3H_7OH, C_3H_7COOH
(a) C_2H_6 (b) C_3H_7OH
(c) C_3H_7COOH (d) C_3H_8

20. कैरोसीन शीघ्र आग नहीं पकड़ता जबकि पेट्रोल शीघ्र आग पकड़ लेता है, क्योंकि
(a) कैरोसीन का ज्वलन ताप पेट्रोल से कम होता है
(b) कैरोसीन का ज्वलन ताप पेट्रोल से अधिक होता है
(c) पेट्रोल का ज्वलन ताप कैरोसीन से अधिक होता है
(d) पेट्रोल का ज्वलन ताप कैरोसीन के सामान होता है

उत्तरमाला

1. (b)	**2.** (c)	**3.** (c)	**4.** (a)	**5.** (d)	**6.** (c)	**7.** (c)	**8.** (a)	**9.** (a)	**10.** (a)
11. (a)	**12.** (a)	**13.** (a)	**14.** (c)	**15.** (c)	**16.** (a)	**17.** (c)	**18.** (d)	**19.** (c)	**20.** (b)

16

कार्बनिक यौगिकों का वर्गीकरण एवं नामकरण

Classification and Nomenclature of Organic Compounds

कार्बनिक रसायन का परिचय
(Introduction to Organic Chemistry)

रसायन विज्ञान की वह शाखा जिसके अन्तर्गत कार्बन युक्त यौगिकों (कार्बोनेटों, बाइकार्बोनेटों, ऑक्साइडों तथा सायनाइडों को छोड़कर) का अध्ययन किया जाता है, कार्बनिक रसायन कहलाती है। सन् 1928 से पहले ऐसा माना गया था कि कार्बन युक्त यौगिकों के निर्माण के लिए जैव शक्ति की आवश्यकता है। सन् 1828 में व्होलर ने यूरिया के निर्माण द्वारा जैव शक्ति सिद्धान्त को असत्य सिद्ध कर दिया।

- भोजन (जैसे—चीनी, प्रोटीन आदि) सभी कार्बनिक पदार्थ हैं तथा सूती, ऊनी व रेशमी कपड़े भी कार्बनिक रसायन की ही देन हैं। औषधियाँ जैसे—स्ट्रेप्टोमाइसीन, क्लोरोफॉर्म, यूरोट्रोपिन आदि के संश्लेषण में तथा कृषि में, युद्ध में, ईंधन के रूप में कार्बनिक पदार्थों का महत्त्वपूर्ण योगदान है।
- कार्बन युक्त यौगिक कार्बनिक यौगिक कहलाते हैं।

कार्बनिक तथा अकार्बनिक यौगिकों में अन्तर

क्र.सं.	कार्बनिक यौगिक	अकार्बनिक यौगिक
1.	कार्बनिक यौगिक ज्वलनशील व विद्युत के कुचालक होते हैं।	अकार्बनिक यौगिक अज्वलनशील व विद्युत के सुचालक होते हैं।
2.	ये आयनीकृत नहीं होते तथा इनके गलनांक तथा क्वथनांक कम होते हैं।	ये जल में घोलने पर आयनीकृत हो जाते हैं तथा इनके गलनांक व क्वथनांक उच्च होते हैं।
3.	कार्बनिक यौगिकों में सहसंयोजक बन्ध होते हैं तथा इनमें एक विशेष प्रकार की गन्ध होती है।	अधिकतर अकार्बनिक यौगिकों के मध्य विद्युत संयोजक बन्ध उपस्थित होता है तथा ये प्रायः रंगहीन तथा गन्धहीन होते हैं।
4.	कार्बनिक यौगिक जल में अविलेय तथा कार्बनिक विलायकों (जैसे ऐल्कोहॉल, ईथर आदि) में विलेय होते हैं।	ये प्रायः जल में विलेय तथा कार्बनिक विलायकों में अविलेय होते हैं।

कार्बनिक यौगिक (Organic Compounds)

आधुनिक परिभाषा के अनुसार, कार्बोनेटों, बाइकार्बोनेटों, ऑक्साइडों को छोड़कर कार्बन के सभी यौगिक कार्बनिक यौगिक कहलाते हैं।

कार्बनिक यौगिकों की मुख्य विशेषताएँ
(Main Characteristics of Organic Compounds)

कार्बनिक यौगिकों की मुख्य विशेषताएँ निम्न हैं

1. इन यौगिकों में, कार्बन मुख्य तत्व होता है। इसके अतिरिक्त अन्य मुख्य तत्व हाइड्रोजन, नाइट्रोजन, ऑक्सीजन, सल्फर तथा हैलोजन हैं।
2. कार्बनिक यौगिकों में सहसंयोजक बन्ध अवश्य होता है। ये प्रायः कार्बनिक विलायकों में विलेय होते हैं।
3. कार्बन की चारों संयोजकताएँ समान होती हैं जो अन्तराकाश में समान रूप से वितरित होती हैं।
4. कार्बन परमाणु समचतुष्फलकीय प्रकृति को प्रदर्शित करता है तथा कार्बन की प्रत्येक संयोजकताओं के बीच **109°28' का कोण** होता है।

कार्बनिक यौगिकों के गुण निम्न तीन बातो पर निर्भर करते हैं

1. **कार्बन के परमाणुओं की संख्या पर** कार्बन परमाणुओं की संख्या अधिक होने पर यौगिकों के गलनांक व क्वथनांक बढ़ जाते हैं तथा रासायनिक क्रिया की गति मन्द होती जाती है।
2. **कार्बन परमाणुओं के मध्य उपस्थित बन्धों पर** एकल बन्ध युक्त यौगिकों की अपेक्षा द्विबन्ध तथा त्रिबन्ध वाले यौगिक क्रमानुसार अधिक क्रियाशील होते हैं।
3. **यौगिक में उपस्थित अभिक्रियात्मक समूह पर।**

कार्बनिक यौगिक दो मूलकों से बना होता है

1. **ऐल्किल मूलक** (Alkyl Radical) इस पर यौगिक के भौतिक गुण निर्भर करते हैं, जैसे—मेथिल ($—CH_3$), एथिल ($—C_2H_5$) प्रोपिल ($—C_3H_7$) आदि।
2. **अभिक्रियात्मक समूह** (Functional Group) इस पर यौगिक के रासायनिक गुण निर्भर करते हैं। मुख्य अभिक्रियात्मक समूह हैं—ऐल्कोहॉलिक या हाइड्रॉक्सिल (—OH), ऐल्डिहाइड (—CHO), कीटोन ($>C=O$), कार्बोक्सिलिक (—COOH), नाइट्रो ($—NO_2$), हैलोजन (—F, —Cl, —Br, —I) आदि।

कार्बनिक यौगिकों की अत्यधिक संख्या का कारण
(Reason for the Large Number of Organic Compounds)

(i) **कार्बन की चतुः संयोजकता** (Tetravalency of Carbon) ली बेल तथा वान्ट हॉफ के अनुसार, कार्बन परमाणु की चारों संयोजकताएँ एक समचतुष्फलक के चारों शीर्षों की ओर सममितत: स्थित होती हैं तथा कार्बन स्वयं समचतुष्फलक के केन्द्र पर स्थित होता है। कार्बन के किन्ही दो संयोजक बन्धों के बीच 109°28' का कोण होता है।

(ii) **शृंखलन क्षमता** (Catenation Power) कार्बन परमाणु में अपने ही परमाणुओं तथा अन्य तत्वों के परमाणुओं के साथ जुड़कर लम्बी शृंखला बनाने के प्रवृत्ति पाई जाती है। यह अपने ही परमाणुओं के साथ प्रबल बहु–बन्ध (multiple bond) भी बनाता है। अत: इसके यौगिकों की संख्या इतनी अधिक होती है।

64 कार्बनिक यौगिकों का वर्गीकरण एवं नामकरण

कार्बनिक यौगिकों का वर्गीकरण
(Classification of Organic Compounds)

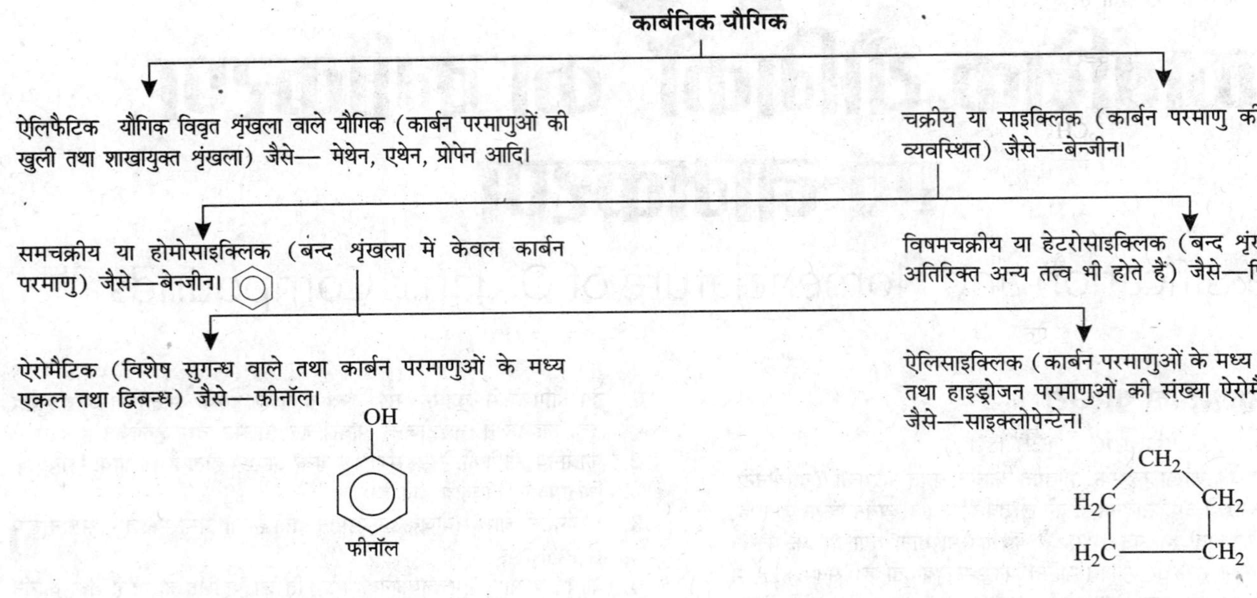

कार्बनिक यौगिकों का नामकरण
(Nomenclature of Organic Compounds)

कार्बनिक यौगिकों के नामकरण की आधुनिक पद्धति आई यू पी ए सी (IUPAC) प्रणाली है जिसमें कार्बनिक यौगिक का नाम मुख्यत: निम्न तीन अवयवों से मिलकर बना होता है

मूल शब्द (Root Word)

यह किसी कार्बनिक यौगिक में कार्बन के परमाणुओं की संख्या को प्रदर्शित करता है। जैसे

कार्बन परमाणुओं की संख्या	मूल शब्द	कार्बन परमाणुओं की संख्या	मूल शब्द
C_1	मेथ	C_6	हेक्स
C_2	ऐथ	C_7	हेप्ट
C_3	प्रोप	C_8	ऑक्ट
C_4	ब्यूट	C_9	नॉन
C_5	पेन्ट		

अनुलग्न (Suffix)

यह क्रियात्मक समूह पर निर्भर करता है।

प्रतिलग्न (Prefix)

इन्हें मूल शब्द से पहले लिखा जाता है।

कार्बनिक यौगिकों का नाम निम्न तीन नियमों की सहायता से लिखा जाता है

1. सर्वप्रथम दिए गए यौगिक में कार्बन परमाणुओं की सबसे लम्बी श्रृंखला को चुन लेते हैं। इसके बाद इस श्रृंखला में उपस्थिति कार्बन परमाणुओं की संख्या के आधार पर संगत ऐल्केन अर्थात् मूल शब्द का नाम लिख लेते हैं।
2. कार्बन परमाणुओं की चुनी हुई श्रृंखला में कार्बन परमाणुओं की संख्या क्रम से लिखते हैं। संख्याओं का क्रम उस सिरे से प्रारम्भ करते हैं जो पार्श्व श्रृंखला या क्रियात्मक समूह को वहन करने वाले कार्बन परमाणु को निम्नतम संख्या दे।
3. कार्बनिक यौगिक में उपस्थित क्रियात्मक समूह को ऐल्केन के बाद लिखते हैं।

क्रियात्मक समूह का नामकरण
(Nomenclature of Functional Group)

संतृप्त हाइड्रोकार्बन ऐल्केनों (संतृप्त हाइड्रोकार्बनों) के नाम कार्बन परमाणु की संख्या के अनुसार 'एन' प्रत्यय जोड़कर प्राप्त किए जाते हैं। जैसे

CH_4 मेथेन
C_2H_6 एथेन
C_3H_8 प्रोपेन
C_5H_{12} पेन्टेन
C_6H_{14} हेक्सेन

$$\overset{1}{C}H_3—\overset{2}{C}H—\overset{3}{C}H_2$$
$$|$$
$$CH_3$$

2-मेथिल प्रोपेन

ओलीफीन इनमें द्विबन्ध होता है। इन्हें ऐल्कीन कहते हैं। इनका नाम मूल शब्द में 'ईन' लगाकर प्राप्त किया जाता है। जैसे

$H_2C=CH_2$ एथीन
$CH_3—CH=CH_2$ प्रोपीन

ऐल्काइन इनमें त्रिबन्ध होता है। इन्हें ऐल्काइन कहते हैं। इनका नाम मूल शब्द में 'आइन' लगाकर प्राप्त किया जाता है। जैसे

$HC\equiv CH$ एथाइन
$CH_3—C\equiv CH$ प्रोपाइन

ऐल्कोहॉल इनमें —OH समूह उपस्थित होता है। इन्हें ऐल्केनॉल कहते हैं। जेसे

CH_3OH मेथेनॉल
C_2H_5OH एथेनॉल

ऐल्डिहाइड इनमें —CHO समूह होता है। इन्हें ऐल्केनल कहते हैं।

HCHO	मेथेनल
CH_3CHO	एथेनल

कीटोन इनमें >C=O समूह होता है। इन्हें ऐल्केनॉन कहते हैं।

$(CH_3)_2C=O$ प्रोपेनॉन

$CH_3COCH_2CH_3$ ब्यूटेनॉन

कार्बोक्सिल समूह इनमें —COOH समूह होता है। इन्हें ऐल्केनोइक अम्ल कहते हैं।

HCOOH	मेथेनोइक अम्ल
CH_3COOH	एथेनोइक अम्ल

सायनाइड इन्हें ऐल्केन नाइट्राइल कहते हैं।

CH_3CN एथेन नाइट्राइल

ऐमीन इनमें $—NH_2$ समूह होता है। इन्हें ऐल्केनेमीन कहते हैं।

CH_3NH_2	मेथेनेमीन
$CH_3CH_2NH_2$	एथेनेमीन

ईथर इनमें —*OR* समूह होता है। इन्हें ऐल्कॉक्सी ऐल्केन कहते हैं।

$CH_3—O—CH_3$	मेथॉक्सी मेथेन
$C_2H_5—O—C_2H_5$	एथॉक्सी एथेन
$CH_3—O—CH_2CH_3$	मेथॉक्सी एथेन

पार्श्व श्रृंखला पार्श्व श्रृंखला (ऐल्किल समूह) का नाम संगत ऐल्केन के नाम से पहले लिखा जाता है।

$$\overset{4}{CH_3}—\overset{3}{CH_2}—\overset{2}{CH}(CH_3)—\overset{1}{CH_3}$$

2-मेथिल ब्यूटेन

क्लोरो, ब्रोमो, आयोडो, नाइट्रो समूह इन्हें संगत ऐल्केन के नाम से पहले लिखते हैं।

$\overset{3}{CH_3}—\overset{2}{CH_2}—\overset{1}{CH_2}Cl$	1-क्लोरो प्रोपेन
$\overset{3}{CH_3}—\overset{2}{CHCl}—\overset{1}{CH_3}$	2-क्लोरो प्रोपेन
$CH_3CH_2NO_2$	1-नाइट्रो एथेन
$CH_3—CH(NO_2)—CH_3$	2-नाइट्रोप्रोपेन

कुछ यौगिकों के आई यू पी ए सी पद्धति में नाम (Name of Some Compounds in IUPAC System)

यौगिक	आई यू पी ए सी नाम
CH_3I	आयोडो मेथेन
C_3H_7OH	प्रोपेनॉल
C_2H_5CHO	प्रोपेनल
CH_3OCH_3	मेथॉक्सी मेथेन
$C_2H_5OC_2H_5$	एथॉक्सी एथेन
C_2H_5COOH	प्रोपेनोइक अम्ल
C_3H_7Cl	क्लोरो प्रोपेन
C_4H_{10}	ब्यूटेन
C_2H_2	एथाइन
C_2H_4	एथीन
CH_3Br	ब्रोमो मेथेन
C_2H_5OH	एथेनॉल
CH_3CHO	एथेनल
HCOOH	मेथेनोइक अम्ल

सजातीय श्रेणी (Homologous Series)

समान क्रियात्मक समूह वाले कार्बनिक यौगिकों को बढ़ते या घटते हुए अणुभार के क्रम में व्यवस्थित करने से सजातीय श्रेणी प्राप्त होती है।

इस श्रेणी के मुख्य लक्षण निम्न हैं

1. श्रेणी के सभी सदस्यों को एक ही सामान्य सूत्र द्वारा प्रदर्शित किया जा सकता है, जैसे—संतृप्त हाइड्रोकार्बन का सामान्य सूत्र C_nH_{2n+2}, है जहाँ, *n* कार्बन परमाणुओं की संख्या है।
2. एक ही सजातीय श्रेणी के किन्हीं दो क्रमागत सदस्यों के अणुसूत्रों में $—CH_2$ का अन्तर होता है।
3. एक ही सजातीय श्रेणी के सभी सदस्यों के रासायनिक गुण समान होते हैं तथा उन्हें एक समान विधियों द्वारा बनाया जा सकता है।
4. सजातीय श्रेणी के विभिन्न सदस्यों के भौतिक गुणों में क्रमिक परिवर्तन होता है।

समावयवता (Isomerism)

ऐसे यौगिक जिनके आणविक सूत्र समान लेकिन **संरचनात्मक सूत्र अलग-अलग** होते हैं एक-दूसरे के **समावयवी** कहलाते हैं। ऐसे यौगिकों के भौतिक एवं रासायनिक गुण अलग-अलग होते हैं। पदार्थों का यह गुण **समावयवता** कहलाता है, जैसे—एक ही अणुसूत्र C_2H_6O वाले दो अलग-अलग यौगिक क्रमशः एथिल ऐल्कोहॉल (C_2H_5OH) तथा डाइ मेथिल ईथर (CH_3OCH_3) हैं। अतः ये एक-दूसरे के समावयवी हैं। यह गुण केवल **कार्बनिक यौगिकों** में पाया जाता है।

कार्बनिक यौगिक एवं उनके सामान्य सूत्र

क्र.सं.	यौगिक	सामान्य सूत्र
1.	संतृप्त हाइड्रोकार्बन (ऐल्केन)	C_nH_{2n+2}
2.	असंतृप्त हाइड्रोकार्बन (ऑलीफिन)	C_nH_{2n}
3.	ऐल्काइन	C_nH_{2n-1}
4.	ऐल्किल हैलाइड	$(C_nH_{2n+1}X)$ (*X* हैलाइड के लिए)
5.	ऐल्कोहॉल की सजातीय श्रेणी	$C_nH_{2n+1}OH$
6.	ऐल्डिहाइड तथा कीटोन	$C_nH_{2n}OH$
7.	कार्बोक्सिलिक अम्ल	$C_nH_{2n}O_2$

स्मरणीय बिन्दु

- प्रयोगशाला में सर्वप्रथम बनाया गया यौगिक यूरिया था जबकि वह प्रथम कार्बनिक यौगिक जिसका संश्लेषण उसके तत्वों से किया गया था, ऐसीटिक अम्ल है।
- कार्बन के ज्ञात यौगिकों की संख्या सर्वाधिक है। (यद्यपि हाइड्रोजन के यौगिकों की संख्या इससे भी अधिक है।)
- ऐल्केनों (संतृप्त हाइड्रोकार्बनों) में से एक H परमाणु निकलने के पश्चात् शेष बचा समूह ऐल्किल समूह कहलाता है। जैसे–

$$CH_4 - H^+ \longrightarrow —CH_3$$

मेथेन मेथिल समूह

अभ्यास प्रश्न

1. कार्बन परमाणु की प्रकृति होती है
(a) समतलीय (b) समचतुष्फलकीय
(c) समतलीय वर्गाकार (d) अष्टफलकीय

2. आई यू पी ए सी पद्धति में यौगिक $(H_3C)_2C(CH_3)OH$ [संरचना: केन्द्रीय C से H_3C, CH_3, H_3C, OH जुड़े] का नाम है
(a) 2-मेथिल प्रोपेनॉल-2 (b) 2-मेथिल प्रोपेनॉल-1
(c) 1-मेथिल प्रोपेनॉल-2 (d) मेथिल प्रोपेनॉल-2

3. जैव शक्ति सिद्धान्त देने वाले वैज्ञानिक का नाम
(a) बर्जीलियस (b) आवोगाद्रो
(c) वान्ट हॉफ (d) व्होलर

4. जैव शक्ति सिद्धान्त का खण्डन निम्न यौगिक के संश्लेषण पर हुआ है
(a) यूरिया (b) बाइयूरेट
(c) ऐसीटोन (d) ऐसीटिक अम्ल

5. कार्बनिक यौगिकों में कार्बन की संयोजकता है
(a) 1 (b) 2
(c) 3 (d) 4

6. निम्नलिखित में सजातीय यौगिक हैं
(a) CH_4, C_3H_4 (b) CH_3OH, CH_3CH_2OH
(c) $CH_3 — CH_3$, C_2H_4 (d) C_2H_2, C_3H_6

7. $H—\underset{H}{\overset{H}{C}}—O—\underset{H}{\overset{H}{C}}—H$ तथा $H—\underset{H}{\overset{H}{C}}—\underset{H}{\overset{H}{C}}—O—H$ संरचना सूत्र प्रकट करते हैं
(a) दो अकार्बनिक यौगिक
(b) दो सजातीय यौगिक
(c) दो समावयवी यौगिक
(d) उपरोक्त में से कोई नहीं

8. निम्नलिखित में से कौन-सा सजातीय श्रेणी के लिए लागू नहीं है?
(a) दो क्रमिक सदस्यों में CH_2 का समान अन्तर होता है
(b) श्रेणी के अधिकांश सदस्यों को समान विधियों द्वारा बनाया जा सकता है
(c) सदस्य सामान्य सूत्र द्वारा निरूपित किए जा सकते हैं
(d) उपरोक्त में से कोई नहीं

9. ऐल्केन यौगिकों में कार्बन की दो संयोजकताओं के बीच का कोण है लगभग
(b) 180° (b) 120°
(c) 109° (d) 90°

10. बेन्जीन है
(a) ऐलिफैटिक (b) ऐरोमैटिक
(c) ऐलिसाइक्लिक (d) विवृत शृंखला

11. निम्नलिखित में से विषमचक्रीय यौगिक है
(a) मेथेन (b) चक्रीय ब्यूटेन
(c) पिरीडीन (d) मेथिल ऐल्कोहॉल

12. सभी कार्बनिक पदार्थ C (कार्बन) युक्त हैं, यह तथ्य निम्न वैज्ञानिक ने प्रदर्शित किया था
(a) रदरफोर्ड (b) बर्जीलियस
(c) लेवोइजर (d) लीबिग

13. निम्नलिखित में से विवृत शृंखला वाला यौगिक है
(a) प्रोपेन (b) बेन्जीन
(c) चक्रीय ब्यूटेन (d) पिरीडीन

14. कार्बनिक यौगिकों के नामकरण की आधुनिक पद्धति है
(a) IUAC (b) IUC (c) IUPAC (d) जेनेवा

15. निम्नलिखित में सजातीय यौगिकों का युग्म है
(a) CH_4, CH_3OH (b) CH_4, C_2H_6
(c) C_2H_4, C_2H_6 (d) C_2H_2, C_2H_4, C_2H_6

16. सजातीय श्रेणी के सभी सदस्य होते हैं
(a) एक ही क्रियात्मक समूह वाले
(b) भिन्न-भिन्न क्रियात्मक समूह वाले
(c) भिन्न-भिन्न रासायनिक गुण वाले
(d) कोई भी सत्य नहीं है

17. सजातीय श्रेणी का प्रमुख लक्षण है
(a) यौगिकों के भौतिक गुण समान होना
(b) यौगिकों के रासायनिक गुण भिन्न होना
(c) यौगिकों की विशिष्ट बनाने की विधियाँ होना
(d) यौगिकों का अभिक्रियात्मक समूह समान होना

18. ऐल्काइन का सामान्य सूत्र है
(a) C_nH_{2n+2} (b) C_nH_{2n}
(c) C_nH_{2n-2} (d) C_nH_{2n-1}

19. एथिलीन का अणुसूत्र है
(a) C_2H_6 (b) C_2H_4
(c) C_2H_2 (d) CH_3

उत्तरमाला

1. (b)	**2.** (a)	**3.** (a)	**4.** (a)	**5.** (d)	**6.** (b)	**7.** (c)	**8.** (d)	**9.** (c)	**10.** (b)
11. (c)	**12.** (b)	**13.** (a)	**14.** (c)	**15.** (b)	**16.** (a)	**17.** (d)	**18.** (c)	**19.** (b)	

17

महत्त्वपूर्ण कार्बनिक यौगिक

Important Organic Compounds

हाइड्रोकार्बन (Hydrocarbons)

वे यौगिक जो केवल कार्बन तथा हाइड्रोजन से मिलकर बने होते हैं, हाइड्रोकार्बन कहलाते हैं।

संतृप्त हाइड्रोकार्बन (Saturated Hydrocarbons)

ये कार्बन और हाइड्रोजन के वे यौगिक हैं जिनमें कार्बन परमाणु की चारों संयोजकताएँ एकल बन्ध द्वारा संतृप्त होती हैं। इनका सामान्य सूत्र C_nH_{2n+2} है। इन्हें **पैराफिन** भी कहते हैं। **उदाहरण**—मेथेन, एथेन प्रोपेन, ब्यूटेन आदि।

असंतृप्त हाइड्रोकार्बन (Unsaturated Hydrocarbons)

कार्बन तथा हाइड्रोजन के वे यौगिक जिनमें कार्बन परमाणुओं के बीच द्विबन्ध या त्रिबन्ध (double or triple bond) पाया जाता है, **असंतृप्त हाइड्रोकार्बन** कहलाते हैं।

द्विबन्ध युक्त हाइड्रोकार्बनों को **ऑलीफिन** अथवा **ऐल्कीन** (alkene) तथा त्रिबन्ध युक्त हाइड्रोकार्बनों को **ऐल्काइन** (alkyne) कहते हैं।

मेथेन (Methane) (CH_4)

संरचनात्मक सूत्र $H-\underset{\substack{|\\H}}{\overset{\substack{H\\|}}{C}}-H$, इसे **मार्श गैस** भी कहते हैं।

निर्माण की विधियाँ (Methods of Preparation)

प्रयोगशाला विधि (Lab Method)

$$CH_3COONa + NaOH \xrightarrow[\text{गर्म}]{CaO} \underset{\text{मेथेन}}{CH_4} \uparrow + Na_2CO_3$$

अन्य प्रमुख विधियाँ (Other Important Methods)

(a) $Al_4C_3 + 12H_2O \longrightarrow 4Al(OH)_3 + 3CH_4$

(b) 1200°C पर कार्बन पर विद्युत स्फुलिंग के समय हाइड्रोजन प्रवाहित करके

$$C + 2H_2 \xrightarrow{1200°C} CH_4 \uparrow$$

गुणधर्म (Properties)

1. वायु के साथ विस्फोटक मिश्रण बनाकर जलती है।

2. भाप से 800°C पर क्रिया करके कार्बन मोनॉक्साइड व हाइड्रोजन बनाती है।

$$CH_4 + H_2O \xrightarrow[Ni]{800°C} CO \uparrow + 3H_2 \uparrow$$

3. तापीय अपघटन

$$CH_4 \xrightarrow{1000°C} C + 2H_2 \uparrow$$

4. प्रतिस्थापन क्रिया मेथेन के चारों हाइड्रोजन परमाणुओं के क्लोरीन से प्रतिस्थापन के फलस्वरूप क्रमशः CH_3Cl, CH_2Cl_2, $CHCl_3$ (क्लोरोफॉर्म) तथा CCl_4 यौगिक बनते हैं।

एथेन (Ethane) (C_2H_6)

संरचनात्मक सूत्र

$$H-\underset{\substack{|\\H}}{\overset{\substack{H\\|}}{C}}-\underset{\substack{|\\H}}{\overset{\substack{H\\|}}{C}}-H$$

निर्माण की विधियाँ (Methods of Preparation)

प्रयोगशाला विधि (Lab method)

$$\underset{\text{सोडियम प्रोपियोनेट}}{CH_3CH_2COONa} + \underset{\text{सोडालाइम}}{NaOH} \xrightarrow[\text{गर्म}]{CaO} \underset{\text{एथेन}}{C_2H_6} \uparrow + Na_2CO_3$$

अन्य प्रमुख विधियाँ (Other Important Methods)

1. कोल्बे विधि (Kolbe's Method) सोडियम ऐसीटेट के विद्युत अपघटन से

$$\begin{matrix} CH_3COONa \\ + \\ CH_3COONa \end{matrix} \xrightarrow{\text{विद्युत अपघटन}} \begin{matrix} CH_3COO^- \\ + \\ CH_3COO^- \end{matrix} + 2Na^+$$

$$2Na^+ \xrightarrow{2H_2O} \underset{\text{कैथोड पर}}{2NaOH + H_2}$$

$$2CH_3COO^- \xrightarrow{-2e^-} CO_2 + C_2H_6 \text{ (ऐनोड पर)}$$

2. वुर्ट्ज अभिक्रिया (Wurtz Reaction) मेथिल हैलाइड पर सोडियम की क्रिया से

$$CH_3I + 2Na + ICH_3 \xrightarrow{\text{शुष्क ईथर}} C_2H_6 + 2NaI$$

3. एथिल आयोडाइड की Zn—Cu युग्म और ऐल्कोहॉल से अभिक्रिया करके

$$C_2H_5I + 2H \xrightarrow[C_2H_5OH]{Zn-Cu \text{ युग्म}} C_2H_6 \uparrow + HI$$

गुणधर्म (Properties)

1. वायु की ऑक्सीजन में प्रकाशहीन ज्वाला के साथ जलकर विस्फोट करती है।

$$2C_2H_6 + 7O_2 \longrightarrow 4CO_2 + 6H_2O$$

2. क्लोरीन के प्रतिस्थापन के फलस्वरूप हेक्सा क्लोरोएथेन (कृत्रिम कपूर) बनता है।
3. सूर्य के तेज प्रकाश में यह क्लोरीन के साथ विस्फोट करके C तथा HCl बनाती है।

$$C_2H_6 + 3Cl_2 \longrightarrow 2C + 6HCl$$

उपयोग (Uses)

इसका उपयोग कृत्रिम कपूर बनाने में, ईंधन के रूप में, धातु को पिघलाने में किया जाता है।

एथिलीन (Ethylene) (C_2H_4)

संरचनात्मक सूत्र

$$\begin{array}{c} H-C=C-H \\ \quad | \quad\; | \\ \quad H \quad H \end{array}$$

निर्माण की विधियाँ (Methods of Preparation)

प्रयोगशाला विधि (Lab Method) एथिलीन, एथिल ऐल्कोहॉल को सान्द्र सल्फ्यूरिक अम्ल के साथ 170°C तक गर्म करके बनायी जाती है।

$$C_2H_5OH + H_2SO_4 \xrightarrow{100°C} C_2H_5HSO_4 + H_2O$$

$$C_2H_5 \cdot HSO_4 \xrightarrow{170°C} \underset{\text{एथिलीन}}{C_2H_4} + H_2SO_4$$

अन्य विधियाँ (Other Methods)

1. **कोल्बे विधि** पोटैशियम सक्सीनेट के विद्युत अपघटन द्वारा ऐनोड पर एथिलीन गैस प्राप्त होती है।

$$\begin{array}{l} CH_2COOK \\ | \\ CH_2COOK \end{array} \xrightarrow[\text{अपघटन}]{\text{विद्युत}} \underbrace{C_2H_4 + CO_2}_{\text{ऐनोड पर}} + \underbrace{2KOH + H_2}_{\text{कैथोड पर}}$$

2. ऐल्कोहॉल की वाष्प को गर्म ऐलुमिना पर 350°C पर प्रवाहित करने पर

$$C_2H_5OH \xrightarrow[350°C]{Al_2O_3} C_2H_4 + H_2O$$

3. एथिलीन डाइब्रोमाइड द्वारा

$$Zn + \begin{array}{l} CH_2Br \\ | \\ CH_2Br \end{array} \xrightarrow[CH_3OH]{\Delta} \begin{array}{l} CH_2 \\ \| \\ CH_2 \end{array} + ZnBr_2$$

गुणधर्म (Properties)

1. यह हल्की मीठी गन्ध वाली गैस है। इसको अधिक मात्रा में सूँघने पर बेहोशी आ जाती है।
2. यह निकिल की उपस्थिति में H_2 से क्रिया करके एथेन बनाती है।

$$C_2H_4 + H_2 \xrightarrow[250°C]{Ni} C_2H_6$$

3. एथिलीन, H_2, H_2SO_4, हैलोजन, हैलोजन अम्ल, ओजोन, हाइपोक्लोरस अम्ल आदि से योगशील अभिक्रिया प्रदर्शित करती है।
4. **क्षारीय पोटैशियम परमैंगनेट** (बेयर अभिकर्मक) के विलयन में प्रवाहित करने पर ऑक्सीजन की क्रिया के फलस्वरूप एथिलीन ग्लाइकॉल बनने के कारण विलयन रंगहीन हो जाता है।

$$\begin{array}{l} CH \\ \| \\ CH_2 \end{array} + H_2O + O \xrightarrow{\text{क्षारीय } KMnO_4} \begin{array}{l} CH_2OH \\ | \\ CH_2OH \end{array}$$

5. इसे, **अम्लीय पोटैशियम डाइक्रोमेट** में प्रवाहित करने पर विलयन रंगहीन हो जाता है।

$$C_2H_4 + 6[O] \xrightarrow{K_2Cr_2O_7} 2CO_2 + 2H_2O$$

6. द्रवित एथिलीन उच्च ताप पर दाब पर बहुलीकृत होकर **पॉलीएथिलीन** (पॉलीथीन) बनाती है जो प्लास्टिक के रूप में प्रयोग आती है।
7. **सल्फर मोनोक्लोराइड** से क्रिया करके **मस्टर्ड** नामक विषैली गैस बनाती है जिसका उपयोग द्वितीय विश्व युद्ध में किया गया था। इसका सूत्र

$$\begin{array}{lcl} CH_2 & -S- & CH_2 \\ | & & | \\ CH_2Cl & & CH_2Cl \end{array}$$ है।

उपयोग (Uses)

इसका उपयोग फलों को पकाने, निश्चेतक के रूप में, पॉलीथीन के रूप में, मस्टर्ड गैस बनाने में, धातुओं को काटने तथा जोड़ने में किया जाता है।

ऐसीटिलीन (Acetylene) (C_2H_2)

संरचनात्मक सूत्र $HC \equiv CH$

निर्माण की विधियाँ (Methods of Preparation)

प्रयोगशाला विधि (Lab method) इसे कैल्सियम कार्बाइड पर जल की अभिक्रिया द्वारा बनाया जाता है।

$$CaC_2 + 2H_2O \longrightarrow C_2H_2\uparrow + Ca(OH)_2$$

औद्योगिक विधि (Industrial method) इसे चूने, कोक तथा जल द्वारा प्राप्त किया जाता है। पहले चून तथा कोक को एक भट्टी में 2500°C तक गर्म करके CaC_2 प्राप्त करते हैं। तत्पश्चात् जल की क्रिया से ऐसीटिलीन गैस बनती है।

$$CaO + 3C \xrightarrow{2500°C} CaC_2 + CO$$

$$CaC_2 + 2H_2O \longrightarrow Ca(OH)_2 + C_2H_2\uparrow$$

अन्य विधियाँ (Other methods)

1. सिल्वर ऐसीटिलाइड पर तनु नाइट्रिक अम्ल की अभिक्रिया द्वारा

$$C_2Ag_2 + 2HNO_3 \longrightarrow C_2H_2 + 2AgNO_3$$

2. क्लोरोफॉर्म या आयोडोफॉर्म को रजत चूर्ण के साथ गर्म करने पर

$$2CHCl_3 + 2Ag \longrightarrow C_2H_2 + 6AgCl$$

3. ऐसीटिलीन डाइब्रोमाइड तथा जिंक को गर्म करके

$$\begin{array}{l} CHBr \\ \| \\ CHBr \end{array} + Zn \longrightarrow C_2H_2 + ZnBr_2$$

4. **बर्थेलो विधि** कार्बन तथा हाइड्रोजन से 2500°C पर ऐसीटिलीन संश्लेषित होती है।

$$2C + H_2 \xrightarrow{2500°C} C_2H_2$$

गुणधर्म (Properties)

1. यह रंगहीन मीठी गन्ध वाली गैस है।
2. **त्रिबन्ध वाला** यौगिक होने के कारण एथिलीन से अधिक क्रियाशील है। अत: H_2, हैलोजन, जल, आदि से दो पदों में क्रिया करके योगात्मक यौगिक बनाती है।
3. **आर्सेनिक ट्राइक्लोराइड** निर्जल $AlCl_3$ की उपस्थिति में यह आर्सेनिक ट्राइक्लोराइड से क्रिया करके ल्यूसाइट नामक विषैली गैस बनाती है।

$$\begin{matrix} CH \\ ||| \\ CH \end{matrix} + AsCl_3 \xrightarrow{\text{निर्जल } AlCl_3} \begin{matrix} CHCl \\ || \\ CHAsCl_2 \\ \text{ल्यूसाइट} \end{matrix}$$

4. **अमोनियामय सिल्वर नाइट्रेट** के इस विलयन में प्रवाहित करने पर प्रतिस्थापन की क्रिया के फलस्वरूप सिल्वर ऐसीटिलाइड का सफेद अवक्षेप बनता है।

$$C_2H_2 + 2AgNO_3 + 2NH_4OH \longrightarrow \underset{\text{सफेद अवक्षेप}}{C_2Ag_2\downarrow} + 2H_2O + 2NH_4NO_3$$

5. **यह अमोनियामय क्यूप्रस क्लोराइड से क्रिया** करके कॉपर ऐसीटिलाइड का लाल अवक्षेप देती है।

$$C_2H_2 + CuCl_2 + 2NH_4OH \longrightarrow \underset{\text{लाल अवक्षेप}}{C_2Cu_2\downarrow} + 2NH_4Cl + 2H_2O$$

6. **अम्लीय पोटैशियम परमैंगनेट** में प्रवाहित करने पर ऑक्सीकरण की क्रिया के फलस्वरूप ऑक्सेलिक अम्ल बनता है।

$$C_2H_2 + 4[O] \xrightarrow{\text{क्षारीय लवण}} \begin{matrix} COOH \\ | \\ COOH \end{matrix}$$

7. **अम्लीय पोटैशियम डाइक्रोमेट** में प्रवाहित करने पर ऐसीटिक अम्ल बनता है।

$$C_2H_2 + H_2O + O \longrightarrow CH_3COOH$$

8. **ब्रोमीन जल** में ऐसीटिलीन प्रवाहित करने पर विलयन रंगहीन हो जाता है।
9. **बहुलीकरण** ऐसीटिलीन को गर्म तप्त नली में प्रवाहित करने पर **तीन अणु** आपस में मिलकर **बेन्जीन** बनाते हैं।

$$3C_2H_2 \xrightarrow{\text{गर्म तप्त नली}} \underset{\text{बेन्जीन}}{C_6H_6}$$

उपयोग (Uses)

1. ल्यूसाइट गैस बनाने में,
2. कृत्रिम रबर बनाने में,
3. ऑक्सी-ऐसीटिलीन ज्वाला के रूप में धातुओं को जोड़ने में।

स्मरणीय बिन्दु

- **बहुलीकरण** वह अभिक्रिया, जिसमें एक ही यौगिक के दो अथवा दो से अधिक अणु परस्पर क्रिया करके नया यौगिक बनाते हैं जिसका अणुभार प्रारम्भिक मूल यौगिक के अणुभार का कोई सरल अनुपात होता है, बहुलीकरण कहलाती है।
- **मार्कोनीकॉफ का नियम** योगात्मक क्रियाओं में जुड़ने वाले अणु का ऋणात्मक भाग उस कार्बन परमाणु से संयुक्त होता है जिस पर हाइड्रोजन परमाणुओं की संख्या कम होती है। सभी असंतृप्त अणु योग अभिक्रियाओं में इस नियम का पालन करते हैं।
- परॉक्साइड की उपस्थिति में मार्कोनीकॉफ का नियम कार्य नहीं करता।

अभ्यास प्रश्न

1. यदि किसी हाइड्रोकार्बन को क्षारीय $KMnO_4$ के विलयन में प्रवाहित करें और वह रंगहीन हो जाए तो हाइड्रोकार्बन निम्न होगा
(a) C_2H_4 (b) C_2H_6 (c) CH_4 (d) C_3H_8

2. किसी एक त्रिबन्ध वाले यौगिक के हाइड्रोकार्बन का सामान्य सूत्र है
(a) C_nH_{2n+2} (b) C_nH_{2n} (c) C_nH_{2n-2} (d) $C_nH_{2n\times 2}$

3. ठण्डे जल से क्रिया कर C_2H_2 बनाने वाला पदार्थ है
(a) ऐलुमिनियम कार्बाइड (b) कैल्सियम कार्बाइड
(c) कैल्सियम फॉस्फाइड (d) कैल्सियम सायनेमाइड

4. मार्कोनीकॉफ के नियमानुसार योग करने वाले अभिकर्मक का विद्युत ऋणात्मक भाग उस C से योग करता है जिसमें H परमाणुओं की संख्या
(a) कम होती है (b) अधिक होती है
(c) बराबर होती है (d) इनमें से कोई नहीं

5. एथिल हाइड्रोजन सल्फेट को 160° – 170°C तक गर्म करने पर प्राप्त होता है
(a) एथेन (b) एथिलीन
(c) ऐसीटिलीन (d) एथिल ऐल्कोहॉल

6. C_2H_2 से C_2H_6 बनाने की क्रिया को कहते हैं
(a) बहुलीकरण (b) प्रतिस्थापन
(c) संघनन (d) योगशील

7. C_2H_5OH तथा H_2SO_4 की सम मोलर मात्रा को 100°C तक गर्म करने पर उत्पाद प्राप्त होता है
(a) $C_2H_5OC_2H_5$ (b) C_2H_4
(c) $C_2H_5HSO_4$ (d) $(C_2H_5)_2SO_4$

8. कच्चे फल को पकाने में प्रयोग की जाती है
(a) C_3H_8 (b) $CHCl_3$
(c) C_2H_4 (d) CH_4

9. C_2H_2 क्षारीय $KMnO_4$ द्वारा ऑक्सीकृत होकर बनाती है
(a) CH_3COOH (b) $\begin{matrix} COOH \\ | \\ COOH \end{matrix}$
(c) CH_3CHO (d) $HCOOH$

10. पॉलीथीन नामक प्लास्टिक बनाने में प्रयुक्त होती है
(a) एथिलीन (b) ऐसीटिलीन (c) मेथेन (d) एथेन

11. कच्चे फलों को पकाने के लिए निम्न गैस का उपयोग किया जाता है
(a) मेथेन (b) एथेन
(c) एथिलीन (d) ऐसीटिलीन

12. निम्न में कौन-सा अभिकर्मक एथिलीन तथा ऐसीटिलीन में विभेद करता है?
(a) क्षारीय $KMnO_4$ (b) CCl_4 में विलेय Cl_2
(c) अमोनियामय $CuCl_2$ (d) तनु H_2SO_4

13. ऐसीटिलीन 1% $HgSO_4$ तथा 40% H_2SO_4 की उपस्थिति में जल से क्रिया कराकर बनाता है
(a) फॉर्मिक अम्ल (b) ऐसीटिक अम्ल
(c) फॉर्मेल्डिहाइड (d) ऐसीटैल्डिहाइड

14. $CH_3CH{=}CH_2$, HBr से क्रिया करके देता है
(a) $CH_3CH_2 - CH_2Br$ (b) $CH_3CHBr - CH_3$
(c) $CH_2 = C = CH_2$ (d) $CH_2BrCH = CH_2$

15. निम्न यौगिक ठण्डे जल से क्रिया करके ऐसीटिलीन देता है?
(a) Al_4C_3 (b) CaC_2 (c) $CaCN_2$ (d) AlN

16. एथिलीन गैस निम्न के जलीय विलयन के विद्युत अपघटन द्वारा बनायी जाती है
(a) सोडियम ऐसीटेट (b) सोडियम सक्सीनेट
(c) सोडियम फ्यूमरेट (d) सोडियम प्रोपियोनेट

17. ऐसीटिक अम्ल में क्यूप्रस ऑक्साइड तथा अमोनियम क्लोराइड के घोल से जब ऐसीटिलीन प्रवाहित की जाती है तो बहुलीकरण द्वारा बनता है
(a) टॉलूईन (b) बेन्जीन
(c) पॉलीथीन (d) पॉलीवाइनिल ऐसीटेट

18. एथेनॉल के निर्जलीकरण पर प्राप्त होता है
(a) ऐसीटिक भाप (b) एथिलीन
(c) ऐसीटिलीन (d) एथेन

19. सोडियम प्रोपियोनेट को सोडालाइम के साथ गर्म करने पर बनता है
(a) CH_4 (b) C_2H_6 (c) C_2H_4 (d) C_3H_8

20. सोडियम ऐसीटेट के सान्द्र विलयन का विद्युत अपघटन करने से प्राप्त होता है
(a) ऐसीटिलीन (b) एथिलीन (c) एथेन (d) मेथेन

21. मेथिल हैलाइड के ईथरीय विलयन की शुद्ध धात्विक सोडियम से क्रिया करके बनता है
(a) C_2H_6 (b) CH_4 (c) C_2H_2 (d) C_2H_4

22. मेथेन गैस को तैयार किया जा सकता है
(a) CO तथा H_2 के मिश्रण को निकैल के बारीक चूर्ण में 250° – 300°C पर प्रवाहित करने पर
(b) भाप पर कैल्सियम प्रवाहित करने पर
(c) प्लेटिनम पर कार्बन डाइऑक्साइड तथा भाप को प्रवाहित करने पर
(d) हाइड्रोजन को गर्म कार्बन पर प्रवाहित करने पर

23. निम्न यौगिकों के जोड़ों में से कौन-से जोड़े में ऐलिफैटिक और ऐरोमैटिक दोनों प्रकार के यौगिक हैं?
(a) बेन्जीन, फीनॉल (b) *आइसो*-ब्यूटेन, मेथेन
(c) एथेन, मेथेन (d) *आइसो*-ब्यूटेन, क्लोरोबेन्जीन

24. जहरीली मस्टर्ड गैस, जिसे विश्वयुद्ध में उपयोग किया गया था, निम्न क्रिया से बनती है
(a) एथाइन व सल्फर डाइऑक्साइड
(b) एथीन व सल्फर मोनोक्लोराइड
(c) एथीन व सल्फर डाइऑक्साइड
(d) उपरोक्त में से कोई नहीं

25. अमोनियामय $AgNO_3$ विलयन में प्रवाहित करने पर निम्न गैस सफेद रंग का अवक्षेप देती है
(a) C_2H_6 (b) CH_4 (c) C_2H_4 (d) C_2H_2

26. ऐसीटिलीन, एथिलीन से अधिक क्रियाशील है क्योंकि
(a) C तथा H की परमाणु संख्या समान है
(b) C—C परमाणुओं में द्विबन्ध है
(c) C—C परमाणुओं में त्रिबन्ध है
(d) उपरोक्त में से कोई नहीं

उत्तरमाला

1. (a)	**2.** (c)	**3.** (b)	**4.** (a)	**5.** (b)	**6.** (d)	**7.** (c)	**8.** (c)	**9.** (b)	**10.** (a)
11. (c)	**12.** (c)	**13.** (d)	**14.** (b)	**15.** (b)	**16.** (b)	**17.** (d)	**18.** (b)	**19.** (b)	**20.** (c)
21. (a)	**22.** (a)	**23.** (d)	**24.** (b)	**25.** (d)	**26.** (c)				

संकेत एवं हल

1. असंतृप्त हाइड्रोकार्बन क्षारीय $KMnO_4$ विलयन को रंगहीन कर देते हैं। अत: हाइड्रोकार्बन C_2H_4 होगा।

5. $C_2H_5 \cdot HSO_4 \xrightarrow{160° - 170°C} \underset{\text{एथिलीन}}{C_2H_4} + H_2SO_4$

6. $C_2H_2 \xrightarrow{H_2} C_2H_4 \xrightarrow{H_2} C_2H_6$

चूँकि इस अभिक्रिया में H_2 का योग हो रहा है अत: यह एक योगात्मक अभिक्रिया है।

12. एथिलीन, अमोनियामय Cu_2Cl_2 से अभिक्रिया नहीं करती जबकि ऐसीटिलीन करती है।

13. $CH{\equiv}CH \xrightarrow[40\%\ H_2SO_4]{1\%\ H_2SO_4} \underset{\text{ऐसीटैल्डिहाइड}}{CH_3CHO}$

14. मार्कोनीकॉफ के नियमानुसार, अणु का ऋण भाग (यहाँ, HBr का Br^-) उस कार्बन परमाणु से जुड़ता है जिस पर कम H परमाणु उपस्थित होते हैं।

कम H परमाणु ↓

$$CH_3CH{=}CH_2 + HBr \rightarrow CH_3\underset{\displaystyle Br}{\underset{|}{CH}}{-}CH_3$$

19. $C_2H_5COONa \xrightarrow{NaOH(CaO)} C_2H_6 + Na_2CO_3$

21. $2CH_3X + 2Na \xrightarrow{\text{ईथर}} CH_3CH_3 + 2NaX$

22. $CO + 3H_2 \xrightarrow{Ni,\ 250°-300°C} CH_4 + H_2O$

18

कार्बनिक यौगिकों में तत्वों की पहचान एवं उनका मात्रात्मक आकलन

Identification and Quantitative Measurement of Elements in Organic Compounds

कार्बनिक यौगिकों में तत्वों की पहचान

(Identification of Elements in Organic Compounds)

कार्बन तथा हाइड्रोजन सभी कार्बनिक यौगिकों में उपस्थित होते हैं। अत: इनकी पहचान करना आवश्यक नहीं है। अन्य तत्वों (N,S, Cl, Br, I) की पहचान लैंसग्ने परीक्षण द्वारा की जाती है।

लैंसग्ने परीक्षण (Lassaigne's Test)

सोडियम निष्कर्ष बनाना (Preparation of Sodium Extract) सर्वप्रथम सोडियम धातु के एक छोटे टुकड़े को मिट्टी के तेल से निकालकर फिल्टर पत्र के बीच रखकर सुखा लेते हैं। अब इस टुकड़े को एक ज्वलन नली (ignition tube) में लेते हैं। फिर कार्बनिक यौगिक की थोड़ी मात्रा ज्वलन नली में डालकर पहले धीरे-धीरे और फिर रक्त तप्त गर्म करते हैं और इसको एक पोर्सलीन प्याली में आसुत जल में तोड़ देते हैं। अब मिश्रण को उबालकर छान लेते हैं। प्राप्त छनित लैसग्ने निष्कर्ष या सोडियम निष्कर्ष कहलाता है। कार्बनिक यौगिक में उपस्थित तत्व जैसे N, S, Cl, Br व I सोडियम के साथ क्रिया करके सोडियम लवणों में बदल जाते हैं। जैसे

$$Na + C + N \longrightarrow NaCN$$
$$2Na + S \longrightarrow Na_2S$$
$$Na + C + N + S \longrightarrow NaCNS$$
$$Na + Cl \longrightarrow NaCl$$
$$Na + Br \longrightarrow NaBr$$
$$Na + I \longrightarrow NaI$$

(i) **नाइट्रोजन का परीक्षण** (Test for Nitrogen) थोड़ा सोडियम निष्कर्ष लेकर उसमें NaOH की कुछ बूँदें मिलाते हैं। अब इसमें ताजा $FeSO_4$ का विलयन मिलाकर गर्म करते हैं और फिर $FeCl_3$ की कुछ बूँदें डालकर सान्द्र HCl की कुछ बूँदें डालते हैं। हरा या नीला रंग नाइट्रोजन की उपस्थिति को प्रदर्शित करता है।

$$FeSO_4 + 6NaCN \longrightarrow Na_4[Fe(CN)_6]$$
$$3Na_4[Fe(CN)_6] + 4FeCl_3 \longrightarrow \underset{\text{फेरिक फेरो सायनाइड (हल्का हरा या नीला रंग)}}{Fe_4[Fe(CN)_6]_3} + 12KCl$$

(ii) **सल्फर का परीक्षण** (Test for Sulphur)

1. सोडियम निष्कर्ष में ऐसीटिक अम्ल व लेड ऐसीटेट विलयन मिलाने पर लेड सल्फाइड का काला अवक्षेप आता है।

$$Pb(CH_3COO)_2 + Na_2S \longrightarrow \underset{\text{काला}}{PbS\downarrow} + 2CH_3COONa$$

2. सोडियम निष्कर्ष में सोडियम नाइट्रोप्रुसाइड विलयन मिलाने पर बैंगनी रंग आता है।

$$Na_2S + Na_2[Fe(CN)_5NO] \longrightarrow \underset{\text{सोडियम थायो नाइट्रोप्रुसाइड (बैंगनी रंग)}}{Na_4[Fe(CN)_5NOS]}$$

(iii) **क्लोरीन का परीक्षण** (Test for chlorine) सोडियम निष्कर्ष में थोड़ा तनु HNO_3 डालकर गर्म करते हैं। फिर इसमें $AgNO_3$ का विलयन मिलाने पर AgCl का सफेद अवक्षेप प्राप्त होता है जो NH_4OH विलयन में घुल जाता है।

$$NaCl + AgNO_3 \longrightarrow \underset{\text{सफेद अवक्षेप}}{AgCl\downarrow} + NaNO_3$$
$$AgCl + 2NH_4OH \longrightarrow \underset{\text{विलेयशील}}{[Ag(NH_3)_2]Cl\downarrow} + 2H_2O$$

(iv) **ब्रोमीन का परीक्षण** (Test for bromine) सोडियम निष्कर्ष में तनु HNO_3 डालकर गर्म करके $AgNO_3$ विलयन मिलाने पर AgBr का हल्के पीले रंग का अवक्षेप आता है। जो NH_4OH में कठिनाई से घुलता है।

$$NaBr + AgNO_3 \longrightarrow \underset{\text{पीला अवक्षेप}}{AgBr\downarrow} + NaNO_3$$
$$AgBr + 2NH_4OH \longrightarrow [Ag(NH_3)_2]Br + 2H_2O$$

(v) **आयोडीन का परीक्षण** (Test for iodine) सोडियम निष्कर्ष में तनु HNO_3 डालकर गर्म करके उसमें $AgNO_3$ विलयन मिलाने पर AgI का पीला अवक्षेप आता है जो NH_4OH में अविलेय है।

$$NaI + AgNO_3 \longrightarrow \underset{\text{पीला अवक्षेप}}{AgI\downarrow} + NaNO_3$$

कार्बनिक यौगिकों में तत्वों का आकलन

(Estimation of Elements in Organic Compounds)

कार्बन और हाइड्रोजन का आकलन

(Estimation of Carbon and Hydrogen)

कार्बनिक यौगिक में कार्बन एवं हाइड्रोजन का मात्रात्मक आकलन लीबिग की दहन विधि द्वारा किया जाता है।

सिद्धान्त (Theory) किसी कार्बनिक यौगिक की ज्ञात मात्रा को शुष्क कॉपर ऑक्साइड तथा शुष्क एवं CO_2 रहित O_2 के साथ दहन नली में गर्म करने पर यौगिक में उपस्थित कार्बन तथा हाइड्रोजन ऑक्सीकृत होकर क्रमश: CO_2 व H_2O देते हैं।

$$2H + C + 3CuO \longrightarrow CO_2 + H_2O + 3Cu$$

H_2O व CO_2 क्रमश: निर्जल $CaCl_2$ तथा KOH के द्वारा अवशोषित हो जाते हैं जिससे उनके भार में हुई वृद्धि क्रमश: H_2O व CO_2 की मात्रा को व्यक्त करती है। मात्रा में हुई वृद्धि को ज्ञात कर गणना द्वारा C तथा H की प्रतिशत मात्रा का आकलन निम्न सूत्र से कर लेते हैं।

हाइड्रोजन की प्रतिशतता

$$= \frac{2}{18} \times \frac{\text{प्राप्त } H_2O \text{ की मात्रा}}{\text{लिए गए कार्बनिक यौगिक की मात्रा}} \times 100$$

$$\text{कार्बन की प्रतिशतता} = \frac{12}{44} \times \frac{\text{प्राप्त } CO_2 \text{ की मात्रा}}{\text{लिए गए कार्बनिक यौगिक की मात्रा}} \times 100$$

- **उदाहरण** *0.39 g हाइड्रोकार्बन का दहन करने पर 1.32 ग्राम CO_2 और 0.27 ग्राम H_2O बना है। यौगिक का भारात्मक संघटन निकालिए।*

हल यौगिक में C प्रतिशत $= \frac{12}{44} \times \frac{CO_2 \text{ का भार}}{\text{यौगिक का भार}} \times 100$

या, यौगिक में C प्रतिशत $= \frac{12}{44} \times \frac{1.32}{0.39} \times 100 = 92.30\%$

$$H\% = 100 - 92.30 = 7.7\%$$

नाइट्रोजन का आकलन (Estimation of Nitrogen)

कार्बनिक यौगिक में नाइट्रोजन की मात्रा निर्धारित करने की निम्नलिखित दो सामान्य विधियाँ हैं

(i) ड्यूमा की विधि (Duma's Method) कार्बनिक यौगिक की ज्ञात मात्रा में शुद्ध कॉपर ऑक्साइड (CuO) मिलाकर इस मिश्रण को कार्बन डाइऑक्साइड के वातावरण में गर्म करने पर कार्बनिक यौगिक में उपस्थित C, H तथा S ऑक्सीकृत होकर क्रमश: CO_2, H_2O तथा SO_2 बनाते हैं। यौगिक में उपस्थित नाइट्रोजन का कुछ भाग नाइट्रोजन गैस तथा कुछ भाग नाइट्रोजन के ऑक्साइडों जैसे NO_2 में परिवर्तित हो जाता है।

$$2N + 4CuO \longrightarrow 2NO_2 + 4Cu$$
$$2N \longrightarrow N_2$$

इस प्रकार प्राप्त गैसीय मिश्रण को ताँबे की एक गर्म तथा चमकीली जाली या सर्पिल में से प्रवाहित करते हैं। ऐसा करने पर नाइट्रोजन के ऑक्साइड नाइट्रोजन गैस में परिवर्तित हो जाते हैं।

$$2NO_2 + 4Cu \longrightarrow N_2 + 4CuO$$

इस प्रकार प्राप्त गैसीय मिश्रण को KOH के सान्द्र विलयन में से प्रवाहित करते हैं। KOH विलयन CO_2, H_2O तथा SO_2 गैसों को अवशोषित कर लेता है। शेष गैस केवल नाइट्रोजन गैस होती है इसका आयतन वायुमण्डलीय दाब पर ज्ञात कर लेते हैं तथा गणना द्वारा दिये गये कार्बनिक यौगिक में नाइट्रोजन की प्रतिशत मात्रा निकाल लेते हैं।

नाइट्रोजन की प्रतिशतता

$$= \frac{28}{22400} \times \frac{\text{NTP पर } N_2 \text{ का आयतन}}{\text{यौगिक का भार}} \times 100$$

- **उदाहरण** *ड्यूमा की विधि द्वारा एक कार्बनिक यौगिक का विश्लेषण किया गया। 0.30 ग्राम कार्बनिक यौगिक से 27°C और 756 मिली दाब पर 32.4 मिली नाइट्रोजन प्राप्त हुई। यौगिक में नाइट्रोजन की प्रतिशत मात्रा की गणना कीजिए।*

हल गैस समीकरण से,

NTP पर N_2 का आयतन, $V = \frac{p_1 \times V_1}{T_1} \times \frac{273}{760}$

या, NTP पर N_2 का आयतन,

$$V = \frac{756 \times 32.4}{300} \times \frac{273}{760} = 29.3 \text{ मिली}$$

यौगिक में, N प्रतिशत $= \frac{28}{22400} \times \frac{\text{NTP का आयतन}}{\text{यौगिक का भार}} \times 100$

$$= \frac{28}{22400} \times \frac{29.3}{0.30} \times 100 = 12.20$$

(ii) जेल्डाल की विधि (Kjeldahl's Method) जब किसी नाइट्रोजन युक्त कार्बनिक यौगिक को सान्द्र सल्फ्यूरिक अम्ल के साथ गर्म किया जाता है तो उसमें उपस्थित समस्त नाइट्रोजन पूर्ण रूप से अमोनियम सल्फेट में परिवर्तित हो जाती है। इस प्रकार प्राप्त मिश्रण को NaOH या KOH के आधिक्य के साथ गर्म करने पर अमोनिया गैस प्राप्त होती है। जिसे ज्ञात शक्ति वाले किसी अम्ल के विलयन में प्रवाहित किया जाता है।

$$(NH_4)_2SO_4 + 2NaOH \longrightarrow 2NH_3 \uparrow + Na_2SO_4 + 2H_2O$$
$$2NH_3 + H_2SO_4 \longrightarrow (NH_4)_2SO_4$$

इस प्रकार प्राप्त अम्ल के विलयन का किसी क्षार के मानक विलयन के साथ अनुमापन करके अम्ल के विलयन का वह आयतन ज्ञात कर लेते हैं जो अमोनिया को अवशोषित करने में प्रयुक्त होता है।

अत: नाइट्रोजन की प्रतिशतता $= \frac{1.4 \times N \times V}{w}$

जहाँ, N = प्रयुक्त अम्ल की नार्मलता

V = अमोनिया के साथ प्रयुक्त अम्ल का मिली में आयतन

w = कार्बनिक यौगिक का ग्राम में भार

- **उदाहरण** *0.25 ग्राम कार्बनिक यौगिक का जेल्डाल विधि द्वारा विश्लेषण किया गया। उत्पन्न अमोनिया को 125 मिली N/10 H_2SO_4 में अवशोषित किया गया। अधिक अम्ल के पूर्ण उदासीनीकरण में 75 मिली N/10 NaOH की आवश्यकता पड़ी। यौगिक में नाइट्रोजन की प्रतिशतता की गणना कीजिए।*

हल अमोनिया द्वारा उदासीनीकृत N/10H_2SO_4 का आयतन

$$= (125 - 75) = 50 \text{ मिली}$$

यौगिक में, $\% N = \frac{1.4 \times N_1 \times V_1}{w}$

N_1 = अम्ल की नॉर्मलता $= N/10$

V_1 = अमोनिया द्वारा उदासीनीकृत अम्ल का आयतन = 50 मिली

w = कार्बनिक यौगिक की मात्रा = 0.25 ग्राम

यौगिक में N की प्रतिशतता $= \frac{1.4 \times 0.1 \times 50}{0.25} = 28\%$

हैलोजन का आकलन (Estimation of Halogens)

हैलोजनों का आकलन केरियस विधि (Carius method) द्वारा किया जाता है। यह विधि इस सिद्धान्त पर निर्भर करती है कि हैलोजन-युक्त कार्बनिक यौगिकों को सिल्वर नाइट्रेट की उपस्थिति में सधूम्र (fuming) नाइट्रिक अम्ल के साथ गर्म करने पर उनमें उपस्थित हैलोजन परमाणु सिल्वर हैलाइड के अवक्षेप के रूप में प्राप्त हो जाते हैं।

अत: क्लोरीन की प्रतिशतता $= \frac{35.5}{143.5} \times \frac{AgCl \text{ का भार}}{\text{कार्बनिक यौगिक का भार}} \times 100$

ब्रोमीन की प्रतिशतता $= \frac{80}{188} \times \frac{AgBr \text{ का भार}}{\text{कार्बनिक यौगिक का भार}} \times 100$

आयोडीन की प्रतिशतता $= \frac{127}{235} \times \frac{AgI \text{ का भार}}{\text{कार्बनिक यौगिक का भार}} \times 100$

■ **उदाहरण** 0.15 g *कार्बनिक यौगिक को सधूम* HNO_3 *और* $AgNO_3$ *के साथ गर्म करने पर* 0.287 *ग्राम* AgCl *प्राप्त हुआ। यौगिक में क्लोरीन की प्रतिशतता ज्ञात कीजिये।* (Ag = 108; Cl = 35.5)

हल यौगिक में Cl की प्रतिशतता

$$= \frac{\text{Cl का परमाणु भार}}{\text{AgCl का अणुभार}} \times \frac{\text{AgCl का अणुभार}}{\text{यौगिक का भार}} \times 100$$

$$= \frac{35.5}{143.5} \times \frac{0.287}{0.15} \times 100 = 47.33\%$$

■ **उदाहरण** 0.156 *ग्राम कार्बनिक यौगिक का सधूम* HNO_3 *और* $AgNO_3$ *के साथ गर्म करने पर* 0.235 *ग्राम* AgI *प्राप्त हुआ। यौगिक में आयोडीन की प्रतिशतता की गणना कीजिए।* (Ag = 108; I = 127)

हल यौगिक में I की प्रतिशतता

$$= \frac{\text{I का परमाणु भार}}{\text{AgI का अणु भार}} \times \frac{\text{AgI का भार}}{\text{यौगिक का भार}} \times 100$$

$$= \frac{127}{235} \times \frac{0.235}{0.156} \times 100 = 81.41\%$$

गन्धक का आकलन (Estimation of Sulphur) गन्धक का आकलन भी केरियस विधि से ही किया जाता है।

$$\text{गन्धक (S) की प्रतिशतता} = \frac{32}{233} \times \frac{\text{BaSO}_4 \text{ का भार}}{\text{कार्बनिक यौगिक का भार}} \times 100$$

■ **उदाहरण** 0.114 *ग्राम कार्बनिक यौगिक को सधूम* HNO_3 *के साथ गर्म करने के पश्चात् बेरियम क्लोराइड आधिक्य में मिलाने पर* 0.350 *ग्राम* $BaSO_4$ *प्राप्त हुआ। यौगिक में सल्फर की प्रतिशत मात्रा ज्ञात कीजिए।* (Ba = 137; S = 32; O = 16)

हल यौगिक में S की प्रतिशतता

$$= \frac{\text{S का परमाणु भार}}{\text{BaSO}_4 \text{ का अणु भार}} \times \frac{\text{BaSO}_4 \text{ का भार}}{\text{यौगिक का भार}} \times 100$$

$$= \frac{32}{233} \times \frac{0.350}{0.114} \times 100 = 42.10\%$$

ऑक्सीजन का आकलन (Estimation of Oxygen) ऑक्सीजन के आकलन की कोई भी सीधी विधि नहीं है। ऑक्सीजन की प्रतिशतता अन्तर द्वारा ज्ञात करते हैं।

O की प्रतिशतता (%) = 100 – (अन्य तत्वों की % का योग)

■ **उदाहरण** *कार्बन, हाइड्रोजन और ऑक्सीजन युक्त एक यौगिक का विश्लेषण करने पर उसमें* 52.17 % C *और* 13.04 % H *पायी गयी। यौगिक में ऑक्सीजन की प्रतिशतता की गणना कीजिए।*

हल यौगिक में O की प्रतिशतता

= 100 – (कार्बन की प्रतिशतता + हाइड्रोजन की प्रतिशतता)

= 100 – (52.17 + 13.04) = 34.79%

स्मरणीय बिन्दु

- हाइड्रेजीन ($NH_2 \cdot NH_2$) में नाइट्रोजन तत्व उपस्थित होता है परन्तु यह नाइट्रोजन का परीक्षण नहीं देती। इसका कारण, हाइड्रेजीन में कार्बन की अनुपस्थिति है।
- नाइट्रोजन का परीक्षण करते समय सदैव $FeSO_4$ के ताजे विलयन का प्रयोग करना चाहिए क्योंकि लम्बे समय तक रखने पर $FeSO_4$, $Fe_2(SO_4)_3$ में ऑक्सीकृत हो जाता है।
- HNO_3 विलयन में उपस्थित Na_2S तथा NaCN को विघटित कर देता है।

अभ्यास प्रश्न

1. कार्बनिक यौगिक को सोडियम के साथ गर्म करते हैं
(a) यौगिक का आयतन बढ़ाने के लिए
(b) यौगिक की विलेयता बढ़ाने के लिए
(c) कार्बनिक यौगिक में उपस्थित तत्वों को सोडियम के आयनिक यौगिकों में परिवर्तित करने के लिए
(d) उपरोक्त में से कोई नहीं

2. सोडियम को साधारणतया इसमें रखा जाता है
(a) परिशुद्ध ऐल्कोहॉल (b) पेट्रोल
(c) मिट्टी का तेल (d) CCl_4

3. एक कार्बनिक यौगिक का सोडियम निष्कर्ष $FeCl_3$के साथ लाल रंग देता है। इसमे उपस्थित है
(a) N (b) S
(c) N और S (d) N तथा Br

4. एक कार्बनिक यौगिक में सल्फर के परीक्षण में सोडियम नाइट्रोप्रुसाइड मिलाया जाता है। एक बैंगनी रंग इसके कारण उत्पन्न होता है
(a) $Na_4[Fe(CN)_6]$
(b) $Na_3[Fe(CN)_6]$
(c) $Na_4[Fe(CN)_5NOS]$
(d) $K_3Fe(CN)_5NOS$

5. नाइट्रोजन के लैसग्ने परीक्षण में जो यौगिक सकारात्मक साक्ष्य नहीं देता है, वह है
(a) यूरिया (b) हाइड्रेजीन
(c) ग्लाइसीन (d) फेनिल हाइड्रेजीन

6. ड्यूमा विधि प्रयोग की जाती है
(a) नाइट्रोजन की गुणता की पहचान के लिए
(b) नाइट्रोजन की मात्रा की अनुमान के लिए
(c) हैलोजन की पहचान के लिए
(d) उपरोक्त में से कोई नहीं

7. कार्बनिक यौगिकों में हैलोजेनों का निर्धारण किस विधि द्वारा किया जाता है?
(a) ड्यूमा की विधि (b) विक्टर मेयर विधि
(c) केरियस विधि (d) लीबिग विधि

8. केरियस विधि द्वारा कार्बनिक यौगिकों में सल्फर का निर्धारण करने में यौगिक को किसी अभिकर्मक *A* के साथ तेज करने पर यौगिक में उपस्थित सल्फर सल्फ्यूरिक अम्ल में ऑक्सीकृत हो जाती है अभिकर्मक *A* है
(a) ओलियम (b) सान्द्र HCl
(c) सधूम नाइट्रिक अम्ल (d) $NaHSO_4$

9. यूरिया के सोडियम निष्कर्ष में नाइट्रोजन किस रूप में उपस्थित होती है?
(a) N_2 (b) $NaNO_3$
(c) NaCN (d) NaCNO

10. एक कार्बनिक यौगिक के सोडियम निष्कर्ष को फेरस सल्फेट के साथ उबालकर ठण्डा करके तनु सल्फ्यूरिक अम्ल द्वारा अम्लीय करने पर नीला विलयन प्राप्त हुआ। विलयन का नीला रंग किस पदार्थ के बनने के कारण है?
(a) NaCN (b) $Na_4[Fe(CN)_6]$
(c) $Fe_4[Fe(CN)_6]_3$ (d) $Fe_3[Fe(CN)_6]_2$

11. हैलोजन के परीक्षण से पूर्व सोडियम निष्कर्ष को सान्द्र HNO_3 के साथ गर्म करने का कारण है
(a) NaCN तथा Na_2S इससे अपघटित हो जाते हैं
(b) Ag_2S, HNO_3 में विलेय है
(c) AgCN, HNO_3 में विलेय है
(d) सिल्वर हैलाइड HNO_3 में अविलेय है

12. सोडियम निष्कर्ष से नाइट्रोजन के परीक्षण में नीला रंग इसका होता है
(a) फेरिक थायो सायनेट
(b) प्रशियन नील
(c) फेरो फेरिक सायनाइड
(d) सोडियम थायो नाइट्रोप्रुसाइड

13. कार्बनिक यौगिकों के गुणात्मक विश्लेषण के लैसग्ने परीक्षण में सोडियम नाइट्रोप्रुसाइड के साथ बैंगनी रंग इसकी उपस्थिति प्रकट करता है
(a) नाइट्रोजन (b) गन्धक
(c) ऑक्सीजन (d) हैलोजन

14. नाइट्रोजन के लैंसग्ने परीक्षण मे नीला रंग इसके बनने के कारण होता है
(a) फेरिक फेरो सायनाइड
(b) पोटैशियम फेरो सायनाइड
(c) सोडियम फेरो सायनाइड
(d) सोडियम सायनेाइड

15. ड्यूमा की विधि द्वारा एक कार्बनिक यौगिक का विश्लेषण किया गया। 0.30 ग्राम कार्बनिक यौगिक से NTP पर 29.3 मिली नाइट्रोजन प्राप्त हुई। यौगिक में नाइट्रोजन की प्रतिशतता है
(a) 6.10 (b) 12.20
(c) 8.79 (d) 9.76

16. एक कार्बनिक यौगिक में C, H, N और Cl हैं यौगिक को सोडियम धातु के साथ संगलित करने पर क्या पदार्थ बनते हैं?
(a) CCl_4, NH_3 (b) $(NH_4)_2CO_3$, NaCl
(c) NH_4Cl, NaCN (d) NaCN, NaCl

उत्तरमाला

1. (c) **2.** (c) **3.** (c) **4.** (c) **5.** (b) **6.** (b) **7.** (c) **8.** (c) **9.** (c) **10.** (c)
11. (a) **12.** (b) **13.** (b) **14.** (a) **15.** (b) **16.** (d)

19

औद्योगिक रसायन

Industrial Chemistry

परिचय (Introduction)

रसायन विज्ञान की वह शाखा जिसके अन्तर्गत मनुष्य की आवश्यकताओं (जैसे प्लास्टिक, रंग, रोगन, साबुन, डिटरजेंन्ट, क्रीम, वैसलीन आदि) के औद्योगिक निर्माण की विधियों एवं उपयोगो का वर्णन किया जाता है, औद्योगिक रसायन कहलाती है।

साबुन एवं डिटर्जेन्ट (Soap and Detergents)

साबुन (Soap)

ये उच्च वसीय अम्लों के सोडियम अथवा पोटैशियम लवण होते हैं। ये तेलों और वसाओं के तनु NaOH या KOH द्वारा जल-अपघटन से प्राप्त होते हैं। इस क्रिया को **साबुनीकरण** (saponification) कहते हैं।

$$\begin{array}{l} CH_2OCOC_{17}H_{35} \\ | \\ CHOCOC_{17}H_{35} \\ | \\ CH_2OCOC_{17}H_{35} \\ \text{तेल या वसा} \end{array} + 3NaOH \longrightarrow \begin{array}{l} CH_2OH \\ | \\ CHOH \\ | \\ CH_2OH \\ \text{ग्लिसरॉल} \end{array} + \underset{\text{सोडियम स्टिएरेट (साबुन)}}{3C_{17}H_{35}COONa}$$

सोडियम लवणों को कठोर साबुन कहते हैं तथा पोटैशियम लवणों को मृदु साबुन कहते हैं। साबुन में बिरोजा या रेजिन मिलाते हैं। यह साबुन को चमकदार बनाता है, मैल को काटता है तथा झाग अधिक बनाता है। शेविंग क्रीम तथा शैम्पू बनाने में मुख्यत: मृदु साबुन अर्थात् किसी असंतृप्त अम्ल जैसे ओलेइक अम्ल के पोटैशियम लवण का प्रयोग करते हैं। **फोम बुस्टर** का प्रयोग भी अधिक झाग के लिए किया जाता है।

साबुन का सामान्य सूत्र *R*COONa या *R*COOK है तथा इनका प्रयोग शरीर एवं कपड़ों की सफाई हेतु किया जाता है।

कपड़े धोने का साबुन बनाने के लिए आवश्यक सामग्री वनस्पति तेल (महुआ), नारियल का तेल, अरण्डी का तेल, बिरोजा, कॉस्टिक सोडा की लेई, सोडियम सिलिकेट आदि।

अच्छे साबुन के गुण (Characteristic of Good Soap) 1. क्षार रहित हो 2. प्रयोग करने में टूटे नहीं 3. खुरदुरा न हो 4. ऐल्कोहॉल में घुलनशील हो।

डिटर्जेन्ट या अपमार्जक (Detergents)

ये भी साबुन की भाँति सफाई के लिए प्रयोग किए जाते हैं। डिटर्जेन्ट दस से अधिक कार्बन परमाणु वाले ऐल्कोहॉल के सल्फ्यूरिक अम्ल व्युत्पन्न के सोडियम लवण होते हैं। इनका सामान्य सूत्र $R—CH_2—O—SO_2ONa$ है।

सोडियम लॉरेल सल्फेट, सूत्र $C_{12}H_{25}O \cdot SO_3 \cdot Na$ डिटर्जेन्ट टिकिया तथा पाउडर दोनों रूप में उपलब्ध होता है।

डिटर्जेन्ट पाउडर का निर्माण (Preparation of Detergent Powder) *इसमें निम्न पदार्थ काम में आते हैं*

1. **अम्लीय सलरी** यह डोडीसाइल बेन्जीन सल्फोनिक अम्ल होता है।
2. **कॉस्टिक सोडा**।
3. **सोडा ऐश** इसको मिलाने से डिटर्जेन्ट का भार बढ़ता है तथा झाग अधिक होता है।
4. **सोडियम सिलिकेट** पाउडर क्रिस्टलीय हो जाता है तथा इसमें चमक आ जाती है।
5. **सोडियम ट्राई पॉलि फॉस्फेट** इसको मिलाने पर डिटर्जेन्ट कठोर जल में आसानी से झाग देता है।
6. **रेजिन या बिरोजा** इसको मिलाने से डिटर्जेन्ट में चमक आ जाती है, झाग अधिक बनते हैं, मैल अधिक कटता है।
7. **फोम बूस्टर** जैसे पाइन ऑयल। इससे झाग अधिक बनते हैं और अधिक देर तक टिके रहते हैं।
8. **व्हाइटनर** जैसे टिनोपाल आदि। इसको मिलाने से कपड़ें पर चमक व सफेदी आती है।
9. **रंग** जैसे रोबिन ब्लू। यह डिटर्जेन्ट पाउडर को नीला रंग देता है।

डिटर्जेन्ट की विशेषताएँ (Characteristics of Detergents)

1. ये कठोर व मृदु दोनों प्रकार के जल के साथ प्रयुक्त होते हैं।
2. ये तेल रहित होते हैं।
3. इनका जलीय विलयन उदासीन होता है अत: ये बिना नुकसान के कोमल रेशों की धुलाई करते हैं।

स्याही (Ink)

स्याही वह तरल पदार्थ है जिसकी सहायता से किसी भी वस्तु पर काफी समय तक रुकने वाले निशान बनाये जा सकते हैं।

यह दो प्रकार की होती है

ऐनिलीन स्याही (Aniline Ink)

इस प्रकार की स्याही ऐनिलीन पर आधारित रंगों का प्रयोग करके बनायी जाती है। जैसे—नीले रंग के लिए—मेथिलीन ब्लू, लाल रंग के लिए—इथोसीन, काले रंग के लिए—एनिलीन ब्लैक, हरे रंग के लिए—मैलाकाइट ग्रीन।

इसके अतिरिक्त स्याही बनाने के लिए निम्न पदार्थ मिलाये जाते हैं

1. **सरेस या गोंद** इसको मिलाने से स्याही का रंग नहीं उड़ता। स्याही में चमक आ जाती है तथा स्याही का प्रवाह समान बना रहता है।

2. **ग्लिसरीन** इसको मिलाने से स्याही जल्दी नहीं सूखती हैं इसको मुख्यत: स्टाम्प पैड की स्याही में मिलाया जाता है।
3. **स्प्रिट या ऐल्कोहॉल** स्याही कम फैलती है और जल्दी सूख जाती है।
4. **कार्बोलिक अम्ल या बोरिक अम्ल** इन पदार्थों को मिलाने से स्याही खराब नहीं होती तथा फफूँद आदि नहीं लगती है।

आयरनमाल स्याही (गैलोटिनिक स्याही) (Galatonic Ink)

प्रयुक्त पदार्थ (Material Used)

1. **टैनिक अम्ल** तथा **गैलिक अम्ल** इनकी उपस्थिति से नीला-काला रंग प्राप्त होता है।
2. **फेरस सल्फेट** तथा **तनु HCl** इनकी उपस्थिति से स्याही में फफूँदी नहीं लगती।
3. **अन्य पदार्थ** गोंद, बोरिक अम्ल, ऐल्कोहॉल आदि प्रयुक्त किए जाते हैं। इनका वहीं उपयोग है जो ऐनिलीन स्याही में होता है।

बूट पॉलिश (Boot Polish)

चमड़े के जूतों तथा अन्य सामान की रक्षा करने के लिए बूट पॉलिश का प्रयोग करते हैं। इसके प्रयोग से चमड़ा मुलायम बना रहता है तथा उस पर चमक आ जाती है।

आवश्यक सामग्री (Required Materials)

1. **पैराफिन मोम** यह पेट्रोलियम के प्रभाजी आसवन से लगभग 450°C पर प्राप्त होता है। यह उच्चतर ($C_{20} - C_{30}$) संतृप्त तथा असंतृप्त हाइड्रोकार्बनों का मिश्रण है। इसके प्रयोग से पॉलिश मुलायम बनी रहती है।
2. **कार्नोबा मोम** यह ताड़ के पत्तों से प्राप्त होता हैं। इसमें मुख्यत: मिरिमिल पॉमिटेट ($C_{25}H_{51}COOC_{30}H_{61}$) होता है। इसके प्रयोग से बूट पॉलिश में चमड़े को चमकाने का गुण आता है।
3. **मधुमक्खी मोम** इसमें भी मुख्यत: मिरिसिल पॉमिटेट होता है। इसका प्रयोग भी बूट पॉलिश में चमक पैदा करने के लिए किया जाता है।
4. **तारपीन का तेल** यह वाष्पशील द्रव है। इसके प्रयोग से पॉलिश चिपचिपी बनी रहती है तथा चमड़े पर लगाने पर जल्दी सूख जाती है।
5. **रंग** काली बूट पॉलिश बनाने के लिए निग्रोसीन या कार्बन ब्लैक, लाल रंग के लिए रोडेमिन, लाल भूरे रंग के लिए सेक्रो ब्राऊन रंग मिलाया जाता है।

जैली (Jelley)

जब फलों के टुकड़ों को काटकर जल या बिना जल के पकाकर छान लेने के उपरान्त फलों के रस में निश्चित मात्रा में चीनी एवं खटास मिलायी जाती है तब वह जमे हुए दही के समान लगता है, इस मिश्रण को जैली कहते हैं।

1. **फल** जैली केवल उन फलों से बनायी जाती है जिनमें पेक्टिन की मात्रा अधिक होती है। अधपका आम, अमरूद, सेब, अंगूर, अनार, चेरी, रसभरी आदि से जैली बनायी जाती है।
2. **चीनी** इसका प्रयोग जैली में मीठा एवं चिपचिपापन लाने के लिए किया जाता है।
3. **खटाई** खट्टा करने के लिए साइट्रिक अम्ल का प्रयोग किया जाता है।

क्रीम (Cream)

यह एक महत्त्वपूर्ण सौन्दर्य प्रसाधन हैं। *यह दो प्रकार की होती हैं*

कोल्ड क्रीम (Cold Cream)

कोल्ड क्रीम बनाने में प्रयुक्त पदार्थ निम्नलिखित हैं

क्र. सं.	पदार्थ	उपयोग	भाग %
1.	मधुमक्खी का मोम	इनसे क्रीम मुलायम बनी रहती है	20 भाग
2.	द्रव पैराफीन ($C_{15} - C_{25}$)	चेहरे पर नमी तथा चमक आती है।	60 भाग
3.	जिंक ऑक्साइड	जीवाणुनाशक के रूप में	1 भाग
4.	सुहागा		1 भाग
5.	सुगन्धित पदार्थ	दुर्गन्ध दूर करने के	1 भाग
6.	आसुत जल		शेष भाग

कोल्ड क्रीम से त्वचा चिकनी बनी रहती है तथा रूखापन मिट जाता है।

वैनिशिंग क्रीम (Vanishing Cream)

यह चेहरे की तेलीय त्वचा की चिपचिपाहट दूर करती है।
इसके मुख्य पदार्थ निम्नलिखित हैं

क्र० सं०	पदार्थ	भाग %
1.	स्टिऐरिक अम्ल (चेहरा स्वच्छ रखने के लिए)	60 भाग
2.	सुहागा (रोगाणुनाशक के रूप में)	20 भाग
3.	ग्लिसरीन (क्रीम को मुलायम बनाने के लिए)	2 भाग
4.	बेन्जोइक अम्ल (रोगाणुनाशक के रूप में)	2 भाग
5.	कॉस्टिक सोडा (चेहरा स्वच्छ रखने के लिए)	2 भाग
6.	रेक्टीफाइड स्प्रिट (लगाने के बाद तुरन्त सूखने के लिए)	10 भाग
7.	सुगन्धित पदार्थ (दुर्गन्ध दूर करने के लिए)	3 भाग
8.	आसुत जल	300 भाग

वैसलीन (Vaseline)

वैसलीन एक सफेद रंग का स्नेहिल प्रभाव (lubricating effect) युक्त अर्द्ध ठोस है जो पेट्रोलियम के 400-500°C के मध्य शोधन से प्राप्त होता है। यह उच्चतर ($C_{20} - C_{27}$) ऐलिफैटिक हाइड्रोकार्बनों का मिश्रण है। वैसलीन को त्वचा पर लगाने पर स्नेहिल प्रभाव के कारण यह त्वचा पर चिकनापन उत्पन्न करती है। यह त्वचा की नमी को वाष्पित होने से रोकती हैं। *सुगन्धित वैसलीन में प्रयुक्त प्रमुख पदार्थ निम्नलिखित हैं*

क्र. सं.	पदार्थ	भाग %
1.	पैराफिन मोम	1 भाग
2.	सफेद वैसलीन	20 भाग
3.	जिंक ऑक्साइड	$\frac{1}{2}$ भाग
4.	सुगन्धित पदार्थ	$\frac{1}{4}$ भाग

विस्फोटक (Explosive)

वे पदार्थ, जिनका दहन कराने पर अत्यधिक ऊष्मा एवं भयंकर ध्वनि उत्पन्न होती है, विस्फोटक कहलाते हैं।
कुछ प्रमुख विस्फोटक पदार्थ निम्न हैं

ट्राईनाइट्रो टॉलूईन (Trinitrotoluene, TNT)

इसे टॉलूईन पर सान्द्र नाइट्रिक अम्ल व सान्द्र सल्फ्यूरिक अम्ल की अभिक्रिया द्वारा प्राप्त किया जाता है।

ट्राईनाइट्रो ग्लिसरीन (Trinitroglycerine, TNG)

यह ग्लिसरीन पर सान्द्र नाइट्रिक अम्ल की अभिक्रिया द्वारा प्राप्त किया जाता है। इसकी सहायता से डायनामाइट जैसे महत्त्वपूर्ण विस्फोटक बनाए जाते हैं। यह स्वयं भी एक महत्त्वपूर्ण विस्फोटक है।

पिक्रिक अम्ल (Picric Acid)

यह फीनॉल तथा सान्द्र नाइट्रिक अम्ल की अभिक्रिया द्वारा प्राप्त किया जाता है। इसे ट्राईनाइट्रो फीनॉल (TNP) भी कहते हैं।

गन कॉटन (Gun Cotton)

रूई या लकड़ी के रेशों पर सान्द्र नाइट्रिक अम्ल की अभिक्रिया द्वारा नाइट्रोसेलूलोस (गन कॉटन) प्राप्त होता है, जो एक महत्त्वपूर्ण विस्फोटक पदार्थ है।

डायनामाइट (Dynamite)

लकड़ी के बुरादे में नाइट्रोग्लिसरीन को अवशोषित कराकर डायनामाइट बनाया जाता है। इसका प्रयोग कुएँ ख़ोदने, सड़क बनाने, बाँध बनाने, सुरंग बनाने तथा चट्टानें तोड़ने के लिए होता है।

ब्लास्टिंग जिलेटिन (Blasting Gelatin)

यह 7% नाइट्रोसेलुलोस तथा 93% नाइट्रोग्लिसरीन का मिश्रण होता है। इसका उपयोग खान खोदने व सुरंग बनाने में होता है।

औषधियाँ (Drugs)

कोई भी पदार्थ जो किसी रोग को रोकने, आराम पहुँचाने या उपचार के उपयोग में आता है, औषधि कहलाता है।

औषधियों का वर्गीकरण (Classification of Drugs)

ज्वरनाशक (Antipyretics) ये शारीरिक दर्द या बुखार उतारने के काम आती हैं। इनका उपयोग लम्बे समय तक नहीं करना चाहिए, क्योंकि यह शरीर को कमजोर बनाती हैं। जैसे—ऐस्पिरिन, क्रोसिन, फिनैसिटिन, एन्टीपाइरिन आदि।

निश्चेतक तथा शामक औषधियाँ (Anaesthetics) ये औषधियाँ निश्चेतक, संवेदन को कम करने में प्रयुक्त होती हैं। जैसे—क्लोरोफॉर्म, कोकेन आदि।
शुद्ध क्लोरोफॉर्म से हृदय पर गलत असर पड़ता है। अत: क्लोरोफॉर्म को 30% ईथर के साथ मिलाकर काम में लाते हैं।

पूर्तिरोधी (Antiseptics) ये शरीर के घावों को धोने तथा उन्हें ठीक करने के काम आती हैं। जैसे—क्लोरोमीन, मरक्यूरोक्रोम, फीनॉल, टिंकचर आयोडीन क्रमश: घावों को धोने में, उनके उपचार में, रोगाणुनाशक एवं कीटाणुनाशक के रूप में प्रयुक्त होती हैं।

एन्टीबायोटिक (Antibiotics) ये औषधियाँ कुछ निश्चित जीवाणुओं मोल्डस् (moulds), फनजाई (fungi) या बैक्टीरिया (bacteria) आदि से बनाई जाती हैं। ये औषधियाँ दूसरे जीवाणुओं के विरुद्ध कार्य करती हैं।
जैसे—पेनिसिलिन (penicillin), स्ट्रेप्टोमाइसिन (streptomycin), क्लोरोमाइसीटीन (chloromycetin), टेट्रासाइक्लिन (tetracyclin) आदि।

सल्फा ड्रग्स (Sulpha drugs) सल्फानिलैमाइड स्वयं एक औषधि है, तथा इससे अन्य बेहतर औषधियाँ, जैसे—सल्फा पिरीडीन (निमोनिया रोग), सल्फाडाइजीन, सल्फाग्वानीडीन (दमा बन्द करने की दवा) सल्फाथाएजाल आदि स्ट्रेप्टोकॉकस बैक्टीरिया (streptococcus bacteria) से उत्पन्न संक्रामक रोगों के विरुद्ध उपयोग में लायी जाती हैं।

प्रशान्तक (Tranquillizers) ये केन्द्रीय तन्त्रिका तन्त्र को प्रभावित करके चिन्ताओं को कम करती हैं। जैसे—इकुआलीन।

निद्राकारी (Sedative) ये औषधियाँ निद्रा लाने हेतु प्रयोग की जाती हैं। जैसे—सल्फोनल, वेरोनल।

दर्दनाशक (Analgesic) ये औषधियाँ दर्द की रोकथाम में प्रयोग की जाती हैं। जैसे—मार्फीन, हेरोइन, कोडीन।

जर्मनाशक (Germicide) ये औषधियाँ रोगाणुओं, कवक, वायरस आदि को नष्ट करती हैं। जैसे—डी. डी. टी., पैराथिऑन।

ऐण्टिडिप्रेसेण्ट (Antidepressant) ये औषधियाँ नाडीतन्त्र को प्रभावित करती हैं। जैसे—डॉयारेनिल।

प्लास्टिक (Plastic)

प्लास्टिक सामान्यत: उच्च परमाणु भार वाले असंतृप्त हाइड्रोकार्बन होते हैं। *ये दो प्रकार के होते हैं*

थर्मोप्लास्टिक या तापसुघट्य (Thermoplastic)

वे प्लास्टिक जो गर्म करने पर मुलायम हो जाए, थर्मोप्लास्टिक कहलाती हैं। जैसे—पॉलिथीन, पॉलिवाइनिल क्लोराइड आदि।
इनके मुख्य: लक्षण निम्न हैं

1. थर्मोप्लास्टिक की संरचना रेखीय होती है।
2. ये ऐसे पदार्थों के बहुलीकरण से बनते हैं जिनके पास एक युग्म बन्ध (multiple bond) होता है।
3. ये प्लास्टिक कम ताप पर गर्म करने पर मुलायम हो जाती हैं।
4. ये यान्त्रिक प्रतिबल डालने पर आसानी से विकृत हो जाते हैं।
5. ये कार्बनिक विलायकों जैसे बेन्जीन, क्लोरोफॉर्म में विलेय होती हैं।

थर्मोसेटिंग या तापदृढ़ प्लास्टिक (Thermosetting Plastic)

इस प्रकार की प्लास्टिक गर्म करने पर मुलायम हो जाती हैं, परन्तु ताप बढ़ने पर ठोस, कठोर तथा अगलनीय हो जाती हैं। जैसे—बेकेलाइट, यूरिया तथा फॉर्मेल्डिहाइड आदि। *इनके मुख्य लक्षण निम्न हैं*

1. थर्मोसेटिंग प्लास्टिक क्रॉस बन्धित होती हैं।
2. थर्मोसेटिंग प्लास्टिक उच्च ताप एवं अधिक यान्त्रिक दाब के प्रति उच्च प्रतिरोध रखती हैं।
3. ये अत्यन्त कठोर होती हैं। इन्हें तोड़ना या जलाना सरल नहीं है।
4. थर्मोसेटिंग का पुनर्चक्रण सम्भव नहीं है।

थर्मोप्लास्टिक के बहुलक (Polymers of Thermoplastic)

1. **पॉलिथीन** (Polythene) एथिलीन के बहुलीकरण से पॉलिथीन प्राप्त होती है। ये प्लास्टिक गर्म करने पर मुलायम हो जाने के कारण साँचों में ढ़ाली जा सकती हैं। इनका प्रयोग पाइप, तार, खिलौने तथा पैकिंग सामग्री में होता है।
2. **पॉलिवाइनिल क्लोराइड** (Polyvinyl Chloride, PVC) यह वाइनिल क्लोराइड के बहुलीकरण से प्राप्त होती है। इसका उपयोग पतली चादरें, बरसाती, सीट कवर आदि बनाने में किया जाता है।
3. **पॉलिस्टाइरीन** (Polystyrene) स्टाइरीन के बहुत से अणु आपस में जुड़कर बहुलक पॉलिस्टाइरीन बनाते हैं। इसका उपयोग बोतलों की टोपियों तथा संचायक सेलों को बनाने में होता है।

थर्मोसेटिंग प्लास्टिक के बहुलक

(Polymers of Thermosetting Plastic)

(i) बेकेलाइट (Bakelite) यह फीनॉल तथा फार्मेल्डिहाइड को सोडियम हाइड्रॉक्साइड की उपस्थिति में गर्म करके बनाया जाता है। इसका उपयोग रेडियो, टी. वी. के केस, गीयर, प्लाई की लकड़ी जोड़ने में करते हैं।

(ii) यूरिया फॉर्मेल्डिहाइड प्लास्टिक (Urea Formaldehyde Plastic) इसका उपयोग सजावट की वस्तुओं के निर्माण में करते हैं।

कृत्रिम रेशे (Artificial Fibres)

वस्त्र उद्योगों में वस्त्रों के अधिक निर्माण के लिए कृत्रिम रेशों का निर्माण किया जाता है। औद्योगिक स्तर पर सर्वप्रथम कृत्रिम रेशों के निर्माण के लिए सन् 1885 में फ्रांस में सेलुलोस नाइट्रेट का प्रयोग किया गया था।

- कुछ कृत्रिम रेशे निम्नलिखित हैं

1. **विस्कॉस रेयॉन** इसका निर्माण प्राकृतिक कपास की कार्बन डाइसल्फाइड तथा कॉस्टिक सोडे की क्रिया द्वारा (H_2SO_4 पर प्रवाहित करके) किया जाता है।
2. **ऐसीटेट रेयॉन** इसका निर्माण प्राकृतिक कपास पर ऐसीटिक ऐनहाइड्राइड की क्रिया द्वारा किया जाता है।
3. **रेयॉन** इसे सेलुलोस से प्राप्त किया जाता है। इसका उपयोग वस्त्र बनाने में होता है।
4. **नायलॉन 66** यह ऐडिपिक अम्ल तथा हेक्सामेथिलीन डाइऐमीन का संघनित बहुलक है। इसका उपयोग जुर्राब, वस्त्र, ब्रुश के रेशे बनाने में होता है।
5. **डेक्रॉन** इसे एथिलीन ग्लाइकॉल तथा टेरीथैलिक अम्ल की क्रिया से बनाते हैं। इसका उपयोग वस्त्र निर्माण में होता है।
6. **ऑरलान** इसे वाइनिल सायनाइड के बहुलीकरण से बनाया जाता है।

स्मरणीय बिन्दु

- साबुन, कठोर जल के साथ झाग नहीं देते जबकि डिटर्जेन्ट कठोर जल के साथ समुचित झाग देते हैं।
- टेफ्लॉन सबसे अच्छी प्लास्टिक है तथा इसका प्रयोग बिना चिपकने वाले बर्तन बनाने में किया जाता है।
- टेफ्लॉन में F परमाणु उपस्थित होता है।

अभ्यास प्रश्न

1. निम्नलिखित में से किसका उपयोग शैम्पू बनाने में किया जाता है?
(a) CH_3COONa
(b) $C_{17}H_{35}COOK$
(c) $C_{17}H_{33}COOK$
(d) $NaOOC \cdot COONa$

2. थर्मोसेटिंग प्लास्टिक का उदाहरण है
(a) पॉलिथीन (b) पी वी सी
(c) बेकेलाइट (d) पॉलिस्टाइरीन

3. नीली-काली स्याही के निर्माण में प्रयुक्त होने वाला पदार्थ है
(a) ऑक्सेलिक अम्ल (b) सिट्रिक अम्ल
(c) हाइड्रोक्लोरिक अम्ल (d) गैलिक अम्ल

4. नायलॉन का अणुसूत्र है
(a) $NH—OC(CH_2)_4CO—NH(CH_2)_6HN—OC$
(b) $NH—OC(CH_3)_4CO—NH(CH_3)_6HN—OC$
(c) $NH—OC(CH_4)_4CO—NH(CH_2)_6HN—OC$
(d) $NH—OC(CH_2)_6CO—NH(CH_2)_8HN—OC$

5. टेलीविजन का केस साधारणतः किस प्लास्टिक से बनता है?
(a) बेकेलाइट (b) पॉलि वाइनिल क्लोराइड
(c) एक्रोलिन (d) थर्मोप्लास्टिक

6. कृत्रिम रेशे बनाने में सर्वप्रथम प्रयोग किया गया पदार्थ था
(a) पेट्रोलियम (b) सेलुलोस ऐसीटेट
(c) सेलुलोस नाइट्रेट (d) सोडियम सल्फेट

7. पी वी सी का पूरा नाम है
(a) पॉलि वाइनिल क्लोराइड (b) पॉलि स्टाइरिन प्रोपलीन
(c) पॉलि प्रोपलीन (d) ट्राइनाइट्रेट टॉलूईन

8. कृत्रिम रेशम निम्न में से किससे तैयार किया जाता है?
(a) गैलेक्टोस (b) लेक्टोस
(c) माल्टोस (d) सेलुलोस

9. प्राकृतिक रेशम है
(a) पॉलि एस्टर (b) पॉलि एमाइड
(c) पॉलि अम्ल (d) पॉलि सैकेराइड

10. थर्मोप्लास्टिक है
(a) पॉलीथीन (b) पी वी सी
(c) पॉलिस्टाइरीन (d) ये सभी

11. तेल तथा सोडियम हाइड्रॉक्साइड की क्रिया कहलाती है
(a) साबुनीकरण (b) उदासीनीकरण
(c) बहुलीकरण (d) संयोजन

12. थर्मोसेटिंग प्लास्टिक का उदाहरण है
(a) बेकेलाइट (b) पॉलिवाइनिल
(c) टेफ्लॉन (d) पॉलिस्टाइरीन

13. C से बने यौगिक हैं मुख्यतः
(a) विद्युत संयोजक
(b) सहसंयोजक
(c) उपसहसंयोजक
(d) सहसंयोजक व उपसहसंयोजक

14. प्लास्टिक है
(a) संतृप्त हाइड्रोकार्बन का जटिल यौगिक
(b) असंतृप्त हाइड्रोकार्बन का समावयवी
(c) एक अकार्बनिक जटिल यौगिक
(d) असंतृप्त हाइड्रोकार्बन का उच्च बहुलक

15. थर्मोप्लास्टिक
(a) गर्म करने पर पिघल जाते हैं
(b) गर्म करने पर मुलायम हो जाते हैं
(c) गर्म करने पर मुलायम तथा ताप बढ़ाने पर पुनः कठोर हो जाते हैं
(d) गर्म करने पर विच्छेदित हो जाते हैं

16. क्लोरोफॉर्म है
(a) एन्टीबायोटिक (b) एण्टिडिप्रेसेण्ट
(c) ज्वरनाशक (d) निश्चेतक

17. खनिज से प्राप्त एक औषधि है
(a) काकोलीन (b) इन्सुलिन
(c) मॉरफीन (d) ऐट्रोपीन

18. वेरोनल एक औषधि है
(a) प्रतिरोधी (b) निद्राकारी
(c) एन्टीबायोटिक (d) सल्फा ड्रग

19. फीनॉल से प्राप्त विस्फोटक का नाम है
(a) TNT (b) TNG
(c) *आर्थो* नाइट्रोफीनॉल (d) पिक्रिक अम्ल

20. TNT का पूरा नाम है
(a) टेट्रानाइट्रो टॉलूईन (b) ट्राईनाइट्रो टेट्राऐमीन
(c) ट्राइनाइट्रो टॉलूईन (d) टेट्रानाइट्रो टेट्राएमीन

21. TNG का पूरा नाम है
(a) ट्राईनाइट्रो ग्लिसरीन (b) ट्राईनाइट्रो गेमेक्सीन
(c) टेट्रानाइट्रो ग्लिसरीन (d) टेट्रानाइट्रो गेमेक्सीन

22. ऐनिलीन स्याही में उपस्थित कार्बनिक यौगिकों के जैविक अपघटन को रोकने के लिए प्रयुक्त पदार्थ है
(a) ग्लिसरीन (b) गोंद
(c) बोरिक अम्ल (d) सोडियम सिलिकेट

23. स्याही में चमक लाने व उसे फैलने से रोकने के लिए उसमें मिलाते हैं
(a) मेथिलीन ब्लू (b) ग्लिसरीन
(c) गैलिक अम्ल (d) गोंद

24. स्याही में फीनॉल
(a) स्याही को चमक प्रदान करता है
(b) स्याही को जल्दी सुखा देता है
(c) स्याही मे फफूँद नहीं लगने देता तथा स्याही के पात्र में कोई पदार्थ नहीं जमता
(d) स्याही लिखने के बाद फैलती नहीं

25. स्याही बनायी जाती है
(a) ऐनिलीन से (b) एसीटिलीन से
(c) एथेन से (d) ऐमीन से

26. स्याही को सड़ने से बचाने के लिए प्रयोग किया जाता है
(a) एसीटिक अम्ल (b) बोरिक अम्ल तथा कार्बोलिक अम्ल
(c) कार्बोलिक अम्ल (d) सोडा लाइम

27. कठोर जल में कपड़े धोने के लिए प्रयोग होता है
(a) साबुन (b) अपमार्जक
(c) सोडियम (d) पोटैशियम

28. साबुन बनाने में तेल के साथ प्रयोग किया जाता है
(a) सोडियम ऐसीटेट (b) कॉस्टिक सोडा
(c) सोडियम सल्फेट (d) सोडियम

29. लॉरिल ऐल्कोहॉल का सूत्र है
(a) $C_{12}H_{24}OH$ (b) $C_{12}H_{25}OH$
(c) $C_6H_{12}OH$ (d) $C_{12}H_{25}ONa$

30. मलेरिया में प्रयोग की जाने वाली औषधि है
(a) ऐस्प्रिन (b) प्राईमाक्विन
(c) क्लोरोक्विन (d) टेट्रासाइक्लीन

31. स्ट्रेप्टोमाइसिन प्रयोग की जाती है
(a) निश्चेतक के रूप में (b) एन्टीबायोटिक (पूतिरोधी) के रूप में
(c) ज्वरनाशक के रूप में (d) इन सभी में

32. लम्बी श्रृंखला वाले ऐल्किल सल्फोनिक अम्ल के सोडियम लवणों का उपयोग करते हैं
(a) साबुन में (b) उर्वरक में (c) डिटर्जेन्ट में (d) कीटनाशी में

33. पॉलिथीन निम्न के बहुलीकरण पर बनता है
(a) C_2H_4 (b) C_2H_2
(c) C_2H_6 (d) C_3H_8

34. सूती रेशों में मर्सरीकरण की क्रिया की जाती है
(a) तनु HNO_3 द्वारा (b) सान्द्र H_2SO_4 द्वारा
(c) तनु NaOH द्वारा (d) सान्द्र NaOH द्वारा

35. सूती तथा ऊनी रेशों में अन्तर ज्ञात किया जा सकता है
(a) जलाकर (b) सान्द्र HNO_3 डालकर
(c) छूकर (d) तनु NaOH डालकर

36. शुद्ध क्लोरोफॉर्म का प्रयोग नहीं किया जाता, क्योंकि
(a) हृदय पर बुरा प्रभाव पड़ता है
(b) बहुत अधिक मात्रा से लम्बे समय तक होश नहीं आता है
(c) संवेदना बढ़ जाती है
(d) शारीरिक दर्द या बुखार हो जाता है

37. विस्फोटक पदार्थ नहीं है
(a) ट्राइनाइट्रो टॉलूईन (b) पिक्रिक अम्ल
(c) ट्राइनाइट्रो ग्लिसरीन (d) टेट्रासाइक्लीन

38. साबुन वर्ग का यौगिक है
(a) कार्बोक्सिलिक अम्लों के लवण
(b) एस्टर
(c) ऐमीन
(d) ऐल्कोहॉल

39. प्राकृतिक रेशा है
(a) लिनन (b) रेयॉन (c) ऊन (d) रेशम

40. 'सल्फापाइरीडिन' औषधि का प्रयोग किया जाता है
(a) निमोनिया में (b) घाव धोने में
(c) शरीर का दर्द कम करने में (d) अतिसार में

41. डायनामाइट का अविष्कार किया था
(a) बैकरल ने (b) न्यूटन ने
(c) थॉमसन ने (d) अल्फ्रेड नोबल ने

42. हजामत बनाने वाले साबुन से उत्पन्न झाग को सुखाने के लिए निम्न पदार्थ को प्रयुक्त किया जाता है
(a) एथिल ऐल्कोहॉल (b) ग्लिसरॉल
(c) मेथिल ऐल्कोहॉल (d) थायोकॉल

43. नायलॉन बनाने में प्रयुक्त कच्चा पदार्थ है
(a) ऐडिपिक अम्ल (b) ऐसीटिक अम्ल
(c) एथिलीन (d) ब्यूटाडाईन

44. कृत्रिम साबुन है
(a) सोडियम स्टियरेट (b) लॉरिक सल्फ्यूरिक अम्ल
(c) सोडियम लॉरिल सल्फेट (d) लॉरिल ऐल्कोहॉल

45. चेहरे के लिए प्रयोग होने वाली क्रीमों में बेन्जोइक अम्ल कार्य करता है
(a) क्रीम को मृदु बनाने में
(b) जीवाणुनाशी के रूप में
(c) दुर्गन्ध दूर करने के लिए
(d) चेहरे पर चमक लाने हेतु

46. बूट पॉलिश तैयार करने के लिए कार्नोबा मोम प्रयोग किया जाता है
(a) पॉलिश में कठोरता लाने में सहायता प्रदान करने हेतु
(b) बूट पर अनुप्रयोग उपरान्त पॉलिश सुखाने में सहायता प्रदान करने में
(c) पॉलिश को नर्म करने के लिए
(d) बूट पॉलिश में चमक लाने के लिए

47. बूट पॉलिश बनाने में प्रयोग किये जाने वाला तेल है
(a) तारपीन का तेल
(b) खनिज तेल
(c) वनस्पति तेल
(d) ह्वेल मछली का तेल

48. वैसलीन में जीवाणुनाशक के रूप में प्रयुक्त होता है
(a) कॉपर ऑक्साइड (b) जिंक ऑक्साइड
(c) सिल्वर ऑक्साइड (d) सोडियम ऑक्साइड

49. जैली बनाने में जब फल तथा जल को 40 मिनट तक पकाते हैं तो प्राप्त होता है
(a) ग्लिसरीन (b) पैक्टीन जूस
(c) पैराफिन मोम (d) सोडा लाइम

50. जैली एक प्रकार का है
(a) कृसित विलयन (b) समांग विलयन
(c) मिश्रण (d) इनमें से कोई नहीं

उत्तरमाला

1. (c)	**2.** (c)	**3.** (d)	**4.** (a)	**5.** (a)	**6.** (c)	**7.** (a)	**8.** (d)	**9.** (b)	**10.** (d)
11. (a)	**12.** (a)	**13.** (d)	**14.** (d)	**15.** (b)	**16.** (d)	**17.** (a)	**18.** (b)	**19.** (d)	**20.** (c)
21. (a)	**22.** (c)	**23.** (d)	**24.** (b)	**25.** (a)	**26.** (b)	**27.** (b)	**28.** (b)	**29.** (b)	**30.** (c)
31. (b)	**32.** (c)	**33.** (a)	**34.** (c)	**35.** (a)	**36.** (a)	**37.** (d)	**38.** (a)	**39.** (d)	**40.** (a)
41. (d)	**42.** (b)	**43.** (a)	**44.** (c)	**45.** (b)	**46.** (d)	**47.** (a)	**48.** (b)	**49.** (b)	**50.** (c)

मैकेनिकल

1

द्रव यान्त्रिकी

Fluid Mechanics

परिचय Introduction

इसक अन्तर्गत द्रव की गति, उसकी विरामावस्था, उसकी यान्त्रिकी और उसके विभिन्न व्यवहारों एवं गुणों का अध्ययन किया जाता है।

द्रव यान्त्रिकी के गुण Characteristic of Fluid Mechanics

द्रव Fluid

पदार्थ की वह अवस्था जिसका आयतन निश्चित हो लेकिन आकृति निश्चित न हो, वह द्रव या तरल कहलाती है।

धारा रेखीय प्रवाह Stream Line Flow

जब कोई द्रव इस प्रकार प्रवाहित होता है कि किसी एक बिन्दु से गुजरने वाले सभी कण एक ही मार्ग का अनुसरण करते हैं, तब द्रव का प्रवाह धारा रेखीय प्रवाह कहलाता है। इसमें प्रवाह के प्रत्येक बिन्दु पर द्रव का वेग परिमाण तथा दिशा में नियत रहता है। इसमें धारा रेखाएँ एक-दूसरे को काटती नहीं हैं।

विक्षुब्ध प्रवाह Turbulant Flow

द्रव का ऐसा प्रवाह जिसमें प्रवाह के प्रत्येक बिन्दु पर द्रव का वेग परिमाण एवं वेग दिशा में अचर नहीं रहता है, विक्षुब्ध प्रवाह कहलाता है। ऐसे प्रवाह में द्रव की गति अनियमित तथा टेढ़ी-मेढ़ी रहती है।

पृष्ठ तनाव Surface Tension

''किसी द्रव का पृष्ठ तनाव वह बल है, जोकि द्रव के मुक्त पृष्ठ पर किसी भी दिशा में खींची गई काल्पनिक रेखा की एकांक लम्बाई पर पृष्ठ के तल में तथा रेखा के लम्बवत् कार्य करता है।'' इसका मात्रक न्यूटन/मीटर^2 तथा जूल/मीटर^2 है।

ससंजक बल Cohesion Force

एक ही पदार्थ के अणुओं के बीच लगने वाले आकर्षण बल को संसंजक बल कहते हैं। जैसे—दो बूँदों को मिलाकर एक बड़ी बूँद बनना।

आसंजक बल Adhesions Force

भिन्न-भिन्न पदार्थों के अणुओं के बीच लगने वाले आकर्षण बल को आसंजक बल कहते हैं। जैसे—जल की बूँद का काँच की प्लेट पर चिपकना।

श्यानता Viscosity

''द्रवों का वह गुण जिसके कारण द्रव अपनी भिन्न-भिन्न परतों के बीच होने वाली आपेक्षिक गति का विरोध करते हैं, श्यानता कहलाता है।''

न्यूटन के अनुसार किसी बहते हुए द्रव की किन्हीं दो परतों के बीच लगने वाला श्यान बल (F) दो बातों पर निर्भर करता है

1. यह बल परतों के क्षेत्रफल A के अनुक्रमानुपाती होता है।

   अर्थात् $F \alpha A$

2. यह बल परतों के बीच की वेग प्रवणता $\frac{dv}{dy}$ के अनुक्रमानुपाती होता है,

   अर्थात् वेग प्रवणता $r = \eta \frac{dv}{dy}$

   $\Rightarrow \qquad \eta = \frac{r}{dv/dy}$

जहाँ,

η एक श्यानता गुणांक (Coefficient of friction) है।

अत: ''किसी द्रव का श्यानता गुणांक उस श्यान बल के बराबर है जो एकांक क्षेत्रफल वाली परतों के बीच कार्य करता है, जबकि उनके बीच का एकांक वेग प्रवणता हो।''

कम श्यानता वाले तरल अधिक सरलता से बहते हैं। पारे की श्यानता पानी से अधिक होती है तथा पानी की श्यानता वायु से अधिक होती है। एल्कोहॉल की श्यानता पारे से कम होती है।

श्यानता की इकाइयाँ

$$\text{CGS प्रणाली में} = \frac{\text{डाइन - सेकण्ड}}{(\text{सेमी})^2}$$

$$\text{MKS प्रणाली में} = \frac{\text{किग्रा - सेकण्ड}}{(\text{मी})^2}$$

$$\text{अन्तर्राष्ट्रीय प्रणाली (SI) में} = \frac{\text{न्यूटन - सेकण्ड}}{(\text{मी})^2}$$

या $\frac{N-S}{m^2}$

या $P_a - S$

सामान्यतया श्यानता की इकाई **पाइज** (Poise) प्रयोग की जाती है।

पानी की श्यानता का मान लगभग 0.01008 पाइज होता है।

4 द्रव यान्त्रिकी

क्रांतिक वेग Critical Velocity

"द्रव के प्रवाह वेग का एक ऐसा मान जिसमें प्रवाह का वेग कम होने पर प्रवाह धारा रेखीय होता है तथा अधिक होने पर प्रवाह विक्षुब्ध हो जाता है इस सीमान्त मान को क्रांतिक वेग कहते हैं।"

आदर्श तरल Ideal Fluid

जो तरल असम्पीड्य तथा अश्यान होता है, वह आदर्श तरल कहलाता है।

द्रवों के बहने का अविरतता का सिद्धान्त

Principle of Continuity of Fluid Flow

"यदि किसी असमान अनुप्रस्थ काट वाली नलों से किसी आदर्श तल का धारा रेखीय प्रवाह हो रहा है, तो नलों में प्रत्येक स्थान पर नली के अनुप्रस्थ काट का क्षेत्रफल (A) तथा द्रव के वेग (v) का गुणनफल नियत रहता है।" यही द्रव के बहने का अविरतता का सिद्धान्त कहलाता है।

$Av =$ नियतांक (Constant)

बरनौली की प्रमेय Bernoulli's Theorem

"जब कोई असम्पीड्य तथा अश्यान द्रव एक स्थान से दूसरे स्थान तक धारा रेखीय प्रवाह में प्रवाहित होता है, तो मार्ग के प्रत्येक बिन्दु पर द्रव एकांक आयतन की कुल ऊर्जा (दाब ऊर्जा, गतिज ऊर्जा तथा स्थितिज ऊर्जा) का योग एक नियतांक होता है।

अत: $p + \frac{1}{2}\rho v^2 + \rho gh =$ नियतांक

इसमें ρg से भाग देने पर

$$\frac{p}{\rho g} + \frac{v^2}{2g} + h = \text{नियतांक (Constant)}$$

इसमें दाब $\frac{p}{\rho g}$ शीर्ष, वेग शीर्ष $\frac{v^2}{2g}$ तथा h गुरुत्वीय शीर्ष है।

खुले चैनलों में प्रवाह Flow Through Open Channels

एकसमान प्रवाह (Uniform Flow) जब चैनल बैंड के उन्नयन में पाथ तथा घर्षण क्षति के बीच सन्तुलन होता है, तो प्रवाह एकसमान कहलाता है।

असमान प्रवाह (Non-uniform Flow) जब खुले चैनल का मुक्त जल पृष्ठ चैनल के बैंड के समानान्तर नहीं होता है, तो प्रवाह असमान प्रवाह कहलाता है।

जलीय परिमाप (Wetted Perimeter) चैनल का पृष्ठ जोकि उसमें से प्रवाहित जल के सम्पर्क में होता है। जलीय परिमाप कहलाता है।

द्रवीय औसत गहराई (Hydraulic Mean Depth) चैनल के अनुप्रस्थ काट के क्षेत्रफल (A) तथा जलीय परिमाप (P) का अनुपात द्रवीय औसत गहराई कहलाता है। अर्थात्

द्रवीय औसत गहराई $m = \frac{A}{P}$

जहाँ, $P =$ जलीय परिमाप तथा $A =$ अनुप्रस्थ काट का क्षेत्रफल

द्रवीय ढाल (Hydraulic Slope) घर्षण के कारण हैंड क्षति (h_f) तथा चैनल की कुल लम्बाई (l) अनुपात हाइड्रॉलिक ढाल या ग्रेडिएन्ट कहलाता है।

$$\therefore \quad \text{हाइड्रालिक ढाल } (i) = \frac{\text{घर्षण के कारण हैंड क्षति}}{\text{चैनल की कुल लम्बाई}}$$

$$\Rightarrow \quad (i) = \frac{h_f}{l}$$

खुले चैनल की क्रांतिक गहराई (Critical Depth of Open Channel) जब वेग क्रांतिक होता है या जब विशिष्ट ऊर्जा न्यूनतम होती है, तो जल की गहराई क्रांतिक गहराई कहलाती है। इस प्रकार, खुले चैनल की क्रांतिक गहराई $(h) = \frac{v^2}{g}$

अभिस्रावण या प्रशान्त प्रवाह Streaming or Tranquil Flow

$$h > \frac{v^2}{g}$$

क्रांतिक प्रवाह $h_e = \frac{v^2}{g}$

वेग प्रवाही या शूटिंग प्रवाह $h > \frac{v^2}{g}$

जहाँ, $h =$ चैनल की गहराई

वियर तथा नोच से प्रवाह Flow Over Weir and Notches

वियर और नोच प्रवाह की दर मापने के काम आते हैं।

वियर (Weir) यह नहर या नदी के बीच बाँध के रूप में एक रुकावट होती है परन्तु वियर का आकार बड़ा होता है और विसर्जन की अधिक मात्रा को मापने के लिये प्रयोग में लाई जाती है।

नोच (Notch) नोच एक प्रकार की औरिफिस होती है जिसकी साइड की दीवारें द्रव की स्वतन्त्र सतह से ऊपर उठी होती हैं। इसमें ऊपरी किनारा नहीं होता। नोच का प्रयोग डिस्चार्ज की कम मात्राओं को मापने के लिए किया जाता है।

सिप्पोलेटीवियर यह एक समलम्बाकार वियर होती है जिसमें क्षैतिज से 4 ऊर्ध्वाधर की एक साइड ढलान होती है।

नैपी Nappe

वियर से जल की आप्लावित होने वाली पर्त नैपी कहलाती है।

नैपी निम्न तीन प्रकार की होती है

1. **मुक्त नैपी** (Free Nappe) जब नैपी की निचली भुजा के नीचे वायुमण्डलीय दाब होता है, तो यह मुक्त नैपी कहलाती है।
2. **अवनमित नैपी** (Depressed Nappe) जब नैपी के नीचे वायुमण्डलीय दाब से कम दाब होता है, तो यह अवनमित नैपी कहलाती है।
3. **आसंजित नैपी** (Adhering Nappe) जब जल धारा वियर के अनुप्रवाह मुख से आसंजित होती है, तो यह आसंजित नैपी कहलाती है।

द्रव चालित मशीनें Hydraulie Machines

द्रव चालित मशीनें द्रवों के प्रयोग से चलती हैं। इनमें प्रमुख जल-टरबाइनें और जल-पम्प हैं।

जल-टरबाइनें Water Turbines

जल-टरबाइन वह द्रव चालित मशीन है जो पानी के दाब या गतिज ऊर्जा को यान्त्रिक ऊर्जा में परिवर्तित करती है। जल-टरबाइन में एक रनर (runner) होता है जो एक पहिए के समान होता है। रनर की परिधि पर अनेक वक्राकार (curved) फलक या वेन (venes) होती हैं।

इन फलकों में प्रवाहित होने पर पानी की गति तथा दिशा में परिवर्तन होता है। अत: पानी इन फलकों पर बल लगाकर इन्हें घुमाता है। रनर को घुमाने के पश्चात् पानी रनर से बाहर बह जाता है।

जल-टरबाइनों का प्रयोग बड़े-बड़े जल विद्युत शक्ति केन्द्रों (Hydro-electric power stations) पर होता है। प्रत्येक टरबाइन के रनर की शाफ्ट को विद्युत जनित्र (elecric-generator) की शाफ्ट से जोड़ देते हैं। इस प्रकार टरबाइन के रनर के साथ जनित्र की शाफ्ट भी घूमने लगती है और जनित्र विद्युत शक्ति उत्पन्न करने लगता है।

इम्पल्स या वेग टरबाइन Impulse or Velocity Turbine

इस टरबाइन में पानी की सम्पूर्ण ऊर्जा (total energy) को नॉजल (nozzle) की सहायता से, गतिज ऊर्जा (kinetic energy) में परिवर्तित कर लिया जाता है। इस प्रकार नॉजल में से अधिक वेग से निकलने वाली पानी की जैट रनर की बकेटों पर बारी-बारी टकराती है।

अत: बकेटों पर इम्पल्स या आवेग प्राप्त होता है, जिससे वह आगे को चलती है और रनर पहिया धुमने लगता है। पहिया वायुमण्डल दाब पर घूमता है तथा पहिए पर बहते समय पानी के दाब में कोई अन्तर नहीं आता।

पेन-स्टॉक (Penstock) जलाशय से पानी को टरबाइन तक पहुँचाने वाले मार्ग को पेन-स्टॉक कहते हैं।

टेल-रेस (Tail-race) यह पानी का वह मार्ग है जो टरबाइन से निकलने के पश्चात् पानी को ऐसे स्थान तक पहुँचाता है जहाँ उसे एकत्र करके उचित प्रकार से आगे बहाया जा सके अथवा पम्प की सहायता से जलाशय में पहुँचाया जा सके।

प्रतिक्रिया या दाब टरबाइन Reaction or Pressure Turbine

इस प्रकार की टरबाइन में प्रवेश करते समय पानी में गतिज (kinetic) तथा दाब (pressure) दोनों प्रकार की ऊर्जाएँ होती हैं। रनर, दाब तथा गतिज दोनों प्रकार की ऊर्जाओं से शक्ति प्राप्त करता है।

$$\text{टरबाइन की विशिष्ट चाल } (N_s) = \frac{N\sqrt{P}}{H^{5/4}}$$

जहाँ, N = रनर के चक्र प्रति मिनट
P = दाब
H = जल का शीर्ष

विभिन्न प्रकार के टरबाइन Types of Turbines

पैल्टन व्हील (Pelton Wheel) यह एक स्पर्श रेखीय प्रवाह (tangential flow) वाला आवेग टरबाइन (impulse turbine) है। इसकी स्थापना ऐसे स्थानों पर की जाती है जहाँ पानी उच्च शीर्ष (high head)-250 मी से अधिक पर उपलब्ध होता है। क्योंकि यह उच्च शीर्ष पर कार्य करती है। अत: इसे चलाने के लिए पानी की कम मात्रा की आवश्यकता होती है।

फ्रांसिस टरबाइन (Francis Turbine) फ्रांसिस टरबाइन एक मिश्रित प्रवाह प्रतिक्रिया टरबाइन (mixed flow reaction turbine) है। इसमें दाब पर पानी, रनर की परिधि पर त्रिज्यत: (radially) प्रवेश करता है और केन्द्र पर अक्षीय ढंग से बाहर निकलता है। यह टरबाइन सामान्यतया पानी के मध्यम शीर्ष (medium head) -25 मी से 250 मी तक के लिए प्रयोग किया जाता है।

कपलान टरबाइन (Kaplan Turbine) कपलान टरबाइन भी फ्रांसिस टरबाइन की भाँति एक प्रतिक्रिया टरबाइन है। यह टरबाइन ऐसे जल विद्युत सन्यन्त्रों में प्रयोग की जाती है जहाँ कम शीर्ष पर पानी की अधिक मात्रा उपलब्ध है।

जल-पम्प Water Pump

जल-पम्प वह द्रविक युक्ति है जो जल को खींचने, उठाने, प्रदाय करने या गतिमान करने के लिए प्रयोग की जाती है।

पम्प के तीन प्रमुख भाग होते हैं

1. चूषण (suction) भाग
2. जल पर क्रिया करने वाला भाग
3. प्रदाय (delivery) भाग

पम्पों का वर्गीकरण Classification of Pumps

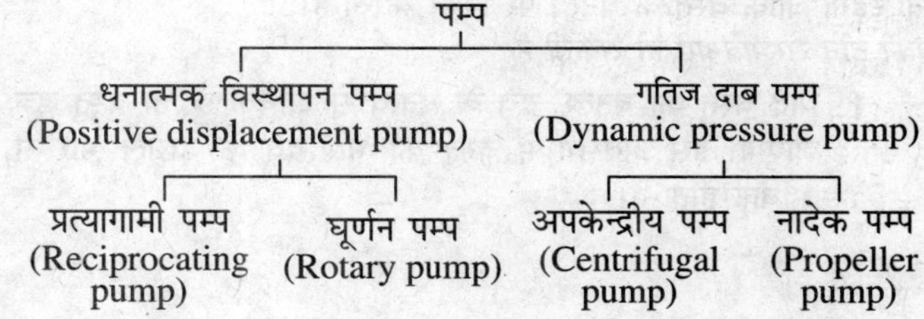

धनात्मक विस्थापन पम्प में उसके अंग के विस्थापन के द्वारा ही द्रव का विस्थापन होता है तथा दाब उपजता है। प्रत्यागामी पम्प में धनात्मक विस्थापन उसके पिस्टन के आगे-पीछे या ऊपर-नीचे चलाने से होता है जबकि घूर्णन पम्प में यह विस्थापन उसकी घूर्णन गति द्वारा प्राप्त होता है।

$$\text{अपकेन्द्री पम्प की विशिष्ट चाल } (N_S) = \frac{N\sqrt{Q}}{H^{3/4}}$$

जहाँ, N = इम्पैलर के चक्र प्रति मिनट
Q = विसर्जन प्रति मिनट
H = जल का शीर्ष

आपेक्षिक घनत्व Specific Density

किसी भी दिए गए पदार्थ के घनत्व तथा समान आयतन वाले 4°C पर पानी के घनत्व के अनुपात को उस पदार्थ का आपेक्षिक घनत्व कहा जाता है।

$$\text{आपेक्षिक घनत्व} = \frac{\text{वस्तु का घनत्व}}{4^\circ\text{C पर पानी का घनत्व}}$$

आर्किमिडीज का सिद्धान्त Archimedes' Principle

"जब किसी ठोस पदार्थ को पूर्ण या आंशिक रूप से किसी द्रव में डुबोया जाता है, तो ठोस पदार्थ के भार में कमी उसके द्वारा हटाए गए जल के भार के बराबर होती है।"

हाइड्रोमीटर Hydrometer

शीघ्रता से आपेक्षिक घनत्व निकालने के लिए हाइड्रोमीटर का प्रयोग किया जाता है। यह तैरने के सिद्धान्त पर कार्य करता है। *यह दो प्रकार के होते हैं*

1. परिवर्ती निमज्जक हाइड्रोमीटर
2. अचर निमज्जक हाइड्रोमीटर

लैक्टोमीटर Lactometer

इसका प्रयोग दूध की शुद्धता मापने के लिए किया जाता है यह तैरने के सिद्धान्त पर कार्य करता है।

उछालबल Upthrust

सभी तरल चारों ओर दबाव डालते हैं। तरल या द्रवों द्वारा ऊपर की ओर लगाए गए बल को उछाल बल कहते हैं।

6 द्रव यान्त्रिकी

तैरने की शक्ति Buoyancy

किसी तरल द्वारा किसी वस्तु पर डाला गया बल जो वस्तु को उठाए रखने का प्रयत्न करता है, तैरने की शक्ति कहलाता है। इसे **उत्प्लावकता** भी कहते हैं।

उछाल केन्द्र Centre of Buoyancy

हटाए गए द्रव के गुरुत्व को उछाल केन्द्र कहते हैं।

तैरने के सिद्धान्त Laws of Flotation

आर्किमिडीज के सिद्धान्त के अनुसार जब कोई वस्तु द्रव में डुबाई जाती है, तो उस पर उछाल बल कार्य करता है जिसके कारण या तो वस्तु डूब जाएगी या तैरती रहेगी जोकि वस्तु के घनत्व पर निर्भर करता है।

इसकी तीन सम्भावनाएँ हो सकती हैं

1. यदि वस्तु का घनत्व, द्रव के घनत्व से अधिक है, तो वस्तु डूब जाएगी। इस अवस्था में वस्तु का भार द्रव के उछाल भार से अधिक होता है।
2. यदि वस्तु का घनत्व, द्रव के घनत्व के बराबर है, तो वस्तु द्रव के अन्दर कहीं भी सन्तुलित अवस्था में रहेगी। वस्तु का भार द्रव के उछाल भार के बराबर रहता है।
3. यदि वस्तु का घनत्व, द्रव के घनत्व से कम है, तो द्रव में पूर्ण रूप से डूबी हुई वस्तु पर लगने वाला उछाल बल वस्तु के भार से अधिक होगा। सन्तुलित अवस्था में वस्तु तैरती है।

उत्प्लावन केन्द्र Meta Centre

किसी तैरती हुई वस्तु की सन्तुलित अवस्था में मूल उत्प्लावन केन्द्र व गुरुत्व केन्द्र से निकलने वाली सरल रेखा तथा वस्तु के कोण θ विस्थापित हो जाने की अवस्था में नए उत्प्लावन केन्द्र से निकलने वाली सरल रेखा का कटान उत्प्लावन केन्द्र कहलाता है।

उत्प्लावन केन्द्र की ऊँचाई Meta Centre Height

किसी तैरती वस्तु के गुरुत्व केन्द्र G तथा उत्प्लावन केन्द्र के बीच की दूरी या ऊँचाई (GM) को उत्प्लावन केन्द्र की ऊँचाई कहते हैं।

मॉडल प्रश्न

1. डायनामिक विस्कोसिटी की यूनिट है
(a) न्यूटन-मीटर-सेकण्ड (b) न्यूटन-मीटर/सेकण्ड ^{2}
(c) न्यूटन-सेकण्ड ^{2}/मीटर (d) न्यूटन-सेकण्ड/मीटर ^{2}

2. द्रव एक ऐसा पदार्थ है जिसमें निम्न गुण होते हैं
(a) तब तक फैलता है जब तक कोई बर्तन न भर जाए
(b) फैलता जाता है तथा रचनात्मक रूप में अपनी दशा बदलने में कोई अवरोध उत्पन्न नहीं करता है
(c) शियर फोर्स के होने पर भी हो सकता है
(d) उपरोक्त में से कोई नहीं

3. द्रव जिसमें चिपचिपी सतह वाले खिंचाव का गुण हो तथा उसके संक्षिप्तीकरण (compressibility) के गुण का शाब्दिक अर्थ होता है
(a) वास्तविक द्रव (b) आदर्श द्रव
(c) द्रव (d) गैस

4. द्रव, जो शियरिंग फोर्स पर अधिक रोधन पेश करता है, को ……… चिपचिपा कहते हैं।
(a) अधिक
(b) कम
(c) शियरिंग फोर्स के रोधन पर चिपचिपेपन का कोई प्रभाव नहीं होत है
(d) उपरोक्त में से कोई नहीं

5. बहुत अधिक तापमान पर अधिकतम गैसों तथा द्रव्यों का चिपचिपापन
(a) बदलता नहीं है (b) घटता है
(c) बढ़ता है (d) अनियमित बदलाव दर्शाता है

6. बॉयल सिद्धान्त का अनुसरण करने वाली गैस
(a) में स्थिर चिपचिपापन होता है
(b) कोई चिपचिपापन नहीं होता है
(c) दबाव से आकार में कम किया जा सकता है
(d) उपरोक्त में से कोई नहीं

7. गिरते हुए पानी का कण छोटा गोलाकार रूप धारण कर लेता है
(a) संक्षिप्तीकरण के कारण (b) सतह के खिंचाव के कारण
(c) चिपचिपेपन के कारण (d) इनमें से कोई नहीं

8. पृष्ठ तनाव की इकाई है
(a) न्यूटन/वर्ग मीटर (b) जूल/वर्ग मीटर
(c) किग्रा/ वर्ग मीटर (d) इनमें से कोई नहीं

9. न्यूटन का द्रव से सम्बन्धित स्ट्रेस-स्ट्रेन नियम है
(a) प्रत्यक्ष समानुपाती (b) विलोमानुपाती
(c) गोलाकार (d) परवलयाकार

10. लचीलेपन का आयतन प्रत्यास्थता गुणांक ……… साथ बढ़ता है।
(a) दबाव बढ़ने के (b) दबाव घटने के
(c) द्रव की सम्पीड्यता के (d) द्रव में अधिक चिपचिपाहट के

11. वह प्राकृतिक घटना, जिसके कारण जब पतली नली में द्रव ऊपर उठता है, या नीचे गिरता है, को कहते हैं
(a) द्रव की चिपचिपाहट (b) द्रव की सम्पीड्यता
(c) सतह का खिंचाव (d) अतिसूक्ष्मता

12. चिपचिपाहट का बल अधिक होगा, यदि द्रव की दृढ़ता का बल उठी हुई सतह पर
(a) ऊपर की ओर होगा (b) नीचे की ओर होगा
(c) वहाँ कोई भी उठान नहीं होगा (d) उपरोक्त में से कोई नहीं

13. नली में द्रव्य का ऊपर उठना, नीचे गिरना नली के आकार के साथ
(a) नहीं बदलता (b) घट जाता है
(c) बढ़ जाता है (d) इनमें से कोई नहीं

14. स्थान की ऊँचाई के अनुसार, वायुमण्डलीय दाब बदलता रहता है
(a) ऊँचाई के विपरीत
(b) वायुमण्डलीय दाब पर ऊँचाई का कोई असर नहीं होता
(c) उपरोक्त दोनों
(d) उपरोक्त में से कोई नहीं

15. ऊँचाई बढ़ने के साथ-साथ वायुमण्डलीय दाब घटता है
(a) पहले धीरे-धीरे तथा फिर तेजी से
(b) पहले तेजी से फिर धीरे-धीरे
(c) समान दर से
(d) उपरोक्त में से कोई नहीं

16. पारे का 76 सेमी वायुमण्डलीय दाब वर्णित किया जाता है
(a) पानी का 10.34 मी
(b) पानी का 10.38 मी
(c) पानी का 2.034 किग्रा/सेमी^{2}
(d) पानी का 10.48 किग्रा/सेमी^{2}

17. पाइपों तथा चैनलों में दाब को मापने के लिए प्रयोग किए जाने वाले उपकरण को कहते हैं
(a) मैनोमीटर (b) बैरोमीटर
(c) पीजोमीटर (d) इनमें से कोई नहीं

18. यदि एक टैंक में 0.9 आपेक्षिक गुरुत्व वाले तेल की सतह पर दबाव 1000 किग्रा/मी^{2} है, तब तेल की सतह से 3 मी नीचे दबाव होगा
(a) 0.57 किग्रा/सेमी^{2} (b) 0.27 किग्रा/सेमी^{2}
(c) 3.8 किग्रा/सेमी^{2} (d) 5.8 किग्रा/सेमी^{2}

19. एक स्थान से दूसरे स्थान तक किसी भी क्षण बहाव की गति बदल सकती है, तब उस बहाव को कहते हैं
(a) असमान (b) समान
(c) स्थिर (d) अस्थिर

20. डूबे हुए पदार्थ का केन्द्रीय दाब कार्य करेगा
(a) गुरुत्वाकर्षण के केन्द्र के नीचे
(b) गुरुत्वाकर्षण के मध्य से गुजरती हुई रेखा के साथ
(c) गुरुत्वाकर्षण केन्द्र के ऊपर से
(d) गुरुत्वाकर्षण केन्द्र के ऊपर या नीचे से जो द्रव्य के चिपचिपेपन पर निर्भर करता है

21. बरनौली प्रमेय ऊर्जा-संरक्षण नियम से सम्बन्धित होती है, जब
(a) बहते हुए द्रव के कणों के मध्य लगातार सम्बन्ध न हो
(b) बहते हुए द्रव के कणों के मध्य लगातार सम्बन्ध हो
(c) ऊर्जा संरक्षण नियम के स्थान पर पिण्ड से सम्बन्ध हो
(d) उपरोक्त सभी

22. रेनाल्ड नम्बर का मान 2000 से कम है, तो बहाव होगा
(a) लेमीनर (b) एकसमान
(c) टर्बुलेन्ट (d) इनमें से कोई नहीं

23. टर्बुलेन्ट बहाव .... गति पर होता है।
(a) ऊँची (b) नीची
(c) कठिन (d) इनमें से कोई नहीं

24. फ्राउड नम्बर किसके लिए लाभदायक है?
(a) पाइप में बहाव पूरी तरह से बन्द होने पर
(b) दो द्रव्यों के मध्य से एकसाथ गति जहाँ अनिश्चितता की दशा न हो
(c) उपरोक्त दोनों
(d) उपरोक्त में से कोई नहीं

25. पदार्थ द्रव में डूब जाएगा, यदि
(a) गुरुत्वाकर्षण बल $>$ प्लवनशीलता
(b) गुरुत्वाकर्षण बल $<$ प्लवनशीलता
(c) गुरुत्वाकर्षण बल $=$ प्लवनशीलता
(d) उपरोक्त में से कोई नहीं

26. वह स्थान, जहाँ पर बहते हुए पदार्थ का उत्प्लावन बल ऊपर की ओर कार्य करता है
(a) प्लवनशीलता का केन्द्र
(b) पिण्ड के गुरुत्वाकर्षण का केन्द्र
(c) दबाव का केन्द्र
(d) उपरोक्त में से कोई नहीं

27. मेटा-सेन्टर ऊँचाई है
(a) तैरते हुए पिण्ड तथा केन्द्र के दबाव के बीच की दूरी
(b) मेटा-सेन्टर तथा गुरुत्वाकर्षण केन्द्र के बीच की दूरी
(c) दबाव केन्द्र तथा गुरुत्वाकर्षण केन्द्र के बीच की दूरी
(d) मेटा-सेन्टर तथा पदार्थ के दबाव केन्द्र की दूरी

28. अनिश्चितता का समीकरण है
(a) $a_1 v_1 = a_2 v_2$ (b) $a_1 v_1 p_1 = a_2 v_2 p_2$
(c) $p_1 a_1 = p_2 a_2$ (d) इनमें से कोई नहीं

29. एक टुकड़े का वजन हवा में तथा पानी में क्रमशः 3.5 तथा 2.5 किग्रा है। इसका आपेक्षिक घनत्व है
(a) 3.5 (b) 3
(c) 4 (d) 4.5

30. द्रव ऊर्जा-संरक्षण का नियम आधारित है
(a) बरनौली की प्रमेय पर
(b) डिएलम्बर्ट के सिद्धान्त पर
(c) कुटर के सिद्धान्त पर
(d) आर्किमिडीज के सिद्धान्त पर

31. यदि उपकरण वेन्चुरीमीटर को तिरछा कर दिया जाए/झुका दिया जाए तो उसकी रीडिंग .... होगी।
(a) समान (b) अधिक
(c) कम (d) इनमें से कोई नहीं

32. एक आदर्श द्रव वह होता है, जो
(a) वास्तविक द्रव से अधिक चिपचिपा होता है
(b) वास्तविक द्रव से कम चिपचिपा होता है
(c) जिसमें चिपचिपाहट नहीं होती है
(d) जिसमें चिपचिपाहट होती है

33. 180 मी से अधिक हैड के लिए अधिक उचित टरबाइन होती है
(a) पैल्टन व्हील (b) कपलान टरबाइन
(c) फ्रांसिस टरबाइन (d) इनमें से कोई नहीं

34. रिएक्शन टरबाइन की स्पेसिफिक गति .... के बीच घटती-बढ़ती रहती है।
(a) 3 से 6 (b) 20 से 200
(c) 10 से 100 (d) 80 से 800

35. छोटी किस्म के बॉयलरों को फीड करने के लिए प्रयोग किया जाने वाला पम्प .... हो सकता है।
(a) रेसीप्रोकेटिंग पम्प (b) सेन्ट्रीफ्यूगल पम्प
(c) स्पर गियर पम्प (d) प्रोपेलर पम्प

36. वेन्चुरीमीटर, नोजल की अपेक्षा अधिक ठीक/सही हो सकता है
(a) दोनों की शुद्धता समान है (b) नहीं
(c) हाँ (d) इनमें से कोई नहीं

37. पाइपों में अधिक नुकसान के कारण हैं
(a) घर्षण (b) अचानक फैलाव
(c) अचानक सिकुड़न (d) अधिक मुड़ना

38. फ्रांसिस टरबाइन के लम्बे रनर के लिए स्पेसिफिक स्पीड होनी चाहिए
(a) कम
(b) अधिक
(c) रनर लम्बाई पर स्पेसिफिक स्पीड का कोई प्रभाव नहीं होता है
(d) उपरोक्त में से कोई नहीं

39. यदि पानी की सम्पूर्ण प्राप्य ऊर्जा को पहले काइनेटिक ऊर्जा में बदला जाता है, तो टरबाइन होती है
(a) इम्पल्स टाइप
(b) रिएक्शन
(c) मिश्रित
(d) उपरोक्त में से कोई नहीं

40. छोटे हैंडो पर बड़े डिस्चार्ज के लिए सर्वाधिक उपयुक्त पम्प होता है
(a) सेन्ट्रीफ्यूगल पम्प (b) रोटरी पम्प
(c) रेसीप्रोकेटिंग पम्प (d) इनमें से कोई नहीं

41. सेन्ट्रीफ्यूगल पम्प का उपयोग .... के लिए होता है।
(a) गन्दे पानी को सम्भालने
(b) अधिक कार्यकुशलता
(c) डिस्चार्ज डिलीवरी का स्पन्दन करने
(d) उपरोक्त में से कोई नहीं

42. इम्पल्स टरबाइन में पानी
(a) चलते हुए चक्र में जेट की दिशा में प्रवेश करता है तथा बाल्टियों से टकराता है
(b) जैट की दिशा में पंखों में प्रवेश करता है तथा चलते चक्र में से बहता है
(c) चक्र पर बहाव की दिशा के साथ प्रवेश करता है तथा पंखों पर से बहता है
(d) उपरोक्त में से कोई नहीं

43. टरबाइन की स्पेसिफिक गति को इसकी उस गति से परिभाषित किया जाता है, जो
(a) यूनिट हैड पर यूनिट डिस्चार्ज डिलीवर करता है
(b) यूनिट हैड पर यूनिट हॉर्स पावर डिलीवर करता है
(c) प्रति यूनिट डिस्चार्ज पर यूनिट पावर डिलीवर करता है
(d) यूनिट पावर पर यूनिट डिस्चार्ज डिलीवर करता है

44. गैस की चाल को नापने के लिए प्रयुक्त यन्त्र है
(a) हॉट वायर एनीमोमीटर
(b) वेन्चुरीमीटर मीटर
(c) पिटॉट ट्यूब
(d) रोटा मीटर

45. वेन्चुरीमीटर का उपयोग होता है
(a) पाइप के बीच से प्रवाह को नापने के लिए
(b) चैनल के बीच के प्रवाह को नापने के लिए
(c) चैनल के बीच की चाल को नापने के लिए
(d) पाइप में द्रव्य के दबाव को नापने के लिए

46. सम्पूर्ण में दाब बराबर है
(a) गेज प्रेशर – वायुमण्डलीय दाब
(b) वायुमण्डलीय दाब + वैक्यूम प्रेशर
(c) गेज प्रेशर + वायुमण्डलीय दाब
(d) गेज प्रेशर – वायुमण्डलीय दाब

47. मानिंग का सूत्र .... को जानने के लिए प्रयोग होता है।
(a) पाइप में घर्षण के कारण हैड लॉस
(b) खुली चैनल में घर्षण के कारण हैड लॉस
(c) पाइप में पूरी तरह बहता हुआ डिस्चार्ज
(d) खुले चैनल में डिस्चार्ज

48. चैनल का सर्वाधिक बचतपूर्ण खण्ड है
(a) ट्रेपीजोइडल (b) आयताकार
(c) अर्द्ध–वृत्ताकार (d) त्रिभुजाकार

49. पम्प की स्पेसिफिक स्पीड को टरबाइन स्पीड में परिवर्तित किया जा सकता है
(a) जो 1 मी हैड के लिए, प्रति सेकण्ड पानी का 1 घन मी मुक्त करती है
(b) जो यूनिट पावर पर प्रति सेकण्ड 1 घन मी डिस्चार्ज मुक्त करती है
(c) जो यूनिट हैड के अन्तर्गत एक यूनिट पावर मुक्त करती है
(d) जो यूनिट हैड के अन्तर्गत यूनिट हॉर्स पावर प्रेषित करती है

50. पम्प की स्पेसिफिक स्पीड का फॉर्मूला
(a) $\dfrac{N\sqrt{Q}}{H^{2/3}}$ (b) $\dfrac{N\sqrt{P}}{H^{1/2}}$ (c) $\dfrac{N\sqrt{Q}}{H^{3/4}}$ (d) $\dfrac{N\sqrt{P}}{H^{5/6}}$

उत्तरमाला

1. (a)	**2.** (b)	**3.** (a)	**4.** (a)	**5.** (d)	**6.** (c)	**7.** (b)	**8.** (b)	**9.** (a)	**10.** (a)
11. (d)	**12.** (a)	**13.** (c)	**14.** (a)	**15.** (a)	**16.** (a)	**17.** (a)	**18.** (b)	**19.** (a)	**20.** (a)
21. (b)	**22.** (a)	**23.** (a)	**24.** (b)	**25.** (a)	**26.** (a)	**27.** (a)	**28.** (a)	**29.** (a)	**30.** (a)
31. (a)	**32.** (c)	**33.** (a)	**34.** (c)	**35.** (a)	**36.** (a)	**37.** (a)	**38.** (b)	**39.** (a)	**40.** (a)
41. (a)	**42.** (a)	**43.** (b)	**44.** (a)	**45.** (a)	**46.** (b)	**47.** (b)	**48.** (a)	**49.** (a)	**50.** (c)

2

प्रयुक्त यान्त्रिकी

Applied Mechanics

परिचय Introduction

भौतिक विज्ञान की वह शाखा जिसका सम्बन्ध बल के नियमों तथा पिण्डों पर इसके प्रभाव से होता है, यान्त्रिकी कहलाता है। यान्त्रिकी विज्ञान के विभिन्न नियमों व सिद्धान्तों तथा उसके दैनिक इंजीनियरिंग कार्यों में उपयोगों का व्यवस्थित अध्ययन प्रयुक्त यान्त्रिकी कहलाता है।

बल Force

बल वह बाह्य कारक है जो किसी वस्तु की स्थिति या अवस्था में परिवर्तन लाता है या परिवर्तन लाने का प्रयास करता है।

इसकी इकाई MKS प्रणाली में किलोग्राम मीटर/सेकण्ड^2 CGS प्रणाली में डाइन तथा FPS प्रणाली में पाउण्ड है। SI प्रणाली में बल की इकाई न्यूटन है।

बलों के समानान्तर चतुर्भुज का नियम

Law of Parallelogram of Forces

इस नियम के अनुसार, ''किसी कण पर कार्यरत दो बलों को यदि किसी समानान्तर चतुर्भुज की दो आसन्न भुजाओं द्वारा परिमाण तथा दिशा में निरूपित करें, तो उन बलों का परिणामी परिमाण तथा दिशा में, उस समानान्तर चतुर्भुज के विकर्ण द्वारा निरूपित किया जाता है, जो उन दोनों बलों के उभयनिष्ठ बिन्दु से गुजरता है।''

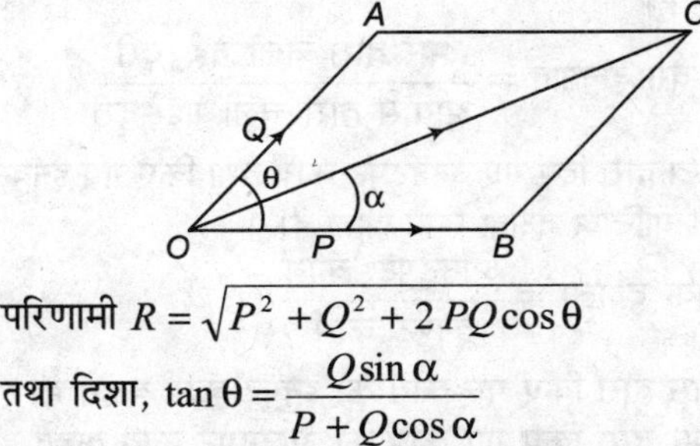

परिणामी $R = \sqrt{P^2 + Q^2 + 2PQ\cos\theta}$

तथा दिशा, $\tan\theta = \dfrac{Q\sin\alpha}{P + Q\cos\alpha}$

जहाँ P तथा Q दो बल हैं, θ दोनों बलों के बीच का कोण है तथा α एक बल P तथा परिणामी R के बीच का कोण है।

न्यूटन के गति के नियम Newton's Laws of Motion

प्रथम नियम

यह जड़त्व का नियम भी कहलाता है। इस नियम के अनुसार,''प्रत्येक वस्तु अपनी विराम अवस्था अथवा गति अवस्था तब तक बनाए रखती है जब तक कि उस वस्तु पर कोई बाहरी बल कार्य न करे।''

द्वितीय नियम

इसे संवेग परिवर्तन का नियम भी कहते हैं। इस नियम के अनुसार,''किसी वस्तु के संवेग में परिवर्तन की दर उस पर लगाए गए बल के समानुपाती होती है तथा बल की ही दिशा में होती है।''

तृतीय नियम

इसे क्रिया-प्रतिक्रिया का नियम भी कहते हैं। इस नियम के अनुसार, ''क्रिया तथा प्रतिक्रिया परिमाण में समान तथा दिशा में विपरीत होती है।''

वेरिगनन का प्रमेय Verignon's Theorem

इस नियम के अनुसार, ''किन्हीं दो समतलीय बलों का उनके समतल में स्थित एक बिन्दु के सापेक्ष आघूर्णों का बीजगणितीय योग, उसी बिन्दु के सापेक्ष उनके परिणामी के आघूर्ण के बराबर होता है।''

आघूर्णों का सिद्धान्त Principle of Moments

यदि किसी पिण्ड पर लगे सभी बलों के आघूर्णों का बीजगणितीय योग शून्य है, तो पिण्ड घूर्णन के सन्दर्भ में सन्तुलन में होगा।

उत्तोलक Lever

यह एक ऐसी दृढ़ धरन होती है जिसके बीच में किसी वांछित स्थान पर आलम्ब रख दिया जाए, तो सिरों पर बल लगाने पर धरन उस आलम्ब के परित: घूम सकती है।

उत्तोलक के प्रकार Types of Lever

1. **सीधी छड़ वाले उत्तोलक**
   - प्रथम प्रकार
   - द्वितीय प्रकार
   - तृतीय प्रकार
2. **मुड़ी छड़ वाले उत्तोलक**

बलयुग्म Couple

यदि दो समान परिमाण के समानान्तर बल विरोधी दिशाओं में एक पिण्ड पर कार्यरत हो, तो उन्हें बलयुग्म कहते हैं, यदि उनकी क्रिया रेखाएँ अलग-अलग हों।

बलयुग्म का आघूर्ण = बल × बलयुग्म भुजा

इसका मात्रक MKS प्रणाली में किग्रा मीटर^2/ सेकण्ड^2 है तथा यह एक सदिश राशि है।

10 प्रयुक्त यान्त्रिकी

सन्तुलन का बल नियम Force Law of Equilibrium

बल निकाय तभी सन्तुलन में होगा जब परिणामी बल सन्तुलन में हो अर्थात् सभी बलों के किन्हीं दो परस्पर लम्ब दिशाओं X तथा Y में वियोजित भागों का बीजगणितीय योग शून्य होना चाहिए अर्थात $\sum X = 0$ तथा $\sum Y = 0$

सन्तुलन का आघूर्ण का नियम Moment Law of Equilibrium

पिण्ड पर कार्यरत बल निकाय तभी सन्तुलन में होगा यदि सभी बलों के उनके तल में स्थित किसी बिन्दु पर आघूर्णों का बीजगणितीय योग शून्य हो अर्थात् $\sum M = 0$

धरन के प्रकार Type of Beams

- कैंटीलीवर धरन
- सिम्पली स्पोंटेड धरन
- ओवर हैगिंग धरन
- फिक्स धरन
- कंटीनियुअस (लगातार) धरन

भार के प्रकार Type of Loads

- डेड लोड (जड़ भार)
- लाइव लोड (जीवित भार)
- स्टेटिक लोड (स्थितिक भार)
- डाइनामिक लोड (गतिक भार)
- कन्सन्ट्रेटेड लोड (संकेन्द्रित भार)
- यूनीफोर्मली डिस्ट्रीब्यूटेड लोड (एकसमान वितरित भार)
- डिटरमिनेट तथा इनडिटरमिनेट लोड (व्यवस्थित तथा अव्यवस्थित भार)

कर्तन बल Shear Force

धरन की किसी काट पर कर्तन बल मान उस काट के केवल एक ओर लगे सभी बलों का बीजीय योग होता है।

नमन घूर्ण Bending Moment

किसी भारित धरन के किसी परिच्छेद के परित: नमन आघूर्ण या बंकन आघूर्ण का मान उस परिच्छेद के केवल एक ओर लगे सभी बलों का उसी परिच्छेद के परित: आघूर्णों का बीजीय योग होता है।

गुरुत्व केन्द्र Centre of Gravity

जिस बिन्दु पर किसी वस्तु का कुल भार केन्द्रित माना जा सके, वह बिन्दु गुरुत्व केन्द्र कहलाता है।

जड़त्व Inertia

वस्तु का वह गुण जो उसकी वर्तमान अवस्था में परिवर्तन किए जाने का विरोध करता है, जड़त्व कहलाता है।

जड़त्व आघूर्ण Moment of Inertia

किसी अक्ष के परित: घूमने वाली वस्तुओं का वह गुण जो उनकी घूर्णन गति में परिवर्तन का विरोध करता है, उस वस्तु का उस घूर्णन अक्ष के परित: जड़त्व आघूर्ण कहलाता है।

घर्षण Friction

यह एक मंदन बल है जो सदा गति या सम्भावित गति की दिशा में कार्य करता है। यह वस्तुत: सम्पर्क में आने वाली सतहों के खुरदुरेपन के कारण होता है।

घर्षण के प्रकार Types of Friction

स्थितिक घर्षण (Static Friction) वस्तु के गति में आने से पूर्व सम्पर्क सतह पर पैदा हुआ प्रतिरोध स्थितिक घर्षण कहलाता है।

चरम घर्षण (Limiting Friction) गति प्रारम्भ होने के क्षण पर लगने वाला घर्षण चरम घर्षण कहलाता है। यह घर्षण का अधिकतम मान होता है।

गतिज घर्षण (Dynamic or Kinetic Friction) एक बार गति प्रारम्भ हो जाने पर सतहों पर गति के दौरान लगता रहने वाला प्रतिरोध गतिज घर्षण कहलाता है। यह मान स्थितिक घर्षण से कुछ कम होता है।

घर्षण के नियम Laws of Friction

- घर्षण सदा लगाए गए बल की विपरीत दिशा में कार्य करता है।
- यह धरातल की प्रकृति पर निर्भर करता है। चिकने धरातल पर कम तथा खुरदुरे धरातल पर घर्षण का मान अधिक होता है।
- दो धरातलों के बीच का सीमान्त घर्षण (F) उनके बीच की प्रतिक्रिया (R) के समानुपाती होता है।
- जब कोई वस्तु झुके तल पर पड़ी हो, तो उसका स्लाइडिंग कोण, $\tan\theta = \mu$ होता है।

यन्त्र Machine

कड़ियों का एक समायोजन जो ऊर्जा के पोषण या परिवर्तन में प्रयोग किया जाए, यन्त्र कहलाता है।

उत्थापक यन्त्र Lifting Machine

वे सभी उपकरण जो कम आयास लगाकर अपेक्षाकृत अधिक भार उठाने या हटाने का कार्य करते हैं, **उत्थापक यन्त्र** कहलाते हैं।

यान्त्रिक लाभ (Mechanical Advantages) उत्थापक यन्त्रों में यान्त्रिक लाभ लगाए गए आयास (effort) P तथा उठाए गए भार (load) W के अनुपात को कहते हैं।

$$\text{यान्त्रिक लाभ} = \frac{\text{भार}}{\text{आयास}} = \frac{W}{P}$$

वेग अनुपात (Velocity Ratio) उत्थापक यन्त्रों में उठाने की क्रिया में भार द्वारा एवं उसे उठाने में आयास द्वारा चली गई दूरियों के अनुपात को **वेग अनुपात** कहते हैं।

$$\text{वेग अनुपात} = \frac{\text{भार द्वारा चली गई दूरी}}{\text{आयास द्वारा चली गई दूरी}}$$

यान्त्रिक दक्षता यन्त्र द्वारा दिए गए आउटपुट कार्य तथा किए गए इनपुट कार्य के अनुपात को यान्त्रिक दक्षता कहा जाता है।

$$\text{यांत्रिक दक्षता} = \frac{\text{आउटपुट कार्य}}{\text{इनपुट कार्य}}$$

इनपुट कार्य आयास द्वारा किए गए कार्य को इनपुट कार्य कहते हैं।

आउटपुट कार्य भार द्वारा किए गए कार्य को आउटपुट कार्य कहते हैं।

यन्त्रों के प्रकार Types of Machine

- आनत तल (Inclined plane)
- उत्तोलक (Lever)
- घिरनी (Pulley)
- पहिया तथा धुरी (Wheel and Axle)
- फन्नी (Wedge)
- स्क्रू जैक (Screw jack)
- गियर (Gear)

प्रतिबल Stress

किसी वस्तु के इकाई क्षेत्रफल में लगाया गया बल प्रतिबल कहलाता है। वस्तु पर जब बल लगाया जाता है, तो उस वस्तु के अन्दर प्रतिरोध उत्पन्न होता है, जिसे **प्रतिरोध बल** कहते हैं। इसी प्रतिरोध बल को प्रतिबल कहते हैं।

$$\text{प्रतिबल} = \frac{\text{बल}}{\text{क्षेत्रफल}}$$

इसकी इकाई MKS प्रणाली में किग्रा/मीटर-सेकण्ड^2 तथा SI प्रणाली में न्यूटन/मी^{2} है।

प्रतिबल के प्रकार Types of Stress

- तनन प्रतिबल (Tensile stress)
- सम्पीडन प्रतिबल (Compressive stress)
- अपरूपण प्रतिबल (Shear stress)
- ऐंठन प्रतिबल (Tortional stress)
- नमन प्रतिबल (Bending stress)

विकृति Strain

जब किसी वस्तु पर बल लगाते हैं, तो उसके आकार में परिवर्तन हो जाता है। आकार में इस परिवर्तन को **विकृति** कहते हैं।

$$\text{विकृति} = \frac{\text{आकार में परिवर्तन}}{\text{मूल आकार}}$$

इसकी कोई इकाई नहीं होती है।

विकृति के प्रकार Types of Strain

- तनन विकृति (Tensile strain)
- सम्पीडन विकृति (Compressive strain)
- अपरूपण विकृति (Shear strain)

मॉडल प्रश्न

1. इकाई के अन्तर्राष्ट्रीय नियम में किग्रा ········ की इकाई है।
(a) भार (b) बल
(c) द्रव्यमान (d) गति वृद्धि

2. इकाइयों के अन्तर्राष्ट्रीय नियम (SI) में पिण्ड के द्रव्यमान की इकाई ·········· होती है।
(a) ग्राम (b) टन
(c) पाउण्ड (d) किग्रा

3. SI के नियम के अनुसार ऊर्जा की इकाई ······· होनी चाहिए।
(a) अर्ग (b) जूल
(c) कैलोरी (d) वाट-घण्टा

4. MKS प्रणाली में गति वृद्धि की इकाई इस प्रकार लिखी जाती है
(a) सेमी/सेमी^{2} (b) मीटर/घण्टा
(c) मीटर/सेकण्ड (d) मीटर^2/सेकण्ड

5. वे बल जो एक बिन्दु पर मिलते हैं, उन्हें कहते हैं
(a) वेक्टर बल (b) कॉनकुरैन्ट बल
(c) रिजल्टैन्ट बल (d) बलों का कम्पोजीशन

6. दो बराबर बलों (F) का रिजल्टैन्ट (जो एक दिशा में कार्य कर रहे हों) होता है
(a) शून्य (b) $2F$
(c) $\frac{F}{2}$ (d) $\frac{\sqrt{3}F}{2}$

7. बल के वे भाग, जो एक-दूसरे पर समकोण बना रहे हों, उन्हें कहते हैं
(a) रिजल्टैन्ट कम्पोनेन्ट (b) रेक्टेन्गुलर कम्पोनेन्ट
(c) सन्तुलित बल (d) कोलीनियर कम्पोनेन्ट

8. जब 40 किग्रा तथा 30 किग्रा वाले दो कॉनकुरैन्ट बल किसी कण पर समकोण में कार्य करते हैं, तब उनका रिजल्टैन्ट होता है
(a) 70 किग्रा (b) 10 किग्रा
(c) 50 किग्रा (d) $10\sqrt{7}$ किग्रा

9. दो बलों का रिजल्टैन्ट 20 किग्रा भार है तथा उनमें से एक बल का परिणामी 12 किग्रा भार है। यदि दूसरा बल पहले बल के साथ समकोण पर झुका हुआ है, तो दूसरे बल की मात्रा होगी
(a) 8 किग्रा भार (b) 12 किग्रा भार
(c) 16 किग्रा भार (d) $10\sqrt{2}$ किग्रा भार

10. 100 किग्रा भार वाला एक बल जो क्षैतिज के साथ 30° का कोण बनाता है, तो क्षैतिज दिशा में इसका रिजोल्वड भाग होगा
(a) 100 किग्रा भार (b) 12 किग्रा भार
(c) 16 किग्रा भार (d) $50\sqrt{3}$ किग्रा भार

11. 8 किग्रा भार, 10 किग्रा भार, 12 किग्रा भार के बल एक ही कोण पर कार्य करते हैं। अपना सन्तुलन बनाए रखने के लिए आखिरी दो बलों के बीच का कोण होगा
(a) 0° (b) 60°
(c) 120° (d) 180°

12. जब तीन बराबर बल सन्तुलन में हों, तो इन बलों के बीच का कोण होना चाहिए
(a) 45° (b) 60°
(c) 120° (d) 135°

13. जब दो या दो से अधिक बल किसी वस्तु पर कार्य करते हैं उन्हें ······ कहा जाता है।
(a) बलों का नियम (b) सन्तुलित बल
(c) कोप्लेनर बल (d) एक रैखिक बल

14. अकेला बल स्थान नहीं ले सकता है
(a) मूमेन्ट का (b) रिजल्टैन्ट का
(c) सन्तुलन का (d) कपल का

15. जब प्रयास P भार W तथा आधार F के मध्य हो, तब यह उत्तोलक कहलाता है
(a) पहले प्रकार का (b) दूसरे प्रकार का
(c) तीसरे प्रकार का (d) मिश्रित उत्तोलक

16. जब दो बराबर असमान समान्तर बल रोटरी मोशन को पैदा करते हैं, तब यह बल विधि कहलाती है
(a) बल का मूमेन्ट (b) कपल
(c) मूमेन्ट का सिद्धान्त (d) समान्तर बल विधि

17. वह पाइन्ट, जिस पर किसी वस्तु का भार कार्य करता हुआ माना जाता है, कहलाता है
(a) मध्य बिन्दु (b) सेन्टर ऑफ ग्रेविटी
(c) फलक्रम (d) मूमेन्ट ऑफ इनर्शिया

18. किसी वस्तु का गुरुत्व केवल हो सकता है
(a) एक (b) एक से अधिक
(c) एक से कम (d) दो

19. अर्द्धवृत्त का केन्द्र बिन्दु ऐसी रेखा पर होता है जो केन्द्र के मध्य से व्यास में लम्बवत् हो तथा केन्द्र से उसकी दूरी होगी
(a) $\frac{3r}{4\pi}$ (b) $\frac{4r}{3\pi}$
(c) $\frac{3}{8r}$ (d) $\frac{5}{8r}$

20. बल के बदलते प्रभाव को कहते हैं
(a) कपल (b) मूमेन्ट
(c) सन्तुलन (d) लीवरेज

21. एक सिलेण्डर का गुरुत्व केन्द्र जिसकी त्रिज्या r है तथा ऊँचाई h हो, तो उसकी स्थिति ध्रुव तथा आधार से होती है
(a) $\frac{h}{4}$ पर (b) $\frac{h}{2}$ पर
(c) $\frac{h}{3}$ पर (d) सबसे ऊँची चोटी से $\frac{2h}{3}$ पर

22. गोल स्टील का T-खण्ड जिसका फ्लैन्ज 6 सेमी × 2 सेमी है तथा वैब 4 सेमी × 2 सेमी है, तो उसका केन्द्रक x बाएँ सिरे से हैं
(a) 4 सेमी (b) 2 सेमी
(c) 3 सेमी (d) 5 सेमी

23. वृत्ताकार खण्ड में Ixx तथा Iyy में सम्बन्ध है
(a) $Ixx = Iyy$ (b) $Ixx > Iyy$
(c) $Ixx < Iyy$ (d) $Ixx = Iyy = 0$

24. घर्षण शक्ति सदैव
(a) गति को रोकती है या उसे रोकने का प्रयास करती है
(b) गति को बढ़ाती है या उसके बढ़ने में सहायक होती है
(c) गति पर कोई प्रभाव नहीं डालती है
(d) उपरोक्त सभी

25. घर्षण का गुणांक निर्भर करता है
(a) सतह की प्रकृति पर (b) सम्पर्क क्षेत्र पर
(c) सतह की आकृति पर (d) वस्तु की गति पर

26. जब कोई वस्तु दूसरे पदार्थ की सतह पर जरा सा फिसलना प्रारम्भ कर देती है तब घर्षण बल का अधिकतम मान जो काम करता है, उसे कहते हैं
(a) स्लाइडिंग घर्षण (b) डाइनामिक घर्षण
(c) स्टेटिक घर्षण (d) लिमिटिंग घर्षण

27. घर्षण बल सतहों के ……… पर निर्भर करता है।
(a) खुरदुरापन (b) सम्पर्क क्षेत्र
(c) आकृति (d) ये सभी

28. मशीन की इनपुट का सूत्र है
(a) प्रयास + प्रयास द्वारा तय की गई दूरी
(b) प्रयास × प्रयास द्वारा तय की गई दूरी
(c) प्रयास ÷ प्रयास द्वारा तय की गई दूरी
(d) उपरोक्त में से कोई नहीं

29. एक आदर्श मशीन की कार्यकुशलता होनी चाहिए
(a) 25% (b) 50% (c) 75% (d) 100%

30. मशीन पर आए प्रतिरोध के लिए लगे बल को कहते हैं
(a) प्रयास (b) वजन (c) भार (d) इनपुट

31. एक आदर्श मशीन में इनपुट तथा आउटपुट में सम्बन्ध है
(a) बराबर (b) कम (c) अधिक (d) ये सभी

32. यदि मशीन रिवर्सबिल है, तो उसकी कार्यक्षमता होनी चाहिए
(a) 100% से कम (b) 50% से कम
(c) 100% से अधिक (d) 50% से अधिक

33. पदार्थ के छोटे वास्तविक विस्थापन के कारण किया गया कार्य कहलाता है
(a) कार्य (b) वास्तविक कार्य
(c) ऊर्जा (d) वास्तविक पावर

34. SI प्रणाली में कार्य की इकाई है
(a) न्यूटन-मीटर (b) किग्रा-मीटर
(c) ग्राम-सेमी (d) किग्रा-सेमी

35. FPS प्रणाली में सम्पूर्ण तथा गुरुत्व इकाइयों के बीच सम्बन्ध है
(a) 1 फुट पाउण्ड = 1 फुट पाउण्डल
(b) 32 फुट पाउण्ड = 1 फुट पाउण्डल
(c) 1 फुट पाउण्ड = 32 फुट पाउण्डल
(d) 1 फुट पाउण्ड = 9.81 पाउण्डल

36. एक केटेनरी का प्राकृतिक घुमाव होता है
(a) हाइपरबोला (b) इलिप्स
(c) सर्कुलर (d) पैराबोलिक

37. एक रस्सी/तार का न्यूनतम तनाव होगा
(a) किनारों की सपोर्ट पर (b) क्वार्टर स्पान पर
(c) तार/रस्सी के मध्य में (d) स्पान के $\frac{1}{3}$ भाग पर

38. सम्पीडन सदस्य को कहा जाता है
(a) स्ट्रट (b) टाइज
(c) पुरलिन्स (d) पायर्स

39. किसी पदार्थ की विशेष दिशा में विस्थापन के बदलने की दर को कहते हैं
(a) वेग (b) त्वरण
(c) मन्दन (d) विरामावस्था

40. जब किसी पदार्थ की गति में परिवर्तन होता है तथा अलग-अलग समय पर उसकी मात्रा बराबर होती है, तब उस पदार्थ को कहते हैं
(a) एकसमान त्वरण (b) एकसमान गति
(c) परिवर्तनशील त्वरण (d) परिवर्तनशील वेग

41. जब कोई पदार्थ वक्राकार पथ पर एक निश्चित दूरी तक चलता है, तो उसे कहते हैं
(a) लीनियर गति (b) ट्रांसलेटरी गति
(c) सर्कुलर गति (d) इनमें से कोई नहीं

42. यदि कोई वस्तु एक अवस्था से दूसरी अवस्था में आती है तब सीधी रेखा में पहली अवस्था तथा दूसरी अवस्था के बीच की दूरी कहलाती है
(a) विस्थापन (b) त्वरण
(c) वेग (d) चाल

43. दूरी तथा समय का अनुपात कहलाता है
(a) त्वरण (b) चाल
(c) वेग (d) विस्थापन

44. वेग एक ...... राशि है।
(a) अदिश (b) सदिश
(c) रेखीय (d) ये सभी

45. यदि कोई पत्थर प्रारम्भिक वेग 'u' से ऊपर की ओर फेंका गया है, तब इसके जमीन पर वापस आकर टकराने में लगा समय होगा
(a) $\frac{u}{g}$ (b) $\frac{2u}{g}$
(c) $\frac{u}{2g}$ (d) $\frac{u}{g} + (v - u)g$

46. त्वरण की परिभाषा निम्न के परिवर्तन की दर से है
(a) चाल (b) वेग
(c) कोणीय वेग (d) विस्थापन

47. एक वस्तु जो लम्बवत् तथा क्षैतिज बलों के संयुक्त प्रभाव से घूमती है, वह वस्तु कहलाती है
(a) उपग्रह (b) ट्रेजेक्टरी
(c) प्रक्षेपास्त्र (d) ये सभी

48. यदि एक पदार्थ को ऊपर की ओर ऐसे फेंका जाए कि वह अपनी वास्तविक अवस्था में लौट आए– तब इसके वापस लौट आने का सही वेग होगा
(a) 98.5 मी/से (b) 0 मी/से
(c) 9.8 मी/से (d) 197 मी/से

49. एक वस्तु लंम्ब रूप से ऊपर की ओर 196 मी/से के वेग से फेंकी गई। वह वस्तु भूमि पर .... सेकण्ड के बाद वापस आएगी।
(a) 20 (b) 40
(c) 60 (d) 80

50. कोणीय त्वरण दर्शाया जाता है
(a) ω (b) π
(c) α (d) θ

51. कोणीय वेग दर्शाया जाता है
(a) ω (b) π
(c) α (d) θ

52. दोलनों की संख्या प्रति सेकण्ड जानी जाती है
(a) आवर्तकाल (b) आयाम
(c) कालान्तर (d) आवृत्ति

53. किसी वस्तु की बीट जानी जाती है
(a) एक पूरी आवृत्ति
(b) दो पूरी आवृत्ति
(c) आधी आवृत्ति
(d) डेढ़ गुनी आवृत्ति

54. यदि सेकण्ड वाले पेण्डुलम की लम्बाई घट जाती है, तब यह बजेगा
(a) प्रत्येक सेकण्ड बाद
(b) एक सेकण्ड से कम समय में
(c) एक सेकण्ड से अधिक समय के बाद
(d) दो सेकण्ड के बाद

55. किसी वस्तु में मौजूद भौतिक पदार्थ की मात्रा को कहते हैं
(a) द्रव्यमान
(b) भार
(c) आयतन
(d) द्रव्यमान या भार

उत्तरमाला

1. (c)	**2.** (d)	**3.** (b)	**4.** (c)	**5.** (b)	**6.** (b)	**7.** (b)	**8.** (c)	**9.** (c)	**10.** (d)
11. (d)	**12.** (c)	**13.** (a)	**14.** (d)	**15.** (c)	**16.** (b)	**17.** (b)	**18.** (a)	**19.** (b)	**20.** (b)
21. (b)	**22.** (c)	**23.** (a)	**24.** (a)	**25.** (a)	**26.** (d)	**27.** (a)	**28.** (b)	**29.** (d)	**30.** (a)
31. (a)	**32.** (d)	**33.** (b)	**34.** (a)	**35.** (c)	**36.** (d)	**37.** (c)	**38.** (a)	**39.** (a)	**40.** (c)
41. (c)	**42.** (a)	**43.** (b)	**44.** (b)	**45.** (b)	**46.** (b)	**47.** (c)	**48.** (b)	**49.** (b)	**50.** (c)
51. (a)	**52.** (d)	**53.** (c)	**54.** (b)	**55.** (a)					

3
द्रव्यों की सामर्थ्य
Strength of Materials

परिचय Introduction
यह यान्त्रिक विज्ञान की एक शाखा है जिसके अन्तर्गत द्रव्यों की सामर्थ्य से सम्बन्धित पूर्ण जानकारी मिलती है।

प्रतिबल Stress
वस्तु पर बाहरी बल लगाने से वस्तु की संरचना में आन्तरिक प्रतिरोध उत्पन्न होता है, जिसे प्रतिबल कहते हैं। प्रतिबल, बल तथा क्षेत्रफल का अनुपात है। इसकी इकाई SI प्रणाली में न्यूटन प्रति मीटर^2 है।

$$\text{प्रतिबल} = \frac{\text{बल}}{\text{क्षेत्रफल}} = \frac{F}{A}$$

प्रतिबल के प्रकार Types of Stress
- अनुदैर्ध्य प्रतिबल (Longitudinal stress)
- अभिलम्ब प्रतिबल (Normal stress)
- स्पर्श रेखीय प्रतिबल (Tangential stress)

विकृति Strain
किसी वस्तु पर बाहरी बल लगाने पर वस्तु के आकार में वृद्धि या कमी आती है। इसे विकृति कहते हैं। यह आकार परिवर्तन तथा मूल आकार का अनुपात है।

$$\text{विकृति} = \frac{\text{आकार में परिवर्तन}}{\text{मूल आकार}}$$

इसकी इकाई नहीं होती।

विकृति के प्रकार Types of Strain
- अनुदैर्ध्य विकृति (Longitudinal strain)
- आयतन विकृति (Volume strain)
- अपरूपण विकृति (Shaearing strain)
- पार्श्व विकृति (Lateral strains)

हुक का नियम Hook's Law
"प्रत्यास्थता सीमा के अन्दर किसी वस्तु में उत्पन्न प्रतिबल, विकृति के सीधे समानुपाती होता है"

इस नियम के अनुसार, प्रतिबल α विकृति

या प्रतिबल = स्थिरांक $(E) \times$ विकृति

$$\text{या} \quad \frac{\text{प्रतिबल}}{\text{विकृति}} = E$$

जहाँ E हुक स्थिरांक (Hook's constant) या प्रत्यास्थता गुणांक (Modulus of elasticity) कहलाता है।

हुक स्थिरांक या प्रत्यास्थता गुणांक Hook's Constant
किसी पदार्थ के लिए अमुक प्रतिबल तीव्रता तथा उससे सम्बन्धित विकृति के आधार पर *हुक स्थिरांक निम्न प्रकार है*
- तनाव या सम्पीडन में प्रत्यास्थता गुणांक
- दृढ़ता गुणांक (Modulus of rigidity)
- आयतन मापांक (Bulk modules)

अन्तिम प्रतिबल Ultimate Stress
किसी पदार्थ पर लगा वह अधिकतम प्रतिबल जिस पर वस्तु का टूटना या फटना शुरू हो, उसे **अन्तिम प्रतिबल** कहते हैं।

कार्यकारी प्रतिबल Working Stress
किसी पदार्थ की सुरक्षित सीमा तक लगा प्रतिबल **कार्यकारी प्रतिबल** कहलाता है।

सुरक्षा गुणांक Factor of Safety
अन्तिम प्रतिबल तथा कार्यकारी प्रतिबल के अनुपात को वस्तु का **सुरक्षा गुणांक** कहते हैं।

पॉयसन अनुपात Poisson's Ratio
किसी वस्तु की पार्श्व विकृति तथा सीधी विकृति के अनुपात को **पॉयसन अनुपात** कहते हैं। इसे $1/m$ से निरूपित करते हैं।

प्रत्यास्थता गुणांक (E), दृढ़ता गुणांक (C) तथा आयतन मापांक (K) में परस्पर सम्बन्ध

$$C = \frac{m \cdot E}{2(m+1)}$$

$$E = 3K\left(1 - \frac{2}{m}\right)$$

$$E = \frac{IKC}{C + 3K}$$

जहाँ, C = दृढ़ता गुणांक या कर्तन मापांक (modulus of rigidity), 1/m पॉयसन अनुपात, K = आयतन मापांक (bulk modulus), E = यंग प्रत्यास्थता गुणांक (modulus of elasticity of Young's modulus)

सरल बंकन Simple Bending

बेन्डिंग समीकरण

$$\frac{M}{I} = \frac{f}{y} = \frac{E}{R}$$

$$Z = \frac{1}{y}$$

जहाँ,

M = बंकन आघूर्ण
f = किसी बिन्दु पर प्रतिबल
I = उदासीन अक्ष पर परिच्छेद का जड़त्व आघूर्ण
y = उदासीन अक्ष से बिन्दु की दूरी
R = नमन के बाद उदासीन अक्ष की त्रिज्या
Z = परिच्छेद मापांक

धरन के प्रक्षेप Deflection of Beam

किसी बिन्दु पर धरन के विक्षेप के समीकण

$$\frac{d^2 y}{dx^2} = \frac{M}{EI}$$

कैण्टीलीवर बीम Cantilever Beam

1. यदि भारण (loading) इसके मुक्त सिरे पर W संकेन्द्रित हो तब, अधिकतम ढाल $\theta = \frac{WL^2}{2EI}$

   अधिकतम विक्षेप $= \frac{WL^3}{3EI}$ (स्वतन्त्र सिरे पर)

2. यदि W प्रति इकाई लम्बाई के भार का एकसमान वितरण $W = wl$ है।

   अधिकतम ढाल $= \frac{WL^3}{6EI}$

   अधिकतम विक्षेप $= \frac{WL^4}{8EI}$

सरल सपोर्ट वाली धरन Simply Supported Beam

1. मध्य विस्तार पर विभक्त भार (W) होने पर

   अधिकतम ढाल $= \frac{WL^2}{16EI}$ (सिरे पर)

   अधिकतम विक्षेप $= \frac{WL^3}{48EI}$ (केन्द्र पर)

2. UDL कुल लोड $W = wl$ है,

   अधिकतम ढाल $= \frac{WL^3}{24\,EI}$ (सिरे पर)

   अधिकतम विक्षेप $= \frac{5WL^4}{38\,EI}$ (केन्द्र पर)

शाफ्ट में घुमाव आघूर्ण Torsion in Shaft

टार्क समीकरण

$$\frac{T}{J} = \frac{fs}{R} = \frac{C\theta}{l}$$

खोखले वृत्ताकार शाफ्ट के लिए

$$T = \frac{fs}{R} \times \frac{\pi}{2}(R^4 - r^4)$$

जहाँ, T = घुमाऊ आघूर्ण,
J = ध्रुवीय जड़त्व आघूर्ण
fs = अपरूपण प्रतिबल
R = बाहरी त्रिज्या
C = दृढ़ता गुणांक
θ = घुमाव कोण
l = शाफ्ट की लम्बाई
r = आन्तरिक त्रिज्या

शाफ्ट द्वारा संचारित अश्व शक्ति H P

$$= \frac{2\pi NT}{4500} \text{ (मीटर)}$$

या, शाफ्ट द्वारा संचारित अश्व शक्ति

$$P = \frac{2\pi NT}{60 \times 10^3} kW = \frac{NT}{9550} kW$$

जहाँ, N = शाफ्ट के चक्कर प्रति मिनट
तथा, T = शाफ्ट पर औसत बल-आघूर्ण (torque)

समतुल्य नमन आघूर्ण

$$= \frac{M + \sqrt{M^2 + T^2}}{\sqrt{M^2 + T^2}}$$

समतुल्य घुमाव आघूर्ण $= \sqrt{M^2 + T^2}$

अधिकतम मुख्य प्रतिबल $= \frac{16}{\pi D^3}[M + \sqrt{M^2 + T^2}]$

अधिकतम अपरूपण प्रतिबल $= \frac{16}{\pi D^3}\sqrt{M^2 + T^2}$

कुण्डलीदार स्प्रिंग Spiral Spring

विक्षेप कोण (Angle of twist) $\theta = \frac{64\,WR^2 n}{Cd^4}$

जहाँ, W = अक्षीय भार,
d = तार का व्यास
n = कुण्डली की संख्या
C = तार के पदार्थ का दृढ़ता मापांक (Modulus of rigidity)
R = कुण्डली की औसत त्रिज्या

विक्षेप (Deflection) $\delta = \frac{64\,WR^2 n}{Cd^4}$

स्प्रिंग का कड़ापन (Stiffness) $S = \frac{W}{\delta} = \frac{Cd^4}{64R^3 n}$

पत्तीदार स्प्रिंग Laminated Spring

विक्षेप $\delta = \frac{3\,WL^3}{8\,ENbt}$

जहाँ, N = प्लेटों की संख्या,
b = प्लेटों की चौड़ाई
t = प्लेटों की मोटाई

क्रीप तथा फटीग Creep and Fatigue

क्रीप (Creep) धातुओं को जब उच्च तापमानों पर गरम किया जाता है, तो उनकी दशाएँ श्यान प्रवाह में बदल जाती है जिससे धातु में अल्प मान का लगातार विरूपण उत्पन्न होता है जिसे क्रीप कहते हैं।

परिभाषा प्रयोगों द्वारा यह देखा गया है कि उच्च तापमानों पर काफी समय तक भारों या प्रतिबलों के प्रभाव में लगातार विरूपण होता है, जिसे क्रीप कहते हैं।

फटीग (Fatigue) मशीनी अंग जैसे—शाफ्ट, गियर तथा इंजन क्रैंक व संयोजक-दण्ड आदि पर उनकी क्रिया के अन्तर्गत परिवर्तनशील प्रतिबल कार्य करते हैं। परिवर्तनशील प्रतिबलों की दशा में मशीनी अंग अपने अन्तिम सामर्थ्य से कम मान के प्रतिबल पर ही असफल हो जाते हैं। अत: बार-बार भार लगने के कारण पदार्थ की प्रतिरोधकता (resistance) में कमी को फटीग कहते हैं।

पदार्थों के यान्त्रिक गुण Mechanical Properties of Materials

पदार्थों के प्रमुख गुण निम्न प्रकार हैं

सामर्थ्य (Strength) बिना असफल हुए (failure) किसी पदार्थ के प्रतिबल सहने के गुण को उसकी सामर्थ्य कहते हैं। किसी पदार्थ की सामर्थ्य की माप उसकी अन्तिम तीव्रता या बिना चटके प्रति इकाई क्षेत्रफल पर उसके द्वारा सहन किए गयी अधिकतम बल द्वारा प्रकट की जाती है।

प्रत्यास्थता (Elasticity) यह पदार्थ का वह गुण है, जिसके कारण प्रत्येक पिण्ड अपने आकार में परिवर्तन का विरोध करता है। परन्तु जैसे ही परिवर्तन करने वाले बलों को हटाया जाता है, पिण्ड अपने पहले आकार में आ जाता है।

प्लास्टिकता (Plasticity) इस गुण के कारण पदार्थ पर बल लगाने से उसके आकार में बिना टूटे स्थायी परिवर्तन होता है अर्थात् बल हटा लेने पर पदार्थ अपनी प्रारम्भिक दशा में नहीं आता। तापमान बढ़ने के साथ इस गुण में भी वृद्धि होती है।

कुट्टयता (Malleability) इस गुण के कारण, सम्पीडन प्रतिबलों के प्रभाव में बिना चटके पदार्थ के रूप में पर्याप्त परिवर्तन किया जा सकता है। अर्थात् पदार्थ को पीटकर उसे पतली चादर का रूप दिया जा सकता है। जैसे-पिटवाँ लोहा, एल्युमीनियम, पीतल, ताँबा, सोना, चाँदी आदि को पीटकर या रोलिंग द्वारा विभिन्न संरचनात्मक या व्यावहारिक आकारों या चादरों का रूप दिया जाता है।

नम्यता (Flexibility) इस गुण के कारण पदार्थ को बिना टूटे किसी चाप में झुकाया जा सकता है।

मृदुता (Ductility) इस गुण के कारण पदार्थ के पलते तार खींचे जा सकते हैं, जैसे — ताँबा, सोना, टिन, पिटवाँ लोहा तथा एल्यूमीनियम आदि। इसकी माप टूटने से पहले प्रतिशत लम्बाई में वृद्धि या दैर्ध्य वृद्धि द्वारा प्रकट की जाती है।

तन्यता (Tenacity) तनाव में किसी पदार्थ को तोड़ने के लिए उसमें जितनी अधिकतम प्रतिबल तीव्रता उत्पन्न की जा सके वह उस पदार्थ की तन्यता कहलाती है। अर्थात् इस गुण को तनाव में उपजी अधिकतम प्रतिबल तीव्रता द्वारा मापा जाता है।

भंगुरता (Brittleness) इस गुण के कारण पदार्थ पर चोट लगाने से वह, बिना कोई विकार या खराबी उत्पन्न हुए, टुकड़े-टुकड़े हो जाता है। इस प्रकार, हम कह सकते हैं कि भंगुर पदार्थ में कुट्टयता व तन्यता की कमी होती है।

कठोरता (Hardness) इस गुण के कारण पदार्थ, कटने, घिसे जाने या खुरचे जाने का विरोध करता है। इसे साधारणतया ब्रिनेल परीक्षण (Brinell test) द्वारा मापा जाता है।

कड़ापन या चीमड़पन (Toughness) इस गुण के कारण पदार्थ टूटने से पहले झटकों या धक्कों का विरोध करता है।

मशीनन (Machinability) इस गुण के द्वारा कटाई औजारों से पदार्थ को विभिन्न आकारों में परिवर्तित करने की सरलता प्रदर्शित होती है।

कर्तन बल एवं नमन आघूर्ण (Shear Force and Bending Moment)

धरन Beam

धरन एकसमान काट वाली छड़ है जिस पर कार्य करने वाले सभी बल या बलयुग्म छड़ की लम्बाई की अक्ष से गुजरने वाले समतल में होते हैं।

धरन के प्रकार Types of Beams

- शुद्धालम्ब या सरल धरन (Simply or freely supported beam)
- कैण्टीलीवर धरन (Cantilever beam)
- आबद्ध धरन (Fixed, builtin beam)
- बाहर निकली धरन (Overhanging beam)

धरन पर भार Loards on Beam

- संकेन्द्रित या बिन्दु भार (Concenterated or point load)
- एकसमान बँटा हुआ या समवितरित भार (Uniformly distributed load or UDL)
- परिवर्तनशील भार (Varying load)
- चल भार (Moving or rolling load)

बिन्दु या काट पर कर्तन बल Shear Force on Point

बिन्दु या काट पर कर्तन बल, उस बिन्दु से दाईं ओर या बाईं ओर के धरन के भाग पर लगने वाले सारे बलों के बीजगणितीय योग के बराबर होता है।

नमन आघूर्ण Bending Moment

धरन की किसी अनुप्रस्थ काट का या बिन्दु पर नमन घूर्ण का मान उस काट पर, घरन के बाईं ओर या दाईं ओर के भाग पर लगने वाले सभी बलों के उसी काट पर बीजगणितीय योग के बराबर होता है।

कैण्टीलीवर धरन के लिए कर्तन बल तथा नमन आघूर्ण Shear Force and Bending Moment for Cantilever Beam

L लम्बाई वाले कैण्टीलीवर के स्वतन्त्र सिरे पर संकेन्द्रित भार (Concenteric Load at Freely Edge)

- निर्धारित छोर पर कर्तन बल $= W$
- स्वतन्त्र सिरे पर नमन आघूर्ण $= 0$
- घरन के मध्य बिन्दु पर नमन आघूर्ण $= \dfrac{WL}{2}$
- घरन के बद्ध सिरे पर नमन आघूर्ण $= WL$

L लम्बाई वाले कैण्टीलीवर का सारी लम्बाई पर समान बँटा भार (Uniformly Distributed Load over Entire Length of Beam)

- स्वतन्त्र सिरे पर कर्तन बल $= 0$
- बद्ध सिरे पर कर्तन बल $= WL$
- स्वतन्त्र सिरे पर नमन आघूर्ण $= 0$
- बद्ध सिरे पर नमन आघूर्ण $= \dfrac{WL^2}{2}$
- मध्य बिन्दु पर नमन आघूर्ण $= \dfrac{WL^2}{4}$

जहाँ, $W =$ कुल लम्बाई के प्रति यूनिट लम्बाई में समान रूप से वितरित भार।

ढलान एवं विक्षेप या विस्थापन Slope and Deflection

मानक दशाओं में धरनों पर ढलान एवं विक्षेप के मान तालिका 3.1 में दिए गए हैं।

यहाँ, θ = ढलान (Slope)
W= संकेन्द्रित भार
l= धरन की लम्बाई
w = धरन की प्रति इकाई लम्बाई में समवितरित भार

मानक दशाओं में धरन के लिए ढलान एवं विक्षेप

क्र.सं.	भार का प्रकार तथा धरन	अधिकतम ढलान (Slope) (θ)	अधिकतम विक्षेप या विस्थापन (Deflection) (y)	चित्र (धरन की आरम्भिक एवं अन्तिम स्थितियाँ)
1.	शुद्धालम्ब धरन केन्द्र पर संकेन्द्रित भार	$\theta_A = \theta_B = \frac{1}{16} \times \frac{Wl^2}{EL}$ (सिरे पर)	$y_c = \frac{1}{48} \times \frac{Wl^3}{EL}$ (केन्द्र पर)	W, A, C, B, θ, y, l/2, l/2
2.	शुद्धालम्ब धरन पर समवितरित भार	$\theta_A = \theta_B = \frac{1}{24} \times \frac{wl^3}{EL}$	$y_c = \frac{5}{384} \times \frac{wl^4}{EI}$	w/m, A, B, C, θ, y, l/2, l/2
3.	भार कैण्टीलीवर के सिरे पर संकेन्द्रित भार	(सिरे पर) $\theta_A = 0$, $\theta_B = \frac{1}{2} \times \frac{Wl^2}{EI}$ (स्वतन्त्र सिरे पर)	(केन्द्र पर) $y_B = \frac{1}{3} \times \frac{Wl^3}{EI}$ (स्वतन्त्र सिरे पर)	l, W, A, B, θ, y
4.	कैण्टीलीवर पर समवितरित भार	$\theta_A = 0$, $\theta_B = \frac{1}{6} \times \frac{wl^3}{EI}$ (स्वतन्त्र सिरे पर)	$y_B = \frac{1}{8} \times \frac{wl^4}{EI}$ (स्वतन्त्र सिरे पर)	w/m, l, A, B, θ, y

मॉडल प्रश्न

1. एक पूर्णतया दृढ़ पिण्ड की यंग प्रत्यास्थता होती है
(a) शून्य (b) अनन्त
(c) एक (d) इनमें से कोई नहीं

2. निम्नलिखित में कौन प्रत्यास्थ है?
(a) रबर (b) इस्पात
(c) एल्युमीनियम (d) काँच

3. निम्नलिखित में से किसकी अधिक तन्यता है?
(a) सोना (b) काँच
(c) हवा (d) पानी

4. नियत ताप पर गैस की प्रत्यास्थता बराबर होती है उसके प्रारम्भिक
(a) दाब के
(b) ताप के
(c) आयतन पर निर्भर करती है
(d) उपरोक्त में से कोई नहीं

5. निम्नलिखित में से सबसे पहले कौन पूर्व स्थिति को प्राप्त करेगा?
(a) काँच (b) इस्पात (c) क्वार्ट्ज (d) रबर

6. पदार्थ जिनमें विकृतिकारी बल का विरोध करने का गुण नहीं होता, कहलाता है
(a) प्रत्यास्थ (b) सुघट्य
(c) भंगुर (d) इनमें से कोई नहीं

7. एक निश्चित सीमा तक के बल के लिए निम्नलिखित में से किसे पूर्ण प्रत्यास्थ माना जा सकता है?
(a) क्वार्ट्ज (b) रबर
(c) इस्पात (d) काँच

8. हुक का नियम तभी लागू होता है जब प्रत्यास्थ विकृति सामान्यत: होती है
(a) बड़ी (b) छोटी
(c) कुछ भी (d) एकांक

9. प्रतिबल तथा विकृति का अनुपात कहलाता है
(a) घर्षण गुणांक (b) पृष्ठ तनाव
(c) श्यानता गुणांक (d) प्रत्यास्थता गुणांक

10. ताप में वृद्धि करने पर प्रत्यास्थता का मान प्राय
(a) बढ़ता है (b) घटता है
(c) नियत रहता है (d) शून्य होता है

11. जब दो बराबर तथा विपरीत बल किसी वस्तु पर लगते हैं तथा इसको फैला देते हैं, तो क्या कहा जाता है?
(a) सम्पीडन (b) तनाव
(c) अपरूपण (d) इनमें से कोई नहीं

12. अपरूपण बल के कारण उत्पन्न विकृति क्या कहलाती है?
(a) तनाव (b) सम्पीडन
(c) अपरूपण (d) आयतन

13. किसी वस्तु पर डाले गए बल के गुण के कारण उसकी आकृति न बदलने का कारण है
(a) कठोरता (b) टफनेस
(c) स्टिफनेस (d) मैलिएबिलिटी

14. किसी वस्तु को दूसरी वस्तु द्वारा न भेदने या खुरचने का कारण है
(a) स्टिफनेस (b) टफनेस
(c) हार्डनेस (d) डक्टलिटी

15. किसी वस्तु का वह गुण जो उसे बार-बार लपेटने, मोड़ने या खींचने पर उसको तोड़ने से बचाता है
(a) हार्डनेस (b) टफनेस
(c) स्टिफनैस (d) इलास्टिसिटी

16. किसी वस्तु में पाया जाने वाला वह गुण जो उन्हें हथौड़े द्वारा पीटे जाने पर पतली शीट में बदल देता हैं, कहलाता है
(a) इलास्टिसिटी (b) डक्टलिटी
(c) मैलिएबिलिटी (d) प्लास्टिसिटी

17. किसी वस्तु का वह गुण जिससे उसे लम्बे तारों में परिवर्तित किया जा सके, कहलाता है
(a) इलास्टिसिटी (b) प्लास्टिसिटी
(c) टफनेस (d) डक्टलिटी

18. किसी वस्तु का वह अवरोधक बल गुण जिसके कारण वह वस्तु ऊँचाई से कठोर धरातल पर गिरने के कारण टूट जाती है, कहलाता है
(a) प्लास्टिसिटी (b) टफनेस
(c) ब्रिटलनेस (d) हार्डनेस

19. किसी वस्तु को रगड़ने या खुरचने में प्रतिरोध उत्पन्न करने वाली क्षमता कहलाती है
(a) टफनेस (b) ब्रिटलनेस
(c) हार्डनेस (d) वियर रेजिस्टेंस

20. किसी वस्तु द्वारा शीघ्रता से कटिंग टूल्स की सहायता से काम करना, कहलाता है
(a) डक्टलिटी (b) मैलिएबिलिटी
(c) मशीनेबिलिटी (d) प्लास्टिसिटी

21. किसी वस्तु का वह गुण जिससे वह गर्म करते समय कठोरता प्राप्त कर लेती है
(a) स्टिफनेस (b) टफनेस
(c) हार्डनेस (d) मैलिएबिलिटी

22. किसी वस्तु का वह गुण जिससे उस पर बल लगाकर हटाने पर वह पूर्व स्थिति में आ जाती है
(a) टफनेस (b) डक्टलिटी
(c) इलास्टिसिटी (d) प्लास्टिसिटी

23. किसी वस्तु का वह गुण जिसके कारण वह वस्तु लगातार दबाव में रहने के कारण कुछ समय बाद वह अपनी आकृति बदल लेती है, कहलाता है
(a) रेजीलेन्स (b) इलास्टिसिटी
(c) फटीग (d) क्रीप

24. प्रति इकाई क्षेत्रफल में दाब जाना जाता है
(a) इलास्टिसिटी (b) स्टिफनेस
(c) स्ट्रेस (d) स्ट्रेन

25. प्रति इकाई में दाब होता है
(a) किग्रा-मी^{2} (b) किग्रा-सेमी^{2}
(c) किग्रा-सेमी^{2} (d) किग्रा-सेमी

26. विकृति ऊर्जा एक प्रकार की है
(a) गतिज ऊर्जा (b) रासायनिक ऊर्जा
(c) स्थितिज ऊर्जा (d) विद्युत ऊर्जा

27. एक तार पर पड़े हुए वजन के कारण उसकी विरूपता की प्रक्रिया रुक जाएँगी, जब रोकने वाली शक्ति होगी
(a) हटाए गए वजन से कम
(b) हटाए गए वजन के बराबर
(c) हटाए गए वजन से अधिक
(d) हटाए गए वजन से दोगुनी

28. जब तार की लम्बाई में वृद्धि δl है, तो किया गया कार्य होगा
(a) $F \times \delta l$ (b) $F / \delta l$ (c) $\frac{1}{2} F \delta l$ (d) $\frac{1}{2} (\delta l)^2$

29. एक पदार्थ में विरूपण आ जाता है, तो तनाव शक्ति प्रति वोल्यूम यूनिट में होती है
(a) स्ट्रेस × स्ट्रेन (b) स्ट्रेस / स्ट्रेन
(c) $\frac{1}{2}$ स्ट्रेस × स्ट्रेन (d) $\frac{1}{2} \times \frac{\text{स्ट्रेस}}{\text{स्ट्रेन}}$

30. वजन से लदी बीम के किसी भाग की ओर लगी हुई एलजेब्रिक सम कहलाता है
(a) बेन्डिंग मूमेन्ट (b) टियरिंग फोर्स
(c) क्रसिंग फोर्स (d) शियरिंग फोर्स

31. वजन से लदी बीम के किसी भाग की ओर मूमेन्ट के फोर्स का एलजेब्रिक सम कहलाता है
(a) टार्क (b) टर्निंग मूमेन्ट
(c) बेन्डिंग मूमेन्ट (d) कपल

32. एक कैण्टीलीवर जिसकी लम्बाई L है तथा जो अपने मुक्त अन्तिम छोर पर केन्द्रीय वजन W ले जा रहा है, के निर्धारित छोर पर शियरिंग फोर्स होगा
(a) $\frac{Wl}{2}$ (b) WL (c) W (d) $\frac{W}{2}$

33. L लम्बाई वाले एक कैण्टीलीवर के मध्य बिन्दु पर बेन्डिंग मूमेन्ट जो एक केन्द्रित वजत उठा रहा है, है
(a) $\frac{WL}{4}$ (b) $\frac{W}{L}$ (c) $\frac{WL}{2}$ (d) $2WL$

34. L लम्बाई वाले एक कैण्टीलीवर के मध्य बिन्दु पर बेन्डिंग मूमेन्ट होगा जबकि कुल लम्बाई के प्रति यूनिट क्षेत्र में समान रूप से वितरित वजन W है
(a) $\frac{WL^2}{8}$ (b) $\frac{WL^2}{4}$ (c) $\frac{WL^2}{2}$ (d) WL^2

35. बेन्डिंग समीकरण होती है
(a) $\frac{M}{I}=\frac{f}{y}=\frac{E}{R}$ (b) $\frac{M}{I}=\frac{y}{f}=\frac{R}{E}$
(c) $\frac{M}{I}=\frac{f}{y}=\frac{R}{E}$ (d) $\frac{W}{I}=\frac{y}{f}=\frac{E}{R}$

36. L लम्बाई वाले कैण्टीलीवर के मध्य बिन्दु पर (जो मध्य बिन्दु पर एक केन्द्रित वजन W उठा रहा है।) ढलाव को दर्शाया गया है
(a) $\frac{WL^2}{2EI}$ (b) $\frac{WL^2}{4EI}$ (c) $\frac{WL^2}{6EI}$ (d) $\frac{WL^2}{8EI}$

37. L लम्बाई वाले कैण्टीलीवर जो अपनी कुल लम्बाई के प्रति यूनिट लम्बाई में समान रुप से वितरित वजन W उठाए हुए हैं, के स्वतन्त्र छोर पर स्लोप को दर्शाया गया है
(a) $\frac{WL^2}{6EI}$ (b) $\frac{WL^3}{6EI}$ (c) $\frac{WL^2}{8EI}$ (d) $\frac{WL^3}{16EI}$

38. L लम्बाई वाले कैण्टीलीवर जो मध्य बिन्दु पर केन्द्रित वजन उठाए हुए है के, मध्य बिन्दु पर झुकाव को दर्शाया गया है
(a) $\frac{WL^2}{6EL}$ (b) $\frac{WL^2}{12EL}$ (c) $\frac{WL^3}{6EL}$ (d) $\frac{WL^3}{12EL}$

39. L लम्बाई वाला बीम जो सिरों पर मामूली सपोर्ट पर टिका हुआ है और जो अपने मिड स्पान पर केन्द्रित वजन W उठाए हुए है, बीम के सिरों पर स्लोप है
(a) शून्य (b) $\frac{WL^2}{4EI}$ (c) $\frac{WL^2}{8EI}$ (d) $\frac{WL^2}{16EI}$

40. यदि रिवेटों का व्यास 25 मिमी तक हो, तो ऐसे रिवेट होल का व्यास रिवेट शैंक के व्यास से अधिक होगा
(a) 0.5 मिमी (b) 1 मिमी
(c) 1.5 मिमी (d) 2 मिमी

41. रिवेट के दोनों सिरों के बीच के बेलनाकार भाग को कहा जाता है
(a) आकार (b) नली (शैंक)
(c) हैड (d) इनमें से कोई नहीं

42. पिच इससे कम नहीं होनी चाहिए
(a) रिवेट होल के व्यास से दोगुनी
(b) रिवेट होल के व्यास से ढाई गुनी
(c) रिवेट होल के व्यास से तीन गुनी
(d) रिवेट होल के व्यास से चार गुनी

43. रिवेट शैंक के व्यास को कहते हैं
(a) रिवेट का ग्रास व्यास (b) नेट व्यास
(c) नामीनल व्यास (d) प्रभावी व्यास

44. कम्प्रेशन मेम्बर्स में IS : 800-1962 के आधार से सटे हुए रिवेटों के केन्द्रों के बीच की दूरी (जो एक लाइन में दाब की दिशा में लेटे हुए हैं) इससे अधिक नहीं बढ़ेगी
(a) 200 मिमी
(b) 12 T
(c) 16 T या 200 मिमी जो भी कम हो
(d) 12 T या 200 मिमी में जो भी कम हो

45. अनविन (UNWIN) के अनुसार T मोटाई वाली एक प्लेट का रिवेट व्यास d निर्धारण करने के लिए उपयुक्त सूत्र है
(a) $d = 4.5\sqrt{t}$ (b) $d = 6.5\sqrt{t}$
(c) $d = 8.05\sqrt{t}$ (d) $d = 16.05\sqrt{t}$

46. रिवेट में जुड़े हुए एक किनारे पर रिवेट होता है
(a) सिंगल शियर (b) डबल शियर
(c) 'a' तथा 'b' दोनों (d) इनमें से कोई नहीं

47. डबल रिवेटड लैप ज्वाइण्ट में रिवेट्स है
(a) सिंगल शियर (b) डबल शियर
(c) 'a' तथा 'b' दोनों (d) इनमें से कोई नहीं

48. सिंगल कवर बट जोड़ में रिवेट्स है
(a) सिंगल शियर (b) डबल शियर
(c) 'a' तथा 'b' दोनों (d) इनमें से कोई नहीं

49. यदि सटी हुई कतारों में रिवेटस एक-दूसरे के सामने नहीं हैं, तो इस व्यवस्था को कहते हैं
(a) जिग-जैग रिवेटिंग (b) डाइमन्ड रिवेटिंग
(c) चेन रिवेटिंग (d) इनमें से कोई नहीं

50. यदि सटी हुई कतारों में रिवेटस जुडे हुए हैं तथा एक-दूसरे के सामने नहीं हैं, तो इस व्यवस्था को कहते हैं
(a) जिग जैग रिवेटिंग (b) डाइमन्ड रिवेटिंग
(c) चेन रिवेटिंग (d) इनमें से कोई नहीं

उत्तरमाला

1. (b)	**2.** (b)	**3.** (a)	**4.** (a)	**5.** (c)	**6.** (b)	**7.** (a)	**8.** (b)	**9.** (d)	**10.** (b)
11. (b)	**12.** (c)	**13.** (c)	**14.** (c)	**15.** (b)	**16.** (c)	**17.** (d)	**18.** (c)	**19.** (d)	**20.** (c)
21. (c)	**22.** (c)	**23.** (d)	**24.** (c)	**25.** (c)	**26.** (c)	**27.** (b)	**28.** (c)	**29.** (d)	**30.** (d)
31. (c)	**32.** (c)	**33.** (c)	**34.** (b)	**35.** (a)	**36.** (d)	**37.** (b)	**38.** (d)	**39.** (d)	**40.** (d)
41. (b)	**42.** (b)	**43.** (c)	**44.** (d)	**45.** (b)	**46.** (a)	**47.** (a)	**48.** (a)	**49.** (c)	**50.** (c)

4

धातुकर्म विज्ञान

Metallurgy Science

परिचय Introduction

धातुकर्म विभिन्न धातुओं को उनके अयस्कों से प्राप्त करने की कला तथा विज्ञान है, जिससे धातुओं को मानव समाज के लिए उपयोगी रूप में परिवर्तित किया जा सके।

इन्जीनियरिंग में धातुकर्म का क्षेत्र अत्यन्त महत्त्वपूर्ण तथा व्यापक है। आधुनिक युग की सुविधाएँ जैसे—कार, रेलगाड़ी, हवाई जहाज आदि का निर्माण धातु विज्ञान की ही देन है। प्राय: सभी वस्तुओं के निर्माण में किसी न किसी धातु का प्रयोग होता है तथा यह आवश्यक है कि वस्तु की उपयोगिता के आधार पर उपयुक्त धातु का प्रयोग किया जाए, जैसे—कार की बॉडी बनाने में इस्पात चादर तथा हवाई जहाज की बॉडी बनाने में एल्युमीनियम चादर का प्रयोग किया जाता है।

धातुकर्म क्षेत्र के कार्य Function of Metallurgy Field

धातुकर्म के क्षेत्र में निम्न कार्य सम्मिलित हैं

- धातु का उसके अयस्क से निष्कर्षण करना।
- दो या अधिक धातुओं के सम्मिश्रण द्वारा उच्च गुणों वाली मिश्रधातुएँ बनाना।
- धातुओं का विशुद्धिकरण करना।
- धातुओं के यान्त्रिक, भौतिक, ऊष्मीय, रासायनिक गुणों का परीक्षण करना।
- धातुओं तथा मिश्रधातुओं में आवश्यक ऊष्मा उपचार द्वारा वांछित गुणों को उत्पन्न करना।
- धातुओं की संरचना का अध्ययन करना।
- धातुओं के गुणों का निर्धारण करना।
- धातुओं के गुणों में यान्त्रिक प्रक्रियाओं द्वारा सुधार करना।
- धातुओं तथा मिश्रधातुओं को अधिक उपयोगी तथा सक्षम बनाना।
- अनुसन्धान द्वारा नई धातुओं तथा मिश्रधातुओं की खोज करना।
- धातुओं तथा मिश्रधातुओं के उत्पादन पर नियन्त्रण करना।
- धातुओं की उत्पादन लागत तथा उसके मूल्य पर नियन्त्रण करना।
- धातुओं के उत्पादन जैसे—सोना, चाँदी आदि पर नियन्त्रण करना।

पदार्थों का वर्गीकरण Classification of Material

- सामान्य वर्गीकरण
- उपयोग वर्गीकरण
- औद्योगिक वर्गीकरण
- प्रक्रिया वर्गीकरण

सामान्य वर्गीकरण

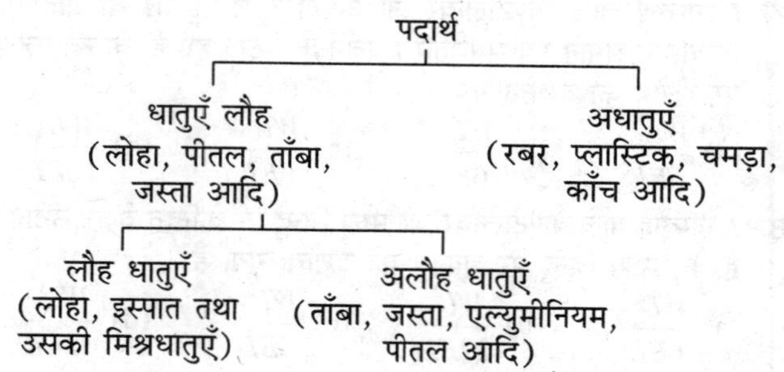

औद्योगिक वर्गीकरण

- हल्की धातुएँ जैसे—एल्युमीनियम, मैग्नीशियम, टिटेनियम, जिरकोनियम, बेरीलियम तथा इसकी मिश्रधातुएँ।
- ताँबा तथा उसकी मिश्रधातुएँ जैसे—ताँबा, पीतल, काँसा तथा अन्य मिश्रधातुएँ।
- बियरिंग अलॉय तथा उनकी प्रमुख धातुएँ जैसे—श्वेत धातु अलॉय, ताँबा, सीसा, अलॉय, ब्रौंज अलॉय आदि तथा उसकी मिश्रधातुएँ जैसे सीसा, जस्ता, टिन आदि।
- लोहा तथा इस्पात जैसे—लोहा, इस्पात तथा इसकी मिश्रधातुएँ।
- मिश्र कारक धातुएँ जैसे— निकिल कोबाल्ट, क्रोमियम, मैंगनीज, वेनेडियम आदि।
- ताप-सह पदार्थ जैसे—सिलिका, एल्युमिना, फायर-क्ले, मैग्नेसाइट, डोलोमाइट आदि।

उपयोग वर्गीकरण

- उच्च सामर्थ्य धातुएँ
- निम्न तथा उच्च ताप धातुएँ
- स्प्रिंग धातुएँ
- घिसाव रोधी धातुएँ
- संक्षारण तथा ऑक्सीकरण प्रतिरोधी धातुएँ
- विशिष्ट गुणधर्मी धातुएँ जैसे-नाभिक धातुएँ, ऊष्मीय प्रसार एवं सुचालक धातुएँ कम्पन रोधी आदि।

प्रक्रिया वर्गीकरण

- ढलाई योग्य धातुएँ (Casting metals)
- फोर्जन योग्य धातुएँ (Forgine metals)
- शीत प्रक्रिया योग्य धातुएँ (Cold working metals)
- ऊष्मा प्रक्रिया योग्य धातुएँ (Hot working metals)
- मशीनन योग्य धातुएँ (Machinable metals)
- सहज सन्धि योग्य धातुएँ (Easily joined metals)
- चूर्ण धातुकर्म धातुएँ (Powder metallurgy metals)

धातुओं के गुण Properties of Metals

यान्त्रिक गुण Mechanical Properties

- सामर्थ्य (Strength)
- प्रत्यास्थता (Elasticity)
- प्लास्टिकता (Plasticity)
- नम्यता (Flexibility)
- तन्यता (Dunctility)
- भंगुरता (Brittleness)
- कठोरता (Hardness)
- कड़ापन (Stiffness)

तकनीकी गुण Technological Properties

- कुट्टयता (Malleability)
- मशीनन-योग्यता (Machinability)
- वेल्डन योग्यता (Weldability)

ऊष्मीय गुण Thermal Properties

- विशिष्ट ऊष्मा (Specific heat)
- ऊष्मीय क्षमता (Thermal capacity)
- ऊष्मीय प्रसार (Thermal expansion)
- ऊष्मीय चालकता (Thermal conductivity)
- ऊष्मीय प्रतिबल (Thermal stress)
- ऊष्मीय थकान (Thermal fatigue)
- ऊष्मीय झटके (Thermal shocks)

रासायनिक गुण Chemical Properties

- संरक्षारण प्रतिरोध (Corrosion resistance)
- परमाणु भार (Atomic weight)
- अणु भार (Molecular weight)
- परमाणु क्रमांक (Atomic number)
- अम्लता तथा क्षारकता (Acidity and Alkalinity)
- रासायनिक संघटन (Chemical composition)

भौतिक गुण Physical Properties

- आकार (Shapes)
- माप (Size)
- परिष्करण (Finish)
- रंग (Colour)
- विशिष्ट गुरुत्व (Specific gravity)
- घनत्व (Density)
- संरचना (Structure)
- सरन्ध्रता (Porosity)

अयस्कों के प्रकार Types of Ores

- सल्फाइड अयस्क (Sulphide ores)
- प्राकृत अयस्क (Natiue ores)
- ऑक्साइड अयस्क (Oxide ares)

अयस्कों से धातुओं का निष्कर्षण Extraction of Metals from Ores

अयस्कों को सर्वप्रथम गैंग से अलग किया जाता है। इसके बाद धात्विक प्रक्रियाओं द्वारा इसे शुद्ध किया जाता है।

धातुओं के निष्कर्षण की विधियाँ

ताप धातुकर्म (Pyro-metallurgy) ताप धातुकर्म में बढ़े हुए तापमान का प्रयोग और अयस्क के सारे पिण्ड की रासायनिक संरचना में परिवर्तन सम्मिलित होता है।

जल धातुकर्म (Hydro-metallurgy) जल धातुकर्म में खनिज अयस्कों के अम्लों या क्षारों को जलीय घोल में घोलना तथा इसका अवक्षेपण सम्मिलित है।

प्रगलन Smelting

प्रगलन में अयस्क को इसके पिघलाने वाले तापमान तक गर्म किया जाता है। तब गलित पदार्थ अपने आपको दो या अधिक सम्मिश्रणीय द्रवों में अनेक विशिष्ट घनत्व के अनुसार पृथक कर लेते है।

इसे निम्नलिखित तीन विधियों से प्राप्त किया जा सकता है

1. अपचयन 2. ऑक्सीकरण 3. द्रवीकरण

भर्जन Roasting

भर्जन में इसका तापमान प्रयोग किया जाता है। जिससे धातु संगलित न हो। इसका उद्देश्य धातु को अगले उपचार के लिए तैयार करना है।

सिनेटियरिंग (Sintering) इसके द्वारा धातु को सम्पीडित किया जाता है।

आसवन Distillation

यह वह विधि है जिसके द्वारा धातु या इसके रासायनिक यौगिक चार्ज के अवाष्पशील यौगिकों से वाष्पीकृत होते हैं।

लोहा Iron

ठोस अवस्था में शुद्ध लोहा सफेद, कठोर तथा आघातवर्ध्य होता है।

लोहे के अयस्क

मैगनेटाइट (Fe_3O_4) इसमें 40% 70% लोहा होता है।
हेमेटाइट (Fe_2O_3) इसमें 45% 65% लोहा होता है।
लिमोटाइट ($Fe_2O_3 \cdot H_2O$) इसमें 25% 50% लोहा होता है।
सिडेराईट (FeS_2) इसमें 48% लोहा होता है।

अयस्कों का उपचार Treatment of Ores

अयस्कों के प्रारम्भिक उपचार के दो मुख्य कारण हैं

1. लीवर का प्रयोग
2. प्रगलन अर्थ दशा को सुधारना

उपचार में निम्न कार्य होता हैं।

- संदलन (Crushing)
- स्क्रीनिंग (Screening)
- साइजिंग (Sizing)
- सान्द्रण (Concentration)
- माध्यकलन (Averaging)

लोहे के प्रकार Types of Iron

कच्चा लोहा (Pig Iron) सभी लौह उत्पादों के लिए मुख्य कच्चा माल लोहा होता है। कच्चा लोहा, लौह अयस्क को वात्या भट्टी में कोक तथा चूने के साथ प्रगलन करके प्राप्त किया जाता है।

ढलवाँ लोहा (Cast Iron) यह लौह कार्बन सिलिकॉन तथा थोड़ी मात्रा में कुछ अन्य तत्वों का मिश्रण होता है। ढलवाँ लोहा कच्चे लोहे को क्यूपोला में पुन: गलाकर बनाया जाता है। ढलवाँ लोहे में उपस्थित तत्व हैं—कार्बन, सिलिकॉन, मैंगनीज, फास्फोरस तथा सल्फर। इसमें कार्बन की मात्रा 2.5 से 3.75 तक रहती है।

पिटवाँ लोहा (Wrought Iron) यह अधिकतम शुद्धता वाला लोहा होता है। कच्चे लोहे का शुद्धिकरण करके पिटवाँ लोहा बनाया जाता है। यह आघातवर्धनीय (malleable) एक तम्य (ductile) होता है। यह झटकों को बिना किसी स्थायी परिवर्तन के सहन कर सकता है। इसमें 0.05% से 0.15% कार्बन, 0.15 से 0.2% सिलिका, 0.12% से 0.16% फॉस्फोरस, 0.02% से 0.30% सल्फर, 0.30% से 0.17% मैंगनीज तथा 0.20% तक स्लैग अगर्य होते हैं।

कास्ट आयरन के प्रकार Types of Cast Iron

श्वेत कास्ट आयरन White Cast Iron

श्वेत लोहे में कार्बन, कार्बाइड के रूप में रहता हैं, अत: यह बहुत कठोर तथा भंगुर होता है तथा इस पर केवल अपघर्षण क्रिया ही की जा सकती है। पृथक् रूप में श्वेत लोहे का प्रयोग बहुत कम है। किन्तु ढलाइयों में चिलिंग विधि से बाह्य सतह पर श्वेत लोहे की पर्त की रचना का उपयोग उन्हें अधिक घिसाव रोधी बनाने के लिए किया जाता है जैसे—रोलरों में।

नोड्यूलर अथवा ग्रन्थि लोहा Nodular Cast Iron

यह Speroidal graphite Cast Iron के नाम से जाना जाता है। कास्ट आयरन की द्रव स्थिति में मैग्नीशियम की अल्प मात्रा का मिश्रण करने से ग्रन्थि रूप में ग्रेफाइट के दोनों (modules of graphitee) की रचना हो जाती है।

ग्रे कास्ट आयरन Gray cast iron

इसमें उच्च सम्पीडन सामर्थ्य होती है, लेकिन तन्यता नहीं होती है। कास्ट आयरन में घटकों की प्रतिशतता है। कार्बन -3% से 5%, फॉस्फोरस -0.15% से 1%, सिलिकॉन- 1 से 2.75%, सल्फर -0.02% से 0.15% तथा मैंगनीज- 0.15% से 1%।

मिश्र कास्ट आयरन Alloy Cast Iron

मिश्रकारक धातुएँ ढलवाँ लोहे में मिलाने पर कार्बन की अवस्था, स्थिति तथा वितरण को प्रभावित कर उसे विभिन्न उपयोगी यान्त्रिक गुण प्रदान कर देती हैं। मिश्रकारक धातुओं के इस्पात के समान ही ढलवाँ लोहे पर भी प्रभाव पड़ते हैं। निकिल तथा सिलिकॉन ग्रेफाइट की रचना करने वाली धातुएँ हैं तथा क्रोमियम, मैगनीज, मॉलिब्डेनम तथा वेनेडियम कार्बाइड की रचना करते हैं।

इस्पात Steel

स्टील में 0.05 से 1.5% तक कार्बन होता है।

स्टील को दो भागों में बाँटा जा सकता है

1. साधारण कार्बन स्टील (Plain carbon steel)

2. अलॉय स्टील (Alloy steel)

साधारण कार्बन स्टील *यह तीन प्रकार का होता है*

1. निम्न कार्बन स्टील या माइल्ड स्टील
2. मीडियम कार्बन स्टील
3. हाई कार्बन स्टील

निम्न कार्बन स्टील (Low Carbon Steel) इसमें 0.1% से 0.35% तक कार्बन होता है। यह गैल्वेनाइज्ड शीट, टिन लेपित चादर, तार, बॉयलर प्लेट, कैम गियर पहिए, आदि बनाने में प्रयोग होता है।

मीडियम कार्बन स्टील (Medium Carbon Steel) इसमें 0.35% से 0.55% तक कार्बन होता है। यह रेज, संयोजक दण्ड एक्सल टरबाइन डिस्क, राइफल बैरल आदि बनाने में प्रयोग होता है।

हाई कार्बन स्टील (High Carbon Steel) इसमें 0.55% से 1.55% तक कार्बन होता है। इसमें डाई ब्लॉक, गियर, मैंड्रिल, हथौड़े सामान्य औजार आदि बनाए जाते हैं।

अलॉय स्टील

कार्बन इस्पात में कुछ मिश्रित पदार्थ मिलाने से अलॉय स्टील प्राप्त होते हैं। *ये निम्न प्रकार के होते हैं*

निकिल स्टील (Nickel Steel) 20% निकिल मिला स्टील बॉयलर प्लेट, रिविट, पाइप गियर आदि बनाने में उपयोग होता है। 2% से 5% निकिल स्टील आरमड प्लेट, शाफ्ट संयोजक दण्ड आदि बनाने में उपयोग होते हैं। 25% निकिल मिला स्टील स्टेनलेस तथा नॉन-मैग्नेटिक बन जाता है। इस स्टील का उपयोग IC इंजन के वाल्व, टरबाइन ब्लेड आदि बनाने में होती है। 36% निकिल मिले स्टील से अधिकतर मापक यन्त्र बनाए जाते हैं। इस स्टील को इनवार स्टील भी कहते हैं।

क्रोमियम स्टील 8% क्रोमियम मिला स्टील स्थायी चुम्बक बनाने में उपयुक्त है। 13% क्रोमियम से स्टेनलेस बन जाता है। 15% क्रोमियम मिला स्टील स्प्रिंग बॉल तथा रोलर बियरिंग आदि बनाने के काम आता है।

निकिल क्रोम स्टील इस स्टील में 3% से 4% निकिल, 0.05% से 1.25% क्रोकियम, 0.20 से 0.35% कार्बन 0.25 से 0.25% मैगनीज होता है। इसका उपयोग एक्सल, क्रैंक शाफ्ट, संयोजक दण्ड गियर आदि बनाने में होता है।

वैनेडियम स्टील इसमें 0.15 से 0.305% वैनेडियम, 0.05 से 1.50% क्रोमियम, 0.15 से 1.1% कार्बन होता है। इसका उपयोग औजार, शाफ्ट, स्प्रिंग, गियर आदि बनाने में होता है।

मैंगनीज इस्पात 1 से 1.5% मैंगनीज स्टील को मजबूत व कठोर बनाता है। इसका उपयोग पत्थर तोड़ने व चूर्णित करने के प्लांट बनाने में होता है।

टंगस्टन स्टील 6% टंगस्टन वाले स्टील में उच्च चुम्बकीय गुण होते हैं। टंगस्टन स्टील का उपयोग उच्च गतिकर्तन औजार तथा स्थायी बनाने में होता है।

सिलिकॉन स्टील इसका उपयोग स्प्रिंग बनाने अन्तर्दहन इंजन के भाग आदि बनाने में होता है।

स्टेनलेस स्टील स्टेनलेस स्टील में 4.5 से 18% तक क्रोमियम, 8% तक निकिल तथा 0.1 कार्बन होता है। इसका उपयोग घरेलू बर्तन, सर्जिकल औजार, मशीन पार्ट बनाने में होता है।

हाई स्पीड स्टील इसमें 18% टंगस्टन, 4% क्रोमियम, 1% वैनेडियम, 0.70% कार्बन होता है। इसका उपयोग रीमर मिलिंग कटर, मरोड़बरमा, टैप डाई तथा अन्य औजार बनाने में होता है।

क्रिस्टल Crystal

परमाणु या परमाणुओं के समूह के नियमित पुनरावृत्ति वाले प्रतिरूप के विन्यास को क्रिस्टल कहते हैं।

क्रिस्टल संरचना Crystal Structure

क्रिस्टलों की रचना परमाणुओं के क्रमबद्ध संयोजन से निश्चित आकार व साइजों की ज्यामितिय आकृतियों में होती है। इन ज्यामितीय आकृतियों में परमाणुओं के विन्यास को क्रिस्टल संरचना या दिक जालक (space lattice) कहते हैं।

क्रिस्टल संरचना के प्रकार Types of Crystal Structure

- फलके केन्द्रित घन संरचना (Face centred cubic structure) (FCC)
- अन्त:केन्द्रित घन संरचना (Body centred cubic structure) (BCC)
- समषट्भुजी सघन संकुलित संरचना (Hexagonal closed packed structure) (HCP)

धातुओं का विरूपण Deformation of Metals

किसी धातु पिण्ड पर लगने वाले बाहरी बलों या भारों के प्रभाव से उत्पन्न परिवर्तनों को विरूपण कहते हैं। *ये निम्न दो प्रकार के होते हैं*

1. प्रत्यास्थ विरूपण (Elastic deformation)
2. प्लास्टिक विरूपण (Plastic deformation)

ऊष्मा उपचार Heat Treatment

धातुओं तथा मिश्रधातुओं को नियन्त्रित परिस्थितियों के अन्तर्गत ठोस अवस्था में गरम तथा ठण्डा करने से उनमें वांछित गुण उत्पन्न करने की क्रिया को उष्मा उपचार कहते हैं।

ऊष्मा उपचार के उद्देश्य

- इस्पात को अपघर्षण रोधी तथा घिसाव रोधी बनाने के लिए उसकी सतह को कठोर बनाना।
- धातु को मृदु बनाकर उसकी मशीनन योग्यता गुण में सुधार करना।
- तप्त या शीत रूपण अथवा अन्य रूपण क्रियाओं के फलस्वरूप उत्पन्न आन्तरिक प्रतिबलों को दूर करना।
- धातु की क्रिस्टल संरचना में सुधार करना।
- धातु के कणों को शुद्ध करना।
- धातु के यान्त्रिक गुणों जैसे—तनाव, सामर्थ्य,कठोरता, तन्यता, सुघटतया, झटकारोधी आदि में सुधार करना।
- धातु के चुम्बकीय तथा विद्युतीय गुणों में सुधार करना।
- धातु की भंगुरता कम करना।
- कठोरता को कम करना।

लोहे तथा इस्पात के सूक्ष्म घटक

Micro Constituents of Iron and Steel

- फेराइट (Ferrite)
- पियरलाईट (Pearlite)
- आस्टेनाइट (Austenite)
- सोरबाइट (Sorbite)
- सीमेण्टाइट (Cementite)
- मार्टेन्साइट (Martensite)
- ट्रूस्टाइट (Troostite)

लोहे के अपररूपी स्वरूप Allotropic Forms of Iron

- एल्फा आयरन (α- iron)
- गामा आयरन (γ- iron)
- बीटा आयरन (β - iron)
- डेल्टा आयरन (δ - iron)

ऊष्मा उपचार संक्रियाएँ Heat Treatment Operations

कठोरता Hardening

यह ऊष्मा उपचार का वह प्रक्रम है, जिसके अन्तर्गत इस्पात को उसके क्रान्तिक परिसर तक या उससे अधिक गर्म किया जाता है तथा इस्पात खण्ड को भीतर तक समान रूप से गर्म करने के उद्देश्य से इसी तापमान पर पर्याप्त समय तक रोककर द्रुत शीतलन द्वारा ठण्डा किया जाता है।

उद्देश्य

- इस्पात को कठोर करके क्षयरोधी बनाना।
- इस्पात को अन्य धातुओं को काटने योग्य बनाना।
- इस्पात खण्डों के जीवन काल तथा कार्य क्षमता में वृद्धि करना।

पायनीकरण Tempering

यह कठोरित इस्पात की कठोरता तथा भंगुरता को कम करने की क्रिया है जिसके अन्तर्गत कठोरित इस्पात को उसके क्रान्तिक परिसर से नीचे तक गर्म करके उपयुक्त साधन द्वारा मन्द शीतलन विधि से ठण्डा किया जाता है।

उद्देश्य

- इस्पात की कठोरता, भंगुरता तथा तनाव सामर्थ्य कम करना।
- तन्यता तथा चीमड़पन में वृद्धि।
- शीतलन प्रतिबलों से मुक्ति।

अनीलीकरण Annealing

यह इस्पात को मृदु बनाने का ऊष्मा उपचार प्रक्रम है जिसके अन्तर्गत इस्पात खण्ड़ों को उसके क्रान्तिक बिन्दु या उससे नीचे तक गर्म करके तथा कुछ समय तक सभी तापमान पर रोककर धीरे-धीरे भट्टी में ही ठण्डा किया जाता है।

उद्देश्य

- धातु को मृदु बनाना।
- धातु की मशीनन योग्यता में सुधार करना।
- धातु के यान्त्रिक गुणों में सुधार करना जैसे— तन्यता तथा चीमड़पन में वृद्धि।

अनीलन के प्रकार

- प्रक्रम अनीलन
- गोलाकृत अनीलन
- पूर्ण अनीलन

नार्मलाइजिंग

यह ऊष्मा उपचार का प्रक्रम है जिसके अन्तर्गत इस्पात को उसके ऊपरी क्रान्तिक परिसर से 40-50°C अधिक गर्म करके तथा इस तापमान पर निर्धारित समय के लिए रोककर कमरे के तापमान पर वायु में ठण्डा किया जाता है।

उद्देश्य

- रेशों के साइज में सुधार
- निम्न कार्बन इस्पात की मशीनन योगयता

सतह कठोरता या पृष्ठ कठोरता

Surface Hardening or Case Hardening

यह इस्पात की सतह को कठोर बनाने की क्रिया है जिसके अन्तर्गत इस्पात की सतह पर कुछ तत्वों (कार्बन, हाइड्रोजन) का विसरण उच्च तापमान करके उसे संतृप्त किया जाता है। तत्पश्चात कठोरता तथा पायनीकरण क्रियाओं द्वारा सतह को आवश्यक कठोरता प्रदान की जाती है। इस क्रिया को रासायनिक ऊष्मा उपचार भी कहते हैं।

उद्देश्य

- इस्पात की सतह कठोर बनती है परन्तु भीतरी भाग नरम रहता है।
- इस्पात की सतह क्षतिरोधक बनती है।
- आन्तरिक प्रतिबल कम होते हैं।

पृष्ठ कठोरता के प्रकार

- कार्बुराइजिंग—कार्बन का विसरण
- नाइट्राइडिंग—नाइट्रोजन का विसरण
- साइनाइडिंग—कार्बन तथा नाइट्रोजन का विसरण

कार्बुराइजिंग के प्रकार

- पैक कार्बुराइजिंग
- द्रव कार्बुराइजिंग
- गैस कार्बुराइजिंग

कुछ अन्य ऊष्मा उपचार प्रक्रम

- आस्टेम्परिंग या समतापी शीतलन (Austempering or isothermal quenching)
- मारटेम्परिंग या पगशीतलन (Martempering or stepped quenching)
- काल कठोरीकरण या अवक्षेप कठोरीकरण (Age hardening or precipitation hardening)
- प्रेरण कठोरीकरण (Induction hardening)
- ज्वाला कठोरीकरण (Flame hardening)
- सल्फाइडीकरण (Sulphidising)

धातु संरूपण प्रक्रमों का वर्गीकरण

Classification of Metal Forming Processon

पदार्थ की विरूपण क्षमता या सुघट्यता के आधार पर

On the Basis of Deformability or Plasticity of Material

- फोर्जन (Forging)
- बेलना (Rolling)
- कर्षण (Drawing)
- बहिर्वेधन (Extrusion)
- निस्पीडन (Squenzing)
- बेधन (Piercing)
- स्वेजन (Swaging)
- बंकन (Bending)
- अपरूपण (Shearing)
- तार खींचना (Wire drawing)
- चक्रण (Spining)

पदार्थ की विभाजनीयता के आधार पर

On the Basis of Divisibility of Materials

- खरादन (Turning)
- शेपिंग (Shaping)
- समतलन (Planing)
- बरमाई (Drilling)
- प्रवेधन (Boring)
- चीरना (Saving)
- ब्रोचन (Broaching)
- मिलिंग (Milling)
- अपघर्षण (Grinding)
- हॉबन (Hobbing)
- परिछिद्रण (Reaning)

पदार्थ की गलनीयता के आधार पर

On the Basis of Fusibility of Materials

- ढलाई (Casting)
- वेल्डन (Welding)
- टार्चकर्तन (Torch cutting)
- सोल्डर्स (Soldering)
- ब्रेजन (Brazing)

पदार्थ के भौतिक गुणों में परिवर्तन के आधार पर

On the Basis of Change in Physical Properties of Materials

- ऊष्मा उपचार (Heat treatment)
- तप्त रूपण (Hot working)
- शीत रूपण (Cold working)

मॉडल प्रश्न

1. धातुओं का वह गुण जिसके कारण उनको तार में परिवर्तित किया जा सकता है
(a) डक्टलिटी (b) मैलिएबिलिटी
(c) स्ट्रेनिंग (d) इलास्टिसिटी

2. सामान्य मरकरी थर्मामीटर का इस्तेमाल किया जा सकता है
(a) 212° तक (b) 300°C तक
(c) 100°C तक (d) 500° तक

3. ब्रेजिंग के लिए प्रयुक्त सामान्यत: होता है
(a) बोरेक्स (b) एलम
(c) चूना (d) इनमें से कोई नहीं

4. किस धातु का गलनांक बिन्दु सर्वाधिक न्यूनतम होता है?
(a) पीतल (b) ताँबा (c) लोहा (d) चाँदी

5. स्टील बनाने के लिए प्रयुक्त विधि है
(a) बेसेमर परिवर्तक (b) ओपन हर्थ फरनेस
(c) इलेक्ट्रिक आर्क (d) ये सभी

6. मृत नर्म स्टील में कार्बन की प्रतिशतता होती है
(a) 0.1 से 0.15% (b) 0.007 से 0.002%
(c) 0.010 से 0.020% (d) 1 से 1.30%

7. स्वतन्त्र रूप से काटने वाले स्टीलों में सल्फर की मात्रा होती है
(a) 3% (b) 0.21%
(c) 0.25% (d) 0.33%

8. निम्नलिखित में से कौन-सा कार्बन स्टील का बना है?
(a) हथौड़ा (b) शाफ्ट
(c) बॉयलर प्लेट (d) इनमें से कोई नहीं

9. आयरन अयस्क को गलाते समय ब्लास्ट फरनेस में प्रयुक्त फ्लक्स है
(a) चूना पत्थर (b) सोडियम क्लोराइड
(c) कार्बन (d) ऑक्सीजन

10. कटलरी स्टेनलेस स्टील में कार्बन की प्रतिशतता है
(a) 0.025 से 0.030% (b) 0.25 से 0.30%
(c) 0.50 से 0.60% (d) 1.30 से 1.60%

11. पिग आयरन में लोहे की प्रतिशतता होती है
(a) 90% (b) 45%
(c) 70% (d) 80%

12. रेलवे लाइन बनी होती है
(a) हाई कार्बन स्टील (b) डेड माइल्ड स्टील
(c) लो कार्बन स्टील (d) मीडियम कार्बन स्टील

13. निम्न में से किसको मोड़ना बहुत आसान है?
(a) कास्ट आयरन (b) स्टील
(c) रॉट आयरन (d) पिग आयरन

14. ढलवाँ लोहे में सल्फर की मौजूदगी में
(a) तरलता बढ़ती है (b) तरलता घटती है
(c) कोई प्रभाव नहीं पड़ता (d) कठोरता घटती है

15. उच्चतम गलनांक बिन्दु होता है
(a) रॉट आयरन (b) हाई कार्बन स्टील
(c) लो कार्बन स्टील (d) माइल्ड स्टील

16. पीतल निम्न धातुओं का मिश्रण है
(a) ताँबा, लोहा (b) ताँबा, टिन
(c) ताँबा, जिंक (d) इनमें से कोई नहीं

17. स्टेलाइट में है
(a) कोबाल्ट-क्रोमियम-टंगस्टन (b) ताँबा-टिन-लैड
(c) कोबाल्ट-वेनेडियम-निकिल (d) निकिल-ताँबा-जिंक

18. पेट्रोल इंजन कार्बुरेटर्स बनाए जाते हैं
(a) सैंड कास्टिंग (b) डाई-कास्टिंग
(c) शेल कास्टिंग (d) लास्ट वैक्स कास्टिंग

19. IS कोड के अनुसार C65 स्टील में कार्बन की प्रतिशतता होती है
(a) 4 से 8% (b) 5 से 10%
(c) 0.6 से 0.7% (d) 1.5 से 2.6%

20. निम्नलिखित में कौन-सी नोबल धातु है?
(a) प्लेटिनम (b) निकिल
(c) एल्युमीनियम (d) क्रोमियम

21. आयरन के किस अयस्क में लोहे का न्यूनतम प्रतिशत है?
(a) हैमेटाइट (b) लिमोनाइट
(c) मैग्नेटाइट (d) सिडेराइट

22. स्टील की प्लेटों को काटने वाली लोहे की छैनी होती है
(a) हार्ड तथा टैम्पर्ड (b) अनील्ड
(c) अनील्ड ततथा टैम्पर्ड (d) हार्ड

23. ठण्डी रोल्ड स्टील की शीट में कार्बन का प्रतिशत होता है
(a) 0.05% (b) 0.1%
(c) 0.5% (d) 1%

24. निकिल होता है
(a) फैरोमैग्नेटिक (b) फैरो-इलेक्ट्रिक
(c) डाइ-इलेक्ट्रिक (d) इनमें से कोई नहीं

25. फैरोट में कार्बन का अधिकतम प्रतिशत है
(a) 0.130% (b) 0.030%
(c) 0.025% (d) 0.40%

26. नोडुलर आयरन में ····· कम होती है।
(a) टेनसाइल शक्ति (b) फ्लूडिटी
(c) मशीनेबिलिटी (d) मेल्टिंग पाइंट

27. α आयरन का क्रिस्टल स्ट्रक्चर है
(a) BCC (b) क्यूब
(c) FCC (d) HCC

28. γ आयरन का क्रिस्टल स्ट्रक्चर है
(a) BCC (b) FCC
(c) HCC (d) क्यूब

29. निम्नलिखित स्टील प्लान्टों में से किस स्टील प्लाण्ट में स्टील बनाने के लिए इलेक्ट्रिक विधि का प्रयोग होता है?
(a) टिस्को (b) दुर्गापुर
(c) भिलाई (d) बोकारो

30. निम्नलिखित में कौन-सा पदार्थ स्टील की कठोरता को बढ़ाता है?
(a) मार्टेन्साइट (b) पियरलाइट
(c) आस्टेनाइट (d) इनमें से कोई नहीं

31. निम्नलिखित में से कौन-सा पदार्थ स्टील सेन्ट्रल स्ट्रक्चर क्यूबिक नहीं होता है?
(a) वैनेडियम (b) लिथियम
(c) जिरकोनियम (d) क्रोमियम

32. सिलीकॉन को जब ताँबे में मिलाया जाता है
(a) कुरकुरापन बढ़ जाता है (b) कठोरता बढ़ जाती है
(c) मैलिएबिलिटी बढ़ जाती है (d) मशीनेबिलिटी बढ़ जाती है

33. शुद्ध आयरन का स्ट्रक्चर होता है
(a) फैराइट (b) पियरलाइट तथा आस्टेनाइट
(c) पियरलाइट (d) आस्टेनाइट

34. हैमेटाइट अयस्क में लोहे की प्रतिशतता होती है
(a) 40% (b) 60%
(c) 70% (d) 80%

35. कच्चे लोहे के उत्पादन में मुख्य लौह अयस्क कौन-सा प्रयोग किया जाता है?
(a) हैमेटाइट (b) मैग्नेटाइट
(c) सिडेराइट (d) ये सभी

36. ढलवाँ लोहे में फॉस्फोरस की मात्रा से
(a) तरलता बढ़ती है (b) गलनांक बढ़ता है
(c) सामर्थ्य घटती है (d) इनमें से कोई नहीं

37. पडलिंग भट्टी द्वारा प्राप्त उत्पाद कहलाता है
(a) ढलवाँ लोहा (b) कच्चा लोहा
(c) पिटवाँ लोहा (d) कार्बन इस्पात

38. α लोहे का अपररूप किस तापमान पर बदल जाता है?
(a) 890°C (b) 910°C
(c) 925°C (d) 928°C

39. वात्या भट्टी द्वारा प्राप्त उत्पाद कहलाता है
(a) ढलवाँ लोहा (b) पिटवाँ लोहा
(c) कार्बन इस्पात (d) कच्चा लोहा

40. किसमें पिघलाकर कच्चे लोहे को ढलवाँ लोहे में परिवर्तित किया जाता है?
(a) क्यूपोला (b) वात्या भट्टी में
(c) बेसेमर भट्टी में (d) ओपन हर्थ फरनेस

41. ISI के अनुसार ग्रे कास्ट आयरन की कास्टिंग्स को किन शब्दों द्वारा लिखा जाता है?
(a) FG (b) BM
(c) SG (d) PM

42. α आयरन किस तापमान रेंज में पाया जाता है?
(a) सामान्य तापमान से 910°C तक
(b) 910°C से 1400°C तक
(c) 1400° से 1540° C तक
(d) 1540°C से 1700°C तक

43. γ आयरन का अपररूप किस तापमान पर δ– रूप में बदल जाता है?
(a) 910°C (b) 700°C
(c) 1400°C (d) 1539°C

44. पिघले रूप में लोहा कहलाता है
(a) α आयरन (b) β आयरन
(c) γ आयरन (d) इनमें से कोई नहीं

45. लोहा अपने चुम्बकीय गुण खो देता है जब इसे ..... तापमान तक गर्म किया जाता है।
(a) 100°C (b) 200°C
(c) 500°C (d) 700°C

46. लोहे का गलनांक है
(a) 1810°C (b) 1620°C
(c) 1539°C (d) 1648°C

47. पिटवाँ लोहा होता है
(a) नर्म एवं तन्य (b) कठोर एवं भंगुर
(c) वेल्ड नहीं हो सकता है (d) फोर्जेबिल नहीं हो सकता

48. ढलवाँ लोहे में क्या मिलाने पर वह तन्य बन जाता है?
(a) सल्फर (b) मैग्नीशियम
(c) फॉस्फोरस (d) सिलिकॉन

49. कार्बन–इस्पात में फास्फोरस की अधिकतम मात्रा कितनी हो सकती है?
(a) 0.04% (b) 0.4%
(c) 0.8% (d) 1.2%

50. उच्च वेग इस्पात मॉलिब्डिनम की प्रतिशतता होती है
(a) 6% (b) 4%
(c) 2% (d) 18%

उत्तरमाला

1. (a)	**2.** (b)	**3.** (a)	**4.** (c)	**5.** (d)	**6.** (a)	**7.** (b)	**8.** (a)	**9.** (a)	**10.** (b)
11. (a)	**12.** (a)	**13.** (c)	**14.** (b)	**15.** (a)	**16.** (c)	**17.** (a)	**18.** (b)	**19.** (c)	**20.** (a)
21. (d)	**22.** (a)	**23.** (b)	**24.** (c)	**25.** (c)	**26.** (d)	**27.** (a)	**28.** (b)	**29.** (d)	**30.** (a)
31. (c)	**32.** (b)	**33.** (a)	**34.** (c)	**35.** (d)	**36.** (a)	**37.** (c)	**38.** (b)	**39.** (d)	**40.** (a)
41. (a)	**42.** (a)	**43.** (c)	**44.** (d)	**45.** (d)	**46.** (c)	**47.** (a)	**48.** (b)	**49.** (b)	**50.** (a)

5

ऊष्मागतिकी

Thermodynamics

परिचय Introduction

"विज्ञान की वह शाखा जिसमें ऊष्मा एवं कार्य के बीच के सम्बन्ध को तथा ऊष्मा के प्रवाह से या कार्य के सम्पादन से निकाय की आन्तरिक ऊर्जा परिवर्तन का अध्ययन होता है, ऊष्मागतिकी कहलाती है।''

ऊष्मागतिकी का शून्यवाँ नियम

Zeroth Law of Thermodynamics

जब दो निकाय जो एक तीसरे निकाय के साथ तापीय सन्तुलन में हैं, तो वे एक-दूसरे से तापीय सन्तुलन में अवश्य होंगे।

ऊष्मा गतिकी का प्रथम नियम

First Law of Thermodynamics

इस नियम के अनुसार, "निकाय द्वारा प्राप्त ऊष्मा इसकी आन्तरिक ऊर्जा में वृद्धि तथा इसके द्वारा सम्पादित बाह्य कार्य के योग के बराबर होती है''।

अर्थात् $dQ = dU + dW$

जहाँ, dQ = निकाय द्वारा प्राप्त ऊष्मा

dU = निकाय की आन्तरिक ऊर्जा में वृद्धि

dW = सम्पादित कार्य

इस नियम का दूसरा रूप है, "एक चक्रीय प्रक्रिया में निकाय को दी गई कुल ऊष्मा निकाय द्वारा किए गए कार्य के समानुपाती होती है।

अर्थात् $dQ \propto dW$

या $dQ = \frac{dW}{J}$ या $\int dQ = \int \frac{dW}{J}$

उपयोग

- गैस के मुक्त प्रसार में
- विलग निकाय में
- रुद्धोष्म प्रक्रम में
- चक्रीय प्रक्रम में
- समदाबी प्रक्रम में

ऊष्मागतिकी का द्वितीय नियम

Second Law of Thermodynamics

क्लॉसियस के अनुसार, "गर्म वस्तु से ठण्डी वस्तु की तरफ ऊष्मा स्वत: प्रवाहित होती है, किन्तु ठण्डी वस्तु की ऊष्मा को गर्म वस्तु की ओर भेजने में कुछ न कुछ कार्य करना पड़ता है। ठण्डी वस्तु से गर्म वस्तु की तरफ का प्रवाह स्वत: नहीं हो सकता है।''

केल्विन के अनुसार, "किसी वस्तु से ऊष्मा निकालकर उसे पूरी तरह कार्य में परिणत करने वाले ऊष्मा इंजन की कल्पना करना असम्भव है''।

ऊष्मागतिकीय चक्र Thermodynamic Cycle

ऊष्मागतिकीय चक्र कुछ प्रक्रमों या संक्रियाओं का सम्मिलित रूप है जिनमें कार्यकारी द्रव (Working fluid) या पदार्थ ऊष्मा स्रोत से ऊष्मा ग्रहण करता है, ऊष्मा के कुछ भाग को उपयोगी कार्य में परिवर्तित करता है, तथा शेष भाग को अपने साथ द्रव-ग्राही (Fluid receiver) में ले जाता है। इस प्रकार एक ऊष्मा-चक्र पूरा हो जाता है। अगले चक्र में पदार्थ पुन: ऊष्मा ग्रहण करके उसे उपयोगी कार्य में बदलता है।

इस चक्र को ऊष्मागतिकीय चक्र कहते हैं तथा एक ऊष्मागतिकीय चक्र में घटित प्रक्रमों को ऊष्मागतिकीय प्रक्रम (Thermodynamic process) कहते हैं। *यह निम्न प्रकार के होते हैं*

- स्थिर आयतन प्रक्रम (Constant volume process)
- स्थिर दाब प्रक्रम (Constant pressure process)
- समतापीय प्रक्रम (Constant temperature of isothermal process)
- रुद्धोष्म प्रक्रम (Adiabatic process)

स्थिर आयतन प्रक्रम Constant Volume Process

ऊष्मागतिकी प्रक्रम के अन्तर्गत यदि कार्यकारी पदार्थ के आयतन में कोई परिवर्तन न हो, तो ऐसे प्रक्रम को स्थिर आयतन प्रक्रम कहते हैं।

उदाहरणार्थ, अमुक प्रणाली में कार्यकारी पदार्थ को यदि एक बन्द अप्रसारित कोश (Non-expanding chamber) में ऊष्मा देकर गर्म किया जाए, तो उसके दाब व तापमान में वृद्धि होती है, परन्तु आयतन स्थिर रहता है।

इस प्रक्रम में प्रणाली को दी गई सम्पूर्ण ऊष्मा-ऊजा प्रणाली की आन्तरिक-ऊर्जा (Internal energy) के रूप में संचित हो जाती है। फलस्वरूप कार्यकारी पदार्थ की आन्तरिक-ऊर्जा में वृद्धि होती है।

स्थिर दाब प्रक्रम Constant Pressure Process

ऊष्मागतिकी प्रक्रम में कार्यकारी पदार्थ को यदि स्थिर दाब पर ऊष्मा प्रदान की जाती है, तो ऐसे प्रक्रमों को स्थिर दाब प्रक्रम कहते हैं।

उदाहरणार्थ एक भाप इंजन के बॉयलर में पानी को उसके क्वथनांक (boiling point) तक गर्म करके भाप के रूप में वाष्पीय करना, फिर भाप को अतितप्त अवस्था (Super heated) तक ऊष्मा प्रदान करना, ये सभी प्रक्रम प्रारम्भ से अन्त तक स्थिर दाब पर घटित होते हैं।

समतापीय प्रक्रम Isothermal Process

अमुक प्रक्रम के अन्तर्गत यदि तापमान स्थिर बना रहता है, तो ऐसे प्रक्रम को समतापीय प्रक्रम कहते हैं। समतापीय प्रक्रम में एक आदर्श गैस (Perfect gas) द्वारा शोषित ऊष्मा पूर्णतया उसके द्वारा किए गए कार्य में परिवर्तित होती जाती है।

रुद्धोष्म प्रक्रम Adiabatic Process

ऊष्मा गतिकी प्रक्रम जो इस प्रकार घटित हो कि कार्यकारी पदार्थ को न तो ऊष्मा प्राप्त हो और न ही उसकी ऊष्मा का त्याग हो, तब इस प्रकार के प्रक्रम को रुद्धोष्म प्रक्रम कहते हैं।

रुद्धोष्म प्रक्रम के कुछ उदाहरण इस प्रकार हैं

- भाप इंजन के सिलिण्डर में भाप का विस्तार (Expansion) तथा सम्पीडन (Compression)।
- अन्त: दहन इंजन के सिलिण्डर में तप्त गैसों का विस्तार तथा सम्पीडन।
- वायु-सम्पीडक (Air compressor) में वायु का सम्पीडन।

शक्ति चक्र Power Cycle

प्रमुख शक्ति चक्र निम्नलिखित हैं

कारनॉट चक्र Control Cycle

यह दो समतापी (Isothermal) तथा दो रुद्धोष्म (Adiabatic) प्रक्रमों से बना होता है। इसकी दक्षता सबसे अधिक होती है तथा दक्षता $\eta = \frac{T_1 - T_2}{T_1}$

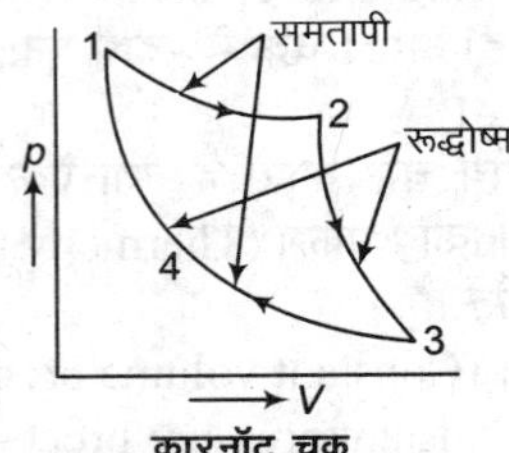

कारनॉट चक्र

ऑटो चक्र Otto Cycle

यह दो आइसेनट्रॉपिक (Isentropic) तथा दो स्थिर आयतन (Constant volume) प्रक्रमों से बना होता है। दक्षता $\eta = \frac{T_4 - T_1}{T_3 - T_2}$

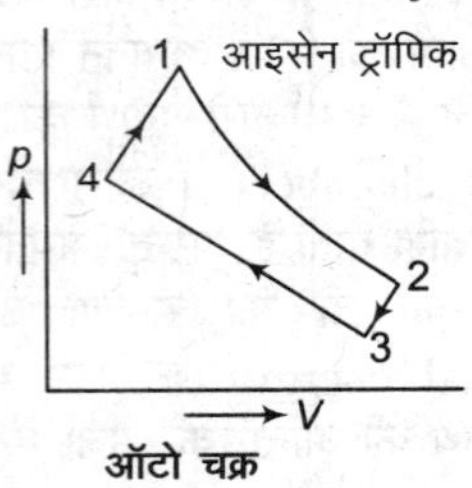

ऑटो चक्र

डीजल चक्र Diesel Cycle

यह एक स्थिर दाब, एक स्थिर आयतन तथा दो रुद्धोष्म (Adiabatic) प्रक्रमों से बना होता है।

$$\text{दक्षता } (\eta) = 1 - \frac{1}{r}\left(\frac{T_4 - T_1}{T_3 - T_2}\right)$$

डीजल चक्र

जूल या ब्रेटॉन चक्र Joule or Brayton Cycle

यह दो आइसेन ट्रॉपिक तथा दो स्थिर दाब प्रक्रमों से बनता है।

$$\text{दक्षता } \eta = 1 - \frac{T_4 - T_1}{T_3 - T_2}$$

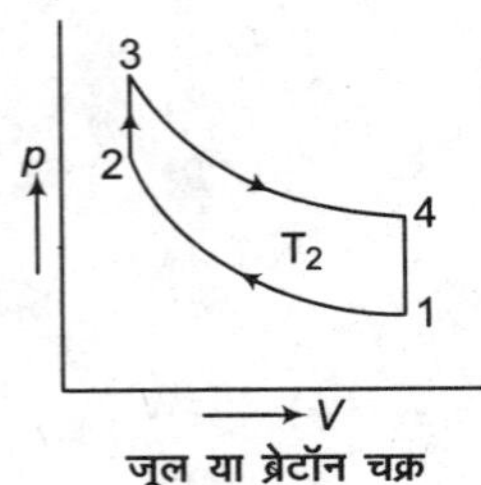

जूल या ब्रेटॉन चक्र

स्टिर्लिंग चक्र Striling Cycle

यह दो समतापीय तथा दो स्थिर आयतन प्रक्रमों का बना होता है।

$$\text{दक्षता } (\eta) = \frac{T_1 - T_2}{T_1}$$

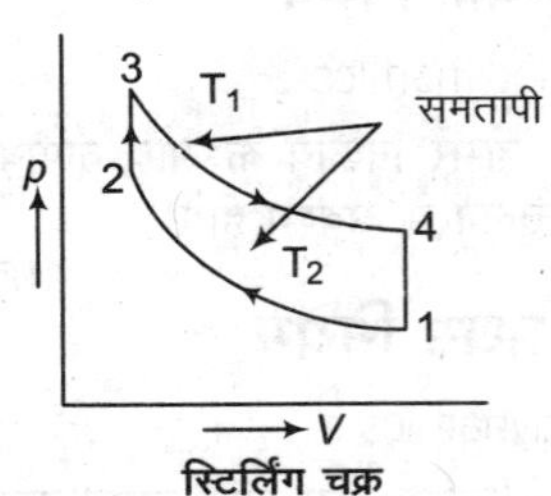

स्टिर्लिंग चक्र

एरिक्सन चक्र Ericssion Cycle

यह दो समतापीय तथा स्थिर दाब प्रक्रमों से बनता है।

$$\text{दक्षता } \eta = \frac{T_1 - T_2}{T_2}$$

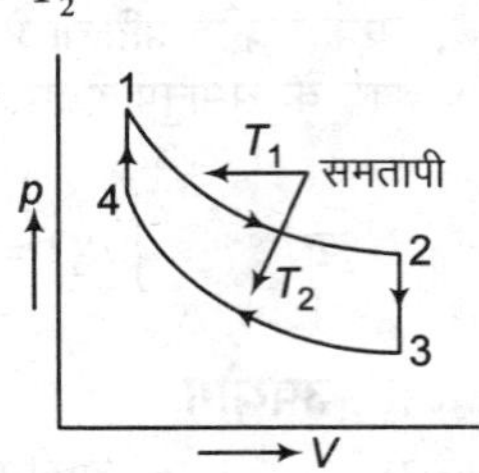

एरिक्सन चक्र

निकाय System

एक ऊष्मागतिकी निकाय पूर्व निर्धारित वास्तविक या काल्पनिक सीमाओं में बन्द द्रव्य है जहाँ संहति एवं ऊर्जा स्थानान्तरण का अध्ययन किया जाता है। *यह निम्न प्रकार का होता है।*

- बन्द निकाय (Closed system)
- खुला निकाय (Open system)
- विलग निकाय (Isolated system)

सेन्टीग्रेड, फारेनहाइट, रियूमर, कैल्विन तथा रैन्किन पैमानों में सम्बन्ध

$$\frac{C}{5}=\frac{F-32}{9}=\frac{R}{4}=\frac{R-273}{5}=\frac{Rn-492}{9}$$

जहाँ, C = सेन्टीग्रेड
F = फारेनहाइट
R = रियूमर
K = कैल्विन
Rn = रैकिंन

गैस के नियम Gasseous Law

बॉयल का नियम Boyles's Law

स्थिर ताप पर दी गई गैस की निश्चित मात्रा का आयतन उसके दाब के व्युत्क्रमानुपाती होता है।

$V\alpha\frac{1}{p}$ या pV = स्थिरांक

चार्ल्स का नियम Charles' Law

स्थिर दाब पर गैस की निश्चित मात्रा का आयतन उसके परमताप के समानुपाती होता है।

अर्थात् $V\alpha T$ या $\frac{V}{T}$ = स्थिरांक

जूल का नियम Joule's Law

गैस को दी गई मात्रा की आन्तरिक ऊर्जा केवल उसके ताप पर निर्भर करती है।

अर्थात् $d_R = mcv\times dT$

रेग्नॉल्ट का नियम Regnault' Law

इसके अनुसार गैस की दो विशिष्ट ऊष्माएँ C_p तथा C_v ताप और दाब में परिवर्तन के साथ परिवर्तित नहीं होती हैं।

आवोगाद्रो का नियम Avogadro' Law

इस नियम के अनुसार समान ताप तथा दाब पर विभिन्न आदर्श गैसों के समान आयतन में अणुओं की संख्या समान होती है।

स्थिर आयतन विशिष्ट ऊष्मा C_v

जब गैस का आयतन स्थिर रखा जाए, तो इसके इकाई द्रव्यमान का तापमान $1°C$ से बढ़ाने के लिए आवश्यक ऊष्मा, स्थिर आयतन विशिष्ट ऊष्मा कहलाती है। इसे C_v से निरूपित करते हैं।

स्थिर दाब विशिष्ट ऊष्मा C_p

जब गैस का दाब स्थिर रखा जाए, तो इसके इकाई द्रव्यमान का तापमान $1°C$ से बढ़ाने के लिए आवश्यक ऊष्मा, स्थिर दाब विशिष्ट ऊष्मा कहलाती है। इसे C_p से निरूपित करते हैं।

आदर्श गैस Ideal Gas

आदर्श गैस वह गैस है जो बॉयल तथा चार्ल्स के नियमों तथा अवस्था समीकरणों का पूर्णतया पालन करती हैं।

वास्तविक गैस Real Gas

वास्तव में कोई उपलब्ध गैस आदर्श नहीं है। परन्तु तापमान की सामान्य तथा ऊष्मागतिकी की सीमाओं में ऑक्सीजन, नाइट्रोजन, हाइड्रॉजन तथा वायु आदि आदर्श गैस मानी जाती है। ये वास्तविक गैसें कहलाती हैं।

भाप Steam

सामान्यतः क्वथनांक (Boiling point) या इससे ऊपर पानी की वाष्प को भाप कहते हैं।

भाप के उपयोग

- शक्ति उत्पन्न करने के लिए
- औद्योगिक प्रक्रमों के लिए
- मकानों आदि को गर्म करने के किए

बॉयलरों का वर्गीकरण Classification of Boilers

पानी तथा अग्नि की आपेक्षित स्थिति के अनुसार

धूम्र नली या अग्नि नली बॉयलर (Smoke Tube or Fire Tube Boiler)
उदाहरण रेल इंजन बॉयलर, कॉकरन बॉयलर, लंकाशायर तथा लॉक्स बॉयलर आदि।

जल नली बॉयलर (Water Tube Boiler)
उदाहरण बैबकॉक तथा विलकॉक्स बॉयलर, स्टर्लिंग बॉयलर, सरल खड़ा बॉयलर आदि।

बॉयलर भट्टी की स्थिति के अनुसार

आन्तरिकतः दहन (Internalling Fired)
उदाहरण रेल इंजन बॉयलर, लंकाशायर बॉयलर तथा कॉकरन बॉयलर आदि।
बाह्यः दहन (Externally Fired)
उदाहरण बैबकॉक विलकॉक्स बॉयलर तथा स्टर्लिंग बॉयलर आदि।

बॉयलर खोल की अक्ष की स्थिति के अनुसार

खड़े बॉयलर (Vertical Boiler)
उदाहरण सरल बॉयलर तथा कॉकन बॉयलर आदि।
क्षैतिज बॉयलर (Horizontal Boiler)
उदाहरण रेल इंजन बॉयलर, बैबकॉक विलकॉक्स बॉयलर आदि।

उद्देश्य के आधार पर

चल बॉयलर (Mobile Boiler)
उदाहरण रेल इंजन बॉयलर, मैरीन बॉयलर आदि।
अचर बॉयलर (Stationary Boiler)
उदाहरण कॉकरन, लंकाशायर तथा बैबकॉक विल्कॉक्स बॉयलर आदि।
उदाहरण बेबकॉक विल्कॉक्स तथा बेन्सन बॉयलर आदि।

पानी के परिसंचरण के आधार पर

- प्राकृतिक परिसंचरण के आधार पर
- उच्च दाब बॉलयर (High pressure boiler)

उदाहरण सरल खड़ा बॉयलर, बैबकॉक विलकॉक्स बॉयलर आदि।

फ़ोर्सड परिसंचरण

उदाहरण बैन्सन तथा बैबकॉक विलकॉक्स बॉयलर आदि।

वायु प्रवात के आधार पर

प्राकृतिक प्रवात (Natural Draught)

उदाहरण रेल इंजन बॉयलर, बैबकॉक विलकॉक्स बॉयलर आदि।

ऊष्मा स्रोत के आधार पर

- कोयला दहित बॉयलर
- तेल दहित बॉयलर
- गैस बॉयलर
- विद्युत तथा न्यूक्लिर बॉयलर

बॉयलर उपसाधन Boiler Accessories

भाप बॉयलर के उपसाधन वे सहायक युक्तियाँ है जिनके प्रयोग से बॉयलर की दक्षता बढ़ जाती है तथा बॉयलर का परिचालन भली भाँति होता है।

मुख्य उपसाधन

जल भरण युक्तियाँ (Water Feeding Devices)

- इन्जैक्टर
- भरण पम्प

भरण जल तापक युक्तियाँ (Feed Water Heating Devices)
अतितापक (Super Heater)
मितोपयोजक (Economiser)
वायु पूर्व तापक (Air Preheater)
वायु सम्भरण युक्तियाँ (Air supply Devices)

पानी की समस्त ऊष्मा एन्थेल्पी

(Total Heat or Enthalpy of Water)

ऊष्मा की वह मात्रा जो स्थिर दाब पर एक किग्रा पानी का तापमान जमाव बिन्दु (0°C) से संतृप्ति तापमान तक बढ़ाने के लिए आवश्यक है, पानी की समस्त ऊष्मा या एन्थेल्पी कहलाती है।

पानी की ज्ञेय ऊष्मा (Sensible Heat of Water)

ऊष्मा की वह मात्रा वायुमण्डलीय दाब पर पानी का तापमान 0°C से संतृप्ति तापमान तक बढ़ाने के लिए आवश्यक है, पानी की ज्ञेय ऊष्मा कहलाती है। इसे h से प्रकट करते हैं।
गुप्त ऊष्मा (Latent Heat) किसी भी दबाव पर एक किग्रा भाप को क्वथनांक तापमान पर पानी से भाप में दशा परिवर्तन के अन्तर्गत दी गई ऊष्मा 'गुप्ता ऊष्मा' कहलाती है।

आर्द्र या शीली भाप

शुष्कता-अंश (Dryness Fraction) गीली भाप के किसी नमूने में भाप का भार तथा कुल गीली भाप के भार के अनुपात को शुष्कता अंश कहते हैं।

$$\text{शुष्कता अंश } (q) = \frac{W_s}{W_s + W_w}$$

जहाँ, W_s = शुष्क भाप का भार
W_w = गीली भाप का भार

पश्चाग्र भाप इंजनों का वर्गीकरण

Classification or Reciprocating Steam engines

इंजन के पिस्टन पर भाप की क्रिया के अनुसार

- एक क्रिया (Single acting)
- द्वि-क्रिया (Double acting)

भाप के निकास पर निर्भर करते हुए

- असंघनक भाप इंजन (Non- condensing steam Engine)
- संघनक भाप इंजन (Condensing steam engine)

सिलेण्डर में भाप के विस्तार के अनुसार

- विस्तरीय भाप इंजन (Expansive steam engine)
- अविस्तरीय भाप इंजन (Noon expansive steam engine)

भाप विस्तार की सीमा पर निर्भर करते हुए

- सरल भाप इंजन (Simple steam engine)
- संयोजी भाप इंजन (Compound steam engine)

चाल पर निर्भर करते हुए

- निम्न गति इंजन (Low speed engine)
- मध्यम गति इंजन (Medium speed engine)
- तीव्र गति इंजन (High speed engine)

इंजन सिलेण्डर की अक्ष की स्थिति के अनुसार

- क्षैतिज इंजन (Horizontal engine)
- ऊर्ध्व इंजन (Vertical engine)

उपयोगिता क्षेत्र पर निर्भर करते हुए

- स्थिर इंजन (Stationary engine)
- लोकोमोटिव इंजन (Locomotive engine)
- मेरीन इंजन (Marine engine)

सूचित अश्व शक्ति Indicated Horse Power

इंजन की वह अश्व शक्ति जो सूचक आरेख द्वारा प्रदर्शित कार्य की गणना करके निकाली जाती है, उसकी सूचक अश्व शक्ति (IHP) कहलाती है।

$$IHP = \frac{P_m\, L.\, A_n}{4500}$$

जहाँ, P_m = वास्तविक मध्य दाब (किग्रा/सेमी^{2} में)
L = स्ट्रोक की लम्बाई (मीटर में)
A = पिस्टन का क्षेत्रफल (सेमी^{2} में)
n = कार्यकारी स्ट्रोकों की प्रति मिनट संख्या या चक्रों की प्रति मिनट संख्या
(i) एक क्रिया इंजन के लिए $n = N$
(ii) द्वि-क्रिया इंजन के लिए $n = 2N$
स्टीम इंजन की यान्त्रिक दक्षता

$$\eta_m = \frac{\text{ब्रेक अश्व शक्ति BHP}}{\text{सूचित अश्व शक्ति IHP}}$$

गति अधिनियन्त्रक Governer

यह एक युक्ति है जो इंजन की औसत गति का नियन्त्रण करती है। (इंजन, पश्चाग्र गति वाला, घूर्णक गति वाला या टरबाइन भी हो सकता है) यह इंजन पर गति को कुछ सीमाओं के अन्दर भी रखता है। इस दिशा में गति परिवर्तन इंजन पर भार के घटने या बढ़ने से होता है। जब इंजन पर भार बढ़ता है, तो इसकी गति कम होती है तथा जब भार घटता है, तो इसकी गति बढ़ जाती है।

गति अधिनियन्त्रक के प्रकार

सरल भार गति अधिनियन्त्रक

- गति नियन्त्रक (Watt governer)
- पोर्टर गति अधिनियन्त्रक (Porter governer)

स्प्रिंग भारित गति अधिनियन्त्रक

(हार्टनेल गति अधिनियन्त्रक)

भाप टरबाइनों का वर्गीकरण Classification of Steam Turbines

ब्लेड पर भाप के विस्तार तथा क्रिया के आधार पर

- आवेग टरबाइन (Impulse turbine)
- प्रतिक्रिया टरबाइन (Reaction turbine)

भाप प्रवाह की दिशा के आधार पर
- अक्षीय प्रवाह टरबाइन (Axial flow turbine)
- त्रिज्या प्रवाह टरबाइन (Radial flow turbine)

टरबाइन में प्रयुक्त खोलों की संख्या के आधार पर
- एकल खोल टरबाइन (Single cosing turbine)
- बहु खोल टरबाइन (Multi cosing turbine)

उद्देश्य के आधार पर
- संघनन टरबाइन (Condensing turbine)
- ऊष्मा जनन टरबाइन (Heat generating turbine)

संघनित्र Condenser

यह एक युक्ति है जिसमें भाप इंजन या टरबाइन में निकसित भाप पानी द्वारा संघनित की जाती है। भाप का संघनन संघनित्र में ठण्डा जल प्रवाहित करके किया जाता है। यह ठण्डा पानी भाप की ऊष्मा लेकर उसे पानी में परिवर्तित कर देता है।

संघनित्रों का वर्गीकरण

1. **जेट संघनित्र** Jet Condenser

भाप तथा शीतक जल प्रवाह के आधार पर
- समानान्तर प्रवाह संघनित्र (Parallel flow condenser)
- प्रति प्रवाह संघनित्र (Counter flow condenser)

संघनित्र में से संघनित्र जल निकालने के आधार पर
- निम्न तल जेट संघनित्र (Low level jet condenser)
- उच्च तल या बेरोमीटर जेट संघनित्र (High level or barometer jet condenser)
- इंजेक्टर संघनित्र (Ejector Condenser)

2. **पृष्ठ संघनित्र** (Surface Condenser)

संघनित्र भाप के प्रवाह के आधार पर
- निम्न प्रवाह संघनित्र (Down flow condenser)
- केन्द्रीय प्रवाह संघनित्र (Central flow condenser)
- उल्टा प्रवाह संघनित्र (Inverted flow condenser)

शीतक जल के प्रवाह मार्गों के आधार पर
- एकल मार्गी (Single pass)
- बहु मार्गी (Multi pass)

संघनित्र के खोल की आकृति के आधार पर
- वृत्ताकार खोल संघनित्र (Circular shall condenser)
- अण्डाकार खोल संघनित्र (Oval shall condenser)
- U-आकृति खोल संघनित्र (U- shaped shell condenser)

अन्य मुख्य संघनित्र

- जल कल संघनित्र (Water-works condenser)
- वाष्पक संघनित्र (Evaporative condenser)
- प्रमाणिक संघनित्र (Standard condenser)

ऊष्मा इंजन Heat Engine

''यह वह युक्ति है जो ऊष्मा ऊर्जा को यान्त्रिक कार्य में परिवर्तित करती है।'' अत: किसी ऊष्मा इंजन को ऊष्मा ऊर्जा दी जाती है तथा उसका आउटपुट यान्त्रिक कार्य होता है।

अन्तर्दहन इंजन Internal Combustion Engine

यह ऐसा ऊष्मा इंजन है जिसमें ईंधन का दहन ऑक्सीजन की उपस्थिति में इंजन इकाई का या सिलेण्डर के अन्दर ही होता है, जिससे उपजी ऊष्मा इंजन युक्ति को प्रदत्त होती है। जैसे—पेट्रोल तथा डीजल इंजन आदि।

बाह्य दहन इंजन External Combustion Engine

यह ऐसा ऊष्मा इंजन है जिसमें ईंधन का दहन इकाई या सिलेण्डर के बाहर होता है। जैसे— भाप इंजन के लिए ईंधन का दहन बॉयलर में होता है। बॉयलर में दहन से उपजी ऊष्मा का प्रयोग करके भाप उपजाई जाती है। यह भाप इंजन सिलेण्डर में भेजी जाती है तथा ताप के उच्च दाब तथा तापमान के कारण इंजन युक्ति यान्त्रिक कार्य उपजाती है।

अन्तर्दहन इंजनों के प्रकार

- पश्चाग्र अन्तर्दहन (Reciprocating IC engine)
- गैस टरबाइन (Gas turbine)
- अन्तर्दहन टरबाइन (Internal combustion turbine)
- टर्बोजेट इंजन (Turbojet engine)
- रॉकेट (Rocket)
- ऊष्मीय जेट इंजन (Thermal jet engine)

अन्तर्दहन इंजनों का वर्गीकरण Classification of IC Engine

उपयोगिता के आधार पर
- स्थिर अप्रतिवर्त्य इंजन (Stationary non-reversible engine)
- मैरीन इंजन (Marine engine)
- चल इंजन (Mobile engine)

प्रयोग किए जाने वाले ईंधन के आधार पर
- पेट्रोल इंजन (Petrol engine)
- डीजल इंजन (Diesel engine)
- गैस इंजन (Gas engine)

सिलेण्डरों की संख्या के आधार पर
- एक सिलेण्डर इंजन
- द्वि-सिलेण्डर इंजन
- डर इंजन

सिलेण्डर की स्थिति के आधार पर
- ऊर्ध्व इंजन
- क्षैतिज इंजन
- 'V' प्रकार के इंजन
- टेण्डम इंजन
- त्रिज्य इंजन

ऊष्मागतिकी चक्र या दहन प्रक्रम के आधार पर
- स्थिर आयतन दहन (आटो चक्र)
- स्थिर दाब दहन (डीजल चक्र)
- सम्मिलित चक्र दहन (Dual or mixed cycle engine)

क्रिया चक्र के आधार पर
- चार स्ट्रोक-चक्र इंजन (Four stroke cycle engine)
- द्वि-स्ट्रोक इंजन (Two stroke engine)

इंजन में ईंधन भेजने के आधार पर
- कार्बुरेटर इंजन (Corburator engine)
- वायु अन्तः क्षेपण इंजन (Air injection engine)
- वायु रहित या ठोस अन्तः क्षेपण इंजन (Airless or solid injection engines)

ईंधन प्रज्जवलन के आधार पर
- स्फुलन प्रज्ज्वलन इंजन (Spark ignition engine)
- सम्पीडन प्रज्ज्वलन इंजन (Compression ignition engine)

इंजन ठण्डा करने की विधि के आधार पर
- वायु शीतलीत इंजन (Air cooled engine)
- जल शीतलीत इंजन (Water cooled engine)

गति के आधार पर
- निम्न गति इंजन
- मध्यम गति इंजन
- उच्च गति इंजन

मॉडल प्रश्न

1. आदर्श गैस की दो विशिष्ट ऊष्माओं के बीच सम्बन्ध है
(a) $C_p - C_v = \frac{R}{J}$ (b) $C_p - C_v = R$
(c) $\frac{C_p}{C_v} = \frac{R}{J}$ (d) $\frac{C_v}{C_p} = \frac{R}{J}$

2. निम्न में कौन गैस की अवस्था का समीकरण है
(a) $pV^{\gamma} =$ नियतांक (b) $C_P = \gamma$
(c) $pV = RT$ (d) $C_P - C_V = R$

3. यदि C_p तथा C_v गैस की दो विशिष्ट ऊष्माएँ है, तो C_p / C_v का मान है
(a) > 1 (b) < 1
(c) $= 1$ (d) इनमें से कोई नहीं

4. $C_p - C_v = R$ को कहते हैं
(a) मेयर का सम्बन्ध (b) मरसेन का सम्बन्ध
(c) मेक्सवेल का सम्बन्ध (d) इनमें से कोई नहीं

5. चक्रीय प्रक्रम अनुप्रयोग है
(a) ऊष्मागतिकी के प्रथम नियम का
(b) ऊष्मागतिकी के द्वितीय नियम का
(c) ऊष्मागतिकी के शून्यवाँ नियम का
(d) उपरोक्त में से कोई नहीं

6. $p_1V_1 = p_2V_2$ प्रदर्शित करता है
(a) समतापीय प्रक्रम का समीकरण
(b) रुद्धोष्म प्रक्रम का समीकरण
(c) समदाबी प्रक्रम का समीकरण
(d) समआयतनिक प्रक्रम का समीकरण

7. एक बन्द निकाय में
(a) ऊर्जा परिवेश से निकाय को स्थानान्तरित होती है
(b) ऊर्जा निकाय से परिवेश को स्थानान्तरित होती है
(c) 'a' तथा 'b'
(d) ऊर्जा तथा संहति दोनों सीमाएँ पार कर जाती हैं

8. ऊष्मागतिकी के प्रथम नियम के अनुसार होता है
(a) $\int dw = J \int dQ$ (b) $\int dw < J \int dQ$
(c) $\int dw > J\, dQ$ (d) इनमें से कोई नहीं

9. बॉयल नियम बताता है कि नियत ताप पर आदर्श गैस द्रव्यमान के लिए
(a) आयतन ताप के अनुक्रमानुपाती होता है
(b) आयतन दाब के अनुक्रमानुपाती होता है
(c) आयतन ताप के व्युत्क्रमानुपाती होता है
(d) आयतन दाब के व्युत्क्रमानुपाती होता है

10. चार्ल्स के नियम के अनुसार आदर्श गैस के एक दिए गए द्रव्यमान के लिए
(a) आयतन दाब के अनुक्रमानुपाती होता है
(b) स्थिर दाब पर आयतन तापमान के अनुक्रमानुपाती होता है
(c) आयतन ताप के व्युत्क्रमानुपाती होता है
(d) आयतन दाब के व्युत्क्रमानुपाती होता है

11. गैस समीकरण है
(a) $pV = mT$ (b) $\frac{p}{V} = mT$
(c) $pV = mRT$ (d) $\frac{p}{V} = mRT$

12. ऊर्जा संरक्षण के नियम के अनुसार
(a) $dQ = dW$ (b) $dQ = dU$
(c) $dQ = dW - dU$ (d) $dQ = dW + dU$

13. एन्थेल्पी (H) बराबर है
(a) $U + \frac{pV}{J}$ (b) $U - \frac{pV}{J}$
(c) $U + \frac{R}{JpV}$ (d) $U + JpV$

14. किसी समतापीय प्रक्रम में
(a) दी गई ऊष्मा = किया गया कार्य
(b) दी गई ऊष्मा = आन्तरिक ऊर्जा में परिवर्तन
(c) दी गई ऊष्मा = किया गया कार्य + आन्तरिक ऊर्जा में परिवर्तन
(d) उपरोक्त में से कोई नहीं

15. स्थिर आयतन प्रक्रम को कहा जाता है
(a) आइसोपीसटिक प्रक्रम
(b) हाइपरबोलिक प्रक्रम
(c) आइसोमेरिक प्रक्रम
(d) पॉलीट्रोपिक प्रक्रम

16. निम्न में किस चक्र की दक्षता अधिकतम है?
(a) ऑटो चक्र (b) कारनॉट चक्र
(c) स्टालिंग चक्र (d) जूल चक्र

17. गैस टरबाइन किस चक्र पर कार्य करता है?
(a) स्थिर आयतन चक्र (b) ऑटो चक्र
(c) जूल चक्र (d) इरिक्सन चक्र

18. थर्मल शक्ति संयत्र किस चक्र पर कार्य करता है?
(a) रेन्किन चक्र (b) ऑटो चक्र
(c) जूल चक्र (d) स्थिर दाब चक्र

19. पेट्रोल इंजन किस चक्र पर कार्य करता है?
(a) स्थिर दाब चक्र (b) स्थिर आयतन चक्र
(c) जूल चक्र (d) रेन्किन चक्र

20. द्विकल दहन चक्र में दहन किस पर होता है?
(a) स्थिर आयतन पर
(b) स्थिर दाब पर
(c) आंशिक स्थिर आयतन पर और आंशिक स्थिर दाब पर
(d) उपरोक्त में से कोई नहीं

21. एन्ट्रॉपी में परिवर्तन को गणितीय रूप में लिखते हैं
(a) $\int_1^2 pdv$ (b) $\int_1^2 T$
(c) $\int_1^{1/2} \frac{dQ}{T}$ (d) $\int_1^{1/2} \frac{T}{dQ}$

22. स्थिर दाब प्रक्रम के दौरान, एन्ट्रॉपी में परिवर्तन किस सम्बन्ध में दिखाया गया है?
(a) $MC_p \log e\frac{T_1}{T_2}$ (b) $MC_p \log e\frac{T_2}{T_1}$
(c) $MC_v \log e\frac{T_2}{T_1}$ (d) $M\frac{R}{J} \log e\frac{T_2}{T_1}$

23. एन्ट्रॉपी में परिवर्तन किस पर निर्भर करता है?
(a) द्रव्यमान स्थानान्तरण पर
(b) ऊष्मा स्थानान्तरण पर
(c) तापमान पर
(d) उपरोक्त में से कोई नहीं

24. एन्ट्रॉपी की इकाई है
(a) न्यूटन/मीटर (b) जूल-मीटर/किग्रा
(c) जूल/किग्रा (d) मीटर/किग्रा

25. "मिश्रित गैसों का कुल दाब, सबके आंशिक दबाव के योग्य के बराबर होता है।" यह सिद्धान्त कहलाता है
(a) डाल्टन का नियम (b) जूल का नियम
(c) बॉयल का नियम (d) आवोगाद्रो का नियम

26. यदि $pV^n = C$ में $n = 1$ है, तो यह विधि कहलाती है
(a) रिवरसिबल विधि
(b) आइसोथर्मल विधि
(c) एडियाबैटिक विधि
(d) उपरोक्त में से कोई नहीं

27. एक विशेष उपकरण में समान दर पर शक्ति को विकसित किया जाता है तथा इस प्रकार इसमें कोई फ्लाई व्हील प्रयोग नहीं होता है। ऐसे उपकरण को कहते हैं
(a) स्टीम टरबाइन (b) स्टीम इंजन
(c) पम्प (d) कम्प्रेशर

28. कारनॉट का सिद्धान्त लागू होता है
(a) इंजन की आन्तरिक ज्वलनशीलता पर
(b) इंजन की बाहरी ज्वलनशीलता पर
(c) सभी ताप इंजनों पर
(d) उपरोक्त में से कोई नहीं

29. स्थिर विधि के लिए
(a) $n = 1.5$ (b) $n = r$
(c) $n = 0$ (d) $n = 1$

30. पोलीट्रीपिक विधि के लिए
(a) $r > n$ (b) $r < n$
(c) $r = 1.4$ (d) $n = 1$

31. ऐडियाबैटिक विधि के लिए
(a) $n = 1$ (b) $n = r$
(c) $n > r$ (d) $n < 1$

32. डीजल चक्र की वायु मानक दक्षता का सूत्र है।
(a) $\eta = 1 - \frac{1}{(r)^{\gamma - 1}}$ (b) $\eta = \frac{T_1 - T_2}{T_1}$
(c) $\eta = 1 - \frac{1}{(p-1)^{\gamma}}$ (d) $\eta = 1 - \frac{1(p^{\gamma} - 1)}{(r)^{\gamma}\, r(p-1)}$

33. सूखी संतृप्त वाष्प को ...... से दर्शाते हैं
(a) $H = mC_P\frac{T_1}{T_2}$ (b) $H = h + xL$
(c) $H = h - L$ (d) $H = h + L$

34. केवल सुपर हीटिंग में प्रयोग की गई भाप को कहते हैं
(a) सुपर हीटिंग
(b) सेचुरेटेड हीट
(c) सुपर सेचुरेटेड हीट
(d) इनमें से कोई नहीं

35. निम्नलिखित में से कौन-सा जल नलिका द्वारा गर्म करने वाला उपकरण है?
(a) बैबकॉक तथा विल्कॉक्स बॉयलर
(b) लंकाशायर बॉयलर
(c) लोकोमोटिव बॉयलर
(d) उपरोक्त में से कोई नहीं

36. ट्यूब बॉयलर में अधिकतम चालित दबाव होता है
(a) 120 किग्रा/सेमी^{2} (b) 250 किग्रा/सेमी^{2}
(c) 40 किग्रा/सेमी^{2} (d) इनमें से कोई नहीं

37. दबाव द्वारा भाप के तापमान बनाने की विधि को कहते हैं
(a) फोमिंग (b) सुपर हीटिंग
(c) प्राइमिंग (d) इनमें से कोई नहीं

38. किस कारण से सेफ्टी वाल्व अपने स्थान पर चिपक जाता है?
(a) रोधन
(b) वायु रहित होना
(c) दबाव
(d) जंग से

39. बॉयलर में प्रयोग होने वाले फीड पम्प का प्रकार है
(a) अपकेन्द्री
(b) पंखे की हवा से चलने वाले (वेन टाइप)
(c) गोलाकार घूमने वाले
(d) चौकोर

40. इकोनोमाइजर का कार्य है
(a) बॉयलर में भाप की क्षमता बढ़ाना
(b) ईंधन की खपत को कम करना
(c) स्केल के बनने को कम करना
(d) उपरोक्त में से कोई नहीं

41. निम्न के लिए चिमनी की ऊँचाई सबसे कम होती है
(a) बैबकॉक तथा विल्कॉक्स
(b) लंकाशायर
(c) लोकोमोटिव
(d) काकरन

42. स्टीम इंजन में रोटरी मशीन को लीनियर मोशन में बदलने के लिए प्रयुक्त की गई युक्ति कहलाती है
(a) क्रास हैड
(b) इसेन्ट्रिक
(c) क्रैंक शाफ्ट
(d) उपरोक्त में से कोई नहीं

43. ऐसा स्टीम इंजन, जिसमें एक से अधिक सिलेण्डर में फैलाव होता है, को कहते हैं
(a) मल्टी-एक्टिंग वाष्प इंजन (b) कम्पाउण्ड वाष्प इंजन
(c) साधारण वाष्प इंजन (d) सिंगल एक्टिंग वाष्प इंजन

44. डीजल इंजन ...... भी कहते हैं।
(a) एक्सटर्नल कम्बश्चन इंजन (b) एयर कम्प्रेशन इंजन
(c) इग्नीशन इंजन (d) इनमें से कोई नहीं

45. पेट्रोल इंजन में इग्नीशन शुरु होता है
(a) कम्प्रेस्ड हवा से (b) कम्प्रेस्ड ईंधन से
(c) स्पार्क प्लग से (d) बैटरी से

46. पेट्रोल इंजन निम्न के सिद्धान्त पर कार्य करता है
(a) कारनेट साइकिल (b) ऑटोसाइकिल
(c) डुआल साइकिल (d) जूल साइकिल

47. IHP हमेशा BHP से होता है
(a) अधिक (b) कम
(c) बराबर (d) इनमें से कोई नहीं

उत्तरमाला

1. (a)	2. (c)	3. (a)	4. (a)	5. (b)	6. (a)	7. (c)	8. (a)	9. (d)	10. (b)
11. (c)	12. (d)	13. (a)	14. (a)	15. (c)	16. (b)	17. (d)	18. (a)	19. (b)	20. (c)
21. (c)	22. (b)	23. (b)	24. (c)	25. (a)	26. (b)	27. (a)	28. (b)	29. (c)	30. (a)
31. (b)	32. (d)	33. (d)	34. (a)	35. (a)	36. (a)	37. (b)	38. (d)	39. (c)	40. (b)
41. (c)	42. (b)	43. (b)	44. (b)	45. (c)	46. (b)	47. (a)			

6
मशीन डिजाइन
Machine Design

परिचय Introduction

इन्जीनियरी अध्ययन की सर्वोच्च अवस्था इन्जीनियरी डिजाइन या अभिकल्पन है। इसकी सहायता से इन्जीनियरी अध्ययन एवं खोजी गई नई बातों का उपयोग मानव सेवा के लिए किया जाता है। डिजाइन की सहायता से ही कारखानों आदि में नई वस्तुओं का निर्माण सम्भव होता है तथा समाज उन्नतिशील बनता है। इन्जीनियरी डिजाइन का उपयोग रसायन शास्त्र, दवाइयों तथा अन्य क्षेत्रों में भी किया जाता है।

डिजाइनर के प्रकार Types of Designer

- उत्पाद डिजाइनर (Product designer)
- उपकरण डिजाइनर (Apparatus designer)
- औद्योगिक डिजाइनर (Industrial designer)
- मशीन डिजाइनर (Machine designer)
- औजार डिजाइनर (Tool designer)
- विद्युत परिपथ डिजाइनर (Electric circuit designer)

मशीन डिजाइन

कोई मशीन कई प्रतिरोधी पिण्डों का वह सम्मिलित रूप है जो अन्य प्रकार की ऊर्जा को यान्त्रिक ऊर्जा में परिवर्तित करने या अमुक प्रकार का लाभदायक कार्य करने में प्रयोग होती है। अधिकतर मशीनें यान्त्रिक ऊर्जा प्राप्त करके लाभदायक कार्य करने के काम आती हैं। जैसे—स्क्रू जैक, प्रेस, खराद, ड्रिल मशीन, पाइप मोड़ने की मशीन आदि। ऊर्जा के परिवर्तन तथा अमुक प्रकार का कार्य करने के लिए मशीनों में विभिन्न पुर्जे या अंग लगाए जाते हैं। प्रत्येक पुर्जा अमुक प्रकार के बलों को सहन करने तथा आवश्यक सापेक्ष गति पारेषित करने तथा वास्तविक परिस्थितियों में अपेक्षित कार्य करने योग्य होता है। जिससे कि मशीन वांछित कार्य करने योग्य बनती है। अतः मशीन डिजाइन करने के लिए भौतिक शास्त्र, ऊष्मागतिकी, मेकेनिक्स, द्रव्यों की सामर्थ्य, इन्जीनियरिंग ड्राइंग, कर्मशाला तकनीकी, धातुकर्म आदि सभी विषयों के सिद्धान्तों का उपयोग होता है।

इन्जीनियरी धातु–पदार्थ

लौह धातुएँ Ferrous Metals

सामान्य लौह धातुएँ निम्नलिखित हैं

कास्ट आयरन

ग्रे कास्ट आयरन इंजन सिलेण्डर, पिस्टन, पिस्टन रिंग, ट्यूबें, मशीन के आधार तथा टाँगें मशीनों के स्लाइड, मशीनों के अनेक ढलवाँ पुर्जे, ब्रेकेट, जंगले तथा पहियें आदि।

श्वेत ढलवाँ लोहा आघातवर्ध्य ढलवाँ लोहा तथा पिटवाँ लोहा बनाने में।

आघातवर्ध्य ढलवाँ लोहा गियर, मोटर ट्रक आदि के पुर्जें, कृषि सम्बन्धी मशीनों के पुर्जे, पाइप–लाइन तथा चेन की कड़ियाँ आदि।

पिटवाँ लोहा चादरें, तार, पाइप, बोल्ट, टिबरी, चेन, क्रेन की हुकें, बॉयलर की ट्यूब, समुद्री जहाज, रेलवे कपलिंग्स, विद्युत चुम्बक आदि।

स्टील

निम्न कार्बन स्टील (0.50 से 0.15% कार्बन) तार, कीलें, लोकोमोटिव की फायर बॉक्स प्लेटें, ठोस, खिंची ट्यूबें।

मृदु इस्पात (0.15 से 0.25% कार्बन) पुलों के ढाँचे, बॉयलर प्लेट, बोल्ट, ढिबरी, रिवेट, तारे, ट्यूबें, विभिन्न फोर्जिंग्स, स्टेम्पिंग्स तथा मशीनों के कम प्रबलित पुर्जें, स्टील सेक्शन जैसे–चैनल, एंगल टी आदि।

माध्यम कार्बन इस्पात (0.25 से 0.7% कार्बन) क्रैंक धुरे, बॉयलर, ड्रम, समुद्री शाफ्ट, रेलवे लाइन, भाप टरबाइन शाफ्ट, वायुयान इंजन सिलेण्डर, तार कृषि–यन्त्र, स्प्रिंग, तार के रस्से, फोर्जिंगडाईज ढिबरी, कुंजियाँ, हथौड़ें तथा सामान्य औजार आदि।

उच्च कार्बन इस्पात (0.7 से 1.5% कार्बन) पत्तीदार स्प्रिंग, कुण्डलीदार स्प्रिंग, स्पोक्स, क्लच प्लेट, कार बम्पर, मेजें, ब्लेड, छेनिया, रेतिया, बरमे, टैप, रीमर, मिलिंग कटर, फिनिशिंग टूल्य, बढ़ईगीरी के औजार, एनविल पंच डाई पेंच तथा चूड़ी काटने की डाइयाँ आदि।

मिश्रधातु इस्पात विशेष प्रकार के औजार, वायुयान तथा आटोमोबाइलों के पुर्जे, शल्य चिकित्सा सम्बन्धी सामग्री बायलर प्लेट, रोलर, धुरी, बाल बियरिंग, स्टीयरिंग लीवर, स्थायी चुम्बक, लोहे के हेलमेट, घड़ियों के स्प्रिंग, क्लच प्लेटें आदि।

स्टेनलेस तथा ऊष्मा रोधी इस्पात (Stainless and Heat Resistant Steel) शल्य चिकित्सा सम्बन्धी औजार, स्प्रिंग कटलरी बर्तन तथा अन्य दैनिक उपयोगी वस्तुएँ।

अलौह धातुएँ तथा मिश्रधातुएँ

ताँबा

रिवेट, टंकियाँ, सोल्डरन अनी, बिजली के तार तथा अन्य बिजली की मशीनों के निर्माण में भाप–वाहक–नल, वैक्यूम पैन, कैलोरीमीटर, विद्युत लेपन, छपाई के टाइप, उपयोगी मिश्रधातुएँ जैसे—तोप धातु, काँसा, पीतल, मोलन धातु आदि।

तोप धातु बन्दूकों तथा तोपों के भाग, बियरिंग, बुश ग्लैन्ड, वाल्व धुराबॉक्स आदि।

काँसा टरबाइनों के रनर, बकेट, बर्तन तथा मूर्तियाँ आदि।

पीतल ढलाई की वस्तुएँ तथा घरेलू बर्तन आदि।

मोनल धातु पम्पों के अंग जैसे-पम्प-रॉड, स्पिण्डल, इम्पेलर, वाल्व तथा वाल्व सीट, कण्डेन्सर ट्यूब, भाप इंजन फिटिंग्स, रसोई के बर्तन, रसायन तथा खाद्य पदार्थ उद्योगों के लिए तथा अस्पतालों के उपकरण बनाने में तथा मापक यन्त्रों में।

फॉस्फर ब्रोंज ईंधन तथा जल पम्पों के लिए बुश, रॉक भुजा बुश स्टीयरिंग के नकल बुश, गियर, पहिये, पम्प दण्ड आदि।

एल्युमीनियम ब्रोंज वाल्व सीट, वाल्व गाइड, वर्म-व्हील गियर, छोटी फोर्जिंग्स, इंजन बियरिंग, सिक्के, जेवर तथा बर्तन आदि।

एल्युमीनियम रसोई के बर्तन, बिजली के तार, एल्युमीनियम पेंट एल्युमीनियम ब्रोंज, डयूरेल्यूमिन आदि।

डयूरेल्यूमिन ट्यूब चादर, छड़ें, रिवेटें, ऑटोमोबाइल तथा हवाई जहाज के ढाँचे तथा अन्य भाग आदि।

एल्युमीनियम-मिश्रधातु इंजन बियरिंग पिस्टन बुश, ऑटोमोबाइल तथा हवाई जहाज के ढाँचे आदि।

सीसा तथा मिश्रधातु सीसा संचायक सेल, पानी के नल, पानी तथा अम्ल के लिए टंकियाँ, सफेद, लाल-सीसा, रोगन भूमिगत विद्युत तारों के लिए आवरण छर्रे, फ्यूज, बन्दूक की गोलियाँ, सोल्डर, सुरक्षा प्लग, छपाई टाइप बर्तन तथा बाप्ट आदि।

प्रमुख निर्माण प्रक्रम Manufacturing Processes

तरल रूपण प्रक्रम

- गर्म रोलिंग (Hot rolling)
- फोर्जिंग (Forging)
- बहिर्निष्कासन (Extrusion)

ठण्डा रूपण प्रक्रम

- ड्राइंग (Drawing)
- हेडिंग (Heading)
- स्पिनिंग (Spinning)
- स्टेम्पिंग (Stamping)

ढलाई Casting

पाउडर धातु कर्म Powder Metallurgy

मशीनन प्रक्रम Machining Processes

निर्माण पदार्थों के यान्त्रिक गुण

Mechanical Properties of Manufacturing Materials

सामर्थ्य (Strength) यह वह गुण है, जिससे बिना असफल हुए, पदार्थ की विभिन्न प्रतिबलों के विरोध की क्षमता का ज्ञान होता है।

प्रत्यास्थता (Elasticity) यह पदार्थ का वह गुण है जिसके कारण प्रत्येक वस्तु अपने आकार में परिवर्तन का विरोध करती है। परन्तु जैसे ही परिवर्तन करने वाले बलों को हटाया जाता है, वस्तु अपने पहले आकार में आ जाती है।

प्लास्टिकता (Plasticity) इस गुण के कारण पदार्थ पर बल लगाने से उसके आकार में बिना टूटे स्थायी परिवर्तन आता है। अर्थात् बल हटा लेने पर पदार्थ अपनी प्रारम्भिक अवस्था में नहीं आता।

कुट्टयता (Malleability) इस गुण के कारण पदार्थ को पीटकर बिना चटके उसे पतली चादर में बदला जा सकता है। जैसे—पीतल, ताँबा, चाँदी, सोना आदि।

नम्यता (Flexibility) इस गुण के कारण पदार्थ को बिना टूटे किसी चाप में झुकाया जा सकता है। जैसे—ताँबा, इस्पात, एल्युमीनियम आदि।

तन्यता (Ductility) इस गुण के कारण पदार्थ के पतले तार खींचे जा सकते हैं। जैसे—ताँबा, सोना, टिन आदि।

तननता (Tenacity) तनाव में किसी पदार्थ में उसे तोड़ने के लिए जितना अधिकतम विरोधी बल उत्पन्न किया जा सके वह पदार्थ की तन्यता कहलाती है, अर्थात तन्यता में उपजी प्रतिबल तीव्रता को तननता कहते हैं।

भंगुरता (Brittleness) इस गुण के कारण पदार्थ पर चोट लगाने से वह बिना विकार या खराबी उत्पन्न किए टुकड़े-टुकड़े हो जाता है।

कठोरता (Hardness) इस गुण के कारण पदार्थ कटने, घिसे जाने का विरोध करता है और इसी आधार पर इस गुण को मापा जाता है।

कड़ापन (Toughness) इस गुण के कारण पदार्थ टूटने से पहले झटकों या धक्कों का विरोध करता है, जैसे-नरम इस्पात आदि।

लचक (Resilience) इस गुण के कारण पदार्थ ऊर्जा शोषित करने में सक्षम होता है तथा वह झटकों आदि का विरोध करता है।

मशीनन (Machineability) किसी पदार्थ का वह गुण जिसके कारण उस पर कटाई औजारों द्वारा क्रिया की जा सके, मशीनन कहलाती है।

सरकन (Creep) इस गुण के कारण कोई पदार्थ स्थिर प्रतिबल पर ही समय के साथ धीरे-धीरे विकृत होता जाता है। इस्पात में उच्च तापमान पर सरकन होती है।

भारों का वर्गीकरण Classification of Loads

- अचल तथा चल भार (Dead and live loads)
- अक्षीय तथा अनुप्रस्थ भार (Axial and tranverse loads)
- तनाव सम्पीड़न तथा कर्तन भार (Tensile comprehensive and hear loads)
- संघट्ट भार (Impact load)

अंगों के असफल होने के सिद्धान्त

किसी मशीनी अंग को डिजाइन करने के लिए साधारणतया उसकी सामर्थ्य को आधार माना जाता है तथा अंग का साइज इस प्रकार निश्चित किया जाता है कि बिना टूटे या अधिक विकृत हुए अर्थात् बिना असफल हुए वह अंग वांछित बल पारेषित कर सकें।

किसी मशीनी अंग के असफल होने के निम्न सिद्धान्त हैं

- अधिकतम प्रतिबल सिद्धान्त
- अधिकतम कर्तन प्रतिबल सिद्धान्त
- अधिकतम विकृति सिद्धान्त

सुरक्षा गुणांक

अन्तिम प्रतिबल तथा कार्यकारी प्रतिबल के अनुपात को सुरक्षा गुणांक कहते हैं। इसे 'S' से प्रदर्शित करते हैं।

$$\text{सुरक्षा गुणांक } (s) = \frac{\text{अन्तिम प्रतिबल}}{\text{कार्य कारी प्रतिबल}}$$

सामान्य चूड़ीदार बन्धक Comman Serew Fastening

- आर-पार बोल्ट (Through bolt)
- टैपबोल्ट (Tapbolt)
- स्टड (Stud)
- कैप स्क्रू (Cap screw)
- मशीन स्क्रू (Machine screw)
- सेट स्क्रू (Set screw)

ढिबरी के लिए बन्धन युक्तियाँ Locking Device for Nuts

- बन्धन ढिबरी (Lock nuts)
- प्रभागी पिन (Split pin)
- कैसल ढिबरी (Castle nut)
- प्रभागी ढिबरी (Split nut)
- बन्धन वाशर (Lock washer)

चूड़ीदार बन्धकों में प्रतिबल Stresses in Screwed Fastenings

- कसने का प्रारम्भिक प्रतिबल
- बाह्य बलों के कारण प्रतिबल

कसने का प्रारम्भिक प्रतिबल Load on Threaded Fastening

जब किसी बोल्ट, स्क्रू या स्टड को कसा जाता है, *तो उसमें निम्न प्रकार के प्रतिबल उपजते हैं*

- खिंचने के कारण तनाव प्रतिबल
- चूड़ी पर सम्पीडन प्रतिबल
- चूड़ी पर कर्तन प्रतिबल
- मरोड़ कर्तन प्रतिबल चूड़ी घर्षण प्रतिरोध के कारण
- नमन प्रतिबल, जबकि बोल्ट हैड या ढिबरी के नीचे अंग की सतह बोल्ट अक्ष के लम्बरूप नहीं होती। क्योंकि उपरोक्त में से किसी भी प्रतिबल का ठीक मान ज्ञात करना कठिन है। इसलिए साधारणतया बोल्ट आदि सीधे तनाव प्रतिबल के आधार पर ही डिजाइन किए जाते हैं।

बाह्य बलों के कारण प्रतिबल

बोल्ट, स्टड तथा स्क्रू आदि पर दो प्रकार के बाह्य बल लगते हैं।

1. तनाव बल 2. कर्तन बल

तनाव बल अधिकतम परिस्थितियाँ में बोल्ट आदि में तनाव बल ही क्रिया करते हैं।

कर्तन बल बहुत कम परिस्थितियों में बोल्ट पर कर्तन बल कार्य करता है। जैसे—फ्लैंज कपलिंग आदि में।

बोल्ट पर परिणामी बल Resultant Load on Bolt

बोल्ट पर परिणामी बल $P = P_1 + KP_2$

जहाँ, P_1 = बोल्ट पर आरम्भिक कसने का बल

P_2 = बाह्य बल

दो बोल्टों के बीच की दूरी या बोल्ट पिच

बोल्ट केन्द्रों के बीच की दूरी या पिच = $3d$ से $4d$ तक जहाँ d बोल्ट का व्यास है।

गैसकट जोड़ की दशा में

बोल्ट केन्द्रों के बीच दूरी या पिच > $6d$

भापरोधी जोड़ के लिए, बोल्ट पिच > $5d$

सिलेण्डर कवर के लिए स्टड या बोल्ट का डिजाइन

डिजाइन सम्बन्धी विशेष बातें

सामान्यत: कवर पर बोल्टों की संख्या 2 या 3 के गुणों में रखी जाती है। दो बोल्टों के केन्द्रों के बीच दूरी उनके व्यास के तीन गुने से कम नहीं होनी चाहिए। परन्तु भाप रोधी जोड़ के लिए बोल्टों के पिच व्यास के पाँच गुने से अधिक नहीं होने चाहिए।

केवल प्रारम्भिक कसने वाले बल द्वारा ही बोल्ट या स्टड टूट सकता है। अत: बोल्ट या स्टड का व्यास 16 मिमी से कम कभी प्रयोग नहीं किया जाना चाहिए। कवर के किनारे से बोल्ट केन्द्र की दूरी या सिलेण्डर दीवार से बोल्ट केन्द्रों की दूरी साधारणतया $1.5d$ रखी जाती है। जहाँ, d बोल्ट छेद का व्यास है।

बॉयलर स्टॉप Boiler Stays

अधिकतर भाप बॉयलरों में एक या अधिक समतल या वक्र प्लेटें होती हैं। जब इन प्लेटों पर दाब लगता है, तो वे विरूपित हो जाती हैं तथा निर्धारित उद्देश्य की पूर्ति नहीं कर पाती। अत: इस समस्या के समाधान के लिए विभिन्न स्थानों का प्रयोग किया जाता है जिससे प्लेटों का विरूपण कम हो जाता है तथा उन्हें सामर्थ्य भी मिलती है।

स्टॉपों के प्रकार Types of Stays

- सीधी स्टॉप
- विकर्ण तथा गैस स्टॉप
- गर्डर स्टॉप

शियरिंग Shearing

शियरिंग के अन्तर्गत ब्लैकिंग, पियर्सिंग, शेविंग, ब्रोचिंग तथा स्लिटिंग आदि क्रियाएँ सम्मिलित हैं। शियरिंग के अन्तर्गत पदार्थ का कर्तन होता है, जिसमें पदार्थ पर बल उसी समतल में क्रिया करता है जिसमें उसका कर्तन होता है।

कर्तन के प्रकार Types of Shearing

- सिंगल शियर
- डबल शियर

कर्तन सामर्थ्य Shearing strength

इकहरे कर्तन के लिए रिवेट द्वारा सहा जा सकने वाला अधिकतम बल

$$P = \frac{\pi}{4} d^2 \times Fs$$

दोहरे कर्तन के लिए रिवेट द्वारा सहा जा सकने वाला अधिकतम बल

$$P = 2\frac{\pi}{4} d^2 \times Fs$$

जहाँ, d रिवेट का व्यास है।

प्लेट को काटना या शियरिंग Cutting or Shearing of Plate

कर्तन बल $Ps = l \times T \times Fs$ (यदि काट लम्बाई तथा चौड़ाई में है)

कर्तन बल $Ps = \pi\, dt \times T \times Fs$ (यदि वृत्ताकार काट है तथा t मोटाई है)

तिरछी काट पर लम्ब तथा कर्तन प्रतिबल

Normal and Stress on Obliques Stress on Sections

एक ही अक्षीय बल के कारण (Due to only one axial force)

$$\text{लम्ब प्रतिबल } (F_n) = \frac{W \cos^2\theta}{A}$$

$$\text{कर्तन प्रतिबल } (q) = \frac{W}{2A} \sin 2\theta$$

दो परस्पर लम्ब बलों के कारण

Due to Two Perpendicular Forces

लम्ब तथा कर्तन प्रतिबलों का

$$\text{परिणामी } (f) = \sqrt{(fy^2 \sin^2\theta + fx^2 \cos^2\theta}$$

परिणामी प्रतिबल का झुकाव

$$\tan\alpha = \frac{fy \tan\theta + fx \cot\theta}{(fx - fy)}$$

परिणामी प्रतिबल का अधिकतम झुकाव

$$\tan\alpha = \sqrt{\frac{Fx}{Fy}}$$

नमन समीकरण (Bending Equation)

$$\frac{M}{I} = \frac{F}{Y} = \frac{E}{R}$$

जहाँ, E = पदार्थ का यंग मापांक

R = वक्रता अर्द्ध व्यास है।

नमन दृढ़ता (Flexural rigidity)

नमन दृढ़ता $= E \times I$

स्प्रिंग Spring

किसी मशीन या युक्ति का वह प्रत्यास्थ अंग जो बाह्य बलों के कार्य को ग्रहण करके उसे प्रत्यास्थ विरूपण के रूप में बदलता है,स्प्रिंग कहलाती है अर्थात् बाह्य बलों के प्रभाव में स्प्रिंग पदार्थ का विस्थापन होता है।

स्प्रिंग के उपयोग Use of Spring

- कुशन के रूप में, जैसे—साइकिल की गद्दी में, स्कूटर, मोटर, रेल के डिब्बों में।
- गति को नियन्त्रित करने में, जैसे—ब्रैक क्लच, इंजन के वाल्व आदि में है।
- बलों को मापने में, जैसे—स्प्रिंग तुला, गेंजों, इंजन सूचक आदि में।
- ऊर्जा को संचित करने के लिए, जैसे—घड़ियों, ट्रिगर यन्त्र विन्यास आदि में।
- कम्पनों को कम करने में

स्प्रिंगों का वर्गीकरण Classification of Springs

- कुण्डलीदार स्प्रिंग
- सर्लि स्प्रिंग
- पत्तीदार स्प्रिंग
- डिस्क स्प्रिंग
- ब्लॉक स्प्रिंग

पत्तीदार स्प्रिंग

1. अर्द्ध दीर्घ वृत्ताकार स्प्रिंग

प्लेट में अधिकतम नमन प्रतिबल

$$f = \frac{3}{2} \times \frac{wl^3}{Nbt^2}$$

विस्थापन $(h) = \dfrac{3 \times wl^3}{8 \times ENbt^3}$

2. चतुर्थांश दीर्घवृत्ताकार स्प्रिंग

नमन प्रतिबल $(f) = \dfrac{6wl}{Nbt^2}$

विस्थापन $(h) = \dfrac{6wl^3}{Nbt^3}$

कड़ापन $(s) = \dfrac{w}{h}$

मरोड़ सम्बन्ध Torsional Relation

$$\frac{T}{J} = \frac{GQ}{l} = \frac{q}{r} = \frac{Q}{R}$$

जहाँ,

T = शाफ्ट पर लगाया गया मरोड़ आघूर्ण

R = शाफ्ट त्रिज्या

J = शाफ्ट की अनुप्रस्थ काट का ध्रुवीय जड़त्व आघूर्ण

$= \dfrac{\pi R^4}{2}$ (ठोस शाफ्ट के लिए)

$= \dfrac{\pi D^4}{32}$ (ठोस शाफ्ट के लिए)

$= \dfrac{\pi (D^4{}_0 - D^4{}_i)}{32}$ (खोखली शाफ्ट के लिए)

G = शाफ्ट पदार्थ का कर्तन मापांक

L = शाफ्ट की लम्बाई

θ = शाफ्ट का मरोड़ कोण

q = शाफ्ट के केन्द्र से r दूरी पर प्रतिबल

Q = शाफ्ट में अधिकतम प्रतिबल, शाफ्ट के केन्द्र से R दूरी पर

ठोस शाफ्ट द्वारा पारेषित अश्व शक्ति

$$\text{HP} = \frac{2\pi\, NT}{4500}$$

जहाँ,

T = किग्रा-मी में बल आघूर्ण

N = शाफ्ट के rpm

मॉडल प्रश्न

1. टैप सेट में थ्रेड कटिंग में प्रयोग किया जाने वाला पहला टैप कहलाता है

(a) स्ट्रेट टैप (b) प्लग टैप

(c) टेपर टेप (d) बैटम टेप

2. 20 मिमी मोटी प्लेटों में जुड़े रिवेटों का व्यास होता है

(a) 20 मिमी (b) 60 मिमी

(c) 20 मिमी (d) 40 मिमी

3. रिवेट का व्यास होना चाहिए

(a) प्लेट की मोटाई से अधिक

(b) प्लेट की मोटाई से कम

(c) प्लेट की मोटाई के बराबर

(d) प्लेट की मोटाई का आधा

4. रिवेट का साइज निर्दिष्ट किया गया है

(a) हैड डायामीटर से (b) शेप से

(c) आयतन से (d) शैंक व्यास से

5. गोलाकार खण्ड से अधिकतम शियर स्ट्रेस तथा औसत स्ट्रेस के मध्य अनुपात है
(a) 5/6 (b) 6/4
(c) 4/3 (d) 9/17

6. स्विच गियर में किस प्रकार के गियर लगाए जाते हैं?
(a) हैलीकल (b) स्पर
(c) बेवेल (d) इनमें से कोई नहीं

7. सामान्यत: वर्म गियर होता है
(a) कास्ट आयरन का (b) एल्युमीनियम का
(c) फोर्ज स्टील का (d) माइल्ड स्टील का

8. मोटर साइकिल में प्रयोग की गई चेन टाइप होती है
(a) पिन्टल टाइप (b) साइलेन्ट टाइप
(c) बुश रोलर टाइप (d) डबल रोलर टाइप

9. बुश बियरिंग होता है
(a) सफेद धातु मिश्रण का (b) माइल्ड स्टील का
(c) एल्युमीनियम ब्रांज का (d) इनमें से कोई नहीं

10. अधिकतर मशीन के अंगों में मैटीरियल की डैम्पिंग केपेसिटी होनी चाहिए
(a) शून्य (b) अधिक
(c) कम (d) इनमें से कोई नहीं

11. एक बन्द कॉयल, हैलीकल स्प्रिंग जब कम्प्रेस किया जाता है, तब इसकी तार निर्भर करती है
(a) तनाव पर (b) कम्प्रेशन पर
(c) शियर पर (d) टार्क पर

12. स्टील में जब कार्बन पदार्थ का प्रतिशत बढ़ता है, तब
(a) कठोरता बढ़ती है
(b) विस्तार का प्रतिशत बढ़ता है
(c) वैल्ड करने की क्षमता बढ़ती है
(d) टैन्साइल शक्ति घटती है

13. कौन-सी धातु अधिक कठोर मानी जा सकती है?
(a) चाँदी (b) ताँबा
(c) एल्युमीनियम (d) मॉलिब्डेनम

14. साइक्लॉयड प्रोफाइल गियर ······ में इस्तेमाल होते हैं।
(a) घड़ियों तथा घण्टों (b) आटोमोबाइल
(c) वायुयानों (d) मशीन के औजारों

15. स्टील के लिए पायजन रेशों है
(a) 0.27 (b) 2 (c) 0.15 (d) 0.20

16. निम्न में कौन-सा पोजिटिव ड्राइव है?
(a) फ्लैट बैल्ट ड्राइव (b) गियर ड्राइव
(c) रोप ड्राइव (d) वी-बैल्ट ड्राइव

17. रेलवे में यात्री कोच में लगाए गए बियरिंग होते हैं
(a) रोलर बियरिंग (b) बुश बियरिंग
(c) बुश बियरिंग (d) कास्ट आयरन बियरिंग

18. वायुयानों में इस्तेमाल की जाने वाली ब्रेक पद्धति होती है
(a) टलगिंग (b) हाइड्रोलिक
(c) मैकेनिकल (d) न्यूमैटिक

19. न्यूनतम झटकों के लिए कौन-सी प्रोफाइल पसन्द की जाती है?
(a) इनवोल्यूट (b) फ्लैट
(c) साइक्लोडायल (d) सिम्पल हारमीजिक

20. 'की' शायद ही कभी ······ फेल होती है।
(a) कुचलने से (b) शियरिंग में
(c) टियरिंग से (d) इनमें से कोई नहीं

21. रोन्किन सिद्धान्त ····· के लिए प्रयोग किया जाता है।
(a) टफ पदार्थ (b) डक्टाइल पदार्थ
(c) ब्रिटिल पदार्थ (d) कोमल पदार्थ

22. सरल आवर्त गति में त्वरण समानुपाती होता है
(a) विस्थापन के (b) वेग के
(c) घनत्व के (d) ऊर्जा के

23. विस्थापन तथा त्वरण के बीच कलान्तर होता है
(a) शून्य (b) $\pi/2$
(c) π (d) $\pi/4$

24. सेकण्ड लोलक का आवर्तकाल होता है
(a) 1 सेकण्ड (b) 2 सेकण्ड
(c) 1/2 सेकेण्ड (d) 4 सेकण्ड

25. एक फ्लैन्ज कपलिंग में फ्लैन्ज की मोटाई है
(a) d (b) $1/2d$
(c) $0.25d$ (d) $1/3\ d$

26. समान सामर्थ्य के लिए ठोस शाफ्ट की तुलना में खोखले शाफ्ट में भार की कमी .... होती है।
(a) 10% (b) 25%
(c) 30% (d) 40%

27. जब शाफ्ट तथा हब के बीच आपेक्षिक गति की आवश्यकता होती है, तो किस प्रकार की कुँजी प्रयोग होती है?
(a) वुडरफ (b) सैडल
(c) फेदर (d) संक

28. क्षेत्रफल जो कुँजी की क्रशिंग का प्रतिरोध करता है
(a) $l \times b$ (b) $l \times t$
(c) $l \times t/2$ (d) $l \times b/2$

29. लिंक होना चाहिए
(a) एक दृढ़ पिण्ड (b) एक प्रतिरोधी पण्डि
(c) 'a' तथा 'b' दोनों (d) इनमें से कोई नहीं

30. जब दो तत्वों के बीच पृष्ठीय सम्पर्क तथा आपेक्षिक गति होती है, तो यह कहलाता है
(a) उच्च युग्म (b) वर्तन युग्म
(c) निम्न युग्म (d) सर्पी युग्म

31. कोई भी दो लिंक जो आपेक्षिक गति को प्रतिबन्धित करते हैं, बनाते हैं
(a) गतिक युग्म (b) युग्म
(c) जोड़ (d) संरचना

32. एक पुली पर चल रही फ्लैट बेल्ट बनाती है
(a) एक बन्द युग्म (b) एक खुला युग्म
(c) एक गोलाकार युग्म (d) एक स्क्रू युग्म

33. एक इंजन के जनरल बियरिंग में घूर्णन करने वाला क्रैंक शाफ्ट बनाता है
(a) रोलिंग युग्म (b) स्लाइडिंग युग्म
(c) टर्निंग युग्म (d) स्क्रू युग्म

34. एक गतिज शृंखला में कम-से-कम ···· होना चाहिए।
(a) एक लिंक (b) दो लिंक
(c) तीन लिंक (d) चार लिंक

35. A तथा B एक ही लिंक पर दो बिन्दु हैं। A से सम्बन्धित B के वेग की दिशा होती है
(a) लिंक AB के समानान्तर
(b) AB के लम्बवत्
(c) लिंक AB के 45°
(d) लिंक AB के 30°

36. वाट गवर्नर किस चाल के लिए उपयुक्त है?
(a) 200 RPM तक (b) 500 RPM तक
(c) 75 RPM तक (d) 300 RPM तक

37. पोर्टर गवर्नर में
(a) $h \times \omega$ (b) $h \times 1/\omega$
(c) $h \times \omega^2$ (d) $h \times 1/2\omega^2$
(जहाँ, $h =$ ऊँचाई, $\omega =$ कोणीय वेग)

38. वाट गवर्नर में
(a) एक भारी स्लीव होता है
(b) एक स्प्रिंग सदा स्लीव होता है
(c) प्रोइल गवर्नर की तुलना में छोटी बॉल होती है
(d) 'a' व 'b'

39. पोर्टर गवर्नर में
(a) स्प्रिंग लोडेड स्लीव होता है
(b) भारी लदा स्लीव होता है
(c) बहुत भारी घूर्णन गेंदें होती हैं
(d) उपरोक्त में से कोई नहीं

40. एक गतिपालक पहिये की औसत गतिज ऊर्जा
(a) $I\omega^2$ (b) $I\omega^2/2g$
(c) $I\omega^2/2$ (d) $I\omega^2/4$

41. एक ग्रामोफोन के परिचालन के लिए किस प्रकार का गवर्नर प्रयोग किया जाता है?
(a) वाट (b) मिक्सिंग
(c) हार्टनैल (d) प्रोइल

42. जब किसी गतिपालक पहिये के कण शाफ्ट के अक्ष पर वृत्त में गतिमान होते हैं, ऐसे कम्पन ···· कहलाते हैं।
(a) अनुदैर्ध्य (b) अनुप्रस्थ
(c) मरोड़ी (d) अवमंदित

43. जब गतिपालक पहिये के कण शाफ्ट के अक्ष के समानान्तर कम्पित होते हैं, कम्पन ···· कहलाता है।
(a) अनुदैर्ध्य (b) अनुप्रस्थ
(c) मरोड़ी (d) अवमंदित

44. जब कोई पिण्ड बाह्य बल के अन्तर्गत कम्पित होता है, तो उसमें होता है
(a) मुक्त कम्पन (b) वलित कम्पन
(c) अवमंदित कम्पन (d) इनमें से कोई नहीं

45. एक नकल जोड़ में नकल पिन का व्यास होता है
(a) 0.25 d (b) 0.5 d
(c) d (d) 1.5 d

46. डिजाइनर का प्रकार है
(a) उत्पाद डिजाइनर (b) उपकरण डिजाइनर
(c) मशीन डिजाइनर (d) ये सभी

47. ग्रे कास्ट आयरन का प्रमुख उपयोग है
(a) पिस्टन (b) मशीनों की स्लाइड
(c) मशीनों के आधार (d) ये सभी

48. स्टील के प्रकारों के नाम है
(a) निम्न कार्बन स्टील (b) मध्यम कार्बन स्टील
(c) उच्च कार्बन स्टील (d) ये सभी

49. हाट वर्किंग कार्य के प्रकार के नाम है
(a) हॉट रोलिंग (b) फोर्जिंग
(c) स्पिनिंग (d) ये सभी

50. कोल्ड वर्किंग कार्य है
(a) ड्राइंग (b) हेडिंग
(c) स्पिनिंग (d) ये सभी

उत्तरमाला

1. (c)	**2.** (d)	**3.** (a)	**4.** (d)	**5.** (c)	**6.** (d)	**7.** (a)	**8.** (b)	**9.** (a)	**10.** (b)
11. (a)	**12.** (b)	**13.** (d)	**14.** (a)	**15.** (a)	**16.** (b)	**17.** (a)	**18.** (b)	**19.** (c)	**20.** (c)
21. (c)	**22.** (a)	**23.** (c)	**24.** (b)	**25.** (b)	**26.** (b)	**27.** (c)	**28.** (c)	**29.** (b)	**30.** (c)
31. (a)	**32.** (b)	**33.** (c)	**34.** (d)	**35.** (b)	**36.** (c)	**37.** (d)	**38.** (d)	**39.** (b)	**40.** (c)
41. (b)	**42.** (c)	**43.** (a)	**44.** (b)	**45.** (c)	**46.** (d)	**47.** (d)	**48.** (d)	**49.** (d)	**50.** (d)

7

ढलाईशाला कार्य

Foundry Practice

परिचय Introduction

इसमें वे प्रक्रम सम्मिलित हैं जिनके द्वारा विभिन्न धातुओं से ढलाईयाँ बनाई जाती हैं। ये सामान्यतया पिघली धातु को साँचों में डालकर तैयार की जाती हैं। ये साँचे रेत या किसी धातु से बनाए जाते हैं।

ढलाईशाला Foundry

यह वह परिस्थान है जहाँ धातु की ढलाईयों का उत्पादन पहले से तैयार डिजाइन के अनुसार आवश्यक उपकरणों व औजारों की सहायता से विभिन्न ढलाई-प्रक्रमों द्वारा किया जाता है।

ढलाईशाला के प्रमुख अनुभाग Main Section of Founding

- प्रतिरूप रचना अनुभाग (Pattern making sector)
- संचकन अनुभाग (Moulding section)
- गलन अनुभाग (Melting section)
- ढलाई अनुभाग (Casting section)
- ढलाईयाँ साफ करने का अनुभाग (Fettling section of casting)
- ढलाईयों का परीक्षण तथा जाँच अनुभाग
  (Testing and inspection section of casting)

प्रतिरूप रचना ढलाई प्रक्रम में प्रतिरूप (pattern) एक महत्त्वपूर्ण औजार है। यह लड़की या धातु का बना होता है। इसके द्वारा रेत में साँचे बनाए जाते हैं तथा साँचो में पिघली धातु डालकर ढलाइयाँ तैयार की जाती हैं।

प्रतिरूप पदार्थ

- लकड़ी - पाइन, महोगनी, सागौन, देवदार आदि।
- धात्विक पदार्थ - ढलवाँ लोहा, एल्युमीनियम तथा इसके अलॉय, ताँबे पर आधारित अलॉय आदि।
- प्लास्टर - प्लास्टर ऑफ पेरिस।
- प्लास्टिक - थर्मोसेटिंग तथा थर्मोप्लास्टिक

प्रतिरूप पदार्थ के लक्षण

- हल्का भार तथा अच्छी क्रियाशीलता
- सामर्थ्यवान, कठोर तथा अधिक समय तक चलते रहने योग्य
- टूट-फूट रोधी
- अपघर्षण-रोधी
- संक्षारण-रोधी
- रासायनिक-प्रतिक्रिया रोधी
- निम्न लागत
- तापमान परिवर्तन तथा आर्द्रता से अप्रभावित
- मापों में स्थायित्व
- मरम्मत करने तथा पुनः प्रयोग करने योग्य
- अच्छी सतह-परिष्करण प्राप्त करने योग्य

काष्ठ प्रतिरूप रचना के हस्त औजार

Hand Tools for Wood Pattern Making

1. **मापन तथा चिह्न औजार**
   - साधारण पैमाना
   - ट्राईस्क्वायर
   - बेवल स्क्वायर
   - ट्रेमेल
   - वर्नियर कैलीपर
   - संकुचन पैमाना
   - मार्किंग नाइफ या स्क्राइबर
   - मार्किंग गेज
   - डिवाइडर
   - कम्बीनेशन सेट
2. **कर्तन औजार**
   - दस्ती आरी
   - टेनन आरी
   - कम्पास आरी
   - धनु आरी
   - रिप आरी
   - डवटेल आरी
   - ही-होल आरी
3. **समतलन औजार**
   - जैक रंदा
   - रिवेट प्लेन
   - राउटर
   - समकारी रंदा
   - ब्लॉक प्लेन
   - स्पोक शेव
4. **रूखानियाँ**
   - फर्मर चीजल
   - पैरिंग चीजल
   - गॉज
   - डवटेल चीजल
   - मोरटाइस चीजल
5. **ड्रिलिंग तथा बोरिंग टूल्स**
   - ओगर
   - गिमलेट
   - ट्विस्ट ड्रिल
   - ऑगर बिट
   - काउन्टर सिंक बिट
   - ब्रॉडाल
   - ब्रेस तथा बिट
   - ट्विस्ट बिट
   - सेन्टर बिट
   - एक्सपेंशन बिट

6. **होल्डिंग तथा सपोर्टिंग टूल्स**
- बेचवाइस या कारपेन्ट्री वाइस
- बार-क्लैम्प
- क्लैम्प
- हैंड स्क्रू

7. **विविध औजार**
- रेती
- मैलेट
- ऑयल स्टोन

8. **विशेष औजार**
- पैटर्न मेकर संकुचन पैमाना
- कोर बॉक्स प्लेन
- पैटर्न मेकर सॉ
- गॉज (गोलची)
- पैटर्न फिलेट आयरन

काष्ठ प्रतिरूप रचना की मशीनें
- वुड वर्किंग लेथ
- सर्कुलर सॉ
- बैंड सॉ
- जिग-सॉ
- प्लेनर
- शेपर
- पैटन मिलिंग मशीन
- ग्रान्डिंग टूल्स की मशीनें

पैटर्न के प्रकार Types of Patterns
- ठोस तथा एक खण्ड प्रतिरूप
- बिभक्त प्रतिरूप,
- द्वारयुक्त प्रतिरूप
- समयोगी पट्टिका प्रतिरूप
- लूज पैटर्न
- स्कैलटन पैटर्न
- बुहारी प्रतिरूप

विभिन्न प्रकार की प्रतिरूप छूट Various Pattern Allowances
- संकुचन छूट
- टेपर या पृष्ठ ढाल छूट
- मशीनन छूट
- रैपिंग या शेकिंग छूट

प्रतिरूप अभिन्यास Pattern Layout
प्रतिरूप सामान्यतया ढलाई की उपलब्ध ड्राइंग के अनुसार निर्मित किए जाते हैं, परन्तु उनका निर्माण करने से पूर्व एक अभिन्यास तैयार किया जाता है जिसे प्रतिरूप अभिन्यास कहते हैं।

कोर प्रिन्ट Core Print
यह प्रतिरूप का ऐसा प्रक्षेपित अंग होता है जो साँचे में अपने ही आकार की ऐसी केविटी का निर्माण कर देता है जिसमें साँचे में कोर को सहारा दिया जा सके।

कोर Core
ढलाइयों में सामान्यतया छिद्र तथा विभिन्न आकार के खोखले स्थान छोड़ने की आवश्यकता होती है। ऐसे स्थानों को धातुरहित रखने के लिए साँचे में कोर या क्रोड का प्रयोग किया जाता है। यह सामान्यत: कोर सैन्ड से बनाए जाते हैं।

विभिन्न प्रकार के कोर प्रिन्ट
- क्षैतिज कोर प्रिन्ट
- ऊर्ध्व कोर प्रिन्ट
- सन्तुलित कोर प्रिन्ट
- स्ट्रिकल टाईप कोर बॉक्स
- लूज पीस कोर बॉक्स।

मॉल्डिंग (संचकन) Moudling
किसी भी ढलाई के निर्माण में उसके प्रतिरूप से बालू में साँचा तैयार करके तथा उसमें पिघली धातु डालकर ठोस आकृति तैयार की जाती है। इस क्रम में साँचा बनने की क्रिया को संचकन कहते हैं।

संचकन क्रिया में साँचा दो प्रकार से बनाया जाता है

1. हस्त संचकन **2.** मशीन संचकन

मॉल्डिंग बालू Moulding Sand
यह किसी भी ढलाईशाला का प्रमुख कच्चा पदार्थ है जिसका प्रयोग सामान्यतया सभी प्रकार की ढलाइयों में किया जाता है चाहे ढलाई की धातु लोहे की हो या अलौह प्रकार की।

संचकन बालू के अवयव Elements of Moulding Sand
1. सिलिका रेत **2.** क्ले **3.** नमी

संचकन बालू के बन्धक पदार्थ
Binding Materials of Moulding Sand

कार्बनिक बन्धक
उदाहरण सीरा, डेक्सट्रीन, अलसी का तेल, डामर (Pitch), रेसिन (Resin) आदि।

अकार्बनिक बन्धक
उदाहरण सीमेण्ट, क्ले, सोडियम सिलिकेट, लकड़ी का बुरादा, कोयला चूर्ण, सीरा, डैक्सट्रीन आदि

विभिन्न प्रकार की संचकन बालू
Many Types of Moulding Sand
- आर्द्र बालू
- शुष्क बालू
- लोम बालू
- फलकन बालू
- पश्चक बालू या फर्श बालू
- पृथक्कारी बालू
- क्रोड बालू

संचकन प्रक्रमों का वर्गीकरण
Classification of Moudling Processes

साँचा तैयार करने की विधि के अनुसार
1. **हस्त संचकन**
- फर्श संचकन
- बेंच संचकन
- गर्त संचकन
- बुहारी संचकन
- प्लेट संचकन
- गैस की संचकन विधि

2. **मशीन संचकन**

साँचा तैयार करने में प्रयुक्त बालू के प्रकार के अनुसार
- आर्द्र बालू संचकन
- शुष्क बालू संचकन
- सतही शुष्क बालू संचकन
- लोम बालू संचकन

हस्त संचकन के औजार Tools of Hand Moulding
- संचकन बक्से (Moulding box)
- बेलचा (Shorel)
- छन्नी (Riddle)
- थापियाँ (Rammers)
- कन्नियाँ (Trowels)
- समकारक (Smootheners)
- हृदयकार तथा वर्ग औजार (Heart and square tool)
- उत्थापक तथा क्लीनर (Lifter and cleaner)
- ड्रॉ-स्पाइक (Draw spike)
- धौकनी (Bellow)

- द्वार कर्तक (Gate cutter)
- स्वैब (Swab)
- छिद्रक तार (Vent wire)
- कर्तक छड़ (Strike off bar)
- नाली पैग (Drain peg)
- स्लिक (Slick)
- गैगर्स (Gaggers)

विभिन्न प्रकार के कोर Many Types of Cores

- क्षैतिज कोर
- सन्तुलित कोर
- हैंगिंग कोर
- ऊर्ध्व कोर
- कवर कोर
- विंग कोर

विभिन्न प्रकार की संचकन मशीनें

Many Types of Moulding Machines

1. **संचकन बालू भरने तथा कूटने वाली मशीनें**
   - निष्पीडक मशीन
   - तल निष्पीडक मशीन
   - बालू प्रक्षेपक
   - पटल निष्पीडक मशीन
   - जोल्ट निष्पीडक मशीन
2. **प्रतिरूप को साँचे से बाहर निकालने वाली मशीनें**
   - विलगक पट्टिका संचकन मशीन
   - सीधा कर्षण संचकन मशीन
   - टर्न ओवर संचकन मशीन

उच्च ताप सह पदार्थ Refractory Materials

ऐसे अधात्विक पदार्थ जो भट्टी, ओवन आदि के उच्च तापक्रमों को सहन करने में सक्षम हों, उच्च ताप सह पदार्थ कहलाते हैं, जैसे-सिलिका, मृतिका आदि।

उपयोग

उच्च ताप सह पदार्थों का उपयोग भट्टियों, ओवन भट्टी चिमनियों बॉयलरों के दहन कक्षों, स्टोवों, ड्रायर्स आदि की भीतरी सतहों पर अस्तर लगाने तथा क्रूसिबल बनाने में किया जाता है।

उच्च ताप सह पदार्थों के लाभ

Advantages of Refractory Materials

- उच्च ताप सह पदार्थ भट्टी में उपजी ऊष्मा को शोषित कर लेते हैं तथा व्यर्थ नहीं जाने देते।
- भट्टी की धात्विक दीवारों को ऊष्मा से क्षति नहीं पहुँचने देते।
- भट्टी को अधिक देर तक गर्म रखते हैं।

उच्च ताप सह पदार्थों का वर्गीकरण

Classification of Refractory Materials

अम्लीय

- सिलिका
- फायर क्ले

बेसिक

- कार्बन तथा ग्रेफाइट
- सिल्ली मॉनाइट
- क्रोमाइट

विभिन्न प्रकार की ढलाईशाला भट्टियाँ

Many Types of Foundry Furnances

- क्रूसिबल भट्टी
- क्यूपोला
- ओपन हर्थ फरनेस
- कनवर्टर
- ब्लास्ट फरनेस
- नमनशील फरनेस
- रिवरबरेट्री फरनेस
- एयर फरनेस
- विद्युत भट्टी

क्रूसिबल भट्टी

इस भट्टी का उपयोग मुख्यतया अलौह धातुओं तथा उनकी मिश्रधातुओं को गलाने में होता है, जैसे—पीतल, ताँबा, ब्रौंज, श्वेत धातु, एल्युमीनियम आदि। इन भट्टियों में धातुओं को गलाने में जिस पात्र का प्रयोग होता है, उसे क्रूसिबल कहते हैं। यह सामान्यतया क्ले तथा ग्रेफाइट के मिश्रण को विशिष्ट आकृतियों में ढालकर निर्मित किए जाते हैं। यह 1 से 400 नम्बर तक के साइजों में उपलब्ध होते हैं। क्रूसिबल का नम्बर उसमें धातु गलाने की क्षमता को व्यक्त करता है। इन भट्टियों में धातु गलाने के लिए ईंधन के रूप में कोक, तेल या गैस प्रयोग किए जाते हैं।

प्रयुक्त ईंधन के आधार पर ये भट्टियाँ दो प्रकार की होती हैं

1. कोक दुग्ध क्रूसिबल भट्टी
2. तेल और गैस दुग्ध क्रूसिबल भट्टी

ढलाईशाला में काम आने वाले धात्विक पदार्थ

Metallic Materials of Foundry

- पिग आयरन (कच्चा लोहा)
- जस्ता (जिंक)
- सीसा (लैड)
- काँसा (ब्रौंज)
- फॉस्फर ब्रौंज
- ढलवाँ लोहा (कास्ट आयरन)
- एल्युमीनियम
- पीतल
- गन मैटल
- बैल मैटल

लैडल Laddles

गलित धातु को भट्टी से साँचों तक ले जाने के लिए विभिन्न प्रकार के पात्रों का प्रयोग किया जाता है, जिन्हें लैडल कहते हैं।

ये निम्न प्रकार होते हैं

- हैण्ड लैडल
- टी-पॉट लैडल
- बॉटम पोर लैडल
- शैंक लैडल
- मोनो-रेल लैडल

ढली वस्तुओं के दोष Defect of Castings

- ब्लो होल्स
- पिन होल्स
- स्कैब
- डर्ट
- शिफ्ट
- पोर्ड शीट
- रन आउट
- वारपेज
- फ्यूजन
- गैस होल्स
- ड्रॉप
- हॉट टियर्स तथा क्रैक्स
- कोल्ड शट
- संकुचन
- स्वेलिंग
- हनी कोम्बिंग या इनक्लूजन
- शॉर्ट मेटल

44 ढलाईशाला कार्य

ढलजों का सम्भरण Fettling of Castings

यह तैयार ढलजों के अवांछित प्रक्षेपित धातु अंगों (रनर, राइजर, गेट आदि) को विभिन्न प्रक्रमों द्वारा ढलजों से पृथक करके उन्हें साफ करने की क्रिया है।

सम्भरण प्रक्रम Fettling Processes

- चिपिंग
- ऑक्सी-एसीटिलीन फ्लेमकटिंग
- साइंग
- ग्राइण्डिंग

ढलजों का निस्तारण Salvaging of castings

दोषपूर्ण ढलाइयों की मरम्मत करके उन्हें दोषमुक्त करने की विधि को निस्तारण कहते है।

ये निम्न प्रकार की होती हैं

- मेटल आर्क वैल्डिंग
- कार्बन आर्क वैल्डिंग
- सोल्डरिंग
- स्ट्रेटनिंग
- ऑक्सी-एसीटिलीन गेस वैल्डिंग
- ब्रेजिंग या ब्रेज वैल्डिंग
- रेसिन संसेचन

मॉडल प्रश्न

1. इलेक्ट्रिक फरनेस सामान्यत: तापमान तक चलाए जाते हैं
(a) 1700° C (b) 2000° C
(c) 1000° C (d) 2500° C

2. प्लास्टिक पैटर्न तथा कोर बॉक्स के बने होते हैं
(a) बोन चाइना क्ले (b) प्लास्टर ऑफ पेरिस
(c) जिप्सम सीमेण्ट (d) सफेद पाउडर

3. मोम के पैटर्न
(a) नॉन फरेस कास्टिंग में प्रयोग होते हैं
(b) इनवेस्टमेन्ट प्रोसेस में प्रयोग होते हैं
(c) मशीन मोल्डिंग प्रोसेस में प्रयोग होते हैं
(d) उपरोक्त में से कोई नहीं

4. मैग्नीशियम को पिघलाने के लिए फ्लक्स का प्रयोग
(a) अशुद्धताओं को दूर करता है
(b) मैग्नीशियम मिश्रणों को जलने से रोकता है
(c) मजबूत कास्टिंग के निर्माण को सुगम करता है
(d) उपरोक्त सभी

5. पैटर्न बनाने के लिए कौन-सी लकड़ी प्रयोग होती है?
(a) महोगनी (b) टीक
(c) पाइन (d) ये सभी

6. सामान्यत: पॉलीस्ट्रीन निम्न रूप में मिलती है
(a) प्लेट (b) वर्गाकार खण्ड
(c) ट्रैपेजायडल मोल्ड (d) इनमें से कोई नहीं

7. मशीनिंग के लिए कौन-सी लकड़ी कठिन है?
(a) ताजी फेल्ड लकड़ी
(b) पुरानी तथा प्रयोग की गई लकड़ी
(c) फ्लिन सूखी लकड़ी
(d) उपरोक्त में से कोई नहीं

8. उपयोग किए जाने वाले पैटर्न
(a) मोम से बनते हैं
(b) पॉलीस्ट्रीन से बनते हैं
(c) प्लास्टर ऑफ पेरसि से बनते हैं
(d) उपरोक्त में से कोई नहीं

9. रेत की परमीएबिलिटी घटती है, तो
(a) कॉम्पैक्ट गैस बढ़ती है (b) नमी वाले पदार्थ बढ़ते हैं
(c) जोड़ने वाले पदार्थ बढ़ते हैं (d) ये सभी

10. पिघली हुई रेत के मुख्य इनग्रेडिएन्ट हैं
(a) सिलिका रेत, कार्बन, पानी
(b) सिलिका रेत, हाइड्रोकार्बन, नमी
(c) सिलिका रेत, चिकनी मिट्टी, पानी
(d) सिलिका रेत, डस्ट कार्बन

11. फाउन्ड्री रेत में प्रयुक्त चिकनी मिट्टी होती है
(a) काओलोनाइट (b) मोन्टोमोरिलोनाइट
(c) इलाइट (d) ये सभी

12. स्पोकेशव होता है
(a) प्लेनिंग औजार (b) साइंग औजार
(c) बोरिंग औजार (d) लेआउट औजार

13. सामान्यत: स्कैलटन पैटर्न ...... में प्रयुक्त होते हैं।
(a) होलो कास्टिंग में (b) नॉन फेरस कास्टिंग में
(c) लार्ज कास्टिंग में (d) ये सभी

14. साँचे में ढली हुई रेत की ताप संग्रह क्षमता को ..... मिलाकर बढ़ाया जा सकता है।
(a) क्रोमाइट (b) ग्रेफाइट
(c) मैग्नीशियम पाउडर (d) इनमें से कोई नहीं

15. मोल्डिंग रेत में मिलाई गई कोयले की डस्ट की मात्रा निर्भर करती है
(a) कास्टिंग की मोटाई पर (b) कास्टिंग के आकार पर
(c) कास्टिंग के वजन पर (d) ये सभी

16. .... की विधि से आयरन अयस्क से ब्लास्ट फरनेस में पिग आयरन प्राप्त होता है।
(a) रिडक्शन (b) डिसल्फराइजेशन
(c) ऑक्सीडाइजेशन (d) कार्बोनेशन

17. .... का गलनांक बिन्दु अधिकतम होता है।
(a) कास्ट आयरन (b) टंगस्टन
(c) निकिल (d) स्टील

18. निम्नलिखित में किसी एक में उड़ेलने की दर न्यूनतम होती है
(a) स्टील (b) एल्युमीनियम
(c) पीतल (d) कास्ट आयरन

19. डाई कास्टिंग में किस स्थान पर चमक उत्पन्न होती है?
(a) दो डाइयों की अलग होने वाली सतह पर
(b) डाइयों के बीच में छिद्रों में
(c) इंजेक्शन पिनों में
(d) गेटिंग सिस्टम

20. सामान्यत: पिग आयरन में सल्फर की मात्रा है
(a) 0.5% - 0.10% (b) 0.2% - 0.8%
(c) 0.01% - 0.3% (d) 0.6% - 0.7%

21. निम्नलिखित में कास्ट आयरन में अधिक शक्तिशाली कार्बाइड बनाने वाला कौन-सा है?
(a) सिलिकॉन (b) क्रोमियम
(c) वैनेडियम (d) निकिल

22. ग्रे कास्ट आयरन प्राप्त करने के लिए पोरिंग तापमान होना चाहिए
(a) 1510-1532° C (b) 1620-1640° C
(c) 1800-1900° C (d) 1400-1500° C

23. निम्नलिखित में से कौन-सी धातु प्लास्टिक के ढाँचे में ढाली जा सकती है?
(a) पीला पीतल (b) मैंगनीज
(c) एल्युमीनियम (d) ये सभी

24. डाई-कास्टिंग की डाइयाँ सामान्यत: ······· बनी होती हैं।
(a) ब्रोंज (b) अलॉय स्टील
(c) एल्युमीनियम अलॉय (d) कास्ट आयरन

25. डाई-कास्ट किए गए भागों की शेविंग से ······· को हटाया जा सकता है।
(a) फ्लेश (b) रबर
(c) स्क्रू (d) ये सभी

26. एल्युमीनियम की कास्टिंग की अनीलिंग के लिए इसको इस तापमान तक गर्म किया जाता है
(a) 520° C (b) 325° C
(c) 425° C (d) 525° C

27. जब कास्टिंग की सतह की रचना की जाती है, तब इसकी सतह पर किस प्रकार के छेद दिखाई पड़ते हैं?
(a) गैस होल्स (b) पिन होल्स
(c) ब्लो होल्स (d) स्लैग होल्स

28. कास्ट आयरन में सल्फर की मौजूदगी से
(a) द्रव्यता घटती है (b) कुरकुरापन बढ़ता है
(c) ऑक्सीडेशन बढ़ता है (d) ये सभी

29. मिश्रण किए जाने वाले संघटकों का असमान वितरण कहलाता है
(a) एजिंग (b) सेग्रीगेशन
(c) ब्लोडिंग (d) इन्नोक्लेशन

30. कास्ट आयरन में निकिल मिलाने से ····· बढ़ती है।
(a) कठोरता (b) जंग रहित होना
(c) टेन्साइल स्ट्रेंथ (d) ये सभी

31. आयरन में अधिक सिलिकॉन होने से
(a) क्षति कम होती है
(b) मशीनेबिल योग्य होता है
(c) रंग भूरा होता है
(d) उपरोक्त में से कोई नहीं

32. शल मोल्डिंग निम्न के लिए बचतपूर्ण साधन नहीं है
(a) छोटी कास्टिंग
(b) छोटे स्तर वाले प्रोडक्शन में
(c) बड़े स्तर वाले प्रोडक्शन में
(d) उपरोक्त सभी

33. उड़ेलने का न्यूनतम तापमान ········ का है।
(a) मोनल मैटल (b) टिन ब्रौंज
(c) फॉस्फर ब्रौंज (d) क्यू प्रो-निकिल अलॉय

34. निम्न में कौन-सी विधि स्टील मैल्ट करने में प्रयोग की जाती है?
(a) डुप्लैक्स विधि (b) कोल्बे विधि
(c) एलडी विधि (d) ये सभी

35. शेल मोल्डिंग निम्न के लिए प्रयुक्त की जा सकती है
(a) उच्चतर सतह के बनाने में
(b) टोलेरेन्स 0.002 मिमी के क्रम में होती है
(c) पतली कास्टिंग बनाने के लिए
(d) उपरोक्त सभी

36. क्यूपोला में मैल्टिंग के कारण निम्न के अलावा सब तत्वों का प्रतिशत घट जाता है
(a) कार्बन (b) सल्फर
(c) फॉस्फोरस (d) सिलिकॉन

37. ब्लास्ट फरनेस में वायु का हॉट ब्लास्ट ····· के माध्यम से होता है।
(a) स्पाउट (b) प्रोप
(c) ट्वीयर्स (d) स्टोव

38. ताँबे का गलनांक न्यूनतम होता है
(a) 1083° C (b) 1040° C
(c) 1050° C (d) 1045° C

39. निम्न में से किस धातु का गलनांक न्यूनतम होता है?
(a) चाँदी (b) लोहा
(c) पीतल (d) मैग्नीशियम

40. निम्न में कोर को सख्त करने की विधि है
(a) फ्यूरॉन सिस्टम (b) CO_2 विधि
(c) कसेल्ट सेट विधि (d) ये सभी

उत्तरमाला

1. (a)	**2.** (c)	**3.** (b)	**4.** (d)	**5.** (d)	**6.** (a)	**7.** (a)	**8.** (b)	**9.** (b)	**10.** (c)
11. (d)	**12.** (a)	**13.** (c)	**14.** (a)	**15.** (a)	**16.** (a)	**17.** (b)	**18.** (b)	**19.** (a)	**20.** (c)
21. (c)	**22.** (a)	**23.** (d)	**24.** (b)	**25.** (a)	**26.** (b)	**27.** (a)	**28.** (d)	**29.** (b)	**30.** (d)
31. (a)	**32.** (b)	**33.** (a)	**34.** (d)	**35.** (d)	**36.** (a)	**37.** (c)	**38.** (a)	**39.** (d)	**40.** (d)

8
ताप-स्थानान्तरण
Heat-Transfer

परिचय Introduction

थर्मोडायनामिक्स भौतिक विज्ञान का क्षेत्र है जोकि एनर्जी इन मोशन जिसे ताप कहते हैं और किसी पदार्थ की मात्रा की यान्त्रिक गति के बीच सम्बन्ध से सम्बन्धित होता है। ऐसे सम्बन्धों को पदार्थ के छोटे-छोटे कणों या स्ट्रक्चर्स में सर्वदा बदलने वाले प्रभाव को थर्मामीटर कहते हैं।

तापक्रम

तापक्रम पदार्थ में एक दशा का नाम है जो ताप ऊर्जा के चलने की दिशा तथा मान निर्धारित करता है।

ताप ऊर्जा की इकाइयाँ

ताप ऊर्जा की एस आई यूनिट में इकाई जूल है।

विशिष्ट ऊष्मा

1 किग्रा पदार्थ वाले किसी पदार्थ का तापक्रम 1°C बढ़ाने के लिए आवश्यक ऊष्मा की मात्रा को पदार्थ की विशिष्ट ऊष्मा कहते हैं तथा इसे °C द्वारा सम्बोधित करते हैं। इसकी इकाई जूल प्रति किग्रा प्रति डिग्री सेल्सियस $(J/Kg/°C)$ है।

तापक्रम की माप

तापक्रम की माप की सामान्य विधियाँ हैं-थर्मोकपल्स, फिल्ड, सिस्टम्स, बाइमैटलिक एलीमेंटस, सही तापक्रम तथा उससे सम्बन्धित साधन मुख्यत: चार कारकों पर निर्भर करते हैं, जैसे-पद्धति की लागत, परिशुद्धता, निर्भर योग्यता, कार्यविधि की अनुकूलता।

एक्सपेंशन थर्मामीटर्स

सॉलिड तथा लिक्विड पदार्थों को जब गर्म किया जाता है तो वे फैलते हैं। इस गुण का तापक्रम की माप में प्रयोग किया जाता है। किसी सेकण्ड्री ट्रांसड्यूसर से सिंगनल के साइज में बढ़ोतरी जोकि इसका पता लगाती है, का प्रयोग कई प्रकार के थर्मामीटर्स में तापक्रम दर्शाने के लिए किया जाता है।

थर्मोकपल्स

यह कम तापक्रम तथा अधिक तापक्रम की माप लेने के लिए एक महत्त्वपूर्ण प्रकार का इंस्ट्रूमेन्ट है। इसकी कार्य प्रणाली सीबेक प्रभाव पर आधारित है। इस प्रभाव के अनुसार यदि असमान धातुओं के इलेक्ट्रिक कण्डक्टर्स को सर्किट बनाने के लिए जोड़ा जाए तो यह पाया जाता है कि जब दो जोड़ विभिन्न तापक्रमों (θ_1 तथा θ_2) पर होते हैं तब जोड़ पर थोड़ा-सा इलेक्ट्रोमोटिव फोर्स (e_1 तथा e_2) उत्पन्न होते हैं तथा इनके बीजगणितीय योग के कारण करण्ट (i) संचार करने लगता है। थर्मोकपल मैटीरियल की निम्नलिखित दो श्रेणियाँ हैं
(i) बेस मैटल कपल्स।
(ii) रियल मैटल कपल्स जिनमें प्लेटिनम, रेडियम, इरीडियम आदि।

बेस मैटल कपल्स

1.	पॉजिटिव वायर	कॉपर
	निगेटिव वायर	कॉन्सटेन्टन (लगभग 40% निकिल, 60% कॉपर)
	टेम्प्रेचर रेंज	−250 से +400° C
	अधिकतम स्पॉट	500° C
2.	पॉजिटिव वायर	आयरन
	निगेटिव वायर	कॉन्सटेन्टन
	टेम्प्रेचर रेंज	−200 से +850° C
	अधिकतम स्पॉट	1100° C
3.	पॉजिटिव वायर क्रोमल	(90% क्रोमियम, 10% निकिल)
	निगेटिव वायर	एल्यूमल (94% निकिल, 20% एल्युमीनियम + सिलिकॉन + मैंगनीज)
	टेम्प्रेचर रेंज	−200 से +1100° C
	अधिकतम स्पॉट	1300° C
4.	पॉजिटिव वायर	क्रोमल
	निगेटिव वायर	कॉन्सटेन्टन
	टेम्प्रेचर रेंज	−200 से +850° C
	अधिकतम स्पॉट	1100° C

रियर मैटल कपल्स

1.	पॉजिटिव वायर	प्लेटिनम 90%, रेडियम 10%
	निगेटिव वायर	प्लेटिनम
	टेम्प्रेचर रेंज	0 से +1400° C
	अधिकतम स्पॉट	1650° C

2. पॉजिटिव वायर — टंगस्टन 95%, रेडियम 5%
   निगेटिव वायर — टंगस्टन 72%, रेडियम 28%
   टेम्प्रेचर रेंज — 0 से +2600° C
3. पॉजिटिव वायर — रेडियम, इरीडियम
   निगेटिव वायर — इरीडियम
   टेम्प्रेचर रेंज — 0 से +2100° C

तापमान मापने के लिए प्रयुक्त थर्मामीटरों के प्रकार

- सेण्टीग्रेड थर्मामीटर
- फारेनहाइट थर्मामीटर
- रियूमर थर्मामीटर
- परमताप या कैल्विन

तापमानों में आपस में सम्बन्ध

$$\frac{C}{100}=\frac{F-32}{180}=\frac{R}{80}$$

जहाँ, C = सेण्टीग्रेड
F = फारेनहाइट
R = रियूमर

तथा $T°\text{ A} = t°\text{ C}+273$

जहाँ, $T°\text{ C}$ = परमताप
$t°\text{ C}$ = सेण्टीग्रेड तापमान

ऊष्मा के संचरण की विधियाँ

चालन

ऊष्मा संचालन की वह विधि है जिसमें ऊष्मा एक स्थान से दूसरे स्थान पर कणों द्वारा चलती है, परन्तु कण स्वयं नहीं चलते। जैसे-लोहे की छड़ का एक सिरा आग में रखने पर कुछ समय बाद छड़ का दूसरा सिरा जो आग से बहुत दूर होता है, भी गर्म हो जाता है। छड़ के कण जो आग के पास होते हैं, गर्म होकर अपने साथ वाले कणों को ऊष्मा प्रदान करते हैं। इस प्रकार ऊष्मा छड़ के अन्तिम सिरे तक पहुँच जाती है।

संवहन

ऊष्मा संचलन की वह विधि है जिसमें वस्तु के कण ऊष्मा के स्रोत के पास आते हैं तथा ऊष्मा लेकर चले जाते हैं इस प्रकार ऊष्मा स्रोत के पास ठण्डे कणों के आने गर्म कणों के जाने का क्रम-सा बन जाता है। जैसे-एक बर्तन को पानी से भरकर उसमें पोटैशियम परमैगनेट डालकर गर्म करते हैं। गर्म करते समय पानी में लाल कणों का नीचे से ऊपर तथा ऊपर से नीचे आना शुरू हो जाता है।

विकिरण

ऊष्मा संचरण की वह विधि है जिसमें ऊष्मा एक स्थान से दूसरे स्थान तक बीच के माध्यम को गर्म किए बिना ही पहुँच जाती है। जैसे-सूर्य द्वारा पृथ्वी को गर्म करना व आग की गर्मी का दूर बैठे व्यक्ति तक पहुँचना।

विशिष्ट ऊष्मा

किसी वस्तु के ताप को $t°$ Cतक बढ़ाने के लिए आवश्यक ऊष्मा की मात्रा तथा वस्तु के समान पानी के ताप को $t°$ C तक बढ़ाने के लिए आवश्यक ऊष्मा की मात्रा के अनुपात को वस्तु की विशिष्ट ऊष्मा कहते हैं। इसे 'S' द्वारा प्रदर्शित किया जाता है।

विशिट ऊष्मा

$$=\frac{\text{के लिए आवश्यक ऊष्मा}}{\text{mgm पानी के ताप को } t°\text{ C तक बढ़ाने त के लिए आवश्यक उष्मा}}$$

ऊष्मा धारिता

किसी वस्तु की कुल मात्रा का ताप 1°C तक बढ़ाने के लिए आवश्यक ऊष्मा की मात्रा को ऊष्मा धारिता कहते हैं। यह कैलोरी में मापी जाती है।

ऊष्मा धारिता $= m\times s$ कैलोरी

m = वस्तु की संहति ग्राम में
s = वस्तु की विशिष्ट ऊष्मा

जल तुल्यांक

पानी की मात्रा का तापमान 1°C तक बढ़ाने के लिए उतनी ऊष्मा की आवश्यकता है, जितनी कि वस्तु का तापमान 1°C तक बढ़ाने के लिए आवश्यक है, को वस्तु का जल तुल्यांक कहते हैं। इसकी इकाई ग्राम है।

वस्तु की ऊष्मा धारिता = वस्तु का जल तुल्यांक

कार्य का ऊष्मा से सम्बन्ध

4.2×10^7 अर्ग कार्य करने से एक कैलोरी ऊष्मा पैदी होती है अथवा एक कैलोरी ऊष्मा से 4.2×10^7 अर्ग कार्य किया जा सकता है।

गलनांक

जब किसी ठोस को गर्म किया जाता है तो वह पिघलना शुरू हो जाता है। जिस तापमान पर ठोस द्रव में पिघलता है। उस तापमान को वस्तु का गलनांक कहते हैं। बर्फ का गलनांक 0°C होता है।

मॉडल प्रश्न

1. तापमान का ········ से गहरा सम्बन्ध है।
   (a) तापमान (b) ऊर्जा (c) द्रव्य (d) संवेग
2. सामान्यत: फरनेस का भीतरी तापमान ······ से नापा जाता है।
   (a) ऑप्टिकल पायरोमीटर (b) मरकरी थर्मामीटर
   (c) गैस थर्मामीटर (d) एल्कोहॉल थर्मामीटर
3. निम्न तापमान प्रयोग करने के लिए कौन-सा इनसुलेटिंग मैटीरियल उचित है?
   (a) कार्क (b) डायटोमाक्स अर्थ
   (c) एस्बेस्टस (d) फ्यूज्ड एल्युमिना ईंट
4. कौन-सी तरल धातु सर्वोत्तम संवाहक (कण्डक्टर) मानी जाती है?
   (a) सोडियम (b) जिंक (c) पोटैशियम (d) पारा
5. निम्न में से कौन-सा अधिक वाष्प बनाने वाला है
   (a) समुद्र के नजदीक, नमक का
   (b) ढंका हुआ तैरने वाला तालाब
   (c) पहाड़ के नजदीक
   (d) पाइप से रिसता हुआ जल
6. कमरे के तापमान पर थर्मल संवाहकता मान हो सकता है
   (a) 0.5 किलोकैलोरी/मी-घण्टा-° C
   (b) 0.05 किलोकैलोरी/मी-घण्टा-° C
   (c) 0.1 किलोकैलोरी/मी-घण्टा-° C
   (d) 0.2 किलोकैलोरी/मी-घण्टा-° C

7. गैसों में कमजोर होती है
(a) ट्रांसमिसिविटी (b) एब्जारविटी
(c) रिफलेक्टविटी (d) इनमें से कोई नहीं

8. कौन-सा ऐसा अधात्विक पदार्थ है जिसमें सर्वाधिक उत्सर्जनता होती है?
(a) कागज (b) रबर (c) बर्फ (d) कार्बन

9. धुन्ध (Fog) का निर्माण ······ से होता है।
(a) वायुमण्डल का तापमान गिरना
(b) द्रव्यों की डेन्सिटी
(c) रिलेटिव ह्युमिडिटी
(d) हाई प्रेशर

10. साइक्रोमैट्रिक चार्ट में एब्सीसा दर्शाता है
(a) गीले बल्ब का तापमान (b) सूखे बल्ब का तापमान
(c) एन्थाल्पी (d) रिलेटिव ह्युमिडिटी

11. ताप, ताप स्थानान्तरण की सभी तीनों विधियों से ······ के ताप स्थानान्तरण में स्थानान्तरित हो जाती है।
(a) बॉयलर भट्टी (b) रेफ्रीजरेशन
(c) कनडेन्सर्स (d) इलेक्ट्रिक कैटिल

12. निम्न में कौन-सी विधि रबर की थर्मल कण्डक्टिविटी मालूम करने के लिए प्रयोग की जाती है?
(a) सियलीस विधि
(b) ली की डिस्क विधि
(c) सिलेण्ड्रीकल शैल विधि
(d) लेबी तथा हर्कस विधि

13. निम्न में से कौन-से पदार्थ की थर्मल डिफ्यूजिविटी अधिकतम मूल्य की होती है?
(a) लैड (b) मिनरल वूल (c) कंक्रीट (d) स्टील

14. ऑक्सीजन का क्वथनांक –183° C है। यह तापमान ° F में है
(a) –215° (b) –360° (c) –220° (d) –227°

15. पानी की थर्मल कण्डक्टिविटी 20°C पर होती है
(a) 0.08 (b) 0.15 (c) 0.05 (d) 0.07

16. औद्योगिक गर्म गैसों की सेन्सीबल हीट को पुनः प्राप्त किया जा सकता है
(a) रिजेनरेटर या रिक्यूपीरेटर के द्वारा
(b) रिजेनरेटर से
(c) रिक्यूपीरेटर से
(d) उपरोक्त में से कोई नहीं

17. हीट सेन्सीटिव द्रव्य ········· के द्वारा जुड़े होते हैं।
(a) डिऑक्सीडाइजर्स के प्रयोग से
(b) शून्य स्थान के प्रयोग से
(c) निम्न मात्रा के प्रयोग से
(d) निम्न तापीय तीव्रता के प्रयोग से

18. बूँद-बूदँ द्वारा कण्डेनसेशन होता है
(a) तैलीय सतह पर (b) कोटेड सतह पर
(c) चिकनी सतह पर (d) चमकीली सतह पर

19. दीवार द्वारा छोड़ी गई ताप दर होगी
(a) 16000 किलोकैलोरी/घण्टा (b) 20000 किलोकैलोरी/घण्टा
(c) 48000 किलोकैलोरी/घण्टा (d) 45000 किलोकैलोरी/घण्टा

20. ताप को आपसी बदलाव करने वालों में बैफल्स ·········· लगाए जाते हैं।
(a) ताप की स्थानान्तरण दर को बढ़ाने के लिए
(b) धूल को हटाने के लिए
(c) ताप स्थानान्तरण दर को घटाने के लिए
(d) वाइब्रेशन (कम्पन) कम करने के लिए

21. विकिरण शील्ड में ······ होनी चाहिए।
(a) अधिक परावर्तिता (b) कम परावर्तिता
(c) अधिक एनिसिवटी (d) इनमें से कोई नहीं

22. किस फ्लूड कॉम्बीनेशन के लिए कुल ताप का स्थानान्तरण कोएफीशियेन्ट न्यूनतम होगा
(a) हवा से भारी अलकतरे तक (b) एल्कोहॉल कण्डेन्सर्स
(c) फीट वाटर हीटर्ज (d) एयर कण्डेन्सर्स

23. स्पेसिफिक हीट की विमा होती है
(a) $LT^2\theta^{-1}$ (b) $LT^2\theta$ (c) $LT^1\theta^{-1}$ (d) $LT\theta^2$

24. एक पतली गोलाकार डिस्क में एक संकेन्द्रित छेद है। गर्म करने पर छेद का व्यास
(a) बढ़ेगा (b) स्थिर रहेगा
(c) घटेगा (d) इनमें से कोई नहीं

25. दो सतहों के बीच ताप विकिरण स्थानान्तरण को कम किया जा सकता है
(a) सतहों के बीच में रेडिएशन शील्ड लगाकर
(b) सतहों को पॉलिश करके
(c) सतहों को इकट्ठा करके
(d) उपरोक्त में से कोई नहीं

26. सामान्यतः निम्न में से कौन-सा डायाथर्मानस होता है?
(a) गैसें (b) ठोस
(c) द्रव (d) इनमें से कोई नहीं

27. हाइड्रोजन को रूम टेम्प्रेचर पर द्रव में नहीं बदला जा सकता है
(a) क्योंकि इसका क्रिटिकल तापमान रूम टेम्प्रेचर से कम होता है
(b) इसकी स्पेसिफिक हीट अधिक होती है
(c) इसकी डेन्सिटी कम होती है
(d) उपरोक्त में से कोई नहीं

28. निम्नलिखित में शेष बचे हुए की तुलना में किसकी थर्मल कण्डक्टिविटी अधिक होती है?
(a) पानी (b) हवा (c) ऑक्सीजन (d) हाइड्रोजन

29. कौन-सी विमा रहित संख्या का प्रयोग कनवेक्टिव ताप स्थानान्तरण के लिए हो सकता है?
(a) मैक नम्बर (b) फ्राउड नम्बर
(c) नसल्ट नम्बर (d) ग्राऐट्ज नम्बर

30. ताँबे से पीतल की थर्मल कण्डक्टिविटी का अनुपात है
(a) 1/4 (b) 2 (c) 4 (d) 6

उत्तरमाला

1. (a)	2. (a)	3. (b)	4. (d)	5. (c)	6. (a)	7. (c)	8. (a)	9. (a)	10. (b)
11. (a)	12. (b)	13. (a)	14. (d)	15. (c)	16. (a)	17. (b)	18. (a)	19. (c)	20. (a)
21. (a)	22. (a)	23. (a)	24. (a)	25. (a)	26. (a)	27. (a)	28. (a)	29. (c)	30. (c)

9

यान्त्रिकी माप

Mechanical Measurement

परिचय Introduction

भूतकाल में केवल साधारण माप लेने की आवश्यकता होती थी, जैसे-दो सरफेसों तथा बिन्दुओं के बीच की दूरी की माप लेना। आजकल माप लेने के लिए अधिक पेचीदा आवश्यकताएँ। उत्पन्न हो गई है जैसे- थ्रेड्स, प्रोफाइल, एंगल गेजों द्वारा जटिल आकारों की माप लेना।

इसके लिए अनेक प्रकार के मापक यन्त्र बताए गये हैं

मात्रक Unit

मात्रक वह है जिससे राशि मापी जाती है।

संख्यात्मक मान Numerical Value

इसका अर्थ हम उस राशि के परिमाण को प्रदर्शित करते हैं अर्थात् यह बताया जाता है कि उस रशि में उसकी मात्रक कितनी बार सम्मिलित है।

मूल मात्रक Basic Units

भिन्न-भिन्न प्रकार की रशियों की माप के लिए अलग-अलग मात्रकों की आवश्यकता होती है। व्यावहारिक रूप में सभी राशियों के मात्रक लम्बाई, द्रव्यमान तथा समय पर आधारित हैं। ये तीनों मात्रक एक-दूसरे से प्राप्त नहीं किये जा सकते हैं। इन्हें मूल मात्रक कहते हैं।

व्युत्पन्न मात्रक Derived Units

अन्य सभी राशियों, जैसे-क्षेत्रफल, आयतन, घनत्व, बल, कार्य आदि के मात्रक दो या अधिक मूल मात्रकों से व्यक्त किये जा सकते हैं। इन्हें व्युत्पन्न मात्रक कहते हैं।

मापक प्रणाली के प्रकार

- F P S प्रणाली (फुट-पौंड-सेकण्ड प्रणाली)
- C G S प्रणाली (सेण्टीमीटर-ग्राम-सेकण्ड प्रणाली)
- M K S प्रणाली (मीटर-किलोग्राम-सेकण्ड प्रणाली)

F P S प्रणाली (ब्रिटिश प्रणाली) इस प्रणाली में लम्बाई, द्रव्यमान तथा समय की इकाइयाँ क्रमश: फुट, पौंड तथा सेकण्ड है। इस प्रणाली में लम्बाई की सबसे बड़ी इकाई मील है।

1 मील = 1760 गज

1 गज = 3 फुट

1 फुट = 12 इंच

C G S प्रणाली इस प्रणाली में लम्बाई का मात्रक सेण्टीमीटर, द्रव्यमान का मात्रक ग्राम तथा समय का मात्रक सेकण्ड है। ये इकाइयाँ बहुत छोटी हैं।

M K S प्रणाली इस प्रणाली में लम्बाई का मात्रक मीटर, द्रव्यमान का मात्रक किलोग्राम तथा समय का मात्रक सेकण्ड है। इस प्रणाली में लम्बाई की सबसे बड़ी इकाई किलोमीटर है।

मापक यन्त्रों के प्रकार Types of Measuring Instruments

लम्बाई मापने वाले यन्त्र जॉब की लम्बाई मापने के लिए विभिन्न प्रकार के यन्त्र प्रयोग किए जाते हैं। इनके लिए अलग-अलग धातुएँ प्रयोग की जाती हैं तथा इनकी लम्बाइयाँ भी अलग-अलग होती हैं। जैसे-रूल, स्टील रूल, स्टील टेप, स्केल।

1. **रूल** स्ट्रेट रूल, फोल्डिंग रूल।
2. **स्टील रूप**

- प्लेन स्टील रूल
- लचीला स्टील रूल
- हुक रूल
- शिकरूल
- डेप्थ रूल।
- स्टैण्डर्ड स्टील रूल
- पतला स्टील रूल
- कैलीपर रूल
- शार्ट रूल

कोण मापने वाले औजार

- ट्राई स्क्वायर-साधारण ट्राई स्क्वायर, मास्टर ट्राई स्क्वायर
- बेवेल स्क्वायर
- कम्बीनेशन बेवेल स्क्वायर
- कम्बीनेशन सैट

कम्बीनेशन सैट ये कार्यशाला का अत्यन्त उपयोग मापक उपकरण है। इसके तीन भाग होते हैं-स्क्वायर हैड, प्रोट्रेक्टर हैड तथा सेन्टर हैड।

तुलना करने वाले यन्त्र Comparing Instruments

कैलीपर्स

- आउट साइड कैलीपर्स
- इन साइड कैलीपर्स
- हर्माफ्रोडाइट कैलीपर्स

आउट साइड कैलीपर्स वे कैलीपर्स जो जॉब की बाहरी माप लेने के लिए प्रयोग किए जाते हैं, आउट साइड कैलीपर्स कहलाते हैं। ये 100, 150, 200 तथा 300 मिमी साइज में उपलब्ध रहते हैं।

ये दो प्रकार के होते हैं

1. साधारण आउट साइड कैलीपर्स
2. स्प्रिंग आउट साइड कैलीपर्स

इन साइड कैलीपर्स ये कैलीपर्स जॉब की अन्दर की माप लेने में प्रयोग किए जाते हैं। जैसे-किसी बोर का व्यास, किसी ग्रूव की चौड़ाई आदि। ये कैलीपर्स 75, 100, 150, 200 तथा 300 मिमी के साइज में मिलते हैं।

ये दो प्रकार के होते हैं

1. साधारण इन साइड कैलीपर्स
2. स्प्रिंग इन साइड कैलीपर्स

हर्माफ्रोडाइट कैलीपर्स इस कैलीपर्स की एक टांग अन्दर की ओर मुड़ी रहती है तथा दूसरी नोंकदार होती है। इस टांग की सहायता से समानान्तर लाइन या किसी गोल शाफ्ट के फेस पर उसका सेन्टर ज्ञात किया जा सकता है। इसे जैनी कैलीपर्स या ओड लैग कैलीपर्स भी कहा जाता है।

स्ट्रेट एज इसका उपयोग जॉब की विमाओं को मापने के लिए नहीं बल्कि जॉब की विभिन्न सतहों की समतलता चैक करने के लिए किया जाता है। छोटे जॉब की सतह को ट्राई स्क्वायर के ब्लेड या स्टील रूल से भी चैक कर लेते हैं। परन्तु लम्बी सतहें, जैसे-मशीन के बैड, मशीन की गाइडें आदि स्ट्रेट एज से चैक किए जाते है।

ये तीन प्रकार के होते हैं

1. कास्ट आयरन स्ट्रेट एज
2. स्टील स्ट्रेट एज
3. टूल मेकर्स स्ट्रेट एज

सुक्ष्ममापी यन्त्र Precision Measuring Instruments

- वर्नियर कैलीपर्स
- वर्नियर डैप्थ गेज
- वर्नियर बेवेल प्रोट्रेक्टर
- साइन बार
- वर्नियर हाइट गेज
- माइक्रोमीटर
- डायल टैस्ट इण्डीकेटर

वर्नियर कैलीपर्स इसका आविष्कार फ्रांस के एक वैज्ञानिक पैरी वर्नियर ने किया था। इससे मीट्रिक प्रणाली में 0.1 मिमी 0.05 मिमी तथा 0.02 मिमी तथा ब्रिटिश प्रणाली में 0.001'' तक परिशुद्ध माप ले सकते हैं। इसके द्वारा बाहरी, आंतरिक तथा गहराई तीनों प्रकार की माप ली जा सकती है।

इसके मुख्य भाग हैं

(i) मेन स्केल (ii) वर्नियर स्केल (iii) फाइन एडजस्टिंग यूनिट (iv) डेप्थ मेजरिंग यूनिट।

वर्नियर कैलीपर्स के निम्न प्रकार हैं

- वर्नियर कैलीपर्स टाइप-1
- वर्नियर कैलीपर्स टाइप-2
- वर्नियर कैलीपर्स विद मैग्नीफाइंग ग्लास
- डायल कैलीपर्स
- डिजिटल कैलीपर्स
- वर्नियर गियर टूथ कैलीपर्स

वर्नियर हाईट गेज इसका प्रयोग कार्यशाला में जॉब बनाते समय उसकी ऊँचाई मापने में किया जाता है। इसके द्वारा मीट्रिक प्रणाली में 0.02 मिमी तथा ब्रिटिश प्रणाली में 0.001'' तक सूक्ष्म माप में मार्किंग कर सकते हैं।

वर्नियर डेप्थ गेज इसका उपयोग किसी जॉब की गहराई या उसके बोर की लम्बाई मापने के काम में लाते हैं। अन्य वर्नियर कैलीपरों के समान उसकी अल्पतम माप भी 0.001'' या 0.02 मिमी होती है।

माइक्रोमीटर इसके द्वारा हम छोटी-से-छोटी 0.01 मिमी तथा 0.001'' तक की माप ले सकते हैं। यह नट तथा बोल्ट के सिद्धान्त पर आधारित मापक यन्त्र है।

ये निम्न प्रकार के होते हैं

- आउट साइड माइक्रोमीटर
- बड़ा मन साइड माइक्रोमीटर
- छोटा इन साइड माइक्रोमीटर
- डेप्थ माइक्रोमीटर
- स्क्रू थ्रेड माइक्रोमीटर
- डिजिटल माइक्रोमीटर
- वर्नियर माइक्रोमीटर
- हब माइक्रोमीटर
- ट्यूब माइक्रोमीटर
- बी-एनविल माइक्रोमीटर
- शीट माइक्रोमीटर
- ब्लेड टाइप माइक्रोमीटर
- फ्लैंज माइक्रोमीटर
- थ्री पाइन्ट माइक्रोमीटर

वर्नियर बेवेल प्रोट्रेक्टर किसी कोण को अधिक परिशुद्धता से नापने के लिए वर्नियर बेवेल प्रोट्रेक्टर का प्रयोग किया जाता है। इसके द्वारा हम किसी कोण को एक डिग्री के बारहवें भाग (1/12 या 5 मिनट) की परिशुद्धता में माप सकते हैं।

डायल टेस्ट इन्डीकेटर यह एक तुलनात्मक अध्ययन करने वाला यन्त्र है।

यह निम्न कार्यों में प्रयोग होता है

- किसी जॉब की सतह की समतलता की जाँच करना
- किसी जॉब की समान्तरता की जाँच करना
- किसी जॉब की टेपर चैक करनी
- सिलेन्ड्रिकल जॉब की ओवलिटी चैक करना
- जॉब की स्ट्रेटनेस चैक करना
- हैड स्टॉक तथा टेल स्टॉक का अलाइनमेण्ट चैक करना
- किसी शाफ्ट की कोन्सेन्ट्रीसिटी चैक करना
- साइनबार से टेपर कोण चैक करना

ये निम्न प्रकार के होते हैं

- प्लन्जर टाइप
- लीवर टाइप।

साइन बार इसका प्रयोग किसी जॉब का टेपर ज्ञात करने में किया जाता है। यह 5", 10" या 20" (10 सेमी, 20 सेमी या 30 सेमी) सांइजों में बाजार में उपलब्ध है।

'A' साइनबार की परिशुद्धता 0.0001" प्रति इंच 'B' साइनबार की परिशुद्धता 0.0002" प्रति इंच होती है।

मॉडल प्रश्न

1. ओडोमीटर का प्रयोग .... नापने के लिए होता है।
(a) दूरियाँ (b) थ्रेस होल्ड ओडोर
(c) गैसों की कम्पोजीशन (d) गति तथा गति वृद्धि

2. फैदोमीटर निम्न के सिद्धान्त पर कार्य करता है
(a) चुम्बकीय लहरों के रिफ्लैक्शन पर
(b) ध्वनि तंरगों के रिफ्लैक्शन पर
(c) रेडियो तंरगों के रिफ्लैक्शन पर
(d) उपरोक्त में से कोई नहीं

3. यदि माप लेने वाली टेप मानक के अनुसार बहुत ही अधिक लम्बी है तो यह गलती कही जाएगी
(a) व्यक्तिगत गलती (b) प्राकृतिक गलती
(c) यन्त्र की गलती (d) निर्माण की गलती

4. वोलोमीटर .... नापने के लिए प्रयोग होते हैं।
(a) इलेक्ट्रोमैगेटिक रेडिशयन
(b) मैगनेटिक हिस्टेरेसिस लूप सरिया
(c) थर्मल रेडिएशन
(d) प्रकाश तीव्रता

5. निम्न में कौन-सा स्त्रोत एक उपकरण में रैन्डम त्रुटि का कारण हो सकता है?
(a) उपकरण की गति में घर्षण के कारण
(b) बैक लेश के कारण
(c) मैकेनिकल वाइब्रेशन के कारण
(d) उपरोक्त में से किसी के भी कारण

6. जीओडीमीटर .... को नापने के काम में आता है।
(a) दूरी (b) कोण
(c) क्षेत्र (d) आयतन

7. टैलुरोमीटर निम्न के सिद्धान्त पर कार्य करता है
(a) रेडियो तरंग की उच्च फ्रिक्वेन्सी के लिए
(b) ऑप्टिक्स पर
(c) एक्स-रे पर
(d) प्रकाश के परावर्तन पर

8. 1 वाट बराबर है
(a) 10^8 अर्ग/से (b) 10^7 अर्ग/से
(c) 10^6 अर्ग/से (d) 10^{10} अर्ग/से

9. पिको × टैरो बराबर है
(a) 1000000 (b) 1000
(c) 10000 (d) 1

10. मीटर की शुद्धता .... से नापी जाती है।
(a) पूर्ण-स्केल विचलन से
(b) हाफ-स्केल विचलन से
(c) 1/4 पूर्ण-स्केल विचलन से
(d) उपरोक्त में से कोई नहीं

11. फोर्स-करेन्ट एनॉलोजी में पदार्थ को .... के अनुरूप माना जा सकता है।
(a) कैपेसिटेंस (b) करेन्ट
(c) रेजिस्टेंस व रेसीप्रोकल (d) इनमें से कोई नहीं

12. कॉपर-कॉन्सटेन्टन थर्मोकपल को तापमान .... तक जानने के लिए प्रयोग किया जाता है।
(a) –175°C से 350°C (b) 0°C से 2400°C
(c) –225°C से 1900°C (d) –375°C से 975°C

13. स्ट्रेन गेज का हाई गेज फैक्टर में अन्ततः
(a) उच्चतम संवेदन-शीलता उत्पन्न होती है
(b) हिस्टेरेसिस प्रभाव घटता है
(c) मापों में रेखीय दबाव आता है
(d) उपरोक्त में से कोई नहीं

14. निम्न में से कौन-से स्ट्रेन गेज पदार्थ की उच्चतम गेज फैक्टर वैल्यू है?
(a) मैगनीज (b) नाइक्रोम
(c) नर्म लोहा (d) कॉन्सटेन्टन

15. स्टैण्डर्ड ऑक्सीजन पाइण्ट तापमान है
(a) 225.35°C (b) 1.325°C
(c) 182.27°C (d) 2.246°C

16. निम्न में कौन-सा उपकरण प्राथमिक अवस्था में प्रेशर को नापने के लिए प्रयोग होता है?
(a) बार्डन ट्यूब (b) रोटामीटर
(c) हाइड्रोमीटर (d) कुन्डट्स मीटर

17. फॉस्फर ब्रोज बार्डन ट्यूब .... तक प्रेशर के लिए प्रयोग हो सकती है।
(a) 70 किग्रा/सेमी (b) 120 किग्रा/सेमी
(c) 140 किग्रा/सेमी (d) 35 किग्रा/सेमी

18. स्टैण्डर्ड गोल्ड प्वॉइण्ट टेम्प्रेचर होता है
(a) 1500°C (b) 1063°C
(c) 1800°C (d) 1700°C

19. निम्न में कौन-सा उपकरण इनडायरेक्ट प्रेशर मापने के लिए प्रयोग होता है?
(a) आयनाइजेशन गेज (b) फ्लैट डायफ्राम
(c) मैनोमीटर (d) बार्डन ट्यूब

20. नदी जल की बहाव दर का निर्धारण .... से किया जा सकता है।
(a) पिटोट ट्यूब (b) मैनोमीटर
(c) वैनडरीमीटर (d) वेनमीटर

21. जमते हुए पारे का तापमान होता है
(a) –5°C (b) –25°C
(c) –39°C (d) –50°C

22. रॉचेले लवण प्रयोग होते हैं
(a) पोलेराइजेशन के लिए
(b) फोटोग्राफी के लिए
(c) पीलो इलेक्ट्रिकल क्रिस्टल की तरह
(d) उपरोक्त में से कोई नहीं

23. हॉट वायर एनीमोमीटर के लिए प्रयोग होता है
(a) गैस वैलोसिटी मापने
(b) वे निम्न प्रेशर मापने
(c) बढ़िया कणों के व्यास नापने
(d) गैसों के प्रेशर नापने

24. निम्नलिखित में से कौन-सा उपकरण तापमान में परिवर्तन की सूचना देने के लिए प्रयोग किया जा सकता है?
(a) बोर्डन गेज (b) थर्मोकपल (c) LED (d) ट्राँजिस्टर

25. निम्न में कौन-सा ऊर्जा स्रोत का साधन नहीं है?
(a) फोटोवोल्टिक सेल (b) सोलर सेल
(c) फोटोइलेक्ट्रिक सेल (d) थर्मोकपल

26. एक्सिलरोमीटर निम्न के लिए ट्रांसड्यूसर है
(a) शॉक (b) वाइब्रेशन
(c) ऐबसोल्यूट मोशन (d) ये सभी

27. इलेक्ट्रोमीटर का प्रयोग निम्न में किस एक की माप के लिए होता है?
(a) करेन्ट (b) वोल्टेज
(c) 'a' व 'b' दोनों (d) इनमें से कोई नहीं

28. खुली चैनल में बहाव को मापा जा सकता है
(a) रोटामीटर (b) पिटोट ट्यूब
(c) टरबाइन मीटर (d) वेन्चुरीमीटर

29. हॉट वायर एनीमोमीटर परिवर्तन शील ······· होता है।
(a) कैपेसिटेंस ट्रांसड्यूसर (b) रेजिस्टैंस ट्रांसड्यूसर
(c) करेन्ट ट्रांसड्यूसर (d) इडक्टैंस ट्रांसड्यूसर

30. पिरानी गेज ········· के बदलने वाले सिद्धान्त पर कार्य करता है।
(a) कण्डक्टैंस (b) रिलेटिव ह्यूमिडिटी
(c) कैपेसिटैंस (d) इलेक्ट्रिकल रेजिस्टिविटी

31. पीजो इलेक्ट्रिकल क्रिस्टल के ट्रांसड्यूसर की तरह निम्न लाभ है
(a) अधिक आउटपुट
(b) अधिक फ्रिक्वेंसी प्राप्त होना
(c) छोटा आकार
(d) ये सभी

32. 250 सेमी व्यास वाले पाइप में पानी के बहाव को ······ से नापा जा सकता है।
(a) पिटोट ट्यूब (b) वेन्चुरीमीटर
(c) रोटामीटर (d) मैनोमीटर

33. कार में ईंधन की सतह को नापा जा सकता है
(a) फ्लोट विधि से (b) डिप स्टिक विधि से
(c) इलेक्ट्रॉनिक ट्रांसड्यूसर से (d) इनमें से कोई नहीं

34. रेडियो माइक्रोमीटर तथा थर्मो गैल्वेनोमीटर में प्रयुक्त थर्मोकपल है
(a) कॉपर कॉन्सटेन्ट कपल (b) कॉपर आयरन कपल
(c) एन्टीमनी बिस्मिथ कपल (d) इनमें से कोई नहीं

35. लोड सैल अत्यावश्यक रूप से होता है
(a) स्ट्रेन गेज (b) फोटो वोल्टिक सेल
(c) थर्मिस्टर (d) फोटोकण्डक्टिव डिवाइस

36. साइक्रो होता है
(a) एंगुलर पोजीशन ट्रांसड्यूसर (b) सिक्रोनाइजिंग ट्रांसड्यूसर
(c) पैराबौलिक ट्रांसड्यूसर (d) इनमें से कोई नहीं

उत्तरमाला

1. (a)	**2.** (b)	**3.** (c)	**4.** (c)	**5.** (d)	**6.** (a)	**7.** (a)	**8.** (a)	**9.** (d)	**10.** (a)
11. (a)	**12.** (a)	**13.** (a)	**14.** (c)	**15.** (c)	**16.** (a)	**17.** (a)	**18.** (b)	**19.** (a)	**20.** (d)
21. (c)	**22.** (c)	**23.** (a)	**24.** (b)	**25.** (d)	**26.** (d)	**27.** (c)	**28.** (b)	**29.** (b)	**30.** (d)
31. (d)	**32.** (a)	**33.** (a)	**34.** (c)	**35.** (a)	**36.** (a)				

10

औद्योगिक अभियन्त्रण तथा प्रबन्धन

Industrial Engineering and Management

परिचय Introduction

औद्योगिक अभियन्त्रण के अन्तर्गत समय तथा चाल अध्ययन की सहायता से उत्पादन की सर्वाधिक मितव्ययी विधि ढूँढ ली जाती है। मितव्ययी का अर्थ कम-से-कम व्यय से अधिक प्राप्ति करना होता है। यह मितव्ययिता श्रम, सामग्री तथा समय से सम्बन्धित होती है। अतः औद्योगिक अभियन्त्रण का उद्देश्य उत्पादन की सस्ती तथा शीघ्र विधि का पता लगाना होता है। इसको कीमत घटाने या कार्य सरलीकरण का साधन भी कहा जा सकता है।

कार्य क्षेत्र Working Area

- कार्य दशाओं, उपस्करों तथा कार्य विधियों का मानकीकरण
- कार्यकर्ताओं का प्रशिक्षण
- मानक समय तथा मानक उद्देश्यों को ज्ञात करना।
- प्रेरक पद्धतियों का प्रशासन

निरीक्षण Inspection

- "यह वह कार्य है जिसके द्वारा उत्पादन के गुणों का आकलन किया जाता है।
- "निरीक्षण वह प्रक्रिया है जिससे किसी भी उत्पाद के गुणों की निर्धारित मानकों से तुलना की जाती है।"
- "निरीक्षण एक कला है जिससे पदार्थ, उत्पादन या कार्य की तुलना निर्धारित मानकों से की जाती है।"

उपरोक्त तीनों परिभाषाओं से निष्कर्ष निकलता है कि निरीक्षण उत्पाद के गुण नियन्त्रण की एक विधि है।

निरीक्षण के उद्देश्य Objectives of Inspection

- उत्पादित अवयव के निर्धारित मानकों की सूचना रखना।
- निम्न श्रेणी के उत्पादन को अलग करना तथा निर्धारित मानकों को बनाए रखना।
- उद्योग की प्रसिद्धि बनाए रखना अर्थात् खराब उत्पादन उपभोक्ताओं तक न पहुँचने देना।
- दोषपूर्ण उत्पादन को तुरन्त रोक देना। दोष के कारणों का पता लगाकर उन्हें दूर कर देना। जिससे कच्चे माल श्रम आदि की बचत हो सके।

निरीक्षण विभाग के कार्य
Functions of Inspection Department

- कच्चे माल का निरीक्षण
- धातुकर्मीय तथा धातु संरचना निरीक्षण
- खरीदे हुए अवयवों का निरीक्षण
- बन रहे माल का निरीक्षण
- औजार निरीक्षण
- समय-समय पर नापने वाले उपयन्त्रों का निरीक्षण
- तैयार माल का निरीक्षण
- अस्वीकृत माल का निपटारा
- डिजाइन तथा उत्पादन में त्रुटि एकत्रित करना
- शिकायतें एकत्रित करना

निरीक्षण के प्रकार Types of Inspection

- आगत सामग्री का निरीक्षण
- औजार निरीक्षण
- प्रथम नग निरीक्षण
- कार्य के मध्य निरीक्षण
- नमूना निरीक्षण
- प्रक्रम निरीक्षण
- अन्तिम निरीक्षण
- पायलेट नग निरीक्षण
- मुख्य ऑपरेशन निरीक्षण
- कार्यात्मक निरीक्षण
- क्षमता निरीक्षण
- फ्लोर निरीक्षण
- केन्द्रीयकृत निरीक्षण

अधिक उत्पादन हेतु निरीक्षण की विधियाँ
Inspection Methods for Mass Productions

शत-प्रतिशत निरीक्षण 100% Inspection

इस विधि में प्रत्येक उत्पाद का निरीक्षण किया जाता है। सभी उत्पादों का निरीक्षण करने के लिए निरीक्षक को अधिक परिश्रम करना पड़ता है तथा थक जाने पर निरीक्षण कार्य पर ध्यान कम हो जाता है। *यह निरीक्षण निम्न दशाओं में आवश्यक है*

- ऐसे महत्त्वपूर्ण पुर्जों हेतु जिनके कार्य पर ही पूरी प्रक्रिया निर्भर करती है।
- जहाँ पर प्रक्रम में अधिक संख्या में खराब उत्पादों की सम्भावना रहती है।

नमूना या प्रतिचयन परीक्षण (Sampling Inspection)

प्रक्रम परीक्षण (Process Inspection)

निरीक्षण युक्तियाँ Inspection Devices

वैमायिक प्रमापी Dimensional gauges

- स्थिर आकार प्रमापी (Fixed size Gauges)
- माइक्रोमीटर प्रमापी (Micrometer Gauges)
- तुलनित्र प्रमापी (Comparator Gauges)
- वायु प्रमापी (Air Gauges)

इलेक्ट्रॉनिक प्रमापी Electronic Appliances

गुण नियन्त्रण Quality Control

"वह क्रिया जिसके द्वारा यह ज्ञात किया जाता है कि उत्पाद में उपभोक्ताओं की आवश्यकताओं का कितना समावेश हो गया है और विशिष्ट निर्देशों के वह कितना अनुरूप है, गुण नियन्त्रण कहलाता है।"

गुण नियन्त्रण का तात्पर्य केवल उत्पाद को बनाने से है, उत्पाद को स्वीकृत या अस्वीकृत करने से नहीं है। दोषों का पता लगाकर उन्हें दूर करने की व्यवस्था करना भी गुण नियन्त्रण के अन्तर्गत आता है।

गुण नियन्त्रण हेतु कार्य Functions of Quality Control

- मानक निर्धारण
- दोष दूर करने के उपायों की खोज
- अनुरूपता
- सुधार के लिए योजना

गुण नियन्त्रण के तत्व Elements of Quality Control

- श्रमिक जो उत्पादन कार्य करते हैं।
- पदार्थ
- उत्पादन विधि
- कार्य दशाएँ
- वित्त
- मशीन
- प्रबन्ध व्यवस्था
- बाजार

सांख्यिकी गुण नियन्त्रण Statistical Quality Control

"निरीक्षण तथा निरीक्षण से प्राप्त आँकड़ों का विश्लेषण करके सस्ती उत्पादन विधि में सांख्यिकी तकनीक लगाने को ही सांख्यिकी गुण नियन्त्रण कहते हैं।"

दूसरे शब्दों में "उत्पाद के गुणों में होने वाले ह्रास को बारम्बारता के सिद्धान्त पर आधारित सांख्यिकी तकनीकी द्वारा नियन्त्रित करने को ही सांख्यिकी गुण नियन्त्रण कहते हैं।"

सांख्यिकी गुण नियन्त्रण के साधन Tools of SQC

- आवृत्ति वितरण (Frequency Distribution)
- नियन्त्रण चार्ट (Control Chart)
- स्वीकृति प्रतिचयन (Acceptance Sampling)
- विशेष विधियाँ-टालरेन्स विश्लेषण विचलन विश्लेषण आदि

नियन्त्रण चार्ट के प्रकार Types of Control Chart

- X तथा R चार्ट-प्रक्रम नियन्त्रण के लिए
- C चार्ट-प्रति नग दोषों की संख्या के नियन्त्रण हेतु

निरीक्षण उपयन्त्र Inspection Instruments

- माइक्रोमीटर गेज (Micrometer Gauge)
- कम्परेटर गेज (Comparator Gauge)
- मिश्रित गेज (Combination Gauge)
- स्वचालित गेज (Automatic Gauge)
- वायु गेज (Air Gauge)

कार्य अध्ययन Work Study

एक ही कार्य करने की अनेक विधियाँ हो सकती हैं। उनमें से सर्वोत्तम विधि ज्ञात करना ही कार्य अध्ययन कहलाता है।

कार्य अध्ययन के उद्देश्य

- संयन्त्र का प्रभावी उपयोग
- मानव शक्ति का प्रभावी व अधिकतम उपयोग
- श्रमिकों का उचित प्रयोग

कार्य विधि अध्ययन की मूल विधि का चार्ट

- कार्य अध्ययन (Work Study)
- कार्य विधि अध्ययन (Method Study)
- चुनाव करना (Select)
- तथ्य एकत्रित करना (Record)
- तथ्यों का मूल्यांकन (Valuation of Facts)
- विकास (Development)
- स्थापना (Install)
- लागू करना (Maintain)
- उच्च उत्पादकता (Higher Productivity)

प्रोसेस चार्ट के प्रकार

- ऑपरेशन प्रोसेस चार्ट
- फ्लोप्रोसेस चार्ट
- मैन मशीन चार्ट
- सिमों मोशन चार्ट
- दोनों हाथ प्रोसेस चार्ट
- आवृत्ति वितरण चार्ट

समय अध्ययन Time Study

"औद्योगिक कार्यों को करने के लिए लगे समय को रिकॉर्ड करने तथा उसके अध्ययन करने की तकनीक को समय अध्ययन कहते हैं।"

गति अध्ययन Motion Study

किसी भी उत्पादन कार्य में श्रमिक तथा मशीन की गतिविधियों का अध्ययन करके उसमें से अनावश्यक चालों को दूर करने तथा कार्य करने की विधि को अत्यन्त सरल, प्रभावी तथा क्रमबद्ध कर देना ही गति अध्ययन कहलाता है।

समय अध्ययन के उपकरण Equipments of Time Study

- स्टॉप वाच
- समय अभिलेखन मशीन
- टेकोमीटर
- कैलकुलेटर
- समय अध्ययन बोर्ड
- निरीक्षण शीट
- चलचित्र कैमरा

माइक्रोमोशन अध्ययन Micro-Motion Study

इसमें कार्य को समय के साथ रिकॉर्ड किया जाता है। इसके लिए चलचित्र कैमरा, जो घड़ी से नियन्त्रित होता है, कार्य का फोटो खींचता है। कैमरा निश्चित गति से चलाया जाता है। यह फिल्म कार्य विधि तथा उसमें लगे समय दोनों को रिकॉर्ड करती है तथा जब भी चाहे फिल्म चलाकर उसका अध्ययन किया जाता है।

मेमो मोशन अध्ययन Memo-Motion Study

यह आधुनिकतम तकनीक है जिसके द्वारा माइक्रोमोशन अध्ययन क्षेत्र की तुलना में बड़े पैमाने पर समूह द्वारा किए गए कार्य का विश्लेषण करके कार्य का अध्ययन माइक्रोमोशन अध्ययन की ही तरह फोटोग्राफिक विधि से किया जाता है। कैमरा धीमी गति से चलाकर कार्य का फोटो खींचा जाता है।

इसका प्रयोग निम्न दशाओं में किया जाता है

- एक समूह या आपरेटरों की टीम द्वारा किए गए कार्य का अध्ययन करना हो।
- लम्बे समय तक चलते रहने वाले कार्यों का अध्ययन करना हो।

उत्पादन की विधियाँ Methods of Production

- बड़े पैमाने पर उत्पादन (methods of Production)
- समूह उत्पादन (Batch Production)
- कार्य आदेश उत्पादन (Job-order Production)

क्रान्तिक पथ विधि Critical Path Method

किसी परियोजना (Project) को नेटवर्क में पूर्णरूप से विश्लेषित करने की ऐसी विधि जिसके द्वारा परियोजना पूर्ण करने तथा क्रान्तिक क्रियाओं को ज्ञात किया जा सके, क्रान्तिक पथ विधि (CPM) कहलाती है।

CPM चार्ट बनाना

- परियोजना को विभिन्न स्वतन्त्र भागों में बाँटना।
- इन छोटे भागों का क्रम निश्चित करना अर्थात् पूर्णगामी क्रिया तथा पश्चगामी क्रिया निर्धारित करना।
- अन्त में आरेख पर प्रदर्शित करना।

पर्ट Pert (Programme Evaluation and Review Technique)

परियोजना के अनुसूचीयन (Scheduling) तथा नियन्त्रण की यह एक तकनीक है। यह विधि कम्प्यूटर में अधिक प्रयोग होती है। पर्ट को भी आरेख द्वारा प्रदर्शित किया जाता है। आरेख में गोलों द्वारा घटनाओं को दिखाया जाता है जिसमें गिनती लिखी रहती है जो घटना की क्रम संख्या बताती है। इन गोलों को आपस में तीर द्वारा जोड़ा जाता है। तीर का अगला भाग घटना का समाप्त होना तथा पिछला सिरा प्रारम्भ बताता है।

सामग्री नियन्त्रण Inventory Control

उद्योग में सामान (Inventory) का अर्थ उन पदार्थों से है जिनसे उत्पादन कार्य किया जाता है या जो उत्पादन कार्य में सहायक होते हैं जैसे – कच्चा माल, प्रक्रम में लगने वाले पदार्थ मशीन तथा औजार आदि।

सामग्री नियन्त्रण के मुख्य उद्देश्य

Objectives of Inventory Control

- उपयुक्त मात्रा
- उपयुक्त समय
- उपयुक्त गुण
- उपयुक्त लागत

सामग्री नियन्त्रण पद्धति System of Inventory Control

सामग्री नियन्त्रण के लिए अनेक रिकॉर्ड बनाने तथा रखने पड़ते हैं। *जो निम्न होते हैं*

- सामग्री माँग प्रपत्र (Material Requisition Form)
- क्रय प्रपत्र (Purchase Requisition Form)
- प्राप्ति रिपोर्ट (Receiving Report)
- शाश्वत सामग्री रिकॉर्ड

सामग्री नियन्त्रण के लिए ABC विश्लेषण

ABC Analysis of Inventory Control

ABC का अर्थ है Always Better Control इस विधि में सामान की तीन श्रेणियाँ बना ली जाती हैं, A में वह रखी जाती है जो बहुत मूल्यवान होती है तथा इन पर विशेष ध्यान दिया जाता है। B में अपेक्षाकृत कम कीमत की तथा इन पर कम ध्यान दिया जाता है तथा C में सबसे कम तथा इन पर सबसे कम ध्यान रखा जाता है।

बिन कार्ड Bin Card

नियन्त्रण के लिए यह कार्ड बहुत महत्त्वपूर्ण होता है, इस कार्ड पर प्राप्त तथा निर्गत सामग्री की मात्रा लिखी जाती है तथा शेष सामग्री भी लिखी रहती है। इस कार्ड को सामान के सामने ही टाँग देते हैं। जाँच के समय इस कार्ड को देखकर यह ज्ञात हो जाता है कि कितनी सामग्री उपलब्ध है।

स्टॉक कार्ड Stock Card

यह कार्ड भी शेष मात्रा को दर्शाता है परन्तु इसमें पूर्ण विवरण रहता है अर्थात् प्राप्त सामग्री किस विभाग को तथा किस कार्य आदेश को सामग्री दी गई आदि का विवरण रहता है। इसको माँग पत्र से भरा जाता है। इसको दो प्रतियों में तैयार करते हैं, एक प्रति एकाउन्ट विभाग में लागत के लिए भेज देते हैं।

संयन्त्र अभिन्यास Plant Layout

उत्पादन करने के स्थल को औद्योगिक क्षेत्र कहते हैं। औद्योगिक क्षेत्र का चयन अत्यन्त महत्त्वपूर्ण विषय है, क्योंकि उस पर उद्योग की सफलता तथा असफलता निर्भर करती है। उद्योग भवन में किस प्रकार से विभिन्न मशीनें लगाई जाएँ, जिससे उत्पादन क्रिया में सरलता बनी रहे, इसी को संयन्त्र अभिन्यास (Plant Layout) कहते हैं।

संयन्त्र स्थिति निर्धारण के सामान्य कारक

General Plant Location Factors

- क्षेत्र का चुनाव
- छोटी लोकलिटी का चुनाव
- उपयुक्त स्थान का चयन

क्षेत्र के चुनाव हेतु कारक

1. **प्राथमिक कारक** Primary Factors
   - बाजार की निकटता
   - श्रमिक उपलब्धता
   - शक्ति तथा ईंधन
   - कच्चे माल की उपलब्धता
   - यातायात साधन
   - अन्य उद्योग की उपस्थिति
2. **द्वितीयक कारक** Secondary Factors
   - जलवायु
   - स्थानीय लोगों का सहयोग
   - स्थानीय प्रतिबन्ध तथा टैक्स
   - प्रसार सुविधाएँ
   - स्थानान्तरण
   - बैंक सुविधा
   - पोस्ट ऑफिस सुविधा
   - सुरक्षा

अभिन्यास के प्रकार Types of Layout

- उत्पाद अभिन्यास (Product Layout)
- प्रक्रम अभिन्यास (Process Layout)
- मिश्रित अभिन्यास (Combined Layout)

नये संयन्त्र अभिन्यास में कारक

Factors in a New Plant Layout

- प्रबन्ध नीतियाँ (Management Policies)
- संयन्त्र की स्थिति निर्धारण (Location of Plant)
- इण्डस्ट्री की प्रकृति (Nature of Industry)
- उत्पादन की प्रकृति (Nature of Production)

मानक Standard

तुलना द्वारा किसी गुण के मापन हेतु जिस वस्तु का प्रयोग किया जाता है, उसे मानक कहते हैं।

मानकीकरण Standardization

मानक को निर्धारित करने की क्रिया मानकीकरण कहलाती है।

मानकों के स्रोत Sources of Standards

- कम्पनी मानक
- संघ मानक
- राष्ट्रीय मानक
- अन्तर्राष्ट्रीय मानक

बजट Budget

यह किसी भी प्रबन्ध का एक साधन है जिसके अन्तर्गत उत्पादन लागत, खर्चे, बिक्री आदि अनुमान सम्बन्धी भावी क्रियाओं को नियोजित किया जाता है। बजट में पदार्थ, श्रम, कार्यकारी पूँजी, उत्पादन आदि के बारे में सम्भावित परिणाम तथा भावी संक्रियाओं से सम्बन्धित प्रोग्राम बनाए जाते हैं।

मॉडल प्रश्न

1. सी .पी. एम. के मूल घटक हैं
(a) ऐरो (b) एक्टिविटी
(c) नैटवर्क (d) इनमें से कोई नहीं

2. पी.ई. आर. टी. की मूलभूत धारणा है
(a) एक घटना
(b) परियोजना के पूर्ण होने की अवस्था में पहुँचना
(c) परियोजना की लागत
(d) 'a' तथा 'b' दोनों

3. सी . पी. एम. का सम्बन्ध है
(a) लागत तथा परियोजना पूर्ण होने की तारीख
(b) घटना
(c) 'a' तथा 'b' दोनों
(d) उपरोक्त में से कोई नहीं

4. पी. ई. आर. टी. का पूर्ण रूप से प्रयोग होता है
(a) निर्माण उद्योग में (b) मिलेट्री में
(c) रासायनिक उद्योग में (d) इनमें से कोई नहीं

5. परियोजना के लिए भिन्न-भिन्न उपायों तथा क्रमवार में से किसी एक पद्धति को चुनना जिसके द्वारा उस परियोजना पर कार्य किया जाए को ...... कहते हैं।
(a) योजना (b) अनुसूची/तालिका
(c) नियन्त्रण (d) इनमें से कोई नहीं

6. नकली संक्रियताएँ में
(a) कोई समय नहीं लगती (b) कोई समय नहीं लगता
(c) 'a' तथा 'b' दोनों (d) इनमें से कोई नहीं

7. परियोजना को निम्नतम प्रत्यक्ष लागत पर पूरा करने के लिए सार सामान्य टल आवश्यक समय देते हैं। यह हल कहलाता है
(a) कम-से-कम लागत वाला हल
(b) कम-से-कम समय लेने वाला हल
(c) पूरी तरह बरबाद करने वाला हल
(d) उपरोक्त में से कोई नहीं

8. प्रत्येक अवस्था में परियोजना अवधि को घटाने के लिए सबसे सस्ता उपाय सम्पूर्ण अवसर को माना गया है, जो सम्बन्धित है
(a) नेटवर्क कम्प्रेशन से (b) नेटवर्क डिकम्प्रेसन से
(c) नेटवर्क रिडक्शन से (d) इनमें से कोई नहीं

9. परियोजना के पूर्ण होने की अवधि को मानव शक्ति तथा आवश्यक उपकरण बढ़ाकर (ये कार्य को जल्दी पूरा करने वाले स्रोत हैं) एक सीमा तक कम किया जा सकता है, यह विधि कहलाती है
(a) कम्प्रेशन (b) रिडक्शन
(c) डिकम्प्रेशन (d) इनमें से कोई नहीं

10. एक सक्रियता के लिए मिला कुल समय (जो कार्य के लिए मिले अधिकतम कुल समय तथा कार्य में लगे वास्तविक समय का अन्तर होता है) को कहते हैं
(a) एक्टिविटी स्लैक (b) फ्री फ्लोट
(c) इन्डियेन्डेन्ट फ्लोट (d) इनमें से कोई नहीं

11. अवधियों की सम्भव वितरण चाप को कहा जाता है
(a) β वितरण कर्व (b) α वितरण कर्व
(c) γ वितरण कर्व (d) इनमें से कोई नहीं

12. यदि ऑप्टिमिस्टिक समय पैसीमिस्टिक समय = सर्वाधिक पसन्द किया गया समय, तब घटत बढ़त होगी
(a) शून्य (b) सीमित
(c) असीमित (d) इनमें से कोई नहीं

13. यदि ऑप्टिमिस्टिक समय = 6 दिन पैसीमिस्टिक समय = 9 दिन सर्वाधिक पसन्द वाला समय = 18 दिन तब मानक विचलन होगा
(a) 2 दिन (b) 3 दिन
(c) 4 दिन (d) 8 दिन

14. सबसे जल्दी कार्य समाप्त होने के समय तथा सबसे जल्दी सक्रियता पूर्व के लिए अतिशीघ्र कार्य आरम्भ होने के समय के मध्य के अन्तर को कहते हैं
(a) फ्री-फ्लोट (b) इन्डिपेन्डेन्ट फ्लोट
(c) इन्टरफियरिंग फ्लोट (d) इनमें से कोई नहीं

15. आने वाले क्रिटिकल पाथ पर स्लैक का मूल्य होगा
(a) शून्य (b) सीमित
(c) असीमित (d) इनमें से कोई नहीं

16. उद्योग जिसे अवस्थानं की आवश्यकता हो, कहाँ स्थित होना चाहिए?
(a) शहर के पास (b) कस्बे के पास
(c) देश के पास (d) इनमें से कोई नहीं

17. जहाज निर्माण उद्योग में कौन-सा अभिन्यास प्रयोग होता है?
(a) स्थायी अवस्था अभिन्यास (b) प्रोसेस लेआउट
(c) उत्पाद अभिन्यास (d) इनमें से कोई नहीं

18. EOQ (Ecnomic Ordering Quantity) मात्रा होती है
(a) क्रम से सबसे कम मितव्ययी
(b) स्कन्ध में सबसे अधिक मितव्ययी
(c) क्रम से सबसे अधिक मितव्ययी
(d) जिससे अधिकतम दूर देना सम्भव है

19. निम्न में कौन-सा ओवर हैड संवाहक है?
(a) चेन संवाहक
(b) पावर संवाहक
(c) बेल्ट संवाहक
(d) भाऊ रेल

20. पाउडर, द्रवों या गैसों की ढुलाई किससे करनी चाहिए?
(a) ट्रकों से
(b) पाइपों से
(c) कनेवयरों से
(d) उपरोक्त में से कोई नहीं

21. शॉप में भारी जॉबों को उठाने के लिए कौन-सा उपकरण प्रयोग किया जाता है?
(a) फॉर्क लिफ्ट (b) कनेवयर
(c) ओवर हैड क्रेन (d) ट्रक

22. उत्पादकता को कैसे निरूपित किया जाता है?
(a) आउटपुट-इनपुट (b) वृद्धि-लगाई गई पूँजी
(c) सकल आय-सकल खर्च (d) ये सभी

23. श्रम उत्पादकता निर्धारित की जाती है
(a) आउटपुट-श्रम घण्टा
(b) श्रम घण्टा-इकाई आउटपुट
(c) मानक समय की तुलना में वास्तविक समय
(d) उपरोक्त सभी

24. ब्रेक ईवन बिन्दु वह बिक्री है, जहाँ
(a) अधिकतम लाभ होता है
(b) न्यूनतम क्षति होती है
(c) कोई लाभ या हानि नही होती
(d) उपरोक्त में से कोई नहीं

25. ब्रेक ईवन बिन्दु पर अंशदान किसके बराबर होता है?
(a) चर लागत (b) स्थिर लागत
(c) कुल लागत (d) लाभ

26. किसमें से बिक्री हटाकर (Margine of safety) प्राप्त किया जाता है?
(a) स्थायी लागत (b) चर लागत
(c) कुल लागत (d) ब्रेक ईवन बिन्दु पर बिक्री

27. नेटवर्क डायग्राम में वृत्त दर्शाता है
(a) एक घटना
(b) प्रोजेक्ट का पूर्ण होना
(c) एक सक्रियता
(d) एक सक्रियता से दूसरी सक्रियता के संसाधन को बदलना

28. क्रान्तिक पथ जिसमें निश्चित होता है
(a) CPM विधि (b) PERT विधि
(c) 'a' तथा 'b' दोनों (d) इनमें से कोई नहीं

29. स्वतन्त्र फ्लोर हो सकता है
(a) केवल धनात्मक (b) शून्य या धनात्मक
(c) केवल ऋणात्मक (d) शून्य या ऋणात्मक

30. कार्य अध्ययन में सम्मिलित होता है
(a) विधि अध्ययन (b) गति अध्ययन
(c) काल अध्ययन (d) ये सभी

उत्तरमाला

1. (a)	**2.** (d)	**3.** (a)	**4.** (b)	**5.** (a)	**6.** (c)	**7.** (a)	**8.** (a)	**9.** (a)	**10.** (a)
11. (a)	**12.** (a)	**13.** (a)	**14.** (a)	**15.** (a)	**16.** (c)	**17.** (a)	**18.** (c)	**19.** (d)	**20.** (b)
21. (c)	**22.** (d)	**23.** (d)	**24.** (c)	**25.** (b)	**26.** (d)	**27.** (a)	**28.** (c)	**29.** (b)	**30.** (d)

11

ऑटोमैकेनिक्स
Auto-Mechanics

परिचय Introduction

ऑटोमोबाइल शब्द का शाब्दिक अर्थ है 'स्वत: चलना' अर्थात् जो मशीन स्वत: शक्ति उत्पन्न करके चले उसे ऑटोमोबाइल कहते हैं। इसके अन्तर्गत सवारी अथवा माल ढोने वाली गाड़ियाँ प्राय: आती हैं। इसका नामकरण इसके आविष्कारक जर्मन वैज्ञानिक 'ऑटो' के नाम पर किया गया है।

भूमि पर स्वत: चलने वाली गाड़ियाँ चार प्रकार की होती हैं

1. डीजल अथवा पेट्रोल से चलने वाली गाड़ियाँ
2. स्टीम से चलने वाली गाड़ियाँ
3. विद्युत से चलने वाली गाड़ियाँ
4. गैस से चलने वाली गाड़ियाँ

इतिहास History

ऑटोमोबाइल इंजन के विकास के इतिहास को निम्नलिखित प्रकार से जाना जाता है

1770 फ्रेंक लिथोन निकोलस जोसेफ कगनोट द्वारा विकसित स्टीम के इंजन

1876 जर्मन वैज्ञानिक 'ऑटो' द्वारा फोर स्ट्रोक सिद्धान्त का आविष्कार जो पेट्रोल पर आधारित था।

1880 सर डुमाल्ड क्लार्क द्वारा टू-स्ट्रोक सिद्धान्त का आविष्कार जो पेट्रोल पर आधारित था।

1892 रोडोल्फ डीजल नामक वैज्ञानिक ने डीजल इंजन का आविष्कार किया।

1930 परकिन्सन नामक वैज्ञानिक ने डीजल इंजन का वर्तमान स्वरूप विकसित किया।

मोटर गाड़ियों के मुख्य भाग Main Parts of Motor Vehicles

- बॉडी
- चैसिस
- इंजन
- रनिंग गियर
- ट्रांसमिशन

ऑटोमोबाइल गाड़ियों का वर्गीकरण
(Classification of Auto Motor Vehicles)

ऑटोमोबाइल गाडियाँ

- सवारी गाडियाँ
  - हल्की
    1. कारें
    2. मेटाडोर
    3. थ्री—व्हीलर
    4. स्कूटर
    5. मोटर साइकिल
    6. मोपेड
  - भारी
    - बस
      - एक मजिंली
      - दो मजिंली
    - कोच
      - डीलक्स
      - एयर कन्डीशन्ड
- माल लादने वाली गाडियाँ
  - हल्की
    - डिलीवरी वैन
    - छोटे ट्रक
  - भारी
    - ट्रक
    - ट्रैक्टर

मोटर गाड़ियों की बॉडियाँ

यह निम्न प्रकार की होती हैं

- कार
- स्टेशन वेगन
- टैम्पो
- बस
- जीप
- डम्पर
- ट्रक
- टैंकर
- पिक अप
- फोर-व्हीलर

व्हील बेस मोटरगाड़ी के अगले व पिछले हब के बीच की दूरी व्हील बेस कहलाती है।

व्हील ट्रैक मोटरगाड़ी के अगले पहियों के बीच की दूरी व्हील ट्रैक कहलाती है।

इंजन Engine

वह मशीन जो हीट एनर्जी को मैकेनिकल एनर्जी में बदले, वह इंजन कहलाती है। वे इंजन जिनमें ताप द्वारा गैसों को फैलाकर शक्ति प्राप्त की जाए तथा उस शक्ति से दूसरे यान्त्रिक कार्य लिए जाएँ, **हीट इंजन** कहलाते हैं।

यह दो प्रकार के होते हैं

1. इन्टर्नल कम्बश्चन इंजन (Internal combustion engine)
2. एक्सटर्नल कम्बश्चन इंजन (External combustion engine)

इन्टर्नल कम्बश्चन इंजन वह इंजन है जिसमें सिलेण्डर के अन्दर ईंधन जलाकर ताप उत्पन्न किया जाएँ। उसकी गर्मी से गैसें फैलें तथा गैसों के फैलने से शक्ति प्राप्त हो। इस प्रकार के इंजनों में सिलेण्डर के बाहर ईंधन जलाकर उसके एक्सटर्नल कम्बश्चन इंजन ताप से पानी की वाष्प बनाई जाती है। वाष्प के दबाव से शक्ति प्राप्त की जाती है जिसका प्रयोग अन्य यान्त्रिक कार्यों में लिया जाता है।

इन्टर्नल कम्बश्चन इंजन के प्रकार Types of Internal Combustion Engine)

1. पेट्रोल 2. डीजल 3. गैसोलीन 4. क्रूड ऑयल।

स्पार्क इग्नीशन इंजन (Spark Ignition Engine)

स्पार्क इग्नीशियन इंजनों में हवा व पेट्रोल का मिश्रण कम्प्रेस करके उसे स्पार्क प्लग की सहायता से विद्युत चिंगारी देकर जलाया जाता है। मिश्रण के जलने से गैसें फैलती हैं तथा इंजन में शक्ति उत्पन्न होती है।

कम्प्रेशन इग्नीशन इंजन (Compression ignition engine) कम्प्रेशन इग्नीशन इंजन में केवल साफ हवा अधिक अनुपात पर कम्प्रेस की जाती है। कम्प्रेस्ड हवा में मैकेनिकली ओपरेटेड प्लंजर पम्प की सहायता से इन्जेक्टर द्वारा डीजल का स्प्रे कर दिया जाता है। कम्प्रेस्ड हवा का तापक्रम बहुत अधिक होता है। अत: डीजल उस गर्म हवा के सम्पर्क में आते ही जल जाता है। इससे गैसें फैलती हैं तथा इंजन में शक्ति उत्पन्न होती है।

फोर स्ट्रोक साइकिल डीजल इंजन की कार्यप्रणाली

सक्शन स्ट्रोक इस स्ट्रोक में पिस्टन टी डी सी से बी डी सी की ओर चलता है। इनलैट वाल्व खुला रहता है। पिस्टन के नीचे जाने से सिलेण्डर में उत्पन्न शून्य के परिणामस्वरूप, एयर क्लीनर से केवल साफ हवा इनलैट मैनीफोल्ड में होकर वाल्व के रास्ते सिलेण्डर में आ जाती है।

कम्प्रेशन स्ट्रोक इस स्ट्रोक में पिस्टन बी डी सी से टी डी सी की ओर चलता है। खुला हुआ इनलैट वाल्व बन्द हो जाता है। पिस्टन के ऊपर जाने से सिलेण्डर की हवा पर दबाव पड़ता है। हवा को सिलेण्डर से बाहर निकलने का कोई मार्ग नहीं मिलता है तथा अन्तत: वह कम्बश्चन चैम्बर में दब जाती है।

पावर तथा फायरिंग स्ट्रोक इस स्ट्रोक में दबी हुई गर्म हवा में इन्जेक्टर द्वारा डीजल का फाइन स्प्रे कर दिया जाता है। गर्म हवा के सम्पर्क में आते ही डीजल जल जाता है तथ हवा के आयतन में वृद्धि होती है। परिणाम स्वरूप पिस्टन को धक्का लगता है। पिस्टन टी डी सी से बी डी सी की ओर चलता है। पिस्टन को मिली यह शक्ति कनैक्टिंग रॉड व क्रैंक शाफ्ट में होकर फ्लाई व्हील तक जाती है। जहाँ से इस शक्ति का उपयोग अन्य कार्यों के लिए किया जाता है।

एग्जास्ट स्ट्रोक इस स्ट्रोक में पिस्टन बी डी सी से टी डी सी की ओर चलता है। एग्जास्ट वाल्व खुला रहता है। पिस्टन के ऊपर जाने से जली गैसों पर दबाव पड़ता है, यह गैसें एग्जास्ट वाल्व में होकर एग्जास्ट मैनीफोल्ड द्वारा साइलेन्सर व पाइप के मार्ग से सिलेण्डर से बाहर निकल जाती है। ऑटो साइकिल में फायरिंग स्थिर आयतन में घटित होती है। जब पिस्टन टी डी सी से बी डी सी (1-2) पर जाता है तो वायुमण्डलीय दाब से कम पर दाब पर सक्शन होता है।

पेट्रोल इंजन की साइकिल

जब बी सी डी से टी डी सी को जाता है तो कम्प्रेशन (2-3) होता है। स्थिर आयतन पर चिंगारी देकर दबे ईंधन को जलाया जाता है। (3-4) पावर स्ट्रोक में गैसें फैलती हैं उसके बाद तापमान व दाब दोनों कम हो जाते हैं, उष्मा स्थिर आयतन पर पिस्टन द्वारा कनैक्टिंग रॉड को प्राप्त होती है (5-2) जब पिस्टन बी डी सी से टी डी सी की ओर चलता है तो जली गैसें बाहर निकलती हैं (2-1)।

डीजल इंजन की साइकिल

1-2 सक्शन, 2-3 कम्प्रेशन, 3-4 ऊष्मा परिवर्तन, 4-5 पावर 5-2-1 एग्जास्ट डीजल साइकिल में कम्बश्चन स्थिर आयतन पर होता है। जब पिस्टन टी डी सी से बी डी सी पर जाता है, तो वायुमण्डलीय दाब से कम पर सक्शन होता है (1-2) जब बी डी सी से टी डी सी पर जाता है (2-3) तो सक्शन होता है। (दोनों वाल्व बन्द रहते हैं) ईंधन उच्च दाब पर स्प्रे किया जाता है तथा गर्म कम्प्रेस्ड हवा (3-4) द्वारा कम्बश्चन किया जाता है इससे जली गैस फैलती है, पिस्टन को धक्का लगता है तथा पिस्टन टी डी सी की ओर जाता है। (4-5) ऊष्मा स्थिर आयतन पर समाप्त हो जाती है। (5-2)।

जब पिस्टन बी डी सी से टी डी सी की ओर जाता है, तो गैसें सिलेण्डर से बाहर निकलती हैं (2-1)।

वाल्व टाइमिंग Valve Timing

इनलैट व एग्जास्ट वाल्वों का समय पर खुलना व बन्द होना वाल्व टाइमिंग कहलाता है। समय से पूर्व किसी वाल्व का खुलना वाल्व लीड कहलाता है। समय के बाद तक वाल्व का खुलना वाल्व लेग कहलाता है। इनलैट व एग्जास्ट वाल्वों का वह समय, जब दोनों एकसाथ खुले रहते हैं, ओवर लैप ऑफ वाल्व कहलाता है।

कम्प्रेशन अनुपात

$$\text{कम्प्रेशन रेशों } (r) = \frac{\text{कुल आयतन}}{\text{क्लीयरेन्स आयतन}} = \frac{V_1}{V_2}$$

पेट्रोल इंजन का कम्प्रेशन अनुपात

1: 4 से 1: 10 तक, 1: 12 से 1: 22 तक

टू-स्ट्रोक पेट्रोल इंजन
Two-Stroke Petrol Engine

टू-स्ट्रोक इंजन का प्रथम स्ट्रोक
इस स्ट्रोक में पिस्टन बी डी सी में टी डी सी की ओर चलता है। पिस्टन के ऊपर जाने से सिलेण्डर के निचले हिस्से में बना इनलैट पोर्ट खुल जाता है। इसके द्वारा हवा तथा पेट्रोल का मिश्रण कार्बुरेटर द्वारा क्रैंक केस में आ जाता है। इस प्रकार सक्शन स्ट्रोक का कार्य पूर्ण हो जाता है। इसी के साथ सिलेण्डर में उपस्थित मिश्रण पिस्टन के दबाव से कम्बश्चन चैम्बर में दब भी जाती है। इस प्रकार कम्प्रेशन स्ट्रोक का कार्य पूर्ण हो जाता है।

टू-स्ट्रोक इंजन का द्वितीय स्ट्रोक
इस स्ट्रोक में कम्बश्चन चैम्बर के दबे मिश्रण को स्पार्क प्लग द्वारा चिंगारी देकर जला दिया जाता है। इसके ताप से गैस फैलती है तथा इंजन में शक्ति विकसित होती है। पिस्टन टी डी सी से बी डी सी की ओर चलता है। पिस्टन के नीचे जाने से एग्जास्ट पोर्ट खुल जाता है और जली गैसें सिलेण्डर से बाहर निकलती हैं, इस प्रकार पावर व एग्जास्ट स्ट्रोक का कार्य पूरा होता है। इसी समय क्रैंक केस में आया मिश्रण ट्रांसफर पोर्ट के रास्ते सिलेण्डर में आगे की साइकिल के लिए पहुँच जाता है।

टू-स्ट्रोक इंजन की कमियाँ
- कम्प्रेशन प्रेशर कम होता है।
- शीघ्र गर्म हो जाते हैं।
- मिश्रण की अपेक्षाकृत अधिक हानि होती है।
- ध्वनि (शोर) अधिक होती है।
- इंजन के भाग शीघ्र घिसते हैं।
- ईंधन व लुब्रीकेशन तेल, दोनों की अधिक खपत होती है।

टू-स्ट्रोक तथा फोर स्ट्रोक इंजन में अन्तर

टू-स्ट्रोक इंजन
- पिस्टन के दो स्ट्रोकों में इंजन के चारों स्ट्रोक (सक्शन कम्प्रेशन पावर तथा एग्जास्ट) पूरे हो जाते हैं।
- सिलेण्डर में इनलैट व एग्जॉस्ट के लिए पोर्ट बने होते हैं
- लुब्रीकेशन के लिए तेल को पेट्रोल के साथ ही मिलाते हैं।
- क्रैंक केस एयर टाइट बनाया जाता है।
- एयर कूल्ड इंजन होते हैं।
- हल्के कार्यों में प्रयोग होते हैं।

फोर स्ट्रोक इंजन
- पिस्टन के चार स्ट्रोकों में इंजन के चारों स्ट्रोक पूरे होते हैं।
- इनलैट व एग्जास्ट के लिए वाल्व का प्रयोग होता है।
- लुब्रीकेशन के लिए अलग तेल भरने व इंजन के भागों तक पहुँचाने की व्यवस्था करनी होती है।
- क्रैंक केस एयर टाइट नहीं रखा जाता है।
- अधिकतन वाटर कूल्ड इंजन होते हैं।
- भारी कार्यों में प्रयोग होते हैं।

कम्प्रेशन इग्नीशन तथा स्पार्क इग्नीशिन इंजन में अन्तर

क्र.सं.	स्पार्क इग्नीशन इंजन (S I Engines)	कम्प्रेशन इग्नीशन इंजन (C I Engines)
1.	पेट्रोल इंजन ऑटो-चक्र पर कार्य करते हैं।	डीजल इंजन डीजल चक्र पर कार्य करते हैं।
2.	पेट्रोल इंजनों में पेट्रोल और वायु का चार्ज चूषण-स्ट्रोक में प्रवेश करता है और सम्पीडन-स्ट्रोक में सम्पीडित होता है। चार्ज का सम्पीडन एक सीमा तक ही सम्भव है क्योंकि उच्च सम्पीडन-अनुपात से चार्ज का तापमान पेट्रोल के प्रज्वलन-तापमान से अधिक बढ़ सकता है और इसका पूर्व-प्रज्वलन (pre-ignition) हो सकता है। SI इंजनों में सम्पीडित-अनुपात का क्रम 5 : 1 से 9 : 1 तक होता है।	डीजल इंजनों से पूर्व-प्रज्वलन की सम्भावना नहीं होती, क्योंकि वायु का सम्पीडन स्ट्रोक के अन्तर्गत केवल वायु का सम्पीडन होता है और ईंधन का अन्त:क्षेपण सम्पीडन के अन्त में होता है। इंजनों में सम्पीडन अनुपात का क्रम 14 : 1 से 22 : 1 तक होता है।
3.	पेट्रोल-इंजन में कार्बुरेटर होता है जिनमें वायु और पेट्रोल का मिश्रण उचित अनुपात में आवश्यकतानुसार तैयार होता है।	डीजल इंजन में अन्त:क्षेपक (injector) या कणित (automizer) होता है जिसके द्वारा सम्पीडन-स्ट्रोक के अन्त में ईंधन का अन्त:क्षेपण होता है।
4.	पेट्रोल-इंजन में चार्ज का दहन स्पार्क-प्लग द्वारा बनाई गई चिंगारी से होता है।	डीजल इंजन में ईंधन का दहन सम्पीडित-वायु की ऊष्मा से होता है और इसके लिए ऊष्मा के बाह्य स्रोत की आवश्यकता नहीं होती है।
5.	पेट्रोल इंजन हल्के और सस्ते होते हैं। इनकी मरम्मत लागत भी कम होती है।	डीजल इंजनों में उत्पन्न उच्च तापमान और दाब के कारण इन्हें अधिक मजबूत बनाने की आवश्यकता होती है। इस कारण इन इंजनों की लागत अपेक्षाकृत अधिक होती है।
6.	पेट्रोल महँगा होने के कारण इन इंजनों की प्रति किलोमीटर रनिंग-लागत अधिक होती है।	डीजल सस्ता होने के कारण इन इंजनों की प्रति किलोमीटर रनिंग-लागत कम होती है।
7.	कम-भारों पर पेट्रोल इंजन उत्तम होते हैं क्योंकि इनमें ईंधन-वायु का अच्छा मिश्रण तैयार होता है।	कम-भारों पर डीजल-ईंधन उपयुक्त नहीं होते हैं।
8.	पेट्रोल इंजनों में ईंधन-वायु मिश्रण की मात्रा का नियन्त्रण किया जा सकता है।	डीजल इंजनों में केवल ईंधन की मात्रा का नियन्त्रण किया जाता है।
9.	ऊष्मीय-दक्षता निम्न होती है।	ऊष्मीय-दक्षता उच्च होती है। (उच्च सम्पीडन अनुपात के कारण)
10.	इंजन को स्टार्ट करना सरल होता है।	स्टार्ट करने के लिए अपेक्षाकृत अधिक क्रैंक-प्रयास (crank effort) की आवश्यकता होती है, क्योंकि इसका सम्पीडन अनुपात उच्च होता है।
11.	इंजन में आग लगने की सम्भावना अधिक होती है।	इंजन में आग लग जाने की सम्भावना अपेक्षाकृत कम होती है।
12.	अनुरक्षण लागत कम होती है।	अनुरक्षण लागत अपेक्षाकृत अधिक होती है।

इंजन के मुख्य भाग Main Parts of Engine

सिलेण्डर सिलेण्डर के अन्दर पिस्टन ऊपर-नीचे चलकर अपने स्ट्रोक पूरे करता है। जिन इंजनों में एक से अधिक सिलेण्डर प्रयोग किए जाएँ ये उन्हें मल्टी सिलेण्डर इंजन कहते हैं। सिलेण्डर के घिस जाने से कम्प्रेशन लीक करने लगता है जिसके कारण इंजन में पूरी शक्ति विकसित नहीं होती है। इसके अतिरिक्त लुब्रीकेशन ऑयल की खपत बढ़ जाती है।

सिलेण्डर हेड सिलेण्डरों को ऊपर से बन्द करने के लिए सिलेण्डर हेड का प्रयोग किया जाता है। इसके अतिरिक्त सिलेण्डर हेड में ही कम्बश्चन चैम्बर बना होता है। जहाँ ईंधन जलता है।

- कास्ट आयरन
- एल्युमीनियम एलॉय

ऑयल सम्प इंजन को नीचे से बन्द करने के लिए ऑयल चैम्बर या सम्प का प्रयोग किया जाता है।

पिस्टन सिलेण्डरों के अन्दर पिस्टन गैस टाइट प्लग का कार्य करता है। इसके द्वारा ही इंजन के स्ट्रोक पूरे होते हैं। सामान्य रूप से पिस्टन एल्युमीनियम एलॉय के बने होते हैं। परन्तु कुछ पिस्टन कास्ट आयरन अथवा सेमी स्टील के भी बनाए जाते हैं।

ये चार प्रकार के होते हैं

1. फ्लैट हेड टाइप पिस्टन
2. डोम टाइप पिस्टन
3. डिफ्लेक्टेड हेड टाइप पिस्टन
4. कॉनकेव अथवा कॉनवेक्स टाइप पिस्टन

पिस्टन रिंग कम्प्रेशन की गैसें लीक न कर सकें तथा सिलेण्डरों की दीवारों पर आया लुब्रीकेशन ऑयल जलने से बचाने के लिए पिस्टन रिंगों का प्रयोग किया जाता है। इसके अतिरिक्त पिस्टन की गर्मी सिलेण्डर की दीवारों तक इनके द्वारा स्थानान्तरित की जाती है। पिस्टन रिंग हाई ग्रेड कास्ट स्टील पाइप द्वारा बनाएँ जातें हैं जिनके सिरे कटे होते हैं।

ये दो प्रकार के होते हैं

1. **कम्प्रेशन रिंग** इनके द्वारा सिलेण्डरों में कम्प्रेशन के समय गैसों को लीक होने से रोका जाता है।
2. **ऑयल स्क्रैपर रिंग** इनके द्वारा सिलेण्डर की दीवारों पर आया लुब्रीकेशन ऑयल खुरच कर नीचे गिराया जाता है, जिससे कि यह तेल ऊपर कम्बश्चन चैम्बर में जाकर जलने न पाए।

   रिगों में निम्नलिखित गेप रखें जाते हैं

रिंग ग्रूव क्लियरेंस यह क्लियरेंस पिस्टन रिंग तथा खाँचे में रखा जाता है। सामान्य रूप से यह क्लियरेन्स 0.015 इंच तक रखा जाता है।

रिंग एण्ड गैप पिस्टन रिंग के सिरों पर यह गैप रखा जाता है जिससे की इंजन की गर्मी पाकर यह पिस्टन को सिलेण्डर में जाम न कर दे। इसे रिंग एण्ड गैप कहते हैं। यह 1 इंच व्यास के पिस्टन के लिए 0.002 इंच के अनुसार रखा जाता है।

गजन पिन गजन पिन पिस्टन तथा कनैक्टिंग रॉड को जोड़ती है। इसे पिस्टन के बॉस में आर-पार फिट किया जाता हे। *यह निम्नलिखित प्रकार की होती है*

फिक्सड पिन इसमें गजन पिन को स्क्रू के द्वारा पिस्टन बॉस में जाम कर दिया जाता है।

फुल फ्लेटिंग टाइप गजन पिन इस प्रकार की गजन पिन में दोनों ओर सर क्लिप लगाकर गजन पिन को जाम किया जाता है।

सेमी फ्लोटिंग टाइप गजन पिन इस प्रकार की गजन पिन को फिट करने के लिए कनैक्टिंग रॉड के स्माल एण्ड पर एक कट बना होता है। उसमें एक बोल्ट लगाकर गजन पिन टाइट की जाती है।

कनैक्टिंग रॉड यह पिस्टन का सम्बन्ध क्रैंक शाफ्ट से जोड़ती है। इसके छोटे सिरे को स्माल एण्ड बियरिंग के द्वारा फिट किया जाता है तथा बड़ा सिरा दो टुकड़ों से बना होता है जिसमें बिग एण्ड बियरिंग लगाए जाते हैं।

क्रैंक शाफ्ट इसके द्वारा पिस्टन की ऊपर-नीचे की चाल को घूमती हुई चाल में परिवर्तित किया जाता है।

यह दो प्रकार की होती है

1. **सिंगल पीस क्रैंक शाफ्ट** इस प्रकार की क्रैंक शाफ्ट में क्रैंक पिन, क्रैंक जरनल तथा वेट आदि एक साथ ढाले जाते हैं।
2. **बिल्ट अप क्रैंक शाफ्ट** इस प्रकार की क्रैंक शाफ्ट में क्रैंक जनरल तथा वेट आदि को क्लिप तथा बोल्टों के द्वारा जोड़ा जाता है।

फायरिंग ऑर्डर मल्टी सिलेण्डर इंजनों में जिस क्रम से फायरिंग होती है, वह क्रम फायरिंग ऑर्डर कहलाता है।

1. चार सिलेण्डर इंजन के फायरिंग ऑर्डर

   1-3-4-2 या 1-3-2-4
2. छः सिलेण्डर इंजन के फायरिंग ऑर्डर

   1-5-3-6-2-4 या 1-4-2-6-3-5
3. आठ सिलेण्डर इन लाइन इंजन के फायरिंग ऑर्डर

   1-8-7-3-6-5-4-2 या 1-6-2-5-3-7-4
4. आठ सिलेण्डर 'V' इंजन के फायरिंग ऑर्डर

   1-5-4-8-6-3-7-2 या 1-3-2-5-8-6-7-4

कैम शाफ्ट कैम शाफ्ट का मुख्य कार्य वाल्वों को खोलना है। इसके अतिरिक्त कैम शाफ्ट पेट्रोल इंजनों में फ्यूल पम्प, ऑयल पम्प तथा डिस्ट्रीब्यूटर चलाने का कार्य भी करती है। कैम शाफ्ट को टाइमिंग गियर द्वारा क्रैंक शाफ्ट की सहायता से ड्राइव मिलती है। कैम शाफ्ट, शाफ्ट की चाल से आधी चाल पर घूमती है।

टाइमिंग गियर इंजन की वाल्व टाइमिंग सैट करने के लिए टाइमिंग गियर का प्रयोग किया जाता है। इसी के द्वारा कैम शाफ्ट क्रैंक शाफ्ट से दोगुना गति पर घूमती है।

इन्हें तीन प्रकार से मिलाया जाता है

1. क्रैंक शाफ्ट गियर को सीधे ही टाइमिंग के अनुसार कैम शाफ्ट स्पोकेट से मिलाया जाता है।
2. क्रैंक शाफ्ट तथा कैम शाफ्ट टाइमिंग गियर को चेन द्वारा मिलाया जाता है।
3. क्रैंक शाफ्ट तथा कैम शाफ्ट टाइमिंग गियर के बीच में एक आइडिलर गियर प्रयोग करके दोनों गियरों को मिलाते हैं।

फ्लाई व्हील फ्लाई व्हील का मुख्य कार्य इंजन के तीन आइडिल स्ट्रोक पूरे करना है। इसके अतिरिक्त फ्लाई व्हील के द्वारा इंजन की शक्ति को अन्य यान्त्रिक कार्यो में प्रयोग किया जाता है। मोटर गाड़ियों में क्लच एसेम्बली इसके साथ फिट की जाती है। इसके अतिरिक्त फ्लाई व्हील की पूरी गोलाई पर एक रिंग गियर फिट रहता है, जिसका प्रयोग सेल्फ द्वारा इंजन को स्टार्ट करने में किया जाता है।

इंजन वाल्व सिलेण्डर के अन्दर हवा अथवा पेट्रोल के मिश्रण को आने का मार्ग बनाता है तथा सिलेण्डर की जली हुई गैसों को बाहर निकालने का मार्ग बनाता है। इंजन में पपेट या मशरूम टाइप वाल्व प्रयोग किए जाते हैं जिनका आकार छतरी के आकार का होता है। इनके सिरे पर लॉक ग्रूव कटा होता है तथा इनके फेस 30 अथवा 45 बने होते हैं। प्रत्येक सिलेण्डर के लिए एक इनलेट या इनटेक वाल्व तथा एक या दो एग्जास्ट वाल्व प्रयोग किए जाते हैं। कैम शाफ्ट द्वारा वाल्वों को खोलने के लिए टैपिट या लिफ्टर प्रयोग किए जाते हैं। साइड वाल्व व्यवस्था में यह टैपिट सीधे ही वाल्वों को खोलते हैं तथा ओवर हेड वाल्व व्यवस्था में इन टैपिटों द्वारा पुश रॉड को उठाया जाता है।

इंजन बियरिंग इंजन में चार प्रकार की बियरिंग प्रयोग होती हैं। यह बियरिंग दो टुकड़ों में बनी होती है, जिन्हें बोलचाल की भाषा में ब्रास कहते हैं। इन्हें क्रैंक शाफ्ट के जनरल, इंजन ब्लॉक से कसने के लिए प्रयोग किया जाता है। यह बियरिंग दो टुकड़ों में बनी होती है। इसके द्वारा कनैक्टिंग रॉड को क्रैंक शाफ्ट के क्रैंक पिनों से जोड़ा जाता है। यह बियरिंग बुश के रूप में गन मेटल की बनी होती है। इन्हें कनैक्टिंग रॉड के स्माल एण्ड में फिट किया जाता है। यह नीडिल या रोलर बियरिंग होती है। इनको फ्लाई व्हील के बीच में फिट किया जाता है। इसी में क्ल्च शाफ्ट घूमती है।

सुपर चार्जर कुछ पेट्रोल इंजनों में वायुमण्डल से अधिक दबाव पर हवा और पेट्रोल का मिश्रण सिलेण्डरों तक पहुँचाने के लिए सुपर चार्जर का प्रयोग किया जाता है। इसे एक इकाई के रूप में इनलेट मेनीफोल्ड के बीच में लगाया जाता है।

साइलेन्सर इंजन के सिलेण्डरों से जली गैसें बाहर निकलती हैं तो उनमें बहुत वेग तथा दबाव रहता है, जिस कारण उनमें बहुत आवाज आती है, इन आवाजों को कम करने के लिए साइलेन्सर का प्रयोग किया जाता है, इसका सम्बन्ध पाइप द्वारा एग्जास्ट मैनीफोल्ड से रहता है।

ऑटोमोबाइल इंजन के ईंधन

ऑटोमोबाइल इंजन में क्रूड ऑयल को साफ करके पेट्रोल व डीजल के रूप में प्रयोग किया जाता है। यह एक पेट्रोलियम पदार्थ है जिसे भूमि में कुएँ खोदकर प्राप्त किया जाता है। क्रूड ऑयल की सफाई तेल रिफाइयनरियों में होती है, जहाँ से विभिन्न संक्रियाओं द्वारा परिवर्तित करके पेट्रोल, डीजल, मोबिल ऑयल, गियर ऑयल, कोलतार आदि तैयार किया जाता है। व्यावसायिक पेट्रोल स्टेटरन गैसोलीन तथा क्रैंक्ड गैसोलीन के मिश्रण से बनाया जाता है।

ये तीन प्रकार के होते हैं

1. रेग्युलर ग्रेड ऑयल
2. सुपर प्रीमियम ग्रेड ऑयल
3. प्रीमियम ग्रेड पेट्रोल

नोकिंग दोष एवं प्री-इग्नीशन

मिश्रण का अन्तिम भाग सम्पर्क में आने से पूर्व ध्वनि के साथ जल जाना नोकिंग कहलाता है। इससे पिस्टन का एकदम दबाव पड़ता है। इससे एक विशेष प्रकार की ध्वनि उत्पन्न होती है, जिसे नोकिंग-डेटोनेशन कहते हैं।

नोकिंग के कारण

पूर्व प्रज्वलन नोकिंग का मुख्य कारण पूर्व प्रज्वलन है।

सम्पीडन अनुपात सम्पीडन अनुपात अधिक होने से नोकिंग अधिक होती है।

गर्म मिश्रण हवा व पेट्रोल का मिश्रण अधिक गर्म होने से भड़कर जलता है, जिससे नोकिंग होती है।

दहन कक्ष दहन कक्ष में समस्त दिशाओं में एक समान ज्वलन न होने से नोकिंग होती है।

प्री-इग्नीशन के कारण

- सम्पीडन अनुपात का अधिक होना
- स्पार्क प्लग का अधिक गर्म होना
- कम्बश्चन चैम्बर में कार्बन का अधिक जमा होना
- इंजन वाल्वों के फेस अधिक गर्म होना
- इग्नीशन टाइमिंग का सही न होना

ऑक्टेन नम्बर व सीटेन नम्बर

डीजल फ्यूल के जलने की सरलता सीटेन नम्बर द्वारा दर्शाई जाती है। इसकी दर एक स्केल द्वारा नापी जाती है। सीटेन नम्बर की तुलना एक स्टैन्डर्ड फ्यूल सीटेलन ($C_{16} \cdot H_{31}$) से की जाती है। सीटेन नम्बर नार्मल सीटेन तथा एल्फा मिथाइल नेफ्थालीन के मिश्रण में नार्मल सीटेन की प्रतिशत मात्रा के बराबर होता है।

डीजल नॉक

डीजल जलने के समय विशेष प्रकार की तेज आवाज डीजल नॉक कहलाती है, इस नॉक से पिस्टन पर असमान एवं भारी लोड पड़ता है तथा हैमरिंग जैसी ध्वनि आती है तथा इंजन शीघ्र अतितप्त हो जाता है।

इस दोष से बचने के लिए निम्नलिखित उपाय करने चाहिएँ

- कम्प्रेशन अनुपात अधिक रखें।
- कम्बश्चन चैम्बर की हवा में टर्बुलैन्स उत्पन्न करें।
- वायु का इनलैट प्रैशर बढ़ाएँ।
- इन्जेक्शन प्रेशर बढ़ाएँ।
- डीजल में 1% इथाइल नाइट्रेट मिलाएँ।
- कम्बश्चन चैम्बर का तापक्रम बढाएँ।

एल पी जी व उसके लाभ

एल पी जी अर्थात् लिक्विड पेट्रोलियम गैस ऑटोमोबाइल में प्रोपेन तथा ब्यूटेन नामक गैसों का प्रयोग किया जाता है। प्रोपेन 44°F पर तथा ब्यूटेन 32°F पर जलने लगती है। ये किसी भी वातावरण में प्रयोग की जा सकती हैं। दोनों गैसें भूमि के कुएँ खोदकर प्राप्त की जाती हैं।

एल पी जी प्रयोग के निम्नलिखित लाभ होते हैं

- पूर्ण रूप से वाष्पीकरण।
- हवा में शीघ्र मिल जाती है।
- सभी तापक्रम पर हवा में मिश्रण बनता है।
- सभी सिलेण्डरों में समान मात्रा में मिश्रण पहुँचता है।
- मिश्रण में गोंद या तेल के मिलावट की सम्भावना नहीं रहती।
- प्रज्वलन शीघ्र होता है।
- नोकिंग कम होती है।

पेट्रोल फ्यूल सप्लाई Petrol Fuel Supply

- ग्रेविटी फीड सिस्टम
- प्रेशर फीड सिस्टम
- वैक्यूम पम्प फीड सिस्टम
- फ्यूल पम्प फीड सिस्टम

मैकेनिकल फ्यूल पम्प की कार्यविधि

इंजन के घूमने पर कैम शाफ्ट की एक्सेन्ट्रिक कैम का दबाव रौकर आर्म पर पड़ता है। इससे जुड़े डायफ्राम पर इसका प्रभाव पड़ता है जिससे वह नीचे दब जाता है। डायफ्राम के नीचे दबने से पम्प बॉडी में आंशिक शून्य उत्पन्न हो जाता है। इसके प्रभाव से पेट्रोल टैंक में पेट्रोल सैडीमैन्ट बाउल में आकर व छनकर नॉन रिटर्न वाल्व द्वारा पम्प चैम्बर में आ जाता है। कैम का दबाव समाप्त होने पर डायफ्राम रिटर्न स्प्रिंग के कारण डायफ्राम ऊपर उठ जाता है जिससे पम्प चैम्बर के पेट्रोल पर दबाव पड़ता है तथा वह पेट्रोल आउटलैट नॉन रिटर्न वाल्व में होकर कार्बुरेटर के फ्लोट चैम्बर में चला जाता है।

इलेक्ट्रीकल फ्यूल पम्प की कार्यविधि

यह गाड़ी में लगी बैट्री के करेन्ट से चलता है। इसमें डायफ्राम को ऊपर-नीचे करने के लिए विद्युत चुम्बक बन जाता है जो आर्मेचर को ऊपर खींच लेता है तथा वैक्यूम के प्रभाव से पेट्रोल पम्प चैम्बर में आ जाता है। डायफ्राम के ऊपर जाते ही सी बी प्वाइन्ट खुल जाते हैं, विद्युत परिपथ टूट जाता है तथा चुम्बक का प्रभाव समाप्त हो जाता है। स्प्रिंग के दबाव से डायफ्राम नीचे आकर पेट्रोल पर दबाव डालता है तथा पेट्रोल पम्प चैम्बर से आउटलेट नॉन रिटर्न वाल्व में होकर कार्बुरेटर के फ्लोट चैम्बर में चला जाता है।

कार्बुरेटर Carburettor

इसके द्वारा निम्नलिखित कार्य होते हैं

- यह तरल रूप के पेट्रोल को महीन कणों में विभाजित करके उसे हवा में मिलाकर गैस के रूप में परिवर्तित करता है।
- हवा और पेट्रोल का उचित अनुपात में मिश्रण बनाकर शीघ्र जलने योग्य बनाता है।
- इंजन की प्रत्येक चाल के लिए अलग-अलग अनुपात में आवश्यकतानुसार मिश्रण बनाता है।

कार्बुरेटर द्वारा हवा व पेट्रोल का मिश्रण चार प्रकार का होता है

- रिच मिश्रण 8 : 1 से 10 : 1 तक
- आइडल मिश्रण 10 : 1 से 11 : 1 तक
- सामान्य मिश्रण 16 : 1 से 18 : 1 तक
- क्षीण मिश्रण 20 : 1 से 22 : 1 तक

कार्बुरेटर तीन प्रकार के होते हैं

1. अप ड्राफ्ट कार्बुरेटर
2. डाउन ड्राफ्ट कार्बुरेटर
3. होरीजोन्टल कार्बुरेटर

कार्बुरेटर के पार्ट्स

- फ्लोट चैम्बर
- एअर होर्न तथा वेन्चुरी
- थ्रोटल वाल्व
- चोक वाल्व
- नीडिल वाल्व तथा शीट
- मेन जेट तथा अन्य जेट
- एक्सीलरेटिंग पम्प

कार्बुरेटर सर्किट

इंजन की विभिन्न चालों में कार्बुरेटर के द्वारा विभिन्न अनुपात का मिश्रण बनाया जाता है। इसके लिए कार्बुरेटर में अलग-अलग हवा तथा पेट्रोल के कई मार्ग बनाए जाते हैं, जिन्हें कार्बुरेटर सर्किट कहा जाता है।

कार्बुरेटर सर्किट निम्न प्रकार के होते हैं

- फ्लोट सर्किट
- आइडल तथा लो स्पीड सर्किट
- हाई स्पीड पार्टलोड सर्किट
- हाई स्पीड पावर सर्किट
- एक्सीलरेटिंग पम्प सर्किट

कार्बुरेटर की मैन्टीनेंस

कार्बुरेटर को सही रखने के लिए निम्नलिखित कार्य करने चाहिएँ

- कार्बुरेटर को बाहर से साफ रखें।
- कार्बुरेटर में अन्दर से सफाई करते रहें।
- जैड साफ करने के लिए हवा का प्रयोग करें।
- सभी प्रकार के साबुन गैस केट प्रयोग करें।
- फ्लोट लेवल सही एडजस्ट रखें।
- थ्रोडल घिस जाने पर नया बदलें।
- कार्बुरेटर फाउण्डेशन टाइट रखें।

वकार्बुरेटर में मुख्य दोष फल्डिंग होता है। मेन नोजल से बूँद-बूँद पेट्रोल के टपकने के कारण होता है। ऊँची फ्लोट लेवल इसका मुख्य कारण है। इसके अतिरिक्त नीडिल वाल्व का लीक होना तथा फ्लोट का पंक्चर होना भी इसका कारण हो सकता है।

डीजल इंजन की फ्यूल प्रणाली

डीजल फ्यूल प्रणाली में निम्नलिखित मुख्य भाग प्रयोग होते हैं

- डीजल टैंक
- डीजल फिल्टर
- डीजल ट्रांसफर पम्प
- फ्यूल इन्जेक्शन पम्प
- इन्जेक्टर

डीजल पहुँचाने के लिए फ्यूल इन्जेक्शन पम्प तक फ्यूल ट्रांसफर पम्प का प्रयोग किया जाता है। डीजल फ्यूल लाइन में हवा आ जाती है तो उसे निकालने की आवश्यकता होती है, क्योंकि इससे इन्जेक्शन पम्प में एयर लॉक हो जाता है। जिसके कारण फ्यूल इंजेक्शन पम्प तक पर्याप्त मात्रा में डीजल नहीं पहुँचता है। इसलिए एयर ब्लीडिंग की जाती है।

फ्यूल इन्जेक्शन पम्प के प्रकार

डीजल फ्यूल इन्जेक्शन पम्प की निम्नलिखित तीन प्रणालियाँ प्रयोग की जाती है।

- मास्टर फ्यूल इन्जेक्शन पम्प प्रणाली
- डिस्ट्रीब्यूटर फ्यूल इन्जेक्शन पम्प प्रणाली
- इंडी विजुअल फ्यूल इन्जेक्शन प्रणाली

इन्जेक्टर

इन्जेक्टर द्वारा दबाव के साथ कम्बश्चन चैम्बर में डीजल का स्प्रे किया जाता है। इसका दबाव 1500 से 200 पौंड प्रति वर्ग इंच के दबाव से डीजल स्प्रे होता है।

एक अच्छे इनजेक्टर में निम्नलिखित गुण होने चाहिएँ

- समय पर पूरा डीजल स्प्रे कर सके।
- डीजल स्प्रे होते ही पूरे कम्बश्चन चैम्बर में फैल जाएँ।
- स्प्रे का आकार अच्छा हो।
- स्प्रे किया गया डीजल शीघ्र जल सके।

कार्य करते समय इन्जेक्टर की नोजिल अपनी सीट पर स्प्रिंग के द्वारा बैठी रहती है। जब दबाव से डीजल प्रवेश करता है तो नोजिल वाल्व सीट से उठ जाती है और नोजिल के छिद्रों द्वारा डीजल स्प्रे हो जाता है।

इन्जेक्टर दोष

इन्जेक्टर से डीजल टपकने लगता है तथा फुहार का रूप बदल जाता है।

इन दोषों को दूर करने के लिए निम्नलिखित टेस्ट किए जाते हैं

- इन्जेक्टर प्रैशर टैस्ट
- इन्जेक्टर लीक टैस्ट
- इन्जेक्टर स्प्रे टैस्ट

डीजल कम्बश्चन चैम्बर

- प्री-इग्नीशन चैम्बर
- सॉलिड या ऑपन चैम्बर
- स्विरल चैम्बर
- सेन्टर स्फीयर चैम्बर
- एयर सेल चैम्बर

फेजिंग तथा कैलिब्रेशन

Fasing and Calibrations

डीजल फ्यूल इन्जेक्शन पम्प में निम्नलिखित विशेषता होनी चाहिए कि इसके द्वारा डीजल स्प्रे के आरम्भ तथा समापन के बीच एक समान अन्तराल हो। यह गुण फेजिंग कहलाता है। इंजन चलने के कुछ दिनों के बाद इसके विपरीत दोष आ जाता है तो फ्यूल इन्जेक्शन पम्प टेस्टिंग मशीन के द्वारा पम्प की फेजिंग कराई जाती है। फ्यूल इन्जेक्शन पम्प के लिए यह भी आवश्यक है कि प्रत्येक इन्जेक्टर में एक समान मात्रा में डीजल की सप्लाई हो। इंजन के अधिक दिनों तक चलने पर इस मात्रा में अन्तर आ जाता है। इसके लिए फ्यूल इन्जेक्शन फेजिंग तथा कैलीब्रेशन मशीन द्वारा पुन: कैलीब्रेशन कराया जाता हैं।

डीजल इंजन में गवर्नर की उपयोगिता

डीजल इंजन में अधिकतम व न्यूनतम चाल नियमित रखने के लिए फ्यूल इन्जेक्शन पम्प के साथ गवर्नर का प्रयोग किया जाता है। ये गवर्नर डीजल सप्लाई की मात्रा को स्वत: नियन्त्रित करके इंजन को चलाते हैं।

यह निम्न प्रकार के होते हैं

- मैकेनिकल या सेन्ट्रीफ्यूगल गवर्नर
- न्यूमैटिक गवर्नर
- हाइड्रोलिक गवर्नर

लुब्रीकेशन व उसके उद्देश्य

किसी भी मशीन में उसके दो भाग जब आपस में रगड़ खाकर चलते हैं तो घर्षण के द्वारा उनका तापक्रम बढ़ जाता है तथा आयतन में वृद्धि होती है। इस कारण उनके संचालन में बाधा आती है। इस दोष से बचने के लिए दो भागों के बीच में तेल आदि की एक पतली तह लुब्रीकेशन के द्वारा बनाई जाती है।

लुब्रीकेशन के मुख्य उद्देश्य निम्न हैं

- रगड़ कर चलने वाले भागों में घर्षण कम हो।
- रगड़ खाने वाले भागों का तापक्रम न चढ़े।
- उन भागों की सफाई होती रहे तथा धातु के महीन कणों द्वारा घिसावट न हो।
- रगड़ के कारण आवाज न हो।
- कार्बन जमा न हो।
- जंग से बचाव हो।
- ऑक्सीडेशन की रोकथाम हो।

फोर्स लुब्रीकेशन प्रणाली

इस प्रणाली में एक विशेष प्रकार का ऑयल पम्प प्रयोग किया जाता है। यह पम्प ऑयल चैम्बर में भरे तेल को दबाव के साथ इंजन की मेन ऑयल गैलरी में भेजता है, जहाँ से यह इंजन के सभी भागों में जाता है।

इस प्रणाली में चार प्रकार के पम्प प्रयोग होते हैं

- वेन टाइप ऑयल पम्प
- प्लंजर टाइप ऑयल पम्प
- गियर व्हील टाइप ऑयल पम्प
- रोटर टाइप ऑयल पम्प

स्पैलश लुब्रीकेशन प्रणाली

इस प्रणाली में बिग एण्ड बियरिंग के नीचे आयल डिपर लगे होते हैं, जो इंजन ऑयल में डूब कर चलते हैं। इनमें तेल भरकर बियरिंग लुब्रीकेट होते हैं। इसके अतिरिक्त तेल के छींटे से इंजन के अन्य भाग भी लुब्रीकेट होते हैं। इस प्रणाली में ऑयल चैम्बर में डिपर के लिए पतली नालियाँ भी बनाई जाती हैं।

कूलिंग सिस्टम

ऑटोमोबाइल इंजन इण्टरनल कम्बश्चन इंजन होते हैं जोकि ताप द्वारा चलते हैं। इन इंजनों में अनावश्यक ताप का समाप्त करना शीतलन प्रणाली का मुख्य उद्देश्य है। शीतलन प्रणाली का प्रयोग करके इंजन को आवश्यक रूप से ठण्डा रखा जा सकता है। जिससे इसके भागों के आयतन में वृद्धि नहीं होती है तथा इंजन सुगमता से चलता है। इसके अतिरिक्त फ्यूल की खपत पर भी इसका प्रभाव पड़ता है। यदि इन इंजनों को ठण्डा न किया जाएँ तो इनमें प्रीग्नीशन, डेटोनेशन तथा नोकिंग दोष आ जाते हैं।

यह दो प्रकार की होती है

1. वायु शीतलन प्रणाली (एअर कूलिंग सिस्टम)
2. जल शीतलन प्रणाली (वाटर कूलिंग सिस्टम)

जल शीतलन प्रणाली में सामान्य पानी द्वारा इंजन की अनावश्यक गर्मी को ठण्डा किया जा सकता है। इसके लिए

सिलेण्डर के चारों ओर वाटर जैकेट बने होते हैं जिनमें रेडिएटर के द्वारा पानी भेजा जाता है। इंजन का पानी गर्म होने के बाद पुन: रेडिएटर में आकर ठण्डा होता है।

यह दो प्रकार की होती है

1. बलकृत जल शीतलन प्रणाली (फोर्स्ड वाटर कूलिंग सिस्टम)
2. थर्मो साइफल जल शीतलन प्रणाली

थर्मोस्टेट वाल्व

इसका प्रयोग मुख्य रूप से ठण्डी जगहों के लिए आवश्यक होता है। यह वाटर आउट लेट में फिट किया जाता है। जब तक इंजन के पानी का तापक्रम सामान्य 80°C तक नहीं हो जाता है तब तक यह इंजन के पानी को बाहर नहीं निकलने देता है। इस प्रकार इंजन शीघ्र सामान्य तापक्रम पर आकर कार्य योग्य हो जाता है।

रेडिएटर

वाटर कूलिंग सिस्टम में इसके द्वारा पानी को ठण्डा करने की व्यवस्था की जाती है।

यह रेडिएटर फोर के आधार पर दो प्रकार के होते हैं

1. ट्यूब्लर टाइप रेडिएटर
2. हनी कोम्ब टाइप रेडिएटर

एण्टी फ्रीज लोशन इस लोशन में मुख्य रूप से ग्लिसरीन तथा कुछ मात्रा में एल्कोहॉल के साथ पानी का प्रयोग किया जाता है। रेडिएटर में इसके प्रयोग से पानी का तापक्रम लगभग एक समान बना रहता है। आजकल इस प्रकार के बने-बनाए लोशन मारुति आदि कारों में प्रयोग किए जा रहे हैं।

व्हील्स के प्रकार Types of Wheels

- आरटीलरी वुडन स्पोक व्हील
- वायर स्पोक व्हील
- प्रेस्ड स्टील डिस्क व्हील
- हैवी ड्यूटी प्रेस्ट स्टील रिम विद रिंग
- टू पीस रिम

टायर की बनावट, कार्य व प्रकार

आधुनिक टायरों द्वारा निम्नलिखित मुख्य कार्य किए जाते हैं

- मोटर गाड़ी का कम्पन सहन करते हैं।
- गाड़ी को यथासम्भव झटके से बचाते हैं।
- मोटर गाड़ी चलाने के लिए रगड़ खाने वाली प्रतिरोधकता उपलब्ध कराते हैं।
- ब्रेक लगाने में मोटरगाड़ी की मदद करते हैं।
- मोटरगाड़ी का बोझ उठाते हैं।

आजकल के टायर सूत की डोरियों, रबर, लोहे के तार तथा नायलोन और रेयॉन की डोरियों से बनाए जाते हैं। तार की गोल रिंग के साथ रबर तथा डोरियों की कई तहें एक के ऊपर एक चिपकाई जाती हैं। तार का गोल रिंग बीड कहलाता है तथा यह तह प्लाई कहलाती है। प्लाई की संख्या टायर की उपयोगिता पर निर्भर करती है। टायर के पूरे घेरे में कटे डिजाइन बने होते हैं, इसे ट्रेड कहते हैं। टायर कम्पनियाँ उसकी उपयोगिता के अनुसार कटे हुए डिजाइन बनाती हैं।

यह तीन प्रकार के होते हैं

1. हाई प्रेशर टायर
2. लो प्रेशर टायर
3. एकस्ट्रा लो प्रेशर अथवा बैलून टाइप टायर

ट्यूबलैस टायर

इस प्रकार के टायरों में ट्यूब का प्रयोग नहीं किया जाता है। इनके अन्दर मुलायम रबर की एक तह लगी होती है। इनमें हवा भरने के लिए रिम के साथ ही बॉलबॉडी फिट होती है। यदि इस प्रकार के टायर में पंचर हो जाए तो पूरा व्हील पानी में चेक करना आवश्यक होता हैं।

कन्वेन्शनल चैसिस Conventional Chesis

इन चैसिस फ्रेमों में दो साइड मैम्बर लगे होते हैं जो आगे से कम चौड़े रहते हैं, इनको आवश्यकतानुसार क्रॉस मैम्बरों से जोड़ा जाता है, भारी वाहनों में इस प्रकार के चैसिस फ्रेम प्रयोग होते हैं।

सस्पेन्शन प्रणाली मोटरगाड़ी में बैठे यात्रियों अथवा उसमें रखें सामान को मार्ग के गड्ढों के कारण उत्पन्न झटकों से बचाव के लिए सस्पेन्सन प्रणाली का प्रयोग किया जाता है।

इसके निम्नलिखित मुख्य कार्य हैं

- सड़क के झटकों को चैसिस फ्रेम तक न जाने दें।
- मोटरगाड़ी चलाने में अस्थिरता न प्रतीत हो।
- मोटर गाड़ी को मोड़ते समय व्हील प्रिय बनी रहे।

यह दो प्रकार के होते हैं

1. डैड एक्सल फ्रन्ट सस्पेन्शन प्रणाली
2. इन्डिपेन्डेन्ट फ्रन्ट सस्पेन्शन प्रणाली

लीफ स्प्रिंग सस्पेन्शन

इसमें स्प्रिंग स्टील की चपटी पत्ती एक के ऊपर एक रखकर सेन्टर बोल्ट तथा यू-बोल्ट द्वारा जोड़ी जाती है। मेन लीफ में दोनों ओर आई होल बने होते हैं जिसमें शैकिल पिन फँसाकर चैसिस फ्रेम के साथ जोड़ा जाता है।

- सेमी एलिप्ट लीफ स्प्रिंग
- क्वार्टर एलिप्ट लीफ स्प्रिंग
- थ्री-क्वार्टर एलिप्ट लीफ स्प्रिंग
- ट्रोसवर्स लीफ स्प्रिंग

भारी मोटर गाड़ियों में हैल्पर रोड स्प्रिंग का भी प्रयोग किया जाता है। इन मोटर गाड़ियों में भरे तथा खाली होने की दशा में भार में बहुत अन्तर आ जाता है। दोनों प्रकार के भार को ग्रहण करने के लिए एक ही प्रकार के स्प्रिंग पर्याप्त नहीं होते हैं। इनकी सहायता के लिए मेन स्प्रिंग एसेम्बली के ऊपर हेल्पर रोड स्प्रिंग फिट किए जाते हैं। इसमें भी 4-5 लीफ स्प्रिंग प्रयोग होते हैं जिन्हें सेन्टर बोल्ट तथा क्लिपों के द्वारा साधा जाता है।

इन्डिपेन्डेन्ट सस्पेन्शन

इस प्रकार के सस्पेन्शन में एक पहिये के झटकों का प्रभाव अन्य पहियों अथवा चैसिस पर नहीं पड़ता है।

इसके लिए तीन प्रणालियाँ प्रयोग की जाती हैं

1. पैरलल लिंक टाइप इन्डिपेन्डेन्ट सस्पेन्शन
2. वर्टीकल गाइड इन्डिपेन्डेन्ट सस्पेन्शन
3. स्विंगगिंग आर्म इन्डिपेन्डेन्ट सस्पेन्शन

शॉक एब्जार्बर यह देखा गया है कि किसी स्प्रिंग को दबाने के बाद उसे फ्री किया जाता है तो वह उछाल मारती है। इसी प्रकार रोड स्प्रिंग के कारण जब गाड़ी उछलती है तब उसमें काफी देर तक रिबाउन्ड उछाल बना रहता है। इस दोष को दूर करने के लिए शॉक एब्जार्बर का प्रयोग किया जाता है।

यह दो प्रकार के होते हैं

1. मैकेनिकल शॉक एब्जार्बर
2. हाइड्रोलिक शॉक एब्जार्बर

क्रिया के अनुसार इन्हें दो भागों में बाँटा जा सकता है

1. सिंगल एक्टिंग
2. डबल एक्टिंग

सिंगल एक्टिंग शॉक एब्जार्बर में एक ओर के ही उछाल को नियन्त्रित किया जा सकता है। जबकि डबल एक्टिंग शॉक एब्जार्बर ऊपर या नीचे, दोनों ओर के उछाल को नियन्त्रित करते हैं। सिंगल एक्टिंग शॉक एब्जार्बर में एक पिस्टन प्रयोग होता है तथा डबल एक्टिंग शॉक एब्जार्बर में दो पिस्टन प्रयोग होते हैं। आजकल सभी छोटी गाड़ियों, स्कूटर, मोटर साइकिल आदि में इनका प्रयोग किया जाता है।

इस प्रकार के शॉक एब्जार्बर लम्बी बोतल के समान होते हैं। सामान्यत: इन्हें फिट करने के लिए ऊपर-नीचे आई होल बने होते हैं, जिनमें रबर बुश लगाकर नियत स्थान पर फिट किया जाता है। इनके अन्दर तेल भरा होता है। यह तेल उछाल के समय महीन वाल्वों के रास्ते से निकलता है, जिस कारण यह बड़ी सरलता से झटके सहन कर लेता है।

एयर सस्पेन्शन गाड़ी का वजन कम रह सके, इसके लिए आधुनिक गाड़ियों में सस्पेन्शन के लिए हवा तथा रबर पैड्स का प्रयोग किया जाता है।

फ्रन्ट एक्सल

यह दो प्रकार के होते हैं

1. डैड एक्सल
2. लाइव एक्सल

डैड एक्सल

डैड एक्सल बना होता है- 1. एक्सल बीम 2. स्टब एक्सल। इसको इंजन की प्रत्यक्ष शक्ति नहीं पहुँचाई जाती है। इसके साथ जुड़े पहिये केवल मोटरगाड़ी को मोड़ने, बोझ उठाने तथा रोकने में सहायता करते हैं। वास्तविक रूप से मोटरगाड़ी का भार एक्सल बीम पर ही पड़ता है।

लाइव एक्सल

लाइव एक्सल में अगले पहियों को भी इंजन को शक्ति प्रत्यक्ष रूप से पहुँचाई जाती है। इसके लिए गियर बॉक्स के साथ ट्रोसफर केस का प्रयोग किया जाता है। इसमें एक अतिरिक्त प्रोपेलर शाफ्ट फ्रन्ट एक्सल में लगे डिफरेशियल के साथ जुड़ी रहती है। इसका स्टब एक्सल विशेष प्रकार के बॉल ज्वाइण्ट द्वारा लगाया जाता है।

इससे निम्नलिखित मुख्य लाभ है

- मोटरगाड़ी की खींचने की शक्ति बढ़ जाती है।
- पिछले पहियों के दलदल आदि में फँसने पर अगले पहियों द्वारा मोटरगाड़ी निकाली जा सकती है।
- पहाड़ी चढाई पर मोटरगाड़ी सरलता से चढ़ जाती है

फ्रन्ट एक्सल के प्रकार *यह तीन प्रकार की होती हैं*

- इलियट टाइप फ्रन्ट एक्सल
- रिवर्स इलियट टाइप फ्रन्ट एक्सल
- लेमुइन टाइप फ्रन्ट एक्सल

स्टीयरिंग

स्टीयरिंग व्हील द्वारा घुमावदार गति को कोणीय गति में बदला जाता है। जब मोटरगाड़ी को दाएँ या बाएँ मोड़ने की आवश्यकता होती है तो स्टीयरिंग व्हील उस दिशा में घुमाया जाता है, जिससे अन्य लिंकेज (linkage) तथा गेयरिंग द्वारा अगले पहिये घूमते हैं।

स्टीयरिंग के प्रकार

- वर्म एण्ड सैक्टर टाइप स्टीयरिंग
- वर्म एण्ड रोलर टाइप स्टीयरिंग
- वर्म एण्ड वर्म व्हील टाइप स्टीयरिंग
- रिसर्कुलेटिंग बॉल एण्ड नट पाइप स्टीयरिंग
- रैक एण्ड पिनियन टाइप स्टीयरिंग
- कैम एण्ड रोलर टाइप स्टीयरिंग
- हाइड्रोलिक एसिस्ट टाइप स्टीयरिंग

इसके अतिरिक्त तीन प्रकार के विशेष स्टीयरिंग भी होते हैं

- हाइड्रोलिक स्टीयरिंग
- वैक्यूम एसिस्ट स्टीयरिंग
- कम्प्रेस्ड एयर एसिस्ट स्टीयरिंग

रिवर्सेवल तथा इरिवर्सेवल स्टीयरिंग

जिन गाड़ियों के स्टीयरिंगों में सड़क का झटका स्टीयरिंग व्हील तक पहुँचता है, वह 'रिवर्सेवल स्टीयरिंग' कहलाते हैं।

जिन गाड़ियों के स्टीयरिंगों में सड़क का झटका स्टीयरिंग व्हील तक नहीं पहुँचता है वह 'इरिवर्सेवल स्टीयरिंग' कहलाते हैं।

व्हील एलाइनमेंट मोटर गाड़ियों का स्टीयरिंग हल्का रहे, तेज गति पर भी गाड़ी सरलता से कन्ट्रोल की जा सके, टायर शीघ्र न घिसें, इसके लिए अगले पहियों की फिटिंग में कुछ कोण दिए जाते हैं। इन्ही को व्हील एलाइनमेंट कहते हैं।

इसके अन्तर्गत निम्नलिखित बातें आती हैं

- कैम्बर एंगल
- कास्टर एंगल
- किग पिन इन्कलीनेशन
- टो-इन तथा टो-आउट

चलती हुई ऑटोमोबाइल को चालक द्वारा धीमा करने या रोकने के लिए ब्रेक का प्रयोग किया जाता है।

मोटर गाड़ियों में ब्रेकों का वर्गीकरण

Classification of Motor Vehical Brakes

मोटर गाड़ियों में प्रयोग, क्रिया तथा डिजाइन के अनुसार

- बाहर की ओर से सिकुड़कर ब्रेक ड्रम की पकड़ करने वाल
- अन्दर की ओर से फैलकर ब्रेक ड्रम की पकड़ करने वाले

कार्य करने के अनुसार

- हैण्ड ब्रेक
- फुट ब्रेक

ब्रेकिंग फोर्स लगाने के आधार पर

- सिंगल एक्टिंग ब्रेक
- डबल एक्टिंग ब्रेंक

ब्रेकिंग शक्ति के आधार पर

- मैकेनिकल ब्रेक
- पावर ब्रेक

पावर ब्रेक निम्न प्रकार के होते हैं

- हाइड्रोलिक ब्रेक
- सर्वो या वैक्यूम सहायता प्राप्त ब्रेक
- एअर ब्रेक
- इलेक्ट्रिक ब्रेव

मैकेनिकल ब्रेक इस प्रकार के ब्रेक इन्टरनल एक्सपेंडिग ब्रेक होते हैं जब ब्रेक पैडल दबता है, तो ब्रेक केबिल व लिंक के द्वारा कैम घूमती है तथा ब्रेक शू को ड्रम से सटा देती है जिससे ब्रेक लग जाते हैं।

हाइड्रोलिक ब्रेक इस प्रकार के ब्रेक में ब्रेक शू तक ब्रेकिंग शक्ति हाइड्रोलिक प्रेशर द्वारा पहुँचाई जाती है। इसमे एक विशेष प्रकार का तेल प्रयोग किया जाता है जिसे ब्रेक ऑयल या ब्रेक फ्ल्यूड भी कहते हैं। यह सिस्टम इस वैज्ञानिक नियम पर आधारित है कि तरल पदार्थ दबाने से दबते नहीं हैं तथा उनका प्रेशर सभी दिशाओं में एक समान रहता है। हाइड्रोलिक ब्रेक में ब्रेक एसेम्बली के अतिरिक्त मास्टर सिलेण्डर तथा व्हील सिलेण्डर मुख्य भाग होते हैं। हाइड्रोलिक ब्रेक सिस्टम में मास्टर सिलेण्डर के द्वारा हाइड्रोलिक फ्ल्यूड का प्रेशर बनाकर व्हील सिलेण्डरों तक भेजा जाता है, जिससे ब्रेक लगते हैं।

हाइड्रोलिक ब्रेक की कार्य विधि (Working Principle of Hydrolic Brakes) जब ब्रेक पैडल दबाते हैं, तो पुश रॉड द्वारा पिस्टन आगे की ओर बढ़कर मास्टर सिलेण्डर में आए हुए तेल को दबाव के साथ चैक वाल्ब से होकर पाइप लाइनों द्वारा व्हील सिलेण्डर तक पहुँचाया जाता है। जब ब्रेक पैडल पर से दबाव हट जाता है, तो मास्टर सिलेण्डर का पिस्टन पीछे आ जाता है तथा ब्रेक शू रिटर्न स्प्रिंग व्हील सिलेण्डर के पिस्टनों को यथास्थान ले आती है जिससे व्हील सिलेण्डरों में आया तेल वापस पाइप लाइनो में आ जाता है। पिस्टन पर आया कम्पन सेटिंग पोर्ट का तेल पिस्टन में बने छिद्रों द्वारा सामने आ जाता है, जिससे मास्टर सिलेण्डर तुरन्त कार्य योग्य हो जाता है। यदि पुन: ब्रेक न लगाने हों, तो मास्टर सिलेण्डर में आया तेल बाएँ पास पोर्ट द्वारा रिजर वायर में चला जाता है।

हाइड्रोलिक ब्रेक की एयर ब्लीडिंग (Air Bleeding of Hydrolic Brakes)

- मास्टर सिलेण्डर को बाहर से साफ करें तथा उसमें पूरा तेल भरें।
- एक पारदर्शक बर्तन में आधा ब्रेक ऑयल भरकर एक पतले पाइप का सिरा उसमें डाल दे तथा दूसरा सिरा ब्लीडिंग निपिल पर लगा दें।
- किसी सीधी की सहायता से बार-बार ब्रेक पैडल दबा कर प्रेशर बनवाएँ। इसी दशा में ब्लीडिंग निपिल की दो चूड़ी खोल दें, तो पाइप के द्वारा बर्तन में ब्रेक ऑयल तथा हवा के बुलबुले आते दिखेंगे।
- इसी दिशा में ब्लीडिंग निपिल कस दें। यह क्रिया बार-बार तब तक करनी चाहिए जब तक कि बर्तन में हवा के बुलबुले आने बन्द न हो जाएँ।

नोट

- सर्वप्रथम मास्टर सिलेण्डर से सबसे दूर के पहिये की ब्लीडिंग करनी चाहिए।
- प्रत्येक पहिये की ब्लीडिंग के पश्चात् मास्टर सिलेण्डर में ब्रेक ऑयल भर देना चाहिए।

एयर ब्रेक इस प्रकार के ब्रेकों में दबी हवा का प्रयोग ब्रेकिंग शक्ति के लिए किया जाता है। उसमें एक कम्प्रेशर होता है। जो एअर क्लीनर से साफ हवा खींचकर रिजरवायर तक पहुँचाता है। ब्रेक पैडल के दबाने से ब्रेक वाल्व खुल जाता है तथा दबी हवा रिजरवायर से ब्रेक चैम्बर में पहुँचकर ब्रेक शू को ड्रम से सटाती है, जिससे ब्रेक लगते हैं। रिजरवायर पर सेफ्टी वाल्व लगे होते हैं, जो अतिरिक्त हवा के जमा होने पर खुल जाते हैं।

सर्वो ब्रेक

यह हाइड्रोलिक ब्रेक का सुधरा रूप होता है। इस प्रणाली में मास्टर सिलेण्डर की पुश रॉड को वैक्यूम की सहायता से अतिरिक्त शक्ति दी जाती है। इसमें अन्य भागों के अतिरिक्त एक सर्वोबूस्टर या रिजरवायर लगाया जाता है।

ब्रेकों के सामान्य दोष

- ब्रेक लाइनिंग घिस गई हो।
- ब्रेक लाइनिंग पर चिकनाई हो।
- मैकेनिकल ब्रेक की कैम घिस गई हो।
- हाइड्रोलिक ब्रेक में हवा आ गई हो या ब्रेक ऑयल कम हो।
- सर्वो ब्रेक में बूस्टर लीकेज हो या पिस्टम जाम हो।
- एअर ब्रेक में हवा का कम दबाव हो।
- ब्रेक पैडल फ्री प्ले अधिक हो।
- ब्रैक प्लेट ढीली हो।

क्लच Clutch

क्लच का मुख्य कार्य इंजन से गियर बॉक्स का सम्बन्ध जोड़ना व तोड़ना है। *ये निम्न प्रकार के होते हैं*

- सिंगल प्लेट क्लच
- मल्टी प्लेट क्लच
- कोन क्लच
- हाइड्रोलिक या फ्ल्यूड फ्लाई व्हील क्लच

सिंगल प्लेट क्लच

इस प्रकार का क्लच एक एसेम्बली के रूप में फ्लाई व्हील के साथ जुड़ा रहता है। इसकी क्लच प्लेट प्रेशर, प्लेट तथा फ्लाई व्हील के बीच दबी रहती है। जब क्लच डिस एंगेज करना होता है, तो क्लच पैडल के द्वारा क्लच रिलीज बियरिंग प्रेशर प्लेट को पीछे की ओर कर देती है जिससे क्लच प्लेट पर से दबाव हट जाता है और इंजन की ताकत गिअर बॉक्स तक नहीं जाने पाती।

मल्टी प्लेट क्लच

यह लगभग सिंगल प्लेट क्लच के समान होता है, परन्तु इसमें कई छोटी-छोटी क्लच प्लेटें तथा प्रेशर प्लेटें प्रयोग की जाती हैं। क्लच प्लेटों के दोनों ओर लाइनिंग चिपकी रहती है। इनका प्रयोग आमतौर पर दो पहिये वाली गाड़ियों में होता है।

हाइड्रोलिक क्लच

इस क्लच में दो इम्पेलर फिट होते हैं, पहला फ्लाई व्हील के साथ तथा दूसरी गियर बाक्स की प्राइमरी शाफ्ट के साथ। ये दोनों इम्पेलर एक ऐसे केसिंग में बन्द रहते हैं, जिसमें हाइड्रोलिक ऑयल भरा रहता है।

गियर बॉक्स Gear Box

गियर बॉक्स ऐसी व्यवस्था है जिसकी सहायता से मोटर गाड़ी को प्रत्येक परिस्थिति में रोड तथा लोड की आवश्यकतानुसार सुगमतापूर्वक चलाने के लिए इंजन की अधिकतम शक्ति को इसके द्वारा बढ़ाया जाता है। इसके अतिरिक्त गाड़ी को पीछे चलाना गियर द्वारा ही सम्भव हो पाता है।
गियर बॉक्स निम्न प्रकार के होते हैं

- स्लाइडिंग मैश गियर बॉक्स
- कॉन्सटेन्ट मैश गियर बॉक्स
- सैन्क्रोमैश गियर बॉक्स।
- एपी साइक्लिक या प्लेनेट्री गियर बॉक्स

स्लाइडिंग मैश गियर

इस प्रकार के गियर बॉक्स में मेन शाफ्ट के गियरों को आवश्यकतानुसार खिसकाकर शाफ्ट पर बने उसके जोड़े के साथ मिलाया जाता है। गियरों को खिसकाने के लिए गियर चैनल, लीवर, सिलैक्टर फोर्क का प्रयोग किया जाता है।

कॉन्सटेन्ट मैश गियर बॉक्स

यह गियर बॉक्स भी स्लाइडिंग गियर बॉक्स का सुधरा रूप कहा जा सकता है। इसमें गियरों को खिसकाने की आवश्यकता नहीं होती है। इस गियर बॉक्स में गियर एन्गेज करने के लिए स्लाइडिंग कॉलर या डॉग का प्रयोग किया जाता है। इसके गियर अपने जोड़ के साथ सदा मिले तथा इंजन के चलने पर घूमते रहते हैं। जिस गियर को एंगेज करना होता है। उसे कौलर या डॉग की सहायता से मेन शाफ्ट के साथ लॉक कर दिया जाता हैं। *इनसे निम्न लाभ हैं*

- गियर सरलता से बदले जाते हैं।
- गियर बदलने में आवाज कम होती है।
- गियर के दाँते नहीं टूटते हैं, क्योंकि मैशिंग केवल कौलर या डॉग की ही होती है।

सैन्क्रोमैश गियर

इस प्रकार के गियर बॉक्स में दो गियरों को मिलाने से पूर्व उनकी चाल एक समान करने के लिए सैन्कोनाइजर यूनिट का प्रयोग किया जाता है। यह एक मैकेनिकल डिवाइस होती है इसका प्रयोग पहले व रिवर्स गियर को छोड़ कर शेष गियरों को बदलने के लिए किया जाता है। यह गियर बॉक्स स्लाइडिंग मैश तथा कान्सटेन्ट मैश गियर बॉक्स का और अधिक सुधरा रूप कहा जा सकता है। इसमें इन शाफ्ट पर चढ़े दूसरे व तीसरे गियर अपने स्थान पर ले शाफ्ट पर बने अपने शाफ्ट पर बने जोड़े के द्वारा सदा घूमते रहते हैं। इसकी मेन शाफ्ट स्थिर रहती है। जिस गियर को एंगेज करना होता है उसके सैन्क्रोनाइजर यूनिट को गियर चेन्ज लीवर द्वारा खिसकाकर मेन शाफ्ट को लॉक किया जाता है। सैन्क्रोनाइजर की शुरू की चाल मेन शाफ्ट व गियर की चाल को पहले समान करती है, तब उन्हें आपस में एंगेज करती है। इस प्रकार उस गियर द्वारा मेन शाफ्ट घूमना शुरू करती है।

एपी साइक्लिक गियर बाक्स

इस प्रकार के गियर बॉक्स में न तो खिसकाने की आवश्यकता होती है, न ही कौलर या डॉग द्वारा गियर व मेन शाफ्ट लॉक की जाती हैं। यह गियर बॉक्स प्राकृतिक नक्षत्रों के समान डिजाइन किया जाता है। इसमें सन गियर के चारों ओर प्लैनेट गियर आदि चक्कर लगाते हैं, जैसे कि सूर्य के चारों ओर पृथ्वी, चन्द्रमा आदि परिक्रमा करते हैं।

ट्रांसफर केस

इनके मुख्य भाग निम्न हैं

- हाउजिंग (Housing)
- इनपुट शाफ्ट (Input shaft)
- आइडल शाफ्ट (Idle shaft)
- आउटपुट शाफ्ट (Output shaft)
- फ्रन्ट एक्सल ड्राइव शाफ्ट (Front axle drive shaft)
- डायरेक्ट ड्राइव तथा स्टेप डाउन गियर (Direct drive and step down gear)

ट्रांसफर केस प्रयोग करने के लिए हाउजिंग के ऊपर दो छोटे गियर चेन्ज लीवर लगे होते हैं। ट्रांसफर केस एंगेज करने के लिए छोटे लीवरों द्वारा फ्रन्ट एक्सल ड्राइव शाफ्ट के गियर को एंगेज किया जाता है। इसका प्रयोग पिछले पहियों के फस जाने अथवा खड़ी चढ़ाई पर गाड़ी चढ़ाने के लिए किया जाता है। इन गाड़ियों को फ्रन्ट व्हील ड्राइव अथवा 4×4 कहा जाता है। ऐसी गाड़ियों का प्रयोग मिलिट्री में अधिक होता है। इसके अतिरिक्त जीप में भी यह व्यवस्था की जाती है।

यूनीवर्सल ज्वाइन्ट Universal Joint

गियर बॉक्स की मेन शाफ्ट के प्रोपेलर शाफ्ट जोड़ने के लिए तथा प्रोपेलर शाफ्ट का सम्बन्ध डिफरेंशियल से करने के लिए यूनीवर्सल ज्वाइन्ट का प्रयोग किया जाता है। गियर बॉक्स तथा डिफरेंशियल एक लाइन में न होकर कोण में फिट रहते हैं। इसके अतिरिक्त सड़क के झटकों से दोनों के बीच की दूरी कम व अधिक होती रहती है। ऐसी अवस्था में भी गियर बॉक्स द्वारा सरलता से डिफरेंशियल तक शक्ति प्रेषित की जा सके। इसके लिए यूनीवर्सल ज्वाइन्ट व उसके साथ स्लिप ज्वाइन्ट प्रयोग किया जाता है।

यह निम्न प्रकार के होते हैं

- क्रॉस टाइप यूनीवर्सल ज्वाइन्ट
- पौट टाइप यूनीवर्सल ज्वाइन्ट
- रबर कपलिंग टाइप यूनीवर्सल ज्वाइन्ट
- बॉल टाइप यूनीवर्सल ज्वाइन्ट

क्रॉस टाइप यूनीवर्सल ज्वाइन्ट

क्रोस टाइप यूनीवर्सल ज्वाइन्ट में मेन शाफ्ट के पिछले सिरे पर बनी स्पलाइनों पर ड्राइविंग फ्लैंज योक चढ़ा रहता है। प्रोपेलर शाफ्ट के पिछले सिरे पर स्लाइडिंग योक फिट रहता है। इन दोनों योकों में क्रॉस या स्पाइडर फिट किए जाते हैं। क्रॉस के चारों सिरों पर कैप के अन्दर निडिल रोलर फिट किए जाते हैं। कैप को योक में लॉक रिंग द्वारा लॉक किया जाता है। कैप के ऊपर डस्ट बूट पहनाए जाते हैं। क्रॉस के बीच में ग्रीस निपिल लगा होता है। जहाँ से निडिल रोलर तक ग्रीस पहुँचाने की व्यवस्था रहती है। इस प्रकार विभिन्न भागों को जोड़कर क्रॉस टाइप यूनीवर्सल ज्वाइन्ट तैयार होता है।

पौट टाइप यूनीवर्सल ज्वाइन्ट

इसमें एक ट्यूब में पौट तथा ऐक ब्लॉक में क्रॉस पिन रहती है। पौट में ब्लॉक के लिए दो खाँचे कटे होते हैं जिसमें गोली तथा ब्लॉक स्लाइड कर सकते हैं। इसका प्रयोग अब नहीं किया जाता है।

रबर कपलिंग टाइप यूनीवर्सल ज्वाइन्ट

इस प्रकार के यूनीवर्सल ज्वाइन्ट के लिए एक कपलिंग का प्रयोग किया जाता है। कपलिंग के फ्लैंज में बोल्टों के लिए सुराख बने होते हैं। दोनों फ्लैंजों के बीच रबर का पैड फिट किया जाता है।

बॉल टाइप यूनीवर्सल ज्वाइन्ट

जीप जैसी गाड़ियों में इस प्रकार के ज्वाइन्ट प्रयोग किए जाते हैं। इनका प्रयोग फ्रन्ट एक्सल के साथ किया जाता है। इस प्रकार के यूनीवर्सल ज्वाइन्ट अधिक कोणीय स्थिति में भी सरलता से शक्ति स्थानान्तरित करते हैं। इसमें दो योकों के अन्दर पाँच स्टील की गोलियाँ फिट रहती हैं। एक गोली बीच में तथा अन्य योक के खाँचों में फिट रहती है। इस पाइन्ट को कॉन्सटेन्ट क्लोसिटी टाइप ज्वाइन्ट भी कहा जाता है।

प्रोपेलर शाफ्ट Propeller Shaft

प्रोपेलर शाफ्ट गियर बॉक्स से मिली शक्ति को डिफरेंशियल की टेल पिनियन तक पहुँचाने का कार्य करती है।

यह दो प्रकार की होती है

1. **खुली प्रोपेलर शाफ्ट** इसे सामान्य रूप से घूमते हुए देखा जा सकता है।
2. **बन्द प्रोपेलर शाफ्ट** इसे घूमते हुए नहीं देखा जा सकता है, क्योंकि यह एक केसिंग में बन्द रहकर घूमती है।

ड्राइव

हॉच किस ड्राइव

इसमें दो या तीन यूनीवर्सल ज्वाइन्ट प्रयोग किए जाते हैं। एक्सल केसिंग ड्राइव रोड स्प्रिंग की सहायता से चैसिस तक पहुँचती है। इनकी रोड स्प्रिंग को आगे की ओर चैसिस के साथ फिक्स रखा जाता है। इसके साथ खुली प्रोपेलर शाफ्ट का प्रयोग होता है।

टोर्क ट्यूब ड्राइव

इसमें भी एक्सल केसिंग द्वारा रोड स्प्रिंग की सहायता से ड्राइव चैसिस तक पहुँचती है, परन्तु इसमें रोड स्प्रिंग का अगला सिरा झूले के रूप में लगाया जाता है। रोड स्प्रिंग का पिछला सिरा फिक्स रहता है। इसकी प्रोपेलर शाफ्ट को घूमते हुए नहीं देखा जा सकता है।

रियर एक्सल केसिंग Rear Axle Casing

- बैन्जों टाइप रियर एक्सल केसिंग
- स्पिलिट् टाइप रियर एक्सल केसिंग

इस प्रकार की केसिंग में दोनों ओर स्टील ट्यूब की केसिंग रहती है तथा बीच में डिफरेंशियल के लिए हाउजिंग बनी होती हैं। इस हाउजिंग को बन्द करने के लिए कवर होते हैं। एक्सल ट्यूब पर रोड स्प्रिंग के लिए आधार तथा किनारों पर बियरिंग फिट करने के लिए हवा फ्लैंज आदि बने होते हैं।

- यह व्यवस्था हल्की होती है तथा सरल होती है।
- इसमें डिफरेंशियल की मरम्मत, कवर खोलकर सरलता से की जा सकती है।

डिफरेंशियल Differential

डिफरेंशियल को मिली शक्ति 90° पर रियर एक्सलों में बँट जाती है। एक्सल के साथ ही पहिये लगे होते हैं, जिससे वह घूमते हैं। जब प्रोपेलर शाफ्ट द्वारा टेल पिनियन घूमती है, तो क्राउन व्हील के द्वारा पूरी केबल एसेम्बली भी घूमती है। यदि इस समय समतल भूमि पर गाड़ी चल रही है, तो सन पिनियन द्वारा दोनों एक्सल शाफ्ट बराबर घूमने लगती हैं। यदि पहियों की चाल में अन्तर आता है तो कम चलने वाले पहिये की ओर की स्टार पिनियन अपने स्थान पर लगभग या पूर्ण फ्री घूमती है तथा उस ओर का सन पिनियन भी कम घूमता है। इस प्रकार उस पहिये की चाल कम हो जाती है।

फाइनल ड्राइव Final Drive

टेल पिनियन द्वारा अग्रेसित शक्ति को क्राउन व्हील पर ही अन्तिम बार गियर रिडक्शन द्वारा बढ़ाया जाता है। इस कारण इसे फाइनल ड्राइव कहते हैं।

यह निम्न प्रकार की है

- वर्म गियर टाइप फाइनल ड्राइव
- बैविल गियर टाइप फाइनल ड्राइव
- हाइपोडड टाइप फाइनल ड्राइव

बेट्री इग्नीशन प्रणाली Battery Ignition System

पैट्रोल इंजन में हवा व पैट्रोल के दबे मिश्रण को स्पार्क प्लग से हाइटेन्शन करन्ट की चिंगारी द्वारा जलाया जाता है। स्पार्क प्लग को लगभग 20000 वोल्ट का करन्ट पहुँचता है, परन्तु यह वोल्टेज, इग्नीशन क्वाइल की प्राइमरी वाइन्डिग के तारों की लपेटों पर निर्भर करता है। इस प्रणाली में मैगनेट, क्वाइल सी बी प्वाइन्ट तथा कन्डेन्सर मुख्य भाग होते हैं। जब मैगनेट घुमते हैं, तो सी बी प्वाइंट खुलते व जुड़ते हैं जिससे स्पार्क प्लग पर एच टी क्वाइल की सहायता से उच्च वोल्टेज को करन्ट पहुँचता हैं सी बी प्वाइंट खोलने के लिए शाफ्ट पर केम लोब बनी होती है। सामान्यत: बैट्री का निगेटिव टर्मिनल अर्थ होता है। पोजिटिव टर्मिनल इग्नीशन स्विच के साथ लगा होता है। जब इग्नीशन स्विच ऑन किया जाता है, तो इग्नीशन स्विच से करन्ट, इग्नीशन क्वाइल के प्राइमरी वाइन्डिग में आ जाता है। प्राइमरी वाइन्डिंग का एक सिरा सी बी पाइन्ट द्वारा डिस्ट्रीब्यूटर बॉडी से अर्थ हो जाता है। इस समय प्राइमरी सर्किट पूरा हो जाता है। जैसे ही सी बी पाइन्ट खुलते हैं, तो प्राइमरी वाइन्डिंग से जुड़ी सेकेण्ड वाइन्डिंग में लगभग 20000 वोल्ट का क्षणिक करन्ट उत्पन्न होकर एच टी लीड द्वारा डिस्ट्रीब्यूटर के रोटर तक पहुँचता है। जहाँ से स्पार्क प्लगों को समयानुसार प्राप्त होता रहता है।

डिस्ट्रीब्यूटर

मल्टी सिलैन्डरों में इसके द्वारा इग्नीशन क्वाइल द्वारा मिले हाईटैन्शन करन्ट को फायरिंग आर्डर के अनुसार प्रत्येक स्पार्क प्लग को बाँटना है। इसके अतिरिक्त सी बी पाइन्ट द्वारा प्राइमरी सर्किट को मेक-एण्ड ब्रेक किया जाता है जिसके परिणामस्वरूप हाईटैन्शन करन्ट उत्पन्न होता है। डिस्ट्रीब्यूटर पर एक एडवांस रिटायर मैकेनिज्म लगा होता है जो कि इंजन की चाल के अनुसार इग्नीशन टाइमिंग को नियन्त्रित रखता है।

स्पार्क प्लग

पेट्रोल इंजन में हवा व पेट्रोल के दबे मिश्रण को स्पार्क पलग द्वारा चिंगारी देकर जलाया जाता है। यह चिंगारी इग्नीशन क्वाइल द्वारा उत्पन्न हाई वोल्टेज के कारण से प्राप्त होती है।

इसमें निम्न भाग होते हैं

- टर्मिनल
- साइड इलेक्ट्रोड
- इन्सूलेटर
- सैन्ट्रल इलेक्ट्रोड
- इन्सूलेटर सिक्योरिंग नट
- कॉपर वाशर

कार्य करते समय स्पार्क के सैन्ट्रल इलेक्ट्रोड पर एच टी करन्ट आता है। इसका साइड इलेक्ट्रोड जो कि इंजन के साथ चूड़ी के रूप में कसा होता है, अर्थ रहता है। जब सेन्ट्रल इलेक्ट्रोड पर करन्ट आता है, तो वह जम्प करके साइड इलेक्ट्रोड द्वारा अर्थ होकर अपना सर्किट पूरा करता है। इसी से चिंगारी उत्पन्न होती है।

इग्नीशन प्रणाली के दोष

1. इंजन स्टार्ट नहीं होता है तथा इग्नीशन क्वाइल द्वारा करैन्ट प्राप्त नहीं होता है

- लो टेन्शन सर्किट टूटा है।
- बैट्री डिस्चार्ज है।
- इग्नीशन क्वाइल खराब है।
- कन्डेन्सर खराब है।
- सी बी पाइन्ट गन्दे हैं।
- एल टी वायर ढीले हैं।
- बैट्री ठीक प्रकार अर्थ नहीं है।

2. इंजन के सभी सिलेन्डरों में मिस फायर होता है

- एल टी सर्किट के तार ढीले हैं।
- डिस्ट्रीब्यूटर कैप में सेन्टर लीड के स्थान पर कार्बन जमा है।
- सी बी पाइन्ट गैप अधिक है।

3. केवल एक सिलेन्डर में मिस फायर होता हैं

- कैप या प्लग से तार हट गया है।
- एच टी लीड टूटी है।
- स्पार्क प्लग दोषपूर्ण है।
- स्पार्क प्लग गैप अधिक है।

4. इंजन गर्म हो जाता है

- स्पार्क इन्सूलेशन क्रैक है।
- इग्नीशन टाइमिंग रिटायर्ड है।

डायनमो Dynamo

मोटर गाड़ी में बैट्री चार्ज करने के लिए डायनमो अथवा आल्टरनेटर की व्यवस्था रहती है। जब इंजन चलता है, तो पोल शू, जिनमें रेज्युडुअल मैगनेट रहता है उसकी चुम्बकीय बल कटने लगती है। इससे कम्यूटेटर पर लगे कार्बन बुशों पर विद्युत उत्पन्न होकर पहुँचने लगती है। यह विद्युत शक्ति पुनः फील्ड क्वाइलों को मिलने लगती है जिसमे अधिक शक्तिशाली चुम्बकीय बल किरणें उत्पन्न होती हैं। इन बल किरणों को जब आर्मेचर काटता है, तो अधिक शक्ति की विद्युत धारा कार्बन बुशों पर पहुँचती है। इस विद्युत शक्ति को टर्मिनलों से तार द्वारा बैट्री चार्जिंग के काम लिया जाता है।

डायनमो कन्ट्रोल Dynamo Control

इंजन से चलने के कारण डायनमो कभी कम कभी अधिक विद्युत उत्पन्न करता है जबकि बैट्री को एक निश्चित वोल्ट के करन्ट की आवश्यकता होती है। जब डायनमो अधिक करन्ट बना रहा हो तो उसमें बैट्री आदि की सुरक्षा के लिए करन्ट को नियन्त्रित करना आवश्यक होता है। इसके विपरीत जब डायनमो कम करन्ट बना रहा हो तो बैट्री का करन्ट उल्टे डायनमो में ही प्रवाहित न होने लगे इसके लिए भी नियन्त्रण रखना आवश्यक है।

- **उपाय** थर्ड बुश कन्ट्रोल प्रणाली
- कट आउट प्रणाली
- करन्ट एण्ड वोल्टेज रेग्युलेटर प्रणाली

आल्टरनेटर

आजकल मोटर गाड़ियों में डायनमो के स्थान पर आल्टरनेटर का प्रयोग किया जाने लगा है। आल्टरनेटर द्वारा ए सी करन्ट बनता है जिसे डी सी में बदल कर बैट्री चार्जिंग के कार्य में लिया जाता है।

लाभ

- इंजन की कम चाल पर भी उचित मात्रा में विद्युत उत्पादन होता है।
- आल्टरनेटर का भार डायनमो से कम होता है।
- आल्टरनेटर प्रयोग करने पर कट आउट यूनिट की आवश्यकता नहीं होती है।
- यह आकार में छोटा होता है अतः कम स्थान घेरता है।

सिद्धान्त Theory

इसमें एक आर्मेचर मैगनेट होता है जिसके ऊपर ताँबे के इन्सुलेटेड तार की वाइन्डिंग रहती है इसमें ऊपर की ओर चुम्बक का उत्तरी ध्रुव व नीचे की ओर दक्षिणी ध्रुव होता है। जब आर्मेचर मैग्नेट घूमता है, तो इसके आधे चक्कर में तारों में विद्युत उत्पन्न हो जाती है जिसके प्रवाहित होने की दिशा एक ओर रहती है। इसके उपरान्त चुम्बकीय क्षेत्र में ध्रुवों की स्थिति बदल जाती है। आर्मेचर मैग्नेट की आगे की आधी चाल में दोनों ओर करन्ट प्रवाहित होता है। इसीलिए इसे आल्टरनेटिव करन्ट कहते हैं।

कार्य Function

आल्टरनेटर में रोटर को बियरिंग की सहायता से स्टेटर में फिट किया जाता है। यह रोटर क्रैन्क शाफ्ट ड्राइविंग पुली द्वारा बैल्ट की सहायता से घूमता है जिससे आर्मेचर में चुम्बक बनता है। जब भी यह चुम्बकीय बल किरणें स्टेटर क्वाइल के सामने से घूमती हैं, तो विद्युत उत्पन्न हो जाती है। यह ए सी होती है। डायोड रैक्टीफायर के द्वारा इसे डी सी में परिवर्तित किया जाता है।

सेल्फ स्टार्टर Self Starter

सेल्फ स्टार्टर एक डी सी मोटर होती है, इसे बैट्री के करन्ट से घुमाया जाता है। जब स्टार्टर स्विच ऑन किया जाता है तो सेल्फ स्टार्टर का आर्मेचर घूमने लगता है। इसकी सिरे पर लगी पिनियन आगे बढ़कर फ्लाई व्हील पर चढ़े रिंग गियर से मिल जाती है और उसे भी घुमाती है। फ्लाई व्हील, जो कि क्रैन्क शाफ्ट के पिछले सिरे पर लगा होता है, क्रैन्क शाफ्ट को घुमाकर इंजन स्टार्ट करने में सहायता करता है।

कार्य Function

बैट्री का प्राय: पोजिटिव टर्मिनल सेल्फ स्टार्टर के सोलोनोइड स्विच पर लगाया जाता है, जो कि सेल्फ बॉडी पर ही प्राय: कसा होता है। सर्किट पूरा करने को निगेटिव गाड़ी को चैसिस आदि मिल जाता है क्योंकि बैट्री का निगेटिव उसके साथ अर्थ रहता है जब स्टार्टर स्विच ऑन किया जाता है, तो करन्ट फील्ड क्वाइल में प्रवाहित होता है। यह करन्ट स्टार्टर बॉडी के द्वारा अर्थ होकर निगेटिव प्राप्त करके अपना सर्किट पूरा कर लेता है। इस करन्ट के प्रभाव से आमने-सामने के फील्ड क्वाइलों में एक समान चुम्बकीय ध्रुवों की रचना होती है जो कि एक-दूसरे को धकेलती हैं। इसी आधार पर जब फील्ड क्वाइलों के बीच आर्मेचर को भी करन्ट प्राप्त होता है तो फील्ड क्वाइलों की चुम्बकीय बल रेखाओं के बीच आर्मेचर घूमने लगता है। इसके घूमने की गति उस पर लिपटे तारों की संख्या पर निर्भर करती है।

सोलोनोइड स्विच Solonoid Switch

इस स्विच का सेल्फ स्टार्टर बॉडी पर या अन्य स्थान पर लगाया जाता है। इसमें तीन टर्मिनल बने होते हैं। एक टर्मिनल पर बैट्री का केबल लगाते हैं। दूसरे टर्मिनल से सेल्फ के फील्ड क्वाइल को जोड़ा जाता है। तीसरे टर्मिनल का सम्बन्ध डैश बोर्ड पर लगे स्टार्टर स्विच से किया जाता है। जब डैश बोर्ड का स्विच ऑन किया जाता है तो विद्युत धारा सोलोनोइड टर्मिनल से होकर सोलोनोइड क्वाइल में पहुँचती है। यह क्वाइल क्योंकि अर्थ रहती है, इस कारण विद्युत परिपथ पूरा हो जाता है। इससे सोलोनोइड क्वाइल में विद्युत चुम्बक बनता है। चुम्बक के कारण स्लाइडिंग प्लंजर मेन टर्मिनलों को आपस में जोड़ देते हैं। इस प्रकार बैट्री का करन्ट सीधे ही सेल्फ को मिलने लगता है।

होर्न लाइट तथा गेज

होर्न (Horn) इलेक्ट्रिक होर्न भीड़ वाली सड़कों पर आगे के ट्रैफिक को सावधान करने के लिए प्रयोग किया जाता है।

मुख्य भाग

- मैग्नेट क्वाइल
- सी बी पाइन्ट
- डायफ्राम कवर
- एडजस्टिंग नट
- डायफ्राम
- मैग्नेट
- आर्मेचर

साइड इन्डीकेटर (Side Indicator) सड़क पर चल रहे यात्रियों व अन्य वाहनों को तथा ट्रैफिक पुलिस को यह दर्शाने के लिए कि यह मोटर गाड़ी मुड़ रही है, साइड इन्डीकेटर का प्रयोग किया जाता है।

फ्लैश लैम्प टाइप इन्डीकेटर (Flesh Lamp Type Indicator) इस प्रकार के इन्डीकेटर में गाड़ी के आगे व पीछे दो लाइटें लगी होती हैं। जिस ओर गाड़ी मोड़नी होती है, उस ओर के स्विच को ऑन किया जाता है। इससे उस ओर के आगे व पीछे की लाइटें जलने व बुझने लगती हैं जिससे गाड़ी के मुड़ने की दिशा ज्ञात हो जाती है।

फ्लैशर यूनिट (Flesher Unit)यह एक सील्ड यूनिट होता है। इसके बाहर तीन टर्मिनल बने होते हैं। एक टर्मिनल बैट्री से जुड़ता है, दूसरा टर्मिनल टू-वे स्विच से जोड़ा जाता है, तीसरे टर्मिनल से पायलट लैम्प का सम्बन्ध किया जाता है जो कि डैश बोर्ड पर लगा होता है। पायलट लैम्प द्वारा वाहन चालक को पता चलता रहता है कि उसके साइड इन्डीकेटर कार्य कर रहे हैं।

फ्यूल गेज (Fuel Gauge) टैन्क यूनिट का फ्लोट ईंधन पर तैरता रहता है। जब ईंधर की मात्रा कम या अधिक होती है इससे रेजिस्टैन्स पर प्रभाव पड़ता है। इसके फलस्वरूप मैगनेट क्वाइल पर भी प्रभाव पड़ता है, जिससे पाइन्टर द्वारा ईंधन की मात्रा डायल पर (E) या (F) की ओर दर्शाती है।

ऑयल प्रैशर गेज (Oil Pressure Gauge) वाहन चालक को यह ज्ञात हो सके कि इंजन में पर्याप्त मात्रा में तेल है तथा उसका सही दबाव है, इसके लिए ऑयल प्रैशर गेज का प्रयोग किया जाता है। यह गेज डैश बोर्ड पर लगा होता है जिसका सम्बन्ध मेन ऑयल गैलरी से रहता है। इसके अतिरिक्त आजकल ऑयल प्रैशर इन्डीकेशन के लिए डैश बोर्ड पर छोटे बल्ब की व्यवस्था भी कुछ गाड़ियों में की जाती है।

लैम्प टाइप ऑयल प्रैशर गेज (Lamp Type Oil Pressure Gauge) इस व्यवस्था में एक लैम्प डैश बोर्ड पर लगा होता है जिसका सम्बन्ध सिरीज में लगे ऑयल प्रैशर स्विच से रहता है। स्विच में एक डायाफ्राम लगा होता है। यह स्विच मेन ऑयल गैलरी में लगाया जाता है। इस स्विच पर एक टर्मिनल होता है जिसका सम्बन्ध लैम्प के अर्थ से रहता है। लैम्प को बैट्री से पोजिटिव करैन्ट प्राप्त होता है। जब तेल में दबाव बनता है तो इसका डायाफ्राम दबता है तथा विद्युत सर्किट टूट जाता है। इस समय लैम्प बुझ जाता है। जब तेल का दबाव नहीं होता तो लैम्प जलता रहता है।

हैड लाइट रात्रि में यात्रा के समय सामने की ओर सुरक्षित यात्रा के लिए समुचित प्रकाश प्रदान करना हैड लाइट का कार्य है। यह प्रकाश इतना होना चाहिए कि वाहन चालक आगे के मार्ग आदि को समुचित दूरी से भली प्रकार से देख सके।

सील्ड बीम हैड लाइट इस प्रकार की हैड लाइटों में रिफ्लैक्टर, शीशा, बल्ब एकसाथ एक सील्ड यूनिट के रूप में होती हैं, इन्हें, खराब होने पर एक साथ ही बदला जाता है।

साइड लाइट मोटर गाड़ी के सामने की ओर लगी दोनों ओर की छोटी लाइटों को साइड लाइट या पार्किंग लाइट कहते हैं। इनका प्रयोग रात्रि में कुछ समय के लिए गाड़ी कों खड़ा करते समय किया जाता है।

टेल लाइट या बैक लाइट गाड़ी मोड़ते समय मुड़ने वाली दिशा की ओर जलने-बुझने वाली लाइटें साइड इन्डीकेशन लाइट कहलाती हैं।

मॉडल प्रश्न

1. कम्बश्चन चैम्बर को एयर फ्यूल फिक्सचर के जलने के तुरन्त बाद सिलेण्डर में दबाव
(a) स्थिर रहता है (b) बहुत अधिक बढ़ जाता है
(c) कम हो जाता है (d) इनमें से कोई नहीं
2. प्रतिबार पिस्टन सिलेण्डर के एक सिरे से दूसरे सिरे तक चलता है। इसका अर्थ है कि इसके .... स्ट्रोक हो गए हैं।
(a) 1/2 (b) 1
(c) 1/4 (d) 1/3
3. BHP तथा IH P का अनुपात है
(a) थर्मल दक्षता (b) यान्त्रिक दक्षता
(c) इंजन दक्षता (d) इनमें से कोई नहीं
4. इंजन के स्ट्रोक का अर्थ है
(a) पिस्टन की लम्बाई
(b) सिलेण्डर की लम्बाई
(c) पिस्टन द्वारा तय किया गया रास्ता
(d) उपरोक्त में से कोई नहीं
5. यदि एक सिलेण्डर दो स्ट्रोक वाला इंजन 3000 r p m पर घूम रहा है, तब प्रति मिनट में स्ट्रोकों की संख्या होगी
(a) 1000 (b) 1500
(c) 1800 (d) 600
6. 'वाल्व ओपर लेप' का अर्थ है 'समय' जिसके दौरान
(a) दोनों वाल्व बन्द हैं
(b) एक वाल्व बन्द है
(c) 'a' तथा 'b' दोनों
(d) उपरोक्त में से कोई नहीं
7. कैम शाफ्ट की गति क्रैक शाफ्ट से ...... होती है।
(a) टर्निंग (b) आधी
(c) दोगुनी (d) इनमें से कोई नहीं
8. T D C का अर्थ है
(a) टर्निंग डायरेक्शन क्लॉक वाइज
(b) टैप डैड सेन्टर
(c) टू डैड सेन्टर
(d) उपरोक्त में से कोई नहीं
9. निम्नलिखित में किस भाग के कारण वाल्व खोले जाने के बाद बन्द हो जाता है?
(a) कैम शाफ्ट (b) वाल्व रिटेनर
(c) वाल्व स्प्रिंग (d) वाल्व लिफ्टर
10. निम्न में प्रत्येक के लिए एक अलग कैम होता है
(a) वाल्व (b) पिस्टन
(c) सिलेण्डर (d) इनमें से कोई नहीं
11. किसके कारण पेट्रोल फ्लोट चैम्बर से वैन्चुरी की ओर बहता है?
(a) सतह के अन्तर के कारण (b) दबाव में अन्तर के कारण
(c) दोनों के कारण (d) इनमें से कोई नहीं
12. किन दशाओं के कारण चोक आमतौर पर बन्द हो जाती है?
(a) जब इंजन ठण्डा हो तथा चालू किया जाना हो
(b) जब इंजन कार्य न कर रहा हो
(c) जब इंजन अधिक तेज गति से चल रहा हो
(d) जब इंजन की गति में एकाएक वृद्धि हो जाए
13. किस पदार्थ से फ्यूल पम्प को किस प्रकार चलाया जाता है?
(a) जालीदार कास्ट आयरन (b) गुन्थे हुए कागज से
(c) एल्युमीनियम से (d) इनमें में से कोई नहीं
14. मैकेनिकल फ्यूल पम्प को किस प्रकार चलाया जाता है?
(a) कैम शाफ्ट इंसेन्ट्रिक के द्वारा
(b) फ्यूल प्रेशर द्वारा
(c) ऑयल प्रेशर द्वारा
(d) उपरोक्त में से कोई नहीं
15. ठण्डे इंजन को चालू करने के लिए बढ़िया मिश्रण को इस्तेमाल करने की आवश्यकता होती है क्योंकि
(a) पेट्रोल का एक भाग ही वाष्पीकृत होता है
(b) इस प्रकार क्रैकिंग की गति बढ़ जाती है
(c) इस प्रकार इंजन का मोटा तेल पतला हो जाता है
(d) उपरोक्त में से कोई नहीं
16. फ्यूल पम्प की खपत क्षमता के काफी न होने के दो कारण होते हैं
(a) क्षतिग्रस्त डायाफ्राम होना (b) रिसाव होना
(c) उपरोक्त दोनों (d) इनमें से कोई नहीं
17. इग्नीशन क्वायल में कितनी वाइन्डिंग होती हैं?
(a) दो (b) चार
(c) छ: (d) आठ
18. इग्नीशन क्वायल की सेकण्ड्री वाइन्डिंग होती है
(a) 100 ओम (b) 500 ओम
(c) 1000 ओम (d) 2000 ओम से अधिक
19. डिस्ट्रीब्यूटर .... की तरह कार्य करता है।
(a) स्विच (b) कण्डैन्सर
(c) क्वायल (d) फ्यूज
20. कैम कोण का अर्थ है- डिग्रियों की संख्या जिनमें से डिस्ट्रीब्यूटर कैम तब यात्रा करता है जब
(a) इंजन चल रहा हो (b) पाइन्ट बन्द हों
(c) पाइन्ट खुले हों (d) इनमें से कोई नहीं
21. इलेक्ट्रिक रेजिस्टेंस का यूनिट है
(a) मैगनेटिक बहाव के टूटने के दौरान
(b) चुम्बकीय बहाव के बनने के दौरान
(c) समय सम्पर्क के बन्द होने के दौरान
(d) उपरोक्त में से कोई नहीं
22. इलेक्ट्रिक रेजिस्टेंस का यूनिट है
(a) रेजिस्टर (b) वोल्ट
(c) ओम (d) ऐम्पियर
23. इग्नीशन प्राइमरी सर्किट को .... माना जाता हैं।
(a) हाई वोल्टेज साइड (b) लो लोल्टेज साइड
(c) 'a' तथा 'b' दोनों (d) इनमें से कोई नहीं
24. इग्नीशन सर्किट से कण्डैन्सर जुड़ा होता है
(a) ब्रेकर के साथ सीरीज में (b) ब्रेकर के साथ समानान्तर
(c) 'a' तथा 'b' दोनों (d) इनमें से कोई नहीं
25. चार स्ट्रोक वाले इंजन में कैप जो कॉटैक्ट ब्रेकर को चलाता है .... पर घुमाया जाता है।
(a) इंजन की गति के 1/2 पर (b) इंजन की गति के 1/4 पर
(c) इंजन की पूरी गति पर (d) इनमें से कोई नहीं

26. स्टार्टर मोटर तथा बैटरी के बीच का खुलने तथा बन्द होने वाला इलेक्ट्रिक सर्किट नियन्त्रित किया जाता है
(a) स्टार्टर सोलोनोइड से (b) बैंडिक्स ड्राइव से
(c) ओवर रिविंग क्लच से (d) इनमें से कोई नहीं

27. जिस ड्राइव में कठोर स्टील के रोलर दाँते में फिट हों, उस का नाम है
(a) बैंडिक्स ड्राइव (b) ओवर रनिंग क्लच
(c) स्टार्टर सोलोनोइड (d) इनमें से कोई नहीं

28. ब्रुशों की मदद से विद्युत को ······ से जोड़ा जा सकता है।
(a) पोल के टुकड़ों से (b) हाउसिंग से
(c) कम्यूटेटर से (d) इनमें से कोई नहीं

29. फ्लाई व्हील रिंग गियर तथा पिनियन के बीच गियर अनुपात लगभग होता है
(a) 15 : 1 (b) 250 : 10 (c) 200 : 20 (d) 100 : 5

30. उस रिंग का क्या नाम है जो इंसुलेटिड सैगमेंट वाला होता है तथा जो आर्मेचर शाफ्ट के सिरे पर चढ़ा होता है?
(a) कम्यूटेटर (b) टर्मिनल
(c) रिंग (d) इनमें से कोई नहीं

31. दोनों आल्टरनेटर ब्रुश ······ के साथ इलेक्ट्रिक सम्पर्क बनाते हैं।
(a) रोटर N तथा S पोल (b) स्टेटर
(c) स्लिप रिंग (d) कम्यूटेटर

32. बेट्री चार्ज होते समय इलेक्ट्रोड लाइट······ बन जाता है।
(a) भारी (b) हल्का (c) ठण्डा (d) खाली

33. लैड एसिड बैटरी में इलेक्ट्रोलाइट
(a) कंसन्ट्रेटिड सल्फ्यूरिक एसिड होता है
(b) डाइल्यूटिड सल्फ्यूरिक एसिड होता है
(c) कंसन्ट्रेटिड नाइट्रिक एसिड होता है
(d) डाइल्यूटिड सल्फ्यूरिक एसिउ होता है

34. रिफ्लैक्टर का आकार होता है
(a) पैरोबोलाइड (b) गोल
(c) अण्डाकार (d) इनमें से कोई नहीं

35. धीमी रोशनी वाला फिलामेंट ········ स्थित होता है।
(a) रिफ्लैक्टर के फोकस के थोड़ा सामने तथा मामूली सा ऊपर
(b) रिफ्लैक्टर के फोकस के थोड़ा सामने तथा मामूली सा नीचे
(c) रिफ्लैक्टर के फोकस के थोड़ा पीछे वाले भाग की ओर तथा थोड़ा ऊपर
(d) उपरोक्त में से कोई नहीं

36. हैड लाइट के रिफ्लिक्टर का कार्य है
(a) लाइट को एक स्थान पर केन्द्रित करना
(b) लाइट का विकेन्द्रीकरण/बिखराव
(c) लाइट को अधिक चमकीला करना
(d) उपरोक्त में से कोई नहीं

37. अधिक तेल से बचाने के लिए तेल वाले सर्किट में होता है
(a) पोपट वाल्व (b) प्रेशर रिलीफ वाल्व
(c) वैक्यूम वाल्व (d) इनमें से कोई नहीं

38. जब फिल्टर में कचरा भर जाने के बाद तेल वहाँ से नहीं गजुर पाता है, तो
(a) इंजन चालू रहता है
(b) दूसरा साथ में लगा हुआ वाल्व खुल जाता है ताकि इंजन में सीधे ही तेल पहुँच सके
(c) तेल वाले पम्प पर दबाव बढ़ जाता है ताकि कचरे द्वारा रुके हुए फिल्टर पर दबाव पड़ने से वहाँ से तेल गुजर सके
(d) उपरोक्त में से कोई नहीं

39. किस कारण थर्मो साइफन कूलिंग सिस्टम में सर्कुलेशन होता है?
(a) कनवैक्शन करन्ट के कारण
(b) वाटर इम्पैलर जो बैल्ट द्वारा चलाया जाता है
(c) वाटर पम्प जो गियर द्वारा चलाया जाता है
(d) उपरोक्त में से कोई नहीं

40. थर्मोस्टेट का मुख्य कार्य है
(a) इंजन को ठण्डा रखना
(b) इंजन के तापमान को वांछित सीमा में कायम रखना
(c) इंजन को गर्म करना
(d) उपरोक्त में से कोई नहीं

41. थर्मोस्टेट के किस भाग के कारण वाल्व खुलता है या बन्द होता है?
(a) कैप्सूल
(b) ब्लो ऑफ वाल्व
(c) वैक्यूम वाल्व
(d) धौंकनी या मो की छोटी गोली

42. रेडिएटर प्रेशर कैप का कार्य
(a) पानी के उबलने वाले तापमान को उठाना है
(b) पानी के सर्कुलेशन को तेज करना है
(c) पानी के उबलने वाले तापमान को घटाना है
(d) उपरोक्त में से कोई नहीं

43. बहाव की दिशा के अनुसार दो प्रकार के रेडिएटर हैं, *वे निम्न हैं*
(a) ऊपरी बहाव वाले तथा तलीय बहाव वाले
(b) सीधे बहाव वाले तथा उल्टे बहाव वाले
(c) नीचे की ओर वाले तथा आर-पार बहने वाले
(d) उपरोक्त में से कोई नहीं

44. वाटर पम्प के किस भाग के कारण वाटर सर्कुलेशन होता है?
(a) इम्पैलर (b) बॉडी
(c) पंखा (d) इनमें से कोई नहा

45. पंखे का मुख्य कार्य है
(a) रेडिएटर से गुजरी हुई हवा को खींचना
(b) कूलैंट को सर्कुलेट करना
(c) इंजन पर हवा को फैंकना
(d) उपरोक्त में से कोई नहीं

46. फ्रिक्शन डिस्क में कुशनिंग स्प्रिंग का कार्य ······ को कम करना है।
(a) झटके वाली शुरुआत
(b) व्हीकल की गति
(c) थरथराहट को समाप्त करना
(d) मरोड़ वाली थरथराहट

47. क्लच फेसिंग आमतौर पर डिस्क के साथ सुरक्षित रूप से ······ के द्वारा जुड़े होते हैं।
(a) स्टील की कीलों से (b) पीतल की कीलों से
(c) धातु से बने स्क्रू से (d) इनमें से कोई नहीं

48. जब क्लच पैडल को नीचे की ओर दबाया जाता है, तो प्रेशर प्लेट घूमती है
(a) फ्लाई व्हील से दूर (b) फ्लाई व्हील के पास
(c) फ्लाई व्हील के ऊपर (d) इनमें से कोई नहीं

49. आमतौर पर क्लच ······ के मध्य स्थित होता है।
(a) फाइनल ड्राइव तथा डिफ्रैन्शियल
(b) इंजन तथा गियर बॉक्स
(c) गियर बॉक्स तथा प्रोपेलर
(d) प्रोपेलर तथा फाइनल ड्राइव

50. जिन गियरों में दाँते शाफ्ट धुरियों की ओर झुके हों (जो कांसटैंट मैश गियर बॉक्स में प्रयोग किए हों) को कहते हैं
(a) स्पर (b) हैलीकल
(c) बेवल (d) वर्ग

51. चार स्पीड वाले ट्रांसमीशन में शिफ्ट रॉड होती हैं
(a) 6 (b) 5 (c) 8 (d) 3

52. यूर्नीवर्सल ज्वाइंट का कार्य ड्राइव शाफ्ट को ······· अनुमति देता है।
(a) झुकी हुई साइड की राहों पर
(b) टार्क को एक कोण पर स्थानान्तरित करने के लिए
(c) लम्बाई बदलने के लिए
(d) उपरोक्त में से कोई नहीं

53. स्लिप ज्वाइंट ड्राइव शाफ्ट को ······· अनुमति देता है।
(a) घुमाने के लिए (b) कोण को बदलने के लिए
(c) लम्बाई बदलने के लिए (d) इनमें से कोई नहीं

54. जब एक वाहन मुड़ता है, तब डिफ्रैन्शियल
(a) बाहरी पहिये की गति को कम करता है
(b) बाहरी पहिये की गति को बढ़ाता है
(c) भीतरी पहिये की गति को बढ़ाता है
(d) टार्क को बढ़ाता है जो बाहरी पहिए पर प्रयोग किया जाता है

55. सामान्यत: अधिकतम रूप में प्रयोग किए जाने वाले ब्रेक होते हैं
(a) हाइड्रोलिक द्वारा चालित (b) विद्युत शक्ति द्वारा चालित
(c) वैक्यूम द्वारा चालित (d) न्यूमैटिकली

56. व्हील सिलेण्डर का वह भाग जो वास्तविक रुप में ब्रेक फ्लूइड को सील करता है
(a) पिस्टन (b) कप
(c) स्प्रिंग (d) इनमें से कोई नहीं

57. आगे वाले पहिए की लाइनिंग तब क्षतिग्रस्त हो जाती है जब वे
(a) छोटे होते हैं (b) बड़े होते हैं
(c) बराबर होते हैं (d) इनमें से कोई नहीं

58. आगे वाले पहिए के सिलेण्डर में पिस्टन पीछे वाले पहिए के पिस्टन की तुलना में
(a) पिछले पहिए की लाइनिंग की अपेक्षा तेज होती है
(b) पिछले पहिए की लाइनिंग की अपेक्षा धीमी होती है
(c) पिछले पहिए की लाइनिंग की अपेक्षा बराबर होती है
(d) इनमें से कोई नहीं

59. प्राथमिक रुप से ब्रेक लाइनिंग बनी होती है
(a) एस्बेस्टस की (b) ताँबे की
(c) कास्ट आयरन की (d) इनमें से कोई नहीं

उत्तरमाला

1. (b)	**2.** (b)	**3.** (b)	**4.** (c)	**5.** (a)	**6.** (a)	**7.** (b)	**8.** (b)	**9.** (c)	**10.** (a)
11. (b)	**12.** (a)	**13.** (b)	**14.** (a)	**15.** (a)	**16.** (c)	**17.** (a)	**18.** (d)	**19.** (a)	**20.** (b)
21. (a)	**22.** (c)	**23.** (b)	**24.** (b)	**25.** (a)	**26.** (a)	**27.** (b)	**28.** (c)	**29.** (b)	**30.** (a)
31. (a)	**32.** (d)	**33.** (a)	**34.** (b)	**35.** (a)	**36.** (a)	**37.** (a)	**38.** (b)	**39.** (b)	**40.** (a)
41. (b)	**42.** (d)	**43.** (a)	**44.** (c)	**45.** (a)	**46.** (a)	**47.** (a)	**48.** (b)	**49.** (a)	**50.** (b)
51. (b)	**52.** (b)	**53.** (b)	**54.** (c)	**55.** (b)	**56.** (a)	**57.** (b)	**58.** (b)	**59.** (b)	

13

पर्यावरण अभियान्त्रिकी
Environment Engineering

परिचय Introduction

पर्यावरण हमारे चारों ओर दिखाई देने वाली वे सभी प्राकृतिक वस्तुएँ हैं जो हमारे जीवन को बनाए रखने के लिए आवश्यक हैं, जैसे-इस धरती का वातावरण स्वच्छ तथा स्वास्थ्यवर्द्धक तथा पीने योग्य पानी आदि। पर्यावरण एक बाह्य भौतिक तथा जैविक प्रणाली है जिसमें मनुष्य तथा अन्य जीवधारी निवास करते हैं।

पर्यावरण के प्रकार

1. भौतिक पर्यावरण, **2.** मानव पर्यावरण

भौतिक पर्यावरण इस पर्यावरण में प्राकृतिक मूल के सभी घटकों को शामिल किया गया है, जैसे - भू-आकृति, जलवायु, वनस्पतियाँ, मिट्टी, जल-समूह, वन्य प्राणी तथा खनिज।

मानव पर्यावरण इस पर्यावरण में वे सभी घटक शामिल हैं जिनका उद्गम मनुष्य के प्रयासों से होता है। इन घटकों में मानव के कार्यकलापों की सभी अभिव्यक्तियों शामिल हैं।

बंजर भूमि

बंजर भूमि विकास विभाग की स्थापना जुलाई, 1992 में की गई थी तथा इसे ग्रामीण विकास मन्त्रालय के अन्तर्गत जो अब ग्रामीण क्षेत्र तथा रोजगार मन्त्रालय है, रखा गया था। बंजर भूमि विकास मन्त्रालय के अधीन राष्ट्रीय बंजर भूमि विकास बोर्ड का पुनर्गठन किया गया तथा उसे गैर वन क्षेत्रों में बंजर भूमि के विकास के लिए नये आदेश दिए गए। इसका उद्देश्य भू-अपकर्ष को रोकना, ऐसी बंजर भूमि को जीवनोपयोगी बनाना, उसकी बायोगैस उपलब्धता को बढ़ाना तथा विशेष रूप से ईंधन, लकड़ी तथा चारा उत्पन्न करना था।

कार्यक्रम की रूपरेखा

- समन्वित बंजर भूमि विकास परियोजना
- प्रौद्योगिकीय विकास, विस्तार तथा प्रशिक्षण (टी डी ई टी)
- गैर-सरकारी संगठनों/स्वैच्छिक एजेन्सियों को सहायता (सहायता अनुदान योजना)
- निदेश संवर्द्धन योजना
- बंजर भूमि विकास कृतक बल

राष्ट्रीय जल नीति

राष्ट्रीय जल नीति में यह राष्ट्रीय संकल्प लिया गया है कि जल संसाधनों का नियोजन तथा विकास राष्ट्रीय परिप्रेक्ष्य में किया जाएगा।

इस नीति के प्रमुख तत्व निम्नवत् हैं

- जल एक बहुमूल्य राष्ट्रीय संसाधन है तथा इसका विकास राष्ट्रीय परिप्रेक्ष्य में किया जाना चाहिए।
- उपलब्ध संसाधन, भूतल तथा जमीन के नीचे के जल का अधिक-से-अधिक उपयोग किया जाना चाहिए।
- योजना इकाई एक जलीय इकाई होगी, जैसे—जल बहाव बेसिन या उप बेसिन। नदी बेसिनों के नियोजित विकास तथा प्रबन्धन के लिए समुचित संगठनों की स्थापना की जानी चाहिए।
- दूसरे क्षेत्रों से जल लेकर उन क्षेत्रों में उपलब्ध कराया जाना चाहिए जहाँ जल की कमी है, इस कार्यक्रम में एकम नदी बेसिन से दूसरे नदी बेसिन में उन बेसिनों की जरूरतों को ध्यान में जल का स्थानान्तरण किया जाना चाहिए।
- जल संसाधन के विकास के लिए परियोजनागत योजना जहाँ तक सम्भव हो सके बहु लाभ आधारित होनी चाहिए जो समन्वित तथा बहु आयामी पहुँच वाली हो तथा मानविक और पारिस्थितिक पहलुओं के अनुरूप हो तथा समाज के वंचित वर्गों की विशेष जरूरतों के अनुरूप हो।

प्राकृतिक संसाधनों का संरक्षण

उद्देश्य

भारत की विकास प्रक्रिया ने हमारी बुनियादी जीवनोपयोगी व्यवस्था को अस्त-व्यस्त कर दिया है। अत: हमारे लिए आज प्राकृतिक संसाधनों को संरक्षण प्रदान करने के लिए एक रणनीति बनाना जरूरी हो गया है। हमारे पास एक विस्तृत बंजर भूमि; सूखा प्रवण क्षेत्र, मरुभूमि तथा बाढ़ ग्रस्त क्षेत्र है। हमारी अनेक बड़ी नदियाँ वातावरण के प्रदूषण से ग्रस्त हैं। हमारी मानव तथा पशु-पक्षियों की जनसंख्या में तीव्र वृद्धि होती जा रही है जिसके कारण हमारी भोजन, ईंधन तथा चारे की माँग तेजी से बढ़ रही है तथा हमारे जंगल समाप्त होते जा रहे है।

अत: हमने निम्नलिखित क्षेत्रों की पहचान अपनी कार्ययोजना के लिए की है

- जनसंख्या वृद्धि पर नियन्त्रण
- समन्वित भू उपयोगों तथा जल प्रबन्धन
- जैव-वैभिन्य का संरक्षण
- जीवनोपयोगी ऊर्जा तथा संसाधन का उपयोग
  - बायोमास
  - जीवाश्म ईंधन तथा खनिज
- प्रदूषण नियन्त्रण
- मानव आवास में सुधार

वन्य जीवों का संरक्षण

अति व्यापी प्रदूषण प्रकोप तथा अविवेकशील पशु शिकार से वनस्पतियों एवं वन्य जीवों का काफी नुकसान हो चुका है। वन्य प्राणियों का संरक्षण करने के लिए 1983 में राष्ट्रीय वन्य प्राणी कार्य योजना अपनाई गई थी। वन्य जीवों के संरक्षण के लिए भारत सरकार ने देहरादून में एक भारतीय वन्य प्राणी संस्थान की स्थापना की है तथा दिल्ली, मुम्बई, कोलकाता, चेन्नई में भी चार क्षेत्रीय कार्यालय खोले गए हैं।

वन्य प्राणियों की संरक्षा के लिए निम्न योजनाएँ चलाई गई हैं

- प्रोजेक्ट टाइगर
- प्रोजेक्ट एलीफेन्ट
- राष्ट्रीय पार्क तथा सैंक्चुरीज

प्रदूषण के प्रकार

- वायु प्रदूषण
- जल प्रदूषण
- रासायनिक प्रदूषण
- भू-ओजोन मण्डल प्रदूषण
- भूमि तथा मृदा प्रदूषण
- भोजन प्रदूषण
- ध्वनि प्रदूषण
- आधुनिक प्रदूषण

पर्यावरण से सम्बन्धित कानून

व्यापक कानून भारतीय दण्ड संहिता में पर्यावरण को प्रभावी करने वाले विभिन्न कार्यकलापों को अपराध की संज्ञा दी गई है

- जीवन के लिए खतरनाक किसी बीमारी का संक्रमण फैलाना।
- किसी सार्वजनिक जलाशय या जलस्रोत के पानी को गन्दा करना, उसे उस कार्य के लिए कम उपयोगी बनाना जिसके लिए वह प्रयुक्त होता है।
- वातावरण को स्वास्थ्य के लिए हानिकारक बनाना।
- सार्वजनिक शोरगुल
- अनिष्टकारी कार्य

विशेष कानून पर्यावरण की सुरक्षा करने में बहुत से दूसरे विशेष कानून भी सहायक हैं, जैसे—कारखाना अधिनियम 1948, कीटनाशी अधिनियम 1968, मोटर वाहन अधिनियम 1939, 1972 के बाद संसद ने अनेक कानून बना दिए हैं जो प्रदूषण नियन्त्रण एवं पर्यावरण सुरक्षा से सीधा सम्बन्ध रखते हैं, जैसे-जल (प्रदूषण बचाव तथा नियन्त्रण) अधिनियम 1974, वायु (प्रदूषण बचाव तथा नियन्त्रण) अधिनियम 1981, जंगल (संरक्षण) अधिनियम 1980, वन्य प्राणी (सुरक्षा) अधिनियम 1972, वन्य प्राणी सुरक्षा (संशोधन) अधिनियम 1986, पर्यावरण (सुरक्षा अधिनियम) 1986। इसके अलावा राज्य सरकारों ने भी विशेष कानून बनाए हैं जिनको पर्यावरण की सुरक्षा तथा सुधार के लिए क्रियान्वित किया जा सकता है।

पर्यावरण (सुरक्षा) **अधिनियम 1986** यह अधिनियम भारत की संसद द्वारा जून, 1972 में स्टॉकहोम सम्मेलन में लिए गए निर्णयों को प्रभावी करने के लिए पारित किया गया है, जो पर्यावरण की सुरक्षा तथा सुधार करने, मानव जीवन को, अन्य जीवधारियों को, पौधों तथा सम्पत्तियों आदि को खतरों से बचाने के सम्बन्ध में है।

अधिनियम के तहत सरकार किसी तरह के दिशा-निर्देश दे सकती है जिनमें (i) किसी उद्योग, संचालन या कार्यकलाप को बन्द किया जाना, प्रतिषिद्ध किया जाना या विनियमित किया जाना (ii) विद्युत या जल या किसी अन्य सेवा की आपूर्ति को रोक देना या विनियमित करना शामिल है।

केन्द्र सरकार नियम बनाकर निम्नलिखित के लिए व्यवस्था कर सकती है

- भिन्न-भिन्न क्षेत्रों एवं प्रयोजनों के लिए वायु, जल अथवा मृदा की गुणवत्ता के मानक।
- भिन्न क्षेत्रों के लिए प्रदूषण फैलाने वाले तत्वों (जिनमें शोरगुल भी शामिल है) की स्वीकृति सीमा।
- खतरनाक साज-सामान की देख-रेख के लिए क्रिया विधि तथा सुरक्षा।
- भिन्न-भिन्न क्षेत्रों में खतरनाक साज-सामान को संचालित करने को निषिद्ध तथा प्रतिबन्धित करना।
- विभिन्न क्षेत्रों में उद्योगों को निषिद्ध तथा प्रतिबन्धित करना।
- ऐसी घटनाओं को रोकना तथा सुरक्षा प्रदान करना जो पर्यावरण के लिए प्रदूषणकारी हों तथा उनके लिए निवारक उपाय करना।

मॉडल प्रश्न

1. पीने वाले पानी के विषाणुरहित होने का अर्थ है
(a) बैक्टीरिया न होना (b) हाइड्रोजन न होना
(c) रंग रहित होना (d) गन्ध रहित होना

2. पानी का बोतल बन्द करना (सोडा वाटर आदि) का अर्थ है
(a) भारीपन दूर करना (b) गन्धरहित करना
(c) जीवाणुरहित होना (d) गन्दलापन हटाना

3. पानी को अस्थायी रूप से हल्का करने का अर्थ है
(a) पानी को फिल्टर कर लिया गया है
(b) पानी में एलम मिलाया जाता है
(c) पानी में चूना मिलाया गया है
(d) पानी से क्लोरीन गुजारी गई है

4. पीने वाले पानी में फ्लोराइड पदार्थ की मात्रा निम्न में से अधिक नहीं होनी चाहिए
(a) एक लीटर पानी में 1 मिलीग्राम
(b) एक लीटर पानी में 205 मिलीग्राम
(c) एक लीटर पानी में 150 मिलीग्राम
(d) एक लीटर पानी में 50 मिलीग्राम

5. पानी में गन्दलापन
(a) फफूँदी के कारण होता है
(b) ऑर्गेनिक लवण के कारण होता है
(c) अन्तिम रूप से चिकनी मिट्टी, रेत तथा ऑर्गेनिक वस्तुओं के बँटे हुए कणों के कारण होता है
(d) उपरोक्त में से कोई नहीं

6. वे जीवाणु जो बिना ऑक्सीजन के जीवित रह सकते हैं
(a) फॅकल्टेटिव जीवाणु होते हैं
(b) ऐरोबिक जीवाणु होते हैं
(c) ऐनारोबिक जीवाणु होते हैं
(d) फ्यूरोबिक जीवाणु होते हैं

7. लैड-प्रयोजन तब होता है, जब पानी में लैड की मात्रा
(a) 400 – 600 PPM हो (b) 0.03 – 0.05 PPM हो
(c) 0.03 – 0.05 PPM हो (d) 15 – 25 PPM हो

8. प्रति व्यक्ति जल खपत
(a) 150-300 लीटर हो (b) 250-300 लीटर हो
(c) 400-600 लीटर हो (d) 100-200 लीटर हो

9. कम दबाव वाले बॉयलर में पानी का अनुमोदित भारीपन
(a) 50 मिग्रा/लीटर (b) 600 मिग्रा/लीटर
(c) 400 मिग्रा/लीटर (d) 100 मिग्रा/लीटर

10. एलम
(a) पानी की अम्लता को बढ़ाता है
(b) पानी के भारीपन को बढ़ाता है
(c) पानी की सल्फेट को बढ़ाता है
(d) पानी की कार्बोनेट को बढ़ाता है

11. प्री-क्लोरीनीकरण से पूर्व
(a) गन्ध घटती है (b) जमाव सुधरता है
(c) ऑर्गेनिज्म घटती है (d) फिल्ट्रेशन द्वारा

12. पानी से गन्दलापन हटाया जा सकता है
(a) एरियेशन द्वारा (b) सेडीमेन्टेशन द्वारा
(c) एजीटेशन द्वारा (d) फिल्ट्रेशन द्वारा

13. जियोलाइट होता है
(a) हाइड्रेड सिलिका
(b) हाइड्रेटेड एल्यूमिना सिलीकेट
(c) प्राकृतिक रूप में उपलब्ध लवण
(d) सिलिकेशन कार्बाइड

14. ब्लीचिंग पाउडर होता है
(a) हाइपोक्लोराइट लाइम (b) स्लैक्ड लाइम
(c) लाइम क्लोराइड (d) इनमें से कोई नहीं

15. एन्ट्रिक वाटर बोर्न बैक्टीरियल इन्फैक्शन से हो सकता है
(a) टाइफाइड (b) डिसेन्ट्री
(c) हैजा (d) इनमें से कोई नहीं

16. वायु में नाइट्रोजन का भार
(a) 75.5% (b) 40.9%
(c) 65.4% (d) 30.5%

17. निम्नलिखित में से कौन-सा रसायन न्यूनतम जहरीला है?
(a) सोडियम (b) आर्सेनिक
(c) साइनाइड (d) पारा

18. निम्न में किस कार्य को करते हुए सर्वाधिक शोर उत्पन्न होता है?
(a) मशीनिंग (b) वैल्डिंग (c) रिवेटिंग (d) प्रेसिंग

19. छोटे कॉन्फ्रेन्स रूम में स्वीकृत शोर स्तर
(a) 35 से 40 dB (b) 50 से 60 dB
(c) 60 से 75 dB (d) 20 से 30 dB

20. घटिया किस्म के ईंधन में
(a) राख बनाने वाला पदार्थ कम होता है
(b) नमी वाले पदार्थ कम होते हैं
(c) केलोरिफिक वैल्यू कम होती है
(d) कार्बन पदार्थ कम होते हैं

21. निम्नलिखित में कौन-सा इंजन दो ईंधनों को एक ही समय में प्रयोग करता है?
(a) मल्टी फ्यूल इंजन (b) दोहरा फ्यूल इंजन
(c) वांकल फ्यूल इंजन (d) फ्री पिस्टन गैस गियर जेनरेटर

22. C-14 का आधा जीवन समय होता है
(a) 1-2 दिन (b) 12 दिन
(c) 57-30 वर्ष (d) 57 वर्ष

23. जब सड़क के दोनों किनारों पर पेड़ उगाए जाते हैं, तो दो पेड़ों के बीच की औसत दूरी होनी चाहिए
(a) 10 से 15 मी (b) 8 से 10 मी
(c) 6 से 8 मी (d) 4 से 6 मी

24. जब पेड़ों को सड़क के किनारे उगाया जाना हो साइड की चौड़ाई के बाहरी किनारे से दूरी होनी चाहिए
(a) 6 से 8 मी (b) 8 से 10 मी
(c) 2 से 3 मी (d) इनमें से कोई नहीं

25. कार्य-क्षेत्र का कौन-सा भाग न्यूनतम शोर वाला होता है?
(a) लाइब्रेरी (b) जिम्नेजियम
(c) लेक्चर हाल (d) रसोई घर

26. जल द्वारा जंग लगने की क्रिया से
(a) क्षारीयता हो सकती है (b) कठोरता आ सकती है
(c) ऑक्सीजन घुल सकती है (d) इनमें से कोई नहीं

27. निम्न में से कौन-सा प्रदूषक फेफड़ों को प्रभावित ... सकता है?
(a) एल्ड्रीन (b) बेन्जीन
(c) लैड (d) सिलिका

28. हवा में ध्वनि की गति होती है
(a) 344 मी/से (b) 820 मी/से
(c) 20 मी/से (d) 40 मी/से

29. LPG का अर्थ है
(a) लिक्विड पेट्रोलियम गैस
(b) लो प्रेशर गैस
(c) लो प्योरिटी गैस
(d) लुब्रीकेटेड एवं प्यूरीफाइड

30. वायु प्रदूषक जो शहरी पर्यावरण की तरह समान है, वे हैं
(a) हाइड्रोकार्बन (b) पार्टीकुलेट मैटर
(c) सल्फर डाइऑक्साइड (d) ये सभी

31. वायुमण्डल में ओजोन का वोल्यूम-फ्रैक्शन लगभग होता है
(a) 0.02 PPM (b) 20 PPM
(c) 10 PPM (d) 1.5 PPM

32. पानी में फ्लोराइड के थोड़े फ्लुओराइड घोल
(a) दन्त हड्डी क्षय प्रचलन रोकता है
(b) दन्त हड्डी क्षय प्रचलन बढ़ाता है
(c) आँखों में जलन/खारिश पैदा करता है
(d) उपरोक्त में से कोई नहीं

33. निम्न में से किसमें प्रति घण्टे में अधिकतम वायु परिवर्तन संख्याओं की आवश्यकता होती है?
(a) रेस्टोरेन्ट में
(b) पढ़ाई के कमरों में
(c) एसेम्बली हॉल में
(d) शयन कक्ष में

34. पेट्रोल में कार्बन तथा हाइड्रोजन की मौजूदगी होती है
(a) 35% C तथा 65% H_2 में (b) 33% C तथा 67% H_2 में
(c) 85% C तथा 15% H_2 में (d) 40% C तथा 60% H_2 में

35. इलेक्ट्रोस्टेटिक प्रेसिपिटेटर्स अधिकतर प्रयोग होते हैं
(a) जल उपचारित प्लाण्ट में
(b) सीवेज डिस्पोजल प्लाण्ट में
(c) थर्मल पावर प्लाण्ट में
(d) न्यूक्लियर प्लाण्ट में

36. ...... के अलावा सारे प्रदूषक दिल पर प्रभाव डालते हैं।
(a) आर्सेनिक (b) कैडमियम
(c) कार्बन मोनो ऑक्साइड (d) लैड

37. वायुमण्डल में क्रिप्टान का प्रतिशत लगभग है
(a) 1 PPM (b) 10 PPM
(c) 0.1 PPM (d) 0.10 PPM

38. निम्न में से कौन-सा पदार्थ का अधिकतम अनुपात है (वायुमण्डल का हवा में)?
(a) हीलियम (b) नाइट्रस ऑक्साइड
(c) नियॉन (d) कार्बन मोनोऑक्साइड

39. सामान्यत: डीजल इंजन के एग्जॉस्ट का रंग होता है
(a) पीला (b) नीला
(c) लाल (d) काला

40. पैथोजैनिक बैक्टीरिया से पानी को बचाने के लिए ऐजीड्यूल क्लोरीन रहनी चाहिए
(a) 0.05 से 0.2 PPM के मध्य (b) 0.02 से 0.8 PPM के मध्य
(c) 6.4 से 6.8 PPM के मध्य (d) 3 से 5 PPM के मध्य

41. .... के अलावा सब पैस्टीसाइड्स है।
(a) एल्ड्रीन (b) क्लोरोफॉर्म (c) एन्ड्रीन (d) BHC

42. पानी के गन्दलेपन की मौजूदगी को
(a) सिलिका स्केल से नापा जाता है
(b) सोडियम स्केल से नापा जाता है
(c) कैल्शियम स्केल से नापा जाता है
(d) कोबाल्ट स्केल से नापा जाता है

43. निम्न में से कौन-सा पौधा पारे से बहुत अधिक संवेदनशील है?
(a) एलो (b) इवी (c) चैरी (d) सनफ्लावर

44. D D T है
(a) क्लोरीनेटेड हाइड्रोकार्बन
(b) फॉस्फोरस का कम्पाउण्ड
(c) इनऑर्गेनिक कम्पाउण्ड
(d) प्राकृतिक रूप से पाया जाने वाला रसायन

45. निम्न में से कौन-सा कोयले का घटक नहीं है?
(a) हाइड्रोजन (b) नाइट्रोजन
(c) मैंगनीज (d) क्लोरीन

उत्तरमाला

1. (a)	**2.** (d)	**3.** (a)	**4.** (d)	**5.** (a)	**6.** (a)	**7.** (a)	**8.** (c)	**9.** (c)	**10.** (c)
11. (b)	**12.** (a)	**13.** (a)	**14.** (b)	**15.** (a)	**16.** (b)	**17.** (a)	**18.** (a)	**19.** (c)	**20.** (b)
21. (b)	**22.** (d)	**23.** (d)	**24.** (b)	**25.** (b)	**26.** (c)	**27.** (a)	**28.** (a)	**29.** (d)	**30.** (d)
31. (c)	**32.** (b)	**33.** (c)	**34.** (b)	**35.** (d)	**36.** (c)	**37.** (b)	**38.** (c)	**39.** (b)	**40.** (b)
41. (b)	**42.** (b)	**43.** (b)	**44.** (d)	**45.** (d)					

13

वस्तुओं को सम्भालना

Material Handling

परिचय Introduction

औद्योगिक प्रतिष्ठानों में सामान इधर से उधर ले जाने की अत्यन्त आवश्यकता पड़ती है जिसके लिए अतिरिक्त श्रमिक व यन्त्रों की सहायता लेनी पड़ती है। इस कार्य में धन तथा समय दोनों व्यय होते हैं।

पदार्थ हस्तरण Material Handling

पदार्थ का हस्तरण वह क्रिया है जिसमें पदार्थों को संयन्त्र के अन्दर एक स्थान से दूसरे स्थान तक पहुँचाया जाता है। इसे आन्तरिक परिवहन भी कहते हैं। इसमें कच्चा माल, अर्द्धनिर्मित माल, भण्डार से सामान ले जाना, लाना, तैयार माल का लदान आदि आते हैं।

पदार्थ हस्तरण के कार्य तथा उद्देश्य

Function and objects of Material Handling

- भण्डारण के लिए पदार्थों को एक स्थान से दूसरे स्थान पर रखना तथा खरीदे माल को उपयुक्त स्थान पर रखना।
- उपयोग करने के स्थान तक लाने, ले जाने के लिए विधियों का चयन करना।
- एक विभाग से दूसरे विभाग को सामान पहुँचाना।
- निर्मित तथा तैयार माल को भण्डार में ले जाना या बेचने के लिए भेजना।
- कच्चे माल को निर्मित माल की तैयारी एक संयन्त्र में क्रमबद्ध प्रवाहित करना।
- सामान के इधर से उधर ले जाने के लिए उपयुक्त उपस्कर का चयन करना।
- सामान के उठाने व रखने में लगने वाले खर्चे तथा समय में कमी लाना।

पदार्थ हस्तरण समस्याओं के कारक

Factors in Material Handling Problems

- भवन निर्माण (Building Construction)
- अभिन्यास (Layout)
- उत्पाद (Product)

पदार्थ हस्तरण उपस्करों का चुनाव

Selection of Material Handling Equipments)

पदार्थ में हस्तरण में उपयोगी यन्त्र के चयन करने हेतु निम्न बातों पर विचार करना चाहिए

- उत्पाद का प्रकार
- उत्पादन की मात्रा
- उत्पाद का आकार तथा प्रकृति
- उत्पादन विधि
- प्रक्रम का क्रम
- संयन्त्र की उत्पादन दर
- उपलब्ध स्थान
- चली लाने वाली दूरी
- पदार्थ कितनी बार उठाना-रखना है
- भविष्य में प्रसार
- शक्ति उपलब्धता
- कर्तन का प्रकार
- प्रथम लागत
- रख-रखाव तथा मूल्य की दर
- अप्रशिक्षित श्रमिकों की उपलब्धता तथा मजदूरी

पदार्थ हस्तरण उपस्कर का वर्गीकरण

Classification of Material Handling Equipments

ऊपर उठाने तथा नीचे उतारने वाली युक्तियाँ

Lifting and Lowering Devices

- विन्च क्रेब (Winch Crab)
- उच्चालक (Hoists)
- ब्लॉक तथा हैकिल

परिवहन युक्तियाँ Transportation Devices

- हाथ ठेला (Hand Truck)
- शक्ति ठेला (Power Truck)
- छोटी विद्युत रेलगाडी (Small Electric Train)
- ट्रैक्टर तथा ट्रेलर (Tractor and Trailor)